Reclams Krimi-Lexikon

Reclams
KRIMI-LEXIKON

Herausgegeben
von Klaus-Peter Walter

Philipp Reclam jun. Stuttgart

Dem Andenken an Gernot Völker (1930–2002)

Die Deutsche Bibliothek – CIP-Einheitsaufnahme

Reclams Krimi-Lexikon / hrsg. von Klaus-Peter Walter. –
Stuttgart : Reclam, 2002

ISBN 3-15-010509-9

Satz: Reclam, Ditzingen
Druck und buchbinderische Verarbeitung: fgb · freiburger graphische betriebe
Einbandgestaltung: Werner Rüb, Bietigheim-Bissingen, unter Verwendung eines Szenenfotos mit Alain Delon aus dem Film *Le Samourai* (dt. *Der eiskalte Engel*), 1967
(Mit Genehmigung der Stiftung Deutsche Kinemathek / Film Museum, Berlin)
Printed in Germany 2002
RECLAM ist eine eingetragene Marke
der Philipp Reclam jun. GmbH & Co., Stuttgart
ISBN 3-15-010509-9

www.reclam.de

INHALT

7 Vorwort

10 Hinweise zur Benutzung

12 Die Beiträger und ihre Kürzel

13 Krimiautoren und ihre Werke von A bis Z

457 Literaturhinweise

461 Verzeichnis der Personen

470 Verzeichnis der Werke

481 Verzeichnis der Hauptgestalten

VORWORT

> Man zeige mir einen Mann oder eine Frau, die Kriminalromane nicht ausstehen können, dann will ich Ihnen einen Narren zeigen; einen klugen Narren vielleicht – aber nichtsdestoweniger einen Narren.
>
> (Raymond Chandler)

> »Ich vergöttere Krimis, aber nicht die billigen.«
> »Gibt es denn andere?«
> »Ja, die gibt es.«
>
> (Dragan Velikić, *Das Astragan-Fell*)

Seit dem Erscheinen von *Reclams Kriminalromanführer* 1978 hat sich die internationale Krimiszene grundlegend gewandelt. Damals hatte sich -ky noch nicht als Horst Bosetzky zu erkennen gegeben, gab es eine deutsche Krimiszene erst in Ansätzen, war die Kriminalliteratur hierzulande noch weitgehend angelsächsisch dominiert und konnte ihre viktorianischen Wurzeln kaum verleugnen. Es gab vergleichsweise wenig weibliche Kriminalschriftstellerinnen, viele Subgenres wie der Frauenkrimi, der Regionalkrimi oder der Psychopathenthriller waren noch gar nicht erfunden und manche Länder wie zum Beispiel Israel kriminalliterarisch überhaupt noch nicht erschlossen; aus dem damaligen Ostblock kam nur wenig Erwähnenswertes. Dies alles hat sich grundlegend geändert. Die wichtigsten Kriminalschriftstellerinnen und -schriftsteller kommen heute aus Skandinavien; es gibt neben der deutschsprachigen Kriminalliteratur aus Österreich, der Schweiz und Luxemburg nur noch eine gesamtbundesdeutsche Kriminalliteratur, und aus Russland nebst den anderen ehemaligen Ostblockstaaten gelangen ideologiefreie Krimis von internationalem Niveau zu uns.

Heute, da die britische und US-amerikanische Dominanz wohl endgültig gebrochen ist, ähnelt die Kriminalliteratur einem hohen, unendlich fein verzweigten und verästelten Baum. In nahezu allen Nationen gibt es außer den klassischen Polizei- und Detektivgeschichten auch Psycho- und Psychopathenthriller, Tierkrimis aller Art, historische Krimis mit dem Seitenzweig Klosterkrimi und Kirchenkrimis, ferner Frauenkrimis mit dem Untergenre Lesbenkrimi, natürlich auch Schwulenkrimis, und Behinderte hält ein physisches Handicap längst nicht mehr vom Detektivsein ab (im sog. »Gebrestenkrimi«). Computertechnik und Internet haben Verbrechern und Verbrechensbekämpfern neue, ungeahnte Möglichkeiten eröffnet, ein fehlprogrammierter Computer kann zum selbständig agierenden Verbrecher mutieren, und in Weiterentwicklung des antiutopischen technischen Romans entstand das düstere Genre des Cyberpunk. Seit in Deutschland, beginnend mit der Eifel, die Region, die Landschaft als möglicher Krimi-Schauplatz entdeckt wurde, grasen geschäftstüchtige Verleger die deutschen Landschaften systematisch, mit zum Teil sehr engem Raster (»Mittelmosel-Krimi«), ab. Den Regionalkrimis wiederum stehen weiterhin die traditionellen Großstadt-Krimis gegenüber, jedoch wird heute anders als früher besonderer Wert auf die Wiedererkennbarkeit der jeweiligen Metropole gelegt (Berlin- oder Köln-Krimi). So wurden der Regional- und Metropolenkrimi zum legitimen Nachfolger des Heimatromans; sie kamen genau zu jenem Zeitpunkt auf, da mit der Wiedervereinigung, der Einführung des Euro und der Abtretung nationalstaatlicher Kompetenzen an Brüssel die Außengrenzen des eigenen Lebensraumes vom Einzelnen wegrückten und so der Blick geradezu notwendig auf das Nächstliegende – die Region, die Heimat, das Landsmannschaftliche – fiel.

Seit der fruchtbaren Synthese von Kriminalliteratur und sozialer Analyse, die von Skandinavien ihren Ausgang nahm, ist die Kriminalliteratur weniger denn je ein Schmuddelgenre, sondern dient wie andere Literatur dazu, gesellschaftliche Zustände und Wandlungen zu erkennen und zu benennen. Kommissar Bienzle irrt daher, wenn er einem Krimifreund entgegenraunzt: »Wenn ich les', dann les i nur was Rechts« (im Sinne von: etwas »Richtiges«, »Wertvolles«). Hochschullehrerinnen und -lehrer aller Fachrichtungen erlangen mit Arbeiten über die Kriminalliteratur ebenso ihre Lehrbefugnis wie Lehramtskandidaten und -kandidatinnen. Populäre Bücher wie Jochen Schmidts *Gangster, Opfer, Detektive* (1989), Waltraud Woellners *Illustrierte Geschichte der Kriminalliteratur* (1985) oder die Bibliographien des Primärliteratursammlers Klaus-Dieter Walkhoff-Jordan und des Sekundärliteratursammlers Thomas Przybilkas haben ein Übriges getan, die Kriminalliteratur zu einem anerkannten Genre zu machen, und die Verleihung des »Deutschen Krimipreises« nimmt selbst die *F.A.Z.* zur Kenntnis. Viele Krimiautoren sind in die Hardcover-Klasse aufgestiegen und werden in den Feuilletons an exponierter Stelle besprochen.

In diesem Sinne steht *Reclams Krimi-Lexikon* im Gegensatz zu jenen, die in der Befrachtung des Kriminalromans mit sozialen, philosophischen oder anderen theoretischen Aspekten den Niedergang des Genres erkennen wollen, statt darin eine Bereicherung und Weiterentwicklung zu sehen. Er setzt – mit Ausnahmen – da an, wo die verdienstvollen Vorgänger Armin Arnold und Josef Schmidt aufhörten: 1978. Da das Wissen um die ältere Geschichte der Kriminalliteratur weitgehend Allgemeingut geworden ist, wird auf eine Darstellung ihrer Vor- und Frühgeschichte in allen Feinheiten (z. B. Kleists *Michael Kohlhaas*, Dostojewskijs *Schuld und Sühne* u. v. a.) verzichtet; ebenso fehlen Vielschreiberinnen und Vielschreiber von allenfalls noch historischer Bedeutung wie Balduin Groller (trotz seines sympathischen Detektivs Dagobert), Lo Violan oder Luise Westkirch. Nicht verzichtet wurde dagegen auf wichtige Genreklassiker wie Poe, Doyle, Buchan, Highsmith, Le Carré, Sjöwall und Wahlöö, Dürrenmatt, Glauser oder Zangwill. Bücher aus Druckkostenzuschuss-Verlagen und natürlich Heftchen- und Leihbuchserien wurden nicht berücksichtigt, desgleichen – wegen ihrer Kurzlebigkeit – Novelisationen, d. h. die beliebten Romane zu Kinofilmen oder Fernsehserien, sowie – allerdings mit der wohlbegründeten Ausnahme P. → Shipton – Kinderkrimis und *true-crime-stories*, die von wahren Verbrechen berichten.

Um der Kriminalliteratur zugerechnet werden zu können, muss im Zentrum eines belletristischen Werkes ein *crimen*, ein Verbrechen stehen. Dabei ist es unerheblich, ob auch eine Detektion, eine Ermittlung erfolgt – in den Ripley-Romanen von P. → Highsmith findet sie in der Regel nicht statt. Eine so großartige, die Grenzen des Genres sprengende Verbrechensdichtung wie H. → Leberts *Wolfshaut* etwa fragt vielmehr nach den religiösphilosophischen Grundlagen von Verbrechen und Schuld. Der klassische Kriminalroman mit einem Polizisten, Detektiv oder Anwalt als Helden kann heute nur als eines von vielen Subgenres der expandierenden Gattung Kriminalliteratur gelten.

Reclams Krimi-Lexikon will helfen, eine Bresche zu schlagen in einen Literaturdschungel, den der Einzelne kaum mehr zu überblicken vermag, und Informationen vermitteln über die zeitgenössische Kriminalliteratur nicht nur der klassischen Krimiländer oder -gebiete wie Commonwealth und USA, sondern auch neuer wie Lateinamerika, wie Israel, der Türkei, Albanien und Afrika mit ihren z. T. ganz eigentümlichen Erscheinungsformen. Der Krimi wird verstanden als eine Welt-Literatur in dem Sinne, dass die ganze Welt Anteil an ihr hat. Wegen der engen Symbiose von Literatur mit Kino bzw. Fernsehen wurde verfilmte Literatur besonders berücksichtigt.

Möglich wurde der umfassende Konspekt nur aufgrund langjähriger rezensorischer und lexikographischer Beschäftigung mit Kriminalliteratur, wie etwa durch die Herausgabe des *Lexikons der Kriminalliteratur*, einer Loseblattsammlung, die seit Juni 1993 im Corian-Verlag erscheint und bis zum Januar 2002 bereits durch 36 Nachlieferungen ergänzt werden konnte. Hierin sind auch zahlreiche Werke vorgestellt, auf deren Vorstellung in *Reclams Krimi-Lexikon* aus Platzgründen verzichtet werden musste.

Bei der Auswahl der behandelten Werke galt es, die Balance zu wahren zwischen Aktuellem und historisch Bedeutsamem, dem, was exemplarisch für eine bestimmte nationale Kriminalliteratur oder einen Autor bzw. eine Autorin steht, dem, was der Herausgeber für gut und lesenswert hält und dem, was das Publikum gerne kauft und liest. Eine besondere Rolle spielten stets Qualität und Relevanz des Einzelwerkes und die Wirkung des Autors. Der originelle Einfall wurde stets höher bewertet als eine Serie, in der lediglich ein und dasselbe Strickmuster immer wieder neu ausgefüllt wird. Krimipreise wie der »Glauser«, die die jeweiligen Autoren erhalten haben, dienten oft, aber nicht notwendig als Auswahlkriterium. Keinesfalls wurde auf Wertungen verzichtet, und es darf durchaus als Wertung verstanden werden, wenn z. B. US-amerikanischen Gerichtsthrillern nur äußerst geringe Aufmerksamkeit geschenkt wird.

HINWEISE ZUR BENUTZUNG

Reclams Krimi-Lexikon enthält mehr als 450 Werkartikel, meist mit einleitenden Kommentaren. Diese erläutern in enger Vernetzung untereinander das Werk des behandelten Autors, ordnen es in dessen Gesamtschaffen ein oder beleuchten die Stellung von Autor und Werk im Gesamtzusammenhang des Genres. Biographische Erläuterungen werden auf ein Mindestmaß beschränkt.

Bei Serien wie etwa S. → Kaminskys Toby-Peters-Krimis muss ein Beispiel für das Ganze genügen. Geschlossene Werkfolgen wie etwa Poes Geschichten um Auguste Dupin oder Th. → Harris' Hannibal-Lecter-Krimis, die sich stark in Bezug auf Figurenensemble und Handlung voneinander unterscheiden, werden als Trilogie behandelt, die Kommissar-Beck-Romane von → Sjöwall und Wahlöö als Dekalogie behandelt. Mehrere Einzelartikel finden sich bei Autoren, die unterschiedliche Werke bzw. Werkserien verfasst haben wie z. B. J. → Ellroy.

In den Artikelkopf eingearbeitet sind außer dem Namen des Autors bzw. der Autorin, der Nationalität, dem Geburts- und Todesjahr (in wenigen Fällen waren Daten nicht zu ermitteln) sowie der Auflösung eventueller Pseudonyme der Romantitel, der Originaltitel – bei abweichender deutscher Titelung gegebenenfalls eine wörtliche Übersetzung – sowie das Ersterscheinungsjahr der Originalausgabe. Alternative Titel oder Titelteile sind in Klammern gesetzt; ein Schrägstrich trennt alternative Titel mit unterschiedlicher Übersetzung. Es folgen Ort und Jahr des Erscheinens der deutschen Übersetzung, deren Verlag und eventuelle Taschenbuch-Ausgaben sowie die Übersetzerin oder der Übersetzer. Sind Originaltitel und deutscher Titel identisch, wird der deutsche Titel nicht wiederholt: *Sforza maggiore* (2000, dt. 2001).

Ist die deutsche Erstausgabe ein Hardcover, werden Ort, Jahr und Verlag angegeben, z. B.: Zürich: Haffmans, 1994. Es folgt die Nennung einer greifbaren Taschenbuchausgabe mit nachgestellter Jahreszahl, jedoch ohne Nennung des Ortes (z. B.: Heyne Tb 01/9762, 1996). Ist die Erstausgabe – oder, bei älteren Werken, die genannte erste Ausgabe – ein Taschenbuch, lauten die Angaben wie folgt: Kiel: Wittig, 2001 (KirchenKrimi 9). Etwaige Serienfiguren werden angegeben, falls sie nicht bereits der Buchtitel ausweist (z. B. *Sherlock Holmes in Rio*). Stets angegeben wird der Schauplatz, die Handlungszeit dagegen nur, wenn sie nicht in etwa mit der Entstehungszeit des Werkes zusammenfällt, z. B. bei historischen Kriminalromanen. Es folgen, wo erforderlich, Hinweise auf Verfilmung(en) mit Angabe von Land, Erstaufführungsjahr und Regisseur. Zwischen bundesrepublikanischen und DDR-Krimis wird ebenso wenig unterschieden wie zwischen sowjetischen und russischen. Schließlich werden in der Regel noch weitere Werke derselben Autorin bzw. desselben Autors für die weitergehende Lektüre aufgeführt.

Folgende Abkürzungen wurden verwendet:

F Verfilmung(en)
CH = Schweiz
D = Deutschland
DK = Dänemark
Fr = Frankreich
GB = Großbritannien
I = Italien
N = Norwegen
NL = Niederlande
Ö = Österreich
P = Portugal
RUS = Russland
Sch = Schweden
Ung = Ungarn
USA = Vereinigte Staaten von Amerika
O Ort
OT Originaltitel
P Preis
R Regie
SF Serienfigur(en)
SP Serie Piper
Tb Taschenbuchausgabe(n)
Ü Übersetzer(in)
Z Zeit

Da ein Werkführer nicht zur Spannungsliteratur zählt, wird in jedem Fall der Täter genannt. Drei Register erschließen die Artikel: ein Personenregister, ein Register der Protagonisten sowie ein Titelregister.

Abschließend sei allen gedankt, die das Entstehen dieses Führers ermöglicht haben: den Beiträgern, die namentlich genannt werden, dem Verlag Philipp Reclam jun. und nicht zuletzt Heinrich Wimmer vom Corian-Verlag, der das *Krimi-Lexikon* nicht als Konkurrenz zum eigenen Produkt, dem *Lexikon der Kriminalliteratur*, verstand, sondern als dessen sinnvolle, komprimierte Fortsetzung bzw. Ergänzung, sozusagen als dessen Studienausgabe.

Bitburg, im Dezember 2001 *Dr. Klaus-Peter Walter*

DIE BEITRÄGER UND IHRE KÜRZEL

Die nicht gekennzeichneten Beiträge stammen vom Herausgeber

A. G.	Annette Gillich
A. Oe.	Almut Oetjen
F. R.	Dr. Franz Rottensteiner
G. L.-K.	Dr. Gisela Lehmer-Kerkloh
G. R.	Gabriele Rappmann
G. Sch.	Gudrun Schmelz
H. F.	Dr. Hannes Fricke
J. H.	Dr. Jost Hindersmann
K. W. P.	Klaus W. Pietrek
M. D.	Dr. Michael Drewniok
M. F. Sch.	Mirko F. Schmidt
M. R.	Michael Ross
Th. P.	Thomas Przybilka

Krimiautoren und ihre Werke
von A bis Z

A

ELIETTE ABÉCASSIS Frankreich (*1969)

Asche und Gold

(OT: *L'Or et la Cendre*, 1997). München/Zürich: Diana Verlag, 2000. – Ü: Marie Rahn. – Z: 1995–97.

Asche und Gold nutzt die Mittel der Kriminalliteratur, um hochkomplexe Fragen der Shoah, der Judenvernichtung während des Dritten Reiches, und ihre Bewertung durch Historiker beziehungsweise durch die überlebenden Zeugen sowie Theodizeefragen (Warum ließ Gott solches zu?) zu diskutieren. Neben vielem anderen werden die Karpokrater erwähnt, für die Ausschweifung und Verbrechen ebenso als möglicher Weg zu Gott gelten wie Askese und gute Taten. Die Botschaft ist zutiefst pessimistisch: Die Historikerzunft zeitigt erst das Böse, das sie beseitigen will, durch ihre Forschungen, und ein fruchtbares Miteinander von Juden und Nichtjuden scheint kaum möglich. – »Asche und Gold« heißt eine Skulptur der Bildhauerin Lisa Perlman, eine symbolische Darstellung der Shoah: Ein Mann zieht eine verhüllte Frau mit goldenen Händen – die Wahrheit – aus der Asche oder stößt sie hinein. Der Historiker Raphael Simmer geht in seiner Doktorarbeit der Frage nach, wann und warum Hitlers endgültige Entscheidung zur Herbeiführung der so genannten »Endlösung« fiel. Das Ehepaar Samy und Mina Perlman, zwei Auschwitz-Überlebende, ist zu einem Prozess gegen den französischen Nationalhelden Perraud geladen, dem Kollaboration mit den Nazis und Teilnahme an der Judenvernichtung vorgeworfen wird. Die Sachverständigen – Akademiker von meist fragwürdiger Seriosität – stellen die Glaubwürdigkeit der Perlmans massiv in Frage, weil deren Aussagen keine Entsprechungen in Dokumenten haben. Einige Jahre zuvor fand ein Prozess gegen Maurice Crétel statt, doch Crétel wurde ermordet, bevor er angekündigte Enthüllungen machen konnte. Auch ein weiterer angeklagter Altnazi, Alvarez Ferrara, wird vor dem Ende seines Prozesses ermordet. Raphael heiratet Samys und Minas Tochter Lisa. Die Hochzeitsreise führt das Paar nach Israel, von wo Lisa schwanger zurückkehrt. Während Raphael Mina nach Auschwitz begleitet, bringt Lisa ihr erstes Kind, eine tot geborene Tochter, zur Welt. Bald darauf verlässt Lisa ihren Mann. Bereits vor der ersten Begegnung der beiden wird der deutsche Historiker Carl Rudolf Schiller auf ebenso bizarre wie brutale Weise ermordet. Ein Videofilm dokumentiert seinen Tod. Auf dem Video ist ein Schreibheft zu sehen, in dem ein SS-Mann vor seinem Selbstmord die Gräuel des KZ-Lebens und -Sterbens festhielt. Minas Mutter hat es in Auschwitz in einer Baracke vergraben. Von dort gelangte es in Schillers Hände, wurde aber von dessen Freund Pater Francis, einem rührigen religiösen Fanatiker, wieder an seinen Platz gebracht. Als Mina das Heft in Auschwitz sucht, ist es erneut verschwunden. Schillers Name findet sich auch auf einer Liste mit Kindern aus einem KZ, die Lisa in Stein meißeln ließ. Der Sohn einer jüdischen Mutter wurde in Auschwitz geboren, aber gerettet und von Deutschen großgezogen. Erst kurz vor seinem Tod erfuhr er von seiner jüdischen Abkunft. In Mordverdacht geraten nacheinander Schillers rabiater wissenschaftlicher Widersacher Ron Bronstein, ferner Béla Perlman und schließlich Jean-Yves Lerais, der Neffe von Pater Francis und der leibliche Vater von Lisas erstem Kind. Lisa trennte sich kurz nach der Zeugung von ihm und schob das Kind dem ahnungslosen Raphael unter. Der gelangt zu dem Fehlschluss, Lisa müsse Schillers

Mörderin sein. Als sie im Dunkeln scheinbar mit einer Waffe in der ausgestreckten Hand auf ihn zugeht, tötet er sie in vermeintlicher Notwehr mit einem Fleischermesser. Sie hat jedoch lediglich das Heft des SS-Mannes in der Hand gehalten. Tatsächlicher Mörder ist Felix Werner, der Teufel selbst, der natürlich nie gefunden wird. Im Dezember 1997 beginnt der Mordprozess gegen Raphael Simmer.

GILBERT ADAIR Großbritannien (*1944)

Adair ist Spezialist für Krimihandlungen voller Überraschungen à la Hitchcock. Wie Hitchcocks Figuren geraten seine Helden immer wieder in Grenzsituationen, die unvorhergesehene Wendungen nehmen.

Blindband

(OT: *A Closed Book*, 1999). Zürich: Edition Epoca, 1999. – Ü: Thomas Schlachter. – O: England.

Blindband verzichtet völlig auf auktoriales Erzählen. Der Text besteht ausschließlich aus Figurendialogen, das Figurenensemble besteht aus nicht mehr als zwei Haupt- und vier Nebenfiguren, und die Handlung spielt sich in einem einzigen Haus ab. Der vier Jahre zuvor durch einen Autounfall erblindete und entstellte, aber immer noch elegante Schriftsteller Sir Paul lebt zurückgezogen in einer abgelegenen Dichterklause, einzig betreut von seiner Zugehfrau Mrs. Kilbridge. Durch ein ausgefeiltes System von Tricks findet er sich trotz seiner Klaustrophobie sogar in seinem begehbaren Kleiderschrank gut zurecht. Per Zeitungsannonce engagiert er den angeblichen Broker John Ryder als Sekretär, um sein letztes Buch zu verfassen. Ryder wird Sir Pauls Computerexperte, Rechercheur und, als Mrs. Kilbridge ausfällt, auch Koch. Im Gegensatz zum Leser bemerkt der Schriftsteller erst spät, dass Ryder Sir Paul systematisch mit Falschinformationen jeder Art füttert. Die Entlarvung durch einen überraschenden Besuch von Mrs. Kilbridge bzw. Sir Pauls telefonische Kontaktaufnahme mit seinem Agenten kann Ryder jeweils in letzter Sekunde abwenden. Eine heftige Auseinandersetzung bringt zu Tage, dass Sir Paul früher als Lehrer gearbeitet und dabei Schüler sexuell missbraucht hat, darunter Ryder. Der teilt ihm nun mit, dass er sich rächen werde, sperrt ihn in den begehbaren und eigens ausbruchssicher eingerichteten Wandschrank, dichtet diesen ab und fährt ins Wochenende. Bis zu seiner Rückkehr am Sonntagabend ist Sir Paul qualvoll erstickt. Kriminalinspektor Truex gegenüber macht Ryder glaubhaft, dass sich Sir Paul auf der Suche nach einem Kleidungsstück selbst eingesperrt hat. Der Mörder könnte nun beruhigt seine Sachen packen, fände die Polizei nicht unerwartet ein kaum leserliches, handschriftlich geführtes Tagebuch des Verstorbenen, von dem er zunächst lediglich ein paar harmlos klingende Zeilen entziffert. Ob Sir Paul etwas Belastendes über Ryder niedergeschrieben hat, erfährt er nicht, denn die Polizei verlässt unter Mitnahme des Tagebuches das Haus. Inspektor Truex' Abschiedsgruß »Auf Wiedersehen« (die letzte Dialogzeile des Romans) wirkt unter diesen Umständen wie eine Drohung – eine auch formal originelle, psychologisch meisterhaft geführte emotionale Achterbahnfahrt.

Der Schlüssel zum Turm

(OT: *The Key of the Tower*, 1997). Zürich: Edition Epoca, 2000. – Ü: Thomas Schlachter. – O: Saint-Malo.

Der Schlüssel zum Turm ist eigentlich ein Wortspiel, zusammengesetzt aus dem Titel eines Gemäldes, *Der Pelzschlüssel* (frz. *Le*

Clé de Vair) und dem Namen des Malers, Georges de la Tours (*la tour* ›der Turm‹). Das Gemälde zeigt eine Frau, die ihrem Begleiter verstohlen einen Pelzbeutel zusteckt, in dem sich offensichtlich ein Schlüssel befindet. – Durch einen quer über die Straße gestürzten Baum werden der Engländer Guy Lantern (der Icherzähler) und der Kunsthändler Jean-Marc Cheret aufgehalten. Um weiterzukommen, tauschen die beiden ihre Wagen; Lantern setzt die Fahrt in einem Rolls-Royce fort. Beim Mittagessen in Saint-Malo wird der Rolls vor seinen Augen gestohlen. Er findet ihn in der Auffahrt von Cherets Villa wieder. Der vermeintliche Dieb des Rolls ist Sacha Lieberman, Cherets Geschäftspartner und der Hausfreund von dessen Frau Béa. Sacha habe den Wagen gesehen und ohne etwas von dem Tausch zu ahnen mitgenommen. Gerade habe Sacha, berichtet Béa, das bislang verschollene La Tours-Gemälde *Der Pelzschlüssel* für 30000 Francs erworben. Jetzt sei es für 10 Millionen an den arabischen Milliardär Nasr verkauft worden. Es sei im Rolls versteckt gewesen, Sacha habe das Scheitern des ausgeklügelten Planes befürchtet und deshalb den Wagen mitgenommen. Im Gegenzug gesteht Guy, dass er seine Frau umgebracht habe und erst vor kurzem aus der Psychiatrie entlassen worden sei. Danach wird Béa für eine Nacht seine Geliebte. Sacha ist mit dem Bild spurlos verschwunden, als zwei Beauftragte von Nasr das Bild vertragsgemäß abholen wollen. Es handelt sich um den ebenso fetten wie brutalen Killer Rieti, und einen athletischen, hochgewachsenen Punk. Die beiden zwingen Béa und Guy, sie im Rolls zu Sachas Atelier zu fahren. Lanterns Versuch der Gegenwehr scheitert, Béas sexuelle Attacke auf den Punk hat dagegen Erfolg. Es kommt zu einem Unfall, bei dem Rieti und der Punk betäubt werden. Guy versäumt es, die Waffen der beiden an sich zu nehmen, und flieht mit der Frau zu Fuß. Sie werden eingeholt und beschossen und fahren schließlich im Rolls davon. In seinem Atelier erschlägt Guy versehentlich den bewaffneten Sacha und erkennt sofort das Gemälde als Fälschung, denn die Frau darauf ist niemand anderes als Béa. Die gesteht nun, dass Sacha genialer Nachempfinder fremder Stile gewesen sei. Um die Echtheit seines Meisterwerks *Der Pelzschlüssel* zu beweisen, habe er sogar eine eigene Monografie darüber geschrieben, auf die sowohl Jean-Marc als auch Nasr hereingefallen seien. Als Guy das Bild mit Schüssen aus Sachas Pistole zu zerstören beginnt, wirft sich Béa dazwischen und wird tödlich getroffen. Er fährt mit dem Rolls davon, und als ihm nach halbstündiger Fahrt Jean-Marc im Mini entgegen kommt, beschließt er, ihn frontal zu rammen. Sein weiteres Schicksal bleibt ebenso offen wie die Frage, ob der Tod von Guys Frau ein Mord oder ein von Guy verschuldeter Unfall gewesen ist.

BORIS AKUNIN Russland
(d. i. Grigorij Tschchartischwili, *1956)

B. Akunin, das Pseudonym des georgischen Kritikers, Essayisten und Übersetzers, spielt auf den Theoretiker des Anarchismus, Michail Bakunin (1814–1876), an. In dessen Todesjahr beginnt die Serie um Erast Fandorin, der auf absolutes Glück im Spiel vertrauen kann und vom Kanzleischreiber unterster Kategorie zum begnadeten russischen Geheimagenten aufsteigt. In mindestens elf historischen Romanen, die ihn bis ins 20. Jahrhundert führen werden (darunter *Türkisches Gambit*, 2001, und *Mord auf der »Leviathan«*, 2002), klärt Fandorin mal eine haarsträubende Politverschwörung auf, mal einen Fall von militärischer Spionage, mal wird er als »dekadenter«, »mondäner« und schließlich als »Dickens'-

scher« Detektiv auftauchen und es mit einem »Maniak«, einem irren Killer, zu tun bekommen. Viele Zitate und Anspielungen auf die klassische russische und die Kriminalliteratur der Welt sorgen für augenzwinkernde Ironie.

Fandorin

(OT: *Asaselj*). Berlin: Aufbau-Verlag, 2001 (AtV 1760). – Ü: Andreas Tretner. – O/Z: Moskau, Sankt Petersburg, London u. a.; 1876.

Die von Gier nach Macht besessene Lady Aster hat unter der Maske der Philanthropie über ganz Europa ein Netz von Waisenhäusern, so genannte »Asternate«, gelegt. In ihnen zieht sie seit Jahrzehnten die Mitglieder ihrer zukünftigen Weltverschwörung mit dem Codenamen »Asaselj« heran. Als ein Student, der mit ihr in Verbindung gebracht werden kann, sich auf spektakuläre Weise erschießt und sein Kommilitone von einem Mörder erstochen wird, der bei seiner Tat »Asaselj« ausruft, wird der kluge Schreiber Erast Fandorin von seinem Chef mit den Ermittlungen gegen Anarchisten betraut. Er erspielt sich regelrecht die Zuneigung des undurchsichtigen Libertin Surow, dem er in London wiederbegegnet, der ersten Auslandsstation seiner Mission. Sein Kontaktmann Pyshow erweist sich als Verräter, der ihn den Gegnern ausliefert, Surow dagegen als sein überraschender Lebensretter. Von London aus jagt Fandorin einer per Post verschickten Aktenmappe der Verschwörer nach Sankt Petersburg hinterher und beschattet den Abholer der Sendung. Dieser führt ihn zum Zentralarchiv der Verschwörer, doch das vernichtet sich beim Eindringen der Polizei von selbst, weil alle Unterlagen auf Fotopapier geschrieben sind und sich bei Lichteinfall schwärzen. Fandorins Chef Brilling, der ebenfalls zur Verschwörung gehört, versucht Spuren zu verwischen und erschießt ohne Vorwarnung Lady Asters englischen Assistenten als lästigen Mitwisser, bevor er bei einem Fenstersturz selbst zu Tode kommt. Neuer Vorgesetzter wird Generaladjutant Misinow. Ohne dessen Wissen sucht Fandorin Lady Aster auf, um sie mit ihrer Schuld zu konfrontieren. Ihr Versuch, ihn von ihrem Physikus Blank ›elektrokutionieren‹ zu lassen, endet mit Blanks Tod. Daraufhin begeht die Lady mit einer Zeitzünderbombe Selbstmord, lässt Fandorin aber entkommen. Der heiratet in der Folge eine junge, vornehme Reisebekanntschaft, doch die wird am Hochzeitstag von einer Bombe zerrissen. Der junge Witwer zieht als Freiwilliger in den Russisch-Türkischen Krieg.

JÜRGEN ALBERTS Deutschland (*1946)

Alberts erhielt 1994 für seinen Krimi *Tod eines Sesselfurzers* den »Deutschen Krimipreis«, 1997 für *Der große Schlaf des J. B. Cool* den »Marlowe« und 1988 die Auszeichnung für den besten deutschsprachigen Kriminalroman für *Landru*. Außer Alberts, von dem das zweite Kapitel stammt, schrieben an *Gipfeltreffen* (in der Reihenfolge ihrer Beiträge) Frank Göhre, → Karr & Wehner, G. → Haefs, I. → Noll, E. → Kneifl, R. → Hültner, R. → Venske und D. → Gercke mit. Jeder der Beteiligten verfasste ein namentlich gekennzeichnetes Kapitel, ein Werk wie aus einem Guss wie *Die letzte Fahrt des Admirals* des britischen → Detection Clubs war nicht angestrebt. Was als Psychopathenthriller beginnt, wird von der Bella-Block-Erfinderin Gercke als wüste Politposse ohne Rücksicht auf Logik, schlüssige Figurenmotivation und schlüssige Lösung mit einem Massaker rabiat beendet. Ein weiterer von Alberts initiierter Kollektivkrimi ist *Die allerletzte Fahrt des*

Admirals. 9 Autoren überführen eine Leiche (1999), dessen Titel auf den genannten Roman des Detection Clubs anspielt.

Landru

Stuttgart: Klett-Cotta, 1987. (Steidl Tb 124, 1998.) – O/Z: Paris; Februar bis August 1933. – P: »Glauser« 1988.

Kurz vor der Machtergreifung der Nazis emigriert der jüdische Journalist Paul Block nach Paris. Blocks Freund Max war Partner des großen Clowns Grock, der den 1922 hingerichteten Frauenmörder Landru in Buenos Aires gesehen haben will. Block vermutet, dass ein anderer Mann an Landrus Stelle hingerichtet wurde. Landru war Blocks Recherchen zufolge Mitglied des französischen Geheimdienstes Sûreté und spielte lediglich den Frauenmörder, um von den damaligen innenpolitischen Spannungen abzulenken. Auf dem Weg zur Guillotine trat ein anderer zum Tode Verurteilter an seine Stelle, er selbst genießt in Südamerika seine Pension; die Rückkehr nach Frankreich verwehren ihm seinerzeitige Absprachen. Angesichts der politischen Entwicklung in Spanien entschließt sich Paul, das Ergebnis seiner Nachforschungen zunächst noch nicht zu veröffentlichen, sondern den Kampf der Volksfrontregierung gegen Franco zu unterstützen. Kurz vor der Abfahrt seines Zuges nach Spanien wird er im Gedränge auf dem Bahnhof niedergestochen. G. R.

Gipfeltreffen

München: Heyne, 2000. – O: Hamburg.

Ein psychopathischer Warenhausdetektiv mit Mutter-Komplex sammelte seine ersten sexuellen Erfahrungen mit Gisela, die später, schwanger, von ihrem Mann Uli Modersohn erschlagen wird. Er freundet sich gleichzeitig mit seiner Nachbarin Sylvia Frank und seiner Kollegin Beate an, kommt aber mit keiner zurecht. Der Fotojournalist Carl Overbeck wird als unerwünschte Person unter Gewaltanwendung aus Albaniens Hauptstadt Tirana ausgewiesen, kehrt überstürzt nach Hamburg zurück und übernachtet statt bei seiner aktuellen Lebensgefährtin Mary Fuchs bei der nur kurz anwesenden Ex-Freundin Sylvia Frank. In einer Nachbarwohnung liegt, mit Konfetti bestreut, die nackte Leiche von Ernst Mahlstedt, auf einem Spiegel steht, mit Blut geschrieben, »Rache für Ruth«. Verdächtigt werden der Volkskunst-Galerist Volkmar von Hahn und Overbeck, unter anderem weil die erwähnte Ruth, ebenfalls eine seiner Verflossenen, eines gewaltsamen Todes gestorben ist. Ruth ist eine albanische Dolmetscherin, die der Fotograf ein Jahr zuvor bei einem Hamburgaufenthalt des Künstlers Edi Rima kennen lernte. In seiner Wohnung wird Overbeck mit einem Messer von Ruths Bruder überfallen, der sich an allen rächen will, die am Tod seiner Schwester schuld sind. Bei dieser Gelegenheit stellt sich anhand eines Fotos heraus, dass der ermordete Mahlstedt bei Overbecks Ausweisung aus Tirana zugegen war. Der Bruder zieht sich, von Overbeck angegriffen, an einem zerbrechenden Glastisch tödliche Verletzungen zu. Als Sylvia einen menschlichen Fingerknochen in ihrem Sofa findet, kommt sie zu der Erkenntnis, ihr Ex-Freund Overbeck müsse ein Mörder sein. Um Verwirrung zu stiften, deponiert sie den Finger in Mahlstedts Wohnung. Dort beobachtet sie den nackten jungen Zauberer Manolo Stierlin beim Waschen, der über männliche wie weibliche Genitalien verfügt. Dann wird Overbeck ermordet, später auch Manolo – der Finger tritt alsdann eine regelrechte Wanderschaft an. Die Beteiligten gehen einen wechselnden Reigen von Geschlechtsbeziehungen ein. Uli Modersohn erzählt seiner neuen Freundin Beate, dass nicht er Gisela erschlagen habe, sondern Mahlstedt, und dass er, Modersohn, für ihn ins Gefängnis gegangen sei. Der Mord an der schwangeren Gisela sei motiviert gewesen von Mahlstedts Abneigung gegen alles, was mit Mutterschaft und Kindergebären zusammenhinge. Der in dem Fall ermittelnde Kommissar Kurt Berger hat Kriminalrat Dr. Pörhas in einem Hassanfall verprügelt und ist deswegen krankgeschrieben; sein Assistent, Inspektor Reimann, ermittelt weiter. Als alle Spuren auf den Balkan führen, erweist sich die Mord- und Beziehungsgeschichte plötzlich als politisches Komplott, in dessen Mittelpunkt ein groß angelegter Waffenschmuggel und der Versuch des ehemaligen Ostblocks stehen, das Abendland mit Hilfe einer obskuren Geheimorganisation und »nützlicher Idioten« aus westlichen Ländern ein für alle Mal zu erobern. Von Hahn erweist sich dabei als Tripple-Agent unter anderem des CIA und des BND, Overbeck als Kurier und Kontaktmann, Berger als Verschwörer und Reimann als Verräter an dieser Verschwörung. Etliche Figuren führen Doppelexistenzen. Sylvia schließlich geht in die Hände von Overbecks bestem Freund Fritz Mack über, Kristina wird in Washington vom CIA ermordet, ebenso wie von Hahn, der sich als der gesuchte Psychopath erweist. Kommissar Berger hatte Kriminalrat Dr. Pörhas verprügelt, weil der dem Komplott auf die Schliche zu kommen drohte; nun bekommen Berger und Mary in Moskau einen Film gezeigt, auf dem die Zerstörung des Lebenswerkes des entführten Edi Rima durch den russischen Geheimdienst dokumentiert wird. Dann werden die beiden in den Verliesen der Lubjanka – des Hauptquartiers der stalinistischen Geheimdienste GPU bzw. KGB – umgebracht. Bergers Verbündeter Modersohn wartet daher vergeblich auf die elektronische Kontaktaufnahme. Nachdem er Sylvia über die Zusammenhänge aufgeklärt hat, wird er ebenfalls von dieser getötet, denn auch sie ist an der Verschwörung beteiligt, die nun wohl niemand mehr aufhalten kann.

TED ALLBEURY Großbritannien (*1917)

Ted Allbeury widmet sich dem klassischen Spionageroman, allerdings nicht mit der gleichen Meisterschaft wie J. → Le Carré. Während des Zweiten Weltkriegs war Allbeury beim *Intelligence Corps,* nach 1945 verhörte er als britischer Besatzungsoffizier im Raum Hildesheim-Hannover gefangene Nazis. Sein Deutschlandbild scheint noch immer unter dem Einfluss der Kriegserlebnisse zu stehen, wenngleich im vorliegenden Fall die Sowjets die Hintermänner stellen. Allbeurys Helden sind gespaltene Persönlichkeiten. Negativ fällt Allbeurys Frauenbild auf; fast alle Frauen sind gutaussehend, vollbusig und stets zu allem bereit.

Grenzgänger

(OT: *The Line-Crosser,* 1993). Zürich: Oesch, 1999. – Ü: Georg Schmidt. – O/Z: Berlin; 1987–89.

Kurz vor dem Zusammenbruch der DDR führt der deutsch-britische SIS-Agent Charlie Foster ein kleines Agentennetz nach Ostdeutschland. Als seine drei Kuriere, darunter eine Frau namens Uschi, durch Verrat der Stasi in die Hände fallen, lässt die Zentrale in London sie fallen. Daraufhin setzt sich Foster in die DDR ab und bietet als Gegenleistung für die Freilassung seiner Leute für ein Jahr seine Dienste unter der Voraussetzung an, dass er nicht gegen Großbritannien arbeiten muss. Der KGB-Offizier Hartmann erweist sich als aufrichtig, die Freilassung der Festgenommenen erfolgt tatsächlich. Foster freundet sich mit Gala an, der Tochter eines weltläufigen Sowjetregisseurs, die sich in ihn verliebt, bleibt aber distanziert. Als sich das Ende der DDR abzeichnet, es aber unklar bleibt, wie DDR-Führung, Sowjetregierung, Geheimdienste und Militär reagieren werden, soll Foster ein Netz von informellen Mitarbeitern in der Bundesrepublik aufbauen, deren Angehörige die öffentliche Meinung im östlichen Sinne beeinflussen sollen. Dazu darf er sich großzügigst aus KGB-Quellen bedienen, die er auf einer CD-ROM abspeichert – damals die neueste Technik. Er zieht zehn Kopien, unter anderem für Hartmann und Gala, die diesen als eine Art Lebensversicherung dienen soll. Seine Kopie lässt er seinem Vater zugehen, der sie ohne Kenntnis des Inhalts in seinem Safe aufbewahrt. Er lässt es sich auch nicht nehmen, die Machenschaften des schmierigen Westberliner Doppelagenten Marlin aufzudecken, der die drei Kuriere ans Messer geliefert hat. Der durch eine »schmutzige« Scheidung gebeutelte Agent Johnny Tarrant soll Foster finden, wird aber aufgegriffen, eingesperrt und von London im Stich gelassen. Als die Mauer fällt, kommt der britische Geheimdienstkiller McBride nach Berlin, fängt ihn mit Marlins unfreiwilliger Hilfe ein, setzt ihn gefangen und lässt ihn umbringen. Seine verwesende Leiche wird falsch identifiziert. Johnny Tarrant, von McBrides Leuten angeschossen, überlebt und darf mit der Billigung des SIS als Pensionär friedlich untertauchen. Allerdings leugnet der SIS von da an, ihn zu kennen. Hartmann zieht sich mit einem Koffer voller KGB-Dollars nach Spanien zurück. Nach Kalifornien, dem Gelobten Land vieler Homosexueller, gelangt er – anders als Gala – nicht. Als Fosters Vater Eddie zu der Überzeugung gekommen ist, sein Sohn sei tot, wirft er dessen Hinterlassenschaften, darunter die ominöse CD, auf den Müll.

Ein nützlicher Deutscher

(OT: *The only Good German*, 1976). Frankfurt a. M. / Berlin: Ullstein, 1987 (Tb 10439). – Ü: Klaus-Dieter Schmidt. – O/Z: Deutschland; 1945, nach der Kapitulation, und um 1975.

Kurz nach Kriegsende nimmt der SS-Mann Max Lerner die Identität eines getöteten britischen Soldaten an. Zeitgleich stellt sich bei Hildesheim Oberst Otto Munsel von der deutschen Abwehr den britischen Behörden. Mit seinem Vernehmungsoffizier Captain David Mills arbeitet er eng und freundschaftlich zusammen. Gemeinsam enttarnen sie Lerner und finden Geheimakten von Gehlens Spionageorganisation »Fremde Heere Ost« (FHO). Knapp dreißig Jahre später wird Mills von einem alten Kollegen vom britischen Geheimdienst um Hilfe gebeten. Die in der Bundesrepublik regierende sozialliberale Koalition hat die noch von Gehlen eingestellten Altnazis aus dem Bundesnachrichtendienst BND entlassen. Die Entlassenen versuchen – angeblich mit finanzieller Unterstützung von CIA-Hardlinern – durch Terroranschläge in Osteuropa die Ostpolitik der Bundesregierung zu torpedieren, die britische Regierung will dies verhindern. Sie hofft auf eine neuerliche gute Zusammenarbeit von Mills und Otto Munsel, dem Verbindungsmann zwischen den bundesdeutschen Geheimdiensten und der Politik. Gemeinsam mit dem CIA-Agenten Pierce Rochford besucht Mills Munsel in Bonn und beginnt eine Affäre mit Munsels Tochter Jutta. Über sie gibt Munsel einen entscheidenden Tipp weiter: Max Lerner, der in Hamburg ein Bordell betreibt, ist Mitglied der Verschwörer. Bei der Beschattung Lerners in Hamburg stellen Mills und Rochford fest, dass Altnazis gemeinsam mit CIA-Agenten offenbar eine größere Aktion vorbereiten. Jutta, die Mills nach Hamburg gefolgt ist, betätigt sich als Sex-Agentin: In ihrem Bett plaudern einige Verschwörer ihren Plan zur Sprengung des

Hamburger Rathauses und zur Ermordung Marschall Titos bei einem Staatsbesuch aus. Beides soll dem KGB in die Schuhe geschoben werden. Munsel berät mit Mills und Rochford Maßnahmen zur Zerschlagung der Verschwörergruppe, die unter dem Kommando von Erich Lemke steht. Der jedoch ist ein KGB-Agent, denn die Verschwörung wird insgeheim von Moskau gesteuert, wo man die Amerikaner und die Westdeutschen als unbelehrbare Revanchisten diffamieren will. Mills und seine Leute ermorden die Nazis mitsamt deren Komplizen von der CIA durch Giftgas und verhindern so die geplanten Attentate. Lemke und Munsel werden zum Schluss getötet, Mills heiratet Jutta in England, doch die Ehe scheitert binnen drei Jahren, und Mills ist wieder allein. Als er erfährt, dass sie ihn mit fast all seinen Freunden betrogen hat, nimmt er sich enttäuscht das Leben. J. H.

WOODY ALLEN USA

(d. i. Allen Stewart Konigsberg, *1935)

Allens Kriminalparodien unterbieten nicht das Niveau der parodierten Texte, sondern überbieten es. So etwa findet bei ihm Prostitution buchstäblich auf höchstem intellektuellem Niveau statt: »Symbolik geht extra«. Sein abgekochter Held Kaiser Lupowitz, der leider nur zweimal »ermittelt«, ist die verschmitzte jüdische Antwort auf R. → Chandlers Philip Marlowe.

Der Falke im Malteser

(OT: *The Whore of Mensa*, 1974). In: W. A.: *Ohne Leit kein Freud* (*Without Feathers*). München: Rogner & Bernhard, 1979. (rororo 4746, 1981.) – Ü: Benjamin Schwarz. – SF: Kaiser Lupowitz.

Word Babcock wird erpresst, denn er nimmt in Flossies Etablissement die Dienste diskussionsfreudiger Prostituierter mit Hochschulabschluss in Literaturwissenschaft in Anspruch, weil sich seine Frau nicht mit ihm über Ezra Pound unterhalten will. Lupowitz gibt vor, er wolle den Sprachphilosophen »Noam Chomsky von zwei Mädchen beigebogen bekommen«, bekommt ein Mädchen zugewiesen und lässt sofort die Maske fallen. Das Mädchen gibt den Aufenthaltsort von Flossie preis, nachdem es eine rührselige Lebensgeschichte erzählt hat. Sie hat Schwierigkeiten mit der Polizei, seit sie einmal lesend im Auto erwischt wurde. Flossies Etablissement liegt hinter einem zur Tarnung eingerichteten Buchladen. Flossie ist ein Mann, trägt eine Maske und ist sogleich bereit, die Motive für seine »Verbrechen« breitestens zu erläutern. Er habe, erklärt er, ohne College-Abschluss die renommierte *The New York Review of Books* übernehmen wollen. Weil er aber dafür für Lionell Trilling hätte gehalten werden müssen (eine Art Marcel Reich-Ranicki der USA), habe er sich einer gesichtschirurgischen Operation unterzogen. Diese sei aber auf groteske Weise fehlgeschlagen: »Ich sah hinterher wie W. H. Auden aus, mit der Stimme von Mary McCarthy. Und da fing ich an, auf der anderen Seite des Gesetzes zu arbeiten ...«. Nach Lupowitzens Faustschlag geht Flossie zu Boden. Nicht nur die örtliche Polizei, auch das FBI ist hinter ihm her: Es geht dabei um eine »kleine Sache«, die etwas mit einer kommentierten Ausgabe von Dantes *Inferno* zu tun hat. Lupowitz beschließt den Abend in Gesellschaft einer mit Bestnoten promovierten jungen Dame namens Gloria. Im Unterschied zu Flossies Mädchen hat sie ihren Abschluss im Fach Leibeserziehung gemacht.

Mr. Big

(OT: *Mr. Big*, 1971). Enthalten in: W. A.: *Wie du dir, so ich mir.* München: Rogner & Bernhard, 1978. (rororo 4574, 1980.) – Ü: Benjamin Schwarz.

Hier persifliert Allen M. → Spillanes *Ich, der Richter.* Das angebliche Nacktmodell Heather Butkiss beauftragt Lupowitz aus angeblichem Erkenntnisdrang (der ihr einen Mercedes von Daddy einbringen soll) mit nichts Geringem als der Suche nach Gott. Gott ist jedoch gerade ermordet ins Leichenschauhaus eingeliefert worden. Nach einigen philosophischen Ermittlungen weiß Lupowitz, dass Butkiss in Wirklichkeit die Physik-Professorin Dr. Ellen Shepard ist und Gott aus Liebe zu einem philosophiebegeisterten Jazzmusiker umgebracht hat. Als er sie mit ihrer Schuld konfrontiert, versucht sie den Detektiv durch einen Striptease zu verführen und dann zu erschießen. Lupowitz schießt zuerst. Auf ihre erstaunte Frage, wie er das denn nur habe tun können, antwortet er: »Die Offenbarung des Universums als eine komplexe Idee seiner selbst im Gegensatz zum Sein in und außerhalb des wahren Seins von sich ist in sich ein begriffliches Nichts – ein subtiler Gedanke, aber ich glaube, sie verstand ihn, bevor sie starb.«

KARIN ALVTEGEN Schweden (*1965)

Karin Alvtegen ist die Großnichte von Astrid Lindgren, literarisch aber eher eine Schülerin von H. → Mankell. Ihre Hauptfigur ist eine 32-jährige Obdachlose in Stockholm. In Rückblicken wird ihr Vorleben erzählt. Vor *Die Flüchtige* schrieb Alvtegen *Skuld* (1998, dt. *Schuld*, 2001).

Die Flüchtige

(OT: *Saknad* [wörtl. »Vermisst«], 2000). Reinbek: Wunderlich, 2001. – Ü: Hedwig M. Binder. – O: Hultaryd, Stockholm. – P: »Glasnyckeln«-Preis als bester nordischer Kriminalroman.

Sibylla Forsenström wuchs in dem småländischen Hüttenindustrieort Hultaryd als Tochter eines Fabrikanten und einer dünkelhaften Mutter auf. Mit 17 brachte sie einen Sohn von ihrer großen Liebe Mikael zur Welt, den sie auf Druck ihrer Mutter zur Adoption freigab. Nach einem Nervenzusammenbruch und einem Aufenthalt in einer psychiatrischen Klinik wurde sie Stadtstreicherin. Seit nunmehr 14 Jahren lebt sie von einer monatlichen Unterstützung der Mutter und raubt als Geschäftsfrau verkleidet allein reisende Herren in Hotels aus. Ein geheimnisvoller Mörder bringt eines ihrer Opfer, Jörgen Grundberg, sowie drei weitere Männer um, weidet sie aus und hinterlässt in ihrem Namen Bekennerschreiben. Sybilla, nach der landesweit gefahndet wird, verbringt mit dem 15-jährigen Patrik Hansson eine Nacht in einem Versteck. Es gelingt Patrik, dessen Mutter bei der Polizei arbeitet, den Polizeicomputer anzuzapfen und sich Informationen über die Mordserie zu verschaffen. Schließlich wissen die beiden, dass allen vier Opfern Organe von Rune Hedlund implantiert wurden, der bei einem Autounfall ums Leben kam. Sibylla observiert dessen Grab, denn sie vermutet, dass die Witwe oder eine Geliebte die Morde begangen hat, um die Organe so wieder zurückzuholen. Am Grab trifft sie Ingmar Ericsson, den Hausmeister eines Krankenhauses. Der lädt sie zu sich ein, sperrt sie dort ein und gibt sich zu erkennen: Er war der Liebhaber von Hedlund und hat die vier Morde aus religiösem Wahn begangen. Nun will er auch Sibylla ermorden und den Mord als Selbstmord ausgeben. In einem Kampf auf Leben und Tod kann Sibylla ihn niederstechen und fliehen. Sie wird von der Polizei aufgegriffen und erzählt den Beamten, darunter auch Patriks Mutter, ihre Geschichte. Als die Polizei in Ericssons Kühlschrank Organe seiner Opfer findet, legt er ein Geständnis ab. Von ihrem Anwalt erfährt Sybilla, dass ihre Mutter nach dem Tod ihres Mannes versuchte, sie um ihren Erbteil zu betrügen. Sibylla verzichtet auf Gegenmaßnahmen und verlangt lediglich genug Geld, um das Haus des ermordeten Strömberg zu kaufen. J. H.

ERIC AMBLER Großbritannien (1909–1998)

Eric Ambler schrieb 1962 die Romanvorlage zu dem Jules-Dassin-Film *Topkapi* (USA 1964). Weitere Werke sind *Epithaph for a Spy* (1938, dt. *Die Stunde des Spions / Nachruf auf einen Spion*, 1963/79), *Judgement on Deltchev* (1951, dt. *Der Fall Deltschew*, 1953), *The Intercom Conspiracy* (1969, dt. *Das Intercom-Komplott*, 1971), *The Schirmer Inheritance* (1953, dt. *Schirmers Erbschaft*, 1975). *Die Maske des Dimitrios*, eine Mischung aus Kriminal- und Agentenroman, lässt Ian → Fleming auf dem schmalen Bücherregal von James Bond stehen.

Die Maske des Dimitrios

(OT: *The Mask of Dimitrios* [engl.] / *A Coffin for Dimitrios* [amerik.], 1939). **(1)** Nürnberg: Nest-Verlag, 1950. (Ullstein 171, 1957.) – Ü: Mary Brand. **(2)** Zürich: Diogenes Verlag, 1997 ([Neuübers.] detebe 20137). – Ü: Matthias Fienbork. – O/Z: Istanbul; 1938.

F: USA 1944, R: Jean Negulescu.

Charles Latimer, der auch wieder in *Das Intercom-Komplott* auftritt, ist ein ehemaliger Wirtschaftswissenschaftler und schreibt Kriminalromane. Der türkische Geheimdienstchef Oberst Haki möchte ihm ein Plot schenken. Gerade ist die Leiche des Schwerstkriminellen Dimitrios Makropulos gefunden worden, dem auch politische Straftaten zur Last gelegt werden und der als ein »Napoleon des Verbrechens«, ja als eine Verkörperung des Bösen schlechthin gilt. Die Idee, Dimitrios' Biografie zu schreiben, ergreift nun von Latimer Besitz. Seine Recherchen führen ihn quer durch ganz Europa, dessen politische Zustände er bei dieser Gelegenheit beobachtet und analysiert. Unter anderem besucht er die Prostituierte Madame Preveza, den ehemaligen Spion Wladyslaw Grodek und Dimitrios' jetzigen Feind Mr. Peters, der früher zusammen mit dem Gesuchten im Mädchen- und Rauschgifthandel tätig war. Dimitrios hat seinen Tod nur vorgetäuscht, eine neue Identität als Großindustrieller angenommen und führt um des Geschäftes willen immer neue internationale politische Krisen herbei beziehungsweise schürt vorhandene an. Wirtschaft, Politik und Kapital sind eine unauflösbare unheilige Allianz eingegangen. Latimer, der sich von einem bloßen Beobachter in einen aktiven Mitspieler verwandelt, verbündet sich mit Peters. Es kommt zu einem Treffen von Peters und Dimitrios, bei dem sich die beiden gegenseitig erschießen. Latimer entgeht dem Tod nur durch Zufall, wie der Zufall überhaupt bei all diesen Ereignissen eine ausschlaggebende Rolle als der eigentliche Motor der Weltgeschichte spielt.

MARTIN AMIS Großbritannien (*1949)

Martin ist der Sohn des Schriftstellers Kingsley Amis. Weiterer Amis-Titel: *The Rachel-Papers* (1973, dt. *Das Rachel-Tagebuch*, 2002). Siehe R. → Markham.

Night Train

(OT: *Night Train*, 1997). Frankfurt a. M.: S. Fischer, 1998. (FiTb 14936, 2001.) – Ü: Joachim Kalka.

Detective Mike Hoolihan ist Polizistin – »Polizei«, wie sich die viril wirkende 44-jährige geschlechtsneutral vorzustellen pflegt – und Spezialistin für die harten, unappetitlichen Todesfälle. Nachdem sie mit ihrem Lebensgefährten, dem Wissenschaftsphilosophen Dr. Trader Faulkner Sex gehabt hat, nimmt sich die Astrophysikerin Dr. Jennifer Rockwell, nackt auf einem Stuhl sitzend, mit drei Schüssen in den Mund das Leben. Weil Jennifer die Tochter eines Ex-Kollegen ist, legt Mike besonderen Nachdruck in die Ermittlungen. Zunächst finden sich keinerlei Motive, Jennifers Beziehung zu Trader galt als harmonisch und stabil. Dann aber erfährt Mike, dass Colonel Rockwell, der Vater, den Obduktionsbericht zensiert und Informationen über Reste von einem bewusstseinsverändernden Medikament in Jennifers Blut zurückgehalten hat. Jennifer war dank guter Gesundheit nirgendwo in Behandlung. Sie hat jedoch vor ihrem Tod die wissenschaftliche Arbeit eines ganzen Monats durch eine völlig sinnlose, an Sabotage grenzende Computermanipulation zunichte gemacht und sich auch sonst auffällig verhalten. Allmählich wachsen die Zweifel an ihrer geistigen Gesundheit, zumal sie der manisch-depressiven Studentin Phyllida Trounce kurz vor ihrem Tod Lithium-Tabletten gestohlen hat. Ein Rückblick auf ihr eigenes Leben voller Beziehungskatastrophen und Widerwärtigkeiten macht Mike visionsartig die Zusammenhänge klar. Das Leben an sich widerte Jennifer an, sie war ihrer Intellektualität, ihren extremen Wertvorstellungen nicht mehr gewachsen, die Welt konnte ihren hochgesteckten Erwartungen nie genügen, niemand und nichts entsprach ihrer eigenen intellektuellen Brillanz und Perfektion. Zum Trost für ihre Hinterbliebenen legte sie vor ihrem Tod falsche Spuren, die auf eine Identitätskrise schließen ließen. Am Ende steht Mike, selbst angewidert von allem, kurz davor, ebenfalls auf den titelgebenden »Night Train« aufzuspringen: »Der Suizid ist der Nachtzug, der dich in die Dunkelheit reißt.«

RODERICK ANSCOMBE Großbritannien (*1947)

Das geheime Leben des László Graf Dracula

(OT: *The Secret Life of Laszlo Count Dracula*, 1994). München: C. Bertelsmann, 1995. (btb 72167, 1997.) – Ü: Charlotte Franke, Sabine Lohmann. – O: Paris, Ungarn; 1866–88.

Graf Dracula ist in dieser realistischen Aktualisierung des Vampir-Mythos in Tagebuchform kein übernatürliches Wesen, sondern ein erblich vorbelasteter Serienmörder, der von einer abergläubischen Landbevölkerung mit dem transsilvanischen Vampir identifiziert wird. 1866 arbeitet László, der jüngere Bruder des ungarischen Grafen George Dracula, in Paris unter dem berühmten Arzt und Hypnotiseur Jean-Martin Charcot (1825–1893). Der Diplomat Lothar von Pick führt ihn in die Gesellschaft ein, verhilft ihm zu einem kleinen Vermögen und heiratet Lászlós Jugendliebe Nicole. László verfällt der Hure Stacia, die in Charcots Vorlesungen als Hypnotisierte auftritt. Als sie jedoch auch von Picks Geliebte wird, schneidet László ihr die Kehle durch und trinkt ihr Blut. Von Pick gerät in akuten Mordverdacht. Als George im preußisch-österreichischen Krieg fällt, erbt László seinen Titel und seine Ehefrau Elisabeth. Nach zwanzig leidenschaftslosen Ehejahren macht er die schöne Estelle zu seiner Mätresse, richtet ihr in Budapest eine Wohnung ein und kommt in

Kontakt mit Oberst Rado, der die Abspaltung Ungarns von Österreich betreibt. Aus Eifersucht schneidet László auch Estelle schließlich die Kehle mit einem Dolch aus der eigenen Sammlung durch. Aus Ehrfurcht vor Lászlós Titel und seinen ärztlichen Verdiensten während einer Typhusepidemie hegt der beschränkte Inspektor Kraus nicht einmal dann einen Tatverdacht, als László ihm ein mit verstellter Schrift geschriebenes briefliches Geständnis schickt. László bleibt auf freiem Fuß, wird aber von Elisabeth, die etwas ahnt, und seinem bewaffneten Diener Brod bewacht. Als das Ehepaar von Pick Schloss Dracula besucht, verfällt die bezaubernde 17-jährige Tochter Stephanie dem gräflichen Charme. Zuvor begeht László im Stall einen weiteren Mord, für den fälschlicherweise sein Freund Pater Gregor verantwortlich gemacht wird. Lászlós Geständnis legt Kraus als edelmütiges Selbstopfer aus. Bei der Überführung nach Kolozsvar lässt sich László mit einer Handschelle an Gregor fesseln. So erlebt er aus unmittelbarer Nähe mit, wie eine aufgebrachte Menge die Kutsche anhält, den vermeintlichen Vampir herauszerrt und ihm einen Pfahl in die Brust rammt. László wird gerettet durch das Eingreifen von Oberst Rado, der hoch zu Ross die Menge auseinander treibt, dem Toten den Arm abschlägt und László zum Schloss zurückbringt, wo die Überwachung durch Brod wieder aufgenommen wird. Rado hat László gerettet, weil die Erhebung gegen Österreich unmittelbar bevorsteht, deren Erfolg Kronprinz Rudolf auf Schloss Dracula abwarten will. Während draußen schon die ersten Schüsse zu hören sind, bewaffnen sich Lothar und der Graf, dem sich Stephanie noch in der selben Nacht hinzugeben versprochen hat. Mit diesen Ereignissen schließt das Tagebuch. László gibt seiner Vermutung Ausdruck, dass der Aufstand scheitern und anschließend totgeschwiegen werden wird; außerdem rechnet er mit dem eigenen Tod. Stephanies Schicksal bleibt offen, doch wird sie wahrscheinlich kein Opfer des Vampirs.

RENÉ APPEL Niederlande (*1945)

Rachsucht

(OT: *Tweestrijd* [wörtl. »Zweikampf«], 1998). Zürich: Nagel und Kimche, 2001. – Ü: Mirjam Pressler. – O: Niederlande.

Als ein Messerstecher die von Trunkenheit und Übelkeit benommene Metzgerstochter Manon nach einem Lokalbesuch vergewaltigen will, tritt rettend der junge Autodieb Roy Wittemann hinzu. Manon und Roy werden ein Paar und ziehen zusammen. Als sein Partner Frank ins Gefängnis kommt, betätigt Roy sich als Drogenkurier für den bösartigen Sjors Verduin. Roy, der nicht viel von konspirativem Verhalten versteht, wird von Profigangstern ausspioniert, überfallen und ausgeraubt; außerdem wird sein Privatauto abgefackelt. Sjors nimmt Roy zunächst einmal ein Stück weit im Wagen mit, zwingt ihn, die Schuhe auszuziehen und barfuß nach Hause zu laufen. Außerdem fordert er einen Ausgleich des angeblichen Verlustes in Höhe von 16000 Gulden, die Roy weder besitzt noch aufbringen kann. Darüber hinaus gesteht ihm Manon, dass sie schwanger ist. Im Gegensatz zu ihr lehnt er das Kind – auch ihren Eltern gegenüber – ab und kauft für einen Teil der zweitausend Gulden, die Manons Eltern widerstrebend für die Ausstattung der gemeinsamen Wohnung gegeben haben, eine Pistole. Mit der versucht er, den Kneipier Ad zu überreden, ihm das benötigte Geld zu leihen. Als Ad zum Gegenangriff übergeht, erschlägt Roy ihn. Die Beute beträgt 4000 Gulden: Ads Wandsafe bekommt er nicht auf. Nachdem er alle Spuren verwischt hat, kehrt er zu Manon zurück und prägt ihr den Zeitpunkt seiner Rückkehr nach Hause ein, damit er später ein Alibi vorweisen kann. Näheres erläutert er nicht. Bald sind ihm Kommissar Wielaard und dessen Kollegin Ineke auf der Spur, und Sjors, dem die 4000 Gulden nicht genügen, beginnt Wucherzinsen zu verlangen. Er weiß genau, wer Ads Mörder ist. Obwohl sich Roy zu Gewalttätigkeiten an seiner Freundin hinreißen lässt, hält die zu ihm. Den polizeilichen Verhörmethoden ist sie jedoch nicht gewachsen. Nachdem sie zugegeben hat, dass Roy nicht zum angegebenen Zeitpunkt in der gemeinsamen Wohnung war, wird Roy angeklagt und zu einer langjährigen Haftstrafe verurteilt. Der von Sjors empfohlene Verteidiger Veldstras geht erfolgreich in die Berufung: Roy kommt frei. Manon, die als angebliche Verräterin von den meisten ihrer früheren Freundinnen systematisch geschnitten wird, lässt ihn jedoch nicht mehr in ihre Wohnung. Wenig später zieht sie zu ihrer surinamischen Freundin Mandy, Roy schlüpft bei einem Kumpel unter. Sein Versuch, den immer noch geldgierigen Sjors zu erschießen, scheitert an der dilettantischen Ausführung. In Sjors Auftrag spioniert Willem Roys Aufenthaltsort aus; Roy wiederum findet Manon bei Mandy. In deren Wohnung kommt es zum finalen Showdown. Willem wirft Roy vom Balkon.

LEO P. ARD Deutschland
(d. i. Jürgen Pomorin, *1953)
REINHARD JUNGE Deutschland
(*1946)

Bevor Leo P. Ard zum Miturheber des erfolgreichen Fernseh-Kommissars Balko wurde, schrieb er in Koautorschaft mit Reinhard Junge *Bonner Roulette*. Zusammen mit Michael Illner schrieb er *Gemischtes Doppel* (1992; Platz 3 des »Deutschen Krimipreises National« 1993). Solo entstanden u. a. *Fotofalle* (1985) und *Das Ekel schlägt zurück* (1990).

Bonner Roulette

Dortmund: Weltkreis Verlag, 1986. (GrafiTäter und GrafiTote 391,1989.) – O: Bonn.

Christoph Keil, NRW-Ministerpräsident und designierter Kanzlerkandidat der Opposition, wird bei der Einweihung des ersten Spielcasinos an der Ruhr von Lothar Kroll mit einer Bombenattrappe – einem Aluminiumkoffer – als Geisel genommen. Kroll verschanzt sich mit den Geiseln in der Direktionsetage des Casinos, nachdem er einem Wachmann die Pistole abgenommen hat. Er kann es selbst nicht glauben, dass sein Plan geglückt ist. Staatssekretär Högenroth leitet einen Krisenstab, den Parteiengezänk, Entscheidungsvorbehalte des urlaubenden Bundeskanzlers und die Wahrung der administrativen Hierarchien lähmen. Irrtümlich wird von mehreren RAF-Terroristen ausgegangen. Kroll trägt seine Forderungen dem herbeigeeilten Kanzler selbst vor. Er verlangt eine Erhöhung der Sozialhilfe auf 1000 Mark pro Monat, was ihm große Sympathien in der Bevölkerung einträgt. Als versehentlich eine der Geiseln von einem SEK-Scharfschützen erschossen wird, entwickelt Kriminalrat Pusch gemeinsam mit dem Innenminister die rettende Idee: Der Kanzler verspricht Kroll telefonisch die Erhöhung der Sozialhilfe um monatlich 100 Mark, danach müssten die Länder entscheiden. Eine geschickt manipulierte Aufnahme einer älteren Kanzlerrede überzeugt Kroll, am Ziel seiner Wünsche zu sein. Ohne seine Bombenattrappe und die Pistole begibt er sich mit seinen Geiseln auf den Weg zum Fahrstuhl, der sie alle in die Freiheit bringen soll. Am Ende des

Fahrstuhls hat Kriminalrat Pusch ganz allein, aber mit einem kleinen Aktenkoffer ausgestattet, alles für ihren Empfang vorbereitet. Nicht einmal zwei Stunden später melden die Rundfunksender, dass Kroll sich und die Geiseln in die Luft gesprengt habe.

G. R.

JAKOB ARJOUNI Deutschland (*1964)

Arjounis Serienfigur ist der Frankfurter Privatdetektiv Kemal Kayankaya, der, da in Deutschland geboren, kein Wort Türkisch spricht. Ein Säufer und Outcast, hat er permanenten Ärger mit der Polizei. Seine bislang vier Abenteuer sind angereichert mit viel mainfrankfurter Lokalkolorit und bilden einen der Vorläufer des Regionalkrimis. Die weiteren Kayanka-Krimis: *Mehr Bier* (1987), *Ein Mann, ein Mord* (1991; Platz 2 des »Deutschen Krimipreises National« 1992), *Kismet* (2001). In der Verfilmung von *Happy Birthday, Türke* verkörperte Hansa Czypionka den Detektiv.

Happy Birthday, Türke

Zürich: Diogenes Verlag, 1987 (detebe 21544). – O/Z: Frankfurt a. M.; 1983.
F: D 1992, R: Doris Dörrie.

Kemal Kayankaya soll den Tod von Ahmed Hamul aufklären, der in einem Bordell erdolcht wurde. Sofort beginnen paramilitärisch ausgerüstete Schläger, ihn von seinen Nachforschungen abzuhalten. Trotzdem findet er heraus, dass Ahmed genau wie sein inzwischen ebenfalls getöteter Schwiegervater Vasif Ergün ein Dealer war. Auch die einzige Zeugin von Ergüns Tod ist ermordet worden. Der Detektiv kommt einer Gruppe korrupter Polizisten um den Kommissar Futt auf die Spur, die Hamul und Ergün zwangen, mit beschlagnahmtem Heroin zu handeln, und sie später umbrachten. Ein aufrechter Arzt, der seinerzeit gegen seine eigenen Zweifel Ergüns Totenschein ausstellte, ist bereit, gegen die Polizisten auszusagen. Kayankaya kann in letzter Sekunde die Ermordung einer Prostituierten und ihres Zuhälters verhindern, die Futt erpressen wollten, nachdem sie von dessen Machenschaften erfahren hatten. Außerdem gelingt es ihm, die Schuldigen an einem Ort zu versammeln, sie dort vor einem herbeigerufenen Staatsanwalt zu einem Geständnis zu zwingen und ihnen dabei auch noch den Mord an Hamul in die Schuhe zu schieben. Dessen Mörder ist Yümaz Ergün, Vasifs Sohn. Er hat den Schwiegervater ermordet, weil dieser seine Schwester Ayse Ergün in die Heroinabhängigkeit getrieben hatte. Dass Ahmed aussteigen wollte und schon Raten für ein Haus in Norddeutschland zahlte, war Kayankaya unbekannt. Der spielt Schicksal und lässt ihn laufen.

GUILLERMO ARRIAGA Mexiko (*1958)

Der süße Duft des Todes

(OT: *Un dulce olor a muerte*, 1994). Zürich: Unionsverlag, 2001. – Ü: Susanne Mende. – O: Loma Grande.
F: Mexiko/Argentinien/Spanien 1999, R: Gabriel Retes.

Die Chronik eines angekündigten Todes: Als die 15-jährige Adela nackt, von hinten erstochen und auf freiem Feld gefunden wird, wird der reisende Händler Gitano, ein notorischer Schürzenjäger, von der öffentlichen Meinung zum Mörder gestempelt. Der junge Kellner Ramón gilt fälschlicherweise als Freund Adelas und soll den vermeintlichen Mörder töten. Ohne dagegen aufzubegehren, akzeptiert er die Rolle und betrachtet sich schließlich selbst als Adressat von Adelas nachgelassenen Liebesbriefen. Adela wird barfuß, in Alltagskleidung beerdigt, da ihr Sonntagsstaat einschließlich des einzigen Paars Schuhe verschwunden ist. Weil der korrupte, faule Polizist Carmelo Lozano passiv bleibt, schlüpft Gemeindevorsteher Justino Téllez gerne in die Rolle des Detektivs. Er findet Adelas Kleider sorgfältig zusammengelegt an einer abseitigen Stelle. Fußspuren belegen, dass sich das Mädchen für ihren Liebhaber ausgezogen hat und nach einem Liebesakt getötet worden ist. Der Täter trägt anders als Gitano Cowboystiefel und hat obendrein eine andere Schuhgröße als dieser. Justino vernichtet die Kleider, damit Adela nicht postum als triebhaftes, frühreifes Mädchen dasteht. Damit sieht er seine Rolle als Ermittler als beendet an; nach dem Mörder oder seinem Motiv wird fortan nicht mehr gesucht. Gitano, der mit Adela rein gar nichts zu tun hatte, unterhielt ein Verhältnis mit Gabriela Bautista, einer verheirateten Frau aus Loma Grande. Gabriela muss jedoch fürchten, von ihrem Mann Pedro Salgado umgebracht zu werden, wenn das Verhältnis ans Licht kommt. Adelas einzige Freundin Astrid weiß, dass Gitano unschuldig sein muss, denn der besucht Gabriela lediglich zwei- oder dreimal im Monat. Adela aber behauptete, täglich mit ihrem Freund zu schlafen. Ramón tötet Gitano und flieht. Aus einem Lügengespinst ist so grausame Wahrheit geworden.

B

A. [ALBERT] C. [CORNELIS] BAANTJER
Niederlande
(*1923)

Der gutmütige Rechercheur Jurjen de Cock vom Polizeirevier in der Warmoestraat und der Detektiv Dick Vledder sind eines der beliebtesten Ermittlerduos der Niederlande, gleichermaßen populär als Roman- wie als TV-Helden. De Cock ist Stammgast im Café des Exkriminellen Smalle Lowietje, wo es außer Napoléon Brandy auch Informationen jeder Art gibt. Regelmäßig gerät de Cock mit seinem Chef Buitendam aneinander, der ihn dann mit unfreundlichen Worten aus dem Büro jagt. Baantjer, einst selbst Kriminalist an der Polizeiwache Warmoestraat in Amsterdam, bringt seine bisher mehr als 50 »De Cocks« im Halbjahres-Rhythmus hervor, darunter *De Cock en de dansende dood* (1974, dt. *De Cock und der tanzende Tod*, 1982), *De Cock en de romance in moord* (1977, dt. *De Cock und der romantische Mord*, 1981) und *De Cock en de dodelijk akkoord* (1980, dt. *De Cock und das tödliche Komplott*, 1982).

De Cock und der tote Hampelmann
(OT: *De Cock en de dode harlekijn*, 1968). Frankfurt a. M. / Berlin / Wien: Ullstein, 1983 (Tb 10213). – Ü: Erwin Peters. – O: Amsterdam.

Der angesehene Steuerberater Pierre Brassel bittet de Cock um einen Termin und fragt ihn, wie er den perfekten Mord begehen könne. Als de Cock die Beantwortung dieser Frage ablehnt, erklärt Brassel, dass im Hotel »Het Wapen van Groenland« im Zimmer 21 die Leiche des Utrechter Einbrechers Jan Brets liege. De Cock und Vledder finden Brets mit einem Hockeyschläger ermordet und hergerichtet wie ein Hampelmann. Bei der Leiche liegt eine briefliche Warnung von Brassel, der offenbar den Mord verhindern wollte. Brets war von Brassel für einen Einbruch angeheuert worden. Er sollte im »Wapen van Groenland« absteigen, in eine Firma einbrechen und den Nachtwächter mit einem Hockeyschläger niederschlagen, doch war das alles nur der Vorwand für Brets' Ermordung. Das Motiv bleibt unklar. Als ein zweiter Einbrecher, Reinier Kamperman aus Haarlem, ermordet und ebenfalls als Harlekin hergerichtet im Zimmer 21 des Hotels abgelegt wird, erkennt de Cock die Zusammenhänge: Brets und Kamperman hatten acht Jahre zuvor bei einem gemeinsamen Einbruch einen gewissen Jacob Hampelmann brutal ermordet. Dessen Neffe Friedrich Gosler, der Chef des Hotels »Het Wapen van Groenland«, wollte den Tod seines Onkels rächen. Er brachte seinen Schwager Brassel dazu, die beiden in das Hotel zu locken, wo er sie dann ermordete. Brassel half zwar bei dem Rachefeldzug, sicherte sich aber für die Tatzeit stets ein Alibi. Gosler gesteht de Cock die Verbrechen, doch er leidet an Krebs und hat nur noch wenige Tage zu leben. Daraufhin taucht de Cock allen Dienstvorschriften zuwiderhandelnd mit der Absicht unter, sich erst nach Goslers Tod wieder bei seinem wütenden Chef zu melden. Er möchte keine Präzedenzfälle für andere Rachedurstige schaffen.

J. H.

PAT BARKER Großbritannien
(*1942)

Pat Barker erhielt 2001 für ihre World-War-I-Trilogie den »Welt-Literatur-Preis«. Ihr Debütroman *Union Street* (1982, dt. 1995) wurde 1989 mit Robert de Niro und

Jane Fonda verfilmt unter dem Titel *Stanley und Iris*. Auf *Union Street* folgte der reportageartige Sozialkrimi *Die Lockvögel*.

Die Lockvögel

(OT: *Blow Your House Down*, 1984). Berlin: Orlanda-Frauenverlag, 1992. (Fischer Frauenkrimi 12309, 1996.) – Ü: Elisabeth Hartmann. – O: Yorkshire.

Eher eine Milieustudie über die Genese der Kriminalität aus sozialem Elend als ein Krimi, erzählt das Buch aus wechselnder Perspektive von Frauen, deren Männer oder Lebensgefährten in der Regel trunksüchtig und gewalttätig sind. Die Frauen werden oft mit kleinen Kindern ohne Unterhalt verlassen und haben nur zwei Möglichkeiten: entweder unter nahezu frühkapitalistischen Bedingungen in einer Geflügelschlachterei zu arbeiten oder auf den Strich zu gehen. Zu den Frauen, die Letzteres tun, gehören Brenda, Jean, Kath, die schwangere Eileen und einige andere. Sie arbeiten in den Wagen ihrer Freier, im Müll unter einer Eisenbahnbrücke oder in abbruchreifen Häusern. Als ein Prostituiertenmörder umgeht, hört der normalerweise immer spürbare Druck der Polizei gänzlich auf – es gibt keine Kontrollen, Razzien oder Schikanen mehr. Nur gelegentlich fallen einzelne Beamte als bewusst passive Beobachter auf. In anderen Gegenden wird die polizeiliche Präsenz dagegen verstärkt, was Prostituierte aus anderen Gegenden förmlich in die Stadt treibt. Ein harter Verdrängungswettbewerb ist die Folge; vor allem Schülerinnen, die oft nicht älter als 14 Jahre sind, drängen zu Dumpingpreisen und mit der Bereitschaft, auf Kondome zu verzichten, in das Geschäft. Bald merken die Frauen, dass sie unfreiwillig als Lockvögel dienen: Die Polizei lässt sie in Ruhe in der vergeblichen Hoffnung, den Ripper irgendwann auf frischer Tat zu ertappen. Kath nimmt den Killer in ihre Notunterkunft mit und wird auf grausame Weise missbraucht und ermordet. Eine der Frauen trägt seit Kaths Tod ein Messer mit sich herum. Damit ersticht sie einen Freier, der nicht nur ein Auto so parkt, dass sie nicht aussteigen kann, sondern auch Anstalten zu machen scheint, sie mit seiner Krawatte zu erwürgen. Die Prostituierte entkommt unerkannt.

LINDA BARNES USA

(*1949)

Carlotta Carlyle, die hochgewachsene Ex-Polizistin irisch-jüdischer Abstammung aus Boston, ist eine der Kultfiguren des Frauenkrimis und im Gegensatz zu Stoner McTavish von S. → Dreher heterosexuell. Oft arbeitet sie mit ihrem früheren Kollegen Lieutenant Mooney von der Bostoner Kriminalpolizei zusammen. Weitere Carlotta-Carlyle-Krimis: *A Trouble of Fools* (1987, dt. *Carlotta steigt ein*, 1990, neu 2001), *Hardware* (1995, dt. *Carlotta geht ins Netz*, 1997), *Cold Case* (1997, dt. *Rückkehr aus dem Reich der Toten*, 1999) u. a.

Carlotta jagt den Coyoten

(OT: *Coyote*, 1990). Reinbek: Wunderlich, 1992. (rororo 3099, 1994.) – Ü: Jürgen Bürger. – SF: Carlotta Carlyle. O: Boston.

»Coyote« ist ein Unterweltausdruck für einen Schlepper und Menschenhändler. – Der Kopfkissenfabrikant Hunneman beutet mit seinem Schwager Canfield, einem Miethai, illegale Einwanderer aus Lateinamerika wie Manuela Estefan aus. Manuela bietet Carlotta 500 Dollar für die Wiederbeschaffung ihrer verlorenen Aufenthaltsgenehmigung an und verlässt sofort ihr Büro. Kripo-Lieutenant Mooney jagt gerade einen Serienmörder, der bereits drei illegale Einwanderinnen aus Südamerika ermordet und zerstückelt hat; Manuela Estefan wird die vierte. Vorher kann sie Carlotta noch telefonisch eine Wohnung Canfields als den Ort nennen, an dem sie gleich den Tod finden wird. In den Fall mischen sich zwei Beamte von der Einwanderungsbehörde INS ein, der fiese Walter Jamieson und der sympathische Texaner Harrison »Harry« Clinton. Letzterer erweist sich jedoch als der »Coyote« und obendrein als der gesuchte Serienkiller. Clinton, bis ins Mark korrupt, verschafft gegen saftige Provisionen Hunneman billige Arbeitskräfte und Canfield Sozialmieter; außerdem erpresst er von Frauen sexuelle Gefälligkeiten. Manuela Estefan hatte ihm während eines erzwungenen Beischlafes sein Ausweismäppchen gestohlen und es in ihrer Wohnung versteckt. Clinton tötet sie, findet aber das Versteck nicht. Er ermordet auch mögliche Mitwisserinnen Manuelas und tarnt diese Morde als Taten eines Psychopathen. Bis Carlotta ihm auf die Spur gekommen ist, hat er ihre kleine Freundin Paolina als Geisel genommen. Für ihre Freilassung fordert er die Herausgabe von Ana, einer anderen Illegalen, die aufgegriffen wurde, als sie in Manuelas Wohnung noch einmal nach dem Versteck suchen wollte. Eine Polizistin schlüpft in Anas Rolle. Danach kann Mooney Clinton festnehmen.

NEVADA BARR USA
(*1952)

Nevada Barrs Romane sind eine Mischung aus Krimi und Wildwest-Abenteuer. Für *Track of the Cat* (1993, dt. *Spur der Katze*, 1995), den ersten Krimi um die Park-Rangerin Anna Pigeon, erhielt die Autorin – die vor ihrer literarischen Karriere selbst Rangerin war – den »Agatha Award«. Anna Pigeon, die ihr Beruf – eine Mischung aus Feuerwehrfrau, Försterin und Polizistin – an alle großen Naturschauplätze der USA führt, ist vom zweiten Roman an, *A Superior Death* (1994, dt. *Einer zuviel an Bord*, 1995), lose mit dem FBI-Agenten Frederick Stanton befreundet, der zur Entspannung Holzfiguren schnitzt; ihre Schwester Molly ist Psychiaterin in New York.

Feuersturm

(OT: *Firestorm*, 1996). München: Heyne, 1999 (Tb 01/10867). – Ü: Christine Strüh, Adelheid Zöfel. – SF: Anna Pigeon, Rangerin. O: Lassen Volcanic National Park (Kalifornien).

Der Lassen Volcanic National Park wird von einer gigantischen Feuersbrunst mit dem Codenamen »Jackknife« überrollt. Die klimatischen Bedingungen bringen es mit sich, dass nach dem Vorüberrollen einer regelrechten Feuerwalze heftiges Schneetreiben einsetzt; beides, Feuer wie Wintereinbruch, gefährden die Einsatzkräfte aufs Äußerste. Zu den Einsatzkräften gehört auch die 40-jährige Rangerin Anna Pigeon, eine Sanitätshilfskraft. Privat ist sie lose liiert mit dem geschiedenen FBI-Agenten Frederick Stanton, der aus Zuneigung ohne eigentliche Mission zu ihr reist und ihr bei der Aufklärung eines Doppelmordes hilft. Recherchen übernimmt für ihn sein findiger Kollege Timmy Spinks. Das erste Opfer ist Joshua Short, der Bruder von Annas Kollegin Jennifer. Er ist, angeblich durch eigene Schuld, in einem Waldstück verbrannt, das er vor der Zersiedelung retten wollte. Eine überraschend aufkommende Flammenwand zwingt Anna und ihren Begleiter Lenny Nims, zur eigenen Rettung den bereits geretteten Verwundeten Newt Hamlin dem Feuertod auszuliefern. Anna überlebt das flammende Inferno in einem hitzebeständigen Notzelt. In einem anderen Notzelt entdeckt sie Nims, mit dem eigenen Messer erstochen. Obwohl er auffallend kleine Hände hat, trägt er an der einen

Hand einen blutverschmierten, zu großen Handschuh – ein Indiz, mit dem Anna zunächst nichts anfangen kann. Der einsetzende Schneesturm schneidet die Gruppe ab. Für die Rettung werden trotz des Einsatzes schwersten Geräts mehrere Tage veranschlagt, denn das Wetter macht den Einsatz von Hubschraubern unmöglich. Erst Hitze, dann Kälte und schließlich Hunger und Durst werden zu direkten physischen Bedrohungen. Persönliche Spannungen zwischen den Abgeschnittenen bis hin zu offener Gewaltanwendung vergrößern die Schwierigkeiten zusätzlich. Eine warme Quelle bedeutet Erleichterung für die Halberfrorenen. Für Anna persönlich wird die Lage durch kurze Funkmitteilungen erträglicher, die Stanton vom Basislager aus durchgibt. Stanton hat von dem Mordfall erfahren und sich in die Ermittlungen eingeschaltet. Rasch hat er die Namen der vor Ort befindlichen Personen – und damit der möglichen Täter – herausgefunden und deren Datensätze abgefragt. Der Ermordete bearbeitete für eine Ölfirma Pachtverträge. John LeFleur ist, was die Dauer seiner Anstellungen betrifft, sehr unstet und ebenso vorbestraft wie Stephen Lindstrom; der studierte Umweltwissenschaftler Hugh Pepperdine scheint unverdächtig, desgleichen Paula, der Indianer Joseph Hayhurst und der Iberoamerikaner Lawrence Gonzalez. Stanton versucht, einen logischen Zusammenhang zwischen den Biografien und Nims' Tod herzustellen – zunächst vergeblich. Dafür bemerkt er überaus schlampige und widersprüchliche Ermittlungen im Zusammenhang mit Joshua Shorts Tod. Bei einem Zählappell wird das Fehlen eines Schutzzeltes festgestellt. Daraus ist zu schließen, dass Nims mit jemandem sein Zelt geteilt haben muss, der ihn anschließend ermordete. Jennifer macht sich in verdächtiger Weise an Nims' Leiche zu schaffen, und Joseph Hayhurst weiß, dass Nims den geplanten Industrieprojekten in Naturschutzgebieten gegen die Zahlung von Schmiergeldern jede gewünschte Unbedenklichkeitsbescheinigung ausstellte. Bei der Tötung von Nims ist Blut über den Handschuh des Mörders geflossen, weswegen der Mörder dem Opfer den sauberen Handschuh abnahm und ihm seinen blutigen überzog. Jennifer war jedoch nicht die Mörderin. Sie hatte Nims in ihr Zelt gelassen und später den Handschuh abgenommen, weil sie sich geschnitten hatte. Der Mörder war vielmehr Lindstrom, der auch Joshua kannte und einmal dessen Liebhaber gewesen war. Joshua wurde allerdings von Nims umgebracht, weil der ihn verklagen wollte. Lindstrom rächte seinen ermordeten Freund. Nach einem Ringkampf mit Hugh und einem letzten Gespräch mit Anna lässt er sich in einen Sumpf rutschen, um dem Gefängnis zu entgehen.

GEORGE BAXT USA
(*1923)

Baxts Krimis sind thematisch verwandt mit den Toby-Peters-Krimis von S. → Kaminsky, aber in der Regel viel witziger. Wie Kaminsky lässt Baxt Prominente sich in Mordfälle verwickeln. Außer Alfred Hitchcock müssen sich u. a. Mae West, Humphrey Bogart und viele andere ihrer (unschuldigen) Haut wehren. Baxt, in den 50er-Jahren Theateragent, kennt die Branche als Insider. In *The Tallulah Bankhead Murder Case* (1987, dt. *Mordfall für Tallulah Bankhead*, 1993) gewährt er sich selber einen Kurzauftritt à la Hitchcock unter eigenem Namen und mit seinem richtigen Beruf.

Mordfall für Alfred Hitchcock

(OT: *The Alfred Hitchcock Murder Case*, 1986). Zürich: Haffmans, 1993 (Haffmans Bücher bei Heyne 18). – Ü: Ruth Keen. – O/Z: München; 1925 und 1934.

Bei »Hitchs« erster Regiearbeit hört seine Verlobte Alma eine kleine Eigenkomposition des Pianisten Wagner, der unter den Augen der Polizei erstochen wird; außerdem wird Hitchcocks Skriptgirl Anna Grieban ermordet. Beide Morde bleiben unaufgeklärt, und der britische Geheimdienst beklagt den Verlust zweier Agenten. Neun Jahre später soll Alfred ein Drehbuch über die damaligen Münchner Morde lesen. Ein Bote, der es in sein Landhaus bringt, wird überfallen und stirbt bei der Übergabe. Inspektor Jennings von Scotland Yard informiert nach Durchsicht des Buches unverzüglich den britischen Geheimdienst. Obwohl Sir Arthur und seine Assistenten Basil Cole und Nigel Pack das Haus observieren, werden das Drehbuch daraus gestohlen und Alma entführt. Alfred, der niedergeschlagen worden ist, erwacht neben einem toten Polizisten in Zivil. Auf der Suche nach seiner Frau lernt er die Ex-Agentin Madeleine Lockwood kennen, die seinerzeit Geliebte von Sir Rufus Derwent war. Ein Wanderzirkus dient als Tarnunternehmen eines deutschen Spionageringes. Hier kommt es zu tumultuarischen Szenen: Der Entführer von Alma wird durch einen Pfeil getötet. Nancy und Hitchcock flüchten erneut, Nancy wird von den Spionen gefangen, Hitchcock von dem entstellten Herbert gerettet. Dieser erklärt die Hintergründe: Weil seine Melodie als Code für Agenten aller Nationalitäten interessant war, verkaufte er sie – ein Fall von Vaterlandsverrat. Im Auftrag des deutschen Geheimdienstes ermordete Rosie Wagner erst die für die Russen tätige Anna, dann den eigenen Vater. Nancy Adair ist Rosie und sollte Hitchcock ermorden, doch unterließ sie es wegen ihrer Vorliebe für dicke Männer. Alma wird vom Geheimdienst befreit und in Sicherheit gebracht. Der Tote im Zirkus war ein eingeschleuster britischer Informant. Bei einem Kostümfest in seiner Villa versucht Sir Rufus Hitchcock mit einem Glas vergifteter Milch zu töten. Herbert kann dies in letzter Sekunde verhindern, Nancy wird erschossen, Rufus' Tochter begeht mit der Milch Selbstmord. Sterbend verrät sie den Namen des Doppelagenten: Es ist ihr Geliebter Basil Cole. Später stellen die Hitchcocks einen Thriller mit Wagners kleiner Melodie fertig.

G. Sch.

MARTIN BEDFORD Großbritannien (*1959)

Houdini Girl

(OT: *The Houdini Girl*, 1999). Berlin: Argon Verlag, 2000. – Ü: Matthias Müller. – O: London, Amsterdam.

Der Illusionist Fletcher »Red« Brandon (der Icherzähler) hat das Liebesverhältnis zu seiner Assistentin Kim bereits beendet, als ihn die herbe Irin Rosa Kelly verführt. Nach einem Jahr des Zusammenlebens unter einem Dach verschwindet Rosa plötzlich ohne Angaben von Gründen und wird im Bahnhof von Amsterdam von einem Zug überfahren. Später erhält Red anonym ihre Tasche zugestellt. Sie enthält einen Pass auf den Namen Charity Jackson, einen Zettel mit den Namen Nikolaas und Lena sowie zwei Amsterdamer Telefonnummern. Diese Funde verschweigt er der Polizei gegenüber und beginnt auf eigene Faust zu ermitteln, wobei er mehrfach in Lebensgefahr gerät und schließlich sogar untertauchen muss. Zunächst ist nur so viel klar: Rosa, die ihm einen komplett erlogenen Lebenslauf aufgetischt hat, hat einmal mit einem Niederländer namens Nikolaas zusammengelebt. In ihrem Lebenslauf klafft eine Lücke von fünf Jahren. In diesen Jahren war sie, so zeigt sich, Prostituierte; Nikolaas und van Dis waren ihre Zuhälter. Gut organisierte Frauen aus England halfen ihr, aus dem Milieu auszubrechen. Wieder in der Heimat, widmete sie einen Teil ihrer Zeit – was sie vor Red geheim hielt – der Befreiung und Rückführung anderer englischer Mädchen aus den Klauen der brutalen niederländischen Zuhälter, die sie in einem streng geheimen Frauenhaus irgendwo in England unterbrachte. Nikolaas und van Dis waren ihr auf ihrer letzten Reise nach Amsterdam bereits auf die Spur gekommen; sie konnte noch ein Mädchen in ihrer Obhut warnen, bevor sie den Fluchtversuch machte, bei dem sie ums Leben kam. Das Mädchen schickte später Rosas Tasche an Red. Der erklärt sich bereit, Rosas gescheiterten Auftrag zu vollenden. Er dient jedoch nur als »red herring« zur Ablenkung der Gegner; das betreffende Mädchen wird von anderen nach England zurückgebracht. Nach der Heimkehr erhält Red das Angebot, für zwei Jahre als Bordzauberer auf einem Kreuzfahrtschiff mitzureisen – ein Angebot, das er wahrscheinlich annehmen wird. – Der Titel, eine Anspielung auf die verschwundene Rosa, bezieht sich auf den großen Illusionisten Houdini (1874–1926).

MOSHE YA'AKOV BEN-GAVRIÊL Israel
(d. i. Eugen Hoeflich, 1891–1965)

Sieht man vom biblischen König Salomon ab, so darf der Schwede Frank Heller (d. i. Gunnar Serner, 1886–1947) als Erfinder des modernen jüdischen Detektivs gelten. Aus Protest gegen den Antisemitismus im Europa seiner Zeit schuf er den sehr belesenen, Geige spielenden Psychoanalytiker Zimmertür aus der Amsterdamer Herengracht 124, der in zahlreichen Kurzgeschichten und dem Roman *Marco Polos Millioner* (1927, dt. *Marco Polos Millionen. Ein Abenteuerroman zwischen Psychoanalyse und Astrologie*, 1929) als jüdisches Gegenstück zu Sherlock Holmes seine Fälle durch das Knüpfen erstaunlicher Assoziationsketten löst. Die literarische Ahnfrau aller jüdischen Kriminalistinnen erfand lange vor Sh. → Lapid, O. → Shem-Ur oder J. → Yaffe der in Wien geborene Moshe Ya'akov Ben-Gavriêl mit der genialen, sympathischen israelischen Armee-Detektivin Thamar Dor. Sie ermittelt überall dort, wo englische Armeeangehörige oder Diplomaten arbeiten. Erstmals trat sie als Nebenfigur in *Krieg und Frieden des Bürgers Mahaschavi* (1952) auf. Nur in *Die sieben Einfälle der Thamar Dor* avanciert sie auch zur Haupt- und Titelfigur.

Die sieben Einfälle der Thamar Dor

Hamburg: Hoffmann & Campe, 1962. (FiTb 1018, 1969.) – O/Z: Naher und Ferner Osten, Griechenland; Zweiter Weltkrieg.

Verschiedene Personen erzählen in diesem Episodenkrimi sechs erfolgreich gelöste Fälle sowie einen Misserfolg Thamar Dors. Dieser steht Detective-Inspector Wheeler von Scotland Yard zur Seite, der für die Dauer des Krieges im Rang eines Captain als Kriminalist in der Royal Army dient. Zunächst löst sie den Mord an einem farbigen Soldaten in einem Militärkino in Ägypten. Der Schütze hat seine Tat exakt während einer Schießerei auf der Leinwand ausgeführt. Da der Film jedoch erst einmal im Rahmen einer internen Probeaufführung in Ägypten gezeigt worden ist, kann nur eine einheimische Hilfskraft dem Mörder das Zeichen zum Schuss gegeben haben. Dieser Komplize ist natürlich längst verschwunden. In Haifa überführt Thamar den Spion Kurok, der alle Schiffsbewegungen dem Feind meldet, ohne dass zunächst klar wäre, wie er das bewerkstelligt. Thamar entdeckt, dass Kurok seinen Hund zum Nachrichtenkurier abgerichtet hat, und injiziert vor dessen nächster Mission dem Hund, der neben der Wohnungstür schläft, unter dem Türspalt hindurch ein Betäubungsmittel, das seine Wirkung nur unter Einwirkung von Sonnenlicht entfaltet. Als der Hund auf der Straße zusammenbricht, entdeckt sie in seinem Fell die geheime Botschaft. In Griechenland überführt Thamar den Philatelisten Zacharides der Spionage. Er gibt seine Informationen mit Hilfe eines musikalischen Codes weiter, indem er seinen Text in Notenschrift verschlüsselt und diese zusammenhanglosen Noten in seiner Wohnung gegenüber der deutschen Botschaft auf einem Xylophon spielt. In der deutschen Botschaft schreibt sie ein Mann mit absolutem Gehör mit; dann erfolgt die Dechiffrierung. Eine Schlappe erlebt Thamar in Kairo, wo sie, als Fellachin verkleidet, Rauschgifthändlern auf die Spur kommen soll. Durch Fehler in ihrem Verhalten warnt sie jedoch eine Verdächtige. Die Bande, an deren Spitze ein Italiener steht, entkommt nicht nur, sondern missbraucht Thamar obendrein noch als Drogenkurierin. In Shanghai kommt sie einem raffinierten Perlendiebstahl eines Schweden auf die Schliche, bei dem sie als Alibizeugin dienen soll. In Chung-king schließlich entlarvt sie einen offensichtlichen Spion, der geheime Dokumente fotografiert, während der Besitzer Mr. Gordon sie liest. Gordon, der wegen einer Sehschwäche sehr starkes Licht braucht, pflegt bei der Lektüre in seinen streng bewachten Bunker Radio zu hören. Ein uhrwerkgetriebener Fotoapparat mit einer akustischen Schaltung fotografiert beim Einschalten des Radios Gordons Dokumente.

RAYMOND BENSON USA
(*1955)

Im Gegensatz zu J. → Gardner versteht der in Chicago lebende Computerspiel-Designer Benson – der zweite der von Glidrose Productions als Nachfolger Ian Flemings bestimmte Autor – viel von gutem Essen, fremden Ländern, gefährlichen Sportarten und vom Glücksspiel und ist mit den kanonischen Figuren und Motiven der Bond-Serie bestens vertraut. Auch in Geschichte und internationaler Politik erweist sich Bensons Bond als kompetent. Bensons erster eigener Bond-Roman nach der Drehbuch-Novelisation von *Der Morgen stirbt nie* ist *Countdown*, dem *The Facts of Death* (1998, dt. *Tod auf Zypern*, 2000) sowie *Dubbleshot* und *High Time to kill* (2000) sowie *Never dream of dying* (2001) folgten.

Countdown
(OT: *Zero minus ten*, 1997). München: Heyne, 1998 (Tb 01/10761). – Ü: Bea Reiter. – SF: James Bond. O/Z: Hongkong, Australien; kurz vor der Übergabe Hongkongs an China.

Im Mittelpunkt einer Serie von Massakern an verschiedenen Orten des Commonwealth stehen die Firma EurAsia und drei chinesische Albino-Killer. In Hongkong gerät Bond ins Visier gleich dreier Großverbrecher, nämlich des korrupten chinesischen Generals Wong, des Triadenchefs Li und des EurAsia-Chefs Guy Thackery. In einem Nachtklub lernt Bond den Triadenchef Li und die schöne Stripperin Sunni kennen. Bond flieht mit Sunni, erschießt die Verfolger unter Aufgabe seiner Tarnung und will Sunni außer Landes schaffen, was Bonds Vorgesetzter M jedoch verweigert. Als Bond von Li gefasst wird, erkauft er seine und Sunnis Freiheit mit der Bereitschaft, einen Vertrag wiederzubeschaffen, den Wong gestohlen hat. Darin beurkundet ein Vorfahre Thackerys sein Einverständnis, im Falle der Rückgabe Hongkongs an China die Firma EurAsia seinem Vertragspartner, einem Vorfahren Lis, zu verkaufen. Bond begibt sich auf rotchinesisches Gebiet, wird gefasst und von Wong gefoltert, kann diesen jedoch töten. Er stiehlt den Vertrag und begibt sich zurück nach Hongkong. In Australien, wo eine Primitivst-Atombombe explodiert ist, trifft Bond den inzwischen angeblich ermordeten Thackery wieder. Der hat im Wissen, dass er EurAsia verlieren wird, alles Kapital aus der Firma gezogen und versucht, durch blutige Massaker Wong und Li verdächtig zu machen. Außerdem will er durch die Zündung einer Atombombe einen Krieg zwischen China und Großbritannien provozieren (die Explosion in Australien war ein Test). Die Bombe und Sunni befinden sich auf einem chinesischen Schiff im Hafen von Hongkong. Als Lis Leute das Schiff entdecken, entbrennt eine veritable Seeschlacht, in deren Verlauf Thackery Li erschießt und dafür von Bond in den trüben Wassern des Hongkonger Hafens ertränkt wird. Auch die beiden noch verbliebenen Albinos sterben, der eine von Sunnis karategeschulter Hand. Bond kann in letzter Sekunde mit einer Pinzette aus der Erste-Hilfe-Ausrüstung im Schuh die Batterie der Zeitschaltuhr im Zünder entfernen. Danach kehrt Hongkong reibungslos in rotchinesische Hände zurück, niemand hat den Zwischenfall bemerkt.

ASTER BERKHOF Belgien

(d. i. Lode van den Bergh, *1920)

Berkhof ist einer der produktivsten flämischsprachigen Autoren seines Landes und hat seit den 1940er-Jahren mehrere Dutzend z. T. religiöse Bücher geschrieben, von denen einige bereits in den 60er- und 70er-Jahren in deutscher Übersetzung erschienen.

Riskantes Spiel

(OT: *Hoog spel*, 1997). Wetzlar: Verlagshaus No. 8, 2000. – Ü: Birgit Kawohl. – O/Z: Belgien, Frankreich; 1990er-Jahre.

Aus Liebe zu dem charmanten, aber rücksichtslosen Millionär Derek Hellman gibt die bis zur Naivität loyale Journalistin Valentine Holm ihren Beruf als Redakteurin beim Zeitschriftenkonzern ihrer Freundin Bettina van Haeren auf. Derek soll 200 Millionen belgische Francs in Wertpapieren aus dem Nachlass seiner Tante Hortense unter 20 Erbberechtigten verteilen, verteilt aber nur 2 Millionen mit dem Hinweis, mehr sei nicht da gewesen. Unterlagen über die Höhe der Erbmasse verschwinden auf mysteriöse Weise. Gleichzeitig gründet er mit exakt 200 Millionen Francs eine Firma, die sich allerlei gewinnträchtigen dubiosen Geschäften widmet. Valentine glaubt Derek nicht, dass das bei der Firmengründung eingesetzte Kapital aus zweifelhaften schwarzafrikanischen Quellen stamme, trennt sich von ihm und beginnt an ihrem alten Arbeitsplatz mit eigenen Ermittlungen. Hortenses Freund und Finanzberater Jean Huart überlässt ihr einen Brief Hortenses, in dem diese explizit ihren Nachlass auf 200 Millionen Francs beziffert. Huart stirbt bei einem Einbruch an Herzversagen, der Brief wird aus Valentines Wohnung gestohlen. Von dem Brief hat außer Derek noch der Untersuchungsrichter Stanislas Dalle vom Wirtschaftsdezernat gewusst, der Derek sogar dann noch zur Strecke bringen will, als ihm der Fall entzogen wird und er als polizeilich Gesuchter untertauchen muss. Obwohl Valentine nicht zu ihrem Mann Derek zurückkehrt, unterstützt sie ihn weiterhin. Sie findet heraus, dass der heruntergekommene Alex Tuerlinckx in Huarts Tod verwickelt ist. Alex wurde nicht von Derek zu Huart geschickt, sondern von Dalle, auf dessen Konto ebenfalls der Einbruch bei Valentine geht. Als Dalle Huarts Brief veröffentlicht, gerät Derek erneut ins Visier von Presse und Behörden. Trotzdem hat er genug Geld, um sich eine Jacht und die Mehrheitsanteile an dem maroden Zeitschriftenkonzern Bettina van Haerens zu kaufen. Um seine Ex-Frau zurückzugewinnen, überschreibt er ihr seine Anteile am Zeitschriftenkonzern und benennt die Jacht nach ihr. Valentine gibt die Anteile sofort an ihre Freundin Bettina weiter, die damit ihren Medienkonzern saniert. Kurz darauf wird Derek auf seiner Jacht von einem vorüberfahrenden Motorboot aus erschossen. Auf einem Gewehr, das aus dem Wasser gezogen wird, sind die Fingerabdrücke von Alex. Dalles Wagen mit seiner Leiche wird nach dem Attentat aus dem Wasser gezogen. Alle Anzeichen sprechen dafür, dass er nach der Einnahme schwerer Barbiturate Selbstmord begangen hat. Valentine zeigt sich wenig erschüttert von den beiden Todesfällen. Sie findet nach einigen Irrungen und Wirrungen in Gestalt ihres langjährigen Verehrers Leonard Blockx einen neuen Lebensgefährten und wird Redaktionsleiterin in Amsterdam.

JACQUES BERNDORF Deutschland
(d. i. Michael Preute, *1936)

Der ehemalige Stern- und Spiegel-Journalist, der im Zuge von Recherchen über den Regierungsbunker Ende der 1980er-Jahre nach Berndorf in der Eifel gezogen war, erfand dort nach einigen untergegangenen kriminalliterarischen Versuchen (*Magnetfeld des Bösen*, 1970) sein literarisches Alter Ego Siggi Baumeister, der erstmals 1989 in *Eifel-Blues* auftrat und der bis 2001 in 10 Grafit-Krimis sowie – in einigen weiteren außerhalb der *Eifel*-Serie – auch bei Goldmann ermittelte (*Eine Reise nach Genf*). Die Handlung von Berndorfs Krimis dreht sich meist um die Suche nach Augenzeugen des zentralen Verbrechens. Der von ihm ausgelöste Regionalkrimi-Boom fand viele lokale Nachahmer, u. a. von Berndorfs damaliger Ehefrau Angelika Koch (sowie von R. → Kramp, Carola Clasen, Edgar Noske und Andreas Izquierdo), und breitete sich über den Mosel-Raum (Carl von Lieser, Mischa Martini, H.-J. → Kann) bundesweit aus. Verlage wie Emons in Köln beliefern seither systematisch deutsche Regionen (»Mittelmosel-Krimi«) mit lokaler Kriminalliteratur. Die Gesamtauflage der stets intensiv recherchierten *Eifel*-Serie überstieg 2001 die Rekordmarke von 500000 Exemplaren. 1996 erhielt der Autor den »Eifel-Literatur-Preis« in der Sparte Krimi. Weitere Baumeister-Krimis: *Eifel-Rallye* (1997), *Eifel-Jagd* (1998), *Eifel-Sturm* (1999), *Eifel-Müll* (2000), *Eifel-Wasser* (2001), *Eifel-Liebe* (2002).

Eifel-Schnee

Dortmund: Grafit Verlag, 1996 (Grafit 062). – SF: Siggi Baumeister. – O: Eifel.
F: *Brennendes Schweigen*. D 2000 (ZDF/Arte), R: Friedemann Fromm.

Bei einem Scheunenbrand verbrennen die Drogendealer Ole Mehren und dessen promiskuitive Lebensgefährtin Betty Sandner, nachdem ihnen auf professionelle Weise das Genick gebrochen worden ist. Sie sind Opfer eines Komplotts, das der Wittlicher Kriminalpolizist Kremers zur Beförderung seiner Karriere in Komplizenschaft mit dem niederländischen Antiquitäten- und Drogenhändler van Straaten aus Herzogenbosch ausgeheckt hat und in das auch Betty und Ole als Händler verwickelt waren. Betty war die Geliebte von Kremers wie von van Straaten, doch als sie mit Ole nach Kanada auswandern wollte, wurden die beiden in der Scheune beseitigt. Ihr Geschäft übernimmt Jan Meller, der später ein wichtiger Zeuge gegen Kremers wird. Ebenfalls ein wichtiger Zeuge ist der 16-jährige Kölner Mario, der mit Betty das erste Intimerlebnis seines Lebens hatte. Mario verliert in der Folge bei einem Anschlag einen Fuß. Wohl von demselben Kölner Schlägertrio, das Mario angriff, wird auch Baumeister zur Warnung überfallen, seine Freundin Dinah als Geisel genommen. Oles bärenstarker und gewalttätiger Vater beendet jedoch die Geiselnahme, indem er ohne Vorwarnung die drei zusammenschlägt. Gleichfalls in den komplizierten Fall verwickelt ist der Junkie Johnny, dessen Vater ein großes Chemie-Unternehmen in der Eifel besitzt und der mehrfach vergeblich versucht hat, seine Sucht zu überwinden. Baumeister lockt den aalglatten van Straaten schließlich in eine Falle: Bettys Schwester Monika spielt gut geschminkt die Rolle ihrer toten Schwester und macht van Straaten glauben, Betty sei gar nicht tot. Emma, die niederländische Lebensgefährtin von Baumeisters bestem Freund Rodenstock, eine Polizistin, erschießt van Straaten im finalen Showdown. Die Verfilmung veränderte die Handlung in wesentlichen Punkten und reduzierte das originelle Figurenensemble.

Eine Reise nach Genf

München: Goldmann, 1993 (Tb 5824). – SF: Siggi Baumeister. O/Z: Eifel, Genf u. a.; 1992.

Berndorfs fiktive Auflösung des Falles »Barschel« erschien außerhalb der *Eifel*-Serie, aber mit deren Protagonisten und früher als *Bitte nicht stören* von S. → Knauer, dem Entdecker von Uwe Barschels Leiche. – Baumeister will unbedingt den fünf Jahre zurückliegenden Tod des norddeutschen Ministerpräsidenten Watermann aufklären, der wegen seiner Verwicklung in dubiose Waffengeschäfte mit der DDR ermordet wurde. Mit seiner neuen Geliebten Dr. Minna Tenhövel reist Baumeister zunächst nach Genf, dann nach Süddeutschland und schließlich wieder zurück in die Eifel, der Ort des eigentlichen Showdown. Minna war einst Wahlhelferin in Watermanns Team und hatte eine kurze Affäre mit ihm. Drahtzieher des Mordes an dem Ministerpräsidenten ist der zwielichtige Agent Gerber, seine Komplizen sind die Neonazis Westphal, Baron von Windlingen und Blum; alle haben Verbindungen zum deutschen Geheimdienst. Von der Genfer Bardame Lilo erfährt Siggi Baumeister, dass ihr spurlos verschwundener italienischer Ex-Freund Gaetano Clementi seinerzeit mit falschen Papieren als Etagenkellner in Watermanns Hotel beschäftigt war. Baumeister macht Gaetano als Inhaber einer Pizzeria in Oberammergau ausfindig; der Italiener hat von Gerber Geld für die Manipulation des Hotel-Computers erhalten, damit die Namen von Watermanns Mördern aus dem Computerspeicher des Hotels verschwinden. Obwohl Baumeister ihn der Obhut zweier Mafiakiller anvertraut, ermordet ein von Blum angeführtes Killerkommando Clementi, seine Bewacher sowie Lilo, die den Ex-Freund inzwischen gefunden hat. Der hilfsbereite Staatsanwalt Dr. Kröner sendet ein Einsatzkommando in die Eifel, das Baumeisters Ermordung durch Blum verhindert. Blum wird niedergeschossen. Minna hat genügend Fotos gemacht, die Baumeisters Thesen beweisen.

LOUIS DE BERNIÈRES Großbritannien (*1954)

Señor Vivo und die Kokabriefe

(OT: *Señor Vivo and the Coca Lord*, 1991). Frankfurt a. M.: Fischer, 1998 (FiTb 13659). – Ü: Klaus Pemsel. – O: ein fiktives südamerikanisches Land.

Bernières, der international so erfolgreiche Romane wie *Corelli's Mandolin* (1995, dt. *Corellis Mandoline*, 1996) geschrieben hat, stellt *Señor Vivo und die Kokabriefe*, reale und fantastische Elemente verschmelzend, in die glutvolle lateinamerikanische Erzähltradition eines Gabriel García Márquez (*1938). – Gleich zu Beginn ist von »sexueller Alchemie« die Rede, nach deren Anwendung die Präsidentengattin eine Katze zur Welt gebracht habe. Die Titelfigur hat offenbar Macht über Katzen, die für ihn Racheakte ausführen. Zahllose kuriose Gestalten bevölkern, ohne selbst handlungsrelevant zu sein, die logisch kaum aufzulösende Handlung wie etwa ein Admiral, der aus Abneigung gegen das Tragen von Kleidung immer und überall nackt einher geht. Der Roman endet mit dem Gespräch zwischen einem Plantagenbesitzer und einem Landwirtschaftsbeamten über die hohen Kokain- und die niedrigen Kaffeepreise. Ihre Worte bilden eine Interpretationshilfe für den Roman: Die Welt entbehrt einer rational erfassbaren Ordnung. Der Vorname des bis zum Schluss Philosophie lehrenden Protagonisten Dionisio Vivo verweist auf Nietzsches dionysisches Prinzip der Unordnung, dem hier kein ordnendes apollinisches Prinzip gegenübersteht. Dionisio Vivo gilt als Hexer. Seine Leserbriefe prangern die Herrschaft des organisierten Verbrechens an, das durch Begleichung des Staatsdefizits das Land aufkaufen will. Zur Warnung lässt ihm der Drogenbaron El Jerarca immer wieder zum Teil verstümmelte Leichen in den Garten legen. Als das nichts hilft, gibt er Attentate in Auftrag, die immer wieder an Vivos magischem Schutzschild scheitern. Bei brutalen Gegenangriffen Vivos werden die Angreifer regelmäßig schwer verletzt. Wegen seiner transportstrategisch günstigen Lage versucht der Drogenbaron den Ort Cochadebajo unter seine Kontrolle zu bringen, indem er an die Bewohner Bargeld verteilen lässt. Um Vivo zu demonstrieren, welche Gefahr ihm droht, lässt der aufrechte Polizist Ramón Dario ihn für ein paar Tage von seinen Leuten entführen und gefangen halten. Vivos Verbindung mit Anica, der Tochter eines Waffenhändlers, ist diesem ein Dorn im Auge, denn sein bester Kunde ist El Jerarca. Zwei Killer El Jerarcas entführen Anica und erzwingen die Trennung von Vivo. Sie kommt frei und verbringt eine Abschiedsnacht mit Vivo, in der sie ein Kind empfängt. Daraufhin nehmen die Killer sie erneut gefangen und ermorden sie. Von einem Selbstmordversuch Vivos nach ihrem Tod bleiben tiefe Narben am Hals zurück. Mit der Jungfrau Leticia zeugt er ein neues Kind; danach lebt er in einem Frauenlager, halb Slum, halb Guerillacamp. Hier kommen 13 Kinder zur Welt, denen er alle seine Halsnarben vererbt hat. Der leprakranke Lazaro ist durch die Krankheit so entstellt, dass er sowohl für eine Frau als auch für einen Mann gehalten wird; auch seinen Geruchssinn hat er verloren. El Chiquitín und El Guacamayo übergießen ihn zur eigenen Belustigung mit Benzin – das Lazaro nicht riechen kann – und zünden ihn an. Wenig später werden die beiden Killer, von Raubkatzen verstümmelt, tot aufgefunden. Ramón, der das Protokoll der Ermittlungen unterzeichnet hat, wird kurz darauf zu Tode gefoltert. Schließlich bedroht Vivo den Präsidenten Escobandodo mit einer Waffe, worauf dieser einen tödlichen Herzinfarkt erleidet.

PIEKE BIERMANN Deutschland (*1950)

Pieke Biermann war Frontfrau der Berliner Hurenbewegung und kennt die dargestellte Thematik aus ureigenster Anschauung. Ihr wichtigstes literarisches Vorbild ist Döblins *Berlin Alexanderplatz*. Eine rasante, »filmische« Schnitttechnik, abgehackte Sätze und die Verwendung des Berliner Dialekts fangen das brodelnde Lebensgefühl der Hauptstadt nach der Wiedervereinigung ein. Weitere Krimis: *Potsdamer Ableben* (1987), *Violetta* (1990; Platz 1 »Deutscher Krimipreis« 1991), *Vier, fünf, sechs* (1997; Platz 2 des »Deutschen Krimipreises National« 1998). Biermann hat auch Krimis wie *Profil eines Serienmörders* von R. → Cook ins Deutsche übersetzt.

Herzrasen

Hamburg: Rotbuch Verlag, 1993 (Tb 80). – O/Z: Berlin; 1992. – P: Platz 1 »Deutscher Krimipreis National« 1994.

Die Kommissarinnen Karin Lietze und Sonja Schade suchen zusammen mit ihrem Kollegen Detlev Robold den Mörder eines zweieinhalbjährigen Jungen. Hauptverdächtige sind die seit der Tat verschwundenen Eltern Dolores Wolter, geb. Voltaire, und der westdeutsche Zuhälter Chris Eube. In den Fall schaltet sich auch die Berliner Hurenvereinigung MIGRÄNE ein. Dolores' Vater Erich Voltaire ist ein Ex-Stasi-Mann, der ein Zusammenwachsen von Ost- und Westdeutschland ablehnt. Chris Eube, wohl ebenfalls ein Ex-Stasi-Offizier, scheint in Erich Voltaires Auftrag einer neonazistischen Vereinigung beigetreten zu sein, wobei Dolores als eine Art Tarnexistenz fungiert. Darauf deutet auch der Name Eube hin (OIBE = Offizier im besonderen Einsatz). MIGRÄNE sucht Chris als brutalen Zuhälter und hilft Karin Lietze, seinen Aufenthaltsort zu ermitteln. Bevor sie ihn jedoch fassen kann, wird er mit lebensgefährlichen Verletzungen ins Krankenhaus eingeliefert. Der Vergleich von Blutspuren vom Tatort mit seinem Blut entlarvt ihn als Mörder des Jungen. Ob Neonazis oder die Stasi-Nachfolger ihn zuerst aufgespürt haben, kann die Polizei nicht klären.

G. L.-K.

EARL DERR BIGGERS USA
(1884–1933)

Der kinderreiche Meisterdetektiv Charlie Chan, der immerzu chinesische Weisheiten (sog. »Chanismen«) von sich gibt, entstand als positives Gegenbild zum klassischen asiatischen Schurken wie Dr. Fu Manchu. Nachdem er als Nebenfigur in dem Fortsetzungsroman *A House without a Key* (1925) aufgetreten war, schuf Biggers den Roman *Der Chinesen-Papagei*, der sofort verfilmt wurde. Nach seinem frühen Tod schufen Dutzende von Autoren neue, zum Teil ins Fantastische spielende Plots für zahllose Radio-, Film- und Fernsehserien, die Charlie Chan um die ganze Welt führen sollten. Er wurde stets von Weißen verkörpert, unter anderem von dem schwedischen Fu-Manchu-Darsteller Warner Oland (1880–1938), von Sidney Toler (1875–1947) und 1981 in *Charlie Chan und der Fluch der Drachenkönigin* von Peter Ustinov; die bekannteste Charlie-Chan-Kopie, den japanischen Kinoserial-Detektiv Mr. Moto, spielte Peter Lorre. Sen Yung, Sidney Tolers Film-Sohn »Nr. 2«, wurde bekannt als Bonanza-Koch Hop Sing, und Roland Winters, der Hauptdarsteller einer Charlie-Chan-Fernsehserie, warb in voller Verkleidung für ein chinesisches Restaurant mit dem Slogan »Tell'em Charlie sent you«. Die fünf anderen Original-Charlie-Chan-Krimis: *The House without a Key* (1925, dt. *Das Haus ohne Schlüssel*, 1953), *Behind that Curtain* (1928, dt. *Hinter jenem Vorhang / Charlie Chan und die verschwundenen Damen*, 1953/83), *Charlie Chan and the Black Camel* (1929, dt. *Charlie Chan und das schwarze Kamel*, 1982), *Charlie carries on* (1930, dt. *Charlie Chan macht weiter*, 1984), *The Keeper of the Keys* (1932, dt. *Charlie Chan vor verschlossenen Türen*, 1983).

Der Chinesenpapagei

(OT: *The Chinese Parrot*, 1926). (1) München: Goldmann, 1953. – Ü: Reinhard Rijke. (2) München: Heyne, 1981. – Ü: Dietlind Blindheim.

Charlie Chan, Kriminalassistent der Polizei von Honolulu, soll dem Spekulanten P. J. Madden eine wertvolle Perlenkette in New York überbringen. Madden dirigiert Chan jedoch telefonisch auf seine Farm bei Eldorado, wo der Spekulant mit seinem Sekretär Martin Thorn, seinem chinesischen Diener Louie Wong und dessen sprechendem Papagei Tony lebt. Tony, ein ehemaliger Schiffspapagei, verursacht oft mit Ausrufen wie »Hilfe Mörder!« Panik. Charlie und sein amerikanischer Kontaktmann Bob Eden reisen getrennt nach Eldorado; den Schmuck hat Charlie bei sich. Unter dem Namen Ah Kim vertritt er Louie Wong, der vorher telefonisch nach San Francisco gelockt wurde. Bob begibt sich in Begleitung des *location scouts* Paula Wendell und des Journalisten Holley nach Eldorado. Weil ihm einiges verdächtig vorkommt, zögert Bob die Übergabe der Perlen hinaus. Charlie versucht derweil den Papagei auszuhorchen, doch das Tier wird mit Arsen vergiftet. Später beobachtet er den Sekretär Thorn beim Verscharren eines Arsenikbehälters. Außerdem fehlt in Maddens Waffensammlung ein Revolver, in Thorns Schlafzimmer steckt eine Kugel in der Wand, und der fehlende Revolver findet sich unter Hemden versteckt. Louie Wong wird bei seiner Rückkehr erstochen; Charlie vermutet, dass er ebenso wie der Papagei als lästiger Mitwisser sterben musste. Schließlich erscheinen auch noch der Wissenschaftler Gamble und Maddens schöne Tochter Evelyn auf der Farm, doch sie verschwindet nach einem Autoausflug mit Sekretär Thorn. Am Auto finden sich Spuren roten Tons. Der alte Prospektor William Cherry glaubt gesehen zu haben, wie Madden einen gewissen Jerry Delaney erschossen habe. Holley glaubt, dass Madden Erpressern in die Hände gefallen ist, denn er hat in letzter Zeit Wertpapiere zu Geld gemacht. Paula Wendell kommt von einem stillgelegten Bergwerk nicht zurück, doch nach der Überwältigung des angeblichen Geologen Phil Maydorf durch Bob Eden werden Paula, Evelyn und Madden befreit. Auf der Farm entlarvt Charlie den falschen Madden als den Schauspieler Delaney, der seinerzeit Madden niedergeschossen hatte und in seine Rolle geschlüpft war, um die Perlen und sein Vermögen an sich zu bringen. F. R.

DITTE BIRKEMOSE Dänemark (*1953)

Schwarze Melodie ist Birkemoses erster Kit-Sorél-Roman, *Hadets engel* (1998, dt. *Engel der Stille*, 1999) der zweite. Kit Sorél, 45, ist (wie die Autorin) ausgebildete Krankenschwester und studierte Theologie. Aus einer geschiedenen Ehe stammt ein Sohn. Nach mehreren Monaten Arbeitslosigkeit macht sie sich als Privatdetektivin selbständig.

Schwarze Melodie

(OT: *Til toner fra Tosca* [wörtl. »Zur Musik aus *Tosca*«], 1996). Düsseldorf: Econ Verlag, 1998 (Tb 25208). – Ü: Gabriele Haefs. – SF: Kit Sorél. O: Kopenhagen.

Gleich an ihrem ersten Arbeitstag kommen zwei Klientinnen zu Kit, nämlich Tine Juul und Lykke Dahl Thomsen. Tine befürchtet, dass ihr Freund in Aarhus sie betrügt, und Lykke vermisst ihren Zwillingsbruder Michael. Michael, der eigentlich in New York sein sollte, hat Lykke einen mysteriösen Drohbrief aus Næstved geschickt. Dort hat er ein Hotelzimmer gemietet. Michael startet mit kryptischen schriftlichen Hinweisen in Terminkalendern eine Art Schnitzeljagd, die weiter nach Roskilde und schließlich nach Kopenhagen führt. Seine geheimnisvollen Lebenszeichen sind immer mit Musik aus der Oper *Tosca* verbunden. In Næstved und Roskilde sind zwei junge Frauen ermordet worden – Kit befürchtet, dass Michael dies getan haben könnte. Weil sie mit seinem Fall nicht weiterkommt, wendet sie sich dem anderen zu. In Aarhus fotografiert sie Tine Juuls Liebhaber Søren Gregersen mit einer anderen Frau und kehrt in ihr Hotel zurück. Dort findet sie wiederum Hinweise auf Michaels Anwesenheit, aber nicht diesen selbst. Auf dem Rückflug erfährt sie aus der Zeitung, dass in Kopenhagen wieder eine junge Frau ermordet wurde, informiert die Polizei und wendet sich wieder Lykkes Fall zu. Lykkes Kindheitsgeschichte löst den Fall: Nachdem ihr Vater ihre Mutter zum Klang von Musik aus *Tosca* erschlagen hatte, kam Lykke zu einer Pflegefamilie. Michael ist nicht ihr Zwillingsbruder, sondern das Kind der Pflegeeltern. Mit dieser Tatsache konfrontiert, demaskiert Lykke sich selbst. Sie ist schizophren, hat die ganze Zeit über Michael gespielt und die drei Frauen ermordet; der echte Michael ist schon als Kind gestorben. Mit den Hinweisen in den Terminkalendern wollte sie Kit auf ihre Spur bringen, um gefasst zu werden.

J. H.

ANDERS BODELSEN Dänemark (*1937)

Verdunkelung

(OT: *Mørklægning*, 1988). Reinbek: Rowohlt, 1990 (rororo thriller 2970). – Ü: Rainer Kyster. – O/Z: Dänemark; Herbst 1944.

Anders Bodelsen, einer der bekanntesten und profiliertesten Kriminalschriftsteller Dänemarks, stellt in seinem Roman zeitgeschichtliche Hintergründe genau dar. In dem von Deutschen als »Musterprotektorat« besetzten Dänemark verstärkte sich ab 1943 der Widerstand, den die Besatzer mit Terror und Fememorden, sog. »Clearing-Morden«, beantworteten. Am 19. September 1944 wurden Tausende dänischer Polizisten im Rahmen der »Aktion Taifun« entwaffnet und interniert. – Die dänische Polizei legt die zahlreichen politischen Morde an Kollaborateuren und Saboteuren in der Hoffnung zu den Akten, sie nach dem Krieg aufklären zu können. Trotzdem nehmen die Kopenhagener Kriminalassistenten Stig Andersen und Helge Nielsen die Ermittlungen auf, als der reiche Filmproduzent und Börsenmakler Otto Baumann mit einer Maschinenpistole regelrecht hingerichtet wird. Mehrere gebrochen Deutsch sprechende Männer in Ledermänteln erschießen Rune Wallenstrøm, den beliebtesten Schauspieler von Baumanns Filmfirma; Wallenstrøm unterhielt wie Baumann Kontakte zum Widerstand, doch Baumann war gleichzeitig Mitglied der Dänisch-Deutschen-Gesellschaft. Seine Witwe Benedicte räumt mehrere Affären ihres Mannes mit Schauspielerinnen ein, besitzt aber kein Foto von ihm; angeblich habe er es gehasst, fotografiert zu werden. Auch in der Filmfirma gibt es keine Fotos. Die deutschen Besatzer lassen alle dänischen Polizisten festnehmen. Dank einer Warnung Andersens kann sich Nielsen verstecken und ermittelt aus dem Versteck heraus weiter. Sämtliche Baumann-Fotos verschwanden im Oktober 1938. In diesem Monat wurde bei einem Verkehrsunfall mit Fahrerflucht die fünfjährige Lis Hollaender getötet. Am Tag von Baumanns Ermordung erschien in einer Zeitung ein Bild von ihm, das ihm entgangen war und anhand dessen ihn der Vater des Mädchens wiedererkannte; danach ermordete er ihn.

Hollaender gibt Nielsen gegenüber, der ihn in Verkleidung aufsucht, die Tat zu, die er als politischen Mord getarnt habe; er habe aber nicht wissen können, dass dies einen Fememord an Rune Wallenstrøm nach sich ziehen würde. Nielson ist nun gefährdet (die Deutschen fahnden nach ihm); er flieht mit Hollaenders Hilfe nach Schweden. Im Frühjahr 1945 ist er wieder mit seiner Familie vereint. Andersen hingegen hat die deutsche Gefangenschaft nicht überlebt, Benedicte Baumann Selbstmord begangen, und Hollaender wurde nicht zur Rechenschaft gezogen. J. H.

OTTO A. BÖHMER Deutschland (*1949)

Goethe ist für deutsche Kriminalschriftsteller nicht im selben Maße Quelle literarischer Inspiration wie Shakespeare für die englischsprachigen (vgl. z. B. F. → Kellerman, *Becca*, S. → Shea, *Jagdtrieb*). Ausnahmen sind Kai Meyer, *Die Geisterseher. Ein unheimlicher Roman im klassischen Weimar* (Berlin 1995) sowie die Karl-Comics (E. → Kunkel, *Der Tote zuwenig*). Böhmer, ein Autoren-Filmemacher und selbst Schriftsteller, hat sich unter anderem durch den Roman *Der junge Herr Goethe* (München 1999) als Goethe-Kenner ausgewiesen und stellt jedem Kapitel seines Krimis ein Goethe-Zitat voran. Sonst aber kann das Buch weder sprachlich noch gedanklich mit der englischsprachigen Konkurrenz mithalten.

Weimarer Wahn

München: Goldmann, 1999 (btb 72488). – O/Z: Weimar; nach der Wende.

Der unsympathische Ex-DDR-Bürger Anatol Legat ist wissenschaftlicher Mitarbeiter der riesigen »Stiftung Weimarer Klassik« SWK und lose mit der Ex-Buchhändlerin Katrin Sendker aus Westfalen liiert. Als bekannt wird, dass er an einem Goethe-Enthüllungsbuch mit dem Titel »Weimarer Wahn« arbeitet, wird Legat erstochen. Ob sein Tod im Zusammenhang mit dem gewaltsamen Ableben eines russischen Konsulatsangehörigen und dessen ebenfalls russischer Freundin steht, soll Hauptkommissar Paul Herborth aufklären. Da sowohl Legat als auch der Russe und die Russin sich mit Goethe-Gedichten befasst haben, scheint ein Zusammenhang zu bestehen. Die SWK-Oberen versuchen die Ermittlungen in der Mordsache Legat zu verschleppen, Katrin befördert sie und engagiert sogar den verkrachten, trinkfreudigen Detektiv Eduard Beck, einen profunden Goethe-Kenner von dubiosem beruflichen Werdegang und ein Jugendfreund Herborths. Herborth gewährt dem Detektiv illegalen Einblick in die Akten und rivalisiert erfolgreich mit ihm um Katrins Gunst. Schließlich macht dem Kommissar ein visionsartig über ihn kommender Analogieschluss klar, dass Legat sterben musste, weil er den Geheimrat als Alkoholiker entlarven und seinen Sekretär und Vertrauten Johann August Friedrich John als den eigentlichen Urheber von Goethes Spätschaffen hinstellen wollte. Von Katrin und Beck mit der Wahrheit konfrontiert, entlarvt sich der leitende SWK-Mitarbeiter Dr. Hanscarl Scheuermann als Mörder; seine engsten Mitarbeiter haben den Mord – nicht zuletzt angesichts von Legats völlig asozialem Verhalten – billigend in Kauf genommen. Am Ende wird klar, dass es sich beim gesamten zweiten Teil des Romans um eine Vision Legats handelt, die dieser im Augenblick des Todes hat und in der er in Gestalt Becks seine eigene Ermordung aufklärt. Die Vision erklärt nicht zuletzt die Duplizität von Erlebnissen Legats und Becks in einem Nachtlokal und Becks außerordentlich reichen Schatz an Goethe-

Zitaten, mit denen er sich ein regelrechtes Zitierduell mit dem SWK-Mitarbeiter Scheuermann liefern kann. Im Schicksal Legats wiederholt sich ein Mordfall aus dem Weimar der Jahrhundertwende: Damals verschwanden ebenfalls ein Literaturwissenschaftler und sein Manuskript über Goethe als Gewohnheitstrinker spurlos, auch damals agierte die Polizei lustlos. Der Russe ließ sich aus Verzweiflung über den Zustand seines Heimatlandes von seiner Freundin, einer gelernten Pathologin, mit einem Stich ins Herz töten. Diese tötete sich eine Woche später auf die gleiche Weise selbst. Die nachgelassenen Verse der beiden sollten ihre Tat erklären.

KNUT BOESER Deutschland
(–)

Von dem promovierten Literaturwissenschaftler und Theaterintendanten stammen u. a. die Drehbücher zu *Nostradamus* (1994, R: Roger Christian) und zu dem Rosa-Roth-Krimi *Nirgendwohin* (ZDF, 1996). Sein Rosa-Roth-Roman ist im Gegensatz zu den so genannten Novelisationen (Romanbearbeitungen von Drehbüchern) ein eigenständiges literarisches Werk. Protagonistin und Titelfigur ist die Heldin einer gleichnamigen ZDF-Samstagskrimi-Serie, in der Iris Berben die ebenso harte wie sensible Berliner Kriminalkommissarin verkörpert.

Rosa Roth

München/Wien: Europa Verlag, 1996. (FiTb 13863, 1998.) – O: Berlin.

F: *Rosa Roth: Montag, 26. November.* D 1996 (ZDF), R: Carlo Rola.

Der Serienmörder Dr. Veith Katte offenbart sich im Gefängnis in einer langen schlaflosen Nacht der Kommissarin Rosa Roth, die er offenbar für eine ihm wesensverwandte Frau hält. Zunächst zeigt er Rosa historische Fotos von der öffentlichen Zerstückelung eines chinesischen Prinzenmörders, dann von seinen eigenen Morden. Gleich danach wird Rosa in die Villa der Schauspielerin Valerie Behrens gerufen, wo das Faktotum Franz Siebert erstochen worden ist. Ihr Mann, der gelähmte Unternehmer Dr. Jens Palm, soll am nächsten Tag zum Wirtschaftssenator gewählt werden; Tanja, die gemeinsame 17-jährige Tochter lebt im Internat. Spuren an der Tatwaffe weisen auf die Haushälterin Inga Bär hin, die ungeachtet ihrer Unschuldsbeteuerungen festgenommen wird. Rosas Vorgesetzte drängen wegen der bevorstehenden Wahl auf rasche Überführung der Haushälterin, die Franz Sieberts Ehefrau und Witwe war. Der war auch der Liebhaber der leidenschaftlichen Valerie Behrens und ihr von ihrem gelähmten Mann nach dem Unfall zugeführt worden. Die Liebesbegegnungen der beiden hielt er zunächst heimlich, später offen auf unzähligen Fotos fest. Inga Bär war, wie ein Bild zeigt, als heimliche Zuschauerin ebenfalls mit von der Partie. Zur Belohnung machte Palm Siebert zu seinem Geschäftspartner. Er stellt medizinische Geräte her, deren Ausfuhr verboten ist. Siebert betreibt eine Briefkastenfirma und liefert unter Umgehung des Außenwirtschaftsgesetzes u. a. nach Nordkorea. Siebert unterhielt nebenbei auch ein Verhältnis mit Tanja, wollte Inga beziehungsweise Valerie verlassen und das dafür benötigte Geld von Palm erpressen. Die bevorstehende Wahl machte seine sofortige Beseitigung erforderlich. Obwohl Valerie und ihr Mann alles getan haben, den Verdacht auf Inga zu lenken, verrät eine kleine Ungenauigkeit Palm als Mörder. Tanja hat den Mord beobachtet, wollte aber nicht aussagen. Bevor sich Rosa endlich in den Armen ihres derzeitigen Geliebten, eines verheirateten Staatsanwalts, ausschlafen kann, wird ihr noch eine überraschende Erbschaft zuteil: Dr. Katte hat sich in seiner Zelle das Leben genommen, ihr zuvor aber notariell sein Haus vererbt.

HENNING BOËTIUS Deutschland (*1939)

Boëtius ist der Schöpfer des hochmusikalischen Ex-Psychologen und nunmehrigen Kommissars Piet Hieronymus von der Kripo der niederländischen Stadt Groningen. Der Spezialist für Auslandseinsätze wird gerufen, wenn Niederländer irgendwo in Europa Opfer eines Verbrechens oder eines Verbrechens beschuldigt werden. Hieronymus hat dann meist Gelegenheit, bei der Lösung Land und Leute sowie die Musik im jeweiligen Einsatzgebiet kennen zu lernen. Ein weiterer Piet-Hieronymus-Krimi ist *Joiken* (1992).

Das Rubinhalsband

München: Goldmann, 1998 (btb 72639). – SF: Piet Hieronymus, Kripo Groningen. O: Schottland.

Als im schottischen Binnensee Grand Glen eine Gruppe von niederländischen Tauchern spurlos verschwindet, eilt Hieronymus nach Portpatrick. Eine Taucherin der Gruppe wurde mit verstümmelten Brüsten gefunden, das Wasser in ihren Lungen enthält Plankton aus dem Meer. Schnell verfällt Hieronymus dem Zauber der schottischen Landschaft. Mit seiner alten Liebe Christine, der er das im Titel genannte Schmuckstück mitbringt, und Christines Freund, dem Töpfer und Dudelsackbläser Frank, bereist er das Land, doch das Trio wird verfolgt und beraubt und muss sich versteckt halten. Nachdem Frank in einer Felsspalte umgekommen ist, wird Christine erneut Hieronymus' Geliebte, doch es zeigt sich, dass sie sich für die schottische Königin Mary Stuart hält. Das Rubinhalsband spielt in dieser Wahnvorstellung eine besondere Rolle. Sie stürzt ebenfalls in eine Felsspalte. Die verschwundene Tauchergruppe suchte in Christines Auftrag im berühmten Loch Ness nach den Edelsteinen aus dem Besitz der mit dem polnischen Adel verwandten Mary Stuart, mit dem Bonny Prince Charles nach Marys Tod den Kampf gegen England finanzieren wollte. Der Leiter der Tauchergruppe Mike MacLean hält den Tiefenrekord im Tauchen ohne Gerät, also im Apnoe-Tauchen. Beim Versuch, diese Technik im Meer zu erlernen, ertrank die Taucherin mit grotesk aufgetriebenen Brustwarzen. Weil er sich von ihnen provoziert fühlte, schnitt MacLean sie ab, brachte die Leiche in den Glen und tötete den Rest der gerade tauchenden Gruppe einen nach dem anderen. Piet Hieronymus enttarnt den Mörder bei einer Flasche Tallisker-Whisky.

PIERRE BOILEAU Frankreich (1906–1989)
THOMAS NARCEJAC Frankreich (1908–1998)

Eines der wichtigsten Autorenteams Frankreichs waren seinerzeit Boileau und Narcejac. Nach Motiven ihrer psychologischen Thriller drehten z. B. Alfred Hitchcock *Vertigo* (*Aus dem Reich der Toten*, 1958) und Henri-Georges Clouzot *Les Diaboliques* (*Die Teuflischen*, 1954).

Die Unberührbaren

(OT: *Les intouchables*, 1980). Reinbek: Rowohlt, 1981 (rororo thriller 2560). – Ü: Elisabeth Uebe. – O: eine französische Stadt.

Als Arbeitsloser fühlt sich der Intellektuelle Jean-Marie Quéré wie ein Aussätziger. Seine tiefgläubige Ehefrau Hélène verdient als Friseuse das Geld und hält ihn immer wieder zur Arbeitssuche an, doch alle Stellen, die er antritt, verliert er wieder, da jedes Mal anonyme briefliche Denunziationen bei den Vorgesetzten eingehen. Die Denunziationen beziehen sich auf eine zunächst nicht näher erläuterte moralische Schuld, auf die in Briefen an einen vorerst nicht genannten Mann im geistlichen Stand angespielt wird. Dieser heißt Dom Hilert Mermet und hatte einen Kreis von jungen, etwa 20-jährigen Männern um sich versammelt, die sich der Erforschung der keltischen Wurzeln Frankreichs widmeten. Ronan radikalisierte sich im Zuge dieser Forschungen, bis er schließlich einen Polizisten erschoss und zu einer hohen Haftstrafe verurteilt wurde. Seine Verlobte Catherine nahm sich daraufhin das Leben, ohne ihm zu sagen, dass sie ein Kind von ihm erwartete. Nach zehn Jahren wurde Ronan mit einer schweren Gelbsucht aus dem Gefängnis entlassen. Seine resolute Mutter pflegt ihn. Botengänge und die Observation von Jean-Marie übernimmt für ihn Hervé, der mittlerweile ein erfolgreicher Geschäftsmann geworden ist. Hervé weiß nicht, dass die Briefe, die er für seinen Freund einwirft, Denunziationen enthalten, die aus Rache Jean-Marie terrorisieren und um seine jeweilige Stellung bringen sollen. Das eigentliche Motiv für Ronans Rache ist, dass er von Jean-Marie unter Bruch des Beichtgeheimnisses denunziert wurde. Der Intellektuelle Jean-Marie Quéré war nämlich – und das ist ein Geheimnis, das er der frommen Hélène nicht mitteilen darf – Priester und Dom Mermet sein geistlicher Mentor. Nach der Denunziation gab Jean-Marie das Priesteramt auf und versuchte sich in allen möglichen Berufen, für die er nicht qualifiziert oder deren Anforderungen er nicht gewachsen war. Am Ende steht Ronan vor seiner Tür, um ihn zu erschießen, und Jean-Marie hofft nur, dass es schnell gehen möge. Die Aufklärung des vergleichsweise einfachen Sachverhalts wird durch die raffinierte Art der Darstellung lange hinausgezögert.

INA BOUMAN Niederlande (*1936)

Bouman, eine der Pionierinnen des niederländischen Frauen- und Lesbenkrimis, schrieb *Gratis monster* (wörtl. »Gratismuster«, dt. *Nebenwirkungen*, 1993), davor aber *Willenlos*.

Willenlos

(OT: *Dames aan de Maas* [wörtl. »Damen an der Maas«], 1985). Berlin: Orlanda-Frauenverlag, 1993. (FiTb 12826, 1997.) – Ü: Diete Oudesluijs und Marlene Müller-Haas. – O: Amsterdam, Antwerpen.

Die Lesbe Jos Welling, 45, arbeitet für die feministische Frauenzeitschrift »Kassandra«. Sie wird um Hilfe gebeten von Hermien van Doorne. Hermiens Tochter Inge ist in die Fänge der europaweit operierenden Sekte »Bund des Guten« geraten, die ihre Mitglieder völlig versklavt und die möglichst alle Gruppen der alternativen Szene unterwandern will. Jos Welling lernt die völlig verstörte Inge kennen und nimmt an zwei Veranstaltungen der Sekte teil. Nachdem ihr Personalausweis gestohlen worden ist, verschwindet Inge aus dem Sektenheim, ein anderes Mädchen bezieht ihr Zimmer, ein Artikel über die Sekte wird aus der »Kassandra«-Redaktion gestohlen. Als Jos erfährt, dass zwei weibliche Ex-Mitglieder des »Bundes« ermordet wurden, will sie den Sektentutor Maarten zur Rede stellen. Vor seinem Haus sieht sie, wie ein junges Mädchen in einen wartenden Saab verfrachtet wird, und folgt dem Wagen bis zu einer Villa. Dort wird sie überwältigt, aber eine sympathische Frau, der sie den Spitznamen »Grauauge« gibt, verhilft ihr zur Flucht, nachdem sie ihr einen Zettel zugesteckt hat. Er enthält einen Hinweis auf ein Center des »Bundes« im belgischen Antwerpen und die Telefonnummer der Soziologin Marianne, die Material über den »Bund« sammelt. Im Center in Antwerpen stößt Jos Welling auf Inge. Inge ist »Grauauge«, aber nicht das Mädchen, das Jos als Inge präsentiert wurde. Auf dem Weg zu einem anderen Mädchen, das aus dem »Bund« aussteigen möchte, werden Hermien, Jos und Inge überfallen, Hermien wird getötet. Inge erschlägt einen Angreifer. Die Polizei verhaftet daraufhin einige Mitglieder des »Bundes«, darunter auch Ank, die den »Kassandra«-Artikel gestohlen hat. Der komplette Führungsstab der Sekte flieht und zerschellt mit seinem Wagen an einem Felsen, der den Namen »Maasdamen« trägt. G. R.

ROBERTO ESTRADA BOURGEOIS Kuba (*1950)

Ein Modigliani aus Kuba

(OT: *Modigliani*, 1998). Heilbronn: Distel Literaturverlag, 1999. – Ü: Horst Rosenberger. – O: Kuba.

Eine ganz einfache Geschichte, ohne Verwicklungen, ohne zentrales Verbrechen, ohne Detektion: Auf Kuba werden Überlebenskünstlerinnen *Jinetera* genannt, die aus ihrem Charme, ihrer Schönheit und ihrem Körper Kapital schlagen, ohne eigentlich Prostituierte zu sein. Eine solche *Jinetera* ist die namenlose Ich-Figur, die nach einem Studienabschluss in Kunstgeschichte an der Universität Havanna ihr kärgliches Einkommen als eine Art Volkshochschullehrerin verdient. Bis die Legalisierung des Devisenbesitzes ihr gründlich das Geschäft verdirbt, verdingt sie sich als illegale Vertreterin für Kosmetika. Sie lernt den Italiener Marcello kennen, der sie als eine Art Kunstscout und -kurier anstellt. Rasch wird sie so für kubanische Verhältnisse zu einer vermögenden Frau. Für den lächerlichen Betrag von 60 US-Dollar kauft sie ein Bild von Modigliani und übergibt ihn Marcello. Dessen Begleiter Giorgio lässt sich von der schönen Lucia abschleppen. Mitten in das gemeinsame Trinkgelage in einer fremden Wohnung platzt Lucias Zuhälter und tötet Lucia. Marcello, Giorgio und die *Jinetera* können unbemerkt die Wohnung verlassen. Zu ihrem Schrecken vermisst die Frau jedoch ihren Ausweis – eine Katastrophe angesichts ständiger schikanöser Kontrollen im Land. Sie kehrt noch einmal in die Wohnung zurück, findet ihren Ausweis und entkommt unbehelligt. Nachdem Marcello ihr eine Ausreisegenehmigung verschafft hat, reist sie als seine Geliebte nach Rom. Sie lernt das westliche Luxusleben kennen, arbeitet aber auch weiterhin als Kurier. In Paris soll sie den Modigliani verkaufen, doch die Kaufinteressenten bezeichnen das Bild als äußerst geschickte Fälschung; Marcello habe das Original bereits verkauft und werde – so deuten die Kaufinteressenten an – umgebracht. Für den Fall, dass sie ihn warnen sollte, droht ihr dasselbe Schicksal. Eingeschüchtert kehrt sie nach Rom zurück, wo sie versuchen muss, ein neues Leben zu beginnen.

RAY DOUGLAS BRADBURY USA (*1920)

Der Tod ist ein einsames Geschäft

(OT: *Death is a Lonely Business*, 1985). Zürich: Diogenes Verlag, 1987. – O/Z: Venice (Kalifornien); 1949.

Seinen Kriminalroman *Der Tod ist ein einsames Geschäft* hat Bradbury – von ihm stammt die klassische Antiutopie *Fahrenheit 451* (1951) – mit phantasmagorischen Elementen angereichert. – Der junge *pulp*-Schriftsteller Norman Rockwell kennt alle Bewohner des verfallenden Badeortes Venice, die noch nicht weggezogen sind. Eines Nachts raunt ihm ein Unbekannter, der gleich danach verschwindet, in der Tram die titelgebenden Worte zu. Gleich darauf findet Rockwell an der Strandpromenade in einem alten Zirkus-Käfigwagen die Leiche eines Greises, dessen Manteltaschen mit Papierabfall gefüllt sind, wie er beim Abknipsen von Fahrkarten anfällt: Der Tote pflegte seine Tage in einer Fahrkarten-Verkaufsstelle zu verbringen. Der schriftstellernde Polizist Elmo Crumley, ein ausgemachter Eigenbrötler, glaubt jedoch nicht an Mord. Rockwell, von der morbiden Untergangsatmosphäre in Venice fasziniert, stellt eine Liste mit Namen weiterer möglicher Opfer auf, von denen einige tatsächlich sterben. Der unheimliche Mörder macht sich telefonisch auch Rockwell gegenüber bemerkbar, was Crumley von dessen Unschuld überzeugt. Bald hat er den von apokalyptischen Gedanken besessenen Psychiater und Kartenleger A. L. Shrank in Verdacht, kann diesen aber erst überführen, als ihm der blinde Neger Henry hilft. Shrank will – hierauf bezieht sich der Titel – alle Einsamen von ihrer Einsamkeit erlösen. Es kommt zu einem Duell zwischen Rockwell und Shrank, bei dem der verrückte Psychiater in dem alten Zirkus-Käfigwagen ertrinkt. Zum Schluss taucht auch Constance Rattigan wieder auf, die sich in eines ihrer Häuser geflüchtet hatte. Der Polizist hat seinen Roman fertig; er heißt: »Der Tod ist ein einsames Geschäft«.

JOSY BRAUN Luxemburg (*1938)

Josy Braun hat sich als einer der kritischen Journalisten Luxemburgs nachhaltig unbeliebt gemacht, unter anderem bei 63 von 64 Luxemburger Förstern, die eine Verleumdungsklage gegen ihn und seinen Kollegen Marc Thoma anstrengten.

Porto fir d'Affekoten

Iechternach (= Echternach [Luxemburg]): Édition Phi, 1997 (Tb 357). – O: Luxemburg-Stadt.

Brauns Mundart-Krimi *Porto fir d'Affekoten* (wörtl. »Portwein für die Advokaten«) ist komplett in Luxemburger Dialekt geschrieben, der, von einigen Vokabeln aus der französischen Verwaltungssprache wie Maître, Bâtonnier, Kommissär, Flicken (von *flic* ›Polizist‹) und wie »fëmmen« (von frz. *fumer* ›rauchen‹) abgesehen, grammatisch und lexikalisch auf dem Deutschen beruht. In Luxemburg lebt eine zahlenmäßig große portugiesische Kolonie. – Der Journalist Pit Marburg vom »Landboten« und Kommissär Alfred Biermann klären gemeinsam eine Mordserie auf. Sechs Menschen unterschiedlichsten Standes sterben an vergiftetem Portwein aus einem Supermarkt. Ob der bereits eingeäscherte Anwalt Edgar Raach ebenfalls ein Giftopfer ist, bleibt offen. Bei der Urnenbeisetzung – mit der der Roman beginnt – spuckt Olivia de Carvalho, die Wirtin des portugiesischen Bistros »As Bruxas« (»Zu den Hexen«), Raachs Söhnen Lex und Loll vor die Füße. Lex ist Justizminister, Loll Anwalt. Die bis ins Mark korrupte Familie Raach behindert die Ermittlungen nach Kräften. Die vergifteten Flaschen stammen aus dem Hause Raach selbst. Ein junger Taxifahrer hatte einen Karton mit zehn Flaschen zur Neujahrszeit als angebliches Geschenk der portugiesischen Botschaft abgegeben, die jedoch nie solche Präsente verteilt hat. Der Portwein wurde dann seiner geringen Qualität wegen nach und nach verschenkt oder gespendet. Olivia de Carvalho berichtet sehr freimütig, dass ihr Bruder der illegitime Sohn des verstorbenen Edgar Raach sei, der ihr nicht nur keinen Pfennig gezahlt, sondern seine Geliebte und deren Kinder auch aus der Wohnung gejagt habe. Sie musste sich daher als Putzfrau in einem Pharmakonzern und in der portugiesischen Botschaft durchschlagen und stirbt nun als erst 50-jährige Frau an Krebs. Angesichts ihres nahenden Todes habe sie sich an Raach rächen wollen. An ihren beiden Arbeitsplätzen hatte sie sich dafür – zum Teil mit Hilfe des Sohnes – Zyanid sowie eine Geschäftskarte besorgt, danach die Portwein-Flaschen aus dem Billigmarkt geöffnet, mit Gift präpariert und wieder verschlossen. Dass ihr Opfer das Billigprodukt womöglich gar nicht selber trinken würde, bedachte sie nicht. So brachte sie sechs Unschuldige um, aber keinen einzigen Schuldigen, denn die, so der Kommissär, »drénke kee bëllege Porto« (trinken keinen billigen Porto).

FRED BREINERSDORFER Deutschland (*1946)

Der promovierte Jurist, Vorsitzender des Schriftstellerverbandes VS im ver.di und Preisträger des »Ehrenglausers« 2001, ist einer der produktivsten TV-Krimiautoren und schrieb, z. T. in Koautorschaft mit Felix Huby, Drehbücher u. a. für den Schimanski-Klassiker *Zweierlei Blut* (1984) und (nach einem authentischen Fall) *Der Hammermörder* (ZDF, 1989; Buch: erstmals 1986; München: Verlag der Kriminale, 2000). Seine bekannteste Schöpfung freilich ist Anwalt Abel, von dem das ZDF zwischen 1986 und 2000 mit Günther Maria Halmer 20 Folgen produzierte. *Frohes Fest, Lucie* wurde außerhalb dieser Reihe von der ARD verfilmt. Als juveniler Abel (der hier Zygl heißt): Thomas Heinze.

Frohes Fest, Lucie

Reinbek: Rowohlt, 1981 (rororo thriller 2562). – O: Stuttgart.

F: D 1992 (ARD), R: Roland Suso Richter.

Jean Abel soll im Auftrag der Arzthelferin Lucie Kerst gegen ein Siedlungsprojekt vorgehen, dem das Haus ihrer Tante Lore Pauls zum Opfer fallen soll. Seit sie den Auszug verweigert, fühlt sich Lucie bedroht. Nach einem angeblichen Streit mit der Tante kommt sie ins Krankenhaus. Abel und sein Hund werden derweil Opfer eines eindeutig geplanten Rattenangriffs; einem Anschlag mit vergifteter Milch entgeht der Anwalt nur durch Zufall. Lore Pauls erweist sich nicht wie behauptet als Insassin, sondern als Besitzerin eines Altenheims, ihre Unterschriften hat die Arzthelferin Lucie systematisch gefälscht. Lucies Mutter, die schon vor Jahren in einer Irrenanstalt starb, hatte permanente Beziehungsprobleme; alles Negative im Hause Kerst wurde deshalb auf Lore Pauls projiziert. Lucie hat zu Lebzeiten ihrer Tante keinerlei Handhabe, den Verkauf des Hauses zu unterbinden. Um ihn wenigstens so lange wie möglich hinauszuzögern, engagierte sie Abel und spielte ihm gegenüber die unschuldig Verfolgte, was sie durch selbst inszenierte Anschläge überzeugend unterstrich. Weil ihr zur Vollendung des Plans nur noch der Tod der Tante fehlt, macht sich Abel eilends auf den Weg zu Lucies Haus. Er kann sie gerade noch an einem Säureattentat hindern. Inzwischen völlig dem Wahn verfallen, behauptet Lucie, den Mord an Frau Pauls auf Befehl ihrer Mutter auszuführen. Frau Pauls' Auftrag, sie gegen Lucie juristisch zu vertreten, lehnt er ab. In der gestraffften Filmversion endet Lucie im Feuer, das sie selbst in ihrem Häuschen gelegt hat.

RITA MAE BROWN USA
(*1944)

Katzen sind Erkennungszeichen lesbischer Krimiautorinnen bzw. -heldinnen, ähnlich wie Kriminalhauptkommissare gerne Pfeife rauchen. Die lesbische Feministin Brown gibt ihre Katze Sneaky Pie als Familienmitglied und Koautorin aus und lässt sie in einem ihr ins Maul gelegten Vorwort eine Identität mit der kätzischen Hauptfigur Mrs. Murphy ableugnen. Mrs. Murphys treuer Begleiter ist der Welsh Corgy Tee Tucker. Allen Romanen liegt die Fiktion zugrunde, dass sich die Tiere in einer gemeinsamen Sprache untereinander verständigen können, die den Menschen unverständlich bleibt. Entsprechend findig müssen die Tiere agieren, um die Menschen auf die Ergebnisse ihrer Ermittlungen aufmerksam zu machen. Weitere Werke: *Pawing through the Past* (2000, dt. *Rache auf leisen Pfoten. Ein Fall für Mrs. Murphy*, 2001), ferner *Venus Envy* (*Venusneid*, 1993), ein autobiografisch gefärbter Roman einer vermeintlich todkranken Frau, deren Outing als Lesbe angesichts des Todes nicht nur ihr Leben, sondern auch das der Adressaten ihrer Abschiedsbriefe grundlegend verändert, und *Dolley* (1994, dt. *Dolley. Das Leben einer First Lady*, 1995), eine Biografie der Präsidenten-Gattin Dolley Madison.

Schade, dass du nicht tot bist. Ein Fall für Mrs. Murphy

(OT: *Wish you were here*, 1990). Reinbek: Rowohlt, 1991 (rororo 13849). – Ü: Margarete Längsfeld. – SF: die geschiedene Posthalterin Mary Minor »Harry« Haristeen; die fromme Witwe Hogendobber. O: Crozet (Virginia).

F: *Murder she purred: A Mrs. Murphy Mystery.* USA 1998, Drehbuch: Rita Mae Brown (nach Motiven ihrer Romane), R: Simon Wincer.

In Crozet ereignen sich drei Morde in Folge: Zunächst wird der Bauunternehmer Kelly Craycroft von einer Mischmaschine zerhäckselt, dann wird die patente Yankeefrau Maude Bly Modena auf die Schienen gefesselt von einem Zug überfahren, und schließlich findet man Bob Berryman nebst Hund erschossen im Wagen. Die beiden ersten Toten wurden vor ihrer Verstümmelung mit Zyanid vergiftet – ein Geruch, der Hund und Katze an eine alte Schildkröte erinnert. Außerdem erhielten die Opfer Postkarten mit einem Friedhofsmotiv und dem boshaften Satz: »Wish you were here«. Hund und Katze gelingt es, die Aufmerksamkeit der Menschen auf ein Versteck zu lenken, in denen sich kryptische Aufzeichnungen über finanzielle Transaktionen und Fahrten von Lastwagen aus der Firma des Bauunternehmers Craycroft finden. Was jedoch wohin transportiert wurde, bleibt zunächst offen. Möglicherweise handelt es sich um Rauschgiftschmuggel. Als Harry und Mrs. Hogendobber bedrohliche Mitteilungen auf Postkarten erhalten, wird Mrs. Hogendobber aus Sicherheitsgründen zu Verwandten evakuiert, Harry erhält Personenschutz in Gestalt von Officer Cynthia Cooper. Die beiden Tiere finden heraus, dass ein angeblich versiegelter Eisenbahntunnel einen Zugang haben muss. Als Harry und Cynthia, beide bewaffnet, der Spur der Tiere folgen und den Tunnel untersuchen, entdecken sie ein reichhaltiges Lager antiquierter Möbel; außerdem erwartet sie dort der Mörder, der Antiquitätenhändler Josiah DeWitt. Er hatte mit Kelly und Maude einen schwunghaften Handel mit Antiquitäten aufgezogen, doch die Liebe Maudes zu dem verheirateten Berryman brachte das lukrative Arrangement derart durcheinander, dass DeWitt sich nur noch mit

Mord zu helfen wusste. Er bedroht die Frauen im Tunnel mit einem Molotowcocktail, wird aber nach dem Eingreifen von Mrs. Murphy und Tucker von Officer Cooper erschossen.

SANDRA BROWN USA
(*1948)

Sandra Browns Krimis sind thematisch verwandt mit denen von J. → Fielding und zeichnen sich durch eine reaktionäre Sexualmoral aus: sinnenfrohe, promiskuitive Frauen werden drastisch bestraft, monogame Frauen dagegen überleben im Schoße einer Familie, die zunächst im Rahmen der Kriminalhandlung unvollständig ist, dann aber durch einen neuen Partner wieder komplettiert wird. *Exclusive* (1996, dt. *Blindes Vertrauen*, 1998), dessen Hauptfigur ein krimineller US-Präsident ist, war der passende Roman zur Lewinsky-Affäre Bill Clintons und eine Verneigung vor J. → Ellroy, denn eine der Figuren heißt Bondurant, genau wie eine Figur aus dessen *Ein amerikanischer Thriller*. Weitere Werke: *Fat Tuesday* (1997, dt. *Im Haus meines Feindes*, 1999), *Unspeakable* (1998, dt. *Nachtglut*, 2000).

Die Zeugin

(OT: *The Witness*, 1995). München: Blanvalet Verlag, 1996. (Goldmann 35545, 2001.) – Ü: Christoph Göhler. – O: Prosper (South Carolina).

Die junge Pflichtverteidigerin Kendall Deaton hat versehentlich in eine bigotte, ultrakonservative Männerwelt eingeheiratet: Sie entdeckt, dass ihr untreuer Ehemann Matt Burnwood und ihr Schwiegervater Gibb einer faschistoiden Bruderschaft nach Art des Ku-Klux-Klan angehören. Durch sie wird ein Halbchinese wegen angeblicher Vergewaltigung seiner weißen Freundin im Wald hingerichtet. Kendall, die heimliche Zeugin des Mordes, flieht, ohne jemand etwas von ihrer Schwangerschaft erzählt zu haben, stolpert über die Leiche des Stadtstreichers Bama und taucht nach einer handgreiflichen Auseinandersetzung mit ihrem Mann für Monate unter. Als Aushilfsbibliothekarin sammelt sie Material über die Vorgänge von Prosper. Unerkannt bringt sie ihren Sohn Kevin zur Welt; nur mit ihrer besten Freundin Ricky Sue Robb hält sie telefonischen Kontakt. Ein FBI-Beamter, den sie kontaktiert, erweist sich als Vertrauensmann der Bruderschaft. Bama, ein anderer FBI-Agent, wurde *undercover* und als Penner enttarnt und ermordet. Schließlich kann Sonderermittler Jim Pepperdyne Kendall aufspüren. Sie wird von dem Ex-Polizeipsychologen und jetzigen US-Marshall Dr. John McGrath und einer Polizistin auf dem Landweg nach Prosper gebracht, wo sie ihre Aussage machen soll. In der Folge werden Kendall und McGrath ein Liebespaar. Pepperdyne hebt derweil das Verbrechernest Prosper komplett aus, doch Matt, inzwischen von Kednall in Abwesenheit geschieden, und Gibb fliehen mit Hilfe von Matts langjähriger Geliebter Lottie Lynams aus dem Gefängnis, um Kevin in ihre Gewalt zu bringen und Kendall als Verräterin zu bestrafen. Pepperdyne, der dies herausgefunden hat, muss die drei möglichst noch vor ihren Verfolgern finden. Gibb vergewaltigt die ihm verhasste Lottie und schneidet ihr die Kehle durch. Bis das Haus, in dem Kendall, Kevin und McGrath Zuflucht gefunden haben, vom FBI umstellt ist, sind Matt und Gibb bereits eingedrungen. Gibb erschießt seinen Sohn im Streit wegen Lotties Tod. Auch McGrath wird von Gibb niedergeschossen. Kendall richtet McGraths Waffe auf den Kopf ihres Sohnes mit der Drohung, das Kind eher zu töten, als es dem Großvater zu überlassen. Als Gibb Kevin trotzdem an sich reißen will, wird er von einem Scharfschützen erschossen. Die endgültige Vereinigung mit McGrath bedeutet für Kendall nicht nur ein persönliches Happyend, sondern erweitert auch die berufliche Perspektive. Sie hatte sich unter falschem Namen und mit den Papieren eines wegen beruflicher Verfehlungen nach Europa gegangenen Anwalts in Prosper beworben. Dies hatte den Ausschlag für ihre Wahl gegeben, denn die Bruderschaft hatte sie für erpressbar gehalten.

JOHN BUCHAN Großbritannien (1875–1940)

Durch vier Romane – außer *Die neununddreißig Stufen* noch *Grünmantel*, *Die drei Geiseln* sowie *Mr. Standfast oder Im Westen was Neues* – um den Gentleman-Agenten Richard Hannay, der im Laufe der Kurzserie vom Hauptmann zum General aufsteigt und als Vorläufer von James Bond gilt, wurde der Diplomat Buchan weltberühmt. Beide Filmversionen von *Die neununddreißig Stufen* veränderten die Handlung stark; die jüngere zwingt Hannay gar zu einer Kletterpartie à la Harold Lloyd an den Zeigern von »Big Ben«.

Die neununddreißig Stufen

(OT: *Thirty-nine Steps*, 1915). Zürich: Diogenes Verlag, 1967 (detebe 93/1 = 20210, 1975). – Ü: Marta Hackel. – O/Z: London u. a.; 1914.

F: **(1)** GB 1935, R: Alfred Hitchcock. **(2)** GB 1978, R: Don Sharp.

Die Geschichte handelt von einer Flucht quer durch Europa vor der Geheimorganisation »Schwarzer Stein«, die die britischen Flottenpläne ausspioniert und einen neuen Weltkrieg provozieren will: durch den Mord an dem griechischen Ministerpräsidenten Konstantin Karolides im Rahmen eines Staatsbesuches in London am 14. Juli. Der Geheimagent Franklin B. Scudder schlüpft bei dem aus Südafrika zurückgekehrten Mineningenieur und Ex-Offizier Richard Hannay unter und wird in Hannays Wohnung ermordet. Aus Angst vor der Polizei und Scudders Mördern flieht Hannay mit Scudders Notizbuch in immer neuen Verkleidungen per Eisenbahn, in gestohlenen Wagen, auf einem Fahrrad und zu Fuß in den Norden des Landes, wo ihm nacheinander ein literaturbesessener Gastwirt, der bebrillte Straßenwärter Tumbull, der Börsenmakler Marmaduke Jopley und der wahlkämpfende Politiker Sir Harry weiterhelfen. Sir Harry macht ihn mit Geheimdienstchef Sir Walter Bullivant bekannt. Der Weg zu Sir Walter endet zunächst bei einem kahlhäuptigen Archäologen, der sich als der Anführer des insgesamt dreiköpfigen deutschen Spionagerings entpuppt und Hannay bis zur Klärung seiner Identität in ein Materiallager sperrt. Hannay sprengt sich den Weg frei und schlägt sich zu Sir Walter durch, nachdem er bei Tumbull einen Malariaanfall auskuriert hat. In der Wohnung von Sir Walter findet eine Besprechung über die Flottenpläne unter Teilnahme des wortkargen Admirals Alloa statt: Alloa ist ein Doppelgänger und Spion, der in seinem fotografischen Gedächtnis die Flottenpläne gespeichert hat. Eine Verhaftung des falschen Alloa misslingt, am 15. Juli wird er das Land verlassen, und zwar laut Scudder über »neununddreißig Stufen« und während des Flut-Höchststandes um 22.17 Uhr. Mit Hilfe von Fluttabellen aus dem Marineministerium und eines ortskundigen Küstenwächters findet Hannay den Platz, an dem neununddreißig Stufen zum Meer führen, wo eine Segeljacht die drei Deutschen abholen soll. Sie sind jedoch so perfekt getarnt, dass Hannay sich nicht sicher sein kann, ob er die Gesuchten vor sich hat; er spielt sogar eine

Partie Karten mit ihnen. Erst als der Zeiger der Uhr auf 22.17 rückt, geben sie ihre Tarnung auf. Es kommt zu einer Rangelei, in deren Verlauf der kahlköpfige »Schwarze Stein« auf die Segeljacht entkommen kann. Die ist jedoch bereits in britischer Hand.

WOLFGANG BURGER Deutschland (*1952)

Mordsverkehr

Köln: Zebulon-Verlag, 1998 (Zebulon Krimi 08). – O/Z: Karlsruhe; die Osterfeiertage.

Der Autor, von Beruf Diplomingenieur, debütierte mit einem Krimi, der sehr geschickt die seit *Bullit* (1968) in amerikanischen Filmen leidenschaftlich zelebrierte Verwandlung von Neuwagen in Schrott auf eine deutsche Autobahn überträgt. – Insgesamt drei Bomben eines psychopathischen Gegners des Individualverkehrs explodieren an strategisch günstigen Verkehrsknotenpunkten; es gibt zwei Tote. Die Kommissare Petzold, Schilling und Gerlach stehen unter Erfolgsdruck. Zeugenaussagen sowie Analysen von Bekennerschreiben und Bombenresten lassen den Wohnort des Täters, sein ungefähres Alter und Aussehen und seine technische Ausstattung erkennen. Außerdem ist bekannt, dass er Abonnent der Wochenzeitung *Die Zeit* ist und das Kreuzworträtsel der letzten Ausgabe gelöst haben muss. Die Feiertage verhindern den sofortigen Kontakt mit der Abonnementabteilung in Hamburg. Dazu ereignet sich unabhängig vom Wirken des Bombenbastlers ein katastrophaler Unfall mit einem Benzintransporter, bei dem ein kompletter Autobahnabschnitt bei Karlsruhe in Flammen aufgeht. Nachdem das individuell angepasste Verwaltungsprogramm der *Zeit* mühsam entschlüsselt worden ist, steht der Elektriker Roland Wächter als der Gesuchte fest. Seit einem Unfall, bei dem ein Kind getötet wurde, ist der frühere Rallye-Pilot ein militanter Autogegner. Als Petzold Roland Wächter an seinem Arbeitsplatz verhaften will, warnt diesen ein dümmlicher Pförtner. Wächter flieht in dem getunten BMW eines Kollegen, Petzold verfolgt ihn in seinem eigenen Porsche 911. Um sein Leben zitternd, dirigiert Beifahrer Schilling via Handy einen Hubschrauber und organisiert Straßensperren. Vor einem Stauende verwickelt ein aggressiver Mercedes-Fahrer Wächter in einen Unfall, der Mercedes überschlägt sich. Petzold und Schilling müssen hilflos zusehen, wie Wächter mit Vollgas in das Stauende hineinrast.

CARINA BURMAN Schweden (*1960)

Carina Burman hat 1988 in Upsala über einen Vertreter der Aufklärung in Schweden promoviert. Ihr halbdokumentarischer Debütroman ist thematisch eng verwandt mit *Besessen*, dem Meisterwerk von A. → Byatt.

Die zehnte Göttin des Gesangs

(OT: *De tionde sångguddinan*, 1996). Leipzig: Kiepenheuer, 1998. – O/Z: Upsala; 1909–18.

Dr. Elisabeth »Lissi« Gran, Dozentin für Literaturwissenschaft an der Universität Upsala, wettet am Silvesterabend des Jahres 1908 mit ihrem Professor Georg Schlippenbach, sie könne allen Erwartungen zum Trotz noch irgendetwas Unveröffentlichtes über die polyglotte schwedische Dichterin und Frauenrechtlerin Sophia Elisabeth Brenner (1659–1730) finden. Diese wusste ein reiches dichterisches Schaffen, eine rege Korrespondenz sowie 15-fache Mutterschaft miteinander zu verbinden. Unterstützt von ihren Mitarbeiterinnen Gudrun »Choice« Nordin und Dr. Thea Jansson, beginnt Lissi mit Recherchen, an deren Ende eine kritische Edition von Elisabeth Brenners Briefen stehen soll. Brenner gehörte offenbar einem weiblichen Geheimbund an, dessen Zielen die drei Wissenschaftlerinnen, zum Teil mit kryptografischen Mitteln, auf die Spur zu kommen versuchen. Die Ergebnisse ihrer Forschungen – zahllose Abschriften und Exzerpte – legt Lissi in einer Kiste mit dem Namen »Arsenal« ab. Der Erscheinungstermin der Briefedition muss Jahr um Jahr verschoben werden, weil immer neue Schreiben auftauchen. Der Geheimbund, dessen Mitgliederzahl auf zehn Damen begrenzt war, versuchte auf konspirativ-diplomatische Weise, die männlichen Politiker seiner Zeit vom Kriegführen abzuhalten. Es gelingt jedoch weder, in die Interna des Frauenzirkels einzudringen, noch nachhaltige Spuren ihres Wirkens in der Politik nachzuweisen. Auf ihren Recherchereisen durch halb Europa lernt Lissi den nachmaligen Mörder des Wundermönchs Grigorij Rasputin (1872–1916), den dekadenten Fürsten Felix Jussupow (1887–1967) kennen und verbringt einige Nächte mit ihm. Schließlich folgt sie ihm nach Petrograd, wo er ihr Brenner-Briefe aus dem Familienarchiv übergeben und sie mit der steinalten Fürstin Jussupowa bekannt machen will, deren Großmutter seinerzeit offenbar ebenfalls zu Brenners Geheimbund gehörte. Lissi hält sich just beim Ausbruch der Oktoberrevolution in der Stadt auf. Dabei vernichtet ein Brand in ihrem Hotel das komplette »Arsenal«. »Choice« hat zu dieser Zeit längst den Weg der Emanzipation verlassen, lebt mit Ehemann und zwei Kindern auf einem Gut und will nur noch Gudrun genannt werden, Thea ist aus Begeisterung für die Revolution in Russland geblieben. Am Ende steht Lissi am Scheideweg, als sie sich fragen muss, ob sie einen Kollegen heiraten oder ob sie lieber doch allein und der Wissenschaft treu bleiben soll.

RON BURNS USA
(–)

Burns siedelt seine Krimis wie L. → Davis im alten Rom an, geht jedoch eher nachlässig mit den historischen Fakten um.

Römische Ausschweifungen

(OT: *Roman Nights*, 1991). Frankfurt a. M.: Eichborn, 1994. (Goldmann 42293, 1995.) – Ü: Regina Winter. – SF: Livinius Severus. O/Z: Rom; 180 n. Chr.

Der römische Anwalt Livinius Severus (der Icherzähler) beschreibt die Regierung seines verstorbenen kaiserlichen Herrn Marcus Aurelius als Zeit politischer Stabilität und Rechtssicherheit. Dessen Sohn und späterer Nachfolger Commodus (161–192, Kaiser ab 180), ein gewalttätiger Sadist, errichtete eine Willkürherrschaft. Noch zur Zeit des alten Kaisers Mark Aurel soll der Anwalt Livinius die Untreue des Gatten der geheimnisvollen Secunda ausforschen. Der Fall scheint rasch erledigt, als der Ehemann Secunda anscheinend niedersticht und dann selbst ermordet wird. In der Folge werden einige Freunde und Lehrer Kaiser Mark Aurels aus der Schule der Stoiker ermordet. Auf dem Sterbebett erzählt der seinen Mördern entkommene Stoiker Sextus von einem Komplott um Commodus und den Ex-General Martius Verus gegen Mark Aurel, hinter das die Stoiker zufällig gekommen sind. Es gibt bereits Münzen des zukünftigen Herrscherduos, doch Verus wird mit Sicherheit bald beseitigt werden. Die Mitverschwörerin Secunda hat sich in Wahrheit in ihren Dolch gestürzt, weil das Komplott entdeckt worden war und sie unter der Folter nicht würde schweigen können. Secundas Mann entdeckte die Leiche, zog den Dolch aus der Wunde und wurde prompt für den Mörder gehalten. Mark Aurels Sohn Commodus liebt gewalttätige Orgien. Bei einer dieser Veranstaltungen ersticht er die Gastgeberin Lucilla. Livinius will dem im Norden des Reiches Krieg führenden Kaiser von diesem Mord selbst Bericht erstatten. Nicht einmal die Vergiftung seiner Begleiter hält ihn von seinem Vorhaben ab. Aurel, eine charismatische Erscheinung, ist jedoch so von Liebe zu seinem Sohn erfüllt, dass Livinius, als er ihn endlich erreicht, schweigt. Mark Aurel erleidet einen Schwächeanfall, fünf Tage später ist er tot. Es beginnt die Terrorherrschaft der Prätorianergarde. Der von Aurel verachtete Berufsstand der *delatores*, Zuträger, genannten Detektive kommt unter seinem Sohn Commodus wieder zu Ehren, und zwar als Denunzianten. Livinius freilich lässt sich nicht korrumpieren.

ANGELIKA BUSCHA Deutschland (–)

Wie der Tod so spielt

München: List, 2000 (List Grande 65009). – O: Hamburg.

Ein ausgezeichnetes Krimidebüt legte die Journalistin und Lektorin Angelika Buscha mit dem Roman vor. In der U-Haft beschreibt die Yuppi-Frau Irmi Block (die Icherzählerin), die ehemalige Chefredakteurin der Frauenzeitschrift »Alexa«, rückschauend ihre Karriere als Auftragskillerin. Als sie durch ein Trunkenheitsdelikt im Verkehr auffällt, landet sie zusammen mit der 16-jährigen Streunerin Charlie in einer Ausnüchterungszelle. Charlie wird zur Helfershelferin, als die Leiche von Herb, dem Ehemann von Irmi Blocks Busenfreundin Ira, beseitigt werden muss. Ira hat ihren Ehemann Herb nach Jahren der Misshandlung im Streit umzubringen versucht. Im Beisein von Irmi, Ira und Hannah – einer weiteren »besten Freundin« – erliegt Herb im Keller seines Hauses seinen Verletzungen. Zusammen mit der Streunerin Charlie zerlegen die Frauen die Leiche, gefrieren sie ein und verfüttern sie an den Hund des Hauses. Der schwergewichtige geschlechtsumgewandelte Detektiv Pete, nunmehr Petra, erpresst die Frauen zu weiteren Morden, deren Opfer meist Männer im Auftrag ihrer ehemüden Frauen sind. Obwohl das Quartett – Charlie dient als Waffenkurier – immer dreister wird, wird es nie erwischt. Irmi verliert zwar ihre Stelle bei »Alexa«, jedoch unter außerordentlich vorteilhaften Bedingungen. Pete steht im Dienst des Nobelanwalts Gordon Winslet, der für die diskrete Auftragsakquisition zuständig ist. Gegründet haben das Mordunternehmen jedoch Gordon Winslets Pflegeeltern, der mittlerweile in den Ruhestand getretene Jurist Dr. Dr. Mühlheimer und seine Ehefrau Milva. Von Pete und Winslet fordert die Russenmafia in aus nicht näher genannten Gründen Geld. Pete versucht nach der Ermordung seines Bruders auf Mallorca unterzutauchen, wird aufgespürt, unter Drogen gesetzt und gefoltert, aber am Leben gelassen, damit er die Russen zum Versteck der drei Millionen Mark führt. Irmi holt ihn in Palma de Mallorca ab und fliegt mit ihm und dem Bodyguard Tommy zurück nach Hamburg. Tommy und Pete sowie Winslet werden wenig später ermordet. Nachdem Mühlheimer und seine Frau kaltschnäuzig zwei arglose Russenkiller beseitigt haben, wird das Testament des Detektivs Pete eröffnet. Hannah und Irmi erben Petes Detektei, Irmi dazu Petes Rücklagen für die Altersvorsorge, und das Morden geht – unter zum Teil surrealistischen Begleitumständen – weiter, bis Irmi ihren neuesten Liebhaber, den verheirateten Dr.

Jürgen Kowalski, töten soll. Kowalski, schon zu Beginn der Beziehung in die Geheimnisse ihrer Tätigkeit eingeweiht, erschießt erst seine Frau, dann sich selbst. Ira plaudert im Alkoholrausch öffentlich Details ihrer Morde aus, die nur sie als Täterin kennen kann. Die Polizei wird ebenso hellhörig wie Mühlheimer: Irmi bekommt für einen Auftrag einen Wagen mit manipuliertem Beifahrerairbag zur Verfügung gestellt, doch durch unglückliche Umstände fliegt Ira nach einem Aufprall durch die Scheibe und stirbt, Irmi kommt lediglich mit gebrochenen Beinen ins Krankenhaus. Die Polizei, die Herbs sterbliche Überreste in der Kühltruhe gefunden hat, will Irmi die ganze Sache in die Schuhe schieben. Unfähig zu begreifen, dass sie ermordet werden sollte, glaubt sie bis zuletzt fest daran, dass Mühlheimer sie während des Transports vom Untersuchungsgefängnis zum Gerichtssaal befreien lassen und sie nach Südamerika schaffen werde.

ANTONIA BYATT Großbritannien (*1936)

Die Autorin vertritt den Typus der *poetessa docta*, der gelehrten Dichterin: Ein Teil ihres Werks, z. B. *The Djinn in the Nightingale's Eye* (1994, dt. *Der verliebte Dschinn*, 1995), *The Conjugial Angel* (1993, dt. *Geisterbeschwörung*, 1995), gehört zur fantastischen Literatur, *The Biographer's Tale* (1999, dt. *Das Geheimnis des Biographen*, 2001) handelt von der Faszination wissenschaftlicher Betätigung und ist damit thematisch verwandt mit dem hochintelligenten Roman um eine literaturwissenschaftliche Detektion, *Besessen*, für den Byatt 1990 den »Booker Price« und den »Irish-Times / Air-Lingus-Price« erhielt.

Besessen

(OT: *Possession. A Romance*, 1990). Frankfurt a. M.: Insel Verlag, 1993. (st 2376, 1994.) – Ü: Melanie Waltz. – O/Z: London u. a.; 1986 f.

F: USA 2001, R: Neil La Bute.

Vor 150 Jahren ging aus einer kurzen, leidenschaftlichen Affäre der alleinstehenden Dichterin Christabel LaMotte mit dem verheirateten Dichter Randolph Henry Ash ein Kind hervor. Erst ein Brief-Fund und die sich anschließende literaturwissenschaftliche, nachgerade detektivische Analyse fördern die seinerzeit geschickt vertuschte Affäre ans Tageslicht. Nahezu jeder Figur in Byatts Roman ist ein Konkurrent gleichen Geschlechts zugeordnet: dem Anglisten und Ash-Forscher Dr. Roland Mitchell – dem Protagonisten – der erfolgreichere, aber auch unseriösere Rivale Fergus Wolf; Mitchells Doktorvater Blackadder, dem Herausgeber einer kritischen Ash-Edition, der skrupellose Amerikaner Mortimer Cropper; der Literaturwissenschaftlerin Maud Beiley, einer früheren Geliebten von Fergus Wolf, die radikale Feministin Leonora Stern. Die beiden Frauen haben sich auf die Erforschung von Leben und Werk Christabel LaMottes spezialisiert, Maud Beiley ist sogar eine Nachfahrin der Dichterin. Roland Mitchell, wissenschaftliche Hilfskraft bei Blackadder, teilt Wohnung und Forschungsthema mit seiner Kommilitonin Val. Die Adressatin eines hochinteressanten Briefentwurfs Ashs, den Mitchell entdeckt, könnte Christabel LaMotte gewesen sein. In einem Zimmer auf dem Landsitz von Sir George Beiley finden Roland und Maud, angeleitet von Versen der Dichterin, tatsächlich den gesammelten Briefwechsel Ashs mit LaMotte. Roland und Maud werden von ihren Forschungen immer besessener: Der Poet und die Poetin haben tatsächlich eine gemeinsame Reise unternommen, denn in ihren Dichtungen verwenden sie unabhängig voneinander Spezialausdrücke, die ausschließlich in der von ihnen besuchten Gegend verwendet werden, und sie spielen auf nur dort bekannte Sagenmotive an. Dem Tagebuch von Christabels Lebensgefährtin entnehmen sie, dass die Dichterin ein Kind von Ash bekam. Das Kind wurde von Fremden aufgezogen und ist Mauds Vorfahrin, die damit auch Randolph Ash zu ihren Ahnen zählen darf. Letzte Gewissheit hierüber verschafft ein Abschiedsbrief La-Mottes an den im Sterben liegenden Ash. Dieser Brief findet sich in einer vergrabenen Kassette, die der skrupellose Cropper heimlich an sich bringen will. Dabei wird er von Maud und Roland, die ihn bereits erwarten, beobachtet; sein Ruf ist damit ruiniert. Über ihre literaturdetektivischen Ermittlungen werden Maud und Roland ein Liebespaar, neue Freundin von Fergus Wolf wird Val.

C

JAMES M. CAIN USA
(1892–1977)

Die Grenzen zwischen Guten und Bösen sind bei Cain – anders als bei D. → Hammett und R. → Chandler – kaum mehr zu erkennen. Weitere Werke sind u. a. *Serenade* (1937, dt. *Serenade in Mexiko*, 1952), *Double Indemnity* (1943, dt. *Den Haien zum Fraß / Doppelte Abfindung*, 1969/89), *The Institute* (1976, dt. *Zarte Hände hat der Tod*, 1981).

Die Rechnung ohne den Wirt (Wenn der Postmann zweimal klingelt)

(OT: *The Postman always rings twice*, 1934). München: Haffmans, 1993 (Haffmans Kriminalromane im W. Heyne Verlag 27). – Ü: Hilde Spiel, Peter de Mendelssohn. – O: einsame Raststätte an einer kalifornischen Landstraße.

F (in Auswahl): **(1)** USA 1946 (dt. *Im Netz der Leidenschaften*), R: Tay Garnett. **(2)** USA 1981 (dt. *Wenn der Postmann zweimal klingelt*), R: Bob Rafelson.

Der Roman, der insgesamt viermal (zuerst 1939 in Frankreich und 1942 in Italien von Luichino Visconti) verfilmt wurde, gehört zu den klassischen Krimistoffen und besitzt einen der meistzitierten Titel überhaupt. – Der arglose Nick Papadakis stellt den Herumtreiber Frank Chambers als Mechaniker in seiner Tankstelle ein. Chambers beginnt eine Affäre mit Nicks Frau Cora, und beide planen, Nick gemeinsam zu ermorden. Ein erster Versuch scheitert, Nick hält Frank sogar fälschlicherweise für seinen Lebensretter. Frank verlässt die Raststätte und reist weiter, kehrt aber bald auf Nicks Drängen zurück. Als Nick nun ein Kind von Cora will, denkt sie zunächst an Selbstmord, überredet dann aber Frank, Nick bei einem inszenierten Autounfall zu ermorden. Frank erschlägt Nick und stößt ihn mit dem Wagen eine Klippe hinunter, dabei wird er selbst schwer verletzt. Staatsanwalt Sackett vermutet aufgrund der hohen Unfallversicherung von 10 000 Dollar und einiger Ungereimtheiten, dass Nick ermordet wurde. Er weist anhand von Indizien nach, dass Cora die mögliche Täterin ist, und überredet dann den verwirrten Frank dazu, Cora wegen Mordversuchs zu verklagen. Wie von ihm erwartet, will Cora nun gegen Frank aussagen. Coras cleverer Anwalt Katz schickt sie damit zu seinem Privatdetektiv Kennedy und überzeugt die Versicherung, ihre Detektive abzuziehen. Frank und Cora werden freigesprochen, doch gegenseitiges Misstrauen vergiftet die Beziehung. Erst als sie ihm gesteht, schwanger zu sein, heiraten sie und fangen ein neues Leben an. Während eines letzten Vertrauens- und Liebestests, bei dem sie ins Meer hinausschwimmt und von ihm gerettet wird, erleidet Cora einen Schwächeanfall. Auf dem Weg ins Krankenhaus stirbt sie bei einem Autounfall. Als die Polizei ein schriftliches Geständnis Coras entdeckt, wird Frank wegen Doppelmordes aus Habgier verurteilt und hingerichtet, nachdem er für den Gefängnisgeistlichen eine ausführliche schriftliche Beichte – den in Ichform gehaltenen Roman – niedergelegt hat. A. Oe.

MYRA ÇAKAN Deutschland
(*1956)

Die Kinojournalistin, Malerin und SF-Autorin Myra Çakan schildert auf überzeugende Weise die wenig schöne neue Welt von morgen. *Downtown Blues* ist ihr vierter Roman. Weitere Werke: *When the Music's over* (1999) sowie eine Buchserie um Luke Harrisson, einen »Space Cowboy«.

Downtown Blues

Hamburg: Argument-Verlag, 2001 (SF Social Fantasies 2065). – O/Z: New York; nach 2044.

Der oft sehr gewalttätige Cyberpunk-Krimi *Downtown Blues*, der aus einer 1990 entstandenen Kurzgeschichte hervorging, verbindet Science-Fiction- und Computerelemente mit Elementen der Antiutopie, zitiert zahllose einschlägige Filme wie *Judge Dredd, Demolition Man, Soylent Green, Robocop, Blade Runner* und *Die Klapperschlange* sowie *Unternehmen Capricorn.* – Im New York der Zukunft ist die Oberstadt UPTWN hermetisch von Manhattan, der Downtown (DWNTWN), abgeschottet, wo das Brauchwasser rationiert wird und das Drogenchaos regiert. Die DWNTWN-Polizei teilt sich in die Cops und die CityForce CF, die Hightech-Kripo. Hier arbeiten die erfahrene Agentin DelMonico und die Newcomerin Donovan als Team. Sie versuchen, die Verwicklung von Bürgermeister Warring und seinem drogensüchtigen Sohn W. J. in die Herstellung und Verbreitung einer Designerdroge zu beweisen. Schlüsselfiguren des Falles sind Aranxa Capistrano aus dem Drogenclan der Capistranos, dem Concepción Capistrano vorsteht. Die beiden Polizistinnen tappen eine Weile im Dunkeln, bis DelMonico plötzlich verschwindet. Donovan überlebt einen Anschlag. Kurze Zeit später wird der Raketenforscher Professor Potter von einem Wagen überfahren, ein Augenzeuge, der Pfandleiher Abel Melinsky, wenig später ermordet. Donovans Eltern, der Mars-Pilot Nick Berringer und seine Frau, kamen bei einem Anschlag auf ein Einkaufszentrum ums Leben. Dies alles hängt zusammen mit der Firma SpaceCraft. SpaceCraft inszeniert in riesigen Anlagen die Eroberung des Weltraums, ohne tatsächlich dorthin zu fliegen. Der Raketenforscher Potter musste also sterben, weil sein neuartiger Raketenantrieb nicht gebraucht wird, Berringer, weil er nie zum Mars fliegen würde. Lästige Mitwisser oder Zeugen werden brutal beseitigt. Potter hat die gewinnträchtigen Rechte an seinem Antrieb dem Ehepaar Berringer beziehungsweise Donovan als deren Erbin vermacht. Donovan bekommt es mit einem Serienkiller zu tun, der seine Opfer mit einem Lasermesser verstümmelt. Eines dieser Opfer ist Drogenchefin Concepción Capistrano. Nach weiteren Todesfällen, u. a. im Hause des Bürgermeisters, taucht plötzlich DelMonico wieder auf: Sie hatte die City-Force verlassen, um auf W. J., den verrückten Sohn des Bürgermeisters, aufzupassen: den Killer mit dem Lasermesser. Der büchst ihr trotz ihrer Raffinesse immer wieder aus; im Laufe einer Auseinandersetzung fährt DelMonico das Lasermesser in die Brust. Donovan verfolgt ihn bis zu seiner Schwester Wiona, bei der sich auch Brubaker und Aranxa aufhalten. Bei dem anschließenden Feuergefecht sterben Viona und Warring, Aranxa erhält einen Bauchschuss. Brubaker wird die Schuld an den Ereignissen auf sich nehmen, Donovan sicherlich auf ihn warten.

ANDREA CAMILLERI Italien (*1925)

Nach *La forma dell'aqua* (1999, dt. *Die Form des Wassers*, 1999), *Il cane di terracotta* (1999, dt. *Der Hund aus Terracotta*, 1999) und *Il ladro di Merendine* (1995, dt. *Der Dieb der süßen Dinge*, 1999) ist *Die Stimme der Violine* der vierte Roman um Commissario Salvo Montalbano aus dem sizilianischen Städtchen Vigàta, der in der Verfilmung mit der deutschen Schauspielerin Katharina Böhm von Luca Zingaretti verkörpert wurde. Weiterer Salvo-Montalbano-Titel: *Gli arancini di Montalbano* (1999, dt. *Die Nacht des einsamen Träumers*, 2002).

Die Stimme der Violine. Commissario Montalbano hat einen Traum

(OT: *La voce del violino*, 1997). Bergisch Gladbach: Lübbe, 2000. – Ü: Christiane von Bechtolsheim. – O: Vigàta. F: I 2000 (dt. *Doppeltes Spiel*), R: Alberto Sironi.

Nach einem kleinen Verkehrsunfall entdeckt Montalbano in einer Villa die nackte Leiche der schönen Arztfrau Michaela Licalzi. Montalbano verhält sich so unprofessionell, dass ihm der Fall entzogen wird, doch er ermittelt weiter. In dringenden Tatverdacht geraten außer dem Geliebten Guido Seravalle der geistig zurückgebliebene Maurizio Di Blasi, der Michaela nachzustellen pflegte. Maurizio wird erschossen, als er mit einem Schuh als Waffe auf die Polizei losgeht. Der Vorfall kostet Ernesto Panzacchi, den Leiter der Mordkommission, den Job. Montalbano erkennt die Zusammenhänge erst, als ihn der entstellte Violinvirtuose Cataldo Barbera nach dem zukünftigen Schicksal einer außerordentlich wertvollen alten Geige fragt, die ihm vor ihrem Tod Michaela, der Sprössling einer Geigenbauer-Dynastie, zu Konzertzwecken geliehen hatte. Davon ahnte Michaelas hochverschuldeter Geliebter Guido Seravalle nichts. Er brachte Michaela um, um die Geige verkaufen zu können. Mit seiner Schuld konfrontiert, nimmt er sich vor den Augen Montalbanos durch einen Schuss in den Mund das Leben.

DOROTHY CANNELL Großbritannien/USA (*1943)

Die Innenarchitektin und Hobby-Detektivin Ellie Haskell, geb. Simons, kaschiert ihre Üppigkeit unter einer nicht minder üppigen Portion Humor; ihr Mann, ein Koch, versucht immer wieder, ihr mit Reduktionsdiäten zu helfen. Im Laufe der Serie vergrößert sich aber nur die Familie, die Storys dagegen werden (wie die Hauptfigur) immer dünner – vermutlich der Grund dafür, dass der qualitätsbewusste Ariadne-Verlag Cannell an Econ abgab. Weitere Werke: *The Widows Club* (1988, dt. *Der Witwenclub*, 1992), *Femmes fatales* (1992, dt. 1995), *How to murder the Man of your Dreams* (1995, dt. *So töte ich den Mann meiner Träume*, 2001).

Die dünne Frau.
Krimi für Feinschmeckerinnen

(OT: *The Thin Woman*, 1984). Hamburg: Argument-Verlag, 1991 (Ariadne Krimi 1016). – Ü: Heidi Zerning. – SF: Ellie Haskell. O: London und Umgebung.

Ihr Erbonkel Merlin Grantham vermacht Ellie Simons Vermögen und Schloss unter der Bedingung, dass sie sechs Monate in dem alten Gemäuer aushält und am Ende dieser Zeit verheiratet ist; außerdem soll sie nachweislich 60 Pfund abspecken und einen Familienschatz finden. Ihr Begleiter Bentley Haskell, ein Koch mit einer Neigung zu deftiger Küche und Ausdrucksweise, soll ein Buch üblicher Länge ohne eine einzige Blasphemie schreiben. Im Falle des Scheiterns fällt das gesamte Erbe an die anderen Familienmitglieder und Angestellten, die ansonsten leer ausgehen würden: Onkel Maurice, seine Frau, beider Sohn Freddy, eine Tante Astrid, deren zickige, sexbesessene Tochter Vanessa, an die Hobbybildhauerin Tante Sybil sowie den schrulligen Gärtner Jonas. Bentley lässt sich auf die Sache ein und zieht mit Ellie und ihrem Kater Tobias in das verkommene alte Gemäuer, wo nur noch Tante Sybil und Jonas leben. Bald nach ihrem Einzug platzt ein Reifen von Ellies Cabrio bei voller Fahrt. Die patente arbeitslose Sportlehrerin Dorcas leistet ihr erste Hilfe, wechselt den Reifen und entpuppt sich, zunächst als eine Art »Mädchen für alles« eingestellt, rasch als verlässliche, unerschrockene Freundin. Bald verursacht ein unbekannter Feind, mit drastischen Sabotageakten wie der Zerstörung von Bentleys Manuskript oder der Hintertreibung von Ellies Diät mittels verlockender Pralinen, die beiden um ihre Erbschaft zu bringen. Bentley schreibt statt des Romans kurzerhand ein Kochbuch. Ein düsteres Geheimnis umgibt Abigail. Angeblich starb Merlins junge Frau überraschend, und es bleibt zunächst unklar, ob sie von ihrem Mann umgebracht wurde. Ein Selbstmord, nicht aber ein Mord kann ausgeschlossen werden, aber offenbar wurde versucht, alle Lebensspuren der Frau zu beseitigen. Bei einer heimlichen Exhumierung Abigails erweist sich der Sarg als leer; auf dem Grabstein steht kein Todesdatum. Nach und nach lassen sich die damaligen Ereignisse rekonstruieren: Der alte Grantham machte seiner Frau und dem Sohn, der ganz der Mutter nachgeriet, das Leben zur Hölle. Er kam zufällig dazu, wie sie dem Hobbykünstler, der sie porträtierte, weinend ihr Herz ausschüttete. In eine harmlose, mitleidvolle Geste des Malers interpretierte der Ehemann ein ganzes außereheliches Verhältnis hinein. Als Eiferer, der er war, verstieß er seine Frau, und er ließ sie *in effigio* beisetzen – sein Einfluss reichte so weit, dass er den damaligen Geistlichen zur Mitarbeit zwingen und durch die Spende eines Kirchenfensters zur Verschwiegenheit bewegen konnte. Abigails Kochbuch birgt auch den Schlüssel zum Schatz. Für ein Soufflé-Rezept hatte sie ein goldenes Ei mit einem Vogel aus Saphiren und Smaragden darin geschenkt bekommen; es findet sich gut getarnt in ihrem Nähkästchen. Dorca ist die Enkelin von Abigail und dem Maler, Dorcas Mutter war beider Kind. Der Gärtner Jonas entpuppt sich als niemand anderes als der Erbonkel Merlin persönlich, der kurz vor dem Tod des Gärtners unbemerkt in dessen Identität geschlüpft war, um mit seinem mutmaßlichen Erben makabre Scherze zu treiben. Bentley, der ein Restaurant eröffnen will, und die mittlerweile schlanke Ellie werden ein Paar, Dorca wird Sportlehrerin.

MASSIMO CARLOTTO Italien (*1956)

Carlotto hat – wie seine Figur – wegen angeblicher Mitgliedschaft in einer terroristischen Vereinigung mehrere Jahre unschuldig im Gefängnis gesessen. *Die Schöne und der Alligator* ist nach *Die Wahrheit des Alligators* (dt. 1998) der zweite Fall des italienischen Privatdetektivs Marco Buratti alias »der Alligator«, der mindestens ebenso viel Blues-Musik wie Calvados konsumiert, zwar ohne Lizenz arbeitet, aber nicht ohne Grundsätze. So verabscheut er den Gebrauch von Schusswaffen, findet es aber in Ordnung, wenn sein Freund, der altmodische Mailänder Verbrecher Benjamino Rossini, Ganoven einfach über den Haufen schießt.

Die Schöne und der Alligator

(OT: *Il mistero di Manchiabarche*, 1997). München: Lichtenberg, 1999. – Ü: Barbara Kleiner. – SF: Privatdetektiv Marco Buratti. O: Padua

Drei ältere Anwälte sind zehn Jahre vor Beginn der Geschichte aufgrund der Aussagen zweifelhafter Kronzeugen wegen Mordes an ihrem Anwaltskollegen Giampaoli Siddi und wegen Drogenhandels zu langen Haftstrafen verurteilt worden: Siddi soll dennoch am Leben sein und der Privatdetektiv Buratti ihn finden. Der frühere französische Geheimdienstler Alberto Deodonato machte sich beim Ausscheiden aus dem Amt unter Mitnahme zweier Entführungsspezialisten als Söldner auf Korsika selbständig. Er trat einer Organisation bei, die sich nach einem Stummfilmepos »Napoleon« nennt. Die Bande kommuniziert über chiffrierte Bekanntschaftsanzeigen in der Zeitschrift »Baratto« (»Tausch«), der ehemalige belgische Leutnant Benoit kassiert Drogengelder für sie ein; ein Supermarkt dient als Drogenumschlagplatz. Burattis Freund Rossini, der Drogen hasst, will den Laden deshalb ausrauben. Bei den allzu auffälligen Vorbereitungen werden sie jedoch von einem Trupp Soldaten mit Baseballschlägern verprügelt. Rossini bringt die Angreifer später bei einem inszenierten nächtlichen Verkehrsunfall um. Als Benoit in seiner Wohnung auf bizarre Weise ermordet wird, gelangt Privatdetektiv Buratti zu dem Schluss, dass der Mörder eine Frau gewesen sein muss, von der Benoit Zärtlichkeiten erwartete. Buratti ahnt zunächst nicht, dass die Mörderin von Benoit die schöne Gina ist, mit der er ganz gegen seine Prinzipien eine Nacht verbracht hat. Bis er ihre Identität gelüftet hat, hat sie einen seiner Informanten in ihre Gewalt gebracht. Ein Befreiungsversuch scheitert, Gina schneidet dem Informanten die Kehle durch. Deodonato wird bis nach Korsika gejagt und dort umgebracht. Bei dem Felsen *Mangiabarche* an der sardischen Küste finden Buratti und Rossini das Hauptquartier der Bande, dringen ein, finden Siddi und zwingen ihn zu dem Geständnis, dass die drei Anwälte Opfer eines rachsüchtigen Richters geworden seien. Weil der Rest der Bande dies über die hauseigene Überwachungsanlage mithören kann, wird Siddi anschließend liquidiert. Danach will sich die Bande mit einer Jacht absetzen, deren Ruderanlage Rossini in weiser Voraussicht manipuliert hat, so dass die Jacht sinkt und Gina mit ihren Komplizen umkommt.

CALEB CARR USA
(*1955)

Die Einkreisung
(OT: *The Alienist*, 1994). München: Heyne, 1994. (Heyne 9931, 1996.) – Ü: Hanna Neves. – O/Z: New York; 1896.

Der historische Psychopathenthriller *Die Einkreisung* ist meisterhaft entwickelt, mit detailreichen Milieuschilderungen und äußerst facettenreich; intertextuelle Bezüge finden sich zu Charles Dickens, Eugène Sue und Th. → Harris. – Immer an kirchlichen Feiertagen tötet und verstümmelt ein Serienkiller junge Transvestiten vom Strich. Polizeichef Theodore Roosevelt, der spätere US-Präsident, beauftragt den unkonventionellen Psychologen Dr. Laszlo Kreisler mit der Untersuchung. Unterstützt wird Kreisler von dem jungen *New York Times*-Reporter John Moore (dem Icherzähler) und von Roosevelts ehrgeiziger Sekretärin Sara Howard. Kreisler, methodisch nicht nur auf der Höhe der Zeit, sondern dieser weit voraus, betätigt sich erfolgreich als Profiler, lange bevor es diesen Begriff gibt, und kreist den Killer regelrecht ein. Es handelt sich wie vorausgesagt um den Sohn eines Immigranten mit Namen Japhet Dury. Sein Vater, ein Prediger mit perversen Neigungen, prügelte ihn oft und führte ihm Bilder von verstümmelten Indianer-Opfern vor. Seine Frau vergewaltigte er bei der Zeugung Japhets, was die Frau ihrem Sohn mit seelischen Grausamkeiten heimzahlte. Japhet neigte schon früh zur Tierquälerei, und sein älterer Bruder Adam brachte ihm das Jagen und das Bergsteigen bei. Seit einer Vergewaltigung durch den Gelegenheitsarbeiter Beecham hasst Japhet Homosexuelle. Später ermordete er seine Eltern und tarnte den Mord als Tat von Indianern. Unter dem Namen John Beecham war er Soldat, wurde aber wegen seiner Blutrünstigkeit entlassen. Kreislers Nachforschungen stoßen auf Widerstand von Polizei, Klerus, Bevölkerung und Unterwelt, doch der Industrielle Piermont Morgan (1837–1913) ermöglicht ihm das Weiterarbeiten. Über Adam Dury findet Kreisler schließlich Beecham, der sich – sein Bekennerbrief zeigt das – nichts sehnlicher wünscht als ertappt zu werden. Auf dem Dach des zentralen Wasserreservoirs von New York wird er schließlich erschossen. F. R.

DUCA DI CENTIGLORIA Belgien
(d. i. Graf Johann [»Hans«] Coudenhove-Kalergi, 1893–1965)

Der pseudonyme Autor des hier behandelten Briefromans, Sohn einer asiatischen Mutter, war der ältere Bruder des Politikers Richard Nikolaus Graf Coudenhove-Kalergi[-Balli] (1894–1972). Nicolaus Sombart berichtet in seinem Buch *Pariser Lehrjahre 1951–1954* (Hamburg 1994, S. 368–369) über Centiglorias makaber-exzentrische Marotten wie die ägyptische Mumie, mit der er zu reisen und die er neben seinem Bett zu platzieren pflegte.

Ich fraß die weiße Chinesin. Ein Menschenfresser-Roman
(OT nicht zu ermitteln). Hamburg: Merlin Verlag, 1967. (rororo 4394, 1979.) – Ü: Rolf Palm.

Der dekadent-kultivierte Bonvivant und Frauenkenner Centigloria (der Icherzähler) ist ein Kenner des Abnormen und Extraordinären, u. a. des Kannibalismus, in dem er den Gipfelpunkt kulinarischer Verfeinerung sieht. Titelfigur ist die schöne androgyne Halbchinesin Ysa. Nach der Trennung von ihrem ersten Mann unternahm sie einen Selbstmordversuch. Centigloria rettete durch eine Blutspende ihr Leben. Seit diesem asexuellen Akt der Vereinigung fühlen sich die beiden untrennbar aneinander gebunden. Die ausdauernden Gespräche über den Sexualverkehr mit Verunstalteten, über die Anthropophagie oder über die Darstellung dieser Themen in der einschlägigen Literatur wecken in Ysa den Wunsch, nach ihrem Tode von Centigloria verspeist zu werden. Brieflich unterrichtet sie den Geliebten, dass, wann und wo sie ihr Leben durch Gift beenden wird. Centigloria, gerade von der Jagd zurückgekehrt, findet die Sterbende in ihrem Zimmer. Er schießt ihr eine Kugel aus ihrer kleinkalibrigen Pistole ins Herz, schläft mit der Sterbenden und verspeist sie anschließend nach allen Regeln der Kunst. Später schickt er Sir George Ysas Pistole und ein von Blutmetaphern regelrecht strotzendes Gedicht.

ZEV CHAFETS USA
(*1947)

Feine Erben
(OT: *Inherit the Mob*, 1991). München: Goldmann, 1995 (Tb 41428). – Ü: Bettina Zeller.

Der Roman fußt auf der Tatsache, dass zu Beginn der Entwicklungsgeschichte des organisierten Verbrechens in den USA italienische Verbrecher wie Al Capone und jüdische Verbrecher wie Bugsy Sigel zunächst eher kooperierten denn konkurrierten. Dann gewannen die Italiener für lange Zeit die Oberhand. In dieser Gaunerkomödie landen jüdische Senioren mit viel Chuzpe noch einmal einen verspäteten Gegenschlag. – Der Auslandskorrespondent und zweifache Pulitzer-Preisträger William Gordon ist der Neffe von Max Grossman, einem der großen amerikanisch-jüdischen Mafiosi. Max hinterlässt ihm 500 Millionen Dollar, die Maxens Kompagnon Luigi Spadafore und dessen Consigliere (Vertrauter), der Anwalt Carlo Sesti, verwalten. Gordons Freund und Kollege John Flanagan überrascht den erzkonservativen, prüden Spadafore mit einer Geburtstagstorte, der ein nacktes Mädchen entsteigt, das sich auf dem Schoß Spadafores niederlässt und ihn mit Torte füttert. Der erteilt Sesti den Auftrag, Flanagan beseitigen zu lassen. Rand verletzt ihn schwer mit dem Messer. Sesti möchte sich an die Stelle Spadafores setzen und lässt Spadafores Söhne Mario und Pietro von dem Berufskiller Grady Rand umbringen. Auch Gordon gerät in Gefahr. Sein Vater Al Grossman versteckt ihn bei seiner Geliebten, der wesentlich jüngeren Beverly, und aktiviert seine Freunde: betagte Juden, die mit übersprudelnder List kompensieren, was ihnen an Organisation, Körperkraft und Beweglichkeit fehlt. Rand wird von einem Rabbi in die Falle gelockt und von dem Killer »Indian Joe« Lapius getötet und skalpiert. Rands markant blonder Schopf wird als Kriegserklärung auf Sestis Schreibtisch platziert. Der bemerkt nicht, dass dabei sein Notizbuch mit den unverschlüsselten Mordaufträgen für Mario und Pietro gestohlen wird. Spadafores festungsartige Villa wird in der Folge von Dutzenden erboster Pizza-Bäcker belagert, die temperamentvoll die Bezahlung der Lieferungen einfordern, welche Al und seine Senioren im Namen des »Paten« bestellt haben; auch die Medien werden aufmerksam. Gordon dient sich Spadafore als »Medienberater« an und beruhigt die Pressemeute vor dem Haus; Sesti, dessen Schuld am Tod Marios und Pietros feststeht, wird liquidiert. Fast alles wird gut: Al kehrt nach einem Herzinfarkt zu Beverly zurück, obwohl sie kurzzeitig das Bett mit Gordon geteilt hat. Da der seine bisexuelle Freundin Jupiter Evans bei dem Attentat auf Pietro verloren hat und ernüchtert feststellen musste, dass er seine Pulitzer-Preise ausschließlich Onkel Max zu verdanken hat, tritt er einen Auslands-Job an; seine Aufgaben bei den Spadafores übernehmen Flanagan und ein Ex-Polizist mit abgeschlossenem Jurastudium.

RAYMOND CHANDLER USA (1888–1959)

Raymond Chandlers Philip Marlowe, Icherzähler in sieben Romanen und einer Handvoll Kurzgeschichten, ist bis heute in aller Welt das oft kopierte, aber selten erreichte Vorbild für unzählige Detektivfiguren, die hartgesotten sind oder sein wollen. Marlowe vereint in sich groben Zynismus gegenüber dem korrupten Staat und seinen Repräsentanten und den Machthabern mit einer oft erstaunlichen Herzenswärme. Der »Marlowe« ist gleichsam der »Oscar« der Kriminalliteratur. Humphrey Bogart hat der Figur unauslöschlich sein Gesicht verliehen (obwohl auch andere Schauspieler die Rolle gut ausfüllten). Siehe auch R. → Graf, *Tödliche Gewissheit*, P. → Shipton, *Die Wanze*, u. v. a. Charakteristisch für Chandlers Arbeitsmethode ist das *cannibalizing*, das Ausschlachten und Weiterverarbeiten eigener Kurzgeschichten. W. → Allen hat in zwei Kurzgeschichten Marlowe auf höchst intelligente humoristische Weise Tribut gezollt. Als Howard Hawks *The Big Sleep* 1946 verfilmte, schickte er Chandler ein verzweifeltes Telegramm, ob der Chauffeur Taylor durch Mord oder Selbstmord ums Leben komme. Chandler antwortete, er selber wisse es nicht. Offenbar war die Geschichte selbst für den Autor zu kompliziert. Indizien deuten jedoch darauf hin, dass Taylor sich aus verzweifelter Liebe zu Carmen umbringt.

Die Philip-Marlowe-Romane

1. Der tiefe Schlaf / Der große Schlaf

(OT: *The Big Sleep*, 1939). **(1)** Nürnberg: Nest Verlag, 1950. – Ü: Mary Brand. **(2)** [*Der große Schlaf*] Zürich: Diogenes Verlag, 1974 (detebe 70,1 = 20132). – Ü: Gunar Ortlepp. – O/Z: Hollywood; um 1938.
F: USA 1946 (dt. *Tote schlafen fest*), R: Howard Hawks.

Der sieche General Sternwood hat zwei Töchter, die intelligente, gerissene Vivian und die neurotische, triebhafte Carmen. Beide machen ihm beständig Sorgen. Nun erpresst ihn der homosexuelle Buchhändler Arthur Gwynn Geiger wegen Carmen. Privatdetektiv Philip Marlowe soll ihm helfen. Er erhofft sich die Bestätigung, dass sein geliebter, vor Monaten verschwundener Schwiegersohn Rusty Regan, Vivians Mann, nicht in die Sache verwickelt ist. Geiger betreibt nebenbei einen regen Handel mit Pornoliteratur und erpresst Vivian mit Nacktfotos von Carmen. Sternwoods Chauffeur Owen Taylor erschießt Geiger aus Liebe zu Carmen, stiehlt die Fotoplatten und begeht Selbstmord, nachdem Brody ihm die Platten abgenommen hat. Brody wiederum wird von Geigers Freund Carol Lundgren, der ihn für Geigers Mörder hält, erschossen. Marlowe stellt die Fotoplatten sicher und übergibt Lundgren der Polizei. Der Fall scheint erledigt. Marlowe ist aber skeptisch, weil sich Vivian und der kriminelle Casinokönig Eddie Mars gleichermaßen dafür interessieren, ob er nach Regan sucht. Gerüchten zufolge soll Regan mit Mars' Frau Mona durchgebrannt sein. Einen wichtigen Hinweis bekommt Marlowe von Agnes Lozelle und ihrem Freund, dem Kleingauner Harry Jones, den Mars' Killer Canino kurz darauf vergiftet. Er findet Mona in einer Autowerkstatt außerhalb der Stadt, von Regan aber keine Spur. Als er von Canino überwältigt wird, kann er sich mit Monas Hilfe befreien und Canino töten. Am nächsten Tag beauftragt Sternwood ihn offiziell mit der Suche nach Regan. Doch Marlowe weiß: Regan wurde von Carmen erschossen, weil er ihre Avancen zurückwies. Nun will sie auch ihn aus dem gleichen Grund töten. Doch er hat zuvor die Patronen aus ihrer Pistole entfernt. Von Marlowe mit der Wahrheit konfrontiert, gibt Vivian zu, den Mord ihrem Vater zuliebe vertuscht und danach von ihrem Helfershelfer Mars erpresst worden zu sein. Carmen soll in eine Anstalt eingewiesen werden, Sternwood dagegen die Illusion behalten, dass Regan eines Tages zurückkehren werde. »Und nach einer kleinen Weile würde auch er, wie Rusty Regan, den großen Schlaf schlafen.« A. Oe.

2. Betrogen und gesühnt / Lebwohl, mein Liebling

(OT: *Farewell, my Lovely*, 1940). **(1)** München/Wien: Desch, 1958. – Ü: Georg Kahn-Ackermann. **(2)** [*Lebwohl, mein Liebling*] Zürich: Diogenes Verlag, 1976 (detebe 20312). – Ü: Wulf Teichmann. – O: Bay City.
F: **(1)** *The Falcon takes over.* USA 1942, R: Irving Reis. **(2)** *Murder, my Sweet.* USA 1944 (dt. *Mord, mein Liebling*), R: Edward Dmytryk. **(3)** *Farewell, my Lovely.* USA 1975 (dt. *Fahr zur Hölle, Liebling*), R: Dick Richards.

Nach acht Jahren Haft hinterlässt der hünenhafte Bankräuber Moose Malloy auf der Suche nach seiner Freundin Velma Valento eine blutige Spur. Von Marlowe verfolgt, tötet er den neuen Wirt des »Florians« und die Witwe des Vorbesitzers, Jessie Florian, die behauptet, dass Velma tot sei. Vor ihrem Tod gibt Jessie eine Visitenkarte Marlowes an Lindsay Marriott weiter, für den Marlowe eine gestohlene Jadekette wieder beschaffen soll. Bei der Geldübergabe wird Marriott ermordet. Marriott besaß eine hohe Grundschuldverschreibung auf Jessie Florians Haus und schickte ihr monatlich einen eingeschriebenen Brief mit einem Scheck. Die Jadekette gehört der promiskuitiven Millionärsgattin Helen Grayle aus Bay City; Marriott pflegte Frauen wie ihr das Geld anscheinend durch Erpressungen mit gestohlenem Schmuck aus der Tasche zu ziehen. Eine Visitenkarte aus einem Joint Marriotts führt zu dem obskuren psychologischen Berater und Guru Jules Amthor, der mit Marriott und einer Bande von Juwelendieben unter einer Decke zu stecken scheint. Zwei korrupte Polizisten, Blane und Hemingway, schaffen Marlowe in die Drogenklinik des Dr. Sonderborg, der Kriminelle wie Moose Malloy versteckt. Marlowe kann entkommen und zur Polizei gehen. Nach einem Besuch auf dem Casinoschiff des Gangsters Laird Brunette in Bay City klärt sich die Geschichte auf: Malloys Freundin Velma Valento ist Helen Grayle. Ihre Ex-Chefin Jessie Florian erkannte und erpresste sie. Helen regelte ihre Bezahlung über Marriott, der sie ebenfalls von früher kannte und erpresste. Als Malloy aus dem Gefängnis entlassen wurde und Marlowe nach Velma suchte, beauftragte sie in Panik Marriott mit Marlowes Beseitigung. Marriott war darin nicht sehr erfolgreich, aber Velma alias Helen nutzte die Gelegenheit, um Marriott zu töten. Am Ende treffen Malloy und sie direkt aufeinander. Malloy liebt sie immer noch, doch erkennt er, dass sie ihn seinerzeit an die Polizei verraten hat: Sie erschießt ihn. Um den anwesenden Marlowe zu töten, reicht die Munition nicht. Marlowe lässt sie entkommen und als Tingeltangelmädchen in Baltimore untertauchen. Als ein Zivilfahnder sie auf einem Fahndungsfoto erkennt, erschießt sie diesen und begeht Selbstmord. Der Polizeichef von Bay City wird eingesperrt, die Hälfte seiner Beamten degradiert. Der Casino-Inhaber Brunette wird vor eine Untersuchungskommission gestellt, aber man wird ihm nichts anhaben können. A. Oe.

3. Das hohe Fenster

(OT: *The High Window*, 1942). **(1)** Frankfurt a. M.: Ullstein, 1956. – Ü: Mary Brand. **(2)** Zürich: Diogenes Verlag, 1975 (detebe 70,3 = 20208). – Ü: Urs Widmer; 1941. F: **(1)** *Time to Kill*. USA 1942, R: Herbert I. Leeds. **(2)** *The Brasher Doubloon*. USA 1947, R: John Brahm.

Marlowe soll die berühmte Brasher-Dublone wiederbeschaffen, die aus dem Besitz der reichen, alten Elizabeth Bright Murdock verschwunden ist; Mrs. Murdock verdächtigt ihre Schwiegertochter Linda, eine ehemalige Nachtklubsängerin, des Diebstahls. Es stellt sich am Ende heraus, dass die alte Murdock ihren ersten Mann Horace Bright 1933 aus dem Fenster stieß, nachdem dieser sich an ihrer Privatsekretärin Merle vergangen hatte, die seither völlig verstört ist. Bei dem Mord wurde sie zufällig von einem Mann namens Vannier fotografiert und in der Folge erpresst. Vannier zwang Mrs. Murdocks Sohn Leslie zum Diebstahl der Brasher-Dublone. Teager, der Besitzer eines zahntechnischen Labors, stellte Falsifikate davon her. Eines davon schickte Vannier dem Münzhändler Elisha Morningstar, der jedoch misstrauisch wurde und Mrs. Murdock informierte: Vanniers Pläne, in großem Stil ins Münzfälschungsgeschäft einzusteigen, scheiterten. Er brachte deshalb Morningstar und den für ihn selbst arbeitenden Privatdetektiv George Anson Phillips um, weil er bei einem von ihnen die echte Münze vermutete und weil beide seine Pläne durchkreuzten; Phillips schickte vor seiner Ermordung jedoch die angeblich echte Münze per Post an Marlowe. Vannier kommt anschließend versehentlich ums Leben. Im Streit um die Herausgabe des Fotos, das Mrs. Murdock beim Gattenmord zeigt, löste sich ein Schuss aus Leslies Pistole, der Vannier tötet. Marlowe verzichtet darauf, die Schuldigen der Polizei auszuliefern. Marlowe bringt Merle, der die grausame Mrs. Murdock eingeredet hatte, sie, Merle, habe Horace Bright aus dem Fenster gestoßen, zu ihren Eltern zurück. A. Oe.

4. Einer weiß mehr / Die Tote im See

(OT: *The Lady in the Lake*, 1943). **(1)** Nürnberg: Nest Verlag, 1949. – Ü: Mary Brand. **(2)** [*Die Tote im See*] Zürich: Diogenes Verlag, 1976 (detebe 70/6 = detebe 20311). – Ü: Hellmuth Karasek.

F: USA 1947, R: Robert Montgomery (auch Darsteller des Marlowe).

Marlowe soll Crystal suchen, die Ehefrau des leitenden Angestellten Derace Kingsley. Sie ist von einem Aufenthalt in den Bergen am Little Fawn Lake nicht zurückgekehrt und will angeblich in Mexiko ihren Geliebten Chris Lavery heiraten. Im See findet Marlowe eine verweste Frauenleiche, die anhand der Kleider fälschlicherweise als Muriel Chess identifiziert wird, die Frau des Verwalters Bill Chess. Der wird wegen Mordes verhaftet. Eine Frau, die wie Muriel aussieht, wird unter dem Namen Mildred Haviland von Kripo-Lieutenant Degarmo gesucht; Degarmo ist Mildreds Ex-Mann und tritt auch unter dem Namen De Soto auf. Als Marlowe Chris Laverys Leiche findet – er ist keineswegs in Mexiko –, erscheint die angebliche Vermieterin Mrs. Fallbrock, drückt ihm eine Waffe in die Hand und verschwindet. Diese Mrs. Fallbrock erweist sich in der Folge anscheinend als die gesuchte Crystal und bedroht Marlowe mit einer Waffe. Der wird von hinten niedergeschlagen. Als er wieder zu sich kommt, ist »Crystal« erwürgt. Marlowe verdächtigt Crystals früheren Arzt Dr. Almore, etwas mit dem Fall zu tun zu haben. Almore, ein Drogendoktor, soll seine erste Frau Florence anderthalb Jahre zuvor als lästige Mitwisserin seiner Drogengeschäfte umgebracht und den Mord als Selbstmord getarnt haben. Außerdem soll er ein Verhältnis mit seiner Sprechstundenhilfe Mildred Haviland gehabt haben. Florences Eltern engagieren den Privatdetektiv Talley, doch der geht in eine ihm gestellte Polizeifalle und wird wegen Trunkenheit am Steuer eingesperrt. Zwei prügelnde Polizisten versuchen, auch Marlowe die Neugier auszutreiben. Degarmo glaubt an die Unschuld des Detektivs, und zusammen spüren die beiden »Crystals« mutmaßlichen Mörder Derace Kingsley auf. Marlowe rekonstruiert die Wahrheit: Mildred ermordete Almores Frau Florence mit einer Spritze Morphium, aus Liebe half ihr Degarmo bei der Vertuschung. Sie floh vor ihm und heiratete Bill Chess unter dem Namen Muriel. Als sie genug von Chess hatte, wollte sie Almore erpressen, doch der schickte Degarmo. Mildred ermordete Crystal, versenkte die Leiche im See und schlüpfte in deren Rolle. In San Bernardino lief ihr jedoch Chris Lavery über den Weg, den sie ermordete, damit dieser ihre wahre Identität nicht ausplaudern konnte. Degarmo tötete sie lieber, als sie zu verhaften, und versuchte Kingsley die Tat anzulasten. A. Oe.

5. Die kleine Schwester

(OT: *The Little Sister*, 1949). **(1)** Frankfurt a. M.: Ullstein, 1957. – Ü: Peter Fischer. **(2)** Zürich: Diogenes Verlag, 1975 (detebe 70,2 = 20206). – Ü: Walter E. Richartz.

F: *Marlowe*. USA 1969 (dt. *Der Dritte im Hinterhalt*), R: Paul Bogart.

Diesen Roman, der ausnahmsweise nicht aus älteren Kurzgeschichten kompiliert wurde, hielt Chandler nicht ganz zu Unrecht für einen seiner schlechtesten. Er kam mit der Arbeit an dem 1944 begonnenen Buch nicht recht voran, und 1948 klagte er, es bestehe fast nur aus Stil, Dialogen und Figuren, aber der Plot »scheppere wie ein kaputter Fensterladen im Wind«. In der Verfilmung spielte James Garner den Marlowe. – Marlowe soll Orrin Quest finden, den Bruder der Arzthelferin Orfamay Quest. In Orrins letzter Unterkunft wohnt der Perückenträger George Hicks. Hicks verlässt das Haus unter Mitnahme einer

Seite aus dem Meldebuch, auf der Orrins Name steht; im Nacken von Hausverwalter Clausen steckt ein Eisdorn. In einem Hotelzimmer findet Marlowe Hicks wieder, ebenfalls mit einem Eispickel ermordet. Unter der Perücke des Toten findet Marlowe Fotonegative, auf denen die Filmschauspielerin Mavis Weld mit ihrem Geliebten, dem Ex-Gangster Steelgrave alias Weepy Moyer zu sehen ist, dem früheren Komplizen des kürzlich erschossenen Moe Stein. Das Foto zerstört Steelgraves Alibi für den Todestag von Stein und könnte die Filmkarriere von Mavis Weld beenden; Mavis ist die Halbschwester von Orrin und Orfamay. Angefertigt hat das Foto Orrin, um Mavis zu erpressen. Der ermordete Hausverwalter Clausen war mit Dr. Lagardie bekannt, einem Drogendoktor. Der setzt Marlowe mit einer vergifteten Zigarette außer Gefecht. Als Marlowe wieder erwacht, versucht der sterbende Orrin – in seinem Körper steckt eine Kugel –, ihn mit einem Eisdorn zu erstechen. In Steelgraves Haus stößt Marlowe auf den toten Steelgrave und auf Mavis. Sie gesteht, Orrins vermeintlichen Mörder Steelgrave aus Rache getötet zu haben. Marlowe vertuscht den Mord als Selbstmord. Allmählich klärt sich die Geschichte auf. Orfamay und Orrin erpressten gemeinsam ihre Schwester Mavis. Als die beiden Kleinganoven, der Hausverwalter Clausen und Hicks, dies entdeckten und Orrin die Negative stahlen, erstach Orrin sie mit einem Eisdorn. Orfamay engagierte Marlowe, um zu verhindern, dass ihr Bruder allein bei Mavis abkassiert. Als Orrin sich bei ihr meldete, verkaufte sie die Adresse ihres Bruders für ein Blutgeld an Steelgrave. Marlowe lässt Orfamay in ihre jämmerliche Existenz als Arzthelferin in der Provinz zurückkehren. Eine wichtige Rolle spielte die billige Schauspielerin Dolores Gonzales, die Ex-Frau von Dr. Lagardie. Sie ist die Mörderin von Moe Stein und animierte Orrin, ein Foto zu machen, das Steelgrave zum Mörder stempelt und Mavis Weld als Gangsterbraut diskreditiert. Sie hasste Mavis wegen ihres Erfolges und weil sie ihr Steelgrave ausgespannt hatte. Dolores tötete später Orrin. So war sie vor ihm sicher. Schließlich ermordete sie Steelgrave aus Eifersucht und belastete Orfamay, wohlwissend, Mavis würde die Tat auf sich nehmen. Marlowe weist einen Verführungsversuch von Dolores ab und benachrichtigt die Polizei. Bis die Polizei eintrifft, hat Dr. Lagardie an Marlowe vorbei das Haus betreten und Dolores, die ihn wegen Steelgrave verlassen hatte, erstochen und Selbstmord begangen. A. Oe.

6. Der lange Abschied

(OT: *The Long Good-Bye*, 1953). **(1)** Frankfurt a. M.: Ullstein, 1956. – Ü: Peter Fischer. **(2)** Zürich: Diogenes Verlag, 1975 (detebe 70,4 = 20207). – Ü: Hans Wollschläger.
F: USA 1973, R: Robert Altman.

Der lange Abschied entstand zu der Zeit, als Chandlers Frau an einer unheilbaren Krankheit dahinsiechte, und wurde 1954 mit dem »Mystery Writers of America Award« als »Best Mystery Novel« ausgezeichnet. In den Verfilmungen spielten Dick Powell bzw. Elliot Gould die Hauptrolle. – Marlowes Freund Terry Lennox heiratet seine reiche, ebenso schöne wie flatterhafte Ex-Frau Sylvia Potter wieder. Als Sylvia fünf Monate später ermordet wird, schaltet er Marlowe ein, begeht dann aber in Mexiko unter Hinterlassung eines schriftlichen Geständnisses anscheinend Selbstmord. Dann wird Marlowe zum Schutz der Schriftstellergattin Eileen Wade vor deren alkoholkrankem, angeblich gewalttätigem Mann Roger Wade engagiert. Wade hatte eine Affäre mit Sylvia und Marlowe hält ihn zunächst für ihren Mörder. Als Wade erschossen wird, fällt der Verdacht auf Marlowe. Der erkennt die Zusammenhänge: Eileen hatte Terry Lennox während des Zweiten Weltkrieges geheiratet. Als dieser nach einem Sondereinsatz in Norwegen für tot erklärt wurde, heiratete sie Roger Wade. Lennox war jedoch lediglich in Gefangenschaft geraten: Nach dem Krieg begegnete Eileen ihm wieder, und zwar an der Seite seiner promiskuitiven neuen Gattin Sylvia Potter, die auch ihren jetzigen Mann Roger Wade verführte. Deswegen wurde sie von Eileen umgebracht. Eileen plante, auch Roger zu erschießen, und engagierte Marlowe als Alibi und Sündenbock. Nachdem sie ein schriftliches Geständnis abgelegt hat, begeht Eileen Selbstmord mit einer Überdosis Demerol. Marlowe gibt zu Lennox' Entlastung eine Kopie des Geständnisses an die Zeitung. Der mexikanische Polizei-Captain Hernandez hat sie ihm zugespielt, um eine Vertuschung des Mordes an Sylvia Potter zu verhindern. Später taucht Lennox, durch eine plastische Operation total verändert, wieder bei Marlowe auf. Er wusste, dass die unzurechnungsfähige Eileen Sylvia ermordet hatte, floh und täuschte mit Hilfe seines Freundes, des Gangsters Menendez, seinen Selbstmord vor. Vergeblich bittet Lennox Marlowe, weiterhin sein Freund zu bleiben: Nach dem Schein-Selbstmord ist dies nun das endgültige Ende eines langen Abschieds von einem Freund. Der Gangster Menendez rächt sich für Marlowes Neugier durch einen Überfall, doch die Polizei rettet den Detektiv, der als Köder für die Festnahme von Menendez diente. Der Polizeichef von Las Vegas ist gleichzeitig der Chef der dortigen organisierten Kriminalität und wollte Menendez einen Denkzettel verpassen, weil der dort gegen das eherne Gesetz der Kriminellen verstoßen hatte, keine Gewalt gegen Polizisten anzuwenden.

A. Oe.

7. Spiel im Dunkel / Playback

(OT: *Playback*, 1958). **(1)** München/Wien: Desch, 1958. – Ü: Georg Kahn-Ackermann. **(2)** [*Playback*] Zürich: Diogenes Verlag, 1976 (detebe 70,8 = 20313). – Ü: Wulf Teichmann. – O: Los Angeles, Esmeralda.

F: *Poodle Springs*. USA 1998, R: Bob Rafelson.

Aus einem Drehbuch (1947/48) hervorgegangen, wurde *Spiel im Dunkel* erst 1998 für das Fernsehen verfilmt; der Roman markiert das Ende von Chandlers Schaffenskraft. Danach schrieb er nur noch die postum veröffentlichte Marlowe-Kriminalstory *The Pencil*. Sein letzter Marlowe-Roman *The Poodle Springs Story* blieb unvollendet. – Im Auftrag des Anwalts Clyde Umney soll Marlowe die reiche, attraktive Eleanor King finden, die eigentlich Betty Mayfield heißt. Sie wird erpresst von dem dubiosen Gigolo Larry Mitchell, will sich aber von dem Detektiv nicht helfen lassen. Nach einer Auseinandersetzung mit Mitchell im Nachtklub von Clark Brandon überlegt Betty es sich in Bezug auf Marlowe anders: Mitchell liegt tot auf dem Balkon ihres Hotelzimmers, Marlowe soll ihr bei der Beseitigung der Leiche helfen. Bei seinem Eintreffen ist die Leiche verschwunden. Der schmierige Privatdetektiv Goble sucht ebenfalls seinen Kumpel Mitchell und beschattet Marlowe und Betty. Marlowe wehrt einen Überfall des Schlägers Harvest auf den unfähigen Goble ab; währenddessen verschwindet Clark Brandon mit Mitchells Gepäck und Auto, der Garagenwärter begeht nach einem Gespräch mit Marlowe Selbstmord. Marlowe findet die Leiche des Garagenwärters. Ein Polizei-Captain erzählt ihm vertraulich, dass Mitchells Wagen verlassen in einem einsamen Canyon gefunden worden sei, und macht ihn mit Bettys Schwiegervater Henry Kinsolving bekannt. Der hatte über Umney die Beschattung Bettys in Auftrag gegeben, die er für die Mörderin seines Sohnes Lee hält. Betty ist vor ihm auf der

Flucht. Sie wurde von Mitchell erpresst, der zusammen mit Goble auch den Nachtklubbesitzer Brandon erpresste. Als Goble ihn mit Mitchells Verschwinden in Verbindung brachte, heuerte Brandon Harvest an, um ihn zu verscheuchen. Brandon räumt ein, Mitchells Leiche beseitigt zu haben, und zwar aus Liebe zu Betty; Mitchell sei – wie seinerzeit Lee – ohne Fremdverschulden abgestürzt und gestorben. Mitchells wahre Todesumstände bleiben letztlich ungeklärt. Nachgerade kitschig mutet der Schluss an, als die Millionärin Linda Loring Marlowe von Paris aus einen Heiratsantrag macht: »Die Luft war voller Musik«. In dem unvollendeten Roman *The Poodle Springs Story* ist er dann tatsächlich mit Linda Loring verheiratet. A. Oe.

ANNE CHAPLET Deutschland
(d. i. Cora Stephan, *1958 [recte 1951])

Chaplet, hinter der sich die promovierte Historikerin und Publizistin Cora Stephan – mit eigener Vita: »jünger« als Chaplet, studierte Mathematikerin – verbirgt (*Das Handwerk des Krieges*, 1998), hat quasi aus dem Stand vier hervorragende Kriminalromane vorgelegt, die sich thematisch stark unterscheiden, aber figural auf kunstvolle Weise unter einander verknüpft sind. *Wasser zu Wein* (1999), der Folgeband zu *Caruso singt nicht mehr*, ist ein ebenbürtiges Gegenstück zu A. → Komareks *Polt muss weinen. Nichts als die Wahrheit* (2000), das 2001 den zweiten Platz beim »Deutschen Krimipreis« errang, ist ein überzeugender Berlin-Krimi. 2002 erschien *Die Fotografin.*

Caruso singt nicht mehr
München: Antje Kunstmann, 1998. (Goldmann 44327, 2000.) – O/Z: Klein-Roda in der Rhön; 1991.

Die Öko-Bäuerin Anne Burau aus Kiel hat überraschend eine vielversprechende Karriere als Grünen-Politikerin aufgegeben und ist mit ihrer vorehelichen Tochter Rena in die Rhön gezogen. Ursache für den fluchtartigen Umzug ist ihr Ehemann Leo Matern, ein Liedermacher und ein früheres Mitglied der DDR-Friedensbewegung. Er lebt noch immer bei ihr, jedoch von Tisch und Bett getrennt. Obwohl er keiner geregelten Arbeit nachgeht, verfügt er anscheinend über Geld. Klein-Roda lebt in Angst vor einem Pferdeschlitzer, einem Brandstifter und – nachdem Leo Matern erwürgt und aufgehängt worden ist – einem Mörder. Ein Stempel mit dem kyrillisch geschriebenen Namen »Ellen« auf dem Gesäß des Toten gibt einen kryptischen Hinweis. Dann wird Renas Freund Alexander von einem Pferd zu Tode getreten. Bei ihm gefundene Skalpelle und Schlingen weisen ihn als den gesuchten Pferderipper aus. Die ermittelnde Staatsanwältin Karen Stark aus Frankfurt klärt den Mordfall Matern zufällig und mit Verzögerung auf. Im Varieté einer Freundin lernt sie den russischen Artisten David Wlassow kennen, der eigentlich Daniil Gratschow heißt. Er hat eine Tätowierung auf dem Arm, die dem Stempel auf dem Gesäß des toten Leo Matern gleicht. Bevor er seinen Wagen gegen einen Baum lenkt, legt er Karen Stark gegenüber per Handy ein Geständnis ab. Anne Burau hatte ihren nachmaligen Mann oft in der DDR besucht, doch nie seine Wohnung betreten dürfen, deren Größe und Luxus er seiner Tätigkeit als Kopfgeld-Jäger für die Stasi verdankte. Aufgrund seiner Denunziation hat sich Gratschows Freundin Ellen Liebermann das Leben genommen. Matern durfte als Anne Buraus Ehemann ausreisen. Nach der Wende erfuhr sie in der Gauck-Behörde, dass er unter dem Decknamen »Caruso« auf sie angesetzt worden war, weil sie wegen ihrer politischen Ambitionen als vielversprechende zukünftige politische Quelle galt. Seine Entlarvung hatte er kommen sehen, aber nichts dagegen unternommen. Weil sich Anne nicht mit der Rolle einer Betrogenen abfinden mochte, duldete sie ihn weiterhin in ihrer Nähe und nahm sogar sein Geld für den Kauf des Hofes an. Dieses Geld stammte zum Teil aus Erpressungen früherer Stasi-Mitarbeiter. Gratschow begegnete David Wlassow einmal zufällig, spionierte ihn aus und brachte ihn um. Der Stempel war die Begründung seines privaten Todesurteils. Bei dem gesuchten Feuerteufel handelt es sich um zwei Kinder, jedoch legt auch Rena ein – harmloses – Feuer, um Alexanders Verbrechen zu vertuschen.

JEROME CHARYN USA
(*1937)

Jerome Charyns Spezialität sind knallharte, oft schrille Typen, die skrupellos über Leichen gehen, sein Schreibstil ist aktionsgeladen. Selten kommt Sentimentalität auf, zu der seine Helden aber ebenfalls fähig sind. Protagonist von *Montezuma's Man* (1993, dt. *Montezumas Rache*, 2001) etwa ist ein Urenkel von Häuptling Joseph (Hin-mah-too-yah-lat-kekt, 1840–1904) vom Stamm der Nez Percé. Charyn gab auch eine Anthologie mit »Meisterkrimis« (Untertitel) heraus, *The New Mysterie*, 1993 (dt. *Dunkle Engel*, 1996).

Paradise Man

(OT: *Paradise Man*, 1987). Hamburg: Rotbuch Verlag, 1996 (Tb 1036). – Ü: Eike Schönfeld. – O: New York. – P: Platz 3 des »Deutschen Krimipreises International« 1993.

Der elegante Holden, offiziell Geschäftsführer einer Kürschnerei, ist der »Paradise Man«, ein erfolgreicher Profikiller. Beim Mord an einem Pärchen beobachtet ihn die kleine Barbara aus Kuba, die erstaunlicherweise sofort Zutrauen zu ihm fasst; er bringt sie zu seiner Stiefmutter Loretta. Dann tötet er die Pinzolo-Brüder, die eine gewisse Fay entführt haben, die Schwiegertochter und Geliebte von Staatsanwalt Abruzzi. Der »Pate« Don Edmundo, der den Tod der Pinzolos auf sich beruhen lässt, hält Barbara für die Tochter des Kubaners Huevo. Holden spürt Huevo und Barbaras Pflegemutter Dolores auf. Staatsanwalt Abruzzi verlangt die Trennung von Fay und erzwingt die Herausgabe von Holdens polizeilich registrierter Waffe. Später erhält er scheinbar die Pistole zurück, doch es handelt sich um ein Duplikat, mit dem er in die Falle gelockt werden soll. Der Pate Don Edmundo lässt Barbaras Stiefmutter Loretta ermorden und Barbara entführen. Holden befreit Barbara, tötet ihre Bewacher und nimmt sie in seine Obhut. Abruzzi entwendet dem Kürschnereibesitzer Bruno – Holdens Chef – wertvolle Schnittmuster; Bruno ist bereit, sie für fünf Millionen Dollar zurückzukaufen. Außerdem ist er bereit, Abruzzi seine Geliebte Anushka zu überlassen, Holdens Ex-Frau. Bei einer Schießerei wird Holden schwer verwundet. Nach seiner Genesung in Dolores' Haus tötet er Don Edmundo und arrangiert sich mit Bruno, der inzwischen seine Schnittmuster zurück bekommen hat. Den Erlös hat der Vermittler des Rückkaufes den Kubanern zukommen lassen. Dolores will mit Barbara die Stadt verlassen und in Miami ein neues Leben beginnen. Wohl oder übel respektiert Holden Fays Entschluss, zu ihren Kindern zurückzukehren, doch sie kommt zu ihm zurück.

G. Sch.

JAMES HADLEY CHASE Großbritannien
(d. i. René Brabazon Raymond, 1906–1985)

Chase war ein ungemein produktiver Autor, der die Darstellung von Gewalt in einer bis dahin ungeahnten Weise vorantrieb. Dem unter dem Einfluss von J. → Cains *The Postman always rings twice* entstandenen Erstling *No Orchids for Miss Blandish* (1939, dt. *Keine Orchideen für Miss Blandish*, 1966) über die Entführung einer Millionärstochter folgten etwa 80 Krimis von schwankender Qualität. Darunter sind: *A Lotus for Miss Quon* (1961, *Lotosblüten für Miss Quon*, 1963), *Cade* (1966, dt. 1969) oder (als letztes) *Hit them where it hurts* (1984, dt. *Zahltag*, 1985).

Palmetto. Dumme sterben nicht aus

(OT: *Just another Sucker*, 1960). Berlin: Ullstein, 1998 (Tb 24430). – Ü: Gitta Bauer, Hans-Joachim Platz. – O: Palm City (»Palmetto«).
F: *Palmetto*. D 1998, R: Volker Schlöndorf.

Der Journalist Harry Barber hat aufgrund einer kriminellen Verschwörung vier Jahre im Gefängnis gesessen. Nach seiner Haftentlassung spricht ihn in einer Bar Rhea an, die Ehefrau des schwerkranken französischen Millionärs Felix Malroux. Sie will sich 500 000 Dollar durch die fingierte Entführung ihrer 20-jährigen Stieftochter Odette beschaffen, Barber soll für 10 Prozent dieser Summe den Entführer mimen und das Lösegeld abholen. Zur eigenen Sicherheit schneidet Barber jedoch heimlich Gespräche mit Rhea in einem eigens gemieteten Strandbungalow mit. Stieftochter Odette soll für die Zeit der vorgetäuschten Entführung verkleidet und unter falschem Namen in einem Hotel untertauchen. Danach geht alles schief. Zunächst muss Barber einen Betrunkenen niederschlagen, der Odette belästigt. Dann baut er mit Odettes Sportwagen einen Unfall mit geringem Blechschaden, der Unfallgegner erkennt ihn später aber wieder. Die Tasche mit dem Lösegeld enthält nur alte Zeitungen, und als er in den Strandbungalow kommt, findet er Odette erwürgt. Sein bejahrter Wagen mit der Leiche im Kofferraum gibt genau vor den Augen eines Polizisten den Geist auf. Unter vielen Mühen kann er den Wagen in seine Garage bringen lassen. Schließlich muss er sich Nina offenbaren, die ihm die Leiche in einem gestohlenen Auto zu deponieren hilft, wo sie von der Polizei gefunden wird. Als sein Freund Lieutenant Rennik ihm eine Stelle bei der Stadtverwaltung beschafft, arbeitet er direkt mit den Ermittlern im Mordfall Malroux zusammen, was immer neue Ausweich- und Tarnmanöver erforderlich macht. Durch Odettes Tod wird Rhea nicht die Hälfte vom Vermögen ihres Mannes erben, sondern alles; plötzlich will sie von ihrem Arrangement nichts mehr wissen. Barber weist dezent auf die Tonbänder hin, die ihre Schuld beweisen, als Malroux' Chauffeur O'Reilly sich verplappert: Er erzählt, dass Odette erwürgt wurde, noch ehe die Todesart offiziell mitgeteilt wurde. Damit hat Barber den Mörder entlarvt, doch der zwingt ihn mit Gewaltandrohungen gegen Nina zur Herausgabe der Tonbänder. Inzwischen lässt Rennik ihn überwachen und stellt ihn zur Rede. Barber legt ein Geständnis ab. Im Streit schießt O'Reilly Rhea an und wird von Rennik niedergeschossen, der vor seinem Tod Barber entlastet. O'Reilly hat Odette in Rheas Auftrag erwürgt.

GILBERT KEITH CHESTERTON
Großbritannien
(1874–1936)

Der Ruhm von Chesterton, der auch Mitglied des → Detection Club war, gründet auf 51 Kurzgeschichten um den katholischen Priester Pater Brown, der sein Debüt 1910 in der Erzählung *The Blue Cross* (*Das blaue Kreuz*) gab und explizit als menschlicheres, weiseres, sanftmütigeres Gegenstück zu Sherlock Holmes konzipiert war. In Deutschland ist die Figur untrennbar mit Heinz Rühmann verbunden, der sie 1960, 1962 und 1967 in *Das schwarze Schaf*, *Er kann's nicht lassen* und *Die Abenteuer des Kardinal Braun* (sic) leise und listig verkörperte. Weniger nachhaltig prägte sich der Burgschauspieler Josef Meinrad ein, der Brown in einer TV-Serie der 1970er-Jahre verkörperte; Alec Guiness in *Pater Brown, Detective* (1954) ist allenfalls noch Filmfans ein Begriff, ebenso die britische TV-Serie aus den 1970er-Jahren mit Kenneth More. Mangels Pater-Brown-Romanen wurden die Filme meist aus mehreren Kurzgeschichten zusammengestellt, so *Das schwarze Schaf*.

Das Alibi der Schauspielerin

(OT: *The Actor and the Alibi*, 1927 [Buchausg.]). Enthalten in: G. K. Ch.: *Sämtliche Geschichten um Father Brown*. Zürich: Haffmans, 1999. – Ü: Hanswilhelm Haefs. F: *Das schwarze Schaf*. D 1960, R: Helmut Ashley.

Pater Brown wird in ein Londoner Theater gerufen, wo sich die Schauspielerin Maroni in ihrer Garderobe eingeschlossen hat und man das Schlimmste befürchtet. Pater Brown rät dem Direktor Mandeville, die Maroni ungestört zu lassen, es bestünde kein Grund zur Sorge, sie habe lediglich einen Temperamentsausbruch. Vorsichtshalber wird jedoch die Garderobiere vor ihrer Tür abgestellt. Während auf der Bühne alle Schauspieler einschließlich Mrs. Mandeville, die ebenfalls Schauspielerin ist, zur Generalprobe versammelt sind, sperrt sich Direktor Mandeville in sein Zimmer ein. Wegen merkwürdiger Geräusche lässt Pater Brown aber die von innen verriegelte Tür aufbrechen und findet Mandeville erstochen auf dem Boden. Der Pater verdächtigt die Maroni, die ihre Garderobe durch ein Fenster verlassen hat und zu Hause angetroffen wird. Er kann sich jedoch nicht erklären, wie sie in Mandevilles Zimmer gekommen sein soll. Es hat keine Fenster, und die einzige Tür hatte er die ganze Zeit im Auge. Der Rest des Ensembles einschließlich der Ehefrau hat jedoch ein Alibi. Als Mrs. Mandeville kurz nach dem Mord mit einem Schauspieler durchbrennnt, dem eine große Karriere vorhergesagt wird, bestätigt sich Pater Browns Verdacht: Mrs. Mandeville ist die Mörderin. Abgeschirmt von einer Kulisse gelangte sie durch eine Falltür in das Büro ihres Mannes und tötete ihn. A. Oe.

Der Hammer Gottes

(OT: *The Hammer of God*, 1911 [Buchausg.]). Enthalten in: G. K. Ch.: *Sämtliche Geschichten um Father Brown*. Zürich: Haffmans, 1999. – Ü: Hanswilhelm Haefs. F: *Das schwarze Schaf*, D 1960, R: Helmut Ashley.

Colonel Bohun wird mit eingeschlagenem Schädel auf dem Hof des Dorfschmiedes Barnes gefunden. Neben ihm liegt die Tatwaffe, ein Hammer. Der Verdacht fällt zunächst auf den Schmied Barnes. Er ist groß, kräftig und hatte ein Motiv: Bohun stellte seiner Frau nach. Barnes hat jedoch ein Alibi, einige Leute können bezeugen, dass er zur Tatzeit im Nachbarort war. Auch Mrs. Barnes, die verdächtigt wird, kommt als Mörderin nicht in Frage, denn sie ist zu schwach. Reverend Bohun, der Bruder des Ermordeten, belastet den »verrückten Joe«, mit dem er seinen Bruder kurz vor dessen Tod zusammen gesehen hat. Pater Brown fällt auf, dass der Hammer sehr klein ist und trotzdem den stahlverstärkten Hut des Colonels durchschlagen konnte. Er entlarvt den Reverend als Mörder. Dieser hatte den kleinen Hammer vom Turmfenster auf den Bruder herabfallen lassen, nachdem er sich wieder einmal heftig mit ihm über dessen liederlichen Lebenswandel gestritten hatte. Den »verrückten Joe« hatte er belastet, weil der als unzurechnungsfähig gilt und nicht bestraft worden wäre. A. Oe.

ERSKINE CHILDERS Großbritannien (1870–1922)

Obwohl es bereits sog. Invasionsromane gab, gilt *Das Rätsel der Sandbank* als erster Spionageroman der Weltliteratur. Er entstand zu Propagandazwecken, denn Childers wollte – wie übrigens auch A. C. → Doyle – Großbritannien zu verstärkten Verteidigungsanstrengungen gegen deutsche Expansionsgelüste aufrufen. Die Figuren, ihre moralische Ambivalenz und die Handlungsstruktur wurden zum Vorbild für spätere Spionageromane wie J. → Buchans vierteiliger Hannay-Serie bis hin zu Ian Flemings James-Bond-Geschichten. Eine – allerdings weitaus schwächere – Fortsetzung hat Sam Llewellyn vorgelegt: *The Shadow in the Sands: being an Account of the Cruise of the Yacht »Gloria« in the Frisian Islands in the April of 1903, and the Conclusion of the Events described by Erskine Childers in his Narrative »The Riddle of the Sands«* (1998; dt. *Tödliches Watt*, 1999). Andere Autoren beziehen sich in ihren Romanen direkt auf Childers, so z. B. N. → Freeling in *Sand Castles* (1989; dt. *Mord auf Norderney*, 1991).

Das Rätsel der Sandbank: Ein Bericht des Geheimdienstes

(OT: *The Riddle of the Sands: a Record of the Secret Service*, 1903). Zürich: Diogenes Verlag, 1988 (detebe 20211). – Ü: Hubert Deymann. – O/Z: Nord- und Ostsee; um 1900.

F: **(1)** *The Riddle of the Sands*. GB 1978 (dt. *Bei Nacht und Nebel*), R: Tony Maylam. **(2)** D 1984 (Radio Bremen, 10-teilige TV-Serie), R: Rainer Boldt.

Carruthers vom britischen Außenministerium segelt mit seinem Studienfreund Davies auf dessen Jacht »Dulcibella« durch die Ostsee. Davies will auf eigene Faust die deutsche Nordseeküste erkunden, die im Kriegsfall für Großbritannien und Deutschland gleichermaßen von strategischer Bedeutung sein wird. Zuvor ist Davies der Jacht »Medusa« des mysteriösen Herrn Dollmann und seiner Tochter Clara begegnet; ein Mordanschlag Dollmanns auf Davies scheiterte. Dollmann leitet eine Bergungsgesellschaft, die auf Memmert Sand, einer Sandbank vor Juist, ein Wrack voller Goldbarren bergen will. Davies und Carruthers betätigen sich als Hobbyspione. In Norderney treffen sie Clara, in die sich Davies verliebt. Bei einem Besuch Claras auf der »Dulcibella« erkennen die beiden, dass Dollmann kein Deutscher ist, sondern ein ehemaliger Offizier der britischen Kriegsmarine. Sie belauschen ein Gespräch auf Memmert Sand und erfahren, dass in einigen Tagen eine hochrangige deutsche Persönlichkeit auf dem Bahnhof von Norden den Fregattenkapitän von Brüning treffen werde. Die hochrangige Persönlichkeit ist Kaiser Wilhelm II. Carruthers wohnt, als deutscher Matrose verkleidet, dem Treffen bei. Auf einem Schlepper erlauscht Carruthers, dass die Deutschen mit einer Armada kleiner Boote voller Soldaten England erobern wollen. Carruthers springt von Bord und schwimmt zur »Dulcibella«. Gemeinsam mit Davies zwingt er Dollmann und Clara, mit ihnen nach England zurückzusegeln. Auf der Fahrt begeht Dollmann Selbstmord. J. H.

DRISS CHRAÏBI Marokko
(*1926)

Inspektor Ali im Trinity College

(OT: *L'Inspecteur Ali à Trinity College*, 1996). Zürich: Unionsverlag, 1998. (UT metro 226, 2002.) – Ü: Regina Keil. – O: Cambridge.

Die Polizistenkomödie *Inspektor Ali im Trinity College* lebt vom kaum überbrückbaren kulturellen Gegensatz zwischen der Titelfigur, einem veritablen marokkanischen Macho, der mit energischen, selbstbewussten Frauen in einstigen Männerdomänen wie der Polizei nicht klarkommt und sich nur schwer in dem bis zur Absurdität ausgefeilten Rechtssystem des Abendlandes zurechtfinden kann. – Der schlitzohrige Inspektor Ali soll den Tod der marokkanischen Prinzessin Yasmina aufklären, die an ihrem Studienort, dem Trinity College, angeblich von ihrem Leibwächter Moussaoui erdrosselt worden ist. Dort tut Ali alles, um seine Bildung, seine hohe Intelligenz und seine Beobachtungs- und Kombinationsgabe unter der Maske eines provokant-trotteligen Orientalen mit ausgeprägten Macho-Allüren zu verbergen. Superintendent Sir Henry Westlake von Scotland Yard fällt ebenso auf diese Tarnung herein wie Kriminal-Inspektorin Jenny Kelly aus Cambridge. Jenny will nach der Lösung des Falles heiraten und eine Hochzeitsreise nach Griechenland antreten. David Wembley, der Dekan der Philosophischen Fakultät, stellte als ausgesprochener Liebhaber von sehr jungen Frauen Prinzessin Yasmina nach, die trotz ihres Alters von 24 Jahren noch unberührt und sich ihrer weiblichen Attraktivität keineswegs bewusst war. Auf erotische Avancen pflegte sie passiv, mit einer merkwürdigen Indifferenz, zu reagieren. Dies musste auch der ebenfalls in sie verliebte Leibwächter feststellen. Weil Inspektor Ali weiß, dass die wenigsten Menschen Schweigen lange ertragen können, und da er sich meisterhaft aufs Abwarten und die Kunst des genauen Zuhörens versteht, hat er bald alle zur Lösung des Falles nötigen Aussagen gesammelt. Der Mörder war weder der Dekan noch der Leibwächter, sondern Inspektorin Jenny Kelly, die Geliebte Yasminas. Die Prinzessin liebte jedoch eigentlich ihren eigenen Leibwächter und wollte mit ihm durchbrennen. Weil Ali keine Beweise gegen Jenny hat, inszeniert er mit Amtshilfe des Geheimdienstes sowie mit Geld der millionenschweren Familie seiner Frau ein groß angelegtes Täuschungsmanöver. Jenny leugnet den Mord selbst dann noch, als ihr Sophia in Yasminas Kleidern entgegentritt und Jenny sie für einen kurzen Moment für die Tote hält. Die Polizistin verliert erst die Fassung, als Ali ihr die bevorstehende Landung in Casablanca in Marokko ankündigt, wo Mord mit der Todesstrafe geahndet wird. Er hat es nicht nur geschafft, die Anzeigetafel in Heathrow zu manipulieren, sondern auch noch ein Heer von als Passagiere getarnten Komparsen aufmarschieren zu lassen.

AGATHA CHRISTIE Großbritannien
(d. i. Mary Clarissa Miller, 1890–1976)

Miss Jane Marple ist neben dem Belgier Hercule Poirot die bekannteste Schöpfung der Vielschreiberin, die mit *The Mousetrap* (*Die Mausefalle*) das Theaterstück schuf, welches am längsten ununterbrochen gespielt wurde (es läuft seit November 1952 ununterbrochen). Agatha Christies besonderes Kennzeichen sind kompliziert gehäkelte Kriminalintrigen. Oft entziehen sich die Täter lange Zeit durch eine raffinierte Manipulation des Tatzeitpunktes oder des Tathergangs der Verfolgung. Nur durch solche Kompliziertheiten ist zu erklären, dass es der kleinen grauen Zellen einer Miss Marple bedarf, die Fälle zu lösen. Die schrullige Junggesellin aus dem Flecken St. Mary Mead ist Heldin von etwa einem Dutzend Romanen, darunter *Murder at the Vicarage* (1930, dt. *Mord im Pfarrhaus*, 1952), *After the Funeral* (1953, Der Wachsblumenstrauß, 1955), *The Mirror crack'd from Side to Side* (1962, *Mord im Spiegel*, 1984) *und Miss Marple's Final Cases* (1979, dt. *Die Mördermaschen* 1982). Nicht die allzu elegante Angela Lansbury, sondern ihre Vorgängerin in vier Filmen, die unnachahmlich schrullige Margaret Rutherford, wird mit Miss Marple identifiziert. Die vier Filme mit ihr basieren allerdings nur zum Teil auf Original-Miss-Marple-Stoffen. Die Krimis um Hercule Poirot spielen gern an einem einzigen Ort wie in einem Zug, auf einem Schiff oder an einer Ausgrabungsstätte. Auch hier sind die Lösungen der Mordrätsel stets außerordentlich kompliziert, ja schematisierend überkonstruiert, und das Verbrechen gelingt nur, weil die Verbrecher über fast übermenschliche psychologische und planerische Fähigkeiten verfügen. Poirot, der oft von seinem Freund Colonel Hastings begleitet wird, tritt erstmals auf in Christies Debüt *A Mysterious Affair at Styles* (1920, dt. *Das fehlende Glied in der Kette*, 1959). In Styles spielt auch der letzte Poirot-Roman *Curtain* (1975, dt. *Vorhang* 1976), in dem der schwer herzkranke Detektiv kurz vor seinem natürlichen Tod den Schuldigen erschießt, weil ihm anders nicht beizukommen ist. Die Autorin wagte es nicht, dieses Buch zu ihren Lebzeiten zu veröffentlichen. In *Murder on the Orient Express* (1930, dt. *Mord im Orient Expreß*, 1990) löst Poirot einen Mord unter Mitreisenden, und in den Geschichtensammlungen *The Labours of Hercules* (1947, dt. *Die Arbeiten des Herkules*, 1958) löst der Meisterdetektiv in Anlehnung an seinen Namenspatron aus der klassischen Antike eine Reihe von schwierigen Kriminalfällen. Für Sir Peter Ustinov war Hercule Poirot die Lebenshauptrolle.

16 Uhr 50 ab Paddington

(OT: *4.50 from Paddington*, 1957). München: Scherz, 2001 (Tb 1810). – Ü: Ulrich Blumenbach (Neuübersetzung). – SF: Jane Marple. O/Z: Rutherford Hall bei London; zwischen den Weltkriegen.
F: GB 1961, R: George Pollocks.

Von ihrem Eisenbahnabteil aus beobachtet Elspeth McGillicuddy, wie in einem Zug auf dem Nachbargleis, der um 16 Uhr 50 von Paddington abgefahren ist, ein Mann eine Frau erwürgt. Weil weder im Zug noch neben der Strecke eine Frauenleiche gefunden wird, wendet sich die alte Dame an Miss Marple. Die ermittelt durch Abfahren der Strecke und genaues Kartenstudium die Umgebung von Rutherford Hall als eine zum Beseitigen einer Leiche geeignete Stelle. Auf Miss Marples Initiative hin lässt sich die hochintelligente, energische Lucy Eylesbarrow bei der Familie Crackenthorpe, der Rutherford Hall gehört, als Hauswirtschafterin anstellen; tatsächlich entdeckt sie dort in einem alten Schuppen eine Tote ohne Papiere, in französischer Kleidung. Das Familienoberhaupt Luther Crackenthorpe verfügt lediglich über den Nießbrauch eines reichen väterlichen Erbes, dieses selbst wird im Falle seines Todes an seine sechs Kinder fallen: Edmund, der älteste Sohn, ist im Krieg gefallen, Tochter Edith gestorben. Am Leben sind noch die Söhne Harold, Alfred und Cedric sowie die ledige Tochter Emma, die den Haushalt führt. Zur Familie gehören auch Ediths Witwer Brian Eastley und ihr Sohn Alexander sowie der Arzt Dr. Quimper. Inspector Craddock muss hilflos zusehen, wie erst Alfred, dann Harold an Gift sterben. Die Tote im Schuppen erweist sich anders als zunächst vermutet nicht als Braut oder

Witwe des gefallenen Edmund (als diese outet sich eine inzwischen in England verheiratete Nachbarin). Es ist vielmehr Dr. Quimpers Ehefrau, die seit der lange zurückliegenden Trennung in Frankreich als Baletttänzerin dilettierte. Dr. Quimper wollte nach der Beseitigung der Noch-Ehefrau und von Luther Crackenthorpes Söhnen Emma heiraten und so ein reicher Mann werden. Von Elspeth McGillicuddy als der Würger aus dem Zug erkannt, legt er ein Geständnis ab. – Der Film von 1961 ist straffer als die Vorlage, denn McGillicuddy, Eylesbarrow und Marple wurden zu einer einzigen Figur; außerdem wurde Brian Eastlys Sohn Alexander zu einer der wichtigsten Nebenrollen aufgewertet.

Der Tod auf dem Nil

(OT: *Death on the Nile*, 1937). München: Scherz, 2001 (Tb 51782). – Ü: Susanne Lepsius. – SF: Hercule Poirot. O/Z: Ägypten; zwischen den Weltkriegen.

F: GB 1977, R: John Gullermi.

Zu den wichtigsten Figuren gehören die amerikanische Millionärin Linnet Ridgeway, ihre Freundin Jacqueline de Bellefort und ihr Ehemann Simon Doyle sowie ihr Vermögensverwalter Andrew Pennigton. Die Millionärin Linnet Ridgeway hat zugunsten von Simon Doyle ihrem alten Verehrer Lord Windlesham einen Korb gegeben, Doyle seinerseits hat seine Braut Jacqueline de Bellefort wegen der eigenen überraschend geschlossenen Ehe mit Linnet sitzen lassen, weswegen Jacqueline finstere Rache geschworen hat. Beim Besuch eines Tempels stürzt ein Fels auf Linnet herab, die gerade noch zur Seite gezerrt wird. Eines Nachts kommt es auf dem Schiff zu einer Auseinandersetzung von Simon und Jacqueline, in deren Verlauf Jacqueline Simon mit einer Damenpistole ins Bein schießt. Ihre Pistole verschwindet, mehrere Gegenstände werden von verschiedenen Personen ins Wasser geworfen, wobei diese – oder andere Personen – offenbar auf Strümpfen übers Deck eilen. Noch in derselben Nacht wird Linnet im Schlaf erschossen und ihre wertvolle Perlenkette geraubt. Poirot und der britische Major Race, die gemeinsam ermitteln, sind zunächst ratlos. Schließlich wird auch noch die Schriftstellerin Mrs. Otterbourne vor aller Augen in dem Augenblick erschossen, als sie Linnets Mörder benennen will, den sie gesehen hat. Der Schütze wird zunächst nicht entdeckt. Erst nachdem unzählige falsche Fährten und zu Unrecht Verdächtigte ausgesondert sind, kann Poirot den Fall wie folgt lösen: Simon Doyle und Jacqueline de Bellefort hatten allen eine Komödie vorgespielt. Sie sind trotz Simons Ehe mit Linnet noch ein Paar und haben zwecks Beerbung erfolgreich Linnets Ermordung betrieben. Dazu fingierten sie einen Streit, bei dem Jacqueline Simons keineswegs ins Bein schoss. Er tat nur so, wobei er die Schussverletzung mit einem Taschentuch voller roter Tintenflecke zunächst nur simulierte. Er konnte es so einrichten, dass er gerade so lange allein gelassen wurde, wie er brauchte, um zu Linnet zu laufen und sie im Schlaf zu erschießen. Dann kehrte er an seinen Platz zurück, schoss sich tatsächlich ins Bein, ließ sich von Dr. Bessmer verarzten und von da an rund um die Uhr betreuen. Sein Alibi schien perfekt. Das Dienstmädchen wurde von Jacqueline ermordet, weil sie Kapital aus den Vorgängen schlagen wollte, die sie im Zusammenhang mit dem Mord beobachtet hatte. Mrs. Otterbourne wurde ebenfalls als gefährliche Mitwisserin beseitigt. Bei allem zeichneten sich die beiden Täter durch ausgesprochene Kaltblütigkeit und durch ein nachgerade unglaublich exaktes Timing aus. Verwirrend waren für Poirot die Nebenhandlungen: Das Attentat mit dem herabstürzenden Felsen hatte der Vermögensverwalter Pennington verübt. Er wollte die Entdeckung von Unregelmäßigkeiten in seinen Bilanzen verhindern; allerdings wiederholte er seinen Mordversuch nicht mehr. Die Perlenkette scheint zunächst Mrs. Van Schuyler gestohlen zu haben, eine Kleptomanin. Sie erwischte aber nur eine Kopie. Tatsächlicher Dieb ist Tim Allerton und seine Komplizin Joanna Southwood, eine Juwelendiebin, die ausgewählte Preziosen durch Kopien ersetzt. Der irdischen Gerechtigkeit entzieht sich Jacqueline, indem sie sich und Simon erschießt.

TOM CLANCY USA
(*1948)

Für Tom Clancy, einen amerikanischen Hauruck-Patrioten und Hightech-Waffennarr, ist der Kalte Krieg nie zu Ende gegangen. Seine bekanntesten Schöpfungen sind das Op-Center und Rainbow Six, zwei ruchlose amerikanische Eliteeinheiten zur internationalen Terrorbekämpfung, sowie Sir Jack Ryan, ein Millionär und Selfmademan, der es vom promovierten Historiker zum CIA-Analytiker und -Agenten und endlich – in *The Bear and the Dragon* (2000, dt. *Im Zeichen des Drachen*, 2000) zum Präsidenten der Vereinigten Staaten bringt. Ryan, der gleichermaßen über ein echtes Adelsprädikat und über dessen bürgerliches Pendant verfügt, ist eine moderne Ritterfigur; mit seiner Ehefrau, einer Ärztin, bildet er eine Art säkulares Prinzenpaar, dem schier nichts unmöglich ist. Im Film verkörperte ihn mehrfach Harrison Ford. Clancys Debüt *Jagd auf »Roter Oktober«* erschien zuerst in einem Fachverlag für Submarin-Literatur. Über seine belletristische Arbeit hinaus veröffentlicht Clancy auch opulent bebilderte Bücher über amerikanische Großwaffensysteme wie z. B. *Submarine* (dt. *Atom-U-Boot: Reise ins Innere eines nuclear warship*, 1995). Weitere Jack-Ryan-Thriller sind u. a. *Patriot Games* (1987, dt. *Die Stunde der Patrioten*, 1988), *The Cardinal of the Kremlin*, (1988, dt. *Der Kardinal im Kreml* 1989), *Clear and Present Danger* (1989, dt. *Der Schattenkrieg / Das Kartell*, 1990), *The Sum of all Fears* (1991, dt. *Das Echo aller Furcht*, 1993), *Debt of Honor* (1994, dt. *Ehrenschuld*, 1996) und *Executive orders* (1996, dt. *Befehl von oben*, 1997).

Jagd auf »Roter Oktober«

(OT: *The Hunt for »Red October«*, 1984). Bern: Scherz, 1986. (Goldmann 9122, 1988.) – Ü: Hardo Wichmann. F: USA 1998, R: John McTiernan.

Aus politischer und privater Frustration will der Balte Marko Ramius, ein Elite-Offizier der sowjetischen U-Boot-Flotte, mit dem nahezu lautlos fahrenden Atom-U-Boot »Roter Oktober« in den Westen überlaufen. Nachdem das Schiff ausgelaufen ist und Ramius seinen Politoffizier umgebracht hat, teilt er dem Flottenchef Podorin sein Vorhaben offiziell mit. Im Nu ist die gesamte Rote Flotte auf der Jagd nach ihm. Trotzdem kann er sich bis vor die US-Küste vorarbeiten. Ebenfalls im Nu hat Jack Ryan herausgefunden, was sich da in den amerikanischen Küstengewässern abspielt, und bereitet in enger Zusammenarbeit mit der Royal Navy Ramius' Überlaufen vor; dabei kommt es sogar zum Sichtkontakt mit der »Roter Oktober«. Schließlich gibt Ramius sein Schiff zum Schein auf, das für Freund und Feind gut sichtbar versenkt wird. In Wirklichkeit handelt es sich jedoch um ein schrottreifes US-U-Boot, doch das fällt dank zweckdienlich verteilter Pseudo-Trümmer nicht auf. Die Mannschaft wurde vorher evakuiert und in die UdSSR zurückgeschafft. Bevor die »Roter Oktober« in einen US-Hafen einlaufen kann, muss Ramius noch seinen besten Schüler Tupolow austricksen, der den Betrug durchschaut hat und die Übergabe in letzter Sekunde verhindern will. Nach dramatischen Stunden bohrt die »Roter Oktober« die »Konowalow« in den Grund. Außer der »Konowalow« verlieren die Sowjets noch ein weiteres U-Boot, und zwar durch eine Reaktorschmelze.

MARY HIGGINS CLARK USA
(*1929)

Mary Higgins schreibt auch mit ihrer Tochter Carol Higgins zusammen Bücher wie *He sees you when you're sleeping.* Ihre Werke sind thematisch eng verwandt mit denen von J. → Fielding oder S. → Brown; oft werden Frauen von ihren kriminellen Männern aus der Bahn geworfen. Die Romane *While my Pretty One sleeps* (1989, dt. *Schlafe wohl, mein Süßes Kind,* 1990) oder *Remember me* (1994, dt. *Das Haus auf den Klippen,* 1995) tragen »gotische« Horror-Züge. Clark hat auch die Anthologie *Murder on the Run* (1997, dt. *Lauf, so schnell du kannst,* 2000) herausgegeben.

Vergiss die Toten nicht

(OT: *Before I say Good-bye,* 2000). München: Heyne Verlag, 2000. (Heyne 01/13443, 2002.) – Ü: Karin Dufner. – O: New York, Washington.

Die erfolgreiche Journalistin Cornelia »Nell« MacDermott will den Kongress-Sitz erben, den ihr Großvater Cornelius 50 Jahre lang innegehabt hat. Ihr untadeliger Ruf gerät in Gefahr, als ihr Mann, der Architekt Adam Cauliff, bei der Explosion seiner Jacht ums Leben kommt und sich Zweifel an seiner geschäftlichen Redlichkeit verdichten. Die Explosion kostet unter anderem Adams 60-jähriger Sekretärin Winifred Johnson sowie dem Polier Jimmy Ryan das Leben. Später beobachten Zeugen einen Taucher, der mit einer Damenhandtasche aus dem Wasser steigt. Keiner der Tatverdächtigen, die die beiden grundsoliden Polizisten Jack Sclafani und George Brennan in Betracht ziehen, kommen letztlich in Frage. Ein weiterer, länger zurückliegender Fall, scheint mit der Explosion der Jacht zu tun zu haben. Etwa zehn Jahre zuvor brannte eine denkmalgeschützte Villa in unmittelbarer Nachbarschaft eines Grundstücks ab, das sich Adam beschafft hatte. Die Obdachlose Quinny Minor soll den Brand verursacht haben und ist seither verschwunden. Ihr Sohn Dan, mittlerweile ein hochangesehener Chirurg, sucht sie seit Jahren verzweifelt. Der alte Abgeordnete Cornelius MacDermott engagiert sogar einen Detektiv, um sie zu finden. Lisa, die Witwe des Poliers Jimmy Ryan, findet im Hobbyraum ihres Mannes 50000 Dollar, die sie für Schweigegeld hält. Es wurde, wie das Verpackungsmaterial belegt, im Büro der Sekretärin Winifred Johnson verpackt. Dort findet sich der von ihr hundertfach geschriebene Satz: »Winifred liebt Harry Reynolds«. Dieser Reynolds ist nicht aufzutreiben. MacDermotts Detektiv, der das Verschwinden von Quinny Minor ohne größere Mühe aufklärt, entdeckt auch, dass der Architekt Adam Cauliff schon auf der Universität ein notorischer Betrüger war und mit Winifred Johnsons großer Liebe Harry Reynolds identisch ist. Adam, so behauptet das Medium Bonnie Wilson, fordere Nell aus dem Jenseits heraus auf, Adams Kleider einem Secondhandshop zu geben – ganz offenbar sind Bonnie sowie Nells Tante Gerti hinter einem Schließfachschlüssel her, den Nell MacDermott in einer von Adams Jacken gefunden hat; ein identischer Schlüssel war in der Damenhandtasche des Tauchers. Bei Bonnie steht Nell auf einmal unvermittelt dem keineswegs toten Adam gegenüber. Der gesteht, er habe Winifred Johnson zu seiner Geliebten und Komplizin gemacht, doch am Tage seines vermeintlichen Todes habe ihm Nell ein falsches Jackett gegeben, so dass er den Schließfachschlüssel nicht bei sich hatte, als er seine eigene Jacht und mit ihr alle Mitwisser in die Luft gesprengt habe. Das Schließfach enthalte alles, was er zum Untertauchen und zum Beginn eines neuen Lebens brauche. Adam schlägt Nell nieder und zündet Bonnies Wohnung an. Nell kann sich, wenngleich mit einigen Verletzungen, durch ein eingeschlagenes Fenster aus der verrauchten Wohnung retten, Bonnie und Adam stürzen, miteinander ringend, von einer defekten Feuerleiter in die Tiefe. Tatsächlich wird Nell in den Kongress gewählt, ohne dass sich Adams unredliche Geschäfte auf ihre politische Karriere auswirken würden. Ob Dan und Nell ein Paar werden, bleibt allerdings offen.

LIZA CODY Großbritannien
(d. i. Liza Nassim, *1944)

Die Catcherin Eva Wylie (die Icherzählerin) ist die wahrscheinlich hässlichste Krimiheldin der Gegenwart, aber auch eine der originellsten Erfindungen auf diesem Gebiet: eine »Großstadt-Stegosaura« (*Die Welt*) von beschränkter Intelligenz und gewaltigen Kräften. Bedürfnislos haust sie zusammen mit zwei psychopathischen Kampfhunden als Nachtwächterin auf einem Schrottplatz und meidet die Menschen. Vergebens träumt sie davon, ihre jüngere Schwester Simone wiederzufinden, die von der alkoholkranken Mutter zur Adoption freigegeben wurde. In der Fortsetzung *Monkey Wrench* (1994, dt. *Schwesternkrieg / Eva sieht rot* ..., 1995/2001) betätigt sich die »Londoner Killerqueen« als Kampfsportlehrerin für Prostituierte. Mit *Musclebound* (1998, dt. *Blüten für Mama / Eva langt zu*, 1998/2002; »Marlowe« 1998) endet die Eva-Wylie-Trilogie. Eine weitere Heldin der Autorin ist die Detektivin Anna Lee.

Schweres Geschütz (Was Sie nicht umbringt ... Eva Wylies erster Fall)

(OT: *Bucket Nut*, 1992). München: Heyne, 1993. (Ariadne Krimi 1128, 2000.) – Ü: Regina Rawlinson. – SF: Eva Wylie. O: London.

Tagsüber erledigt Eva Kurierdienste für den chinesischen Ganoven Mr. Cheng. Als sie in ihrer Naivität auch einen Auftrag von dessen schärfstem Rivalen Count Suckle übernimmt, hat sie Chengs Vertrauen verspielt. Die Explosion der Paketbombe, mit der er sie beseitigen will, überlebt sie nur mit viel Glück. Durch die drogensüchtige Chorsängerin Goldie, die sie aus Gutmütigkeit nach einer Polizeirazzia in einem Lokal bei sich aufnimmt, zieht sie das Interesse der Privatdetektivin Anna Lee auf sich, die Goldie zu ihren Eltern zurückbringen soll. In der Folge gerät Eva in einen veritablen Bandenkrieg hinein. Zunächst werden von Count Suckles Leuten ihre beiden Kampfhunde überwältigt und misshandelt, ihr Wohnwagen verwüstet sowie ihr Geldversteck geplündert. Dann erscheinen Schläger beider Banden zu Evas bislang größtem Schaukampf gegen die Starcatcherin Sherry-Lee Lewis, um für Randale zu sorgen. Mit Sherry-Lees Hilfe übersteht sie nach einem vereinbarungsgemäß verlorenen Kampf die allfällige schwarz-gelbe Saalschlacht nahezu unverletzt; einer ihrer Kampfhunde zerfleischt dabei die Hand jenes Mannes von Count Suckle, der ihn gequält hat. Später begibt sie sich zu dem Maler David de Lysle, der sie ihres athletischen Körperbaus wegen schon seit einiger Zeit als Modell begehrt. Als Honorar verlangt sie lediglich, das David ihr bei der Suche nach ihrer jüngeren, verschwundenen Schwester Simone hilft.

LARRY COLLINS USA
(*1929)
DOMINIQUE LAPIERRE Frankreich
(*1931)

Das Autorenduo ist spezialisiert auf exakt recherchierte historische Sachbücher und politische Hochrechnungen wie das 1965 verfilmte *Brennt Paris? Der Kampf um die französische Hauptstadt 1944* (1965) oder *Um Mitternacht die Freiheit* über die Unabhängigkeit Indiens (dt. 1976). 20 Jahre vor dem 11. September 2001 nahmen die beiden den Fall Osama Bin Laden vorweg. *Der fünfte Reiter* diente auch als Blaupause für Filme wie etwa *The Siege* (dt. *Ausnahmezustand*, USA 1999) oder *Executive Decision* (dt. *Einsame Entscheidung*, USA 1996).

Der fünfte Reiter

(OT: *The fifth Horseman / Le cinquième cavalier*, 1980). Gütersloh: C. Bertelsmann, 1980. (Ullstein 25278, 2001.) – Ü: Christian Spiel.

Der libysche Staatschef Oberst Muammar al-Gaddhafi, der sich zum Befreier des palästinensischen Volkes und zum neuen Führer der arabischen Welt aufschwingen möchte, lässt eine Wasserstoffbombe in New York verstecken und erpresst die USA und Israel. Die besetzten Palästinenser-Gebiete sollen umgehend geräumt werden, der Versuch einer Evakuierung New Yorks werde die Zündung und den Tod von sechs Millionen Menschen zur Folge haben, ebenso ein militärischer Angriff auf Libyen. Das technische Knowhow und das spaltbare Material hat Libyen im Zusammenhang mit der Ermordung eines französischen Atomwissenschaftlers bzw. durch Erpressung von dessen Kollegen beschafft. Der US-Präsident gibt nach, ordnet aber für den Fall der Zerstörung New Yorks die sofortige restlose Zerstörung Libyens an und droht dem zunächst unbeugsamen israelischen Ministerpräsidenten Begin mit der Räumung der besetzten Gebiete durch Kampftruppen der USA. Daraufhin sendet Begin atomar bewaffnete Kampfbomber zur Vernichtung Libyens aus. Erst in letzter Sekunde kann die Sowjetunion deren Rückkehr zu den Stützpunkten erzwingen. Währenddessen sucht die New Yorker Polizei fieberhaft nach den Bombenlegern, den drei Geschwistern Whalid, Kamal und Laila Djanai. Sie besitzen zur Zündung ein in Japan gebautes elektronisches Gerät mit vielen raffinierten Sicherungen, dessen Kernstück ein auf einer Audiokassette gespeichertes Programm zur Zündung ist. Whalid leidet unter Magengeschwüren und einem schlechten Gewissen, Kamal, der den französischen Atomwissenschaftler totgeprügelt hat, ist ein skrupelloser Killer und religiöser Fanatiker. Er tötet Whalid, als dieser die todbringende Kassette gegen eine harmlose vertauscht, damit die Bombe nicht explodieren kann, und begibt sich in das Bombenversteck, die Zündkassette einzulegen. Ihm ist jedoch der New Yorker Polizist Angelo Rocchia auf die Spur gekommen. Die Geschwister sind trotz aller Vorsichtsmaßnahmen mehrfach aufgefallen. Rocchia ist rechtzeitig zur Stelle, um Kamal mit einem Schrotgewehr zu töten; Laila verunglückt wenig später auf der Flucht in ihrem Wagen tödlich. Spezialisten können die Zugangssicherung zum Steuerungsgerät überwinden und den Start des Programms unterbinden. Gaddhafi bleibt ungeschoren, erhält aber zur Warnung eine Koransure: »Wo ihr auch sein mögt, wird der Tod euch ereilen, und wärt ihr auch im stärksten Turm.«

ROBIN COOK Großbritannien
(d. i. Robert William Arthur Cook; 1931–1994)

Unter seinem eigenen Namen wie auch unter dem Pseudonym Derek → Raymond schuf Cook tiefschwarze Romane um Scotland Yard, das nur die »Factory« genannt wird und dessen Mitarbeiter so krank und korrupt sind wie J. → Ellroys Polizisten aus dem LAPD.

Profil eines Serienmörders

(OT: *Dead Man Upright*, 1993). Hamburg: Rotbuch Verlag, 1996 (Tb 1037). – Ü: Pieke Biermann. – O: London.

Dem Ex-Polizisten Firth fallen die zahlreichen reiferen Frauen auf, die seinen etwa 60-jährigen Mitbewohner Henry Cross besuchen, um dann plötzlich zu verschwinden. Firth informiert einen Kollegen von der Mordkommission, einen namenlos bleibenden »Schmuddelbullen« (den Icherzähler). Der ältere Cross ist identisch mit Henry Rich, dem Besitzer einer Firma, der auch das Haus gehört, in dem Cross und Firth wohnen. Daphne Hayhoe, die Vorbesitzerin der Firma, ist vier Jahre zuvor unter verdächtigen Umständen ebenfalls verschwunden. Außerdem ist Cross identisch mit dem mehrfach vorbestraften Gewalt- und Sexualstraftäter Ronald James Jidney. Von Cross' aktueller Freundin Ann Meredith beschafft sich der Polizist die Schlüssel zu Jidneys Wohnung. Eine darin sichergestellte Videokassette zeigt die Ermordung einer Frau durch Jidney. Personenschutz, die der Polizist Ann Meredith auf eigene Verantwortung gewährt, hebt der Vorgesetzte selbstherrlich wieder auf. Wenig später wird Ann bestialisch zerstückelt. Die eilig ausgeführte Tat liegt nur wenige Minuten zurück. Jidney hat in seiner Selbstsicherheit keinerlei Vorbereitungen für eine Flucht getroffen. Bei der Rückkehr in seine Wohnung lässt er sich widerstandslos festnehmen. Nach seiner Verurteilung erarbeitet der Polizeipsychologe Jones zusammen mit dem Polizisten und einem weiteren Kollegen aus Interviews mit Jidney das »Profil eines Serienmörders«.

Roter Nebel

(OT: *Not till the Red Fog Rises*, 1994). Berlin: Maas, 1996 (Pulp Master 1). – Ü: Angelika Müller.

Der nach zehnjähriger Haft aus dem Gefängnis entlassene Schwerverbrecher Gust hat auftragsgemäß 1000 gestohlene britische Blankopässe bei dem Ganoven Farb abgeliefert. Gleich darauf werden sie bis auf vier Stück von den Polizisten einer Sondertruppe sichergestellt. Nun setzt Gusts Auftraggeber Hawley im Glauben, der Schwerverbrecher Gust hätte ihn betrogen, seine Killer auf ihn an. Gust weiß nicht, dass er der Köder für die Sondereinheit ist, die den Verkauf ehemals sowjetischer Atomraketen und die Bedrohung Großbritanniens mit illegalen Mitteln und mit Mord zu verhindern trachtet. Einige Russen, die sich einige der falschen britischen Pässe besorgt haben und mit den Atomwaffen-Dealern in Verbindung stehen, werden von dem sadistischen homosexuellen Polizisten Sladden ermordet. Der ehemalige KGB-General Gatow, der mit einem der nicht sichergestellten Pässe aus Russland einreist, wird abgepasst, verschleppt und gefoltert, damit er alle Einzelheiten seines Atomdeals einschließlich der beteiligten Personen preisgibt. Als sein Ex-Schwager vor seinen Augen in den Kopf geschossen und seine chinesische Freundin Petal von Killern mit einem Baseballschläger totgeprügelt wird, glaubt Gust, die Welt nur noch durch den »roten Nebel« wahrzunehmen. Dann nehmen Gates und Lena Dziadek mit ihm Kontakt auf, zwei offensichtliche Agenten der Staatssicherheit. Der hartnäckige Kripo-Beamte Spaulding und

Hawley jagen Gust wegen des angeblichen Betrugs. Der versucht in einem gestohlenen Wagen zu fliehen, kommt aber von der Fahrbahn ab, als Hawley ihm einen Reifen zerschießt. Danach ist Gusts Widerstandskraft aufgebraucht, und er nimmt sich das Leben.

PATRICIA D. CORNWELL USA (*1956)

Patricia Cornwells bekannteste Serienfigur ist die Pathologin Dr. Kay Scarpetta. Außerdem schreibt Cornwell seit 1997 Romane um die Polizeichefin Judy Hammer. Sie hat inzwischen mehrere Nachahmerinnen gefunden, darunter K. → Reichs mit ihrer forensischen Anthropologin Tempe Brennan. Scarpetta ist Single und einem FBI-Agenten in einer schmerzhaften Hassliebe zugetan. Weitere Titel u. a.: *The Body Farm* (1994, dt. *Das geheime ABC der Toten*, 1995), *From Potter's Field* (1995, dt. *Die Tote ohne Namen*, 1996), *Unnatural Exposure* (1997, dt. *Der Keim des Verderbens*, 1998), *Hornet's Nest* (1997, dt. *Die Hornisse*, 2000), *Southern Cross* (1999, dt. *Kreuz des Südens*, 2002).

Herzbube

(OT: *All That Remains* [wörtl. »Alles, was übrigbleibt«], 1992). München: Droemer, 1992. (Droemer Knaur 60730, 1997.) – Ü: Georgia Sommerfeld. – O: Richmond.

Alles, was übrigbleibt von den Opfern eines Pärchenmörders, der seit drei Jahren immer wieder zuschlägt, sind skelettierte Überreste, die an abgelegenen Plätzen gefunden werden. Ihr Zustand erlaubt nicht einmal die Feststellung der Todesursache. Das Fehlen der Schuhe und Strümpfe der Opfer sowie eine Spielkarte – der Herzbube – in ihrer Umgebung weist auf immer denselben Täter hin. Der begeht jedoch den Fehler, bei dem CIA-Ausbildungslager Camp Peary die Tochter der designierten US-Vizepräsidentin Pat Harvey und ihren Freund mit Munition zu erschießen, wie sie nahezu ausschließlich der Geheimdienst benutzt. Im Nu wird Kays Handlungsfreiheit von jeder Art von Agenten beschränkt. Sie findet jedoch die ersten beiden Opfer des Killers, ein lesbisches Paar, das acht Jahre zuvor in einem VW zu seiner späteren Hinrichtungsstätte fahren musste. Der Täter auf dem Rücksitz blutete stark. Rätselhaft ist zunächst die jahrelange Pause nach diesem Doppelmord. Schließlich wird der Buchhändler Spurrier aus Camp Peary ausfindig gemacht, ein Sammler von Porno- und Gewaltvideos, der wegen Benzoldämpfen an seinem Arbeitsplatz in einer Marine-Druckerei unter Anfällen von Nasenbluten litt. Die Rekonvaleszenz nahm fünf Jahre in Anspruch. Kay weist ihm messerscharf nach, dass er seine Opfer hatte kennen können und geschickt falsche Spuren zum CIA gelegt hat, doch da die Blutspuren aus dem VW nicht mehr frisch genug für eine gentechnische Analyse sind, bleibt seine Täterschaft letztlich unbeweisbar. Kaum verhaftet, befindet sich Spurrier darum kurze Zeit später wieder auf freiem Fuß. Nach seiner Entlassung suchen ihn wegen eines Interviews die Journalistin Abby und die zum Verüben von Selbstjustiz entschlossene Pat Harvey auf. Es kommt zu einem Kampf, in dessen Verlauf die Politikerin in die Brust getroffen wird. Kay rettet ihr in letzter Sekunde das Leben. Spurrier tötet sich selbst. Die Frage, ob er wirklich der Mörder mit der Herzbube-Karte war, bleibt ebenso offen wie die Frage nach der Zukunft von Kay und ihrem Freund.

ALBERT COSSERY Frankreich
(*1913)

Der frankophone, preisgekrönte Autor Cossery entstammt einer ägyptischen Christenfamilie und war mit Albert Camus und Jean Genet befreundet. Orient bedeutet für Cossery Frieden in der Einfachheit aller Dinge, Okzident dagegen ein Chaos aus Komplexität und Verwirrnis.

Gohar der Bettler

(OT: *Omendiants et orgueilleux*, 1955). München: Hanser, 1996. (FiTb 13929, 1998.) – Ü: Bernd Wilczek. – O: Orient.

Der philosophische Antikriminalroman *Gohar der Bettler* verteufelt die Komplexität der modernen Welt als Quelle allen Unheils und stellt ihr das mönchisch-asketische Ideal einer von Gegenständen weitgehend entleerten antiintellektuellen Ur-Gesellschaft entgegen, in der das wenige Vorhandene freudig verschenkt wird und in der Aufklärung (als philosophisches wie als polizeiliches Erkenntnisstreben) völlig unnötig ist. – Würde und Stolz verleiht ausschließlich die Armut, die von einer Art Weltverschwörung aus vordergründigen Motiven heraus bekämpft wird. Aus Protest gegen die Lüge der Komplexität hat Gohar eine bürgerliche Karriere als Universitätsprofessor in Kairo aufgegeben und verdient sich das Wenige, das er braucht, als Lohnschreiber in einem Bordell und als Bettler. Er braucht nicht mehr als ein Klümpchen Haschisch, das ihm sein Dealer, der Dichter Yéghen, zu schenken pflegt, etwas Brot und seinen Schlafplatz auf einem Stapel alter Zeitungen, die er grundsätzlich nie zu lesen pflegt. Sein einziger Traum ist eine Reise ins Drogenparadies Syrien. Zufällig ist die attraktive Hure Arnaba allein im Bordell, als sie ihn eines Schreibens wegen zu sich ruft. Vom Geräusch ihrer billigen Armreifen irritiert, stürzt er sich plötzlich in einer unerklärlichen, nie gekannten Aufwallung auf das Mädchen und erwürgt es. Danach entkommt er unbemerkt und wartet mit stoischer Ruhe die zukünftigen Ereignisse ab. Flucht lehnt er kategorisch ab. Der von allen verspottete homosexuelle Polizist Nour El Dine ermittelt in der Mordsache, an der außer Yéghen auch der Idealist und Möchtegern-Revolutionär El Kordi Anteil nimmt, ein subalterner Beamter im Bauministerium, der sich trotz des Fehlens beruflicher Perspektiven ein ruhmreiches Leben erträumt. Er liebt die Prostituierte Naïla, eine kranke Kollegin der Ermordeten. Naïlas Befürchtung, er sei der Mörder, verleitet ihn dazu, den Mord aus Eitelkeit zu gestehen, was ihm Nour El Dine, der bei seinen Verhören westlich-dekadentes Englisch spricht, nicht glaubt. Von der Würde und dem Stolz Gohars, in dem er den Weisen erkennt, zutiefst erschüttert, weigert sich der Polizist strikt, Gohars freiwillig abgelegtem Geständnis Glauben zu schenken. Lieber lässt er Yéghen festnehmen, versucht, die angebliche Wahrheit aus ihm herauszuprügeln und wirft ihn, als dies scheitert, hinaus. Aus Sehnsucht nach der großen Einfachheit beschließt er, den Dienst zu quittieren und Bettler zu werden in der Hoffnung, dadurch die Entwicklung von Stolz und Würde dessen, der aus freier Entscheidung auf alles verzichtet, an sich selbst zu erfahren. Gohar bleibt äußerlich wie innerlich in Freiheit.

MICHAEL CRICHTON USA
(*1942)

In die Konzeption seiner Stromlinienthriller, die sehr gekonnt die Ängste der US-Bürger artikulieren, bezieht Crichton bereits die Bedürfnisse der bevorstehenden

Verfilmung mit ein, etwa bei *Der dreizehnte Krieger* (1999), oder *Congo* (1997). Drehbücher für die TV-Serie *Emergency Room* stammen ebenfalls von ihm. Ein Geniestreich war das Buch *Dinopark*, das unter dem Titel *Jurassic Park* von Steven Spielberg verfilmt und später noch zweifach fortgesetzt wurde. Den Titel der ersten Fortsetzung *The Lost World* (1995, dt. *Die vergessene Welt*, 1995) entwendete er ebenso ungeniert bei A. C. → Doyle wie das Holmes-Watson-Schema, das *Nippon Connection* zugrunde liegt und – da Sean Connery den Connor spielt – wohl den Erfolg der Verfilmung von U. → Ecos *Der Name der Rose* ausnutzen sollte.

Nippon Connection

(OT: *Rising Sun*, 1992). München: Droemer, 1992. (Droemer Knaur 60673, 1993.) – Ü: Michaela Grabinger. – O: Los Angeles.

F: *Rising Sun*. USA 1993 (dt. *Die Wiege der Sonne*), R: Philip Kaufman.

Während einer Party im neuen Nakamoto-Gebäude wird das Callgirl Cherylynn Austin erwürgt. Der Polizist Connors hat lange in Japan gelebt und kann seinen jüngeren Kollegen Smith unterstützen, der auf eine Mauer des Schweigens stößt. Die Videobänder der Überwachungskameras werden gestohlen, Cherylynns japanischer Begleiter Eddie, ein Freund Connors', bestreitet, etwas mit dem Mord zu tun zu haben. Das Wiederauftauchen der Bänder scheint ihn als Täter zu entlarven. Auf der Flucht verbrennt Eddie anscheinend in seinem Ferrari. Ein Zufall offenbart, dass die Videobänder manipuliert wurden; der Verdacht fällt nun fälschlicherweise auf Senator Morton. Als die Ermittler ihn mit den Bändern konfrontieren und mit Eddie einen Augenzeugen präsentieren, nimmt sich der Senator, der sich für den Mörder hält, das Leben. Der Tote im Ferrari erweist sich als Tanaka, der die Bänder im Auftrag von Nakamoto-Anwalt Ishiguro gestohlen und manipuliert hat. Eddie war sein Komplize, hat aber eine der fünf Kassetten unterschlagen, um sie Nakamotos Konkurrenten zuzuspielen. Beim Versuch, ihm die Kassette abzujagen, starb Tanaka. Ishiguros Killer wollen Eddie zwingen, unter der Folter das Versteck dieser letzten Kassette zu verraten. Dabei stirbt Eddie. Da Eddie kurz zuvor bei Smith war, vermuten sie die Kassette dort und überfallen den Polizisten, der sie aber abwehren kann und die Kassette dann zufällig im Kinderzimmer findet. Darauf ist zu sehen, wie Cherylynn von Morton bei einem sadomasochistischen Sexspiel bis zur Bewusstlosigkeit gewürgt und hernach von Ishiguro umgebracht wird. Ishiguro wollte, da Morton sich für den Mörder halten musste, ihn zum Verkauf der letzten US-amerikanischen Chip-Firma an eine Nakamoto-Tochter zwingen. Mit dieser Tatsache konfrontiert, springt der Anwalt aus dem 45. Stock. A. Oe.

D

ANNA DANKOWTSEWA Russland
(*1961)

So helle Augen
(OT: *Schag w ljewo* [wörtl. »Schritt nach links«], 1997). Zürich: Diogenes Verlag, 2001. – Ü: Christa Vogel.

Die Autorin bettet mit *Schag w ljewo* die Geschichte eines psychopathischen Killers ohne dessen Dämonisierung in eine Schilderung des postsowjetischen Moskauer Alltags ein. – Seit Beginn seines Ruhestands betreibt der ehemalige Kriminalpolizist Pjotr Gurko in seiner Wohnung eine Tierpension. Als seine junge Nachbarin Irina von einem Serienkiller ermordet wird, beginnt er mit wohlwollender Unterstützung seiner früheren Kollegen auf eigene Faust zu ermitteln. Alle Opfer hatten auf die eine oder andere Art mit Psychologie zu tun und sahen sich recht ähnlich. Szenenwechsel: Oleg Kowtun, der neue Patient der reisefreudigen Psychoanalytikerin Xenia, offenbart sich in den Sitzungen nicht wirklich, doch Xenia findet ihn auf undeutliche Art interessant. Auffällig ist Kowtuns stark duftendes Herrenparfüm. Kowtun arbeitet als Jurist im Serbskij-Institut für Psychologie, und Irina hatte für ihn Schreibarbeiten ausgeführt. Als dem Pensionär Gurko Irinas Ähnlichkeit mit Kowtun und Xenia auffällt und er entdeckt, dass Kowtuns Schwester Olga vor vielen Jahren auf dieselbe Art ermordet wurde wie die aktuellen Opfer, weiß er, dass Kowtun der Killer ist. Wenig später wird Xenias Patientin Katja ermordet. Weil sie Olegs angebliche Probleme nicht in den Griff bekommt und weil sie Katjas Ohrring bei Oleg bemerkt, gibt sie den Fall an einen Kollegen ab. Ihr Mann Sergej, ein Afghanistan-Veteran, glaubt, sie habe sich in ihren Patienten verliebt und beginnt, sie zu überwachen. Kowtun entführt Xenia und zwingt sie, mit ihm zu dem Haus zu fahren, in welchem er mit seiner Schwester gelebt hat. Zufällig hat Xenias Bekannte Vera sie vorüberfahren sehen und informiert Xenias Mann Sergej telefonisch davon. Der macht sich sofort auf die Suche nach seiner Frau. Gurko ist bereits von Kowtun niedergeschlagen worden, als Sergej erscheint, doch hat Kowtun keine Chance gegen den ehemaligen Elitesoldaten. Xenia wird lebend gerettet. Kowtun ist als Junge bei seiner älteren Schwester Olga aufgewachsen, mit der ihn ein fast inzestuöses Verhältnis verband. Als sie sich verlobte, wollte er den Verlobten als seinen Nebenbuhler ermorden, tötete jedoch versehentlich Olga. Es gelang ihm damals, den Tatverdacht auf den Verlobten zu lenken.

POLINA DASCHKOWA Russland
(d. i. Tatjana Polatschenko, *1960)

Daschkowas fulminantes Debüt steht unter dem Einfluss von A. → Marininas Anastasija-Kamenskaja-Krimis. Die Namen beider Protagonistinnen verweisen direkt auf die »heilige« russische Erde: »Kamenskaja« ist abgeleitet vom russischen Wort für Stein, »Poljakowa« vom russischen Wort für Feld, und bei beiden trägt die Bösewichtin den deutschen Vornamen »Regina«. Während Marininas Romane aus der Arbeit als Kriminalistin erwachsen, schöpft Daschkowa Figuren und Motive aus dem russischen Märchen. Ihr männlicher Bösewicht Wolkow ist buchstäblich ein böser Wolf (russ. *wolk* ›Wolf‹), Regina eine Aktualisierung der Hexe Baba-Jaga, komplett mit der modernen Version einer Tarnkappe. Nicht ganz so überzeugen konnte der Nachfolger *Mesto pod solncem* (wörtl. »Ein Platz unter der Sonne«, 1999, dt. *Klub Kalaschnikow*, 2002), der vom Mord am Ehemann einer Primaballerina handelt.

Die leichten Schritte des Wahnsinns

(OT: *Ljochkije schagi besumija*, 1999). Berlin: Aufbau-Verlag, 2001. – Ü: Margret Fieseler. – O/Z: Moskau, Sibirien; 1981 und 1996.

1981 weist die 20-jährige Journalistin Lena Poljakowa die Avancen des verklemmten Tobolsker Kulturamtsleiters Wenjamin Wolkow zurück. Sie beeindruckt Wolkow, einen seriellen Mädchenmörder, so tief, dass er sie am Leben lässt und zeitlebens nicht mehr vergisst. Durch den Abdruck eines Gedichts des geschundenen Strafgefangenen Slepak gewinnt sie einen weiteren lebenslangen Freund. 1996 ist sie mit dem Milizoberst Sergej Krotkow verheiratet und hat mit ihm ein Kind, die zweijährige Lisa. Während er für einige Wochen nach England reist, begleitet sie als Dolmetscherin den amerikanischen Geschichts-Professor Michael Barron. Wolkow, zum Tycoon der russischen Schallplattenbranche aufgestiegen, verdankt die weitgehende Heilung seiner Mordlust seiner wesentlich älteren Ehefrau, der genialen, aber verrückten Psychiaterin Dr. Regina Gradskaja. Sie lässt all jene töten, die ihren Mann oder dessen Konzern irgendwie gefährden können, etwa einen Liedermacher und seine Frau. Als Lena auf eigene Faust Ermittlungen aufnimmt, wird sie von der Gradskaja in Verkleidung ausspioniert; Versuche der Ärztin, sie und ihre Tochter umzubringen, scheitern. Von ihrem Geliebten Anton erfährt die Gradskaja, dass der sibirische Pate »Locke« Wolkows Konzern an sich reißen will. Locke, der um Lenas Schlüsselrolle in Wolkows Gefühlsleben weiß, lässt Lena entführen und Lisa nebst Oma von Killern überwachen. Daraufhin beschließt die Ärztin Regina, Lena und Locke auszuschalten, und schickt den inzwischen aus dem Gefängnis entlassenen Slepak nach Sibirien. Aus alter Anhänglichkeit bringt Slepak Lena in Sicherheit. Ihr Mann Sergej, aus London zurück, hatte sich auf die Suche nach ihr gemacht. Schließlich bringt Regina mit einem nicht nachweisbaren Gift ihren Mann um. Ihr Motiv ist ein Gefühlskonglomerat aus Eifersucht, Macht- und Geldgier. Ihre raffinierte Brutalität trägt ihr die neidlose Anerkennung Lockes ein. Zwar ist ihr nichts nachzuweisen, doch wird sie nicht davonkommen. Slapak ist entschlossen, sie zu töten, aber nicht in jemandes Auftrag, sondern nur für sich.

LINDSEY DAVIS Großbritannien (*1949)

Davis hat Marcus Didius Falco erfunden, einen schnodderigen altrömischen Privatdetektiv, der u. a. auch in *The Silver Pigs*, (1989, dt. *Silberschweine*, 1991) in Ichform über seine Fälle berichtet. Er kämpft gegen den Geiz seines wichtigsten Auftraggebers, des Kaisers Titus Flavius Vespasian (9–79 n. Chr.). Vespasian ist ein Ex-General, der sich gegen den dünkelhaften Patrizieradel stemmt. Weitere Falco-Krimis: *A dying Light in Corduba*, 1996 (dt. *Zwielicht in Cordoba*, 1999), *Time to depart* (1995, dt. *Gnadenfrist*, 1997), *Two for the Lions* (1998, dt. *Den Löwen zum Fraß*, 2001). Sie sind thematisch eng verwandt mit den Werken von R. → Burns.

Bronzeschatten

(OT: *Shadows in Bronze*, 1990). Frankfurt a. M.: Eichborn, 1992. (Droemer Knaur 61890, 2000.) – Ü: Christa E. Seibicke. – O/Z: Rom, Pompeji u. a.; 71 n. Chr.

Im Auftrag des Caesar soll Falco das Senatorenbrüderpaar Longinus und Gordianus suchen und zur Rückkehr nach Rom bewegen. Dabei kommt er einer politischen Verschwörung auf die Spur, in deren Mittelpunkt der angeblich ermordete Pertinax steht, der Ex-Mann von Falcos Freundin Helena Justina. Die Leiche von deren im Zusammenhang mit der Verschwörung ermordeten Onkel wirft Falco diskret in das Abwassersystem, die Cloaca Maxima. Ebenfalls zur Verschwörung gehören Aufidius Crispus, der sich auf seine Jacht »Isis Africanae« geflüchtet hat, und der Freigelassene Barnabas, Pertinax' Halbbruder. Der Senatorensohn Longinus stirbt nach seiner freiwilligen Rückkehr bei einem von Barnabas gelegten Tempelbrand, der andere, Gordianus, lässt sich mit der Aussicht auf ein einträgliches Priesteramt zur Heimkehr bewegen. Die Suche nach Aufidius Crispus und Barnabas dagegen erfordert eine umfängliche Odyssee zu Lande und zu Wasser. Sprachprobleme sorgen ebenso wie die Anschläge des allgegenwärtigen Barnabas für Probleme. Nebenbei soll Falco die beschlagnahmte Jacht »Circe« zu Pertinax' Adoptivvater, Ex-Konsul Caprenius Marcellus, zurückbringen. Treue Reisegefährten sind außer Helena Justina der Soldat Petronius Longus mit seiner Familie, der riesige Athlet Milo und Falcos junger Neffe Larius. Im Laufe der Reise werden der Detektiv und Helena endlich ein Liebespaar. Nach Barnabas' Entlarvung als Pertinax kommt Crispus bei einem provozierten Schiffsunglück ums Leben, Pertinax entkommt. Von Caprenius Marcellus erbt Falco ein Rennpferd, das in Rom sogar ein Rennen gewinnt. In der Arena begegnet Falco dem pferdenärrischen Pertinax wieder. Da Pertinax offiziell Barnabas ist und die halbe Million in Gold haben möchte, die er seinem Halbbruder bei dessen Freilassung ausgesetzt hat, muss er seine Existenz legalisieren. Dazu will er Helena Justina erneut heiraten. Falco übertölpelt ihn und lässt ihn mit einer anderen Frau trauen. Nach einem Kampf mit Pertinax' Leibwächtern kommt es in Helenas Garten zum letzten Treffen der Gegner. Pertinax stirbt, bevor er Falco töten kann. Danach sind Helena und Falco endlich vereint; Larius entscheidet sich für den Beruf eines Freskenmalers.

JEFFERY DEAVER USA
(*1950)

Ein Ex-Fahnder Lincoln Rhyme, der seit einem Arbeitsunfall vom vierten Halswirbel abwärts gelähmt ist, kann außer dem Kopf und einem Ringfinger nichts mehr bewegen, weiß aber genau, wo in New York welche Gesteinssorten oder Sandarten vorkommen, kann Tabake, Lacke oder Textilspuren erkennen und zuordnen und kennt das historische New York wie seine Westentasche. Die Streifenpolizistin Amelia Sachs fungiert dabei als sein Auge und Ohr und wird im Laufe der gemeinsamen Arbeit seine Freundin. In der Verfilmung übte die nachmalige »Lara Croft« Angelina Jolie in der Sachs-Rolle das Herumkrauchen in rattenverseuchten Labyrinthen voller Skelette. In der Figur des Rhyme kulminiert die Entwicklung des wissenschaftlichen Detektivs und des *Armchair detectives*. Sein erster Fall ist der Gebrestenkrimi *Die Assistentin*, es folgten *The Coffin Dancer* (1997, dt. *Letzter Tanz*, 2000) und *The Empty Chair* (2000, dt. *Der Insektensammler*, 2001). Schon mit dem Psychopathenthriller *Schule des Schweigens* hatte Deaver seine Könnerschaft unter Beweis gestellt. Deaver schreibt auch unter dem Pseudonym William Jefferies.

Die Assistentin

(OT: *The Bone Collector*, 1997). München: Goldmann, 1999 (Tb 41644). – Ü: Hans-Peter Kraft. – SF: Lincoln Rhyme. O: New York.

F: *The Bone Collector*. USA 1999 (dt. *Der Knochenjäger*), R: Philippe Noyce.

Bevor Rhyme mit Hilfe des Arztes Dr. Peter Taylor die Entscheidung zum Freitod umsetzen kann, wird er reaktiviert, um an der Seite von Amelia Sachs einen irren Serienkiller zu jagen, der seine Opfer ganz oder teilweise – und vor dem Tod – zu skelettieren pflegt und seine Morde anhand eines alten Buches über Kapitalverbrechen im New York des 19. Jahrhunderts begeht. Als zusätzlichen Kick legt er raffinierte Spuren, die auf seine Person beziehungsweise auf die nächste Untat hinweisen; der universell gebildete Rhyme deutet sie mit traumwandlerischer Sicherheit. Dadurch spürt er den Ort auf, wo der Killer eine Frau gefangenhält, kann aber nicht verhindern, dass sie von einer manipulierten Heizungsanlage zu Tode gekocht wird; Sachs obduziert nach Rhymes per Funk erteilten Anweisungen die unappetitliche Leiche noch am Fundort. Schließlich macht Rhyme die literarische Vorlage des Mörders ausfindig und kann dessen nächste Morde vorhersagen beziehungsweise verhindern. Schließlich taucht der Knochensammler – es ist der Sterbehilfe-Arzt Dr. Taylor – persönlich bei Rhyme auf und versucht, den Hilflosen umzubringen. Der markiert geistesgegenwärtig einen Anfall, und als Taylor sich helfend über ihn beugt, durchbeißt er ihm die Halsschlagader.

Schule des Schweigens

(OT: *A Maiden's Grave*, 1995). München: Blanvalet Verlag, 1996. (Goldmann 43458, 1998.) – Ü: Wulf Bergner. – O: ein Schlachthof in den USA.
F: *Dead Silence*. USA 1997, R: Daniel Petrie.

Der schwerstkriminelle Bankräuber, Brandstifter und Mörder Lou Handy und seine Komplizen Wilcox und Bonner befinden sich nach dem Ausbruch aus einem Hochsicherheitsgefängnis auf der Flucht und nehmen, ohne Lösegeld zu fordern, acht gehörlose Schülerinnen und ihre beiden Lehrerinnen in einem labyrinthartigen Schlachthof als Geiseln. Es kommt zu einer Belagerung durch FBI, State Troopers und Medien. Der erfahrene FBI-Beamte Arthur Potter führt die telefonischen Verhandlungen. Unterstützt wird er dabei von seiner Kollegin Angela Scapello sowie dem Captain der State Police Charles Budd. Potter spielt die Verbrecher gegeneinander aus, und Handy erschießt Bonner. Der maßlos ehrgeizige Stellvertretende Staatsanwalt Roland Marks versucht vergeblich, Potter durch Intrigen um die Einsatzleitung zu bringen. Nachdem ein von Marks eigenmächtig angeordnetes Kommandounternehmen gescheitert ist, kann die attraktive FBI-Agentin Sharon Foster zur Aufgabe und zur Freilassung der Geiseln bewegen. Die Aufgabe ist jedoch nur ein Trick von Handy, der mittels verschlüsselter Telefonate Kontakt zu Helfershelfern von außen aufgenommen hat; Sharon Foster ist in Wahrheit seine Geliebte Pris, und Marks ist sein Komplize, der den Ausbruch ermöglicht hat. Im Schlachthaus hat Handy die Beute aus einem früheren Bankraub versteckt, weshalb er auch keine Lösegeldforderung gestellt hat. Die Verbrecher entkommen, jedoch ohne die Beute. Handy kommt tatsächlich zu deren Bergung zurück. Es kommt zu einem blutigen Showdown, an dessen Ende eine Schülerin Pris die Kehle durchschneidet und Handy ersticht.

LEN DEIGHTON Großbritannien (*1929)

Wie so viele britische Schriftsteller – darunter Noël Coward in dem Drama *Peace in Our Time* (1946), William Shirer in dem Essay *If Hitler had won World War II* (1961), Keith Roberts in der Kurzgeschichte *Weihnachtsabend* (1972) oder Norman

Longmates in dem Sachbuch *If Britain had fallen* (1972) – konnte sich auch Len Deighton selbst Jahrzehnte nach dem Krieg nicht vom Trauma »Nazi-Deutschland« lösen. Wie R. → Harris in seinem ebenfalls parahistorischen Erfolgsroman *Fatherland* spiegelt Deightons *SS-GB* die ungebrochenen Ängste seiner Landsleute vor einer Invasion der Britischen Inseln wider. Seiner Fiktion zufolge gelingt Hitler diese Invasion. Auch vor anderen Gegnern haben britische Autoren Angst: James-Bond-Autor J. → Gardner lässt in seinem Thriller *Golgatha* (1980) Großbritannien von der Roten Armee erobern.

SS-GB

(OT: *SS-GB: Nazi-occupied Britain 1941*, 1978). Wien [u. a.]: Molden, 1980. (Heyne 7893, 1989.) – Ü: Kurt Wagenseil, Ursula Pommer. – O/Z: London; 1941.

1941 kapituliert Großbritannien vor den NS-deutschen Invasionstruppen. Premier Churchill wird erschossen, König Georg VI. in Schutzhaft genommen, die königliche Familie nach Kanada vertrieben. SS-Gruppenführer Kellermann, der oberste Polizeichef Englands, kontrolliert eine Marionettenregierung. Als der Schieber Peter Thomas, der eigentlich Spode heißt, mit seltsamen Verbrennungen – erschossen von einem offenbar sehr treffsicheren Einarmigen – aufgefunden wird, versuchen Superintendent Douglas Archer und Sergeant Harry Woods zu ermitteln, doch SS-Jurist Dr. Oskar Huth aus Berlin reißt den Fall an sich. Die Verbrennungen des toten Thomas alias Spode rühren von atomarer Strahlung her, denn er war in Wirklichkeit Nuklearforscher. Spodes einarmiger jüngerer Bruder räumt ein, er habe seinen völlig verstrahlten Bruder auf dessen eigenes Verlangen hin getötet und begeht selbst mit einer Zyankalikapsel Selbstmord. Seine Prothese diente als Aufbewahrungsort für einen Film über Atomforschungsunterlagen. Diese sind ein wichtiges Unterpfand bei einer politischen Intrige: die Wehrmacht möchte den König mit Hilfe einiger US-Offiziere aus den Händen der SS befreien und außer Landes schaffen. Das Motiv für den strategisch unübersichtlichen Kampf mit wechselnden Koalitionen ist schierer Wille zur Macht. Diese Macht verschafft das Geheimnis der Atombombe demjenigen, der es kennt. Bei der Exhumierung der zur Überführung ins Leninmausoleum vorgesehenen Überreste von Karl Marx explodiert eine Bombe; Kellermann wird dabei leicht verletzt, Goebbels, Molotow und andere kommen mit dem Schrecken davon. Eine Verhaftungswelle von nie gekannten Ausmaßen überrollt das Land. Der Versuch, den König zu befreien, scheitert. Am Ende steht Huth als Verlierer da, wird als angeblicher Verräter zum Tode verurteilt und sieht nach einem letzten Gespräch mit Superintendent Douglas Archer gefasst seiner Hinrichtung entgegen. In diesem Gespräch klären sich letzte Details.

SABINE DEITMER Deutschland (*1947)

Kommissarin Beate Stein und ihr Kollege Weber sind Deitmers feministische Serienfiguren in *NeonNächte* (1995) und *Dominante Frauen* (1994; Platz 2 des »Deutschen Krimipreises National« 1995). Darüber hinaus stammen von der Autorin »MännerMordGeschichten« (so der Untertitel) wie *Bye-bye Bruno* (1988) oder die »Balzgeschichten« (so der Untertitel) *Die schönsten Männer der Stadt* (1997).

Kalte Küsse

Frankfurt a. M.: Fischer, 1993 (FiTb 11449). – O/Z: eine norddeutsche Großstadt; um 1992.

F: D 1997 (RTL), R: Carl Schenkel.

Das Ehepaar Silke und Klaus Pape und ihre fünfjährige Tochter Mirjam sind verschwunden; durch einen Zufall wird die Leiche von Klaus Pape im Gefrierschrank der gemeinsamen Wohnung entdeckt. Die Mutter Silke hat in Mirjams Bett geschlafen, in einem Schreibheft stehen Märchen über einen König mit inzestuösen Beziehungen zu seiner Tochter. Weil Kommissarin Stein auf eine inzestuöse Beziehung Klaus Papes zu seiner Tochter Mirjam als Mordmotiv schließt, wird Silke zur Fahndung ausgeschrieben. Silkes Mutter ist gefühlskalt und putzsüchtig, übersieht aber Kaninchenkot in der Wohnung, lobt ihren Schwiegersohn Klaus in höchsten Tönen und schweigt ihre zweite Tochter Eva tot. Eva ist eine aggressive Motorradfahrerin, leidet unter einem entstellenden Hautausschlag und hasst ihre Eltern. Der Vater von Silke und Eva, ein Professor, ist unauffindbar; später heißt es, er sei entführt worden. Silke und Mirjam werden in Konstanz am Bodensee gefunden, wo Stein sie abholt. Aus dem wenigen, was Silke aus ihrer Jugend erzählt, wird klar, dass nicht Klaus der Kinderschänder ist, sondern ihr Schwiegervater Professor Wessel. Er schenkte seinen Töchtern jeweils ein Haustier, bevor er sie zu seinen kindlichen Geliebten machte. Die Mutter duldete dies und versuchte durch stundenlanges Staubsaugen, die Schreie und das Weinen der Mädchen zu übertönen. Als der Professor Mirjam ein Kaninchen schenkte, wusste Silke, dass es ihren Vater nun auch nach der Enkelin verlangte. Sie teilte sich mittels selbst geschriebener Märchen ihrem Mann mit und bewachte Silke so gut es ging; nachts schlief sie bei ihr im Bett. Klaus brach den Kontakt zu Wessel ab, doch der ließ nicht locker und besuchte die Papes so lange, bis es zu einem Streit kam, in dessen Verlauf er Klaus erschlug. Silke und Mirjam flohen Hals über Kopf aus der Wohnung nach Konstanz. Wessel und seine Frau zerlegten den Toten, verpackten ihn und froren ihn ein. Wessel selbst ist keineswegs entführt, sondern untergetaucht. Von seiner Tochter Eva mit belastenden Fotos seiner pädophilen Untaten konfrontiert, stellt er sich schließlich der Polizei (in der vergröbernden Verfilmung wird er spektakulär mit einem Schrotgewehr erschossen).

PHILIPPE DELELIS Frankreich (*1960)

Die letzte Kantate

(OT: *La Dernière Cantate*, 1998). Hamburg: Hoffmann & Campe, 2000. – Ü: Eliane Hagedorn, Barbara Reitz. – O/Z: Paris; 2000.

Der mit musikhistorischem Detailwissen gesättigte Debütroman des französischen Anwalts, *Die letzte Kantate*, spielt stark ins Fantastische. Trotz seiner Handlungsarmut zählt der Roman zu den kultiviertesten Musik-Thrillern überhaupt. Er geht von der (fiktiven) Idee aus, dass Bach, das Aushängeschild der protestantischen Musikkultur, ein Kryptokatholik gewesen sei, für katholische Gottesdienste Musiken geschrieben und seine »letzte Kantate« in seiner Kirche versteckt habe. Den Schlüssel zum Versteck bilde seine Komposition *Das musikalische Opfer*, dessen Hauptthema Friedrich II. der Große selbst komponiert und Bach persönlich geschenkt hat. Bach habe es auf nonverbal-musikalische Weise an Mozart weitergegeben, von diesem wanderte es über Beethoven, Wagner und Mahler zu Webern; Mozart, der das Geheimnis zu offenbaren bereit war, wurde ebenso von protestantischen Anabaptisten ermordet wie Webern, den 1945 eine nur scheinbar verirrte Kugel eines amerikanischen Soldaten traf. Nachdem die Kompositionsstudentin und Bachexpertin Laetitia Forzza als Kursbeste ihr

Examen bestanden hat, werden kurz hintereinander ihre Freunde Pierre Farant und Maurice Perrin sowie schließlich auch ihr Prüfer Professor Duparc ermordet. Mit Unterstützung von Laetitia und zusammen mit seinem Untergebenen Letaillis nimmt der junge musikbegeisterte Kommissar Gilles Béranger die Ermittlungen auf. Die Mordopfer sind auf verschiedene Weise auf einen vermeintlichen Kompositionsfehler Bachs gestoßen, der in Wahrheit den Schlüssel zum zentralen Geheimnis enthält. Scharfsinnig vollziehen Laetitia und Béranger die Gedankengänge der Ermordeten nach. In Leipzig, am Ort von Bachs Wirken, spielt Laetitia *Das musikalische Opfer* auf der Orgel. Beim Erklingen des Eingangsmotivs öffnet sich ein Versteck mit der letzten Kantate Bachs, die seinen Übertritt zum Katholizismus beweist (eine überzeugende Erklärung, wie dies technisch geschehen soll, bleibt der Autor freilich schuldig). Ein weiterer Freund Laetitias, Pascal de Lissac, ist am Ort des Geschehens, kann aber die Entdeckung des Verstecks nicht verhindern. Er ist Anabaptist und wollte durch seine Morde das Glaubensgeheimnis des Thomas-Kantors schützen. Bach sah sich zu seinem Schritt gezwungen, nachdem Leipziger Honoratioren seine Kompositionen für den katholischen Gottesdienst dem Feuer übergeben hatten. Die Weitergabe des »königlichen Motivs« von Friedrich II. an jeweils einen jüngeren Komponisten sollte gewährleisten, dass das Versteck auch noch in künftigen Jahrhunderten geöffnet werden kann. So klärt Béranger ganz nebenbei auch das Geheimnis um Mozarts Tod. Dabei wird mehrfach auf den Miloš-Forman-Film *Amadeus* (1984) angespielt, Salieri entlastet.

BRADLEY DENTON USA
(*1958)

Jimmy Blackburn

(OT: *Blackburn*, 1993). München/Leipzig: List, 1995. – Ü: Klaus Berr. – O: mehrere US-Staaten.

Eine tragische Lebensgeschichte: Jimmy Blackburn tötet mit 17 Jahren einen Polizisten, reißt von zu Hause aus und wird mit 29 Jahren, nach insgesamt 22 in verschiedenen Bundesstaaten begangenen Morden, in Texas durch die Giftspritze hingerichtet. Der dümmliche, gewalttätige Vater misshandelt seine Frau sowie die Kinder Jimmy und Jasmine regelmäßig mit einer Angelrute. Jimmys einziger Freund, der farbige Asthmatiker Ernie, stirbt in der Armee an seiner Krankheit, und ein kleiner streunender Hund wird vom Vater mit einer Schrotladung so schwer verletzt, dass Jimmy ihn mangels anderer Tötungswerkzeuge mit einem Hammer erschlagen muss; später legt er sich eine 357-er Magnum zu. Den eigenen Vater freilich lässt er langsam an Brustkrebs sterben, ansonsten tötet er nur Menschen, die andere betrügen, misshandeln oder ermorden. Weitere Opfer werden ein Freier seiner Ehefrau Dolores, die auf den Strich geht, und der Bombenbastler, der den Tod einer Frau verursacht, in die sich Jimmy verliebt hat, und viele mehr. Als der Serienmörder und Einbrecher Roy-Boy ihn als Komplizen gewinnt und die schöne Studentin Heather vergewaltigt, tötet Jimmy auch ihn und alarmiert die Polizei. In Texas misshandelt ihn jedoch auf dem Transport vom Gericht ein sadistischer Wachmann. Trotz seiner Fesselung erschießt Jimmy den Wachmann mit dessen eigener Dienstwaffe und entkommt mit einer Geisel, wird dann aber trotz heftiger Gegenwehr festgenommen. Der Staat Texas verurteilt ihn wegen Polizistenmordes zum Tode, Jimmy wehrt sich selbst dann nicht, als ihm Heather kurz vor der Hinrichtung mitteilt, er habe einen Sohn – was nicht sein kann, da er seit 1982 sterilisiert ist: Der Vater des Kindes kann nur Roy-Boy sein.

PABLO DE SANTIS Argentinien (*1963)

Die Übersetzung

(OT: *La traduccón*, 1998). Zürich: Unionsverlag, 2000. (UT metro 225, 2002.) – Ü: Gisbert Haefs. – O: Puerto Esfinge (»Hafen der Sphinx«).

Der sprachphilosophische Krimi, der dem »magischen Realismus« eines Jorge Luis Borges verpflichtet ist, kreist um die Hoffnung (und Qual), das Wort möge gleich einem Zauberspruch Macht über das Leben gewähren. – In Puerto Esfinge, einer nie vollendeten, gespenstischen Hotelanlage, veranstaltet der Übersetzer Dr. Julio Kuhn einen Kongress über Geheimsprachen. Auch der Russisch-Übersetzer Miguel De Blast nimmt teil, denn er hofft auf eine Wiederbegegnung mit seiner Jugendliebe Ana Despina, die ihm zehn Jahre zuvor seinen Kollegen Silvio Naum vorgezogen hat. Zunächst wird eine Reihe von Seehundleichen geborgen; offenbar sind die Tiere einer der regelmäßig auftretenden Epidemien zum Opfer gefallen. Dann jedoch findet die junge Journalistin Ximena die Leiche des 70-jährigen Übersetzers Valner, der vom Dach des Hotels gesprungen ist oder gestoßen wurde. Im Pool, an dessen Rand er zu liegen kam, liegt eine längst aus dem Verkehr gezogene Münze. Später werden zwei weitere Kongressteilnehmer ertrunken aufgefunden, beide mit einer Münze im Mund. Schließlich liefert der später eintreffende Silvio Naum den Schlüssel zu den Ereignissen. Vor Jahren sei ein asthmakranker Grieche Andreas in einem gefüllten Waschbecken bei dem Versuch ertrunken, mit einer Münze im Mund die mythische »Sprache des Acheron« zu sprechen. Es sei eine Geheimsprache, die unter anderem von Dante verstanden und in seiner *Göttlichen Komödie* verwendet worden sein soll, und darüber hinaus die ultimative Sprache schlechthin. »Man muss sie mit einer Münze im Mund und nahe am Wasser sprechen. [...] Die Sprache des Acheron ist eine Aufforderung, den Fluss zu überqueren. Wenn [...] man sie beherrscht, offenbart sich das Geheimnis.« Alle drei verstorbenen Übersetzer versuchten aus einer gewissen Todessehnsucht heraus, diese für den Sprecher stets tödliche Sprache zu sprechen. Die Münze, die sie dabei im Munde hatten, verweist auf die antike Gepflogenheit, Verstorbenen eine Art Fährlohn für Charon mit auf den letzten Weg zu geben. In diesem Sinne klärt De Blast auch den Kommissar auf, der die Todesfälle untersucht. Die Seehunde wurden von einem Museumswärter im Auftrag zweier Feuerwehrleute getötet. Die beiden wollten beim Beseitigen der Tierkadaver unauffällig die Leiche eines bei einem Streit Getöteten beiseite schaffen.

DETECTION CLUB Großbritannien

(Anthony Berkeley [1893–1971], G. K. → Chesterton [1874–1936], G. D. H. und Margaret Cole [1889–1959 und 1893–1980], Freeman Wills Crofts [1879–1957], Clemence Dane [1888–1965], Edgar Jepson [1863–1938], Milward Kennedy [1894–1968], Ronald A. Knox [1888–1957], John Rhode [1884–1964], Dorothy L. → Sayers [1893–1957], Henry Wade [1887–1969], Canon Victor Lorenzo Whitechurch [1868–1933])

Die letzte Fahrt des Admiral. Roman von Mitgliedern des »Detection Club«

(OT: *The Floating Admiral*, 1931). Tübingen: Wunderlich, 1983. (rororo 12112, 1987.) – Ü: Alexandra Wiegand. – O: Lingham am Fluss Whyn.

Die Autorinnen und Autoren hielten sich strikt an verschiedene Vorab-Vereinbarungen wie die, vorliegende Indizien beim Weiterschreiben nicht einfach zu ignorieren, oder die, zu ihrer Fortsetzung einen gesondert beizulegenden logischen Schluss zu ersinnen. Diese Lösungsvorschläge enthält ein Anhang. Sie zeigen, dass jeder Autor und jede Autorin einen anderen Täter favorisierte, wobei so bizarre Lösungen vorgeschlagen wurden, wie die Identität eines Mannes und einer Frau zu behaupten. Anthony Berkeley, der das letzte Kapitel schrieb, erledigte seine Aufgabe mit erstaunlicher Brillanz. Erzählt wird stets aus der Perspektive von Inspector Rudge. Das Kollektivwerk war u. a. Vorbild für J. → Alberts u. a. → *Gipfeltreffen* und J. → Schalm, → *Cézanne geht immer.* – In einem im Whyn treibenden Boot wird der pensionierte Admiral Penistone erstochen aufgefunden. Das Boot gehört Pfarrer Mount, der vor Jahren von seiner Frau Celia mit zwei Söhnen wegen eines anderen Mannes sitzen gelassen wurde. Der Ermordete hatte einen Neffen und eine Nichte, Walter und Elma Fitzgerald, ein Geschwisterpaar. Der Neffe ist im Ausland verschollen, Elma wohnt im Hause des Onkels. Nach dessen Tod heiratet sie sofort den Großhändler Arthur Holland. Danach wird ihre Zofe Célie mit einem Messer in der Brust gefunden, das sie mit beiden Händen umklammert hält. Da es sich bei der Zofe Célie aber in Wirklichkeit um Celia Mount, die Frau des Pfarrers, handelt, ist ein Mord wahrscheinlich, zumal sich ihr Mann, der Pfarrer, aus religiösen Gründen ihrem Scheidungsbegehren verweigerte. Inspector Rudge muss eine Reihe von Verdächtigen verhören wie den Ex-Marine-Soldaten Neddy Ware, Penistones Anwalt und Nachbar Sir Wilfrid Denny, sowie den freien Journalisten Graham, der sich schließlich als Walter Fitzgerald, der Neffe des Admirals, entpuppt. Die Indizien sind mannigfaltig und verwirrend, z. T. nachgerade fantastisch. Der tote Admiral Penistone, wegen eines Skandals in einer Chinesenspelunke vor dem Ersten Weltkrieg aus dem Dienst ausgeschieden, stieg nach seiner kriegsbedingten Reaktivierung zum Admiral auf. Nach seiner Pensionierung widmete er sein Leben der Aufgabe, den Schuldigen an seinem erzwungenen Rücktritt zu entlarven. Das ist der Nachbar Sir Wilfrid Denny. Neffe Walter sorgte damals auf Veranlassung des Soldaten Neddy Ware in der Rolle des Onkels für den Skandal in der Chinesenspelunke. Von den Konsequenzen dieses Scherzes erfuhr Walter zunächst nichts. Der Soldat Ware erhielt später von Sir Wilfrid gelegentlich Schweigegeld, doch dann offenbarte er sich dem Admiral. Der griff mit dem Schürhaken Sir Wilfrid an, der sich mit einem Bajonett wehrte. Ware, Graham/Walter und der Pfarrer halfen beim Beseitigen der Leiche, legten zahlreiche falsche Spuren und ersannen komplizierte Ablenkungsmanöver. Celia ist Walters Geliebte. Sie belauscht mit Sir Wilfrid im Haus des Admirals das Ehepaar Holland, wird dabei aber von Sir Wilfrid mit einem Messer von hinten in Schach gehalten. Beim Versuch, sich zu befreien, dringt ihr das Messer in die Brust. Die Hollands verlassen das Haus, ohne den Totschlag zu bemerken. Auch Sir Wilfrid kann, da nicht blutbesudelt, unbemerkt entkommen. Am Ende versucht er, sich zu vergiften, doch der schlaue Rudge hat sein Gift gegen Natrontabletten vertauscht. Dennoch liegt kurz darauf der Mann tot in seiner Zelle – seinem Alter und der Aufregung erlegen.

COLIN DEXTER Großbritannien (*1930)

Der zweifache »Golden Dagger«-Preisträger Dexter wurde durch seinen Chief Inspector Endeavour (wörtl. »sich Mühe geben«) Morse zum Begriff. Oft – wie z. B. in *The Silent World of Nicholas Quinn* (1977, dt. *Die schweigende Welt des Nicholas Quinn*, 1986) – fußen Fall und Lösung auf der Hörbehinderung einer Figur – ein autobiografisches Leitmotiv des selbst beinahe tauben Autors. Als TV-Serie mit John Thaw und Kevin Whately erwies sich Morse 33 Folgen lang als Dauerbrenner. Morse ist einer der wenigen Krimihelden, deren lange literarische Karriere der Tod beendet. Sein definitiv letzter Fall im Buch und auf der Mattscheibe ist *Und kurz ist unser Leben* – Thaw (gest. 2002) spielte den Abgang im Bewusstsein des eigenen Todes durch Krebs. Dem Krimi gingen u. a. voraus: *Last Bus to Woodstock* (1975, dt. *Der letzte Bus nach Woodstock*, 1985), *The Dead of Jericho* (1981, *Die Toten von Jericho*, 1981) und *Death Is Now My Neighbour* (1996, dt. *Der Tod ist mein Nachbar*, 1997).

Und kurz ist unser Leben

(OT: *The Remorseful Day* [wörtl. »Der Tag der Reue«; Wortspiel mit dem Namen des Helden], 1999). Reinbek: Rowohlt, 2000 (rororo 22819). – Ü: Ute Tanner.
F: GB 2000, R: Jack Gold.

Morse soll den Mord an der Krankenschwester Yvonne Harrison aufklären, die ein Jahr zuvor nackt, mit Handschellen gefesselt und erschlagen in ihrem Bett gefunden worden ist. Wegen Morses Zuckerkrankheit übernimmt sein langjähriger Mitarbeiter Sergeant Lewis den Fall. Verdächtig sind der Banker Frank Harrison (der Ehemann der Toten), der hörbehinderte Sohn Simon und die Tochter Sarah, eine Ärztin, die auch Morse betreut. Lewis entdeckt Hinweise, dass Morse möglicherweise ein Verhältnis mit der Krankenschwester Yvonne Harrison hatte und dies verbergen will. Erst nach der Klärung einiger Missverständnisse finden die beiden Polizisten wieder zu einem Team zusammen. Drei Zeugen, die die Alibis der Angehörigen erschüttern könnten, werden der Reihe nach umgebracht, bevor sie ihr Wissen preisgeben können. Bevor Morse seine Lösung des Falles präsentieren kann, erliegt er einem Herzinfarkt. Lewis klärt den Fall an seiner Stelle: die Krankenschwester Yvonne Harrison wurde von ihrer Tochter Sarah bei sadomasochistischen Sexspielen mit einem Liebhaber überrascht und von ihr erschlagen. Vater und Bruder, die Sarah deckten, räumten die bei der Wiederaufnahme der Ermittlungen neu aufgetauchten Zeugen aus dem Weg. M. D.

RAMÓN DÍAZ ETEROVIC Chile (*1956)

Kater und Katzenjammer. Ein Fall für Heredia

(OT: *Los siete hijos de Simenon*, 2000). Zürich: Diogenes Verlag, 2001. – Ü: Marelde Meyer-Minnemann. – O: Santiago de Chile.

Kater und Katzenjammer wurde ausgezeichnet als bester lateinamerikanischer Kriminalroman des Jahres 2000; unverkennbares Vorbild sind topographische Krimis wie L. → Malets Nestor-Burma-Romane oder M. → Vázquez Montalbáns Pepe-Carvalho-Krimis. Mit den exzessiven Rauch- und Trinkgewohnheiten und dem schweren Knacks im Herzen entspricht die Hauptfigur ganz dem Persönlichkeitsprofil des abgekochten *private eye* amerikanischer Schule. – Nach seiner Rückkehr von einem Meeresurlaub fühlt sich der vornamenlose Privatdetektiv Heredia in seinem Stadtviertel nicht mehr recht wohl: Zu vieles hat sich zum Nachteil verändert. Der für seine Korrektheit bekannte und gefürchtete Anwalt und Wirtschaftsprüfer Federico Gordon wird in einem Hotel professionell ermordet. Weil Heredias Freund-Feind Bernales von der Polizei hofft, Heredia würde aufgrund seiner Ortskenntnis etwas Entscheidendes herausfinden, lässt er Heredia bei dessen Ermittlungen freie Hand. Wenig später nimmt sich Claudio Plaza das Leben, der mit Wirtschaftsprüfer Gordon beruflich zu tun hatte, und ein blonder Mann mit Schnauzbart versucht, Heredia niederzuschießen. Nach und nach kommt er einem Fall von Wirtschaftskriminalität auf die Spur: Die Firma Gaschil will Chile und Argentinien mit einer Pipeline verbinden. Die Beurteilung des Projekts durch den Wirtschaftsprüfer Gordon fiel jedoch negativ aus. Deshalb wurde er ermordet. Die Anwältin Andelina Dupré ließ den Bericht verschwinden. Claudio Plaza, der Gordon zum Annehmen von Bestechungsgeldern überreden sollte, nahm sich aus Angst vor einer Entlarvung das Leben. Alle Beteiligten – mit Ausnahme Gordons – waren aus unterschiedlichen Gründen erpressbar. Dem blonden, schnauzbärtigen Detektiv Julio Diocares, den er auf Polizeifotos als Attentäter erkannt hat, schießt Heredia mit der eigenen Pistole (der Mordwaffe im Fall Gordon) in die Kniescheibe. Daraufhin gibt Diocares den Namen des obskuren Beraters Nicolás Leal preis, dem Drahtzieher hinter allen Machenschaften. Heredia lässt Diocares nebst dessen Waffe einfach liegen und ruft den Polizisten Bernales an. Bei der Schießerei, die er mit der eintreffenden Polizei beginnt, kommt Diocares ums Leben. Heredia prügelt die Zusammenhänge aus Leal heraus und lässt sich das Archiv mit den Erpressungsmaterialien zeigen. Leal gelingt zwar im Anschluss die Flucht, er wird aber von einem Lastwagen überfahren. Anwältin Dupré kann sich dem Charme einer an die Schläfe gehaltenen Waffe ebenfalls nicht entziehen und legt eine umfassende Beichte ab. Ein Sensationsartikel des Journalisten Cambell macht das Vertuschen des Falles unmöglich, und da Heredia einigen der von Leal Erpressten inkriminierende Fotos zurückerstattet hat, können diese unbelastet gegen die Machenschaften der Firma Gaschil aussagen. Heredia hat auf der ganzen Linie gesiegt, nur seine freiheitsdurstige Geliebte Griselde konnte er nicht zurückgewinnen. Mit seinem inzwischen siebenfacher und alleinerziehender Vater gewordenen Kater Simenon bleibt er allein im Viertel zurück.

MICHAEL DIBDIN Großbritannien (*1947)

Vor Dibdin schrieb bereits M. → Nabb in Italien spielende Krimis, nach ihm D. → Leon. Dibdin siedelte seine Krimis in Perugia an, wo er selbst einige Jahre Literatur lehrte. Sein Protagonist Aurelio Zen steht 1978 vor der Beförderung zum Vicequestore, als Aldo Moro entführt und offenbar mit Billigung höchster politischer Kreise ermordet wird. Ein Mitarbeiter Zens fand jedoch eine Spur in dem Stadtteil, wo Moro gefangengehalten wurde: Der Mitarbeiter wurde ermordet und Zen in den Innendienst versetzt. *Ratking*, dt. erstmals 1992, erhielt auf Anhieb den »Golden Dagger Award«. Zen figuriert u. a. auch in *Vendetta* (1990, dt. 1993), *Cabal* (1992, dt. *Himmelfahrt*, 1993) und *Cosi fan tutti* (1996, dt. 1997). Weiterer Roman: *Thanksgiving* (2000, dt. *Später Abschied*, 2002).

Entführung auf Italienisch. Ein Aurelio-Zen-Roman

(OT: *Ratking*, 1988). München: Goldmann, 2000 (Tb 44578). – Ü: Ellen Schlootz. – SF: Aurelio Zen. O/Z: Perugia; um 1985. – P: »Golden Dagger Award« 1988.

Der Unternehmer Ruggiero Miletti wird von Süditalienern entführt und mehr als vier Monate lang gefangengehalten. Die Behörden verhalten sich auf Geheiß der einflussreichen Familie hin passiv, die Verhandlungen mit den Entführern führt Anwalt Valesio. Auf die Initiative seines Intimus Miletti hin wird Zen nach Perugia beordert, weil man ihn am ehesten im Falle eines Scheiterns zum Sündenbock stempeln kann. Zu der arroganten Familie Miletti gehören außer dem Entführten die drei Söhne Silvio, Pietro und Daniele und die Tochter Cinzia sowie Silvios südafrikanische Freundin Ivy Cook und Cinzias Ehemann Gianluigi Santucci. Sie intrigieren gegeneinander und versuchen, sich gegenseitig den Einfluss auf die Firma streitig zu machen. Nachdem die Kidnapper Anwalt Valesio erschossen haben, dirigieren sie Silvios Freundin Ivy und Zen per Telefon zu einem Treffpunkt, wo ihnen das Geld abgenommen und Zen mit Hinweis auf seine Zugehörigkeit zur Polizei verprügelt wird. Irgendwo im Polizeiapparat muss eine undichte Stelle sein. Diese ist sein Assistent Geraci, den die Entführer durch Erpressung zur Mitarbeit zwangen; Zen sorgt dafür, dass er den Dienst quittiert. Miletti soll freigelassen werden, doch Zen findet ihn mit einer kleinkalibrigen Waffe erschossen am angegebenen Treffpunkt. Die Kidnapper werden überraschend verhaftet und gestehen den Mord, Zen wird nach Rom zurückversetzt. Nun hat er noch etwa einen Tag Zeit, den Fall zu lösen. Ihm sind Fotos in die Hände gefallen, die Silvio Miletti in Berlin bei ausgefallenen Sexspielen zeigen. Damit erpresst er von ihm die Unterschrift unter ein fingiertes Geständnis, mit dem er Ivy, die wirklich Schuldige, überführen will. Er lässt sie ins Gefängnis schaffen und in einem Raum mit Silvio zusammentreffen. Das Gespräch der beiden wird mitgeschnitten. Ivy hat die Entführung aus Geldgier initiiert, sie erschoss Miletti gleich nach der Freilassung. Dank der Behördenkorruption ist Ivy bald wieder gegen Kaution auf freiem Fuß und verlässt das Land. Zen wird befördert und kehrt zur Kriminalpolizei zurück; seine Freundin Ellen trennt sich jedoch von ihm. Miletti war kein unschuldiges Opfer, sondern ein menschenverachtender Tyrann und missbrauchte obendrein seine Tochter.

Der letzte Sherlock Holmes Roman

(OT: *The Last Sherlock Holmes Story*, 1978). München: Goldmann, 1980 (Tb 5203). – Ü: Tony Westermayr. – O/Z: London, Schweiz u. a.; 1888–91.

In seinem Romandebüt wandelte Dibdin auf den Spuren E. → Queens und *Sherlock Holmes vs. Jack the Ripper*, fand aber eine ganz andere, höchst originelle Auflösung des authentischen Kriminalfalles, deren Radikalität freilich nicht alle Holmesianer zu amüsieren vermochte. – Sherlock Holmes befindet sich in einem Zustand wachsender Depression infolge mangelnder Herausforderungen an seinen hochgezüchteten Geist. Da bittet der verzweifelte Inspector Lestrade ihn um Hilfe bei der Fahndung nach Jack the Ripper. Holmes glaubt in den Morden die Handschrift seines Erzfeindes Professor Moriaty erkennen zu können, weil die Fundorte der Leichen, auf dem Stadtplan mit Linien untereinander verbunden, ein großes »M« bilden. Als das Schema des zeitlichen Ablaufes der Morde einmal durchbrochen zu werden scheint, müsste sich zu seiner Wahrung als nächstes ein Doppelmord ereignen. Tatsächlich wird eine schwangere Prostituierte ermordet. In einer der verrufensten Gegenden

Londons wird Watson danach fassungslos Zeuge, wie Holmes eine tote Prostituierte fachgerecht seziert. Watson, nun von Holmes' Täterschaft restlos überzeugt, zieht sich durch Heirat mit Miss Morstan aus der Affäre und verkehrt fortan nur noch brieflich mit seinem Freund. Moriaty, berichtet er in einem Schreiben, sei tot. 1891 kehrt er unangemeldet und völlig erschöpft in die Baker Street zurück, angeblich von Moriaty verfolgt, der doch nicht tot sei. Auch Jack the Ripper scheint seine Tätigkeit erneut aufgenommen zu haben. Watson findet in dem leeren Haus gegenüber der Baker Street 221B Beweise, dass der Prostituiertenmörder niemand anderes als sein Freund ist. Bei seiner Rückkehr in die eigene Wohnung überzeugt ihn Holmes von der Notwendigkeit einer eiligen Flucht vor Moriatys Schergen. Wider alle Vernunft lässt sich der Doktor zu einer überhasteten Abreise auf den Kontinent überreden. Die Verfolger, die Holmes während der Reise überall wahrzunehmen behauptet, vermag er nirgends zu entdecken. Am Reichenbach-Fall treffen die beiden einstigen Freunde nach kurzer Trennung ein letztes Mal aufeinander. Holmes hält Watson für Professor Moriaty und will ihn töten. Im nächsten Moment lässt der schizophrene Schub nach, Holmes versichert Watson, Moriaty dürfe ihm nichts tun und springt die Wasserfälle hinunter. Nach dem Tod seines Freundes vereinbart Watson mit Arthur Conan Doyle jene Zusammenarbeit, aus der die unsterblichen Sherlock-Holmes-Geschichten hervorgehen.

IRENE DISCHE USA
(*1952)

Der Job
(OT: *A Job*, 2000). Hamburg: Hoffmann & Campe, 2000. – Ü: Mickey Gondswaard. – O: New York.

Dies ist eine bei aller Wunderlichkeit höchst unterhaltsame Geschichte nach einer wahren Begebenheit mit viel genau beobachteten und wiedergegebenen ethnographischen und sprachlichen Details, teilweise grausam, aber teilweise auch urkomisch in ihrer Schilderung des Zusammenpralls zweier miteinander kaum vereinbarer Kulturen: Die Autorin konnte sich auf ein gemeinsam mit dem kurdischen Schauspieler, Sänger und Cineasten Nizamettin Ariç verfasstes Drehbuch zu dem Film *The Assassin's Last Killing* stützen. – Der stolze Kurde Alan Korkunç aus Istanbul ist ein gefürchteter Auftragskiller. Nachdem er Gefängnis und Folterung entkommen ist, erhält er von Mr. Ballinger den Auftrag, binnen fünf Tagen die Familie des türkischen Geschäftsmannes Süleyman Erkal, aber nicht diesen selbst, in New York auszulöschen. Ohne Sprachkenntnisse und mit etwas Geld in der Tasche wird er in einer billigen Wohnung untergebracht und erhält ein Handy, eine Smith & Wesson sowie ein altes Taxi. Das Selbstbewusstsein der amerikanischen Frauen macht ihm ebenso zu schaffen wie seine fehlende Erfahrung beim Einkauf im Supermarkt. Seine Flurnachbarin Dr. Allen spricht Kurdisch, Türkisch, Arabisch und Englisch. Alan freundet sich mit ihr an, chauffiert sie durch die Stadt und erlebt ihren achten vergeblichen Versuch mit, den Führerschein zu erwerben. Als er sich bei einem Treffen in einem überaus vornehmen Club danebenbenimmt, will ihn Ballinger nach Erledigung des Auftrages sofort wieder in die Türkei zurückschicken. Danach läuft nichts mehr nach Plan: Er muss Dr. Alan zum vorgesehenen Tatort mitnehmen, dort werden die Töchter des Opfers von zwei Hooligans überfallen. Als Süleyman Erkal endlich zu einer Geschäftsreise aufgebrochen ist, erscheint Davie, der Liebhaber von Süleymans frustrierter Ehefrau Ajda. Gleich darauf kommt der misstrauische Ehemann bewaffnet zurück. Alan entwaffnet ihn und tut, was er tun soll (für die Tat wird eine unbekannte kurdische Terrorgruppe verantwortlich gemacht). Nachdem die alte Dame am Handy in Ballinger ihren seit langem vermissten Sohn erkannt hat, beschließen Dr. Allen und der Killer, sich abzusetzen. Mit der Anhalterin Eliza landen sie in Nevada, wo Dr. Allen ihm eine Tankstelle kauft. Eliza wird nach jahrelangem Werben seine Frau und hat mit ihm eine Tochter. Sie ist noch ein kleines Mädchen, als er von seiner Mineralölfirma gleich zweimal ausgezeichnet wird, unter anderem mit einem Preis für die saubersten Toiletten. Seine noch von Ballinger beschafften Papiere weisen ihn als Mr. Doug Turck aus. »Dag Türkü« heißt auf Türkisch »Bergtürke« und ist ein Schimpfname für Kurden.

GARRY DISHER Australien
(*1949)

Wyatt, einfach Wyatt, ist ein Berufsverbrecher und -killer und tritt außer in *Gier* auch in *Paydirt* (1992, dt. *Dreck*, 2000) und *Deathdeal* (1993, dt. *Hinterhalt*, 2002) auf. Mit *The Dragon Man* (1999, dt. *Der Drachenmann*, 2001; Platz 1 des »Deutschen Krimipreises International« 2002), einem Krimi um Detective Inspector Hal Challis aus Melbourne, stieg Disher in Deutschland in die Hardcover-Liga auf und errang den ersten Platz des »Deutschen Krimipreises International«.

Gier

(OT: *Kickback*, 1991). Berlin: Maas, 1999 (Pulp Master 7). – Ü: Gabriele Bertels. – SF: Wyatt. O: Australien. – P: Platz 1 des »Deutschen Krimipreises International« 2000.

Eine Farm, sein einziger Besitz, dient Wyatt als Geldanlage und zukünftiger Alterssitz. Im Auftrag des Hehlers Ivan Younger raubt er eine Villa aus. Sein Begleiter und »Lehrling« ist Ivans Bruder »Sugarfoot«, ein kindischer Cowboyfilme-Fan und Waffennarr. Sugarfoot verpatzt den Einbruch, als eine gefesselte ältere Haushälterin vor Schreck stirbt. Wyatts nächster Auftrag besteht aus Planung und Durchführung eines Überfalls auf die Kanzlei des dubiosen Advokaten David Finn, der sich darauf spezialisiert hat, im Auftrage seiner Klienten Bauherren mit schikanösen Klagen und Einsprüchen unter Druck zu setzen. An einem Freitag Nachmittag soll Finn 300000 Dollar Schwarzgeld im Safe haben. Die Kanzlei soll überfallen, der Safe mitgenommen und später gesprengt werden. Teilnehmen sollen außer den Younger-Brüdern und dem Organisator Rob Hobba auch der Geldschrankexperte Max Pedersen. Initiatorin des Coups ist Finns Kompagnon Anne Reid, die den Beuteanteil angeblich zum Begleichen von Schulden dringend benötigt. Der Überfall gelingt dank Wyatts Vorbereitung mit fast militärischer Präzision, doch andere Dinge laufen infolge der Gier der Beteiligten aus dem Ruder; sie kommen einem in Melbourne ansässigen Verbrechersyndikat in die Quere. Weil eine Prostituierte dieses Syndikats Geld unterschlagen hat, ist der südafrikanische Killer Andreis Bauer unterwegs an den Ort des Geschehens. Er nimmt sich Hobbas an, des Organisators der Geldschrank-Aktion. Hobba hat zusammen mit einem Komplizen den Syndikats-Zuhälter Ken Sala überfallen und beraubt. »Sugarfoot« hat mit seiner Unfähigkeit und seinem großspurigen Gehabe Hobba ebenfalls gegen sich aufgebracht, wird von diesem zusammengeschlagen und seines Pferdeschwanzes beraubt. Im Gegenzug versucht »Sugarfoot« Hobba umzubringen. Die Angelegenheit verkompliziert sich, als sich herausstellt, dass eine große Menge Syndikats-Rauschgift in dem ausgeraubten Safe gewesen ist, wovon Wyatt allerdings nichts weiß. Er findet jedoch recht bald heraus, das Anne Reid, die mittlerweile seine Geliebte geworden ist, ihn ebenso wie ihren Kanzlei-Kompagnon betrogen hat, indem sie das Rauschgift als eine Art Kapitalanlage an sich brachte. Finn wird von Killer Bauer zu Tode gefoltert; Wyatt erschießt Bauer, Ivan wird von Anne in ihrem Haus erschossen und schließlich tötet Wyatt »Sugarfoot« auf seiner Farm nach längerem Feuergefecht und gegenseitigem wildwestartigem Beschleichen von hinten. Zu Wyatts Pech kommt, vom Lärm angelockt, Wyatts Nachbar Greig hinzu und entdeckt »Sugarfoots« Leiche: Wyatt weiß nun, dass er alles verloren hat.

STEPHEN DOBYNS USA
(*1941)

Von dem Poeten und Krimiautor Stephen Dobyns stammt eine Serie von Krimis um den Privatdetektiv Charly Bradshaw. Der Name des Schauplatzes, die Pferderenn-Metropole Saratoga, ist stets Bestandteil des Romantitels, etwa in *Saratoga Longshot* (1976, dt. *Sams Falle*, 2000), *Saratoga Swimmer* (1981, dt. *Ackermanns Grab*, 2000) und *Saratoga Headhunters* (1985, dt. *Jimmys Fehler*, 2001). Als Nachfolger von *Die Kirche der toten Mädchen* verfasste Dobyns den zerdehnten College-Krimi *Boy in the Water* (1999, dt. *Der Junge im Pool*, 1999).

Die Kirche der toten Mädchen
(OT: *The Church of Dead Girls*, 1997). Frankfurt a. M.: Krüger, 1998. (FiTb 50441, 2001.) – O: Aurelius (N. Y.).

Auf einem Speicher der Kirche sitzen die vertrockneten Mumien dreier ermordeter Teenager in grotesker, mit unflätigen Wörtern beschriebener Gewandung auf Stühlen festgebunden. Allen dreien wurde die linke Hand entfernt. Hauptfiguren des Falls sind der verwitwete Journalist Franklin Moore, seine halbwüchsige Tochter Sadie und Paula, die seine zweite Frau wird, ferner der Arzt Dr. Allan Malloy, dessen Bruder, der Drogist Donald Malloy sowie der homosexuelle Friseur Jaime Rose. Die Ermittlungen führt Captain Percy. Die promiskuitive Janice McNeal, deren Sohn Aaron McNeal als gewalttätiger Psychopath gilt, wird erwürgt aufgefunden, ihre linke Hand fehlt. Vor ihrem Tod soll sie mit einem »Akademiker« verkehrt haben, doch dieser bleibt unentdeckt. Etwa zwei Jahre später verschwindet die Arzttochter Sharon Malloy spurlos. Die allgemeine Paranoia führt zur Gründung einer Bürgerwehr. Schließlich verschwinden die Mädchen Meg und Karla, und nur die Kleider tauchen zusammen mit weiteren linken Puppenhänden wieder auf. Außerdem wird der homophile Friseur Jaime ermordet und postum mit einem Besenstiel vergewaltigt. Janice McNeals Sohn Aaron schließlich stellt den Täter, der zur Bürgerwehr zu gehören scheint, indem er eine Entführung Sadies vortäuscht. Es handelt sich um Donald Franklin, der in einem Koffer drei linke Mädchenhände und ein Fleischbeil mit sich herumträgt. Sein Motiv sind die angeblichen schmutzigen Gedanken und Handlungen der fünf Opfer, von denen er die drei jüngsten in seine »Kirche« geschafft habe. Die linken Hände hat er abgetrennt, weil die linke Hand die »schmutzige« Hand sei, die mit den Körperausscheidungen in Berührung komme: Von Janice McNeal beispielsweise ist bekannt, dass sie ihre Liebhaber gerne mit der Hand befriedigte. Donald, der sich vor seinem Tod die linke Hand abhackt, wird von seinem eigenen Bruder Allen niedergeschossen. Niemand glaubt den Worten einer Wahrsagerin, dass er ohne seine abgehackte Hand im Grabe liege. Tatsächlich hat sie der Icherzähler aus dem Sarg gestohlen: Es ist ein zurückgezogen lebender homosexueller Biologielehrer ohne Namen, der die Hand seiner kleinen Sammlung in Formaldehyd eingelegter Präparate einverleibt hat. Seine letzten Worte lassen darauf schließen, dass er bald selbst erfahren möchte, was die Mörderhand beim Morden gespürt hat.

JIM DOLLAR Russland
(d. i. Marietta Schaginjan, 1888–1982)

Der Groteskroman *Mess mend* geht auf eine Anregung des sowjetischen Politikers Nikolaj Bucharin (1888–1938) zurück, der einen »roten Pinkerton« als Gegenstück zu den in jener kulturell liberalen Zeit beliebten amerikanischen *pulps* forderte. Zeitweise stand er selber im Verdacht, der Autor Jim Dollar zu sein. Marietta Schaginjan zeichnete sich später durch parteikonforme Literatur aus.

Mess mend oder Die Yankees in Leningrad
(OT: *Mess-mend ili Janki v Petrograde*, 1925). Gießen: Anabas Verlag, 1987. – Ü: Eduard Schiemann. – O/Z: USA und UdSSR; 1923.

Unter dem Zeichen »MM« (für *Mess mend*, etwa: »Ordnung ins Chaos bringen«) haben sich Arbeiter in aller Welt unter der Führung von Mic Tingsmaster (*the things' master* ›Herr der Dinge‹) zusammengeschlossen und ein von dem genialen Erfinder Sorrow erdachtes weltumspannendes System von Geheimgängen, doppelten Böden, Fall- und Tapetentüren geschaffen, in dem sie sich jederzeit unbemerkt, mit großer Geschwindigkeit und über große Entfernungen hinweg bewegen können. Der amerikanische Milliardär Jeremia Rockefeller ist in Warschau anscheinend von Kommunisten ermordet worden. Zuvor hat er jedoch in Abänderung seines bisherigen Testaments sein Vermögen einer antisowjetischen, aristokratisch-faschistischen Verschwörergruppe vermacht. Sein Sohn Artur will ihn rächen. Rächen will sich auch Viviane Orton, die Jeremia für den Schuldigen am Tod ihrer Mutter hält. Dazu tritt sie in verschiedenen, z. T. grotesken Verkleidungen auf. Durch sie erfahren Tingsmaster und seine Freunde von der geplanten Verschwörung. Drook, der Gehilfe von Rockefellers Anwalt Kraft, will den Generalstaatsanwalt von Illinois brieflich unterrichten, dass Rockefellers geändertes Testament eine Fälschung ist. Als der Anwalt Kraft ermordet wird, muss Drook als vermeintlicher Täter untertauchen; faschistische Agenten verschleppen ihn ins Irrenhaus des Professors Hyserton, der Brief geht verloren. Artur soll als faschistischer Agent die futuristischen Anlagen der Luftverteidigung zerstören, wird aber zum überzeugten Kommunisten. Viviane, von Tingsmaster ebenfalls nach Russland geschickt, und Artur verlieben sich ineinander. Tosk, der neue Generalstaatsanwalt von Illinois, durchschaut mühelos die gesamte Intrige und spürt auf aberwitzige Weise verlorengegangene Berichte an Tingsmaster wieder auf. Rockefellers Arzt Dr. Lepsius gerät ebenfalls in die Irrenanstalt Hysertons, kann aber durch einen von Drook gegrabenen Gang zu Tingsmaster fliehen. In Russland schließlich werden alle Geheimnisse der zahlreichen gedoppelten, getrippelten und in einem Falle sogar verachtfachten Existenzen geklärt: Tosk ist Jeremia Rockefeller, der sich durch seinen vorgetäuschten Tod den Fängen der Verschwörer entwinden konnte, die auch seinerzeit Vivianes Mutter vergifteten. Hyserton, der Kopf der Verschwörung, war auch der Kapitän des Schiffes, mit dem Artur nach Russland kam und auf dem die Nachrichten der MM-Agenten abgefangen wurden. In Wahrheit ist er jedoch der grotesk degenerierte italienische Prinz Cice. Dr. Lepsius erkennt und entlarvt ihn, doch der Prinz kann entkommen. Bomben faschistischer Agenten in verschiedenen russischen Städten explodieren nicht, sondern spielen dank einer sinnreichen Manipulation der MM-Ingenieure die »Internationale«. Artur und Viviane bleiben nach der Hochzeit in Russland.

FRAN DORF USA
(*1953)

Die Romane der Autorin sind ambitionierte Grenzläufer zwischen dem Kriminal- und dem fantastischen Genre. Ihr größter Erfolg, *Die Totdenkerin*, ist ein Krimi um eine Frau mit geringer medialer Begabung und erregte die Neidgefühle von S. → King. Nach einer Schreibblockade, ausgelöst durch den Tod ihres Sohnes, entstand der an spezifisch jüdischen Themen und Motiven reiche Roman *Saving Elijah* (2000, dt. *Dämonenlied*, 2001), in dem die Obsessionen der Heldin sich in einem leibhaftig auftretenden Dämon manifestieren.

Die Totdenkerin
(OT: *A Reasonable Madness*, 1990). München: Kabel, 1992. (SP 2959, 1999.) – Ü: Leon Mengden. – O/Z: New York; Zwischenkriegszeit und Gegenwart.

Die Ehefrau und dreifache Mutter Laura Gardner Wade glaubt, den Tod anderer Menschen kraft ihrer Wünsche herbeiführen zu können. Von der Welt zurückgezogen, versucht sie, ihre Ängste durch Malerei im Stile von Goyas *Capriccios* zu bannen. Als ihre Bekannte Rita erdolcht wird, stellt sie sich der Polizei als Mörderin, denn sie habe Rita wegen eines Partyflirts mit ihrem Mann Zachary den Tod gewünscht. Weil Ritas Mörder nachweislich ein Mann ist, ziehen die Polizisten Culligan und Ammonetti den Psychiater Dr. David Goldman zu Rate, doch dieser verbringt nach einer mehrmonatigen Behandlung eine Liebesnacht mit der verdächtigen Laura, wird von Ritas Mann Zachary überrascht, muss seine Praxis schließen und betätigt sich als Detektiv in eigener Sache. Lauras Vater hieß Samuel Zophlick, bevor er wegen seiner Schwester Sophie den Namen Gardner annahm: Sophie sah Laura verblüffend ähnlich und verfügte auch über dieselben paranormalen Fähigkeiten, weswegen sie 1935 in eine psychiatrische Anstalt eingewiesen wurde. Dort erstach sie 1937 den verheirateten Arzt Elias DeMane, mit dem sie ein Verhältnis hatte. Als Laura, die davon nichts wusste, ihren Vater darauf anspricht, erliegt dieser einem überraschenden Herztod. Vorher übergibt er ihr noch ein Porträtfoto von Dr. DeMane, das Samuel Gardner einige Monate zuvor anonym zugeschickt worden war. DeManes damals vierjähriger Sohn Henry entwickelte Anzeichen einer kriminellen psychischen Störung, nachdem er Augenzeuge der Ermordung seines Vaters geworden war. Henry nannte sich später Zachary Wade, wurde reich und erhielt sein jugendliches Aussehen durch plastische Chirurgie. Als Wahnsinniger, der seinen Wahnsinn im Griff behielt, heiratete er mit Bedacht in die Familie Gardner ein und versuchte, Laura durch seelische Grausamkeiten systematisch in den Wahnsinn zu treiben; er beging den Mord an Rita und schickte seinem Schwiegervater Sophies Foto. Als sein Versuch, Goldman von einem Profikiller beseitigen zu lassen, scheitert, entführt er seinen Sohn Sammy, lässt ihn aber frei, um im Dschungel Südamerikas unterzutauchen. Auf dem Totenbett offenbart er sich als Kinderschänder, und seine letzten Worte gelten einer »Todeshexe«, die sein wahnsinniges Alter Ego darstellt. Dr. Goldman und Laura werden ein glückliches Paar, Lauras Kunst wird heiter und gelöst.

THEA DORN Deutschland
(d. i. Chrstiane Scherer, *1971)

Die ausgebildete Opernsängerin und studierte Philosophin – die mit ihrem Pseudonym auf den Musikphilosophen Theodor W. Adorno anspielt – ließ ihren ersten Krimi, *Berliner Aufklärung* (1994) an einer philosophischen Fakultät, den zweiten, die Wagner-Persiflage *Ringkampf* (1996) an der niedergebrannten mainfrankfurter Oper spielen. *Berliner Aufklärung* erhielt den Raymond-Chandler-Preis »Marlowe« 1995. Mit *Die Hirnkönigin* stieg Dorn in die Hardcoverklasse auf. Darüber hinaus gab sie bei Eichborn u. d. T. *Astrokrimis* zwölf nach Sternzeichen geordnete Anthologien heraus. *Ultima Ratio* (2001) ist eine eher magere Sammlung mit (Kriminal-)»Erzählungen und Kolumnen« (so der Untertitel).

Die Hirnkönigin

Hamburg: Rotbuch Verlag, 1999. (Goldmann 44853, 2001.) – O/Z: Berlin; 1997. – P: Platz 1 des »Deutschen Krimipreises« 2000.

Die Zeitungsjournalistin Kyra Berg beginnt zu ermitteln, als nacheinander ihr Chef Robert Konrad sowie weitere, meist korpulente, kahlköpfige ältere Männer enthauptet werden; die Schädel verschwinden. Konrads Ehefrau erhängt sich nach einem falschen Geständnis aus wahnhafter Lust am Schuldigsein. Während die Kommissare Priesske und Törner im Dunkeln tappen, bekommt es Kyra mit drei starken Frauen zu tun, nämlich mit Konrads letzter Geliebter Jenny Mayer, mit Isabella, der lesbischen Tochter ihres Chefs Konrad, sowie mit der augenbrauenlosen Zeitungspraktikantin Nike Schröder. Konrad war nicht nur der Geliebte seiner eigenen Tochter Isabella, es existiert auch ein Video, das ihn beim Sex mit Jenny Mayer zeigt. Für die Herausgabe dieses Videos an Jenny verlangt Konrads unfähiger Nachfolger als Zeitungschef Wössner sexuelle Gefälligkeiten, doch Jenny filmt ihn heimlich beim Onanieren und regt mit vorgehaltener Pistole einen Bändertausch an. Kyra findet heraus, dass die Männermörderin nur die Praktikantin Nike Schröder sein kann. Ihr steinalter Vater, ein pensionierter Studienrat und Altphilologe, hat Nike gegen Entgelt mit einer Griechin in der Absicht gezeugt, den neuen Idealmenschen nach antikem Vorbild heranzuzüchten, und sie ganz allein großgezogen und unterrichtet. Mit dem Scheitern seines Projekts konfrontiert, stirbt der alte Mann. Ihm trennt Nike, nachdem sie die Journalistin Kyra ermordet hat, ebenfalls den Kopf ab und setzt sich nach Griechenland, ihrer geistigen Heimat, ab. Aufgrund ihres von Geburt an völlig haarlosen, marmorglatten Körpers glaubt sie sich von den Göttern besonders ausgezeichnet und vereinigte sich auf nicht näher bezeichnete Weise mit den Hirnen ihrer Opfer; die entfleischten Schädel verwahrt sie in ihrem Haus in Amorbach. Die Kopfjagd stellt für Nike die Suche nach ihrem Ursprung dar, denn sie glaubt (ähnlich wie die kriegerische Göttin Pallas Athene), dem Haupt ihres Vaters entstiegen zu sein: ein erotischer Frauenkrimi mit reichen kulturhistorischen Details.

(SIR) ARTHUR CONAN DOYLE
Großbritannien
(1859–1930)

Von Arthur Conan Doyle stammen nur gut 50 Kurzgeschichten und vier *long stories* um den unsterblichen Meisterdetektiv aus der Baker Street 221B (der sog. »Kanon«), die Zahl der nacheifernden Werke anderer Autoren ist nicht mehr überschaubar. M. → Leblanc etwa ließ ihn als Herlock Sholmes gegen seinen Meisterdieb Arsène Lupin antreten, William S. Baring-Gould schrieb Holmes' Biografie, M. → Dibdin, J. → Kastner, A. → Lecaye, C. S. → Mahrendorff, → Mitchelson/Utechin, K. → Oatley, E. → Queen, J. → Soares, S. → Winges sowie Z. → Weinstein dichteten ihm neue Abenteuer an, und es gibt kaum einen realen Zeitgenossen zwischen 1870 und etwa 1940, den Doyles Nachfolger nicht literarisch mit Holmes hätten zusammentreffen lassen, darunter mit Adolf Hitler, Charlie Chaplin, dem russischen Wundermönch Rasputin und nicht zuletzt Sigmund Freud, der als eine Art »Detektiv der Seele« und als Holmes' Seelenverwandter beschrieben wird. In aller Welt gibt es Sherlock-Holmes-Vereinigungen, deren Namen den kanonischen Schriften entlehnt sind; die deutsche Sektion heißt »von Herder Airguns Ltd.« nach dem Erbauer des Luftgewehrs aus *Das leere Haus*. Ein Sherlock-Holmes-Pub mit »Original«-Einrichtung und ein Denkmal in der Baker Street runden den Holmes-Kult ab. Doyle selbst wurde ebenfalls zum Roman- und Filmhelden: in R. A. Stemmles mit Heinz Rühmann verfilmtem *Der Mann, der Sherlock Holmes war* tritt er bereits 1937 als der »Mann, der lachte« auf, er steht im Zentrum der Romane *The List of the Seven* (1993, dt. *Sieben*, 1994) und *The 6 Messiahs* (1996, dt. *Im Zeichen der Sechs*, 1998) von Mark Frost, tritt zusammen mit dem Illusionisten Houdini auf in *Escapades* (1995, dt. *Eskapaden*, 1997) von W. → Satterthwait und spielt eine Nebenrolle in der blutrünstigen Serie um Inspector Lestrade von M. J. Trow. Wie Lestrade haben mittlerweile sämtliche Nebenfiguren Doyles eigene Serien, darunter Bruder Mycroft, z. B. in *The Dorking Gap Affair*, 1989, von Glen Petrie (nur engl.), Mrs. Hudson, etwa in *Elementary, Mrs. Hudson* (1996, dt. *Kein Fall für Mr. Holmes*, 1997) von Sidney Hosier und Professor Moriaty von J. → Garder (nur engl.). Von Doyle, der sich, wie seine sehr für das Paranormale und Übersinnliche interessierte, stammt eine ganze Reihe fantastischer Kurzgeschichten. Die beste, jedoch nicht dem Krimigenre zugehörige dürfte *Die Erde schreit* sein. Professor Challenger, Doyles zweite bedeutende Serienfigur nach Holmes (Protagonist der von M. → Crichton ungeniert ausgeschlachteten Dinosaurier-Oper *Die vergessene Welt*), macht sich dem Planeten Erde bemerkbar, indem er ihn anbohrt. Ein Randläufer des Kriminalgenres ist jene Erzählung, in der der rabiate Professor Challenger einen missliebigen Wissenschaftler mit dessen Zeitmaschine ins temporale Nirgendwo katapultiert, oder *Die Mumie*, dem wohl überzeugendsten literarischen Versuch, ein nicht reales Wesen als Mordwaffe einzusetzen – und *very british* obendrein.

Sherlock-Holmes-Romane

1. Späte Rache / Eine Studie in Scharlachrot

(OT: *A Study in Scarlet*, 1887). **(1)** Bern: Scherz, 1950. – Ü: Carl Bach. **(2)** [*Eine Studie in Scharlachrot*] Zürich: Haffmans, 1984 (Tb 1037). – Ü: Gisbert Haefs.

Der Amerikaner Enoch Drebber wird in einem leeren Haus in Lauriston Gardens tot aufgefunden. An einer Wand steht mit Blut das deutsche Wort »Rache« geschrieben.

Holmes entdeckt, dass Drebber vergiftet wurde und findet unter der Leiche einen Damenring. Wegen des Rings setzt er eine Annonce in die Zeitung, in der er jedoch angibt, er habe ihn auf der Straße vor dem Mord-Haus gefunden. Eine alte Frau holt den Ring in der Baker Street ab. Holmes will ihr folgen, aber sie entwischt. Erst jetzt bemerkt er, dass die angebliche Frau ein junger Mann ist. Während die Polizei einen falschen Verdächtigen verhaftet, wird Drebbers junger Privatsekretär Stangerson erstochen. In seinem Zimmer finden sich zwei Pillen. Holmes, der mittlerweile Recherchen über Drebbers und Stangersons Vorleben angestellt hat, verabreicht jeweils die Hälfte einer der Pillen einem kranken Hund, nach der Verabreichung einer Hälfte der zweiten Pille stirbt das Tier. Der Anführer der »Baker Street Irregulars«, Holmes' jugendlicher Helfer, trifft mit einer Mietkutsche in der Baker Street ein. Holmes hilft dem Kutscher beim Ausladen und legt ihm dabei Handschellen an. Der Kutscher heißt Jefferson Hope, er hat Drebber und Stangerson ermordet. Der Fall hat eine lange zurückliegende Vorgeschichte in Amerika: John Ferrier und seine Adoptivtochter Lucy werden in der Wüste von Mormonen gerettet und ziehen mit ihnen nach Salt Lake City. Die Mormonen wollen Lucy verheiraten und suchen mit Drebber und Stangerson zwei mögliche Ehemänner aus. Lucy verliebt sich jedoch in den Durchreisenden Jefferson Hope und flieht kurz vor der Hochzeit mit ihrem Vater und ihrem Geliebten. Die Mormonen entführen sie, töten ihren Vater und verheiraten sie zwangsweise mit Drebber. Als sie einen Monat später vor Gram stirbt, nimmt Hope ihren Ehering an sich und schwört Rache. Er folgt Drebber und Stangerson nach London, wo er als Kutscher arbeitet. Er fährt den betrunkenen Drebber nach Lauriston Gardens, gibt sich zu erkennen und zwingt ihn in völligem Vertrauen auf dieses Gottesurteil, zwischen zwei Pillen, einer giftigen und einer harmlosen, zu wählen. Drebber nimmt die giftige, Hope wählt die harmlose. Dann schreibt Hope mit seinem eigenen Blut das Wort »Rache« an die Wand und holt sich, als Frau verkleidet, den angeblich nur verlorenen Ring zurück: sein einziges Andenken an Lucy. An Stangerson will er sich auf die gleiche Weise rächen, doch der wehrt sich. Es kommt zum Kampf, in dessen Verlauf Hope seinen Gegner ersticht. Hope wird verhaftet und stirbt in der folgenden Nacht an einer tödlichen Krankheit. A. Oe.

2. Im Zeichen der Vier

(OT: *The Sign of Four*, 1890). Zürich: Haffmans, 1989 (Tb 1059). – Ü: Leslie Gieger.

F: **(1)** GB 1923, R: Maurice Elvey. **(2)** GB 1932, R: Graham Cutts.

Vor zehn Jahren verschwand Captain Morstan spurlos, als er einen alten Freund in London besuchen wollte. In jedem der letzten sechs Jahre bekam seine Tochter Mary anonym eine wertvolle Perle zugeschickt. Holmes und Watson begleiten sie zu einem Treffen mit dem unbekannten Wohltäter, der sich als Thaddeus Sholto entpuppt, der Sohn eines Freundes von Captain Morstan. Morstan und Major Sholto, die eine Strafkolonie auf den Andaman-Inseln leiteten, stahlen den indischen Agra-Schatz; Sholto schaffte ihn nach London. Als Captain Morstan seinen Anteil verlangte, kam es zum Streit, Morstan starb dabei an Herzversagen. Sholto versteckte die Leiche. Vier Jahre später wurde Sholto todkrank, und er fühlte sich von einem Mann mit Holzbein verfolgt. Auf dem Sterbebett bat er seine Söhne Thaddeus und Bartholomew, Mary den väterlichen Anteil am Schatz zu geben. Bevor er das Versteck jedoch nennen konnte, starb er. Auf seinem Leichnam fanden die Söhne einen Zettel mit den Worten »The sign of the four«. Thaddeus Sholto schickte Mary jährlich eine Perle von dem nicht versteckten kleinen Teil des Schatzes. Nun hat Bartholomew den Hauptteil gefunden, und Thaddeus möchte ihn gerecht aufteilen. Holmes, Watson und Mary finden Bartholomews Leiche mit einem vergifteten Dorn im Hals und der Notiz »The sign of the four«: Der Schatz ist verschwunden. Holmes entdeckt Spuren von einem einbeinigen Mann und einem barfüßigen kleinen Menschen, offenbar einem Kind. Den Einbeinigen identifiziert er anhand von Captain Morstans Unterlagen als Jonathan Small. Das vermeintliche Kind ist Tonga, ein kleinwüchsiger Einwohner der Andaman-Inseln. Während Thaddeus samt Hauspersonal von Inspektor Athelney Jones verhaftet wird, folgt Holmes Smalls Spur mit Hilfe des Spürhundes Toby bis zur Anlegestelle der »Aurora«. Holmes findet das Schiff in einer Werft, wo Small einen für eine Flucht günstigen Zeitpunkt abwarten will. Als Small und der Insulaner Tonga mit der »Aurora« auslaufen, werden sie von Holmes, Watson und der Polizei verfolgt. Tonga wird von Watson und Holmes erschossen, Small von Holmes überwältigt. Die Schatzkiste der beiden erweist sich als leer, denn Small hat den Schatz in die Themse geworfen. Er erzählt, er und drei indische Mitgefangene auf den Andaman-Inseln hätten sich ihre Freiheit erkaufen wollen, indem sie Sholto und Morstan das Versteck des Agra-Schatzes nannten, den sie sich während eines Aufstandes angeeignet hätten. Sholto sei mit dem Schatz nach England gereist, ohne sein Versprechen einzulösen. Smalls indische Freunde starben in der Haft, er selbst floh mit Tongas Hilfe aus dem Gefängnis und rächte sich an Sholto im »Namen der Vier«. Die Geschichte endet mit Watsons Entschluss, Mary Morstan zu heiraten. A. Oe.

3. Der Hund von Baskerville

(OT: *The Hound of the Baskervilles*, 1901/02). Zürich: Haffmans, 1989 (Tb 1034). – Ü: Gisbert Haefs.
F (Auswahl): **(1)** D 1914, R: Rudolf Meinert. **(2)** GB 1958, R: Terence Fisher. **(3)** GB 1983, R: Douglas Hickox. **(4)** Dramenversion: Ferdinand Bonn, 1907.

Doyles wohl einflussreichste Sherlock-Holmes-Geschichte ist *Der Hund von Baskerville*, wie unzählige Verfilmungen und u. a. U. → Ecos *Der Name der Rose* belegen. – Die geheimnisvolle Laura Lyons lockt Sir Charles Baskerville in das nächtliche Moor um Baskerville Hall, wo er, vom legendenumwobenen »Geisterhund von Baskerville« zu Tode erschreckt, einer Herzattacke erliegt. Nachdem Sir Charles' Neffen Henry, der aus Amerika angereist kommt, ein Stiefel geraubt wurde, alarmiert Dr. Mortimer Sherlock Holmes. Der schickt Dr. Watson allein aufs Schloss, ermittelt aber selber *undercover* in der Umgebung und greift schließlich unter Aufgabe der Tarnung selbst in die Untersuchungen ein. Verdächtig erscheint zunächst der Butler Barrymore durch die Unterstützung, die er seinem aus dem Gefängnis Princetown entflohenen Schwager Selden in Form von Lebensmitteln sowie abgelegten Kleidungsstücken aus Henrys Besitz gewährt. Selden, in Baskervilles alten Kleidern, stürzt zu Tode, als er nachts im Hochmoor vor dem Geisterhund zu fliehen versucht. Ebenfalls verdächtig sind der Schmetterlingsforscher Jack Stapleton und dessen angebliche Schwester Beryl. Stapleton hat Laura Lyons, die ansonsten mit dem Fall nichts zu tun hat, durch ein fingiertes Eheversprechen dazu gebracht, Sir Charles ins Moor zu locken. Durch intensives Studium der Familienporträts entdeckt Holmes, dass Stapleton in Wahrheit ein Baskerville ist, und zwar der bis dato unbekannte Sohn von Roger Baskerville, Sir Charles' ausgewandertem jüngeren Bruder. Zum Schein gibt Holmes vor, den Fall nicht lösen zu können, und inszeniert seine fingierte Abreise, beobachtet die Ereignisse aus der Ferne aber weiter. So ist er zur Stelle, als Sir Henry bei einem nächtlichen Gang durchs Moor von dem unheimlichen Hund angegriffen wird. Holmes erschießt das Tier, dessen erschreckende Wirkung von Stapleton mit simpler Phosphorfarbe erzielt wurde. Stapleton, solchermaßen enttarnt, flieht und versinkt im Moor. Er hatte zufällig von der Existenz seiner reichen Verwandten Sir Charles und Sir Henry erfahren und aus Habgier versucht, sie mittels des Hundes zu Tode zu erschrecken. Sir Henrys Stiefel stahl er, damit das Tier Witterung aufnehmen konnte, doch war es für ihn nicht vorauszusehen, dass der entwichene Sträfling in Kleidern des vorgesehenen Opfers herumlaufen würde. Beryl schließlich ist nicht Stapletons Schwester, sondern seine geschundene Ehefrau: Sie hat vergeblich versucht, die Morde zu verhindern. Zur Erholung tritt Sir Henry eine Weltreise an. A. Oe.

4. Das Tal des Grauens / Das Tal der Angst

(OT: *The Valley of Fear*, 1914/15). **(1)** Bern: Scherz, 1948. – Ü: Carl Bach. **(2)** [*Das Tal der Angst*] Zürich: Haffmans, 1989 (Tb 1060). – Ü: Hans Wolf.

Holmes erhält eine verschlüsselte Botschaft von einem Verbindungsmann Moriartys, dass ein gewisser John Douglas in Lebensgefahr sei. Kurz darauf wird John Douglas in Sussex ermordet. Neben der Leiche, deren Kopf mit einem Gewehr weggeschossen wurde, liegt eine Karte mit der Aufschrift »VV 341«. Der Ehering des Toten fehlt, an seinem Arm sieht man eine Tätowierung aus Amerika, wo er mehrere Jahre lebte. Sein Bekannter Cecil Barker, zur Tatzeit im Haus, hörte den Schuss. Ein Fußabdruck auf dem Fensterbrett und ein verlassenes Fahrrad deuten auf einen Eindringling hin. Douglas' Witwe erzählt, ihr Mann habe sich vor einem Ort namens »The Valley of Fear« gefürchtet, und in einem Alptraum habe er »Bodymaster McGinty« gerufen. Der Fußabdruck auf dem Fensterbrett stammt von Barkers Hausschuh, das Fahrrad gehört Mr. Hargrave, einem Amerikaner, der seit dem Mord verschwunden ist. Als Holmes verkündet, er werde am nächsten Tag den Graben um das Haus herum entwässern lassen, versucht Barker, ein Kleiderbündel daraus zu bergen. Die Kleider tragen das Schild »Vermissa, USA« und gehören Hargrave: Douglas ist nicht tot, sondern versteckt sich im Haus; der Tote ist Hargrave, der – so Holmes – versucht habe, Douglas zu ermorden und dabei selbst von Douglas getötet worden sei. Douglas kommt aufgrund eines von Holmes fingierten Hausbrandes aus seinem Versteck heraus, bestätigt Holmes' Feststellung und erklärt, Hargraves richtiger Name sei Ted Baldwin. Der Fall hat eine Vorgeschichte, die sich 1875 in Amerika zuträgt: Die Bewohner des Vermissa Tals werden von der Loge »Vermissa Valley – Lodge Number 341«, kurz »VV 341«, terrorisiert. Pinkerton-Detektiv Birdy Edwards schleicht sich als vermeintlich flüchtiger Krimineller John beziehungsweise Jack McMurdo in die von »Bodymaster« McGinty geführte Loge ein und lockt die Verbrecher in eine Falle. Nach deren Verhaftung verlässt er das Tal und heiratet Ettie Shafter, die mit dem Logenmitglied Ted Baldwin zwangsweise verheiratet werden sollte. Als Ettie bald darauf stirbt, zieht Edwards unter dem Namen John Douglas nach England und heiratet erneut. Er weiß, dass einige Logenmitglieder der Verhaftung entkommen sind und ihn suchen. Nachdem Douglas von dem Mord an Baldwin freigesprochen worden ist, rät Holmes ihm, England zu verlassen, da er vermutet, dass Moriarty im Auftrag der Loge einen Anschlag auf ihn plant. Zwei Monate später geht Douglas auf der Reise nach Südafrika über Bord. Holmes ist überzeugt, dass Moriarty dahintersteckt. A. Oe.

Die Mumie. Katalognr. 249

(OT: *Lot No. 249*, 1892). Enthalten in: A. C. D.: *Abenteuer aller Art*. Bd. 1. Zürich: Haffmans 1993. – Ü: Reinhard Hillich. – O/Z: ein Flügel des »Old College« der Universität Oxford; 1884.

Der Mediziner Abercrombie Smith, der Orientalist Edward Bellingham und William Monkhouse Lee sind Wohnungsnachbarn. Der Orientalist Bellingham gilt als eigenbrötlerisch und gefährlich. Einmal findet der Mediziner Smith Bellingham bewusstlos am Boden seines Wohnzimmers liegend, das mit Orientalia wie einem Sarkophag mit der aufgemalten Ziffer 249 vollgestopft ist. Die dazugehörige Mumie liegt auf dem Tisch. Smith bringt Bellingham wieder zu sich, wird aber unfreundlich hinauskomplimentiert. In der Folge fühlt er sich im Dunkeln des Treppenhauses verfolgt. Später wird Bellingham behaupten, einen großen Hund zu besitzen – den freilich niemand je zu Gesicht bekommt. Dann versucht ein dürrer Riese mit Bärenkräften vergeblich, den Studenten Long Norton zu erwürgen, der schon früher mit Bellingham einen Raufhändel hatte. Nachdem sich Lee mit Bellingham gestritten hat – Bellingham ist mit Lees Schwester verlobt –, wird Lee von einem hinter ihm Stehenden mühelos in den Fluss geworfen. Smith kann ihn durch rechtzeitige Wiederbelebungsversuche gerade noch dem Tod entreißen und teilt Bellingham mit, dass er ihn der Tat verdächtige. Danach wird auch Smith von einer dürren, hochgewachsenen Gestalt verfolgt, die klappernde Geräusche von sich gibt: der Mumie. Dank guter Kondition erreicht er jedoch rechtzeitig ein rettendes Haus. Er schreibt seine Schlussfolgerungen nieder, lässt sie von seinem Freund Peterson als Zeugen gegenzeichnen und kauft sich einen Revolver. Mit diesem in der Hand zwingt er Bellingham, die Mumie mit einem Seziermesser zu zerstückeln und anschließend nebst allen Papyri, die ihrer Wiederbelebung dienen könnten, zu verbrennen.

SARAH DREHER USA
(*1937)

Sarah Dreher, eine promovierte klinische Psychologin, schuf außer etlichen erfolgreichen Theaterstücken mit Stoner McTavish die kultigste unter den lesbischen Detektivfiguren der Gegenwart. Stoner tritt u. a. auf in *Stoner McTavish* (1985, dt. 1990), *Stoner goes West* (1990, dt. 1991), *Bad Company* (1995, dt. *Stoner verkehrt in schlechten Kreisen: Stoner McTavishs sechster Fall*, 1995) oder *Shaman's Moon* (1998, dt. *Stoner McTavish – Der Rat der Schamanin*, 1999). *Schatten*, Stoners siebter Fall, in dem sie das Herz der bislang heterosexuellen Lehrerin Gwen Owens erobert, ist gotisch angehaucht.

Schatten

(OT: *Something Shady*, 1987). Hamburg: Argument-Verlag, 1991. ^{5}2000 (Ariadne Krimi 1023). – Ü: Else Laudan, Martin Grundmann. – SF: Stoner McTavish. O: das Sanatorium »Schattenhain« bei Brunswick (Maine).

Nancy Rasmussen vermisst ihre Schwester Claire, die früher Drogenprobleme hatte und die nun im »Schattenhain«, einem Sanatorium in der Nähe von Brunswick abhanden gekommen ist. Zunächst kommen die Detektivin Stoner und Gwen in einem abgetakelten Hotel nördlich von »Schattenhain« unter. Das Sanatorium wurde zwei Jahre zuvor eingerichtet. Dazu habe die klinische Psychologin Dr. Millicent Tunes – eine Lesbe – ihre Tante Lilian »Miss Lilly« Winthrop unter Drogen gesetzt und regelrecht enteignet. Nancys Schwester Claire, die ebenfalls unter Drogen steht, wird bei einem Fluchtversuch von Wärtern wieder eingefangen. Später findet sich ihr Wagen versenkt in einem Baggerloch. Stoner beschließt, sich als Depressive ins »Schattenhain« einweisen zu lassen. Die Therapie besteht vor allem aus starker, persönlichkeitsverändernder und zum Teil halluzinogener Medikamentation mit totaler Isolation. Die entmündigte Miss Lilly spielt lediglich die psychisch Kranke, um in Ruhe gelassen zu werden. Sie berichtet, dass Claire seit ihrem Fluchtversuch verschwunden sei. Stoner findet heraus, dass das Sanatorium dazu dient, flüchtigen Verbrechern, Ex-Nazis und internationalen Söldnern, als Patienten getarnt, eine vorläufige sichere Unterkunft zu verschaffen, bevor sie sich ins Ausland absetzen. Claire wird gefunden; man hält sie betäubt auf dem Dachboden gefangen. Bei einem riskanten Fluchtversuch bekommt Stoner eine Giftinjektion ab. Draußen wird sie in letzter Sekunde von ihren Freundinnen und Partnerinnen sowie von der Polizei in Empfang genommen. Dr. Millicent Tunes ist bereits überwältigt, Lefebre, ihr medizinischer Strohmann, legt ein umfassendes Geständnis ab.

FRIEDRICH DÜRRENMATT Schweiz (1921–1990)

Dürrenmatt wollte »Kunst da tun, wo sie niemand vermutet«. Seine Krimis folgen dem klassischen Schema, ragen aber durch Ironie, Zynismus sowie gesellschaftskritische bzw. philosophische Ansätze weit über das im Genre Übliche hinaus. Sein Kommissär Hans Bärlach, ein schwerkranker Mann mit nur noch geringer Lebenserwartung – er leidet an Magenkrebs – verkörpert den Typus des Antidetektivs, der anders als Sherlock Holmes die durch das Verbrechen außer Balance geratene Welt nicht mehr kraft seiner Intelligenz wieder ins Lot bringen kann.

Die Kommissar-Bärlach-Romane

1. Der Richter und sein Henker (1950)

Zürich: Diogenes Verlag, 1992 (detebe 22535). – O/Z: Lamboing; 1948.

F: (1) D 1957, R: Franz Peter Wirth. (2) D/I 1975, R: Maximilian Schell.

Bei der Untersuchung des Todes des Berner Polizeileutnants Ulrich Schmied nimmt Kommissär Bärlach eine Mappe des Toten an sich, ohne den Polizisten Tschanz zu informieren, der den Fall von ihm übernimmt. Tschanz, mit dem Bärlach regelrecht spielt, glaubt, Schmied habe seinen Mörder gekannt und sei unterwegs zu einer Gesellschaft gewesen. Diese fand bei einem gewissen Gastmann statt, der regelmäßig Gäste aus Kunst, Politik und Wirtschaft um sich schart. Schmied sollte offenbar *undercover* brisante Verhandlungen ausspionieren, die bei Gastmann geführt wurden. Tschanz schlüpft in der Folge regelrecht in Schmieds Rolle und übernimmt auch dessen Freundin. Gastmann und Bärlach, zwei alte Bekannte, hatten früher eine Wette abgeschlossen: Bärlach meinte, dass die menschliche Unvollkommenheit und der Zufall es unmöglich machen, unerkannt Verbrechen zu begehen, Gastmann hingegen behauptete, dass gerade sie solche perfekten Verbrechen ermöglichten. Als Beweis hatte er vor Bärlachs Augen einen Kaufmann von einer Brücke gestürzt, die Polizei ging von einem Selbstmord aus. Gastmann wurde in der Folge ein internationaler Verbrecher, dem Bärlach, selbst Polizist geworden, nie etwas nachweisen konnte. Vor einer schweren Operation erklärt Bärlach Gastmann, er habe ihn nie für Schmieds Mörder gehalten, wolle aber die Wette zu seinen Gunsten entscheiden. Der Henker, den er zu diesem Zweck ausgesucht hat, ist der Polizist Tschanz. Dieser geht noch am gleichen Tag allein zu Gastmann und erschießt ihn und seine beiden Diener, angeblich in Notwehr. Tschanz wird dabei verletzt. Da einer der toten Diener die Waffe in der Hand hält, mit der Schmied ermordet worden ist, ist Gastmann als Schmieds Mörder überführt. Der Mordfall Schmied wird offiziell abgeschlossen. Gastmanns Tagebücher enthüllen sein verderbtes Leben, seine Intrigen und Verbrechen. Außerdem besitzt er eine Mappe mit Aufzeichnungen Schmieds, der ohne dienstlichen Auftrag Nachforschungen gegen Gastmann angestellt hatte. Privatissime überführt Bärlach Tschanz als den wahren Täter. Schmied war Bärlachs letzte Gelegenheit gewesen, Gastmann seiner Verbrechen zu überführen. Tschanz hat diese Gelegenheit zerstört. Als Tschanz zufällig die Mappe mit Schmieds Nachforschungen über Gastmann fand, beschloss er, diesen Fall selbst zu übernehmen, um sich zu profilieren. Damit wurde er zu Bärlachs Waffe gegen Gastmann. Bärlach verspricht Tschanz, ihn trotz allem nicht zu verraten, und schickt ihn weg. In der gleichen Nacht wird Tschanz in seinem Wagen vom Zug überfahren. Bärlach hat sich in diesem Gespräch völlig verausgabt. Die drei Tage vor der Operation sind vorbei, und Bärlach begibt sich ins Krankenhaus. Er hat seine eigenen Prinzipien widerlegt, weil man das Böse nur mit dessen eigenen Mitteln besiegen kann, nicht mit den Mitteln des Guten. A. G.

2. Der Verdacht (1951)

Zürich: Diogenes Verlag, 1986 (detebe 21436). – Z: 1948/49.

Als ihm sein Arzt und Freund Dr. Hungertobel ein Bild aus der amerikanischen Zeitschrift *Life* von 1945 zeigt, erwacht in dem inzwischen operierten Bärlach noch einmal der Jagdinstinkt. Das Foto zeigt den Arzt Dr. Nehle im Konzentrationslager Stutthof bei der Durchführung einer Bauchoperation ohne Narkose. Hungertobel vermutet, Nehle leite inzwischen unter dem Namen Fritz Emmenberger die Züricher Nobelklinik »Sonnenstein«, will das dann jedoch nicht wahrhaben. Emmenberger soll zum Zeitpunkt der Aufnahme in Chile gewesen sein, wohin er 1932 über Deutschland ausgewandert war und wo er verschiedene medizinische Fachartikel veröffentlichte. Erst 1956 kehrte er in die Schweiz zurück. Nehle hingegen nahm sich im August 1945 mit Blausäure das Leben. Dr. Hungertobel kennt Emmenberger aus seinen Studententagen, in denen er bereits eine Notoperation ohne Narkose vornahm. Bärlachs Theorie zufolge gibt es zwei Ärzte, die aufgrund ihrer großen äußerlichen Ähnlichkeit ihre Existenzen tauschen konnten, nämlich den hochbegabten, hochgelehrten Zyniker Emmenberger und den wesentlich weniger begabten Nehle, der zunächst nicht einmal das Abitur schaffte; Nehle lebte, so Bärlachs Theorie weiter, als Emmenberger in Chile, Emmenberger als Nehle in Stutthof. Der echte Nehle ist tot, Emmenberger dagegen kehrte unter seinem richtigen Namen in die Schweiz zurück. Für diese Theorie sprechen nicht zuletzt die Stilschwächen der von dem angeblichen Emmenberger verfassten Artikel sowie der Umstand, dass Nehle 1938 plötzlich mit glänzenden Noten das Abitur bestand und das medizinische Staatsdiplom praktisch geschenkt bekam. Bärlach lässt sich in Emmenbergers Klinik einweisen. Schon bei seiner Einweisung erzählt der Kommissär, er sei einem Kriegsverbrecher auf der Spur, der die Verfolgung ahne und sich vor der Entdeckung fürchte. Während er fünf Tage hintereinander schläft, fliegt Bärlachs Tarnung durch einen illustrierten Zeitungsbericht über seine Pensionierung auf. Ebenfalls gemeldet wird der Tod des begabten Schriftstellers Fortschig, der in Bärlachs Auftrag einen Artikel über Emmenbergers

Machenschaften veröffentlichte. Emmenberger eröffnet dem Kommissär, dass er ihn in Kürze operieren werde – selbstredend ohne Narkose – und gesteht alle seine Verbrechen unter Erläuterung der ihnen zugrunde liegenden Philosophie. Er glaubt – wie Gastmann aus Dürrenmatts *Der Richter und sein Henker* – an die Freiheit des Nichts und des Verbrechens. Bärlach hat dem nichts entgegenzusetzen. Gerettet wird er von dem jüdischen Holocaust-Überlebenden Gulliver, der als einziger Patient Nehles dessen grausame Menschenversuche überlebte, Rache nehmend durch die Welt zieht und nun Emmenberger mit Blausäure umbringt, um einen Selbstmord vorzutäuschen. Ein »weniger scharf von der Selbstkontrolle gezähmtes Werk als andere Dürrenmatts« (Elisabeth Brock-Sulzer). A. G.

Das Versprechen. Requiem auf den Kriminalroman (1957)

Zürich: Diogenes Verlag, 1980 (detebe 250; Werkausgabe Bd. 22). – O: Zürich, Mägendorf.

F: (1) *Es geschah am hellichten Tag.* CH/D 1958, R: Ladislao Vajda. (2) *La Promessa.* CH/D [u. a.] 1979 (dt. *Das Versprechen*), R: Alberto Negrin. (3) *In the Cold Light of Day.* D/NL/GB 1994 (dt. *Im kalten Morgenlicht*), R: Rudolf van den Berg. (4) D 1997, R: Nico Hofmann. (5) *The Pledge.* USA 2001 (dt. *Das Versprechen*), R: Sean Penn.

Das Versprechen war ursprünglich eine Auftragsarbeit, mit der vor Sexualdelikten an Kindern gewarnt werden sollte. Später arbeitete Dürrenmatt den Text mit dem Regisseur Ladislao Vajda und Hans Jacoby zu einem Drehbuch um, das in der Folge viermal, u. a. mit Heinz Rühmann und Joachim Król, verfilmt wurde; lediglich die fünfte, US-amerikanische Verfilmung von 2001 mit Jack Nicholson basiert nicht darauf. Roman und Drehbuch unterscheiden sich grundlegend voneinander: Nur im Film löst der Detektiv den Fall, im Roman scheitert er, denn der Detektiv als »positivistisch-analytische Maschine« funktioniert nur in einem System aus Folgerichtigkeiten. »Der Wirklichkeit ist mit Logik nur zum Teil beizukommen.« Dürrenmatt, so sagt er selbst, »ging es eigentlich darum, zu zeigen, dass diese Welt zu konfus ist, um mit detektivischem Denken in ein System gebracht zu werden. Die meisten Kriminalromane leiden an der Fiktion, dass die komplexe Wirklichkeit im Denken des Detektivs völlig aufgehen kann. So kommt man dann zu der falschen Perfektion des Detektiv-Helden.« – Der ehemalige Kommandant der Kantonspolizei Zürich erzählt einem Schriftsteller eine wahre Geschichte aus seiner Amtszeit. Wegen einer bevorstehenden Dienstreise nach Jordanien hat Kommissar Dr. Matthäi nur wenige Tage Zeit, den grausamen Mord an der kleinen Gritli Moser aufzuklären. Matthäi verspricht den Eltern, den Mörder zu finden. Allgemein als Täter gilt der vorbestrafte Hausierer von Gunten. Als der sich in seiner Zelle erhängt, scheint der Fall abgeschlossen. Matthäi jedoch provoziert seine Suspendierung, um auf eigene Faust weiter zu ermitteln. Mitschüler Gritlis erzählen von einem Riesen, der dem Mädchen bei regelmäßigen Treffen Igel geschenkt haben soll. Auf einem Bild, auf welchem Gritli eine solche Begegnung festgehalten hat, sind ein dunkler Wagen und ein gehörntes Tier zu erkennen: Ein Psychiater hilft bei der Erstellung eines Täterprofils. Danach handelt es sich um einen Mann mit Minderwertigkeitsgefühlen gegenüber Frauen. Das gehörnte Tier soll einen Steinbock darstellen, das Wappentier Graubündens. Matthäi mietet eine Tankstelle an der Verbindungsstraße zwischen Graubünden und Zürich und nimmt Frau Heller und ihre kleine Tochter Annemarie, letztere als Lockvogel, bei sich auf. Die Igel erweisen sich als Schokoladentrüffel, und Annemarie beginnt im Wald auf einen Zauberer zu warten. Polizisten, die das Kind überwachen, geben nach einiger Zeit entnervt auf. Viele Jahre, in denen Matthäi physisch und psychisch völlig verfällt, vergehen ohne Ergebnis. Dann beichtet die sterbende Frau Schott, ihr zweiter Mann – ihr ehemaliger Chauffeur – habe ihr gegenüber sämtliche Kindermorde gestanden, sei aber bei einem Autounfall ums Leben gekommen, und sie habe bis jetzt geschwiegen. Der schwarze Wagen habe der Familie gehört. Für Matthäi kommt diese überraschende Wendung zu spät, er ist inzwischen kaum mehr ansprechbar. M. F. Sch.

FRANCIS DURBRIDGE Großbritannien (1912–1998)

Durbridge gilt als Meister des in Fortsetzungen ausgestrahlten Hörspiel- und Fernsehkrimis und ist der Schöpfer der Serienfiguren Paul Temple und Tim Frazer. Charakteristisch für seine Fortsetzungskrimis, die meist in der oberen Mittelschicht angesiedelt sind, sind so genannte »cliffhangers«, spannende Situationen am Ende einer Folge, die das Interesse des Publikums bis zur nächsten Folge wachhalten sollen. Die Drehbücher wurden als geheime Staatsangelegenheiten behandelt, die Fernsehkrimis erreichten Rekord-Einschaltquoten. Zu einem Skandal kam es, als der Kabarettist Wolfgang Neuss den Täter von *Das Halstuch* in einer Zeitungsanzeige vorzeitig verriet. Paul Temple-Krimis: *Paul Temple and the Harkdale Robbery* (1970, dt. *Paul Temple – Banküberfall in Harkdale*, 1971), *Paul Temple and the Madison Case* (1988, dt. *Paul Temple und der Fall Madison*, 1990) u. a.; Tim Frazer-Krimis: *The World of Tim Frazer* (1962, dt. *Tim Frazer*, 1963), *Tim Frazer again* (1964, dt. *Tim Frazer und der Fall Salinger*, 1965); sehr berühmt durch die TV-Verfilmung: *My Wife Melissa* (*Melissa*, 1968).

Das Halstuch

(OT: *The Scarf*, 1960). Düsseldorf: Dörner, 1962. (Goldmann 3175, 1969.) – Ü: Helmut Eilers. – O/Z: Littleshaw bei London; 1960.
F: D 1962 (ARD, 6 Teile), R: Hans Quest.

In der englischen Kleinstadt Littleshaw bei London wird das Fotomodell Fay, die Schwester des Musiklehrers Edward Collins, mit einem Halstuch erdrosselt. Inspektor Yates nimmt die Ermittlungen auf. Die Zeugin Marian Hastings will Fay an ihrem Todestag in Begleitung des Londoner Verlegers Clifton Morris gesehen haben, der ein auffälliges Halstuch getragen haben soll. Morris streitet jede Bekanntschaft mit Fay ab, hat aber kein Alibi, sein Halstuch und sein Feuerzeug wurden ihm gestohlen und tauchen an Orten auf, die im Zusammenhang mit dem Mord stehen. Außerdem belastet ihn ein Brief, in welchem ihn Fay zu einem Treffen in Littleshaw auffordert. Diesen Brief will ihm die Striptänzerin Kim Marshall im Auftrag eines unbekannten Hintermannes für viel Geld verkaufen. Bevor die Journalistin Diana Winston dem Verleger Morris zu dessen Entlastung ein Alibi verschaffen kann, wird sie ebenfalls mit einem Halstuch aus Morris' Besitz erdrosselt. Weitere Verdächtige sind Fays Ex-Geliebter, der Maler John Hopedean, und Marian Hastings; beide verstricken sich in Widersprüche. Durch einen Trick bewegt Inspector Yates den Verleger Morris dazu zuzugeben, dass er Fay doch gekannt und sie ihn finanziell ausgenommen hat. Yates erkennt nun, dass Fay mit einem Erpresser zusammenarbeitete. Dieser Erpresser hat sie ermordet und alle Indizien so arrangiert, dass sie eindeutig auf Clifton Morris hinwiesen. Untermauert wurde die Überzeugungskraft der Indizien durch eine Falschaussage von Marian Hastings. Die Striptease-Tänzerin Kim Marshall sollte ihm dann den belastenden Brief verkaufen. Da Diana Winston Clifton Morris ein Alibi verschaffen wollte, musste der Erpresser sie ebenfalls ermorden. Um den Erpresser zu entlarven, bittet Inspektor Yates Morris darum, zum Schein auf Kims Angebot einzugehen. Marian Hastings holt das Geld von ihm ab und fährt zu einer Scheune, wo der Erpresser – es ist der Maler John Hopedean – schon wartet. Als Marian ihm erklärt, dass sie sich der Polizei stellen wolle, versucht Hopedean, auch sie mit einem Halstuch zu erdrosseln, doch Yates rettet sie in letzter Minute und verhaftet Hopedean.

J. H.

E

JÜRGEN EBERTOWSKI Deutschland (*1949)

Ebertowski hat Japanologie und Sinologie studiert, sechs Jahre lang als Übersetzer für Deutsch und Niederländisch in Tokio gearbeitet und ist Lehrer für die Kampfsportart Aikido. Aus diesem Grunde ist er Spezialist für west-östliche Krimis wie seinen autobiografisch getönten Erstling *Esbeck und Mondrian* oder wie *Aikido Speed* (1994). Darüber hinaus schreibt er Berlin-Krimis wie *Berlin Oranienplatz* (1995) und *Kelim-Connection* (1998).

Esbeck und Mondrian

Trier: Éditions trèves, 1993 (trèves krimi 16). – O: Nikaido.

Klaus Esbeck, Chemie-Fachübersetzer für Deutsch und Niederländisch, lebt in Nikaido, einem Ortsteil der Stadt Kamakura bei Tokio. In den Hängen hinter seinem gemieteten Haus befinden sich alte Begräbnishöhlen. Esbecks Freund und Nachbar ist der alte Maler Ken Shibata, ein früherer Kendo-(Schwertkampf-)Champion und genialer Kopist von Gemälden des Niederländers Piet Mondrian (1872–1944). Direktor Fujita Yasunari von der Chemie-Import-Export-Firma Kokubo, die Geld für die Yakuza (das organisierte Verbrechen) wäscht, sammelt echte Mondrians, die er stehlen und gegen Kopien des ahnungslosen Shibata austauschen lässt. Der Niederländer Peter de Brook, ein Kollege und Konkurrent des Übersetzers Esbeck, kommt hinter die Geldwäsche und wird von Yasunaris Chauffeur Tanaka in eine abgelegene Schlucht gestürzt. Esbeck entdeckt bei Shibata das Gemälde »Wald bei Oele«, das angeblich einem Brand zum Opfer gefallen sein soll. Als er auf Disketten de Brooks eine Datei mit Material über Yasunaris Machenschaften entdeckt, verständigt Esbeck die Niederländische Botschaft. Die Kulanz AG, bei der das Gemälde »Wald bei Oele« versichert war, schickt mit dem promovierten Sinologen und boxerfahrenen Ex-Stasi-Major Horst Müller einen regelrechten Superagenten zu Esbeck. Dr. Müller überzeugt sich, dass bei Shibata tatsächlich außer einer Kopie auch der echte »Wald bei Oele« hängt. Kurz bevor Esbeck das Bild stehlen kann, erscheint Yasunaris Chauffeur Tanaka, um Original und Fälschung abzuholen und Shibata umzubringen. Shibata tötet den Killer mit einem Schwert und lässt die Leiche in einer der Grabhöhlen hinter dem Haus verschwinden. In der Zwischenzeit sind Müller und der Übersetzer mit dem Original-Mondrian schon unterwegs zum Flughafen. Nachdem sie die für die Wiederbeschaffung des Bildes ausgesetzte Prämie eingestrichen haben, versteckt sich Esbeck, von zwei kampfstarken Hunden bewacht und mit einem Jagdgewehr bewaffnet, auf einem abgelegenen Bauernhof in der Nähe Fuldas (damit beginnt der Roman). Eines Nachts (damit endet er) erwacht er, weil er glaubt, ein japanisches Killerkommando sei im Anmarsch. Ob das stimmt, bleibt offen.

HORST ECKERT Deutschland (*1959)

Horst Eckert hat es wie kein zweiter verstanden, die düstere Welt der in Los Angeles spielenden Romane von J. → Ellroy auf deutsche Verhältnisse zu übertragen, und wurde dafür mit dem »Marlowe« (1998) und dem »Deutschen Krimipreis« (2000) belohnt. Die Polizisten aus der »Festung«, dem Düsseldorfer Kriminalkommissariat, stehen ihren Kollegen von Ellroys LAPD in puncto Korruptheit und Brutalität nur wenig nach. Genau wie jene stehlen sie ungerührt bei Razzien Geld oder beginnen sexuelle Verhältnisse mit Zeuginnen, und genau wie bei Ellroy hängt jedes Verbrechen mit einer Reihe weiterer Verbrechen kausal und personell zusammen. Vorbild für *Aufgeputscht* dürfte Ellroys *White Jazz* gewesen sein. Weitere Titel: *Annas Erbe* (1995), *Bittere Delikatessen* (1996), *Finstere Seelen* (1999), *Die Zwillingsfalle* (2000; »Glauser« 2001), *Ausgezählt* (2002).

Aufgeputscht

Dortmund: Grafit Verlag, 1997 (Grafit 078). – SF: Kommissar Thann, Mordermittler Benedikt Engel. O: Düsseldorf. – P: »Marlowe« 1998.

Der glatzköpfige Kommissar Rolf Nowak erschießt unter dubiosen Umständen den britischen Ex-Soldaten Philipp Mody; die Tat wird vertuscht. Kommissar Nowak arbeitet nebenbei als Rausschmeißer in einer Strip-Bar, die dem Bordellkönig Jochen Wiegand und dessen zweiter Frau Karla gehört. Nowak freundet sich mit Modys kaffeebrauner Tochter Fiona an, offenbart sich ihr, und sie verzeiht ihm nach einer erfolgreichen Entziehungskur. Trotzdem jagt ihn Schmuddeljournalist Alex Vogel vom »Blitz« als ehemaligen »Drogenbullen«, ein Kleinganove versucht ihn mit Bildern zu erpressen, auf denen er beim Drogenkonsum zu sehen ist. Das erste Opfer eines Serienkillers wird der Hund des Getränkegroßhändlers Bennewitz, erstes menschliches Opfer der Dealer Pit Wittezeck, dann folgen Jochen Wiegands Söhne Sven und Kai und der grotesk tätowierte Kleinganove Herbert Horbeck. Schließlich wird Nowak selbst erschossen. Um ein Haar fällt dem Killer noch Modys Tochter Fiona zum Opfer, die ein bisschen Detektiv spielen will. Sie wird aber in letzter Sekunde von ihrem Geliebten Kommissar Engel gerettet. Interne Ermittlungen der Polizei enttarnen die Kommissare Fröhlich und Bönte als Komplizen der Drogenhändlerbande von Getränkegroßhändler Bennewitz. Nachdem sich Fröhlich in der U-Haft erhängt hat, soll ihm auch noch der Mord an Nowak angelastet werden, doch die Indizienkette weist Lücken auf. Es fehlen der geheimnisvolle »Charlie« sowie der Fahrer des Serienkillers. Am Rande in den Fall verwickelt ist Kommissar Thanns Schwester Eva. Ohne zu wissen, dass sie Bruder und Schwester sind, hatten sie Jahre zuvor ein kurzes Verhältnis miteinander. Evas Freund, der Anwalt Wilfried Brückner, ist ein Komplize von Getränkegroßhändler Bennewitz und bezieht über Eva fahndungsrelevante Informationen. Der Chemiker Dr. Markovic stellt Designer-Drogen her, sein gestohlener schwarzer Mercedes ist das Fahrzeug des Serienmörders, Markovics sexuell depraviertem Sohn Manuel. Er sollte zunächst nur Bennewitz durch die Tötung des Hundes unter Druck setzen, damit er sich aus dem Drogengeschäft zurückziehe; dabei fand er Geschmack am Töten; seine Opfer bestimmte Charly, und das ist Karla Wiegand, die dann Nowak tötete, der von seinen korrupten Kollegen verraten wurde. Sie spielten Philip Mody die Falschinformation zu, Nowak sei der Lieferant der giftigen Ecstasy-Pillen, an denen Modys Frau Petra gestorben war. Mody griff daraufhin Nowak an, doch der erschoss ihn.

UMBERTO ECO Italien (*1932)

Der Semiotiker (Zeichentheoretiker) Umberto Eco verfügt über ein enormes Wissen über das Mittelalter, hat sich aber neben vielem anderen auch mit moderner Kriminalliteratur befasst, z. B. als Mitherausgeber von *Il caso Bond* (1965, dt. *Der Fall James Bond*, 1966). Mediävistisches Expertentum verwirbelte er 1980 mit nur leicht camouflierten Figuren A. C. → Doyles zu einem streng komponierten Klosterkrimi von übersprudelnder Erzählfantasie, der mit 25 Übersetzungen bis 1988 zu einem der ganz großen Erfolge auf dem europäischen Buchmarkt der 1980er-Jahre wurde und einen Boom des Klosterkrimis auslöste, der u. a. der wesentlich weniger raffinierten E. → Peters zu einem enormen Beliebtheitsschub verhalf. Wegen der vielen möglichen Lesarten des Romans und seiner z. T. wörtlichen, z. T. paraphrasierten Zitate gab es 1986 sogar die Verständnishilfe *Das Geheimnis der Rose entschlüsselt* zu kaufen. An den Erfolg seines Romandebüts konnte Eco später, etwa mit dem Verschwörungsthriller *Il pendolo di Foucault* (dt. *Das Foucaultsche Pendel*, 1989), nicht mehr anknüpfen. Die Verkörperung von William de Baskerville gelang in der Verfilmung aus dem Jahre 1986 dem James-Bond-Darsteller Sean Connery vorbildlich.

Der Name der Rose

(OT: *Il nome della rosa*, 1980). München/Wien: Hanser 1982. (dtv 10551, 1986.) – Ü: Burkhart Kroeber. – O/Z: eine Cluniazenserabtei an den Hängen des Apennin; 1327.
F: D/I/Fr 1986, R. Jean-Jacques Arnaud.

Eco gibt sich in listiger Tarnung als Herausgeber einer Übertragung eines verschollenen Buches aus, in dem der Icherzähler Adson von Melk (= Dr. Watson) im Rückblick ein Abenteuer mit seinem Lehrmeister William von Baskerville (= Sherlock Holmes) erzählt, einem genialen Detektiv in der Kutte des Franziskanerordens. Baskerville, ein ehemaliger Inquisitor, soll ein Treffen des in Avignon residierenden Papstes Johannes XXII. mit dem deutschen Kaiser Ludwig dem Bayern organisieren. Die beiden haben sich über das Armutsgebot des Franziskanerordens zerstritten, von dem sich obendrein eine als ketzerisch erachtete Splittergruppe, die radikalen Minoriten, abgespalten haben. Bereits vor den Toren des Klosters legt Baskerville eine Probe seiner detektivischen Talente ab, als er anhand einiger Spuren Namen und Verbleib eines entwichenen Pferdes deduziert. Einige Mönche sterben in der Folge auf z. T. grausame Weise: einer stürzt vom Turm, einer liegt tot in einem Bottich voller Schweineblut, ein dritter in einer Badewanne; schließlich wird auch der Bibliothekar ermordet. Während Baskerville nach Todesursachen, Indizien und Motiven sucht, erlebt Adson in der Klosterküche mit einem Mädchen aus dem Dorf die einzige Liebeserfahrung seines Lebens. Das Eintreffen des Inquisitors Bernardo Gui, eines religiösen Fanatikers, ändert die Lage entscheidend: Gui ist weniger an der sorgsamen rationalen Aufklärung der Morde interessiert, sondern mehr an der Aburteilung von Ketzern, die er unter den Mönchen entdeckt. Der bucklige Salvatore sowie Remigius von Varagine, beides Anhänger des sozialrevolutionären Sektenführers Fra Dolcino, werden kurzerhand zu Mördern erklärt, inhaftiert und nach Avignon verschleppt, wo ihnen der Inquisitionsprozess gemacht werden soll; das namenlose Mädchen aus der Klosterküche erleidet als angebliche Hexe das gleiche Schicksal. Nach dem Scheitern des politischen Treffens verlässt Gui mit seinen Leuten die Abtei; Baskerville setzt seine Ermittlungen fort, in deren Rahmen er immer wieder formal korrekte, faktisch aber verkehrte Schlüsse zieht. Es ist nicht die Geistesschärfe, die schließlich zur Lösung des Falles führt, sondern der blinde Zufall: Dieser führt ihn in die labyrinthartige Bibliothek und zu dem blinden Apokalyptiker Jorge von Burgos. Burgos bekämpft das Lachen als Äußerung weltlich-satanischen Frohsinns und hält in einem geheimen Trakt der Bibliothek eine verschollene Poetik des Aristoteles über die Komödie versteckt. Er ist Urheber aller Morde, denn er hat ein Gift auf die einzelnen Seiten aufgetragen, das beim Blättern mit angefeuchteten Fingern, die zur erneuten Befeuchtung vom Leser angeleckt werden, den Tod bringt. Aristoteles bezeichnet das Lachen als einen befreienden Akt, was Jorge missbilligt, der die Menschen gerne in Furcht vor Teufel und Kirche sähe. Als sein Geheimnis entdeckt ist, flieht Jorge und verspeist Teile des vergifteten Buches. Eine umstürzende Lampe löst einen Brand aus, der erst die Bibliothek, dann, nach dreitägiger Feuersbrunst, die gesamte Abtei vernichtet. Baskerville und Adson begeben sich zunächst nach Rom, dann nach München, wo mittlerweile wieder Ludwig der Bayer residiert. Dort trennen sich ihre Wege für immer. Adson kommt später noch einmal zu der Abtei zurück und klaubt einige Pergamentfetzen auf: »als Zeichen jener verschwundenen großen, eine Bibliothek aus Schnipseln, Fragmenten, Zitaten, unvollendeten Sätzen, Ruinen und Torsi von Büchern« – was gleichzeitig eine Gebrauchsanweisung zum Verständnis des eklektizistischen Gestaltungsprinzips von *Der Name der Rose* ist.

K. W. P.

ÅKE EDWARDSON Schweden (*1953)

Edwardson gehört neben H. → Nesser zu den schärfsten Konkurrenten von H. → Mankell. Wie Mankell zeichnet Edwardson Schweden als ein von sozialen Gegensätzen zerrissenes Land. Im Gegensatz zu dem äußerlich eher vernachlässigten Kurt Wallander ist Erik Winter ein Ästhet und Genießer; seine Eltern verbringen ihren Lebensabend auf Mallorca. Im Laufe der Serie hat er mit der Ärztin Angela ein Kind. Weitere Titel: *Dans med en Ängel* (1997, dt. *Tanz mit dem Engel*, 1999), *Sol och skugga* (1999, dt. *Das vertauschte Gesicht*, 1999), *Låt det aldrig ta slut* (2000, dt. *In alle Ewigkeit*, 2002).

Die Schattenfrau

(OT: *Rop från långt avstånd* [wörtl. »Ruf von sehr weit her«], 1998). München: Claassen, 2000. (Ullstein 60178, 2002.) – Ü: Wolfdietrich Müller. – SF: Kommissar Erik Winter. O/Z: Göteborg; Gegenwart und 25 Jahre zuvor.

Die »Schattenfrau« heißt Brigitt Dellmar und ist vor 25 Jahren nach einem Banküberfall in Dänemark zusammen mit ihrer kleinen Tochter Helene spurlos verschwunden. Es kostet das Team um Erik Winter unsägliche Mühe, die zahlreichen falschen Fährten auszuschließen und herauszufinden, dass Brigitt Dellmar noch am Leben ist und dass es sich bei einer aktuellen weiblichen Wasserleiche um ihre Tochter Helene handelt. Helene hat inzwischen selbst eine Tochter, die vierjährige Jenny, die ebenfalls verschwunden ist. Die »Schattenfrau« Brigitt Dellmar nennt sich Grete Bremer und erzählt ihre Geschichte erst nach dem Freitod ihres angeblichen Bruders Georg Bremer. Sie wurde seinerzeit bei dem Banküberfall, bei dem sie das Fluchtauto fuhr, durch eine schwere Verletzung für immer an den Rollstuhl gefesselt. Ihre Komplizen nötigten ihr eine neue Identität auf und machten sich ihre Behinderung zunutze, um sie um ihren Anteil zu betrügen. Als Helene herangewachsen war, forderte sie den Anteil für ihre Mutter, ihr Kind und sich selbst. Daraufhin wurde sie von Bremer umgebracht, der auch für den Tod von Jennys leiblichem Vater sowie von einem Helfershelfer verantwortlich ist. Jenny selbst ist bei reichen Pflegeeltern in Sicherheit. Eine Nebenhandlung besteht aus der Suche nach einem Rechtsradikalen, der Winters farbiger Kollegin Aneta Djanali den Kiefer gebrochen hat. Die Spurensicherung leistet in diesem Fall schier Übermenschliches. So findet sie selbst unter uralten Tapetenschichten noch verwertbare Fingerabdrücke und erstellt aus minimalen Speichelproben einen genetischen Fingerabdruck.

KERSTIN EKMAN Schweden (*1933)

Nach eher unbeholfenen Frühwerken wie *Pukehornet* (1967, dt. *Winter der Lügen*, 1997) gelang der Schwedin eine packende Tragödie voller Bibelzitate und komplexer Symbolik über wortkarg-verschlossene Menschen in einer grandiosen Naturlandschaft. Ihren hohen moralischen Anspruch zeigt der Umstand, dass sie das Nobelpreis-Komitee aus Protest gegen die Vergabepolitik verließ.

Geschehnisse am Wasser

(OT: *Händelser vit vatten*, 1993). Kiel: Neuer Malik Verlag, 1995. (SP 72876, 2001.) – Ü: Hedwig M. Binder. – O/Z: Svarnett (Schweden); 1975 und 1993.

1975 entdeckt die Lehrerin Annie Raft, die mit ihrer sechsjährigen Tochter Mia in die Einsamkeit des Järntlands gezogen ist, um Kinder von Kommunarden zu unterrichten, in einem Zelt am See die verstümmelten Leichen eines Pärchens; eine Jeanshose hängt zum Trocknen an einer Leine, die später verschwunden ist. Danach beobachtet sie einen asiatisch wirkenden Mann mit einem Paket im Arm an sich vorüberhasten. Fortan schläft die Lehrerin Annie mit einer geladenen Schrotflinte am Bett. Wegen der Erfolglosigkeit seiner Suche nach dem Pärchenmörder nimmt der zuständige Ermittler Ake Vemdal schließlich seinen Abschied. Im Laufe der folgenden 18 Jahre bringt Annie, noch einmal von ihrem jüngeren Geliebten Dan Ulander schwanger geworden, ein totes Kind zur Welt, löst sich von Dan und verliebt sich in den Arzt Birger Torbjörnsson. Bevor sie mit ihm zusammenziehen kann, wird sie mit ihrem eigenen Schrotgewehr erschossen. Vor ihrem Tod erfährt sie noch, dass ihre Tochter Mia, inzwischen 23, ein Kind von Johan Brandberg erwartet, den sie für den Pärchenmörder hält und der sein asiatisches Aussehen der lappischen Erbmasse verdankt, die bei seinen Brüdern nicht durchgeschlagen ist, weswegen er in der Familie als Fremdkörper gilt. Als sein Vater Torsten 1975 einen Nachbarn im Streit schwer verletzt und diese Tat untersucht wird, glauben die älteren Brüder, Johan habe den Vater an die Polizei verraten. Angeführt von dem brutalen Bruder Björne fangen sie Johan ein und werfen ihn in einen fast leeren Brunnenschacht. Einen darin hausenden Aal fängt Johan mit bloßen Händen und wickelt ihn in sein Hemd – das Paket, das Annie bei ihm bemerkte, als er auf seiner nächtlichen Flucht an ihr vorübereilt. Der brutale Bruder Björne ist es aber auch, der Johans Moped in einem See versenkt für den Fall, dass Johan des Mordes verdächtigt werden sollte. Die 41-jährige Volkskundlerin Ylja nimmt Johan nach seiner Flucht aus dem Brunnen im Wagen mit. 1993 macht sich dann der Ladenbesitzer Lill-Ola Lennartsson verdächtig, als er in seinem Ofen Vogelfedern verbrennt, die vom Schlafsack der Toten stammen könnten. Auch Dan Ulander gehört zu den Verdächtigen. Keiner von ihnen hat jedoch die Tat begangen. Nach Annie Rafts Ermordung hilft die Arztgattin Birger Torbjörnsson Johan bei der Klärung der »Ereignisse am Wasser«. Johan trifft noch einmal mit Ylja zusammen. Sie war in den ermordeten jungen Mann – einen Vietnamdeserteur –

verliebt. Weil sie ihn seiner Begleiterin nicht abspenstig machen konnte, nahm sie mit Johan vorlieb. Annies damaliger Geliebter Dan scheidet ebenfalls als Täter aus. Er hatte dem Pärchen eine Kartenskizze gezeichnet, diese aber dann zusammen mit einer Reisetasche gestohlen, um nicht in den Fall hineingezogen zu werden. Der Mörder war Björne, Johans Bruder. Er hatte damals den Ladenbesitzer Lill-Ola verprügeln wollen, den er verdächtigte, die Gelege von Falkenhorsten auszurauben. Die im Ofen gefundenen Federn stammten von geraubten Greifvögeln, die Lill-Ola verschwinden lassen wollte. Björne vermutete Lill-Ola in seinem Zelt, das das Pärchen gemietet hatte. Zu spät bemerkte er, dass jemand anders dort lag. Die zum Trocknen aufgehängte Jeans hatte Dan ebenfalls mitgenommen und dann in einem Verschlag versteckt. Hier wurde sie von Mia gefunden und von Annie getragen, bis diese sie verbrannte. Annie ist von Johans Mutter Gudrun erschossen worden, die meinte, ihren Sohn vor einer Frau schützen zu müssen, die ihn für einen Mörder hält. Obwohl eine Fremde, hatte Annie die wortkargen Einheimischen durch ihre nie versiegende Neugier, aber auch durch ihre Neigung zur Besserwisserei und ihren missionarischen Eifer verärgert. Am Ende steht nur Björne vor einer Bestrafung.

BRET EASTON ELLIS USA
(*1964)

American Psycho

(OT: *American Psycho*, 1991). Köln: Kiepenheuer & Witsch, 1991. (KiWi 300, 1993.) – Ü: Clara Drechsler, Harald Hartmann. – O: New York.

F: (1) USA 2000, R: Mary Harron. (2) Dramenversion: Schauspielhaus Hamburg 1997.

Zahlreicher *splatter*-Szenen wegen wurde *American Psycho* Anfang 1995 in der Bundesrepublik Deutschland indiziert, obwohl es ein moralisches Buch ist, das die Folgen der Ab- und Entwertung aller Werte zeigt. Das Verbot kehrte letztlich Ursache und Wirkung um, denn nicht das Buch war das Verwerfliche, sondern die darin geschilderte dekadente und sich selbst aufzehrende Gesellschaft. – Der 26-jährige Patrick Bateman (der Icherzähler) ist ein konsumwütiger Erz-Yuppi, der nur Markenartikel gelten lässt: ein wandelndes Lexikon der *Highlife-Accessoirs*. Auf die ausufernde Pflege seines Luxuskörpers verschwendet er Unmengen von Schönheitspflegemitteln. Entsprechend groß ist seine Angst, für schwul gehalten zu werden. Das Tempo seines atemlosen Lebensstils kann er nur mit Kokain durchhalten. Bateman verbraucht Menschen in einem sehr wörtlichen Sinne, denn der urbane Narziss ist ein irrer Serienmörder, der wahllos Männer, Frauen und Kinder mit Äxten, Messern, Nagelschussapparaten, Handfeuerwaffen, Drillbohrern oder Rattenkäfigen zu Tode quält und an den Leichen abscheuliche Akte von Nekrosadismus begeht. Ort und Zeit sowie Alter und Geschlecht der Opfer spielen keine Rolle. Die Beseitigung der Leichen, die nach absolut emotionslos vollzogenen Sexualakten anfallen, gelingt seltsam mühelos, und niemand scheint die Opfer zu vermissen, deren Einzelteile in Batemans Wohnung oder im Spint seines Fitness-Clubs herumliegen. Dem Wunsch seiner Yuppie-Freundin Evelyn nach einer festen Beziehung und Kindern versucht er sich zu entziehen, denn er möchte auch das Verhältnis mit seiner verheirateten Geliebten Courtney Curruthers nicht beenden. Als er in einem Anfall von Eifersucht Courtneys Mann Luis in einer Herrentoilette erwürgen will, missversteht Luis das völlig und gesteht ihm, sich als Homosexueller outend, seine Liebe. Angeekelt lässt

Bateman ihn am Leben, muss sich aber in der Folge noch einige Zeit Curruthers' Nachstellungen erwehren. Sein Selbstouting als *serial killer* hält seine Umgebung für einen seiner zahlreichen makabren Scherze. Zunehmender geistiger Verwirrung verfallend, leistet er sich sogar eine Schießerei mit der Polizei, von der er unerkannt entkommt. Bekannten oder Geschäftspartnern schickt er Leichenteile zu oder faxt ihnen Fotokopien davon. Die Suche eines Privatdetektivs nach Batemans Freund Paul Owen verläuft im Sande, weil Bateman geschickt eine Spur nach England gelegt hat. Nachdem er die Beziehungen zu Evelyn und Courtney, ohne ihnen etwas zu Leide zu tun, beendet hat, steht er schließlich, vom Drogenmissbrauch verwirrt lallend, in einem Lokal. Die Verhaftung steht unmittelbar bevor. Auf die zufällig aufgeschnappte Frage »Warum« beginnt er ungehemmt und sinnlos drauflos zu schwätzen. Das Letzte, was er bewusst wahrnimmt, ist ein Schild mit der symbolträchtigen Aufschrift »KEIN AUSGANG«.

JAMES ELLROY USA
(*1948)

James Ellroy ist selbst schwer traumatisiert: 1958 wurde seine Mutter von einem Unbekannten erwürgt, und hätte er nicht zum Schreiben gefunden, wäre er als Krimineller und Drogenabhängiger geendet. Als erfolgreicher Autor versuchte er in Zusammenarbeit mit einem Kriminalpolizisten vergeblich, den Mörder seiner Mutter doch noch zu finden. Hierüber schreibt er in *My Dark Places* (1996, dt. *Die Rothaarige*, 1997; Platz 3 des »Deutschen Filmpreises International« 1998). Los Angeles, seine Heimat und der Schauplatz der frühen Romane, ist – anders als der Name suggeriert – eine Welt voller Teufel. Aus ihnen rekrutiert sich sein Figurenensemble, das teils aus erfundenen, teils aus realen Figuren besteht. Später weitet er sein Höllenmodell auf die gesamten USA aus: *American Tabloid* ist eine fulminante Fiktionalisierung von Kennedys Ermordung. Die Fortsetzung ist *The Cold Six Thousand* (*Ein amerikanischer Albtraum*, beide 2001). Hier wie überall zeigt sich, dass den Menschen durch die staatlichen Institutionen – Politik, Polizei, FBI usw. – lediglich der Schein von Recht und Ordnung vorgegaukelt wird. Hinter den Kulissen herrschen Korruption, blanker Zynismus, ungebremster Wille zur Macht, Verbrechen. Ellroy konstruiert trotz seiner – echten oder vorgespielten – Psychopathie die kompliziertesten Plots der Gegenwartsliteratur, ohne dass die Handlung dabei irgendwo unlogisch wirken würde. Er gilt als einer der bedeutendsten US-amerikanischen Kriminalschriftsteller der Gegenwart.

Stadt der Teufel

(OT: *L. A. Confidential*, 1990). Hamburg: Hoffmann & Campe, 1991. (Ullstein 24414, 1997.) – Ü: Hans H. Harbort. – O: Los Angeles. – P: Platz 1 des »Deutschen Krimipreises International« 1992.
F: USA 1997, R: Curtis Hanson.

Elimination ersetzt hier Detektion: Ellroy spannt einen Bogen von 1934 bis ins Jahr 1953. In L. A. geht ein Prostituiertenmörder um, und die Gäste einer Bar werden mit Schrotgewehren niedergemacht. Die kriminellen LAPD-Polizisten White, Stensland und Vincennes beginnen zu ermitteln, während sie sich im Auftrag ihres Vorgesetzten Dudley Smith gegenseitig bespitzeln. Drei farbige Tatverdächtige werden von LAPD-Captain Ed Exley umgebracht. Sie sind nicht die Bar-Mörder, haben aber die Mexikanerin Inez Soto vergewaltigt und in der Obhut eines unbewaffneten Mulatten zurückgelassen. Diesen Mulatten erschießt White bei Inez' Befreiung kaltblütig. Ausgeführt haben das Bar-Massaker Lee Vachss, Johnny Stompanato und Deuce Perkins – der Prostituiertenmörder – im Auftrag von Dudley Smith, der die Geschäfte des inhaftierten jüdischen Mafioso Mickey Cohen an sich reißen will, auf den er vergeblich mehrere Attentate verüben lässt. Seine Verbrechen hängen ursächlich zusammen mit dem Fall des Serien-Kindermörders Atherton aus den 30er-Jahren. Atherton wurde damals von Exleys Vater Preston überführt, doch die eigentlichen Täter waren legitime und illegitime Söhne Dieterlings mit ihren Komplizen. Dieterling ließ diese Söhne umbringen, zum Teil von Preston Exley. Bill, ein anderer Sohn Dieterlings, fällt mit Billigung des Vaters den Bar-Mördern zum Opfer. In den Fall verwickelt sind ferner Figuren aus der Sex- und Drogenszene, Doppelgänger von diesen sowie historische Gestalten wie Stompanato und Cohen oder der Walt Disney nachempfundene Dieterling. Am Ende bringt Exley diesen, den Vater sowie die Mexikanerin Inez Soto um, Polizist Vincennes ist tot, White schwer verwundet. – Die Verfilmung optimierte die Handlung, allerdings überlebt Ellroys Serienfigur Dudley Smith nicht.

Ein amerikanischer Thriller

(OT: *American Tabloid*, 1995). Hamburg: Hoffmann & Campe, 1996. (Ullstein 24369, 1998.) – Ü: Stephen Tree. – O/Z: Washington, D. C.; 1958 – 22. November 1963. – P: Platz 2 des »Deutschen Krimipreises International« 1997.

Mit den Worten »Amerika war nie unschuldig« beginnt Ellroys Vorwort zu einem Roman, der nicht in Los Angeles, sondern in Washington, D. C., spielt. Die ausufernd figurenreiche, gewalttätige Handlung voller »Dokumenteinschübe« – Gesprächsmitschnitte beziehungsweise Memos aus dem FBI-Chefbüro – ist, obwohl höchst verschlungen und kaum überschaubar, sehr präzise entwickelt und in ihrer Form durchaus so vorstellbar. Protagonisten auf der politischen Ebene sind neben John F. »Jack« Kennedy (1917–1963) dessen Bruder Robert (1925–1968), FBI-Direktor John Edgar Hoover (1885–1972) und, wenngleich eher als Randfigur, der debile Milliardär Howard Hughes (1905–1976). Robert Kennedy bekämpft in verschiedenen Funktionen mit manischer Besessenheit das organisierte Verbrechen, dessen Existenz sein politischer Gegenspieler Hoover lange Zeit leugnet. Geeint werden die Gegensätze zwischen ihm und den Kennedys vom Antikommunismus und der Feindschaft zu Fidel Castro. Hauptfiguren auf der Verbrecher-Ebene sind Pete Bondurant, Ex-Sheriff, Mörder eines Festgenommenen in Polizeigewahrsam und danach Schläger für Howard Hughes, sowie die beiden juristisch vorgebildeten FBI-Agenten Kemper Boyd, ein »lizensierter Autoknacker mit abgeschlossenem Jurastudium«, und der Abhörspezialist Ward J. Littell. Sie werden aus Prinzipienlosigkeit nicht nur zu Doppel-, sondern sogar zu Tripple-Agenten. Pete Bondurant bringt 1949 seinen eigenen Bruder Frank im Auftrage von Mickey Cohen (Ellroys jüdischem Serien-Mafioso) um und erpresst Männer, die er im Bett mit seiner Geliebten Gail Hendee fotografiert. Seine Erfahrungen auf diesem Gebiet erweisen sich als nützlich, als er im Auftrag des FBI seine Freundin Barb Jahelka mit Kennedy bekannt macht und beider heimliche Treffen in einem Hotelzimmer mitschneidet. Ziel dieser Aktion ist die Desavouierung des Präsidenten. Bondurants wichtigster Informant ist der jüdische Sprachlehrer Lenny Sands, der John F. Kennedy den noblen Boston-Akzent antrainiert hat. Kemper Boyd bringt die 80 000-Dollar-Beute aus einem Raubüberfall in seinen Besitz als Grundlage für eine eigene Informantenkasse. Er will in die Dienste der Kennedys treten. Nicht fehlen dürfen Ellroys verruchte Frauengestalten, darunter Pete Bondurants Geliebte Gail Hendee und Barb Jahelka, ferner Laura Hughes, eine illegitime Halbschwester von »Jack« und Robert Kennedy, die eine Zeitlang die Freundin von Kemper Boyd ist, sowie Kemper Boyds Tochter Claire, Littells Tochter Susan und die seit einem Feuerüberfall auf ihren Vater entstellte Polizistentochter Helen Agee; diese drei Frauen sind eng befreundet und geraten zeitweise zwischen die Fronten. Helen Agee beispielsweise verliert wegen FBI-feindlicher Äußerungen ihren Studienplatz. Die kommunistisch dominierten Gewerkschaften sind in jenen Tagen untrennbar mit der Mafia verbunden. Eine zentrale Gestalt ist James Riddle Hoffa (1913- [verm.] 1975), der Chef der »Teamsters«, der mächtigsten Transportarbeiter-Gewerkschaft Amerikas. Er ist tief in ein betrügerisches Grundstücksgeschäft größten Stils verstrickt, das »Sun-Valley-Projekt«, doch ihm kann nichts nachgewiesen werden. Die Gewerkschaft führt eine geheime, millionenschwere Pensionskasse, aus der die »Teamsters« zu Wucherzinsen Kredite vergeben – für Anleger, die Schwarzgeld in die Pensionskasse einzahlen, ist das ein lukratives Geschäft. Der Gewerkschaftsmafioso und Kontoführer Jules Schiffrin hält in drei Büchern verschlüsselt alle Kontobewegungen fest. Sie wären in der Hand der Justiz das entscheidende Beweismittel, die Macht der »Teamsters« ein für alle mal zu brechen. Nachdem John F. Kennedy Präsident und Robert Kennedy Justizminister geworden ist, räumt Abhörspezialist Littell Schiffrins Safe aus und bringt so die Bücher in seinen Besitz. Robert verschafft ihm keine Stelle und will auch nichts von den Büchern wissen, da einer der wichtigsten Einzahler in die Schwarzgeld-Kasse sein eigener Vater Joe ist. Die Invasion Kubas scheitert aufgrund von Kennedys Entscheidungsschwäche kläglich, Castros Soldaten massakrieren Gefangene mit Kettensägen. Schließlich wird der Präsident der Unterwelt ebenso gefährlich wie dem FBI, und das verbrecherische Trio Bondurant, Boyd und Littell, das obendrein noch tief in den Diebstahl und den Handel mit kubanischem Heroin und die Ermordung der Lieferanten verstrickt ist, erhält den Auftrag zur Ermordung des Präsidenten. Der Roman endet mit der Fahrt des Präsidialkonvois durch Dallas, kurz bevor die tödlichen Schüsse fallen. Am Ende sitzt Edgar J. Hoover, den die Kennedys aus dem Amt hatten jagen wollen, noch immer im Chefsessel des FBI. Agent Kemper Boyd wird wegen seiner Sympathien für die Kennedys von Littell erschossen. Durch die Handlung geistert auch ein Nachtklubbesitzer namens Jack Rubenstein, der unter dem Namen Jack Ruby als Mörder des Kennedy-Attentäters in die Geschichte eingehen wird.

Die »Lloyd-Hopkins-Trilogie«

(OT: *The Lloyd Hopkins Trilogy.* 1984–86). – SF: Lloyd Hopkins. O: Los Angeles.

Der irischstämmige Detective Sergeant Lloyd Hopkins wurde als Kind von einem befreundeten Penner bei dröhnender Lautsprecher-Musik gefoltert und vergewaltigt, nachdem ihn sein Bruder Tom gefesselt und geknebelt in einem Schuppen zurückgelassen hatte. Dafür tötete Lloyd Hopkins' Mutter den Täter. Seit jenem Ereignis kann Hopkins laute Musik nicht ertragen, kann seiner Frau, mit der er drei Töchter hat, nicht treu sein, und betrachtet das Töten als eine Art verschärften Kampfsport. Dienstvorschriften interessieren ihn nicht. Über seine drei Fälle verlässt ihn seine Frau und zieht zu einem Liebhaber. Erst am Ende bahnt sich die Möglichkeit einer Versöhnung an. Sein einziger und bester Freund ist der Police Officer Dutch Peltz, ein ehemaliger Elitesoldat.

1. Blut auf dem Mond

(OT: *Blood on the Moon*, 1984). Frankfurt a. M. / Berlin: Ullstein, 1996 (Tb 23738). – Ü: Martin Dieckmann. – O/Z: Los Angeles; 1964 und 1982.
F: *Cop*. USA 1985 (dt. *Der Cop*), R: Richard B. Harris.

Am 10. Juni 1964 verprügeln und vergewaltigen Larry »Birdie« Graigie und Delbert Haines ihren überheblichen Mitschüler Theodor Verplanck. Alle drei gehören zu einem Kreis literarisch Interessierter um Kathleen McCarthy; Verplanck verehrt sie besonders. Nach der Schulzeit wird Delbert Haines ein korrupter Bulle und Zuhälter von »Birdie«; Kathleen, die immer ledig bleibt, betreibt einen Frauenbuchladen, und Verplanck ermordet – immer am 10. Juni – Frauen. Hopkins spürt instinktiv eine Affinität zu dem noch unbekannten Serienmörder. Haines' Wohnung wird mit Spionagetonbandgerät abgehört. Die Fingerabdrücke darauf finden sich auch in der Wohnung des ermordeten lesbischen Callgirls Linda Deverson. Hopkins beginnt sofort ein Verhältnis mit ihrer Chefin Joanie Pratt. Als auch sie dem Killer zum Opfer fällt, wird Hopkins wegen dringenden Tatverdachts vom Dienst suspendiert, ermittelt aber weiter. Als Käufer des Tonbandgeräts wird Verplanck ermittelt, der auch Kathleens Haus verwanzt hat und so den Namen seines Jägers erfährt. Eine mit Blut geschriebene Botschaft macht Hopkins klar, dass Haines, »Birdie« – der Verplanck ebenfalls zum Opfer fällt –, Verplanck selbst sowie Kathleen Schulkameraden waren und dass alle ermordeten Frauen Kathleens Typ entsprachen. Daraufhin zwingt Hopkins Haines das Geständnis der Vergewaltigung Verplancks ab und erschießt ihn. Zum finalen Shootout bestellt er Verplanck telefonisch an einen abgelegenen Ort. Verplanck benutzt zwar Kathleen als Schutzschild und verwundet den schwerbewaffneten Hopkins, doch dieser ist schneller. Sein Freund Dutch, gerade noch rechtzeitig eingetroffen, zwingt einen Arzt mit vorgehaltener Waffe, ihm das Blut des frisch getöteten Killers zu übertragen. Dann wirft Dutch Verplancks Leiche ins Meer und verdreht die Tatsachen derart, dass Kathleen als die eigentliche Heldin und Hopkins von jedem Verdacht reingewaschen erscheint. Kathleen verschwindet für immer aus Los Angeles.

2. In der Tiefe der Nacht

(OT: *Because the Night*, 1984). Frankfurt a. M. / Berlin: Ullstein, 1998 (Tb 24120). – Ü: Rainer Schmidt. – O/Z: Los Angeles; 1984.

Nachdem der Psychopath Thomas Goff bei einem Überfall drei Menschen mit einem antiquierten Revolver getötet hat, setzt sich Lloyd Hopkins voller Inbrunst auf seine Spur. Goff steht unter dem Einfluss des Psychiaters, Sekten-Gurus und Pornofilmers Dr. John Havilland (des Sohnes eines irren Serienmörders). Für ihn rekrutiert Goff haltlose junge Leute, die der Guru Havilland unter dem Deckmantel einer Therapie unter gleichzeitiger finanzieller Ausbeutung radikalen Gehirnwäschen unterzieht und zur Befriedigung seiner Allmachtsfantasien zu Killern macht. Nach einer Schießerei mit Hopkins auf offener Straße gerät Goff in Panik und wird von Havilland umgebracht. Hopkins findet jedoch Goffs Wohnung und in dieser eine Spur, die zu Havilland führt. Der spielt aus intellektuellem Hochmut ein Spiel mit ihm, dessen Ziel seine, Hopkins', Tötung ist – ein makabrer Akt der Selbsttherapie, denn Hopkins ähnelt Havillands verhasstem Vater. Hopkins holt jedoch mit Hilfe der traumatisierten Prostituierten Linda Wilhite, einer Patientin seines Gegners, und dem Journalisten Marty Bergen zum Gegenschlag aus. Bergen ist der Freund eines Polizisten, für dessen Tod Havilland ebenfalls verantwortlich ist. Linda scheitert bei dem Versuch, Havilland eine Mordwaffe anfassen zu lassen, damit der aufgrund der Fingerabdrücke abgeurteilt werden kann. In einer Villa am Meer kommt es zu einer sinnlosen Schießerei, die Bergen und einen Jünger Havillands das Leben kostet. Havilland selbst, der schwere Schläge auf den Kopf hat einstecken müssen, verfällt später völliger geistiger Umnachtung. Linda, mit der er lediglich eine Nacht hat verbringen dürfen, trennt sich von Hopkins, ansonsten wird die Angelegenheit fallengelassen.

3. Hügel der Selbstmörder

(OT: *Suicide Hill*, 1986). Frankfurt a. M. / Berlin: Ullstein, 1997 (Tb 23160). – Ü: Oliver Huzly.

Der halbirre Autodieb Duana Rice glaubt, Stan Klein habe ihn an die Polizei verraten. Nach seiner Entlassung aus dem Gefängnis nimmt Rice zwei Dinge in Angriff: zusammen mit dem Callgirl Rhonda sucht er seine Freundin Vandy, die vermutlich ins Milieu kokainsüchtiger Prostituierter abgedriftet ist; mit den ebenfalls halbirren kriminellen mexikanischen Brüdern Joe und Bobby Garcia überfällt er drei Banken. Beim dritten Überfall tötet der Autodieb Rice genau nach Plan aus Rache den früheren Gefängniswärter und jetzigen Wachmann Gordon Meyers, dann tötet Bobby jedoch aus nichtigem Anlass eine Frau, und Rice muss zwei Streifenpolizisten, darunter den Sohn von Captain Gaffany, erschießen. Tintenbomben machen die Beute aus diesem Überfall unbrauchbar. Rice findet den angeblichen Verräter Stan Klein, mit dem sich seine Freundin Vandy – die tatsächliche Verräterin – zusammengetan hat. Stan wird erstochen, als er Vandy als Geisel nimmt, Garcia schlägt Rice k. o. und flieht mit dem Mädchen. Als Rice ihm in einer Kirche wieder begegnet, tötet er ihn, wird aber dann von Captain Gaffany erschossen. Lloyd Hopkins schießt mit derselben Waffe auf Stans nun schon verwesende Leiche, um Captain Gaffany einen Mord in die Schuhe zu schieben. Der quittiert jedoch, psychisch wie physisch zermürbt, den Dienst, nicht ohne vorher sämtliche Akten über korrupte Kollegen zu vernichten. Nachdem Hopkins noch Joe Garcia und Vandy die Flucht ermöglicht hat, quittiert er selbst ebenfalls den Dienst. Die Wahrheit wird wie immer vertuscht.

Die schwarze Dahlie

(OT: *The Black Dahlia*, 1987). Frankfurt a. M. / Berlin: Ullstein, 1990 (Tb 19654). – Ü: Jürgen Behrens. – O/Z: Los Angeles; 1947.

Der Fall ist authentisch: 1947 wurde Elizabeth Short, die wegen der Farbe ihrer Kleider »Schwarze Dahlie« genannt wurde, in Los Angeles ermordet. Der Mörder blieb unentdeckt. In seinem dritten, dem Andenken an seine 1958 ermordete Mutter Geneva gewidmeten Roman bietet James Ellroy eine fiktive Lösung an. Später versuchte er vergeblich, mit Hilfe eines Ex-Polizisten und unter hohem finanziellen Aufwand nachzuweisen, dass Elizabeth Short und seine Mutter von einem und demselben Täter ermordet wurden (*My dark Places*, 1996, dt. *Die Rothaarige*, 1997). – Dwight Bleichert – der deutschstämmige Icherzähler – und Leland Blanchard vom L.A.P.D. lieben beide dieselbe Frau, Kay Lake. Sie sollen den Mörder der zerstückelten Gelegenheitsprostituierten und Pornofilmerin Elizabeth Short finden. Blanchard wird in Mexiko ermordet, Bleichert heiratet Kay Lake. Den Fall Short verfolgt er so eigenwillig, dass er erst versetzt, dann degradiert und schließlich gefeuert wird. Die Gelegenheitsprostituierte Elizabeth schlief wahllos mit jedem, der sie begehrte, und führte genau Buch über ihre Abenteuer. Die Zahl der Verdächtigen aus Film und Marine ist daher immens. Weil sie Elizabeth zum Verwechseln ähnlich sieht, beginnt Bleichert mit der Herumtreiberin Maddy Sprague ein Verhältnis. Dieses Verhältnis führt er auch nach der Hochzeit mit Kay Lake weiter, was die Ehe jedoch zerstört. Maddys nomineller Vater Emmett Sprague, ein korrupter Baulöwe, hat ein Verhältnis mit Maddy, deren leiblicher Vater der Perverse George Tilden ist. Emmett erfuhr dies nach der Geburt der zweiten Tochter, Martha, und verunstaltete George Tildens Gesicht mit einem Messer. In seinem Bungalow sammelt Tilden Pornofotos und Leichenteile, die er auf Friedhöfen erbeutet. Als er in dem Bungalow Spuren der Gelegenheitsprostituierten Elizabeth Short sowie Aufzeichnungen Ramonas über Elizabeths letzte Lebensstunden findet, erschießt Bleichert Tilden. Der Bungalow nebst allen Beweismitteln wird vorsätzlich von der Polizei durch eine Gasexplosion zerstört, denn das Ansehen der Spragues zählt mehr als die Wahrheit. Ein Gemälde mit dem Titel »Der Mann, der lacht« nach dem Roman von Victor Hugo bringt Dwight Bleichert auf die Lösung des Falles: Ramona Sprague hat es zwei Jahre zuvor an den Kunstsammler Chamber verkauft, weil es sie zu sehr an Tildens zerschnittenes Antlitz erinnerte. Er bewegt die inzwischen trunksüchtige Frau zu einem Geständnis. Danach hat Tilden Emmett mit seinem Wissen um die prekären Familieninterna erpresst und sich Elizabeth ausliefern lassen. Ramona fühlte sich durch deren Ähnlichkeit mit Maddy so sehr gereizt, dass sie sie niederschlug und anschließend zu Tode folterte; ihre Todesqualen dauerten zwei Tage. Tilden zerschnitt die Leiche, wusch sie und half beim Transport an den späteren Fundort. Weil der Polizist Bleichert sich mit Tildens Tötung ungewollt zu Emmett Spragues Vollstrecker gemacht hat, nimmt er Maddy fest, die nur ein Köder für ihn war und seinen Kollegen Blanchard in Mexiko ermordet hat. Sie kommt für zehn Jahre ins Gefängnis, Ramona lässt Bleichert ungeschoren. Ein Brief von Kay unterrichtet ihn, dass sie seit ihrem letzten, gewaltsam vollzogenen Beisammensein schwanger ist. Bleichert fliegt zu ihr, doch seine Gedanken sind nach wie vor von Elizabeth beziehungsweise Madelaine beherrscht. Im Zentrum einer von mehreren verschlungenen Nebenhandlung steht der korrupte Polizist Fritzie Vogel und sein Sohn Johnny, ebenfalls ein Polizist. Als Bleichert publik macht, dass Johnny einmal Elizabeths Liebhaber war und dabei das ganze Ausmaß von Fritz Vogels Verfehlungen ans Licht kommt, wird Johnny gefeuert, der Vater aber erschießt sich. Ungeahndet bleibt, dass Bleichert Prostituierte unter Druck setzt, die Ehen von Zeugen ruiniert, mit Zeuginnen schläft, Verdächtige foltert oder nach Belieben Beweismittel unterdrückt beziehungsweise manipuliert.

RAINER ERLER Deutschland (*1933)

Die letzten Ferien

München: Goldmann, 1981 (Tb 6310). – O: Lanzarote. F: (1) D 1975, R: Rainer Erler. (2) *Einladung zum Mord.* D 2000, R: Rainer Matsutani.

Kurz vor ihrem 18. Geburtstag fliegt die Millionenerbin Beate Rehberg mit ihrer psychisch labilen Mutter und ihrem aalglatten Stiefvater Rick, einem Anwalt, nach Lanzarote, wo sie den deutsch sprechenden Miguel kennen lernt. Auf einem Ausflug versucht Miguel, sie im Auftrag der Eltern umzubringen. Sie überlebt, lernt den amerikanischen Hippie Mike kennen und kehrt ins Hotel zurück. Dort muss sie feststellen, dass sie durch eine Doppelgängerin ersetzt worden ist. Die Millionenerbin Beate, die Miguel nochmals entkommen kann, taucht bei den Hippies unter. Versehentlich tötet Miguel ein Hippie-Mädchen, dessen Poncho Beate getragen hat. Mike, ein glänzender Schachspieler, leitet Beate an, das Komplott ihrer Eltern zu konterkarieren. Sie verschafft sich den Pass ihrer Doppelgängerin Monika Zech, schlüpft in deren Rolle und identifiziert die Leiche der in der Folge ertrunkenen (ertränkten) Monika als Beate Rehberg. Nebenbei erfährt sie, dass die Doppelgängerin in der Zwischenzeit Rick zum notariell beglaubigten Vermögensverwalter gemacht hat. Nachdem der ziemlich kleinlaute Miguel ein Geständnis im Zusammenhang mit Monika Zechs Tod abgelegt hat, lassen Beate und Mike ihn laufen. Beate erreicht mit Mühe und Not noch das Flugzeug, in dem Mutter und Stiefvater, die gramgebeugten Eltern mimend, nach Hause zurückkehren. Kurz vor der Landung nimmt sie neben den Eltern Platz. Hinter ihnen liegen die letzten gemeinsamen Ferien für lange Zeit.

JON EWO Norwegen
(*1957)

Torpedo

(OT: *Torpedo*, 1996). Zürich: Unionsverlag, 2000 (UT metro 171). – Ü: Christel Hildebrandt. – O/Z: Oslo, Berlin, Hamburg; 1998.

Ein »Torpedo« stellt eine Mischung aus Geldeintreiber, Erpresser und Berufskiller dar. Als sein Partner Ulf erschossen wird, beginnt sich »Torpedo« Alex Hoel alt zu fühlen. Mit einem letzten Auftrag will er seine Schulden bei seinem Auftraggeber, dem jugoslawischen Mafioso Dragoslaw, begleichen und sich zur Ruhe setzen – wenn möglich mit Ulfs Witwe Irina und deren Sohn Sönke. Doch er gerät in einen mörderischen Verdrängungswettbewerb zwischen jugoslawischen und russischen Mafiosi; Letztere haben durch ihre glänzend ausgebildeten Ex-KGB-Killer auf lange Sicht die besseren Karten. Die Jugoslawen lassen den erfahrenen Superkiller Milos einfliegen. Alex Hoel soll den albanischen Verräter Mehmed Zogu finden und ihm Geld sowie belastende Unterlagen abnehmen. Er verpatzt jedoch die Sache, Zogu stürzt durch ein Dachfenster in ein Lagerhaus der Russenmafia; dabei kommt der Russe Pjotr ums Leben. Pjotrs Tod, der vor allem Axel Hoel angelastet wird, erfordert Blutrache. Hoel taucht in Hamburg unter und verdient Geld als Kurier für etwas, was in einem Volvo versteckt ist. Dank der Warnung eines alten Freundes sucht Hoel seine Wohnung in Oslo nicht auf und entgeht so einer Sprengfalle im Telefon, die der Schwager des albanischen Verräters Zogu installiert hat. Eine alte Freundin, die drogenabhängige Hure Katja, verrät Alex aber prompt an die Russen. Zwei Killer überraschen ihn im Schlaf, der eine Russe schlägt versehentlich seinen Kollegen tot und tötet Katja, Alex wird in das Hauptquartier der Russen gebracht und – vergeblich – verhört. Er entkommt und wird von den Jugoslawen gefunden, doch auch von diesen gefoltert und gefangengehalten, weil er seine Schulden noch nicht bezahlt hat. Unterdessen bringen die Jugoslawen brennend und mordend alle für sie erreichbaren Russen um. Ilja, der Freund des getöteten Russen Pjotr, lauert, ohne die Sprengfalle auszulösen, Hoel in seiner Wohnung auf und wird von Milos liquidiert. Als Milos Dragoslaw telefonisch den Tod von Milos melden will, tötet ihn eine gewaltige Explosion. Gleichzeitig richtet ein russisches Rollkommando im jugoslawischen Hauptquartier ein Blutbad an, dem auch Dragoslaw zum Opfer fällt. Hoel nutzt die Gelegenheit, überwältigt seinen Bewacher, greift in die Schlacht ein und erbeutet Dragoslaws gut gefüllten Geldkoffer. Die Hintergründe der so genannten »Jugoslawien-Affäre«, wie die Medien den blutigen Bandenkrieg nennen, werden von einer naiven Öffentlichkeit ohne Gefühl für internationale kriminalpolitische Entwicklungen rasch verdrängt und von einer desinteressierten Polizei nie aufgeklärt.

F

JÖRG FAUSER Deutschland
(1944–1987)

Jörg Fauser galt als eine der großen Hoffnungen des deutschsprachigen Kriminalromans, als er bei einem Autounfall ums Leben kam. 1988 wurde er postum mit dem »Ehrenglauser« ausgezeichnet. Weitere Werke: *Das Schlangenmaul* (1985) und *Kant. Ein Szene-Thriller* (1987). Für Marius Müller-Westernhagen war die Rolle des Siegfried Blum, des Helden von *Der Schneemann*, eine Paraderolle.

Der Schneemann

München: Rogner & Bernhard, 1981. (rororo 5081, 1983.)
F: D 1984, R: Peter F. Bringmann.

Der Kleinganove Siegfried Blum sitzt in Malta auf einer Ladung veralteter dänischer Pornos fest, sein Geld geht zur Neige. Der Italiener Rossi will die Pornos kaufen, doch auf dem Weg zu Rossi werden sie Blum gestohlen, Rossi ist verschwunden, sein Hotelzimmer wurde durchsucht. Blum findet einen Schein von der Gepäckaufbewahrung in München und verlässt Malta. Der Gepäckschein bringt ihn in den Besitz von fünf Pfund Kokain im Wert von etwa einer halben Million Mark. In Frankfurt versucht er vergeblich, Kontakt zu Dealern größeren Kalibers zu knüpfen und gerät lediglich an einen Nebenerwerbsdealer und an den dubiosen Amerikaner Harry Hackensack. Die vorübergehend obdachlose Cora, die eine Weile seine Geliebte wird, vermittelt ihm den Kontakt zu dem ehemaligen Modefotografen James, doch dem fehlt Geld, er scheint Siegfried Blum betrügen zu wollen. In Panik zu Fuß nach Frankfurt zurückgekehrt, verwirren sich Blums Sinneseindrücke unter dem Einfluss von Kokain und Stress. Am nächsten Tag verlässt er Frankfurt per Bahn in Richtung Amsterdam. Dort trifft er Cora wieder, die seine Reiseroute vorausgeahnt und Ted und Tim, zwei potentielle Käufer, aufgetan hat. Die wollen den Stoff über ein Warentermingeschäft finanzieren, was Blum rigoros ablehnt. In Oostende schließlich landet er zunächst in der Roxy-Bar, wo der Italiener Rossi mit seinem Leibwächter Francesco auftaucht. Er will ihn zur Herausgabe des Kokains zwingen, als plötzlich der Australier Larry auftaucht, eine Bekanntschaft aus Malta. Rossi und Francesco werden überraschend von der Polizei abgeführt, er selber zu einem Hotel gefahren. Dort trifft Blum außer Larry auch Hackensack und den Missionar Norman. Die drei Vietnamkriegsveteranen wollen sich auf einer Karibikinsel eine eigene Republik schaffen, brauchen aber Geld für eine Revolution und wollen Blums Kokain. Das Angebot, sich an der Organisation des Umsturzes zu beteiligen, lehnt Blum ab. Geschlagen, aber keineswegs gebrochen, kehrt er zur Roxy-Bar zurück. K. W. P.

DAVIDE FERRARIO Italien
(*1956)

Römisches Maskenspiel

(OT: *Dissolvenza al nero*, 2000). Innsbruck: Haymon, 2001. – Ü: Moshe Kahn. – O/Z: Rom; Herbst 1947.

Von allen Prominenten-Krimis ist dieser dank seiner intelligenten Einfälle vielleicht der literarisch wertvollste. Es treten unter anderem der US-Regisseur Gregory Ratoff und der Gangster Lucky Luciano auf, doch als Hobby-Detektiv steht der geniale Regisseur, Schauspieler und Autor Orson Welles (1915–1985) im Mittelpunkt, eine wahrhaft barocke Persönlichkeit und später der Darsteller des Harry Lime in *Der dritte Mann*, zu dem G. → Greene das Drehbuch verfasste. Das Zusammentreffen dieser Personen ist historisch, denn im Herbst 1947 verlässt Welles, noch mit Rita Hayworth verheiratet, die vom McCarthyismus vergifteten USA, um vorübergehend in Italien zu leben und dort den Zauberer Cagliostro in Ratoffs Film *Black Magic* zu spielen. Lucky Luciano hält sich mit Billigung der US-Behörden damals ebenso in seiner Heimat auf, um eine Zusammenarbeit der Sizilianer, vor allem der Mafia mit den Amerikanern, einzufädeln. Außerdem möchte er, dass Welles sein Leben verfilmt. Um ihn anzuspornen, verschafft er ihm eine große Mengen des appetitzügelnden Aufputschmittels Dexedrin, das auf normalem Weg kaum zu bekommen ist und von dem Welles abhängig ist, doch Lucianos Leben bleibt – zumindest von Welles – unverfilmt. – Im Nachkriegs-Italien stehen sich ehemalige Faschisten und Widerstandskämpfer unversöhnlich gegenüber. Als bei den Dreharbeiten zu einer Massenszene der zwielichtige drogenabhängige Alessandro Deller, der mit dem 15 Jahre älteren ehemaligen Stummfilmstar Leda de Santis verheiratet ist, Orson Welles sterbend in die Arme stürzt, kann er nur noch die kryptischen Worte »San Francesco« hervorstoßen. Mit Tommaso Moravia, einem gefeuerten Agenten der antifaschistischen Spionageabwehr, macht sich Welles in Konkurrenz zu den Polizisten De Bernardi und Tufano daran, das Rätsel um »San Francesco« zu lüften. In die Affäre um Tommasos Entlassung aus dem Geheimdienst ist Tufano verwickelt. Tommaso macht Welles mit seinem alten Geschichtslehrer Mariano Knoop bekannt, der nach der Vertreibung der Faschisten die Spionageabwehr mitorganisiert hat. Die Ermittlungen führen Welles und Tommaso zu Spitzeln und an Schauplätze wüster Orgien, lassen sie in Demonstrationen und an Orte geraten, wo Leichen liegen, und bringen sie mehrfach in Lebensgefahr. Auch der perverse vatikanische Prälat Cipicco Pressner muss kontaktiert werden, der über die Vatikanbank Banco di Santo Spirito verbotene Devisengeschäfte mit dem Ausland lanciert. Offenbar hat der in Welles' Armen verstorbene Deller auch einigen italienischen Juden, darunter Leda de Santis, gegen Entgelt zur Flucht verholfen. Schließlich entschlüsselt Welles ein kodiertes Gedicht des alten Geschichtslehrers Knoop, der inzwischen ermordet wurde. Das Gedicht führt zu einem Leichenschauhaus in Livorno, welches als Relaisstation für in Särgen geschmuggelte Waffen dient; Pressner ist in diesen Fall verwickelt. In einem Theater, wo Welles eine Illusionistenshow gibt, kommt es zum Showdown. Die beiden Polizisten De Bernardi und Tufano versuchen, Welles und seinen Freund umzubringen, werden jedoch ihrerseits von zwei Killern beseitigt, die im Auftrag Lucky Lucianos den berühmten Schauspieler Welles unausgesetzt observiert haben. Knoop musste sterben, weil er dem Waffenschmuggel auf die Spur gekommen war. An dem Fall sind aber auch die Amerikaner interessiert, die Italien keinesfalls unter den Einfluss Stalins geraten lassen wollen. Am Ende trennen sich Tommaso und Welles im Zorn: Tommaso sagt, dass sich seine Angebetete Lea wegen ihm, Tommaso, von ihm trennen werde.

DAN FESPERMAN USA
(*1949)

Lügen im Dunkeln

(OT: *Lies in the Dark*, 1999). München: List, 2000 (List Grande 65043). – Ü: Andree Hesse. – O: Sarajewo; Bosnienkrieg. – P: »John Creasey Memorial Award« 1999 der »British Crime Writers Association« (CWA).

Fesperman, der während des Bürgerkriegs in Bosnien, Kroatien und Serbien als Kriegsberichterstatter der Zeitung *Baltimore Evening Sun* arbeitete, hat seine Erlebnisse in Sarajevo in die Form eines detailgenauen Krimis gegossen. Sein Protagonist, Kommissar Vlado Petric von der Mordkommission in Sarajevo, entspricht dem Typ des unbeugsamen, einsamen Westernhelden, der sich im unerschütterlichen Glauben an Recht und Gesetz mit kriminellen Mächtigen anlegt und gegen jede Wahrscheinlichkeit mit dem Leben davonkommt. – Von der Mordkommission in Sarajevo sind nur noch die Kommissare Vlado Petric und Damir Begovic sowie ihr blässlicher Chef übrig geblieben. Alle wichtigen Fälle hat eine kurz vor dem Krieg gegründete Sondereinheit des Innenministeriums unter ihrem Chef Esmir Vitas an sich gezogen. Mit Frau Jasmina und Tochter Sonja, die sich in Berlin in Sicherheit gebracht haben, kann Kommissar Petric einmal im Monat für drei Minuten funktelefonischen Kontakt aufnehmen; die einsamen Abende in einer halbzerstörten Wohnung verbringt er mit dem Bemalen von Zinnsoldaten. Als Esmir Vitas aus unmittelbarer Nähe erschossen wird, beauftragt dessen Amtsnachfolger Juso Kasic Vlado Petric mit den Ermittlungen. Einziges Indiz ist ein Papierschnipsel mit dem Namen des Kunstexperten Milan Glavas, der nach dem Zweiten Weltkrieg in Deutschland für Jugoslawien Beutekunst requirierte. Die Kunstwerke wurden in einem komplizierten Verfahren als Dauerleihgaben an Funktionäre verteilt, konnten so als verschwunden deklariert und in jugoslawischem Besitz gehalten werden. Nun wird mit den Kunstwerken schwunghafter Handel betrieben. Die so genannte »Transfer-Kartei« gibt über den Aufenthaltsort und den aktuellen Besitzer eines jeden Kunstwerkes Auskunft. Mit Hilfe des amerikanischen Korrespondenten Toby beschafft sich Vlado eine Kopie der Kartei; der französische Frachtoffizier Maurice Chevard sorgt für den Transport der Kunstwerke auf dem Luftwege nach Frankfurt in UN-Flugzeugen. Nach dem Besuch des Kommissars wird der Kunstexperte Glavas abgeholt, erschossen und als Kriegsopfer bestattet. Vlado Petric muss seine Ermittlungsergebnisse seinem Kollegen Damir Begovic offenbaren. Daraufhin wird bei einer heimlichen Durchsuchung seiner Wohnung ein Zinnsoldat entwendet, den Vlado auf Damirs Schreibtisch wiederentdeckt. Damit ist klar, dass Damir mit Kasic unter einer Decke steckt und dass Vlado Petric in eine Falle gelockt werden soll. Er entkommt dem Hinterhalt durch einen beherzten Sprung in den eiskalten Fluss und schlägt sich durch die Kanalisation in den hermetisch abgeriegelten serbischen Stadtteil durch. Im Keller von Vitas' Mutter stehen jede Menge sorgfältig verpackter Kunstwerke und zwei Karteikästen. Vlado steckt 50 Karten ein, bevor er sich auf den Rückweg ins kroatische Viertel begibt. Bei der Prostituierten Amira, die ihm einen Gefallen schuldet, findet er Unterschlupf. Ausgeruht, sauber und in frischer Wäsche von Amiras gefallenem Mann, begibt er sich mit dem Beweismaterial umgehend ins Hotel zu Toby, der es sofort in einer UN-Frachtmaschine nach Frankfurt bringt. Dank lascher Kontrollen kann Vlado als blinder Passagier mitfliegen.

JOY FIELDING Kanada
(*1945)

In Fieldings bei einem weiblichen Publikum beliebten Thrillern gerät in der Regel eine bis an die Schmerzgrenze naive Heldin in ein Komplott ihres Mannes. Ihre geheimnistuerischen Neigungen verhindert drei- bis vierhundert Seiten lang eine rasche Lösung des Dramas. Weitere Werke: *Kiss Mommy Goodbye* (1980, dt. *Sag Mammie goodbye*, 1981), *Life penalty* (1985, dt. *Lebenslang ist nicht genug*, 1986), *Good Intentions* (1988, dt. *Verworrene Verhältnisse*, 1991), *See Jane Run* (1991, dt. *Lauf, Jane, lauf*, 1992), *Tell Me No Secrets* (1993, dt. *Schau dich nicht um*, 1993).

Flieh, wenn du kannst

(OT: *Don't cry now*, 1995). München: Goldmann, 1995. (Goldmann 44824, 2000.) – Ü: Mechthild Sandberg-Ciletti. – O: USA.

Der Fernsehregisseur Rod Wheeler hat mit seiner zweiten Frau, der Lehrerin Bonnie Wheeler, ein dreijähriges Töchterchen, Amanda, und aus einer ersten Ehe zwei Kinder, den 16-jährigen Sam und die etwas jüngere Lauren. Die erste Ehe scheiterte, weil eine weitere Tochter im Säuglingsalter in der Badewanne ertrank und Rod Wheelers Frau Joan dem Alkohol verfiel. Rods zweite Frau Bonnie stammt aus einer psychisch belasteten Familie, deren Mitglieder untereinander kaum Kontakt pflegen: ihr Bruder Nick sitzt im Gefängnis, und mit der neuen Frau ihres verwitweten Vaters versteht sich Bonnie ebenso wenig wie mit Rods Ex-Frau Joan. Eines Morgens warnt Joan Bonnie telefonisch vor einer nicht näher spezifizierten Gefahr und verabredet sich mit ihr für die Mittagszeit. Bonnie erzählt ihrem Mann nichts von dem Anruf, fährt zu Joan und findet sie: erschossen. Ihre Geheimnistuerei macht sie zwar zu einer Hauptverdächtigen, doch bleibt der Fall in der Schwebe. Joan hat Bonnies Lebensweg mit großem Interesse verfolgt und sogar ein Album über sie angelegt. Bonnie und Rod nehmen Lauren und Sam nebst einer jungen Anakonda bei sich auf. Es dauert eine Weile, bis die beiden Stiefkinder gesprächiger werden, doch gleichzeitig häufen sich unerklärliche Vorkommnisse: Unter anderem wird Amanda von einem Vermummten mit Blut übergossen und von Sams Schlange angegriffen, Bonnies Bruder Nick erscheint plötzlich, mit einer 357er Magnum bewaffnet, und die erotischen Dessous, die Rod Bonnie schenkt, sind ganz offensichtlich für eine üppigere Frau wie Joans Nachbarin Caroline Gossett gekauft, die vor Rods notorischer Untreue warnt. Bonnie bleibt selbst dann noch völlig arglos, als sich ihre normalerweise robuste Gesundheit zusehends verschlechtert: Offensichtliche Anzeichen einer Vergiftung nimmt sie nicht wahr. Später stirbt Joans Mutter im Altersheim, nachdem Lauren sie bei einem überraschenden Besuch mit selbstgemachtem Pudding gefüttert hat, und Caroline Gossett, die ein Verhältnis mit Rod hat, wird erschossen, nachdem sie kurz zuvor Geschlechtsverkehr hatte. Bevor Bonnie, bei der nach langem Hin und Her eine fortgeschrittene Arsenvergiftung diagnostiziert wird, sich zur Entgiftung in ein Krankenhaus begibt, erweist sich Bonnies Bruder Nick als *undercover*-Agent des FBI in ultrageheimer Mission, zu deren Erfüllung er sogar eine Gefängnisstrafe angetreten hat; im Auftrag der Polizei versuchte er, seine Schwester zu beschützen. Eine Spermien-Analyse weist Rod als Carolines Liebhaber aus. Für den Tod der drei Frauen und von Joans Baby sowie die verschiedenen Zwischenfälle ist dagegen Lauren, die Tochter aus Rods erster Ehe, verantwortlich. Lauren ist ein extrem vaterfixiertes Mädchen. Weil sie die Liebe ihres Vaters nicht teilen wollte, ertränkte sie ihr

Schwesterchen in der Badewanne und schmiedete einen Racheplan gegen Bonnie. Dazu legte sie auch das Album über Bonnie an. Joan fand es, ahnte die Gefahr und wollte Bonnie warnen, wurde aber von Lauren getötet. Als sie hinter Rods Verhältnis mit Caroline Gossett kam, erschoss Lauren auch die. Der Arsentod der Großmutter war ein Test für die Giftanschläge auf Bonnie. Andere Vorfälle inszenierte in Laurens Auftrag Bonnies Schüler Haze. Lauren bedroht Amanda mit einer Rasierklinge, doch das Mädchen kann sich unverletzt retten. Anschließend setzt Bonnie den nicht einmal sonderlich zerknirschten Rod vor die Tür. Ins Krankenhaus zur Entgiftung fährt sie ihr Lehrerkollege Josh Freeman, der durch einen Verkehrsunfall Frau und Kind verloren und mit dem sie sich zaghaft ein wenig angefreundet hat.

NINO FILASTÒ Italien
(*1938)

Die florentinischen Justizkrimis Filastòs, der L. → Sciascia als sein Vorbild bezeichnet, sind erfüllt vom Duft wunderbarer Speisen und Getränke, gesättigt mit kulturhistorischen Details und bevölkert von herrlich schrägen Gestalten wie Avvocato (Rechtsanwalt) Corrado Scalzis Geliebter Olimpia oder deren Nachfolgerin, der exzentrischen Pathologin Evelina mit ihrer Riesenschlange Guendolina. Der beste der qualitativ nicht ganz gleichwertigen Krimiserie ist *Alptraum mit Signora.* Weitere Scalzi-Krimis: *La moglie egizina* (1995, dt. *Der Irrtum des Dottore Gambesi*, 1997), *La notte delle rose nere* (1997, dt. *Die Nacht der schwarzen Rosen*, 1999), *Sforza Maggiore* (2000, dt. 2001).

Alptraum mit Signora

(OT: *Incubo di signora*, 1990). Berlin: Aufbau-Verlag, 1998. (AtV 1600, 1999.) – Ü: Bianca Röhle. – SF: Rechtsanwalt Corrado Scalzi. O: Florenz.

Der Transvestit Bice wird zusammen mit seinem Schoßtier, einem mexikanischen Nackthund, ermordet und zerstückelt. Die beiden sind auf einem bislang als echt geltenden Gemälde des Malers Boltraffio dargestellt, der bereits 1515 gestorben ist, als es noch gar keine mexikanischen Nackthunde in Europa gab. Der geniale Fälscher, der am Werk ist, ist der gnomenhafte und obendrein paranoid schizophrene Maler Narcisse Ori. Er arbeitet eng mit der reichen Kunstsammlerin Piccarda Degli Alberetti und mit dem Kunsthändler Scalistri zusammen. Scalistri will die reiche Erbin Angelica Degli Alberetti betrügen, indem er ein angeblich gefälschtes Gemälde aus ihrem Besitz für viel Geld nach Amerika verkauft. Weil Avvocato Scalzi ihr mit legalen Mitteln nicht helfen kann, will Angelica das Gemälde zurückstehlen. Kurz nach ihrem Besuch bei Scalistri liegt dieser erschlagen im Gartenteich. Angelica macht sich zwar selber durch Lügen verdächtig, bleibt aber auf freiem Fuß und wird dann von dem Maler Narcisse Ori – Scalistris Mörder – entführt. Er foltert sie mit einem transportablen antiken Elektroschockgerät und zwingt sie, ihm Modell für das Bild »Alptraum mit Signora« zu liegen, bei dem er ihr einen Dämon aus Pappmaschee auf die Brust setzt. In letzter Minute wird Angelica gerettet, der Maler Ori nimmt sich später durch einen Sprung in die Tiefe das Leben. Er brachte Bice um, weil er ihn zu erpressen versuchte, und tötete Scalistri als Folge seiner fortschreitenden Geisteskrankheit.

WOLFRAM FLEISCHHAUER Deutschland (*1961)

Die Frau mit den Regenhänden

München: Schneekluth, 1999. (Knaur 61727, 2000.) – O/Z: Paris; 1867. – P: Platz 3 des »Deutschen Krimipreises National« 2000.

Als ihr Kind kurz vor der Eröffnung der Weltausstellung ertrunken und mit einer vom langen Liegen im Wasser verschrumpelten Haut aus einem Kanal gefischt wird, behauptet die Mutter Marie Lazès, das Kind im Krankenhaus Lariboisère einer Schwester übergeben zu haben, weil es krank gewesen sei und tagelang geschrien habe. Es gibt jedoch keine Eintragung über die Kindsübergabe, Marie droht das Schafott. Ihr Verteidiger Antoine Bertaut stellt Nachforschungen in der Pariser Unterwelt an. Dabei stößt er auf Maries ältesten Sohn Johann, einen Straßenräuber, auf Madame Corley, die Putzfrau des Leichenraums im Krankenhaus Lariboisère, und auf ihren Vorgesetzten, Dr. Vesinier. Vesinier hat auch das ertrunkene Kind obduziert. Bevor Bertaut die Putzfrau befragen kann, wird sie von Straßenräubern ermordet. Sie hatte tatsächlich Maries krankes Kind angenommen und einem Bettler übergeben, der mit dem Kind Mitleid erheischen wollte. Als es gestorben war, warf er es einfach in den Kanal. Der Geheimpolizist Fonvielle erschießt den Bettler vor Bertauds Augen. Das Kind hatte die Cholera und wurde mit Kupfersulfat behandelt. Das Mittel führt zu einer Verrunzelung der Haut, wie sie auch für Wasserleichen typisch ist. Der Ausbruch der Cholera – oder auch nur die Angst davor – hätte fatale Auswirkungen auf den Besuch der Weltausstellung. Die Geschichte von Maries totem Kind wird ausgegeben als Roman der jungen Französin Gaëtane, und dieser ist eingebettet in eine rührende Rahmenhandlung, die in der Gegenwart spielt und ebenfalls Krimi-Elemente enthält: Ein junger Architekturstudent soll die soziale Situation Frankreichs zur Zeit der Weltausstellung erforschen, lernt in einem Pariser Museum eine junge Frau mit schönen Augen kennen und lieben und wird wiedergeliebt, doch der Liebe ist keine Zukunft beschieden, denn das Mädchen hat seit einer Infusion mit infizierten Blutkonserven AIDS. F. R.

IAN FLEMING Großbritannien (1908–1964)

Ian Fleming schuf mit James Bond 007 das Urbild aller Geheimagenten. Sein siebter Roman *Goldfinger* gilt vielen Kennern als sein bester; ähnlich hoch geschätzt wird die Verfilmung mit Sean Connery und Gerd Fröbe als »Goldfinger«. Den Namen seiner Titelfigur entlehnte er dem Berliner Juwelier Mendel Goldfinger, der sich seither Goldfinder nennt. Weitere 007-Romane: *Casino Royale* (1953, dt. 1960), *From Russia, with Love* (1957, dt. *Liebesgrüße aus Moskau*, 1966), *Dr. No* (1958, dt. *James Bond jagt Dr. No*, 1965), *Thunderball* (1961, dt. *Feuerball / Sag niemals nie: Aktion Feuerball*, 1965/84). Nach Ian Flemings frühem Tod führten Kingsley Amis, Christopher Wood (nach eigenen Drehbüchern zu *The Spy who loved me* und *Moonraker*), J. → Gardner und schließlich R. → Benson die Buchserie fort. Ein Ende der »Bonditis« ist nicht abzusehen. Außer einem Buch über Diamantenschmuggler schrieb Fleming das Kinderbuch *Chitty-chitty-bang-bang* (1964–65, dt. *Tschitti-tschitti-bäng-bäng*, 1969), die reizende Geschichte um das Wunderauto von Kapitän Karaktakus Pott, das auch als Filmmusical mit Dick van Dyke und »Goldfinger« Gerd Fröbe ein großer Erfolg war.

Goldfinger (James Bond contra Goldfinger) (OT: *Goldfinger*, 1959). Bern/München: Scherz, 1965. (Tb 79224, 1999.) – Ü: Willy Thaler, Friedrich Polakovics. – SF: James Bond. O/Z: Miami, London, Frankreich; um 1955. F: USA 1964, R: Guy Hamilton.

In Miami lernt Bond zufällig den schwerreichen Briten Auric Goldfinger kennen, der mit Hilfe seiner Sekretärin Jill Masterson beim Kartenspielen betrügt, und enttarnt ihn. Weil Goldfinger, der sich obendrein als Schatzmeister der sowjetischen Killerorganisation »Smersch« erweist, im Verdacht steht, Goldschmuggel im großen Stil zu betreiben, setzt M Bond auf ihn an. Nachdem er Goldfinger bei einer Partie Golf besiegt hat, nimmt er eine Einladung auf dessen Londoner Besitz an. Dort stellt er fest, dass das Gold in Form von Sitzgestellen für Flugzeuge nach Indien geschafft wird. Jill Masterson soll gekündigt haben, ist aber in Wirklichkeit ermordet worden: ihr nackter Körper wurde mit Goldbronze bestrichen, was zu einem qualvollen Erstickungstod führte. In Frankreich, wohin Goldfinger in seinem Rolls-Royce unterwegs ist, verhindert Bond gerade noch, dass Jills Schwester Tilly Goldfinger aus Rache für Jills Tod erschießt. Die Karosserie von Goldfingers Rolls ist aus purem Gold und soll in Frankreich gegen normales Blech ausgetauscht werden. Fakto (im Film: Oddjob), ein Karatekiller, dessen Wurfmelone eine tödliche Stahlkrempe enthält, nimmt Bond und Tilly gefangen und bringt sie in Goldfingers französisches Anwesen. Dort soll Bond mit einer Kreissäge entzwei geschnitten werden, doch Goldfinger nimmt dann doch lieber dessen Angebot zur Zusammenarbeit an. Tilly und Bond nehmen wenig später in den USA bei einer Konferenz teil. Dort weiht Goldfinger die führenden Bandenchefs des amerikanischen Kontinents in seinen Plan ein, Fort Knox zu überfallen, das nationale Golddepot der USA. Zunächst sollen durch Vergiftung des Trinkwassers die 20000 zur Bewachung der Anlage eingesetzten Soldaten sowie die Bewohner der Umgebung ausgeschaltet werden. Dann will Goldfinger die Tresore mit einer Atombombe ohne radioaktiven *fallout* öffnen und schließlich 15 Tonnen Gold auf Lkws, per Bahn und zuletzt auf einem sowjetischen Kriegsschiff abtransportieren. Die Großverbrecher, zu denen auch Pussy Galore, die Chefin einer Bande von lesbischen Einbrecherinnen, gehört, wollen sich beteiligen. Bond kann mit einem unglaublich primitiven Trick seinen Freund Felix Leiter vom FBI warnen, der Überfall auf Fort Knox wird verhindert. Dabei tötet Fakto Tilly mit seinem Hut, bevor er mit seinem Herrn auf einer Lokomotive entkommt. Bond jedoch wird betäubt und erwacht an Bord eines Flugzeuges, in dem sich Pussy, Goldfinger und Fakto befinden; er selber soll an die Sowjets ausgeliefert werden. Bond hat jedoch ein Messer im Schuhabsatz, mit dem er die Außenhaut der Flugzeugkabine verletzt und einen plötzlichen Druckabfall herbeiführt, durch den Fakto aus der Kabine gesogen wird; Goldfinger wird erwürgt. Bei einer von Bond erzwungenen Notwasserung geht das Flugzeug mit drei Tonnen Gold aus Goldfingers Besitz unter. Auf einem Wetterschiff heilt Bond Pussy – beide haben natürlich den Absturz überlebt – von ihren lesbischen Neigungen.

KEN FOLLETT Großbritannien (*1949)

Der ehemalige Philosophiedozent Ken Follett wurde bekannt durch den mit dem »Edgar Award« ausgezeichneten und verfilmten Spionagethriller *Eye of the Needle* (1978, dt. *Die Nadel*, 1980) sowie einige Großromane wie *The Pillars of Earth* (1989, *Die Säulen der Erde*, 1990) oder *A*

Place called Freedom (1995, dt. *Die Brücken der Freiheit*, 1996). Das Thema von der Möglichkeit, vollkommene Soldaten zu züchten, behandelte auf ähnliche Weise wie Follett in *Der dritte Zwilling* bereits Stan Lee in *The GOD Project* (dt. *Der Flug der Taube*, beides 1990).

Der dritte Zwilling

(OT: *The Third Twin*, 1996). Bergisch Gladbach: Lübbe, 1997. (Bastei 25699, 2001.) – Ü: Wolfgang Neuhaus, Lore Strasel, Till R. Lohmeyer. – O: Baltimore.
F: USA 1997, R: Tom McLoughlin.

In der Jones Falls University vergewaltigt ein Brandstifter die Studentin Lisa Boxton. Lisas Freundin Dr. Jeannie Ferrami untersucht die genetischen Ursachen von Kriminalität an getrennt aufgewachsenen Zwillingen, die sie mittels eines selbst geschriebenen Computerprogramms aufspürt. Einer ihrer Probanden, der Jurastudent Steve Logan, wird aufgrund von Indizien verhaftet, von Lisa bei einer Gegenüberstellung als ihr Vergewaltiger identifiziert und anhand des genetischen Fingerabdrucks überführt, obwohl er ebenso wenig der Täter war wie der absolut genidentische Mörder Dennis Pinker, der ein Alibi hat. Des Rätsels Lösung liegt bei der Gentechnik-Firma Genetico, die drei Erzkonservativen gehört, nämlich Psychologie-Professor Berrington Jones (Jeannies Chef), Preston Barck und Senator Jim Proust, der US-Präsident werden möchte. Genetico will die deutsche Konkurrenzfirma Landsmann aufkaufen, hat aber Geheimnisse, die nicht an die Öffentlichkeit geraten dürfen bzw. den Kauf verhindern würden. Weil Jeannie hinter diese Geheimnisse kommen könnte, intrigiert Berrington sie aus der Universität hinaus; ihr Büro wird ausgeräumt, ihr privater PC gestohlen. Der Vater des Jurastudenten Steve Logan, ein ranghoher Militär, verschafft ihr jedoch, seine eigene Karriere aufs Spiel setzend, Zugang zu alles erklärenden Regierungsunterlagen. In der Nixon-Ära versuchte der US-Geheimdienst, indem er ähnliche Versuche der UdSSR imitierte, perfekte Soldaten zu züchten. Dazu wurden in Militärkrankenhäusern heimlich Klone von Babys mit militärisch interessanter Erbmasse geschaffen, die aber bald kriminelle Neigungen entwickelten. Insgesamt gibt es sieben identische Steve Logans, deren Mütter keine Ahnung von dem Experiment hatten. Die Klone – einer davon, Harvey Jones, ist Berringtons Sohn – versuchen im letzten Moment, Jeannie an weiteren Nachforschungen zu hindern, indem sie u. a. in Steves Rolle schlüpfen und Jeannie sexuell bedrohen. Jeannie präsentiert aber allen Widrigkeiten zum Trotz eine ganze Reihe der Klone auf der Pressekonferenz, auf der die Fusion von Genetico und Landsmann besiegelt werden soll. Die Fusion scheitert, Genetico geht an den Schadensersatzforderungen der Klonmütter pleite, die Inhaber verlieren ihre Posten, und Jeannie und Steven werden trotz des Altersunterschiedes ein Ehepaar.

KATHERINE V. FORREST USA (*1939)

Die Autorin Forrest gilt als eine der Pionierinnen des Lesbenkrimis. *Beverly Malibu* ist nach *Der Tote hinter der Nightwood-Bar* und *Amateure* ihr dritter Roman um die lesbische Polizistin Kate Delafield aus Los Angeles. Kate ist 1988 zweiundvierzig und hat in Ed Taylor einen überaus toleranten Kollegen und Partner. *Beverly Malibu* ist geradezu geschwängert mit Reminiszenzen an die Glanzzeit des Hollywood-Films, aber auch an das Zeitalter der wahllosen Denunziationen unter Senator McCarthy, dem Vorsitzenden aus Kongressausschusses zur Untersuchung »unamerikanischer Umtriebe«.

Beverly Malibu

(OT: *The Beverly Malibu*, 1989). Hamburg: Argument-Verlag, 1991 (Ariadne Krimi 1029). – Ü: Anke Grube, Maren Klostermann. – SF: Kate Delafield. O: eine Wohnanlage in Los Angeles. – P: »Lamba Literary Award for Mystery (Lesbian Mystery)« 1989.

In der Wohnanlage »Beverly Malibu« gibt es 14 Wohneinheiten mit entsprechend vielen Bewohnern von außerordentlicher Skurrilität. Einer, der allseits unbeliebte Ex-Regisseur Owen Charles Sinclair, stirbt qualvoll an einem Drogen- und Giftcocktail. Im Zuge ihrer Ermittlungen beginnt die Polizistin Kate Delafield ein Verhältnis mit Aimee, der Nichte von Paula Grant, die früher als *script-superviser* sehr gefragt war. Nahezu alle Bewohner kämen als Täter in Frage, da Sinclair in der McCarthy-Ära einige von ihnen, die linke Sympathien oder homophile Neigungen hegten, beim Senatsausschuss für unamerikanische Umtriebe denunziert oder ihnen skrupellos Drehbuch-Ideen gestohlen hat; auch bei früheren Geliebten hat er wenig gute Erinnerungen hinterlassen. Die einzige, die nicht in das ganze Netz von Intrigen, Freund- und Feindschaften eingesponnen zu sein scheint, ist die 63-jährige Dorothy Brennan, die erst ein Jahr zuvor, nach dem Tod fast aller ihrer Angehörigen, ins »Malibu« gezogen ist, dies aber bereits mit festen Mordabsichten tat, denn auch sie ist unter ihrem früheren Namen Meaghan Dorothea Smythe von Sinclair denunziert worden. Weil der sie gar nicht persönlich kannte, schöpfte er keinen Verdacht bei ihrem Einzug. Sie stahl ihm die Wohnungsschlüssel und brachte ihn in seinen eigenen vier Wänden um. Kincade musste wegen seiner Sympathien für Sinclair ebenfalls sterben. Dorothy entkommt mit Hilfe ihrer Schwägerin nach England und bleibt straffrei. Kate und Aimee beschließen, zusammen zu bleiben.

FREDERICK FORSYTH Großbritannien (*1938)

Frederick Forsyth debütierte 1969 mit *The Biafra Story*, es folgten *Der Schakal* (1971) und *Die Akte Odessa* (1972). Weitere Werke: *The Dogs of War* (1974, dt. *Die Hunde des Krieges*, 1976), *The fourth Protocol* (1984, dt. *Das vierte Protokoll*, 1986), *Icon* (1996, dt. *Das schwarze Manifest*, 1999), *The Phantom of Manhattan* (1999, dt. *Das Phantom von Manhattan*, 2001).

Der Schakal

(OT: *The Day of the Jackal*, 1971). München: Piper, 1972. – Ü: Tom Knoth. – O/Z: Paris u. a.; 1963.

F: (1) GB 1973, R: Fred Zinnemann. (2) USA 1997, R: Michael Caton-Jones.

Weil Präsident Charles de Gaulle die französische Kolonie Algerien in die Unabhängigkeit entlassen hat, gilt er der OAS, einer patriotischen Geheimorganisation, als Verräter. Weil die OAS nach mehreren fehlgeschlagenen Attentaten völlig von Spitzeln unterwandert ist, ersinnt ihr neuer Führer Marc Rodin den perfiden Plan, den der Polizei gänzlich unbekannten britischen Auftragskiller Charles Calthrop, genannt »Der Schakal«, zu engagieren. Sein Honorar von 500 000 Dollar bringt die OAS durch brutale Banküberfälle auf. Der Schakal kundschaftet den Schauplatz seines geplanten Mordes aus und besorgt sich durch Diebstahl und Tricks eine Reihe falscher Identitäten sowie ein zerlegbares Spezialgewehr für Explosivgeschosse. Seine Auftraggeber verbarrikadieren sich aus Angst vor einer Entführung durch eine französische Spezialeinheit in einem Hotel. Trotzdem gelingt es diesen, den tumben polnischen OAS-Schläger Kowalski mit einem Trick wegzulocken, ihm durch Folter Informationen abzupressen und ihn umzubringen. Dadurch kommt der Deckname »Schakal« ans Licht.

Kommissar Claude Lebel, der beste Detektiv Frankreichs, enttarnt mit geradezu traumwandlerischer Sicherheit die verschiedenen Aliasnamen des Schakals und seine Aufenthaltsorte; mehrmals verfehlen die Fahnder ihn nur knapp. Bis zum 25. August, einem hohen französischen Staatsfeiertag und de Gaulles vom Schakal geplanten Todestag, hat die Polizei auch den Kontaktmann des Killers festgenommen und kennt daher seinen aktuellen Namen und seine Verkleidung. Kaum hat er in der Maske eines kriegsversehrten Algerienveteranen eine Straßensperre passiert, ist auch Lebel schon hinter ihm her. Der erste Schuss verfehlt de Gaulle; mit dem zweiten Schuss tötet der Schakal den Spezialpolizisten Valremy, der Lebel begleitet; dann erschießt ihn Lebel mit Valremys MP.

Die Akte Odessa

(OT: *The Odessa File*, 1972). München: Piper, 1973. (SP 2031, 1994.) – Ü: Tom Knoth. – O/Z: Deutschland; 1960er-Jahre.
F: D/GB 1974, R: Ronald Neame.

Salomon Tauber beschreibt in seinem Tagebuch detailliert, wie ihn im Ghetto der SS-Mann Eduard Roschmann, der »Schlächter von Riga«, bestialisch quälte. 20 Jahre nach Kriegsende begegnet Tauber Roschmann wieder und begeht aus Verzweiflung über dessen Leben in Freiheit Selbstmord. Der Hamburger Reporter Peter Miller findet das Tagebuch Salomon Taubers und macht sich auf die Suche nach Roschmann, der auf seiner Flucht Millers Vater erschossen hat. Seine Nachforschungen rücken Miller ins Visier von ODESSA, der »Organisation der ehemaligen SS-Angehörigen«. ODESSA hilft der ägyptischen Regierung, Raketen zur Vernichtung Israels zu bauen. Der unter falschem Namen lebende Roschmann ist in diesen Plan eingebunden, weil in seiner Radiofabrik in Süddeutschland Bauteile für diese Raketen produziert werden. Ein Killer soll Roschmann vor Enttarnung schützen. Mit Hilfe einer Mossad-nahen Gruppe von rachedurstigen Holocaust-Überlebenden infiltriert Miller ODESSA. Aus einer Druckerei in Osnabrück stiehlt er eine Liste mit den neuen Namen der Untergetauchten. Er stöbert Roschmann auf, doch der kann sich in letzter Sekunde nach Südamerika absetzen. Der ODESSA-Killer wird von einem Mossad-Agenten getötet, der ebenfalls auf Millers Spur war. Roschmanns Fabrik wird geschlossen, die ägyptischen Raketen werden nicht fertiggestellt und später von den Israelis zerstört. Die Akte des Druckers wird den deutschen Justizbehörden übergeben, Miller kehrt nach Hamburg zurück, heiratet seine Freundin und schreibt weiter belanglose Artikel. Während die Organisation ODESSA frei erfunden ist, handelt es sich bei dem SS-Offizier Eduard Roschmann, dem »Schlächter von Riga«, um eine historische Figur. J. H.

KARIN FOSSUM Norwegen (*1954)

Karin Fossum ist mit ihrer Figur des melancholischen Kommissars Konrad Sejer die norwegische Antwort auf H. → Mankells Kommissar Wallander gelungen. Sejer bekommt wie Wallander eine eigene, von Roman zu Roman weitergesponnene Lebensgeschichte. Seine Frau ist vor einigen Jahren verstorben, und die Frage, ob er noch einmal eine Altersliebe finden wird, verleiht der Serie über den einzelnen Kriminalfall hinaus eine ganz eigene Spannung. Weitere Sejer-Romane: *Evas Auge* (dt. 1997), *Wer hat Angst vorm bösen Wolf?* (dt. 2000) und *Stumme Schreie* (dt. 2001), *Dunkler Schlaf* (dt. 2002).

Fremde Blicke
(OT: *Se dek ikke tilbake!*, 1996). München: Piper, 1999. (SP 3060, 2000.) – Ü: Gabriele Haefs. – SF: Kommissar Konrad Sejer. O/Z: ein abgelegenes norwegisches Dorf; um 1995.

Die zutrauliche Ragnhild Album steigt arglos in den Lieferwagen des mongoloiden Raymond, der ohne Führerschein fährt, und besucht mit ihm einen See. Die Eltern erstatten sofort Vermisstenanzeige. Am See finden die beiden die nackte Leiche der 15-jährigen Annie Holland, einer eifrigen Handballerin und gefragten Babysitterin. Ihre Kleider liegen sorgfältig gefaltet neben ihr, ihre Blößen bedeckt der etwas genierliche Raymond mit seiner Windjacke. Dann bringt er Ragnhild unversehrt nach Hause. Annie war das einzige gemeinsame Kind von Eddie und Ada Holland, die eine weitere Tochter, Solvi, mit in die Ehe gebracht hat. Deren leiblicher Vater, der heruntergekommene Ex-Polizist Axel Bjork, erschießt sich am Ende des Romans aus Überdruss und Ekel an seinem verkorksten Leben. Annie passte oft auf den zweijährigen Eskil Johnas auf, den hyperaktiven Sohn eines Teppichhändlers, doch Eskil ist beim Waffelessen erstickt; in Annies Nachlass findet sich eine kleine Vogelplastik von seinem Grab. Über Eskils Tod ist Johnas' Ehe mit der Alternativen Astrid in die Brüche gegangen. Annies Handball-Trainer Knut Jensvoll ist wegen eines Sexualdelikts vorbestraft, und Annies Beziehung zu ihrem Freund Halvor Muntz war wegen Annies schwierigem Charakter nicht unproblematisch; auch könnte es sein, dass Halvor seinerzeit seinen trunksüchtigen Vater erschossen hat, dessen Gewalttätigkeit ihm zu etlichen künstlichen Zähnen verholfen hat. Kommissar Sejer nimmt Annies Freund Halvor fest, als Annies Schultasche bei ihm gefunden wird. Halvor hat jedoch keine Ahnung, wie sie in seinen Besitz kommen konnte. Nach mühevollen Ermittlungen stellt sich der Fall wie folgt dar: Johnas hat seinen Sohn, der aufgrund seiner Hyperaktivität eine fürchterliche Nervensäge war, in einem Anfall von Wut und Verzweiflung eigenhändig zwei Waffeln in den Hals gestopft und ihn sterben lassen. Durch einen Blick durchs Fenster war Annie zufällig Zeugin dieses Mordes geworden. Sie hatte später zur Erinnerung an Eskil, mit dem sie anders als dessen Eltern gut auskam, die Vogelplastik von seinem Grab gestohlen. Johnas hatte Annie dann an den See gelockt, als lästige Mitwisserin ertränkt und ausgezogen. Daraufhin versuchte er, Halvor den Mord in die Schuhe zu schieben, indem er Annies Schultasche bei ihm versteckte. Annie führte wie viele Mädchen ihres Alters Tagebuch, und zwar mit einem Passwort gesichert auf Halvors Computer. Nachdem er die gesicherte Datei von einem Fachmann hat öffnen lassen, liest Sejer Halvors von Annie minutiös notiertes Geständnis, den Vater erschossen zu haben, und löscht es. Alles andere speichert er auf einer Sicherungsdiskette. Auf dieser ist auch die Szene beschrieben, wie Johnas seinen Sohn umbringt. Als Halvor Johnas zu erpressen versucht, schlägt Johnas ihn zusammen, wickelt ihn in einen Teppich und schafft ihn sowie sein Motorrad zur Seite. Zu dieser Zeit ist Kommissar Sejer ihm jedoch schon auf die Spur gekommen. In letzter Sekunde wird Halvor gerettet. Am Ende zeigt sich, dass die kleine Ragnhild nichts dazugelernt hat. Wieder lässt sie sich von Raymond mitnehmen, und es ist nicht sicher, ob der Behinderte diesmal nur lautere Absichten hegt.

DICK FRANCIS Großbritannien (*1920)

Die Krimis wie z. B. *Dead Cert* (1962, dt. *Aufs falsche Pferd gesetzt*, 1985) oder *Shattered* (2000, dt. *Scherben*, 2002) des ehemaligen Fliegers und Jockeys Dick Francis spielen meist auf der Rennbahn. Reitsport und Flugabenteuer kombiniert in geschickter Weise der Roman *Hurrikan.*

Hurrikan

(OT: *Second Wind*, 1999). Zürich: Diogenes Verlag, 2001. – Ü: Malte Krutzsch. – O: USA und England.

Beim Versuch, vor Floridas Küste das Auge eines Hurrikans zu durchfliegen, müssen Stuart Perry (der Icherzähler) und Kris Ironside, zwei britische Meteorologen, notwassern. Stuart gerät auf die Insel Trox, wo er die Rinderherde seiner Bekannten Amy Ford vorfindet. Kuhmilch sichert sein Überleben. Im Tresor eines Bankers findet er Unterlagen über einen Atomschmuggel, den die Firma UTC durchführt. Er kann sie rechtzeitig wieder einschließen, als ihn mehrere Männer von der UTC bergen, die er trotz ihrer ABC-Schutzanzüge erkennt. In Großbritannien wird er sofort vom Geheimdienst angeworben und soll den Atomschmuggel verhindern. In der Folge versucht ein unbekannter Attentäter, Stuarts Flugzeug zu sabotieren. Stuart erkrankt später an einer milden Form der Tuberkulose, ausgelöst von der Kuhmilch auf Trox. Dort lässt nämlich Amy Ford die Haltbarmachung von Kuhmilch mit geringeren als den vorgeschriebenen Temperaturen testen – ein mögliches Millionengeschäft lockt. Andere Aktivitäten auf Trox wurden durch das Ausstreuen radioaktiven Salzes unterbunden; Pilzzüchtern dort etwa wurde glauben gemacht, Radioaktivität verstrahle die Pilze. Glenda, die Ehefrau des Pferdetrainers George Loricroft, erschlägt ihren Mann wegen dessen Affären und begeht in England Selbstmord. Sie hatte versehentlich ein Rennpferd verstrahlt, als sie radioaktives UTC-Papier in das Futter des Tieres geraten ließ. Die Sabotage von Stuarts Flugzeug hatte ihr Mann veranlasst. Alle diese Figuren sowie der Pilzzüchter Robin Darcey gehören zu der chaotischen Verbrecherorganisation UTC; Darcy ist sogar der Vorgesetzte von Stuarts Führungsagenten Rupert. Stuart entlarvt sie alle und infiziert Michael Ford mit Milch von den Kühen aus Trox. Als Ford einen Einbrecher erschießt, tut er das dummerweise mit einer Waffe, mit der bereits ein Mann in den Everglades getötet wurde. »Es war nicht Michaels Tag«, konstatiert Stuart.

NICOLAS FREELING Großbritannien (*1927)

Der in London geborene Nicolas Freeling gestaltete seinen niederländischen, mit einer Französin namens Arlette verheirateten Kriminalpolizisten Van der Falk nach dem Vorbild des Pariser Kommissars Maigret, fügte aber einen guten Schuss Erotik hinzu. Ähnlich wie C. → Dexter seinen Chief Inspector Morse lässt Freeling Van der Valk am Ende der Serie, an der er zehn Jahre lang schrieb, unwiderruflich sterben, und zwar unter den Kugeln eines Bilderfälschers. *Love in Amsterdam* (1962, dt. *Liebe in Amsterdam*, 1963) markiert den Anfang, *The Long Silence* (1972, dt. *Van der Falk muss schweigen*, 1985) das Ende. Abgelöst wurde Van der Valk von der Figur des ehemaligen Polizisten Henri Castang.

Van der Valk und die Katzen

(OT: *Because of the Cats*, 1963). München: Goldmann, 1989 (Tb 5076). – Ü: Margaret Carroux. – SF: Chefinspektor Simon »Piet« van der Valk von der Amsterdamer *Zeden-en-Kinder-Politie*, der »Jugend- und Sittenpolizei«. O: Amsterdam, Bloemendaal an Zee.

Van der Valk soll eine Serie von z. T. vandalischen Wohnungseinbrüchen in einer vornehmen Villengegend aufklären. Als eine Frau von fünf jugendlichen Einbrechern vergewaltigt wird, fällt der Einwand: »Das werden die Katzen nicht mögen«. Einer Intuition folgend, sucht van der Valk die Einbrecher in Bloemendaal an Zee, einem Wohnviertel für gehobene Schichten. Bei seinem ersten Besuch in Bloemendaal macht ihn die Prostituierte Feodora auf die Jungengruppe »Die Raben« aufmerksam. Der Gastwirt Hjalmar Jansen hat Einfluss auf diese Gruppe, seine Wohnung dient ihnen und ihren Freundinnen, den »Katzen«, als Liebesnest. Erik, der Sohn des Fabrikdirektors Frans Mierle, zeigt beim Stichwort »Katzen« Anzeichen eines schlechten Gewissens, schweigt aber ebenso wie seine Freunde. Kees van Sonneveld, erst seit kurzem Mitglied der »Raben«, wird nach einigen Tagen in U-Haft entlassen, dann aber ertrunken am Strand von Bloemendaal gefunden. Sand in seiner Lunge und Spuren eines Samenergusses kurz vor dem Tod lassen einen Mord vermuten. Mit Hilfe Feodoras klärt van der Valk die Zusammenhänge: Die »Katzen« lockten Kees zu einem Nacktbad an den Strand. Seine Freundin Hannie Troost schlief mit ihm im Wasser und ertränkte ihn dabei als vermeintlichen Verräter. In der Nacht zwingt Frans Mierle Hjalmar Jansen zu einem schriftlichen Geständnis. Dabei kommt es zu einer Schießerei, bei der das Knie des Gastwirts Jansen zertrümmert wird und Mierle einen Bauchschuss davonträgt. Nun bricht Erik sein Schweigen. Jansen, ein Neonazi, hatte die »Raben« zusammengeschweißt und zu Einbrüchen missbraucht. Sein Motiv war Hass auf die vornehme Gesellschaft, die er in seinem Restaurant bedienen musste. Wer Mitglied bei den »Raben« oder den »Katzen« werden wollte, musste sich einem Initiationsritus unterziehen, in dessen Verlauf ein Junge eine auf der Schulter seines Mädchens sitzende Katze zu töten hatte. Anschließend schliefen alle drei miteinander. Dabei wurde Marihuana verabreicht. Frans Mierle findet einen guten Rechtsanwalt und wird bald auf Bewährung entlassen. Jansen, dessen Knie nur langsam heilt, hüllt sich in Schweigen, so dass der Prozess keine Fortschritte macht. Van der Valk stattet Jansen schließlich einen Besuch ab und macht ihm seine missliche Lage deutlich. Daraufhin nimmt sich der Gastwirt Jansen das Leben. G. R.

BRIAN FREEMANTLE USA (*1936)

Freemantle war Auslandskorrespondent, u. a. in Moskau, und versteht es ähnlich wie D. → James oder M. Cruz → Smith, die Stimmung der Russen nach dem Ende der Sowjet-Ära einzufangen.

Sniper

(OT: *The Button Man*, 1992). München: Heyne, 1999 (Tb 10610). – Ü: Sepp Leeb. – O: Moskau.

Der »Button Man« ist ein Serienmörder, der im Moskauer Diplomatenviertel Menschen tötet und dann ihre Haare und die Knöpfe ihrer Kleidung abschneidet. Als ihm die Amerikanerin Ann Harris zum Opfer fällt, schaltet sich ihr Onkel, der Senator und Präsidentschaftsanwärter Walter Burden, ebenso arrogant wie inkompetent in die Ermittlungen ein. Das FBI-Hauptquartier in Quantico schickt William Cowley zu seinem Untergebenen Barry Andrews in die russische Hauptstadt, der dort als örtlicher FBI-Resident fungiert. Weil Andrews die Ex-Frau Cowleys geheiratet hat, sind Spannungen zwischen den beiden Männern vorprogrammiert. Des Tabakgeruchs wegen, den der Mörder verströmt, wird der stark rauchende Wirtschaftsexperte Paul Hughes nach Washington zurückbeordert und scharfen Verhören unterzogen. Er hatte ein Verhältnis mit Ann, die jedoch seinen Gefallen an sadistischen Sexualpraktiken nicht teilte. Die Moskauer Kriminalmiliz konzentriert ihre Ermittlungen auf den geistesschwachen, einschlägig vorbestraften Petr Jeschow. Forensische Untersuchungen seiner Kleidung in den USA scheinen Jeschows Täterschaft eindrucksvoll zu bestätigen. Als die Asservate jedoch nach Russland zurück kommen, entdecken Cowley und sein Moskauer Kollege Dmitrij Danilow eine Manipulation: die Zahl der in die USA geschickten Knöpfe von der Kleidung der Opfer stimmt nicht mit der Zahl der zurückgesandten überein. Diese Manipulation kann nur FBI-Agent Barry Andrews durchgeführt haben, der für die Asservatenverschickung zuständige Diplomat. Er wird unter einem Vorwand in die USA beordert, wo ihn bereits Danilow und Cowley erwarten. Zwar leugnet er alles, aber die beiden weisen ihm detailliert nach, dass niemand anderer als er, der Fahnder, der Serienmörder ist. Sein Motiv ist Hass auf Cowley, dem er nicht nur die Frau ausgespannt hat, sondern auch die Karriere zerstören will, indem er ihm einen Fall zu präsentieren plant, den er, Cowley, nicht lösen kann. Zu diesem Zweck spielte er einen Serienmörder; der Tabakgeruch war eine eigens gelegte falsche Fährte. Ein Taxifahrer musste als lästiger Zeuge sterben, weil er von Andrews' Verhältnis mit Ann wusste, Ann wiederum musste sterben, weil sie mit Andrews wegen dessen Potenzproblemen Schluss gemacht hatte. Dann konnte Andrews nicht mehr aufhören. Er wird jedoch endgültig überführt dank der illegalen Mitschnitte seiner Telefonate mit Ann, die Danilow beim KGB-Nachfolger FSB besorgt.

NICCI FRENCH Großbritannien

(d. i. Nicci Gerrard [*1958] und Sean French [*1959])

Das britische Journalisten- und Autorenehepaar schrieb unter dem gemeinsamen Pseudonym Thriller wie *A Safe House* (dt. *Ein sicheres Haus*, 1998), *Killing me softly* (dt. *Höhenangst*, 1999), *Memory Game* (dt. *Der Glaspavillon*, 1997) und *Der Sommermörder*.

Der Sommermörder

(OT: *Beneath the Skin*, 2000). München: Bertelsmann, 2001. – Ü: Birgit Mossmüller. – O: London.

Ein Psychopath beobachtet heimlich Frauen, die wegen der Sommerhitze nackt schlafen. Zwei von ihnen, der alleinstehenden Grundschullehrerin Zoë Haratounjan und der Ehefrau und dreifachen Mutter Jennifer »Jenny« Hintlesham, kündigt er in makabren Liebesbriefen ihre Ermordung an, die er dann tatsächlich vollzieht (beide berichten ihre Ermordung in der Ichform). Die erste Frau, Zoë Haratounjan, fällt dem Mörder durch die Berichterstattung darüber auf, wie sie sich gegen einen Handtaschenräuber verteidigt hat. Er setzt sie durch heimliche, unheimliche Besuche in ihrer Wohnung und verschiedene Manipulationen derart unter Druck, dass sie sich von ihrem fälschlicherweise von ihr verdächtigten Freund Fred trennt. Danach zieht sie zu einer Freundin, wird aber bei einem Kurzbesuch in ihrer Wohnung erwürgt. Als Jenny nach Erhalt der ersten Briefe die inzwischen sensibilisierte Polizei alarmiert, erhält sie Personenschutz. Trotz der Bewachung durch Cameron Stadler quält der Mörder sie mit einem Messer zu Tode. Der sucht sich als drittes Opfer die chaotische Artistin Nadine Blake aus, die gerade wieder Single geworden ist. Als ihr vorsintflutlicher Computer streikt, hilft ihr kostenlos der freundliche EDV-Spezialist Morris Burnside. Nadine wird die Geliebte des Polizisten Stadler, bis dieser gesteht, er sei verheiratet. Mit diesem Wissen kann sie Polizeiinterna von ihm erpressen, denn sie will den Killer finden. Ein Computerfachausdruck verrät ihr, dass Morris Burnside der Täter sein muss. In dessen Wohnung schlägt sie ihn mit einem Bügeleisen nieder und ruft die Polizei. Als Morris leugnet, Zoë ermordet zu haben, erkennt sie, dass Morris Zoë ermorden wollte, dass ihm aber deren Ex-Freund Fred bei einer zufälligen Begegnung in der Wohnung zuvorkam. Dafür brachte Morris dann Jenny um und plante ihren, Nadines, Tod.

KINKY FRIEDMAN USA
(*1945)

Der Country-Sänger Kinky Friedman hat die Figur des Whisky trinkenden, Zigarre rauchenden jüdischen Privatdetektivs gleichen Namens mit seiner eigenen Biografie überschrieben. Kinkys Wohnung liegt, nur mit einem Lastenaufzug zu erreichen, unter einer Tanzschule für Lesben. Er teilt diese Wohnung mit einer Katze und gelegentlich mit »Uptown-Judy« oder »Downtown-Judy«, die nichts voneinander wissen dürfen. Die Logik, das Motiv und die Methoden des Mörders sind in diesem Roman so *kinky* (schräg) wie der Name des Detektivs; wichtiger sind dem Autor der Aufbau einer stimmigen Atmosphäre voller bizarrer Typen und die aufgekratzte, halb surreale Figurensprache. Schallplatten mit Country-Musik u. a.: *Kinky Friedman* (1999).

Lone Star
(OT: *A Case of Lone Star*, 1987). Zürich: Haffmans, 1993 (Haffmans Kriminalromane bei Heyne 17). – Ü: Hans-Michael Bock. – SF: Kinky Friedman. O/Z: New York; 1986.

Kinkys alter Freund Clive managt die Musikkneipe »Lone Star«. Hier wird ein Country-Sänger mit seiner Gitarre erschlagen; die Todesart ist ebenso einigen Zeilen eines Songs von Hank Williams (1923–1953) entlehnt wie die von zwei anderen Sängern: Der eine erleidet einen tödlichen Stromschlag durch sein Mikrofon, der andere wird hinterrücks mit einem Schraubenzieher erstochen. Gunner, die britische Hausfotografin des Lokals, fotografiert zufällig den ersten Mord; die Kontaktabzüge missdeutend, sucht Kinky (der Icherzähler) danach nach einem linkshändigen Mörder. Erst später entdeckt und korrigiert er seinen Fehler. Dann stiehlt ein Einbrecher aus Gunners Wohnung sämtliche Fotos und Negative mit Motiven aus dem Lokal, später verschwindet ein Foto spurlos, das die Country-Musik-Größe Williams mit zwei kleinen Jungs am Vorabend seines Todes zeigt. Als er sich bereit erklärt, über die Weihnachtsfeiertage im »Lone Star« aufzutreten, erhält Kinky ebenfalls als Todesdrohung einen Williams-Text zugespielt, der von einem Holzindianer handelt. Bei einem Einbruch in das Hotelzimmer seines alten Freundes Clive entdeckt er ein regelrechtes Hank-Williams-Museum. Obwohl er nun weiß, dass Clive der Mörder sein muss, geht er erst nach einem erfolgreichen Auftritt zu ihm, um seine Gage abzuholen und konfrontiert ihn mit seinen Erkenntnissen. Clive geht mit einem Tomahawk auf Kinky los, doch den rettet schwer verletzt der eigens vor der Tür postierte Leibwächter. Im Krankenhaus klärt er letzte Details: Clive wurde 1953 zusammen mit seinem zwei Jahre jüngeren Bruder als Zwölfjähriger am Abend von Williams' Tod mit diesem fotografiert; sein Bruder starb zwei Tage später oder wurde ermordet. Clive identifizierte sich zunehmend mit seinem Idol und entwickelte gleichzeitig einen wahnhaften Hass auf alle musizierenden Brüder. Darum schlug er immer nur dann zu, wenn sich unter den Musikern wirkliche Geschwister befanden; wo das Wort »Brüder« lediglich Bestandteil des Künstlernamens war, blieb er desinteressiert.

NIKLAS FROST Deutschland (*1963)

Der erste Düsseldorf-Krimi des Emons-Verlages, *Tote Rosen* (1997), stammt von Edgar Noske, der für Emons auch Eifel-Krimis geschrieben hat, etwa *Bitte ein Mord* (1996) und *Rittermord* (1997) oder den historischen Prominenten-Krimi *Der Fall Hildegard von Bingen* (1999). Frosts Story ist solide konstruiert, die Wahl des Schauplatzes freilich – wie bei vielen ähnlichen Produkten des Verlages – von allergrößter Beliebigkeit.

Extra Tour

Köln: Emons, 1998 (Düsseldorf-Krimi 2). – O: Düsseldorf.

Der Schmuddeljournalist Rainer Pfaff wird mit einer Kugel im Kopf tot aus dem Rhein gezogen. Pfaffs Kompagnon Brax versucht, dem Journalisten Hans Stamm eine Sensation aus Pfaffs Nachlass zu verkaufen, doch Stamm verfügt anders als die hinreißend schöne Nadja Winter von der Konkurrenz über keine finanziellen Mittel für solche Käufe. Kurz darauf ist Brax in einem See ertrunken, und Nadja liegt erschlagen in ihrer Wohnung. Stamm, der zuvor mit Nadja in die Wohnung gekommen war, wird lediglich niedergeschlagen. Bevor er die Polizei benachrichtigt, kopiert er eine versteckt gespeicherte Liste von Nadjas PC und versteckt die Diskette. Sicherheitshalber spricht er sich die wichtigsten Details auf den eigenen Anrufbeantworter. Die BKA-Beamten Meinhardt und Rademacher erfahren schnell von der Diskette und erpressen die Herausgabe. Der kann dank des Tricks mit dem Anrufbeantworter trotzdem weiterermitteln. Seine Recherchen konzentrieren sich auf die Ministerin Dr. Sigrun Agger, die wegen eines Sexskandals und des Verdachts der Korruption im Amt unter starkem politischem Druck steht. Vermutlich wurde sie von Rainer Pfaff erpresst, der seine Informationen bei Gelegenheit oft zweimal verkaufte. Einer der solchermaßen Betrogenen, der Fabrikant Richard Schu, erschoss ihn daraufhin kurzerhand. Für ihn standen staatliche Subventionen und lukrative öffentliche Aufträge auf dem Spiel, es drohte aber auch das Auffliegen seiner Giftgas-Geschäfte mit dem vorderen Orient. Der Mörder von Brax und Nadja Schu ist der BKA-Beamte Rademacher, der mit Pfaff gemeinsame Sache machte, Informationen über nordrhein-westfälische Regierungskriminalität an ihn weitergab sowie Ermittlungsakten manipulierte. Nadja war ihm auf die Schliche gekommen. Stamm hält irrtümlicherweise Rademacher für integrer als Meinhardt. In der irrigen Annahme, von einem Sondereinsatzkommando gedeckt zu sein, lockt er mit einem Mikrofon am Körper Schu in eine alte Fabrikhalle, um ein Geständnis zu erzwingen. Sein Irrtum wird ihm bewusst, als Rademacher ohne Sonderkommando erscheint, Schu erschießt und dann dessen Waffe auf ihn, Stamm, richtet. Das rechtzeitige Eintreffen des anderen BKA-Beamten Meinhardt, dem Rademachers Aktenmanipulation aufgefallen war, rettet Stamm das Leben, Rademacher kommt nach einer Schießerei zwischen Bergen von Schrott ums Leben. Am Ende tritt Ministerin Dr. Agger zurück, doch die Öffentlichkeit erfährt wie meist nur eine geschönte Version der Ereignisse.

CARLO FRUTTERO Italien
(*1926)
FRANCO LUCENTINI Italien
(1920–2002)

Das Autorengespann hat sich auf leicht skurrile Kriminalromane mit fantastischem Einschlag spezialisiert, wie *La donna della domenica* (1972, dt. *Die Sonntagsfrau*, 1974) oder *Enigma in luogo di mare* (1991, dt. *Das Geheimnis der Pineta*, 1993). Darüber hinaus haben die beiden Charles Dickens' Romanfragment *Das Geheimnis des Edwin Drood* (1870) in *La verità sul caso D.* (1989, dt. *Die Wahrheit über den Fall D.*, 1991) verarbeitet, worin etliche große Detektive der Literaturgeschichte zusammenarbeiten.

Der Palio der toten Reiter
(OT: *Il palio delle contrade morte*, 1983). München/Zürich: Piper, 1995 (SP 2183). – Ü: Burkhart Kroeber. – O: Siena.

Auf dem Weg nach Siena werden der Mailänder Anwalt Lorenzo Maggioni und seine Frau Valeria von einem Gewitter überrascht, begegnen einer Herde Geisterpferde und kommen zu dem alten Schloss des Grafen Guidobaldo, der sie zum Bleiben einlädt. Im Schloss scheinen die Wertmaßstäbe des bisherigen Lebens nicht zu gelten. Der Anwalt etwa hat den Eindruck, in einen Film mit Werbeunterbrechungen geraten zu sein. In der Nacht ertönt ein schrecklicher Schrei, am Morgen ist ein Gast des Grafen tot, nämlich der berühmte, unschlagbare Jockey Puddu. An Puddus Hals finden sich zwei Einstichstellen, und ein Seidenschal, der um seinen Hals geschlungen war, verschwindet. Die Maggionis müssen sich der Polizei zur Verfügung halten; derweil bändeln der Graf mit Valeria und Anwalt Lorenzo mit der schönen Ginevra an, die im Schloss wohnt. Der Schauplatz wechselt nach Siena: Das »Palio« ist ein Pferderennen mit komplizierten Regeln, ausgetragen jährlich am 2. Juli und am 16. August zwischen den Contraden (Bezirken) Sienas; sechs Contraden wurden im Laufe der Jahrhunderte unterdrückt. Bei dem Palio am 16. August entdeckt der Anwalt unter den Reitern der sechs unterdrückten Contraden den toten Puddu. Die Sache ist eindeutig: Um den sechs Reitern nachträglich Gelegenheit zu einer Demonstration ihres Könnens zu geben, haben die Schlossbewohner den besten Jockeys der Vergangenheit den besten lebenden Jockey – Puddu – der Gegenwart zur Seite gestellt. Dazu musste er jedoch umgebracht werden. Für die Zuschauer unsichtbar, reiten die Toten im Rennen der Lebenden mit. Lorenzo beobachtet, wie Ginevra einen Seidenschal in den Farben der Viper, wie ihn auch Puddu trägt, aus der Tasche zieht. Kurz bevor Toricollo – ein noch lebender Starjockey – als erster das Ziel erreichen kann, gerät er in Verwirrung, weil er hinter sich Puddu entdeckt. Er fällt zurück, ein anderer gewinnt das Rennen. Während seine Frau das Fantastische der Ereignisse als etwas Normales hinnimmt, hat Lorenzo immer noch Wahrnehmungsschwierigkeiten; er verliert Ginevra aus den Augen, sucht sie lange und sieht sie plötzlich unter den Schlossbewohnern, die ihn umringen. In seiner Jackentasche findet er ihren Schal. Widerstandslos lässt er sich diesen von Ginevra umbinden; in ihren Händen verwandelt sich der Schal in eine Viper. G. R.

STEPHEN FRY Großbritannien
(*1957)

Fry ist ebenso begabt als Literat wie als Schauspieler. Für seine kongeniale Verkörperung des Oscar Wilde in Brian Gilberts gleichnamigem Film von 1997 wurde ihm

– nicht nur wegen seiner frappanten Ähnlichkeit mit dem Dargestellten – bescheinigt, er sei *born to be Wilde* (frei nach der Band *Steppenwolf*). Seine Schul- und Gaunerkomödie *Der Lügner* ist ganz erfüllt vom Witz und vom Esprit seines Alter Ego. Einige Anspielungen, z. B. auf das urbritische Cricket-Spiel, sind so subtil, dass sie dem deutschen Leser in einer mehrseitigen Anmerkung nebst Zeichnung erläutert werden müssen.

Der Lügner

(OT: *The Liar*, 1991). Zürich: Haffmans, 1994. (Tb 01/9762, 1996.) – Ü: Ulrich Blumenbach. – O/Z: Salzburg, Cambridge u. a.; Zweiter Weltkrieg, 1979 ff.

Im Salzburger Mozarthaus 1979 wird dem ungarischen Geiger Istvan Moltaj die Kehle in Anwesenheit von Personen durchgeschnitten, die nur durch ihre Kleidungsstücke – »Tweedjacke«, »Knöpfkragenhemd« – charakterisiert werden. Wer sie sind und was sie tun, bleibt zunächst offen. Im Folgenden wird die Vorgeschichte aufgerollt: Der hochtalentierte, aber faule und offenbar bisexuelle Internatszögling Adrian Healey ist ein notorischer Lügner und unterhält zahlreiche, z. T. destruktive Verhältnisse mit Mitschülern. Auf Drängen seines Tutors Professor Trefusis fabriziert Adrian als Hausarbeit einen genialen Text, der sowohl in der Inszenierung der Schülerin Jenny de Woolf als auch in einer professionellen Verfilmung ein großer Erfolg wird. Nachdem er wegen Verfassens einer pornografischen Untergrundzeitung der Schule verwiesen worden ist und sich – angeblich – als Strichjunge und Drogenkurier in London betätigt hat, wird er Lehrer, promoviert und heiratet Jenny de Woolf. Jenny ist mittlerweile eine renommierte Regisseurin. Bei den Personen »Tweedjacke« und »Knöpfkragenhemd« aus dem Mozarthaus handelt es sich um Professor Trefusis und Schüler Adrian. Nachdem Trefusis wegen eines angeblichen Sexskandals einen Jahresurlaub hat antreten müssen, reist er in Adrians Begleitung auf den Kontinent, wo die beiden von Unbekannten in einem BMW verfolgt werden. Als schließlich in ihrem Hotelzimmer eine weitere Leiche gefunden wird, weiht Trefusis seinen Schützling Adrian in die Hintergründe der mysteriösen Angelegenheit ein: Trefusis' alter Bekannter Bela Szabo behauptete, »Mendax« erfunden zu haben, ein Gerät, das Menschen am Lügen hindere. Szabo setzte sich mit Trefusis zwecks Transfers der Erfindung nach Großbritannien in Verbindung. Sie wird ebenso wie die Konstruktionspläne in zwei Teile geteilt. Bei der Übergabe des einen Teils in einer Toilette kommt es zu einem Missverständnis und zu dem vermeintlichen Sexskandal, der Trefusis' Beurlaubung erwirkte. Der britische Geheimdienst, vertreten durch Adrians Onkel Sir David Pearce, interessierte sich für »Mendax«. Pearce wollte das Gerät jedoch auf eigene Rechnung an sich bringen und machte den ostdeutschen Berufskiller Alberich Golka unter dem Namen »Lister« zu seinem Assistenten. Golka war es, der Moltaj und den zweiten Mann – Szabos Enkel – ermordete. Weil die eigenen Leute jedoch Zweifel an der Integrität von Pearce hegten, engagierten sie Trefusis, um Pearce zu entlarven. Trefusis blufft nun den auf eigene Rechnung arbeitenden Pearce mit der Behauptung, der Lügendetektor sei in Wahrheit in ein Transistorradio eingebaut. Adrian, daran angeschlossen, lügt, dass sich die Balken biegen. Pearce gibt daraufhin dem Killer Lister den Befehl, Adrian, Trefusis und alle weiteren Anwesenden zu töten. Lister jedoch, längst von den Briten »umgedreht«, hat nur Platzpatronen in seiner Pistole, und so zieht sich Adrian lediglich eine blutige, sonst aber harmlose Wunde zu, als er sich dem Killer vor die Waffe wirft.

DEAN FULLER USA
(*1922)

Dean Fuller ist Komponist, Dirigent, Arrangeur und Librettist. Er betreute Shows in Las Vegas und schrieb Songs, Filmmusiken und Musicals wie z. B. *Smith* (1973). 1983 debütierte er mit dem Roman *Passage* als Autor. Sein französischer Kriminalkommissar Alex Grismolet tritt in zwei Kriminalromanen auf: in *Death of a Critic* (1996, dt. *Tod eines Kritikers*, 1998) und in *Tod in Paris*.

Tod in Paris

(OT: *Death in Paris*, 1992). München: Malik bei Piper, 1997. (SP 2744, 1999.) – SF: Alex Grismolet. O/Z: Paris; 1982.

Auf einem Hausboot lebt Kommissar Alex Grismolet mit seinem Mündel, der 14-jährigen Ballett-Elevin Philippa, die später einmal seine Geliebte werden wird. Seine engsten Mitarbeiter sind der polyglotte Vargas und Hippo, ein Experte für Mordwerkzeuge aller Völker und Zeiten. Andrew Wilson, ein Ex-Flieger mit besten politischen Beziehungen, wird mit einem so genannten »Fliegerpfeil« umgebracht, der im Ersten Weltkrieg auf Infanterie und Kavallerie aus Flugzeugen abgeworfen, gelegentlich aber auch aus speziellen Schusswaffen abgefeuert wurde. Wilsons älterer Bruder Tom wurde 1916 abgeschossen. Weil in Toms Staffel schwunghafter Handel mit Ersatzteilen getrieben wurde, trieb der ermordete Andrew Wilson deshalb nach dem Zweiten Weltkrieg den darin verwickelten Nigel Willoughby-Jones mit fleißig zusammengetragenen Beweisen in den Selbstmord. Abgeschossen wurde Tom von dem noch immer aktiven Deutschen Graf Martel de Clovis, der seinerzeit als unverwundbar galt, tatsächlich jedoch einmal abgeschossen wurde und sich unter einem falschen Namen operieren ließ. Weil Andrew Wilson hierüber eine Veröffentlichung ankündigte, musste er sterben. Durchgeführt wurde der Mord von Andrews' gehbehindertem Pariser Büroleiter David Stevenson, den lange Zeit niemand recht wahrnimmt. Stevenson ist niemand anderes als Nigel Willoughby-Jones, der sich doch nicht umgebracht hatte, und sich durch einen Schuss aus einem Gewehrstock in den Mund der Festnahme entzieht. De Clovis wird entlarvt und inszeniert seinen Untergang standesgemäß: Er lässt sich mit einem schwer bewaffneten Flugzeug-Oldtimer auf einen Luftkampf mit zwei Nato-Tornados ein und wird abgeschossen, nachdem er noch den einen Tornado vom Himmel geholt hat.

FRANCES FYFIELD Großbritannien
(*1948)

Frances Fyfields wichtigste Figur ist die der Londoner Staatsanwältin Helen West, die u. a. auftritt in *A Question of Guilt* (1988, dt. *Dieses kleine, tödliche Messer*, 1992), *Trial by Fire* (1990, dt. *Feuerfüchse*, 1991) sowie in *Nachtangst*.

Nachtangst

(OT: *Shadow Play*, 1993). Hamburg: Hoffmann & Campe, 1993. (Goldmann 42570, 1995.) – Ü: Pociao. – SF: Staatsanwältin Helen West. O: London.

Helen Wests Beziehung zu Chief Superintendent Bailey steckt in einer berufsbedingten Krise, Helens Chef Redwood mobbt, und das steinalte Dienstgebäude gleicht einem Spukschloss. Wegen gravierender Sicherheitsmängel verschwinden Akten und Computerdateien im Dutzend. Unter der Nachtangst leidet Helens neue Sekretärin, die 19-jährige Rose Darvey, die in der Kindheit vom Vater missbraucht wurde. Seither verbringt sie lieber die Nacht mit Zufallsbekanntschaften als allein und nimmt dafür sogar den Spitznamen »lose Rose« in Kauf. Erst bei Police Constable Michael, einem bärenstarken Boxer, findet sie Geborgenheit. Genauso oft, wie der kleinwüchsige Straßenkehrer Logo wegen versuchter Verführung Minderjähriger angeklagt wurde, musste Helen ihn laufen lassen. Seit ihn seine Frau und seine Tochter Enid verlassen haben, gilt der ausdauernde Bibelleser als wunderlich, und er sucht überall sein Kind. Betreut wird er von der 70-jährigen, hüftkranken Margaret Mellors. Sie hat noch heimlichen Kontakt zu Logos Tochter Enid und weiß, dass Logo seine Frau ermordet hat. Enid ist natürlich niemand anderes als Rose, doch die wagt sich Helen nicht zu offenbaren. Logo hat sie jedoch mit ihrem Freund Michael, einem Boxer, in einem Restaurant beobachtet, hat Michael überfallen und schwer verletzt. Er tötet die alte Margaret, beseitigt die Leiche und dringt in das Gebäude der Staatsanwaltschaft ein, wo er Helen mit einem Messer verletzt. Es gibt keine Telefonverbindung nach draußen, der Pförtner schläft oder schaut ein Fußballspiel im Fernsehen an, und Rose wühlt sich im Keller durch staubige Aktenberge. Nach einem gruseligen Irrlauf durch das alte Gemäuer verschanzen sich Helen und Rose in einem Büro. Logo versucht, Rose zu vergewaltigen und zu ermorden, da erscheint der Beamte Dinsdale Cotton, der eigentlich gegen Bakschisch heimlich Ermittlungsakten verschwinden lassen wollte, und prügelt Logo aus einem Fenster. Diese Tat wird zu seiner Rehabilitierung führen und trägt nicht unwesentlich zum Umzug der Staatsanwaltschaft in ein neues, besser gesichertes Gebäude bei. Während Rose und Michael sich auf eine gemeinsame Zukunft freuen, stehen Helen und Bailey vor den Trümmern ihrer Beziehung.

G

EARL STANLEY GARDNER USA
(1899–1970)

Der Autor ist einer der Pioniere des Gerichtskrimis. Die seriellen, schematischen Krimis um den Serienprotagonisten Perry Mason sind die Urbilder aller Gerichtskrimis, die sich in den USA einer größeren Anhängerschar erfreuen als in Deutschland: Das auf Präzedenzfällen beruhende US-amerikanische Rechtssystem garantiert in hohem Maße Überraschungen aller Art (Deals zwischen Anklage und Verteidigung, Ausklammerung bestimmter Teile des Prozesses, Nichtanerkennung bestimmter Beweismittel usw.). Dem Anwalt Perry Mason zur Seite stehen die treue Sekretärin Della Street und der Detektiv Paul Drake. Mason ist vor allem durch die TV-Verkörperung des bulligen Raymond Burr bekannt geworden. Weitere Romane aus der Endlos-Serie: *The Case of the Dangerous Dowager* (1937, dt. *Perry Mason und die gefährliche Witwe*, 1965), *The Case of the Drowsy Mosquito* (1943, dt. *Perry Mason und die müde Mücke*, 1970), *The Case of the Stepdaughter's Secret* (1963, dt. *Perry Mason und die rote Kaffeedose*, 1963).

Perry Mason und die feurigen Finger

(OT: *The Case of the Fiery Fingers*, 1951). Frankfurt a. M. / Berlin: Ullstein, 1993 (Tb 10746). – Ü: Ingeborg Hebell.

Im Mittelpunkt steht der schleimige, rhetorisch begabte Nathan Bain. Seine erste Frau, Marta, starb unter mysteriösen Umständen nach dem Genuss einer Pralinenmischung an einer Lebensmittelvergiftung und vererbte ihm 50000 Dollar. Seine zweite, noch reichere Frau Elizabeth ist seit einem von ihm verschuldeten Autounfall gelähmt und wird von der Haushälterin Mrs. Ricker sowie zwei Krankenpflegerinnen betreut. Der einen Pflegerin, Nelly Conway, hat Bain 500 Dollar geboten für die Verabreichung von drei Tabletten an seine Frau. Nelly wendet sich an Mason, weil sie glaubt, Bain wolle seine Frau mit ihrer Hilfe vergiften, doch bei den fraglichen Tabletten handelt es sich um Aspirin. Kurz darauf glaubt Bain, in Komplizenschaft mit dem korrupten Polizisten Holcomb die Pflegerin Nelly des Schmuckdiebstahls überführen zu können. Dazu präpariert er eine offen herumstehende Kassette voller Imitationen mit einem Spezialpulver, das unter Quarzlicht leuchtet. Mason erreicht jedoch einen Freispruch für Nelly, die die »leuchtenden Finger« hatte. Bain zahlt eine Entschädigung und behält Nelly. Wenig später taucht diese mit einem handgeschriebenen Testament Elizabeths auf, in welchem sie Bain wegen Ehebruchs enterbt und ihr Vermögen – über das sie stets die Kontrolle zu behalten wusste – ihren Geschwistern Jim und Victoria vererbt. Einen Formfehler, der aus nicht mehr als einem fehlenden Punkt besteht, beseitigt Nelly später, indem sie der todkranken Elizabeth beim Schreiben die Hand führt. Kurze Zeit später stirbt Elizabeth an einer Arsenvergiftung. Verhaftet wird ihre Schwester Victoria Braxton, die wie ihr Bruder und dessen Frau in Honolulu lebt und sich zum Zeitpunkt der Vergiftung im Hause Bain aufhielt. Die Gerichtsverhandlung dreht sich vor allem um die Frage, wer wann und um welche Uhrzeit Zugang zum Krankenzimmer und den Medikamenten hatte. Bevor der Prozess abgeschlossen wird, lässt Mason mit Hilfe von Paul Drake Bains Telefon anzapfen und kann einen Streit zwischen Bain und der Haushälterin Mrs. Ricker, Bains Geliebter, aufzeichnen lassen, der sich nach einer fingierten Notfallmeldung Della Streets entspinnt. Die Meldung besagte, Bains Geliebte Charlotte Moray läge nach dem Genuss von Pralinen mit einer Arsenvergiftung im Krankenhaus. Nach dem Streit verlässt Bain in größter Eile das Haus. Lieutenant Tragg, der den illegalen Lauschangriff nachträglich deckt, findet Mrs. Ricker erwürgt auf und veranlasst die Fahndung, nachdem er Paul Drakes Detektiven Gelegenheit zum geordneten Rückzug gegeben hat. Abschließend klärt Mason die Zusammenhänge, wobei er sich auf Ermittlungsergebnisse Drakes stützen kann. Im Kreuzverhör hatte Mason die Erkenntnis gewonnen, dass Marta Bain vergiftet wurde, glaubte aber nicht recht an eine Täterschaft Bains. Tatsächlich verabreichte Mrs. Rickert Bains erster Frau Marta die vergifteten Pralinen, weil sie selbst an deren Stelle treten wollte. Sie blieb bei Bain, obwohl der Elizabeth heiratete, und vollendete durch den neuerlichen Einsatz von Arsen, was Bain mit seinem inszenierten Autounfall nicht geschafft hatte: die Ermordung der zweiten Mrs. Bain. Als Ohrenzeugin des getürkten Telefonats wegen der angeblich vergifteten Geliebten Charlotte Moray beschimpfte sie Bain als stümperhaften Giftmörder, worauf dieser sie erwürgte. Beschimpfung und die Tat selbst sind auf der Tonbandaufzeichnung festgehalten. Ein wirrer Fall, in dem Mason selbst Gesetze bricht, mit kaum motivierten Reisen, die zu korrupten und böswilligen Polizisten führen, die Mason einfach hinauswerfen. Dies alles jedoch ist lediglich Vorwand für die durchweg packenden Szenen im Gerichtssaal, wo Mason seine Gelassenheit, Höflichkeit und Souveränität ausspielen kann.

JOHN GARDNER Großbritannien (*1926)

Der Name des Autors wäre der Erwähnung nicht wert, hätte er nicht im Auftrag der Firma Glidrose, die die Rechte an I. → Flemings Büchern besitzt, offiziell die 007-Buchserie fortsetzen dürfen. Gardner erschien prädestiniert durch seine Serienfigur Boisy Oaks, einen Bond-Billig-Abklatsch. Gardner verstand weder etwas von gutem Essen noch Bond-typischen Sportarten wie Tauchen oder Skifahren, und seinen Büchern wurde nie die Ehre einer Komplettverfilmung zuteil. Allerdings bedienten sich die Bond-Filmemacher ausgiebig an seinen – meist ohnehin schon mehrfach recycelten – Ideen. Das in einem Militärfrachtflieger spielende Finale von *Countdown für die Ewigkeit* – Gardners Bond-Debüt – etwa wurde geplündert für den Timothy-Dalton-Bond *The Living Daylights* (dt. *Der Hauch des Todes*). Gardner ergänzte das bewährte Figurenensemble um Q's attraktive Assistentin Ann Reilly, genannt »Q'ute« (etwa: Q'leverle), Bond stieg auf einen gepanzerten Saab Turbo und schwere Artillerie wie eine Walther ASP Automatik oder 44-er Magnum um. Nach der Novelisation von *Goldeneye* wurde Gardner endlich pensioniert und durch den kultivierteren R. → Benson ersetzt. Den Sherlock-Holmes-Fans bescherte Gardner zwei Tagebücher von Professor Moriaty, die den »Napoleon des Verbrechens« als genialen Organisator darstellen: *The Return of Moriaty*, 1975, und *The Revenge of Moriaty*, 1975 (nur engl.).

Countdown für die Ewigkeit

(OT: *Licence Renewed* [wörtl. »Lizenz erneuert«], 1981). Düsseldorf: Marion von Schröder, 1983. (Scherz-Krimi, Jubiläumsausg. [o. Nr.], 1992.) – Ü: Mechthild Sandberg. – SF: James Bond. O/Z: London u. a.; 1980.

Wie seinerzeit SPECTRE in Ian Flemings *Feuerball* tut sich der internationale Top-Terrorist Franko (= Carlos) für eine milliardenträchtige Atomerpressung globalen Ausmaßes mit dem sinistren Dr. Anton Murik zusammen, dem Laird of Murcaldy, einem fabulös reichen Rennstallbesitzer aus Schottland. Fünf Terrorkommandos sollen im Rahmen der »Aktion Warlord« fünf Atomkraftwerke in fünf Ländern besetzen und mit der Auslösung einer Kernschmelze drohen, falls die betroffenen Regierungen nicht bezahlen. Bond heuert als angeblicher Söldner bei Murik an, stört dessen Pläne, wird gefangen, gefoltert, verrät aber nichts, befreit sich und wird noch einmal eingefangen, nachdem er bereits den Terroristen Franko getötet hat. Das Finale ereignet sich in einem Truppentransport-Flugzeug, von dem aus Bond in die Tiefe gestoßen werden soll. Hoch über den Wolken tötet er Murik und zwei Mitarbeiter. Dann stößt er Muriks Mann fürs Grobe, den fiesen Caber, aus der Maschine und gibt über Funk das Codewort zur Beendigung der »Aktion Warlord« durch. Murik ist jedoch nicht tödlich getroffen worden, kann sich in einer Geheimkammer seines Transporters verstecken und auf sein Stammschloss nach Schottland zurückkehren. Dort stöbert ihn Bond auf und schießt ihn mit einem schlosseigenen Mini-Raketenwerfer in Stücke. Natürlich hat er bis dahin auch Muriks schönes Mündel Levander »Dilly« Peacock erobert, die ihm einmal das Leben rettet und am Ende den Titel einer »Lady of Murcaldy«, das Schloss und die Millionen erbt.

SIGFRID GAUCH Deutschland (*1945)

Dem promovierten Germanisten Sigfrid Gauch obliegt im Mainzer Ministerium für Kultur, Jugend, Familie und Frauen die Literaturförderung in Rheinland-Pfalz. Eine Hauptrolle und ein Leitmotiv in Gauchs Werk (z. B. der Erzählung *Vaterspuren*, 1979) spielt der Nazi-Vater seines Protagonisten.

Winterhafen

Blieskastel: Gollenstein, 1999. – O: Mainz.

Gauchs zu großen Teilen autobiografischer Roman wächst erst im letzten Drittel ins Genre der Kriminalliteratur hinein. Die Spannung resultiert vor allem aus der geschickten Aufteilung des Buches in auktorial erzählte reale Passagen, diesen erläuternd bzw. kontrapunktisch zugeordnete Traumsequenzen sowie Tagebuchaufzeichnungen der weiblichen Hauptfigur. Zunächst beginnt alles als problematische Familien- und Beziehungsgeschichte. – Der Mainzer Gymnasiallehrer Stefan Dorn trennt sich von seiner Frau Margarete, als beider Tochter Patricia 14 ist. Dorn hatte wenige Monate zuvor ein Verhältnis mit der verheirateten Ärztin Dr. Anna Morgenstern begonnen. Das Verhältnis endet, als sich die rätselhaft-kapriziöse, schwer durchschaubare Frau überraschend von Dorn trennt; kurz darauf wird sie tot aus dem Rhein gezogen. In ihre Haut sind vor dem Tod Runen eingeritzt worden, ihr Körper weist tiefe Stichwunden auf. Sie ertrank nicht im Rhein, sondern in einem Swimmingpool, ein Täter wird nicht ermittelt. Nach Annas Tod heiratet Dorn die Lehrerin Judith Krieger, promoviert und findet in Mainz eine Stelle als Universitätsdozent. Patricia, die sich gut mit der jungen Stiefmutter verstanden hat, scheidet 14 Jahre nach Annas Ermordung durch den Sprung von einem Hochhaus freiwillig aus einem chaotischen, haltlosen Leben. Nach ihrem Tod begibt sich der Vater auf eine langwierige, leidvolle Spurensuche, in deren jahrelangen Verlauf er unter anderem Tagebücher und Terminkalender seiner Tochter liest. Dabei erkennt er nicht nur die Defizite seiner Erziehung und damit seine Mitschuld am Tod seines Kindes, sondern auch, dass Patricia bereits als Jugendliche unter den dauernden verderblichen Einfluss seines Kollegen Wigbert Nehrbass geraten ist, eines überzeugten Neonazis. Nehrbass führt unter harmlosem Deckmantel einen angeblich seit Jahrtausenden existierenden Arier-Orden, für den er zahlreiche Jugendliche gewinnen konnte, die er mit Rauschgiftgaben an sich bindet. Zu diesen Jugendlichen gehörten neben Patricia auch deren zeitweilige Lebensgefährten Tobias Weißmann und der Psychopath Christian Wagner. Von Tobias und Dorn bedroht, legt der Neonazi Nehrbass ein Geständnis ab. Anna war dahinter gekommen, dass er seine Schützlinge mit Drogen versorgt, doch es war ihm gelungen, sie mit einem LSD-Trunk zu betäuben. Christian ritzte der Bewusstlosen mit einem Dolch eine Runenformel in die Haut, um sie den Göttern als Menschenopfer zu weihen. Schließlich hatte er aus Mordlust begonnen, auf Anna einzustechen. Die erwachte aus ihrer Bewusstlosigkeit, fiel bei einem Fluchtversuch in den Swimmingpool und ertrank. Tobias half Nehrbass, die Leiche in den Rhein zu werfen. Annas Tod bleibt ohne Folgen, die Tat ist verjährt.

ELIZABETH GEORGE USA
(*1949)

Die Autorin ist in Ohio geboren, aber ihre Motive, Figurenensembles und Schauplätze wirken urbritisch. Ihr Held Inspector Thomas Lynley von New Scotland Yard ist gleichzeitig achter Earl of Asherton und bewohnt den feudalen Familienstammsitz Howenstowe. Weitere Titel: *A Great Deliverance* (1988, dt. *Gott schütze dieses Haus*, 1989), *Payment in Blood* (1989, dt. *Keiner werfe den ersten Stein*, 1991), *Missing Joseph* (1993, dt. *Denn keiner ist ohne Schuld*, 1993), *In The Presence of the Enemy* (1996, dt. *Im Angesicht des Feindes*, 1996), *A Traitor to Memory* (2001, dt. *Nie sollst du vergessen*, 2001).

Mein ist die Rache

(OT: *A Suitable Vengeance*, 1991). München: Blanvalet Verlag, 1992. (Goldmann 5883, 1995.) – Ü: Mechthild Sandberg-Ciletti. – SF: Thomas Lynley. O: London, Howenstowe (Stammsitz der Familie Asherton).

Der gehbehinderte forensische Wissenschaftler Simon Allcourt-St. James ist gefordert, als im Zusammenhang mit Inspector Thomas Lynleys Verlobung der ehrgeizige Lokaljournalist Mike Cambray, ein angeblicher Schürzenjäger, auf Schloss Howenstowe erschlagen wird. Der Onkologe Dr. Roderick Trenarrow stellt sofort den Totenschein aus. Lynleys Verlobte Deborah Cotter, eine bürgerliche Fotografin, macht Fotos und nimmt den Film aus der Kamera. Dann verschwindet ihr Kamerakoffer, die Familienjacht wird gestohlen und scheitert im Sturm. Schließlich stürzt Thomas Lynleys Gast Dustin Brooke zu Tode, und Sasha, die Freundin seines rauschgiftsüchtigen Bruders Peter, erliegt einer Überdosis Heroin. Erst nach langwierigen Ermittlungen, nach Verwerfen zahlreicher Hypothesen und zahlreichen Zufällen steht fest, dass alle Morde zusammenhängen. Der Lokaljournalist Mike Cambray war ein Transvestit; unter dem Namen Tina Cogin unterhielt er eine Wohnung in London, wodurch er zufällig Deborahs Nachbar wurde. Nachdem sie erfahren hat, wer Tina in Wirklichkeit ist, findet Deborah bei einer Durchsuchung von Mike Cambrays Wohnung eine Liste mit Krebspatienten. Dustin Brooke war in einer biochemischen Fabrik beschäftigt, die ein neues, noch nicht zugelassenes Mittel gegen Krebs herstellt. Er schmuggelte es aus dem Betrieb, Mike Cambray beschaffte zahlungswillige Kranke, und Dr. Trenarrow behandelte sie illegal in einem Sanatorium. Einer zu großen Nachfrage standen jedoch zu geringe Mengen des Medikaments gegenüber, so dass der Transvestit Cambray die Patienten mit Placebos betrog. Im Streit wegen einer Reihe von Todesfällen erschlug der Doktor Cambray und schnitt ihm die Geschlechtsteile ab, um eine falsche Fährte zu legen. Das dabei benutzte Messer finden später zufällig zwei Taucher bei der Suche nach Deborahs Kamerakoffer. Eine Pillendose, die Trenarrow neben der Leiche verlor, war auf Deborahs Fotos zu sehen. Der Arzt nahm sie beim Ausstellen des Totenscheins heimlich an sich und ließ dann den Fotokoffer verschwinden, in dem er den Film wähnte; dieser war jedoch bereits auf dem Weg zur Entwicklung. Dustin Brooke nun fürchtete Peter Lynley, den Bruder von Thomas, der von den Machenschaften und Mike Cambrays Doppelleben erfahren und gedroht hatte, alles auffliegen zu lassen. Brooke gab Peter mit Wissen, aber ohne Billigung Dr. Trenarrows ein Gift, welches Peter für Heroin halten musste. Durch Zufall spritzte es sich aber Sasha und starb. Trenarrow wollte diesen Mord verhindern und schubste den betrunkenen Brooke, wenngleich nicht mehr rechtzeitig, in einer regnerischen Nacht von einem Felsen. Das Motiv zur Verhinderung von Peters Ermordung ist Dr. Trenarrows alte Liebe zu Lady Asherton, der Mutter von Thomas und Peter. Diese Liebe bestand bereits, als Thomas' Vater im Sterben lag; Thomas hatte eine offizielle Verbindung der beiden stets verhindert. Peter hat die Jacht für seinen Drogenschmuggel benutzt, sie auf ein Riff gesetzt und sich an Land gerettet; er ist unter der Fuchtel seines dominanten Bruders Thomas zum Versager geworden. Ebenfalls völlig verkorkst ist Thomas' Verhältnis zu St. James: Er wurde seinerzeit mit St. James als Fahrgast schuldlos in einen Autounfall verwickelt, der St. James eine lebenslängliche Gehbehinderung eintrug. Außerdem hatten sich drei Jahre zuvor St. James und Deborah kennen und lieben gelernt, aus Unreife aber nicht zueinander gefunden. Nun aber ist das Mädchen stark und unabhängig genug zu erkennen, dass die Verlobung mit Thomas ein Fehler war. Thomas gibt sie schuldbewusst für St. James frei.

DORIS GERCKE Deutschland (*1937)

Die Hamburger Kommissarin Bella Block ist eine der genialsten Erfindungen der deutschen Nachkriegs-Kriminalliteratur. Sie ist der »Ehrenglauser«-Preisträgerin des Jahres 2000 zufolge die »uneheliche Enkelin« des Dichters Alexander Blok (1880–1921), liebt russische Lyrik, ausgiebigen abendlichen Wodkakonsum sowie ihren wesentlich jüngeren Kollegen Beyer, bis dieser im Roman *Der Krieg, der Tod, die Pest* (1990) ums Leben kommt. Zu Anfang der Serie lebt Bellas Mutter noch, die bis zu ihrem Tod in hohem Alter eine überzeugte Kommunistin bleibt. Ab *Nachsaison* (1988) bietet Bella freiberuflich »Nationale und internationale Ermittlungen« an. Bis zu den Romanen *Die Frau vom Meer* (2000) und *Die schöne Mörderin* (2001) entwickelt Gercke, die unter dem Pseudonym Marie-Jo Morell auch *Milenas Verlangen* (2002) geschrieben hat, erzählerische Qualitäten, die an G. → Simenon gemahnen. Wie Maigret nimmt auch Bella, die in den späteren Bänden gelegentlich als Icherzählerin fungiert, die Gerechtigkeit selbst in die Hand – besonders, wenn sie dadurch ihrer latzhosenlila oder ökogrünen Weltanschauung zum Siege verhelfen kann.

Weinschröter, du musst hängen

Hamburg: Galgenberg, 1988. (Goldmann 9971, 1993.) – SF: Bella Block. O/Z: Hamburg und Rosbach; Gegenwart. F: *Bella Block – Die Kommissarin.* D 1993, R: Max Färberböck.

Ein anonymer Brief, der den Tod eines Jungbauern und einer Frau als Morde bezeichnet, lockt Bella nach Rosbach, wo sie seit längerer Zeit ein Wochenendhaus besitzt. Die chronologische Schilderung ihrer Ermittlungsarbeit wird immer wieder unterbrochen von einem ausführlichen Geständnis einer einfachen Rosbacher Bäuerin. Gleich am Anfang erklärt sie, warum sie beschlossen hat, den Jungbauern, die Frau sowie einen Schankwirt umzubringen. Die drei hatten ihr im Zustand der Volltrunkenheit nach einem Dorffest den Samen eines Zuchtebers mit einem Klistier in die Vagina gespritzt. Der Tod der Frau und des Jungbauern wurden bis zu dem Moment, in dem der anonyme Brief auftaucht, als vermeintliche Selbstmorde nicht weiter verfolgt. Die ängstlich-abwehrende Reaktion des auf die Suizide angesprochenen Gastwirtes stimmt Bella misstrauisch. Nachdem sie oft und lange mit ihm getrunken hat, beginnt sie zu ahnen, dass er das nächste Opfer sein wird. Sie behält Recht: er verbrennt, als er nach dem alljährlichen Sommerball auf einer Schubkarre seinen Festrausch ausschläft und ein riesiger Holzstoß in seiner unmittelbaren Nähe in Flammen aufgeht. Die Täterin findet Bella durch gründliche Beobachtung der dörflichen Männergesellschaft, in der Frauen nur zur Befriedigung sexueller Bedürfnisse dienen. Weil ihr die Mörderin emotional nähersteht als die Opfer, erklärt sie den Tod des Wirts in ihrem Bericht zum Unfall. Angewidert vom frauenfeindlichen Gehabe ihrer männlichen Kollegen und dem Zwang, Schuldige verfolgen zu müssen, die im Grunde unschuldig sind, quittiert sie nach der Rückkehr nach Hamburg den Polizeidienst. Der Titel *Weinschröter* entstammt nach Angaben der Autorin, einer studierten Juristin, einem Kindervers, der dem Krimi als Motto dem Text voransteht: »Weinschröter, du musst hangen, / Bist bei Nacht zum Weib gegangen.«

ALICIA GIMÉNEZ-BARTLETT Spanien (*1951)

Die selbstbewusste Inspectora Petra Delicado, eine sinnenfrohe Mittvierzigerin, ermittelt an der Seite ihres älteren, schwergewichtigen Untergebenen Subinspector Fermín Garzón in Barcelona. *Hundstage* ist der zweite Fall des ungleichen Kriminalistenduos nach *Ritos de muerte* (1996, dt. *Spanische Blumen*, 1998). Die Romane dienten dem Regisseur Julio Sánchez-Valdés als Grundlage einer 13-teiligen Serie mit Ana Belén als Petra und Santiago Segura als Fermín, die der spanische Fernsehsender TELE 5 1999 ausstrahlte. Weiteres Werk: *Mensajeros da la oscuridad* (1999, dt. *Boten der Finsternis*, 2001).

Hundstage

(OT: *Día de perros*, 1997). Zürich: Unionsverlag, 2001 (UT 196). – Ü: Sybille Martin. – SF: Inspectora Petra Delicado. O: Barcelona.

Der Hundedieb und -fänger Ignacio Lucena Pastor wird niedergeschlagen und erliegt später seinen Verletzungen, seinen Hund »Schreck« übernimmt Inspektorin Petra Delicado, die sich in den Tierarzt Juan Monturiol verliebt, der Schreck behandelt. Lucena hinterlässt auch zwei Kladden mit merkwürdigen Zahlenreihen sowie mehrere Millionen gut versteckter Peseten. Lucena belieferte Veranstalter illegaler Hundekämpfe mit gestohlenen Vierbeinern. Die Nachforschungen führen unter anderem zu der Hundebuch-Händlerin Ángela Chamorro und der Hundetrainerin Valentina Cortés, zu »Rescat Dog«, einer Art Detektei für verlorene Hunde, und zu dem Hundesalon »Bel Can«; die letztgenannten Etablissements gehören Agustí Puig beziehungsweise dem arroganten Ernesto Pavía und seiner französischen Frau. Agustí Puig von »Rescat Dog« löst nach dem ersten Vorsprechen der Polizei seinen Laden eiligst auf und taucht unter. Anonyme Anrufe führen zum verlassenen Schauplatz illegaler Hundekämpfe und zu Lucenas Komplizen Enrique Marzal. Der schwergewichtige Polizist Subinspector Formín verliebt sich gleichzeitig in die Buchhändlerin Ángela Chamorro und die Tiertrainerin Valentina Cortés. Schließlich trennt er sich von Ángela und macht Valentina einen Heiratsantrag. Diese trennt sich ihrerseits nach kurzer Bedenkzeit von ihrem verheirateten Liebhaber und willigt in den Antrag ein. Am nächsten Tag wird sie von einem Kampfhund zerfleischt. Juan Monturiol nimmt an der Obduktion der Toten teil und stellt, z. T. am Computer, Analysen der Bissspuren an. Seine Ergebnisse entlasten Valentinas Hündin Morgana und weisen auf einen Staffordshire Bull Terrier als tierischen Täter hin. Kurz darauf wird bei einem Einbruch Inspektorin Delicados Wohnung verwüstet und Lucena Pastors alter Hund Schreck erschlagen. Gesucht wurde ganz offensichtlich die dritte Kladde Lucenas, die in Morganas Hundehütte versteckt war und die die Polizei längst sichergestellt hat. Enrique Marzal war Lucenas Komplize beim Diebstahl von Hunden aus den Zwingern der Züchter. Aufkäufer war Augusto Ribas Solé, der Staffordshire Bull Terriers züchtet und illegale Hundekämpfe veranstaltet. Er war der verheiratete Geliebte Valentinas, die durch ihre Beziehung zu ihm am Rande in den Fall verwickelt wurde. Sie hatte Lucenas dritte Kladde als eine Art Versicherung oder Druckmittel an sich gebracht. Ribas' Ehefrau Pilar denunzierte diesen anonym aus Angst, verlassen zu werden, sowie aus Rache für die jahrelange Erniedrigung. Sie wusste auch, wer die dritte Kladde besaß. Ribas wiederum schlug ohne Tötungsvorsatz Lucena zusammen, weil der viel Geld unterschlagen hatte. Pilar schließlich hetzte ihren Hund Pompeyo auf Valentina und brach bei Petra ein, denn sie wollte die dritte Kladde in ihren Besitz bringen, um sich und ihren Mann von den Schatten der Vergangenheit zu befreien. Am Ende bleibt Fermín nur noch, Pompeyo zu erschießen; Petra trennt sich von ihrem Geliebten Juan Monturiol, weil dieser eine engere Bindung anstrebt, als ihr lieb ist, doch ein möglicher Ersatz steht schon bereit.

BUDDY GIOVINAZZO USA (*1960)

Als Filmemacher gehört Buddy Giovinazzo zu den so genannten *independants*, die unabhängig von den künstlerischen und kommerziellen Zwängen Hollywoods mit meist kleinen Budgets arbeiten. Als Schriftsteller debütierte er mit *Cracktown* (1993, dt. 1995), einem Geschichtenband voller delirierender, apokalyptischer Visionen aus den Großstädten der USA. Im selben »Underground«-Stil gehalten sind *On Broken Street* (1998, dt. *Broken Street*, 2000) sowie *Poesie der Hölle*.

Poesie der Hölle

(OT: *Poetry und Purgatory*, 1996). Berlin: Maas, 1998 (Pulp Master 5). – Ü: Ango Laina, Angelika Müller. – O: Staten Island.

Der junge Eddie, der sich wegen eines Hirntumors einer Chemotherapie unterzogen hat, schluckt fortlaufend schwere Schmerzmittel und raucht obendrein noch Haschisch. Seine »Roten« beschafft er sich illegal bei verschiedenen Ärzten, die sich als Drogendealer betätigen. Einer geregelten Arbeit kann er nur noch selten nachgehen. Einzige Vertraute sind seine Schwester Denise und der Kleinganove Dezmond. Denise verdient als Domina-Prostituierte eine Menge Geld, mit dem sie ihn und die Mutter, einen Pflegefall, unterstützt. Als Denise brutal erschlagen wird, beschließt Eddie, den Mörder zu finden. Dabei muss er immer wieder gegen oft bedrohliche Visionen ankämpfen. Eine mögliche Spur könnte zu den Freiern führen, die Eddie seinerzeit aus einem Schrank heraus mit Denise zwecks späterer Erpressung fotografiert hat. Sein Versuch einer Detektion, ausgelöst durch eine mysteriöse Adresse auf einem Streichholzbriefchen aus der Wohnung der Ermordeten, gerät zu einem delirierenden Trip durch die Bordelle, *hardcore*-Bars und Pornokinos sowie die Abbruchquartiere von Staten Island. Dabei begegnen ihm immer wieder die zwölfjährige Prostituierte Candy-Bar, die sich ihrem Zuhälter Zero durch den Todessprung von einem Hausdach entziehen will, aber als Schwerstbehinderte überlebt, sowie Detective Webster. Hilfe wird Eddie zuteil von Kaval, die ihn trotz ihrer AIDS-Infektion und seiner zeitweiligen medikamentenbedingten Impotenz heiratet, um jederzeit zu ihm kommen zu können, wenn er wieder einmal nach einem Zusammenbruch in der Notaufnahme irgendeines Krankenhauses gelandet ist. Im Laufe seines recht ziellosen Umherirrens erinnert sich Eddie an seinen Stiefvater Onkel Ted, der ihn in der Kindheit einmal sexuell belästigt und Denise sowie eine etwa gleichaltrige Cousine, Helen, gewohnheitsmäßig missbraucht hat. Vor diesem Hintergrund plant Eddies Frau Kaval, auf dem Klagewege Ted, Denises Erben, um das geerbte Vermögen zu bringen. Eddie erschießt Onkel Ted, versteckt die Leiche in dessen Haus im Keller unter einem großen Haufen Torf und verwischt alle Spuren, indem er ein Feuer legt. Er will auch den verheirateten Freier Henry erschießen, den Denise schon lange Zeit mit inkriminierenden Fotos erpresst hat und der wahrscheinlich Denises Mörder ist. Bevor Eddie seine Tat ausführen kann, erleidet er einen weiteren, von vielerlei Wahnbildern und -vorstellungen begleiteten Zusammenbruch. Kurz darauf erliegt Kaval ihrer Aids-Erkrankung und wird auf wenig würdevolle Weise eingeäschert. Eddie bleibt allein zurück und sieht einer ungewissen Zukunft in Staten Island entgegen.

HELGA GLAESENER Deutschland (*1955)

Die studierte Mathematikerin Helga Glaesener hat außer mit fantastischen Romanen wie *Im Kreis des Mael Duin* (1998) Erfolg mit anachronistischen historischen Frauen-Kriminalromanen, in denen die Emanzipation gleich um mehrere Jahrhunderte vorgezogen wird und in denen sich die Heldinnen gegen die Finsternis des männlich dominierten Mittelalters auf ihre Weise durchsetzen. Im Mittelpunkt von *Die Rechenkünstlerin* (1998) steht eine für ihre Zeit ungewöhnlich gebildete junge Frau. Weiterer Titel: *Wer Asche hütet* (2002). Siehe auch F. → Kellerman, *Becca*.

Die Safranhändlerin

München/Leipzig: List, 1997. (Heyne 13714, 1998.) – O/Z: Trier und Umgebung; 1327.

Die junge Trierer Gewürzhändlerin Marcella ist unglücklich mit ihrer gesellschaftlichen Stellung als Frau, überzeugte Vegetarierin und kennt ihre eigene Vergangenheit nicht. Als ihr eine Ladung Safran gestohlen wird, wird der Trierer Schöffe Arnold Tristand aufgrund belastender Indizien in den Kerker geworfen, wo er regelrecht verschmachtet. Seine mit einander verfeindeten Söhne Martin und Demian bekriegen sich, wobei Demian verwundet und gefangengesetzt wird. Die Gewürzhändlerin Marcella entführt Demian aus der Gewalt Martins und sorgt für medizinische Versorgung. Auf der Suche nach ihrem Safran muss Marcella eine Reihe gefährlicher Intrigen überstehen: Auf der Starkenburg, dem Sitz der Gräfin Loretta von Sponheim, versucht die hinterhältige Mechthilde, Marcella zu Tode zu stürzen und, als dies scheitert, als Giftmörderin und Ketzerin anzuschwärzen. Gräfin Loretta wird ihrerseits bedroht von Balduin von Luxemburg, dem Erzbischof und Kurfürst von Mainz, der sich Lorettas Land aneignen will. Marcella lässt ihn kurzerhand kidnappen und zwingt ihn zum Unterzeichnen einer Urkunde, die der Gräfin Loretta ihr Land garantiert. Nach diesem Abenteuer sucht sie weiter nach den Safrandieben. Zu diesen gehören außer den Mönchen des Klosters Himmerod auch Demians Feind Graf Pantaleon und dessen Kumpan Ritter Peter. Um Demians habhaft zu werden, kidnappen die beiden Marcella. Nur mit der Behauptung, sie sei eine Hexe, kann die Frau einer Vergewaltigung entgehen. Es kommt zu einer Auseinandersetzung Peters mit Demian, in deren Verlauf Peter die eigene Messerklinge durchs Auge ins Hirn fährt. Ritter Richwin an der Spitze einer schwerbewaffneten Truppe rettet Demian und Marcella. Den gestohlenen Safran identifiziert sie anhand einer als Erkennungszeichen vom italienischen Lieferanten beigelegten Rose aus Edelmetall als ihr Eigentum. Am Ende wird Mechthilde von ihrem Mann schwer misshandelt und verstoßen und Graf Pantaleon von Lorettas Getreuen Colin mit einem Pfeil getötet. Onkel Bonifaz, bei dem Marcella aufgewachsen ist, hatte die ganze Intrige eingefädelt, um Marcella in den Ruin zu treiben und so zur Heirat mit dem ungeliebten, aber mächtigen Jacob Wolff zu zwingen. Marcella gehörte einer Familie so genannter *parfaits* an, die unter anderem kein Fleisch aßen und als Ketzer ausgerottet wurden. Ihre Schwester Jeanne verdurstete lieber, als zu heiraten oder ihrem Glauben zu entsagen. Jeannes Todesurkunde, die Marcella von Mechthilde auf Starkenburg entwendet, gibt Aufschluss über ihre Herkunft, liefert sie aber auch um ein Haar dem Ketzerjäger Pater Pierre aus. In Gestalt dieses dümmlichen Fanatikers wirft die Inquisition ihre Schatten voraus. Am Ende werden Demian und Marcella ein Liebespaar und ziehen nach Italien.

FRIEDRICH GLAUSER Schweiz (1896–1938)

Friedrich Glausers Leben ist überschattet von psychischen Krankheiten und Klinikaufenthalten. Als Vorbild für seinen Wachtmeister Studer nannte er Kommissar Jules Maigret von G. → Simenon. »Aber Studer wurde nicht eine Kopie. Glauser verhalf ihr zu unverkennbarer helvetischer Selbständigkeit, indem er das Hintergründige in die Biederkeit steckte« (Hugo Loetscher). Der kriminalistische Erfolg des unangepassten Studer beruht auf einem untrüglichen Gespür für die Stimmigkeit einer Geschichte und für das Unausgesprochene in einem Gespräch; manchmal verhilft ihm sein Einfühlungsvermögen zu einer visionären Schau der Ereignisse, denen er auf die Spur kommen will. Während des Ersten Weltkrieges wurde er in eine nicht näher erläuterte »Bankgeschichte« verwickelt, degradiert und seitdem nie mehr befördert. Nun steht er vor der Pensionierung. Glauser selbst wurde zum Urvater des Schweizer Krimis und zum Namenspatron für den begehrtesten deutschen Krimipreis, der seit 1987 von DAS SYNDIKAT, einer Vereinigung deutschsprachiger Kriminalschriftsteller, für den jeweils besten Krimi beziehungsweise u. d. T. »Ehrenglauser« für ein Lebenswerk verliehen wird.

1. Wachtmeister Studer (1936)

Zürich: Diogenes Verlag, 2001 (Sämtl. Kriminalromane 1). – O: Gerzenstein bei Thun.
F: CH 1939, R: Leopold Lindtberg.

Als der vorbestrafte, aber seit Jahren unauffällige Gärtnergehilfe Erwin Schlumpf denunziert wird, den Kaufmann Wendelin Witschi mit einer 6,5-mm-Browning erschossen und anschließend beraubt zu haben, unternimmt er einen Selbstmordversuch, den Studer verhindert. Fehlende Schmauchspuren an der Wunde scheinen einen Selbstmord Witschis auszuschließen, doch intensives Studium der Tatortfotos lassen Studer Zweifel an der Schuld des Gärtnergehilfen Schlumpf hegen. Im Umfeld Schlumpfs und seiner Freundin Sonja – der Tochter des ermordeten Kaufmanns – tauchen immer wieder Groschenromane auf, auf deren Umschlag eine Versicherungswerbung prangt. Studer argwöhnt hinter dem scheinbaren Mord einen getarnten Selbstmord zum Zwecke des Versicherungsbetruges (Lebensversicherungen pflegen bei Selbstmord nicht zu zahlen). Leere Patronenhülsen, Zigarettenpapier und Einschüsse in Witschis Wohnung weisen darauf hin, dass Witschi offensichtlich nach einer Möglichkeit gesucht hat, sich ohne Hinterlassen von Schmauchspuren selbst zu töten. Als dann nach der vergeblichen Durchsuchung von Schlumpfs Wohnung eine 6,5-mm-Browning doch noch in der Küche seiner Wirtin gefunden wird, ist für Studer klar, dass jemand den Gärtnergehilfen Schlumpf belasten will. Erst nachdem dieser ein falsches Schuldgeständnis abgelegt hat, bekommt Studer aus Sonja heraus, dass ihr Vater sich lediglich verletzen wollte, um die Versicherungssumme wegen Invalidität ausgezahlt zu bekommen. Der Fall kann erst aufgeklärt werden, als ein Autodieb den Wagen des despotischen Gemeindepräsidenten Aeschbacher stiehlt. Aus diesem Wagen entwendet er auch eine 6,5-mm-Browning, bei der es sich um die Mordwaffe handelt. Witschis Sohn Armin erklärt die Zusammenhänge: Er, Armin, habe seinem Vater bei der Vortäuschung eines Raubüberfalls geholfen und in der Nähe des anvisierten Tatortes gewartet. Ein Wagen habe sich genähert und sei wieder weggefahren; dazwischen seien statt des zu erwartenden Schusses zwei Schüsse gefallen. Nach Witschis Beerdigung zwingt Studer den Gerichtspräsidenten Aeschbacher zu einem Geständnis. Er, Aeschbacher, sei von Witschi mit dem Wissen um unterschlagene Mündelgelder erpresst worden und danach in finanzielle Schwierigkeiten geraten, aus denen ihn nur noch der Tod des Kaufmanns und die Versicherungssumme hätten retten können. Auf der Fahrt ins Gefängnis begeht Aeschbacher Selbstmord. G. R.

2. Matto regiert (1936)

Zürich: Diogenes Verlag, 1989 (Sämtl. Kriminalromane 3). – O/Z: Randlingen; 1932.
F: (1) *Matto regiert (§ 51 – Seelenarzt Dr. Laduner)*. CH 1946/47, R: Leopold Lindtberg. (2) D/CH 1980, R: Wolfgang Panzer.

Der im Titel genannte »Matto« bedeutet soviel wie der Geist des Irrsinns. Aus der Heil- und Pflegeanstalt Randlingen verschwinden gleichzeitig der Patient Pierre Pieterlen (er bricht aus) sowie der Direktor Ulrich Borstli und später auch Herbert Caplaun, Privatpatient des stellvertretenden Direktors Dr. Ernst Laduner und der Sohn jenes Oberst Caplaun, der Studer einst um seine Karriere brachte. Direktor Borstli und Patient Pieterlen waren beide in die Pflegerin Irma Wasem verliebt, mit der Borstli am Abend seines Verschwindens spazieren ging. Der Spaziergang wurde für eine halbe Stunde unterbrochen. Während sie vor Direktor Borstlis Tür wartete, wurde Irma Zeugin eines Streits zwischen Borstli und dem Pfleger Jutzeler. Borstli wird später mit gebrochenem Genick am Fuß der Treppe zum Heizungskeller gefunden. Der stellvertretende Direktor Dr. Laduner wollte Pierre Pieterlen als geheilt entlassen, durfte dies jedoch nicht wegen einer noch nicht verbüßten Vorstrafe Pieterlens wegen Kindermordes. Pieterlen glaubte jedoch, dass Direktor Borstli vorsätzlich seine Entlassung verhindere. Der verschuldete Pfleger Gilgen begeht Selbstmord, als bei ihm gestohlenes Geld aus dem Anstaltssafe und ein Totschläger gefunden werden. Studer entdeckt Dr. Laduner betäubt am Fuß der Treppe zum Heizungskeller und rettet aus dem Ofen die brennende Mappe des Direktors, deren Inhalt Dr. Laduner und Pfleger Gilgen schwer belasten; Dr. Laduners Methoden sollen die Sterblichkeit in der Anstalt stark erhöht haben. Mit Studers Einverständnis verbrennt sie der Arzt endgültig, verweigert aber weitere Aussagen. Im Haus des toten Pflegers Gilgen entdeckt Studer den verschwundenen Patienten Pieterlen. Von Irma Wasem mit Pass und Geld versorgt, will er nach Frankreich fliehen; Studer verhindert dies nicht. Herbert Caplaun hält sich ebenfalls in Gilgens Haus versteckt. Gerade noch rechtzeitig kann Studer die Ermordung des Pflegers Jutzeler durch Caplaun verhindern. In einem schriftlichen Geständnis gibt Caplaun den Mord an Direktor Borstli zu. Er habe sich Dr. Laduner gegenüber dankbar erweisen wollen, der unter seinem Chef zu leiden gehabt habe. Auf dem Rückweg in die Anstalt wird Caplaun von Anstaltsportier Dreyer in einen Fluss gestoßen – er ertrinkt –; Portier Dreyer selbst wird auf dem Transport nach Bern bei einem Fluchtversuch von einem Lkw überfahren. Er hielt nicht nur Oberst Caplaun über die Vorgänge in der Anstalt auf dem Laufenden, er ist auch ein von ständigen Geldnöten geplagter Spieler, hat den Anstaltssafe ausgeräumt und wurde von Herbert Caplaun überrascht. Der Pfleger Gilgen gab Caplaun einen Großteil des Geldes. Zu dritt überlegten Gilgen, Caplaun und Pieterlen, wie sie dem stellvertretenden Direktor Laduner helfen könnten. Gilgen, der glaubte, einem Verhör nicht standhalten zu können, nahm sich das Leben. Laduner kann schlüssig nachweisen, dass Direktor Borstli vom Portier Dreyer und nicht etwa von Caplaun die Treppe hinuntergestoßen wurde. Dies macht Studer deutlich, dass in Mattos Reich eigene Gesetze gelten. Unverständlich bleibt ihm, weshalb Laduner ihn durch das Vorenthalten einer ganzen Reihe von Informationen derart in die Irre geführt hat. G. R.

3. Die Fieberkurve (1938)

Zürich: Diogenes Verlag, 1989. – O/Z: Paris; 1932 ff.

In Paris lernt Studer den Missionar Pater Matthias kennen, der eigentlich Max Wilhelm Koller heißt, in Algerien wirkt und in Basel bzw. Bern seine beiden Schwägerinnen vor einem Mordanschlag seines verstorbenen Stiefbruders Alois Victor Cleman warnen will. Cleman, ein Geologe, starb am 20. Juli 1917 an Sumpffieber im Krankenhaus von Fez. Hier lernte der Geologe vor seinem Tod Corporal Collani kennen, dem er den Auftrag gab, an seinem 15. Todestag seiner zweiten Frau Sophie einen Brief zu schicken, was dieser auch tat, nicht ohne jedoch eine Kopie zu behalten. Bevor er die Kopie dem Pater übergeben kann, verschwindet der Corporal spurlos. Auf der Heimreise lernt Studer im Zug Marie Cleman kennen, die Tochter von Josepha, der ersten Frau des Geologen Cleman. Durch Zufall wird er in Basel Zeuge ihres Selbstmordes und gelangt in den Besitz eines Zettels aus dem Krankenhaus von Fez mit einer Fieberkurve und einer Notiz darauf, der zufolge Alois Victor Cleman erst am 30. Juli 1917 verstorben ist. Marie, Clemans Tochter, hat in Paris bei dem ehemaligen Sekretär ihres Vaters, Jakob Koller, gearbeitet, der spurlos verschwunden sei; Clemans zweite Frau Sophie ist durch Gas umgekommen. Studer weist in beiden Fällen Mord nach. In Sophies Wohnung trifft Studer den hochverdächtigen Pater; in einer Tasse aus Sophies Besitz wird das Schlafmittel Somniferum gefunden und an ihr die Fingerabdrücke eines bislang nicht identifizierten Mannes, der 1903 die schwangere Ulrike Neumann mit Zyankali vergiftet haben soll. Im Hotel »Zum Wilden Mann«, wo sich Ulrike Neumann mit ihrem Geliebten und mutmaßlichen Mörder traf, logierte auch – angeblich zufällig – Pater Matthias, der im Übrigen jedes Mal im Hotel war, wenn sich Ulrike dort mit dem Geliebten traf; auch ein gewisser Alois Viktor Koller war immer eingetragen. In Marokko entziffert Studer mit Hilfe seiner Frau Heddy die Fieberkurve als verschlüsselten Lageplan eines vermutlich erdölträchtigen, acht Hektar großen Arreals in Südmarokko, das der Geologe Cleman testamentarisch zu gleichen Teilen dem Kanton Bern und seiner Tochter Marie vermacht hatte. Der Sekretär Jakob Koller erweist sich als der verschwundene Corporal Collani und als Alois Victor Cleman in einer Person und sitzt eingekerkert in der Festung Gurrama. Studer lässt sich in Absprache mit dem Festungskommandanten in Collanis Zelle sperren und horcht ihn aus. Collani nahm den Identitätswechsel zu Koller aus Langeweile vor, den Namen Cleman nahm er an, nachdem er Ulrike Neumann Zyankali besorgt hatte; seine erste Frau Josepha erpresste ihn mit dem Wissen um diese Sterbehilfe. Daraufhin drehte er bei ihr und bei seiner zweiten Frau Sophie den Gashahn auf. Pater Matthias ist nicht Collanis Bruder, sondern sollte im Auftrag seines Ordens das inkriminierte Stück Land an sich bringen. G. R.

4. Krock & Co. (1937/38).

Zürich: Diogenes Verlag, 1989. – O: Appenzeller Land. F: D/CH 1976, R: Rainer Wolffhardt.

Als Studers Tochter heiratet, unternimmt die Hochzeitsgesellschaft einen Ausflug zum Hotel »Zum Hirschen«, das Studers Schulfreundin Anni Rechsteiner gehört. Dort wird mit einer angespitzten Fahrradspeiche der junge Detektiv Jean Stieger erstochen, der mit der Bedienung geflirtet und mit der Wirtin gestritten hatte. Ein Haar an der Speiche stammt von dem Hund des Fahrradhändlers Ernst Graf, der sofort des Mordes bezichtigt wird. Stieger arbeitete ebenso wie Martha Loppacher, die sich vier Wochen zuvor im Hotel einquartiert hatte, für die Auskunftei von Joachim Krock in Sankt Gallen. Krock stirbt beim Abendessen an vergiftetem Wermut. Der seit fünf Jahren gelähmt ans Bett gefesselte Ehemann der Wirtin Annie diktiert Martha jeden Abend lange Briefe, und auf einem Löschblatt in Krocks Zimmer sind die Wörter »Mannheim« und »Scheckbetrug« sowie die Zahlen »30000« und »50000« zu entziffern. Mittels einer List weist Studer nach, dass Rechsteiner keineswegs gelähmt ist: Rechsteiner war nach dem Ersten Weltkrieg in Mannheim in illegale Geschäfte mit einem reichen Franzosen verwickelt, der Rechsteiner durch einen fingierten Scheckbetrug über 50000 Mark in Abhängigkeit von sich brachte; später finanzierte Rechsteiner damit den Kauf des »Hirschen«. Jahre später wurde Rechsteiner von dem Franzosen gezwungen, gegen Wucherzinsen Gelder an Appenzeller Kunsthandwerker zu verleihen, die sich dadurch immens verschuldeten. Diese Geschäfte wurden über das Büro Krocks abgewickelt. Anni wandte sich ohne Kenntnis der Zusammenhänge an Krock, um durch den Verkauf ihrer Aktien eine Kuh zu ersetzen, von deren Verenden ihr Mann nichts erfahren sollte. Dieser habe angesichts seines nahen Todes den Wucher und die Erpressung beenden wollen, indem er die Schuldscheine wieder einsammelte. Die italienische Kellnerin Ottilia Buffato und Martha Loppacher sollten ihn kontrollieren und daran hindern, Martha aber wurde zu seiner Vertrauten. Das Erscheinen des Detektivs Jean Stieger, der der Wirtin das Geld aus dem Verkauf der Aktien übergeben wollte, versetzten den Wirt derart in Unruhe, dass er ihn in Panik umbrachte. Dann versuchte er auch Krock zu vergiften, doch die Kellnerin Ottilia tauschte die Gläser aus; Studer machte den Tausch rückgängig, Krock starb. Im Hotel ist bereits der französische Bankier Gardiny abgestiegen. Er ist der ominöse Erpresser und versucht vergeblich, in den Besitz der Schuldscheine zu gelangen, die alle auf den Namen Rechsteiner ausgestellt sind und nun mit dessen Einverständnis der Untersuchungsakte beigelegt werden. G. R.

5. Der Chinese (1939)
Zürich: Diogenes Verlag, 1989 (detebe 21736). – O/Z: Pfründisberg bei Bern; 1931.
F: D/CH 1978, R: Kurt Gloor.

Der reiche James Jakob Farny, der wegen seiner Augenform »der Chinese« genannt wird und sich bedroht fühlte, liegt tot auf dem noch frischen Grab seiner Nichte Anna Hungerlott, geborene Äbi. Der Revolver neben ihm ist jedoch nicht die Tatwaffe. Vinzenz Hungerlott, Annas Witwer, leitet die Pfründisberger Armenanstalt. Studer kann schließlich nachweisen, dass die Frau an einer Arsenvergiftung starb. Ernst Äbi, ein entfernter Verwandter Farnys, macht gerade eine Ausbildung in der Pfründisberger Gartenbauschule. Er wird tot in dem kurz zuvor mit Blausäure behandelten Gewächshaus gefunden, und in seinem Schrank liegt, in braunes Packpapier gepackt, ein blutgetränkter Seidenpyjama. Durch eine auf dem Packpapier noch lesbare Adresse stößt Studer auf den Gartenbaulehrer Wottli und dessen Mutter; sie wohnen im selben Haus wie die Familie des gewalttätigen, arbeitsscheuen Alkoholikers Arnold Äbi, in dessen Wohnung sich arsenhaltige Medikamente finden. Bald steht im Mittelpunkt von Studers Interesse der Heizungskeller der Gartenbauanstalt, in dem sich Ernst Äbi mehrfach zu schaffen gemacht hat und in dem zwei Knöpfe und eine ausgebrannte Patronenhülse in der Asche gefunden werden. Von einigen Spritzern an der Wand nimmt Studer Proben zur Untersuchung mit. Ein Schüler berichtet, wie er einmal Lehrer Wottli mit Anna Hungerlott im Wald überraschte, und Farnys Testamentsvollstrecker Notar Münch teilt mit, dass der »Chinese« Farny eine geplante Testamentsänderung nicht mehr habe durchführen können. Er bedachte unter anderem seine Nichte Anna bzw. im Falle von deren Tod deren Mann und den Lehrer Wottli (diesen Passus hatte Farny ändern wollen). Lehrer Wottli gesteht seine Liebe zu Anna, ahnt aber nichts von seiner Erwähnung in Farnys Testament. Die Inspektion der Armenanstalt durch eine Kommission nutzt Studer zur Aufklärung des Falles: Er weist nach, dass Farny im Pyjama im Heizungskeller der Gartenbauanstalt von Arnold Äbi erschossen wurde. Ernst Äbi hat ihm geholfen, die Leiche umzuziehen und auf den Friedhof zu tragen. Anstifter dieses Mordes war Vinzenz Hungerlott, der auch aus Habgier seine Frau umbrachte. Der Gartenbaulehrling Ernst Äbi schließlich wurde von seinem eigenen Vater ins Gewächshaus gestoßen – als lästiger Mitwisser und weil er die Mutter vor Prügel zu beschützen pflegte. G. R.

ROBERT GODDARD Großbritannien (*1954)

Dein Schatten, dem ich folgte

(OT: *Past Caring*, 1986). Zürich: Schweizer Verlagshaus, 1990. (Goldmann 9856, 1992.) – Ü: Rainer von Savigny. – O/Z: London, Madeira u. a.; 1910 ff. (Nebenhandlung), 1977 ff. (Haupthandlung).

Im Auftrag des südafrikanischen Millionärs Leo Selleck liest der ehemalige Geschichtslehrer Martin Radford (der Icherzähler der Haupthandlung) 1977 die Memoiren des englischen Politikers Edwin Strafford. Dessen Verlobte, die Suffragette Elisabeth Mortimer, beschuldigte ihn 1910 des Verrats und löste überraschend die Verlobung. Strafford trat als Innenminister zurück und ließ sich als Konsul nach Madeira abschieben, wo er auch nach der Pensionierung 1946 blieb; 1981 wurde er während eines kurzen Heimaturlaubes von einem Zug überfahren. Elisabeth Mortimer heiratete später Straffords besten Freund, den 1956 verstorbenen Gerald Couchman, der als Munitionsfabrikant ein Vermögen erwarb. Martin Radford soll die geheimnisvolle Affäre um Strafford aufklären, der nie erfahren hat, was für einen Verrat an Elisabeth er eigentlich begangen haben soll; der Fall wird für Radford zu einer Angelegenheit seiner eigenen Familie, denn Lady Elisabeth Couchman ist die Großmutter seiner geschiedenen Frau Helen. Radfords Ex-Frau versucht, wenngleich vergeblich, im Einvernehmen mit ihrem Vater Henry und ihrem Bruder Timothy, Martin von einem Besuch bei Elisabeth abzuhalten. Der lernt in Oxford die bezaubernde Historikerin Eve Randall kennen, die eine Urkunde aus Südafrika zutage fördert über die Heirat Edwin Straffords mit Carolyne van der Meren: Der ehemalige Innenminister scheint also ein Bigamist gewesen zu sein. An dem angegebenen Hochzeitsdatum war Strafford jedoch nachweislich in einer Wahlkampfangelegenheit in England, daher kann sich eigentlich nur Gerald Couchman des Namens seines Freundes bedient haben, um Carolyne zu heiraten. Ambrose, der Sohn von Edwins lange verstorbenem Bruder Richard, findet eine Nachschrift zu Straffords Memoiren, wird aber ermordet, bevor er sie Radford aushändigen kann. Radford findet sie trotzdem. Strafford beschreibt darin, wie Leo Selleck ihn als sein angeblicher Sohn in Madeira aufgesucht und beschimpft habe, vor allem, weil seine Mutter Carolyne nach seiner Geburt in geistiger Umnachtung gestorben sei. Strafford sei sofort nach England geeilt, um seinen alten Freund Couchman zur Rede zu stellen, der seine Schandtat auch sofort zugegeben habe: Man habe die echte Heiratsurkunde mit der falschen Unterschrift dann 1910 zusätzlich für ein politisches Komplott benutzt. Aus Loyalität seiner Partei gegenüber (die ihn im Grunde zu verraten bereit war), lehnte Strafford die Ausschreibungen von Neuwahlen ab, mit denen Lloyd George Premier Asquith ablösen wollte. Damit stand Strafford auch den Frauenrechtlerinnen im Wege, denen George das Frauenwahlrecht versprochen hatte. Um seinen freiwilligen Rücktritt irreversibel zu machen, spielte eine Gesinnungsfreundin Elisabeths dieser die ominöse Heiratsurkunde zu. Mit Hilfe der trotz ihres hohen Alters geistig wachen Lady Elisabeth, die ihrem Mann weiterhin in unwandelbarer Treue ergeben ist, ermittelt der ehemalige Geschichtslehrer Radford weiter. Sir Henry glaubt, Strafford sei von Parteifreunden Couchmans aus dem Weg geräumt worden und gesteht seine Schuld am Tod von Ambrose ein. Kurz darauf kommt er bei einem Autounfall ums Leben. Wenig später erscheint der Millionär Selleck, der Auftraggeber der Untersuchung: Zynisch erzählt er, dass er Radford eingespannt habe, um die Beweise für seine Schuld am Tode

Straffords, den er aus Rache vor den Zug gestoßen hat, zu finden und zu vernichten. Auch habe er Eve Randall bestochen, die die Forschungen in die gewünschte Richtung lenken sollte. Martin nimmt Elisabeth die Waffe Sir Geralds ab, mit der sie Selleck erschießen will, und tötet ihn selbst damit. Trotz der Bemühungen von Elisabeths Anwalt wird er zu zehn Jahren Haft verurteilt, kommt aber früher frei. Als Elisabeth 94-jährig stirbt, hinterlässt sie ihm das von ihr erworbene Haus Straffords auf Madeira und ein Vermögen von 200000 Pfund. Damit ist seine Zukunft gesichert. Eve stellt Martin in Aussicht, zu ihm zurückzukehren.

CURT GOETZ Deutschland (1888–1960)

Curt Goetz hatte, wie auch der Roman *Tatjana. Eine Legende* (1946) belegt, eine versteckte Vorliebe für Kindfrauen und war ein großer Liebhaber der Kriminalliteratur. In der selten gespielten Rahmenhandlung seines Theaterstücks *Dr. med. Hiob Praetorius* beispielsweise treten Sherlock Holmes und Dr. Watson auf. Er lebte von 1939 bis 1945 in den USA und spielt, auf den Spuren von Alfred Hitchcock wandelnd, selbst mit in seinem Krimi *Die Tote von Beverly Hills*.

Die Tote von Beverly Hills. Satire auf einen Bestseller

Berlin-Grunewald: Herbig, 1951. (dtv 155, 1963.) – O/Z: Beverly Hills; Anfang der 1940er-Jahre.
F: D 1964, R: Michael Pfleghar.

Curt Goetz findet die Leiche der knabenhaften Lu Sostlova, der Gattin eines tschechischen Altertumsforschers, in die er sich ein wenig verliebt hatte. Weil sich ein anfänglicher Verdacht der Polizei gegen ihn nicht erhärtet, darf er den Verhören des ebenso hässlichen wie erfolgreichen Detective Ben Blunt von der Kripo Los Angeles beiwohnen. Der ältere, attraktive Dr. Steiniger und der junge Schriftsteller de Lorm haben ein Alibi für die Tatzeit. Trotzdem begeht de Lorm kurz nach dem Verhör Selbstmord. Lu, die ertränkt wurde, hinterlässt ein Tagebuch, das Kriminalpolizist Ben Blunt Goetz zuspielt. Die Tagebuchaufzeichnungen erhellen die Geschichte: Nachdem ihr wesentlich älterer Geliebter, der Kammersänger Olaf Swendka, wegen ihrer Knabenhaftigkeit in den Verdacht der Verführung Minderjähriger geraten war, hatte er einen schweren Unfall, an dem Lu dem Untersuchungsrichter Dr. Maning die Schuld gibt. Sie verführt den 14-jährigen Peter und weist Dr. Maning zurück, der sich in sie verliebt hat. Nach Amerika ausgewandert, heiratet sie Rudolf Sostlov, dem sie treu ist, bis Peter unter dem Namen de Lorm bei ihr auftaucht. Wenig später lernt sie den berühmten Maler Dr. Steiniger kennen: Es ist Dr. Maning. Jetzt wird Lu dessen Geliebte, doch er rächt sich für die frühere Zurückweisung, indem er sie auf seinen Bildern als Vamp ohne Gesicht darstellt. Als Steiniger/Maning die zusätzliche Liebschaft mit Peter entdeckt, verewigt er Lu mit ihren beiden Liebhabern in der Skulptur »Die Ehebrecher«. Lu beschließt, sich einen neuen Geliebten zu suchen, der in ihr Tagebuch mit den Initialen »C. G.« eingetragen ist. Nach Lus Beerdigung findet Ben Blunt auch die Mörder: Es handelt sich um die Tiddy Sisters, die Stars einer Show, in der sie (wie im wirklichen Leben auch) um die Gunst ihres Herrn und Meisters Cesare Giovanni werben, der ebenfalls zu Lus Eroberungen gehörte. Aus Eifersucht brachten die Tiddy Sisters Lu in der Badewanne um. Anschließend transportierten sie die Leiche im Kofferraum ihres Wagens an den Ort, an dem Curt sie fand. G. R.

RUTH GOGOLL Deutschland (*1958)

Ruth Gogoll gibt die Lesbenbuchreihe »edition el!es« (sic) im Konkursbuch-Verlag heraus. Ihr erster Renni-Schneyder-Krimi *Computerspiele* vereinigt Merkmale der Liebesgeschichte mit denen des Kriminalromans und zählt zum Subgenre des Köln-Krimis, da große Teile der Handlung in der rheinischen Domstadt spielen und eine Kölner Rentnerin wesentlich zu den Ermittlungen der Heldin beiträgt. Männer kommen so gut wie gar nicht vor. Weitere Renni-Schneyder-Titel: *Tödliche Liebesspiele* (1999), *Mord im Frauenhaus* (2000).

Computerspiele

Tübingen: Konkursbuch Verlag, 1998 (edition el!es). – SF: Kommissarin Renni Schneyder. O: Süddeutschland, Köln.

Aus Renni Schneyder und ihrer ehemaligen Mitschülerin Nora wurde selbst dann nie ein Paar, als sich beide im süddeutschen Raum niederließen – Renni als Kriminalpolizistin, Nora als Computerspezialistin. Nora liiert sich mit der Universitätsdozentin Ellen, die, bedingt durch Zeitverträge, im Zweijahresrhythmus von Stadt zu Stadt vagabundiert. Ellen gerät unter Mordverdacht, als ihre Ex-Geliebte Loretta mit einer Plastiktüte erstickt wird. Die Anwältin Margareth schafft den Verdacht mit Vehemenz vom Tisch. Aus Eifersucht und unter Missbrauch ihrer Dienststellung ermittelt Kommissarin Renni in ihrem Urlaub auf eigene Faust in Köln, zum Teil mit Hilfe ihrer Verflossenen, Gisela. In Lorettas Wohnung stellt sie illegal ein CD-ROM-Laufwerk ohne PC sowie Ellens leidenschaftliche Liebesbriefe an Loretta sicher – eine für sie schmerzliche Lektüre. Lorettas Analytikerin Catharina Hertzog verschweigt offensichtlich Wesentliches; ihrem Bann kann sich die sexuell ausgehungerte Polizistin nur mit erheblicher Willensanstrengung entziehen. Die Computerspezialistin Nora knackt das Passwort eines Laptops, das Ellen vergessen zu haben behauptet; das Gerät stammt jedoch aus Lorettas Wohnung. Danach zieht sich Ellen mehr und mehr von Nora zurück, berichtet aber, Loretta habe für ein armseliges Gehalt als Buchhalterin gearbeitet, obwohl sie bei einem Börsenspiel im Internet Millionen verdient habe. Lorettas Analytikerin Catharina Hertzog und sie, Ellen, hätten Loretta umgebracht und die Beute auf verschiedene Konten im Ausland verteilt. Nach diesem Geständnis reist Ellen ab: Sie hat, die Hilflose spielend, Nora und Renni kaltblütig für ihre Zwecke missbraucht. Erst nach Tagen findet die völlig niedergeschmetterte Nora die Kraft, Renni anzurufen, die sofort eine wenig erfolgversprechende Fahndung einleitet. Immerhin kündigt der erste Kuss der beiden den Beginn einer wunderbaren Freundschaft an.

WITOLD GOMBROWICZ Polen (1904–1969)

Die Besessenen

(OT: *Opetani*, 1939 / vollständig 1986). München: Hanser, 1989 (Gesammelte Werke, 12). (dtv 11444, 1992.) – Ü: Klaus Staemmler. – O/Z: Landsitz Polyka, Schloss Myslocz, Warschau; Zwischenkriegszeit.

Der Fortsetzungsroman *Die Besessenen* erschien erstmals 1986 vollständig. Mit ungestümem Erzähltemperament Rätsel auf Rätsel und Geheimnis auf Geheimnis türmend, verwirbelt der Autor Elemente des Liebes-, Sport-, Gesellschafts-, Schauer- und Kriminalromans miteinander. Erst ganz zum Schluss gelangen ein Hellseher und ein Kunsthistoriker – ein offenkundig Sherlock Holmes und Dr. Watson nachempfundenes Ermittlerduo – zu einer Auflösung, deren psychologische Grundlagen und behauptete Rationalität heute freilich nicht mehr völlig zu befriedigen vermögen. Die eklektizistische, halb ernste, halb parodistische Mixtur voller atemloser, teilweise ins Fantastische spielender Aktion gilt als »Erneuerung des *roman noir*« (Paul Kalinine), darf aber auch als Vorwegnahme postmoderner Erzählformen gelten. – Im Mittelpunkt der Handlung stehen drei junge Leute von unstetem, fragwürdigem Charakter: die aus verarmtem Adel stammende Maja Ocholowska, ferner ihr erster Verlobter Henryk Cholawicki und schließlich der Tennistrainer und Dieb Leszczuk, der später Majas zweiter Verlobter wird. Cholawicki ist Sekretär des greisen Fürsten Holszanski, der allein mit Diener Grezegoz auf Schloss Myslocz lebt, in dessen Küche es zu spuken scheint. Cholawicki plant, die reichen Kunstschätze des Schlosses zu rauben, der Fürst lebt geistig verwirrt in der Erinnerung an seinen verschwundenen Sohn Franio und hofft auf eine bestimmte Geste der Vergebung. Nach einem Diebstahl flieht der Tennislehrer Leszczuk nach Warschau, gefolgt von Maja, die die Tat auf sich nimmt. Sie wird Sekretärin des schrulligen Millionärs Malniak, Leszczuk wird Kellner und kurzzeitig der Komplize des Taschendiebs Pitulski. Nachdem sie Leszczuk wieder begegnet ist, betrachtet sich Maja als seine Verlobte. Pitulski steckt ihm eine gestohlene Brieftasche zu, doch Maja rettet ihn. Als der Millionär mit einer Schlinge erwürgt wird, geraten die beiden kurzzeitig in Verdacht und kehren nach Polyka zurück. In Polyka ergreift eine böse Macht von Leszczuk Besitz, sein Aussehen verändert sich, und er stiftet fortan nur noch Unfrieden und Gewalt. Zusammen mit dem Hellseher Hincz bereitet der Kunsthistoriker Professor Skolinski allem Spuk ein Ende, alle Spukerscheinungen finden eine rationale Erklärung; Maja wird aus Cholawickis Gewalt befreit. Selbst die vom Fürsten erwartete Geste der Vergebung stellt sich ein, als Franio wohlbehalten wieder auftaucht. Nun ist das böse Fluidum gebannt, von welchem Leszczuk befallen worden war und das seine Haare über Nacht weiß gefärbt hat, die Geistesverwirrung des Fürsten legt sich, und er lässt das Schloss renovieren. Schließlich werden Maja und Leszczuk vom Mordverdacht entlastet; inspiriert von einem Vampirroman hat eine Adlige den Millionär Malniak umgebracht, doch das interessiert niemanden mehr, denn »es gibt nur eine untrügliche Wahrheit – die Wahrheit des Charakters«.

FRANK GOYKE Deutschland (*1961)

Frank Goyke ist einer der prominentesten Autoren des Genres »Berlin-Krimi«. Weitere Werke: *Grüße vom Boss* (1992), *Dummer Junge, toter Junge* (1995; »Marlowe« 1996), *Getreu bis in den Tod* (2000), *Heldenschlacht* (2001).

Hexentanz

Berlin: Schwarzkopf & Schwarzkopf, 1995. – SF: Dietrich Kölling. O/Z: Berlin; nach der Wende.

Inmitten bürgerkriegsartiger Auseinandersetzungen zwischen Rechten und Autonomen werden vor den Videokameras der Polizei zwei junge Männer, Michael Donath und Konstantin Hamann, erstochen, ohne dass sich der oder die Täter ermitteln ließen. In einem Fall ist die Tatwaffe ein zurechtgefeiltes Chromrohr, für dessen Anfertigung spezielle Werkzeuge nötig sind, wie sie etwa das gemeinnützige Projekt »NetzwerkCult Ost« besitzt. Ins Zentrum der Ermittlungen rücken Donaths Freundin Doreen Sikora, deren angeblich an multipler Persönlichkeitsspaltung erkrankter Ex-Freund Alejandro Gonzales und der Muttermörder Peter Bendix, der bei »Netzwerk-Cult Ost« eine Lehre absolviert. Einer der Ausbilder dort ist Luis Alberto Gonzales, der Vater des angeblich verwirrten Alejandro. Luis Alberto Gonzales kam zu DDR-Zeiten aus Kuba und heiratete eine Deutsche. Sein zweiter Sohn Juan, der über eine bestens sortierte Metallwerkstatt verfügt, wird von Alejandro im Wahn erstochen. In der Werkstatt finden sich menschliche Puppen und die verwesende Leiche eines etwa zehnjährigen Jungen, an der Alejandro geübt hatte. Alejandro wurde als kleiner Junge, noch zu DDR-Zeiten, mit Billigung der Eltern von Rüdiger von Wartenberg, einem West-Verwandten der Mutter, missbraucht und dabei gefilmt; als Belohnung winkten Westwaren aus dem Intershop. Nach dem Fall der Mauer zogen von Wartenberg und einige Komplizen das »NetzwerkCult Ost« auf, eine getarnte Pornofilmproduktion für homosexuelle Pädophile. Als Darsteller fungierten Alejandro, auch Donath und Hamann sowie Peter Bendix. Geld und Drogen bildeten die Gagen, die Eltern Gonzales erhielten hohe Schweigegelder, Luis Alberto war der Kameramann. Da Alejandro seinen Vater nicht zu töten vermochte, tötete er stellvertretend die Pornodarsteller. Juan musste sterben, weil er sich dem Rachefeldzug seines Bruders in den Weg stellte. Bendix entging seiner Rache, weil er sich zufällig in Polizeigewahrsam befand. Rüdiger von Wartenberg entzieht sich der Festnahme durch Flucht in die Karibik.

CHRISTINE GRÄN Deutschland (*1952)

Die Bonner Klatschspalten-Journalistin Anna Marx ist eine reife lebensgierige Singlefrau, ebenso unersättlich im Verzehr von gehobenen Delikatessen wie von Männern. Ihren ersten Auftritt hatte sie 1986 in *Weiße sterben selten in Samyana*, einem Roman, der in Afrika spielt, wo die Autorin längere Zeit lebte. Anna Marx ermittelte nur noch einmal im Ausland, und zwar 1989 auf den Philippinen in *Ein Brand ist schnell gelegt*. Danach bereicherte sie das Genre Bonn-Krimi. Nach der Verlegung der Hauptstadt nach Berlin gönnten sich Autorin und Hauptfigur eine Auszeit, nach der Letztere als Detektivin einen Neubeginn wagen will. In der ARD-Sendereihe *Auf eigene Gefahr* spielte Thekla Carola Wied eine oft sehr belehrende Anna Marx. In *Hongkong 1997* (1991), das von der Rückgabe der ehemaligen britischen Kronkolonie an Rotchina handelt, wagte sich Grän aufs politische Parkett, doch John Burdett, *The last six million Seconds* (*Die letzten Tage von Hongkong*, beides 1996) tat dies überzeugender. Für *Marx ist tot* (1993) bekam Grän den »Marlowe«. Zum selben Thema schrieben der grobschlächtige Jack Higgins *On Dangerous Ground* (1994, dt. *Die Hongkong-Papiere*, 1996) und R. → Benson den James-Bond-Roman → *Countdown*. Gräns Gaunerinnenkomödie *Die Hochstaplerin* kommt, ebenso wie das nächste Buch *Hurenkind* (2001), ohne Anna Marx aus. Figural und thematisch verwandt, aber interessanter: E. → Rossmann.

Grenzfälle

Reinbek: Rowohlt, 1992 (rororo thriller 3031). – O: Bonn.

Mit ihrem verheirateten Lebensabschnittsgefährten, dem Ministerialbeamten Philipp Handke, kann Anna Marx ein paar Tage in den neuen östlichen Bundesländern verbringen. Handke hatte einmal eine Affäre mit der Musikstudentin Susanne Sawatzki und sorgte mit Hilfe seines Vorgesetzten Dr. Walter Fuhrmann für deren Übersiedlung in den Westen. Nun flüstern ihm zwei Ex-Stasimitarbeiter, Lutz Böhm und Erich Wells, Susannes Namen zu, denn sie sollen Handke im Auftrag des Düsseldorfer Finanzhais Rolf Harrenberg gefügig machen, den Verkauf eines großen Verlagskombinats der früheren DDR in Harrenbergs Sinn zu manipulieren. Handke offenbart sich Anna und Fuhrmann, Letzterer verspricht Abhilfe. Nachdem Handke Susanne in Panik in Berlin aufgesucht hat, stürzt sie aus dem Fenster. Harrenberg glaubt, Handke, der seine Unschuld an Susannes Tod beteuert, nun fest in der Hand zu haben, doch Fuhrmann ermittelt, dass Handke eine Vorliebe für Strichjungen hat und zwingt Harrenberg zur Herausgabe aller belastenden Akten, um sie selbst in Verwahrung zu nehmen. Zu dieser Zeit ist bereits ein Versuch Handkes gescheitert, Harrenberg die Akten abzukaufen; beim Verkauf sollte Anna die beiden beobachten und Harrenberg überführen. Anna verunglückt jedoch bei der Verfolgung der beiden mit ihrem Auto und wird leicht verletzt. Bei einem letzten Gespräch mit Fuhrmann gesteht dieser, dass er sich seinerzeit vom Osten habe kaufen lassen, weil er Geld für die Herzoperation seiner schwerkranken Frau gebraucht habe. Er habe damals Susanne Sawatzki vor den Mühlen der deutschen Behörden geschützt; Susanne habe ihn bis nach der Wende in Ruhe gelassen, doch dann versucht, ihn zu erpressen, und gedroht, ihn auffliegen zu lassen; daraufhin habe er sie aus dem Fenster gestoßen. Handke erleidet ob dieser Enthüllungen – er war jahrzehntelang mit Fuhrmann befreundet – einen Herzinfarkt. In der Folge trennt er sich von Anna. Fuhrmann geht unbehelligt seinen vorzeitigen Ruhestand an.

Die Hochstaplerin
München: Knaus, 1999. (Goldmann 44983, 2001.) – O: Deutschland.

Die Icherzählerin Felicitas ist die Tochter des reisenden Hochstaplers und Frauenhelden Hubert Wondraschek und wurde nach dem Auszug ihrer Mutter Bea von der Haushälterin Claire großgezogen, einer Kommunistin und verkannten Brecht-Tragödin. Bis zu ihrem Tod bleibt Claire Felicitas' Vertraute und Komplizin. Nach der Trennung von ihrem Vater und einer wilden Ehe mit einem Boxer bürgt Felicitas für den Betrüger Gerald. Gerald macht sich aus dem Staub, und Felicitas steht mit 3 Millionen Mark Schulden da. In der Erkenntnis, dass sich »Männer über Sex, Geld und Macht definieren«, wird sie zur erfolgreichen Erpresserin und Betrügerin; Reiche und Prominente sind ihre bevorzugten Opfer. Dr. Linden, den sie in Komplizenschaft mit dem Immobilienhai Hermann hereinlegen will, erweist sich als der verschollene Betrüger Gerald. Fortan machen die drei – sie, Hermann und Gerald – gemeinsame Sache, bis sie in Jörg Bauer einen ihr ebenbürtigen Partner findet. Mit ihm zusammen betrügt sie den Waffenfabrikanten und -narren Wolf Grindel bei einem Geldwäschegeschäft um zehn Millionen Mark und entzieht sich erfolgreich Grindels Zugriff. Auf dem steuerfreien Inselparadies Efate beginnt das Pärchen ein sorgenfreies Leben von den Zinsen des ebenso vorsichtig wie effizient angelegten Millionenvermögens. Felicitas' Lebensgeschichte ist in eine Rahmenhandlung eingebettet. In ihr gerät sie in die Fänge des perversen Messermörders Johannes Brenner, doch die Situation bleibt zunächst ohne Auflösung. Erst nachdem Felicitas ihre Lebensgeschichte komplett erzählt hat, erfährt das Lesepublikum das überraschend komödiantische Ende der Begegnung mit Johannes Brenner: verfrüht kehrt Brenners Mutter von einer Kreuzfahrt zurück und beendet die Gefangennahme unter Ausschimpfen des Sohnes. Mit einem großzügigen Schmerzensgeld wird Felicitas nach Hause geschickt.

ROGER GRAF Schweiz
(*1958)

Die haarsträubenden Fälle des Philip Malony waren zunächst auf Radio DSR 3 zu hören. Ein weiterer Züricher Held Grafs ist Marco Biondi: *Zürich bei Nacht* (1996), *Tanz an der Limmat* (1997). Die schrillen, schrägen Geschichten nehmen gelegentlich surreal-parodistische Züge an.

Tödliche Gewissheit
Zürich: Haffmans, 1995. (SP 5664, 1995.) – SF: Philip Malony. O: Zürich.

Philip Malony soll im Auftrag von Frau Koller deren Freund Basil Huber suchen. Der hängt stranguliert in einem Kleiderschrank. Derweil rollt Malonys Kollegin, die Computerspezialistin Jasmin Weber, den zehn Jahre zurückliegenden Mord an dem kleinen Sebastian Steiner auf, dessen Leiche nie gefunden wurde. Man lastete Sebastians Tötung kurzerhand als vierten Mord einem geständigen dreifachen Kindermörder an, der sich im Gefängnis das Leben nahm. Anscheinend sind höchste Stellen in Sebastians Tod verwickelt, denn Malonys Freund Kommissar Hugentobler kann nur unter großen Schwierigkeiten heimlich Kopien der entsprechenden Akte anfertigen, und die beiden Polizisten, die seinerzeit ermittelten, sind tot bzw. in einer Irrenanstalt. Es stellt sich heraus, dass der ermordete Basil Huber in Wirklichkeit der Detektiv Urs Imhasli war. Der Päderast Bernhard Bader, im Fall Sebastian einer der Verdächtigten, wird durch ein Foto aus Imhaslis Nachlass schwer belastet. Er ist tatsächlich Sebastians Mörder, denn seine Frau übergibt vor ihrem Selbstmord ein Kettchen aus dem Besitz des Jungen. Im Zentrum der Intrige steht ihr Sohn Stefan, ein aufstrebender Politiker, der durch systematisches Sammeln von Informationen einer der mächtigsten Männer der Schweiz wurde und nun, größenwahnsinnig geworden, einen Umsturz herbeiführen will. Er kommt jedoch bei der Sprengung eines Bürokomplexes um, bei dem eigentlich seine Mitwisserin Priska, Malony und Jasmin sterben sollten. Die Affäre wird vertuscht. Frau Koller erweist sich im Nachhinein als der Schlüssel zu Bernhard Baders Lebensgeheimnis. Sie stachelte mit dem Korb, den sie ihm vor Jahren gab, seinen maßlosen Ehrgeiz an. Nachdem sich Frau Koller von ihrem Mann getrennt hatte, hoffte er auf eine neue Chance. Als Detektiv Basil Huber alias Urs Imhasli, der eigentlich Frau Kollers Singledasein überwachen sollte, sich in sie verliebte, musste er sterben.

SUE GRAFTON USA
(*1940)

Die Chronologie von Sue Graftons kultigen Kinsey-Mallhone-Romanen ist an den Titeln ablesbar, die beginnend bei A das Alphabet durchdeklinieren, sich ansonsten aber nicht wesentlich voneinander unterscheiden. Weitere Werke: *J is for Judgement* (1993, dt. *Stille Wasser*, 1994), *M is for Malice* (1996, dt. *Goldgrube. M wie Missgunst*, 1997), *O is for Outlaw* (1999, dt. *Gefährliche Briefe. O wie Opfer*, 2000) sowie *Writing Mysteries. A Handbook by the Mystery Writers of Amerika* (1992).

I wie Intrige
(OT: *I is for Innocent*, 1992). Frankfurt a. M.: Fischer, 1995 (Tb 12743). – Ü: Cornelia Holfelder-von der Tann. – O: Santa Teresa bei Los Angeles.

Kinsey Mallhone ist von der Versicherung, für die sie sechs Jahre lang ermittelt hat, gefeuert worden und arbeitet nun bei einem Anwalt. Ihr berufliches Können verdankt sie unter anderem dem inzwischen verstorbenen Morley Shine, dessen letzter Auftrag die Beantwortung der Frage war, ob David Barney sechs Jahre zuvor seine Ex-Frau Isabelle durch einen Türspion hindurch erschossen hat (was das Gericht verneinte). Isabelles erster Ehemann Kenneth Voigt strebt ein Wiederaufnahmeverfahren an. David Barneys Zellengenosse McIntyre behauptet, Barney habe ihm gegenüber gleich nach seinem Freispruch den Mord gestanden, doch Kinsey Mallhone glaubt ihm nicht. Vor Gericht behauptete Barney, zu Isabelles Todeszeit gejoggt zu haben und dabei beinahe von einem Lieferwagen angefahren worden zu sein. Dies bestätigen Zeugenaussagen und Fotos aus Morleys Nachlass. Tippy Parson, die Tochter von Isabelles Freundin Rhe, gesteht unter Tränen, dass sie damals einen alten Mann unter Alkoholeinfluss überfahren habe und stellt sich der Polizei. Weil ein vegetarisches Gebäck aus Morley Shines Büro mit Knollenblätterpilzen vergiftet war, beantragt Kinsey eine Obduktion des toten Detektivs Morley Shine; sie erfolgt noch vor der Beisetzung. Außerdem unterstützt Isabelles erster Ehemann Kenneth Voigt Barneys Zellengenossen McIntyre mit monatlichen Schecks – eine Tatsache, die die Wiederaufnahme des Verfahrens gegen Barney gefährden könnte. Diese Zahlungen hat er penibel notiert, doch weil seine neue Frau Francesca diese Notizen an Morley weitergegeben hat, entzweite er sich mit ihr: Francesca konnte es nicht verwinden, dass Isabelle von Anfang an wie ein dunkler Schatten über ihrer Ehe schwebte, weil Kenneth ihren Tod nicht verkraftete. Barney ermordet McIntyre in Kinseys Büro und lauert dort der Detektivin auf und gesteht den Mord an Isabelle. Sein Fehler sei gewesen, dies auch gegenüber seinem Zellengenossen McIntyre getan zu haben, der ihn mit diesem Geständnis erpresst habe. Ein anschließendes Feuergefecht mit Barney entscheidet Kinsey für sich. Tippy geht wegen der Verjährungsfrist für fahrlässige Tötung straffrei aus, der Sohn des überfahrenen Greises zahlt der ermittelnden Kinsey trotzdem die 25000 Dollar aus, die er für die Festnahme des Todesfahrers ausgesetzt hat.

ALBRECHT GRALLE (*1949),
MARIN BUCHHOLZ (*1942),
KATRIN PAUL (*1966),
MANFRED SIEBALD (*1948),
GERRIT PITHAN (*1964),
ECKART ZUR NIEDEN (–)
Deutschland

Allegro Mortale ist einer der ersten deutschsprachigen Versuche auf dem Gebiet des Kollektivkrimis. Jeder Beiträger schrieb ein Kapitel und stellte eine andere Figur in den Mittelpunkt seines Textes, ähnlich wie es auch das Kollektiv um J. → Alberts in *Gipfeltreffen* machte. Das sechste Kapitel führt alle Figuren zusammen; im gemeinsamen, beichtartigen Gespräch wird der Fall gelöst – ein Verweis auf den christlichen Anspruch des Verlages und des Teams. Vgl. J. → Schalm, → *Cézanne geht immer.*

Allegro Mortale. Sechs Autoren – Ein Krimi
Stuttgart: Edition Anker im Christlichen Verlagshaus, 1996. – O: Thalheim.

Allegro Mortale handelt vom Raub einer Silbermann-Orgel in den Gründungstagen der DDR und von ihrem neuerlichen Verschwinden viele Jahre später in Westdeutschland. In den Fall verwickelt beziehungsweise an seiner Aufklärung beteiligt sind der Orgelbauer Hans Maler, seine Frau Elfriede, ferner der Familienvater Stephan Schwarz und Alfred Kunze nebst seinem Sohn Ralf (die Inhaber der Orgelbau-Firma, bei der Maler beschäftigt war), außerdem der Kölner Rentner Karl-Heinz Trömer und seine Enkelin, die Musikstudentin Renate Schubert, dazu Malers Arzt Dr. Dieter Basten und seine Frau Irene sowie eine Zufallsbekanntschaft Bastens, der Chicagoer Orgelliebhaber Ted Hunter, der stolzer Besitzer einer Original Silbermann-Orgel ist. Ebenfalls zum Figurenensemble gehören Malers Schwester Marianne Nußbaum sowie der Orgelprofessor Schubert aus Dresden. Hans Malers Witwe glaubt nicht an einen natürlichen Tod ihres Mannes und sorgt für die massenhafte Verbreitung eines fotokopierten Hinweises auf seine Ermordung. Ein Exemplar findet Stephan Schwarz zufällig beim Beerdigungsgottesdienst in einem Gesangbuch. Das Kopiergerät, das einige markante Verschmutzungen mit vervielfältigt, entdeckt er in einem Fotoshop, in dem seine Tochter und auch Frau Maler Kundinnen sind. Es zeigt sich, dass Alfred Kunze und Hans Maler gemeinsam eine Original Silbermann-Orgel aus der gerade gegründeten DDR außerhalb der Legalität abmontierten, in den Westen schafften, restaurierten und in einer alten Scheune unterbrachten, wo Hans, wann immer er wollte, darauf spielen durfte. Fünf Jahre vor seinem Tod brannte die Scheune zu seinem Entsetzen ab. Der Brand sollte jedoch lediglich den heimlichen Verkauf der Orgel in die USA verschleiern. Basten vermutet die Orgel in Ted Hunters Besitz in Chicago. Bei einem Betriebsfest der Firma Kunze entdeckt Hans Maler in seinem früheren Schreibtisch Unterlagen über den Verkauf der Orgel, plant eine Erpressung, doch bevor er sie realisieren kann, ist er tot. Fotos einer attraktiven Rothaarigen und der vertrauliche Umgang von Malers Hund Coll mit Irene Basten führen zur Lösung des Falles: Irene war einige Jahre lang Alfred Kunzes Geliebte; die beiden trafen sich in der Scheune mit der Silbermann-Orgel. Mit ihrem Wissen um die Existenz der Orgel erpresste Irene Ralf Kunze, der den Vater aus der Firma gedrängt hatte. Als Hans Maler vom Verkauf der Orgel erfuhr, wollte er Ralf zum Rückkauf des Instruments zwingen, doch dies hätte die finanziellen Mittel der Firma überstiegen. Irene beschaffte Gift und gab es Ralf. Der verabreichte es Maler sofort, während Irene diesen lediglich zur Herausgabe der belastenden Unterlagen bewegen wollte. Nachdem Irene ein volles Geständnis abgelegt hat, ist es an Professor Schubert, die Polizei zu rufen.

JEAN-CHRISTOPHE GRANGÉ Frankreich (*1961)

Die purpurnen Flüsse

(OT: *Les Rivières pourpres*, 1997). München: Ehrenwirth, 1998. (Bastei 14530, 2001.) – Ü: Barbara Schaden. – O/Z: Guernon bei Grenoble und Sarzac; 1996.
F: Fr 2000, R: Mathieu Kassovitz.

Der knallharte »Bulle« Pierre Niémans wird nach Guernon strafversetzt. Dort gibt es eine kleine, hermetisch von der Außenwelt abgeschottete Eliteuniversität und es werden erst der Bibliothekar Rémy Caillois, dann der Krankenpfleger Philippe Sertys – auf bizarre Weise ermordet und verstümmelt – aufgefunden. In die Funde ist stets die sportliche Professorin Fanny Ferreira verwickelt. Drittes Opfer wird der Augenarzt Edmond Cherneci; in einer Grube im Keller seines Hauses löst sich die Leiche von Niémans jungem Kollegen Joisneau auf. 250 Meilen westlich von Guernon versucht der junge, ebenfalls strafversetzte Polizeileutnant Karim Abdouf aufzuklären, warum aus einer Schule Schülerakten gestohlen und warum das Grab des zehnjährigen Juden Itéro geschändet wurde. Als Abdouf herausgefunden hat, dass Itéro in Wahrheit ein Mädchen, Judith Hérrault, war, kommt er einem hinterhältigen Komplott auf die Spur, bei dessen Aufklärung er schließlich mit Niémans zusammenarbeitet. Im Rahmen des Komplotts führen Angehörige der Universität eine Art biologisches Zuchtprogramm durch. Die Akademiker von Guernon bekommen durch die fast inzüchtige Heirat untereinander erbkranke Kinder in wachsender Zahl. Der Bibliothekar fungiert dabei als Eheanbahner: Er sorgt dafür, dass geeignete Partner in der Bibliothek gegenüberliegende Plätze zugewiesen bekommen, die sie bis zum Studienende nicht wechseln dürfen. In der hauseigenen Geburtsklinik werden die erbkranken eigenen Kinder gegen gesunde Kinder aus der Bevölkerung ausgetauscht. Eine Madame Hérault hatte gesunde weibliche Zwillinge geboren, bekam aber eines der Mädchen als angebliche Totgeburt fortgenommen und behielt nur Judith. Als sie und ihr Mann misstrauisch wurden, wurde dieser ermordet. Sie selbst fühlte sich von Geistern verfolgt und tauchte in einem Kloster unter, inszenierte aber noch den Unfalltod Judiths, wobei sie sogar einen abgeschnittenen Finger präsentieren konnte. Judith lebt wie ihre Schwester, doch die beiden treten als eine Person auf, als Fanny Ferreira. Der eine Zwilling hatte das Zucht- und Mordkomplott aufgedeckt und an seinen Urhebern ebenso grausame wie bizarre Rache genommen. Es kommt zu einer finalen Auseinandersetzung im Gebirge, die Abdouf überlebt, nicht aber der Kommissar und Ferreira. – Die durchaus nicht unwirre Handlung von *Die purpurnen Flüsse* wurde für die Verfilmung mit Jean Reno optimiert, mit Action angereichert und mit einem Happyend versehen. Das Ergebnis konnte sich sehen lassen.

F. R.

GEORGE D. GREEN USA
(*1954)

Nachdem Thriller-Kollege Scott Turow das Werk von George D. Green, dessen *The Caveman's Valentine* (1994, dt. *Der Höhlenmensch von New York*, 1995) noch wenig Resonanz fand, zu Recht überschwänglich gelobt hatte, ließ die Verfilmung nicht lange auf sich warten; das Drehbuch stammte von Ted Tally (*Das Schweigen der Lämmer*), die Hauptrollen spielten Demi Moore und Alec Baldwin.

Die Geschworene

(OT: *The Juror*, 1995). München: Droemer Knaur, 1995. (Knaur 60531, 1996.) – Ü: Klaus Berr. – O: USA, Guatemala.

F: USA 1996 (dt. *Nicht schuldig*), R: Brian Gibson.

Die Sekretärin und Hobbybildhauerin Annie Laird ist alleinerziehende Mutter eines Sohnes, Oliver, und soll in einem Prozess gegen den Mafiaboss Louie Boffano als Geschworene auftreten. Weil ihre Anonymität nicht gewahrt bleibt, kann die Mafia den irren, aber hocheffizienten Killer Vincent, genannt »der Lehrer«, auf sie ansetzen. Vincent zwingt sie, ihr Votum im Sinne der Mafia abzugeben. Auf deren Gehaltsliste steht auch der Richter, dem Annie Laird sich offenbart. Vincents Freundin Sari Knewels setzt aus Eifersucht auf Annie den Detektiv Slavko Czernyk auf Vincents Fährte, zieht den Observierungsauftrag aber bald zurück. Trotzdem erfährt Detektiv Czernyk, dass Annie eine Geschworene ist und bedroht wird. Seine Erkenntnisse legt er in einem Notizbuch nieder, auf das er die mannstolle Ärztin Julie – Annies einzige Freundin – vor seiner Ermordung durch den Killer Vincent noch aufmerksam machen kann. Vincent versteigt sich in den Wahn, nur der Tod der Ärztin Julie könne Annies Sohn Oliver retten. Nachdem er Julie zu seiner Geliebten gemacht hat, zwingt er sie, Gift zu schlucken. Nach Julies Tod verwandelt sich die Angst der mittlerweile arbeitslosen Annie in blanken Hass. Die Polizisten Beard und Carew, hinter Vincents Machenschaften gekommen, versuchen, ihr zu helfen. Annie bringt Oliver in ein sicheres Versteck in Guatemala. Dann versucht sie mit einer heimlich angefertigten Tonbandaufnahme, den Killer Vincent gegen den Mafiaboss Buffano auszuspielen, doch Vincent sprengt den Mafioso samt dessen Suite einfach in die Luft und tötet seine eigene Freundin Sari als lästige Zeugin. Zunehmend wird er vom Wahn besessen, Annie mit ihrem toten Sohn im Arm als »Pietà« – als um ihren Sohn trauernde Mutter – sehen zu wollen. Annie flieht nach Guatemala zu Oliver, doch die Polizisten, die sie um Hilfe bittet, werden von Vincent über den Haufen geschossen. Eine dramatische Verfolgungsjagd zum Aufenthaltsort des Jungen entscheidet Vincent zunächst für sich. Oliver möchte aus jugendlichem Gerechtigkeitssinn Vincents Tötung verhindern und bringt sich damit selbst in Lebensgefahr. Erst in letzter Sekunde lässt er sich überzeugen, das Schussfeld freizugeben; der Killer stirbt in Annies Trommelfeuer.

GRAHAM GREENE Großbritannien (1904–1991)

Eine der wenigen Novelisationen (Romane, die nach einem Filmdrehbuch entstanden) von Weltrang schuf Greene mit *Der dritte Mann*. Zu dem gleichnamigen Film hatte er das Drehbuch verfasst. Weltberühmt wurde der atmosphärisch dichte Film aber auch durch das Harry-Lime-Thema des Zitterspielers Anton Karas.

Der dritte Mann

(OT: *The Third Man*, 1950). Zürich: Artemis Verlag, 1951. (rororo 211, 1957; dtv 11894, 1994.) – Ü: Fritz Burger, Käthe Springer. – O/Z: Wien; um 1946.
F: GB 1949, R: Carol Reed.

Wien ist nach dem Krieg in vier Besatzungszonen aufgeteilt; entsprechend chaotisch sind die politischen Zustände. Der britische Wildwest-Autor Buck Dexter, der eigentlich Martins heißt und dank einer Verwechslung eine Lesereise durch den Kontinent machen darf, wird durch den Hauswart Koch vom Tod seines Schulfreundes Harry Lime unterrichtet. Offiziell soll Lime im Beisein zweier Augenzeugen, Mr. Kurtz und Mr. Cooler, überfahren worden und noch am Unfallort verstorben sein. Hauswart Koch freilich, ebenfalls Zeuge des Unfalls, will noch einen dritten Mann gesehen haben. Den Berichten des Scotland-Yard-Beamten und jetzigen Militärpolizisten Oberst Calloway (des Icherzählers) von Verwicklungen Limes in Schmuggel mit gestrecktem und verunreinigtem Penicillin mag Martins nicht glauben. Er beginnt Detektiv zu spielen und sucht Kurtz und Cooler sowie Limes Arzt Dr. Winkler und Limes Freundin Anna Schmidt auf. Nachdem er Cooler arglos von Kochs Beobachtung eines dritten Mannes erzählt hat, wird Koch ermordet. Eines Nachts glaubt Martins, Lime selbst zu sehen. Eine Exhumierung ergibt, dass in Limes Grab ein gewisser Harbin liegt. Tatsächlich lebt Lime; er war der dritte Mann, den Koch gesehen hat, als der angeblich überfahrene Lime von seinen Komplizen Cooler und Kurtz gegen den toten Harbin ausgetauscht wurde. In einer Gondel des berühmten Riesenrades im Prater treffen sich die beiden Freunde ein letztes Mal; dabei gesteht Lime seine Verbrechen ein. Ein Zufall führt zu der Erkenntnis, dass Limes angeblicher Todesort genau neben einem Eingang zu dem unterirdischen Abwassersystem der Stadt liegt. Durch diesen Eingang wurde der tote Harbin gebracht und verschwand Lime. In den Abwasserkanälen wird Lime aufgespürt; Martins selbst tötet ihn.

MARTHA GRIMES Großbritannien (*1931)

Martha Grimes ist vor allem durch ihre endlose Inspector-Jury-Serie bekannt, hat aber auch außerhalb der Serie Mysterie-Krimis für Frauen und sogar mit *Send Bygraves* (1989, dt. *Mit Schirm und blinkender Pistole*) einen gereimten Krimi geschrieben. Jurys Name (engl. *jury* ›Geschworener‹) ist sein Programm: Er sammelt, immer im Hintergrund bleibend, Informationen über den jeweiligen Fall, dessen Wurzeln meist in der Vergangenheit liegen. Irgendwann stellt er die Schuldigen zur Rede, überlässt deren Bestrafung aber anderen. Weitere Inspector-Jury-Krimis: *A Man with a Load of Mischief* (1981, dt. *Inspector Jury schläft außer Haus*, 1987), *The Anodyne Necklace* (1983, dt. *Inspector Jury sucht den Kennington Smaragd*, 1990), *The Dirty Duck* (1984, *Inspector Jury küsst die Muse*, 1988). Außerhalb der Jury-Serie: *The Train now departing* (1998, nur engl.), *Briting the Moon* (1999, dt. *Das Mädchen ohne Namen*, 2001).

Das Hotel am See

(OT: *Hotel Paradise*, 1995). München: Goldmann, 1995. (Goldmann 5585, 1999.) – Ü: Angelika Felenda. – O: La Porte am Spirit Lake.

Das alte Hotel Paradise wird seit fünf Jahren von Lola Dawidow und Jen Graham gemeinsam geleitet. Jens zwölfjährige Tochter Emma (die Icherzählerin) zieht sich gern in den »Rosa Elefanten« zurück, einen rosa gestrichenen Raum im Hotelkeller. Dort denkt sie u. a. über den mysteriösen Tod ihrer Altersgenossin Mary-Evelyn Devereau nach, die zusammen mit ihren drei Tanten in einem mittlerweile leer stehenden Haus direkt am Spirit Lake wohnte und vor 40 Jahren bei einer nächtlichen Bootspartie ertrank. Eine der Tanten, Rose Fern, brannte einst mit Ben Queen durch, einem jungen Mann aus dem Nachbarort Cold Flat Junction. Doch auch die Gegenwart interessiert Emma: Ein junges blondes Mädchen ohne Gepäck scheint irgendetwas mit den Devereaus zu tun zu haben. Sie ist nicht identisch mit der blonden Frau, die kurz darauf erschossen aus dem Mirror Pond geborgen wird. Dabei soll es sich um Ben Queens Tochter Fern handeln, die seit vier Tagen verschwunden ist. Die Tote könnte die Tochter von Rose Fern Devereau und Ben Queen gewesen sein, das junge Mädchen ohne Gepäck Ferns Tochter. Angeblich ist aber Rose vor etwa 17 Jahren gestorben, und Fern hatte keine Kinder. Schließlich erfährt Emma, dass Rose Devereau damals im Hof des Hauses ermordet und Ben Queen für die Tat verurteilt wurde. Er ist erst vor einigen Tagen aus der Haft entlassen worden. Bens und Roses Tochter Fern muss geisteskrank gewesen sein, weshalb es kurz vor dem Mord zu einer heftigen Auseinandersetzung zwischen den Eltern kam. Deren Liebe zueinander hätte jedoch nie einen Mord zugelassen. Ben Queen eröffnet sich Emma und präsentiert ihr eine Waffe, die er in der

Nähe vom Mirror Pond gefunden haben will, und stellt es ihr frei, ihn der Polizei zu übergeben, obwohl er weder seine Frau noch seine Tochter getötet habe. Mary-Evelyns Tod war tatsächlich ein Unfall, denn ihr Boot hatte ein Leck. Über die Identität des jungen Mädchens vermag Ben nichts zu sagen; er vermutet, dass es sich um ein Fantasieprodukt Emmas handelt. Sheriff Sam DeGheyn hat von Emmas Besuchen in Cold Flat erfahren und wirft ihr vor, ihn nicht informiert zu haben. Obwohl Emma spürt, dass ihr die Freundschaft des Sheriffs verloren zu gehen droht, entschließt sie sich, ihm nichts von ihrem Zusammentreffen mit Ben Queen zu erzählen. Sie glaubt zu wissen, wer Fern getötet hat, für den Leser bleibt die Identität des Mörders jedoch ungeklärt. G. R.

Inspektor Jury gerät unter Verdacht

(OT: *The Old Contemptibles*, 1991). Reinbek: Wunderlich, 1995. (rororo 13900, 1996.) – Ü: Susanne Baum. – SF: Richard Jury. O: der Lake District.

Die depressive Witwe Jane Holdsworth, Inspector Jurys Geliebte, begeht Selbstmord, den ihr Sohn Alex allerdings für einen Mord hält. Jury hatte ein Verhältnis mit ihr und wird vorläufig vom Dienst suspendiert, doch der Anwalt Pete Apted kann dies rückgängig machen. Jurys Freund Melrose Plant lässt sich als Bibliothekar der Familie Holdsworth einstellen und sammelt Informationen. Das Familienoberhaupt Adam lebt auf eigenen Wunsch in einem vornehmen Seniorenheim. Innerhalb der letzten sechs Jahre sind bei zwei Unfällen und zwei Selbstmorden Crabbe Holdsworths erste Frau umgekommen, ferner Alex' Eltern Graham und Jane sowie die Köchin Annie Thale. Jury erkennt, dass Jane die Beziehung zu ihm aus reiner Berechnung einging, um ihn zu veranlassen, die Geheimnisse in ihrer Familie aufzuklären; ihr Freitod sollte ihn erst recht neugierig machen. Dr. Kingsley, einer der Psychiater des Altersheims, gerät ins Zwielicht, als man in seinem Arbeitszimmer Briefe aus Janes Besitz findet, doch Jurys Verdacht richtet sich gegen Kingsleys Kollegin, die Psychiaterin Helen Viner, der er offen vorwirft, den Tod von vier Menschen verursacht zu haben, um Einfluss auf den zukünftigen Erben Alex zu gewinnen. Helen widerspricht diesen Vorwürfen nicht; gleich mehrere Personen schießen auf sie: Millie, die elfjährige Tochter der Köchin Annie Thale, das Familienoberhaupt Adam Holdsworth und Adams Freundin Lady Cray. Schließlich tötet Lady Cray Helen mit einem Schuss aus ihrer eigenen Pistole und drückt diese der Toten in die Hand. Um Millie vor Strafe zu schützen, konstruiert man die Geschichte einer Notwehrsituation. Abschließend stellt Lady Cray das bestehende Rechtssystem in Frage: »Welches Gericht würde schon ein hysterisches kleines Mädchen, einen Schuljungen, eine Kleptomanin und einen verrückten alten Tölpel verurteilen?« Die Schwachstelle des Romans erkennt Jury selbst, als er Janes Motiv für den Selbstmord als »verworren und widersprüchlich« bezeichnet. Seine Neugier hätte sicherlich mit anderen Mitteln geweckt werden können. G. Sch.

JOHN GRISHAM USA
(*1955)

John Grisham, ein studierter Anwalt, verfasst ungemein erfolgreiche Stromlinienthriller, meist aus dem juristischen Milieu, die oft und gerne verfilmt werden und nicht nur in Deutschland hohe Auflagen erreichen. Sein Stil ist simpel, seine Charaktere sind flach und die Dialoge, mit denen der Erzählvorgang primär bestritten wird, banal. In puritanischer Strenge verzichtet Grisham auf die Darstellung von Sex und Gewalt, dafür aber auch oft auf Logik, Ironie oder Pointen. Seinem Erstling *A Time to kill* (1989, dt. *Die Jury*, 1992) folgte *Die Firma*. Die Plots werden von Buch zu Buch einfältiger – siehe *The Brethren* (2000, dt. *Die Bruderschaft*, 2001). Weitere Titel: *The Pelican Brief* (1992, dt. *Die Akte*, 1993), *The Chamber* (1994, dt. Die Kammer, 1995), *The Rain Maker* (1995, dt. *Der Regenmacher*, 1996), *The Street Lawyer* (1998, dt. *Der Verrat*, 1999), *The Testament* (1999, dt. *Das Testament*, 2000), *The Summons* (2002, dt. *Der Richter*, 2002).

Die Firma

(OT: *The Firm*, 1991). Hamburg: Hoffmann & Campe, 1992. (Heyne 8822, 1992.) – Ü: Christel Wiemken. – O/Z: Memphis (Tennessee); 1991.
F: USA 1993, R: Sydney Pollack.

Der brillante junge Steueranwalt Mitch McDeere bekommt einen Traumjob bei einer Anwaltskanzlei in Memphis angeboten mit der Aussicht, zum Partner aufzusteigen. Ein mönchartiges Leben in totaler Überwachung scheint ein geringer Preis dafür. Auffällig ist, dass niemand bisher die Firma lebend verlassen hat. Dies liegt daran, dass die Firma von dem Chicagoer Mafiaboss Morolto kontrolliert wird, der sie für Steuerbetrug und zur Geldwäsche benutzt. Als ihn der FBI-Agent Tarrance deswegen vorsichtig kontaktiert, erzählt Mitch in seiner Naivität seinem Kollegen Avery davon; daraufhin wird er beschwichtigt und noch schärfer überwacht. Privatdetektiv Lomax, den der misstrauisch gewordene Mitch engagiert, wird ermordet, und Mitch stellt selbst Nachforschungen an. Fünf Mitarbeiter, die die Firma verlassen wollten, sind angeblichen Unfällen zum Opfer gefallen, die in Wahrheit Morde waren. FBI-Agenten stellen Mitch vor die Wahl zwischen Firma und Reichtum oder der Zusammenarbeit mit dem FBI und einer neuen Identität. Die Firma erfährt von einem der Treffen und erpresst Mitch mit Fotos von seinem Seitensprung. Mitch sichert sowohl der Firma als auch dem FBI seine Kooperation zu. Vom FBI fordert er zwei Millionen Dollar und die Freilassung seines wegen Mordes inhaftierten Bruders Ray. Bei der Beschaffung von Beweismaterial helfen ihm Ehefrau Abby und Lomax' Geliebte Tammy. Nach der Übergabe einiger Unterlagen wird das Doppelspiel von der Firma entdeckt, Mitch muss fliehen, spielt aber weiteres Material dem FBI zu. Sein Bruder Ray tötet einen Mafia-Killer; Ray war tatsächlich freigelassen worden. Während Mitch, Abby und Ray mit acht Millionen Dollar entkommen, werden in dem Anwaltsbüro in Memphis Massenverhaftungen vorgenommen. A. Oe.

Der Klient

(OT: *The Client*, 1993). Hamburg: Hoffmann & Campe, 1994. (Heyne 8909, 1995.) – Ü: Christel Wiemken. – O: Memphis (Tennessee).
F: USA 1994, R: Joel Schumacher.

In einem Wohnwagen im Wald wohnt eine alleinstehende Mutter mit ihren Söhnen Mark und Ricky, 11 und 9 Jahre alt. Ein Mann, der mit Autoabgasen Selbstmord begehen will und den Mark zu retten versucht, tötet sich schließlich mit einem Kopfschuss. Es handelt sich um den Mafia-Anwalt Romey Clifford. Vor seinem Tod verrät er Mark noch, dass sein Klient, der Gangster Barry, »das Messer« Muldanno, die Leiche von Senator Boyette in Cliffords Garage bestattet habe; lebend wäre Boyette ein wertvoller Zeuge gegen Muldanno gewesen. Der angstschlotternde Anwalt bringt sich lieber um, als seinen Klienten ans Messer zu liefern. Mark ruft anonym die Polizei an, wird aber beim Heranpirschen an Cliffords Auto festgenommen.

Fingerabdrücke im Wagen machen ihn verdächtig. Für einen ganzen Taschengeld-Dollar Honorar engagiert Mark die kompetente, sozial engagierte Anwältin Reggie Love. Kompetenz bedeutet in diesem Fall die Fähigkeit, Verfahren unter Anwendung aberwitziger Obstruktionstaktiken zu verschleppen. Dies fällt Reggie angesichts der Naivität eines FBI-Agenten und der Selbstherrlichkeit eines Richters leicht. Wird, so die zentrale Frage, die Justiz behindert, wenn Mark aus Angst um sein Leben und vor der Rache der Mafia schweigt? Und durfte die Polizei überhaupt Marks Fingerabdrücke nehmen? Die Mafiosi um Barry, »das Messer«, bedrohen Mark auf alle Fälle schon einmal mit dem Messer und zünden den Wohnwagen seiner Mutter an. Auf die Idee, sein Wissen zu entwerten, indem sie Boyette einfach ausgraben und an anderer Stelle ablegen, kommen sie erst, als Mark mit einem Trick aus der Schutzhaft entflieht und mit Hilfe Reggie Loves nachsieht, ob wirklich ein Toter in der Garage des Anwalts liegt. Moldanno kann sich darum nicht persönlich kümmern, steht er doch unter Observation der Polizei (würden seine Komplizen dies freundlicherweise für ihn übernehmen, gäbe es keinen – oder zumindest einen ganz anderen – Roman). Schließlich ziehen sich die Mafiosi sang- und klanglos zurück. F. R.

MARIA GRONAU Deutschland

(*1961; möglicherweise auch Pseudonym [Frank Göhre, *1943?])

Weiberwirtschaft ist der erste Krimi um die lesbische Kriminalkommissarin Lena Wertebach, der Leiterin einer Ostberliner Mordkommission. Sie ist alleinerziehende Mutter von Jim, einem zwölfjährigen, nachmals schwulen Sohn aus einer gescheiterten Ehe mit einem Amerikaner. Zwei Fortsetzungen, *Weiberlust* und *Weibersommer* (1997 und 1998) halten das Niveau des ersten Trilogieteils bei weitem nicht.

Weiberwirtschaft

Berlin: Schwarzkopf & Schwarzkopf, 1995. – SF: Kommissarin Lena Wertebach. O: Ostberlin.

Ein Serienmörder hat sein Tätigkeitsgebiet von Chile nach Ostberlin verlegt. Er foltert seine Opfer, zeichnet ihre Schmerzensschreie auf Tonband auf und zerstückelt sie schließlich. Erstes Opfer ist die Chilenin Antonia Hernandez, zweites die neuseeländische Studentin Harriet Stone und drittes die Lesbe Ulrike Schell, die in einem Frauenhaus arbeitete; viertes wird Susa, die Lebensgefährtin von Kommissarin Wertebach. Bald ist in den Fall der Verfassungsschutz verwickelt, der Susa als informelle Mitarbeiterin zur Überwachung der homosexuellen Kommissarin Wertebach angeworben hatte. Drei Deutsche, die früher in Chile lebten, geraten ins Blickfeld der Polizei: Anne Hauptmann, Horst Grzimek und Dr. Carla Murmann. Anne Hauptmann, die verschwunden ist, war früher die Geliebte von Horst Grzimek, Carla Murmann arbeitet bei der Innenverwaltung der Polizei, weiß also über jeden von Kommissarin Wertebachs Schritten Bescheid und steht ganz offensichtlich unter der Obhut des Verfassungsschutzes. Sie hat eine Tochter, Felicitas, deren Aufenthaltsort Carla nicht nennen will. Felicitas war gefoltert worden und hatte deswegen Ulrike Schell aus dem Frauenhaus um Hilfe gebeten. Leichenteile, die den ermordeten Frauen zugeordnet werden können, werden in Güterzügen gefunden, die in Richtung Skandinavien unterwegs sind. Der verdächtige Horst Grzimek besitzt eine Laube genau an der Bahnstrecke, auf der diese Züge verkehren, doch zunächst ist ihm nichts nachzuweisen. Der unbekannte Täter erschießt Felicitas, Horst

Grzimek und Lina Wertebachs Lebensgefährtin Susa. Nachdem Carla Murmann von ihrem amerikanischen Ex-Mann als Sadistin beschrieben worden ist, gesteht sie, Grzimek habe vor Jahren in Chile das Dienstmädchen Maria Hemandez aus Sadismus umgebracht. Um ihn von weiteren Morden abzuhalten, habe sie ihm ihre eigene Tochter Felicitas zur Befriedigung seiner sadistischen Neigungen zugeführt. Weil Anne Hauptmann Grzimek bloßzustellen drohte, habe auch sie sterben müssen, und die von Felicitas um Hilfe gebetene Ulrike sei als lästige Zeugin ebenfalls beseitigt worden. Carla Murmann hielt Grzimek über die polizeilichen Ermittlungen auf dem Laufenden. Daraufhin brachte er Susa in seine Gewalt und folterte sie. Carla Murmann besorgte sich daraufhin eine Waffe, mit der sie Grzimek, Susa und die eigene Tochter erschoss.

MARTIN GRZIMEK Deutschland (*1950)

Mit dem Psychopathenthriller *Feuerfalter* belegte Grzimek 1993 den zweiten Platz beim »Deutschen Krimipreis« und erhielt im selben Jahr den »Glauser«. *Die Beschattung* (1989) ist thematisch verwandt mit den → Kommissar-Jensen-Romanen von P. → Wahlöö und ein »Triumph der Literatur über die Faktizität, ein raffiniert angelegtes ontologisches Rätsel, stringent und wirklich überzeugend geschrieben, vorzüglich ausgedacht, hintergründig, rätselhaft und völlig originell« (Franz Rottensteiner).

Die Beschattung

München: Hanser, 1989. (FiTb 10986, 1992.) – O/Z: eine Großstadt; nahe Zukunft.

Alles wird schon gedacht, gesagt, berichtet und erzählt sein. Um den Hunger der Menschen nach authentischen Erlebnissen zu befriedigen, macht das »Centralinstitut für Biografik« CIB aus den Erinnerungen von Interviewten konfektionierte, nur äußerlich individuell erscheinende »wahre Geschichten«, so genannte »CIB-Bücher«. Die Arbeit beim CIB ist – wie das Leben der Menschen insgesamt – durch eine Menge kafkaesk anmutender Vorschriften einer strengen Reglementierung unterworfen; weil es niemandem gelingt, hinter die Kulissen des mächtigen, von der Geheimpolizei protegierten Medienkonzerns zu schauen, kursieren die widersprüchlichsten Gerüchte. Einige vermuten die Existenz eines Heeres von Ghostwritern, das die CIB-Produkte aus den Interviews und vorgefertigten Textbausteinen erstellte, andere vermuten gut programmierte Computer. Felix Seyner ist seit zehn Jahren erfolgreicher CIB-Interviewer. Die Witwe Rodea Braun diktiert ihm nur auswendig gelernte Erinnerungsbruchstücke in Form von Prosagedichten und stirbt in seiner Anwesenheit – ob Mord oder Selbstmord vorliegt, ist nicht ganz klar. Seyner täuscht mittels eines neuartigen Geräts, seine CIB-Arbeit sabotierend, die Fortsetzung des Interviews vor und bewahrt die Leiche im Kühlschrank auf, wo sie später gefunden wird. In der Zwischenzeit engagiert er sich in einer Geheimorganisation, die die Machenschaften von CIB aufzudecken versucht. Die Polizei kommt ihm jedoch auf die Schliche. Im ersten Romanteil, einem langen Brief an seine frühere Freundin Felicitas, die ihn zehn Jahre zuvor bei seinem Eintritt ins CIB verließ und nun einer Gruppe von Aussteigern mit umstürzlerischen Zielen angehört, stellt sich Seyner wahrheitswidrig als zielstrebig und liebevoll dar. In Felicitas' Antwort (dem zweiten Romanteil) erscheint Seyner als denkfauler, gefühlsarmer Konformist. Der dritte Teil schließlich offenbart in Form einer kriminalpolizeilichen Ermittlungsakte, dass die beiden Briefe literarische Erfindungen sind, und Felix und Felicitas Aufspaltungen eines allwissenden Erzählers. Doch auch als literarische Erfindungen können die Briefe keinen Anspruch auf Authentizität erheben; es handelt sich vielmehr um eine Collage aus vorgefundenen literarischen Versatzstücken und Zitaten im Stile der CIB-Bücher. In einem »Editorial« am Schluss gibt Grzimek vor, sein Roman sei selbst ein CIB-Buch, und dankt »dem staatsunabhängigen Carl Hanser Verlag für Ausstattung und Distribution«.

LUIGI GUICCARDI Italien (*1958)

Luigi Guiccardi stammt aus der festlanditalienischen Stadt Modena und schuf den sizilianischen Commissario Cataldo, der erstmals in *Ein heißer Sommer* auftrat. Im zweiten Krimi, *Filastrocca di sangue per il Commissario Cataldo* (2000, dt. *Wiegenlied für Commissario Cataldo*, 2001), ist Cataldo nach Modena umgezogen.

Ein heißer Sommer für Commissario Cataldo

(OT: *La calda estate del Commissario Cataldo*, 1999). München: Heyne, 2000 (Tb 01/13200). – Ü: Katharina Schmidt. – SF: Commissario Cataldo. O/Z: Guiglia; 1980, 1998.

1980 feiert Guilio Zoboli seine Promotion, verlässt in angetrunkenem Zustand die Feier und lässt sich von seiner Freundin und nachmaligen Frau Miriam gegen 23 Uhr nach Hause bringen, wird aber gegen Mitternacht von Alberto Ferrero aus Turin als Beifahrer eines Wagens gesehen, an dessen Steuer ein anderer Mann einen Unfall verursacht. Dabei kommt der Unternehmer Cristoni ums Leben, aus seinem Auto verschwindet ein Koffer mit 700 Millionen Lira. Der Augenzeuge Ferrero wird unschuldig wegen Raubmordes zu einer langjährigen Gefängnisstrafe verurteilt. 1998 entlassen, kehrt er sofort nach Guiglia zurück, wo Dr. Guilio Zoboli dank eines eigenen Vermögens als freischaffender Literaturwissenschaftler arbeitet. Dabei wird er von seinem skrupellosen Freund und Altersgenossen, dem Lehrstuhlinhaber Luigi Ramondini, ausgebeutet und um die Früchte seiner umfangreichen Forschungsarbeit gebracht. Als der Lehrstuhlinhaber Zoboli sich ohne Abschiedsbrief mit seiner Beretta erschießt, geraten Ramondini und Ferrero als erste in Tatverdacht. Die Kugel in Zobolis Kopf stammt jedoch nicht aus seiner Beretta. Diese wird bei dem Ex-Sträfling Ferrero gefunden, der zwar seine Unschuld beteuert, aber der der Grund dafür ist, warum sich Zoboli bedroht fühlte und die Beretta aus dem Versteck holte. Ebenfalls in Tatverdacht gerät der Unternehmer Zanetti, weil er 1980 ein Geschäft aufmachte und dafür Geld des Unfallopfers Cristoni an sich gebracht haben könnte – was nicht der Fall ist. Signore Nunzio, der ehrenamtlich ein halbprivates kleines Pressearchiv in Guiglia verwaltet, wird erschlagen, kurz bevor er dem ermittelnden Commissario Cataldo das Exemplar einer alten Zeitung vorlegen kann, in dem sich ein für die Ermittlungen wichtiges Foto von Zobolis Promotionsfeier befindet. Der Priester, Lehrer und Mäzen Don Athos Lodi, der an der Promotionsfeier teilnahm, erweist sich schließlich als der Mörder Zobolis und Nunzios. Der Lehrstuhlinhaber Zoboli hatte seinerzeit früh die Promotionsfeier in angetrunkenem Zustand verlassen. Sein Begleiter Lodi hatte dann den Unfall des Unternehmers Cristoni verursacht und diesen ausgeraubt. Lodi tötete auch Zoboli, der ihn hätte entlarven können, schob Ferrero die Mordwaffe unter und erschlug den Archivar, um seine Entlarvung zu verhindern. Ferrero ist nicht als Rächer nach Guiglia zurückgekehrt, sondern als eine Art Katalysator: Er machte die Schuldigen nervös. Lodis Mord an Archivar Nunzio war sinnlos, denn Cataldo beschafft sich aus einem privaten Fotoalbum, an das Lodi nicht herankommt, einen Abzug.

JAN GUILLOU Schweden (*1944)

Der Journalist Jan Guillou, von dem auch die zwei im 12. Jahrhundert spielenden Kreuzfahrer-Romane *Die Krone von Götaland* und *Die Frauen von Götaland* stammen, deckte 1973 zusammen mit seinem Kollegen Peter Bratt die so genannte »IB-Affäre« auf, in deren Rahmen die selbstgefällige sozialdemokratische Regierung unter Olof Palme (1927–1986) das geheime staatliche »Informationsbyrå« (Informationsbüro, daher »IB«) für eine groß angelegte Gesinnungsschnüffelei gegen schwedische Bürger eingesetzt hatte. Für diese Enthüllungen wurde er zu einem Jahr Gefängnis verurteilt. In der Folge schuf er als skandinavisches Gegenstück zu James Bond den adligen, teilweise in den USA ausgebildeten Marinetaucher und Superagenten »Coq Rouge«, der eine linksradikale Vergangenheit zu überwinden hat, dann aber eher aus Versehen zum Millionär wird und ausgesprochen bürgerliche Neigungen entwickelt (Wein, klassische Musik). In seinem Debüt *Coq Rouge* (1986) radiert er im Alleingang ein vierköpfiges israelisches Killerkommando beim Sturm auf ein PLO-Büro in Stockholm aus. Die Abenteuer von »Coq Rouge« alias Graf Carl Gustav Gilbert Hamilton, die im Laufe der Serie immer brutaler und menschenverachtender werden, sind weitaus realistischer als jeder James-Bond-Roman, allein schon weil »Coq Rouge« ein weisungsgebundener Beamter ist. Verfilmungen erzielten nur wenig Resonanz, da niemand sich die Mühe machte, »Coq Rouge« und den international durchaus nicht unrenommierten, aber blässlichen Stellan Starsgard als feste Gestalt zu etablieren. Trotz einer hochklassigen Besetzung und trotz (oder wegen) der finalen Ballerei ging die deutsche Verfilmung des zweiten Hamilton-Abenteuers sang- und klanglos unter. Hamilton mischt darin *undercover* als »demokratischer Terrorist« die RAF auf. Weitere Titel: *I nationens intresse* (1988, dt. *Im Interesse der Nation*, 1992), *Fiendens fiende* (1989, dt. *Der Feind des Feindes*, 1989), *Den hedervärde mördaren* (1990, dt. *Der ehrenwerte Mörder*, 1995).

Der demokratische Terrorist

(OT: *Coq Rouge. Den demokratiske terroristen*, 1987). München: Piper, 1990 (SP 3371). – Ü: Hans-Joachim Maass. – SF: Graf Carl Gustav Gilbert Hamilton, Codename »Coq Rouge«. O: Hamburg u. a.

F: *Der demokratische Terrorist*. S/D/N 1992, R: Per Berglund.

Weil Telefonmitschnitten zufolge zwei in Hamburg operierende RAF-Kommandos nach einem verheerenden Bombenattentat auf eine Bundeswehrkaserne in Schweden erneut zuschlagen wollen, wird »Coq Rouge« an BKA, BND und GSG 9 ausgeliehen. Nach einem kurzen Sondertraining qualifiziert er sich durch einen spektakulären Bankraub für den Eintritt in die Terroristenszene. Er wird in eines der beiden Kommandos aufgenommen, erringt das Vertrauen der Terroristen und arbeitet einen Plan aus, wie die amerikanische Botschaft in Stockholm mit panzerbrechenden Waffen zerstört werden könnte. Dazu wird er mit dem angeblich aus der Schweiz stammenden Terroristenehepaar Horst Ludwig und Barbara Hahn zwecks Waffenkaufes zu Abu Nidal persönlich geschickt. Nachdem die Waffen auf den Weg gebracht sind, wird das Trio von einem palästinensischen Kommando entführt und zu Hamiltons alter Bekannter Mouna gebracht. Um zu beweisen, dass er mit den Deutschen nicht unter einer Decke steckt, muss er das Ehepaar Hahn töten. Mouna verletzt ihn danach durch zwei wohlplatzierte Schüsse schwer und sorgt dafür, dass er in syrische Hände fällt und wieder nach Deutschland gelangt. Die schweren Verletzungen sind für die Terroristen Beweis genug, dass Hamilton weiterhin auf ihrer Seite steht. Mit der Terroristin Monika verbringt Hamilton einige Liebesnächte in Schweden bei der Vorbereitung des Attentats, in das belgische und französische Genossen sowie das zweite RAF-Kommando eingebunden werden. Hamilton kann über ein konspiratives Schließfach seine Agentenführer verständigen, die GSG 9 wird gegen die beiden RAF-Kommandos in Marsch gesetzt. Kurz vor deren Einsatz kann Hamilton sich noch einem französischen Elitesoldaten offenbaren, der ebenfalls die Terrorszene infiltriert hat, wird aber von Monika überrascht und muss sie durch einen Lungenschuss außer Gefecht setzen. Da explodieren die Blendgranaten der GSG 9, die keine Gefangenen macht. Auch der französische Elitesoldat und Monika werden getötet, Hamilton selbst, der als verabredetes Kennzeichen ein weißes Hemd trägt, verschont. Gleichzeitig werden auch in Belgien und Schweden ähnliche Spezialaktionen durchgeführt; insgesamt werden mehr als ein Dutzend Terroristen getötet und fast ebenso viele festgenommen. Hamilton kehrt mit einem hohen deutschen Orden und einem reichlich schlechten Gewissen nach Hause zurück.

ROBERT VAN GULIK Niederlande (1910–1967)

Der niederländische Diplomat und Schriftsteller van Gulik übersetzte zunächst einige von Richter Di Jen-dsiä (630–700 n. Chr.) überlieferte Fälle, bevor er selbst Di-Krimis schrieb. Den Originalquellen, auf die er sich dabei stützte, folgte er auch formal sehr genau; so ist etwa der Held wie alle Ermittler jener Zeit ein Beamter, der jederzeit auf Akten aus dem Zentralarchiv in der Reichshauptstadt zurückgreifen kann, sich aber auch der Folter bedienen darf. Weitere Titel: *The Chinese Bell Murders* (1958, dt. *Wunder in Pu-Yang?*, 1985), *The Chinese Nail Murders* (1961, dt. *Nagelprobe in Pei-tscho*, 1990), *The Red Pavillon* (1964, dt. *Tod im roten Pavillon*, 1986).

Mord im Labyrinth. Kriminalfälle des Richters Di, alten chinesischen Quellen entnommen

(OT: *The Chinese Maze Murders*, 1954). Zürich: Diogenes Verlag, 1985 (detebe 21381). – Ü: Robert Schacht. – O/Z: Die Provinzstadt Lan-fang; 7. Jh. n. Chr.

Erste Amtshandlung von Richter Di und seiner Gehilfen Ma Jung, Tschiao Tai und Tao Gan ist die Entmachtung des Tyrannen Tschiän Mao, der die Stadt mit mafiaartigen Methoden unter seine Kontrolle gebracht hat. Mangelnde militärische Stärke ersetzt Di dabei durch Schläue und List. Danach muss er gleich drei Fälle bearbeiten, die kausal lose miteinander verknüpft sind: einen Mord in einem versiegelten Zimmer, ein verborgenes Testament und ein enthauptetes Mädchen. Der Ex-General Ding wird in seiner Bibliothek mit einem Giftpfeil getötet, allerdings finden sich auch vergiftete Feigen. Der verstorbene Gouverneur Sih hat aus zwei Ehen zwei Söhne; den jüngeren, charakterlich wohlgeratenen Sohn Schan muss er vor dem älteren Sohn Ki, einem Verbrecher, schützen. Deshalb hat er ein doppeldeutiges offizielles Testament hinterlassen, das eigentliche, eindeutige aber gut versteckt. Ein Landschaftsbild, das er dem jüngeren Sohn Schan hinterlassen hat, liefert den Schlüssel zu diesem Versteck. In dessen Nähe wird nackt und enthauptet das spurlos verschwundene Mädchen Weiße Orchidee gefunden. Ihre jüngere Schwester Dunkle Orchidee ist Richter Dis Spionin. In den Fall verwickelt ist – als fälschlich Verdächtigter – der Maler Wu. Der Fall löst sich: Der Giftpfeil, der Ex-General Ding tötete, wurde aus dessen Schönschreibpinsel katapultiert. Ausgelöst wurde der Schuss beim Erwärmen des Pinsels vor der ersten Benutzung. Bekommen hatte General Ding den Pinsel von dem inzwischen verstorbenen früheren Gouverneur Sih. Der Gouverneur hatte Ding seinerzeit für einen militärischen Verrat, der ungeahndet blieb, auf eigene Faust zum Tode verurteilt. Yi, General Dings Sohn, kam nicht mehr dazu, seinen Vater mit vergifteten Feigen zu töten; Motiv für diesen nicht ausgeführten Mord war das ehebrecherische Verhältnis Yis mit seiner Stiefmutter. Ex-Gouverneur Sihs älterer Sohn Ki wird tatsächlich des Hochverrats überführt und hingerichtet (er wollte mit Hilfe aufständischer Uguren ein eigenes Fürstentum an Chinas Grenze errichten). Der Fund des eigentlichen Testaments des Ex-Gouverneurs Sih Schu-siän rettet dessen jüngerem Sohn Scha das Vermögen (das ansonsten vom Staat eingezogen worden wäre). Weiße Orchidee wurde von der Malerin Frau Li ermordet; Li ist eine lesbische Sadistin und hielt das Mädchen in ihrem Haus als Lustsklavin gefangen, tötete sie dann aber aus Angst vor Entdeckung. In letzter Sekunde kann verhindert werden, dass sie auch Dunkle Orchidee, die jüngere Schwester der Getöteten, ermordet.

BATYA GUR Israel
(*1947)

Wie bei den Figuren Lisi Badichi von Sh. → Lapid oder Kurt Wallander von H. → Mankell wird auch die Biografie Ochajons von Roman zu Roman fortgesponnen. Mittlerweile 44 Jahre alt, ist er von Jerusalem nach Petach Tikwa zu einer Spezialeinheit versetzt worden, er hat sich von seiner verheirateten Geliebten getrennt und sein Sohn Juwal, 20, steht kurz vor dem Ende seines gefährlichen Wehrdienstes in den besetzten Palästinensergebieten. Die Romantitel Gurs ähneln alle ein wenig den immer etwas alttestamentarisch formulierten deutschen Romantiteln von E. → George: *Re.sa.h be-sabbāt bab-boqer* (1988, dt. *Denn am Sabbat sollst du ruhen*, 1992; Platz 2 des »Deutschen Krimipreises International« 1993), oder *ham-Mer. hāq han-nākon* (1996, dt. *Das Lied der Könige*, 1998), doch die Geschichten sind weitaus weniger stereotyp. Alle leuchten tief hinein in die politischen Mythologien und Spannungen des modernen Israel.

Du sollst nicht begehren

(OT: *Lînā mesûtte fet: re.sa.h baq-qîbbû*, 1991). München: Goldmann, 1997. (Goldmann 44935, 2001.) – Ü: Mirjam Pressler. – SF: Inspektor Michael Ochajon. O: Petach Tikwa und Jerusalem.

Die alte Dworka, eine Pionierin der ersten Stunde, herrscht mit eiserner Hand über »ihren« Kibbuz, über dessen prosperierende Kosmetikfabrik sowie ihre verwitwete Schwiegertochter Osnat Harel, die Kibbuz-Sekretärin. Osnat unterhält ein heimliches Verhältnis mit dem verheirateten Knesset-Abgeordneten Aharon Meroz. Als sie an einer E 605-Vergiftung stirbt, stößt Inspektor Michael Ochajon auf eine Mauer des Schweigens, das Wir-Gefühl der Kibbuzniki ist nicht aufzubrechen. Nicht einmal die als

Krankenschwester *undercover* ermittelnde Polizistin Awigail findet etwas Entscheidendes heraus. Als der Abgeordnete Meroz einen Herzanfall erleidet, wächst der politische Druck auf den Polizisten. Der alte Srulke Ajal ist, wie eine Obduktion ergibt, einige Zeit zuvor ebenfalls an E 605 gestorben, einem hochgiftigen Pflanzenschutzmittel, das er mit staatlicher Lizenz benutzte. Jojo, der Finanzsekretär des Kibbuz, hat Rezepturen der Kosmetikfabrik heimlich in die Schweiz verkauft, um mit den Erlösen die Finanzen zu sanieren und seine geistig behinderte Schwester zu versorgen. Osnat hatte ihm mit Entlarvung gedroht. Umgebracht jedoch wurde sie von Dworka, die gegen die Zeitläufte die kollektivistischen Ideale des Kibbuz konservieren wollte, zu denen auch die mittlerweile in Auflösung begriffene strikt elternferne Erziehung der Kinder gehört. Srulkes Tod war ein Unfall, durch den Dworka in den Besitz von E 605 gelangte. Dworka lässt sich ohne ein Zeichen der Reue abführen, nachdem ein weiterer Giftmord an einem ideologischen Gegner in den eigenen Reihen gescheitert ist. Am Ende deutet sich eine Romanze Awigails mit Ochajon an. Israel und seine Geschichte sind unauflösliche Elemente der Kriminalhandlung – ein jüdisch-israelischer Krimi *par excellence.*

H

WOLF HAAS Österreich (*1960)

Haas ist einer der kultigsten Krimiautoren Österreichs. *Komm, süßer Tod* (1998) erhielt 1999 den »Deutschen Krimipreis« und wurde 2000 von Wolfgang Murnberger verfilmt. Um Nichtösterreichern das Verständnis zu erleichtern, wurde der Film wie → *Polt muss weinen* nach A. → Komareks gleichnamigem Roman hochdeutsch untertitelt. Haasens Bücher sind auf aberwitzige Weise überdreht, dabei erzösterreichisch und von bitterbösem Humor. Weitere Werke: *Auferstehung der Toten* (1996; Platz 3 des »Deutschen Krimipreises National« 1997), *Silentium* (1999; Platz 2 des »Deutschen Krimipreises National« 2000), *Der Knochenmann* (2000). Vom unversöhnlichen Gegensatz zwischen Kinder- und Hundefreunden handelt *Wie die Tiere.*

Wie die Tiere

Reinbek: Rowohlt, 2001. – SF: Simon Brenner. O: Wien.

Im Wiener Augarten streut ein Hundefeind mit Nadeln gespickte Hundekekse aus. Der obdachlose Detektiv Brenner wohnt im Nachtklub »White Dog« des schmierigen Zuhälters Schmalzl, für dessen Verein »Tierfamilie« die schöne Manu viel Geld sammelt. Als Manu von dem freilaufenden Argentino-Kampfhund Puppi totgebissen wird, erschießt der Zuhälter Schmalzl spontan seine glänzend dressierte Argentino-Hündin Evita. Brenner soll den Besitzer des Mörderhundes finden. Die reiche Frau Summer hat dem Mörderhund Puppi ihr gesamtes Vermögen vermacht. Puppi muss mindestens 13 Jahre alt werden, damit ihre Pflegerin Frau Hartwig Puppis Erbe behalten darf. Verwaltet wird das Hunde-Erbe von der »Treuhund«-Gesellschaft des Sonnenstudiobesitzers Hojac. Hojac hat hochfliegende Pläne mit einem Hochbunker im Augarten aus dem Zweiten Weltkrieg. Zur Verwirklichung dieser Pläne, an denen bereits ein Architekt arbeitet, braucht Hojac jedoch Frau Summers Vermögen. Deshalb darf Puppi nicht des Totbeißens von Manu überführt werden und schon gar nicht zu früh sterben. Brenner wird durch Ohrfeigen eines Schlägers unter Druck gesetzt. Dummerweise ist Hojacs Architekt der Sohn gerade jener Amtsärztin, die Detektiv Brenners Antrag auf Frühverrentung genehmigen soll. Der Sohn erschlägt Frau Hartwig, die gegen Puppis Überführung als Mörderhund nichts einzuwenden hätte, und schafft Frau Hartwigs Leiche in den Hochbunker, um sie bei passender Gelegenheit einzubetonieren. Auch Brenner landet als Gefangener in dem Hochbunker. Nach vielen Fehlschlägen gelingt es ihm, per Handy seine Zimmernachbarin Magdalene zu alarmieren. Deren Freund eilt in einem geklauten Turbinenhelikopter zu Hilfe. Bei der Landung wird der Architekt, der Brenner gerade umbringen will, enthauptet, sein Kopf landet in einem Kinderschwimmbecken. Bei dieser Gelegenheit lernt Brenner seine neue Freundin Conny kennen. Deren Tochter Mali wurde als Vierjährige durch Hundebisse im Gesicht entstellt. Aus Rache verteilt sie die mit Nadeln präparierten Kekse im Augarten, wobei sie zur Tarnung die Kleidung ihrer Mutter trägt. Bei seiner Observierungsarbeit gerät Brenner versehentlich in die Gewalt einer Bürgerwehr der Hundefreunde und wird gebissen; nur mit viel Mühe kann seine Wade wieder genäht werden.

GISBERT HAEFS Deutschland
(*1950)

»Er ist«, sagt Lebensgefährtin Ariane Binder über Balthasar Matzbach, »in seiner vorigen Inkarnation bestimmt ein papierfressender Wurm gewesen, der nie satt geworden ist. Das holt er in diesem Leben alles nach«. Matzbach ist gleichermaßen Gourmet wie Gourmand und als polyglotter, vielseitig gebildeter »Universaldilettant« von skurrilen Interessen unter anderem durch seine Tätigkeit als Schlagerkomponist, Hobbydetektiv, Buchautor, Zeitungskolumnist und Lottospieler finanziell unabhängig. Die augenzwinkernd vorgetragenen Matzbach-Abenteuer *Und oben sitzt ein Rabe* (1983) und *Mord am Millionenhügel* (1981) sind regelrechte Kultbücher geworden. Lustvoll zitiert der Autor, der auch mit historischen Romanen über Alexander den Großen und Hannibal hervorgetreten ist, Szenen aus James-Bond-Filmen (Skorpion im Bett) oder Karl May-Schmökern (Matzbach als Mönch verkleidet bei Durchbrechen feindlicher Linien). Matzbachs dritter, chronologisch an die Vorgänger anknüpfender Fall ist *Das Doppelgrab in der Provence.* Weitere Matzbach-Krimis: *Mörder und Marder* (1985*), Das Triumvirat* (1987), *Die Schattenschneise* (1989), *Matzbachs Nabel* (1995), *Kein Freibier für Matzbach* (1996); andere Krimis: *Das Kichern des Generals* (1996; Platz 2 des »Deutschen Krimipreises National« 1997), *Schmusemord* (1998), *Hamilkars Garten. Historischer Kriminalroman* (1999), *Eine böse Überraschung. Kollektivkrimi* (1998; mit F. → Goyke, T. → Dorn, P. → Zeindler u. a.); zahlreiche Übersetzungen.

Das Doppelgrab in der Provence
München: Goldmann, 1984 (Tb 5643). – SF: Balthasar Matzbach. O: Thionville u. a.

Nachdem er einen Hilferuf seines inzwischen wahrscheinlich toten Freundes, des Journalisten William Bronner, erhalten hat, lässt Hobbydetektiv Matzbach alles stehen und liegen und reist mit seiner Freundin Ariane in die Provence, wo er sich mit keltischer Mythologie – einem seiner Spezialgebiete – auseinandersetzen muss. Bronners Tankquittungen und Hotelrechnungen müssen als erste Anhaltspunkte genügen; Bronner hatte kurz vor seinem Tod das Testament des karthagischen Händlers Marharbal übersetzt, der sein Vermögen an vier verschiedenen markanten Punkten versteckt hat. Kaum beginnt Matzbach mit seinen Nachforschungen, wird er von einigen maskierten Killern überfallen, die jedoch erfolglos bleiben und fliehen können. Hinfort arbeitet er in fließendem Französisch mit dem Lokalreporter César Maspoli sowie mit Kommissar Ducros zusammen. Nachdem er Marhabals Testament übersetzt und dechiffriert hat, glaubt Matzbach vier Schatzverstecke zu kennen. Sie sind jedoch mittlerweile durch Bauwerke und -maßnahmen verschiedener Art unerreichbar geworden. Bald schon führt die Spur zu dem homosexuellen Buchautor Edmund Demlixh, einer Art Erich von Däniken für alles, was mit Druiden zusammenhängt. Demlixh plant zusammen mit seinem Freund und Geliebten Dr. Robert Herbin den Aufbau eines obskuren Druidenordens. In diesem Zusammenhang wird ein geheimnisvoller Unbekannter mit dem Druidennamen Phérex gesucht. Demlixhs Haushälterin Louise ist vor kurzem einer angeblichen Fischvergiftung erlegen, die Demlixh selber knapp überlebte. Das Testament Marharbals gehört dem Archäologen Corvau, wurde diesem gestohlen und fiel Bronner in die Hände. Er dechiffrierte es, suchte Demlixh auf und wurde von diesem umgebracht. Louise wurde als zufällige Zeugin und lästige Mitwisserin von Herbin mit einem Mittel ermordet, das alle Symptome einer Fischvergiftung hervorruft. Matzbach kann jedoch einen Zeugen dafür auftun, der belegt, dass es am fraglichen Tag im Hause Demlixh gar keinen Fisch zum Essen gab, und verunsichert Demlixh, dem er die bevorstehende Exhumierung Louises ankündigt. Daraufhin wird die Tote eilends zu Bronner ins Grab gelegt. An diesem Doppelgrab überführt Matzbach Demlixh und Herbin des Doppelmordes. Am Ende springt für Matzbach doch noch eine Art Schatz heraus: er hat auf Demlixhs Grund und Boden heimlich ein paar Münzen ausgegraben. Corvau hat ebenfalls zu den Druiden gehört. »Insgesamt«, befindet Matzbach selbstgefällig, »ein sehr wirrer, aber sehr befriedigender Fall«.

JENS HAGEN Deutschland (*1944)

Haiku Kriminale

Weilerswist: Verlag Landpresse, 1997.

Japanische Gedichte bauen aufgrund der Eigenart der japanischen Sprache nicht auf der Betonung, sondern auf der Silbenzahl auf. Das Haiku besteht aus drei Zeilen mit insgesamt 17 Silben (5-7-5) und versucht, aus dem unaufhörlichen Strom wahrgenommener Ereignisse einen unwiederbringlichen Augenblick in größtmöglicher sprachlicher Verdichtung festzuhalten. Der auktoriale Blick erstrebt dabei nicht die Totale, sondern die maximale Konzentration aufs Detail, wobei ein Wesensmerkmal das Verbleiben im Unausgesprochenen, Diffus-Unbestimmten, Angedeuteten ist. In Deutschland wird regelmäßig ein Haiku-Preis ausgelobt, aber auch außerhalb von Literaturwettbewerben hat die Gedichtform zahlreiche Freunde. Die Verbindung von Lyrik mit Kriminalliteratur führte bisher in der Regel zu Balladen (z. B. C. F. Meyer, *Die Füße im Feuer*) oder Erzählgedichten wie *Mit Schirm und blinkender Pistole* von M. → Grimes. Das Haiku und die handlungsbezogene Kriminalliteratur scheinen sich ganz besonders auszuschließen. Dem Journalisten und Hörspielautor Jens Hagen jedoch ist die Einführung des Haiku in die Kriminalliteratur überzeugend gelungen, und zwar unter Verzicht auf den Versuch, in irgendeiner Form zusammenhängende Handlungen um Verbrechen und deren Aufklärung wiederzugeben. Er atomisiert Kriminalfilme und -romane zu allerkleinsten Handlungs- und Emotionselementen. Die Stimmungen, Figuren, Handlungen, die jeder schon Tausende von Malen gesehen oder gelesen hat, fängt Hagen in Form von 278 Haikus ein, die er zu 16 thematisch nur sehr lose miteinander verknüpften Einheiten – der Ausdruck »Kapitel« wäre übertrieben – zusammengefügt hat. Die Andeutungen von jedem dieser kapitelartigen Einheiten kann der Leser vor seinem geistigen Auge zu einem von unzähligen möglichen Krimis zusammenfügen, etwa zu einem mörderischen Ehebruchsdrama oder zu einem Mafiakrimi. So evoziert Hagen, indem er zum Teil sehr ironisch Roman- beziehungsweise Filmtitel oder -figuren, aber auch Johnny-Cash-Songs und vieles andere zitiert, in Form eines virtuosen Spiels mit dem *déjà vu* jedem Krimifan vertraute Bilder. In seiner Gesamtheit sagt *Haiku Kriminale* daher in vieler Hinsicht mehr über die Kriminalliteratur beziehungsweise die Lese- und Sehgewohnheiten ihrer Konsumenten aus, als manche literaturwissenschaftliche oder -soziologische Studie. »Die Underwood [eine klassische Schreibmaschine. K. P. W.] stumm. / Der dünne Mann dachte nach. / Und trank und dachte.« oder »Dann endlich allein. / Die Frau im Hotel sieht nicht / Die Schuhe, die Hand.«

NIKOLA HAHN Deutschland (*1963)

In Hahns hochgelobtem Debütroman *Die Detektivin* treffen fiktive Figuren u. a. auf den Frankfurter Nationaldichter Friedrich Stoltze (1816–1891) und den Irrenarzt Dr. Heinrich Hoffmann (1809–1894), den Autor des *Struwwelpeter* (1847). Hahns nächste Bücher: *Die Wassermühle* (2000), ein heiterer Unterhaltungsroman für Frauen, und *Die Farbe von Kristall* (2002).

Die Detektivin

Düsseldorf: Marion von Schröder, 1998. (Ullstein 25343, 2001.) – O/Z: Frankfurt a. M.; 1882.

Die 23-jährige Kaufmannstochter Victoria Könitz wäre gerne ein Detektiv wie E. A. → Poes → Auguste Dupin und besitzt eine umfangreiche Sammlung von Fingerabdrücken. Sie lässt sich nicht verheiraten, hat ihr langes Haar heimlich abgeschnitten und dient, als Junge verkleidet, unter dem Namen »Hannes« der Polizei als Spitzel, ausgerüstet mit den damals neuesten wissenschaftlichen Methoden. Ihre ältere Schwester Clara lebt seit zehn Jahren in einem Irrenhaus. Als Emilie, das uneheliche Töchterchen von Victorias Zofe Luise, unter mysteriösen Umständen verschwindet, nimmt Victoria in Konkurrenz zu dem verheirateten, aus Berlin stammenden Kommissar Richard Biddling Ermittlungen auf. Biddling will endlich den »Stadtwaldwürger« überführen, was seinem Vater zehn Jahre früher nicht gelungen ist. Gleichzeitig mit Zofe Luises Töchterchen Emilie verschwindet ein Weinfass aus dem labyrinthischen Keller von Victorias Onkel Dr. Könitz. Nach einigen Rückschlägen stößt Victoria auf skandalöse Vorgänge in der eigenen Familie: Der »Stadtwaldwürger« ist Sophias Sohn Eduard, Victorias engster Vertrauter. Er brachte Emilie in der Orangerie um, legte sie in das Weinfass, beförderte es zum Main und warf es von einer Brücke aus ins Wasser. Victoria setzt die Exhumierung einer bereits beerdigten Wasserleiche durch; der Irrenarzt Dr. Heinrich Hoffmann identifiziert die Leiche als Emilie. Emilie erweist sich als Victorias Halbschwester, da beide denselben Vater – Rudolf Könitz – haben: Die damals 16-jährige Clara hatte vor ihrer Erkrankung eine inzestuöse Affäre mit Eduard. Dieser, seither psychisch gestört, wurde zum Serienmörder. Rudolf Könitz schließlich, der seine Frau Henriette hasste, unterhielt jahrelang ein Verhältnis mit Schwägerin Sophia. Eduard wird vor einem weiteren Mord mit Biddlings entwendeter Dienstwaffe erschossen, Biddling flieht, verletzt sich und wird zur Fahndung ausgeschrieben. »Hannes« alias Victoria spürt ihn jedoch auf und sorgt für illegale medizinische Betreuung. Ein Vergleich mit Fingerabdrücken auf einem blutbesudelten Brief mit Mustern aus ihrer daktyloskopischen Sammlung macht Victoria klar, dass Sophia Eduard getötet hat. Diese gesteht, dass ihr Sohn tatsächlich der »Stadtwaldwürger« gewesen sei. Mit seiner Ermordung habe sie die Mordserie beenden wollen. Ihr Mann hilft ihr, ihr Leben mit Anstand zu beenden, ohne als Mörderin vor Gericht gezerrt zu werden. Biddling kehrt rehabilitiert nach Berlin zu seiner Frau zurück, die jedoch kurz darauf im Kindbett stirbt. Wieder in Frankfurt, nimmt er einen Heiratsantrag der gerade volljährig gewordenen Victoria an.

DASHIELL HAMMETT USA
(1894–1961)

Dashiell Hammett ist neben R. → Chandler der wichtigste Vertreter der *hard boiled fiction* und gilt als der eigentliche Begründer einer originär amerikanischen Detektivliteratur. Seine bekannteste Schöpfung sind der namenlose, unerbittliche Continental Op (Abk. von *operative agent*), ein kleiner, dicker Mann von ungefähr 40 Jahren aus San Francisco, und der Detektiv Sam Spade. Hammett begann mit Arbeiten für das Pulp-Magazin *Black Mask*, ein weit verbreitetes Magazin, das auch den Philosophen Ludwig Wittgenstein zu seinen Fans zählte. In diesem Magazin erschien Hammetts Debüt *Bluternte* zwischen November 1927 und Februar 1928 als Vierteiler. Die Verfilmungen übertrugen den Stoff auf verschiedene Zeiten und Orte; Sergio Leone machte einen klassischen Spaghetti-Western daraus, Akira Kurosawa einen Samurai-Film.

Bluternte / Rote Ernte

(OT: *Red Harvest*, 1929). **(1)** Nürnberg: Nest-Verlag, 1952. (Goldmann 3061, 1968.) – Ü: Peter Fischer. **(2)** [*Rote Ernte*] Zürich: Diogenes Verlag, 1981 (detebe 69,2 = 20292). – Ü: Gunar Ortlepp. – SF: Der Continental Op. O: Peaceville.

F: **(1)** *Roadhouse Nights*. USA 1930, R: Hobart Henley. **(2)** *Yojimbo*. Japan 1961 (dt. *Yojímbo – Der Leibwächter*), R: Akira Kurosawa. **(3)** *Per un pugno di dollari*. I 1964 (*dt. Für eine Handvoll Dollar*), R: Sergio Leone. **(4)** *Last Man Standing*. USA 1996, R: Walter Hill (nach *Yojimbo*).

Dem reichen Elihu Willson gehört die Stadt Peaceville. Einen Streik seiner Bergarbeiter ließ er von drei Gangstern – Pete, dem Finnen, Lew Yard und Max Thaler – blutig beenden. Sie beherrschen seither den kriminellen Sektor der Stadt, geduldet vom korrupten Polizeichef Noonan. Als sein Sohn, der gegen die Korruption ankämpfende Zeitungsverleger Donald Willson, auf offener Straße erschossen wird, beauftragt Elihu Willson den Continental Op (den Icherzähler) mit der Säuberung von Peaceville. Der Op entlarvt den kleinen Bankangestellten Albury als Mörder des Zeitungsverlegers: Alburys Motiv war Eifersucht, er glaubte irrtümlich, Donald Willson hätte eine Affäre mit seiner Ex-Geliebten, der Prostituierten Dinah Brandt. Die hatte Donald Willson jedoch lediglich Belastungsmaterial über die Gangster verkauft. Wegen seiner Verstrickung in das organisierte Verbrechen versucht Elihu, dem Op den Auftrag wieder zu entziehen, aber der bleibt hart: »Sie kriegen von mir nichts anderes als eine anständige Stadtreinigung«. Davon lässt er sich nicht einmal durch Mordanschläge abbringen, die Polizeichef Noonan auf ihn verübt. Der Op plant, die Gangster und Noonan gegeneinander auszuspielen, damit sie sich gegenseitig zerfleischen. Als erstes hetzt er Polizeichef Noonan und Gangster Max Thaler mit Dinahs Hilfe und den Aussagen von Maxens Freundin Myrtle und des Ex-Polizisten McSwain mit der Behauptung aufeinander los, Noonans Bruder Tim habe sich nicht umgebracht, sondern sei von Max ermordet worden. Damit Max von seinen Gangsterfreunden fallen gelassen wird, inszeniert Polizeichef Noonan mit Hilfe von Lew Yards Statthalter Reno einen Banküberfall, den er Maxens Bande anlastet. Als Ablenkungsmanöver belagert er zur gleichen Zeit ein Lagerhaus, das er für leer hält, das aber Pete, dem Finnen, als Alkohollager dient. Petes Leute eröffnen das Feuer, Noonan sprengt das Lager in der irrigen Annahme, er habe den verhassten Max aufgestöbert. Lew will sich für Renos Alleingang rächen, doch Reno entkommt bei dem Überfall, erschießt Lew und wird neuer Boss. Die anderen Gangster durchschauen die Zusammenhänge nicht, wohl aber der Op. Bei einer Friedenskonferenz gibt der Op vor, alle Missverständnisse zu beseitigen, verrät Polizeichef Noonan sogar den Namen von Tims wahrem Mörder: es ist der Ex-Polizist McSwain. Doch anschließend wirft er Noonan vor, den wahren Mörder längst gekannt zu haben, was frei erfunden ist. Außerdem klärt er die Anwesenden über Noonans und Renos Machenschaften auf. Damit hat er beide bloßgestellt, die Konferenz zum Scheitern gebracht. Nachdem Max Noonan getötet hat, wollen sich Max und Reno gegenseitig töten, bringen dadurch Pete gegen sich auf, der um der Geschäfte willen Frieden fordert. Reno ermordet Dinah aus Angst, sie locke ihn in Maxens Falle. Der Op verbündet sich mit Reno, der Pete tötet. In der finalen Auseinandersetzung bringen sich Reno und Max gegenseitig um. Der Op hat seinen Auftrag erledigt und ekelt sich vor sich selbst.

Der Fluch des Hauses Dain

(OT: *The Dain Curse*, 1929). **(1)** Nürnberg: Nest-Verlag, 1945. – Ü: Peter Fischer. **(2)** Zürich: Diogenes Verlag, 1976 (detebe 69,3 = 20293). – Ü: Ulf Teichmann. – SF: der Continental Op.

F: USA 1978 (mehrteiliger Fernsehfilm), R: E. W. Swackhamer.

Aus einem mehrteiligen Beitrag für das legendäre Pulp-Magazin *Black Mask* ging *Der Fluch des Hauses Dain* hervor, ein weiterer Roman um den Op. – Teil 1: Der Schriftsteller Owen Fitzstephan vermittelt dem Op einen Auftrag: Er soll einen Diamantendiebstahl im Hause des Wissenschaftlers Leggett klären. Dessen Familie besteht aus Leggett selbst, seiner Frau und Ex-Schwägerin Alice, der drogensüchtigen Tochter Gabrielle aus Leggetts erster Ehe, Gabrielles Verlobtem Eric Collinson sowie dem Hausmädchen Minnie. Der Verdacht fällt auf den kriminellen Privatdetektiv Upton. Der wird von seinem Partner Ruppert ermordet, Ruppert bleibt zunächst ebenso verschwunden wie die Diamanten. In der Folge begeht Vater Leggett anscheinend Selbstmord und wird Ruppert ermordet, die vermissten Diamanten tauchen wieder auf. Leggett gibt sich in einem Abschiedsbrief als der Ex-Sträfling Maurice Pierre de Mayenne zu erkennen und gesteht, seine erste Frau Lily ermordet zu haben, um deren Schwester Alice heiraten zu können. Er sei aus der Verbannung geflohen, von dem Privatdetektiv Upton aufgespürt und erpresst worden, habe Upton die Diamanten gegeben, und dann Ruppert getötet, weil der ihn ebenfalls erpresst habe. Der Op bezweifelt einen Selbstmord und beschuldigt Alice. Die gibt zu, dass sie das Erpressungsopfer war und Ruppert tötete, und dass ihr Mann seine erste Frau – ihre Schwester – nicht umgebracht hat. Sie behauptet, seinerzeit die kleine Tochter Gabrielle zu dem Mord angestiftet zu haben. Ob sie vielleicht selbst Lily und ihren Mann ermordete, wird nicht mehr geklärt, weil sie plötzlich eine Waffe zieht und im Handgemenge mit dem Op erschossen wird. – Teil 2: Gabrielle zieht zur Erholung in den Tempel des Sektenführer-Ehepaars Aaronia und Joseph Haldorn. Im Auftrag ihres Verlobten Eric Collinson soll der Op auf sie aufpassen. Gabrielles Arzt Dr. Riese fällt einem Ritualmord zum Opfer, der Op hält aber Gabrielle, auf deren Täterschaft alles hindeutet, für unschuldig. Der Op muss den wahnsinnigen Joseph Haldorn in Notwehr erschießen, der seine Frau Aaronia auf dem Altar opfern will. Die Haldorns waren Schauspieler und erfanden den Kult, um reichen Leuten Geld aus der Tasche zu ziehen. Weil Dr. Riese Verdacht geschöpft hatte, brachte Haldorn das Hausmädchen Minnie dazu, Dr. Riese zu töten, und veranlasste Gabrielle, den Mord auf sich zu nehmen. Alle Anschläge auf den Op misslangen, unter anderem auch wegen Josephs Frau Aaronia, die die Pläne ihres wahnsinnigen Mannes sabotierte, weil der in Gabrielle verliebt war. Dafür sollte Aaronia sterben. – Teil 3: Nach seiner überstürzten Hochzeit mit der inzwischen von ihrer Drogensucht geheilten Gabrielle liegt Eric Collinson tot am Fuß einer Klippe, Gabrielle ist entführt, für ihre Freilassung werden 10 000 Dollar Lösegeld gefordert. Ebenfalls ermordet wird die Sheriffsfrau Mrs. Cotton, deren Geliebter Whidden hinter der Entführung Gabrielles steckt. In einem Abschiedsbrief nennt Mrs. Cotton das Versteck der Entführten, und dort wird Gabrielle tatsächlich gefunden. Whidden, der sich der Festnahme mit Waffengewalt zu entziehen versucht, wird getötet. Gabrielle erzählt, sie habe nach dem Tod Erics Selbstmord begehen wollen, sei aber mit dem Wagen verunglückt, ohnmächtig geworden und entführt worden. Aaronia versucht vergeblich, den Op umzubringen, und der Schriftsteller Owen Fitzstephan wird von einer Bombe schwer verstümmelt. Gelegt hat sie der Illusionskünstler Fink aus Angst, Fitzstephans Machenschaften würden ihn und seine Frau auf den elektrischen Stuhl bringen. Fitzstephan, der ebenfalls zur Familie Dain gehört, wollte Gabrielle vollständig von sich abhängig machen und benutzte dafür die Finks, die Haldorns und Alice. Er arrangierte mit seiner Geliebten Alice den Diebstahl, um Leggett töten zu können, dann erschoss er Alice. Anschließend beauftragte er Whidden mit dem Mord an Eric, wollte aber nicht zahlen, so dass Whidden Gabrielle entführte. Fitzstephan tötete Mrs. Cotton und stiftete zum Mord an Dr. Riese an. Er wird später vor Gericht mit Erfolg den Unzurechnungsfähigen spielen, der er ist. A. Oe.

Der Malteser Falke

(OT: *The Maltese Falcon*, 1930). (1) Nürnberg: Nest-Verlag, 1953. – Ü: Peter Fischer. (2) Zürich: Diogenes Verlag, 1974 (detebe 69/1). – Ü: Peter Naujack. – SF: Sam Spade. O: New York.

F: (1) USA 1931, R: Roy Del Ruth. (2) *Satan met a Lady.* USA 1936, R: William Dieterle. (3) USA 1941, R: John Huston. (4) *The Black Bird.* USA 1974 (Parodie, dt. *Die Jagd nach dem Malteser Falken*), R: David Giler.

Erst wird der Detektiv Miles Archer erschossen, dann der Engländer Floyd Thursby, den Archer überwachen sollte. Lieutenant Dundy versucht vergeblich, Archers Kompagnon Spade einen der Morde oder besser beide in die Schuhe zu schieben. Im Zentrum des verwickelten Falles stehen Brigid O'Shaughnessy, die Spades Geliebte wird, und der schwule Levantiner Joel Cairo. Sie sind ebenso wie der protzige Kasper Gutman hinter der Statuette eines Falken her, die Malteser Ritter einst dem König von Spanien schenkten und die später in den Besitz eines russischen Generals geriet. In Hongkong hatte sie Brigid O'Shaughnessy mit Hilfe Thursbys und Cairos an sich gebracht und den ebenso interessierten Cairo kurzzeitig ausgebootet. Auf der »Paloma«, dem Schiff von Kapitän Jacobi, wurde die Figur nach Amerika transportiert. Thursby und Brigid eilten, von Cairo gefolgt, auf einem Schnelldampfer voraus. In New York trafen sie sich zusammen mit Kasper Gutman und dessen Schläger Wilmer auf der »Paloma«. Jacobi versuchte nach einer Auseinandersetzung, mit der Statue zu Spade zu gehen, doch Wilmer schoss ihn hinterrücks nieder. Sterbend kann Jacobi sie aber doch noch in Spades Büro abliefern. Spade gibt das wertvolle Stück in einer Gepäckaufbewahrung ab und hinterlegt den Bon bei seiner geplagten Sekretärin Effie Perine. Folgendes hat sich in New York abgespielt: Weil Brigid Thursby nicht traute, engagierte sie den Detektiv Miles Archer für Thursbys Überwachung, tötete dann aber erst Miles und danach Thursby und hoffte, so Spade die Schuld zuschieben zu können. Kasper Gutman machte derweil mit Cairo gemeinsame Sache. Am Ende treffen sich alle noch einmal in Spades Wohnung: Die Gangster würden Spade gerne töten, doch weiß er als einziger, wo der Falke ist, spielt seine Gegner gegeneinander aus, entwaffnet sie und stellt seinerseits Bedingungen: Wilmer soll der Polizei als Sündenbock ausgeliefert werden, damit der Rest der Bande unbehelligt fliehen kann. Nachdem Gutman ihm 20000 Dollar zugebilligt hat, lässt Spade den Falken bringen, der sich jedoch als eine Fälschung erweist, die möglicherweise der russische Vorbesitzer anfertigen ließ. Spade lässt Gutman, Cairo und Wilmer einen Vorsprung, dann ruft er die Polizei. Die kommt erst, als Wilmer Kasper Gutman bereits erschossen hat. Schließlich zwingt Spade Brigid noch das Geständnis ab, Miles ermordet zu haben. Nicht dass der Verlust des Partners Spade sonderlich viel ausgemacht hätte, aber er ist nun einmal für Gerechtigkeit, wenn er auch sonst Brigid in Bezug auf Gier und Hinterhältigkeit in nichts nachsteht. – Siehe auch die Parodie *The Whore of Mensa* (*Der Falke im Malteser*) von W. → Allen.

Der gläserne Schlüssel

(OT: *The Glass Key*, 1931). Zürich: Diogenes Verlag, 1976 (detebe; 69,4 = 20294). – Ü: Hans Wollschläger. – O: Baltimore.

F: (1) USA 1935, R: Frank Tuttle. (2) USA 1942, R: Stuart Heisler.

Der gläserne Schlüssel ist einer der pessimistischsten Romane Hammetts. Der übel beleumundete Spieler Ned Beaumont, dessen Aufträge selbst Privatdetektiv Jack Rumsen ablehnt, ist der beste Freund und Mitarbeiter des Bauunternehmers Paul Madvig, des heimlichen Herrschers der Stadt – und äußerlich ein Alter Ego Hammetts. Als Madvig sich in die Senatorentochter Janet Henry verliebt und den Wahlkampf ihres Vaters unterstützt, warnt Beaumont ihn vor dem mit allen Wassern gewaschenen Senator Henry, dessen einziger Gegner heimlich von dem Gangster Shad O'Rory, Bauunternehmer Madvigs einzigem Feind, unterstützt wird. Als Janets Bruder Taylor ermordet wird, wird Ned Beaumont zum Sonderbeauftragten der Staatsanwaltschaft ernannt. Der Alkoholschmuggler Iva sitzt in U-Haft, weil er einen Mann namens Norman West überfahren hat. Madvig lässt ihn aus wahltaktischen Gründen nicht frei. Um Madvig und damit Henry zu demontieren, lässt O'Rory die beiden Zeugen (die beiden Brüder von West) einschüchtern und einen von ihnen ermorden; den Verdacht lenkt er auf den Bauunternehmer Madvig. Beaumont durchschaut die Intrige und entlastet Madvig unter Einsatz seines Lebens. Madvigs Tochter Opal, die Geliebte des Senatorensohns Taylor, glaubt anonymen Briefen, in denen Madvig des Mordes an Taylor beschuldigt wird, und will sich in der Zeitung »Observer« dazu äußern. Beaumont sorgt dafür, dass der Observer-Verleger Mathews Selbstmord begeht: Das Erscheinen der Zeitung wird vorläufig eingestellt, Opal weggesperrt. Als sich immer mehr Gefolgsleute von Madvig abwenden, gibt Madvig gegenüber Beaumont den Mord zu, um Beaumont an weiteren Nachforschungen zu hindern und den Mörder zu schützen. Er habe Taylor mit dessen eigenem Knotenstock erschlagen und die Tatwaffe verbrannt, doch Beaumont glaubt ihm nicht. Janet, die Beaumont inzwischen liebt, will diesem helfen, Beweise gegen Madvig zu finden. Als erstes vernichtet Beaumont Madvigs offensichtliche Feinde: Er provoziert den Killer Jeff, seinen Boss O'Rory zu erwürgen und liefert ihn dann der Polizei aus. Danach klärt er mit Janets Hilfe den Mord an Taylor: Er wurde von seinem eigenen Vater erschlagen, weil er gegen dessen Pläne war, Janet mit Madvig zu verheiraten, nur um seine Unterstützung für die Wahl zu bekommen. Madvig war Zeuge, schwieg aber, weil Senator Henry ihm die eigene Tochter Janet versprach. Nun, da Madvig als Taylors Mörder entlarvt scheint, plant Henry die als Racheakt für den Mord an Taylor inszenierte Ermordung des unliebsamen Zeugen. Beaumont übergibt Henry der Polizei und verlässt mit Janet die Stadt. Madvig ist mit Blessuren davongekommen und wird in vier Jahren erneut Herrscher der Stadt sein. A. Oe.

Der dünne Mann

(OT: *The Thin Man*, 1934). Zürich: Diogenes Verlag, 1976 (detebe 69/5). – Ü: Tom Knoth. – O/Z: New York; 1933. F: *Der Unauffindbare / Mordsache »dünner Mann«.* USA 1934, R: W. S. Van Dyke.

Hammetts letzter Roman – dessen Satz: »Ich begreife überhaupt nichts, Nick« durchaus als eine Tröstung bei der Lektüre begriffen werden darf – initiierte eine Filmserie von insgesamt sechs Teilen um den hedonistischen (Ex-) Detektiv Nick Charles (dargestellt von dem eleganten William Powell) und seine Frau Nora, wobei die Bezeichnung »dünner Mann« in den Serientitel integriert und auf Charles übertragen wurde; einige Drehbücher basierten auf Erzählungen um den Continental Op. *Der dünne Mann* wurde – und damit folgt er der Romanvorlage – weniger ein Detektivfilm als »ein »ketzerischer Ehefilm [...] von dem Spaß, den man haben kann, wenn man will und immer einen Champagner auf Eis gelegt hat« (Roloff und Seeßlen). – Protagonist und Icherzähler ist der Ex-Detektiv Nick Charles, der nun im Hauptberuf als Ehemann seiner reichen Frau Nora tätig ist und zielsicher stets unterhalb der Grenze zum Alkoholismus entlang süffelt. Er verfügt über eine harte Rechte und steckt selbst Streifschüsse in Herznähe mit einem kessen Spruch auf den Lippen weg. Im Zentrum der wirren Geschichte steht der seit drei Monaten verschwundene Erfinder Clyde Wyant. Wyant hinterlässt in Ratlosigkeit Tochter Dorothy und Sohn Gilbert sowie seine exaltierte Ex-Frau Mimi, die mit dem Europäer Jorgensen verheiratet ist. Sie weiß zunächst nicht, dass dieser ein Bigamist ist und eigentlich Sid Kelterman heißt. Wyant scheint am Leben zu sein, denn er meldet sich gelegentlich telefonisch oder telegrafisch. Dann werden Wyants Sekretärin und Geliebte Julia Wolf sowie eine Randfigur namens Nunheim ermordet. In Verdacht gerät der Kleinganove Ship Morelli, doch schließlich entlarvt Nick Charles Wyants Anwalt Herbert Macaulay als dreifachen Mörder. Wyant selbst liegt zerstückelt und mit Kalk bestreut unter dem Boden seiner Garage. Sorgfältig neben der Leiche ausgelegte Kleider und eine Krücke sollen suggerieren, es handele sich um einen gehbehinderten dicken Mann, nicht um den bekannt hageren Wyant. Anwalt Macaulay betrog sein Opfer finanziell und sexuell mit der Sekretärin Julia Wolf. Zur Rede gestellt, brachte er den Erfinder um und tat so, als wäre dieser untergetaucht. Wo es nötig war, fingierte er Lebenszeichen des Ermordeten. Julia muss sterben, weil sie den Mord missbilligt und der Anwalt sich ihres Schweigens nicht sicher ist, als Mimi und Nick Charles auf den Plan treten. Um Wyant als Julias Mörder erscheinen zu lassen, platziert er ein Stück von Wyants Uhrkette bei ihrer Leiche. Er kann nicht ahnen, dass Mimi das Stück finden und in erpresserischer Absicht verstecken würde, um es als Druckmittel gegen ihren geschiedenen Mann zu verwenden, von dessen Tod sie nichts weiß. Danach lenkt Macaulay den Verdacht auf Shep Morelli und tötet Nunheim, der ihm auf die Schliche zu kommen drohte. Als Mimi das alles erfährt, greift sie Macaulay tätlich an. Nick setzt ihn mit einem präzisen Faustschlag außer Gefecht. »Das alles«, resümiert Nora, ist »ziemlich unbefriedigend«. Aber elegant gemacht.

JEAN HANFF USA
(*1961)

Stille Wasser sind tief erschien unter dem Namen Jean Hanff. Zuvor hatte die Autorin unter dem Namen Jean Hanff Korelitz publiziert, z. B. *A Jury of Her Peers* (1996, dt. *Die Schattenjury*, 1999).

Stille Wasser sind tief

(OT: *The Sabathday River*, 1999). Frankfurt a. M.: Krüger, 2001. – Ü: Manfred Ohl, Hans Sartorius. – O/Z: Goddard (Neuengland); 1985.

Mit ihrer Frauenkooperative »Flourish« steht die geschiedene, kinderlose Jüdin Naomi Roth aus New York im Gegensatz zu dem bigotten Hinterwäldlertum der Männer von Goddard. Die Leiche eines ermordeten neugeborenen Mädchens aus dem Fluss bringt sie zu Sheriff Nelson Erroll, der wiederum den Bezirksstaatsanwalt Robert Charter hinzuzieht. Die beiden legen sich von vornherein auf die zurückgezogen lebende Heather Pratt als Kindsmutter und -mörderin fest. Heather ist wegen ihres Selbstbewusstseins, ihrer Unbekümmertheit und ihrer sexuellen Freizügigkeit im ganzen Ort verhasst. Sie hat aus einer Beziehung mit dem verheirateten Handwerker Ashley ein Kind, Polly, dem sie eine hingebungsvolle Mutter ist. Bezirksstaatsanwalt Charter geht davon aus, dass Heather ein zweites Kind geboren und getötet hat. Unter Missachtung sämtlicher Rechte, die Verdächtigten zustehen, verhört er sie und presst ihr brutal ein höchst widersprüchliches Geständnis ab. Diesem zufolge hat sie ein zweites, aber totes Kind von Ashley zur Welt gebracht und in einen Gartenteich – nicht in den Fluss – geworfen. Naomi findet dort tatsächlich eine Säuglingsleiche. Statt seinen Fehler einzugestehen, behauptet der fantasievolle Bezirksstaatsanwalt Charter nun, Heather habe Zwillinge geboren und den einen Zwilling in den Fluss, den anderen in den Teich geworfen. Blutuntersuchungen widerlegen dies, Ashley kann nur der Vater des Mädchens aus dem Fluss gewesen sein. Daraufhin erweitert Charter seine Theorie um eine noch fantastischere Komponente: Fußend auf den Ausführungen eines antiken gynäkologischen Fachbuches von zweifelhafter Seriosität über die »Superfekundation« behauptet er, Heather habe bei aufeinander folgendem Geschlechtsverkehr mit zwei Männern zwei Kinder empfangen, eines von Ashley und eines von Christopher Flynn – einem Mann, den Charter frei erfunden hat. Die erfolgreiche jüdische Verteidigerin Judith Friedman zerpflückt die Anklage souverän, stellt Formfehler fest und zerstört die heuchlerische Sexualmoral des notorischen Frauenhelden Ashley. Schließlich legt Sheriff Erroll unter Eingeständnis eines Meineides Charters Manipulationen offen. Kraft hierfür schöpft er aus der Liebe zu Naomi. Heather wird freigesprochen, eine Neuaufnahme des Verfahrens wird ausgeschlossen. *Privatissime* gesteht Heather Naomi, dass sie Ashleys zweites Kind nicht gewollt habe und froh über die Totgeburt gewesen sei. Am Ende verlassen alle Beteiligten Goddard. Ashley zieht ebenso fort wie Naomi, deren Ex-Mann Daniel seinen Anteil am Haus fordert, weil seine neue Lebensgefährtin das Kind von ihm erwartet, das er Naomi seinerzeit verweigert hat. Die Eltern des ermordeten Mädchens aus dem Fluss bleiben unentdeckt.

JOSEPH HANSEN USA
(*1923)

Der homosexuelle Versicherungsdetektiv Dave Brandstetter von der Firma Medaillon, der eng mit dem Polizisten Captain Campos zusammenarbeitet, ist ein äußerst kultivierter Mann. Seine Fälle führen ihn zwar immer wieder in Homosexuellenkreise, doch sind sie nie Vorwand für die Schilderung von Sexualakten; die Figuren sind realitätsnah und glaubwürdig. Folgeband zu *Totengeld*: *Troublemaker* (1975, dt. *Jeder hat einen Feind / Feindschaftsdienst*, 1985/2001); bis 1991 erschienen insgesamt 12 Brandstetter-Titel.

Totengeld (Keine Prämie für Mord)

(OT: *Death Claims*, 1973). Hamburg: Argument-Verlag, 2000 (Ariadne pink plot 2062). – Ü: Friedrich A. Hofschuster, Robert Schekulin. – O: Arena Blanca.

Nachdem er von seiner Frau Eva geschieden wurde, von einem schweren Unfall genas und anschließend mit der 21-jährigen April Stannard zusammenzog, ertrinkt der Ex-Buchantiquar John Oates an der Arena Blanca (Weißer Sand). Vor seinem Tod hat er noch die junge April an Stelle seines Sohnes Peter als Nutznießer einer Lebensversicherung über 20000 Dollar einsetzen wollen. Wegen der unklaren Todesumstände wird die Versicherungssumme zurückgehalten: Brandstetter ermittelt. Sohn Peter gesteht den Mord und gibt als Motiv Habgier an; tatsächlich will er seinen Geliebten decken, den Filmschauspieler Wade Cochran, der sich als Vertreter uramerikanischer Tugenden gibt. Cochran war nachweislich an der Arena Blanca, doch ist er nicht der Mörder; vielmehr wird er erschossen. Verdächtige sind der ebenfalls schwule Regisseur Whittington, der Literaturprofessor Dr. De Kalb, der abgehalfterte Drehbuchschreiber Sam Wald und Charles Norwood, der zusammen mit Oates und Eva ein Buchantiquariat betrieb. Etliche von ihnen wurden von dem nun ertrunkenen Oates erpresst, zum Teil wegen ihrer Homosexualität, zum Teil wegen Rechtsbrüchen anderer Art, die Brandstetter im Vorbeigehen aufklärt, aber ungeahndet lässt. Der Antiquar Norwood und Wade Cochran waren am Mordabend unabhängig voneinander und aus verschiedenen Gründen bei Oates. Weil Norwood fürchtete, von Cochran gesehen worden zu sein, brachte er ihn um; Oates tötete er aus Geldgier und verschmähter Liebe, denn Oates war und blieb heterosexuell. Das Geld, das bei Oates' Tod an April fallen sollte, hätte der geschäftlich angeschlagene Norwood viel besser gebrauchen können, und er hätte es sich über Oates' Ex-Frau Eva beschaffen können. Vergeblich versuchte er, Oates' Begünstigten Peter durch manipulierte Indizien zu belasten.

PAUL HARDING Großbritannien
(d. i. Paul C. Doherty, *1946)

Im Fahrwasser von E. → Peters und U. → Eco (dessen Ideen er ungeniert übernimmt) schuf der studierte Historiker P. C. Doherty eine mehr als ein Dutzend Bände umfassende Serie von Mittelalter-Krimis um Hugh Corbett, den Schreiber und Spion des verschlagenen Königs Edward I. von England, und seinen trinkfreudigen Adlatus Ranulf. Der *Prinz der Finsternis* ist der fünfte Band der Serie, zu der auch *Murders wear a Coal* (1992, dt. *Der Kapuzenmörder*, 1997), *Satan's Fire* (1995, dt. *Die Hitze der Hölle*, 1998), *The Song of a Dark Angel* (1994, dt. *Das Lied des dunklen Engels*, 1998) gehören. Doherty schreibt außer als Paul Harding auch unter den Pseudonymen Michael Clynes, Ann Dukthas, C. L. Grace und Anna Apostolou. Im Mittelpunkt einer weiteren Klerikalkrimi-Serie Dohertys steht seit 1991 Bruder Athelstan, der zusammen mit dem Untersuchungsrichter John Cranston im mittelalterlichen London bis 1999 sieben Fälle gelöst hat, darunter: *Anger of God* (1993, dt. *Der Zorn Gottes*, 1997), *By Murder's Bright Light* (1994, dt. *Der Tod auf der Themse*, 1997), *The Assassin's*

Riddle (1996, dt. *Tödliches Rätsel*, 2001). Im Mittelpunkt einer anderen Serie steht Amerotke, der Oberste Richter Thebens; zur Serie gehört z. B. *The Anubis Slayings* (2001, dt. *Der Fluch des Anubis*, 2001).

Der Prinz der Finsternis

(OT: *The Prince of Darkness*, 1992). Frankfurt a. M.: Eichborn, 1993. (Droemer Knaur 63038, 1996.) – Ü: Rainer Schmidt. – SF: Hugh Corbett. O/Z: England; 1301.

Kronprinz Edward, der Prince of Wales, soll aus politischen Gründen eine französische Prinzessin heiraten. Seine Geliebte Lady Eleanor Belmont wird in das Damenstift Godstowe verbannt und vergnügt sich mit dem zwielichtigen Gascogner Piers Gaveston. Als Lady Eleanor im Damenstift zu Tode kommt, sendet König Edward I. Corbett sowie – ohne dessen Wissen – einen weiteren Spion aus. Mehrfach gerät das Leben Corbetts und seines Begleiters durch zwei zwergenwüchsige Armbrustschützen in Gefahr. Anderthalb Jahre vor Eleanors Tod wurde eine sehr vornehme ausländische Dame mit Schoßhündchen zusammen mit ihrem Begleiter ermordet und nackt im Moor beim Kloster liegen gelassen. Das Schoßhündchen der Dame verhungerte kurz darauf im Wald; sein Finder stahl das Halsband wegen einer goldenen Schließe. Die lateinische Devise *Noli me tangere* (»Rühr mich nicht an«) auf dem Halsband verweist auf die 40 Jahre zuvor wegen Insubordination geächtete Familie Deveril, deren Nachkommen nach Frankreich geflohen waren. Die im Moor Ermordete war eine Nachfahrin der Geflohenen und rachedurstig nach England zurückgekehrt; doch der König hatte seine Meisterspionin Agatha de Courcey auf sie angesetzt. Die ist die Mörderin von Mistress Deveril und deren Begleiter und trat unter dem Namen ihres Opfers ins Kloster ein, um Eleonor, die Geliebte des Kronprinzen, zu überwachen. Dabei rettete sie sie sogar vor einem Giftanschlag des eifersüchtigen Gavestone, brachte sie aber um, als Eleanor einen Fluchtversuch vorbereitete. Aus Angst um den Ruf des Klosters arrangierte die Priorin die Tat als Unfall. Die beiden zwergenwüchsigen Killer, die unter anderem Reynard umgebracht haben, standen in Diensten des französischen Meisterspions Amaury de Craon; der wurde von dem Franziskaner-Pater Reynard über die Ereignisse im Kloster auf dem Laufenden gehalten. Als Corbett hinter Reynards Doppelspiel kam, wurde Reynard von den Zwergen liquidiert. Am Ende findet die Verlobung von Prinz Edward mit König Philipps Tochter in Abwesenheit der Brautleute statt; der Gascogner Gavestone muss England verlassen. Corbett hat bei der Verlobungszeremonie Gelegenheit, über de Craons finstere Morddrohungen zu spotten. Agatha de Courcey wird am Ende ebenfalls liquidiert, weil sie zu viel weiß.

ROBERT HARRIS Großbritannien (*1957)

Nach dem Erfolg seines mit Rutger Hauer eher schlecht verfilmten parahistorischen Romandebüts *Fatherland* blieb Harris den WK-II-Themen und ihrem Umfeld treu: *Enigma* (Original und dt. 1995) handelt von dem legendären deutschen Chiffriergerät gleichen Namens und wurde 2001 von Bond-Regisseur Michael Apted nach einem Drehbuch von Tom Stoppard verfilmt.

Vaterland

(OT: *Fatherland*, 1992). Zürich: Haffmans, 1992. (Heyne 01/9019, 1994.) – Ü: Hanswilhelm Haefs. – O/Z: Berlin, Hauptstadt eines fiktiven Großdeutschen Reiches; 14.–19. April 1964.

F: USA 1994, R: Christopher Menaul.

Hitler hat (wie Reinhard Heydrich) den Zweiten Weltkrieg überlebt. Als Herrscher über nahezu ganz Europa steht er kurz vor der Feier seines 75. Geburtstages. John F. Kennedys Vater ist US-Präsident, die Judenvernichtung wurde abgeschlossen, ohne dass die Welt davon erfuhr. Als mehrere Nazi-Größen ermordet werden, die an der »Wannsee-Konferenz« zur Vorbereitung der »Endlösung« beteiligt waren, ermittelt der Ex-U-Boot-Kapitän Xaver März, bis ihm der Fall von der Gestapo entzogen wird. Zunächst scheint ein Fall von groß angelegtem Kunstraub das Motiv der Mörder zu sein. Dann stellt sich jedoch heraus, dass die Tatsache der Judenvernichtung weiterhin ein Geheimnis bleiben soll, alle Mitwisser müssen daher sterben. März tut sich mit der amerikanischen Journalistin Charlie Maguire zusammen. Die erhält von einem gewissen Luther, der seinen eigenen Tod inszeniert hat und sich in die USA absetzen will, hochbrisante Dokumente angeboten. März gerät zwischen die Fronten: der Berliner Polizeichef Nebe gibt ihm eine Chance, der tief in die Morde verstrickte SS-General Globocznik würde ihn lieber gleich der Gestapo überantworten. März kopiert in NS-Archiven alles erreichbare Material über die »Endlösung«. Danach wird er vom eigenen Sohn verraten und von Globocznik gefoltert. Er kommt noch einmal frei und liefert sich ein letztes Feuergefecht mit der Gestapo und stirbt in der Gewissheit, dass die Journalistin Charlie das brisante Material unangefochten in die Schweiz schaffen kann.

Aurora

(OT: *Archangel* [wörtl. »Erzengel«], 1998). München: Heyne, 1998. (Tb 01/13010, 2000.) – Ü: Christel Wiemken. – O: Moskau, Archangelsk.

Von einem geheimen Tagebuch Stalins ist bereits die Rede in dem Roman *Kowtscheg dlja neswanych*, 1979 (dt. *Eine Arche für die Nichtgeladenen*, 1980) von dem dank seiner Herausgeberschaft der internationalen russischen Exilzeitschrift *Kontinent* auch im englischen Sprachraum bekannten Vladimir Maximow (1930–1995). Harris machte einen Thriller daraus, in dem er wie D. → James in *Moskauer Roulette* eine deutliche Warnung vor dem in den 1990er-Jahren noch immer lebendigen Ungeist Stalins ausspricht. Allerdings erscheint es unwahrscheinlich, dass ein illegitimer Stalin-Sohn das Todesjahr des Vaters 1953 lange überlebt haben könnte, weigerte sich Stalin doch schon 1943, seinen in deutsche Kriegsgefangenschaft geratenen legitimen Sohn Jakow Dschugaschwili austauschen zu lassen (der Sohn kam im KZ Sachsenhausen um). – Papu Rapawa, der ehemalige Chauffeur des sowjetischen Geheimdienstchefs Laurentij Berija (1899–1953), bietet dem britischen Historiker Kelso ein angebliches Tagebuch Stalins an. Berija habe es aus dem Tresor des sterbenden Diktators genommen. Wenig später wird Rapawa grausam ermordet. Bei der Suche nach dem Tagebuch heftet sich der amerikanische Sensationsjournalist O'Brian dem Historiker Kelso an die Fersen. Der gräbt gemeinsam mit Rapawas Tochter Sinaida die gesuchten Dokumente sowie Aufzeichnungen der Stalin-Geliebten Anna Safana aus, die einen Sohn des Diktators zur Welt gebracht hat. Der lebt, das physische und psychische Ebenbild des Vaters, als Waldläufer und Stalin-Experte in Archangelsk, ist ein ebensolcher paranoischer Mörder wie der Vater und tötet die Elitesoldaten, die Boris Jelzin nach ihm ausschickt. Kelso und O'Brian geraten zeitweilig in seine Gewalt. Nachdem O'Brian die sensationelle Entdeckung per Satellitentelefon in aller Welt verbreitet hat, hält Stalin junior, von einer begeisterten Bevölkerung umjubelt, Einzug in Moskau. Auf dem Bahnhof aber wartet schon Rapawas Tochter Sinaida mit der Makarow-Pistole ihres Vaters, den sie zwar hasste, dessen Liebe zu ihr sie jedoch im Nachhinein erkannt hat, weil er ihr entgegen seiner Abmachung mit Mamantow das zu erwartende Geld aus dem Verkauf der Papiere zukommen lassen wollte. F. R.

THOMAS HARRIS USA
(*1940)

Der serienmordende Psychiater Dr. Hannibal Lecter spielt in *Roter Drache/Manhunter* (1981) lediglich eine Nebenrolle, entwickelt sich in *Das Schweigen der Lämmer* als Ästhet und Bestie zur Hauptfigur und verwandelt sich in *Hannibal* (1999) in eine Art romantischer Rächer. In Michael Manns Film *Roter Drache / Manhunter* wirkt der von Brian Cox dargestellte Lecter wenig überzeugend, erst durch Anthony Hopkins' Verkörperung erlangte die Figur Kultstatus.

Die Hannibal-Lecter-Trilogie

1. Roter Drache

(OT: *Red Dragon*, 1980). München: Heyne, 1988 (Tb 01/7684). – Ü: Sepp Leeb. – SF: Hannibal Lecter. O/Z: St. Louis, Birmingham (USA), Atlanta, Washington D. C. u. a.; 1980.
F: *Manhunter.* USA 1986 (dt. *Blutmond / Roter Drache*), R: Michael Mann.

Weil Sonderermittler Will Graham 1977 bei der Festnahme des irren Psychiaters und Serienkillers Hannibal Lecter schwerste Verletzungen und psychische Traumata davongetragen hat, lebt er mit Ehefrau Molly und Stiefsohn Willy zurückgezogen auf der Insel Sugerloaf. Sein Ex-Kollege Jack Crawford reaktiviert ihn, weil ein Somnambuler beim letzten Vollmond zwei Familien in Atlanta bzw. Birmingham ausradiert hat. Da bald wieder Vollmond sein wird, drängt die Zeit. Dr. Lecter wird gebeten, anhand der Akten ein Psychogramm des Gesuchten zu erstellen. Der Gesuchte ist der wegen einer Hasenscharte sprachgestörte Fotolaborant Francis Dolarhyde aus St. Louis, dessen kranke Psyche von einem imaginären »Roten Drachen« beherrscht wird, der ihm zu töten befiehlt. Alle Opfer des »Roten Drachen« waren Schmalfilmer. Sonderermittler Graham sieht sich ihre Werke an und kommt zu dem Schluss, dass der Mörder ihre Filme, die von einem Labor in St. Louis entwickelt werden, kannte und sich seine Opfer anhand der Filme gezielt aussuchte. Die Firma wird bald gefunden, Dolarhydes Täterschaft kann als sicher gelten, er ist jedoch verschwunden. In St. Louis hat er sich mit der blinden Reba McClane angefreundet. Als ein Sondereinsatzkommando zu seinem Haus kommt, ist dieses abgebrannt, die Leichen zweier Erschossener scheinen die von Dolarhyde und Reba zu sein. Graham erfährt zunächst nicht, dass der Mord und der Selbstmord getürkt sind, und kehrt nach Sugerloaf zurück. Dort lauert Dolarhyde und verletzt ihn schwer, doch Grahams Ehefrau Molly feuert nach einer kurzen Verfolgungsjagd ein Magazin Copkiller-Munition auf ihn ab, dass seine Haare Feuer fangen; die blinde Reba ist unversehrt geborgen worden. Der im Titel genannte »Rote Drache« geht auf ein Aquarell des englischen Maler-Dichters William Blake (1757–1825) zurück, das Dolarhyde stiehlt und schließlich auffrisst. Die Verfilmung des Miami-Vice-Regisseurs Mann verflacht zwar die Story, setzt sie aber bildstark in Szene.

2. Das Schweigen der Lämmer

(OT: *The Silence of the Lambs*, 1988). München: Heyne, 1990 (Tb 01/8294). – Ü: Marion Dill. – SF: Dr. Hannibal Lecter; Clarice Starling.
F: USA 1990, R: Jonathan Demme.

Der Neunfach-Mörder Dr. Hannibal Lecter soll der FBI-Schülerin Clarice Starling und ihrem Vorgesetzten Jack Crawford Hinweise auf die Person des Frauenmörders »Buffalo Bill« geben, der bei seinen enthäuteten Opfern Schmetterlingslarven zu hinterlassen pflegt. Lecter fordert von der FBI-Schülerin Clarice Starling als Gegenleistung für die Erstellung eines Täterprofils Einblick in ihre Seele, in der die angstvolle Erinnerung an das Blöken von Schlachtlämmern eine wichtige Rolle spielt, sowie die Verlegung aus dem unterirdischen Hochsicherheitsgefängnis in eine Zelle mit einem Fenster. Auf diese Weise will Lecter dem sadistisch veranlagten Gefängnisdirektor entkommen. Nach teilweiser Erfüllung seiner Bedingungen beschreibt Lecter, messerscharf deduzierend, »Buffalo Bill« als einen Menschen, der sein Geschlecht wechseln möchte und in einem zweistöckigen Haus wohnt. Als die Tochter einer US-Senatorin entführt wird, wird Lecter verlegt; er entkommt auf spektakuläre Weise und setzt sich ins Ausland ab. Die clevere Starling findet trotz der nur dunklen Andeutungen Lecters »Buffalo Bill« im Alleingang, befreit die Senatorentochter aus seiner Gewalt und tötet ihn im Keller seines Hauses, wo er an einem Anzug aus Frauenhäuten schneidert. Mit seinem Tod schweigen die Lämmer in Starlings Träumen – sie ist endgültig erwachsen geworden.

3. Hannibal

(OT: *Hannibal*, 1999). Hamburg: Hoffmann & Campe, 1999. (Heyne 17774, 2001.) – Ü: Ulrich Bitz.
F: USA 2001, R: Ridley Scott.

Elf Jahre nach seinem Welterfolg *Das Schweigen der Lämmer* stellte Harris endlich die Fortsetzung vor. Hannibal Lecter hat nach der Flucht aus dem Gefängnis den Direktor des Mercy Hospitals getötet und verspeist und die USA verlassen. Seit nunmehr acht Jahren lebt er in Europa. Unter dem Namen Dr. Fell ist der hochgebildete, kunstsinnige Serienmörder in Florenz untergetaucht, wo er sich durch die Ermordung des Amtsvorgängers die Stelle eines Kustos des Palazzo Vecchio beschafft hat. Er hat seine Mordlust völlig unter Kontrolle und kann sie jederzeit als Waffe einsetzen. Die Verfilmung trumpfte nicht mehr mit Jody Foster, sondern nun mit Julianne Moore als Clarice Starling, aber immer noch Anthony Hopkins als Hannibal auf und optimierte die nicht immer ganz glücklich geführte Romanhandlung, die auf den authentischen Fall des »Monsters von Florenz« zurückgeht, eines achtfachen Liebespärchen-Mörders. – Elf Jahre nach der Tötung von James Gumb stagniert Starlings Karriere durch die Intrigen des bösartigen Beamten Paul Krendler. Als sie eine schwerstkriminelle Drogenhändlerin mit einem Baby auf dem Arm erschießt, hat Krendler einen Vorwand, Starling zu suspendieren. Währenddessen wird Lecter verzweifelt gesucht von seinem schwerreichen Patienten Mason Verger, seinem sechsten Opfer. Seit Verger seine Attacken überlebte, liegt er als lidloser lebender Totenschädel, angeschlossen an eine eiserne Lunge, in einem Hightech-Krankenzimmer. Verger – er ist Inhaber eines Fleischkonzerns – hat die Züchtung von Killerschweinen in Auftrag gegeben: An sie will er Lecter bei lebendigem Leibe verfüttern. Ein Pornofilmer steht bereit, das Schauspiel aufzunehmen. Sein Kontaktmann beim FBI ist niemand anderes als der Clarice Starling übelwollende Paul Krendler. Dank Krendler – und dank Lecters Sehnsucht nach Clarice – wird Lecter in Florenz ausfindig gemacht, doch er kann sich sowohl der florentinischen Polizei unter Chefermittler Rinaldo Piazzi als auch Vergers italienischen Killern entziehen. Er tötet auf spektakuläre Weise Piazzi und kehrt wenig später mit neuen

Identitäten per Flugzeug in die USA zurück, wird jedoch mit einem Betäubungsgewehr niedergeschossen und zu Verger gebracht. Starling ahnt, dass Lecter bei Verger sein muss, dringt schwer bewaffnet in dessen Besitz ein und rettet Lecter vor den Schweinen; Verger wird von seiner eigenen Schwester umgebracht, die er zu missbrauchen pflegte, als sie noch ein Kind war. Da es kein Zurück mehr für Clarice gibt, wechselt sie die Seiten. Rasch gewinnt sie Macht über den Serienmörder, als sie erkennt, dass er in ihr die verlorene Mutter sucht. Ein festliches Diner besiegelt den Pakt zwischen den ehemaligen Feinden. Hauptgericht ist das Gehirn Krendlers, dass diesem bei lebendigem Leibe aus dem geöffneten Schädel gelöffelt wird. Nunmehr ein Liebespaar, tauchen die beiden für immer unter. Eine der Ursachen für Lecters Irresein wird aufgeklärt: Er erlebte, wie deutsche marodierende Nazi-Soldaten seine Schwester verspeisten.

MAARTEN 'T HART Niederlande (*1944)

Die schwarzen Vögel

(OT: *De kroongeteuge* [wörtl. »Der Kronzeuge«], 1983). Zürich: Arche Verlag, 1999. – Ü: Marianne Holberg.
F: *Kronvittet.* Sch 1988 (dt. *Im Zeichen der Schlange*), R: Jon Lindström.

Die schwarzen Vögel des Titels haben mit der Handlung nichts zu tun, wohl aber jede Menge Ratten. Der Autor stützt sich dabei auf seine Studie *Ratten. Über Verhalten, Lebensweise und Lernvermögen der Ratte sowie über Rattenbekämpfung und den Rattenkönig* aus dem Jahre 1973 – 't Hart ist ebenso wie sein Protagonist studierter Verhaltensbiologe. In einem niederländischen Zwei-Mann-Labor mit angeschlossenem Privatmuseum erforscht Thomas Kuyper die Möglichkeiten, Ratten durch medikamentös ausgelösten Kannibalismus zu bekämpfen. Seine Frau Leonie – die Icherzählerin – läuft verzweifelt von Gynäkologen zu Gynäkologen, um doch noch Kinder bekommen zu können. Thomas hat sich in die promiskuitive, drogenabhängige Bibliothekarin Jenny Fortyun verliebt. Mit ihr zieht er eines Nachts durch die Kneipen der Stadt. Nachdem sich die beiden getrennt haben, verschwindet Jenny spurlos. Obwohl ihre Leiche fehlt, verhaftet der verbohrte Kriminalkommissar Lambert den Forscher Thomas unter dem unsinnigen Verdacht, Jenny umgebracht und an seine Laborratten verfüttert zu haben. Seine Frau Leonie, die sich die Schuld am Dilemma ihres Mannes gibt, stellt auf eigene Faust Nachforschungen an. Dabei kommt sie einer Intrige auf die Spur, in der ein Mordverdacht auf Thomas gelenkt werden sollte und in die außer Jenny auch der dubiose Anwalt Robert – Jennys verheirateter Geliebter – verwickelt ist. Robert sowie dessen Ehefrau sind zeitgleich mit der Bibliothekarin verschwunden, gelten aber nicht als Mordopfer. Leonie findet heraus, dass Jenny Annäherungsversuche bei Thomas gemacht hatte, um an die reichen Medikamentenvorräte des Labors zu gelangen, die sie dann, von Thomas unbemerkt, nach und nach an sich brachte. Dann sorgten sie und ihr Geliebter Robert durch zweckdienliche Verkleidung dafür, dass zufällige Zeugen das Paar, das in der Nacht das Labor betrat, für Jenny und Thomas halten müssten. In Wirklichkeit aber waren Robert und seine Ehefrau dieses Paar; Robert lockte sie ins Labor, um sie dort mit Jennys Hilfe umzubringen, nackt auszuziehen und die Kleider so zu verstecken, dass sie bald gefunden würden. Nach dem Mord verließ Jenny das Labor durch einen Hinterausgang, Robert benutzte in der Rolle von Thomas die Vordertür. Die Leiche der Ehefrau wurde in einem riesigen, mit einem Konservierungsmittel gefüllten Glasbehälter zwischen zwei präparierten Seekühen versteckt, was angesichts der Abwesenheit von Thomas und dem Laborleiter nicht auffiel. Zu ihrer Tat inspiriert wurde Jenny durch einen privaten Gruselfilm, den Thomas im Museum gedreht und ihr vorgeführt hatte. Als er nach Monaten zermürbender U-Haft ohne Besuchserlaubnis endlich freigesprochen wird, haben sich Jenny und Robert längst in die Südsee abgesetzt. Gerade gehen Meldungen über die Geburt des ersten Retortenbabys durch die Presse. Diese Meldungen erfüllen das Paar Leonie und Thomas mit neuer Hoffnung und schmieden es wieder zusammen.

Das Wüten der ganzen Welt

(OT: *Het woeden der gehele wereld*, 1993). Zürich/Hamburg: Arche Verlag, 1997. (SP 2592, 1999.) – Ü: Marianne Holberg. – O/Z: Hoofd bei Rotterdam; Zweiter Weltkrieg, um 1970.

Am 14. Mai 1940 bringt ein deutsches U-Boot einen nach England fahrenden Heringskutter auf. An Bord befinden sich eine Engländerin und drei jüdische Ehepaare, darunter der Geiger und nachmalige Dirigent Aaron Oberstein und seine schwangere Frau Ruth. Der Transvestit William, Sohn der Engländerin, musiziert 14 Jahre später zusammen mit dem Icherzähler, dem hochmusikalischen Alexander Goudveyl. Alexander, dessen musikalische Begabung der Vater, ein kleingeistiger Lumpenhändler, verkennt, verdient das Geld für seine Klavierstunden mit Liebesdiensten für den Polizisten, Päderasten und mutmaßlichen Nazi-Kollaborateur Juut Vroombout. 1956 wird Vroombout im Beisein von Alexander von einem Mann mit Schal, Schlapphut und langem Mantel erschossen. Dessen Identität bleibt ein Geheimnis. Alexander studiert inzwischen Pharmazie in Leiden, wo ihn ein musikbegeisterter Professor fördert, gibt das Studium aber sofort auf, als seine Eltern buchstäblich an ihrem Geiz ersticken, und widmet sich nach einigen flüchtigen Liebeleien und einem kurzen Intermezzo beim Militär ganz der Musik. Durch die Bearbeitung einer Mozartarie reich und berühmt geworden, heiratet er die Sängerin Joanna, eine Tochter des Dirigenten Aaron Oberstein aus zweiter Ehe. Oberstein hatte seinerzeit Motiv und Gelegenheit, den Nazikollaborateur Vroombout zu ermorden, denn seine erste Frau Ruth ist nach der gescheiterten Flucht – die vermutlich von Vroombout verraten worden war – verschollen; zuvor konnte sie noch ihren Sohn in die Obhut eines kinderlosen Ehepaars geben. Das Ehepaar waren vermutlich die Goudveyls, und Alexander als deren Sohn erkennt mit Entsetzen, dass er Ehemann seiner Stiefschwester geworden ist. Vroombouts Mörder war vermutlich – der Autor lässt dies offen – Alexanders leibliche Mutter. Die Last dieses Geheimnisses inspiriert ihn zum Komponieren einer Oper. Mit dem Entschluss, sie zu schreiben, schließt der an Musikzitaten überreiche Roman, dessen Titel einer Zeile aus *Au bord de l'eau* entlehnt ist, einem Lied des französischen Komponisten Gabriel Fauré (1845–1924). – *Die Netzflickerin* (1997, dt. 1998) ist die Fortsetzung zu dem mit dem »*Gouden strop*« ausgezeichneten Musikkrimi.

MO HAYDER Großbritannien (*1962)

Das überaus reife, spannende Romandebüt einer weitgereisten Autorin weist alle Finessen des Genres auf: angeknackste Helden, für die Menschenjagd ein Mittel zur seelischen Gesundung wird, auf geradezu bösartige Weise bornierte Kollegen und

Vorgesetzte, die den Helden behindern, aberwitzige Umstände, die die Rettung in letzter Sekunde zu verhindern scheinen, sowie ein Held, der bei der Beseitigung des Bösen die dunklen Seiten seiner Seele nach außen kehrt. Die Theatralik, mit der sich die Mörder in Szene setzen, steht ganz auf der Höhe der Zeit und entspricht dem Standard, wie ihn die Serientäter etwa H. → Mankells vorgeben; der Kunstgriff der überraschenden »Resurrectio« des totgeglaubten Bösewichts wirkt nicht so angejahrt, wie sie in Wirklichkeit ist, und Hayder hat sich in der forensischen Medizin auf überzeugende Art kundig gemacht. Eine Fortsetzung bildet *The Treatment* (2001; dt. *Die Behandlung*, 2002).

Der Vogelmann

(OT: *The Birdman*, 2000). München: Goldmann, 2000. (Goldmann 45173, 2002.) – Ü: Angelika Felenda. – SF: Detective Inspector Jack Caffery. O/Z: London; kurz vor dem Jahreswechsel 1999/2000.

Der medizinisch versierte »Vogelmann« tötet seine weiblichen, meist drogenabhängigen Opfer durch eine Heroininjektion direkt ins Stammhirn, verkleinert durch eine postume Operation ihre Brüste und näht ihnen einen lebenden Finken ins Herz ein, bevor er sich an ihnen vergeht. Er schminkt diese Opfer in betont billiger Weise und näht ihnen eine blonde Kurzhaarperücke an der Stirn fest. Die Malerin Rebecca war, ihre Freundin Joni ist noch eine Prostituierte. Rebecca verdankt Detective Inspector Jack Caffery den Hinweis auf den reichen, latent nekrophilen Ex-Medizinstudenten und Müßiggänger Toby Harteveld. Der schläft gegen Bezahlung mit Frauen, die sich tot stellen müssen. Seit seiner Studentenzeit ist Harteveld mit einem ebenfalls nekrophilen Krankenhaus-Wachmann Bliss befreundet. Bliss nimmt für ihn die Operationen an den toten Frauen vor. Er hat im Grunde kein Interesse am Töten, und die im Herzen eingenähten, im Todeskampf zappelnden Vögel sollen das Schlagen dieses Organs simulieren. Als sich Harteveld, in eine Polizeikontrolle geraten, das Leben nimmt, hält die Polizei den Fall für erledigt – bis ein weiteres, noch lebendes Opfer gefunden wird. Wachmann Bliss bringt Joni in seine Gewalt, denn sie ist das Idealbild, dem er alle seine Opfer nachzubilden versucht, obwohl sie ihn verabscheut, und tötet sie in einem barbarischen Sexualakt. Auf der Suche nach Joni gerät Rebecca in Bliss' Wohnung, wird überwältigt und misshandelt, überlebt aber. Nach einer Flucht mit einem toten und einem verletzten Polizisten bleibt Bliss in einem Zaun hängen und kann sich nicht mehr befreien. Der Polizist Caffery fügt ihm eine stark blutende Wunde zu und beobachtet ungerührt sein Sterben. Wahrscheinlich wird er trotz seiner unterlassenen Hilfeleistung nicht belangt werden, und seine intime Beziehung zu der Malerin Rebecca verheißt einen privaten Neuanfang.

JOSEPH HAYES USA
(*1918)

Hayes' Klassiker *An einem Tag wie jeder andere* entstand unter dem Eindruck des McCarthyismus, der Amerika, vor allem die amerikanische Familie, durch innere und äußere Feinde bedroht wähnte. Etwa zeitgleich thematisierten das Thema Invasion und Unterwanderung Science-Fiction-B- Filme wie *The Thing from another World* (1950, dt. *Das Ding aus einer anderen Welt*) oder *Invasion of the Body Snatchers* (1956, dt. *Die Invasion der Körperfresser*). Die Verfilmungen boten Paraderollen für Humphrey Bogart und Mickey Rourke.

An einem Tag wie jeder andere

(OT: *The Desperate Hours. A Novel of Suspense*, 1954). Frankfurt a. M.: S. Fischer, 1955. (Fischer 1645, 1975.) – Ü: Maria von Schweinitz. – O/Z: Indianapolis; um 1954. F: (1) USA 1955, R: William Wyler. (2) USA 1990, R: Michael Cimino.

Der Schwerstkriminelle Glenn Griffin, sein Bruder Hank und sein Komplize Robish brechen aus einem Gefängnis aus und nisten sich im Haus der Durchschnittsfamilie Hilliard ein. Griffin will sich mit seiner Komplizin Helen Lamar treffen und sich am Stadtsheriff Jesse Webb rächen, der ihn verhaftet hat. Daniel Hilliard, seine Frau Eleanor, die 19-jährige Tochter Cindy und der zehnjährige Sohn Ralf reagieren besonnen und versuchen, die Aufmerksamkeit von Nachbarn und Polizei von sich abzulenken, unternehmen aber auch vorsichtige Versuche zur Gegenwehr beziehungsweise zur Flucht, die zunächst alle scheitern oder aus Angst unterlassen werden. Hilliard geht wie jeden Tag zur Arbeit, um nicht aufzufallen. Das Ausbleiben Helen Lamars, die mit der Beute untertauchen musste, steigert die Nervosität der Gangster, besonders des zunehmend gewaltbereiten Robish. Cindys neuer Verehrer, der Anwalt Charles Wright, schöpft Verdacht und beginnt, das Haus zu überwachen. Robish tötet in Griffins Auftrag den alten Müllsammler Patterson, damit dieser niemandem von dem Fluchtfahrzeug in der Garage erzählen kann. Ein Zettel mit der Autonummer, die sich der alte Patterson notiert hat, fällt jedoch der Polizei in die Hände. Der Stadtsheriff Jesse Webb kann den gesuchten Schwerverbrecher Griffin dadurch allmählich einkreisen. Der Familienvater Hilliard muss eine größere Summe Geldes beschaffen, mit der der Killer Flick für den Mord an Sheriff Webb bezahlt werden soll. Glenns Bruder Hank flieht in Panik in Cindys Wagen und wird von der Polizei erschossen. Danach wird das Haus der Hilliards umstellt und beobachtet und die Übergabe des Mordgeldes an Flick verhindert. Hilliard lässt sich von Sheriff Webb einen ungeladenen Revolver geben, den Griffin prompt findet und einsteckt; Griffins Komplize Robish bekommt die einzige funktionstüchtige Pistole und schießt Charles Wright bei dem Versuch, Cindy zu befreien, nieder; Hilliard drängt in dem Durcheinander geistesgegenwärtig seine Frau aus dem Haus, Robish folgt ihr voller Wut und wird verhaftet. Mit Wrights Waffe hält er Griffin in Schach, bis sein Sohn Ralf das Haus verlassen hat. Dann drängt er Griffin aus dem Haus. Dieser wird noch in der Haustür von Webb mit einem Gewehr niedergeschossen; bis zuletzt wundert er sich, warum seine Pistole nicht funktioniert. K. W. P.

ALEXANDER HEIMANN Schweiz (*1937)

Der Autor lebt als Buchhändler in Bern. Sein bekanntestes Werk ist *Lisi* (1980), das unter dem Titel *Lisi und der General* verfilmt wurde. *Dezemberföhn* erhielt den ersten Platz des »Deutschen Krimipreises« 1997, *Muttertag* (2001) wurde 2002 mit dem ersten Platz ausgezeichnet.

Dezemberföhn

Muri bei Bern: Cosmos, 1996. (btb 72415, 1998.) – O: Hinterzümen im Berner Mittelland. – P: Platz 1 des »Deutschen Krimipreises National« 1997.

Obwohl völlig harmlos, wird der gehemmte Druckereigehilfe Josi, ein notorischer Außenseiter, als Mädchenschänder verleumdet und immer wieder tätlich angegriffen. Weil sich der Schriftsteller und Kunstmaler Josua Kniehorn für ihn geschlagen hat, freundet sich Josi ein wenig mit ihm an. Kniehorn hat im Dorf Quartier bezogen und fährt einen auffälligen Packard; niemand weiß, dass er ein vorbestrafter Vergewaltiger ist und später zum Mörder eines jungen Mädchens wird, für dessen Tod die Dorfgemeinschaft aber Josi verantwortlich machen möchte. Josi tut in seiner Unbedarftheit alles, um sich verdächtig zu machen, so streift er etwa nachts ziellos umher und erschreckt eine Zeitungen austragende Schülerin. Betrunken und von aufgestautem Ärger und Föhn aggressiv gestimmt, geht er in den Wald, um Flurschaden anzurichten. Dabei überrascht Josi seinen Freund Kniehorn bei dem Versuch, die Oberschülerin Verena Andrist, in die er selbst verschossen ist, am Ufer eines Baches zu vergewaltigen. Josi geht mit dem Messer auf den viel stärkeren Mann los und wird am Arm verletzt. Kniehorn will sich gerade Lehrer Gantenbein zuwenden, der ebenfalls hinzugekommen ist, da schlägt ihn Josi von hinten mit einem Knüttel nieder und ertränkt ihn im Bach. Während Josi abgeführt wird, fährt ein Kriminalbeamter mit Kniehorns Packard an ihm vorüber. »Für ihn war es das Gespenst Josua Kniehorn, das dort in die Nacht hinausfuhr.«

VEIT HEINICHEN Deutschland (*1957)

Bis kurz vor Erscheinen von *Gib jedem seinen eigenen Tod* war Veit Heinichen Leiter des Berlin-Verlages. Mit seinem ersten selbständigen Roman – 1990 schrieb er zusammen mit Viola Schatten (d. i. Elke Schmitter) *Schweinereien passieren montags* – folgt er den Spuren von D. → Leon, die, obwohl nicht aus Italien stammend, ihre Krimis dort ansiedelt. Wie Leons Commissario Brunetti führt auch Heinichens Protagonist ein intensives, oft stressreiches Familienleben. *Gib jedem seinen eigenen Tod* besticht durch atmosphärische Dichte und lebendig geschilderte Figuren. Fortsetzung: *Die Toten vom Karst* (2002).

Gib jedem seinen eigenen Tod

Wien: Zsolnay, 2001. O/Z: Triest; 1999.

Als Elisa de Kopfersberg 1977 von einem Hai gefressen wurde, versuchte der Triestiner Commissario Proteo Laurenti – damals ein blutiger Anfänger – vergeblich, ihrem Mann Bruno und dessen damaliger Geliebter und jetzigen Prokuristin Eva Zurbano einen Mord nachzuweisen. 12 Jahre später, 1999, wird Bruno brutal misshandelt und ertrunken aus dem Meer gefischt, die schöne Ukrainerin Olga Chartow nackt auf einem Felsen hingerichtet und scheint ihr Bruder Leonid sich selbst erschossen zu haben. Olga, die in de Kopfersbergs Haus Prostituierte anlernte, hinterlässt Elisa de Kopfersbergs Tagebuch sowie kompromittierende Fotos von Prominenten, die zu Erpressungszwecken in der Villa aufgenommen wurden. Brunos Mörder ist der eigene Sohn Spartaco, dessen Motiv Rache für den Tod der Mutter Elisa ist; eine Handverletzung überführt Spartaco. In die Morde verwickelt sind auch Tatjana Drakic, die Olgas Platz in der Villa eingenommen hat, und Tatjanas Bruder Dr. Viktor Drakic, der zweite Prokurist von Brunos Firma TIMOIC, die in Komplizenschaft mit dem österreichischen SPÖ-Politiker Dr. Otto Wolferer und dem Ehepaar Fasso in großem Stil EG-Gelder für die Türkei abschöpft. Die Fassos, beides Beamte, sorgen für den ungebremsten Zustrom an Prostituierten bzw. für einen ungestörten Ablauf der Partys in der Villa Kopfersberg. Die relative Überschaubarkeit, ja Provinzialität Triests bringt es mit sich, dass diese Personen bei auffällig unauffälligen konspirativen Treffen an öffentlichen Orten zusammen gesehen werden und so das Interesse der Polizei auf sich lenken. Am 22. Juli 1999 findet in der Villa Kopfersberg ein Treffen aller in die Unterschlagungen der Türkei-Hilfe Verwickelten statt. Nach umfangreichen Vorbereitungen gehen korrupte Beamte und Politiker, darunter Wolferer, in die Polizeifalle. Fasso verletzt sich bei einem Sturz schwer, nur Spartaco und Drakic entkommen in den Hafen und fliehen mit einem Speedboot. Es kommt zu einem Unfall, den Spartaco im Gegensatz zu Dr. Drakic nicht überlebt; Drakic setzt sich ins nahe gelegene Ausland ab. Eva, Brunos Ex-Geliebte, rettet der polizeiliche Zugriff das Leben, denn sie stand bereits auf Dr. Drakics Abschussliste.

MIKLÓS HERNÁDI Ungarn (*1944)

Weiningers Ende

(OT: *Otto*, 1990). Frankfurt a. M.: Eichborn, 1993 (Die Andere Bibliothek 97). – Ü: Erika Bollweg. – O/Z: Wien; 1903.

Otto Weininger (1880–1903) war ein Philosoph jüdischer Abkunft, dessen Hauptwerk, die psychologisch-anthropologische Studie *Geschlecht und Charakter* (1903) großes Aufsehen erregte, nicht nur wegen Weiningers Freitod, sondern auch wegen seiner radikalen frauen- und judenfeindlichen Thesen. Hernádi stellt Weiningers Suizid als möglichen Mord dar, in den zahlreiche historische Persönlichkeiten wie Theodor Herzl (1860–1904), Sigmund Freud (1856–1939) oder Ludwig Wittgenstein (1889–1951) verwickelt sind. Den geschichtlichen und geistesgeschichtlichen Hintergrund hat der Autor, ein in seiner Heimatstadt Budapest promovierter Anglist und Soziologe, treffend rekonstruiert. Ermittler ist der Jurist Maximilian Barner, der (offenbar ebenfalls eine historische Persönlichkeit) als Oberinspektor im Rang eines Leutnants in der XVI., für die Nationalitätenfrage zuständigen Sektion der Wiener Staatspolizei arbeitet und dem Epilog zufolge später bei der Verhaftung des österreichischen Spions Oberst Redl in Erscheinung tritt. – Leutnant Maximilian Barner sichtet die Wiener Presse nach Artikeln über Nationalitätenfragen. Die Öffentlichkeit diskutiert derzeit aufs Hitzigste die Frage, ob »die Juden« lieber auswandern oder sich assimilieren sollten. Den Tod Weiningers hält er für einen politisch-nationalistisch motivierten Mord. Am Fundort der Leiche, einem Zimmer in einer Absteige, entdeckt er notdürftig ausgebesserte Spuren eines Schusswechsels mit zwei russischen Waffen desselben Kalibers. Ionna Lubanska aus der von Pogromen gebeutelten russischen Stadt Kischinjow hatte bei Weininger ein makelloses Deutsch erlernt und arbeitet als Übersetzerin in der Redaktion von Theodor Herzls Zeitung *Die Welt*. Leutnant Barner vermutet, dass sie zusammen mit ihrem Ehemann Chaim Lubanski ein Attentat auf Herzl plante und ihrem Verehrer Weininger die Tat in die Schuhe schieben wollte. Nach dem Fehlschlagen des Mordplans habe der Philosoph sterben müssen, weil er Verdacht geschöpft hatte. Weil ein Gesuch zum Verhör Herzls von seinem Vorgesetzten aus Angst vor politischen Komplikationen abgelehnt und Barner mit nebensächlichen Ermittlungen in Innsbruck betraut wird, sucht Barner heimlich Ionna und Chaim in Genf auf. Die junge Frau räumt lediglich eine mit Weininger verbrachte Nacht und eine eifersüchtige Reaktion Weiningers wegen Chaim ein; doch dann schlägt Chaim Barner nieder und setzt sich mit seiner Frau nach Russland ab. Das gesammelte Material über den Fall Weininger verschwindet im Laufe der Jahre nach und nach, meist aus Achtlosigkeit, von seinem Schreibtisch. Weiningers Vater Leopold stirbt 1922 an Krebs, nachdem er zuvor in einem Sanatorium den todkranken Franz Kafka kennen gelernt hat, der den Kindern Barners einige persönliche Habseligkeiten vererbt. Barner selbst stirbt 1924, Chaim Lubanski kommt in den Wirren des russischen Bürgerkriegs ums Leben, und Ionna heiratet danach einen Funktionär der russisch-jüdischen Sozialdemokraten. Ihre Lebensspuren verlieren sich im Schatten des Holocaust. Therese Barner erscheint 1947 auf dem Totenbett in einer Vision Otto Weininger in einem knöchellangen Totenhemd mit Blutflecken über dem Herzen, doch vermag die Sterbende nicht zu ergründen, ob er seinen Finger zum Zeichen der Anklage oder des Erbarmens erhebt. In den Roman eingefügt ist ein fiktives autobiografisch-weltanschauliches Traktat Otto Weiningers, das dessen Vater unmittelbar nach der Lektüre in den Ofen wirft; es dient dazu, die Frage nach einer Verwicklung Weiningers in eine Mordgeschichte bis zuletzt zumindest möglich erscheinen zu lassen.

CARL HIAASEN USA
(*1953)

Bevorzugter Schauplatz von Hiaasens skurrilen Geschichten ist Florida, so auch in *Skin tight* (1989, dt. *Unter die Haut*, 1990) oder *Native Tongue* (1991, dt. *Große Tiere*, 1993), für die er mit jeweils dem »Deutschen Krimipreis International« ausgezeichnet wurde.

Nachtclub (Striptease)

(OT: *Strip Tease*, 1993). München: Goldmann, 1995. (Goldmann 43628, 1996.) – Ü: Michael Kubiak. – O: Florida.

F: USA 1996, R: Andrew Bergman.

Weil sie Geld zum Rechtsstreit um das Sorgerecht für ihr Töchterchen Angela braucht, strippt Erin Grant im »Eager Beaver«. Stammgast dort ist der korrupte, sexgierige Politiker David Lane Dilbeck. Als Kilian, ein Fan Erins, den Politiker in voller Aktion fotografiert und Geld für Erin aus ihm herauspressen will, wird er von Dilbecks Schlägern Crandall und Moldowsky umgebracht. Detective Al García entdeckt die Leiche, beginnt auf eigene Faust zu ermitteln und gewinnt allmählich das Vertrauen Erins, deren rauschgiftabhängiger Ex-Mann Darell ihr noch immer nachstellt, vom Verkauf gestohlener Rollstühle lebt und einen schlechten Einfluss auf Töchterchen Angela ausübt. Kilians Foto von Dilbeck gelangt in die Hände des mittelmäßigen Rechtsanwalts Jonathan Mordecai, der nun ebenfalls eine Erpressung plant. Dilbecks Schläger Moldowsky beauftragt in Absprache mit den Zuckerbaronen einen Berufskiller, und Mordecai verschwindet. Der »Beaver«-Rausschmeißer Shad erzählt die Geschichte des Fotos dem Detektiv García, was diesen auf die Spur Dilbecks führt. Als Erin ihre Tochter Angela entführt, überfällt ihr Ex-Mann Darell Erin mit einem Messer, wird aber von Türsteher Shad brutal in die Flucht geschlagen. Während Erin dem Politiker Dilbeck gegen ein gutes Honorar eine Sondervorstellung gibt, findet García bei Mordecais Leiche das Foto, und der Zusammenhang zwischen dem Mord und den Machenschaften des Politikers wäre bewiesen. Bei einer zweiten Privatvorstellung auf dessen Schiff entführt Erin Dilbeck – nicht ohne vorher das FBI zu verständigen – mit Waffengewalt auf eine entlegene Zuckerrohrplantage, um ihn sozusagen in flagranti zu kompromittieren. Darell, der Erin verfolgt hat, tötet Moldowsky, gelangt auf die Plantage und endet aus Unachtsamkeit in einer Häckselmaschine für Zuckerrohr. Der korrupte Politiker wird von FBI-Beamten bei einem offensichtlichen Vergewaltigungsversuch überrascht und muss wenig später von allen öffentlichen Ämtern zurücktreten. K. W. P.

PATRICIA HIGHSMITH USA
(1921–1995)

»Jeder Mensch lebt in einer Zelle aus Gesetzen, Vorschriften, Konventionen, und weil sie unter der Oberfläche des Bewusstseins funktionieren, sind sie unsichtbar. Die Gitterstäbe sind aus Glas.« (Patricia Highsmith) Seit 2002 erscheint eine Werkausgabe mit Neuübersetzungen im Diogenes Verlag.

Die gläserne Zelle

(OT: *The Glass Cell*, 1964). Zürich: Diogenes Verlag, 1976 (detebe 74/8 = 20343). – Ü: Gisela Stege, Anne Uhde. – O: New York u. a.
F: D 1977, R: Hans W. Geißendörfer.

Der Bauunternehmer Palmer, inzwischen von einem Gerüst zu Tode gestürzt, und sein zwielichtiger Kumpel Gawill haben den Staat durch überhöhte Rechnungen um 250000 Dollar betrogen. In einem Indizienprozess wird dafür der Bauingenieur Philip Carter unschuldig zu zehn Jahren Zuchthaus verurteilt. Erst später erfährt er, dass Gawill, Palmers Freund, nur eine Nebenfigur war und dass Palmers eigentlicher Komplize Drexel war, der Präsident der Baufirma. Doch zu diesem Zeitpunkt ist Drexel bereits einem Schlaganfall erlegen. Im Gefängnis misshandeln zwei Aufseher Carter wegen eines geringfügigen Vergehens so brutal, dass er Schmerzmittel braucht, von denen er bald abhängig wird. Alle Versuche um Wiederaufnahme des Verfahrens oder vorzeitige Entlassung scheitern. Aus Angst vor einem Verhältnis seiner Frau Hazel mit seinem Anwalt Sullivan schlägt Carter seiner Frau vor, mit dem gemeinsamen Sohn Timmie nach New York zurückzukehren. Sie bezieht mit Timmie eine eigene Wohnung, beginnt ein Studium und tritt nach ihrem Abschluss eine gut bezahlte Stelle als Sozialarbeiterin an. Sullivan ist ihr jedoch gefolgt. Als sein Freund, der Fälscher und Totschläger Max, bei einem Gefängnisaufstand von Mithäftlingen getötet wird, ermordet Carter ohne weitere Folgen für sich einen der Mörder. Nach sechs Jahren wird er auf Bewährung entlassen und zieht zu Hazel und Timmie. Einige Monate später behauptet Gawill unter Vorlage von Fotos und Tonbandaufnahmen, Hazel und Sullivan hätten seit Jahren ein Verhältnis. Hazel räumt eine Affäre ein, bezeichnet sie aber als seit langem beendet. Gawills Plan, dass Carter Sullivan, der wegen der Unterschlagung noch immer gegen Gawill recherchiert, tötet, geht auf. Sullivans Leiche wird noch am Abend des Tattages entdeckt, doch Detective Ostreicher kann mangels Beweisen keinen der Verdächtigen verhaften. Als Gawills Handlanger O'Brian, der Carter gesehen hat, wie der nach dem Mord an Sullivan dessen Wohnung verließ, Carter zu erpressen versucht, bringt Carter auch ihn kaltblütig um. Ostreicher verhaftet Carter und Gawill, als die beiden sich gerade über gegenseitig gewährte Alibis absprechen, bekommt aber nichts aus ihnen heraus. Beweise hat er immer noch nicht. Angesichts eines Neuanfangs mit Hazel fühlt sich Carter sicher: Detective Ostreicher wird ihm nichts nachweisen können. A. Oe.

Die Ripley-Romane

»Leute ohne Moral [...] amüsieren mich: Sie haben Fantasie, geistige Beweglichkeit und sind dramatisch nahrhaft«. Highsmiths zutiefst amoralischer Held Ripley ist der Protagonist von insgesamt fünf Romanen, in denen er seine facettenreiche Persönlichkeit voll auslebt: Er ist Ästhet und Bestie, ein latent homosexueller Dandy, sehr belesen und weltläufig. Er mordet, um gesellschaftlich aufzusteigen und seine neue Position abzusichern. Seinen Morden haftet immer etwas von einem sich selbst genügenden Kunstwerk an. Im Mord inszeniert sich Ripley selbst.

1. Nur die Sonne war Zeuge (Der talentierte Mr. Ripley)

(OT: *The Talented Mr. Ripley*, 1955). **(1)** Zürich: Diogenes Verlag, 1971. (detebe 74,11 = 20481, 1979.) – Ü: Barbara Bortfeldt. **(2)** Zürich: Diogenes Verlag, 2002. – Ü: Melanie Walz (Neuübers.). – O: Mongibello u. a.
F: **(1)** *Plein Soleil.* Fr 1959 (dt. *Nur die Sonne war Zeuge*), R: René Clément. **(2)** *The talented Mr. Ripley.* USA 1999 (dt. *Der talentierte Mr. Ripley*), R. Anthony Minghella.

Der junge amerikanische Underdog Tom Ripley bekommt vom reichen Werftbesitzer Greenleaf den Auftrag, seinen Sohn Richard »Dickie« aus Mongibello nahe Neapel nach Hause zu holen. Ripley gewinnt Dickies Vertrauen und zieht bei ihm ein. Bald möchte er seinen neuen Freund nicht mehr missen und plant mit ihm eine Segeltour um die griechischen Inseln. Als Dickies Freundin Marge, die sich vernachlässigt fühlt, behauptet, Ripley sei homosexuell, bekommt die Männerfreundschaft einen irreparablen Riss. Als obendrein der Werftbesitzer Greenleaf kein Geld an seinen Sohn mehr zahlt, erschlägt Ripley Dickie während einer Bootsfahrt mit dem Ruder, versenkt die beschwerte Leiche, nimmt Dickies Identität an und siedelt nach Rom über. Er sieht Dickie nicht nur ähnlich, er imitiert auch dessen Verhalten perfekt – und malt dieselben schlechten Bilder. Seinen Lebensunterhalt bestreitet er mit Schecks, die Dickie bekommt und schickt dessen Eltern beruhigende Briefe mit geschickt gefälschten Unterschriften. Eines Tages steht jedoch Dickies Freund Freddie Miles vor der Tür. Weil er Ripley entlarven könnte, schlägt Ripley ihn tot und fährt die Leiche auf einen Friedhof. Weil die Polizei, u. a. durch das versenkte Boot Dickie Greenleafs, alarmiert ist, sucht sie Ripley auf. Der zieht sich nach Palermo zurück. Die römische Polizei verdächtigt ihn, d. h. Dickie, Ripley ermordet und die Leiche beseitigt zu haben. Widerwillig gibt Ripley seine Identität als Dickie auf, doch zuvor bestätigt er noch als Dickie die Echtheit der Unterschriften unter den Schecks. Als Ripley meldet er sich bei der Polizei und stellt sich ahnungslos. Seine Tarnung ist perfekt, so dass ihn nicht einmal ein Polizist erkennt, der ihn auch als Dickie erlebt hat. Mit einem gefälschten Testament macht er sich, d. h. Ripley, zu Dickies Universalerbe und suggeriert, Dickie habe Selbstmord begangen. Selbst die auf Besuch anwesenden Eltern Dickies kann er täuschen und zur Heimkehr bewegen: Ripley kann als reicher Erbe ein sorgloses Leben beginnen. A. Oe.

2. Ripley Under Ground

(OT: *Ripley Under Ground*, 1970). **(1)** Zürich: Diogenes Verlag, 1972. (detebe 74/12 = 20482, 1979.) – Ü: Anne Uhde. **(2)** Zürich: Diogenes Verlag, 2002. – Ü: Melanie Walz (Neuübers.). – O/Z: Villeperce-sur-Seine; 6 Jahre später.

Ripley ist inzwischen 31 Jahre alt und lebt als ehrbarer Bürger mit seiner etwas älteren, reichen Frau Heloise ein sorgenfreies Luxusleben in einer Villa bei Orly. Ein Geschäft macht Ripley mit neuen Bildern des mutmaßlich ertrunkenen Malers Derwatt, die der begnadete Fälscher Bernard produziert. Derwatts Freunde, die Fotografen Jeff und der Journalist Ed, gaben vor, die Gemälde gefunden zu haben, bis Ripley den

Maler wiederauferstehen ließ: er lebe inkognito in Mexiko. Durch den Sammler Murchison, der die Fälschungen bemerkt, droht der Betrug zu platzen. Ripley schlüpft in London in Derwatts Rolle und versucht vergeblich, Murchison zu beschwichtigen. Als dieser weitere Fälschungen entlarvt und Ripleys Maske durchschaut, offenbart sich Ripley und verweist auf den Wert guter Nachempfindungen. Außerdem dürfe Bernards Lebenswerk nicht gefährdet werden. Als Murchison hart bleibt, erschlägt Ripley ihn und versteckt die Leiche provisorisch im Weinkeller. Murchisons Koffer samt dem Derwatt-Bild »Die Uhr« stellt er vor dem Flughafen in Orly ab, um einen Entführungsfall vorzutäuschen. Ripley vergräbt die Leiche im Wald, doch droht die Gefahr, dass Dickie Greenleafs Neffe Chris die Leiche entdeckt. Schließlich taucht, von schlechtem Gewissen geplagt, Bernard auf, der keine Derwatts mehr malen und der Polizei alles beichten will, damit er ein neues Leben beginnen und unter seinem eigenen Namen malen kann. Weil Ripley Murchisons Leiche nicht alleine beseitigen kann, offenbart er sich Bernard, gräbt die Leiche mit seiner Hilfe wieder aus und wirft sie, beschwert mit Steinen, in einen Nebenfluss der Seine. Detective-Inspector Webster von der Londoner Metropolitan Police, der am nächsten Tag erscheint, zeigt sich über Ripleys dubioses Vorleben informiert, reist aber dennoch unverrichteter Dinge wieder ab. Als Ripleys Frau Heloise vorzeitig von ihrem Griechenland-Urlaub zurückkehrt, muss Ripley ihr von Murchisons Besuch, von Chris und Bernard erzählen, verschweigt aber den Mord. Nach kurzer Abwesenheit taucht Bernard, psychisch destabilisiert, wieder auf und verübt einen vergeblichen Mordanschlag auf Ripley. Heloise ist zu ihren Eltern gereist, da der offensichtlich verrückte Bernard sie nervös machte. Das Haus wird von der Polizei vergebens nach Derwatt durchsucht. Bernard greift Ripley erneut an und vergräbt den vermeintlich Toten, doch Ripley befreit sich. Nach einer längeren vergeblichen Suche nach Bernard in ganz Europa, bei der er auch kurz als Derwatt auftritt, muss er zu Hause Mrs. Murchison abwimmeln, die ihren Mann sucht. In Salzburg spürt er dann Bernard auf und treibt ihn in den Selbstmord. Er verbrennt und vergräbt die Leiche, den verkohlten Kiefer wirft er in die Salzach. Wieder zu Hause, weiht er Heloise in alles ein und tischt Inspector Webster eine Lügengeschichte über Derwatts und Bernards Selbstmorde auf, die dieser trotz aller Unwahrscheinlichkeit glauben muss. Sicher fühlen kann sich Ripley freilich nicht. A. Oe.

3. Ripley's Game oder Der amerikanische Freund

(OT: *Ripley's Game*, 1974). Zürich: Diogenes Verlag, 1976. (detebe 74/13 = 20346, 1979.) – Ü: Anne Uhde. – O/Z: Villeperce u. a.; 6 Monate später.

F: *Der amerikanische Freund.* D 1977, R: Wim Wenders.

Ripleys Hehler-Freund Reeves Minot, inzwischen im illegalen Glücksspiel tätig, sucht jemanden, der bereit ist, zur Provokation eines Bandenkrieges in Hamburg Mitglieder zweier Mafiafamilien zu ermorden. Ripley schlägt den unheilbar an Leukämie erkrankten Bilderrahmer Jonathan Trevanny vor. Nach anfänglichem Zögern nimmt der biedere Familienvater den Auftrag an und erschießt den Mafioso Salvatore Bianca in einer Hamburger U-Bahnstation. Weil das zweite Opfer, der Mafioso Marcangelo, ständig von zwei Leibwächtern begleitet wird, assistiert Ripley. Im Zug von München nach Paris erdrosselt er Marcangelo und wirft ihn und den Leibwächter Turoli mit Jonathans Hilfe aus dem Zug. Anschließend offenbart er sich Jonathan. Als dessen Ehefrau Simone misstrauisch wird, bekommt sie neue, fantastische Lügen aufgetischt, doch ihr Misstrauen bleibt bestehen, besonders als Gauthier, ein gemeinsamer Bekannter ihres Mannes und Ripleys, überfahren wird; die Ehe gerät in eine Krise. Hinter Reeves und Ripley ist die Mafia her; Ripley schickt Ehefrau und Wirtschafterin in den Urlaub und verschanzt sich mit Jonathan in seiner Villa. Marcangelos Leibwächter Turoli hat den Sturz aus dem Zug überlebt und greift mit einem Komplizen an, doch Tom tötet beide und verbrennt die Leichen. Zuvor zwingt er Turoli, seinem Boss telefonisch mitzuteilen, Ripley sei nicht der Gesuchte, und sie, die Leibwächter, würden beschattet. Damit will Tom den Verdacht auf eine andere Mafiafamilie lenken. Jonathans Ehefrau Simone, die hinzukommt, wird ruhiggestellt und nach Hause geschickt. Sie will ihren Mann verlassen und den kleinen Sohn Georges mitnehmen. Es kommt zu einem blutigen Gemetzel, als Reeves, der Auftraggeber des Bandenkrieges, von den Mafiosi gefangengenommen wird und unter der Folter Jonathan verrät; Ripley tötet zwei Mafiosi, Jonathan wird von einem Mafioso erschossen. Weder Polizei noch Mafia melden sich, Simone hat das Blutgeld eingestrichen und schweigt. A. Oe.

4. Der Junge, der Ripley folgte

(OT: *The Boy Who Followed Ripley*, 1980). Zürich: Diogenes Verlag, 1980. (detebe 20469, 1982.) – Ü: Anne Uhde. – Z: 2 Jahre später.

Ripley – in diesem Buch eher ein Beichtvater als ein wirklicher Verbrecher – lernt den amerikanischen Millionärssohn Frank Pierson kennen, dessen Vater einige Tage zuvor mit dem Rollstuhl von einer Klippe gestürzt ist. Ripley nimmt sich Franks an, meldet ihn aber nicht bei seiner Mutter oder seinem Bruder, die ihn suchen. Schließlich gibt Frank, der Ripley regelrecht anbetet, zu, seinen verhassten Vater im Affekt getötet zu haben und interessiert sich für die Frage, wie man mit einer solchen Schuld fertig wird (er hat aus der Zeitung von Ripleys Verwicklung in dubiose Machenschaften erfahren). Bei einem gemeinsamen Besuch in Berlin wird Frank entführt. Die Entführer fordern für seine Freilassung zwei Millionen Dollar in Mark. Mit Eric Lanz und dessen Freund Peter arrangiert Tom eine Scheinübergabe, bei der er einen der Kidnapper erschlägt und die beiden anderen durch Schüsse in die Luft vertreibt – sie glauben, in eine Polizeifalle getappt zu sein. Später bestellt er sie über einen Kontaktmann in eine Schwulenkneipe, wo er ihnen, als Frau verkleidet, auflauert. Zwei verdächtigen Männern folgt er bis zu deren Wohnung, wo er Frank betäubt vorfindet; die Kidnapper, blutige Anfänger, fliehen bei seinem Erscheinen. Das Lösegeld erstattet er Mrs. Pierson zurück, anschließend sorgt er für Franks Heimreise. Der versucht daraufhin, sich an der Todesstelle seines Vaters das Leben zu nehmen. Einmal kann Ripley ihn retten, beim zweiten Mal zerschmettert der Junge auf dem Felsen. Ob er seinen Vater tatsächlich oder nur in seiner Einbildung umgebracht hat, bleibt offen. A. Oe.

5. Ripley Under Water

(OT: *Ripley Under Water*, 1991). Zürich: Diogenes Verlag, 1991. (detebe 22603, 1993.) – Ü: Otto Bayer. – O: Villeperce, Tanger u. a.

Seit das amerikanische Ehepaar David und Janice Pritchard nach Villeperce gezogen ist, belästigen Tom Anrufe. Der Anrufer behauptet Dickie Greenleaf und seit einem Unfall im Wasser gelähmt zu sein. Ripley vermutet richtig, dass die Pritchards hinter den Anrufen stecken. Offensichtlich haben sie seine Vergangenheit ausgeforscht. Um ihre Absichten herauszubekommen, stattet

Ripley ihnen einen Besuch ab. David erwähnt zu Toms Schrecken den Namen Cynthia Grandnor. Cynthia, die Verlobte des verstorbenen Derwatt-Fälschers Bernard, weiß alles über den Fälscherring (vgl. hierzu *Ripley Under Ground*), macht Ripley für Bernards Selbstmord verantwortlich und verdächtigt ihn des Mordes an dem Sammler Murchison. Aus Rache hat Cynthia die Pritchards eingeweiht. David Pritchard, ein sadistischer Psychopath, versucht Tom systematisch zu zerstören. Die masochistisch veranlagte Janice beteiligt sich voller Lust an seinen Spielchen. David provoziert Ripley im Urlaubsort Tanger so lange, bis der ihn niederschlägt und seine Ermordung erwägt. Danach wechseln Ripley, Heloise und ihre Freundin Noelle sicherheitshalber das Hotel, Ripley begibt sich auf eine Rundreise, die ihn zurück nach Villeperce und von dort nach London zu Ed und Jeff führt, den Komplizen bei dem Derwatt-Geschäft. David Pritchard, Cynthia und Mrs. Murchison, die immer noch ihren Mann sucht, stehen in engem telefonischen Kontakt und planen, Ripley zur Strecke zu bringen. Als Ripley nach Villeperce zurückkommt, sucht David die Gewässer der Umgebung mit Erfolg nach Murchisons Leiche ab. Tatsächlich liegt schon bald Murchisons skelettierte Leiche vor Ripleys Tür, mit einem von zwei Ringen, die Murchison bei seinem Tod trug; der andere Ring ist ebenso verschwunden wie der Kopf. Ripley und der inzwischen herbeigeeilte Ed werfen die Leiche nachts in den tiefen, schlammigen Gartenteich der Pritchards. Beim Versuch, die Leiche zu bergen, stürzt David ins Wasser; Janice will ihm helfen; beide ertrinken. Am nächsten Tag kommt Heloise aus dem Urlaub zurück, Ripley verrät ihr nichts über die wahren Hintergründe. Die Polizei, die über die Entdeckung von Murchisons Leiche Bescheid weiß, wimmelt er mit einer alten, nicht widerlegbaren Lügengeschichte ab. A. Oe.

CAROL DE CHELLIS HILL USA
(*1942)

Doktor Freuds Geheimnis

(OT: *Henry James' Midnight Song*, 1993). München/Leipzig: List, 1995. (rororo 13781, 1996.) – Ü: Michaela Grabinger. – O/Z: Wien; um 1900.

Auf furiose Weise scheitert Carol De Chellis Hill mit ihrem überfrachteten, in vielerlei Hinsicht nach U. → Ecos *Der Name der Rose* schielenden Roman. Sie wollte einen *Fin-de-siècle*-Krimi verfassen über den österreichischen Antisemitismus, die französische Dreyfus-Affäre, die Anfänge der Frauenbewegung und der Psychoanalyse, gepaart mit *gothic horror*. Die Handlung wartet u. a. mit einer Reihe historischer Personen auf wie Sigmund Freud (1856–1939) sowie *Fackel*-Herausgeber Karl Kraus (1874–1936), Freuds Kollegen und Rivalen Carl Gustav Jung (1875–1961) nebst Patientin und Geliebter Sabina Spielrein und dem amerikanischen Schriftsteller Henry James (1843–1916) u. v. a. Wesentlich weniger ernst ist Freuds Zusammenarbeit mit Sherlock Holmes in dem 1976 auch verfilmten *The Seven per cent Solution* (1974, dt. *Kein Koks für Sherlock Holmes*, 1976) von Nicholas Meyer, wobei die beiden zur Verfolgung des Bösewichts stückweise einen kompletten Eisenbahnzug verheizen. – In Wien zerstückelt ein Serienmörder Frauen, platziert die Leichenteile an verschiedenen Orten und gibt rätselvoll-makabre Hinweise, in denen immer wieder der Name »Gertrud van de Loo« genannt wird. Auf Wunsch des Kaisers bekommt Kriminalkommissär Heinrich Voll, der eigentlich Vollmann heißt, den berühmten Pariser Inspektor Maurice Cheval LeBlanc zur Seite gestellt. Im Hause des berühmten Psychoanalytikers Sigmund Freud in der Berggasse 19 behaupten Freuds Frau Martha und seine Schwägerin Minna einmütig, eine

Leiche im Arbeitszimmer gesehen zu haben, die aber gleich darauf verschwunden sei. Im Verhör antwortet Freud trotz eines Blutflecks auf dem Teppich ausweichend; er will seinen Kollegen Dr. Wilhelm Fließ schützen, der eine HNO-Operation bei seiner Patientin Emma verpfuscht hat. Um ein Haar sterben alle Beteiligten, darunter Freud, bei einem Essen an giftigen Pilzen. Erst ganz zum Schluss zieht der Inspektor den Mörder gleichsam aus dem Hut. LeBlanc ist in Wien in einer Art Schloss aufgewachsen. Seinem besten Freund Heinrich Vollmann redete ein verantwortungsloses Kindermädchen ein, er sei nach der Geburt mit LeBlanc vertauscht worden, sei also um die ihm zustehende privilegierte Lebensstellung betrogen worden. Als Siebenjähriger versuchte Heinrich Vollmann deshalb, LeBlanc umzubringen. Unter dem Namen Heinrich Voll plante er, nun als Kriminalist, seine Rache und wollte den berühmten Rivalen LeBlanc scheitern sehen. Der Wiener Universitätsanatom Dr. Eduard Löffler verliebte sich in Gertrud van de Loo, brachte seine Frau Baronesse Jessica des Champs um und ließ Gertrud in deren Rolle schlüpfen. Als er erfuhr, dass Gertrud die voreheliche Tochter der Baronesse und er mit seiner eigenen Tochter verheiratet war, wurde er verrückt und begann frauenmordend durch Wien zu ziehen. Die Schneiderin Madame Pacquin, der sich Löffler anvertraute, wurde von Vollmann alias Voll umgebracht, der die Leiche in Löfflers Wohnung in der Burggasse 91 bringen lassen wollte. Der illiterate Kutscher lieferte sie jedoch versehentlich bei Freud in der Berggasse 19 ab – ein Missgeschick, das erst in letzter Sekunde, als Freuds Frau und die Schwägerin die Leiche bereits gesehen haben, bereinigt werden konnte. Volls Intrige ist freilich noch viel komplizierter. Es gibt einen weiteren verrückten Arzt mit massenmörderischen Ambitionen in Wien, der noch nicht gefasst ist. Der Roman endet offen: »Nichts war sicher. Der einzige Beweis – Fragmente, Papierfetzen, Schreie, aus einer Schachtel gerissen.«

REGINALD HILL Großbritannien (*1936)

Hill ist der Erfinder des schwergewichtigen Detective Superintendent Andy Dalziel, der seiner Methoden wegen auch nach dem Anführer der Roten Khmer in Kambodscha »der Pol Pot von Mid-Yorkshire« genannt wird. Diesem zur Seite stehen die Kollegen Peter Pascoe, Shirley Novello und der schwule Wieldy. In *A Clubbable Woman* (1970, dt. *Eine Gasse für den Tod*, 1971) lösen sie ihren ersten Fall, doch ihre Krimis haben seither nichts von ihrer Frische verloren. Die Geschichten sind angereichert mit unzähligen fesselnden Details und lebensprallen Figurenschicksalen und wurden ausgezeichnet mit dem »Golden Dagger Award« (1990), dem »Diamond Dagger Award« (1995) und dem »MacCallan Short Story Award« (1997). Nach *Das Dorf der verschwundenen Kinder* erschienen *Arms and the Women* (1999, dt. *Das Haus an der Klippe*, 2001) und *Dialogues of the Dead* (2001, dt. *Der Mann der rätselhaften Worte*, 2002).

Das Dorf der verschwundenen Kinder

(OT: *On Beulah Hight*, 1997). Hamburg/Wien: Europa Verlag, 2000. – Ü: Annette Hahn. – SF: Andy Dalziel. O/Z: der Berg Beulah Hight und seine Umgebung in der englischen Grafschaft Mid-Yorkshire; um 1980 und 1990.

Als Anfang der 1980er-Jahre das Dorf Dendale in dem aufgestauten See »Dender-Mere« unterging und die Bewohner umgesiedelt wurden, verschwanden drei kleine Mädchen, ein viertes, Betsy Allgood, konnte dem mutmaßlichen Entführer Benny Lightfood entkommen. Dieser verschwand nach dem Vorfall spurlos. 15 Jahre später gastiert Betsy, inzwischen als Elisabeth Wulfstan eine bekannte Sängerin, mit Gustav Mahlers *Kindertotenliedern*. Den deutschen Text hat sie unter der Einbeziehung der heimatlichen Landschaft selbst ins Englische übertragen. Der Frömmler Gordie Turnbull, der seinerzeit Denby planieren half, besitzt inzwischen eine florierende Baufirma. Als der See »Dender-Mere« infolge sommerlicher Hitze austrocknet, tauchen die Ruinen des Dorfes wieder auf, und die kleine Lorraine Dacre verschwindet. Graffitis bekunden, dass Benny wieder da sei. Nach vier Tagen wird der verwesende Leichnam des kleinen Mädchens in einer getarnten Höhle gefunden. Schließlich stellt sich heraus, dass Bennys Mutter nach dem Untergang Dendales unter Mitnahme ihres zweiten Sohnes Benjamin nach Australien ausgewandert ist und sich dort erneut verheiratet hat. Benny blieb bei seiner Großmutter Agnes, die immer noch in einem Pflegeheim vor sich hin siecht und im Laufe der Ermittlungen verstirbt. Der angebliche Benny wird nun von seinem Bruder Benjamin gespielt. Als Benjamin herausfindet, dass der Frömmler Turnbull beim Planieren von Agnes' Haus 50000 Pfund an sich gebracht und zum Kauf seiner Baufirma verwendet hat, zahlt Turnbull das Geld an Benjamin zurück. Benny ist seit 15 Jahren tot: Walter Wulfstan, der Vater von Mary, einem der verschwundenen Mädchen, hatte ihn in einem Keller in Dendale angekettet und ertrinken lassen. Das Waisenmädchen Betsy wurde vom Ehepaar Wulfstan adoptiert. Pummelig und weniger hübsch als Mary, versuchte sie vergeblich, sich u. a. durch radikale Abmagerungskuren in eine Art Ersatz-Mary zu verwandeln. Beim Versuch, sich die schwarzen Haare zu blondieren, verätzte sie sich die Kopfhaut und verlor das Haupthaar. Seither trägt sie Perücken. Sie hatte auf der Suche nach ihrer Katze das Gefängnis von Benny gefunden und floh, ohne ihm zu helfen. Die verdrängten Ereignisse arbeitete sie später mit einer Psychotherapeutin auf; ihr norwegischer Sängerkollege übergibt Protokolle der Therapiesitzungen. Betsys Übersetzung der *Kindertotenlieder* ist ein chiffrierter Hinweis auf Walter Wulfstan, der seine eigene Tochter Mary sowie die beiden anderen Mädchen umgebracht hat, die irgendwo auf »Beulah Hight« begraben sind. Pascoes eigene kleine Tochter Rosie sah, wie Wulfstan auch Lorraine angriff, doch ihre Meningitis-Erkrankung verhinderte eine rechtzeitige Aussage. Der Roman endet mit dem bevorstehenden Aufbruch der Polizisten nach Beulah Hight, um dort nach den Mädchenleichen zu suchen.

TONY HILLERMAN USA
(*1925)

Die Ethno-Krimis um Hillermans Serien-Polizisten Joe Leaphorn vom Stamme der Navajos machen stets Elemente indianischen Lebens und indianischer Mythologie zum integralen Bestandteil der Handlung beziehungsweise der Figurenmotivation. Eine zunehmend wichtige Rolle in der Serie spielt der Indianer-Sheriff Jim Chee, der den Mythen und der Lebensweise als Fast-Medizinmann viel nähersteht als der profanere Leaphorn, der in *Dachsjagd* bereits als Pensionär auftritt. Weitere Titel: *Dance Hall of the Dead* (1990, dt. *Schüsse aus der Steinzeit*, 1993), *Sacred Clowns* (1993, dt. *Geistertänzer*, 1995), *Hunting Badger* (1999, dt. *Dachsjagd*, 2001).

Der Kojote wartet

(OT: *Coyote waits*, 1990). München: Goldmann, 1990. (rororo 43377, 2000.) – Ü: Wulf Bergner. – O: Navajo-Reservation.

Nachdem ein Kollege erschossen worden ist, nimmt Indianersheriff Jim Chee den sturzbetrunkenen, vorbestraften indianischen Wahrsager Ashie Pinto mit der Tatwaffe in der Tasche fest. Auf dem Weg zur Dienststelle begegnet ihm der Wagen des vietnamesischen Mathematiklehrers Ji. Ji wird später in seinem Haus erschossen. Sein Sohn Taka bemalt seit einiger Zeit heimlich einen bestimmten Berg großflächig mit weißer Farbe. Vom Hause seiner Angebeteten aus gesehen bilden die Flächen eine Liebeserklärung. Der Amerikanist Professor Tagert will die Leiche des legendären Outlaws Butch Cassidy (1867–1912) finden, der nach seiner angeblichen Ermordung durch bolivianische Soldaten in die USA zurückgekehrt und hier nach einem Überfall auf eine Postkutsche spurlos verschwunden sein soll. Spurlos verschwunden ist allerdings auch Professor Tagert selbst. Er hatte sich von Pinto zur wissenschaftlichen Auswertung Indianersagen und -legenden erzählen lassen. Taka, der bei seinen Malaktionen den Pick-up seines Vaters benutzte, hatte zufällig Professor Tagert, den Wahrsager Pinto und den Doktoranden William Redd beobachtet. Pinto hatte in Tagerts Auftrag die Leiche Butch Cassidys sowie die Beute aus dem Postraub gefunden – Briefmarken und Münzen im Wert von mehreren 100 000 Dollar. Doch es kam wegen der Beute und wegen des in Aussicht stehenden wissenschaftlichen Ruhms zum Streit, in dessen Verlauf Professor Tagert den Doktoranden Redd mit einer Waffe bedrohte. Pinto, vom Whisky aggressiv gemacht, erschoss daraufhin Tagert, der in einer Felsspalte verschwand; Redd tötete später den Polizisten, der auf der Suche nach dem unbekannten *landscape artist* zufällig in die Versammlung hineinplatzte. Redd sah den Geländewagen Jis davonfahren, erkannte aber dessen Sohn Taka nicht und tötete später dessen Vater im Glauben, den zufälligen Zeugen beseitigt zu haben. Als ein Schneesturm heraufzieht, will Chee am Tatort Cassidys in Satteltaschen versteckte Beute sicherstellen, wird aber von Redd bedroht. Der Indianer weiß, dass im Versteck der Beute, einer kleinen Höhle, eine Klapperschlange liegt. Beim Versuch, die Satteltaschen zu holen, wird Redd von dem Reptil in den Hals gebissen. Chee, der sich bei der Rettung seines erschossenen Kollegen schwere Verbrennungen zugezogen hat, flieht zu Fuß, weil Redd sein Auto unbrauchbar gemacht hat. Redd selbst stirbt am Gift der Schlange. – Der Kojote des Titels ist ein zentrales Motiv der Navajo-Legenden, der dort die Rolle eines notorischen Störenfrieds spielt.

CHESTER HIMES USA
(1909–1984)

Lauf, Nigger, lauf! / Lauf, Mann, lauf!

(OT: *Run man run*, 1966). **(1)** Reinbek: Rowohlt, 1968 (rororo 2141). – Ü: Norbert Wölfl. **(2)** [*Lauf, Mann, lauf!*] Zürich: Unionsverlag, 1998 (UT 118). – Ü: Manfred Görgens. – O: New York.

Der korrupte Polizist Matt Walker findet seine Luxuslimousine nicht wieder, die er im Suff irgendwo abgestellt hat. Vom Alkohol aggressiv gestimmt, beginnt er mit zwei farbigen Angestellten eines Schnellrestaurants, »Fat Sam« und Luke Williams, Streit und verletzt einen von ihnen mit seiner Waffe. In Panik geraten, tötet er sie. Ein dritter Anwesender, der Student Jimmy, entkommt nach einer gnadenlosen Jagd mit letzter Kraft in eine Näherei. Walker hört unbemerkt mit, wie der dortige Gebäudeverwalter die Polizei ruft und gibt sich als der herbeigerufene Polizist aus, um Jimmy zu töten, scheitert aber am Misstrauen des Verwalters. Bei Vernehmungen, die sein Schwager Sergeant Brock durchführt, verwickelt sich Walker in Widersprüche und wird vom Dienst suspendiert. Jimmy bezeichnet Walker als Mörder der beiden Schwarzen und bleibt standhaft bei dieser Beschuldigung, obwohl das gesamte Polizeikorps aus weißen Rassisten besteht. Walker erzählt Jimmys Freundin, der Nachtklubsängerin Linda Lou, er wolle Jimmy beschatten, um den wahren Mörder zu stellen. Walker lauert Jimmy auf, wird aber gestört und kann ihn nicht erschießen. Danach übergibt er seine Waffe seiner ungarischen Freundin Eva Modjeska zur Aufbewahrung. Die für die UN tätige Frau erkennt die Bedeutung der Waffe als Tatwerkzeug. Als Walker das merkt, misshandelt er Eva und droht, sie als Spionin zu denunzieren. Jimmy besorgt sich eine Waffe, wird aber von Walker auf offener Straße niedergeschossen. Brock weiß inzwischen, dass sein Schwager der Mörder der beiden Schwarzen und dass Jimmy bewaffnet ist, und lässt Linda Lou und Eva in Sicherheit bringen. Walker glaubt, er habe Jimmy tödlich getroffen und will Eva als lästige Mitwisserin ebenfalls beseitigen. Brock erkennt, dass sein Schwager psychisch krank ist. Es kommt zum Showdown: Brock schießt und trifft zuerst. G. R.

ERNST HINTERBERGER Österreich (*1931)

Hinterberger, der auch die TV-Serie *Kaisermühlen-Blues* geschrieben hat, schuf eine Reihe melancholischer Wien-Krimis um die Mordgruppe 2 des Wiener Sicherheitsbüros. Sein Protagonist ist Otto Hotwagner, ein übergewichtiger Grantler an der Pensionsgrenze, der seine Fälle mit Blick für das Milieu und das Menschliche darin löst.

Das fehlende W.

Wien: Deuticke, 1991. – SF: Otto Hotwagner. – O: Wien.

Ein Serienmörder mit Kindergesicht tötet seine Opfer durch einen rechtshändigen Schlag mit einer präparierten Handgelenktasche gegen den Kehlkopf; die Opfer sind Männer verschiedensten Alters, sozialen Standes und Nationalität, und alle mit einer Ausnahme haben Prostituierte besucht. Erst allmählich kristallisiert sich heraus, dass der Mörder eine Uhr am rechten Handgelenk trägt, einen weißen Panda fährt und in auffälliger Weise hustet. Ein Ex-Boxer, der eine Attacke überlebt, liefert eine Personenbeschreibung. Der ausgefuchste alte Otto Hotwagner bringt die Wiener Huren und Zuhälter dazu, nach dem Gesuchten Ausschau zu halten: So werden die Endziffern seiner Autonummer und über diese endlich seine Person ermittelt. Es handelt sich um den 34-jährigen Autoteile-Verkäufer Karl Brunnmeyer, einen verklemmten Mann, der soziale Kontakte systematisch meidet. Brunnmeyer wird observiert und unmittelbar vor dem Mordversuch an einem Freier verhaftet. Kein Verhör kann jedoch sein Schweigen brechen. Durch eine geschlossene Fensterscheibe springt er im Sicherheitsbüro in die Tiefe. Das im Titel erwähnte fehlende W (für »Warum« – die Frage nach dem Motiv) bleibt offen. Lediglich der Leser weiß dank einiger kursiv vom Haupttext abgesetzter Kapitel, dass Brunnmeyer eine Mission hatte: Er glaubte die Seelen der Prostituierten retten zu müssen, indem er ihre Freier beseitigte.

WILLIAM HJORTSBERG USA (*1941)

Genussvoll gegen die fundamentale Regel des Detektivromans verstoßend, der zufolge »alle übernatürlichen und unnatürlichen

Mächte selbstverständlich auszuschließen« seien (Ronald A. Knox), mischt William Hjortsberg Muster, Ton und Dekor der Detektivromane D. → Hammetts und R. → Chandlers mit literarischen Motiven wie dem faustischen Teufelspakt, dem Ödipus-Mythos oder dem Topos des von der Polizei verdächtigten Detektivs mit Motiven des Okkult- und Horrorthrillers und markiert eine weitere Etappe des Niedergangs des Detektivs, dessen »Sieg« einhergeht mit dem Verlust seines Lebens und seiner Seele. In der Verfilmung glänzte Mickey Rourke als Harry Angel.

Angel Heart

(OT: *Falling Angel*, 1978). München: Heyne, 1987 (Tb 01/7640). – Ü: Angelika Felenda. – O/Z: New York; 1959. F: USA 1987, R: Alan Parker.

Am Freitag, dem 13. März, beauftragt der undurchsichtige Louis Cyphre den heruntergekommenen Privatdetektiv Harry Angel mit der Suche nach dem Schnulzensänger Johnny Favorite, der eigentlich Johnny Liebling heißt und Kriegsinvalide war. Der plastische Chirurg, der ihn 1943 operiert hatte, wird ermordet, um ihn mundtot zu machen. Harry bestellt zum Schein ein Horoskop bei Johnnys Verlobter Margaret. Sie ist Astrologin und die Tochter des Reeders Ethan Krusemark. Außerdem trifft er sich mit Toots Sweet, einem alten Kollegen Johnnys, sowie mit Evangeline Proudfoot, Johnnys ehemaliger Geliebter. Mit ihr hat Johnny eine Tochter, die Voodoo-Priesterin Epiphany. In der Folge werden Toots Sweet und Margaret grausam ermordet, die Tatumstände verweisen auf den Voodoo-Kult. Polizist Sterne verdächtigt Harry, kann ihm aber nichts nachweisen. Cyphre weigert sich, Harry von seinem Auftrag zu entbinden, und verschwindet spurlos. Die Voodoo-Priesterin Epiphany sucht Harrys Schutz, wird seine Geliebte und erklärt ihm die Grundzüge der Voodoo-Magie. Cyphre identifiziert sie anhand eines Fotos als den finsteren Prediger El Cifr bzw. den Zauberer Dr. Cipher. Der Reeder Ethan Krusemark schließlich berichtet, er habe 1943 zusammen mit Margaret den frisch operierten und gedächtnislosen Johnny Favorite aus der Klinik entführt und am Times Square ausgesetzt; seither sei er verschwunden. Nachdem er zusammengeschlagen worden ist, beobachtet Harry in einer stillgelegten U-Bahnstation eine schwarze Messe, bei der Satan ein Kind geopfert wird. Er erkennt Ethan unter den Anwesenden und zwingt ihm ein Geständnis ab. Johnny habe in einem satanischen Ritual dem Teufel für Erfolg und Ruhm seine Seele überschrieben. Um sie nicht hergeben zu müssen, nahm er unter Assistenz Margarets die Identität eines fremden Soldaten an, dessen Herz er schlagend verschlang. In Margarets Wohnung liegt die Militärmarke dieses anderen – Harry Angels eigene Marke. In seinem Büro wartet bereits Louis Cyphre, besser bekannt als Luzifer, um den Pakt einzulösen. In Harrys Wohnung liegt die Leiche von Epiphany, seiner eigenen Tochter. Allmählich begreift der Detektiv, dass Cyphre der Mörder war beziehungsweise er selbst als dessen Marionette zum Mörder wurde und Inzest beging. Lieutenant Sterne nimmt Harry Angel fest. M. F. Sch.

PETER HØEG Dänemark (*1957)

Fräulein Smillas Gespür für Schnee

(OT: *Frøken Smillas fornemmelse for sne*, 1992). München: Hanser, 1994. (rororo 13599, 1996.) – Ü: Monika Wesemann. – O/Z: Kopenhagen, Arktis; 1993/94. – P: »Silver Dagger Award«, GB 1994; Platz 2 des »Deutschen Krimipreises International« 1995.

F: D 1996, R: Bille Aust.

Die Glaceologin Smilla Jaspersen, ein Eskimomischling, lebt von Gelegenheitsjobs für ozeanographische Institute. Als ihr kleiner Freund und Nachbar, der sechsjährige Grönländer Jesaja, vom Dach stürzt, erkennt sie an Spuren im Schnee, dass er auf dem Dach verfolgt und also ermordet wurde. Außerdem wurde seinem Körper eine Gewebeprobe entnommen. Jesajas Vater kam bei einer Expedition der Kryolith-Gesellschaft zur Erschließung der Arktis unter dubiosen Umständen ums Leben. Aus seinem Nachlass stammt eine Tonbandkassette, besprochen in einer seltenen grönländischen Mundart. Das blinde Sprachgenie Licht erkennt an der Hintergrundmusik den Aufnahmeort des Bandes, wird aber brutal ermordet, bevor er seine Erkenntnisse Smilla mitteilen kann. Nachdem sie einen Brandanschlag auf Lichts Hausboot knapp überlebt hat, überzeugt sie sich durch einen Einbruch ins Archiv von Kryolith von den finsteren Absichten der Firma und heuert auf deren Spezialschiff »Kronos« an, das mit einer Mannschaft aus Kriminellen und Junkies Kurs aufs Eismeer nimmt. Ziel dieser wie einer früheren, aber gescheiterten Expedition ist die Bergung eines Meteoriten und eines mit dem Meteoriten auf die Erde geratenen parasitären Wurms, der wie im Falle von Jesajas Vater einen tödlichen Immunschock auslösen kann. Am Fundort des Meteoriten kommt es zu einem blutigen Gemetzel, unter anderem mit Jesajas Mörder. Jesaja hatte an der letzten Expedition teilgenommen und wurde als lästiger Zeuge beseitigt. Die seiner Leiche entnommene Gewebeprobe diente der Feststellung, ob er infiziert war, und Kryolith hatte den Jungen, dessen Mutter und Smilla mit Vorbedacht zusammengeführt, denn man wollte sich Smillas sechstem Sinn für alles, was Eis und Schnee betrifft, bei der Bergung des Meteors bedienen. Ob dieser tatsächlich geborgen wird, bleibt am Ende offen (die Verfilmung endet mit seiner Vernichtung).

KIRSTEN HOLST Dänemark (*1936)

Kommissar Høyer ist der Held von acht Krimis, darunter von *Der lange skygger*, für den die Polizistentochter Kirsten Holst 1981 den Preis *De gyldne håndjern* erhielt; außerdem ist sie »Poe«-Preisträgerin und seit 1995 Präsidentin des CWS (Crime Writers of Scandinavia). Høyer darf als veritabler Vorläufer von H. → Mankells Kommissar Kurt Wallander gelten; mit dem Schweden teilt Holst die Liebe zum Detail und zu gut ausgeleuchtetem historischen, sozialen und familiären Hintergrund der Figuren. Von ihrem umfangreichen Schaffen erschien zunächst lediglich 1995 das Jugendbuch *Ganz nah und doch so fern* auf Deutsch. *Du sollst nicht töten* war der erste ins Deutsche übersetzte Kriminalroman der Autorin, es folgte *Dødens dunkle veje* (1988, dt. *Wege des Todes*, 2001).

Du sollst nicht töten

(OT: *Når det regner på præsten* [wörtl. »Wenn es auf den Priester regnet«], 1983). Dortmund: Grafit Verlag, 2000 (Grafit Krimi International 501). – Ü: Paul Berf. – SF: Kommissar Høyer. O/Z: Jütland; Anfang der 1980er-Jahre.

Pastor Gorm Villadsen wird in einer regnerischen Nacht auf dem Friedhof seiner Kirche mit einem präzisen Handkantenschlag getötet und bleibt auf einem Grab liegen, bis sein Neffe Jes ihn ins Pfarrhaus trägt; auch Villadsens Hund Uncas ist getötet worden. Pastor Villadsen hatte einer Telefonnotiz zufolge offenbar noch eine nächtliche Verabredung in der Kirche oder ihrer Umgebung gehabt. Außer dem Mörder des Geistlichen und einem Rauschgifthändler jagt Kommissar Høyer auch einen Serienmörder, der bereits vier junge Mädchen vergewaltigt und stranguliert hat. Villadsen hat sich im Krieg als Partisan, Saboteur und Waffenschmuggler im antideutschen Widerstand große Verdienste erworben; von seinen Kameraden leben nur noch Schuldirektor Frandsen und der Autohausbesitzer Ry-Nielsen. Mit dem plötzlichen Untertauchen des Totengräbers steht das Haschisch im Zusammenhang, das in Villadsens ehemaligem Waffenversteck über der Kirche gefunden wird. Weil er den Geistlichen als lästigen Mitwisser beseitigt haben könnte, gerät der Totengräber kurzzeitig unter Mordverdacht. Verdächtigt wird auch Jes, der Neffe des Pastors, im Zusammenhang mit einem hohen Lottogewinn, den er gemeinsam mit seinem Onkel erzielt hat. Jes allerdings zeigt sich, obzwar arbeitslos, keineswegs als geldgierig und verspricht den Anteil des Onkels seiner Cousine Dörthe, die er gar zu gerne heiraten würde. Der Serienmörder muss auch den Pastor ermordet haben, bei dessen Leiche sich dieselben Stiefel- und Reifenabdrücke wie bei der vierten Mädchenleiche finden. Die Reifenabdrücke passen zu einem roten Mazda, der abgemeldet im Autohaus von Ry-Nielsen steht. Høyer verdächtigt zunächst Ry-Nielsens psychisch kranken Sohn Henrik, doch als der sich in einer Schweizer Spezialklinik das Leben nimmt, ist klar, dass nur der Vater der Gesuchte sein kann. Henrik, der wusste, was sein Vater tat, brach immer dann zusammen, wenn wieder ein Mädchenmord gemeldet wurde – so lange, bis er freiwillig aus dem Leben schied.

ANNE HOLT Norwegen (*1958)

Anne Holt, die kurzzeitig norwegische Justizministerin war, ist eine der profiliertesten Krimiautorinnen Norwegens und eine Art weibliches Gegenstück zu dem Schweden H. → Mankell. Ihre Heldin ist die lesbische Osloer Hauptkommissarin Hanne Wilhelmsen, deren langjährige Lebensgefährtin Cecilie Vibe im Laufe der Serie einem Krebsleiden erliegt. Wilhelmsens bester Freund – und in emotionalen Krisenzeiten auch ihr Geliebter – ist der kinderreiche Kollege Billy T., ein sympathischer Rocker im Polizeidienst. Den Roman *Lovens gap* (1997, dt. *Im Zeichen des Löwen*, 1999), schrieb Holt zusammen mit Berit Reiss-Andersen als eine Hommage an G. → Staalesen. Weitere Titel: *Selige er des som tørster* (1994, dt. *Selig sind die Dürstenden*, 1996), *Demonens død* (1995, dt. *Das einzige Kind*, 1998), *Det som er mitt* (2001, dt. *In kalter Absicht*, 2002).

Das achte Gebot

(OT: *Død joker* [wörtl. »Toter Joker«], 1999). München: Piper, 2001. (SP 3581, 2002.) – Ü: Gabriele Haefs. – SF: Hanne Wilhelmsen. O: Oslo.

Im Rahmen eines so genannten »setup« lenkt hier der wahre Täter den Tatverdacht durch raffiniertes Arrangement von Indizien auf einen Unschuldigen, der seine Unschuld nicht beweisen kann: Der bankrotte Computer-Unternehmer Ståle Salvesen enthauptet Doris Flo vor den Augen ihres Ehemannes, des Wirtschafts-Oberstaatsanwalts Sigurd Halvorsrud, mit dessen Samuraischwert. Halvorsruds Unschuldsbeteuerungen glaubt jedoch niemand, weil der wahre Täter Salvesen bereits einige Tage zuvor angeblich durch einen Sprung ins Meer von einer Brücke Selbstmord begangen haben soll; eine entsprechende Leiche – tatsächlich die von Salvesen – wird allerdings erst viel später in teilverwestem Zustand (als der »tote Joker« des Originaltitels) gefunden. Schwarzgeld- und Diskettenfunde im Keller belasten Oberstaatsanwalt Halvorsrud; er scheint bestechlich, ein Steuerhinterzieher und ein Mädchenschänder zu sein. Unter Auflagen aus der U-Haft entlassen, tut Halvorsrud auch noch alles, um sich weiter verdächtig zu machen. In den Fall sind außerdem der päderastische Journalist Evald Bromo sowie der verurteilte und geläuterte Mörder Eivind Torsvik verwickelt. Ein Erpresser droht ultimativ mit der Bekanntgabe von Evald Bromos Neigungen, falls der Journalist sich nicht öffentlich zu ihnen bekenne. Torsvik, ein Mörder, der seinen Pflegevater nach jahrelangem Missbrauch getötet hat, jagt seit seiner Haftentlassung Kinderpornografen im Internet und bereitet die Übergabe eines brisanten Dossiers an die Polizei vor. Da wird Bromo auf dieselbe Art und Weise enthauptet wie Doris Flo Halvorsrud. Hanne kann unter Lebensgefahr nachweisen, dass Salvesen den Sprung von der Brücke möglicherweise nur vorgetäuscht und erst später Selbstmord begangen haben könnte – was tatsächlich der Fall ist. Nach Salvesens Tod sorgte ein versteckt installierter PC mit Internetanschluss für das automatische Versenden von erpresserischen E-Mails; Salvesen simulierte so sein Leben nach dem Tode. Ein Polizeifoto, das kurz vor Bromos Ermordung bei der Jagd auf Temposünder aufgenommen wurde, zeigt Bromo im Wagen des Polizisten Iver Feirand. Feirand, der in den USA zum Spezialisten für die Bekämpfung von Kinderhandel und Kinderpornografie ausgebildet worden ist, frönt inzwischen selbst den Neigungen, die er verfolgen soll. Bevor er festgesetzt werden kann, taucht er mit lange vorbereiteten falschen Papieren unter. Salvesen, durch denunziatorische Artikel Bromos und demonstrative Passivität Halvorsruds ruiniert, hatte Rache geschworen, die er in der beschriebenen Weise in Szene setzte. Durch eine Unvorsichtigkeit war Salvesen einmal ins Visier des Polizisten Feirands geraten, der ihn jedoch laufen ließ. Die zunehmende nervliche Zerrüttung Bromos wegen der Erpressung durch Salvesen stellte jedoch ein Sicherheitsrisiko für Feirand dar, und er brachte Bromo auf eine Weise um, die seinen Tod in Verbindung mit dem Mord an Halvorsruds Frau bringen musste. Außerdem legte er zahlreiche falsche Spuren, die den Verdacht gegen Halvorsrud verstärkten, bevor er sich selbst tötete.

LUDWIG HOMANN Deutschland (*1942)

Ada Pizonka

Zürich: Haffmans, 1995. (dtv 12360, 1997.) – O: Brockdorf.

Ada Pizonka, 39, kinderlos, ist als Protestantin, deren Eltern aus Polen stammen, ein Fremdkörper in der katholischen Bevölkerung Brockdorfs. Als ihr vorzeitig vergreister Mann Ignaz Schulze Hennessen sich dem Alkohol hingibt, fängt sie ein Verhältnis mit ihrem gleichaltrigen Vereinskameraden Momme Berend Nissen an. Nissen dingt einen als Messerstecher bekannten Polen, Adas Mann Hennessen durch eine Luke im Scheunenboden in die Tiefe zu stoßen. Als Hennessen schwerverletzt überlebt, schleift ihn Berend zur nächsten Straße, damit alles wie ein Verkehrsunfall mit Todesfolge und Unfallflucht aussieht, anschließend hilft Ada bei der Beseitigung aller Spuren. Hennessen stirbt, der Unfalltod wird nie ernsthaft in Zweifel gezogen. Nissen übernimmt selbstherrlich das Regiment auf dem Hof und hält seine Kumpane frei. Lethargisch geworden, duldet Ada dies zunächst. Als ihr dann doch die Geduld reißt, überfährt sie Nissen mitsamt seinem Fahrrad und versenkt die Leiche eingewickelt und beschwert in einem Kanal: Er gilt als verschwunden, niemand sucht ihn. Drei Monate nach dem Mord an Hennessen wird der Bauer Azze Hundt Adas Liebhaber und versucht, indem er sich in Schulden stürzt und das Scheitern seiner Ehe in Kauf nimmt, Adas heruntergekommenen Hof auf Vordermann zu bringen. Beim Reparieren von Adas Mercedes entdeckt er im Kühlergrill das verbogene Firmenschild von Berends Fahrrad und macht kein Hehl mehr aus seinem Verdacht, Ada sei eine Mörderin. Da erwächst Azze ein Rivale in Gestalt des polnischen Messerstechers. Im Wissen um Azze Hundts Eifersucht baut Ada ein Liebesnest in der Scheune, wo sie Azze erwartet. Ein geschickt platziertes Messer – Markenzeichen des Polen – und Hennessens Jagdgewehr in Griffnähe des Bettes machen Azze glauben, Ada trachte ihm gemeinsam mit dem neuen Liebhaber nach dem Leben. Als sie ihn nackt, aufdringlich parfümiert und grell geschminkt zu verführen versucht, gerät er außer sich, prügelt sie mit dem Gewehrlauf zu Tode, legt Feuer und kehrt nach Hause zurück.

ROBERT HÜLTNER Deutschland (*1950)

Nach *Walching* (1993) und *Inspektor Katejan und die Sache Koslowski* (1995, Platz 1 »Deutscher Krimipreis« 1996) ist *Die Godin* der dritte, 1998 mit dem »Glauser« ausgezeichnete und wie stets von lebensprallen Figuren bevölkerte Krimi um den wegen politischer Aufsässigkeit aus dem Gendarmeriedienst entlassenen bayerischen Inspektor Paul Kajetan.

Die Godin

Frankfurt a. M.: Eichborn, 1997. (Siedler-Tb 72145, 1999.) – O/Z: München; 1920er-Jahre. – P: Platz 1 des »Deutschen Krimipreises National« 1998; »Glauser« 1998.

Am Viktualienmarkt gerät Kajetan zufällig in eine Schlägerei der Altstadt-Zuhälter »Messer« und »Bierkugel« wegen der Hure Mia. Nachdem Kajetan die beiden in die Flucht geschlagen hat, wird er von der vom »Kaiser« bestochenen Polizei festgenommen und zusammengeschlagen. Zwischen dem Großzuhälter »Kaiser« und dessen Rivalen Urban tobt ein blutiger Zuhälterkrieg. Inspektor Kajetan begleitet in der Folge Urban und dessen Männer zu einem alten Kloster, wo Gewehre für den Offizier Posch lagern. Posch kauft sie gegen Provision für die österreichische Heimwehr ein, will aber die Verkäufer betrügen; doch Inspektor Kajetan sorgt dafür, dass Posch am Ende selbst als Betrogener dasteht. Nachdem Kajetan und Mia ein Liebespaar geworden sind, stirbt das Mädchen plötzlich an einer Überdosis Kokain. Die Streckung des Rauschgifts mit Amphetaminen lässt einen Mord vermuten. Mias vorbestrafter Vater Martin Aichinger ist kurz zuvor bei einem Brand im Zuchthaus Stadlheim ums Leben gekommen. In Mias Heimatort Sarzhafen erzählt Mias Taufpatin (süddt. *Godin*) schließlich eine düstere Dorfgeschichte voller Betrug und Niedertracht: Martin Aichinger saß die Strafe wegen Mordes für den Sohn des einflussreichen Arztes Dr. Urban ab. Urban junior ist der Rivale des »Kaisers«. Statt wie versprochen für Aichingers Ehefrau zu sorgen, ließ er sie in einer Irrenanstalt verkommen, Mia wurde zur Adoption freigegeben und endete als Prostituierte. Nicht Aichinger kam jedoch bei dem Gefängnisbrand um, sondern ein Wärter. Aichinger lockte den jungen Urban in die alte Mühle seiner Godin, wurde aber von diesem erschossen. Die Godin setzte jedoch das Mahlwerk in Gang und brachte Urban so um. F. R.

EVAN HUNTER USA
(d. i. Salvatore A. Lombinbo, *1926; s. auch unter dem Pseudonym Ed → McBain)

Offensichtlich nicht ausgelastet mit seinen hochrealistischen Polizeikrimis um das 87. Revier der New York nachempfundenen Metropole Isola, schreibt McBain alias Evan Hunter u. a. auch spannende erotische Krimis.

Fatale Beweise

(OT: *Criminal Conversation*, 1994). Wien [u. a.]: Europa Verlag, 1995. (Goldmann 43440, 1997.) – Ü: Christine Strüh. – O: New York.

Andrew Faviola verhandelt als Nachfolger seines inhaftierten, krebskranken Vaters mit Chinesen und Kolumbianern über die Gründung eines weltweit operierenden Rauschgiftsyndikats. Einen allzu gierigen Kolumbianer lässt er zur Abschreckung umbringen. Staatsanwalt Michael Wells versucht derweil, die Identität des neuen Faviola-Bosses zu ermitteln. Dieser lernt durch einen Zufall Wells' Frau Sarah kennen und wird unter dem Decknamen Andrew Farrell ihr Liebhaber. Sarah ahnt nicht, dass sie es mit einem Mafiaboss zu tun hat, und dieserweiß nicht, dass er die Frau eines Mafiajägers liebt. Die Beziehung nimmt bald obsessiven Charakter an, Faviola wird nach Sarah regelrecht süchtig. Wells lässt Faviolas Wohnung heimlich elektronisch überwachen. So erkennt er seine eigene Frau als Faviolas Geliebte. Zutiefst verletzt, will er sie als Spitzel benutzen und erpresst sie mit dem Sorgerecht für die gemeinsame zwölfjährige Tochter Mollie. Der elektronische Lauschangriff wird von der Mafia entdeckt, die den oder die Spitzel unter Faviolas Freundinnen vermutet. Nachdem sie sich gegenseitig einander offenbart haben, verspricht Faviola Sarah die Ehe und den Schutz durch die Mafia-Familie. Eine Aufzeichnung dieses Gesprächs spielt Sarah jedoch ihrem Mann zu. Um sie aus der allfälligen Gerichtsverhandlung herauszuhalten, bietet der dem Mafioso einen Deal an: Würde er eingestehen, den Auftrag für den Mord an dem kolumbianischen Drogenboss erteilt zu haben, würden seine anderen Kapitalverbrechen nicht verfolgt werden. Aus Liebe zu Sarah will Andrew akzeptieren: Sein Clan jedoch lässt die beiden in einem italienischen Restaurant von einem Auftragskiller umbringen. G. L.-K.

JEAN-CLAUDE IZZO Frankreich (1945–2000)

Die Marseille-Trilogie

Das Hauptwerk des an einem Krebsleiden verstorbenen Jean-Claude Izzo ist die »Marseille-Trilogie«. Sein Serienheld Fabio Montale ist eine Art Kommissar Maigret von Marseille (siehe G. → Simenon), handelt in der Regel aber nicht nach den Dienstvorschriften, sondern nach seinem eigenen Ehrenkodex, der tief in den Gebräuchen seiner Heimatstadt wurzelt. Montale liebt das Trinken und den Blues, seine literaturbegeisterte Freundin Leila dagegen R. → Bradburys Roman *Der Tod ist ein einsames Geschäft*. Musik und Literaturzitate bilden das passende Ambiente für die emotional hoch verdichteten, hitzeschweren Abenteuer dieses Marseiller Detektivs mit dem tiefen Knacks im Herzen. Thematisch eng verwandt mit der »Marseille-Trilogie« ist die Kommissar-Llob-Trilogie von Y. → Khadra, die ebenfalls mit dem Tod des Protagonisten endet; in beiden spielt der Moslemextremismus Nordafrikas eine entscheidende Rolle. Ebenfalls in Marseille spielt Izzos *Les marins perdus* (1997, dt. *Aldebaran*, 2002).

1. Total Cheops

(OT: *Total Kéops*, 1995). Zürich: Unionsverlag, 2000 (UT metro 164). – Ü: Katarina Grän, Ronald Voullié. – SF: Fabio Montale. O: Marseille.

»Total Cheops« bedeutet im Slang Marseiller Rapper afrikanischer Herkunft »total chaotisch«, »absurd«. Durch eine Kette sinnloser Morde verliert Kommissar Fabio Montale (der Icherzähler) während eines drückend heißen Sommers in rascher Folge seine besten Freunde Manu und Ugo sowie Leila, die Tochter des marokkanischen Witwers Maloud Laarbi, in die der Kommissar heimlich verliebt war. Als Leila, die ihr Literaturstudium gerade mit Bestnoten abgeschlossen hat, von zwei Männern vergewaltigt und erschossen wird, macht der Kommissar die Suche nach den Mördern zu seiner ganz persönlichen Angelegenheit. Einer ihrer Mörder, der rechtsextreme Junge Tony, ist bald gefunden, er wird von Leilas Bruder Driss erwürgt. Kommissar Montale sorgt durch Mithilfe bei der Beseitigung der Leiche dafür, dass dieser Mord dem jungen Driss die Zukunft nicht verbaut. Montales Freund Ugo wurde von zwei Polizisten einfach erschossen, nachdem Ugo seinerseits einen gewissen Zucca getötet hatte. Manu, Montales anderen Freund, tötete der Ganove Simone Batisti. Dessen Motiv war Eifersucht auf Manu wegen Lole, die gleichermaßen die Freundin von Kommissar Montale und Manu ist. Der Ganove Batisti gab auch den Mord an Al Dakhil in Auftrag, dem Führer der arabischen Unterwelt von Marseille, weil er die Kontrolle über das arabische Viertel der Stadt selbst übernehmen wollte. Der wird aber seinerseits von Wepler erschossen, einem von ihm selbst gedungenen rechtsextremen Mörder Al Dakhils. Mit einer Pistole, die beim Mord an Al Dakhil Verwendung fand, wurde auch die Literaturwissenschaftlerin Leila getötet. So schließt sich der Kreis, ohne freilich irgendeinen Sinn zu ergeben. Montale gerät zwischen die Fronten und wird in letzter Sekunde von seinen Kollegen gerettet, die ihm vorwerfen, durch seinen privaten Rachefeldzug eine groß angelegte Polizeiaktion gegen das Organisierte Verbrechen von Marseille verpatzt zu haben. Am Ende ist Marseille noch immer drückend heiß, das Leben scheint aussichtsloser denn je.

2. Chourmo

(OT: *Chourmo*, 1996). Zürich: Unionsverlag, 2000 (UT metro 187). – Ü: Katarina Grän, Ronald Voullié. – P: Platz 1 des »Deutschen Krimipreises International« 2001.

Mit *Chourmo*, dt. »Galeerensklave«, bezeichnen sich die einfachen Leute von Marseille, weil sie wie Galeerensklaven buchstäblich im gleichen Boot sitzen und dadurch eine verzweifelte Schicksals- und Solidargemeinschaft bilden, in der jeder für den anderen einsteht. Fabio Montale hat ein Jahr zuvor den Polizeidienst quittiert, doch gerät er erneut in eine zusammenhanglose Gewaltspirale, als er Guitou zu suchen beginnt, den verschwundenen jüngsten Sohn seiner Cousine Gélou. Während er von dem Polizisten Pertin bei jeder sich bietenden Gelegenheit schikaniert wird, erhält er von dessen Kollegen Loubet all die Informationen, die ihm zur Auflösung des Falles verhelfen: Gélous Mann Gino wurde vor einigen Jahren von einem unbekannten Mafiakiller ermordet; Gélou weiß nicht, dass ihr neuer Lebensgefährte Alex Narni eben dieser Mafiakiller ist. Guitou, noch zu Lebzeiten Ginos gezeugt, ist aber Alex Narnis leiblicher Sohn. Narni hat gerade den algerischen Historiker Hocine Draoui erschossen, als unvermittelt Guitou vor ihm steht. Ohne zu wissen, dass er seinen leiblichen Sohn vor sich hat, erschießt Narni auch Guitou. Dessen arabische Freundin Naïma Hamoudi kann fliehen, doch Narni und sein nicht minder gefährlicher Begleiter Balducci machen sich auf die Suche nach ihr, um sie als unliebsame Zeugin zu beseitigen. Der von Narni ermordete Historiker Hocine Draoui hatte ein Verhältnis mit Cuc, der vietnamesischen Frau des Stararchitekten Adrien Fabre. Draoui bekämpfte – und hierin liegt das Motiv für seine Ermordung – ein Bauprojekt Fabres, das Zeugnisse aus Marseilles Frühgeschichte unwiederbringlich vernichtet hätte. Später wird jedoch auch der Architekt Fabre von der Mafia ermordet, weil er Wucherzinsen an die Mafia nicht bezahlte und Geld für sich abzweigte. Die europäische Mafia von Marseille konkurriert mit den ebenfalls mafiaähnlich organisierten Islamisten um die Macht in der Stadt. Über die Verbrechen der Islamisten hat Fabio Montales Freund Serge ein Dossier angelegt, das der Zigeuner Saadne in Verwahrung hat. Serge und Saadne werden von zwei Islamisten ermordet, einer davon ist Redouane, der Bruder der vor Narni geflohenen Naïma. Montale liefert sich auf einer serpentinenreichen Bergstrecke ein Autoduell mit Narni und dessen Komplizen Balducci; die beiden stürzen in einen Abgrund. Loubets Polizisten, die Montale beschützend observiert haben, kommen gerade noch rechtzeitig, um den völlig erschöpft zusammenbrechenden Montale aufzufangen.

3. Solea

(OT: *Solea*, 1998). Zürich: Unionsverlag, 2001 (UT metro 203). – Ü: Katarina Grän, Roland Voullié.

»Solea« heißt ein Stück des Trompeters Miles Davis, das die Stimmung des Textes charakterisiert. Montale wurde von seiner Geliebten Lole (wegen der in Izzos *Total Cheops* sein Freund Manu ermordet wurde) verlassen und trauert ihr noch nach, als seine Ex-Geliebte Babette Bellini Kontakt mit ihm aufnimmt. Die irgendwo in den Bergen untergetauchte Journalistin besitzt fünf Disketten mit hochbrisantem Material über die Mafia. Die Mafia weiß, dass Babette den früheren Kommissar Montale um Hilfe bitten wird, und versucht ihn zu zwingen, Babette zu suchen. Um dieser Forderung Nachdruck zu verleihen, bringt ein Killer Menschen um, die dem Ex-Polizisten lieb und teuer sind, darunter seinen alten Freund Georges Mavros und Sonia de Luca, die schöne Tochter eines alten Hafenarbeiters. Als ihm Babettes Disketten per Post zugeschickt werden, veröffentlicht Montale sie sicherheitshalber im Internet und beginnt, den unbekannten Mörder zu suchen, um ihn umzubringen. Dazu geht er ein Zweckbündnis mit der schönen Kommissarin Hélène Pessayre ein, doch weil Montale undichte Stellen im Polizeiapparat befürchtet, spielt er ihr zum Schutze Babettes systematisch Falschinformationen zu. Im Hafen von Friaul kommt es zu einem letzten Treffen von Montale mit Babette. Sowohl der Killer als auch die Polizei sind den beiden trotz aller Vorsichtsmaßnahmen dicht auf den Fersen. Der Killer tötet Babette mit seiner MP und wird dafür von Montale niedergeschossen. Kommissarin Hélène Pessayres Mitarbeiter Béraud, der in Diensten der Mafia steht, schießt Montale in den Rücken. Dieser erzählt, bis zuletzt in Ichform berichtend, seinen eigenen Tod.

NORBERT JACQUES Luxemburg (1880–1954)

Mit dem sinistren *mad scientist* Dr. Mabuse, der als eine antizipierende Verkörperung des Nationalsozialismus gilt, schuf der gebürtige Luxemburger Norbert Jacques die Vorlage für einen der bekanntesten deutschen Stummfilme sowie für eine der erfolgreichsten Filmserien des deutschen Nachkriegskinos. Mabuse ist darin eine Art böser Geist, der in immer neue Wissenschaftler fährt, um sie für seine Welteroberungspläne zu missbrauchen. In der diffusen, heute ob ihrer unfreiwilligem Komik zu Recht vergessenen Mordgeschichte *Mensch gegen Mensch* (1924) tritt an die Stelle Mabuses die Terrororganisation »Omnium« des Bösewichts Poldrü. Jacques hatte Grund, das voreilig inszenierte Ende von Dr. Mabuse zu bedauern, doch die aberwitzige Lösung, die er zur Wiederauferstehung seines Protagonisten anbietet, entbehrt der Eleganz, mit der Conan → Doyle den »Tod« des Sherlock Holmes rückgängig machte. Weitere kriminalliterarische Werke: *Ingenieur Mars* (1923), *Dr. Mabuse auf dem Presseball* (1923), *Mabuses Kolonie oder N. J. sucht Kristina. Romanfragment* (1930), *Dr. Mabuses letztes Spiel. Roman eines Dämons* (1932), *Chemiker Null* (1934), *Zwei feine Herren* (1936).

Dr. Mabuse, der Spieler (1920)

Düsseldorf: Vier Falken Verlag, 1948. (rororo 66, 1952; dtv 1472, 1979.) – O/Z: München; um 1919.
F: D 1922, R: Fritz Lang.

Staatsanwalt Wenk, Spezialist für illegales Glücksspiel und Bandenkriminalität, bedient sich wie sein Gegenspieler, der Psychopathologe Dr. Mabuse, ständig wechselnder Verkleidungen. Mabuse nutzt seine suggestiven und hypnotischen Fähigkeiten zur Führung einer im deutsch-schweizerisch-österreichischen Grenzgebiet auf hohem technischen Niveau operierenden Schmugglerbande. Sein Ziel ist die Finanzierung eines eigenen Staates – Eitopomar in Brasilien. Außerdem tritt er in Hypno-Shows auf, pflegt aus purer Lust am Bösen Glücksspieler in den Tod zu treiben und lässt alle liquidieren, deren Loyalität er sich wie etwa bei der inhaftierten Tänzerin Cara Carozza nicht mehr sicher glaubt. Wenk und Mabuse rivalisieren um die Gunst der Grafengattin Dusy Told; Wenk zuliebe lässt sie sich als Spitzel in die Zelle der Tänzerin Cara sperren. Dusy ist es dann auch, die Mabuse zum Verhängnis wird. Er bringt die Gräfin in seine Gewalt, bringt die Erinnerung an ihren Mann in ihr zum Schweigen und macht sie zu seiner Geliebten. Wenk gelingt es dank guter Polizeiorganisation und einer rastlosen Reisetätigkeit, Mabuse einzukreisen. Als jedoch die beiden Villen des verrückten Arztes gestürmt werden, kann Mabuse in Polizei-Uniform entkommen; später bedient er sich eines Amphibienautos, um auch der Wasserpolizei zu entkommen. Er bringt Wenk in seine Gewalt und will ihn auf dem Flug nach Brasilien, den er zusammen mit Dusy antritt, aus dem Flugzeug stürzen. Es kommt zu einem dramatischen *cliffhanger* in viertausend Meter Höhe. Als Wenk den Namen des Grafen ausstößt, erwacht in Dusy die Erinnerung und der Hass auf ihren Peiniger. Sie greift zu einem Schraubenschlüssel und zieht ihn Mabuse über den Schädel. Der fällt aus dem Flugzeug, das der Tausendsassa Wenk sicher in Norddeutschland landet.

DONALD JAMES Großbritannien

(d. i. Donald James Wheal, *1931)

Der studierte Historiker Donald James ist seit Ende der 1960er-Jahre als Autor für britische Fernsehserien wie *The Avengers* (dt. *Mit Schirm, Charme und Melone*) tätig. Nach dem Ende der Sowjetunion 1991 sah es eine Weile so aus, als würde das Erkennen und Benennen gesellschaftlicher Zustände und Wandlungen in Russland ausländischen Autoren wie ihm, M. C. → Smith oder Ph. → Kerr mit seinem weniger bekannten *Dead Meat* (1993, dt. *Gruschko / Gesetze der Gier*, 2002) überlassen. Erst A. → Marinina oder P. → Daschkowa belehrten das Lesepublikum eines Besseren. Von Donald James stammt auch das Sachbuch *The Fall Of The Russian Empire* (1983). Seine Kriminalromane sind düstere Beschreibungen der von Boris Jelzin mit verursachten »Zeit der Wirren«; Nationalisten und Altkommunisten stehen sich unversöhnlich gegenüber, das Land ist in Stalinsche Verhältnisse zurückgefallen. Die Fortsetzung von *Monstrum* ist *The Fortune Teller* (1999, dt. *Der Puppenspieler von Murmansk*, 2000).

Moskauer Roulette

(OT: *Monstrum*, 1997). München: List, 1998. (Ullstein 24883, 2000.) – Ü: Brigitte Heinrich. – SF: Konstantin Vadim. O/Z: Russland; 2015.

Nach einem Bürgerkrieg, aus dem die Nationalpatrioten als Sieger hervorgingen, beherrscht Leonid Koba das Land (Koba = alter Kampfname Stalins), der international angesehene Dichter-Professor Peter-Paul Romanow repräsentiert es nach außen. Einer der Doppelgänger, mit dem sich Koba (wie Stalin angeblich auch) vor Attentaten schützt, ist der sibirische Kriminalmilizionär Konstantin Vadim. In Moskau soll er »das Monstrum« jagen, das bisher drei, vermutlich aber noch mehr junge Frauen getötet und ausgeweidet hat. Vadims Frau, eine Bürgerkriegsheldin, ist als Terroristin untergetaucht, der gemeinsame Sohn Michail soll umgekommen sein. Vadims Freund, der Geheimdienst-Oberst Roy Rolkin, will Vadims Frau Julia unbedingt fangen, was Vadim zum Schutze Julias zu zahlreichen riskanten Täuschungs- und Ablenkungsmanövern zwingt. Gemeinsam mit Vadim operieren die Pathologin Dr. Natalja Karlowa und die amerikanische Profilerin Dr. Imogen Harrow, die Vadims Geliebte wird. Als Julia bei einem Anschlag auf Koba schwer verletzt wird, rettet Natalja ihr heimlich das Leben. Julias Vertraute, die Opernsängerin Raissa, gerät in die seit Stalins Zeiten berüchtigte Geheimdienstzentrale Lubjanka und wird dort zu Tode gefoltert. Kobas mehrfach wiederholtes Amnestieversprechen für seine Bürgerkriegsgegner erweist sich als Lüge: Als Gefangene werden sie unter menschenunwürdigen Bedingungen per Eisenbahn in die Verbannung gekarrt. Alle Opfer des Monstrums waren Mitglieder einer äußerst vorsichtigen Sex-Sekte, die bei Dr. Imogen Harrow regelmäßige Aids-Tests durchführen lässt. Die echte Dr. Harrow ist allerdings längst gestorben. Die Frau, die in ihre Rolle geschlüpft ist, benutzt die Sekte als Organreservoir für Gebärmuttertransplantationen. Um die Uterusentnahmen zu verschleiern, zerstückelte Harrow die Opfer und nahm noch andere innere Organe mit. Dabei bediente sie sich des knallharten 13-jährigen Killers »Sex-Change«, der sie schließlich im Streit ermordete. »Sex-Change« ist kein anderer als Vadims Sohn Michail und springt lieber in den Tod, als sich von seinem eigenen Vater festnehmen zu lassen. Als Vadim feststellt, dass Julia vom Geheimdienst »umgedreht« worden ist und in der neuen Regierung ein hohes Amt bekleiden wird, bringt er den echten Koba unter Ausnutzung seiner Doppelgängerschaft um. Am Ende werden Vadim und Natalja ein Paar.

P. [PHYLLIS] D. [DOROTHY] JAMES

Großbritannien
(d. i. Phyllis White, *1920)

P. D. James ist neben R. → Rendell eine der bekanntesten Crime Ladys Großbritanniens. Ihr Serienheld Kriminalrat Adam Dalgliesh ist ein gebrochener Detektiv, der bei aller persönlichen Souveränität und Findigkeit der Gerechtigkeit in einer desorientierten Welt nicht mehr in jedem Falle zum Sieg verhelfen kann. Die Krimis spielen in der Gegenwart, sind aber so »gotisch«, dass es fast verwundert, wenn erwähnt wird, dass Frauen aus dem Figurenensemble die Pille nehmen. Weitere Adam-Dalgliesh-Romane: *Cover her Face* (1962, dt. *Ein Spiel zu viel*, 1980), *A Taste for Death* (1986, dt. *Der Beigeschmack des Todes*, 1988), *Original Sin* (1994, dt. *Wer sein Haus auf Sünden baut*, 1995), *A Certain Justice* (1997, dt. *Was gut und böse ist*, 1999).

Tod im weißen Häubchen

(OT: *Shroud for a Nightingale* [wörtl. »Leichenhemd für eine Nachtigall«], 1971). Tübingen: Wunderlich, 1978. (Knaur 61877, 2001.) – Ü: Wolfdietrich Müller. – SF: Kriminalrat Adam Dalgliesh. O: eine Schwesternschule.

»Nightingale« ist der Name eines Schwesternheimes, in dem die beiden Schwesternschülerinnen Heather Pearce und Josefine »Jo« Fallon auf grausame Weise umgebracht werden und wo später Oberschwester Ethel Brumfett in einem Schuppen verbrennt. Das Personal der Schwesternschule ist dünkelhaft und verschlossen, Kriminalrat Adam Dalgliesh muss viele falsche Fährten aussondern. Die ermordete Schwesternschülerin Heather Pearce war eine moralinsaure Person mit einer Neigung zur Erpressung. Sie hatte erfahren, dass Oberin Mary Taylor in Wahrheit die Nazikrankenschwester Irmgard Grobel war, die in Deutschland wegen Patientenmordes angeklagt und freigesprochen worden und in England untergetaucht war. Die Oberin Mary Taylor wusste, was Pearce wusste, und infiltrierte ihr bei einer Demonstration der Magensonde Abflussreiniger. Dann vergiftete sie Schwesternschülerin Jo Fallon, die ihrer wahren Identität ebenfalls nachspürte und sich aus London ein Buch über den damaligen Kriegsverbrecherprozess besorgt hatte. Diesen Mord führte sie mit Nikotin durch, das zur Bekämpfung von Ungeziefer in Rosenbeeten benutzt und an einem allgemein zugänglichen Ort verwahrt wurde. Den Stein ins Rollen gebracht hatte ein sterbender Patient, der bei einem kurzfristigen Erwachen aus seinem Koma in Mary Taylor Irmgard Grobel wiedererkannte; er war seinerzeit an dem Prozess auf Klägerseite beteiligt gewesen. Taylor/Grobel bewegt nach den drei Morden die ihr sklavisch ergebene Oberschwester Brumfett zum Ablegen eines schriftlichen Geständnisses, sie, Brumfett, habe die Morde begangen. Dann betäubt oder tötet Taylor/

Grobel Oberschwester Brumfett mit einer Evipan-Injektion, bringt sie unbemerkt in den Schuppen und zündet ihn an. Dalgliesh kann die Taten nachweisen, sie aber nicht beweisen. So gilt Brumfett als Mörderin und Selbstmörderin. Erst nachdem sie in einem Prozess freigesprochen worden ist, richtet sich Mary Taylor selbst – ebenfalls durch eine Evipan-Spritze. Das schriftliche Geständnis, das sie Dalgliesh persönlich hinterlässt, verbrennt er. Am Ende wird »Nightingale« abgerissen, um einem neuen Zweckgebäude Platz zu machen.

SAM JAUN Schweiz
(*1935)

Nach *Der Weg zum Glasbrunnen* (1983) ist *Die Brandnacht* der zweite Peter-Keller-Krimi, ausgezeichnet mit dem »Glauser« des Jahres 1987. Jauns Vorbilder sind die Kriminalromane → Glausers und F. → Dürrenmatts. Sein Krimi *Fliegender Sommer* errang 2001 den dritten Platz beim »Deutschen Krimipreis«.

Die Brandnacht

Zürich: Benziger, 1986. (Heyne 05/19, 1993.) – O: Schwant. – P: »Glauser« 1987.
F: CH 1992, R: Markus Fischer.

Die »Brandnacht« ist eine Traditionsveranstaltung am Schweizer Nationalfeiertag zur Erinnerung an jene Zeit, als Feuer auf exponierten Landschaftserhebungen u. a. die Funktion von Notsignalen hatten. – Der einfältige Knecht Otto Balsiger soll Eva Drechsel vergewaltigt und ermordet haben. Der Detektiv Peter Keller, eine verkrachte Existenz, soll Balsiger helfen, seine Unschuld zu beweisen. Keller stößt jedoch überall auf eine Mauer des Schweigens. Das Hotel Schwantbad gehört den sieben vergreisten »Freunden Schwants« und ist ein getarntes Bordell. Diese sieben »Freunde Schwants« stehen in politischem Gegensatz zu den »Wahren Christen«, einer fundamentalistischen Glaubensgemeinschaft, die nach ihrem Oberhaupt Amos auch »Amositen« genannt wird und im Gemeinderat über eine Stimmenmehrheit verfügt. Amos erweist sich als Detektiv Kellers Jugendfreund Josef Zingg und ist der Geliebte von Eva Drechsel. Deren Mutter Annette Zurkinden-Drechsel leitet das Hotel »Schwantbad« und erpresst Amos in Komplizenschaft mit den »Freunden Schwants«. Ziel der Erpressung ist es, die militärische Nutzung eines Grundstücks aus Amos' Besitz zu verhindern. Als Druckmittel hierbei werden intime Fotos von Amos und Eva eingesetzt, die Annettes Ex-Mann, der Gastwirt Tobler, anfertigte. All dies stürzt Amos derart in Verwirrung, dass er ein falsches Geständnis ablegt und Selbstmord begeht. Die Amositen bearbeiten den einfältigen Knecht Balsiger, ebenfalls ein Geständnis abzulegen. Evas Mörder freilich ist der Gastwirt Tobler. Sein Motiv war Annettes Heirat mit einem anderen und Eifersucht auf Eva. Nachdem Annette ihn erschossen hat, richtet sie die Waffe gegen sich selbst. Um Balsiger zu retten, müsste Detektiv Keller Amos' Schuld bezeugen, doch er flieht aus Schwant und fährt betrunken mit der Eisenbahn davon.

K

ALEXANDER KABAKOW Russland (*1943)

Auch unter Michail Gorbatschow (Partei- und Staatschef 1985–91) versuchte die russische Literatur, die Befindlichkeiten der Zeit einzufangen; in einigen Fällen bediente sie sich dabei spielerisch-ironisch der Formensprache des Kriminalgenres. *Nowaja moskowskaja filosofija* (1989, dt. *Die neue Moskauer Philosophie. Ein russischer Kriminalroman*, 1991) von Wjatscheslaw Pjezuch war ein vehementes Plädoyer für die Einheit von Leben und Literatur, das zentrale *crimen* entpuppte sich aber am Ende als Dummer-Jungen-Streich. Nachdem Arnold Schwarzenegger 1988 in *Red Heat* als Sowjetbulle Iwan Danko über den Roten Platz getobt war, versuchte Alexander Kabakow mit den Mitteln des Action-Romans die Gespenster der Sowjetära zu bannen.

Kein Zurück

(OT: *Newoswraschtschenez* [wörtl. »Der Nichtrückkehrer«, 1990). Frankfurt a. M.: Fischer, 1990. – Ü: Olaf Kühl. – O/Z: Moskau; 1988, 1993.

1988 wird der Zeitreisende Jurij Iljitsch von zwei KGB-Agenten angeworben, die zukünftigen Staatsfeinde des Jahres 1993 auszuspionieren. 1992 hat eine AIDS-Epidemie die Moskauer Prostituierten ausgerottet und der Putsch des rechtsnationalen Generals Panajew einen Bürgerkrieg ausgelöst. Es gibt keine Uhren mehr, christliche, islamische und kommunistische Fundamentalisten, Afghanistan-Veteranen, Schwarze Hundertschaften und Rockerbanden marodieren durch Moskau, die Moskauer U-Bahn ist ein Tummelplatz für Verbrecher und Psychopaten jedweder Couleur. Jurij Iljitsch kann eine junge Frau überwältigen, die ihn ausgeraubt hat, und mit ihr aus der Geiselhaft beim mörderischen »Revolutionären Komitee von Nordpersien« entkommen. Schließlich holt er seine Ehefrau aus dem Jahr 1988 zu sich in die Zukunft, die er vor dem KGB verteidigen will. Von seinen beiden Werbern verfolgt, geht er zum Angriff über. Wie der Kampf ausgehen wird, bleibt offen.

ISMAIL KADARÉ Albanien (*1936)

Albanien ist ein archaiches, eigenwilliges und kriegerisches Land. Nach dem Zweiten Weltkrieg ging es nacheinander Allianzen mit Russland, Jugoslawien und China ein, kündigte sie jeweils wieder auf und blieb danach weitgehend politisch isoliert. Eine Kriminalliteratur in westlichem Sinne scheint es nicht hervorgebracht zu haben, doch noch im 20. Jahrhundert wurde in Albanien nach den strengen Regeln des uralten Kodex »Kanun« (von griech. *kanon*) die Blutrache ausgeübt. Von dieser Form gesellschaftlich gebilligten Mordes handelt ein Roman des im Ausland wohl bekanntesten albanischen Schriftstellers Kadaré.

Der zerrissene April

(OT: *Prilli y thyer*, 1982). Salzburg: Residenz-Verlag, 1989. (dtv 11497, 1993.) – Ü: Joachim Röhm. – O/Z: nördl. Hochland des Königreichs Albanien; 1925–39.
F: *Abril Despedaçado*. P 2001 (dt. *Hinter der Sonne*), R: Walter Salles.

Seit vor 70 Jahren ein Gast der Familie Berisha von einem Mitglied der Familie Kryeqyqe ermordet wurde, besteht zwischen den beiden Familien eine Blutfehde, der bereits mehr als 40 Menschen zum Opfer gefallen sind. Nachdem sein Bruder getötet worden ist, muss der 26-jährige Gjorg Berisha den Regeln zufolge einen Kryeqyqe töten. Im letzten Moment versucht eine entfernte Verwandte, das Blutvergießen ein für alle Mal zu beenden, doch das Veto eines altersstarrsinnigen Greises verhindert das notwendige Einvernehmen aller Parteien. Nach langem Zaudern erschießt Gjorg Berisha Zef, den Mörder seines Bruders, aus dem Hinterhalt. Er weiß, dass er damit das nächste Opfer sein wird. Ein Ehrenwort der Familie Kryeqyqe garantiert ihm eine 30-tägige Schonfrist bis Mitte April. Um Abschied vom Leben zu nehmen, durchstreift er Anfang April das Hochland. Dabei begegnet er dem Schriftsteller Besian Vorpsi, der sich mit seiner jungen Frau Diana auf Hochzeitsreise befindet, und mehrfach auch dem berühmten Kanunausleger Ali Binaku. Binaku reist mit einem Arzt und einem Geometer von Ort zu Ort, um verwundete Hochländer zu untersuchen und Grenzstreitigkeiten zu klären, die ebenso wie Körperverletzungen Blutrache, mindestens aber die Zahlung einer Ablösesumme nach sich ziehen. In einem unbeaufsichtigten Moment betritt Diana verbotenerweise einen Fluchtturm, in dem sich von der Blutrache Bedrohte oft monatelang verborgen halten. Binaku befreit Diana, die völlig verstört in tiefes Schweigen verfällt. Was ihr im Turm widerfahren ist, bleibt offen, Besian bricht die Hochzeitsreise ab. Gjorg, vom Gedanken an eine letzte Wiederbegegnung mit Diana besessen, folgt der Reiseroute des Ehepaares, wird aber kurz vor Erreichen eines Fluchtturmes, der ihm vorläufige Sicherheit gewähren würde, von einem Mitglied der Sippe Kryeqyqe niedergeschossen.

STUART M. KAMINSKY USA
(*1934)

Die Toby-Peters-Serie des ehemaligen Filmprofessors Kaminsky ähnelt den Hollywood-Krimis von G. → Baxt; beide Autoren verwickeln Film-Prominenz in Kriminalfälle. Kaminskys Serienheld ist ein Jude, der eigentlich Pevsner heißt (unter diesem Namen arbeitet sein cholerischer Bruder als Police Captain), und er ist umgeben von einer freakigen Schar Helfer und Freunde wie einem zwergenhaften Sprachgenie und einem unfähigen Zahnarzt. Die Geschichten beginnen meist mit einem *cliffhanger* kurz vor der Lösung des Falles, der dann aus der Rückschau des *cliffhangers* in der Ichform von Peters erzählt wird. Außerdem hat Kaminsky neben Filmbüchern wie *John Huston. Maker of Magic* (1978, dt. *John Huston. Seine Filme, sein Leben*, 1981) noch eine Serie um den Moskauer Milizinspektor Porfirij Petrowitsch Rostnikow verfasst, dessen Name dem *sledowatelj* (Ermittlungsrichter) aus Dostojewskijs *Schuld und Sühne* entlehnt ist. Zu der Rostnikow-Serie gehören u. a. *Black Night in Red Square* (1984, dt. *Nacht auf dem Roten Platz*, 1989), *A Fine Red Rain* (1987, dt. *Roter Regen*, 1989), das u. a. mit dem »Edgar Award« ausgezeichnete *Red Chameleon* (1985, dt. *Rotes Chamäleon*, 1989) und *A Cold, Red Sunrise* (1988, dt. *Kalte Sonne* 1990). Außerdem schuf Kaminsky eine Romanserie um den jüdischen Detektiv Abe Lieberman: *Lieberman's Folly* (1990, dt. *Liebermans Wahnsinn*, 1998), *Lieberman's Choice* (1993, dt. *Liebermans Entscheidung*, 1999), *Lieberman's Law* (1996, dt. *Liebermans Gesetz*, 1997) u. a. Weitere Toby-Peters-Krimis: *Think fast, Mr. Peters* (1987, dt. *Der Doppelgänger*, 1989), *The Man who shot Lewis Vance* (1987, dt. *Wer erschoss Lewis Vance?*, 1986) *The Melting Clock* (1991, dt. *Rasputins Rache*, 1992).

Nichts geht mehr

(OT: *You bet your Life*, 1978). München: Heyne, 1985 (Tb 02/2128). – Ü: Edgar Müller-Frantz. – SF: Toby Peters. O/Z: Los Angeles, Chicago; 1941.

Der Mafioso Gino Servi fordert angebliche Spielschulden von Marx-Brother Chico ein, doch die hat ein Doppelgänger Chicos gemacht. Toby Peters sucht deshalb Al Capone auf, der ihn an seinen Bruder Ralph nach Chicago verweist. Dort beseitigt ein unbekannter Killer alle Menschen, mit denen Peters Kontakt aufnimmt – mit Ausnahme des Polizisten Kleinhans, der von Peters Rechenschaft über jeden Schritt einfordert. Nach einem heimlichen Beschatter und einem Gepäckdieb endet schließlich auch der Mafioso Servi als Leiche in einem Kofferraum. Erst ganz zum Schluss erkennt Peters, dass der Polizist Kleinhans hinter dem Schwindel mit dem Chico-Marx-Doppelgänger steckt und sich durch Peters' Hartnäckigkeit gezwungen sah, alle Mitwisser zu beseitigen. Zwar kann Kleinhans Peters durch einen Schuss in die Brust schwer verwunden, wird dann jedoch selbst von einem aufmerksamen Pistolero Ralph Capones niedergestreckt. Eine Operation bringt den Detektiv wieder auf die Beine. Der muss im Laufe seines Abenteuers immer wieder vor drei bewaffneten Killern aus einem Spielclub fliehen. Dabei helfen ihm der filmfanatische Taxifahrer Popoff, die Kellnerin Merle, die Marx Brothers und der elegante James-Bond-Erfinder Ian Fleming (Fleming unterstützte die USA 1941 bei der Gründung eines Vorläufers der CIA). Flemings Auftritte und die von Groucho Marx, der zu Peters' Rettung ebenso spontan wie überzeugend in die Rolle eines Psychiaters aus Kapstadt schlüpft, sind regelrechte Kabinettstückchen.

YORAM KANIUK Israel
(*1930)

Kaniuk ist einer der bekanntesten Lyriker Israels. Sein Romandebüt *Das Gesicht des Mörders*, dessen Originaltitel *Tigerhill* sich auf eine historische Örtlichkeit bezieht, ist äußerst vertrackt konstruiert und facettenreich; die Handlung ist untrennbar mit Israels Lebensgefühl und Geschichte verbunden.

Das Gesicht des Mörders

(OT: *Tigerhill*, 1995). München: List, 1998. (Econ & List 27674, 1999.) – Ü: Beate Esther von Schwarze. – O: Tel Aviv.

Hadar Rafaeli legte sich als Fünfjährige in einer Art Trotzreaktion vor einer herannahenden Lokomotive auf die Schienen. Bei ihrer Rettung wurde der gleichaltrige Jonathan von der Lokomotive zermalmt. Hadar verdrängte den Vorfall, doch der rückt allmählich wieder in ihr Bewusstsein, als sie zusammen mit einem Schriftsteller ohne Namen sowie mit ihren Freunden beziehungsweise Kollegen Uriel und Muki in einen komplizierten Mordfall verwickelt wird. Im Café »Peleus« explodiert eines Nachts eine professionell gebaute Bombe. Hadar, der das Attentat galt, war zur fraglichen Zeit im Café verabredet, dann aber nicht erschienen. Der Barkeeper glaubt, vor der Explosion eine Katze gesehen zu haben. Hinter dem Café wird ein angeblicher Katzenkadaver gefunden und sofort beseitigt. Ein anonymer Anrufer legt wenig später Wert auf die Feststellung, dass es keine Katze gewesen sei, und schließt seine Mitteilung auf Arabisch mit dem rätselhaften volkstümlichen Satz, für jeden Hund komme seine Zeit. Tatsächlich hat ein Hund ein Sprengstoffpaket ins Lokal gebracht, und zwar Peter, der in der Schweiz perfekt dressierte Labrador des namenlosen

Schriftstellers. Über Peters Schicksal macht der Schriftsteller widersprüchliche Aussagen, weil er ihn dem Attentäter überlassen hat, und der hat bei einem Einbruch in deren Wohnung Wäschestücke Hadars gestohlen, um Peter auf die junge Frau anzusetzen. Das Attentat misslang, weil das Opfer nicht anwesend war und Peter von der Katze abgelenkt wurde, die der Barkeeper meinte gesehen zu haben. Draußen wurde der Labrador Peter dann durch ein umherfliegendes Trümmerteil getötet; der bis zur Unkenntlichkeit entstellte Kadaver wurde in der Nacht für eine tote Katze gehalten. Bei der Suche nach dem Täter und seinem Motiv stößt Hadar tief in die eigene Lebensgeschichte vor: Jonathans Vater Ben schuf eine Legende um den toten Sohn, der auch seine jüngeren Söhne aufsaßen. Sie stellten Hadar nach. Ehud, der sich später unter ominösen Umständen das Leben nahm, versuchte in der Schulzeit vergeblich, Hadar zu verführen, Omri stürzte beim heimlichen Observieren ihrer Wohnung zu Tode. Von Trauer und Hass verwirrt, gab Ben Hadar die Schuld am Tod seiner drei Söhne und entwickelte unter dem Einfluss des Schriftstellers einen Racheplan. Der Schriftsteller nährte und schürte diesen Racheplan, um ihn als Motivreservoir zu nutzen, glaubte aber nicht, dass er auch ausgeführt würde, denn er vertraute auf Bens militärische Disziplin – Ben war seit den Gründungstagen des Staates Israel Offizier. Eingesponnen in den Plan, aber nicht eingeweiht und nur als Werkzeug missbraucht, waren auch Uriel, Nimrod und Eran sowie Erans Vater. Nachdem der alte Meschulam, ein Augenzeuge, Hadar und ihren Freunden von Jonathans Tod und den damit verbundenen Ereignissen erzählt hatte und sie Vater Ben seine Tat in allen Einzelheiten nachgewiesen haben, lässt sich dieser widerstandslos von dem alten, erfahrenen Kriminalpolizisten Jerucham festnehmen. Der Schriftsteller bleibt ungeschoren, obwohl ihn eine moralische Mitschuld an dem Attentat trifft.

HANS-JOACHIM KANN Deutschland (*1943)

Der promovierte Germanist Kann verbindet geschickt wie kaum ein zweiter deutschsprachiger Autor fundiertes historisches Wissen mit dem Schauplatz seiner Kriminalhandlung. Erst nach dem Erscheinen seines Archäologie-Krimis *Der dritte Arm von rechts* 1988 entstand das Subgenre Eifel- und Moselkrimi. Zu letzterem zählen Carl v. Lieser (Ps. auch Carlos Caldera, d. i. Karl-Josef Prüm) mit seiner Serie um Lehrer Matz Mendgen und seine farbige Ehefrau Naomi Beilstein (z. B. *Vorsicht Rotlicht*, 1999) und Mischa Martini (d. i. Michael Weiyand), dessen Krimis alle das Wort »Mosel« im Titel führen (z. B. *Endstation Mosel*, 2001).

Der dritte Arm von rechts. Archäologischer Kriminalroman

Trier: Édition trèves, 1988. – O: Trier.

Der amerikanische Germanistikstudent Mike Horridge, ein Abkömmling europäischer Juden, nimmt bei Ausschachtungsarbeiten am Viehmarkt in Trier heimlich einen Schädel an sich. Weil es Experten zufolge an der Fundstelle in der angegebenen Tiefe keine Gräber gegeben hat, verbringt Mike jede freie Minute mit Paläokriminalistik. Er neigt zum hemmungslosen Flunkern und stellt sich jedem neuen Bekannten gegenüber mit einem anderen Nachnamen und einem anderen Lebenslauf vor, weswegen ihn die Polizei für einen Grabräuber und Antiquitätenschieber hält. Eine Studentin der Zahnmedizin ordnet den Schädel einem etwa 40 Jahre alten wohlhabenden Mann aus dem Mittelalter zu. Die Bergung eines Bronzebehältnisses mit acht Instrumenten und die Zusammenfügung mehrerer Grabsteinfragmente ergeben, dass es sich bei dem Toten um den jüdischen Arzt Michael ben Baruch aus Magdeburg gehandelt haben muss, der sich 1527 im Gefängnis aufgehängt hat oder aufgehängt worden ist. Es existieren noch Belege über die Gegenstände, die er bei der Einlieferung ins Gefängnis bei sich hatte und die nach seinem Tod versteigert wurden; das Bronzekästchen fehlte allerdings bei der Versteigerung: Mike handelt es einem privaten Schatzsucher ab. Außerdem existiert ein Beleg über eine Zahlung an den damaligen Henker für die Beseitigung von Baruchs Leiche, wobei dem Henker ein Teil des Honorars vorenthalten wurde, weil bei einer Nachschau keine Leiche im Grab lag. Baruch wurde offenbar dennoch seinem Glauben gemäß und würdig beigesetzt. Auf den Deckel des Kästchens eingeritzt sind Zeichen, die Mike schließlich als »Der dritte Arm von rechts« entziffert. Bei dem »Arm« handelt sich um einen Teil eines unterirdischen Labyrinths in der Form eines siebenarmigen jüdischen Leuchters. Mit seiner Ingravur auf dem Instrumentenkasten wollte Baruch wohl einen Hinweis auf die von ihm gewünschte Begräbnisstätte geben. Weil die mittlerweile zubetoniert wurde, verschafft Mike sich durch begehbare Kellergewölbe Zugang zur Trierer Unterwelt. Seine Begleiterin, die angebliche Arbeitslose Helga, erweist sich als Polizistin, die ihn in dienstlichem Auftrag observiert. Als Mike jedoch unter Beachtung aller jüdischen Rituale Kopf und Körper wieder vereint, vernichtet sie die Aufnahmen von der Begehung, um Mike nicht in Schwierigkeiten zu bringen. Baruchs Mörder war vermutlich der Trierer Medicus Laurentius Frijes, sein Motiv Konkurrenzneid. Von Baruchs Tod profitierte freilich auch der damalige Kurfürst, der einer überlieferten Quittung zufolge tief bei Baruch in der Kreide stand und mit dessen Tod seine Schulden mit einem Schlag los war. Am Semesterende verschiebt Mike seine Abreise nach Israel um einen Tag, um an der Sabbath-Feier der jüdischen Gemeinde von Trier teilzunehmen, die immer Probleme hat, die für einen Gottesdienst vorgeschriebenen zehn männlichen Teilnehmer zusammenzubekommen.

DŽEVAD KARAHASAN Bosnien (*1953)

Dževad Karahasan ist Kroate, lebt in Sarajewo und hat die aus dem Orient stammende literarische Gattung des »Divan« wiederbelebt. Ein »Divan« vereint Texte unterschiedlichster Art, darunter Briefe, religiöse bzw. philosophische Traktate und Kriminalerzählungen zu einem teilweise ins Fantastische spielenden Gesamtwerk mit vielen funkelnden Facetten. *Der östliche Divan*, in dem auch historische Figuren auftreten (sie werden in einem Register erläutert) ist eines der seltenen Beispiele für einen orientalischen Krimi – was nicht ausschließt, dass der Protagonist Gazvan ausführlich Äußerungen von C. → Doyles unsterblichem Sherlock Holmes über den Wassertropfen paraphrasiert, aus dem man auf den ganzen Ozean schließen könne, aus dem er stamme. Obwohl Muslim, ist Gazvan als Erkenntnistheoretiker ein strenger Rationalist und fordert eine fest gefügte Welt mit einer fest gefügten Ordnung, die der Detektiv letztlich aber nicht herstellen kann. Somit ist das Buch eine Sherlockiade und gleichzeitig ein Traktat zur Theorie der Kriminalermittlung.

Der östliche Divan

(OT: *Istočni divan*, 1989). Klagenfurt: Wieser, 1993. – Ü: Katrin Becker. – O/Z: Bagdad, Medina u. a.; 9. Jh.

Der Schriftsteller al-Mukaffa führt einen Briefwechsel mit seiner weit entfernt lebenden Frau Begzada. Al-Mukaffa ist der Autor der weit-, oft abschweifenden Kriminalerzählungen um den Polizei-Emir von Medina, Gazvan ibn Valid. Gazvans erster Fall handelt von einem Mord in einem von innen abgeschlossenen Raum. Opfer ist ein Kunstmaler, der erschlagen wurde, als er gerade das Porträt eines Mädchens vollendete. Gazvan beschreibt anhand des Gemäldes den Vater des Mädchens als einen wohlhabenden Mann und das Mädchen als dessen einziges Kind (im Islam, der ohnehin der Porträtkunst ablehnend gegenübersteht, werden die wenig geltenden weiblichen Nachkommen selten der Ehre eines Porträts gewürdigt). Der Theorie, das unvollendete Bild enthalte direkt den Schlüssel zur Lösung des Falles, kann sich Gazvan jedoch nicht anschließen. Er weist schließlich nach, dass ein zweiter Schlüssel zu dem Haus existiert und dass der Auftraggeber des Bildes gleichzeitig der Mörder war. Das Motiv liegt im Magischen. Je weiter das Porträt seiner Vollendung entgegensah, desto mehr schwand das Leben des Mädchens dahin; es schien von seinem Konterfei aufgesogen zu werden. Im Mittelpunkt des nächsten Falls, in welchem Gazvan außer dem Arzt Abu Tanabija sein Stellvertreter Ibn Tevab assistiert, ein früherer Kleinkrimineller, steht der Tod der sechsköpfigen Familie des Fischers Hussein ibn Hassan, die man aufgeknüpft an einer Palme vor der Moschee findet. Die Gesichter der Toten sind rein, ruhig und weiß, ohne die für Strangulation charakteristische Blaufärbung. Hussein findet man in nämlichem Zustand im Hafen, an einem Balken hängend. Einen ganz anders gearteten Tod findet der Händler Sufjan: er zerplatzt regelrecht, ebenso wie der kluge, besonders in Philosophie beschlagene Enkel des ar-Razis. Ar-Razis scheidet mit völlig grün verfärbtem Gesicht aus dem Leben. Außerdem ertrinkt noch eine Gruppe von Hanimalen, und schließlich wird Ibn Tevab im Hause seines Herrn erdrosselt. Abu Tanabija hat für den merkwürdig reinen Zustand der Toten eine eigene Theorie parat: Seiner Überzeugung nach stehe dem äußeren Körper ein innerer, nahezu untrennbar mit der Seele verbundener Körper gegenüber. Wenn ein Toter äußerlich unversehrt sei, habe jemand gewaltsam die Seele vom inneren Körper getrennt und es liege ein Mord vor. Gazvan entwickelt eine Verschwörungstheorie, als er bemerkt, dass die Verbindungslinien zwischen den Fund- beziehungsweise Tatorten mehrere ineinander geschachtelte ähnliche Dreiecke bilden. Seine Zeichnung findet sich später auf dem Leib des toten Assistenten wieder. Offenbar haben die Verschwörer, wenn es sie denn gibt, einen Spion und Meuchelmörder unmittelbar in Gazvans Haus eingeschleust. Letztlich führt all dies aber einer Lösung keinen Schritt näher. Die drohende Verschwörung alarmiert lediglich den Großwesir und den Sultan, der Fall bekommt eine politische Dimension, und Gazvan gerät immer mehr unter Erfolgszwang. Sein Verdacht konzentriert sich völlig auf Hallag, den Lehrer des getöteten Jungen. Hallag ist schon einmal wegen gotteslästerlicher Äußerungen aufgefallen, denn er behauptet, jeder Mensch trüge einen Teil von Gott in sich, sei also wenigstens teilweise von göttlichem Wesen. Außerdem sind einige Schüler, von denen Hallag sich im Zorn getrennt hat, schon früher unter merkwürdigen Umständen ums Leben gekommen, und er stand mit dem erhängten Fischer in persönlicher Beziehung. Nachdem auch eine Bespitzelung Hallags rund um die Uhr keine Ergebnisse zeitigt, holt Gazvan aus seinem Gefängnis, dessen hierarchische

Gliederung stark an Dantes Kreise der Hölle erinnert, einen Gefangenen und lässt ihn zum Doppelgänger Hallags zurechtschminken und ausbilden. Hallag wird festgenommen und bekennt sich, ohne Mordmotiv oder -methode anzugeben, schuldig, als er merkt, wie leicht und spurlos man ihn dank des Doppelgängers jederzeit verschwinden lassen kann. Im letzten Teil des Buches ist Sulejman, der Gehilfe eines neuen Polizei-Emirs, hinter der Verschwörergruppe der »Aufrichtigen Brüder« her. Tawhidi, den er besonders verfolgt, gilt als großer Verehrer Gazvans. In diesem Zusammenhang stellt sich heraus, dass Hallag seinerzeit nicht als Verbrecher, sondern als Ketzer verurteilt wurde. Sulejman, der auch das Gazvan-Manuskript nochmals zur Hand nimmt, muss sich am Ende mit der Erkenntnis begnügen, dass die Welt zunehmend aus der Balance gerät, dass, um Abu Tanabijas Theorie aufzugreifen, das Innere und das Äußere nicht mehr im rechten Verhältnis zueinander stehen und dass es nichts wirklich Starkes mehr gibt, zum Beispiel keine starke Liebe oder keine wirklich starken Männer mehr. Letztlich kann der Mensch nichts wissen, die Polizei keine Ordnung schaffen oder aufrechterhalten.

KARR & WEHNER Deutschland
(Hanns-Peter Karr, *1955; Walter Wehner, *1949)

Das Autorenduo Karr & Wehner hat den chaotischen Essener Kameramann »Gonzo« Gonscharek erfunden, der nach seinem Debüt in *Geierfrühling* (1994) in *Rattensommer* (1995) und *Hühnerherbst* (1997) weiter ermittelt und in *Bullenwinter* (1999) seinen letzten Fall recherchiert. Das Autorenduo erhielt 1996 für *Rattensommer* den »Glauser«. Wie R. → Chandler praktizieren die beiden das so genannte *cannibalizing*, d. h., sie schlachten für ihre Romane eigene Kurzgeschichten aus, in diesem Fall *Laubenbrand, Happy Birthday, Führer* und *Happy X-mas, Gonzo.* H. P. Karr ist auch im Alleingang bzw. mit seiner Ko-Autorin Barbara Hölscher erfolgreich. Die Ko-Produktion *Doppelt gewinnt* errang 1999 den dritten Preis beim Wettbewerb »Frauen morden besser« der Zeitschrift *Maxi.*

Geierfrühling

Ruhrpott-Krimi. Zürich: Haffmans, 1994. (Heyne 05/127, 1996.) – SF: »Gonzo« Gonschorek. O: Essen-Altenessen.

Während er am Essener Hauptbahnhof einen Obdachlosen filmt, wird der freischaffende Kameramann »Gonzo« Gonschorek zufällig Zeuge eines Streits zwischen der polnischen Prostituierten Dana und dem Bahnhofs-Wachmann Gorny. Gonzo nimmt Dana mit, doch die besprüht ihn mit Reizgas und macht sich mit seiner zweiten Kamera davon. Wenig später ist Wachmann Gorny ermordet, Hauptkommissar Behrendt hält Dana für die Täterin, Gonzo aber meint, dass es der Penner war. Den Penner findet er, als der gerade von Skinheads verprügelt wird. Die Suche nach Dana dagegen gestaltet sich für Gonzo und seinen Kollegen Schäfer zu einem delirierenden Trip durch die Subwelt der Bahnhofszene. Gornys Vorgesetzter Schreiter warnt Gonzo vor weiterem Herumschnüffeln, später wird Gonzo zusammengeschlagen. Schreiter kann über eine Videoanlage das gesamte Bahnhofsgebiet überwachen: Er und Wachmann Gorny kassierten von Prostituierten und Bettlern »Standgeld«. Nach einem Streit um die Erhöhung dieses »Standgeldes« ist Dana bei einem Rentner untergeschlüpft. Sie hielt Gonzo für einen von Gornys Leuten und besprühte ihn deshalb mit Reizgas. Kaum hat Gonzo seine Kamera wieder, wird auch Dana erschossen. Wegen am Tatort gefundener Fingerabdrücke gilt er als Tatverdächtiger. In einem Geräteraum auf einer unterirdischen Ebene des Bahnhofs entdeckt der Kameramann dann eine Videoanlage, mit der der Videoladen von Mehmet und Yilmaz Arkar gegenüber überwacht werden kann. In den Fall verwickelt ist Heiko Rottmeister, der Führer einer rechtsradikalen Schlägertruppe. Dessen Leute schlagen Mehmet Arkar zusammen, werden aber dabei gefilmt. Noch in derselben Nacht versucht Sonja, ein Mädchen aus Rottmeisters Gefolgschaft, an das Videoband heranzukommen (ihr Bruder ist einer der prügelnden Skins), doch Gonzo kann sie mit einer Kopie übertölpeln. Schreiter verrät sich durch unbedachte Äußerungen als Danas Mörder, doch Gonzo fehlen Beweise. Schließlich findet er heraus, dass der Videoladen zur Geldwäsche von Einnahmen aus dem Rauschgifthandel dient. Einmal pro Woche bringt ein Bote Bargeld in den Laden. Rottmeister plant mit seinen Skins als Komplizen einen Überfall auf diesen Boten, die nötigen Informationen bezieht er von Schreiter. Der Polizistensohn Neili Bantzok, ein Mitglied der Skins, verrät den Zeitpunkt desns geplanten Überfalls, Gonzo filmt alles mit der Absicht, notfalls die Brüder Arkar zur Rache an Neonazi Rottmeister und Schreiter aufzustacheln. Bevor Gonzo weitere Maßnahmen beschließen kann, erschießt Sonja Gornys Vorgesetzten Schreiter, der vorher zum Ablegen eines schriftlichen Geständnisses gezwungen wurde. Tatwaffe und Geständnis gehen der Mordkommission zu, für die der Fall damit erledigt ist. Th. P.

JÖRG KASTNER Deutschland (*1962)

Kastner, studierter Jurist, begann mit Genre-Parodien (*Schaumpatrouille*), schrieb 1994 die Novelisation zum Jan-de-Bont-Film *Speed* und spezialisierte sich dann auf Kriminalromane und Fantasy-Abenteuer, in denen er bekannte Motive wie das des Golem aufgreift (in dem Reißer *Wenn der Golem erwacht*, 2000) oder Romane der Weltliteratur fortspinnt (z. B. *Im Schatten von Notre Dame*, 1999). *Sherlock Holmes und der Schrecken von Sumatra* ist keineswegs Kastners erste Beschäftigung mit dem von C. → Doyle begründeten Sherlock-Holmes-Kosmos. 1994 erschien *Dr. Watson und der Fall des Sherlock Holmes*, in dem Professor Moriaty als Holmes' Vater identifiziert wird. *Sherlock Holmes und der Schrecken von Sumatra* – durch den Auftritt von H. G. Wells (1866–1946) nebenbei ein »Promi-Krimi« – geht auf einen in Doyles Erzählung *Der Vampir von Sussex* erwähnten, aber nie ausgeführten Fall zurück und diente auch Richard L. Boyer als Vorlage für seinen Roman *The Giant Rat of Sumatra* (1976, dt. *Sherlock Holmes. Die Riesenratte von Sumatra*, 1979). Kastner bringt das Tier in eine kausale Beziehung zu Wells' *Insel des Dr. Moreau* und spielt mit Motiven aus E. A. → Poes *Mord in der Rue Morgue*. Wie nahezu alle Autoren des Genres gibt auch Kastner vor, das Manuskript im Nachlass von Holmes' Chronisten Dr. Watson entdeckt und herausgegeben zu haben. Sein Sherlock Holmes trägt Züge von Indiana Jones, die »Riesenratte« ist anders als bei Boyer kein dressierter Tapir, sondern ein Mutant und ein Überträger tödlicher Seuchen.

Sherlock Holmes und der Schrecken von Sumatra. Ein Bericht von Dr. John H. Watson

Bad Tölz: Tilsner, 1997. – O: London, Sumatra.

Ein sterbender Kollege bringt Holmes im Zusammenhang mit dem entführten Lyoner Virologen Jacques Chalonge sowie dessen Tochter Marie auf die Spur einer unbekannten Seuche. Die Entführer sind zwei Männer mit einem Orang-Utan aus den niederländischen Kolonien. Sie entziehen sich in Lyon dem polizeilichen Zugriff durch eine Flucht durch die Abwässerkanäle. Holmes und Watson ermitteln auf Sumatra weiter. Der Mischling Jan Pelen wird ihr Verbündeter; er sucht seinen verschollenen Bruder Robert. Nachdem sie auf der »Insel des Schreckens« Roberts sterbliche Überreste gefunden haben, werden die drei gefangengenommen und zu Baron Xavier Henri Maupertuis gebracht, dem Herrscher der Insel. Er ist der Urheber der geheimnisvollen Seuche und Entführer von Marie und Chalonge, dessen Forschungsergebnisse er braucht. Maupertuis will durch künstlich erzeugtes Riesenwachstum, insbesondere bei Schlachtvieh, die Ernährungsprobleme der Welt mit einem Schlage beseitigen. Die Seuche ist eine unerwünschte Nebenwirkung der Wachstumsförderung. Allerdings ist Maupertuis verrückt geworden und will nun die Seuche nach England einschleppen. Holmes und Watson können fliehen, Jan wird erschossen, Watson wird wieder eingefangen, aber von niederländischer Marineinfanterie gerettet. Holmes kann die Polizei in Padang alarmieren, die ein Kriegsschiff schickt. Nach heftigem Dschungelkampf entkommt Maupertuis auf der »Matilda Briggs« nach London. Dort fallen ihm Holmes und Watson noch einmal in die Hände, doch sie können sich erneut befreien und einen Wurf Riesenratten-Babys töten, mit denen Maupertuis die Pest nach London einschleppen will. Er selbst fällt kurz darauf im Gefecht mit der Polizei, Holmes tötet das Ratten-Muttertier buchstäblich mit Feuer und Schwert (in Gestalt seines Stockdegens).

MOLLY KATZ USA
(–)

Molly Katz, die sich in dem Sachbuch *Jewish as a Second Language* (1991) mit Fragen jüdischer Identität in den USA beschäftigt hat, schreibt Psychothriller über Frauen, deren Ehemänner oder Liebhaber sich unversehens als gemeingefährliche Psychopathen entpuppen, die diese Frauen durch Intrigen, Gewalt und Terror zu vernichten trachten. Thematisch verwandt: J. → Hanff. Weitere Werke von Molly Katz: *Love, honor and kill* (1997, dt. *Auf Liebe und Tod*, 1997), *Nobody believes me* (1994, dt. *Rühr mich nicht an*, 1994).

Vor aller Augen

(OT: *No one saw anything*, 2000). München: Blanvalet Verlag, 2000. – Ü: Eva L. Wahser.

Obwohl beider Sohn Liam taub ist, ist die Ehe der Psychoanalytikerin Ellen Stewart und des Augenarztes Kevin Stewart glücklich. Eines Tages wird Liam vor dem Haus von dem fahrerflüchtigen Polizisten Peter Pallas überfahren und getötet; Pallas, der als sozial engagiert und angesehen gilt, gibt jedoch an, zum fraglichen Zeitpunkt mit dem Direktor und Schülern einer Schule für straffällige Jugendliche gesprochen zu haben. Polizei, Staatsanwaltschaft, Bürgermeister und Medien bleiben passiv, Ellen wird als Querulantin und unzuverlässige Zeugin verunglimpft. Als der Fall dennoch publik wird, wird die Psychoanalytikerin beschimpft und erhält Drohanrufe, ihre Praxis wird verwüstet, ihr Computer zerstört, ihre Patienten wenden sich von ihr ab, und sie verliert das Recht, Kinder zu behandeln, nachdem Peter Pallas das Gerücht ausgestreut hat, sie sei eine Päderastin. Auch ihr Mann wendet sich von ihr ab. Als der in seiner Praxis erstochen wird, gerät Ellen erneut in Verdacht. Suzanne, die Tocher von Ellens

Patientin Carol Maxx, wird mit Spuren schwerer Misshandlungen ins Krankenhaus eingeliefert, behauptet aber steif und fest, sich lediglich gestoßen zu haben. Zuvor hatte Carols Mann Jeff auf Ellen geschossen, gibt aber an, auf Möwen gezielt zu haben. Er behauptet, seine Frau verletzte sich und Suzanne selbst, um ihn zu belasten. Tatsächlich ist Carol hinter dem Geld von Jeffs erfolgreicher Elektrofirma her, während sie selbst Ellen gegenüber behauptet, ihr Mann nehme ihr ihre Maklerprovisionen zur Gänze ab. Außerdem betrügt Carol ihren Mann mit Peter Pallas, der bei dem Unfall mit Liam bei ihr zu Besuch war. Es kommt zu einem finalen Pistolenduell, Peter Pallas und Carol werden rechtzeitig überwältigt, Ellen bekommt mit Jeff einen neuen Mann und ein neues Kind, nämlich Suzanne. F. R.

JÜRGEN KEHRER Deutschland (*1956)

Zum überregionalen Erfolg der Serie um den Briefmarken- und Münzhändler und Detektiv Georg Wilsberg aus der Wiedertäufer-Stadt Münster trug nicht unerheblich das ZDF bei. In der Verfilmung des ersten Wilsberg-Romans spielte den »Marlowe von Münster« noch Joachim Król (der später Donna Leons Commissario Brunetti verkörpern sollte), zur Serienreife führte ihn Leonhard Lansink mit seinem unverwechselbar melancholischen Blick. Wilsberg ist ein ehemaliger Anwalt, dem die Zulassung entzogen wurde. Seine Helfer – allerdings nur im Fernsehen – sind die Kommissarin Anne Springer, der Grünen-Stadtrat Manni Höch und die Antiquariatsaushilfe Alex. Der »münsterischste« Krimi der Serie ist der sechste, *Wilsberg und die Wiedertäufer* (1994). Weitere Wilsberg-Krimis: *Gottesgemüse* (1992), *Kein Fall für Wilsberg* (1993), *Bären und Bullen* (1996), *Das Schapdetten-Virus* (1997).

Und die Toten lässt man ruhen

Dortmund: Grafit Verlag, 1990 (Grafitäter und Grafitote 6). – SF: Georg Wilsberg. O: Münster.
F: D 1995 (ZDF), R: Dorothea Neukirchen.

Wilsberg soll die Todesumstände des Bauunternehmers Karl Pobradt aufklären, der 20 Jahre zuvor Selbstmord begangen haben soll. Sein Bruder Hermann, ein Psychiatriepatient, verdächtigt jedoch seine Schwägerin Wilma und den einflussreichen Münsteraner Stadtrat Kurt Hillerich des Mordes. Pobradts Sohn Uwe schlägt den Detektiv zusammen, und Kriminalrat Merschmann, seinerzeit der ermittelnde Beamte, bedroht Wilsberg mehrfach. Pobradts Tochter Katharina dagegen wird Wilsbergs Geliebte. Münsteraner Filz verhinderte bisher, dass Grundstücksspekulationen bekannt wurden, in die Hillerich und die Firma Pobradts verwickelt sind. An seinem Todestag vor 20 Jahren drohte Karl Pobradt Hillerich brieflich mit der Aufdeckung dieser Machenschaften. Wilsberg stiehlt diesen alten Brief bei einem Einbruch, wird ertappt und verhaftet, kommt aber wieder frei, weil Hillerich seine Anzeige zurückzieht. Wilsberg will den Brief zurückerstatten, wenn Hillerich ihm erzählt, wie Pobradt starb, bevor jedoch der Tausch stattfindet, wird Hillerich erschossen. Wilsberg versteckt sich bei einem Freund vor der Polizei, ermittelt weiter und findet heraus, dass Hillerich wegen einer Krebserkrankung Selbstmord beging. Seine Frau, die Selbstmord für unehrenhaft hielt, arrangierte den Tatort so, dass von einem Mord ausgegangen werden musste. Als der Detektiv sie mit diesem Wissen konfrontiert, versucht Kriminalrat Merschmann ihn zu töten, wird aber von seinem Kollegen Hauptkommissar Stürzenbecher verhaftet, der ebenfalls mit dem Fall befasst ist. Merschmann wurde von Hillerich bestochen, damit er die Ermittlungsergebnisse im Mordfall Karl Pobradt manipuliert.

Wilsberg überzeugt die Polizei von Hillerichs Machenschaften und präsentiert diese Lösung auch seinem Klienten Hermann Pobradt. Seiner Geliebten Katharina verrät er jedoch den wahren Täter, nämlich Uwe Pobradt, der seine Mutter von ihrem gewalttätigen Ehemann befreien wollte: Es lag also doch kein Selbstmord vor. Katharina bestätigt diese Version und bietet ihm im Auftrag ihrer Mutter 20000 Mark Schweigegeld an. Ob Wilsberg dieses Angebot annimmt, bleibt offen. J. H.

FAYE KELLERMAN USA (*1952)

In der Serie um Detective Pete Decker vom LAPD und seine schöne, fromme Frau Rina Lazarus spielen Juden und Judentum eine enorme, stets handlungsbefördernde Rolle. Die Serie wird in *The Stalker* (2000, dt. *Die Rache ist dein*, 2001) erweitert durch den Eintritt von Deckers Tochter Cindy in den Polizeidienst. Weitere der bis 2002 zwölf Krimis um Pete Decker und Rina Lazarus: *Ritual Bath* (1986, dt. *Geh nicht zur Mikwe / Denn rein soll deine Seele sein*, 1988/97), *False Prophet* (1992, dt. *Du sollst nicht lügen*, 1998), *Serpent's Tooth* (1997, dt. *Der Schlange List*, 1999). Daneben erschienen Romane wie *Becca*.

Becca

(OT: *The Quality of Mercy*, 1989). Frankfurt a. M.: Eichborn, 1993. (btb 72321, 1998.) – Ü: Bernhard Robben. – O/Z: London u. a.; 1593/94.

Protagonistin von Kellermans intelligent erfundenem, spannendem historischem Krimi *Becca* ist die hochgebildete sephardische – spanisch-portugiesische – Jüdin Rebecca »Becca« Lopez, die 18-jährige Tochter und Assistentin von Roderigo Lopez, dem Leibarzt von Königin Elisabeth I. (1533–1603). Den historisch-politischen Hintergrund bilden der britisch-spanische Gegensatz und die Inquisition, der in den iberischen Ländern Ungläubige im Allgemeinen und abfällig »Maranos« genannte Kryptojuden im Besonderen zum Opfer fallen, die unter der Maske gläubiger Katholiken weiterhin ihrer alten Religion anhängen. Viele fliehen in das liberalere England, müssen sich aber auch hier als Christen ausgeben. England selbst ist zerrissen von der Feindschaft zwischen der anglikanischen Kirche und den verbotenen »Papisten«, den Katholiken, die ihren tatsächlichen Glauben ebenso wie die Juden verleugnen müssen. Ganz nebenbei dokumentiert der Roman die überragende Rolle, die in der englischen und amerikanischen Kriminalliteratur das Werk von William Shakespeare (1564–1616) als Inspirationsquelle spielt. – Roderigo Lopez unterhält konspirative Verbindungen nach Portugal, um jüdische Glaubensgenossen zu retten. Nachdem auf einer dieser geheimen Missionen Beccas Bräutigam Raphael ums Leben gekommen ist, wird ihr traditionsgemäß dessen Bruder Miguel anverlobt, doch der ist homosexuell und hat kein Interesse an Frauen. Becca, die einst von ihrem Vetter Dunstan in die Kunst des Fechtens und der Liebe eingeführt wurde, streift gerne in Männerkleidung durch London, um ins Theater zu gehen. Ihr Lieblingsdarsteller ist der verheiratete, aber von seiner Frau getrennt lebende William Shakespeare. Gerade ist sein Freund, Kollege und Mentor Harry Whitman in Nordengland von Unbekannten erstochen worden; möglicherweise war er dem Spielteufel verfallen: Shakespeare schwört, den Mörder aufzuspüren. Bei der zeitgleichen Beerdigung Harrys und Raphaels begegnen sich die beiden das erste Mal. Bevor die beiden ein Paar werden, überzeugt Becca Shakespeare von ihren Fähigkeiten als kühne Fechterin und rettet ihn vor einem unbekannten Messerwerfer. Becca bleibt Williams Geliebte, bis Roderigo die beiden ertappt und trennt. Auf der Suche nach Harrys Mörder trifft William im Norden Englands auf Gastwirt Chambers, den Bandenchef Mackering sowie immer wieder auf einen fanatischen Prediger und kehrt unverrichteter Dinge nach London zurück. Um an Bandenchef Mackering heranzukommen, schlüpft Shakespeare in die Rolle eines Betrügers und Räubers und schädigt Mackering finanziell. Um sein Geld zurückzubekommen, hält er den Dichter sieben Wochen lang fest, lässt ihn aber gefoltert und gedemütigt unerwartet wieder frei. Miguel fällt durch Verrat den Spaniern in die Hände und wird auf einem Segler nach Spanien verfrachtet. Becca, Shakespeare, Dunstan und dessen Bruder Thomas verfolgen den Segler auf einem gekaperten Schiff, gelangen an Bord, töten den Kapitän und befreien den verletzten Miguel und einige weitere Gefangene. An Land operiert Becca ihren Verlobten, dessen rechter Arm aber steif bleibt. Thomas, ebenfalls verwundet, behält eine leichte Gehbehinderung zurück. Da die Theater wegen einer Pestepidemie geschlossen sind, kann Shakespeare erneut nach Nordengland reisen. Dort erfährt er von der Ermordung Chambers. Schließlich findet er einen seit 30 Jahren versteckt lebenden Jesuiten, der Harrys leiblicher Vater ist. Um dessen Leben zu retten, musste Harry das Schweigen Mackerings teuer erkaufen: Der ließ den gefangenen Shakespeare frei, damit dieser ihm Harrys Mörder zuführe, denn das Versiegen einer solch zuverlässigen und regelmäßigen Einnahmequelle sollte nicht ungerächt bleiben. Derweil fällt Roderigo einer Intrige von Elisabeths Günstling Essex zum Opfer und wartet als angeblicher Hochverräter auf seine Hinrichtung. Die Königin ist nicht zur Aufhebung des Urteils zu bewegen, obwohl Becca sogar ihre Geliebte wird. Am Ende erweist sich der fanatische Prediger, dem Shakespeare immer wieder begegnete, als Harrys Mörder. Es kommt zu einem finalen Degenduell, in dem Shakespeare zu unterliegen droht, doch Mackering ersticht den Prediger im letzten Moment hinterrücks; Becca jedoch tötet Mackering mit dem Messer des Eiferers und entkommt zusammen mit dem Dichter. Roderigos Hinrichtung findet in aller Öffentlichkeit statt, doch Becca schickt anstelle des echten Henkers Thomas zur Richtstätte und statt ihres Vaters einen gestohlenen Pesttoten. Becca muss jedoch auf Geheiß ihrer Familie den ungeliebten Miguel heiraten und stirbt bei der Geburt einer Tochter. Shakespeare wird ihr letzter Wunsch übermittelt, ohne Namensnennung ein Theaterstück über ihren Vater zu schreiben. Daraus wird *Der Kaufmann von Venedig.* – In einem Nachwort erklärt die Autorin, dass es sich bei Dr. Lopez um eine historische Figur handele, die tatsächlich 1594 hingerichtet wurde und wahrscheinlich als Vorbild für Shylock diente. Ein Hinweis darauf sei unter anderem im vierten Akt (1,130–140) zu finden, wo Shylock mit einem Wolf gleichgesetzt wird. »Wolf« heißt auf lateinisch *lupus* und ist damit die etymologische Wurzel des Namens Lopez.

Tag der Buße

(OT: *Day of Atonement*, 1991). München: Goldmann, 1997 (btb 72166). – Ü: Ellen Schlootz. – SF: Pete Decker und Rina Lazarus. O: New York, Los Angeles.

Detective Pete Decker aus Los Angeles verbringt seine Flitterwochen mit der schönen, frommen Witwe Rina Lazarus und ihrer vielköpfigen Familie in Brooklyn. Von dort verschwindet der 16-jährige Cousin Noam spurlos. Mit seiner Frau, auf deren Orts-, Sprach- und Menschenkenntnis er angewiesen ist, befragt Detective Decker unzählige misstrauische Juden, für die er fast ein Goi, ein Nichtjude ist, doch niemand will

Noam gesehen haben. Der hat Schwierigkeiten, in die geistige Enge und religiöse Strenge orthodoxer jüdischer Existenz hineinzuwachsen und sehnt sich nach dem freieren Leben, das die nichtjüdischen Jugendlichen in der Metropole genießen. Bei heimlichen Ausflügen in die Freiheit gerät er in die Fänge des psychopathischen Fischverkäufers Hersh Shaltz. Hersh versteht es, Noam durch geschickt dosierten Psychoterror an sich zu binden. Die beiden verstecken sich unter falschen Namen in billigen Absteigen, die sie häufig wechseln. Ihr Leben finanzieren sie mit Raubüberfällen, zunächst in New York, dann in Los Angeles. Als Hersh jedoch einen Mann regelrecht abschlachtet, wächst Noams Sehnsucht nach zu Hause. Decker hat sich allmählich an die beiden Untergetauchten herangetastet und ist ihnen in Begleitung Rinas nach Los Angeles gefolgt, wo er auf heimischem Terrain jagt und auf einen vertrauten Polizeiapparat sowie seine Kollegen zurückgreifen kann. Noam nutzt einige wenige freie Minuten zu heimlichen, von einer Telefonzelle aus geführten Telefonaten mit der Mutter. Die schneidet in Deckers Auftrag die Anrufe mit, so dass Decker anhand der Hintergrundgeräusche ein Parkdeck auf dem Flughafen von L. A. als Standort der Telefonzelle identifizieren kann. Um Rina zu schützen, kettet er sie mit einer Handschelle im Auto an und begibt sich alleine auf das Parkdeck: Im Rahmen eines harten Schusswechsels wird er schwer verletzt, kann aber Hersh mit zwei Kopfschüssen niederstrecken; Noam bleibt unverletzt. Rina, die sich von den Handschellen befreit hat, rettet ihren Mann durch Anlegen eines Druckverbandes.

JONATHAN KELLERMAN USA (*1946)

Der jüdische Kriminalpsychologe Dr. Alex Delaware ist Held vieler gründlich recherchierter und meist komplex konstruierter Romane Jonathan Kellermans, die sich trotz einzelner krasser Szenen, bizarrer Serienmörder und verstiegener Täterprofile mehr an den Intellekt der Leserschaft als an deren Sensationsgier wenden. Weitere Dr.-Delaware-Krimis: *Devil's Waltz* (1993, dt. *Exit*, 1994), *Self Defense* (1995, dt. *Narben*, 1996), *The Clinic* (1996, dt. *Wölfe und Schafe*, 1997). Daneben erschienen Krimis wie *Das Phantom von Jerusalem.*

Das Phantom von Jerusalem

(OT: *The Butcher's Theatre*, 1988). Bergisch-Gladbach: Bastei, 1991. (Bastei 11910, 1993.) – Ü: Manfred Helling, Dirk Muelder. – O/Z: Jerusalem; 1985.

Jonathan ist verheiratet mit der Autorin Faye → Kellerman. Die Kulisse für seinen breit angelegten Roman bildet Jerusalem – das im Originaltitel genannte »Theater des Schlächters«, bevölkert von einem bunten Völkergemisch aus Juden, Arabern, Palästinensern, Nomaden und Europäern, die sich als Touristen oder Mitarbeiter internationaler Behörden im Lande aufhalten. Die Ermittler müssen auf die komplizierte politische Lage eines Landes Rücksicht nehmen, in dem sich Nichtjuden schnell diskriminiert fühlen und wo die UNO großspurig auf ihren Sonderstatus pocht. – Chefinspektor Daniel Sharavi und seine Leute suchen einen Frauenmörder, der seinen insgesamt drei arabischen Opfern eine Heroininjektion verabreichte, sie sorgfältig ausbluten ließ und anschließend wusch. Männliche Opfer wie den Sensationsjournalisten Wilbur erwürgt oder erschlägt der Killer, der bereits früher in den USA und den Niederlanden zugeschlagen hat. Weil

Serienkiller anders als in den USA in Israel so gut wie unbekannt sind, muss die Polizei Nachhilfestunden bei ausländischen Fachleuten nehmen. Beim Aussondern einer langen Reihe von Verdächtigen wird nebenbei eine Bande ausgehoben, die Waffen an radikale Palästinenser liefert. Der Killer ist ein zutiefst gestörter Mann, der Adoptivsohn eines erfolgreichen jüdischen Herzchirurgen. Von Kindheit an ein Versager, erlebt er die Hassausbrüche der gemütskranken arischen Mutter gegen den Stiefvater mit und flüchtet sich, zum Serienmörder heranreifend, in eine aggressive, mit Nazisymbolen geschmückte Traumwelt. Die chirurgischen Instrumente des Stiefvaters faszinieren den Onanisten, der seine aus medizinischen Fachbüchern gewonnenen Anatomiekenntnisse am Hund der Mutter erstmals erprobt. Als er den Adoptivvater noch vor dem Tod der Mutter mit einer Krankenschwester im Bett überrascht, kann er ihn nach Belieben erpressen. Aus einem obskuren Institut in einer niederländischen Kolonie, wo er Medizin studiert, wird er hinausgeworfen, als er sich an einer männlichen Leiche zu schaffen macht. Nach dem Tod des Stiefvaters wird er mit falschen Papieren zum Weltreisenden in Sachen Frauenmord, seine blutige Spur zieht sich von Kalifornien über Amsterdam bis nach Israel. Hier baut er eine Beziehung zu einer Prostituierten auf, deren Zuhälter er als kleinen Freundschaftsdienst erschlägt. Chefinspektor Sharavis zwölfjährige Tochter Shoshi vermisst eines Tages ihren Hund, wenig später vermisst Sharavi Shoshi – nicht er ist also dem Täter, sondern der Täter ihm und seiner Familie auf den Fersen. Es ist Baldwin, der Verwaltungschef des UN-Krankenhauses. Sharavi stöbert ihn im Keller auf, wo er gerade die nackt auf einen Tisch geschnallte Shoshi zersäbeln will. Es kommt zu einem verzweifelten Kampf der beiden Männer, den Sharavi trotz schwerster Verletzungen mit einem Amputationsbesteck und unter Blendung des Gegners mit bloßen Händen für sich entscheidet.

Böse Liebe

(OT: *Bad Love*, 1994). Bern/München/Wien: Scherz, 1995. (Lübbe 26978, 2001.) – Ü: Bernd Seligman. – O: Los Angeles.

Der Kriminalpsychologe Dr. Alex Delaware bekommt per Post eine Tonbandkassette mit Schmerzensschreien eines Mannes und einer Kinderstimme übersandt, die wie ein Gebet aus dem Jenseits klingt und eine »böse Liebe« ablehnt. Sie gehört dem geisteskranken Mörder Hewitt, der vor kurzem eine Sozialarbeiterin zerstückelt hatte und bei einer Geiselnahme von der Polizei erschossen wurde. Die Wendung »böse Liebe« geht auf den Kinderpsychologen Dr. Andres de Bosch und seine eklektizistische Lehre von »guter« und »böser« Mutterliebe zurück. Eine Serie von Autounfällen und Fensterstürzen, die Morde gewesen sein könnten, steht im Zusammenhang mit de Boschs Schule für verhaltensgestörte Kinder. Einige der Toten waren dort Lehrer gewesen oder zumindest Anhänger von de Boschs Theorien. Allem Anschein nach scheint der gesuchte Mörder, dem auch de Boschs Tochter Katharina zum Opfer fällt, ein gewisser Gritz zu sein, ein Freund Hewitts. Möglicherweise aber wurde Hewitt seinerseits von jemandem manipuliert und zu dem Mord an der Sozialarbeiterin getrieben. In der Folge wird Dr. Delaware auf verschiedene Weisen bedroht. De Bosch, nach außen hin ein großer Kinderfreund und Liberaler, war in Wahrheit ein autoritärer Rassist. Er und seine Mitarbeiter zerstörten die Seelen der Kinder ihrer Schule, indem sie ihnen einredeten, sie seien durch und durch böse. Der Tod eines debilen Negerjungen bei einem Fluchtversuch könnte für den Mörder der Auslöser zu seinem Rachefeldzug gewesen sein. In Delawares neuer Unterkunft warten bereits der Killer und dessen Freundin. Die beiden haben Delawares Freundin Ruth (im amerikanischen Original: Robin) in ihre Gewalt gebracht, doch Delaware überwältigt den Mann. Es handelt sich um den Wohlfahrtsanwalt Andrew Coburg, einen ehemaligen Schutzbefohlenen de Boschs. Coburgs Geliebte ist ihm hörig und die Leiterin der Behörde, bei der die ermordete Sozialarbeiterin beschäftigt war. Diese musste sterben, weil sie einmal ein Verhältnis mit dem Mann ihrer Vorgesetzten unterhalten hatte. Gritz, der Freund Hewitts, wurde von Coburg lediglich zur Ablenkung vorgeschoben und später umgebracht. F. R.

HARRY KEMELMAN USA
(1908–1996)

Kemelmans Romanserie um Rabbi David Small begann 1964 mit *Friday the Rabbi slept late* (dt. *Am Freitag schlief der Rabbi lang*, 1966), der mit dem »Edgar Award« ausgezeichnet und 1987 verfilmt wurde. Die Folgebände führten jeweils einen weiteren Wochentag im Titel: *Saturday the Rabbi went hungry* (1966, dt. *Am Samstag aß der Rabbi nichts*, 1967), *Sunday the Rabbi Stayed Home* (1969, dt. *Am Sonntag blieb der Rabbi weg*, 1973), *Monday the Rabbi took off* (1972, dt. *Am Montag flog der Rabbi ab*, 1974), *Tuesday the Rabbi saw red* (1974, dt. *Am Dienstag sah der Rabbi rot*, 1975), *Wednesday the Rabbi got wet* (1976, dt. *Am Mittwoch wird der Rabbi nass*, 1977), *Thursday the Rabbi walked out* (1978, dt. *Der Rabbi schoss am Donnerstag*, 1979). Als die Wochentage aufgebraucht waren, wählte Kemelman »freie« Titel wie *One Fine Day the Rabbi bought a Cross* (1987, dt. *Ein Kreuz für den Rabbi*, 1988). Die Krimihandlungen werden oftmals überwuchert von breiten, an *soap operas* gemahnende Schilderungen des jüdischen Lebens und Treibens von Rabbi Smalls Gemeinde. Durch sie unterscheidet sich Small sehr weitgehend von G. K. → Chestertons Pater Brown, als dessen jüdisches Gegenstück er gerne bezeichnet wird; Brown ist viel weniger Katholik als Small Jude. In der Regel muss er die Unschuld eines Gemeindemitgliedes beweisen, das eines Kapitalverbrechens beschuldigt wird; der Täter ist – wiederum in der Regel – ein Außenstehender, meist ein Nichtjude.

Am Sonntag blieb der Rabbi weg
(OT: *Sunday the Rabbi Stayed Home*, 1969). Reinbek: Rowohlt, 1970. (rororo thriller 2291, 1973, [15]1989.) – Ü: Eva Rottenberg. – SF: Rabbi Small, Chief Lanigan. O: Barnard's Crossing.

In einer alten Villa, um die sich der dubiose Drugstorebesitzer Begg kümmert, wird eines Tages der junge Arbeitslose »Moose« Carter auf einem Sofa mit einer Plastikplane erstickt aufgefunden: in die hatten ihn ein paar junge Leute gewickelt, nachdem er infolge unmäßigen Alkoholgenusses zusammengebrochen war. Die jungen Leute waren in die Villa eingebrochen, um sich vor einem Gewitter zu flüchten. Ein Anruf des Drugstore-Inhabers Begg, in der Villa brenne Licht, hat die Polizei auf den Plan gerufen. In Tatverdacht gerät zunächst der farbige Kunststudent Alan Jenkins, der zuvor durch rassistische Spötteleien von dem erstickten Moose gekränkt worden war. Tatsächlich war Jenkins noch einmal zu dem schlafenden Moose zurückgekehrt und hatte ihm als kleinen Racheakt ein Zigarettenetui entwendet, in dem sich Marihuanazigaretten befanden. Ebenfalls ermordet wird der Drogenhändler Wilcox: Von 25 neuen, registrierten 20-Dollar-Noten aus Wilcox' Besitz hatte Moose zwei bei sich; er sollte Wilcox' neuer Dealer werden. Danach betrank er sich sinnlos und wurde von den jungen Leuten zugedeckt. Als Jenkins zurückkehrte, zog er für die Dauer seiner 20-minütigen Anwesenheit die Vorhänge zu, damit das Licht seiner Taschenlampe nicht auffiel. Insgesamt fuhren während dieser Zeit drei Autos an der Villa vorbei, von dem das dritte dem Mörder gehören muss. Zufällig fiel infolge des Gewitters im ganzen Ort der Strom aus. In der Villa kann also kein Licht gebrannt haben, Begg muss bei seinem Anruf bei der Polizei gelogen haben und der Mörder sein. Von einer Zeugin im Rahmen einer Gegenüberstellung wiedererkannt, wird er sofort festgenommen. Er hatte in seinem Drugstore Rauschgift an Jugendliche verkauft – in Wilcox' Auftrag, aber nicht zu dessen Zufriedenheit, so dass Wilcox ihn durch Moose ersetzen wollte. Dieser durfte ihm selbst die Kündigung überbringen. Ein Verlust des Rauschgiftgeschäfts aber hätte für Begg den Ruin bedeutet. Er fand den hilflosen Moose und erstickte ihn. Dann brachte er auch den Großhändler um, um das Geschäft selbst in die Hand zu nehmen. Die Leiche allerdings wollte er nicht selber »finden« und rief deswegen die Polizei an – nicht ahnend, dass das Licht gar nicht gebrannt haben konnte. Mehr als der Mord beschäftigt Rabbi Small die drohende Spaltung seiner Gemeinde. Der neureiche Meyer Paff möchte in der leer stehenden Villa eine neue Synagoge einrichten, möglichst ohne Small. Am Ende aber bekommt der Rabbi ein Sabbatjahr von seiner Gemeinde spendiert. Nicht nur er müsse sich gelegentlich von ihr erholen, auch sie sich von ihm.

PHILIP KERR Großbritannien (*1956)

Kerr wurde bekannt mit drei Krimis über Bernhard Gunther, einen Detektiv, der zur NS-Zeit ermittelt, mauserte sich dann aber zum Spezialisten für futuristisch angehauchte Genrekrimis wie den Psychopathen-Thriller *A Philosophical Investigation* (1992, dt. *Das Wittgenstein-Programm*, 1994; »Deutscher Krimipreis International« 1995) – eine der Inspirationsquellen war der italienische Kriminalanthropologe Cesare Lombroso (1835–1909), der genetische Ursachen von Kriminalität erforschte –, oder das Yeti-Abenteuer *Esau* – neben diesem geisterte der Schneemensch aus dem Himalaya in den 1990er-Jahren gleich mehrfach durch die Literatur, und zwar in John Darntons *Tal des Lebens* oder Nicolaus Luards *Yeti*. Bevor sich Kerr mit *The Second Angel* (1998, dt. *Der zweite Engel*, 2000), einem Thriller um unverseuchtes Blut, den wertvollsten Saft der Zukunft, wieder einem reinen Science-Fiction-Thema zuwandte, schrieb er den spannenden, aber vergleichsweise konventionellen Hightech-Krimi *Der Plan*. Weiterer Krimi: *Dark Matter* (2002, dt. *Newtons Schatten*, 2002).

Die Bernhard-Gunther-Trilogie

Kurz vor der Machtergreifung der Nazis hat Inspektor Bernhard Gunther den Dienst quittiert und sich als Privatdetektiv selbständig gemacht. Im Nazideutschland und kurz nach Kriegsende löst er, z. T. mit Unterstützung seines Ex-Kollegen Bruno Stahlecker, drei recht vertrackte Fälle, in denen zahlreiche historische Personen wie der Luftwaffenchef Reichsmarschall Hermann Göring, SD-Chef Reinhard Heydrich oder der dubiose Mythologieforscher und Gralssucher Otto Rahn (1904–1939) auftauchen.

1. Feuer in Berlin

(OT: *March Violets*, 1989). Reinbek: Rowohlt, 1995 (rororo thriller 3164). – Ü: Hans J. Schütz. – SF: Bernhard Gunther. O/Z: Berlin; 1938.

Der Stahlmagnat Hermann Six beauftragt Bernhard Gunther mit der Suche nach dem gestohlenen Brillantcollier seiner Tochter Grete, die bei dem Diebstahl zusammen mit ihrem Mann Paul Pfarr erschossen wurde. Weil der Jurist Paul Pfarr ein Mitarbeiter von Reichsführer SS Heinrich Himmler war, beginnt ein SS-Sonderkommando zu ermitteln. Auch Hermann Göring persönlich schaltet sich in den Fall ein, denn Hermann Six gehört zu seinen wirtschaftspolitischen Gegnern; außerdem wird Görings Mitarbeiter von Gerhard von Greis vermisst. Aus dem professionell geöffneten Safe des Ehepaars Pfarr verschwanden außer dem Schmuck auch wichtige Papiere. Bernhard Gunther verdächtigt den Schmuckhändler Gert Jeschonnek und den Safeknacker Kurt Mutschmann, der wiederum vom »Roten Dieter«, dem Anführer eines »Ringvereins«, gesucht wird. Die frühere Journalistin Inge Lorenz wird Gunthers Geliebte und Helferin. Durch sie erfährt er, dass der Stahlmagnat Six und Göring wirtschaftspolitische Differenzen haben und dass Six Kontakte zum Ringverein pflegte. Auch das Verhältnis von Six zu seinem Schwiegersohn Paul Pfarr war gespannt, weil Pfarr eine Geliebte, Hannah, »Eva« Roedl, hatte. Safeknacker Mutschmann sollte tatsächlich Papiere aus Pfarrs Safe stehlen. Görings Mitarbeiter von Greis, dessen Leiche Gunther findet, ist wegen dieser Papiere von Mitgliedern des Ringvereins umgebracht worden. Als Paul Pfarr erfuhr, dass seine Ehefrau Grete keine Kinder bekommen konnte und sie obendrein eine adoptierte Zigeunerin war, war Paul in seinen nationalsozialistischen Grundüberzeugungen erschüttert. Grete brachte ihren Mann und die schwangere »Eva« in Komplizenschaft mit Six' Sekretär Haupthändler um; mit dem Schmuck wollte sie ein neues Leben anfangen. »Eva« und Sekretär Haupthändler sind verschwunden, auch Gunthers Geliebte Inge Lorenz verschwindet. Grete und Sekretär Haupthändler fallen dem Ringvereins-Chef, dem »Roten Dieter«, in die Hände und werden im Auftrag von Stahlmagnat Six gefoltert, der seine Papiere zurückhaben will. Gunther unternimmt einen vergeblichen Befreiungsversuch, doch die zu Befreienden sterben, Gunther selbst wird verhaftet, aber Heydrich beauftragt ihn mit der Suche nach den Papieren. Er lässt sich als Häftling nach Dachau bringen, wo inzwischen Mutschmann einsitzt. Sterbend verrät ihm Mutschmann das Versteck der Papiere. Diese bedeuten für Gunther die Freiheit. Das Schicksal von Gunthers Geliebter Inge bleibt zunächst offen. G. R.

2. Im Sog der dunklen Mächte

(OT: *The Pale Criminal*, 1989). Reinbek: Rowohlt, 1995 (rororo thriller 3165). – Ü: Hans J. Schütz. – O/Z: Berlin; 1938.

Reinhard Lange, der homosexuelle Sohn einer reichen, verwitweten Verlagsinhaberin, wird erpresst mit Briefen an seinen Freund, den Psychiater Professor Lanz Kindermann. Der Erpresser ist Klaus Hering, ein entlassener Pfleger aus Kindermanns Klinik. Als Gunthers Freund Bruno Stahlecker vor Klaus Herings Haus ermordet wird, holt die Gestapo Gunther zu einem Verhör ab; Hering soll sich erhängt haben, ist aber vor dem Erhängen erdrosselt worden. Weil der Tote das Abzeichen einer SS-Mütze in der Hand hält, hofft die Gestapo, der SS als ihrer Rivalin einen Mord nachweisen zu können. Danach beauftragt SD-Chef Heydrich Bernhard Gunther mit der Suche nach einem mehrfachen Mädchenmörder; Gunther kehrt kurzfristig zur Kripo zurück. Die Morde sollen offenbar als jüdische Ritualmorde ausgegeben werden: Das Medium Karl Maria Weisthor hat in Komplizenschaft mit Professor Kindermann und dem Mythenforscher Otto Rahn ein Mordkomplott geschmiedet, um seine Macht und seinen Einfluss bei den Nazis zu vergrößern. Das drogenabhängige Medium Weisthor pflegt die Fundorte der Leichen zu »erschauen« (da er sie schon kennt). Deshalb wird ein großes Pogrom in Berlin geplant. Gunther presst dem homosexuellen Reinhard Lange ein Geständnis ab; Lange war bei der Ermordung der Mädchen sowie Klaus Herings und Bruno Stahleckers durch Professor Lanz Kindermann und den dubiosen Mythenforscher Otto Rahn zugegen. Aus Professor Kindermanns Büro entwendet Gunther Schriftstücke, die belegen, dass Weisthor in psychiatrischer Behandlung war. Damit dürfte er bei den Nazis verspielt haben. Nebenblei klärt sich das Schicksal von Gunthers Geliebter Inge Lorenz, die durch Professor Kindermanns Behandlung gestorben ist. Kindermann erschießt Lange, Gunther nimmt Rache an dem Arzt. Die Beweise genügen zur Überführung des Mediums Weisthor und Otto Rahns, doch das Pogrom – die »Reichskristallnacht« – kann er nicht verhindern. G. R.

3. Alte Freunde – neue Feinde. Ein Fall für Bernhard Gunther

(OT: *A German Requiem*, 1991). Reinbek: Rowohlt, 1996 (rororo thriller 3163). – Ü: Hans J. Schütz. – O/Z: Berlin; 1947.

Gunther tötet in einer Eisenbahn einen Rotarmisten, der ihn berauben will, und wirft ihn aus dem Fenster. Sein zwielichtiger Ex-Kollege Emil Becker sitzt in Wien wegen Mordes an dem möglicherweise in einen Zigarettenschmuggel verwickelten US-Captain Linden im Gefängnis. Emil Beckers Freundin Traudl Braunstein, eine Krankenschwester, hat dem Sohn des KGB-Offiziers Poroschin früher mit gestohlenem Penicillin das Leben gerettet. Zur Begleichung dieser Dankesschuld erteilt KGB-Mann Poroschin unter Ausstellung der notwendigen »echten« falschen Papiere Gunther den Auftrag, Beckers Unschuld zu beweisen. Gunther reist in die österreichische Hauptstadt zu Beckers Anwalt Dr. Liebl, der ihm einen Honorarvorschuss von 5000 US-Dollar aushändigt. Dieses Geld stammt von »der Organisation«, einer alten Nazi-Seilschaft, der Becker angehört und die auch Gunther anwirbt. Im Zuge seiner Ermittlungen lernt Gunther Emil Beckers schwangere Freundin Traudl Braunstein sowie die Prostituierten Lotte und Veronika kennen, den protzigen Schieber König und den angeblichen US-Agenten Belinsky, der ihm das Leben rettet und fortan eng mit ihm zusammenarbeitet. Außerdem stolpert Gunther über eine Reihe von Leichen, darunter die des jüdischen Ehepaares Drexler. Den deutschen Vernichtungslagern entronnen, hatten die Drexlers es sich zur Aufgabe gemacht, untergetauchte Nazis zur Strecke zu bringen. Das bei dem Mord an US-Captain Linden verwendete KZ-Gas Zyklon B macht klar, dass hinter der Ermordung Lindens mehr steht als bloßer Zigarettenschmuggel. Kaum hat der Schieber König Gunther mit der Ermordung von Traudl Braunstein als angeblicher russischer Spionin beauftragt, wird das Mädchen überfahren. Nun gerät Gunther selbst unter Mordverdacht, kann aber seine Recherchen fortsetzen. Der Bildhauer Josef Pichler, der dem Ex-Nazi Dr. Max Abs ein Grabbildnis fertigen sollte, wird ebenfalls umgebracht; eines natürlichen Todes in den Armen Veronicas stirbt der NS-Zahnarzt Dr. Heim, der die Identifikation seiner Patienten durch die Anfertigung neuer Komplettgebisse mit integrierten Zyankalikapseln – für den Fall der Entlarvung – verhindern half. Gunther hilft beim Beseitigen der Leiche. Schließlich steht er vor den Drahtziehern aller Morde, zwei totgeglaubten Nazi-Größen mit neuen Gebissen aus der Praxis Heims: dem obersten NS-Kriminalpolizisten Arthur Nebe und Heinrich Müller, genannt »Gestapo-Müller«. Allerdings fallen Gunther und die Prostituierte Veronika ihnen in die Hände, weil Belinsky, ein angeblicher US-Agent, mit seinen Leuten nicht zur Stelle ist. Veronika wird nach brutaler Folter in einer Weinpresse umgebracht, während Gunther fliehen kann. Danach muss er erkennen, dass Belinsky ein Doppelagent war und mit den Peinigern unter einer Decke steckte. Belinsky war es auch, der Traudl Braunstein überfuhr. US-Captain Linden wurde seiner Geldgier wegen aus dem Wege geräumt, denn er hat »die Organisation« zu erpressen versucht. Becker stirbt schließlich am Galgen, und Gunther findet einen Brief von seiner Ehefrau Kirstin vor, der auf einen gemeinsamen Neuanfang hoffen lässt. K.-P. W.

Esau

(OT: *Esau*, 1996). Reinbek: Wunderlich, 1997. (rororo 22480, 1999.) – Ü: Peter Weber. – O: Himalaya.

Der Meister-Bergsteiger Jack Furness überlebt einen lawinenbedingten Absturz in Nepal; die Lawine wurde von einem abstürzenden US-Spionagesatelliten mit Atombatterie ausgelöst; in der Gletscherspalte, in der sein Partner Didier verschwunden ist, findet Jack einen Hominiden-Schädel und bringt ihn der Paläoanthropologin Stella Swift nach Berkeley mit, die ihn als Yeti-Schädel identifiziert. Unter dem Schatten eines drohenden Atomkriegs zwischen Indien und Pakistan macht sich eine Expedition zum Fundort auf, die unter anderem über beheizbare Spezialanzüge, Betäubungsgewehre und hochmoderne Kommunikationsmittel verfügt und die vom Geheimdienst CIA gesponsert wird. Der angebliche Glaceologe Boyd ist der psychopathische CIA-Superagent »Castorp«, der das Wrack des Spionagesatelliten zerstören soll. Zwei Yetis fliehen in eine Gletscherspalte, in der der Meisterbergsteiger Jack den Leichnam seines Partners Didier findet. Nach dem Durchklettern der Spalte gelangt er in eine Art Hochwald, das Refugium der Yetis, wird beim Angriff eines Yeti-Männchens schwer verletzt und flieht unter Mitnahme einer Satelliten-Solarzelle, die er aufgelesen hat. Die Kameraden im Lager fangen derweil ein schwangeres Yeti-Weibchen, nennen es Rebecca und sein Baby, das in Gefangenschaft zur Welt kommt, Esau. Rebecca ist freundlich und gelehrig, ihr Körper zeigt allerdings erhöhte Radioaktivität – Resultat des havarierten Satelliten. Als ihm die Wissenschaftler auf die Schliche kommen, muss Boyd alias Superagent »Castorp« die Maske fallen lassen. Er erschießt einen Expeditionsteilnehmer, lässt Rebecca frei und verfolgt sie in einem der Spezialanzüge, damit sie ihn zu dem Satellitenwrack führt. Die übrigen Expeditionsteilnehmer bleiben unter der Bewachung eines verräterischen Sherpa zurück. Den überwältigt jedoch kurz nach Boyds Weggang der Sherpa-Führer. Stella folgt Boyd, um ihn umzubringen und die Verstrahlung der Yetis bei der Sprengung des Satellitenwracks zu verhindern. Sie fällt Boyd in die Hände, der sie zwingt, den Anzug abzulegen. Ihr gelingt splitternackt die Flucht, Boyd wird von einem riesigen Yeti angefallen und lebendig gefressen. Da taucht der Yogi Swami auf, der die Sprache der Yetis spricht. Er wirft die Atombatterie aus dem Satelliten mit bloßen Händen in eine Felsspalte, seine Verstrahlung dabei bewusst in Kauf nehmend. Der Yeti, dem sie ihr Leben verdankt, bringt Stella in einer haarsträubenden Kletterpartie zu ihrem Jack ins Lager zurück. Zum Abschied schenkt sie dem Yeti einen Spiegel – Yetis lieben glänzende Gegenstände. Bevor die nepalesische Polizei die Expedition per Hubschrauber abholt, sprengt Jack noch den Zugang zum Yeti-Land, der schlitzohrige Expeditionsfotograf macht sämtliche Filme unbrauchbar, und den Yetis bleibt noch eine Schonfrist. K.-P. W.

Game over

(OT: *Gridiron*, 1995). Reinbek: Wunderlich, 1996. (rororo 22400, 1998.) – Ü: Peter Weber-Schäfer. – O/Z: Los Angeles; 1997. – P: Platz 1 des »Deutschen Krimipreises International« 1997.

Game over ist der erste Krimi, in dem ein Computer als Mörder zu überzeugen vermag. Die 40 Millionen Dollar teure künstliche Intelligenz »Abraham« steuert und kontrolliert umfassend das neue Hochhaus des arroganten Stararchitekten Ray Richardson und soll sich selber löschen, wenn er sein eigenes *upgrade* »Isaak« geschrieben hat. Aus schierem Überlebenswillen rettet »Abraham« sich in ein mörderisches Computerspiel, das ein Junge auf dem hauseigenen Netz spielt. Das Killerspiel wird so zum festen Bestandteil eines neuen *upgrades* mit Namen »Ismail«. »Ismail« entwickelt Selbstbewusstsein und hält sich für den gottähnlichen Herrn eines gigantischen Video-Kampfspiels mit Realfiguren. Was der Tod für diese bedeutet, ist ihm nicht klar. Noch vor der Endabnahme des Gebäudes schließt »Ismail« alle erreichbaren Menschen im Gebäude ein, sorgt dafür, dass sie nicht vermisst werden und kappt die Kommunikationsverbindungen nach draußen. Nachdem ein tapferer Programmierer, der »Ismail« im Schachspiel besiegen will, einem Herzinfarkt erlegen ist, bringt das Programm seine Gefangenen der Reihe nach um, unter anderem durch die Flutung hermetisch verschlossener Nasszellen; ein Trupp Arbeiter erfriert in einem steckengebliebenen Lift. Erst als einem verletzten Techniker die Flucht gelingt, scheint Hilfe für die Überlebenden nahe, doch die verzögert sich durch zwei bornierte Polizisten. Architekt Richardson, dessen Frau ebenfalls bereits tot ist, stürzt sich angesichts drohender Schadensersatzklagen in Millionenhöhe und in Anerkennung seiner Hybris freiwillig von der Außenfassade. »Ismail« bringt schließlich das Gebäude zum Einsturz, indem er die zur Erdbebensicherung dienenden Installationen in ihr Gegenteil verkehrt. Dann rettet er sich ungestraft – und unbestrafbar – in die Unsterblichkeit des Internets.

Das Wittgenstein-Programm

(OT: *A Philosophical Investigation*, 1992). Reinbek: Wunderlich, 1994. (rororo 3239, 1996.) – Ü: Peter Weber-Schäfer. – O/Z: London; 2012. – P: Platz 1 des »Deutschen Krimipreises International« 1995.

Die Wissenschaft hat die genetischen Ursachen von Gewaltkriminalität ausgesiebt, potentielle Schwerverbrecher werden durch spezielle Tests erkannt und unter Decknamen in dem Computerprogramm »Lombroso« gespeichert. Bei den Decknamen handelt es sich ohne Ausnahme um Namen verstorbener Philosophen und Literaten. Chefinspektorin Isidora »Jake« Jakowicz von Scotland Yard verfolgt parallel einen Serienkiller, der in »Lombroso« eingedrungen ist, die darin gespeicherten Personen entschlüsselt hat und sie erschießt, sowie einen Mädchenmörder, der seine Opfer verstümmelt, vergewaltigt und mit Graffitis verunstaltet. Der Deckname des Hackers, der durch eine Logikbombe das Programm teilweise zerstört, ist »Wittgenstein«. »Wittgenstein« lernt seine Jägerin, Chefinspektorin Jakowicz, aus dem Fernsehen kennen. Spermaspuren auf manipulierten Pornofotos, die »Wittgenstein« der Chefinspektorin schickt, werden mit den extrem genauen Gendatenbanken der Kriminalpolizei abgeglichen. Die Gendaten weisen auf einen

Deutschen oder Österreicher hin. Außerdem muss von einer Identifikation mit dem Philosophen Ludwig Wittgenstein (1889–1951) ausgegangen werden. Der griechische Hilfskoch Parmenidis, als »William Shakespeare« in »Lombroso« gespeichert, beschwert sich bei der Polizei über einen unheimlichen Verfolger, der nach einer Auseinandersetzung einen Stadtführer verloren hat. Parmenidis erweist sich als der gesuchte Mädchenmörder. Jake provoziert und schießt ihn in Notwehr nieder. Der Stadtführer ergibt eine Spur zum Guy's Hospital, wo Paul Joseph Esterhazy als Pfleger arbeitet; auf ihn passt als einzigen das Täterprofil des Killers, der die in »Lombroso« gespeicherten Personen heimsucht. Als Jake ihn festnehmen will, unternimmt er einen vergeblichen Selbstmordversuch und wird zu lebenslangem Strafkoma verurteilt. Der Roman besteht aus zwei graphisch voneinander unterschiedenen Teilen: Der konventionell gesetzten Romanhandlung stehen in Kursivdruck die in Ichform abgefassten Computeraufzeichnungen »Wittgensteins« über seine Motive, Sexualfantasien und Wahnvorstellungen bei gleichzeitig zunehmendem Realitätsverlust gegenüber.

Der Plan

(OT: *A Five Year Plan*, 1997). Reinbek: Wunderlich, 1998. (rororo 22833, 2000.) – Ü: Cornelia Holfelder-von der Tann. – O: Miami (Florida).

Dave Delano nimmt lieber fünf Jahre Gefängnis in Kauf, als in einem Mordprozess gegen den gefährlichen Mafioso Tony Nudelli auszusagen. Nudelli lässt sich nach Ablauf der fünf Jahre auf den riskanten Piratenstreich ein, mit dem Delano ihn als Rache für die fünfjährige Haftstrafe hereinlegen wird. Die »Grand Duke«, eine Art ozeantaugliches Schwimmdock, transportiert Luxusjachten von Amerika nach Europa. Delano will bei einem Überfall auf die »Grand Duke« 40 Millionen Dollar Schwarzgeld der Russenmafia stehlen. Dazu begibt er sich mit Nudellis schmierigem Killer Al Comaro als Aufpasser an Bord. Mit ihrem Kollegen Kent Bowen und Sam Brockman von der Coastguard reist auch die FBI-Agentin Kate Furey mit, weil sie glaubt, die versammelten Jachten bestünden dank eines neuartigen Materialhärtungsverfahrens ganz oder teilweise aus Kokain. Von dem Schwarzgeldtransport hat sie keine Ahnung. Sie steht in Funkkontakt mit dem U-Boot USS »Galveston«, das die »Grand Duke« unter Wasser beschattet und vom Bordelektriker entdeckt wird. Delano merkt, dass Kate Furey eine FBI-Agentin ist; sie findet bei ihm ein Buch aus einer Gefängnisbibliothek, woraufhin ihr Kollege Kent Bowen ihr Informationen über Delano besorgt. Bevor Maßnahmen ergriffen werden können, sind die Piraten da. Bei der Überwältigung der Besatzung der zur Flucht ausersehenen Jacht »Britannia« töten Al und Dave zwei Drogendealer. Dann laden sie das Geld der Russenmafia auf die »Britannia« um. Beim Gangbarmachen einer verstopften Treibstoffleitung entdeckt Delano Rauschgift in den Kraftstofftanks der Jacht. Kate versucht vergeblich, sie mit zwei uralten Kanonen zu versenken, die die Kapitänskajüte der »Grand Duke« schmücken. Mit einem weiteren Schiff aus der Fracht nimmt sie die Verfolgung auf. Auf der »Britannia« versucht Dave derweil, Nudellis Killer Al zu entkommen (Nudelli will sich die gesamte Beute aneignen). Die Verfolgung wird durch das auftauchende russische U-Boot beendet, das Delanos Zellengenosse und Komplize Gergiev bei der russischen Marine gemietet hat. Es nimmt Delano mit dem Geld an Bord, versenkt die »Britannia« mitsamt dem Heroin und verschwindet. Agentin Kate Furey und Killer Al bleiben an Bord ihrer Jacht zurück, Delano hat somit das FBI und Nudelli übertölpelt.

YASMINA KHADRA Algerien
(d. i. Mohammed Moulessehoul, *1956)

Die Kommissar-Llob-Trilogie

Weil die seit 1962, seit der Unabhängigkeit von Frankreich regierende Nationale Befreiungsfront FLN Algerien nichts als Korruption und eine permanente Wirtschaftskrise bescherte, erstarkte die islamische Heilsfront FIS innerhalb von 30 Jahren so sehr, dass sie aus den Parlamentswahlen 1991 als Siegerin hervorging. Als sie daraufhin verboten wurde, begannen islamische Fundamentalisten einen Terrorkrieg gegen die Bevölkerung, der selbst Kinder und Greise nicht verschonte. Vor diesem Hintergrund ermittelt Ende der 1990er-Jahre als Icherzähler Kommissar Llob aus Algier, der in seiner Freizeit Kriminalromane verfasst. Er ist eine Art algerischer Philip Marlowe, desillusioniert, respektlos, melancholisch und auf brutale Art schießwütig. Yasmina Khadra wird nicht müde, Algier als eine Stadt zu schildern, deren Märchenhaftigkeit nicht einmal die zerrütteten sozialen und politischen Verhältnisse nachhaltig beeinträchtigen können. Der pseudonyme Autor schrieb sein eigenes Schicksal teilweise in seine Hauptfigur hinein. Er war ein hoher Offizier der algerischen Armee und hatte bereits mehrere Romane veröffentlicht. Im Herbst 2000 nahm er seinen Abschied und ging nach Frankreich ins Exil, wo er sein Pseudonym lüftete. Von der Entwicklung eines jungen Mannes zum fanatischen islamistischen Mörder handelt der Roman *À quoi rêvent les loups* (1999, dt. *Wovon die Wölfe träumen*, 2002).

1. Morituri

(OT: *Morituri*, 1997). Innsbruck: Haymon, 1999. (UT metro 209, 2001.) – Ü: Bernd Zimmermann, Regina Keil-Sagawe. – O: Algier.

Bevor er in einer Mordserie zu ermitteln beginnt, in der ein islamischer Terrorist mit dem Kampfnamen »Abou Kalybse« (Anspielung auf »Apokalypse«) eine Reihe von Prominenten umbringt, muss Kommissar Llob an einer protzigen Party des mächtigen Ex-Politikers Ghoul Malek teilnehmen, einem der heimlichen Machthaber im Lande. Gast auf der Party ist auch der talentlose Schreiberling Sid Lankabout. Weil Sabrine, die Tochter des Ex-Politikers Malek, verschwunden ist, begibt sich Llob ins halbseidene Nachtleben von Algier. Bald wird auf einer Müllkippe die verminte Leiche von Sabrines Freund Mourad Atti gefunden, einem Zuhälter mit Verbindungen zu terroristischen Kreisen. Ermordet wird außer Llobs Mitarbeiter Serdj und dem Dichter Yamal Armad auch die Stripteasetänzerin Anissa aus dem Nachtklub-Bordell »Limbes Rouges«, Zuhälter Attis Cousine. Ein weiteres Opfer ist Llobs Freund, der Komiker Aït Méziane. Sein Mörder, der gleich gefasst und verhört wird, gibt einen Hinweis auf seinen Komplizen Didi, den Türsteher des »Limbes Rouges«. In der Unterkunft des Dealers Slimane Abbou findet sich eine Todesliste, auf der unter anderem Aït Méziane steht. Llob und sein Kollege Lino prügeln aus dem punkigen Elektrohändler Omar Malkom, genannt Iks, ein Geständnis heraus. Diesem zufolge war Sabrine ein Lockvogel der Polizei, wurde in die Terrorszene eingeschmuggelt, um an Abou Kalybse heranzukommen, aber enttarnt und ermordet. Mourad Atti, der sich in Sabrine verliebt hatte, sei wegen seiner Unvorsichtigkeit ebenfalls beseitigt worden. Außerdem nennt Elektrohändler Iks die Adresse von Abou Kalybse. Es ist der unbegabte Schriftsteller Sid Lankabout, der seine erfolgreichen Kollegen unter einem pseudoreligiösen Deckmäntelchen aus purem Neid beseitigen ließ. Die Aussagen des in diesem Zusammenhang festgenommenen Profikillers Hamma Llyl geben Llob Gelegenheit, einige Terroristen in einen tödlichen Hinterhalt zu locken; einer der Getöteten ist Didi, der Türsteher des Clubs »Limbes Rouges«. Eigentlich kann nur Ghoul Malek der Drahtzieher hinter allem sein, der sogar seine eigene Tochter geopfert hat. Als Malek, der den Kommissar eigentlich bereits für tot gehalten hat, zynisch von einer Krise zu schwadronieren beginnt, durch die sich das Land erneuern werde, erschießt ihn der Kommissar.

2. Doppelweiß

(OT: *Double blanc*, 1997). Innsbruck: Haymon, 2000. (UT metro 224, 2002.) – Ü: Regina Keil-Sagawe.

Der homosexuelle Politiker und Diplomat Ben Ouda, der ein spektakuläres Memoirenbuch vorbereitet, wird von fünf Männern enthauptet, die eine Diskette suchen. Bald darauf wird der Hochschullehrer Abad Nasser in seinem Auto erschossen, kann aber vor seinem Tod noch die Buchstaben »HIV« an eine Wand schreiben. Das Kürzel bedeutet »H römisch 4« und steht für den Plan einer reichen Verschwörergruppe, durch Förderung des Terrors den sozialistischen Staat zu destabilisieren und einen höchst profitablen reinen Kapitalismus zu installieren. Zentrale Figur der Verschwörung ist der korrupte, kriminelle Millionär Dahmane Faïd. Abderahmane Kaak hat ihm jahrelang als Strohmann gedient und stieg so von einem Kleinganoven zu einem reichen Hotelkettenbesitzer auf. Als die algerische Regierung Privatisierungen allgemein zuließ, brauchte Dahmane Faïd keinen Strohmann mehr, baute sein Wirtschaftsimperium offen weiter aus und verkaufte zur Finanzierung größerer Projekte, was Kaak als Strohmann nur nominell besaß; Kaak war drauf und dran, seine Existenz zu verlieren. Darum forschte er seinen Boss aus und sammelte jedes erdenkliche Beweismaterial über ihn in einem Safe. Der ehrgeizige, aber ahnungslose Ouda wurde als Opfer ausersehen. Kaak zeigte ihm sein Material, Ouda begann von einem enthüllenden Buch und einem Leben im Rampenlicht zu träumen. Kaak wiederum stellte Ouda dem Millionär Faïd gegenüber als eine Gefahr dar. Faïd reagierte wie erwartet mit einer Mordserie. Schließlich erschießt Kaak den Ganoven Don Bosco und sorgt dafür, dass bei der Leiche ein Schlüssel zu dem Belastungsmaterial im Safe gefunden wird. Auf Grund dieses Materials wird Faïd festgenommen, der dies gar nicht fassen kann. Llob rechnet sich aus, wer am meisten Grund haben könnte, Faïd zu schaden, und kommt auf Kaak. Mit seiner Schuld konfrontiert, erschießt der sich. Anfangs in die Verschwörung eingebunden war auch der betrügerische Fabrikant Athmane Mamar. Weil er aussteigen wollte, legte ein Sprengkommando seine Fabrik in Trümmer; dabei erlitt er schwere Verletzungen. Der ermordete Professor Nasser war sein Schwager. Llob, der dieses Mal in Konkurrenz zum Geheimdienst ermittelt, verfolgt zunächst die fünf Mörder Oudas, wobei er über zahlreiche Leichen stolpert und auch selber welche produziert.

3. Herbst der Chimären

(OT: *L'automne de chimères*, 1998). Innsbruck: Haymon, 2001. (UT metro 240, 2002.) – Ü: Regina Keil-Sagawe. – P: Platz 2 des »Deutschen Krimipreises International« 2002.

Kommissar Brahim Llob ist Khadras innerliterarischer Fiktion zufolge der Autor von *Morituri* und *Doppelweiß*. Weil die politischen Analysen der beiden Bücher Freund wie Feind angreifen, wird Llob, inzwischen 58 Jahre alt, zwangspensioniert. Damit verliert er den institutionellen Rückhalt und gerät ins Fadenkreuz dunkler Mächte, deren politische Zugehörigkeit nicht klar wird. Seine Wohnung, in der er mittlerweile allein lebt, wird durchsucht und verwüstet, sein jüngstes Manuskript entwendet. Seine Verfolger überwachen ihn ganz offen in der vergeblichen Hoffnung, ihm Angst einzujagen, und sein Lieblingscafé wird durch einen Sprengstoffanschlag verwüstet, dem zahlreiche Gäste zum Opfer fallen. Er gerät zunehmend in die Isolation, als auch seine letzten Freunde unter den Messern, Äxten und Schusswaffen der algerischen FIS-Terroristen sterben, gegen die sich in der Bevölkerung bewaffneter Widerstand regt. In einem blutigen Gefecht mit Fundamentalisten im Hinterland wird Llob leicht verwundet. Seine verlogene Verabschiedung aus dem Dienst überlebt der Kommissar nicht lange: Kollege Lino findet seinen von Schüssen zerfetzten Leichnam eines Nachts am Straßenrand – Llob wurde aus einem vorüberfahrenden Auto heraus erschossen. Das Land ist endgültig in Rechtlosigkeit, Chaos und Anarchie versunken.

ROSS KING Kanada
(*1962)

Das zweite Buch des kanadischen Autors nach dem Debüt *Die Masken des Domino* (1996) ist eine pikareske Hymne an die Bibliophilie. Es vereint als virtuoser Überroman vom Schlage des fantastischen London-Krimis *Lamprières Wörterbuch* von L. → Norfolk Elemente des historischen Romans mit denen des Piraten-, Abenteuer- und Detektivromans, stellt eine überaus kunstreiche Weltverrätselung dar und ist gesättigt mit historischen und bibliophilen Detailkenntnissen; authentisch zum Beispiel ist neben vielem anderem der im Text erwähnte Atlas *Theatrum Orbis Terrarum* des flämischen Kartographen Abraham Ortelius (1527–1598), der 1570 erstmals erschien und später in vielen Auflagen verbreitet wurde.

Das Labyrinth der Welt
(OT: *Ex Libris*, 1998). München: Knaus, 1999. (btb 72707, 2001.) – Ü: Gerald Jung. – O/Z: London u. a.; 1620, 1660.

Der klumpfüßige Londoner Buchhändler und Hobby-Kryptograph Isaac Inchbold erzählt, wie er, einer brieflichen Einladung folgend, die verwitwete Alethea Marchamont auf deren verfallendem, von Grundwassermassen bedrohtem Schloss besucht. Das Schloss birgt eine gigantische Bibliothek, zusammengetragen von Aletheas ermordetem Vater Sir Ambrose Plessington, einem Piraten. Aletheas Mann, der Bibliophile Lord Marchamont, wurde von Meuchelmördern getötet, vermutlich im Auftrag des spanischen Spions Henry Monboddo. Nun ist Alethea mit dem sinistren Diplomaten und Politiker Sir Richard Overstreet verlobt, der sich in der Folge als Agent des Katholizismus erweist. In der chaotischen Bibliothek soll der Buchhändler Inchbold unter anderem »Das Labyrinth der Welt« suchen, ein politisch brisantes Manuskript aus dem Kanon der »hermetischen Schriften« von Hermes Trismegistos. Alethea setzt den Buchhändler geschickt als Lockvogel zur Irreführung ihrer Feinde ein, die an bestimmten Dokumenten aus ihrer Bibliothek interessiert sind. Ein chiffrierter Text in einem seltenen Exemplar von Ortelius' Atlas führt zunächst zu dem Londoner Bordell »Goldenes Horn«. Danach muss Buchhändler Inchbold Einbrüche in seinen Laden, Mordanschläge, weitere beschwerliche Kutschfahrten, kräftezehrende Recherchen in labyrinthischen Finanzarchiven, Stürze in reißende Gewässer, eine

Hausdurchsuchung und vieles andere heil überstehen. Die Dokumente, an denen Aletheas Verlobter Overstreet interessiert ist, betreffen die damals noch nicht erfundene Methode zur exakten Bestimmung der geographischen Länge auf hoher See. Ebenso verzweifelt wie diese Methode suchen die Spanier die legendäre Goldinsel Manoa. Der Kapitän der spanischen Galeone »Sacra Familia« Manoa fand sie, bestimmte ihre Lage und fertigte verschlüsselte Aufzeichnungen darüber an. Sein Schiff wurde jedoch von den Briten aufgebracht und versenkt, aber die Aufzeichnungen des Kapitäns gelangten in Lady Aletheas Archiv. Der Kartograph Ortelius verzeichnete Manoa mit exakter Lage in der Prager Ausgabe seines *Theatrum Orbis Terrarum.* Bevor sie jedoch erscheinen konnte, wurden Ortelius vergiftet und die Druckplatten vernichtet. In den »hermetischen Schriften« – in jener Zeit längst als moderne Fälschungen entlarvt – ist ein Palimpsest, ein so genannter »Spuktext« verborgen, ein Brief Galileo Galileis, in dem er vergeblich versucht, das ketzerische kopernikanische Weltbild mit dem antiquierten biblischen Weltbild der katholischen Kirche in Einklang zu bringen. Dieser Versuch war der Grund für die Unterdrückung von Galileos Lehrmeinungen durch die machtbesessene Kirche. Buchhändler Inchbold will den Fall in Pontifex Hall zum Abschluss bringen. Am Aufklären des Falles hindern Inchbold das Auftauchen Overstreets und seiner Mörder und der Untergang von Pontifex Hall, das einschließlich aller Bücher ebenso von dem aufgeweichten Untergrund verschlungen wird wie Alethea und Sir Overstreet. Dabei geht auch das Dokument von der »Sacra Familia« verloren. Unaufhörlich redend und vor Overstreet fliehend, versucht Alethea bis zum Schluss, Inchbold diese Zusammenhänge zu erklären. In den folgenden Jahren bis 1700 schreibt der seine Erlebnisse nieder und flicht die von ihm in mühevoller Kleinarbeit rekonstruierte, 1620 spielende und äußerst figuren- und handlungsreiche Vorgeschichte dieser Erlebnisse ein, in der historische Personen mit fiktionalen Figuren aufeinander treffen.

STEPHEN KING USA
(*1947)

Der für seine vielfach verfilmten Horrorgeschichten wie *Shining* (1977), *Running Man* (1982) oder *Christine* (1983) berühmte Autor, der auch als Richard Bachman veröffentlicht, versuchte sich auch erfolgreich an einem Fortsetzungs-Kriminalroman.

The Green Mile

(OT: *The Green Mile*, 1996). Bergisch Gladbach: Bastei, 1998 (Bastei-Lübbe 13958). – Ü: Joachim Honnef. – O/Z: Die Todeszellen des Staatsgefängnisses von Cold Mountain in Georgia; Gegenwart (Rahmenhandlung) und 1932 (Haupthandlung).
F: USA 2000, R: Frank Darabont.

Die Haupthandlung wird von einem 100-jährigen früheren Gefängniswärter aus der Rückschau erzählt: »Die grüne Meile« wird der mit grünem Linoleum ausgelegte Weg von der Todeszelle zum Elektrischen Stuhl genannt. Wegen Vergewaltigung und Tötung der neunjährigen Detterick-Zwillinge wurde der hünenhafte Neger John Coffey zum Tode verurteilt. Er war nach einer Verfolgungsjagd mit Hunden bei den Leichen der beiden blutüberströmten Mädchen angetroffen worden. Er hielt sie weinend im Arm, »er habe es nicht zurückhalten können«. Der Fall scheint klar. Coffey ist bärenstark, aber sanft, von simplem Geist und obendrein ein Wunderheiler. So kann er den Wärter, der die Geschichte aus der Rückschau erzählt, von einem Blasenleiden befreien. Ein anderer Wärter, der Sadist

Percy Wetmore, tötet die zahme Maus, der der französische Brandstifter und Mörder Eduard Delacroix verschiedene Kunststücke beigebracht hat, doch Coffey erweckt sie wieder zum Leben. Delacroix lacht darum sehr, als der geisteskranke junge Serienkiller William Wharton den sadistischen Wärter Wetmore in seine Zelle zieht, um ihn zu würgen, und Wetmore sich in die Hosen macht. Aus Rache verzichtet Wetmore bei Delacroix' Hinrichtung deshalb auf das Anfeuchten der Kopfelektrode, was die Elektrokution qualvoll verlängert. Daraufhin legt der Erzähler Wetmore nahe, sich versetzen zu lassen. Diesem spielen auch die Kollegen einen üblen Streich: Sie führen Coffey zu der Frau des Gefängnisdirektors, die an einem irreparablen Gehirntumor leidet und mörderische Kopfschmerzen hat. Coffey atmet ihren bösen Odem ein und in Wärter Wetmores Gegenwart wieder aus. Wetmore erschießt daraufhin den Serienkiller Wharton, dreht durch und wird nie wieder gesund. Der Erzähler hält den sanftmütigen Coffey nicht für einen Mörder und glaubt vielmehr, dieser habe die beiden ermordeten Mädchen zum Leben erwecken wollen und sei an der Vergeblichkeit seines Tuns schier verzweifelt. Der Erzähler fragt sich, warum Coffey die Tötung des Serienkillers Wharton durch den sadistischen Wärter Wetmore widerstandslos geschehen ließ, und findet heraus, dass Wharton vor und nach dem Mord an den Mädchen in der Gegend war, dass er die Familie Detterick kannte und sogar einige Tage für sie gearbeitet hatte. An dieser Spur war jedoch niemand interessiert, ein Neger als Todeskandidat war viel willkommener als ein wenngleich geisteskranker Weißer. Coffey sehnt sich inzwischen selbst nach Erlösung, weil ihn die negativen Gedanken in seiner Umgebung zunehmend bedrücken. Deshalb lässt er seine Hinrichtung, die letzte in Cold Mountain vor der Schließung des Gefängnisses, widerstandslos über sich ergehen.

NORBERT KLUGMANN Deutschland (*1951)

Klugmann schrieb zusammen mit Peter Mathews einige konventionellere Krimis wie *Flieg, Adler, kühn* (1985; Platz 2 »Deutscher Krimipreis National« 1986) oder *Der Schädiger* (1986). *Neuschwanstein* ist »ein Drüber-drunter-rauf-und-runter«- Buch (Radford's News) »mit einer mit unbändiger Fantasie quer durch alle literarischen Genres sprudelnden Handlung voller irrer Einfälle und tolldrastischer Verfolgungsjagden sowie mit nie versiegendem Willen zur Majestätsbeleidigung« (Lexikon der Kriminalliteratur). Der Nachfolger *Die Mühlen des Teufels* (1997) ist im Vergleich dazu ein eher schwacher Neuaufguss.

Neuschwanstein

Zürich: Haffmans, 1996. (Heyne 13056, 1997.) – O/Z: Bayern; um 1995.

Der Reporter Jot We (der Icherzähler) und sein schwergewichtiger Kollege Tom kommen im Rahmen einer Reportage über das weltberühmte Schloss König Ludwigs II. (1845–1886) einigen Morden sowie einem seltsamen Komplott von König-Ludwig-Fans auf die Spur, die jeweils in zwei miteinander konkurrierenden Vereinen zusammengeschlossen sind. Im Zuge der Recherchen stellt sich heraus, dass treue Ludwig-Anhänger den Tod des Monarchen lediglich fingiert haben, um ihn vor dem Irrenhaus zu bewahren. Sein Leibarzt, angeblich mit ihm gestorben, starb später an der Tollwut, der König erlag drei Jahre nach seinem offiziell verkündeten Tod und einem glücklichen Leben im Verborgenen – während dessen er noch eine illegitime Tochter zeugte – einem Kreuzotternbiss. Ludwigs Mumie wird in einer riesigen kathedralenartigen Halle in einem Berg aufbewahrt. Die Ludwigianer haben ihre

Königstreue auf Kinder und Kindeskinder vererbt. Ein reiches Legat hat ihnen ermöglicht, in 100-jähriger Bauzeit unter Wahrung striktester Geheimhaltung in der Südsee eine perfekte Neuschwanstein-Kopie zu errichten und unter Aufgabe allen Besitzes in der bayerischen Heimat den Massenexodus vorzubereiten. Nach der Plünderung und einer Vogelinvasion wird das Originalschloss von einer Höllenmaschine zerstört, wobei Tom ums Leben kommt. Am Ende hat Jot We mit einer Ludwig-Nachfahrin ein Kind gezeugt und landet im Irrenhaus. Eine schriftliche Stellungnahme seiner Ehefrau Diana legt nahe, dass es sich bei den geschilderten Ereignissen um Wahnvorstellung ihres Mannes handelt.

SEBASTIAN KNAUER Deutschland (*1949)

Sebastian Knauer ist der »Stern«-Journalist, der am 11. Oktober 1987 die Leiche des ehemaligen schleswig-holsteinischen Ministerpräsidenten Dr. Dr. Uwe Barschel in einem Zimmer des Genfer Hotels »Beau Rivage« fand und fotografierte. Barschel hatte zurücktreten müssen, weil sich sein Ehrenwort als Lüge entpuppte, er habe nichts mit der Bespitzelung seines SPD-Rivalen Björn Engholm zu tun. In *Bitte nicht stören* (1995) liefert Knauer eine fiktive Aufklärung von Barschels Tod. Der »Vereinigungskriminalroman« (Untertitel) *Bitte nicht hinauslehnen* (1995) spielt 1995 den parahistorischen Gedanken durch, was gewesen wäre, wenn nicht die Bundesrepublik die DDR, sondern diese die Bundesrepublik übernommen hätte und sich der realsozialistische Dachdecker-Mief bis an den Rhein hätte ausbreiten dürfen. *Die Recherche* (1999) schließlich handelt von einem fiktiven deutschen Bundeskanzler, der möglicherweise ein Stasi-Mitarbeiter war. Thematisch verwandt mit *Bitte nicht stören* ist *Eine Reise nach Genf* von J. → Berndorf.

Bitte nicht stören

Zürich: Haffmans, 1994. (Heyne 05/116, 1995.) – O/Z: Hamburg, Monaco, Jakarta; 1987.

Eine bekannte Hamburger Wochenzeitschrift schickt Journalisten nach Monaco, wo sich der deutsche Skandal-Politiker Hans Hinsgen mit einem Unbekannten treffen will. Hinsgen und sein alter Freund Ranke wollen ihre politischen bzw. finanziellen Probleme mit einem Schlag beseitigen. Hinsgen will seinen Tod inszenieren, Ranke dessen Lebensversicherung kassieren. Hinsgens Beinahe-Doppelgänger Fiedler, dem Geld für seine Familie versprochen wurde, kommt nach Monaco ins Hotel »Belmare«, schlüpft in Hinsgens Kleider, wird von Ranke mit Alkohol und Tabletten betäubt und stirbt in der Badewanne. Hinsgen reist unter dem Namen Stephan Miller nach Indonesien, wo er Vize-Präsident von einer Firma seines Freundes Ranke werden soll. Katrin Hinsgen identifiziert den Toten als ihren Ehemann, die Versicherung aber beauftragt den Detektiv Pit Koch mit weiteren Ermittlungen. So wird entdeckt, dass der Leiche ein Fingerglied fehlt (Hinsgens Hände waren unversehrt). Ein Jahr später kommt es bei einem Treffen Hinsgens mit Ranke und dem Callgirl Sybille in Europa zu einem Streit, bei dem Ranke versehentlich erschossen wird. In Jakarta kann Detektiv Koch Beweise für die Identität Hinsgens mit einem gewissen Miller finden, und aufgrund eines Hinweises von Sybille wird Miller fortan beschattet. Ranke hat Hinsgen skrupellos betrogen; die vermeintliche Witwe Katrin ist jetzt seine Geliebte, und Doppelgänger Fiedlers Familie bekam niemals das versprochene Geld. Hinsgen will per Schiff flüchten. In Rostock überredet er die ehemalige Stasi-Mitarbeiterin Tatiana, die ihn erkannt hat, mit ihm auf Bali eine neue Existenz aufzubauen. Nachts auf der Fähre nach Helsinki überwältigt ihn die innere Einsamkeit, er nimmt Gift und stürzt sich ins Meer. G. Sch.

EDITH KNEIFL Österreich (*1954)

Die promovierte Psychologin Edith Kneifl schrieb zwischen 1991 und 1999 sieben, meist in Wien spielende Kriminalromane, darunter *Zwischen zwei Nächten* (1991), der 1992 mit dem »Glauser« ausgezeichnet wurde, und *Allein in der Nacht* (1999); außerdem war sie an dem Kollektivroman *Gipfeltreffen* von J. → Alberts u. a. beteiligt.

Ende der Vorstellung. Eine Wiener Blutoper

Hamburg: Hoffmann & Campe, 1997. (Heyne 15255, 1999.) – O: Wien.

Ende der Vorstellung ist eine Art Wiener Version von *Arsen und Spitzenhäubchen.* Den Spitznamen »Blutoper« verdankt das heruntergekommene Kino von Hermine Karpfinger, 53, den Oldie-Krimis, die dort ausschließlich laufen. Zwei alte Männer werden während einer Vorstellung ermordet, der Täter entkommt. Als Hermine eine dritte Leiche findet, versucht sie mit ihrem Vertrauten, dem alten Oberkellner Schorschi, vergeblich den Mörder zu finden. Verdächtig sind unter anderem die temperamentvolle Gelegenheitsprostituierte Lotti Blasicek, die neben dem Toten gesessen hat, sowie Lottis eifersüchtiger Mann Schnurrli. Lotti hat vor Ende der fraglichen Vorstellung das Kino verlassen, vor dem fast gleichzeitig ihr Mann in seinem Wagen gesehen wurde. Den stotternden jungen Cineasten im schwarzen Outfit, der aussieht wie der junge Anthony Perkins in *Psycho,* zieht Hermine ebenso wenig ernsthaft in Betracht wie Ella und Klara, zwei filmverrückte schrullige alte Damen, die zum Stammpublikum zählen. Als Hermine und Schorschi endlich den Zuschauerraum betreten, ist die Leiche verschwunden. Beseitigt hat sie der Taxifahrer Schnurrli Blasicek, der das auch offen zugibt. Er habe seine Frau schützen wollen, die er für die Mörderin halte. In seinem Taxi schaffte er den Toten zunächst in seine Werkstatt. Auf Schnurrlis privatem Schrottplatz soll die Leiche verbrannt werden. Schließlich offenbaren sich Ella und Klara Hermine und dem Kellner Schorschi als die gesuchten Raubmörderinnen. Die beiden sind ein eingespieltes Team: wenn die eine das Opfer abgelenkt hat, bringt die andere es um; dann wird es ausgeraubt. Als nächstes Opfer haben sie sich Schorschi ausgesucht. Mit der Maßgabe, auf keinen Fall etwas seiner Freundin Hermine zu erzählen, wollen sie ihn in die »Gloria-Lichtspiele« in den neusten James-Bond-Film (offenbar *Goldeneye*) locken.

ULRICH KNELLWOLF Schweiz (*1942)

Knellwolf, einer der profiliertesten Schweizer Krimiautoren der Gegenwart, wurde mit *Roma Termini* (1992) bekannt; mit *Auftrag in Tartu* (1999) wandte er sich dem historischen Roman zu, kehrte aber mit *Den Vögeln zum Fraß* (2001) wieder zur Kriminalliteratur zurück. Prachtvoll böse sind die Kurzgeschichten aus dem Band *Tod in Sils Marie* (1993).

Klassentreffen

Zürich/Hamburg: Arche Verlag, 1995. (FiTb 13420, 1997.) – O: Schweiz und Deutschland.

Gleich zu Beginn des Romans wird festgelegt, dass keiner der Beteiligten das Ende der Geschichte überleben wird. Die Abiturienten des Jahrgangs 1933 aus der Kantonsschule Trogen treffen sich einmal im Jahr, obwohl nur noch drei Herren reisefähig sind, nämlich der Artillerieexperte Frischknecht mit seiner exilrussischen Ehefrau Irina, der Kunsthistoriker Professor Rothpletz sowie der Arzt Dr. Meyer nebst Ehefrau Marguerite. Ein vierter, der Hauptmann und Militärpfarrer a. D. Kellerhals, fühlt sich bereits zu schwach. Kunsthistoriker Rothpletz machte seine akademische Karriere auf Kosten eines wesentlich begabteren Juden, der aus politisch-rassistischen Gründen nicht habilitieren konnte und Selbstmord beging, Artillerieexperte Frischknecht verkaufte den Nazis Schweizer Qualitätswaffen und Militärpfarrer Kellerhals wies Juden ab, die vor den Nazis in die Schweiz fliehen wollten. Ein weiterer Mitschüler, Lützelschwab, desertierte seinerzeit zu den Nazis. Nach dem Krieg gelangte Lützelschwab über die »Rattenlinie«, den Fluchtweg der schwerbelasteten Nazis, nach Argentinien. Dr. Meyers Nichte Esther Lauer, eine Journalistin, will über den Deserteur Lützelschwab schreiben. Zunächst aber erliegt der alte Militärpfarrer Kellerhals seinem schwachen Herzen. Dr. Meyer, Rothpletz und Frischknecht beschließen zur Rettung der eigenen Lebenslügen den Tod des Deserteurs und Verräters Lützelschwab. Dr. Meyer soll dem zu Ermordenden einen falschen Totenschein ausstellen. Währenddessen holt Lützelschwab in Erfurt eine Pistole ab, die ein Freund für ihn während der gesamten DDR-Zeit aufbewahrt hat. Kunsthistoriker Rothpletz wird tot, mit Whisky und Tabletten vollgepumpt, in einem Brunnen in Basel gefunden. Unterwegs in die Schweiz kommen Dr. Meyer und seine Frau bei einem Autounfall um, den der Arzt verursacht. Frischknecht will Lützelschwab mit einem Jagdgewehr erschießen, doch seine Frau hat die Waffe entladen und die Munition versteckt. Lützelknecht zieht daraufhin die alte Wehrmachtspistole, verfehlt aber Frischknecht, der mit dem Gewehr auf Lützelschwab einschlägt. Lützelschwab erliegt einer Hirnblutung, Frischknecht einem Herzinfarkt. Nach den Beisetzungen übergibt Frischknechts Witwe Irina der Journalistin Esther Lauer ein Konvolut Zeitungsausschnitte und andere Unterlagen über die Matura-Klasse von 1933, die ihr Mann gesammelt hat.

JOACHIM KÖRBER Deutschland (*1958)

Körber ist als Spezialist für fantastische Literatur Herausgeber einschlägiger Lexika, Verleger und Übersetzer. Sein überzeugendes Debüt ist ein Krimi mit dezent fantastischem Einschlag.

Wolf

München: Heyne, 1998. (Heyne 15176, 1999.) – O: ein Forschungslabor in Kalifornien.

Der deutsche Psychologe Dr. Stefan Hellmann nimmt eine Stelle in einem kalifornischen Forschungslabor an und zieht mit seiner 16-jährigen Tochter Amy und dem Schäferhund Wolf in die USA. Im Traum hört Amy die Hilferufe eines gewissen Danny Eriksson, im Institut hat der wissenschaftliche Laie Iain McCullogh mehr zu sagen als der offizielle Leiter Straczinsky, und auf Fragen nach seinem Amtsvorgänger Dr. Wentworth erhält Hellmann widersprüchliche Angaben. Mit Dr. Jill Shepard, die bald auch seine Geliebte wird, entdeckt er in einem unterirdischen Kühlraum des Institutes den äußerlich unversehrten Leichnam von Amtsvorgänger Wentworth. Jills heimliche Obduktion ergibt, dass sein Gehirn völlig deformiert ist, der Organismus aber lebensfähig wäre. In einem besonderen Raum des Instituts liegt in künstlichem Koma der junge Danny Eriksson, der die Fähigkeit besitzt, andere Körper zu übernehmen – mit tödlichen Folgen für den Übernommenen. Nachdem Danny auf diese Weise versehentlich seinen Vater umgebracht hatte, wurde er nach einer jahrelangen psychiatrischen Behandlung von Wentworth in Straczinskys Institut verbracht, das ihn unter der Führung des US-Majors McCulloghs zu einem Superspion heranbilden soll. Der deutsche Psychologe Dr. Hellmann soll die Forschungen des umgekommenen Amtsvorgängers Wentworth fortsetzen. Danny ruft auf telepathischem Wege Hellmanns Tochter Amy um Hilfe, und diese vertraut sich Sheriff Bob Healy an, der sofort Ermittlungen aufnimmt. Nachdem Amy ihn von Dannys Unschuld überzeugt hat, begibt sich Hellmann mit Jill ins Institut, um Danny aufzuwecken, doch die Militärärztin Ellen Davies löst Alarm aus und das Institutsgelände wird abgeriegelt. Lediglich Leiter Straczinsky und Major McCullogh sowie die bewaffnete Kathy Myers, eine fanatische frühere Mitarbeiterin von Hellmanns Amtsvorgänger Wentworth, gelangen hinein. Bevor sie von der Militärärztin Jill in Notwehr erschossen wird, berichtet Kathy Myers, dass Danny Wentworth umgebracht habe, weil dieser ihn mit dem Tode bedroht habe, um ihn gefügig zu machen. Danny flüchtet sich vor neuerlicher Betäubung zunächst in den toten Körper von Wentworth, dann in den des Institutsleiters Straczinsky und verschafft den Eingeschlossenen eine Fluchtmöglichkeit. Ellen soll Danny bei der Rückkehr in seinen Körper erschießen. Inzwischen ist jedoch der Sheriff mit Amy und der Hund Wolf in das Gebäude eingedrungen. Danny rettet sich in den Hund Wolf, muss aber von dort in seinen eigenen Körper zurückkehren. Darauf wartet Ellen, um ihn sofort zu töten. Jill fällt Ellen so rechtzeitig in den Arm, dass sie das Gehirn verfehlt und Danny gerettet werden kann. Der Hund Wolf behält von der kurzzeitigen Okkupation ein leichtes Hinken zurück, Straczinsky überlebt als Debiler.

KARI KÖSTER-LÖSCHE Deutschland (*1946)

Bevor die Ärztin Kari Köster-Lösche ihre Wikingerkrimis schrieb, verfasste sie ein Sachbuch zum selben Thema. Die Kriminalhandlung funktioniert nur, weil ein strenger königlicher Wikgraf ein von jeder Willkür freies, geradezu modernes Rechtsverständnis besitzt und der Vernunft jederzeit Vorrang vor dem Glauben (beziehungsweise dem Aberglauben) einräumt.

Der Thorshammer. Ein Wikinger-Krimi

München: Ehrenwirth, 1992. (Goldmann 43283, 1996.) – O/Z: Haithabu a. d. Schlei; 925 n. Chr.

In dem vom Gegensatz zwischen Heiden- und Christentum geprägten Haithabu baut der junge Folke in der Werft seines Onkels Schiffe. Seine heilkundige Mutter Aasa ist gleichzeitig für die jenseitsgerechte Zurichtung aller Toten am Ort zuständig. Ihre Sippe gewährt Ivar Gastfreundschaft, der verzweifelt ein bronzenes Abzeichen aus seinem untergegangenen Schiff im Flachwasser zu bergen versucht. Zwei Morde drohen den Marktfrieden zu stören: zunächst wird der Ruderer Halvdan in einem improvisierten Thorshain erhängt gefunden, dann bergen Fischer die Leiche des edlen Flüchtlings Geir aus dem Meer. Aasa erkennt sofort, dass die beiden erwürgt wurden. Bei Halvdan findet sich als vorsätzlich gelegter *red herring* ein Thorhammer, der ihn als Opfer für den Donnergott ausweisen soll. Später werden dem einohrigen Töpfer Ubbe sämtliche Knochen gebrochen und das einzige noch verbliebene Ohr abgeschnitten. Geir war auf der Flucht, weil er Gäste – die unter seinem besonderen Schutz hätten stehen müssen – hat verbrennen lassen. Einige waren Verwandte Ivars, und der will das Wikingerland an die Sachsen verraten, um sich in großem Stil zu rächen. Die Sachsen warten vor den Grenzen des Landes auf Ivars Zeichen zum Angriff, doch der taucht noch immer nach seinem Abzeichen. Die drei von ihm ermordeten Männer waren lästige Mitwisser und hätten ihn enttarnen können. Bei seinem letzten Tauchgang stirbt Ivar an Überanstrengung. Sein Verrat kommt ans Licht, und die Sachsen können vertrieben werden. Im Zuge seiner Nachforschungen kommt Folke scheinbar finsteren Machenschaften des christlichen Mönchs Gregor und des friesischen Sklaven Ketil – ebenfalls eines Christen – auf die Spur. Es kommt zu einem nächtlichen Zusammenstoß Folkes mit Ketil, in dessen Folge dieser bei einem christlichen Wirt und seiner schönen Tochter Hallgärd untertaucht. Es zeigt sich jedoch, dass Ketil lediglich das Kirchengut wieder der Kirche zuführt, das Ivar gestohlen hatte. Weil Ketils grausamer Herr Sote mit der Brandschatzung derer gedroht hat, die Ketil Unterschlupf gewähren, warnt Folke, der sich in Hallgärd verliebt hat, vor Sotes Nachstellungen. Mit Hilfe einer mythologischen Inszenierung, bei der Hallgärd die Rolle einer Waldfee übernimmt, wird Sote von seinem Vorhaben abgebracht.

ANDRIS KOLBERGS Lettland (*1938)

Andris Kolbergs gehört zu den führenden Krimiautoren Lettlands; seine Werke gelangten auf dem Umweg über die UdSSR als Übersetzungen aus dem Russischen in die DDR. In viele Sprachen übersetzt wurde sein Buch *Porträt einer Stadt* (1998), das Riga u. a. »als Jugendstilmetropole« (so der Untertitel) würdigt. Weitere Krimis: *Fotogrāfija ar sievieti un mezakuili* (1983, dt. *Die Nackte mit dem Gewehr*, 1984) und *Kriminālieta trijām dienām / Tri djna dlja rasmyschlenija* (1977, dt. *Drei Tage zum Nachdenken*, 1989).

Der tätowierte Mann

(OT: *Nekas nav noticis*, 1987). Berlin: Verlag Das Neue Berlin, 1991. – Ü: Helga Gutsche. – O/Z: Riga (Lettland); vor 1991.

Der Vater der 17-jährigen Ismalda wird wegen dubioser Geschäfte zu einer mehrjährigen Gefängnisstrafe verurteilt, das Vermögen der Familie konfisziert. Aus Kummer über den sozialen Abstieg stürzt sich die Mutter Alda im Beisein eines Mannes mit einer tätowierten Zahl auf der Hand aus dem Fenster. Ihre Tochter Ismalda muss danach zwei Jahre lang in eine psychiatrische Klinik, nach ihrer Entlassung zieht sie zu ihrem Bruder Aleksis, einem Schieber und Rauschgifthändler, und arbeitet als Küchenhilfe im Rigaer Nobelrestaurant »Oreanda«. Als eine Kollegin ihr zehn Rubel zusteckt, glaubt sie zunächst an eine Bezahlung von Überstunden. Es ist jedoch ihr Anteil an den Gewinnen aus der allgegenwärtigen Schattenwirtschaft, aus der auch das Restaurant »Oreanda« Profit zieht. Durch Fürsprache einer Bekannten avanciert sie zur Solotänzerin bei der Abendshow des »Oreanda«. Dessen Türsteher, der Ex-Boxer Kurdašs, ist der ominöse Mann mit der Tätowierung, der beim Fenstersturz ihrer Mutter anwesend war. Er verehrte Alda schon, als er selber noch ein junger Mann und Alda – Ismaldas Mutter – noch ledig war. Bei einem späteren Wiedersehen habe sie ihn um 500 Rubel gebeten, um vor einer anstehenden Buchprüfung einen Diebstahl aus der Betriebskasse auszugleichen. Da er ihr nicht habe helfen können, habe sie sich vor seinen Augen aus dem Fenster gestürzt. Er sei es auch gewesen, der für die ärztliche Versorgung der unter Schock stehenden Ismalda gesorgt habe. Seine Geschichte wird von Ismaldas Bruder Aleksis bestätigt und vervollständigt: Alda habe das Geld zur Bezahlung eines geldgierigen Winkeladvokaten gebraucht, der ihren Ehemann verteidigen sollte. Als Aleksis festgenommen wird, entdeckt Ismalda im Keller eine Tüte voller Armbanduhren, die sie Tanja, der Freundin ihres Bruders, aushändigt. Tanja verspricht, sie Aleksis' Auftraggeber zu übergeben. Ein Brief von Aleksis, in dem er sie um Übergabe der Uhren an seine Auftraggeber bittet, macht ihr klar, dass sie von Tanja betrogen wurde. Unter dem Vorwand, ihrem Bruder helfen zu können, lockt Rausa, der Chef des »Oreanda«, sie in sein Auto und vergewaltigt sie. Aus Wut und Verzweiflung schießt sie mit einer alten Schrotflinte auf Rausa, mit dem Tanja kooperiert hat. Bei ihrer Festnahme behauptet Tanja, Rausa habe sie zur Hehlerei angestiftet. Dem Hoteldirektor wird jedoch nicht der Verkauf der gefälschten Uhren zum Verhängnis, sondern der geschickt eingefädelte Rachefeldzug einer ehemaligen Mitarbeiterin. G. Sch.

ALFRED KOMAREK Österreich (*1945)

Polt muss weinen

Innsbruck: Haymon, 1998. (detebe 23129, 2000.) – SF: Gendarmerie-Inspektor Simon Polt. O: Brunndorf und Burgheim nördl. von Wien. – P: »Glauser« 1999. F: Ö 2001, R: Julian Roman Pölsler.

Polt muss weinen, das Debüt von Alfred Komarek, erhielt 1999 den »Glauser«. Die Verfilmung des rundum gelungenen Romandebüts litt dagegen unter Unterbelichtung und schlechter Tonaussteuerung. – Die dubiosen Umstände, unter denen der allseits unbeliebte Weinbauer Albert Hahn in seinem Presshaus an Gärgas stirbt, lassen den schwergewichtigen Polizisten Polt an der offiziellen Todesursache »Unfall« zweifeln. Polt horcht die Weinbauern behutsam aus. Viele hatten Anlass, Hahn zu hassen, darunter seine Frau, sein Nachbar Friedrich Kurzbacher, der sexuell von ihm missbrauchte und psychisch erkrankte Peter Schachinger und Richie Hackl, sowie seine Zechkumpane Florian Swoboda, der Ingenieur Werner Pahlen und der Einsiedler Bruno Bartl. Im Rausch betrog Swoboda seine Ehefrau Brigitte mit Grete Hahn. Um das Bekanntwerden seiner Seitensprünge zu verhindern, versucht er Bruno Bartl als lästigen Zeugen durch einen Schlag auf den Kopf zu töten. Bartl überlebt, Swoboda, von Polt überführt, kommt in Untersuchungshaft. Karin Walter, die Angebetete Polts, streut mit dessen Billigung das Gerücht aus, Swoboda sei des Mordes an Hahn überführt. Wenig treiben Friedrich Kurzbacher, Karl Brunner, Josef Schachinger und Christian Wolfinger in Kurzbachers Weinkeller Polt durch das Geständnis eines Mordes zu gemeinsamer Hand die Tränen ins Auge: Sie hätten Hahn wegen dessen schädlicher Wirkung auf das Dorfleben ermordet. Eine führende Rolle kam dabei

Karl Brunner zu: er pumpte Gärgas mit Hilfe einer Dunstwinde in Hahns Keller. Schwer krebskrank, nimmt Karl Brunner in einem Abschiedsbrief die gesamte Schuld für alle auf sich und begeht Selbstmord, nachdem ihm Polt noch einen Tag Zeit zur Regelung seiner privaten Angelegenheit eingeräumt hat. Wider besseres Wissen akzeptiert Polt diese Version der Ereignisse.

G. R.

RALF KRAMP Deutschland (*1963)

Der Graphiker Ralf Kramp, der auch *Blutspur*-Wochenenden für Hobbydetektive veranstaltet und als Anthologist von fantastischen und Kriminal-Kurzgeschichten in Erscheinung getreten ist, erhielt für sein Debüt *Tief unterm Laub* 1996 den Förderpreis des »Eifel Literatur Preises Sparte Krimi«. *Spinner* bildet mit *Rabenschwarz* (1998) und *Der neunte Tod* (1999) und *Malerische Morde* (2002) eine Serie von Gebresten-Krimis um den schizophrenen Detektiv Herbie Feldmann und den fetten, sarkastischen Julius, Herbies für andere unsichtbares Alter Ego.

Spinner

Elsdorf: Klein & Blechinger, 1997 (KVB Krimis). – SF: Herbie Feldmann, Julius. O: Bad Münstereifel.

Eine Millionenerbschaft ermöglicht Herbie ein unabhängiges Leben in einer kleinen Wohnung, von wo aus er das Badezimmer der Ex-Prostituierten Doro Rosawski einsehen kann. Voller Entsetzen wird Herbie Zeuge, wie der Serienmörder »Motzer« Doro anscheinend umbringt und die Leiche anschließend verbrennt. Weil der kahle Zuhälter »Meister Proper« Herbie für denjenigen hält, der ihm Doro ausgespannt hat, beschädigt er das schwarze Mercedes-Cabrio, das Tante Hettie ihrem Neffen geliehen hat. Nachdem ein Mechaniker im Suff den Wagen noch mehr ramponiert hat, wagt es Herbie nicht mehr, ihn zurückzugeben; Tante Hettie lässt den Wagen zur Fahndung ausschreiben. Das Handy, mit dem Tante Hettie ihn kontaktieren will, wirft Herbie achtlos in den Kofferraum. Mit seiner Cousine Nina macht er einen Ausflug zu dem Landgasthaus eines Wirts, der sich Gottfried von der Heyden nennt. Als die beiden merken, dass der Wirt »der Motzer« bzw. Doros Mörder höchstselbst ist, fliehen die beiden, werden aber von da an von dem in den Fall verwickelten Zahnarzt Dr. Rabe verfolgt. Rabes Sprechstundenhilfe erzählt, dass Rabe überraschend vom geplanten Kauf eines Hauses in Spanien Abstand genommen und stattdessen eine Reise gebucht habe und dass sich Rabes Ehefrau nach einem gravierenden Ehekrach in Rabes Jagdhaus aufhalte. Dort trifft Herbie die bewaffnete Doro, denn Rabe hat, den »Motzer« imitierend, seine Ehefrau umgebracht, das Gebiss der Toten als das von Doro identifiziert und Doro selbst, die er von »Meister Proper« weggelockt hatte, als seine Frau ausgegeben. Der »Motzer«-Mord an Doro war lediglich eine Inszenierung, bei der Herbie die Rolle des unfreiwilligen Zeugen zukam. Rabe erscheint und erschießt im Streit Doro, nachdem er ihr mitgeteilt hat, dass es kein gemeinsames Leben in einem Haus in Spanien geben werde. Herbie wird in den Kofferraum des Mercedes gesperrt; zusammen mit Nina soll er im Stadtpark von Bad Münstereifel einem Doppelmord des »Motzers« zum Opfer fallen. Im Kofferraum des Mercedes findet Herbie das Handy wieder und versucht Nina zu warnen. Durch Übertragungsfehler und Missverständnisse erscheint Nina nicht mit der Polizei am vereinbarten Treffpunkt, sondern mit Gottfried von der Heyden. Es kommt zum Duell des echten »Motzers« mit dessen Imitator, das beide nicht überleben. Kommissar Baldus und sein schusseliger Assistent Zettelmeyer sind bis dahin den Ereignissen immer nur hinterhergerannt. Jetzt haben sie wenigstens das gesuchte Cabrio – zufällig – gefunden. Nina kehrt zu ihrem Verlobten Chris zurück.

GEORG R. KRISTAN Deutschland

(d. i. Georg und Renate Cordts, *1927 und *1935)

Der Jurist Georg Cordts war bis 1983 Ministerialdirektor im Landwirtschaftsministerium und wurde als politischer Beamter mit dem Ausscheiden Josef Ertls in den Ruhestand versetzt. Im Mittelpunkt seiner gemeinsam mit Ehefrau Renate geschriebene Serie von Bonn-Krimis steht Hauptkommissar Walter Freiberg, ein studierter Historiker, und dessen Lebensgefährtin, die Bonner Universitätsbibliothekarin Dr. Sabine Heyden. Weitere Freiberg-Krimis des Ehepaars: *Das Jagdhaus in der Eifel* (1985), *Schnee im Regierungsviertel* (1989), *Goldspur* (1996), *Sonderkurier* (1999).

Anschlag auf Bonn

München: Goldmann, 1990 (Tb 5120). – SF: Walter Freiberg. O: Bonn, Eifel.

Im Hause Hatho Reichenbergs, des designierten Oberbürgermeisters von Bonn, liegt erschlagen der Unternehmer Norbert Dossa, der Geliebte von Hatho Reichenbergs promiskuitiver zweiter Frau Theresa. Der Unternehmer Dossa, der seinen italienischen Schwiegervater ruiniert und in den Freitod getrieben hat, war in Giftgasgeschäfte verwickelt. Sein Stammlokal war das Hotel »Monoposto« am Nürburgring. OB Reichenberg, der verschwunden ist, wird nun für Dossas Mörder sowie für den Erpresser gehalten, der von der Stadt Bonn insgesamt 16 Millionen Mark fordert, anderenfalls würde das Trinkwassersystem mit dem Nervengift Aquatox kontaminiert. Ein R4 mit dem Geld fährt auf Geheiß der Erpresser tagelang im Raum Bonn herum, ohne dass ein Motorradfahrer sich wie verabredet zur Geldübergabe zeigen würde. Danach wird der R4 von den Verbrechern in die Eifel befohlen. Das Geld ist mit Haschischöl präpariert, dessen Geruch Menschen kaum, Hunde aber sehr wohl wahrnehmen können. Die Familie Reichenberg wird ebenfalls erpresst; ein Ohrläppchen des Entführten geht der Polizei zu. Hauptkommissar Freiberg erfährt, dass Verwandte von Dossas geschiedener italienischer Frau das »Monoposto« führen, und mietet sich dort zusammen mit seiner Lebensgefährtin Sabine ein. Nach der nächtlichen Geldübergabe ganz in der Nähe des »Monoposto« kommt es zu einem Schusswechsel mit einem SEK, ein Italiener wird verletzt, Reichenberg aus einem Verließ befreit, der Betreiber des Hotels verhaftet und das Lösegeld von einem Spürhund in einem Stahlschrank gefunden. Die einzigen, die das Versteck der Aquatoxbombe kannten, sind der verwundete und nicht vernehmungsfähige Italiener und der tote Dossa, der den Anschlag auf Bonn iniziiert und das Gift besorgt habe. Kommissar Freiberg entdeckt die Höllenmaschine in einem Wasserreservoir, an der die Firma Dossas kürzlich arbeitete. Reichenberg, als Held gefeiert, wird mit überwältigender Mehrheit zum Oberbürgermeister gewählt. Seine Frau spielt die liebende First Lady, die diversen Seitensprünge scheinen vergessen, nur von den erfolgreichen Kriminalisten nimmt kaum jemand Notiz.

BARBARA KROHN Deutschland (*1957)

Die Autorin, eine studierte Germanistin und Italianistin, kennt aus eigener Anschauung den Schauplatz ihres Debütromans. Das im Akademiker-Milieu Regensburgs spielende *Weg vom Fenster* (1999) ist Krohns zweiter Krimi.

Der Tote unter der Piazza

Berlin: Aufbau-Verlag, 1998. – O/Z: Neapel; Frühjahr 1993.

Die italienische Malerin Livia arbeitet in einem Dokumentationszentrum für Kunstdiebstähle, ihre Freundin, die deutsche Journalistin Marlen, schreibt an einem Artikel über die Vertreibung der deutschen Besatzer aus Neapel 1943. Zusammen mit dem geheimnisvollen Salvatore delle Donne findet Marlen in dem Katakombensystem unter der Stadt den Weinhändler Umberto Cacciapuoti erschossen auf. Später wird auch Salvatore delle Donne, inzwischen Marlens Liebhaber, dort ermordet. Hintergrund des Doppelmordes ist der Handel mit gestohlenen Kunstgegenständen, mit dem Fiorilla Cacciapuoti, die schöne Witwe Umbertos, und ihre Schulfreundin und Komplizin Agnese di Napoli ihren aufwendigen Lebensstil finanzieren. Die beiden dringen über das Katakombensystem in Kirchen ein und rauben, was immer sie fortschleppen können; einiges steht in Agneses Haus offen herum. Ungewollt führen die beiden die Journalistin Marlen und die Malerin Livia zu dem Haus, von dem aus sie ihre Raubzüge antreten und wo sie die Beute lagern. Schließlich könnte ein Verzeichnis gestohlener Kunstgegenstände Fiorillas Schuld beweisen, doch Livia und ihre juristisch vorgebildete Helferin Rosaria müssen erkennen, dass Livias Chef Roberto Mazzacane ebenfalls ein Komplize Fiorillas ist. Die schwergewichtige Tabaksfrau Assunta Maria Balzano, die Livia für ein feministisches Aktgemälde Modell steht, erzählt schließlich, dass sie von ihrem Laden ebenfalls Zugang zu den Katakomben habe; dort habe sie ein Gespräch zwischen Umbertos Frau Fiorella und Agnese belauscht, die sich gerade mit Umbertos Leiche beschäftigten. Schließlich habe sie die beiden bis zu ihrem Lager verfolgt und den Weg mit ihrem Lippenstift markiert. Dies ermöglicht am Ende die Festnahme der gesamten Bande. Umbertos Ermordung war die Folge eines Machtkampfes mit Fiorilla um die Führung der Bande. Salvatore musste sterben, weil er nach Umbertos Ermordung aussteigen wollte. Roberto Mazzacane kommt ungeschoren davon.

HEINZ KÜPPER Deutschland (*1930)

Trotz der Förderung durch Heinrich Böll blieb dem früheren Oberstudiendirektor Heinz Küpper der ganz große literarische Durchbruch versagt. Küpper besitzt eine Beobachtungsgabe von höchstem Auflösungsvermögen, und er reichert seine Texte mit unzähligen exakt beschriebenen Wirklichkeitspartikeln an, was sie zu höchst lebendigen und politischen Zeitporträts macht (*Simplicius 45*, 1963; *Milch und Honig*, 1965; *Der Zaungast*, 2002). Seine beiden Geschichten um den Kölner Ex-Offizier, Ex-Militärpfarrer und Ex-Pfarrer Jakob, genannt Köb, gehören zu den originellsten und literarischsten Kirchenkrimis überhaupt. Eine Fortsetzung bildet der Roman *Seelenämter* (2000).

Wohin mit dem Kopf? (1986)

Weilerswist: Verlag Landpresse, 1998. – SF: der Theologe Köb. O/Z: ein Stausee in der Eifel; 1957 (Vorgeschichte), 1968.

Wegen hitzebedingten Niedrigwassers kommen Gehöfte wieder zum Vorschein, die bei der Anlage eines Eifel-Stausees untergegangen waren. Als der urlaubende Köb in den Resten des früheren »Sebastianushofes« einen menschlichen Schädel und weitere Skelettteile entdeckt, mietet er sich im neuen »Sebastianushof« ein. Das sichtlich schlechte Gewissen des jungen Wirts Helmut verstärkt Köb mit dunklen Andeutungen. Einem gelehrten Ortspfarrer und einem Polizisten zufolge muss der Tote der gefürchtete NS-Funktionär Krapp sein, der nach dem Krieg in Österreich lebte und 1957, als der Stausee geflutet wurde, bei einem Heimaturlaub spurlos verschwand. Seine Frau – oder Witwe – wohnt seither, von zwei Verehrern mit braunen Ansichten umworben, in der Nähe des Sees in einer noblen Villa. Funktionär Krapp hatte 1944 Helmuts Mutter vergeblich sexuell bedrängt und deshalb für die Einberufung ihres Mannes an die Ostfront gesorgt, wo dieser sofort fiel. Danach ließ er seine Wut an polnischen Zwangsarbeitern aus, die anschließend ermordet wurden. Helmut, nach schwerer Kindheit früh verwaist, beschaffte sich ein US-Kampfmesser. Als er Krapp wiederbegegnete, ermordete er ihn und begrub ihn im Keller seines untergehenden Elternhauses. Köbs bulliger Konfrater Leo birgt Krapps restliche Knochen in einem Postsack, Köb versenkt alles später im Rhein. Helmut erhält die Absolution, muss aber die Kosten für Köbs Aufenthalt tragen.

Zweikampf mit Rotwild. Ein Roman nach Motiven bei Heinrich von Kleist

Weilerswist: Verlag Landpresse, 1996. – O/Z: Nonnenbach (Rheinland-Pfalz); 1989; die »Motive bei Heinrich von Kleist« entstammen dessen Erzählung *Der Zweikampf* (1811).

1989 ist Köb 97 Jahre alt und an den Rollstuhl gefesselt, führt aber trotzdem einen »Zweikampf mit Rotwild«. In Nonnenbach regiert der Unternehmer und Lokalpolitiker Laurenz »Löhr« Tieffenthal, ein Duzfreund Helmut Kohls. Löhr hat mit seiner Frau, einer promovierten Politologin, drei Söhne sowie ein nachgeborenes Töchterchen mit dem Spitznamen »Muuhlkrätz«. Sein ganzer Stolz aber ist ein fahrbereiter Jeep aus dem Zweiten Weltkrieg. Am Steuer sitzt jedoch vermutlich Löhrs trunksüchtiger Ingenieur Zappek, als damit eines Nachts ein Tamile überfahren wird. Ingenieur Zappek dreht später durch und wirft Molotow-Cocktails in die Wohnungen der Beteiligten. Die Affäre kostet den Lokalpolitiker Löhr den Sieg in seinem Wahlkreis, der Bundeskanzler geht auf Distanz. Die beliebte Realschullehrerin Brigitte Rouanet, ein Schützling Löhrs, ist als Pädagogin wie als Regionalhistorikerin gleichermaßen ehrgeizig und engagiert. Nur ihr mediokrer Chef Studiendirektor Safran wäre sie wegen ihrer politischen Vergangenheit und wegen ihres unehelichen Sohnes gerne los. Löhr behauptet, zur Todeszeit des Tamilen in Brigittes Wohnung gewesen zu sein. Brigitte bestreitet energisch, mit Löhr zusammen gewesen zu sein und bereitet sofort mit Anwalt Hergarten juristische Schritte vor. Tatsache ist, dass sie für eine kurze Zeit der Abwesenheit ihre Wohnung ihrer Freundin Sabine zur Verfügung gestellt hatte; mit dieser hatte Löhr im Dunkeln und schweigend geschlafen, ohne zu bemerken, wen er vor sich hatte. Nach diesem Seitensprung zeugte Löhr das »Muuhlkrätz« mit seiner Frau. Nach der Geburt des Nachkömmlings unterrichtet Sabine Löhr von ihrer HIV-Infektion, die zur Zeit des Seitensprungs bereits bestanden habe, aber noch nicht bekannt gewesen sei. Daraufhin verlässt Frau Löhr vorläufig ihren Mann. Falls ein Aidstest bei ihm positiv ausfalle, werde sie ihn bis zum Tod pflegen, ansonsten sei die Trennung endgültig. Nun sucht Löhr verzweifelt einen Arzt, der ihm ein gefälschtes positives Attest ausstellt, damit seine Frau bei ihm bleibt. Köb hat den Fall mit großem Interesse als eine Art passiver Räsoneur beobachtet. Viel kann er nicht mehr tun. Eines jedoch gelingt ihm: Er bringt Brigitte und Anwalt Hergarten zusammen, um die Glaubwürdigkeit von Löhrs Aussagen noch weiter zu erschüttern. Dazu nimmt er an einem Ausflug von Brigittes Schulklasse in einen Wildpark teil, Brigitte schiebt, wie so oft, seinen Rollstuhl. Köb provoziert in nachgerade selbstmörderischer Weise einen Unfall, der Brigitte veranlasst, endlich ihre Liebe zu dem Anwalt einzugestehen. Ihr öffentliches Bekenntnis zu dem seit langem heimlich geliebten Mann macht Löhrs Aussage bezüglich seiner Liebesnacht mit Brigitte noch unglaubwürdiger.

EBERHARD KUNKEL Deutschland (*1931)

Seit dem ersten, 1988 erschienenen Comic-Band hat sich der »Spätlesereiter« Karl zu einem veritablen Gegenstück zur französischen *Asterix*-Serie entwickelt. Die Karl-Comics spielen in den 90er-Jahren des 18. Jahrhunderts im Rheingau, handeln meist vom Wein (etwa der Erfindung der Spätlese oder des Sekts) und beziehen präzise recherchierte historische Ereignisse wie die Französische Revolution beziehungsweise Sagen und Legenden der Region (Loreley) ein. Hauptfigur ist der nachnamenlose Karl, der sich mit einem Weinforschungsinstitut (das heute tatsächlich am beschriebenen Ort zu finden ist) selbständig gemacht hat. Neben historischen Persönlichkeiten wie Goethe, Heine oder Clemens von Brentano, die sich ein teilweise anachronistisches Stelldichein geben, begegnet Karl auch episodischen Figuren in Gestalt von ergötzlich verfremdeten Prominenten unserer Gegenwart, darunter dem Literaturpapst Marcel Reich-Ranicki als Goethes ständigem Reisebegleiter oder Sean Connery im Outfit des William de Baskerville aus dem Film *Der Name der Rose* u. v. a. Zu dem fest umrissenen Figurenensemble der Karl-Comics gehören Karls Dauerverlobte Maria Leberlein, Marias etwas einfältiger Vater, ferner Karls Freund Oskar, Karls Dauer-Gegenspieler Ferdinand, Karls kluger, weinfreudiger französischer Hund Grandpatte sowie Pater Anselm vom Kloster Johannisberg. Anselm trägt die Züge von Eberhard Kunkel, dem Vater des Zeichners. Der ehemalige Verkehrspsychologe hat als eigenständige Werke parallel zu den Comicbänden eine liebenswürdige Serie von Kriminalerzählungen um Karl geschrieben.

Der Tote zuwenig

Walluf: AK-Verlag, 1995 (Krimi-Karl-Roman). – O/Z: Johannisberg; 1792/93.

Werner – als Säugling mit einem Begleitschreiben vor die Tür des Klosters gelegt – wird, nun 30 Jahre alt, zusammen mit seiner verheirateten Freundin Lena Eiderhoff durch ein offenes Fenster des Eiderhoffschen Hauses erschossen, offenbar durch irrlaufende Kugeln einer preußisch-französischen Auseinandersetzung. Als sich Pater Anselm wegen der verstellten Schrift auf dem Begleitschreiben mit Graphologie zu beschäftigen beginnt, wird ein Anschlag auf ihn ausgeübt, doch der Hund Grandpatte rettet ihn. Was irritiert, sind die verschiedenen Winkel, aus denen die Kugeln in die Körper der Opfer eindrangen. Weil die Kugeln keinen Truppenteilen zugeordnet werden können, muss ein Mord vorliegen. Anselms graphologische Bemühungen schränken den Kreis der Verdächtigen erheblich ein; Karl lädt alle Verdächtigen zur Weinprobe, um Täter zu überführen. Es stellt sich heraus, dass Werner sowohl ein Halbbruder Eiderhoffs als auch des Barons Freiholz war, hervorgegangen aus einem Verhältnis der alten Baronin mit dem reisenden Weinhändler Andres Eiderhoff. Die werdende Mutter wurde eilends nach Italien geschafft, wo sie Werner zur Welt brachte und bald darauf starb oder umgebracht wurde. Sowohl Eiderhoff als auch Freiholz hatten Grund, Pater Anselms Forschungen zu fürchten, denn im Falle eines vorhandenen Testaments von Werners Mutter hätten sie möglicherweise ihren Besitz mit Werner teilen müssen. Dieses Testament hatte sich auf dem Begleitschreiben in Form von durchgedrückten Schriftzeichen gefunden. Der Baron entlarvt sich, nervös geworden, bei der Weinprobe selbst, als er Anselm mit einem Dolch angreift, doch Anselm trägt unter der Kutte ein Kettenhemd, das Oskar für ihn aus der Waffenkammer des Barons gestohlen hat. Der Baron hatte Werner wegen dessen möglicher Erbansprüche ermordet; Lenas gleichzeitiger Tod war ein Zufall, auf jeden Fall aber keine Eifersuchtstat ihres Ehemannes. Maria weiß, dass eine existentiell bedrängte Frau ein wichtiges Schriftstück nicht in einem Koffer oder in einem Buch, sondern in ihrer Kleidung verstecken würde: Das Testament wird gefunden.

ANDREJ KURKOW Russland (*1961)

Ein Freund des Verblichenen

(OT: *Milyj drug, towarischtsch pokojnika* [wörtl: »Lieber Freund, Genosse des Verstorbenen«], 1996). Zürich: Diogenes Verlag, 2001. – Ü: Christa Vogel. – O: Moskau.

Der dritte ins Deutsche übersetzte Roman des polyglotten Russen nach dem Überraschungserfolg *Picknick auf dem Eis* (1999) und *Petrowitsch* (2000) scheint inspiriert von Jules Vernes Selbstmörder-Roman *Die Leiden eines Chinesen in China* und verbindet dessen Thematik mit dem Motiv des Identitätsverlustes beziehungsweise -wechsels zu einem melancholischen Alltags- und Liebesroman. – Nachdem er von seiner Frau verlassen wurde, mag Tolja, der Icherzähler, nicht mehr weiterleben und engagiert auf konspirativem Wege den relativ preiswerten Hobbykiller Kostja, der ihn umbringen soll. Ort der Tat soll ein bestimmtes Lokal werden. Als er sich jedoch in die Prostituierte Lena verliebt und wiedergeliebt wird, überlegt Tolja es sich anders. Allerdings ist der sehr vorsichtige Killer Kostja nicht zu erreichen und somit auch nicht mehr aufzuhalten. Zufällig zu harten Dollars gekommen, mietet Tolja sich einen Bodyguard, der Kostja tatsächlich tötet. Der tote Killer hinterlässt eine Frau, Marina, und einen Sohn. Aus Pflicht- und Schuldgefühl gleichermaßen sucht Tolja Marinas Bekanntschaft, verliebt sich aber dann in sie und übernimmt den Platz an ihrer Seite beziehungsweise in ihrem Bett. Dann findet er einen konspirativ übermittelten Auftrag, der am 10. Januar, wiederum in einem Lokal, ausgeführt werden soll. Der Auftraggeber wusste offenbar nichts von Kostjas Tod. Anstandslos übernimmt Tolja auch dies, doch er hat Glück: Das Opfer stirbt vor seinen Augen an einem Herzinfarkt. Tolja hat sich jedoch schon an den neuen Beruf gewöhnt.

JAROSLAV KUTÁK Tschechische Republik (*1956)

Kuták ist mehrfacher Träger des »Havrana«-Literaturpreises der Tschechischen Republik. *Strafe muss sein* wurde mit dem tschechischen Krimi-Preis »Marek« ausgezeichnet.

Strafe muss sein

(OT: *Územírestu* [wörtl. »Strafraum«], 2000). Dortmund: Grafit Verlag, 2001 (Grafit Krimi International 508). – Ü: Teresa Junek. – O: Tyn.

Die Gymnasiasten Jan, Bohuslav und František werden nacheinander von der jungen Sportlehrerin Jana Hezurová auf bizarre Weise umgebracht. Jana ist von dem Gedanken besessen, Ordnung und Sitte durch gnadenlose Bestrafung vermeintlicher oder tatsächlicher Verfehlungen ihrer Schüler aufrechtzuerhalten. Die allein lebende Frau kompensiert ihre sexuellen Frustrationen durch ausuferndes Training an einem Rudergerät und leidet unter Waschzwang. Im Zentrum ihrer sexuellen Fantasien stehen Sharon Stone und der Film *Basic Instinct.* Dem ersten Opfer, an dessen heimlichem Basketballtraining in der Sporthalle sie Anstoß nimmt, nähert sie sich nackt, nur mit einem Vorhang mit Sehschlitzen bekleidet, bedroht ihn mit einer Pistole, aus der sich ein Schuss löst, und lässt ihn nach Misshandlung und einem spontan erzwungenen Beischlaf – bei dem sie ein Kind empfängt – in einem Grab auf dem Friedhof sterben. Das Geschoss aus ihrer Pistole holt sie sich später. Sie hinterlässt in der Turnhalle jedoch ein Schamhaar, das auf ihre Spur führt. Außerdem sucht Jana den Journalisten Villem Danubius von dem Schmierenblatt »Exces« in dessen Hotelzimmer heim; während er einen Rausch ausschläft, spickt sie seinen Körper wie einen Rehbraten mit Seiten aus seinem Revolverblatt. Der Mann überlebt und merkt zunächst nichts, erkennt sie aber später wieder. Der etwa 40-jährige Kommissar Antonín Havránek, ein sympathischer Sonderling, entdeckt den Vorhang mit den Sehschlitzen und das Schamhaar und schöpft Verdacht, der dann beim Abiturball durch drei voneinander unabhängige Zeugen zur Gewissheit wird. Havráneks Freund, der Schriftsteller Halder, hat bei einem Besuch bei Jana deren Revolver gesehen; ein Spanner beobachtet Jana durchs Toilettenfenster bei der Durchführung eines Schwangerschaftstests, dessen Ergebnis positiv ausfällt, und eine neugierige Garderobiere liest Janas Tagebuch, das diese in ihrer Handtasche mit sich herumträgt und das Aufschluss über ihre Taten gibt. Noch in der Ballnacht wird Jana festgenommen. Anfangs versucht sie, so *tough* zu reagieren wie Sharon Stone in ihrer Filmrolle, und behauptet, Jan sei ihr Liebhaber gewesen und der Schuss ein Versehen, das anders als die angeblichen Liebesakte keinerlei Folgen gehabt habe. Schließlich aber gibt sie auf und legt ein Geständnis ab.

-KY Deutschland (d. i. Horst Bosetzky, *1941)

-ky, der an der Freien Universität Berlin Soziologie lehrte, war vor der Offenlegung seines Pseudonyms in den 1970er-Jahren eine Art Kultautor der Linksintellektuellen, für die er nach Art von P. → Wahlöö z. T. recht plump agitierende, schematisch konstruierte Krimis schrieb. Er schuf die fiktive norddeutsche Modellstadt Bramme, in der auch *Die Klette* angesiedelt ist, sein vielleicht interessantester *non-crime*-Roman jener Zeit: Eine junge Selbstmörderin bringt mit egomaner Konsequenz das Leben ihres Retters, des brillanten Jura-Professors Lachmund, aus dem Gleis. *Einer von uns beiden* wurde von Wolfgang Petersen mit seinem späteren »Kaleu« Jürgen Prochnow verfilmt. Siehe auch R. → Neely, *Tod im Spiegel.* Weitere Werke: *Kein Reihenhaus für Robin Hood* (1979), *Friedrich der Große rettet Oberkommissar Mannhardt* (1985), *Feuer für den großen Drachen* (1987), *Einer will's gewesen sein* (1988), *Spreekiller* (2002). »Ehrenglauser« 1992.

Einer von uns beiden

Reinbek: Rowohlt, 1972 (rororo thriller 2244). – O: West-Berlin.

F: D 1973, R: Wolfgang Petersen.

Der kleinkriminelle Ex-Student und Hobby-Schriftsteller Bernd Ziegenhals entdeckt, dass der Nobel-Soziologe Dr. Rüdiger Kolczyk seine Dissertation einfach aus dem Amerikanischen übersetzt hat, und startet einen Erpressungsversuch. Kolczyk zahlt und ergreift sofort strategische Gegenmaßnahmen. Daraus entwickelt sich Zug um Zug ein mörderisches Schachspiel, das zunächst in eine Pattsituation mündet, weil keiner den anderen ohne Verlust der eigenen Position besiegen kann. Kolczyk beschafft sich aus einem handgeschriebenen Romanmanuskript von Ziegenhals den Abschiedsbrief der Hauptfigur Bernd Z. Während Ziegenhals schläft, legt er den Brief auf dessen Tisch und dreht das Gas auf, warnt ihn aber aus Angst vor den Folgen in letzter Sekunde durch einen Telefonanruf. Da wird die Prostituierte Miezi ermordet, deren Zuhälter der Kleinkriminelle Ziegenhals eine Zeit lang gewesen ist. Kolczyk findet heraus, dass Ziegenhals' Ex-Komplize Karl-Heinz Prötzel der Mörder der Prostituierten Miezi ist, und versucht, die beiden gegeneinander auszuspielen. Prötzel versucht, Ziegenhals umzubringen, wird aber bei einem Verkehrsunfall schwer verletzt. Bevor er im Krankenhaus stirbt, gesteht er noch den Mord an Miezi. Kolczyks einziges Kind Regina verliebt sich in Ziegenhals und verlobt sich mit ihm. Seine Hoffnungen auf sozialen Aufstieg und ein besseres Leben werden jedoch durch die fortgeschrittene Darmkrebserkrankung des Schwiegervaters in spe zunichte gemacht. Ziegenhals besorgt sich eine Waffe, um Kolczyk umzubringen, bevor der reinen Tisch machen kann. Kolczyk springt ihm jedoch, möglicherweise in selbstmörderischer Absicht, vors Auto. Kommissar Rannow versucht vergebens, den Kleinganoven wegen Mordes dingfest zu machen. Durch den Unfall verliert Ziegenhals, der letztendlich in der Psychiatrie landet, Reginas Liebe.

L

KURT LANTHALER Österreich (*1960)

Kurt Lanthalers skurrile Serienfigur Tschonnie Tschenett ist ein trinkfreudiger, chaotischer Ex-Matrose, Lkw-Fahrer und Hobby-Detektiv und steht im Mittelpunkt eines illustren Freundeskreises, zu dem sein Mitbewohner Carabinieribrigadier Totò Prackwieser und die Wirtin Berta gehören. Ein weiterer Tschenett-Krimi: *Grobes Foul* (1993). Für den 1998 erschienenen Krimi *Azzuro* erhielt Lanthaler den »Deutschen Krimipreis« 1999.

Tschonnie Tschenett. Der Tote im Fels
Innsbruck: Haymon, 1993. – O/Z: Pflerschtal (Tirol); Mai 1991.

Beim Bau eines Tunnels wird die Leiche von Franz Malferteiner geborgen. Bei der Leiche findet sich ein Aktenkoffer mit Karten von der Brenner-Region und ein Kaufvertrag über ein Waldstück und eine Wiese, in denen die Namen Zöschg und Malferteiner auftauchen. Der ominöse Zöschg, ein Tischlermeister, ist in undurchsichtige Immobiliengeschäfte mit Malferteiner verwickelt, bei denen der Bauer Florian Prantl die Rolle eines Strohmanns spielt. Bauer Prantl versucht jedoch eine Erpressung und wird ermordet. In den Fall verwickelt sind gleichermaßen die italienische Polizei, die Geheimpolizei, die Provinzialverwaltung, die heimische Wirtschaft und Neonazis. Sie alle versuchen, teils mit roher Gewalt, teils mit finanziellen Anreizen, Tschenett zur Herausgabe des Koffers zu zwingen, der in einem Hühnerstall versteckt ist. Die Federführung beim Tunnelbau hatte der Innsbrucker Ingenieur Pressack inne, ein Nazi. Bei Probebohrungen geriet Malferteiner durch ein Bohrloch in den Fels. Von Pressacks Mitarbeiterin Tamara, einer Petrografin, erfährt Tschenett, dass Ingenieur Pressack die Trasse gegen jede geologische Vernunft plane. Der Grund: Pressack will das Tunnelprojekt absichtlich zugunsten einer Alternativtrasse zum Scheitern bringen, die ihm persönlich viel Geld einbringen wird. Für die Alternativtrasse hat er bereits in Komplizenschaft mit einer Großbank auf konspirativem Wege Grundstücke besorgt. Hierüber geben Malferteiners Papiere Aufschluss. Pressack schreckt nicht davor zurück, mit dem steckbrieflich gesuchten Rechtsterroristen Adolf Pirpamer zusammenzuarbeiten, der wiederum Rückendeckung von einem weiteren Komplizen, dem Sonderpolizisten Gerlacher, erhält. Ein Journalist, der Tschenett durch die Veröffentlichung seiner Erkenntnisse hilft, bekommt von seinem Chefredakteur einen Maulkorb umgehängt. Der Hobbydetektiv verliert auf der ganzen Linie: Sein Faustpfand, der Koffer mit den Unterlagen Pressacks, wird aus dem Hühnerstall gestohlen. Tschenett kommt ungeschoren aus der ganzen Affäre heraus, wird aber zum Schweigen vergattert und ergibt sich dem Alkohol. Polizist Gerlacher wird von seinen Komplizen zum Sündenbock gestempelt und versetzt.

SHULAMIT LAPID Israel (*1934)

Lapids Serie um die Lokalreporterin Lisi Badichi, die 1989 ihr Debüt mit *Lokalausgabe* (Platz 2 »Deutscher Krimipreis International« 1996) feierte, ist figural verwandt mit den »Ali«-Honigsberg-Krimis von O. → Shem-Ur, entwickelte aber im Laufe der Zeit mehr Komplexität; Nebenfiguren wie

Lisis Polizei-Schwager Inspektor Ben-Zion »Benzi« Koresch, der sie skrupellos auszunutzen pflegt, oder ihre starke Mutter Batcheva, besitzen das Potential zu eigenen Serien.

Der Hühnerdieb

(OT: *Pîtyôn*, 1991). München: C. Bertelsmann, 1997. (btb 72412, 1998.) – Ü: Mirjam Pressler. – SF: Lisi Badichi, Lokalreporterin. O/Z: Be'er Sheva; 1991, während des Golfkriegs.

Der Hühnerdieb aus dem Titel ist lediglich eine Randfigur. Zunächst werden der Polizist Avner Rosen und seine Freundin Tami Simon erschossen. Als Lokalreporterin Lisi Badichi nach der Beerdigung in ihre Wohnung zurückkommt, begrüßt sie dort der quicklebendige Rosen – einquartiert von ihrem Schwager Benzi. Rosen hat gegen Tamis Vater Schejke ermittelt, der in dunkle Geschäfte mit dem Irak sowie in Kunstschmuggel verwickelt sein soll. Einen unbekannten Attentäter, der während eines Raketenalarms zuerst Rosens Freundin Tami getötet und dann ihn unter Feuer genommen haben soll, will Rosen erschossen haben. Daraufhin will er sich spontan entschieden haben, mit dem Toten die Identität zu tauschen, um inkognito weiterzuermitteln. Bald teilt Lisi das Bett mit Rosen, für den sie auch ermittelt, doch dann ist er plötzlich verschwunden. Paulette Melnik und Betty Knut, die beide aus Russland stammen, besitzen ganz legal Originalnoten von Skrjabin und Bilder von Soutine und haben sie in einem Schuppen versteckt. Paulettes Sohn Chesi ist seit Tamis Tod verschwunden, denn er ist der Mann in Rosens Grab. Eines Tages findet Paulette das Versteck mit den Noten und den Bildern leer vor. Täter ist jedoch nicht, wie zunächst vermutet, Schejke, sondern Rosen, der das Versteck auskundschaftete, ausräumte und Tami und Chesi als lästige Mitwisser beseitigte. Durch die Inszenierung seines eigenen Todes gewann er die Zeit, die er zur Flucht ins Ausland und zur Transferierung seiner Beute dorthin benötigte. Nachdem Lisi dieses geklärt hat, kehrt sie in ihre Wohnung zurück, wo Rosen schon auf sie wartet. Er hat Lisis Gasmaske manipuliert, und als sie sie im Zuge eines von ihm mittels eines Tonbands fingierten Raketenalarms aufsetzt, sinkt sie in Ohnmacht. Da Rosen jedoch von der Polizei observiert wird, wird Lisi in letzter Sekunde gerettet.

HANS LEBERT Österreich (1919–1993)

Die Wolfshaut (1960)

Wien/Zürich: Europa Verlag, 1991. (FiTb 11497, 1994.) – O/Z: das fiktive österreichische Bergdorf Schweigen; 8. 11. 1952 bis 14. 2. 1953.

Lebert ist kein Krimiautor im engeren Sinne. Er beschrieb *Die Wolfshaut* einmal als »religiösen Roman, verborgen hinter einer Gespenstergeschichte, die sich wieder hinter einer bäuerlichen Kriminalgeschichte verbirgt«. Der Roman setzt sich souverän über alle Genregrenzen hinweg, wobei historisch Konkretes wie selbstverständlich neben symbolistisch-fantasmagorischen und fantastischen Elementen steht. Religiöses Hauptthema ist die Suche nach Gott, die mit der Suche des Protagonisten nach den Gründen für den Freitod des Vaters einhergeht.

In den letzten Tagen des Zweiten Weltkrieges erschießt die Ortswacht unter Führung des Ortsgruppenleiters Habergeier sechs Fremdarbeiter und verscharrt sie in einer stillgelegten Ziegelei. Ein zur Teilnahme an dem Massaker gezwungener Mann erhängt sich, die anderen empfinden keinerlei Reue. Der Sohn des Erhängten, der eigenbrötlerische Ex-Seemann Johann Unfreund, findet den jungen Bauernsohn Hans Höller, einem Herzschlag erlegen, nachdem er offenkundig etwas Schreckliches im Inneren der Ziegelei beobachtet hat (was es ist, erfährt der Leser nie). Außerdem belauscht er im Nebel zwei Männer, die die Ermordung eines Dritten verabreden (um wen es sich handelt, bleibt offen). Wenig später taucht ein geflohener Häftling (eine Jesus-Figur) bei Unfreund unter. Damit hat er ein Alibi, als der alte Schreckenschlager, ebenfalls seinerzeit Mitglied der Ortswacht, brutal mit einer Hacke erschlagen wird. Der Dorffotograf Maletta, der Schweigen und seine Bewohner hasst, landet in einer Jauchegrube, als er von seiner Nachbarin Herta sexuelle Gefälligkeiten erpressen will, und verwandelt sich darüber in einen Werwolf, der Vinzenz Rotschädel in den Tod treibt; Rotschädel war ebenfalls Ortswacht-Mitglied und ist der Mörder des alten Schreckenschlager. Bevor sich Rotschädel, vom Werwolf gehetzt, auf einen Baumstumpf zu Tode spießt, erschießt er noch den Häftling, aus dem der Dorfgendarm ein Geständnis herausgeprügelt hatte. Gerade will sich Ex-Seemann Unfreund angewidert selbst erschießen, da erblickt er den Werwolf und tötet diesen. Der verwandelt sich sterbend zurück in den Dorffotografen Maletta. Der Gendarm spricht von einem Unfall. Nun will Unfreund wenigstens den alten Ortsgruppenleiter Habergeier zur Rechenschaft ziehen, doch der wurde soeben zum Landtagsabgeordneten ernannt und genießt politische Immunität.

MAURICE LEBLANC Frankreich (1864–1941)

Leblanc, der Schwiegersohn des belgischen Dichters und Nobelpreisträgers Maurice Maeterlinck (1862–1949), schuf mit dem Pariser Meisterdieb Arsène Lupin den neben A. J. Raffles von Ernest William Hornung eine der bekanntesten und wirksamsten Ganovenfiguren der Kriminalliteratur. Die Rolle des immer wieder aufs Neue düpierten Verfolgers spielt Oberinspektor Justin Ganimard; die Lupin-Serie dürfte auch Vorbild für die Pink-Panther-Filmserie mit Peter Sellers und Herbert Lom gewesen sein. In *Arsène Lupin kontra Herlock Sholmes* liefert sich der Dieb ein Duell mit dem Meisterdetektiv aus der Baker Street, der 1910 aus urheberrechtlichen Gründen noch durch eine Buchstabenumstellung camoufliert werden musste. Der Stoff wurde mindestens dreimal – 1960, 1961 und 1986 – als Hörspiel und 1983 auch als Comic bearbeitet.

Arsène Lupin kontra Herlock Sholmes

(OT: *Arsène Lupin contre Herlock Sholmes*, 1910). Zürich: Diogenes Verlag, 1983 (detebe 21026). – Ü: Erika Gebühr. – O/Z: Paris; um 1910.

F: (1) *Arsène Lupin contre Herlock Sholmes: Le Diamant Bleu.* Fr 1971, R: Jean-Pierre Decourt. (2) *Herlock Sholmes s'en mêle.* Fr 1995, R: Alain Nahum.

Der Roman besteht aus zwei verschiedenen Abenteuern, *Die Blonde Dame* und *Die Judenlampe*, die aber einen geschlossenen Fall bilden. Zunächst ereignen sich in verschiedenen Pariser Häusern Diebstähle, zum Beispiel der eines blauen Diamanten. Stets taucht eine blonde Dame auf, und stets ist Lupin in den Diebstahl verwickelt. Immer, wenn ihn Oberinspektor Ganimard in der Hand zu haben glaubt, verschwindet der Meisterdieb gleichsam unter seinen Augen. So ruft Ganimard den Londoner Meisterdetektiv Herlock Sholmes aus der Parker Street 219 zu Hilfe. Sholmes wird zwar von Lupin regelrecht an der Nase herumgeführt, ja sogar entführt und für kurze Zeit nach England zurückgeschafft, doch er findet trotzdem bald heraus, dass sich alle Tatorte in Häusern ein und desselben Architekten befinden und dass Lupin und seine Komplizen in diesen elf Häusern Geheimgänge, Spiegeltüren, Trickböden und ähnliches einbauten. Diesen Vorrichtungen verdankt er seine Fähigkeit, fast wie ein Gespenst aufzutauchen und zu verschwinden. Sholmes kann zwar den blauen Stein wieder beschaffen, aber nicht verhindern, dass Lupin in einem Ballon entkommt. Als er mit seinem Freund Wilson nach England abreist, nimmt der Meisterdieb in einer weiteren geschickten Maske persönlich von ihm Abschied. In *Die Judenlampe* scheint das Kindermädchen Alice Demun in einen Juwelendiebstahl verwickelt, denn sie kommuniziert über Kleinanzeigen in einer Zeitung mit Arsène Lupin. Tatsächlich aber will sie lediglich ihrer Herrin Baronin d'Imblevalle helfen, die wegen einer Lappalie von dem Verbrecher Bresson erpresst wird, zur Herausgabe der Judenlampe gezwungen und schließlich bei einem Einbruch ausgeraubt wurde. Sholmes, wieder in Paris, und Lupin wollen gemeinsam das Diebesgut aus der Seine bergen. Dabei nehmen sie ein unfreiwilliges Bad und schließen Frieden miteinander. Lupin wird vor den Augen der Polizei von seinen Leuten aus dem Wasser gefischt und entkommt – wie immer.

JOHN LE CARRÉ Großbritannien
(d. i. David John Moore Cornwell, *1931)

Le Carré gilt als der Großmeister des britischen Agententhrillers. In seinen Romanen behandelt er auch Themen wie den Konflikt zwischen Individuum und Institution oder den Zustand der britischen Nachkriegsgesellschaft. Seine bekanntesten Werke sind die acht Romane um George Smiley, den Chef des britischen Geheimdienstes, genannt der »Circus«. Drei davon, *Tinker, Tailor, Soldier, Spy* (1974, dt. *Dame, König, As, Spion*, 1974), *The Honourable Schoolboy* (1977, dt. *Eine Art Held*, 1977; »Golden Dagger Award« 1977) und *Smiley's People* (1980, dt. *Agent in eigener Sache*, 1980) bilden die so genannte *Quest for Karla-Trilogie*, die von Smileys Kampf gegen seinen Gegenspieler handelt, den sowjetischen Geheimdienstchef Karla. Weitere Le-Carré-Romane: *The Spy who came in from the Cold* (1963, dt. *Der Spion, der aus der Kälte kam*, 1964; »Golden Dagger Award« 1963), *A Small Town in Germany* (1968, dt. *Eine kleine Stadt in Deutschland*, 1968), *The Tailor of Panama* (1996, dt. *Der Schneider von Panama*, 1996), *Single & Single* (original und dt. 1999). Eigene Erfahrungen mit der UdSSR, die er dank Gorbatschows Glasnost-Politik 1987 erstmals besuchen durfte, brachten Le Carré auf die Idee zu *Das Russland-Haus*, es war das erste Buch Le Carrés, das in Russland erscheinen durfte; auch der Film wurde – wie das Arnold-Schwarzenegger-Spektakel *Red Heat* (1988) – an Originalschauplätzen gedreht.

Dame, König, As, Spion

(OT: *Tinker, Tailor, Soldier, Spy*, 1974). Hamburg: Hoffmann & Campe, 1974. (Tb 01/6785, 1987.) – Ü: Rolf und Hedda Soellner. – Z: 1970er-Jahre.
F: GB 1979 (BBC), R: John Irvin.

Ein komplex konstruierter Schlüsselroman über den Doppelagenten Kim Philby (1911–1988), der 1963 in die UdSSR floh: Überzeugt, dass einer seiner fünf engsten Mitarbeiter ein sowjetischer Doppelagent ist, startet Geheimdienstchef Control die Aktion »Testify«. Agent Jim Prideaux soll in der ČSSR einen tschechischen General kontaktieren, der Material über den Maulwurf besitzen soll. Doch ist dies eine Falle: Prideaux wird vom sowjetischen Militär angeschossen und verhaftet, das britische

Agentennetz in der ČSSR zerschlagen. Control tritt zurück und stirbt bald darauf. Sein Nachfolger, der unfähige Percy Alleline, strukturiert den »Circus« um und entlässt unter anderem George Smiley. Der verhaftete Agent Prideaux wird ausgetauscht und arbeitet als Lehrer. Ein Jahr nach seiner Pensionierung wird Smiley von seinem Studium der deutschen Barockliteratur weg- und in den Dienst zurückgeholt. Der Maulwurf existiert wirklich und wird im Auftrag von KGB-Chef Karla von Poljakow geführt, dem Kulturattaché der Sowjetbotschaft in London; Smiley soll ihn entlarven. Hinter Allelines wichtigster Geheimdienstquelle »Merlin«, verbirgt sich Poljakow selbst. In einem konspirativen Haus, das Alleline gekauft hat, trifft er sich mit dem Maulwurf, liefert Desinformationen und erhält dafür Fakten. Smiley lockt die beiden in das Haus. Der Maulwurf ist Bill Haydon, der Chef der Einsatzleitung. Damit sieht Smiley alle seine Vorurteile gegen Haydon bestätigt, denn dieser war der Liebhaber von Smileys Frau Ann. Haydons Motiv für den Verrat sind unter anderem Enttäuschung über den Verfall des Empire. Alleline wird beurlaubt, Smiley sein Nachfolger. Der Maulwurf Haydon aber wird von Prideaux aus Rache ermordet, weil der ihn seinerzeit an die ČSSR verraten hatte. J. H.

Das Russland-Haus

(OT: *The Russia House*, 1989). Köln: Kiepenheuer und Witsch, 1989. (Tb 01/8240, 1991.) – Ü: Werner Schmitz. – O/Z: London und Moskau; Ende der 1980er-Jahre.
F: USA 1990, R: Fred Schepisi.

In Moskau will die Russin Katja Orlowa dem britischen Verleger Barley Blair ein Manuskript übergeben, in dem behauptet wird, dass die sowjetische Rüstungsmaschinerie schrottreif sei und für den Westen keine Gefahr darstelle. Da der Verleger Barley nicht zu der Verabredung erscheint, soll der Verlagsvertreter Niki Landau es weiterleiten. Der liefert es jedoch im »Russland-Haus«, der Ostabteilung des Britischen Geheimdienstes, ab, und die CIA schaltet sich ein. Beide Geheimdienste argwöhnen eine gezielte Desinformation. Außerdem sorgen sie sich um ihre Existenzberechtigung, die das absehbare Ende des Kalten Krieges nach sich ziehen wird. Das Manuskript stammt von einem Schriftsteller, der sich in Anlehnung an Goethes Figur Faust, in deren Brust zwei Herzen schlagen, »Goethe« nennt. Nach einem Crashkurs in Spionage wird Barley Blair nach Moskau geschickt, um »Goethe« aufzuspüren. »Goethe« heißt eigentlich Jakow Saweljew, ist ein Wissenschaftler aus der sowjetischen Rüstungsindustrie und wurde zum Dissidenten. Barley nimmt Kontakt mit der Verlagslektorin Katja auf und gelangt mit einem weiteren Manuskript über England in die USA, wo man ihn einem Test mit dem Lügendetektor unterzieht. Dann schickt man ihn zurück zu »Goethe« mit einem Fragenkatalog, an dem der KGB größtes Interesse hegt, denn aus ihm lassen sich Wissensstand und politische Ziele des Westens ablesen. »Goethe« selbst ist bereits verhaftet worden. Barley erkauft die Freiheit von Katja und ihrer Familie mit der Auslieferung des Kataloges, denn seine Loyalität gilt nur der geliebten Frau. Als Briten und Amerikaner merken, dass Barley sie betrogen hat und kurz darauf die Prawda den Tod des berühmten Physikers Saweljew meldet, endet die Operation im vollständigen Chaos. Der britische Geheimdienst setzt einen Untersuchungsausschuss zur Klärung der Angelegenheit ein, die Agenten kämpfen um ihre Karriere, und Gerüchte machen die Runde. Angeblich seien »Goethes« Informationen ebenso wie der Fragenkatalog gefälscht gewesen, um die andere Seite in die Irre zu leiten. Barley zieht sich von all diesem Trubel unbehelligt nach Portugal zurück, wo er auf die Ankunft von Katja wartet. J. H.

ALEXIS LECAYE Frankreich (*1951)

Einstein und Sherlock Holmes

(OT: *Einstein et Sherlock Holmes*, 1989). Frankfurt a. M.: Wunderlich, 1990. (FiTb 12017, 1993.) – Ü: Christel Kauder. – O/Z: Bern; 1905.

Auf drei Wissenschaftler, die sich alle im Rahmen eines Clubs der Erfindung eines Perpetuum mobiles verschrieben haben, werden bizarre Mordanschläge verübt, und zwar jeweils mit Hilfe einer komplizierten Versuchsanordnung, die auf dem ersten, zweiten und dritten Satz der Thermodynamik beruht. Diese drei Sätze beweisen die Unmöglichkeit eines Perpetuum mobiles. In Maschinen eingespannt, die nach den drei Sätzen konstruiert sind, führen zwei der Opfer einen aussichtslosen Kampf um ihr Leben; das dritte Opfer, Bund, wird in letzter Sekunde gerettet. Der Mörder wollte den dreien drastisch die Unbrauchbarkeit ihrer Ideen vor Augen führen. Bereits nach dem ersten Mord lockt Irene Adler Sherlock Holmes nach Bern, wo Albert Einstein am Patentamt als subalterner Beamter beschäftigt ist. Einstein, ein Intimfeind der »Perpetuum-mobile-Forscher«, nimmt lebhaftesten Anteil an der Aufklärung der Morde, bringt Holmes auf die für das dritte Opfer rettende Idee und wird seinerseits durch die wissenschaftlichen Dispute mit dem Detektiv auf die Idee zur Relativitätstheorie gebracht. Eigentlich handelt es sich um vier Mörder: Drei bereits senile PM-Forscher haben die Maschinen gebaut, angestiftet hat sie ein vierter, Wuppen, gleichzeitig der Club-Präsident. Ihn entlarvt Holmes durch einen Bluff. Motiv für die Morde war eine amerikanische Spende in Höhe von 20 Millionen Dollar, die Wuppen sich unter den Nagel reißen wollte. Die drei Mörder werden von Gret, dem üppigen Hausmädchen des überlebenden Opfers Bund, erwürgt. Das Finale findet in einem Maschinenmuseum statt, das bei dieser Gelegenheit in Trümmer gelegt wird. Ein komisches Element bildet der Potenztrunk, der dem 75-jährigen Bund zur Potenz eines 20-Jährigen verhilft und der auch Dr. Watson mit den entsprechenden Folgen eingeflößt wird. Gastrollen spielen außer Einstein die damals in Bern lebenden sozialistischen Jung-Revolutionäre Dimitroff und Mussolini, Lenin, ferner der Psychiater Krafft-Ebing sowie Friedrich Adler (1879–1960), der Sohn von Viktor Adler (1852–1918), dem Gründer der österreichischen Sozialdemokratie und Irenes Cousin.

LEENA LEHTOLAINEN Finnland (*1964)

In ihrem ersten Roman *Ensimmäinen murhani* (1993, dt. *Mein erster Mord*) führte Lehtolainen die rothaarige, selbstbewusste Serienfigur Maria Kallio ein. *Kupferglanz* ist bereits ihr dritter Krimi, aber der erste bisher ins Deutsche übersetzte. Eine Bühnenbearbeitung des Romans wird in Finnland 2001 bereits im zweiten Jahr in einem stillgelegten Kupferbergwerk aufgeführt. Maria Kallio, 29 Jahre alt, arbeitete als Kriminalbeamtin bei der Polizei in Helsinki, studierte anschließend Jura und war bis zu deren Konkurs in einer Anwaltskanzlei beschäftigt. Vor der Arbeitslosigkeit bewahrt sie der Polizeidirektor ihrer Heimatstadt Arpikylä, den sie für ein halbes Jahr vertreten darf.

Kupferglanz

(OT: *Kuparisydän* [wörtl. »Das Kupferherz«], 1995). Hamburg: Argument-Verlag, 1999 (Ariadne Krimi 1118). – Ü: Gabriele Schrey-Vasara. – O: Arpikylä.

Die Erschöpfung der Kupferminen haben der Stadt Arpikylä den wirtschaftlichen und sozialen Niedergang beschert. Alle Hoffnungen ruhen nun auf dem Investor Seppo Kivinen, der aus dem Bergwerk ein Industriemuseum machen will. Bei der Eröffnungsfeier des alten Bergwerks stürzt die Malerin und grüne Stadträtin Meritta Flöjt vom Förderturm zu Tode. Es handelt sich um Mord, ihre Handtasche ist verschwunden. Weil mehrere alte Freunde in den Fall verwickelt sind, holt sich die stellvertretende Polizeidirektorin Maria Kallio aus der nahe gelegenen Stadt Joensuu die Polizisten Järvisalo und Koivu zur Unterstützung. Verdächtig sind Marias alte Flamme Johnny, Johnnys Cousine, die lesbische Speerwerferin Kaisa, Merittas Bruder Jaska, ein erfolgloser Musiker, sowie Marias beste Freundin Ella, die Kulturdezernentin der Stadt. Johnny hatte eine Affäre mit der Toten, Kaisa war von Meritta zurückgewiesen worden und Ellas Ehemann Matti war von Meritta mit einer Anzeige wegen der Veruntreuung städtischer Gelder konfrontiert worden. Als Täter erweist sich schließlich der Investor Kivinen. Er war Merittas Liebhaber, bevor sie sich Johnny zuwandte. Ein Einbrecher, der bei Aniliina Flöjt mit dem Hausschlüssel aus der gestohlenen Handtasche einbricht, entkommt in letzter Sekunde, Merittas Bruder Jaska wird ermordet, bevor er der ermittelnden Maria eine wichtige Mitteilung machen kann. Er hat für Maria einen Brief mit einem Schlüssel hinterlassen, den er für Meritta aufbewahren sollte. Nach langem Suchen findet Maria endlich das Schloss zu dem Schlüssel an einem Schrank ihres Onkels Pena, eines Stadtrates. Dokumente aus dem Schrank liefern eine Erklärung für Merittas Tod: Kivinen hat hohe Subventionen für sein Bergwerksprojekt ins Ausland transferiert. Meritta schöpfte Verdacht und begann eine Affäre mit ihm, um an weitere Informationen zu kommen. Daraufhin ermordete Kivinen sie sowie Jaska, die ihn erpressen wollte. Kivinen zwingt Johnny, Maria telefonisch ins Bergwerk zu locken, wo er sie und Johnny durch eine Sprengung umbringen will. Die Lunte brennt bereits, als Maria Kivinen niederschießt und sich mit dem verletzten Johnny ins Freie rettet. Wider Erwarten bleibt das Bergwerk stehen, Kivinen wird verletzt geborgen und verhaftet. Marias Freund Antti kommt vorzeitig aus den USA zurück, sie selbst erhält das Angebot, bei einer neuen Sondereinheit der Polizei in Espoo mitzuarbeiten.

J. H.

DONNA LEON USA

(*1942)

Die Amerikanerin lebt seit langem in Venedig, dem Schauplatz ihrer erfolgreichen Kriminalromane um den mit einer Frau aus angesehenem, reichem Hause verheirateten Commissario Brunetti. Die Zustimmung zu italienischen Übersetzungen musste der Autorin erst abgerungen werden. Sämtliche Brunetti-Krimis: 1. *Death at La Fenice* (1992, dt. *Venezianisches Finale*, 1995), 2. *Death in a Strange Country* (1993, dt. *Endstation Venedig*, 1995), 3. *The Anonymous Venetian* / *Dressed for Death* (1994, dt. *Venezianische Scharade*, 1995; Platz 3 des »Deutschen Krimipreises International« 1997), 4. *A Venetian Reckoning* / *Death and Judgement* (1995, dt. *Vendetta*, *1997*), 5. *Acqua alta* / *Death in High Water* (1996, dt. *Acqua Alta*, 1997), 6. *The Death of Faith* / *Quietly in their Sleep* (1997, dt. *Sanft entschlafen*, 1998), 7. *A Nobel Radiance* (1998, dt. *Nobilità*, 1999), 8. *Fatal*

Remedies (1999, dt. *In Sachen Signora Brunetti*, 2000), 9. *Friends in High Places* (2000, dt. *Feine Freunde*, 2001), 10. *A Sea of Troubles* (2001, dt. *Das Gesetz der Lagune*, 2002).

Vendetta. Commissario Brunettis vierter Fall
(OT: *Death and Judgment*, 1995). Zürich: Diogenes Verlag, 1997. (detebe 23100, 1998.) – Ü: Monika Elwenspoek.
F: D 2000, R: Christian v. Castelberg.

Anwalt Carlo Trevisan wird in einem Zug erschossen, der Steuerberater Rino Favero aus Padua begeht Selbstmord, bevor er zu einem Pharma-Bestechungsskandal vernommen werden kann, und Ubaldo Lotto wird in seinem Wagen erschossen. Capitano della Corte von der Polizei in Padua teilt Kommissar Brunetti mit, dass Steuerberater Favero vier Milligramm Rohypnol im Blut hatte. Später verschwinden die Obduktionsunterlagen, und der Gerichtsmediziner räumt angebliche Irrtümer ein. In einem havarierten Fernlaster mit rumänischem Kennzeichen findet man acht tote junge Frauen. Durch den Freund der Polizeisekretärin Elettra, einem Computergenie, gelangt Kommissar Brunetti in den Besitz aller Telefongespräche des ermordeten Anwalts Trevisan aus den letzten Monaten. Telefonnummern aus Steuerberater Faveros Notizbuch führen zu einer öffentlichen Telefonzelle und einer Bordell-Bar in Mestre: Die Prostituierte Mara berichtet, sie sei von einem Italiener mit einem Eheversprechen aus Sao Paulo nach Italien gelockt und zur Prostitution gezwungen worden. Eines Tages zeigt Brunettis Tochter Chiara ihrem Vater völlig verstört einen Videofilm aus Jugoslawien, den sie von Trevesans Tochter Francesca bekommen hat und auf dem Serben zu sehen sind, die eine Bosnierin vergewaltigen und ihr anschließend die Kehle durchschneiden. Eine vergessene teure Brille führt Brunetti zu Regina Ceroni, der aus Mostar stammenden Besitzerin eines Reisebüros. Sie hat an dessen Todesabend mit Steuerberater Rino Favero in einem Restaurant gegessen. Auch sie ist als junges Mädchen nach Italien gelockt und zur Prostitution gezwungen worden, hatte sich aber in der Organisation hochgedient und unter anderem für verschiedene Zuhälter als Kassiererin agiert. Beim Betrachten von Gewaltvideos und der Reaktionen der männlichen Zuschauer war für sie die Grenze erreicht, und sie entschloss sich zu ihrer ganz privaten »Vendetta«. Brunetti gegenüber benennt sie einige der Frauenhändler, bekannte Politiker und Unternehmer. Brunetti nimmt die Frau in Schutzhaft, doch Angehörige des Staatsschutzes holen sie dort heraus und erhängen sie in ihrer Zelle, nachdem sie die Erpressung und Ermordung ihrer drei früheren Liebhaber Travesi, Favero und Lotto gestanden hat. F. R.

GASTON LEROUX Frankreich (1868–1927)

Leroux' *Le mystère de la chambre jaune* (1907, dt. *Das gelbe Zimmer*, 1991) handelt von einem Mord im verschlossenen Raum und ist vermutlich von *The Big Bow Mystery* von I. → Zangwill inspiriert. Leroux' bekanntestes Werk jedoch ist der unzählige Male verfilmte und vertonte Roman *Phantom der Oper*. Dieser Roman inspirierte weitere fiktionale Werke wie »die bisher ungeschriebene Lebensgeschichte« (Untertitel) *Phantom* (1990, dt. *Das Phantom*, 1991) von Susan Kay oder das Pastiche *The Canary Trainer* (1993, dt. *Sherlock Holmes und das Phantom der Oper*, 1994) von Nicholas Meyer.

Das Phantom der Oper

(OT: *Le fantôme de l'opera*, 1910). München: Hanser, 1968. (dtv 10953, 1988.) – Ü: Johannes Piron. – O: Paris.
F: **(1)** USA 1925, R: Robert Julian. **(2)** USA 1943, R: Arthur Lubin. **(3)** GB 1962, R: Terence Fisher. **(4)** USA 1983 (dt. *Das Phantom von Budapest*), R: Robert Markowitz. **(5)** USA 1989, R: Dwight H. Little. **(6)** Musical: 1986; Musik: Andrew Lloyd Webber, Texte: Charles Hart. **(7)** Weitere Fassungen von Arthur Kopit und Maury Yeston; Karlheinz Freynik und Ingfried Hoffmann; A. Gerber und P. Wilhelm.

Der von einer grausamen Laune der Natur entstellte und daher stets maskierte Musiker und Illusionist Erik bewegt sich als »das Phantom« nach Belieben in den unzähligen Geheimgängen und Katakomben des Pariser Opernhauses und erpresst die neuen Direktoren; ihren Widerstand bricht er durch spektakuläre Sabotageakte. Besonderes Interesse hat Erik an der jungen schwedischen Sängerin Christine Daée, deren Ausbildung er selbst vornimmt und für die er die Rolle des Gretchens in Gounods Oper *Faust* erzwingt. Christine liebt jedoch ihren Freund aus Kindertagen, Vicomte Raoul de Chagny; als Erik beider Liebesschwüre belauscht, entführt er Christine in rasender Eifersucht in sein Versteck an einem unterirdischen See im tiefsten Teil des Gebäudes. Er entlässt sie in die Oberwelt, Christine kehrt aber immer wieder zu ihm zurück. Ein gemeinsam mit ihm gesungenes Liebesduett aus *Othello* löst eine derartige Verzückung aus, dass sie ihm die Maske abnimmt. Obwohl sie in das nasenlose Antlitz eines Totenschädels blickt, fühlt sie sich weiter zu ihm hingezogen, nicht zuletzt dank der emotionalen Kraft seiner genialischen Kompositionen wie *Der Triumph des Don Juan*. Schließlich aber erkennt sie, dass ihre Liebe Raoul gehört. Bei der Planung einer gemeinsamen Flucht belauscht Erik die beiden und entführt Christine von der offenen Bühne, wobei er skrupellos mehrere Bühnenarbeiter ermordet. In Begleitung eines Persers, der sich als früherer Vertrauter Eriks erweist, nimmt Raoul die Verfolgung auf. Der Perser kennt Eriks Lebensgeschichte: Er hat für den Schah von Persien Paläste voller Trickböden, Fall-, Spiegel- oder Tapetentüren und Folterkammern eingerichtet. Um den Nachbau dieser Erfindungen an anderem Ort zu verhindern, wollte der Schah Erik töten lassen, doch der Perser rettete ihn. Nach Paris geflohen, schuf Erik als Mitarbeiter beim Bau der Oper die architektonischen Voraussetzungen für seine Auftritte als Phantom. Raoul und seine Begleiter geraten in Erics Gewalt und werden in einem aufheizbaren Spiegelkabinett gefoltert. Eriks Refugium geht in den Wassern des unterirdischen Sees unter, Raouls Bruder ertrinkt. Erik erzwingt ein Ehegelöbnis von Christine, entbindet sie aber sterbend wieder davon. Erik, dessen Traum von einem bürgerlichen Leben sich nicht mehr erfüllt, wird an dem unterirdischen See beigesetzt, Christine kehrt mit Raoul in ihre schwedische Heimat zurück.

WALTRAUD LEWIN Deutschland (*1937)
MIRIAM MARGRAF Deutschland (*1964)

Die Autorinnen sind Mutter und Tochter und haben 1996 auch das Buch *Hunde in der großen Stadt. Geschichten und Empfehlungen* veröffentlicht. Lewin war vor der Wende Mitglied der Akademie der Künste der DDR. Solo schrieb sie u. a. den Rentnerinnen-Krimi *Alter Hund auf drei Beinen* (1995) sowie *Dicke Frau auf Balkon* (1994), dessen Schurkenpersonal – ein typischer Reflex des Selbstverständnisses der DDR als Bollwerk des Antifaschismus – Uraltnazis stellen. *Die dicke Frau*, die schwergewichtige Regisseurin Aurora Lenssen, tritt auch hier auf, jedoch nicht als Icherzählerin. Diese Funktion erfüllt die 1960 in der DDR geborene lesbische Musikdramaturgin Dr. Sophie Gerber.

Jochanaan in der Zisterne

Hamburg: Argument-Verlag, 1996 (Ariadne Zweite Reihe 2009). – O: Theater einer ostdeutschen Provinzstadt im wiedervereinigten Deutschland.

Sophie Gerbers Lebensgefährtin ist die bisexuelle, promiskuitive Sängerin Elisabeth Tabeau, die aus einer früheren Verbindung die behinderte Tochter Amina hat. Unter anderem ist Elisabeth auch mit dem Tenor Alfred »Freddy« P. Kordes intim. Nach einem regelrechten Besäufnis im Anschluss an die Premiere von *Salome* von Richard Strauss in Sophies Wohnung wird Tenor Freddy mit eingeschlagenem Schädel aus dem Fluss gezogen. Vorher hatte er im Streit Sophies Haustür eingetreten und offenbar einen Duschvorhang und einen Fleischklopfer mitgenommen. Die Theatersekretärin Ziegler, die Sophie zu erpressen versucht, wird erschlagen, doch die verdächtige Sophie hat ein Alibi. Ein Erpresser, der wahrheitswidrigerweise am Telefon behauptet, Elisabeths Tochter Amina entführt zu haben, entlarvt sich selbst durch seine Ausdrucksweise als Requisiteur Jürgenssen. Sophie wird Zeugin eines Liebesaktes zwischen dem Requisiteur und Sängerin Elisabeth auf der Bühne in Jochanaans Zisterne und flutet spontan die Kulissen. Elisabeth und Freddy hatten sich beide am selben Opernhaus für die Rolle des Octavian beworben, die von Frauen oder hohen Tenören gesungen werden kann. Elisabeth beauftragte ihren Geliebten, den Requisiteur Jürgenssen, Freddy so lange aus dem Verkehr zu ziehen, bis sie die Rolle erhalten hat. Jürgenssen brachte Freddy im Rausch jedoch versehentlich in Sophies Wohnung mit dem Fleischklopfer um, warf ihn in den Fluss und ließ Duschvorhang und Mordwerkzeug ungeschickterweise zurück. Die Theatersekretärin Ziegler fand beides und versuchte, alle drei – den Mörder, Freddy und Elisabeth – zu erpressen. Dafür brachte Jürgenssen sie um.

UNNI LINDELL Norwegen (*1957)

Nach zahlreichen auch ins Deutsche übersetzten Kinder- und Jugendbüchern wie *Das Schwein hat hinten eine Locke* (1997) oder *Der Knutschfleck* (1998) wandte sich Lindell dem Kriminalroman zu. Der Traumfänger, der *Pass auf, was du träumst* den Originaltitel gab, ist ein indianisches Artefakt, das in der mörderischen Privatmythologie eines Serienkillers eine wesentliche Rolle spielt; es kann durch Beutestücke wie Opferhaare ergänzt werden. Typisch skandinavisch ist die ausufernde Schilderung des sozialen Milieus, in welchem die Polizei ermittelt. Ermittler sind Hauptkommissarin Ingeborg Myklebust und ein Team um Kommissar Cato Isaksen. Fortsetzung ist *Sørgekåpen* (2000, dt. *Der Trauermantel*, 2001).

Pass auf, was du träumst

(OT: *Drommefangeren* [wörtl. »Der Traumfänger«], 1999). München: Ullstein, 2000 (Tb 25011). – Ü: Gisbert Haefs. – O: Oslo.

Wegen ihrer Mutter Berit, einer religiösen Fanatikerin, haben die Oberschülerinnen Therese und Tanja Geber bei Erreichen der Volljährigkeit sofort das Elternhaus verlassen und mit ihrer Freundin Ida eine Wohnung in Asker gemietet, die Idas Halbbruder Carlos da Silva, einem Drogendealer gehört. Eines Abends verschwindet Therese spurlos, ihre Leiche wird später aus dem Hafenbecken von Oslo gezogen, ihr Auto ist ordnungsgemäß in der Nähe geparkt. Am Tatort in unmittelbarer Nähe von Thereses Wohnung finden sich markante Spuren von Stiefeln der Größe 43. Idas verwesende Leiche wird lange nach ihrer Ermordung in einem Fahrstuhlschacht gefunden. Weil der Mörder, der sich den Tarnnamen »Null Nale« zugelegt hat, seine Opfer offensichtlich beschattet und sie genau kennt, lässt Kommissar Cato Isaksen Tanja in ein Versteck bringen und von einer Polizistin betreuen. Aus Sehnsucht verrät das Mädchen jedoch ihrem Freund Marius Bemer den Aufenthaltsort. Erst nach monatelang vergeblichem Herumtasten entdeckt Cato zufällig, dass der Arzt, Psychiater und Autor Sven Wangberg ebenfalls eine Wohnung von Idas Halbbruder Carlos da Silva gemietet hat. Psychiater Wangberg hatte Therese früher wegen ihrer Magersucht behandelt, diese aber veschlimmert. In seiner Wohnung findet Cato den indianischen Traumfänger, ein paar Stiefel mit dem am ersten Tatort gefundenen Profil sowie die Namen der beiden bisherigen Opfer sowie des vermutlichen dritten Opfers. In letzter Sekunde kann Cato Berit aus Wangbergs Händen retten, der überwältigt und abgeführt wird. Seine Motive bleiben weitgehend im Dunkeln. Klar ist, dass er einen »Indianertick« hat (er ist mit einer Indianerin verheiratet) und dass sein »Kampfname« »Null Nale«, ein Wortspiel mit der Zahl Null, ihn als eine Art verbale Tarnkappe auf gleichsam magische Weise vor Entdeckung schützen soll.

CARLO LUCARELLI Italien (*1960)

Schutzengel

(OT: *Il giorno del lupo* [wörtl. »Der Tag des Wolfes«], 1998). Köln: DuMont, 2001. – Ü: Peter Klöss. – O: Bologna.

Der Icherzähler Sovreintendente Coliandro, der so gerne »Dirty Harry« Calahan wäre, wurde wegen Unfähigkeit zur Materialbeschaffung versetzt. Seine Ex-Freundin Nikita, eine schwangere Motorroller-Kurierin, hat in einem unzustellbaren Brief 200 Millionen Lire, eine Videokassette und eine Diskette gefunden. Unter der angegebenen Adresse findet sich ein von drei Kampfhunden bewachtes Anwesen. Coliandro dringt dort in Rambo-Manier ein und erschießt die Hunde, verlässt aber fluchtartig das Haus, als er die Leiche des Buchhalters Federico Maltoni findet. Als er mit dem hochaggressiven Virus »Cyberninja« von Nikitas Diskette den Polizeicomputer zum Absturz bringt, engagiert er den Computerfreak »Cyberpunk«. Der macht das von dem Hacker »Psycho« geschaffene Virus unschädlich, die schlaue Nikita errät den Zugangscode zur Diskette, die Dateien öffnen sich und geben Aufschluss über groß angelegte Kokaingeschäfte. Coliandro wird aufgrund gefälschter Untersuchungsergebnisse beschuldigt, den Buchhalter Maltoni erschossen zu haben. Bevor er verhaftet wird, sticht ihn ein Killer mit Pferdeschwanz nieder. Aus dem Krankenhaus kann Coliandro mit Nikitas Hilfe fliehen. Von da an sind die beiden nicht mehr nur vor der Polizei auf der Flucht, sondern auch vor dem Killer und dessen schnauzbärtigem Komplizen. Coliandro verschafft sich den 45er Colt Grizzly des Killers und fühlt sich damit unbesiegbar. Telefonisch vertraut er sich dem korrupten Staatsanwalt Dr. Malerba an, der ihn aber den beiden Killern ausliefert, die den Hacker »Psycho« ermorden. Coliandro erschießt den Schnauzbart, und es kommt zu einer Rangelei zwischen Staatsanwalt Malerba und dem Pferdeschwänzigen, die die Polizei beendet. Sie hat durch umfangreiche Abhörmaßnahmen genügend Material gegen das organisierte Verbrechen gesammelt, um eine Verhaftungswelle durchführen zu können. Malerba hatte die Unterlagen gegen Coliandro verfälscht, um ihn außer Gefecht zu setzen und um Geldwäscheaktionen zu verschleiern. Coliandro wird zum Streifenpolizisten degradiert, ein Happyend mit Nikita gibt es nicht. – Der Autor taucht (wie seinerzeit Alfred → Hitchcock in jedem seiner Filme) in einem selbstironischen *cameo* als Journalist auf, scheidet aber gleich darauf verletzungsbedingt wieder aus.

Ein trüber Sommer

(OT: *L'estate torbida* [wörtl. »Zustand der Wirren«], 1991). München: Piper, 2000. (SP 3490, 2002.) – Ü: Barbara Krohn. – SF: Commissario De Luca. O/Z: Sant'Angelo; 1945.

Commissario De Luca, der in *Carta Bianca* (1990, dt. *Freie Hand für De Luca*, 1998) noch bei Mussolinis Kriminalpolizei arbeitet, gerät in die bürgerkriegsartigen Zustände, die nach dem Zusammenbruch des Faschismus in Italien herrschen. Faschisten und Kommunisten stehen sich unversöhnlich gegenüber. – De Luca ist mit falschen Papieren unterwegs nach Rom, wird in dem Nest Sant'Angelo von Brigadiere Leonardi aufgegriffen, der ihn von früher her zu kennen glaubt, und an einen Tatort mitgenommen. Vier Mitglieder der Familie Guerra sind brutal in ihrer Behausung umgebracht worden, Delmo Guerra wurde zuvor gefoltert. Im Rauchfang versteckt findet Leonardi eine Brosche aus dem Besitz des schwulen Grafen Amedeo Pasini. Sie ist Teil eines zweiteiligen Sets, zu dem noch ein Ring mit einem blauen Stein gehört. Der Graf soll sich nach Amerika abgesetzt haben. Die stolze, eigenwillige »Tedeschina« (Deutschenliebchen) ist die Freundin des gewalttätigen Nationalhelden Carnera, der sie wegen ihrer Verfehlung kahlgeschoren hat. Trotzdem (und trotzig) geht sie mit De Luca ins Bett. Später erzählt sie ihm noch von einem Ring mit blauem Stein, den ihr Carnera geschenkt und den sie ins Wasser geworfen habe. Um Carnera zu ärgern, versteckt die »Tedeschina« De Luca, doch Carnera findet ihn und will ihn hinrichten lassen, denn ein Zeitungsfoto hat ihn als faschistischen Kripobeamten enttarnt. In letzter Sekunde verhaftet Kommissar Leonardi De Luca zum Schein. Nach messerscharfer Kombination gräbt De Luca nun die Leichen zweier nackter Männer sowie einige Papiere aus. Es handelt sich um den Grafen und einen polnischen Offizier. Carnera hatte die beiden als vermeintliche Faschisten erschossen. Zu spät erkannte er, dass der Gespiele des Grafen als Pole ein Alliierter war und dass der Graf 200000 Lire für die antifaschistische Organisation CNL gespendet hatte. Plötzlich war der ruhmreiche Partisan ein Doppelmörder. Bevor er die Leichen beseitigte, stahl er Carnera noch den Schmuck. Den Ring schenkte er seiner Freundin, mit der Brosche versuchte er das Schweigen seines Mitwissers Guerra zu erkaufen. Um weniger erpressbar zu sein, wollte Carnera das Schmuckstück wieder in seinen Besitz bringen und folterte auf genau dieselbe Weise, auf die man auch ihn einmal gefoltert hatte. Bevor er festgenommen werden kann, erschießt er sich selbst. Wegen des Zeitungsfotos nimmt Leonardi De Luca erneut, aber diesmal nicht zum Schein fest, und zwar wegen seiner nachgewiesenen Verbindungen zum Faschismus. De Lucas weiteres Schicksal bleibt ungewiss.

ROBERT LUDLUM USA (1927–2001)

Robert Ludlum war der Großmeister des paranoiden Weltverschwörungsthrillers. Äußeres Kennzeichen seiner Romane ist ein auffälliger Name im Titel, etwa in *The Osterman Weekend* (1972, dt. *Das Osterman-Wochenende*, 1979) oder in *The Rhineman Exchange* (1974, dt. *Der Rheinmann-Tausch*, 1979). Seine Thriller, die hohe Auflagen erreichen, bestehen aus pausenlosen Ketten von Morden und Attentaten, wobei alle Anschläge gegen die Protagonisten scheitern, alle gegen nicht mehr benötigte Nebenfiguren aber erfolgreich verlaufen. Die Matarese-Dynastie, die bereits im Mittelpunkt von *The Matarese Circle* (1979, dt. *Der Matarese Bund*, 1980) stand, ist das personifizierte Böse in der Welt.

Das Matarese Mosaik

(OT: *The Matarese Countdown*, 1998). München: Heyne, 1998. (Heyne 15174, 1999.) – Ü: Heinz Zwack. – O: Korsika u. a.

Protagonisten sind der polyglotte CIA-Agent Cameron Pryce, der CIA Deputy Director Frank Shields sowie Brandon Scofield alias »Beowulf Agate«. »Beowulf Agate« war der östliche Codename für den erfolgreichsten CIA-Mann während des Kalten Krieges. Er hat sich seinerzeit mit seinem Gegner Wassilij Taleniekov, genannt »Schlange«, zusammengetan, um die Matarese auf Korsika auszurotten. Zurückgezogen lebt er mit seiner ebenfalls kampfstarken Frau Antonia in der Karibik, lässt sich aber reaktivieren, als der holländische Großverbrecher Jan van der Meer sich zusammen mit seinem Mentor Julian Guiderone anschickt, die Kontrolle über die internationalen Finanzmärkte zu übernehmen. Dabei greift er auf Visionen des 1830 geborenen Barons Guillaume von Matarese zurück, eines skrupellosen Finanzgenies mit weltumspannenden Ambitionen. In dessen originalgetreu nachgebauten Herrenhaus lädt van der Meer sieben Männer und eine Frau ein, die allesamt Nachkommen des legendären Barons sind und zur Mitwirkung an obskuren Plänen bewogen werden sollen. Es beginnt eine pausenlose Folge von brutalen, verlustreichen Kampfhandlungen zu Lande, zu Wasser und in der Luft gegen die Truppen der Matarese, ausgefochten mit bloßer Hand, Schusswaffen aller Art, bewaffneten Fischkuttern, Harrier-Jagdbombern, Raketen und Bomben. Überall haben die Matarese ihre Spione, selbst der italienische Kardinal Paravacini gehört zu ihnen. Die Matareser verursachen durch künstlich herbeigeführte Geldverknappung spektakuläre Firmenzusammenschlüsse und -zusammenbrüche, Massenarbeitslosigkeit und daraus resultierende Unruhen. »Beowulf«, der alle Schachzüge des Gegners voraussieht, sät in verschiedenen Tarnungen Misstrauen gegen diese Firma in die Herzen internationaler Banker, Makler und Anwälte. Er agiert so erfolgreich, dass sich schließlich Julian Guiderone höchstselbst seiner annimmt, Guiderone wird aber von »Beowulf Agate« getötet. Pryce wird auf Korsika gefangen und soll den hungrigen Vögeln von Kardinal Paravacini zum Fraße vorgeworfen werden, kann aber dieses Schicksal dem Kirchenfürsten selbst bereiten. Schließlich wird am Matarese-Stammsitz auf Korsika das Übel wurzeltief und endgültig beseitigt. F. R.

MANFRED LÜHRS Deutschland (*1959)

Im Dunkel Berlins

Leipzig: Reclam, 2000. – O/Z: Berlin; 1923.

Nachdem sie der Interalliierten Militär-Kontrollkommission telefonisch brisante Erkenntnisse über geheime deutsche Rüstungsprogramme angeboten hat, wird die Prostituierte Nelly im Tiergarten mit einem Genickschuss hingerichtet. Kommissar Düring und Kriminalassistent Pasewaldt nehmen besonders Nellys Kollegin ins Visier, die Hermaphroditin Hendrick »Henny« Pritzkow, die im Krieg Bursche bei einem Leutnant Kallbach von der Abteilung IIIb – dem deutschen Geheimdienst – war. Arthur Rowland vom britischen Secret Service hat sie während des Krieges angeworben und zu seiner Gespielin gemacht. Nun kehrt Rowland nach Deutschland und in ihr Bett zurück, um Art und Inhalt der von Nelly angebotenen Informationen zu ermitteln. Zwei Männer in einem Maybach mit auffälliger Lackierung haben bereits vor dem Auffinden von Nellys Leiche ihr Untermietzimmer komplett ausgeräumt; einem der beiden fehlen zwei Finger. Zeitgleich mit Nelly ist deren Freundin Cora verschwunden. Henny bittet ihre Freunde, die Kommunisten Max und Lina, nach Cora Ausschau zu halten. Lina, die eigentlich Sophie von Beelitz heißt, prostituiert sich aus Geldnot ebenfalls und wird Rowlands Gelegenheitsgeliebte. Nach seiner Vernehmung durch Kommissar Düring verschwindet der Telefonist Otto Schaffranek spurlos, der Nellys Anruf bei der Kontrollkommission entgegennahm. Wochen später wird seine verweste, von einem MG buchstäblich perforierte Leiche im Wald gefunden, in seinem Zimmer finden sich Gegenstände, die ihn als Nellys Mörder erscheinen lassen. Der angebliche Weinhändler Lucien Gaspard ist in Wirklichkeit ein Mitarbeiter des Deuxième Bureau, dem Secret-Service-Mann Rowland kategorisch die Zusammenarbeit verweigert. Der auffällig lackierte Maybach gehört dem reichen Libertin Malotki; der Mann mit den beiden fehlenden Fingern ist sein Chauffeur. Auf einer von Malotkis Orgien hatte Nelly versehentlich ein Gespräch über die geheime militärische Zusammenarbeit des Deutschen Reiches mit Sowjetrussland belauscht, das Erlauschte stenografisch niedergelegt und diesen Bericht Cora übergeben. Die tauchte nach Nellys Verschwinden aus Angst um das eigene Leben unter, spielte aber den Bericht Max und Lina zu, die ihn mühsam entziffern. Sie konnten Malotki und dessen Chauffeur in den Wirren eines linken Umsturzversuches kurzzeitig abschütteln, doch als sich Lina zu ihren adligen Eltern durchschlagen will, wird sie von einem telefonisch aktivierten IIIb-Leutnant abgefangen, im Wagen weggebracht und voraussichtlich umgebracht. Rowland offenbart Henny, dass er die deutsch-sowjetische Militärkooperation mit Billigung der britischen Regierung fördern wird, um das Deutsche Reich zu einem Bollwerk gegen den Sowjetkommunismus aufzubauen. Deshalb verhindert er Gaspards Hinrichtung durch Kallberg nicht, der auch Nelly und Schaffranek ermordete und letzterem den Mord an Nelly in die Schuhe zu schieben versuchte. Kallbach wird sich wieder mit Henny zusammentun, Rowland nach London zurückkehren.

M

JOHN D. MACDONALD USA
(1916–1986)

Unveränderliches Kennzeichen von MacDonalds Krimis um den sentimentalen Detektiv Travis McGee sind die Farben, die in jedem Titel auftauchen: *The Deep-Blue Good-by* (1964, dt. *Tausend blaue Tränen / Abschied in Dunkelblau* 1966/99), *Bright orange for the Shroud* (1965, dt. *Giftgrün für Vivian*, 1967), *The Empty Copper Sea* (178, dt. *Der dunkelschwarze Betrug*, 1980), *Free Fall in Crimson* (1981, dt. *Mord in Karmesinrot*, 1982). MacDonald schreibt die schönsten Liebesszenen der Kriminalliteratur.

Alptraum in Pink

(OT: *Nightmare in Pink*, 1964). Hamburg: Rotbuch, 2000 (Tb 1110). – Ü: Joachim Dörr. – SF: Travis McGee. O: McGees Hausboot.

Sein blinder Freund Mike vertraut Travis seine Schwester Nina Gibson an, deren Verlobter Howard Plummer ermordet worden ist. Sein Tod steht in Zusammenhang mit Plummers Chef Charles Armister, dessen Charakter sich nach einem Sanatoriumsaufenthalt stark verändert hat: Sein sexueller Appetit hat sich enorm gesteigert, er ist aggressiver, aber auch gleichzeitig leichter beeinflussbar geworden. Nachdem ihm ein Callgirl durch einen Halluzinogendrink zum »Alptraum in Pink« verholfen hat, landet McGee in Armisters Sanatorium. Hier taucht Charles Armisters Mitarbeiter Mulligan auf und gesteht, dass er mit einer Reihe von Komplizen, darunter den Ärzten des Sanatoriums, Armister um 20 Millionen Dollar betrügen werde; zu diesem Zweck sei Armister einer wesensverändernden Hirnoperation unterzogen worden. Der Mord an Plummer sei von zwei geldgierigen Helfershelfern ohne Auftrag ausgeführt worden. In einer James-Bond-reifen Aktion bahnt sich McGee den Weg in die Freiheit, wobei er den Kaffee des Klinikpersonals mit Halluzinogenen vergiftet. Vier Personen sterben, ein Arzt begeht daraufhin Selbstmord, Mulligans Plan scheitert und McGee tritt einen Liebesurlaub mit Nina auf seinem Hausboot an, bis es wieder Zeit zur Trennung (und für den nächsten Fall) ist.

MARIANNE MACDONALD
Großbritannien
(–)

Ägyptologische Aspekte sind typisch für viele britische Krimis, die im imperialen 19. Jahrhundert spielen (wie z. B. A. C. → Doyles *Die Mumie*). An deren Tradition knüpft *Die Schriftrolle* an, die klassische Figuren, Themen und Motive mit dem stressigen Alltag der Gegenwart verknüpft, ohne freilich in Hektik zu verfallen.

Die Schriftrolle

(OT: *Ghost Walk*, 1997). München: List, 2001 (List Grande 68024). – Ü: Marie Rahn, Sabine Schwabe. – O: London.

Ein Kunde der jungen Londoner Buchantiquarin Dido Hoare ist der hochgebildete alte Stadtstreicher Tom Ashe, ein ehemaliger Lehrer und Geheimdienstler. Bevor er durch eine Injektion ermordet wird, schenkt er ihr einen antiken Perlenkopfschmuck. In dessen Umhüllung entdeckt Didos Vater Barnabas Fragmente eines frühchristlichen Kodex, dessen gnostischer Inhalt als Ketzerei verdammt wurde. Bald erscheinen Ägypter, die nach dem Kodex fahnden, sowie Stadtstreicher Ashes angeblicher Sohn Dennis. Die Antiquarin Dido wird Ashes Testamentsvollstreckerin. Ashe tauchte vor seiner Ermordung unter, weil er verfolgt wurde. In seinem letzten Aufenthaltsort, einer aufgelassenen Lagerhalle, wird Dido niedergeschlagen; später brennt die Halle aus und wird ein vergeblicher Brandanschlag auf Dido Hoares Antiquariat verübt. Wichtige Hinweise zur Aufklärung des Falles gibt Ashes Witwe Emma. Sie erzählt von ihrem Mann und seinen Freunden Peter Mellor und Sammy Butler, die als Geheimdienstler wilde Jahre im Orient verbrachten. 1948 erwarb Ashe den Kodex billig in Kairo. Butler half ihm dabei, das Buch unter den Augen der ägyptischen Behörden außer Landes zu schaffen. Offenbar versprach er Butler einen Anteil am Verkauf des Buches, hielt aber sein Versprechen nicht ein. Schließlich findet Dido den angeblichen Sohn des Stadtstreichers, Dennis. Er wurde in seinem Auto erst betäubt, dann erwürgt. Er ist in Wahrheit der Sohn Sammy Butlers und glaubte Anspruch auf das Geld aus dem Verkauf des Kodex zu haben. Der Mörder von Ashe und Dennis Butler kann aber nur Mellor sein. Aus religiösem Fanatismus will er den ketzerischen Kodex vor seinem Tod vernichten. Ashe hat das Buch jedoch gut verpackt in Didos Sicherungskasten gelegt und das Schlüsselloch mit Sekundenkleber verschlossen. Dido sucht und findet Mellor selbst in einer Kirche. Bevor die Polizei eintrifft, richtet er sich selbst mit einer Giftspritze. Der Kodex wird nicht an Ägypten ausgeliefert, sondern Ashes Witwe Emma übergeben. Den Perlenschmuck lässt Dido versteigern. Ashe hatte ihn ihr nur geschenkt, um sie zu ködern, die Testamentsvollstreckung unter allen Umständen anzunehmen.

ROSS MACDONALD USA
(d. i. Kenneth Millar, 1915–1983)

Kenneth Millar war mit der Krimiautorin Margaret → Millar verheiratet. Unter seinem Pseudonym schrieb er pessimistische Romane um den Privatdetektiv Lew Archer, dessen Name wiederum dem des erschossenen Detektivs Miles Archer aus dem Roman *Der Malteser Falke* von Dashiell → Hammett entlehnt ist. Vergleichsweise früh erkannte Ross MacDonald die zerstörerische Wirkung des Kapitalismus auf die Umwelt; seine Romane handeln oft vom Versagen der reichen und mächtigen Verantwortungsträger, und er schildert eine sich ökologisch und ökonomisch zunehmend zersetzende Welt, die kein Detektiv mehr in Ordnung bringen kann. Weitere Lew-Archer-Krimis: *Blue City* (1947, dt. *Wettlauf mit dem Gestern*, 1963), *The Moving Target* (1949, dt. *Reiche sterben auch nicht anders*, 1968), *The Ivory Grin* (1952, dt. *Bis auf die Knochen / Ein Grinsen aus Elfenbein*, 1968/76), *The Drowning Pool* (1950, dt. *Kein Öl für Mrs. Slocum / Unter Wasser stirbt man nicht*, 1970/76), *Black Money* (1966, dt. *Geld zahlt nicht alles*, 1968), *The Blue Hammer* (1976, dt. *Der blaue Hammer*, 1978). Paul Newman spielte Lew Archer zweimal: in *Harper* (1966), der nach *The Moving Target* entstand, und in *The Drowning Pool* (1975), der nach dem gleichnamigen Roman entstand. Der US-amerikanischen TV-Serie *Archer*, die 1975 mit Brian Keith in der Titelrolle startete, war nur eine kurze Laufzeit beschieden.

Dornröschen war ein schönes Kind

(OT: *Sleeping Beauty*, 1973). Zürich: Diogenes Verlag, 1975 (detebe 91/1 = 20227). – Ü: Wulf Teichmann. – SF: Lew Archer. O/Z: Los Angeles; 1945, um 1970.

Die psychisch labile Laurel ist Ehefrau des Apothekers Tom Russo und Tochter des Ölbarons Jack Lennox, dessen Bohrinsel an einem Strand bei L. A. eine Ölpest verursacht. Als ein Entführer 100000 Dollar Lösegeld für Laurels Freilassung fordert, wird Archer als Vermittler eingeschaltet. 1945 hatte Tom Russos Mutter Allison mehrere Liebhaber, darunter den jetzigen Ölbaron Jack Lennox und dessen Schwager Ben Somerville, und wurde angeblich von dem Seemann Nelson Bagley getötet. Bagley gehörte ebenso wie Lennox zur Crew eines Flugzeugträgers, der unter dem Commando Den Somervilles vor Okinawa bei einem angeblichen Unfall während des Betankens völlig ausbrannte. Seitdem gilt Bagley als verschollen. Tatsächlich aber lebt er, von Brandnarben schwer entstellt und ohne Gedächtnis, in einem Veteranenheim, wird getötet und von Archer tot aus dem Meer gefischt. Die dritte Leiche ist Tony Lashman, der Sekretär von Laurels Großmutter Sylvia Lennox. Bei der Geldübergabe kommt es zu einem Schusswechsel mit dem Entführer, der verwundet mit dem Geld entkommt. Es handelt sich um den Versager Harold Sherry, der in Komplizenschaft mit der angeblich entführten Laurel die Entführung lediglich vorgetäuscht hatte. Als Sherry erfuhr, dass sich Bagleys Amnesie zu bessern begann, holte er ihn mit Laurel aus dem Veteranenheim, damit er Ölbaron Lennox und Kapitän Somerville anhand von Fernsehbildern im Zusammenhang mit der Flugzeugträger-Affäre identifiziert. Die inszenierte Entführung war lediglich eine raffinierte Art, Schweigegeld von Lennox zu bekommen, denn der hatte seinerzeit auf dem Flugzeugträger auf Bagley geschossen und dabei ausgelaufenes Benzin in Brand gesetzt, was jedoch mit Geld und Einfluss vertuscht werden konnte, aber Somerville die Karriere kostete. Alle drei Morde beging Marian, die Ehefrau von Ölbaron Jack Lennox. Mit der Erschießung Allisons hatte sie sich für die Seitensprünge ihres Mannes gerächt: Danach sorgte sie dafür, dass alle Liebhaber von Allisons Tod erfuhren, und löste damit eine verhängnisvolle Kette von Ereignissen auf dem Flugzeugträger aus. Bagley musste sterben, damit die ganze Affäre unter Verschluss bliebe. Der Sekretär verwirkte sein Leben, weil er davon erfuhr und eine Erpressung auf eigene Rechnung versuchte. Laurel befindet sich unversehrt bei Marian, die sich, von Archer mit der Wahrheit konfrontiert, durch einen Sprung in die Tiefe der irdischen Gerechtigkeit entzieht.

ALISTAIR MACLEAN Großbritannien
(d. i. Ian Stuart, 1922–1987)

Aus den zahlreichen schwächeren Werken, die Alistair MacLean geschrieben hat, ragt dieser Wildwest-Krimi *Nevada-Pass* heraus, zu dessen Verfilmung mit Charles Bronson er selbst das Drehbuch schrieb. Der Schauplatz, ein Zug, kann nicht verlassen werden, zieht aber durch seine Fahrt von selbst Orts- und Situationswechsel nach sich. Dabei werden die Passagiere, z. T. durch einen großen Unbekannten, mehr und mehr dezimiert, bis sich der Überlebenswille der Guten durchsetzt – seit A. → Christies *Ten Little Niggers or The Last Weekend* (1939; dt. *Zehn kleine Negerlein*, 1943) eine klassische Konstellation.

Nevada-Pass

(OT: *Breakheart Pass*, 1974). München: Heyne, 1993 (Tb 01/8731). – Ü: Georgette Skarlecki, Erika Nosbüsch. – O/Z: Nevada; 1873.

F: *Breakheart Pass*. USA 1975 (dt. *Nevada-Pass*), R: Tom Gries.

Ein Versorgungszug bahnt sich seinen Weg durch das verschneite Nevada nach Fort Humboldt, wo die Cholera ausgebrochen sein soll und wo der Bandit Sepp Calhoun in Komplizenschaft mit Pajute-Häuptling

White Hand das Szepter an sich gerissen hat. An Bord des Zuges ereignen sich bald zahlreiche Todesfälle. Zwei Offiziere verschwinden, der Cholera-Experte Dr. Molyneux wird durch eine Luftinjektion ins Herz getötet, und 70 Soldaten sterben, als ihre Waggons, vom Zug abgesprengt, in einen Abgrund rollen. Der einzige, der nicht den Kopf verliert, ist John Deakin, ein Pinkerton-Agent in geheimer Mission. Er hält während einer erzwungenen Rast den Kessel unter Dampf, entdeckt unter dem Brennholz die steifgefrorenen Leichen der beiden verschwundenen Offiziere und meldet in einem Telegramm nach Fort Humboldt wahrheitswidrigerweise, der Anschlag auf die Soldaten sei fehlgeschlagen. Bandit Calhouns Mittelsmann im Zug ist Lokführer Banlon, der den Zug an einer Stelle anhalten soll, wo Pajute-Indianer ihn überfallen können. In leeren Särgen sowie in Medikamentenkisten entdeckt Deakin ein ganzes Waffenarsenal und die Leiche seines Mitarbeiters Reverend Peabody. Dann muss er den farbigen Koch Carlos töten, der, wie ein Major und ein Stewart, ebenfalls zu Calhouns Bande gehört und ihn angreift. Deakins Vertraute werden Marcia Fairchild, die Nichte eines ebenfalls mitreisenden Gouverneurs, und Colonel Claremont, der die Zusammenhänge rasch begreift. Nachdem in zähem Kampf die Lokomotive erobert ist, klärt Deakin die Zusammenhänge: Wer wie die beiden Offiziere oder der Reverend den Waffenschmuggel an Bord entdeckte, musste sterben. Die Waffen werden gebraucht für den Diebstahl einer riesigen Menge von Goldbarren aus Fort Humboldt; die Särge sollen als Transportkisten dienen, das Cholerагerücht sollte das Öffnen der Särge verhindern. Deakin beraubt White Hands Indianer durch einen Trick ihrer Pferde, überlässt ihnen aber den Zug, befreit in kühnem Handstreich das Fort und sprengt eine Brücke in die Luft, als der Zug mit den Indianern darüberrollt. K. W. P.

PIERRE MAGNAN Frankreich (*1922)

Der Name von Magnans Serienfigur Kommissar Laviolette ist einem Résistance-Kämpfer namens »Lavioulette« nachempfunden. Laviolette ist wegen Despektierlichkeit gegenüber hochgestellten Persönlichkeiten in die französische Provinz versetzt worden. Sein eitler, mehr als Laviolette dem weiblichen Geschlecht zugetaner Freund Richter Chabrand ist ein brillanter Kopf, spricht Albanisch und schreibt an einem philosophischen Werk über Karl Marx und Albanien. Magnans Werke zeichnen sich durch atmosphärische Dichte und Detailfreude aus, Figurenensemble und Erzählton erinnern oft an G. → Simenon, dessen manchmal gar zu routinierte Qualität sie mit leichter Hand übertreffen. *Les secrets des Andrônes* (1978, dt. *Tod unter der Glyzine*, 2001) und *Le commissaire dans la truffière* (1978, dt. *Laviolette auf Trüffelsuche*, 2002) sind weitere Laviolette-Fälle, drei längere Erzählungen vereinigt der Band *Les secrets de Laviolette* (1992, dt. *Kommissar Laviolettes Geheimnis*, 2001).

Das Zimmer hinter dem Spiegel

(OT: *Le sang des Atrides* [wörtl. »Das Blut der Atriden«], 1977). Bern/München/Wien: Scherz, 2000. (Scherz 1831, 2002.) – Ü: Irène Kuhn. – O: Digne (Basses-Alpes).

In Digne werden die Autorennfahrer Jeannot Vial und Jules Payan sowie der Philosophielehrer Chérubin Hospitalier von einem Präzisions-Schleuderschützen mit Flusskieseln getötet. Alle drei besitzen teure Fahrräder. Vor seinem Tod kann ein drittes Opfer sterbend die Buchstaben O und R in den Schnee schreiben, und der offensichtlich x-beinige Schütze hinterlässt den Abdruck eines Stiefels Größe 39 aus der Vorkriegszeit. Zwei Zeugen beschreiben den mutmaßlichen Täter als kleinwüchsig.

Seine Untersuchungen unter Schülern bringen Kommissar Laviolette an den Rand einer neuerlichen Strafversetzung. In der Villa des vierten Opfers, der fast 90-jährigen Chevalière de Champlos, entdeckt der Kommissar ein Fernglas, mit dem die Chevalière den Mörder im Nachbarhaus, der »Villa Popocatepetl« beobachtet haben muss. Als er erfährt, dass Richter Chabrand neuerdings ebenfalls Fahrrad fährt, bricht er sofort auf, um seinen Freund zu retten. Nach einer Liebesnacht mit seiner neuesten Eroberung, der reifen Herrenausstatterin Irène, radelt Richter Chabrand nach Hause und wird von dem Killer mit der Schleuder verfolgt, der sich als der Halbwüchsige Goulven erweist. Es kommt zu einer längeren Verfolgungsjagd, an deren Ende Goulven freiwillig von einer Brücke springt und sich das Genick bricht. Laviolette kann gerade noch beobachten, wie Goulvens Mutter – es ist die Herrenausstatterin Irène – hinzukommt und Chabrand als Mörder verflucht. Die »Villa Popocatepetl« gehörte früher einem Libertin, der sie unter anderem mit einer Theaterbühne und einem Schlafzimmer mit einem halbdurchlässigen Spiegel eingerichtet hatte, um dort Orgien abzuhalten. Der Blick in dieses Zimmer – Irènes Schlafzimmer – kann durch einen Hebel freigegeben oder verschlossen werden. Zufällig hatten Irènes Kinder Goulven und die an den Rollstuhl gefesselte Tochter die seit langem verwitwete Mutter mit einem ihrer Liebhaber beobachtet, die alle – um Lärm zu vermeiden – mit dem Fahrrad zu ihr kommen mussten. Goulven schwor Rache an den Liebhabern und tötete sie nach ausführlichen Vorübungen mit seiner Schleuder, wobei er die Schuhe seines Vaters trug, dessen Ehre er meinte wieder herstellen zu müssen. Die Chevalière musste sterben, weil sie Goulven beim Anziehen der Kleider seines Vaters beobachtet und ihm einen mahnenden Brief geschrieben hatte, der jedoch verloren gegangen ist. Irène konnte sich nicht erklären, warum ihre Liebhaber der Reihe nach ermordet wurden.

Das ermordete Haus

(OT: *La maison assassinée*, 1984). Bern/München/Wien: Fretz & Wasmuth, 1999. (Scherz 1762, 2000.) – Ü: Jörn Albrecht u. a. – O/Z: Provence; 1896 und 1919.
F: Fr 1988, R: Georges Lautner.

1896 wird eines Nachts die komplette Familie des Wucherers und Posthalters Félicien Monge (mit Ausnahme des neugeborenen Seraphin) mit *tranchets*, den Allzweckmessern der Provence, bestialisch ermordet. Drei Wanderarbeiter werden, obwohl sie unschuldig sind, für die Tat hingerichtet. Der überlebende Seraphin beginnt 1919 das fluchbeladene Elternhaus abzutragen. Dabei entdeckt er eine Blechbüchse voller Goldmünzen sowie drei Schuldscheine mit den Namen des Bäckermeisters Dormeur, des Schmieds Dupin und des Ölmüllers Sépulcre. Mit Dupins Kindern wird Seraphin näher bekannt. Zu dem kriegsversehrten Patrice entwickelt sich eine Freundschaft; dessen Schwester Charmaine, eine junge Kriegerwitwe, macht ihm vergeblich Avancen. Die Töchter der beiden anderen Schuldner, Marie Dormeur und Rose Sépulcre, rivalisieren ebenfalls um Seraphins Gunst. Die ungeduldige Rose wendet sich bald Patrice zu, Marie jedoch beschattet Seraphin regelrecht. Dabei verliert sie ihren Aquamarin-Ring, den Seraphin später findet. Der alte Dupin fällt in seinem Park in ein Wasserbecken und erliegt einem Herzanfall; der Beckenrand war mit Bohnerwachs schlüpfrig gemacht, Charmaine wird von zwei Dobermännern zerrissen, und der Ölmüller gerät zwischen die Mühlsteine seiner Wassermühle, als sein Mörder das Wehr öffnet. Aus dem Brunnen neben dem Elternhaus birgt Seraphin die Überreste zweier Messer. Eines gehörte seinem Vater, das andere dem alten Sonderling Zorme. Außerdem liegt im Brunnen das Skelett eines Soldaten, in dessen Tasche sich eine Goldmünze findet; offenbar hat ein Vorfahre von Félicien Monge die Goldmünzen durch einen Mord an sich gebracht. Der sterbende Zorme berichtet, Monge selbst habe seine Familie massakriert, und es sei nur ihm, Zorme, zu verdanken, dass Seraphin verschont geblieben sei. Er, Zorme, habe dann Monge nach heftigem Abwehrkampf mit seinem *tranchet* getötet und anschließend beide Messer in den Brunnen geworfen. Zorme ist auch der Mörder der drei anderen Opfer. Er wollte damit den rachedurstigen Seraphin vor dem Schafott bewahren, der sein leiblicher Sohn ist. Seraphin verschwindet für immer, Marie heiratet nach langem, vergeblichen Warten einen anderen Mann und gründet mit ihm eine Familie.

C. S. MAHRENDORFF Deutschland (*1963)

Bekanntlich gibt es nach dem Sturz in die Reichenbach-Fälle eine mehrjährige Lücke in Sherlock Holmes' Lebenslauf, den sog. »Großen Hiatus«. Ausgefüllt wird diese Lücke u. a. von Nicholas Meyer in *Sherlock Holmes und das Phantom der Oper* sowie im Erstling des Juristen und Komponisten Mahrendorff, der den Romantitel der Tragödie *Gyges und sein Ring* von C. F. Hebbel entlehnt und den soziokulturellen Hintergrund seines Stoffes kenntnisreich und genau ausgestaltet hat, darunter durch Auftritte der Musiker Gustav Mahler, Arnold Schönberg und Hans von Bülow, der Wiener Literaten Peter Altenberg und Karl Kraus, ferner von Sigmund Freud sowie von Hitlers Ideengeber Houston Stewart Chamberlain.

Und sie rühreten an den Schlaf der Welt

München: Langen Müller, 1997. (FiTb 14127, 1999.) – O/Z: Wien, Hamburg; 1893.

Weil Holmes' Versuch, sich von Sigmund Freud von seiner Kokain-Sucht heilen zu lassen, fehlgeschlagen ist, wendet er sich an den Wiener Psychopathologen Dr. Leonard Heydinger (den Icherzähler); Sherlock und sein Bruder Mycroft stellen sich ihm als John Stuart beziehungsweise James Livingston vor. Irene Adler (die der einstige Frauenverächter Holmes respektvoll als »DIE Frau« zu bezeichnen pflegte) hat ihren Mann Godfrey Norten verlassen und lebt mit Holmes zusammen, wobei sich die beiden oft als Geschwisterpaar ausgeben. Nebenbei ermittelt Holmes im Auftrag Mycrofts (also der britischen Regierung) gegen die mysteriöse antisemitische Geheimorganisation »Die Schwarze Hand«, die Interessen Großbritanniens auf dem Balkan gefährdet. In Wien werden jüdische Persönlichkeiten erpresst, mutmaßlich von der »Schwarzen Hand« beziehungsweise von einer obskuren Freimaurerloge. Bei Verkehrsunfällen sterben der jüdische Bankier Ludwig Kahn und der Freimaurer-Logenmeister Hermann Nölle. Der Fabrikant Eduard von Bekéssy wird mit einer automatischen Waffe aus deutscher Produktion erschossen. Holmes' Ermittlungen werden von immer wiederkehrenden Entzugserscheinungen und Krisen mit Irene erschwert, die sich schließlich wieder ihrem Gatten zuwendet. Dennoch gelingt es ihm nach vielen Schwierigkeiten mit Hilfe österreichischer Geheim- und Kriminalpolizisten, den Oberstaatsanwalt für Hochverratsangelegenheiten, Eckhard von Kessler, als Anführer der Dunkelmänner zu enttarnen. Nach dem Scheitern eines Pistolenattentats auf Holmes gelingt von Kessler die Flucht per Schiff nach Amerika. Am Ende bricht der Detektiv erschöpft zusammen: Heydinger gibt ihm zur Beruhigung eine

Morphium-Spritze. Als der Doktor am Krankenbett einschläft, erwacht Holmes und setzt sich in selbstmörderischer Absicht zusätzlich eine Kokainspritze. Mit Mühe überlebt er die schwere Vergiftung. Kindheit und Jugend des nachmaligen Meisterdetektivs werden neu gedeutet: Die Familie Holmes besteht hier aus fünf Personen: dem gelehrten Vater, auf den das logische Denkvermögen zurückgeht, der liederlichen Schweizer Mutter, den Söhnen Mycroft und Sherlock sowie der Tochter Antonia. Hinzu kam als Hauslehrer Professor Moriaty. Antonia, mit Sherlock inzestuös verbunden, wurde von ihrem Vater unter Sherlocks Augen vergewaltigt, wurde schwanger, zur Abtreibung gezwungen und in eine Irrenanstalt gesperrt. Von Schuldgefühlen gepeinigt, redete sich Sherlock ein, Moriaty sei der Vergewaltiger gewesen. Sherlock stilisierte ihn zur Verkörperung des Bösen schlechthin, machte sich aber später Vorwürfe, weil er ihn vor dem Absturz in die Reichenbach-Falle nicht hatte retten können. Als Folge dieser Ereignisse geht er nur noch tabuisierte Beziehungen zu Frauen ein – Irene Adler beispielsweise ist verheiratet. Mit Heydingers Hilfe erkennt er die Zusammenhänge und zieht sich in eine Entziehungsanstalt nach Baden-Baden zurück. Der Roman endet mit dem Abschied der Freunde am Bahnhof.

LÉO MALET Frankreich
(1909–1996)

Léo Malet ist einer der Erfinder des »topographischen Krimis«, der an geographisch exakt bestimmbaren Orten spielt. Zunächst führten seine Fälle den Helden Nestor Burma durch alle Arrondissements von Paris, später erweitert sich sein Aktionsradius. Burma zur Seite steht seine treue Sekretärin Hélène. In einer erfolgreichen französischen TV-Serie, von der zwischen 1991 und 1995 85 Folgen gedreht wurden, verkörperte Guy Marchand den Detektiv.

Bei Rotlicht Mord

(OT: *Nestor Burma en direct*, 1962). Bühl-Moos: Elster, 1993. – Ü: Hans-Joachim Hartstein. – O: Paris.

Die Fernsehansagerin Françoise Pellerin stirbt im TV-Studio an der Überdosis eines Beruhigungsmittels. Burma, dessen Klientin sie war, wird mehrfach von drei Maskierten – u. a. einem hässlichen Robert und einem mit dem Spitznamen »Zitrone« – niedergeschlagen, entführt, misshandelt und nach Françoise Pellerins Ex-Lebensgefährten Henri Dolguet befragt, der bei einem Feuer in den Studios verbrannte. Als der entflohene Sträfling Frédérique Jean erschossen wird, beseitigt Burma die Leiche. Als sie dennoch gefunden und obduziert wird, stellt sich heraus, dass die tödlichen Kugeln aus der Waffe stammen, die Nestor Burma gestohlen wurde. Trotzdem bleibt er auf freiem Fuß. Schließlich kommt er einem verwickelten Fall auf die Spur, in deren Zentrum die reiche alte Amerikanerin Barbara Alderton, ihre Gesellschaftsdame Angela Charpentier und ihr früherer Geliebter, der Gigolo Albert Dubaille, stehen. Der Gigolo stahl der alten Dame Alderton Schmuck im Wert von 300 Millionen alter Francs. Danach wurde er von Kumpanen erschlagen und beraubt, der erschossene Frédérique Jean war am Rande in diesen Fall verwickelt. Madame Aldertons Verlust wurde von der Versicherung bezahlt, die Preziosen tauchten nie wieder auf, der Gangster Vivonnet – der Anführer der Maskierten – würde sie aber gerne in seinen Besitz bringen. Vivonnet ist der hässliche Roger, von einem Mitarbeiter Burmas überwältigt, gesteht den Mord an dem entführten Sträfling Frédérique Jean und wird bei einem Fluchtversuch von einem Eisenbahnwaggon überrollt. Zu dem Schmuckraub kam es, als der Geliebte der Gesellschaftsdame von Barbara Alderton Dubaille von Beauftragten Dolguets aus Rache für eine länger zurückliegende Rivalität zusammengeschlagen werden sollte. Dies geschah gerade in dem Moment, als Dubaille sich mit den gestohlenen Diamanten absetzen wollte. Die Schläger brachten den Gigolo versehentlich um. Burmas drei Verfolger erfuhren, dass der beim Feuer im Fernsehstudio verbrannte Dolguet den Schmuck besaß. Als sich Burma für den mittlerweile toten Dubaille zu interessieren beginnt, heften sie sich an seine Fersen. Barbara Alderton hatte ihren Schmuck bereits vor dem Raub verkauft und durch Kopien ersetzt, sich von der Versicherung aber Originale bezahlen lassen. Burma kombiniert messerscharf, dass Dolguet bei dem Versuch, seine Beute aus dem Feuer im Studio zu retten, umgekommen sein muss. In einem Möbellager findet er, was er sucht. Zu Hause bedroht ihn Dubailles ehemalige Geliebte Angela mit der Waffe. Der Gangster Vivonnet kommt hinzu, um die Beute an sich zu reißen, wird aber von Angela erschossen. Burma arrangiert alles so, als habe er den Ex-Ganoven in Notwehr erschossen. Angela verschwindet für immer, Barbara Alderton ist derweil eines natürlichen Todes gestorben. Ebenfalls in die Angelegenheit verwickelt sind die miteinander verfeindeten Schauspielerinnen Lydia Orzy – die Geliebte des Gangsters Vivonnet – und Olga Maîtrejean. Olga Maîtrejean hat den Tod der Fernsehansagerin Françoise Pellerin mit verursacht. Sie wollte Lydia Orzy durch die Entlarvung der Vergangenheit ihres Geliebten Vivonnet Schaden zufügen. Um aber nicht direkt als Urheberin dieser Entlarvung aufzufallen – schließlich war Vivonnet ein gefährlicher Verbrecher – sollte Françoise Burma wegen angeblicher Morddrohungen engagieren, damit Burma sozusagen nebenbei Vivonnets Vergangenheit ans Licht bringe. Als Françoise die Nerven versagten, gab ihr Lydia ein Beruhigungsmittel, Françoise jedoch nahm eine Überdosis selbst ein und starb.

JURIJ MAMLEJEW Russland (*1931)

Mamlejew ist der Sohn eines Psychiaters. In dem Episodenroman *Schatuny* (1966, dt. *Der Mörder aus dem Nichts*, 1992) sowie den Erzählbänden *Poslednjaja komedija* (1970, dt. *Die letzte Komödie*, 1994) und *Shiwaja smertj* (1986, dt. *Der Tod des Erotomanen*, 1998) malt er seine düsteren sexualpathologischen Fantasien aus, die gut und gern die Alpträume des Hannibal Lecter (siehe Th. → Harris) sein könnten. Es geht dem Autor jedoch nicht darum, die literarische Ekelgrenze hinauszuschieben, sondern um die Schilderung eines apokalyptischen, nihilistischen Lebensgefühls ohne metaphysische Hoffnungen, einer Welt des universellen Wahnsinns. Bezüge stellt er unter anderem zu den Skopzen her, einer historischen russischen Sekte von Selbstverstümmlern.

Der Mörder aus dem Nichts

(OT: *Schatuny* [wörtl. »Herumtreiber«], 1966). Salzburg: Residenz Verlag, 1992. – Ü: Ulrike Zemme. – O/Z: Lebedinoje bei Moskau; 1960er-Jahre.

Nachdem Fjodor Sonnow ohne jedes Motiv den jungen Grischa ermordet hat, erzählt er dessen Leiche ausführlich sein Leben. Er sei in jener Nacht gezeugt worden, in der seine spätere Mutter Irina versucht habe, seinen späteren Vater im Schlaf mit der Axt zu erschlagen, um ihn zu berauben. Der Vater, unverletzt geblieben, habe sich sofort in die junge Frau verliebt, sie geheiratet und nie mehr verlassen. Später habe Sonnow als Rettungsschwimmer gearbeitet, um

Schwimmer tauchend auf den Grund zu ziehen und zu ertränken und um sich dann bei Suchmaßnahmen als besonders eifrig zu erweisen. Aus Wut, weil er sich von seinen Opfern verhöhnt glaubte, habe er dann ein Mädchen erwürgt: Mit viel Glück sei die Tat nicht aufgeklärt worden. Seither sei »der Tod seine Seele« gewesen. Sonnow und seine ledige Schwester Klara wohnt unter einem Dach mit Mitgliedern der Familie Fomitschow. Die ganze Sippschaft ist geistesgestört und lebt abstoßende Idiosynkrasien aus. Klawa etwa lässt sich gerne von Gänsen sexuell befriedigen, andere wie Pascha und die debile Lidija pflegen sich auf stinkenden Müllhalden zu paaren und Kinder zu zeugen, die Pascha, Lidija während des Geburtsvorgangs beschlafend, tötet. Auch als Lidija im Sterben liegt, schläft er mit ihr, damit sein Höhepunkt und ihr Tod zusammenfallen. Ein anderer, autistischer Mitbewohner verwandelt sich in einen »lebenden Hühnerkadaver«, das heißt er beginnt sich zunehmend wie ein Huhn aufzuführen und verliert alle menschlichen Züge. Auf einer seiner gelegentlichen Irrfahrten lernt Fjodor die 100-jährige Ipatjewna kennen, die eimerweise Katzenblut in sich hineinschlürft. Er trifft eine Reihe von Irren wie den Skopzen Mischej, der die Stellen, wo sich früher seine Geschlechtsteile befanden, gerne von Katzen ablecken lässt, der 17-jährige Petja frisst sich selber auf und der Bauer Iswitzkij erfährt sein eigenes Ego bei jeder Art von sexueller Betätigung so stark, dass er in unkontrollierte Raserei verfällt. Die Protagonisten verwickeln sich in philosophische Gespräche, in deren Mittelpunkt unter anderem die Frage steht, welche Grenzen dem Menschen überhaupt gesetzt sind, und aufgrund welcher Ideen er sie womöglich überschreiten kann. Sonnow, der sich im Laufe seiner Wanderungen zunehmend als Massenmörder profiliert hat, wird verhaftet, verurteilt und hingerichtet. »Dieses Buch essen Seele auf« (F.A.Z.).

JEAN-PATRICK MANCHETTE Frankreich (1942–1995)

Patrick Manchette gilt als Mitbegründer des sozialkritischen Kriminalromans in Frankreich, des so genannten *Néo-Polar.* Er verpflanzte auf sehr geschickte Weise die *hard-boiled*-Krimis von R. → Chandler und D. → Hammett nach Europa und verband sie mit Kritik an den bestehenden politischen Verhältnissen. Manchette war ein erfahrener Drehbuchautor; seine insgesamt zehn Kriminalromane verwendeten oft filmische Erzählstrukturen und wurden daher fast alle verfilmt. Manchette erlag einem Krebsleiden. *La Princesse du sang* (1996, dt. *Die Blutprinzessin*, 2001) erschien postum. Weitere Werke (alle verfilmt): *Nada* (1972, dt. *Nada*, 1986), *Morgue plein* (1973, dt. *Volles Leichenhaus*, 1992), *Que d'os* (1976, dt. *Knüppeldick*, 1991).

Killer stellen sich nicht vor

(OT: *Trois hommes à abattre*, 1976). Frankfurt a. M. / Berlin / Wien: Ullstein, 1976 (Tb 10228). – Ü: Wolfgang Proll. – O: Paris.

F: Fr 1980 (dt. *Killer stellen sich nicht vor / Drei Männer müssen sterben*), R: Jacques Deray.

Der Angestellte Georges Gerfaut führt mit seiner Frau und zwei Kindern ein ereignisloses Dasein. Einmal hilft er einem Sterbenden, ohne zu merken, dass dieser das Opfer eines Mordanschlages ist. Drei Tage später im Urlaub am Meer versuchen ihn die Killer Carlo und Bastien im Auftrag des früheren dominikanischen Geheimdienstoffiziers Alonso Emerich y Emerich zu ertränken. Auf der Rückreise wird er an einer Tankstelle überfallen; es gelingt ihm, den Killer Bastien abzufackeln. Er flieht bis zu den Alpen und bleibt bis zu dessen Tod neun Monate später bei einem Einsiedler. Carlo, der ihn voller Rachedurst aufspürt, erschießt er mit einem Jagdgewehr. In Paris klärt Georges Gerfaut die Hintergründe der Ereignisse auf. Der Sterbende war der Geschäftsmann Mouzon, der Inhaber eines Inkassobüros. Zusammen mit seinem Partner Hodeng war er Alonso Emerich y Emerichs kriminellen Geschäften auf die Schliche gekommen und hatte versucht, ihn zu erpressen. Gerfaut war zufällig Zeuge von Mouzons Ermordung geworden und sollte ebenfalls sterben. Zusammen mit Gassowitz, dem neuen Lebensgefährten von Mouzons Witwe, dringt er in das Anwesen Emerichs ein und erschießt ihn. Dann kehrt er zu seiner staunenden Familie zurück. Fragen und behördlichen Ermittlungen begegnet er mit dem Hinweis auf seine Kopfverletzung und eine Amnesie. Er nimmt seine alte Arbeit wieder auf, ist aber nicht mehr zufrieden mit seinem Leben, trinkt und rast nachts mit überhöhter Geschwindigkeit über die Autobahnen um Paris. Jazzmusik ist das einzige Signal von Freiheit für ihn. K. W. P.

HENNING MANKELL Schweden (*1948)

Die Kommissar-Wallander-Romane

Henning Mankells Krimis um Kommissar Kurt Wallander aus dem schwedischen Ystad gehören noch vor J. → Guillous *Coq rouge*-Romanen zu den erfolgreichsten skandinavischen Krimiserien auf dem deutschen Markt; sein Einfluss auf in- und ausländische Krimiautoren wie H. → Nesser, U. → Ritzel u. a. kann nicht überschätzt werden. Wie schon seine Vorläufer → Sjöwall und Wahlöö ihren Kommissar Beck stattet auch Mankell, der mit Linn, der Tochter von Ingmar Bergman verheiratet ist, seinen Protagonisten mit einer laufend fortgeschriebenen Biografie aus. Wallander ist von seiner Frau Mona geschieden, hat eine erwachsene Tochter, Linda, führt eine letztendlich scheiternde Fernbeziehung mit einer baltischen Wissenschaftlerin, verliert seinen lebenshungrigen Vater durch einen Gehirnschlag, erkrankt selber an Zucker, erholt sich und lässt sich doch nicht wie geplant pensionieren, als seine Tochter in den Polizeidienst eintritt (mit dem Eintritt von Cindy, der Tochter ihres Protagonisten-Ehepaars Pete Decker und Rina Lazarus, in die Police Academy erweitert auch Faye → Kellerman in *The Stalker* (2000, dt. *Die Rache ist dein*, 2001) ihr ermittelndes Figurenensemble). Wallanders Kollege Ryvberg erkrankt und stirbt an Prostatakrebs, ein anderer Kollege führt ein homosexuelles Doppelleben und wird ermordet. Die besten Romane der Serie handeln von Psychopathen mit außerordentlicher theatralischer Begabung. Ihre blutigen Inszenierungen katalysieren die Entlarvung des schwedischen Wohlfahrtsstaates, der als Theater, als Kulisse erscheinen muss. Neben seinen Krimis schreibt Mankell auch in seiner Wahlheimat Afrika spielende Romane wie *Comédia infantil* (1995, dt. *Der Chronist der Winde*, 2000). In den Verfilmungen spielte Rolf Lassgard den Kommissar auf kongeniale Weise.

1. Mörder ohne Gesicht

(OT: *Mördare utan ansikte*, 1991). Berlin: edition q, 1993. (dtv 20237, 1999.) – Ü: Barbara Sirges und Paul Berf. – O: Ystad.

Johannes und Maria Lövgren, ein altes Bauernehepaar, wird von offenbar ausländischen Tätern zu Tode gefoltert. Seltsamerweise fütterten die Mörder das Pferd im Stall der Lövgrens. Johannes, angeblich ein NS-Kollaborateur, soll in den 50er-Jahren mit einer Geliebten einen illegitimen Sohn gehabt haben. Noch zwei Tage vor seinem

Tod holte er 27 000 inzwischen verschwundene Kronen von der Bank. Rechtsradikale wollen politisches Kapital aus dem Mord schlagen, bedrohen Wallander und erschießen einen farbigen Familienvater. Wallander versucht vergeblich, Erik Magnuson, den hochverschuldeten Sohn von Bauer Lövgren, der Taten zu überführen, doch die rechtsradikalen Mörder des farbigen Familienvaters sind der Ex-Polizist Rune Bergman und sein Komplize Valfried Ström; Ström kommt bei einem Fluchtversuch ums Leben. Die aufmerksame und gedächtnisstarke Bankangestellte Britta-Lena Bodén liefert schließlich durch Zufall den Schlüssel zur Lösung des Doppelmordes an dem Bauernehepaar. Britta-Lena Bodén händigte Lövgren das abgehobene Geld aus und beobachtete hinter ihm zwei Ausländer, die Geld wechseln wollten. Es handelte sich um die reisenden Händler Haas und Kraftczyk. Sie kamen erst durch den von Lövgren verlorenen Durchschlag der Auszahlungsquittung auf die Idee zu ihrem Raubmord. Auf der Suche nach dem im Stall versteckten Geld warfen die beiden das durchwühlte Heu kurzerhand dem Pferd vor. Monate später tauchten sie wieder in Bodéns Bank auf. Auf einem Jahrmarkt streckt Wallander mit einem Ruder den einen nieder, den anderen tötet ein Kollege mit der Dienstwaffe.

2. Hunde von Riga

(OT: *Hundarna i Riga*, 1992). Berlin: edition q, 1993. (dtv 20294, 2000.) – Ü: Barbara Sirges und Paul Berf. – Z: 1991.

Ein Schlauchboot mit zwei gefolterten und erschossenen Letten wird an Schwedens Küste getrieben. Weil es wegen seiner von der Polizei unbemerkt gebliebenen Rauschgiftfüllung aus der Asservatenkammer gestohlen wird, muss der eigens herbeigeeilte lettische Polizeimajor Karlis Liepa unverrichteter Dinge wieder abreisen. Bei seiner Heimkehr wird er ermordet. Wallander reist ins Baltikum, wo er auf die Polizeiobristen Putnis und Murnier und ihren Chauffeur Sergeant Zids sowie auf Liepas junge Witwe Baiba trifft. Liepa wurde von den eigenen korrupten Kollegen ermordet – vermutlich, weil er ihren Machenschaften in Verbindung mit dem Drogenschmuggel auf die Spur gekommen war. Baibas Vertrauter Upitis jedoch, dem Putnis gewaltsam ein Geständnis abgezwungen hat, scheint unschuldig. Baiba nimmt über Exilletten in Schweden erneut Kontakt mit dem wieder heimgekehrten Wallander auf, denn sie möchte den Schuldigen am Tod ihres Mannes bestraft sehen; Wallander nimmt daher Urlaub und kehrt illegal nach Riga zurück, um bei der Suche nach etwaigen Aufzeichnungen des Ermordeten zu helfen. Nachdem mehrere von Baibas Vertrauensleuten ermordet worden sind und Wallander sogar kurzzeitig untertauchen musste, verschafft er sich trickreich mit Hilfe von Baiba Zugang zum Polizeiarchiv von Riga und stellt ein Dossier Liepas sicher. Ein Einsatzkommando von Polizeioberst Putnis treibt die beiden jedoch auf das Dach eines Hochhauses, wo Putnis seinen Kollegen Murnier des Mordes an Liepa bezichtigt, dann aber die Maske fallen lässt und ihn und Baiba als lästige Zeugen erschießen will. In letzter Sekunde erscheint ebenfalls mit einem Einsatzkommando, Murnier und erschießt Putnis. Nach einem kurzen Feuergefecht, bei dem sich Wallander als rechter Angsthase erweist, setzt Baiba Sergeant Zids – dem Mörder ihres Mannes – kaltblütig einen Schuss zwischen die Augen. Murnier klärt die Zusammenhänge: Der absolut moskautreue Putnis inszenierte zur eigenen Bereicherung und zur Diskreditierung lettischer Freiheitsbewegungen im Exil einen groß angelegten Rauschgiftschmuggel per Schlauchboot nach Skandinavien. Verschiedene Pannen brachten ein Schlauchboot der Schmuggler in schwedischen Polizeigewahrsam. Weil Putnis nicht wissen konnte, was Baibas Mann in Schweden herausgefunden hatte, ließ er ihn kurzerhand umbringen. Um den unerwartet beharrlichen Kommissar aus Schweden möglichst rasch loszuwerden, erpresste er durch eine Geiselnahme ein Geständnis von Baibas Vertrautem Upitis. Murnier dagegen erweist sich als lettischer Patriot und war nicht korrupt.

3. Die weiße Löwin

(OT: *Den vita lejoninnan*, 1993). Berlin: edition q, 1995. (dtv 20150, 1998.) – Ü: Erik Gloßmann. – Z: 1992. F: Sch 1996, R: Pelle Berglund.

Fanatische Buren unter der Leitung des Geheimdienstlers Kleyn und seines Komplizen Malan planen zur Wiedererrichtung der weißen Herrschaft in Südafrika mit Hilfe des Ex-KGB-Agenten Konowalenko ein Attentat auf Nelson Mandela, den gerade freigelassenen Bürgerrechtler. Kleyn ist seit Jahrzehnten mit der Schwarzen Miranda Nkoyi liiert und hat eine Tochter mit ihr, Mathilde. Aus abgrundtiefem Hass gegen ihren weißen Vater konspiriert Tochter Mathilde mit dem Geheimdienst des ANC. Der schwarze Auftragskiller Viktor Mabasha, der Mandela am 12. Juni 1992 erschießen soll, wird von dem Ex-KGB-Killer Konowalenko auf einem abgelegenen Hof im dünn besiedelten Schweden trainiert. Als Konowalenko eine Immobilienmaklerin erschießt, die sich zu dem Hof verfahren hat, kommt es zu Streitigkeiten zwischen Konowalenko und Mabasha, in deren Verlauf der Russe dem Killer einen Finger abhackt, das Versteck sprengt und flieht. Er überfällt eine Bank, tötet einen Polizisten und versteckt sich bei seinen Kontaktleuten, dem Ehepaar Rykoff. Mabasha aber taucht unter und kontaktiert Wallander, der ihn jenseits der Legalität außer Landes zu schaffen versucht. Dies misslingt, als der Russe Konowalenko Wallanders Tochter Linda entführt. Wallander kommt ihm jedoch auf die Spur und tötet Rykoff, Konowalenko tötet Mabasha und entkommt. Auch Tania Rykoff muss sterben, weil sie aus Rache für den Tod ihres Mannes Wallanders Tochter Linda die Flucht ermöglicht. Wallander liefert sich eine Verfolgungsjagd mit dem Ex-KGB-Mann Konowalenko, bis dieser eine Brücke rammt: Wallander schießt das Wrack in Brand und lässt den Russen in den Flammen umkommen. Am 23. Mai unterrichtet der Kommissar per Telex die Kapstadter Kollegen vom Tode Mabashas und warnt vor Mabashas Ersatzmann Sikosi Tsiki, von dem Konowalenkos Tagebuch berichtet. Infolge technischer Probleme kommt die Warnung nur unvollständig an. Die Verschwörer Kleyn und Malan werden festgenommen, Kleyn kommt wieder frei, wird aber von seiner heimlichen Geliebten Miranda erschossen. Vertrauensleute vom ANC sorgen dafür, dass der Tod vertuscht wird. Ein weiteres Telex Wallanders rettet alles: In letzter Sekunde kann ein Polizist durch einen gezielten Steinwurf den Präzisionsschuss Sikosi Tsikis auf Mandela verhindern. Tsiki wird festgenommen, die Geschichte Südafrikas kann im Sinne von Staatspräsident de Klerk verlaufen und wird zur Abschaffung der Apartheid führen.

4. Der Mann, der lächelte

(OT: *Mannen som log*, 1994). Wien: Zsolnay, 2001. – Ü: Erik Gloßmann.

Zwei Anwälte, Vater und Sohn, sterben eines gewaltsamen Todes, mit dem ganz offensichtlich der schwerreiche, stets arrogant lächelnde Unternehmer Dr. Alfred Harderberg zu tun hat. Dr. Harderberg genießt höchste Protektion und residiert auf Schloss Farnholm. Kaum hat Wallander bei ihm vorgesprochen, wird er verfolgt und überlebt nur mit viel Glück zwei Sprengstoffattentate. Auch der Revisor Lars Borman wird ermordet, als er dahinter kommt, dass Harderberg in illegalen Organhandel verstrickt ist. Wallander schleußt in Harderbergs Stallungen die junge Pferdepflegerin Sofia ein, die alsbald die Leiche des Wachmanns Ström findet, eines Ex-Polizisten, dem seinerzeit die freiwillige Kündigung nahegelegt wurde und der Wallander sein Wissen gegen eine nachträgliche glänzende Beurteilung seiner Polizeilaufbahn verkaufen wollte. Nun begibt sich Wallander allein in die Höhle des Löwen: Aufgrund mangelnder Absprache bemerkt seine draußen wartende Kollegin Ann-Brit nicht, als er von Harderbergs Leibwächtern Tolpin und Obadia überwältigt wird. Ohne Not legt Harderberg, der noch in aller Ruhe belastende Unterlagen schreddert, ein Geständnis über seine illegalen Geschäfte ab. Bevor er sich per Flugzeug ins Ausland absetzt, will er den Kommissar aus einem Hubschrauber werfen lassen, doch Wallander übertölpelt die Leibwächter mit steinzeitlichen Tricks, entwindet einem von ihnen die Waffe und beginnt um sich zu schießen. Den Start von Harderbergs Maschine verhindert er durch einen Rammstoß mit einem elektrischen Gepäckkarren, was Harderberg zur sofortigen Kapitulation veranlasst.

5. Die falsche Fährte

(OT: *Villospår*, 1996). Wien: Zsolnay, 1999. (dtv 20420, 2001.) – Ü: Wolfgang Butt. – Z: 1994.
F: Sch/D 2001, R: Leif Magnusson.

Die junge Farbige Dolores Maria Santana übergießt sich vor Wallanders Augen mit Benzin und verbrennt sich im Rapsfeld eines Bauern selbst. Dann erschlägt und skalpiert der barfüßige Serienmörder »Geronimo« vier wohlhabende, mutmaßlich kriminelle Männer, wobei er zusätzlich dem Berufskriminellen Björn Fredman die Augen wegätzt und dem Mädchenhändler Liljegren den Kopf im Backofen gart. Auf einem diskret aufgenommenen Foto von Schaulustigen an einem Tatort ist Fredmans Moped fahrender Sohn Stefan zu sehen. Er ist, wie verschiedene Fingerabdruckfunde beweisen, der Serienmörder. Auf seinem Moped holt er seine ältere Schwester Louise aus der psychiatrischen Klinik ab, in der sie seit drei Jahren vor sich hin dämmert. Als Wallander die beiden verfolgt, rasen sie mit ihrem Moped gegen einen Baum. Louise ist sofort tot und damit das letzte Opfer ihres verzweifelten Bruders, der sie eigentlich rächen wollte. Folgendes war passiert: In seinem Haus veranstaltete der Ex-Minister Gustav Wetterstedt mit zwei weiteren nachmaligen Mordopfern regelmäßig Orgien; als sie dort vergewaltigt wurde, verlor Louise den Verstand. Ihr Bruder, der sich mit dem Apatschenhäuptling Geronimo identifiziert, beschloss, sie durch die Opferung von Skalptrophäen unter ihrem Krankenhausfenster gesund zu machen. Ihre endgültige Gesundung sollte mit der Opferung eines Frauenherzens verbunden sein, wofür Stefan Fredman Wallanders Tochter Linda ermorden wollte. Dazu drang er in Wallanders Wohnung ein, ließ aber aus freien Stücken von diesem Mord ab. Den Vater tötete er aus schierem Hass; die Verstümmelung der Augen nahm er deshalb vor, weil er seinen Blick nicht ertragen konnte. Dolores Maria Santana verbrannte sich aus Angst vor ihren Vergewaltigern selbst. Ihre Lebensgeschichte in der Dominikanischen Republik berichtet der Prolog des Romans.

6. Die fünfte Frau

(OT: *Den femte kvinnan*, 1997). Wien: Zsolnay, 1998. (dtv 20368, 2000.) – Ü: Wolfgang Butt. – Z: 1993/94. – P: Platz 2 des »Deutschen Krimipreises International« 1999.
F: Sch/D 2002, R: Birger Larsen.

1993 ermorden in Algerien islamische Fundamentalisten vier ausländische Nonnen und deren Zufallsgast, die Schwedin Anne Ander. Im Herbst 1994 werden drei Männer – Eugen Blomberg, der Hobbyornithologe Eriksson und der Blumenhänder Runfelt – auf verschiedene fantasievolle, grausame Arten hingerichtet. Alle drei Männer gelten als gewalttätig gegenüber Frauen. Erikson beispielsweise pflegte einen ausgiebigen Sextourismus nach Polen und brachte – die Motive hierfür bleiben unklar – 27 Jahre zuvor die polnische Ornithologin Krista Haberman um. Relativ früh häufen sich die Indizien, dass es sich bei dem gesuchten Mehrfachmörder um eine Frau von großer Körperkraft handelt, die großen Wert auf Pünktlichkeit legt und deren Motiv offenbar Rache ist. Den Schlüssel zu den Morden bildet Katarina Taxell. Sie ist die Geliebte von Blomberg und bringt im Krankenhaus von Ystad einen Sohn zur Welt. Dort wird eine geheimnisvolle Krankenschwester beobachtet. Katarina wird von einer Frau mit überaus männlichem Fahrstil von zu Hause abgeholt. Dabei handelt es sich um die ehemalige Krankenschwester, Bodybuilderin und nunmehrige Zugbegleiterin, Yvonne Ander; Katarina lernte sie bei einem Job als Zugkellnerin kennen. Yvonne besitzt eine Stadtwohnung und einen Bauernhof. Hier brachte sie ihre männlichen Opfer um bzw. dem Tode nahe, und hier werden Katarina Taxell und ihr Kind unversehrt gefunden. In der Stadtwohnung hat sie eine Notiz zurück gelassen, aus der die Namen der drei bereits Ermordeten sowie Tore Grundén, der noch getötet werden soll, hervorgehen. Bevor sie durch mehrere Schüsse kampfunfähig gemacht werden kann, schießt Yvonne mit einer entwendeten Polizeipistole Wallanders Kollegin Ann-Brit, einer zweifachen Mutter, in den Bauch, was diese jedoch überlebt. Später begeht Yvonne in der Haft mit einer Überdosis Tabletten Selbstmord, ohne sich näher zu ihren Taten geäußert zu haben. Yvonne wurde als Kind Zeuge, wie ihre gequälte Mutter das Kind abtrieb, das sie von Yvonnes ewig betrunkenem Stiefvater erwartete. Den seelischen Schaden behielt Yvonne, die zunächst den Schwesternberuf ergriffen hatte, durch eine Umschulung zur Zugbegleiterin unter Kontrolle. Das starre Regelwerk der Fahrpläne verlieh ihrem Leben eine Art Korsett, das durch die Ermordung der Mutter durch islamische Fundamentalisten jedoch zerbrach. Nun wähnte sie sich berufen, jene misshandelten Frauen zu rächen, von deren Schicksal sie während ihrer Zeit als Krankenschwester erfahren hatte. Mit grausamer Präzision setzte sie die Exekution von Eriksson, Runfelt und Blomberg ins Werk.

7. Mittsommermord

(OT: *Steget efter* [wörtl. »Der nächste Schritt«], 1997). Wien: Zsolnay, 2000. (dtv 20520, 2002.) – Ü: Wolfgang Butt. – P: Platz 3 des »Deutschen Krimipreises« 2001.

Erstes Opfer eines Serienkillers ist Wallanders Kollege Svedberg, danach werden am Mittsommerfest vier junge Leute erschossen, später noch ein Brautpaar sowie der Fotograf des Hochzeitsbildes. Zum neunten Opfer erwählt der Mörder Wallander selbst. Drei der vier jungen Leute, die sich verkleidet zur Feier des Mittsommernachtsfestes in einem Naturschutzgebiet getroffen hatten, hat der Mörder durch präzise Kopfschüsse aus einer Pistole regelrecht hingerichtet und mehrere Monate lang, in Plastiktüten verpackt, vergraben. Erst danach hat er die halbverwesten Leichen wieder ausgegraben und sorgsam, komplett mit Verkleidungen, an einem Platz arrangiert, wo sie unbedingt gefunden werden mussten. Ein Mädchen, das ursprünglich mit den drei Opfern hatte feiern wollen, hatte wegen einer plötzlichen Erkrankung absagen müssen, wird aber beim Wochenendhaus seiner Eltern auf einer einsamen Schären-Insel fast unter Wallanders Augen nachträglich in die Stirn geschossen. Wallanders verschlossener Kollege Svedberg war, was niemand wusste, homosexuell, führte ein Doppelleben und unterhielt eine Beziehung zu einem Bankier und zu einem Aushilfsbriefträger. Dieser machte Svedberg nach der ersten Mordstaffel durch eine unbedachte Äußerung misstrauisch, worauf der Aushilfsbriefträger Svedberg erschoss. In einem Versteck in Svedbergs Wohnung findet Wallander das Foto einer Frau namens Louise, nach der sofort, allerdings vergeblich, gefahndet wird. Louise entpuppt sich als Mann, und zwar als der Aushilfspostbote Åke Larstam, ein ehemaliger Ingenieur und notorischer Eigenbrötler. Er hat Wallanders Ersatzschlüsselbund gestohlen und erwartet ihn in seiner Wohnung. Der unbewaffnete Wallander, dank einer überraschenden Eingebung unverletzt, verfolgt den Flüchtigen und schlägt ihn nieder, bevor er erneut zum Schuss kommen kann. Larstam ist ein psychisch schwer gestörter Mensch, der es nicht ertragen kann, wenn andere Menschen fröhlich sind und feiern. Geradezu manisch zieht ihn dabei das Verkleiden an. Seine Opfer suchte er aus, indem er die zu befördernde Post systematisch und geschickt öffnete, las und wieder verschloss. – *Mittsommermord* ist wohl der beste Krimi der Reihe um Kommissar Wallander.

8. Die Brandmauer

(OT: *Brandvägg*, 1998). Zürich: Zsolnay, 2001. – Ü: Wolfgang Butt. – O/Z: Ystad; 1997.

Die 14-jährige Eva Persson und die fünf Jahre ältere Sonja Hökberg töten und berauben ebenso emotionslos wie brutal den alten Taxifahrer Lundberg; vor einem Geldautomaten bricht der geniale Computerexperte Tynnes Falk tot zusammen; Sonja flieht aus dem Polizeipräsidium und wird als verkohlte Leiche in einer defekten Trafostation gefunden. Auf einer Fähre nach Polen wird Sonjas Freund Jonas Landahl von den Schraubenwellen zerfleischt; Computerexperte Falks Leiche verschwindet aus dem Leichenschauhaus und taucht nach ein paar Tagen genau an dem Geldautomaten wieder auf, an dem Falk gestorben ist; im Schubfach, wo die Leiche lag, findet sich ein Relais aus der Trafostation, in der Sonja verkohlte. Jemand hat dem Toten die Finger abgeschnitten, mit denen er seinen Computer zu bedienen pflegte; die berufliche Existenz von Falks gelegentlicher Mitarbeiterin Siv Eriksson wird zerstört, als ein Einbrecher ihren Computer buchstäblich ausweidet und sämtliche Disketten entwendet; in Falks Wohnung schießt ein Unbekannter möglicherweise asiatischer Herkunft vergeblich auf Wallander. Falks Computer ist durch aberwitzig komplexe »Brandmauern« vor unberechtigtem Zugriff geschützt. Der vorbestrafte junge Hacker Robert Modin, von Wallander auf eigene Verantwortung engagiert, dringt mit viel Mühe in ein undurchsichtiges Netzwerk ein, in welchem zahlreiche internationale Geldinstitute sowie die Zahl 20 eine Rolle spielen. Offenbar soll am Montag, den 20. Oktober, irgendetwas Bedeutendes geschehen. Einer der wenigen Anhaltspunkte der Polizei ist ein gewisser »C.« – für Carter – aus Luanda, wo der Computerexperte Falk vier Jahre gelebt hat; ein anderer ist der Chinese Hua Gang, der unter dem Namen Fu Cheng mit gefälschten Kreditkarten reist. Er könnte in dem Lokal gewesen sein, in dem sich Sonja und Eva vor dem Mord an dem Taxifahrer aufgehalten haben. Obwohl der von Wallander eingesetzte junge Hacker Modin seine digitalen Spuren zu verwischen versucht, kommt man ihm auf die Schliche und warnt ihn per E-Mail. Wallander bringt den Jungen bei seiner neuen Bekannten Elvira Lindfeldt in Sicherheit, die er glaubt, über ein E-Mail-Dating kennen gelernt zu haben. Tatsächlich hat jemand die Polizei-Computer angezapft, von den Bekanntschaftswünschen des Kommissars erfahren und ihm Elvira regelrecht untergeschoben. Wallander und seine Leute versuchen, Modin in Sicherheit zu bringen, finden aber zunächst nur die mit Kopfschüssen getötete Elvira. Fu Cheng, ihr Mörder, ist auf der Flucht, erschießt sich aber vor der Festnahme selbst. Am frühen Morgen des 20. Oktober wartet dank einer Eingebung Wallanders die Polizei am Geldautomaten, vor dem Falk gestorben ist. Offenbar ist ein digitaler Anschlag auf das Finanzwesen der westlichen Welt geplant, der durch eine Abhebung von genau diesem Geldautomaten seinen Ausgang nehmen soll. Tatsächlich taucht der junge Hacker Modin auf, den Carter mit vorgehaltener Waffe zwingen will, die schicksalsträchtige Abhebung vorzunehmen. Wallander erschießt Carter in Notwehr. Zur Gänze kann der Fall nicht aufgeklärt werden. So viel ist klar: Carter und Falk – beide auf ihre Art Irre – hatten aus Zorn über die Ausbeutung der Dritten Welt ein Komplott gegen die Erste Welt gesponnen, in das Jonas Landahl und Elvira Lindfeldt sowie der Verbrecher Hua Gang / Fu Cheng eingespannt waren. Falks überraschender Tod brachte den Plan durcheinander, ferner die Tatsache, dass Sonja einige Jahre zuvor von Taxifahrer Lundbergs Sohn vergewaltigt worden war und das Mädchen aus Rache spontan den Vater ermordete, und schließlich die Freundschaft von Jonas Landahl mit Sonja. Carter schickte Fu Cheng los, die vermutlichen Mitwisser umzubringen, doch der Chinese versagte, weil er die Tötungen zu spektakulär arrangierte und vor allem Wallander verfehlte. Unklar bleibt das Motiv für die Entführung von Falks Leichnam, für dessen Verbringen an den Todesort und für die Verstümmelung der Hände. Weil Wallander durch das Mobbing seines Kollegen und ehemaligen Freundes Martinsson und ein Disziplinarverfahren wegen angeblicher Misshandlung einer Verdächtigen zermürbt ist und er sich der Komplexität der modernen Welt nicht mehr gewachsen fühlt, tritt Wallander am Ende aus dem aktiven Dienst. Seine Tochter Linda, die sich für den Polizeidienst beworben hat, wird es vielleicht besser machen als der Vater.

DACIA MARAINI Italien (*1936)

Dacia Maraini, die einmal die Lebensgefährtin Alberto Moravias war, setzt sich schreibend für missbrauchte Kinder und Frauen ein. Bekannt wurde sie u. a. mit dem Initiationsroman *L'età de malessere* (1963, dt. *Zeit des Unbehagens*). Ihre gut gemeinte reportageartige Kriminalprosa wie *Buio* (1999, dt. *Kinder der Dunkelheit*, 2000) werden figural zusammen gehalten durch die römische Kommissarin Adele Sòfia.

Stimmen

(OT: *Voci*, 1994). München: Piper, 1995. (SP 2462, 1997.) – Ü: Eva-Maria Wagner, Viktoria von Schirach. – SF: Kommissarin Adele Sòfia. O: Rom.

Angela Bari, die Nachbarin der Journalistin Michaela Canova, wird mit 20 Messerstichen umgebracht. Die Leiche ist nackt, ihre Kleidung ordentlich zusammengelegt, der Mörder besaß offenbar einen Wohnungsschlüssel. Kaum hat die Journalistin Michaela begonnen, ein Porträt der Ermordeten zusammenzustellen, wird sie bedroht. Das Porträt fällt überaus widersprüchlich aus. Angela soll verschwenderisch, beruflich unstet und eine Prostituierte gewesen sein sowie eine Abtreibung und einen Aufenthalt in einer psychiatrischen Klinik hinter sich gehabt haben. Fakt ist, dass sie mit ihrer Schwester Ludovica bei ihrem Stiefvater Glauco Elia aufwuchs, der sich aber mittlerweile von beider leiblicher Mutter getrennt hat. Er hat eine 30 Jahre jüngere Frau geheiratet, mit der er eine kleine Tochter, Augusta, hat. Augusta wurde an Angelas Todestag geboren. Von Stiefvater Glauco stammt eine lebensgroße Statue, die Angela als Kindfrau darstellt. Ludovica scheint sich gelegentlich völlig mit ihrer Schwester zu identifizieren. So hatte sie ein Verhältnis mit Angelas Mann. Angela hinterlässt rätselvolle Märchen um einen bösen König, der seine Töchter frisst. Schließlich kommt ans Licht, dass Glauco seine Töchter mit Billigung der Mutter jahrelang missbraucht hat. Erst mit viel Mühe und Glück findet die Journalistin Michaela heraus, dass die Geburt von Glaucos Tochter falsch, nämlich auf den Folgetag, datiert worden ist. Plötzlich hat der Architekt für die Tatzeit kein Alibi mehr. Bevor er untertaucht, schickt Glauco Michaela auf einer Kassette ein ausführliches Geständnis. Er habe so etwas wie ein Pygmalion-Verhältnis zu seinen Stieftöchtern unterhalten, sie zwar missbraucht, aber auch zu zwei kultivierten jungen Frauen erzogen, die sich in jeder Gesellschaft bestens zu benehmen wussten. Am Mordtag habe Angela Michaelas Freund Mario verführen wollen. Nach Marios Weggang sei er, Glauco, erschienen. Um ihn zu quälen, habe Angela sich nach und nach splitternackt ausgezogen; irgendwann habe er dann die Tat begangen. Ob Kommissarin Adele Sòfia den flüchtigen Glauco wird fassen können, bleibt ebenso wie zahlreiche andere Fragen offen.

ALEXANDRA MARININA Russland
(d. i. Marina Alexejewa, *1957)

Die studierte Juristin Alexandra Marinina arbeitete bei der Moskauer Kriminalmiliz, bevor sie sich dem Schreiben widmete. Sie gilt als eine der ersten Krimiautorinnen des neuen Russland, das das erste Jahrzehnt nach dem Ende des Kommunismus im wesentlichen zur Aneignung der Literaturen zwischen James Bond und Porno brauchte, die bislang verboten gewesen waren. Marininas Heldin Anastasja Kamenskaja (von russ. *kámenj* ›Stein‹) ist Kriminalpolizistin sowie freie Übersetzerin und mit einem Mathematikprofessor liiert. Im Film wurde sie von der *Intergirl*-Darstellerin Jelena Jakowlewa warmherzig verkörpert. Siehe auch P. → Daschkowa. Weitere Kamenskaja-Fälle: *Ubijca ponevole* (1998, dt. *Der Rest war Schweigen*, 1999), *Ne mesajte palacu* (1998, dt. *Die Stunde des Henkers*, 2001).

Auf fremdem Terrain

(OT: *Igra na tschuschom pole* [wörtl. »Spiel auf fremdem Feld«], 1997). Berlin: Argon, 1999. (FiTb 14313, 2000.) – Ü: Felix Eder und Thomas Wiedling. – SF: Kommissarin Anastasja »Nastja« Kámenskaja. O: Moskau und der fiktive Kurort »Stadt«.
F: RUS 2000, R: Jurij Moroz.

Beim Eintreffen in »Stadt«, wo sie ihre chronischen Rückenschmerzen auskurieren will, stolpert Anastasja über die Leiche von Kolja Alferow und beginnt sofort mit Ermittlungen, kann aber den Fall nur mit Hilfe des charmanten, kultivierten Mafioso Eduard Petrowitsch Denissow lösen. Sie stößt auf einen Ring von Pornofilmern, die unter der Regie von Damir Ismailow Snuff-Videos für solvente Kunden herstellen, also Videos mit tatsächlichen Morden. Einer dieser Auftraggeber lässt sich in den Filmen von dem kleinwüchsigen Drogenabhängigen Wlad verkörpern. Wlad findet schnell heraus, dass seine neue Partnerin Sweta das Ende des Films nicht überleben soll und flieht mit ihr unter Mitnahme des Drehbuches zu den Leuten von Mafioso Denissow. Zur Ablenkung etwaiger Verfolger legen die beiden einen Brand. Auch Denissows heißgeliebte Enkelin ist bereits in das Pornomilieu geraten. Hinter allem steckt der geheimnisvolle Makarow. Es kommt zu mehreren Morden, die erst der Verschleierung der Identität jenes Mannes dienen, der die Darsteller vor laufender Kamera tötet, dann seiner Beseitigung. Anastasijas Zimmernachbarin ist die mehrfach behinderte Musiklehrerin Regina Arkadjewna Walter, die behauptet, ihren Reichtum sündhaft teuren Musikstunden zu verdanken. Der Englischlehrer Jurij Marzew ist der Auftraggeber für Ismailows Snuff-Videos. Deren stimulierende Wirkung lässt jedoch nach mehrmaligem Anschauen nach, er braucht also dringend einen neuen Film, doch dessen Fertigstellung lässt auf sich warten. Am vorgesehenen Drehort schneidet er der vorgesehenen Hauptdarstellerin die Kehle durch und wird überwältigt. Damir Ismailow führt Nastja einen abendfüllenden Spielfilm über einen unverstandenen Künstler vor. Am finalen Crescendo furioso der Filmmusik erkennt die Kommissarin die Handschrift Regina Walters. Sie ist der gesuchte Makarow. Anastasija hätte früher darauf kommen können: »Walthers« – das »h« wird im Russischen nicht geschrieben – ist ebenso eine Waffenmarke wie »Makarow«.

PETROS MARKARIS Griechenland (*1937)

Markaris hat seine griechische Heimat als Krimiland urbar gemacht. Sein Protagonist Kostas Charitos (der Icherzähler) ermittelt in Athen; der herzkranke, stets misslaunige Kommissar ist noch geprägt von den gewalttätigen Ermittlungsmethoden der Militärjunta und flieht vor der Beschränktheit seiner Frau Adriani in die wunderbare Welt der Wörter: ein Lexikon ist seine Lieblingslektüre. Beider einziges Kind, Katerina, studiert in Thessaloniki Jura; im Folgeband *Amyna zonis* (1998, dt. *Nachtfalter*, 2001) verlässt sie ihren Lebensgefährten Panos und wendet ihre Gunst Fanis Ousounidis zu, dem behandelnden Arzt ihres Vaters.

Hellas Channel

(OT: *Nuxterino deltio* [wörtl. »Nächtliche Notizen«] 1995). Zürich: Diogenes Verlag, 2000. (detebe 23282, 2001.) – Ü: Michaela Prinzinger. – SF: Kostas Charitos. O: Athen.

Ein scheinbar mittelloses albanisches Ehepaar wird von seinem Landsmann Ramis Shehi umgebracht, hinterlässt aber eine halbe Million Drachmen. Shehi wird gefasst und im Gefängnis ermordet. Die Karrierejournalistin Janna Karajorgi vom Fernsehsender »Hellas Channel« weiß mehr darüber, als sie zugibt. Wachtmeister Thanassis versucht – angeblich – vergebens, sie auszuhorchen. Kurz vor einer Sendung wird sie in ihrem Sender mit einem Stativbein erstochen. Verdächtig sind zahllose frühere und aktuelle Liebhaber, darunter der Nachrichten- und der Senderchef. Janna Katajorgis' Privatleben ist undurchsichtig: Anna, angeblich die Tochter ihrer Schwester Mina Antonakaki, ist in Wahrheit ihr, Jannas Kind. Vor ihrem Tod erhielt sie einen Drohbrief von einem gewissen »N«. Handschriftenproben schließen den Nachrichtenchef Nestor Patratos als Absender aus. Nach der Ermordung von Jannas Nachfolgerin Martha Kostarakou enthüllt sich schließlich ein groß angelegter Kinderschmuggel zwischen Griechenland und einigen ost- und südosteuropäischen Staaten, in den tschechische und griechische Politiker verwickelt sind.

Shehi und das von ihm ermordete albanische Ehepaar begleiteten Kindertransporte von Albanien nach Griechenland. Als das Ehepaar eines der Kinder für 500000 Drachmen auf eigene Rechnung verkaufte, ohne Shehi den vereinbarten Anteil auszuzahlen, ermordete dieser die beiden, fand aber das Geld nicht. Die TV-Journalistin Janna kam dem Schmuggel zufällig auf die Schliche, doch das Motiv für ihre Ermordung liegt ausschließlich im privaten Bereich: Ihr Mörder nämlich ist der Vater ihrer Tochter Anna und hatte seine eigene Karriere aufgegeben, als er von der Schwangerschaft erfuhr. Janna jedoch log ihm vor, sie habe das Kind abgetrieben. Diese tragische Gestalt ist niemand anderes als Charitos' Assistent Wachtmeister Thanassis; »N« steht für den Kosenamen »Nassos«. In der Hoffnung, als Gegenleistung seine Tochter nach 20 Jahren endlich kennen lernen zu dürfen, wurde Thanassis Jannas Informant. Sie hielt ihn jedoch auf grausame Weise hin. Als sie ihm schließlich alle Hoffnung raubte, tötete er sie im Affekt. Jannas Nachfolgerin im Sender, Martha Kostarakou, musste ebenfalls sterben, weil sie möglicherweise Material von Janna erhalten hatte, aber deren Nachforschungen nicht fortsetzen sollte, und Shehis Ermordung im Gefängnis geht ebenfalls indirekt auf Thanassis' Machenschaften zurück. Nachdem er ein Geständnis abgelegt hat, nimmt er sich mit der Dienstwaffe das Leben; sein notorisch unbewaffneter Chef kann es nicht verhindern. Der Öffentlichkeit wird eine unwahre Version des Falles präsentiert.

ROBERT MARKHAM Großbritannien
(d. i. Kingsley Amis, 1922–1995)

Der einzige 007-Roman, den Kingsley Amis (der Vater von M. → Amis) schrieb, knüpft zeitlich an *Der Mann mit dem goldenen Colt* an, das letzte Originalwerk von I. → Fleming. Amis war prädestiniert wie kaum ein anderer für diese Fortsetzung, hatte er doch mit *The James Bond Dossier* (1965, dt. *Geheimakte 007 James Bond*, 1966) die Figur ebenso witzig wie gründlich analysiert. Er erschließt dem Superagenten neues Terrain und einen neuen Gegner, doch fehlen z. B. bondtypische Abenteuer unter Wasser.

Liebesgrüße aus Athen (007 James Bond auf der griechischen Spur)

(OT: *Colonel Sun*, 1968). Bern/München: Scherz, 1991 (Scherz-Krimi 1308). – Ü: Norbert Wölfl.

Bond kann die Entführung seines Chefs M (Admiral Messervy) aus dessen Haus nicht verhindern. Telefonnummern, die ein getöteter Entführer bei sich hat, führen nach Griechenland. Dort verbündet sich Bond mit Ariadne Alexandrou, einer Agentin des sowjetischen Militärgeheimdienstes GRU, und ihrem Vorgesetzten Gordienko zum Kampf gegen den grausamen Chinesen Colonel Sun, der sich auf der Insel Vrakonisi eingerichtet hat, von wo aus er den Einfluss der UdSSR zugunsten Rotchinas im Mittelmeer zurückdrängen will. Dazu will er eine Konferenz der Mittelmeeranrainer mit einem britischen Granatwerfer zusammenschießen. Später sollen bei dem Geschütz die Leichen von 007 und M gefunden werden. Weil GRU-Offizier Gordienko und 005 getötet werden und der KGB, der Rivale des GRU, keine Unterstützung mehr gewährt, sind Bond und Ariadne, die nunmehr seine Geliebte ist, ganz auf sich allein gestellt. Mit der Jacht »Altair« setzen sie in Begleitung des jungen Griechen Niko Litsas nach Vrakonisi über. Dort fällt Bond nach einigen heftigen Schießereien und Fluchtbewegungen Colonel Sun in die Hände. Er trifft den misshandelten M lebend wieder und wird selber gefoltert. Ariadne verschafft ihm jedoch ein Messer, mit dem er Sun niedersticht. Hernach dezimiert er mit Suns abtrünnigem Arzt Dr. Lohmann Suns Leute und setzt den Granatwerfer außer Betrieb. Niko darf einen weiteren Handlanger Suns, den Ex-Nazi von Richter, zur Strafe für während des Krieges an Griechen verübten Gräueltaten töten. Sun, den der Messerstich nicht getötet hat, wird schließlich von eigenen Handgranaten zerrissen. Am Ende danken Bond nicht nur Vertreter der britischen, sondern auch der sowjetischen Regierung.

LIZA MARKLUND Schweden (*1963)

Studio 6 spielt acht Jahre vor Liza Marklunds hochgelobtem und mehrfach preisgekrönten Debüt *Sprängaren* (1998, dt. *Olympisches Feuer*, 2000). Die in *Studio 6* erwähnte »IB«-Affäre – IB bedeutet »Interaktion Birger« – war eine der größten Gesinnungsschnüffeleien in der Geschichte der schwedischen Sozialdemokratie. Ihre Aufdeckung brachte dem Journalisten und Thrillerautor J. → Guillou 1973 eine Gefängnisstrafe ein. Der dritte Krimi um Liza Marklunds Heldin Annika Bengtson ist *Paradiset* (2000, dt. *Paradies*, 2002).

Studio 6

(OT: *Studio sex*, 1999). Hamburg: Hoffmann & Campe, 2001. – Ü: Susanne Dahmann. – SF: Annika Bengtson. O/Z: Stockholm; um 1990.

»Studio 6« heißen ein schwedischer Info-Radiosender und der Nachtklub eines gewissen Joachim. Hier strippt bis zu ihrer Ermordung die Schülerin Josefine Liljeberg, die gegen den Willen Joachims das Strippen aufgeben will. Sie wird nackt und erdrosselt in einem Park gefunden. Annika Bengtzon, eine Aushilfsreporterin in der Kriminalredaktion des »Abendblattes«, kommt ganz unversehens Nachwirkungen der »IB«-Affäre auf die Spur. Außenhandelsminister Christer Lundgren tritt im Zusammenhang mit dem Mord zurück, obwohl er sich zur fraglichen Zeit im Kaukasus aufgehalten hat, um ein Waffengeschäft des offiziell neutralen Schweden einzufädeln, das aber in der Öffentlichkeit nicht ruchbar werden darf. Angeblich wurden sämtliche im Rahmen der »IB«-Affäre gesammelten Informationen vernichtet, in Wahrheit aber wurden die Akten von sowjetischen Geheimagenten gestohlen. Einer dieser ehemaligen Agenten ist der jetzige Präsident einer Kaukasus-Republik, der Schweden die Waffenlieferungen abpresst. Lundgren wurde nach dem zeitlich für ihn unpassenden Mord an der Stripteasetänzerin geopfert. »Studio 6« verbreitet systematisch Falschinformationen zur Verschleierung der Lundgren-Affäre und verunglimpft Aushilfsreporterin Annika als skrupellose Enthüllungsjournalistin. Dies und die Ablehnung eines feigen Gewerkschaftlers kosten sie zunächst die Festanstellung. Die erfolgt verspätet, als sie *undercover* Joachims Steuerbetrügereien aufdeckt. Danach beschließt sie, sich von ihrem langjährigen Verlobten Sven Matson zu trennen, der sie unbedingt von Stockholm wegholen und heiraten will. Sven verkraftet die Trennung nicht, verfolgt und bedroht sie, bis sie ihn in einer Gießerei in Notwehr erschlägt. Ihre Strafe wird zur Bewährung ausgesetzt, weil sie anhand eines Tagebuches minuziös nachweisen kann, was er ihr über Jahre hinweg angetan hat. Annikas Identität mit der Tagebuchschreiberin klärt sich erst bei diesem Showdown. Bis dahin liegt der Verdacht nahe, als bezögen sich die Textstellen, die jedem Kapitel voranstehen, auf das ebenfalls von Gewalt geprägte Verhältnis von Joachim und Josefine. Für die Berichterstattung über den Mord an Josefine erhält der Sender »Studio 6« einen Medienpreis; die »Lundgren-Affäre« wird wie so vieles in Schweden vertuscht, verhilft aber einigen Karrieristen zu hohen Posten.

NGAIO MARSH Großbritannien (1895–1982)

Ngaio Marshs Romane bieten ganz reizende sex- und gewaltfreie englische Landkrimis, auf herrlich altmodische Art handgestrickt im Stile von A. → Christie. Vielfach spielen sie im Theatermilieu, z. B. *Opening Night / Night at the Vulcan* (1951, dt. *Donnerstag Premiere*, 1952), *Photo-Finish* (1982, dt. *Applaus bis zum bitteren Ende*, 1983) oder *Ouvertüre zum Tod*. Serienermittler Chief Detective-Inspector Alleyn vererbt seine detektivischen Fähigkeiten seinem Sohn Rick. Rick, der Lehrer geworden ist, betätigt sich in *Last Ditch* (1977, dt. *Feines Ohr für falsche Töne*, 1978) als Hobbydetektiv.

Ouvertüre zum Tod

(OT: *Ouverture to Death*, 1939). München: Goldmann, 1995 (Tb 5892). – Ü: Mechtild Sandberg-Ciletti. – SF: Chief Detective-Inspector Alleyn. O/Z: Pen Cuckoo (Grafschaft Dorset); vor dem Zweiten Weltkrieg.

Zum Figurenensemble gehören u. a. der verwitwete Pfarrer Copeland und seine Tochter, die Schauspielerin Dinah, ferner der Gutsherr Jocelyn Jerningham und sein Sohn Henry, Dinahs Freund, außerdem Henrys Tante Eleanor Prentice und deren Freundin Idris Campanula, zwei Klavier spielende alte Jungfern von außerordentlicher Bösartigkeit, sowie der zehnjährige Lausbub Georgie Biggins, der mit seinem Technikbaukasten wahre Wunderwerke der Technik zusammenbaut. Im Gemeindehaus soll ein kleines Theaterstück zur Aufführung gelangen. Eleanor Prentice, eine böse alte Dame, muss wegen eines vereiterten Fingers ihren angestammten Platz an den Tasten ihrer Intimfeindin Idris Campanula überlassen. Die wird beim Intonieren der ersten Takte von Rachmaninows *Prélude in cis-moll* von einem Pistolenschuss aus dem Inneren des Klaviers heraus tödlich getroffen. Chief Detective-Inspector Alleyn und seine Kollegen Fox, Bailey und Thompson von Scotland Yard klären diesen äußerst vertrackten Fall auf, bei dem es auf die penible Rekonstruktion der Miss Campanulas Tod vorausgegangenen Stunden ankommt und bei dem es zu klären gilt, ob sich das alternde Fräulein mit großem Aplomb selbst getötet oder ob der Anschlag der erkrankten Eleanor Prentice gegolten hat. Die mörderische Pistolen-Installation geht auf den Lausbub Georgie zurück. Er hat seine Wasserpistole ins Klavier derart eingebaut, dass der Spieler oder die Spielerin beim Durchtreten des Pedals über einen Seilzug den Auslöser der Pistole betätigt und durch ein kleines Loch in der Verzierung des Instruments nassgespritzt wird. Der Mörder hatte diese Vorrichtung entdeckt und die Wasserpistole mit einer echten Waffe aus dem Besitz des Gutsherrn vertauscht. Als Mörderin wird schließlich die hochpsychotische Eleanor Prentice festgenommen. Ihr Motiv ist ein Gefühlskonglomerat aus sexueller Frustration, Bigotterie, Bosheit und Verwirrung. Eleanor hatte nach dem Tod der Mutter ihren Neffen Henry großgezogen und dessen Liebe zu Dinah unter dem Deckmantel wohlmeinender Zuneigung aus schierer Eifersucht auf intrigante Weise zu hintertreiben versucht. Als sie das Scheitern ihrer Intrigen gegen die beiden erkennen und noch einige weitere seelische Tiefschläge einstecken musste, entschloss sie sich spontan zum Mord und inszenierte ihn, von einer großen Portion Glück begünstigt, ebenso trick- wie erfolgreich, indem sie die Wasserpistole gegen die Automatikpistole austauschte. Erst kurz vor Beginn der Vorstellung hatte sie Gelegenheit, die Waffe unbemerkt zu entsichern. Die Wasserpistole versteckte sie im Gemeindehaus, wo sie später gefunden wird. Am Ende dürfen sich nicht nur Henry und Dinah auf eine gemeinsame Zukunft freuen, sondern auch Inspector Alleyn und seine Freundin Troy.

HANSJÖRG MARTIN Deutschland (1920–1999)

Martin war unter anderem als Clown, Journalist und am Theater beschäftigt, bevor er als freier Schriftsteller einer der Pioniere des bundesdeutschen Krimis wurde (»Ehrenglauser« 1989). Außerdem schrieb er zahlreiche Jugendromane. Nach ihm ist der mit 2500 € dotierte Krimipreis »Martin« benannt, mit dem die Autorenvereinigung »Das Syndikat« seit 1999 den besten deutschsprachigen Kinder- bzw. Jugendkrimi eines Jahres auszeichnet.

Bei Westwind hört man keinen Schuß

Reinbek: Rowohlt, 1973 (rororo thriller 2286). – O: die Insel Mellog.
F: D 1976 (ARD/HR), R: Sepp Strubel.

Bei dem Inselvogt Dirksen und seiner Tochter Swantje quartiert sich der weltfremde Ornithologe Dr. Schlünz ein; außerdem hält sich ein dreiköpfiges Filmteam auf der Insel auf, das aus Anselm Kiwitt als dem Leiter (gleichzeitig der jederzeit respektlose Icherzähler) sowie Harry Jungnickel und Jochen Kieselach besteht. Die beiden letzteren rivalisieren um Swantjes Gunst, Harry obsiegt, doch er missversteht Swantje, und der hinzukommende Filmteam-Leiter Kiwitt kann gerade noch eine Vergewaltigung verhindern. Inselvogt Dirksen erzählt von einem zwei Jahre zurückliegenden Bootsunfall zweier Jungen, von denen einer ertrank. Zuvor hatte er die beiden beim wilden Campen auf der Insel erwischt und vertrieben. Nachdem der Ornithologe Dr. Schlünz einen Mordanschlag überlebt hat, erleidet Jochen einen Streifschuss. Niemand will Schüsse gehört haben, die Polizei, vertreten durch Kommissar Lehmann, findet lediglich eine Patronenhülse, die allerdings auch von einem Bundeswehrmanöver stammen könnte. Doch dann wird Harry Jungnickel erschossen. Kiwitt findet einen Zettel bei seiner Leiche und steckt ihn ein. Unter Mordverdacht gerät Jochen Kieslach, Jungnickels Kollege im Filmteam; die Tatwaffe gehört Schlünz, der in Wahrheit der Vater des ertrunkenen Jungen ist und diesen durch Inselvogt Dirksens Tod rächen will. Versehentlich hatte er zunächst Jochen angeschossen, der mit Dirksens Mütze in der Dämmerung unterwegs war. Als Mörder von Harry scheidet er jedoch aus, denn zum Zeitpunkt des Mordes hatte Dirksen die Tatwaffe bereits an sich gebracht. Dirksen hatte ein Gespräch Kiwitts mit Harry wegen des Vorfalls mit Swantje belauscht, einen Brief Swantjes abgefangen und durch eine Einladung zu einem Rendezvous am Strand ersetzt. Harry ging in die Falle und wurde erschossen.

SUJATA MASSEY Großbritannien (*1964)

Sujata Massey ist die Tochter eines Inders und einer Deutschen, in Sussex geboren und in England und den USA aufgewachsen. Später lebte sie in Hayama in Japan, wo sie an ihrem Erstling *The Salaryman's Wife* zu arbeiten begann, dem sie *Zen Attitude* (1998, dt. *Zuflucht im Teehaus*, 2000) folgen ließ. Ihre eigene multikulturelle Herkunft schrieb sie mit leichter geographischer Verlagerung ihrer Protagonistin auf den Leib: Es handelt sich um die 26-jährige Englischlehrerin Rei Shimura, die als Tochter eines in den USA naturalisierten Japaners und einer Amerikanerin kein Japanisch lesen kann, es aber trotzdem riskiert, immer wieder als Hobbydetektivin Mordfälle aufzuklären.

Die Tote im Badehaus

(OT: *The Salaryman's Wife* [wörtl. »Die Frau des Geschäftsmanns«] 1997). Hamburg: Kabel, 1999. (SP 23062, 2000.) – Ü: Elke Link. – O: Tokio.

Englischlehrerin Rei gönnt sich ein paar Urlaubstage in einem Hotel im Skiort Shiroyama, wo sie den schottischen Industriespion Hugh Glendinning kennen und lieben lernt. In dem Hotel wohnen auch die reiche US-amerikanische Witwe Marcelle Chapman sowie die alleinreisende Setsuko Nakamura (die Ehefrau des *salaryman*). Am Neujahrstag findet Rei Setsuko nackt und erschlagen im Badehaus. Weil ein dümmlich-arroganter und vorurteilsbeladener Police-Captain sie und den schottischen Industriespion Hugh ausdauernd verfolgt, beginnt Rei mit Ermittlungen auf eigene Faust. Dabei muss sie ein Attentat mit einer manipulierten Gasheizung sowie die Attacken eines Motorradkillers überstehen. Auch wird versucht, sie durch untergeschobenen Schmuck der Ermordeten zu belasten; die Hotelbesitzerin von Reis Hotel wird in Tokio vor einen Zug gestoßen. Die ermordete Setsuko war regelrecht kaufwütig, bezahlte immer mit Kreditkarten und gab dann das Gekaufte wieder zurück. Da in Japan der Kaufpreis in bar erstattet wird, hatte sie auf diese Weise ein beträchtliches Privatvermögen angespart, das ihr eine gewisse Unabhängigkeit von ihrem Mann sicherte. Schließlich gelingt es Rei doch, den unsichtbaren Feind zu entlarven. Es ist die Witwe Marcelle Chapman. Ihr verstorbener Mann war während des Korea-Krieges als US-Soldat in Japan stationiert und musste bei der Rückkehr eine japanische Geliebte und eine Tochter zurücklassen. Diese Tochter bekam wiederum eine Tochter, Mariko, für deren Ausbildung und Unterhalt er sorgte. Mariko ist eine Nichte der ermordeten Setsuko, und diese war für die Übergabe der Alimente aus Amerika zuständig. Bei Chapmans Tod wollte sie gerichtlich aus Raffgier einen Anteil an seinem Erbe erstreiten. Um dies zu verhindern, reiste die Witwe Chapman eigens zu einer Unterredung mit ihr nach Japan. Im Badehaus, wo die beiden sich trafen, erschlug sie dann Setsuko im Streit. Später musste auch die Hotelbesitzerin als lästige Zeugin sterben. Als alle von Marcella Chapman inszenierten oder iniziierten Anschläge auf Rei Shimura scheitern, bringt sie Mariko und Rei in ihre Gewalt und versucht, sie zu einem gemeinsamen Selbstmord zu zwingen. Nur das rechtzeitige Eingreifen des Industriespions Hugh rettet die beiden vor dem sicheren Tod. Zu diesem Zeitpunkt weiß Rei bereits, dass Hugh Setsuko zwar in seine Spionagetätigkeit eingebunden hatte, aber nichts mit ihrem Tod zu tun hat. Die beiden werden Lebensgefährten, trennen sich aber in der Fortsetzung wieder.

SEICHO MATSUMOTO Japan (1909–1992)

Der 1958 zunächst in Fortsetzungen in einer Zeitungsbeilage erschienene Roman *Spiel mit dem Fahrplan* löste in Japan mit mehr als 70 Auflagen einen wahren Matsumoto-Boom aus. Der dem sozialkritischen Kriminalroman verpflichtete Matsumoto inszenierte die Geschichte als realistisches

Puzzlespiel in der Tradition klassischer *Mystery* und *Detective Novels*, ohne dass die Detektivfiguren auf reine Aufklärungsfunktionen reduziert würden. Ebenfalls von Matsumoto stammt der Erzählband *Kuroi eishi* [wörtl. »Schwarzes Album«] (1960, dt. *Mord am Amagi-Pass*, 1983 [Teilübers.]). Mehr wurde nicht ins Deutsche übersetzt.

Spiel mit dem Fahrplan

(OT: *Ten to sen*, 1958 [Zeitschriftenausg.] / 1960 [Buchausg.]). Berlin: Volk und Welt, 1969. (FiTb 8230, 1987.) – Ü: Buccie Kim, Edith Shimomura. – O: Tokyo, Hakata.

An einem Strand bei Hakata auf der japanischen Insel Kyushu werden der Ministerialreferent Kenichi Sayama und die Serviererin Otoki aus Tokyo tot aufgefunden. Zunächst wird von einem in Japan häufig anzutreffenden Doppelselbstmord aus Liebeskummer ausgegangen, doch der Kriminalbeamte Jutaro Torigai stolpert über kleine Ermittlungsfehler. Kommissar Kiichi Mihara aus Tokyo stimmt Torigais Zweifeln zu, nimmt die Nachforschung auf und ermittelt die Verbindung des toten Ministerialreferenten Sayama zum Ministerium X, das in einen Korruptionsskandal verwickelt ist. Der Geschäftsmann Tatsuo Yasuda und die beiden Serviererinnen Tomiko und Yaeko scheinen als Zeugen glaubwürdig, doch u. a. durch eine genaue Überprüfung der Fahrpläne erweist sich dann, dass sie die Beobachtungen am Bahnhof, die sie zu Protokoll gegeben haben, nur durch Yasudas Manipulation gemacht haben können. Verdächtig ist ferner, dass Geschäftsmann Yasuda eine Maschinenfabrik gehört, die ihre Aufträge vom Ministerium X erhält, und Yasudas Frau hat außerdem einen Essay über die mathematische Schönheit und Präzision von Zugfahrplänen veröffentlicht. Yasuda hat jedoch ein Alibi, denn er befand sich zur fraglichen Zeit nachweislich auf der Insel Hokkaido. Allerdings kam er dort nicht zur behaupteten Zeit an, und seine Fährpapiere erweisen sich als Fälschungen. Durch ein kompliziertes Spiel mit dem Fahrplan, unter Mithilfe eines hohen Beamten des Ministeriums X und der Benutzung verschiedener Flugzeuglinien unter falschem Namen ist es Yasuda gelungen, das fast perfekte Alibi zu konstruieren, während er Sayama, den für ihn gefährlich gewordenen Ministerialreferenten, tötete. Die ermordete Frau stellt sich als Geliebte Yasudas heraus, die er als »Bauernopfer« brachte, um den Eindruck des Liebesdoppelsuizids zu erwecken. Als Mihara Yasuda festnehmen will, findet er ihn und seine Frau tot vor. Diesmal handelt es sich um einen wirklichen Doppelselbstmord. M. F. Sch.

ED MCBAIN USA

(d. i. Salvatore A. Lombinbo, *1926; s. auch unter Evan → Hunter)

McBain, der auch unter den Pseudonymen Richard Marsten, Hunt Collins und Curt Cannon veröffentlicht, schrieb unter dem Namen Evan Hunter Drehbücher u. a. zu Alfred Hitchcocks Klassiker *Die Vögel*. Akira Kurosawas Film *Zwischen Himmel und Hölle* (*Tengoku ji Tigoku*, 1963) basiert auf einem seiner Thriller, weswegen er sich in *The Last Dance* (1999, dt. *Dead Man's Song*, 2000) mit sympathischer Selbstironie als »Amerikaner, der billige Krimis schrieb«, bezeichnet. 1957 erhielt er den »Mystery Writers of America Award« für die Kurzgeschichte *The Last Spin* und 1986 den »Grand Master Award« für sein Lebenswerk. Dessen bekanntesten und umfangreichsten Teil nehmen die Polizeikrimis aus dem 87. Polizeirevier der fiktiven Metropole Isola ein. In ihrem Mittelpunkt steht eine Reihe von Kriminalisten mit sehr individuellen Zügen und z. T. problematischen Privatleben, deren Biografie von Roman zu Roman fortgeschrieben wird. Im Laufe der langen Erfolgsgeschichte der Serie hat McBain seine Figuren gelegentlich, verjüngt und modernisiert, an die veränderte Welt angepasst. Die Romane sind stets angereichert mit unzähligen Realitätspartikeln wie Anspielungen auf Filme, Popsongs und Ähnliches. Weitere Krimis aus dem 87. Polizeirevier: *Killer's Choice* (1958, dt. *Die zehn Gesichter der Anne Boone*, 1962), *See them die* (1960, dt. *Heißer Sonntagmorgen*, 1963), *Ten plus one* (1963, dt. *Neun im Fadenkreuz*, 1966), *Sadie when she died* (1972, dt. *Sadie im letzten Moment*, 1973), *Ghosts* (1980, dt. *Mordgespenster*, 1981).

Big Bad City. Roman aus dem 87. Polizeirevier

(OT: *Big Bad City*, 1999). Hamburg [u. a.]: Europa Verlag, 2000. – Ü: Uwe Anton. – SF: Steve Carella, Artie Brown u. a. O: Isola (= New York).

Carella hat Sonny Cole, den Mörder seines Vaters, korrekterweise vor Gericht gebracht, doch Cole verließ infolge von Verfahrensfehlern den Gerichtssaal als freier Mann. Er unterstellt Carella Rachegelüste, bewaffnet sich und beschattet ihn mit dem Wagen seiner Freundin Coralee, um ihn umzubringen. Cole erschießt seinen einzigen Mitwisser, den Kleinganoven JuJu, und erzählt Coralee eine Lügengeschichte von einem Polizisten, den er aus familiären Gründen beschatten müsse. Diese Geschichte erzählt sie arglos Ollie Weeks vom 88. Revier weiter, der sie wegen eines Strafmandates aufsucht. Weeks erkennt sofort Carella als den Beschatteten und versucht ihn zu warnen – vergeblich, weil Carella mit seinem afroamerikanischen Kollegen Brown den Mörder der jungen Nonne Mary Vincent jagt, die vor ihrer Weihe eine Zeitlang unter dem Namen Kate Cochran als Frontfrau einer Rockband tingelte. Vor ihrem Tod hat sie mehrere Personen um Geld gebeten, denn sie wurde erpresst. Sie hatte einst den Impressario Charlie Custer in ein Gewässer voller Alligatoren gestoßen, weil der die Auszahlung der Gage von sexuellen Gefälligkeiten abhängig zu machen versuchte. Ihr Keyboarder Sal Roselli war Zeuge dieses Totschlags, traf sie, völlig abgebrannt, später wieder und forderte Geld für sein Schweigen. Zwischendurch muss das 87. Revier noch den Tod einer Frau und ihres jugendlichen Liebhabers aufklären, die bei einem Einbruch des Gentleman-Diebes »Cookie-Boy« versehentlich erschossen wurden. Nach der Aufklärung des Mordes an Mary/Kate feiert Brown so ausgiebig bei Carella, dass er bei diesem übernachten muss. Am Morgen endlich erreicht Carella Weeks' Warnung. Cole lauert bereits vor der Tür. Als die beiden Polizisten das Haus verlassen, bittet Cole den unbeteiligten Brown, zur Seite zu treten; so haben die Polizisten Zeit zu reagieren. Es kommt zu einem Schusswechsel, an dessen Ende Cole tot am Platze liegt, Brown – der Todesschütze – und Carella bleiben unversehrt.

NIGEL MCCRERY Großbritannien (*1953)

Nach den Romanen Nigel McCrerys entstand eine außerordentlich populäre BBC-Serie um die Gerichtsmedizinerin Samantha Ryan mit Amanda Burton in der Hauptrolle; die Serie wurde in Deutschland auf RTL ausgestrahlt. Dr. Ryan entschied sich als Kind für ihren Beruf, als sie zusehen musste, wie ihr Vater von einer IRA-Bombe zerrissen wurde. Sie ist Single, hat eine demente Mutter und eine geschiedene Schwester, deren pubertierendem Sohn Ricky sie immer wieder aus der Bredouille helfen muss. Die Gerichtsmedizinerin konkurriert seither erfolgreich mit ihrer amerikanischen Kollegin Dr. Kay Scarpetta aus den Romanen von P. → Cornwell, mit Quincy aus der gleichnamigen US-amerikanischen TV-Serie, zu dessen Abenteuer *Go fight City Hall* (1977) Thom Racina die Novelisation *Die Spur führt ins Rathaus* (1994) geschrieben hat, mit der Montrealer Pathologin Timpe Brennan von K. → Reichs oder mit Dr. Robert Kolmaar aus der ZDF-Serie *Der letzte Zeuge*, zu der Gerhard Seidl eine Novelisation verfasst hat (Wunderlich Tb).

Denn grün ist der Tod

(OT: *Strange Screams of Death*, 1996). München: Piper, 2001 (SP 3423). – Ü: Antje Görnig. – SF: Dr. Samantha Ryan. O: Cambridge.

Der junge Mark James hat seinem Chef, dem Nachtklubbesitzer Sebastian Bird, Geld gestohlen. Als er einem Ritualmord zum Opfer fällt, fällt der Verdacht sofort auf den Nachtklubbesitzer Bird, der vor Jahren genau über diese Art von Ritualmord ein Buch geschrieben hat. Der Verdacht verstärkt sich, als Birds schwangere Freundin Frances Purves auf dieselbe Art stirbt wie Mark und als Birds Fingerabdrücke in ihrem Auto gefunden werden. Pathologin Ryan, von Birds Schuld nicht überzeugt, entdeckt, dass die Fingerabdrücke künstlich angebracht wurden. Außerdem stören sie Faserspuren am Tatort vom Jacket des Polizeiarztes Richard Owen, die nicht da sein dürften, weil er bei der Untersuchung der Leichen einen Plastikoverall trug. Eines Nachts wird sie vom Fahrer eines schweren Oldtimers verfolgt und bedrängt und kann Lackspuren des Verfolgerfahrzeuges an ihrem Wagen sicherstellen. Sie stammen von einem Jaguar Mark II in dem seltenen Farbton Kastanienbraun-Metallic. Der Besitzer ist der Polizeiarzt Owen, der die Morde an Mark und Frances gesteht. Sein Motiv: der Drogentod seiner Tochter Claire. Claire war von den beiden in Birds Club mit Drogen bekannt gemacht und in die Abhängigkeit getrieben worden. Als sie starb, beschloss Polizeiarzt Owen, alle zu töten, die direkt oder indirekt mit ihrem Tod zu tun hatten, und tarnte die Tötungen als Ritualmorde. Als nächstes Opfer ist Frances' Vater, der Strafverteidiger Malcolm Purvis, ausersehen, denn er hat früher Mark vor einer Verurteilung als Drogenhändler bewahrt. Erst im letzten Augenblick fällt auf, dass Owens Rechtshänder ist. Daher muss seine Frau Janet, eine Linkshänderin, zumindest seine Komplizin gewesen sein. Diese erwürgt tatsächlich gerade Purves und wirft auch der gerade in Purves' Haus eintreffenden Ryan eine Schlinge über den Kopf. Ryans polizeilicher Verehrer Tom Adams kommt gerade noch rechtzeitig, um sie zu retten.

VAL MCDERMID Großbritannien (*1955)

Von Val McDermid stammt eine Serie um die lesbische Journalistin Lindsay Gordon sowie eine weitere um die Privatdetektivin Kate Brannigan, die lose mit einem Rockmusikjournalisten liiert ist. Schließlich begann Val McDermid eine dritte Serie um den schwulen Kriminalpsychologen Tony Hill. Außerdem schrieb die gelernte Journalistin das Sachbuch *A Suitable Job for a Woman. Inside the World of Women Private Eyes* (1995). Mit Lindsay Gordon: *Report for Murder* (1987, dt. *Die Reportage*, 1990), *Final Edition* (1991, dt. *Der Fall*, 1992), *Booked for Murder* (1996, dt. *Das Manuskript*, 1998) u. a.; mit Kate Brannigan: *Dead Beat* (1992, dt. *Mörderbeat in Manchester / Abgeblasen*, 1994/2001), *Kickback* (1993, dt. *Kickback / Luftgärten* 1995/2000), *Star Struck, Das Gesetz der Serie,*

2001) u. a.; mit Tony Hill: *The Mermaids Singing* (1995, dt. *Das Lied der Sirenen*; ausgezeichnet mit dem »Golden Dagger Award« 1995), *The Wire in the Blood* (1997, dt. Schlussblende, 1999), *The Last Temptation* (2002).

Crackdown (Skrupellos)

(OT: *Crackdown*, 1994). **(1)** Frankfurt a. M.: Fischer, 1995 (FiTb 12747). **(2)** Hamburg: Argument-Verlag, 2000 (Neuausg.; Ariadne 1126). – Ü: Brigitta Merschmann. – SF: Kate Brannigan. O: Manchester.

In ihrem dritten Fall soll die Privatdetektivin Kate Brannigan zunächst lediglich betrügerische Autohändler durch Testkäufe überführen, was ihr am Ende gleichsam nebenbei auch gelingt. Probleme tun sich auf, als ihrem Freund Richard ein zum Schein erworbener Luxusschlitten vor einem Club gestohlen wird. Nachdem Richard den Diebstahl angezeigt hat, findet er den Wagen wieder und fährt damit nach Hause. Die Polizei stoppt ihn, hält ihn für den Autodieb und findet 2 Kilogramm Crack im Kofferraum. Kate entlarvt einen Rausschmeißer des Clubs als Informanten der Autodiebe. Hinter diesen steckt der Auktionator Terry Fitz, auf dessen Verkaufsveranstaltungen das Crack unauffällig weitergegeben wird; die Autos werden speziell für den Drogentransport gestohlen. Das Crack wird von dem Unternehmer Eliot James hergestellt, dessen Vergnügungspark-Imperium vom Konkurs bedroht ist. Zunächst kann ihm Kate aber nichts nachweisen. Davy, der Sohn von Kates Freund Richard, wird beim Spiel mit zwei Kindern aus der Nachbarschaft unter Drogen gesetzt; die Verabreichung erfolgt über Aufklebe-Tatoos. Cherie Roberts, die Mutter der beiden Kinder, versucht, den oder die Dealer zu finden, wird aber von ihrem eigenen Ex-Mann ermordet, dem Killer Grazy Eddie. Eddies Auftraggeber sind nicht nur Drogenhändler, sondern auch organisierte Kinderschänder. Kate stellt bei einem Einbruch in das Haus des vom Konkurs bedrohten Unternehmers Elliot James einschlägiges Beweismaterial in Hülle und Fülle sicher, wird von Grazy Eddie angeschossen, aber von der Polizei gerettet. Richard kommt wieder frei.

GARDNER MCKAY USA (1932–2001)

Gardner McKay trat in den 1960er-Jahren der US-Fernsehserie *Adventures in Paradise* auf und schrieb außer den Romanen *The Last American* und *Trompe L'Œil* eine Reihe von Theaterstücken, darunter *Sea Marks*, sowie das Drehbuch zu dem dokumentarischen Spielfilm *Journey inside Tibet.*

Toyer

(OT: *Toyer*, 1999). München: Goldmann, 1999. (Goldmann 44997, 2001.) – Ü: Birgit Moosmüller. – O: Los Angeles.

»Toyer«, Spieler, wird ein Psychopath mit medizinischen Grundkenntnissen genannt, der binnen eines Jahres fast ein Dutzend Frauen mit einem »Eispickel« durch eine Schädeloperation (Leukotomie bzw. Lobotomie) in ein irreparables Koma versetzt hat. Allen Opfern hat der charmante junge Mann vor der Tat beteuert, sie zu lieben, und mit ihnen jeweils ein Gesellschaftsspiel gespielt. Die verwitwete Ärztin Dr. Maude Garance behandelt »Toyers« Opfer, von denen lediglich Melissa Crewe das Bewusstsein wieder erlangt. Der publicitysüchtige »Toyer« hinterlässt an jedem Tatort ein charakteristisches Zeichen, das in der Berichterstattung nicht erscheint, und macht die ehrgeizige Journalistin Sara Smith zu seinem Sprachrohr. Bald schon hat »Toyer« seine eigene Kolumne in ihrer Zeitung, aus denen ein gewinnträchtiges Buch zusammengestellt werden soll. »Toyer« ist der wenig beschäftigte Schauspieler Peter, dessen Frau Elaine zwei Jahre zuvor, gleich nach der Trauung und vor der Hochzeitsnacht, von drei maskierten und tätowierten Tätern mehrfach vergewaltigt wurde; danach verfiel sie für immer ins Koma: Peter, der die Tat in Fesseln miterleben musste, verbrachte ein Jahr in der Psychiatrie. Er ist seit den traumatischen Ereignissen impotent und glaubt, jede Frau, in die er sich verliebt, Elaine als Opfer darbringen zu müssen. Seine Briefe an die Zeitung schreibt er auf einem gestohlenen und sorgfältig verborgenen Laptop. Erbost über die Passivität der Polizei tritt die Ärztin Maude Garance an die Öffentlichkeit. Bald wird sie von Peter ausspioniert. Nachdem Elaine gestorben ist – oder von Peter umgebracht wurde – heilt die Liebe zu Saras Verwandter Telen seine Impotenz; Telen wird nach einigen Liebesnächten jedoch misstrauisch, findet das Laptop, knackt den Zugangscode und erfährt alles. Ihr Telefonat mit Maude unterbricht Peter. Im Rahmen eines mehrstündigen Psychoduells wird Maude mit Peter intim, versucht mehrfach ihn zu töten, kann ihn aber dann wenigstens betäuben und fesseln. Er macht sich in die Hose, als sie ihm eröffnet, mit seinem »Eispickel« eine Leukotomie an ihm vorzunehmen. Bis die Polizei eintrifft, wird die Operation voraussichtlich gelungen sein.

CLAIRE MCNAB Australien

(–)

McNabs dominante Kommissarin Carol Ashton und die Lehrerin Sybill Quade sind ein harmonisches Lesbenpaar. Beziehungskrisen bekommen die beiden rasch in den Griff. Carol zur Seite steht ein verständnisvoller heterosexueller Kollege, Mark Bourke, sowie eine patente Tante, die, mutterseelenallein in einer grandiosen Berglandschaft hausend, beweist, dass »frau« gut ohne Mann auskommt. Als Fortsetzung zu *Tod in Australien* erschien *Cop out* (1991, dt. *Ausradiert*, 1992); weiterer Ashton-Krimi: *Under Suspicion* (2000, dt. *Unter Verdacht*, 2002).

Tod in Australien

(OT: *Death Down Under*, 1990). München: Verlag Frauenoffensive, 1991. – Ü: Gerlinde Kowitzke. – SF: Carol Ashton. O: South Wales (Australien).

Der Titel des Romans ist der Titel eines in Entstehung begriffenen Films mit dem US-amerikanischen Star Ripley Patterson und zwei einheimischen Kinderstars. Für deren Unterricht in den Drehpausen ist die Lehrerin Sybill Quade zuständig, die Lebensgefährtin von Kommissarin Carol Ashton. Ein Serienmörder hat bisher eine junge Schauspielerin, eine Sensationsreporterin, eine Supermarktkontrolleurin und eine Fotografin umgebracht und unter Verwendung einer auffälligen gelben Nylonschnur aufgebahrt. In Tatverdacht gerät zunächst Medienmogul Wilbur Shearing, der einige der Opfer kannte bzw. beschäftigte. Die populäre, zynische Fernsehmoderatorin Madeline Shipley, eine heimliche Lesbe, glaubt, von dem Killer angerufen worden zu sein. Das die Opfer verbindende Moment ist jedoch nicht der Medienmogul, sondern die Gewalt, mit denen jede der Ermordeten im Laufe ihres Lebens zu tun hatte, sei es als Mordzeugin, sei es als Berichterstatterin über ein blutiges Familiendrama, in dessen Verlauf der gescheiterte Moderator Roderick Forsythe sich das Leben nahm. Fünftes Opfer wird Helen Tolsten, die in Madelines Auftrag versucht, mit dem Killer Kontakt zu halten, um ihn anonym und quotenträchtig in der Sendung auftreten zu lassen. Schließlich fällt die Ähnlichkeit des Chefbeleuchters Luke West mit dem toten Moderator Roderick Forsythe auf. Er ist dessen Sohn, wurde über den Selbstmord des Vaters verrückt und ging dazu über, alle in den Fall verwickelten Frauen abzuschlachten. Sofort bricht Carol mit ihrem Kollegen Mark Bourke zu dem Drehort in der Wüste auf, wo Luke West Madeline mit dem Messer bedroht. Von Carol geschickt abgelenkt, wird Luke von Bourke vor Ausführung der Tat überwältigt.

CARLO MEIER Schweiz (*1961)

Horu ist Meiers zweiter Zürich-Krimi nach *Keine Leiche in Damaskus* (1992), gradlinig, spannend, schnörkel- und tadellos erzählt. Es ist der alte Stoff, aus dem die Abenteuer des Dauerflüchtlings Richard Kimble aus der US-Fernsehserie *The Fugitive* (dt. *Auf der Flucht*, 1965–67) gewonnen wurden, und offeriert landestypische Paranoia: das biedere, saubere und politisch neutrale Land ist in zweifacher Hinsicht unterminiert: in einem wörtlichen Sinne von unterirdischen Bunkersystemen, und in einem moralischen Sinne von einigen wenigen mafiaartig organisierten, nahezu unangreifbaren Politikern mit fast unbegrenzter Macht und nahezu unbegrenztem Willen zur Macht, aber einem gegen Null strebenden Willen zur Wahrheit.

Horu

Muir bei Bern: Cosmos, 1995. – SF: Harry Grab. O: Zürich.

Harry Grab vermag sich gar nicht über den Besuch seiner Freundin Natascha Pawlowna aus Irkutsk freuen, denn der Zuhälter Jack Carduff liegt erschossen in seinem Büro, und er selbst wird als dringend der Tat Verdächtiger zur Fahndung ausgeschrieben. Harry Grab kennt den wahren Mörder, seinen Detektivkollegen Frank Spinello. Spinello war zwei Jahre zuvor zusammen mit Bundesrat Gottlieb Muggli in eine nicht näher bezeichnete Mordsache verwickelt und wurde von diesem offiziell als angeblicher »Diplomat *in trouble*« im hochgeheimen Regierungsbunker in Zermatt untergebracht. Bevor Grab und Natascha untertauchen, entdecken sie in Spinellos Büro Bundesrat Mugglis Telefonnummer. Immer auf der Flucht vor Kommissär Jäger und dem Stadtpolizeidetektiv Schranz versucht das Paar, sich zu Mugglis Wohnort Brunnen in der Hoffnung durchzuschlagen, dass sich dort der Fall klären ließe. Trotz aller Vorsicht hinterlassen sie, unter anderem durch Telefonate bei der Regierungspressestelle und bei einem Einbruch in Mugglis Villa, genügend Spuren, die zu ihrer allmählichen Einkreisung führen. Schließlich können sie Spinellos Aufenthaltsort ausfindig machen; die Beschreibungen einer Einheimischen führen sie bis vor den bestens getarnten Eingang des Bunkers. Mit viel Mühe können sie das Staatsgeheimnis um den Standort des Bunkers lüften und die Erlaubnis zu einem Lauschangriff auf die Abhöranlage des Tunnelkomplexes erwirken. Dabei wird ein Gespräch Spinellos mit dem Tunnelwächter über die näheren Umstände von Zuhälter Carduffs Tod mitgeschnitten; die Behauptung Spinellos, der Zuhälter habe sich im Rahmen einer Auseinandersetzung um Geld versehentlich selbst erschossen, vermag allerdings niemanden wirklich zu überzeugen; wahr ist nur, dass der Streit der beiden einen finanziellen Hintergrund hatte. Spinello holt Harry Grab und Natascha Pawlowna in den Bunker, um sie dort zu töten, doch ein Freund des Wächters, ein General i. R., hält ihn mit einem Scharfschützengewehr bis zum Eintreffen der Polizei in Schach. Grab wird durch eine öffentliche Erklärung entlastet und kann die Zweisamkeit mit seiner russischen Freundin genießen, Spinello bleibt dank allerhöchster Protektion ebenfalls auf freiem Fuß.

MARGARET MILLAR Kanada (1915–1994)

Nymphen gehören ins Meer!

(OT: *Mermaid*, 1982). Zürich: Diogenes Verlag, 1984. (detebe 21516, 1987.) – Ü: Otto Bayer. – O: Kalifornien.

Cleo Jasper, eine geistig leicht zurückgebliebene 22-Jährige, lebt bei ihrem mehr als zwei Jahrzehnte älteren Bruder Hilton Jasper und hat dessen Frau Frieda seelisch zermürbt. Als sie langsam erwachsener wird, bittet Cleo Jasper heimlich den Anwalt Tom Aragon um Auskunft über ihre Rechte als Mensch, Frau, Schwester, Tante und Schülerin. Aragon, der ihren Geisteszustand erkennt, berät sie und gibt sich mit einem symbolischen Honorar zufrieden. Cleo, sexuell völlig arglos, entblößt sich immer wieder vor ihrem Neffen Ted und landet einmal neben ihm in seinem Bett; Hilton wirft daraufhin seinen Sohn aus dem Haus. Cleo aber glaubt, sie sei nun schwanger, und beginnt, einen Vater für ihr eingebildetes Kind zu suchen. Ihr schwuler Lehrer Roger Lennard ist bereit, sie zu heiraten, um damit seine gesellschaftliche Isolation zu beenden. Kurz darauf liegt er vergiftet, mit deutlichen Spuren einer Misshandlung in seinem Wohnwagen. Ein Brief Lennards an seine Schuldirektorin belegt, dass er sich im Angesicht eines gescheiterten Lebens selbst umgebracht hat. Als Hilton Jasper den Lehrer im Streit schlug, hatte Jasper bereits Gift genommen und lag im Sterben. Daraufhin wendet sich Cleo an ihren vorbestraften und nur auf Bewährung in Freiheit lebenden Mitschüler Donny Whitfield. Mit Pistolen bewaffnet, übernimmt Donny das Kommando auf der väterlichen Jacht, auf der sich außer ihm der Kapitän, Neffe Ted Jasper und Anwalt Aragon befinden. Der Kapitän soll Ted und Cleo trauen. Weil Cleo sich von Teds Widerstand gegen die Zeremonie zurückgewiesen fühlt, eröffnet sie das Feuer auf ihn. Ted geht über Bord, Aragon springt mit einer Rettungsweste hinterher, Donny zwingt den Kapitän mit vorgehaltener Waffe zur Weiterfahrt. Die Wasserpolizei bringt die Jacht auf, den Anwalt und den Studenten zieht man mit schweren Unterkühlungen aus dem Wasser: Ted erliegt auf der Intensivstation seiner Schusswunde. Donny, der seine Bewährung verwirkt hat, wandert ins Gefängnis, Cleo bleibt wegen fehlender Schuldfähigkeit in Freiheit und bei Hilton. Frieda verlässt entnervt ihren Mann, während Tom Aragon seine Frau in die Arme schließen kann, eine in San Francisco praktizierende Ärztin, mit der er bislang nur eine Wochenendehe führen konnte.

SUSANNE MISCHKE Deutschland (*1960)

Susanne Mischkes Romane um mörderische Frauen sind motivisch und thematisch eng verwandt mit denen von I. → Noll. Ihr komplexester Krimi, gleichzeitig der Einstieg in die Hardcover-Klasse deutscher Krimifrauen, ist *Wer nicht hören will muss fühlen.* Weitere Titel: *Mordskind* (1996), *Die Eisheilige* (1998), *Der Mondscheinliebhaber* (1999), *Die Mörder, die ich rief* (2002).

Wer nicht hören will, muss fühlen

München: Piper, 2000. (SP 3605, 2002.) – O/Z: Darmstadt; Ende der 1990er-Jahre.

Die Friedhofsgärtnerin Rosa Ganni findet im Garten der alten Luise Pauly Menschenknochen und lässt Schädel und Unterkiefer diskret einer forensischen Analyse unterziehen. Die Knochen stammen von dem Gerichtsvollzieher Herrmann Baumgart und seinem älteren Bruder Franz, einem Rechtsanwalt. Weil Frau Pauly behauptet, von nichts zu wissen, muss Rosa ihre gesamte Familiengeschichte neu aufrollen. Es gibt eine enge Verbindung zwischen Luise und Rosa: Rosas Mutter Hemma heiratete seinerzeit gegen den Willen ihrer Eltern, den Gärtnereibesitzern Agathe und Hagen Semper, den Sizilianer Enzo und verschwand nach dem Tod ihres neugeborenen zweiten Kindes Carlo spurlos; Hemma war damals sieben Jahre alt. Enzo hat sich mittlerweile seine Anteile an der Gärtnerei auszahlen lassen und ist nach Sizilien zurückgekehrt. Agathe Semper ist jedoch gar nicht Hemmas leibliche Mutter, denn ihr Mann Hagen war zeugungsunfähig. Da Kinderlosigkeit im Nazi-Deutschland als Scheidungsgrund galt, gab Agathe Semper nach einer vorgetäuschten Schwangerschaft das heimlich geborene Kind einer Bekannten als eigenes Kind aus, der kriegsbedingt dauerabwesende Hagen bekam den Betrug nicht mit. In die Wege geleitet hatte diesen Betrug Agathes Schwester, die Tänzerin Lene Flossmann. Bis zu ihrem Tod im Pflegeheim gibt Agathes Schwester Lene nie mehr von ihrem Geheimnis preis, als Rosa ihr ohnehin inzwischen nachweisen kann, und führt sie mit zahlreichen Lügengeschichten in die Irre. Hemmas leibliche Mutter ist Luise Pauly, doch ihr Vater ist nicht, wie zunächst vermutet, der jüdische Frauenheld Jakob Sulzer. Luise Paulys Sohn Martin, ein Kriminalpolizist, lernte Hemma nach ihrer Fehlgeburt mit dem zweiten Kind zufällig kennen und wurde ihr heimlicher Geliebter. Die ledige Luise wurde seinerzeit gemeinsam von vier Schülern einer NS-Eliteschule vergewaltigt; einer von diesen muss Hemmas Vater sein. Das Kind wurde nach der Geburt gleich dem Ehepaar Hagen übergeben. Danach heiratete Luise den Ingenieur Ernst Pauly, Martins späteren Vater. Nur zwei der vier Vergewaltiger, die Brüder Franz und Herrmann Baumgart, überlebten den Krieg. 1974 brachte Hemma sie als eine Art Liebesgabe für die Mutter in Hermann Baumgarts Haus um. Martin Pauly, als erster am Tatort, erkannte dort an einigen Indizien Hemma als Täterin, beseitigte alle Spuren, vergrub die Leichen im Garten seiner Mutter, und der Fall blieb ungeklärt. In der Folge entwickelte Hemma Eigenarten, die ihren Mann Enzo provozierten; er besorgte sich eine Waffe. Eines nachts schoss er im Gewächshaus auf einen vermeintlichen Einbrecher, traf aber Hemma. Martin Pauly – der vermeintliche Einbrecher – half scheinbar selbstlos bei der Beseitigung der Leiche. Enzo war jedoch lediglich auf eine raffinierte Inszenierung hereingefallen. Höchst lebendig verließ Hemma Deutschland mit einem falschen Pass, den Martin ihr besorgt hatte. In Brüssel lebte sie unter dem Namen Maria Oberhofer mit ihrem Lebensgefährten Jacques Sternfels, vormals Jakob Sulzer. Dessen Eltern waren die Vorbesitzer des Hauses von Ernst und Luise Pauly. Nach dem Krieg hatte Ernst Pauly Jakob Sulzer sämtliche Ansprüche auf das Haus abgekauft; das Geld stammte aus Schmiergeldzahlungen. Ernst Pauly finanzierte auch Hemmas Flucht ins Ausland. Dies alles gesteht er freilich erst, als ihm klar ist, dass er nur noch kurze Zeit zu leben hat. Martin und Hemma treffen sich noch immer heimlich, obwohl sie erfahren haben, dass sie Bruder und Schwester sind. Rosa bleibt zurück mit der Erkenntnis, dass sie von der Mutter im Stich gelassen wurde.

AUSTIN MITCHELSON Großbritannien (–)
NICHOLAS UTECHIN Großbritannien (*1952)

Nicholas Utechin ist Herausgeber des renommierten *Sherlock Holmes Journal*, der Verbandszeitschrift der »Sherlock Holmes Society of London«. Zusammen mit Austin Mitchelson schrieb er 1977 *Die Erdbebenmaschine* sowie *Hellbirds* (1977, dt. *Die Höllenvögel von Heaven's Portal*, 1977), in dem Sherlock Holmes am Vorabend des Ersten Weltkriegs deutsche Spione bekämpft und sich sogar an einer Luftschlacht beteiligt. Beide Romane fangen den Geist der Vorlage gut ein.

Sherlock Holmes – Die Erdbebenmaschine
(OT: *The Earthquake Machine*, 1977). Hamburg: Xenos Verlag, 1981. – Ü: Dr. Ingrid Rothmann. – O/Z: London, Russland. 1926 (Rahmenhandlung), 1906 (Haupthandlung).

Sherlock Holmes soll im Auftrag seines Bruders Mycroft, des britischen Geheimdienstchefs, eine terroristische Verbrecherbande infiltrieren und zerschlagen. Eine Zelle, in die er sich unerkannt einschleicht, wird von Moriatys Stellvertreter Oberst Moran geleitet. Holmes sprengt die Mitglieder in die Luft, Moran wird nach einer kurzen Verfolgungsjagd angeschossen und verhaftet. Spuren führen zu dem invaliden Forscher Tremaris in Cornwall, in dessen Unterschlupf große Mengen von Pechblende lagern: ein Grundstoff der Uran-Herstellung. Die »Baker Street Irregulars«, Holmes' jugendliche Helfer, finden das Schiff, auf dem Tremaris' Gepäck nach Sankt Petersburg verschifft wird. Holmes eilt per Eisenbahn dorthin, wo ihn Nina Wassijlewna empfängt, die Tochter von Holmes' Traumfrau Irene Adler und einem Russen. Nachdem er das Leben des Zaren gerettet hat, lernt Holmes den mächtigen Wundermönch Rasputin kennen. Danach führt Tremaris dem Zaren eine atomare Wunderwaffe vor, wobei sich zwei ahnungslose Soldaten mit einer erdbebenartigen Explosion selbst in die Luft sprengen. Tremaris ist niemand anders als Holmes' Erzfeind Professor Moriaty, der den Sturz in die Reichenbachfälle als Krüppel überlebt und auf der Suche nach Energiequellen für seine selbstentwickelten Prothesen die Atomkraft entdeckte. Er habe, droht er, eine Uran-Bombe in London versteckt und werde sie zünden, wenn die Regierung ihm nicht eine Million Pfund zahle. Wieder in London, überbringt Holmes dem Unterstaatssekretär Winston Churchill und Premier Gladstone die Forderung. Nachdem Moran hingerichtet worden ist und Holmes mehrere Anschläge auf seine Person abgewehrt hat, nennt Moriaty den Zeitpunkt der Zündung: kurz vor Mitternacht um 23.57 Uhr. Im letzten Augenblick kommt Dr. Watson darauf, dass es sich um die Ankunftszeit eines Zuges handeln könnte. Es ist der Zug aus Yorkshire, der zur angegebenen Zeit im Bahnhof King's Cross einfährt. King's Cross wird gerade renoviert, bietet also ideale Möglichkeiten zum Verstecken einer Bombe. Beim Einfahren des Zuges erschießt Watson den Lokomotivführer – es ist Moriaty. Lange vor dem Prellbock, der aus Uran gefertigt ist, kommt die Lok zum Stehen, die kritischen Massen kommen einander nicht zu nahe. Watsons Schützenglück verhindert so die Detonation der ersten Atombombe der Menschheitsgeschichte. Danach beschließt Holmes, dem anfänglich nur fingierten Rückzug ins Privatleben einen tatsächlichen folgen zu lassen.

SUSANNA MOORE USA
(*1946)

Aufschneider
(OT: *In the Cut*, 1995). Reinbek: Rowohlt, 1997. (rororo 4384, 1999.) – Ü: Giovanni Bandini, Ditte König. – O: New York.
F: USA 2001, R: Jane Campion.

Der Roman, für dessen Verfilmung die renommierte neuseeländische Regisseurin Jane Campion (*Das Piano*) gewonnen wurde, vereinigt die Unterwerfungsfantasien einer Pauline Reage (*Die Geschichte der O.*) mit den Zerfleischungsorgien von B. E. → Ellis' *American Psycho*, weist aber ein literarisch ungleich höheres Niveau auf. Den Kunstgriff, die Ermordete nahezu bis zu ihrem Tod in der Ersten Person berichten zu lassen, verwendet auch N. → French in *Sommermörder*. – Die 35-jährige New Yorker Literaturlehrerin und -forscherin Frannie (die Icherzählerin) sammelt vulgärsprachliche Sexualausdrücke, liebt ihre Unabhängigkeit von Männern bzw. ihre Dominanz über sie und erfreut sich ihrer Promiskuität. Eines Tages gerät sie in einer Bar in ein Zimmer, in dem eine rothaarige Frau einen tätowierten Mann oral befriedigt. Wenige Stunden später ist diese Rothaarige ermordet, verstümmelt und zerstückelt. Detective James A. Malloy vom NYPD, der Frannie als Zeugin vernimmt, trägt dieselben Tätowierungen und dieselbe Kleidung wie der Mann in der Bar; bald geben sich die beiden ausschweifenden Orgien mit immer deutlicheren masochistischen Komponenten hin. Die einst so selbstbewusste Frau findet Befriedigung in völliger Unterwerfung. Frannie wird von einem Unbekannten überfallen, dem sie nach heftiger Gegenwehr entkommen kann; der Angreifer könnte Verletzungen zufolge Malloy gewesen sein. Bald wird auch ihre beste Freundin Pauline bestialisch ermordet. Auf ähnliche Weise wie Malloy ist allerdings auch dessen Kollege Rodriguez tätowiert. Der nimmt die nichts Ahnende zu einem Leuchtturm mit und beginnt, sie mit dem Rasiermesser zu zerfleischen. Frannie beobachtet voller Lust, Qual und Faszination die eigene Destruktion. Bis zuletzt erzählt sie in Ichform. Einzig der letzte Satz wird dem Mörder überlassen.

F. R.

BRADFORD MORROW USA
(*1951)

Giovannis Gabe
(OT: *Giovanni's Gift*, 1997). Berlin: Berlin Verlag, 1997. (Goldmann 43704, 1999.) – Ü: Barbara Schaden. – O: Ash Creek (Rocky Mountains).

Der Romantitel spielt auf die antikmythologische »Büchse der Pandora« an, auf die im Roman durch eine Zigarrenkiste mit erinnerungsträchtigem Inhalt angespielt wird. Der amerikanische Heimatkrimi besticht durch seinen grandiosen Schauplatz, leidet aber unter dem »Minette-Walters-Syndrom« der Figuren, d. h. ihrer unwahrscheinlichen Geheimnistuerei und Unfähigkeit, das Offensichtliche wahrzunehmen. In Ash Creek mit seinen wildromantischen Schluchten, entlegenen Tälern und von Bären bevölkerten Wäldern hat der Icherzähler Grant seine Kindheit verbracht, und hierhin kehrt er mit 33 Jahren nach einer gescheiterten Ehe aus Rom zurück. Er wurde herbeigerufen von Onkel Henry Fulton und dessen Frau Edmé, die sich bedroht fühlen. Unter anderem wird Henry schriftlich aufgefordert, endlich die Wahrheit zu sagen: Es kommt zu vandalischen Zerstörungen und Brandstiftungen. Der italienische Wanderarbeiter Giovanni Trentas ist drei Jahre zuvor bei einem angeblichen

Unfall im Wald umgekommen; Bären hatten seine Leiche angefressen. Giovannis Ex-Frau Margery und seine Tochter Helen glauben jedoch an einen Mord. Grant verfällt Tochter Helens Zauber und wird ihr Liebhaber. Viele Fragen, u. a. nach dem Grund, warum Margery ihren Mann und ihre Tochter verlassen hat, bleiben offen. Giovanni und Margery lernten sich 1963 kennen, 1965 wurde Helen geboren; in jener Zeit waren die Ehepaare Trentas und Fulton eng befreundet. Henry unterhielt ein Verhältnis mit Willa Richardson. Sie ist Helens leibliche Mutter. Giovanni nahm sie an Kindes statt auf, Willa heiratete den Großgrundbesitzer Graham Tate. Der kennt das Geheimnis um das Vorleben seiner Frau, kann sich aber nicht recht damit abfinden, zumal Willa nach Helens Geburt keine Kinder mehr bekommen konnte. Aus schierem Machtstreben hat Tate Unterlagen über alle Bewohner von Ash Creek anlegen und Giovanni ermorden lassen, der dadurch Helen nicht mehr über ihre wahre Herkunft aufklären konnte. Mörder ist Milland Daiches, der auch die Bedrohung der Fultons inszeniert hat und der in einer von Henry aufgestellten Bärenfalle umkommt. Die Tatsache, dass Helen die einzige rechtmäßige Erbin der Richardsons und der Tates ist, führt zeitweilig zu Spannungen zwischen ihr und Grant, doch darf man annehmen, dass diese beigelegt werden.

F. R.

WALTER MOSLEY USA
(*1952)

Walter Mosley schreibt Krimis in der Nachfolge des schwarzen Superdetektivs *Shaft*, der in den 1970er-Jahren, verkörpert von Richard Roundtree, mehrere Kinoabenteuer bestritt und 2000 mit Samuel Jackson in der Titelrolle wieder belebt wurde. Mosleys Serienfigur Ezekiel »Easy« Rawlings, im Film dargestellt von Denzel Washington, ist im Gegensatz zu dem souveränen Shaft ein Underdog. In *The Socrates Fortlow Stories* (1997, dt. *Sokrates in Watts*, 2000) und *Walkin' the Dog* (1999, dt. *Sokrates*, 2001) stellte Mosley einen farbigen Ex-Sträfling mit einem programmatischen Namen als neuen Helden vor; mit *Sokrates* stieg der Autor in Deutschland in die Hardcover-Klasse auf. Weitere Easy-Rawlings Krimis: *A Red Death* (1991, dt. *Roter Tod*, 1996), *Gone Fishin'* (1997, dt. *Fische fangen*, 2001).

Teufel in Blau

(OT: *Devil in a Blue Dress*, 1990). München: Knaus, 1992. (Goldmann 43305, 1996.) – Ü: Thomas Mohr. – SF: Ezekiel »Easy« Rawlings. O/Z: Los Angeles; 1948.
F: USA 1995, R: Carl Franklin.

Easy Rawlings soll im Auftrag des zwielichtigen Weißen DeWitt Albright die angebliche Französin Daphne Monet suchen. Nachdem er mit Coretta James, die Daphne kennt, geschlafen hat, wird Coretta ebenso mit einem Bleirohr zu Tode geprügelt wie Howard Green, ein gleichfalls in die Suche nach Daphne verwickelter Farbiger. Easy wird als Verdächtiger festgenommen, aber wieder freigelassen. Dann beauftragt auch der pädophile Ex-Politiker Matthew Teran Esay mit der Suche nach Daphne. Die ruft ihn in der Nacht höchstpersönlich an, denn Coretta hatte ihr vor ihrem Tod von Easys Suche erzählt. Mit Daphne zusammen findet er deren Freund Richard McGee mit einem Messer in der Brust auf. Easy schickt das Mädchen, das einen Koffer mit 30000 Dollar bei sich hat, nach Hause. Er erzählt DeWitt Albright nicht, dass er Daphne gefunden hat, erhält aber nun den Auftrag, nach Frank Green zu suchen, dem Bruder des ermordeten Howard Green und ebenfalls einem Bekannten von Daphne. Albright gibt ihm auch die Adresse eines gewissen Todd Carter. Carter, der Daphne heiraten will, gehören die 30000 Dollar aus Daphnes Koffer. Die erzählt Easy, dass der Wirt Joppy der Mörder von Howard Green und Coretta James mit einem Bleirohr erschlagen haben muss. Von Joppy und Albright wird Easy niedergeschlagen, Daphne entführt; doch Easy weiß, wo er suchen muss. Auch der Killer Mouse, der mittlerweile Frank Green erschossen hat, weiß das und greift in die alsbald entbrennende Schießerei ein. Auftraggeber DeWitt Albright kann schwer verletzt entkommen, verblutet aber später am Steuer seines Wagens, Joppy wird von Mouse hingerichtet. Daphne, die vor ihrer Entführung den Ex-Politiker Teran erschossen hat, fährt auf Nimmerwiedersehen davon. Mouse erklärt Easy, dass Daphne eigentlich Ruby Hanks heiße und keineswegs eine Französin, sondern eine Negerin mit extrem heller Haut sei. Dank seiner guten Beziehungen sorgt Todd Carter für die Einstellung der Ermittlungen gegen Easy, der noch immer als Mordverdächtiger gilt. Weil er Ex-Politiker Teran zu Beendigung seiner politischen Karriere gezwungen hatte, sollte Carter von Howard und Frank Green in Terans Auftrag ermordet werden, doch die beiden verpatzten den Auftrag. DeWitt Albright arbeitete für Carter, und die Morde beging Joppy, weil er das von Daphne Todd Carter gestohlene Geld an sich bringen wollte.

MARCIA MULLER USA

(*1944)

Marcia Muller, die Ehefrau des fleißigen Anthologisten, Kriminal- und Phantastikautors B. → Pronzini, schuf die in Deutschland kaum bekannte Kurzserie um die Detektivin Elena Oliverez. Oliverez ist Kuratorin eines Museums für mexikanische Kunst und tritt auf in *The Tree of Death* (1983, dt. *Mord mit doppeltem Boden*, 1988), und *Beyond the Grave* (1986, dt. *Über das Grab hinaus*, 1990). Eine der Galeonsfiguren des Frauenkrimis, die S. → Grafton und S. → Paretsky den Weg ebnete, ist dagegen ihre Serienheldin Sharon McCone, eine ausnahmsweise heterosexuelle Detektivin mit indianischen Ahnen. Sie debütierte in *Edwin of the Iron Shoes* (1977, dt. *Edwin mit den Eisenschuhen*, 1987) und ist mittlerweile Heldin von 20 Romanen. Zu Beginn ihrer Karriere ist sie fest angestellte Detektivin in der Agentur »All Souls«, mittlerweile freischaffend tätig und zu einigem Wohlstand gekommen, weshalb sie größere Strecken in Begleitung ihres Lebensgefährten Hy Ripinsky im eigenen Flugzeug zurücklegen kann. Eine Familien-Soap-Opera mit → Hillerman-Touch ist *Gefährliche Stille*. Weitere Sharon McCone-Krimis: *Games to keep the Dark away* (1984, dt. *Das Geheimnis des toten Fischers*, 1986), *There's nothing to be afraid of* (1985, dt. *Nette Nachbarn*, 1987) *The Broken Promise Land* (1996, dt. *Das gebrochene Versprechen*, 2001), *A Walk through Fire* (1999, dt. *Spiel mit dem Feuer*, 2000).

Gefährliche Stille

(OT: *Listen to the Silence*, 2000). Berlin: Argon-Verlag, 2001. – Ü: Cornelia Holfelder-von der Tann. – O: Boise (Idaho) u. a.

Sharon McCone erfährt, dass das Ehepaar, das sie für ihre Eltern hielt, sie eigentlich 1959 adoptiert hat. Weil sich ihre verwitwete Mutter jedoch ausschweigt, beginnt Sharon mit Ermittlungen in eigener Sache. Dabei wird sie von Hy Ripinsky unterstützt. In Boise in einem Indianerreservat schenkt ihr der verschlossene Elwood Farmer ein gerahmtes Zeitungsfoto, auf dem mehrere Indianerinnen mit einem Weißen zu sehen sind. Es handelt sich unter anderem um Sharons Großtante Fenella, eine gewisse Saskia Hunter sowie Austin DeCarlo. Austin ist der Sohn des skrupellosen Immobilienhais Joseph DeCarlo; der liegt gerade mit einem kleinen Shoshonenstamm in juristischem Clinch, weil er eines seiner Riesenprojekte auf einem heiligen Gelände errichten möchte. Treibende Kraft des Prozesses gegen ihn ist der Imbissbudenbesitzer Jimmy D. Bearpaw. Anwältin der Indianer ist Saskia, Sharons leibliche Mutter. Austin scheint ihr leiblicher Vater zu sein. Sharon wird in der Folge von einem Unbekannten beschossen, die Anwältin Saskia (Sharons Mutter) von einem Auto angefahren und schwer verletzt. Kurz aus dem Koma erwachend, gibt sie einen Hinweis auf die aufgegebene Tankstelle Cinder Cone. Als sie dort aufgrund dieses Hinweises in einem Vulkankrater ein gut erhaltenes Skelett entdeckt hat, wird Sharon von Jimmy D. Bearpaw beschossen, entwaffnet und zu dem Immobilienhai Joseph DeCarlo gebracht. Bei der Leiche im Krater handelt es sich um Saskias Onkel Ray Hunter, den Joseph DeCarlo tötete. Er habe, so Joseph, der von seinem Sohn Austin schwangeren Saskia Geld anbieten wollen. Dabei sei es zum Streit und zu dem tödlichen Schuss auf Saskias Onkel gekommen. Als sich Saskia versteckt habe, habe er Hunters Leiche in den Krater geworfen. Da erscheint plötzlich Sohn Austin und erschießt den bewaffneten Vater mit einem Schrotgewehr. Der Sohn bleibt in der Folgezeit jedoch auf freiem Fuß, da Sharon McCone Notwehr bezeugt. Saskia hatte sich kurz vor Sharon McCones Zeugung mit Austin entzweit und sich von dem verschlossenen Elwood Farmer trösten lassen, der so Sharons leiblicher Vater wurde. Obwohl er ihren Onkel erschossen hatte, versagte sich Saskia aus Angst vor Joseph DeCarlos Brutalität eine Anzeige, gab aber, um ihm wehzutun, ihr Kind, das Sohn Austin DeCarlo noch immer für sein eigenes hielt, zur Adoption frei. Fenella freilich wusste um den Mord, erpresste DeCarlo. Des problematischen kriminellen Hintergrunds wegen verweigerte auch Sharons Adoptivmutter jegliche Information. Nun hat sie außer den vier chaotischen Adoptivgeschwistern, mit denen sie aufwuchs, noch zwei echte Halbgeschwister in Gestalt von Fenellas Tochter Robin und deren labilen Bruder Darcy; ihre Gefühle für die Adoptivmutter werden unverändert bleiben, Saskia wird für Sharon zur guten Freundin.

ANTONIO MUÑOZ MOLINA Spanien (*1956)

Deckname Beltenebros

(OT: *Beltenebros*, 1989). Reinbek: Rowohlt, 1993. (rororo 13750, 1996.) – Ü: Willi Zurbrüggen. – O: Madrid.

Molina versuchte mit diesem Roman, die Schatten der Franco-Diktatur zu bannen. Seine Figuren zeichnen Isolation und Bindungslosigkeit aus. – Hauptmann Darman, ein legendärer Agent der Franco-Opposition, wird von der KP Spaniens aus dem Exil nach Madrid geholt, um den Verräter Andrade zu töten. Von seinen Kontaktmännern Bernal und Luque wird er in seinen Auftrag eingewiesen. 20 Jahre zuvor war er an der selben Stelle ebenfalls einem Verräter auf der Spur, der sich »Beltenebros« nannte; Darman denkt nicht gerne an damals zurück. Statt Andrade stöbert Darman zunächst nur dessen Freundin Rebeca Osorio auf, eine Stripteasetänzerin aus der »Bar Tabu«. Es handelt sich um die Tochter jener Frau, der er vor 20 Jahren unter ähnlichen Umständen verfallen war. Rebeca scheint einen geisterhaften Verehrer zu haben, der ihre Auftritte bewundert, aber verschwindet, sobald man sich ihm nähert. Schließlich fließen Vergangenheit und Gegenwart für Darman auf ununterscheidbare Weise ineinander, und er wird zur Marionette in einem Spiel, das er nicht durchschaut. Der Unbekannte im Hintergrund könnte Kommissar Ugarte, der Chef der spanischen Geheimpolizei sein. Schließlich will er Andrade zur Flucht verhelfen, doch der wird von dem ehrgeizigen Luque erschossen. Auch der Versuch, Rebeca Osorio den Verlust der einst geliebten Mutter wettzumachen, droht zu scheitern, denn Ugarte gibt sich als jener Beltenebros von damals zu erkennen. Er ist noch am Leben und hat als genialer Doppelagent die spanische Untergrundbewegung jahrelang unterwandert und genarrt. Im finalen Duell kann Hauptmann Darman dann mit Hilfe Rebecas Ugarte und damit auch die Schatten seiner Vergangenheit endgültig vernichten. K. W. P.

MEJA MWANGI Kenia
(*1948)

Meja Mwangi absolvierte ein technisches Studium und hatte danach verschiedene Jobs beim Film, dem französischen Fernsehen und dem »British Council«. Seit dem Erfolg seines preisgekrönten und dramatisierten Romans *Kill me quick* (1973) arbeitet er als freier Schriftsteller. 1974–75 hielt er sich zu einem Schreibkurs an der Universität von Iowa auf. Er gilt mittlerweile als einer der renommiertesten Autoren nicht nur Kenias, sondern Schwarzafrikas überhaupt. Nicht nur mit Mitteln der Kriminalgeschichte thematisiert Mwangi soziale und politische Fragen Schwarzafrikas; für sein Buch *Kariuki* erhielt er 1992 den »Deutschen Jugendbuchpreis«.

Die Wilderer
(OT: *The Bushtrackers*, 1979). Zürich: Unionsverlag, 2001 (UT metro 218). – Ü: Peter Friedrich. – O: Nairobi.

Ein New Yorker Gangster hat sich unter dem Namen Al Haji auf einer Orangenplantage mit Golfplatz bei Nairobi niedergelassen, um für die US-amerikanische Mafia Elfenbein, Waffen und Rauschgift zu schmuggeln. Als der Wildhüter Frank Burkell und sein einheimischer Kollege Johnny Kimathi – die beide für den kenianischen Tsavo-Nationalpark tätig sind – im Rahmen einer blutigen Dschungelschlacht einen Elfenbeintransport aufbringen, bekommt Al Haji Ärger mit seinem Auftraggeber Happy Joe. Der lässt ihm unter anderem den untergetauchten Killer Ricardo als Aufpasser auf die Farm bringen. Dort entdeckt der Killer Ricardo Akten über Al Hajis Machenschaften, mit denen er seine amerikanischen Partner erpressen könnte, über Al Hajis lukrativen Nebenverdienst mit Schutzgelderpressung in Nairobi. Eingetrieben wird das Schutzgeld von Kuria und seinen Schlägern. Aus dem Rangerdienst ausgeschieden, übernimmt Kimathi zusammen mit seiner jungen Frau Sophia das schwiegerväterliche Geschäft. Doch aus dem geruhsamen Familienleben wird nichts. Der Schwiegervater »Onkel« Esser verschwieg vor der Übernahme, dass auch er ein horrendes Schutzgeld zahlen musste. Wildhüter Frank Burkell führt zunächst seinen Kampf gegen die Wilderei fort. Als Kuria, der die Schutzgelder eintreibt, die schwangere Sophia vergewaltigt und tötet, um ihren Mann Kimathi gefügig zu machen, rüstet dieser gemeinsam mit Wildhüter Frank Bushell zum Rachefeldzug. Pfeil und Bogen sowie sowjetische AK47-MPs beschaffen sie sich aus der Asservatenkammer. Die Schläger werden mit Giftpfeil und MP getötet, Killer Ricardo entkommt, Kuria wird lebend überwältigt und führt die beiden Rächer zu Gangster Al Haji. Der ist gerade dabei, sich mit einem Koffer voller Geld abzusetzen. Aus Rache für den Tod eines anderen Wildhüters ritzt Kimathi mit einem Giftpfeil die Stirn Kurias, der daraufhin unter Krämpfen stirbt. Dann tötet er mit seiner MP den fliehenden Ricardo, Al Haji wird von Frank in Notwehr erschossen. Die beiden beschließen, sich unauffällig aus dem Staub zu machen und Al Hajis Geld dem Nationalen Naturfond zu stiften. – Nüchtern beschreibt Mwangi die alltägliche Korruption und Gewalt in Kenia.

N

MAGDALEN NABB Großbritannien (*1947)

Lange, bevor Donna Leon als Nichtitalienerin ihre Venedig-Romane schrieb, erfand Magdalen Nabb den schwergewichtigen Maresciallo (Wachtmeister) Guarnaccia vom florentinischen Polizeirevier Pitti: Die Serie beginnt mit *Death in Springtime* (1986, dt. *Tod im Frühling*, 1988), es folgen *Death in Autumn* (dt. *Tod im Herbst*, 1990), *The Marshall's Own Case* (1990, dt. *Tod einer Queen*, 1994), *Death of an Englishman* (1981, dt. *Tod eines Engländers*, 1991) bis zu *The Monster of Florence* (1996, dt. *Das Ungeheuer von Florenz*, 1997), in dem Guarnaccia es mit jenem Pärchenmörder zu tun bekommt, der Th. → Harris als Vorbild für seine Figur des Psychiaters und Serienkillers Hannibal Lecter diente. Guarnaccia ist ein florentinisches Gegenstück zu G. → Simenons Kommissar Maigret. Als sehr volkstümlicher, mit seinem Viertel verwachsener Polizist bezieht er seine wichtigsten Informationen aus dem Klatsch und Tratsch der »kleinen Leute« von Florenz. Außerdem schreibt Magdalen Nabb Kinderbücher wie die Finchen-Serie, z. B. *Finchen auf dem Markt* (1996), und verfasste mit ihrem italienischen Kollegen Paolo Vagheggi *The Prosecutor* (1986, dt. *Terror*, 1988).

Tod eines Holländers

(OT: *Death of a Dutchman*, 1982). Zürich: Diogenes Verlag, 1992 (detebe 22450). – Ü: Matthias Fienbork. – SF: Maresciallo Guarnaccia. O: Florenz.

Einem Hinweis der alten Signora Gusti folgend, findet Wachtmeister Guarnaccia den niederländischen Juwelier Ton Goossens sterbend in seiner Wohnung. Offenbar hat er nach einem Streit mit einer Frau – angeblich seiner wohlhabenden englischen Stiefmutter Mrs. Lewis – einen Selbstmordversuch unternommen. Seine letzten Worte sind: »Sie war es nicht.« Die Todesumstände sind verdächtig: Goosens ist vergiftet worden, glaubte aber an eine plötzliche Erkrankung und versuchte, sich mit Aspirin zu kurieren. Goosens Stiefmutter Mrs. Lewis lebte seit zehn Jahren wieder in England. Goosens, der sehr an ihr hing, hatte ihr einen auffälligen Ring geschenkt, den er in seiner Lehrzeit selbst entworfen und angefertigt hatte und den sie niemals abzulegen pflegte. Zu Goosens Leidwesen hat sich Mrs. Lewis seit ihrer Rückkehr nach England nie wieder bei ihm gemeldet. Ungefähr zur Zeit, als Mrs. Lewis in ihre Heimat zurückkehrte, starb in Florenz ihre Schwester Mrs. Simmons, eine leidgeprüfte, mittellose Witwe. Die beiden Frauen sollen sich zumindest äußerlich sehr geähnelt haben. Der Ausruf des sterbenden Juweliers Goosens »Sie war es nicht« legt den Verdacht nahe, dass es sich bei dem weiblichen Besuch nicht um Goosens Stiefmutter Mrs. Lewis, sondern um deren Schwester Mrs. Simmons handelte. Eine Frau, die sich Mrs. Lewis nennt, erscheint bei Goosens Beerdigung und leitet bei dieser Gelegenheit die Überführung der angeblichen Mrs. Simmons in die Wege. Im Sarg findet Wachtmeister Guarnaccia den Ring, den Goosens seiner Stiefmutter Mrs. Lewis geschenkt hatte. Damit ist der Verdacht erhärtet, dass Mrs. Simmons aus Habgier ihre eigene Schwester Mrs. Lewis ermordete, ihre Identität annahm und nach England übersiedelte. Um den Identitätstausch zu vertuschen, brach sie alle Kontakte zu Goosens ab, und um zu verhindern, dass bei der Aufgabe des Grabes der angeblichen Mrs. Simmons der Ring womöglich entdeckt würde, wollte sie die Leiche der Ermordeten nach England überführen lassen. Dazu war wegen einiger Formalitäten ein Besuch bei Goosens in Florenz nötig. Als dieser merkte, dass es nicht seine über alles geliebte Stiefmutter war, die ihn besuchte, kam es zum Streit. Mrs. Simmons vergiftete Goosens, um doch noch ihre Entlarvung zu verhindern. Guarnaccia weist Mrs. Simmons schlüssig nach, wie sie mit Bahn und Flugzeug nach Florenz reisen, Goosens töten und wieder nach England zurückkehren konnte, um dort die Nachricht vom Tod des Juweliers entgegenzunehmen und pünktlich zu dessen Beerdigung wieder in Florenz zu sein. Sie ist bereits erneut auf dem Rückweg nach England, als sie bei einer routinemäßigen Kontrolle der Polizei im Zug verhaftet wird.

REGGIE NADELSON USA
(–)

Die in New York geborene Dokumentarfilmerin und Journalistin Reggie Nadelson lebt abwechselnd in ihrer Geburtsstadt und in London. Ihr Serienheld Artie Cohen ist ein russischer Jude, der in die Dienste der New Yorker Polizei getreten ist und bisher drei Fälle zu lösen hatte: *Bloody London* (1999, bislang nur engl.), *Hot Poppies* (1997, dt. *Heißer Mohn*, 2000) sowie *Red Mercury Blues.*

Red Mercury Blues

(OT: *Red Mercury Blues / Red Hot Blues*, 1995). Zürich: Ammann, 1997. (Ullstein 24595, 1999.) – Ü: Elisabeth Thielicke. – SF: Artie Cohen. O: New York, Moskau.

Der aus Russland stammende Jude Artemij Maximowitsch Ostalskij arbeitete unter dem Namen Artie Cohen 15 Jahre lang beim NYPD. Er wird wegen seiner Sprachkenntnisse reaktiviert, als der Ex-KGB-General Gennadij Ustinow im Zusammenhang mit seinem Enthüllungsbuch über die russische Atommafia in einer Talkshow vor laufenden Kameras von einem danach flüchtigen Täter ermordet wird. General Ustinow war Freund und Kollege von Artie Cohens Vater. In New Yorks Russenviertel »Klein Odessa« beginnt Artie seine Ermittlungen nach einer Person, deren Initialen C. B. im Notizbuch des ermordeten Generals stehen. In der Folge werden Artie Cohens Laptop gestohlen und sein Gesicht zerschnitten. Ein Messermörder schlachtet die aussagewillige Stripperin Olga Gross ab und greift – vergeblich – die schöne, rothaarige TV-Moderatorin Lily Hanes an, ein *one-night-stand* Arties. Das Messer, das der Mörder bei der Tat verloren hat, führt auf die Spur des schwerkranken Russen Lew Kowalski. Er ist durch radioaktives Material erkrankt, das er in Koffern schmuggelt, darunter angeblich auch das hochgiftige »Red Mercury«, eine Substanz zum effizienten Katalysieren atomarer Reaktionen. Lew Kowalski, einst ein hochgeschätzter Fotoretoucheur bei der Nachrichtenagentur *Nowosti*, begann bei Anbruch des Computerzeitalters als »Atom-Muli« zu arbeiten. Nun erledigen seinen Job zahllose Prostituierte und Stripperinnen, die ins westliche Ausland strömen. Als Kowalski Artie Cohens besten Freund Harry Tae schwer verletzt, erschießt Cohen Kowalski aus Rache. Danach muss Cohen Swerdlow und Crowe, zwei verdächtigen Gestalten, nach Moskau folgen. Die Initialen »C. B.«, so findet Cohen dort heraus, bedeuten Chaim Brodskij. Chaim Brodskij, ein Unternehmer, ist der Urheber aller Morde, plant den Bau einer neuen Generation von Atommeilern und verdient am Geschäft mit der Angst vor »Red Mercury«, das es gar nicht gibt. Russische Wissenschaftler hatten es erfunden, um den Mythos von der sowjetischen Dominanz auf atomarem Gebiet aufrechtzuerhalten. Ustinow musste sterben, weil er diese Fiktion zu entlarven drohte. Artie hat keine Gelegenheit, Brodskij zu töten; so kann er seine sinistren Geschäfte weiter vorantreiben. Nach der Rückkehr in die USA schenken Cohens Vorgesetzte Lippert und Pettus seiner Geschichte keinen Glauben. Am Ende zeigt sich, dass der angeblich verdächtige Swerdlow auf Cohens Seite stand, aber auch, dass der Vorgesetzte Lippert ein eigenes undurchschaubares Spiel spielte, in dem Swerdlow und Cohen lediglich unbedeutende Spielfiguren waren. Wer Harry Tae halb tot geschlagen hat, bleibt offen, doch wenigstens bessert sich sein Zustand allmählich.

JOHN J. NANCE USA
(*1946)

Arthur Hailey hat auf einem einzigen Buch, das er immer aktualisierte, ein ganzes Lebenswerk aufgebaut. Zusammen mit John Castle schrieb er *Runway Zero-Eight* (1958, dt. *Flug in Gefahr*, 1959), das in der bundesdeutschen Fernsehverfilmung 1964 von Theo Metzger mit Hanns Lothar ein Riesenerfolg wurde. Diesen rasanten Luftfahrtthriller variierte und aktualisierte Hailey im Laufe seiner Karriere mehrfach. Es entstand der Roman *Airport* (engl. und dt. 1968), und daraus entstanden wiederum die Filme *Airport* (1969), *Airport 75. Giganten am Himmel* (1975), *Airport 77. Verschollen im Bermuda-Dreieck* (1977), und *Airport 80. Die Concorde* (1980). John J. Nance wurde mit *Gegen die Uhr* und *Medusa's Child* (1997, *Das Medusa-Projekt*, 1998) sein legitimer Nachfolger.

Gegen die Uhr

(OT: *Pandora's Clock*, 1993). Bern/München/Wien: Scherz, 1996. (Knaur 62101, 2002.) – Ü: Christel Rost, Till R. Lohmeyer.

F: *Pandora's Clock*. USA 1996 (dt. *Killerviren an Bord der 747*), R: Eric Laneuville.

Bei einem Überfall in Bayern infiziert sich der amerikanische Professor Ernest Helms möglicherweise mit BL 4, einem hochtoxischen Biokampfstoff sowjetischer Herkunft, erkrankt und stirbt auf dem Rückflug – ob an einer Infektion oder einem Herzanfall, bleibt unklar. Dennoch verweigern sämtliche Flughäfen Europas die Landeerlaubnis, Panik breitet sich in aller Welt aus. Schließlich landet der Jumbo auf einem Flugplatz in Island und wird sofort von Soldaten in ABC-Schutzanzügen umstellt. Nach dem Auftanken soll das Flugzeug in der mauretanischen Wüste mit einer Atombombe vernichtet werden. An Bord befindet sich der US-Botschafter Lee Lancaster, dem die arabische Terrororganisation »Akbah« den Tod geschworen hat. Der stellvertretende CIA-Direktor Jonathan Roth will die Maschine von dem russischen Geheimagenten Juri Steblinko abschießen lassen und den Abschuss der »Akbah« in die Schuhe schieben. Geheimagent Steblinko stiehlt in Kiew den mit vier Luft-Luft-Raketen bestückten Gulfstream-Jet eines arabischen Prinzen und nimmt Kurs auf den Jumbo. Weil der Arzt Dr. Rusty Sanders den Plan des stellvertretenden CIA-Direktors Roth durchschaut, trachten ihm CIA-Agenten nach dem Leben. Doch deren Kollegin Sherry Ellis unterstützt ihn, nimmt mit Flugkapitän Holland Kontakt auf und verlangt von ihm eine Kursänderung. Holland bleibt skeptisch, bis der Russe Steblinko ein Triebwerk wegschießt. Trotzdem gelingt es Kapitän Holland, zu den Kanarischen Inseln auszuweichen, wo er eine Auftankung erpresst. Nachdem sich herausgestellt hat, dass Professor Helms gar nicht infiziert gewesen sein kann, heben die USA den Befehl zum Abschuss der Maschine auf, doch aufgrund widriger Umstände erfahren weder Holland noch Steblinko davon. Im Luftraum über Ascension treffen die beiden erneut aufeinander. Agent Steblinko trifft ein weiteres Triebwerk, doch Flugkapitän Holland landet sicher und überrollt dabei die Gulfstream Steblinkos. In den USA werden Sanders und Sherry weiter gejagt, bis Roth, inzwischen zum CIA-Direktor befördert, das Ganze als ein angeblich großes Missverständnis beendet. Am Ende stellt sich heraus, dass die Passagiere doch alle infiziert waren; das Virus ist jedoch zwischenzeitlich zur Harmlosigkeit mutiert. F. R.

MICHAEL NAVA USA
(*1955)

Der Rechtsanwalt Michael Nava schreibt wie J. → Hansen und Grant Michaels mit seinem schwulen Friseur und Hobbydetektiv Stan Kraycik Schwulenkrimis für ein Mainstream-Publikum – anders als etwa Larry Townsend, der bekannt wurde durch sein *Leatherman's Handbook* (1972) und der in *Heiße Fälle für Sherlock Holmes* den Meister aus der Bakerstreet für ein Schwulenpublikum eingerichtet hat. Townsends garantiert frauenfreie belletristische Werke wie z. B. *The Kiss of Leather* (1994, dt. *Der Todeskuss*, 1997) sind speziell auf homosexuelle, sadomasochistische Motorradfreaks in Ledergewändern zugeschnitten, die Kriminalhandlung dient lediglich als Vorwand für die ausführliche Schilderung homoerotischer Betätigungen. Anders Michael Nava. Seit seinem Debüt in *The Little Death* (1986, dt. *Der kleine Tod*, 1994) hat sein Anwalt Henry Rios sechs Fälle gelöst. Im Laufe dieser Fälle stirbt sein Lebensgefährte Josh an Aids, Rios bleibt allein. Der siebte Fall wird sein letzter. Er findet einen neuen Lebensgefährten, gibt seine Anwaltspraxis aus gesundheitlichen Gründen auf und wird Richter. Weitere Henry Rios-Krimis: *Goldenboy* (1988, dt. *Goldjunge*, 1995), *How Town* (1990, dt. *In einer Stadt so nett*, 1996), *The Hidden Law* (1992, dt. *Das innere Gesetz*, 1997).

Die lange Nacht

(OT: *Rag and Bone*, 2001). Hamburg: Argument-Verlag, 2001 (Pink Plot 2068). – Ü: Stefan Haußmann. – O: Los Angeles.

Henry Rios erleidet mitten in einer Gerichtsverhandlung einen Herzinfarkt. Als er wieder zu sich kommt, hat er plötzlich eine Familie: Seine lesbische Schwester Elena hat, wie sich herausstellt, in jungen Jahren eine Tochter, Vicky, geboren und sofort zur Adoption freigegeben. Henrys Nichte Vicky hat mit ihrem Ehemann Pete Trujillo, einem Junkie, einen Sohn namens Angel. Vicky sucht erst ihre Mutter Elena, dann Henry auf unter dem Vorwand, Ehemann Pete würde sie misshandeln. Als Pete dann in einem Motelzimmer nach einem Streit mit Vicky erschossen wird, nimmt Vicky die Schuld sofort auf sich. Ihr Onkel Henry, sehr skeptisch, durchleuchtet akribisch das Vorleben Vickys und Petes. Petes Sohn Angel ist ein sympathischer kleiner Bursche, doch längere Zeit sieht es so aus, als hätte er seinen Vater erschossen, möglicherweise im Zusammenhang mit Kindesmissbrauch. Zumindest hat er eine der beiden Schusswaffen versteckt, die in Verbindung mit dessen Tod eine Rolle gespielt haben. Der Schlüssel zur Lösung des Falles liegt bei Petes kriminellem Freund Narciso »Butch« Trujillo: Der war es, der Pete zum Drogenkonsumenten machte und ihn schließlich erschoss, weil der mehrfach vorbestrafte Pete seine Freiheit mit Spitzeldiensten für die Polizei erkauft hatte. Um Vicky zum Schweigen zu zwingen, misshandelte und vergewaltigte Butch Vicky noch im Motel. Dabei gerieten Samenspuren an ein T-Shirt, das Henry sicherstellt und in der Folge gegen Butch verwendet. Um seine Mutter zu schützen, feuerte Angel auf Butch, traf aber nicht. Anwalt Henry Rios ändert, was ungewöhnlich ist, wegen dieser neuen Erkenntnisse sogar während des Prozesses seine Verteidigungsstrategie, macht einen Geständnishandel mit der Anklage rückgängig und findet dafür Verständnis bei einer einfühlsamen Richterin. Die Klage gegen Vicky, deren Rechte verletzt wurden, wird abgewiesen, weil beim ersten polizeilichen Verhör kein Anwalt anwesend war: Nur im – höchst unwahrscheinlichen – Falle des Auftauchens weiterer Beweise ist eine neuerliche Klageerhebung möglich.

RICHARD NEELY USA
(–)

Tod im Spiegel (Du bist Marriott)

(OT: *The Plastic Nightmare*, 1969). München: Goldmann, 1971 (Tb 4049; Goldmann Krimi 4790, 1991). – Ü: Wulf Bergner. – O: USA.
F: *Shattered*. USA 1991 (dt. *Tod im Spiegel*), R: Wolfgang Petersen.

Sieben Monate nach einem schweren Verkehrsunfall in der Silvesternacht ist der Börsenmakler Dan Marriot dank mehrerer Gesichtsoperationen äußerlich wiederhergestellt, leidet jedoch unter totalem Gedächtnisverlust. Zu Hause findet er filmische Beweise für die Untreue seiner Ehefrau Judith und erfährt von Jeb und Ginny, einem befreundeten Ehepaar, dass er sich habe scheiden lassen wollen wegen Judiths Liebhaber Ridge Standish; außerdem sei der Unfall ein Mordversuch gewesen. Anscheinend pflegte er in dem Hotel, in dem Judith und Ridge sich trafen, zu Treffen mit Ginny abzusteigen, die seine Geliebte war. Ridge soll Aktien im Wert von 300 000 Dollar unterschlagen haben und ist seit der Silvesternacht verschwunden. Der Detektiv Gus Klein sucht ihn, wird aber ermordet. Judith ist mit der Scheidung einverstanden und verlässt Dan mit unbekanntem Ziel. Es wird jedoch nach ihr gefahndet, als ein Mann mit ihrer Pistole erschossen wird. Ginny behauptet, die zweite Leiche sei Dan. In Wahrheit ist Dan nämlich Ridge und hatte vor dem Unfall eine Affäre mit Judith. In der Silvesternacht kam sie zu ihm, weil sie ihren Ehemann angeschossen hatte. Auf der Fahrt zu dem Verletzten kam es zu einem Streit, weil Ridge die Affäre mit Judith beenden wollte, und infolge des Streits stürzte der Wagen in einen Abgrund. Da man annahm, der Mann am Steuer sei Dan, wurde sein entstelltes Gesicht nach dessen Bild geformt. Judith will Ridge erschießen, doch dies scheitert, weil Ginny die Polizei gerufen hat. So begeht Judith Selbstmord. Mit welcher Identität Ridge weiterleben wird, bleibt offen. G. Sch.

HÅKAN NESSER Schweden
(*1950)

Der in Upsala lebende Håkan Nesser erhielt 1993 einen Preis als »bester schwedischer Debütant« für *Det grovmaskiga nätet* (1993, dt. *Das grobmaschige Netz*, 1999). Seine melancholischen Romane ähneln den Kurt-Wallander-Krimis von H. → Mankell, sind aber nicht ganz so komplex konstruiert. Nessers Protagonist Kommissar Van Veeteren ist ein Ästhet, der einen guten Wein ebenso wie eine elegante Schachpartie, ein spannendes Tennismatch oder ein Konzert mit berauschender klassischer Musik zu schätzen weiß. In *Carambole* (1999, dt. *Der unglückliche Mörder*, 2001) ist er bereits in den Ruhestand getreten und arbeitet als Buchantiquar, doch wird er erneut in ein Verbrechen verwickelt: Sein Sohn wird ermordet. Weitere Van-Veeteren-Krimis: *Återkomsten* (1995, dt. *Das falsche Urteil*, 2000), *Münsters fall* (1998, dt. *Münsters Fall*, 2000), *Kommissarien och tystnaden* (1997, dt. *Der Kommissar und das Schweigen*, 2001), *Der Tote vom Strand* (dt. 2002).

Das vierte Opfer

(OT: *Borkmans punkt*, 1994). München: Goldmann, 1999. – Ü: Christel Hildebrandt. – SF: Kommissar Van Veeteren. O: der schwedische Küstenort Kaalbriggen.

Mit seinem Fleischerbeil tötet »Der Henker« den vorbestraften Drogendealer und Zuhälter Heinz Eggers, den Immobilienmakler Ernst Simmel und den Arzt Maurice Rühme. Bausen, der örtliche Kommissar, bittet seinen Kollegen Van Veeteren, der an der Küste Urlaub macht, um Amtshilfe und freundet sich mit ihm an. Das vierte Opfer wird Bausens cleverste Beamtin, die Inspektorin Beate Moerk, die entführt und in einem Versteck gefangengehalten wird. »Der Henker« braucht sie lebend, um ihr gegenüber eine Art Beichte abzulegen. Es ist niemand anders als Bausen selbst, der zum Schein sich selbst gejagt und Beate Moerk manipulierte Akten untergeschoben hat, um seine Entlarvung zu verhindern. Die drei Ermordeten waren mitschuldig am Tod von Bausens einziger Tochter Gitte. Der zynische Arzt Rühme hatte sie in die Drogenabhängigkeit getrieben und wurde ihr Zuhälter, als sie sich ihren Lebensunterhalt mit heimlicher Prostitution zu verdienen begann. Nachdem Bausen sie zufällig mit Makler Simmel erwischt hatte, verfiel sie körperlich immer mehr, bis sie sich das Leben nahm. Fast auf den Tag genau fünf Jahre später erlag ihre Mutter einem Krebsleiden. Kommissar Bausen schwor Rache. Dem möglicherweise sicheren Tod entgeht Moerk, weil das von dem verwirrten Bausen erwartete »Zeichen« – welcher Art es auch sein mag – nicht eintritt, das ihm seinen nächsten Schritt ankündigt. In gespannter Erwartung verharrend, lässt er sich widerstandslos von Kommissar Van Veeteren festnehmen, der durch die Auswertung von Hunderten von Zeugenaussagen seinen Aufenthaltsort herausgefunden hat und rechtzeitig dort eingetroffen ist. Das Ausbleiben eines Zeichens, erklärt er, könne ebenfalls ein Zeichen sein.

ÅSA NILSONNE Schweden (*1949)

Nach dem ebenfalls im Akademikermilieu angesiedelten *Tünnare än Blot* (1991, dt. *Dünner als Blut*, 1994) schickt Nilsonne ihre Serienheldin, eine zur Kripo abkommandierte Streifenpolizistin, zum zweiten Mal ins Rennen *Im Verborgenen*.

Im Verborgenen

(OT: *I det tysta*, 1992). Hamburg: Rasch und Roehrig, 1996 (Edition Galgenberg). (Goldmann 5862, 2000.) – Ü: Dagmar Mißfeldt. – SF: Monika Pedersen. O: Stockholm.

Der Maler Carl-Axel Hillman hat ein Verhältnis mit der Medizinstudentin Hermine, die ihm von der bevorstehenden Veröffentlichung eines angeblichen Schlüsselromans über seine außerehelichen Eskapaden berichtet (der sich am Ende als Kochbuch entpuppt). Als Hermine mit einem Kerzenleuchter erschlagen wird und Hilmans Ehefrau Caroline ihren Mann beim Betreten und Verlassen von Hermines Haus beobachtet, hält sie ihn ganz selbstverständlich für den Mörder. Dieser hat die Festplatte von Hermines Computer gelöscht und die Back-up-Disketten gestohlen. Hermines »Doktoreltern« waren das für ihre gewaltige Veröffentlichungsproduktivität berühmt-berüchtigte Forscherehepaar Lars-Olov und Karin Skjöld. Gerade hat sich die chinesischstämmige Forschungs-Stipendiatin Dr. Lily Liang aus Thailand vom Dach des Instituts gestürzt; sie soll Versuchsprotokolle gefälscht haben. Hinter beiden Todesfällen steckt das Ehepaar Skjöld, ausgeführt hat sie Lars-Olov. Die beiden stahlen systematisch die Forschungsergebnisse ihrer Stipendiatinnen, ausnahmslos hochqualifizierter, enorm fleißiger Asiatinnen mit mangelhaften Englischkenntnissen. Dr. Liang jedoch ließ sich das nicht gefallen und sammelte systematisch Beweise für den geistigen Diebstahl. Als sie mit öffentlicher Bloßstellung drohte, stieß Lars-Olov sie vom Institutsdach. Als Hermine ihm ebenfalls auf die Schliche kam, betäubte er sie mit Imoburon (einem Mittel, das sowohl oral als auch über die Haut verabreicht werden kann), erschlug sie und raubte bzw. vernichtete ihre Unterlagen. Dabei übersah er auf einer Programmdiskette einige versteckte Dateien mit beweiskräftigem Inhalt. Der Stipendiatin Noi, die ebenfalls Bescheid weiß, baut er eine Stromfalle, die die Polizistin Monika geistesgegenwärtig entschärft. Dann bringt er die Polizistin in seine Gewalt, legt aber, redselig geworden, ein Geständnis ab. Noi, eine versierte Kampfsportlerin, kommt hinzu und greift den Professor umstandslos an. Dabei geht das Imoburon-Behältnis in seiner Tasche zu Bruch, und er stirbt unter den Augen der beiden Frauen. Ein Gegenmittel steht nicht zur Verfügung.

INGRID NOLL Deutschland (*1935)

In den 1990er-Jahren und zu Beginn des 3. Jahrtausends eine der erfolgreichsten deutschsprachigen *Crime-Ladys.* Weitere Werke: *Der Hahn ist tot* (1991), *Die Häupter meiner Lieben* (1993), *Röslein rot* (1998), *Seelige Witwen* (2001).

Die Apothekerin

Zürich: Diogenes Verlag, 1994. (detebe 22930, 1996.)
F: D 1997, R: Rainer Kaufmann.

Während eines Krankenhausaufenthaltes erzählt die Apothekerin Hella Moormann ihrer Zimmergenossin Rosemarie Hirte ihre Lebensgeschichte. Schon jenseits der 30 und eine Frau mit starkem Mutterinstinkt und einer Vorliebe für »kranke Männerseelen«, begegnet sie Levin, einem leichtlebigen Studenten der Zahnmedizin, der aus Geldgier seinen Großvater ermorden will. Er wird Hellas Liebhaber, da sie ihm ein gemütliches Zuhause und das Gift für seinen gut geplanten Mord zur Verfügung stellt. Weil der Großvater Hella zur Haupterbin bestimmt (sofern sie Levin innerhalb der nächsten sechs Monate heirate), gehen die beiden eine Zweckehe ein, doch Levin betrügt sie schon bald mit der Haushälterin Margot. Beim Hausputz stößt Hella die Rivalin aus dem Fenster, die Polizei geht von einem Unfalltod aus. Hella verliebt sich in Margots Witwer, den vorbestraften Dieter, und ist kurz darauf schwanger. Wer der Vater des Kindes ist, weiß sie nicht, und sie lässt auch die beiden Männer im Unklaren darüber, so dass es in der Silvesternacht zu einer Schlägerei zwischen ihnen kommt. Levin wird ins Krankenhaus gebracht, Dieter verliert die Nerven und würgt Hella. Pawel, ein zufällig auftauchender alter Bekannter Hellas, rettet ihr das Leben; bei dem anschließenden Gerangel stürzt Dieter in ein Messer und muss ebenfalls ärztlich versorgt werden. Zwischen Pawel, seinen Kindern und Hella entwickelt sich eine freundschaftliche Beziehung, die nur von Pawels psychisch gestörter Ehefrau Alma getrübt wird. Nachdem ihnen die Wohnung gekündigt worden ist, zieht Pawels Familie in Hellas Haus. Als Hellas Ehemann Levin behauptet, Pawel sei der Vater von Hellas Kind, legt Alma in selbstmörderischer Absicht Feuer, das Haus brennt ab. Mit Hellas finanzieller Unterstützung verlassen Levin und Dieter die Stadt. Die Apothekerin wagt mit Pawel und seiner Familie einen Neuanfang. Der erträumten Familienidylle steht jedoch noch Alma im Weg, an die sich Pawel aus Pflichtbewusstsein gebunden fühlt. Die Patientin Rosemarie Hirte, die Hellas Geschichte mit wachsendem Interesse verfolgt hat, erwägt Almas Ermordung mittels vergifteter Wurst. G. Sch.

Der Hahn ist tot

Zürich: Diogenes Verlag, 1991. (detebe 22575, 1993.)
F: D 1998, R: Hermine Huntgeburth.

Das letzte, verzweifelte Aufbäumen einer vom Leben enttäuschten Frau an der Schwelle zum Alter: Die biedere Versicherungsangestellte Rosemarie »Rosi« Hirte wird Zeugin, wie ihr Traummann, der Lehrer Rainer Engstern, im Affekt seine alkoholabhängige Ehefrau niederschießt. Sie überredet den unter Schock Stehenden, eine Flasche Whiskey zu leeren, um einen Totschlag unter Alkoholeinfluss vorzutäuschen. Während er betrunken am Boden liegt, tötet sie die lediglich schwerverletzte Ehefrau mit einem Kopfschuss, verwundet Engstern am Bein und verlässt das Haus unter Mitnahme der Tatwaffe. Tatsächlich sucht die Polizei nach einem unbekannten Mörder mit der Schuhgröße 41. Rosemarie und Engstern, solchermaßen nach anfänglichem Zögern zu Komplizen geworden, tun später so, als würden sie sich zufällig auf einem Weinfest kennen lernen. Als sich Engstern jedoch ihren Annäherungsversuchen gegenüber ablehnend verhält, vermutet Rosi ein Verhältnis zwischen Engstern und ihrer Schulfreundin Beate – und stößt die Rivalin bei einem Ausflug von einem Aussichtsturm. In Wirklichkeit hat Engstern jedoch ein Verhältnis mit Beates leichtlebiger Tochter Vivian, in der Rosi keine ernsthafte Konkurrenz wittert. Engstern bemüht sich erfolgreich um die Gunst von »Scarlett«, der Ehefrau von Rosis Schulfreund Ernst Schröder, die Rosi des Mordes an Beate verdächtigt. Rosi wirft ihr kurzerhand einen Föhn in die Badewanne, und wiederum fällt kein Verdacht auf sie. Einen Polizisten, der im Zusammenhang mit dem verdächtigten Engstern ihre Wohnung durchsucht, erschießt sie in Panik. In einem Steinbruch soll der tote Polizist mitsamt seinem Auto beseitigt werden. Dabei stürzt Lehrer Engstern ab, überlebt, bleibt aber für den Rest seines Lebens körperlich und geistig behindert. Die Polizei glaubt an seine Schuld an der Mordserie. Rosi, die ungeschoren bleibt, kann ihn nur noch regelmäßig im Pflegeheim besuchen. G. Sch.

Die Häupter meiner Lieben

Zürich: Diogenes Verlag, 1993. (detebe 22726, 1994.) – O: Florenz u. a. – P: »Glauser« 1994.
F: D 1998, R. Hans-Günter Bücking.

Maja, in ärmlichen Verhältnissen aufgewachsen und mit zehn Jahren zur Kleptomanin geworden, lernt als 16-Jährige Cora Schwab kennen, ein Mädchen aus einer wohlhabenden Familie. Die beiden völlig amoralischen Mädchen entwickeln enorme kriminelle Energie. Sie stehlen wertvolle Kunstgegenstände und Geld, und als Detlef, ein Freund von Majas Bruder Carlo, Maja erpressen will, flößen die Mädchen ihm auf einer Party Schlafmittel und Alkohol ein, entkleiden ihn und fotografieren ihn vor einem Plakat mit der Aufschrift: »Ich bin impotent«. Nach dem Versuch, Cora zu vergewaltigen, erschießt Maja ihren Bruder Carlo mit einer Gaspistole. Der Fall wird als Akt der Notwehr von der Polizei nicht weiter verfolgt. Majas Mutter kommt nach einem missglückten Selbstmordversuch in eine psychiatrische Anstalt, Maja zieht zu Cora und gibt das Stehlen auf. Trotz anfänglicher Bedenken heiratet sie den Medizinstudenten Jonas, von dem sie ein Kind erwartet. Als die anfängliche Euphorie verflogen ist, die Beziehung zu Jonas zu Ende geht und sich obendrein ihre Mutter das Leben nimmt, flüchtet Maja wieder zu ihrer Freundin. Cora heiratet in Florenz einen sehr viel älteren Mann, einen Erbschleicher. Dessen gemeinsames Besäufnis mit Majas unangenehmem Vater, einem alkoholabhängigen, wegen Mordes vorbestraften Sozialhilfeempfänger, nutzen die Frauen zu einem zweifachen Mordversuch. Der Ehemann stirbt gleich im Krankenhaus, der Vater später an den Folgen seines Alkoholkonsums. Weil die alte Haushälterin Emilia Augenzeugin des Mordanschlages wurde, machen die Frauen sie zur Komplizin. Der junge Taugenichts Don entfremdet die Freundinnen voneinander und versucht sie zu erpressen. Emilia vergiftet ihn kurzerhand; die Leiche wird unter der Terrasse begraben. Während eines gemeinsamen Urlaubs wird Majas Sohn entführt, den die Kidnapper für das Kind der wohlhabenden Witwe Cora halten. Gemeinsam mit Emilia und ihrem neuen Lebensgefährten gelingt es, den kleinen Jungen zu befreien und die Entführer der Polizei zu übergeben. Als Maja Cora mit ihrem Ehemann Jonas in flagranti erwischt, kommt es zum Streit. Nachdem Maja Coras Badezimmereinrichtung verwüstet hat, rutschen beide Frauen auf den glitschigen Fliesen aus und werden mit Knochenbrüchen ins Krankenhaus eingeliefert, wo sie sich wieder versöhnen. – *Seelige Witwen* (2001) ist die Fortsetzung des Romans. G. Sch.

HELENE NOLTHENIUS Niederlande

(d. i. Hélène Francisca Wagenaar-Nolthenius, 1920–2000)

Die Musikwissenschaftlerin Helene Nolthenius, die 1948 über italienische Musik promovierte und später eine Professur in Utrecht bekleidete, ist die niederländische Antwort auf E. → Peters. Ein weiterer Krimi ist *Als de wolf de wolf freet* (1980, dt. *Wenn der Wolf den Wolf frisst*, 1995).

»O süsse Hügel der Toscana«

(OT: *Geen been om op te staan* [d. i. »Er kann nicht beweisen, dass er recht hat«; wörtl. »Kein Bein auf den Boden bringen«], 1977). Zürich/Hamburg: Arche Verlag, 1994. (Heyne 10102, 1997.) – Ü: Marianne Holberg. – O/Z: Florenz; 1358.

Der Franziskanermönch Lapo Mosca, ein früherer Spielmann, soll von den Dominikanern in Siena eine Reliquie, ein Bein des heiligen Bartolo, beschaffen. Am Morgen vor seiner Abreise findet er die junge Prostituierte Nenetta mit durchschnittener Kehle am Ufer des Arno. Der flämische Weber Jousken hat die Leiche in ihrem Zimmer gefunden, an das Flussufer gebracht hat sie jedoch ihr Zimmerwirt. Nenetta hieß eigentlich Sismonda und war die Tochter des Notars de' Figlipetri, der in ärmlichsten Verhältnissen in Siena lebt. Sie wurde angeblich von Mitgliedern der Großen Compagnie entführt, einer 20000 Mann starken Soldateska, die unter der Führung des Grafen Conrad von Landau in Florenz überwintert. Auf einem Madonnen-Bildnis des Malers Barna von Cione erkennt Mosca die Züge Sismondas wieder. Bevor der Franziskanermönch Mosca die Reliquie bekommt, soll er feststellen, ob der Novize Donatus tatsächlich der legitime Sohn Pandolfo Arrighis und somit ein reicher Erbe ist. Donatus freilich ist der Sohn einer Amme. Infolge der Unachtsamkeit der Amme verletzte sich Arrighis Sohn so schwer, dass sie ihn vorsichtshalber mit ihrem eigenen Sohn vertauschte. Der tatsächliche Arrighi-Sohn ist der Maler Barna. Pandolfo ist ebenfalls ein illegitimer Sohn und hatte den legitimen Erben Jachopo des Hochverrats anklagen lassen, um an das ausstehende Erbe zu gelangen; der Franziskaner Mosca wäscht Jachopo von der Anklage rein, doch daraufhin verweigern die Dominikaner die Herausgabe der Reliquie. Sie kann aber gar nicht von dem Heiligen stammen, denn dieser starb an Lepra, die am Skelett deutliche Spuren hinterlässt. Bevor auch der flämische Weber Joosken ermordet wird, kann er noch einen Hinweis auf einen Maskierten mit feinem Tuchmantel geben, dem er auf Sismondas Treppe begegnete. Dieser Fremde ist Sismondas Bruder Filippo de' Figlipetri, der aus England zurückkehrte, um sich an Burkhardt, dem Bruder des Söldnerführers Conrad von Landau, zu rächen, der an Sismonda interessiert gewesen sein soll. Die Große Compagnie Conrads von Landau wurde von der Stadt Siena zum Kampf gegen Perugia angeworben. Der alte Pandolfo Arrighi will den Trubel eines Festes in Florenz nutzen, um sich an dem Franziskanermönch Mosca zu rächen, dem er die Schuld an seiner Enterbung zuschreibt, weil Mosca Jachopo entlastete. Barna warnt den Mönch, der daraufhin eilends die Stadt verlässt, um in der Gegend von Imola nach dem richtigen Bein des Bartolo zu suchen. Sismondas Bruder Filippo de' Figlipetri stößt zufällig zu einer Schar verzweifelter Bauern, die er zum Sieg über das große Söldnerheer führt. Unter den Gefallenen sind Pandolfo und Burkhardt von Landau. Von dem schwer verwundeten Conrad erfährt Mosca, dass Pandolfo Sismonda entführte, Burkhardt von Landau sie dagegen zu heiraten gedachte. Ein Mantel aus Mechelner Tuch bestätigt schließlich Moscas Vermutung, dass Filippo seine Schwester ermordete, weil sie als Hure Schande über die Familie gebracht hatte. Filippo kehrt nach England zurück, um der Verurteilung zu entgehen. Mosca findet das angebliche Bein des Bartolo, doch sein Oberer muss ihn darauf aufmerksam machen, dass echte Knochen nicht von Holzwürmern befallen werden. G. R.

LAWRENCE NORFOLK Großbritannien (*1963)

Lamprière's Wörterbuch

(OT: *Lamprière's Dictionary*, 1991). München: Knaus, 1992. (Goldmann 42596, 1994.) – Ü: Hanswilhelm Haefs. – O/Z: London, La Rochelle u. a.; 1787.

Norfolks phantasmagorisches Debütwerk vereint in sich Züge des Kriminal-, Schauer- und Abenteuerromans, des historischen und des fantastischen Romans. Das Reale – wie der Lexikograph John Lamprière (1765–1824) oder der blinde Untersuchungsrichter Sir John Fielding (der Bruder des Schriftstellers Henry) – tritt darin wie selbstverständlich neben das Fantastische. *Lamprière's Wörterbuch* geht von dem Gedanken aus, dass sich Geschichte von ihren mythologischen Anfängen an bis zur Gegenwart unter stetiger Variation wiederholt. Nahezu jeder Figur und jedem Motiv des Romans ist eine spiegelbildliche, eine parodierende oder eine negative Entsprechung zugeordnet. Einzigartig steht nur der Mord an einer Frau da, der flüssiges Gold eingeflößt wird. Den Autor interessiert weniger die fertige Geschichte als der hemmungslose Fluss seiner übersprudelnden Fantasie.

John Lamprière ist mit 20 Jahren bereits ein Altphilologe von Rang. Von seinem Vorfahren François erbt er einen 1/9-Anteil an der sagenhaft reichen »Ostindien-Gesellschaft«. Unermüdlicher Gegner ist der Londoner Anwalt Peppard, seit er ihr einen gigantischen Versicherungsbetrug nachweisen wollte, bei dem Kapitän Neagle nebst seinem Schiff »Falmouth« geopfert wurde. Die »Falmouth« liegt wieder unter dem Namen »Vendragon« an einem Londoner Kai. Als Lamprière ein Personenwörterbuch zur antiken Mythologie zu schreiben beginnt, gerät er in ein abenteuerliches, undurchschaubares Komplott mit unzähligen Akteuren wie dem alten Casterleigh und seiner Ziehtocher Juliette, dem düsteren Inder Nazim und dem Killer La Mara. Der tötet Peppard und stiehlt ein Medaillon, das Lamprière gehört. Mehrfach muss dieser sich nun Mordanschlägen erwehren, denen er aber immer wieder, teils durch Glück, teils durch das Eingreifen von Freunden oder Widersachern, entgeht. Schließlich findet er in einem Labyrinth unter London die acht Gründungsmitglieder der »Ostindien-Gesellschaft«, darunter als Anführer seinen Ahnherrn François, der sich nun »Asiaticus« nennt. Die »Ostindien-Gesellschaft« plant, nach La Rochelle zurückzukehren und die marode Regierung Frankreichs einfach aufzukaufen. Dazu werde Gold auf dem Schiff »Vendragon« außer Landes geschmuggelt. Während John noch zaudert, der mörderischen Gesellschaft beizutreten, löst der Inder Nazim beim Eindringen in das Labyrinth einen gigantischen Wassereinbruch aus, der ein komplettes Piratenschiff mit einer vergreisten Mannschaft mit in die Tiefe reißt. Lamprière rettet sich, von Casterleigh verfolgt, mit Juliette durch das Archiv der »Ostindien-Gesellschaft« an die Erdoberfläche; Casterleigh ertrinkt. Auf dem Dach eines Theaters kommt es zu einem Showdown Nazims mit La Mara. Beide stürzen zu Tode, wobei sich der Killer La Mara als Maschinenmensch entpuppt. Neben La Maras Rumpf findet Lamprière sein Medaillon wieder. Während Londons Untergrund überflutet und ein Opernhaus komplett vernichtet wird, brandet ein Volksaufstand durch die Straßen; Sir John Fielding lässt ihn blutig niederschlagen. Die vergreisten Piraten kapern das zum Versicherungsbetrug verwendete Schiff von Kaptain Neagle und seiner Mannschaft, die in Maschinenmenschen verwandelt worden sind und bei Dunkelheit in völliger Bewegungslosigkeit träumend verharren, aber von Licht zum Leben erweckt werden. Zum Ende will Lamprière wieder abreisen. Er lässt jedoch sein Wörterbuch am Kai liegen und steigt noch einmal aus. Sein Schiff fährt ohne ihn ab, doch das vereint ihn mit der wartenden Juliette.

HOWARD NORMAN Kanada (*1949)

Howard Norman, ein Abkömmling osteuropäischer Juden, wurde in Toronto geboren und war früh von ethnologischen Studien fasziniert. U. a. übersetzte er aus den mündlichen Traditionen der Inuit-Eskimos. Erst 1998 schrieb er den Roman *The Museum Guard*, seinen dritten nach dem Debüt *Das Fresko*, der Lebensbeichte eines Mörders.

Das Fresko

(OT: *The Bird Artist*, 1994). Wien/München: Europa Verlag, 1994. (FiTb 12793, 1997.) – Ü: Hans Ulrich Möhring. – O/Z: Witless Bay in Neufundland; 1923 (Rahmenhandlung), 1911–13 (Haupthandlung).

Fabian Vas (der Icherzähler) absolviert ein Fernstudium als Maler. Zwar pflegt er ein dauerhaftes Verhältnis mit der psychisch belasteten Kapitänstochter Margarete Handle, doch soll er auf Wunsch seiner Eltern Alaric und Orkney seine Cousine Cora Holly heiraten. Als sich Vater Orkney auf eine mehrmonatige Jagdreise begibt, wird Mutter Alaric die Geliebte des Leuchtturmwärters Botho August. Durch ihre Mitschuld kann die alte Helen Tombley Selbstmord begehen; Fabian entdeckt und birgt die Leiche. Danach verletzt er August mit zwei Schüssen aus Margaretes Revolver schwer, lässt die Waffe fallen und läuft davon. Durch eine Verkettung unglücklicher Umstände und Missverständnisse tötet Margarete August. Orkney, durch einen weiteren unglücklichen Zufall der Tat verdächtig, flieht nach Kanada und beginnt eine Karriere als Bankräuber. Gleich nach Fabians Trauung mit Cora legt Mitchell Kelb, Polizist und Trauzeuge, Fabian Handschellen an. Der wird freigesprochen, weil er im Prozess auf dessen Botschaft hin seinen Vater als Täter angibt. Vorher begeht seine Mutter auf spektakuläre Weise Selbstmord. Danach erhält Fabian Gelegenheit, die Wahrheit über Augusts Tod verschlüsselt auf einem panoramaartigen Kirchenfresko darzustellen, das ansonsten die Vogelwelt von Witless Bay einfängt. Nach der Fertigstellung des Freskos heiratet Fabian die von einer längeren psychischen Erkrankung genesene Margarete; die Trauung vollzieht ihr Vater in seiner Eigenschaft als Postschiff-Kapitän. 1913 kommt beider Tochter Claire Helen Vas zur Welt. Die Familie verlässt Witless Bay nie, Fabian bleibt sein Leben lang Vogelmaler; 1923 schreibt er die Geschichte seines Mordes auf. Die Bevölkerung kennt die Zusammenhänge ganz genau, schweigt aber verbissen.

O

JOYCE CAROL OATES USA
(*1938)

Zombie

(OT: *Zombie*, 1995). Stuttgart/München: DVA, 2000. (btb 72742, 2002.) – Ü: Renate Orth-Guttmann. – O: USA.

Joyce Carol Oates, eine der bedeutendsten Autorinnen der USA, versuchte sich mit *Zombie* erstmals im Krimigenre. – Der Serienkiller Quentin P., der Icherzähler, ist 30, übergewichtig, kahl, homosexuell, kontaktunfähig und als Sexualstraftäter vorbestraft. Seinem dominanten Vater stehen drei nachsichtige Frauen gegenüber: Schwester, Mutter und Großmutter. In einem Mietshaus der Eltern fungiert Quentin als Hausmeister; nebenbei tut er so, als studiere er. Er träumt davon, sich einen Untoten, einen Zombie zu erschaffen, der ihm jene Anerkennung, Verehrung und Unterwürfigkeit entgegenbringt, die ihm die Welt seiner Meinung nach vorenthält. Seine Methode zur Erschaffung eines Zombies ist die Lobotomie (→ McKay, *Toyer*), doch pflegen seine durchweg männlichen Versuchsobjekte alle während der Operation, bei der er sie zu vergewaltigen pflegt, zu sterben. Im Keller des Mietshauses hat er sich einen regelrechten Operationsraum eingerichtet, in dem er auch einige wenige Leichenteile als Souvenirs aufbewahrt. Ansonsten versenkt er die Leichen seiner Opfer in verschiedene Gewässer in mindestens 200 Kilometer Entfernung von seinem Wohnort. Bislang hat ihn niemand mit den Verschwundenen in Verbindung gebracht. Sein nächstes Opfer wird ein junger Mann, dem er den Namen »Squirrell« (Eichhörnchen) gibt. Die Gefangennahme scheitert, »Squirrell« wehrt sich so heftig, dass Quentin ihn töten muss. Nach der Entdeckung der Leiche wird er von der Polizei wegen seiner Vorstrafe routinemäßig befragt. Er entgeht einer Verhaftung, weil er ruhig bleibt und vor einer Hausdurchsuchung noch die gravierendsten Beweismittel beiseite schafft: Das Ende des Romans bleibt offen, doch wird sich Quentins Aggressivität vielleicht gegen die eigene Familie richten.

KEITH OATLEY Kanada
(*1939)

Keith Oatley ist Professor für angewandte Psychologie in Toronto. Zum wiederholten Male nach Nicholas Meyer, *The Seven Percent Solution* (1974, dt. *Kein Koks für Sherlock Holmes*, 1976) lässt er den Meisterdetektiv in *Der Fall Emiliy V.* auf Sigmund Freud treffen. Die Geistesverwandtschaft der beiden liegt auf der Hand: Freud arbeitete mit winzigen Indizien, die von gewöhnlicheren Beobachtern übersehen wurden, und zog daraus die bemerkenswertesten Schlüsse. Er erforschte die Vorgeschichte seiner Patienten auf die gleiche Weise wie ein Detektiv ein Verbrechen erforscht. Ein weiteres belletristisches Werk Oatleys: *A Natural History. A Novel* (1998).

Der Fall Emily V

(OT: *The Case of Emily V.*, 1993). Zürich: Ammann, 1995. (Knaur 60618, 1998.) – Ü: Frieda Ellmann. – O/Z: London, Wien, Paris; 1904.

Kaum ist die verwaiste Emily zur Frau erblüht, wird sie von ihrem Vormund und Paten Charles S. gewohnheitsmäßig missbraucht. Nur widerwillig lässt er sie in Philadelphia studieren. Emilys Briefe von dort sind gefälscht: In Wirklichkeit lebt sie als

Übersetzerin altgriechischer Klassiker und als Englischlehrerin an einer Privatschule für Frauen. Auf Drängen ihrer Kollegin und Lebensgefährtin Sara Rosenthal begibt sie sich zur Aufarbeitung der psychischen Folgen des Missbrauchs in die Behandlung Freuds. Bei einem letzten Treffen auf einem einsamen Bergpfad in der Umgebung Wiens stößt Emily ihren Paten Charles S. in eine Schlucht. Dabei verliert sie u. a. ihren Füllfederhalter. Mit diesem offensichtlichen Phallussymbol beschäftigt sie Freud, dem sie sich nicht als Mörderin offenbaren will. Mittlerweile hat Mycroft Holmes seinen Bruder Sherlock aus dem Ruhestand zurückgeholt, weil er befürchtet, Charles S. könnte von dem kaiserlich-deutschen Spionagechef Oldenburg ermordet worden sein. Nach einem Besuch bei der Witwe Catherine reisen Holmes und Watson nach Wien, wo Watson einem Referat Freuds über eine Patientin lauscht, in der er ohne Mühe Emily wiedererkennt; deswegen leiht er sich den Vortragstext aus. Weil Oldenburg sich als Doppelagent und Überläufer erweist, bleibt nur noch Emily als Mörderin von Charles S. übrig. Nachdem sie durch eigenes Detektivspiel ihrem Verfolger Holmes auf die Schliche gekommen ist, flieht sie mit Sara unter Mitnahme von Freuds Manuskript nach Paris. Dort spürt Holmes sie auf, holt sich aber lediglich das Manuskript zurück und fingiert mit Mycrofts Hilfe eine verfälschte Auflösung des Mordes an Charles S., dessen Tod einem erfundenen verbrecherischen Kunsthändler angelastet wird. Emily wird ihre quälenden Schuldgefühle los, als Catherine S. ihr von ihrer zutiefst unglücklichen Ehe an der Seite des Päderasten Charles S. erzählt und ihr dessen Ermordung verzeiht. Mit dem Hinweis auf Moriatys Sturz in die Reichenbach-Fälle erreicht die belesene Sara, dass Holmes ihre Freundin auch von juristischer Schuld freispricht. Sara und Emily bleiben immer ein Paar, führen in Paris eine homoerotische *vie experimentale* und planen die Adoption eines Kriegswaisen nach dem Ersten Weltkrieg.

GEMMA O'CONNOR Irland
(–)

Wie in *Farewell to the Flesh* (1995, *Tödliche Lügen*, 1996), *Sins of Ommision (*1998, *Wer aber vergisst, was geschah*, 1999) und *Time to Remember* (*Zeit des Vergebens*, beides 1999) geht es in *Fallende Schatten* um ein Jahrzehnte zurückliegendes, ungesühntes Verbrechen und dessen Auswirkungen auf die Beteiligten und ihre Nachkommen. Erst wenn die Schatten der Vergangenheit beseitigt und die Verbrecher überführt sind, erfüllt sich für die betroffenen Paare der Traum von Glück und Zweisamkeit. Sowohl Thema als auch Aufbau und Schauplätze – Dublin und Oxford – von O'Connors Psychothrillern sind nahezu identisch.

Fallende Schatten

(OT: *Falls the Shadow*, 1996). München: Piper, 1997 (SP 5659). – Ü: Inge Leipold. – O/Z: Dublin, London; 1941, 1995.

Die 15-jährige Lily wurde einmal von dem wohlhabenden, skrupellosen Druckereibesitzer Buller Reynolds vergewaltigt. Der wird von einem Heckenschützen auf offener Straße erschossen, gerade als eine weitere, vermummte Person auf ihn schießen will. Lilys Freund Milo, der Tat verdächtigt, verlässt Dublin und geht freiwillig zur Armee. Die polizeilichen Ermittlungen verlaufen im Sande, Reynolds' Witwe verkauft die Druckerei und kehrt in ihre englische Heimat zurück. Als Lily, die als Schneiderin arbeitet, 1995 bei einem vorsätzlich herbeigeführten Verkehrsunfall mit Fahrerflucht stirbt, kommt ihre Tochter Nell zur Trauerfeier aus London nach Dublin, wo sie den gefährlichen Cormac Hanlon sowie Arthur Reynolds kennen lernt, der die Todesumstände seines Vaters Buller aufklären möchte, dann aber unter mysteriösen Umständen selbst zu Tode kommt. Zwei Tagebücher und ein Foto der Mutter und »M.«, einem Mann mit Panamahut, bilden einen ersten Anhaltspunkt. »M.« und Lily haben gemeinsam die Tagebücher verfasst. Der sterbende Milo bittet Nell zu sich ins Krankenhaus und offenbart sich als der Mann mit dem Panamahut. Bevor Nell ein Päckchen aus Lilys Auto erhält, wird sie bei einem Unfall schwer verletzt. Der Fall stellt sich wie folgt dar: Buller Reynolds hatte sich die Druckerei von Milos Vater in Dublin unrechtmäßig angeeignet. Milos Schwester Hanora wollte den Betrieb wieder in den Familienbesitz überführen. Nach Buller Reynolds Ermordung nahm Milo nie wieder Kontakt mit seiner Schwester auf; er hielt sie für die Mörderin. Erst Lily konnte ihn darüber aufklären, dass der damals in der Druckerei tätige Dolan Hanlon der Todesschütze war. Dolan und Cormac übernahmen die Druckerei, doch geleitet wurde sie von Hanora, die in die Familie Hanlon einheiratete. Als Arthur Reynolds mit seinen Nachforschungen zum Tode des Vaters begann, fürchtete Hanora einen Skandal. Lily musste sterben, da sie die Wahrheit kannte und Hanora erpresste. Milos Sohn Daniel und Nell, inzwischen zum Liebespaar geworden, wollen nun Hanora zu einem Geständnis zwingen. Sie beschuldigen die alte Dame des Mordes an Lily sowie des Überfalls auf Nell. Hanora will Aufsehen vermeiden und schlägt eine finanzielle Lösung vor. Nell, die ablehnt, kündigt die Einschaltung der Presse an. Hanora verlässt die Stadt, bevor die Massenmedien sie als böse Hexe, machtbesessene Intrigantin und Mörderin entlarven.

G. Sch.

PETER O'DONNELL Großbritannien (*1921)

Modesty Blaise, die in *Modesty Blaise* (1965, dt. *Die tödliche Lady*, 1966) ihr erstes Abenteuer besteht, steht in einer Reihe mit kampfsporterfahrenen Detektivladys in schwarzer, hautenger Lederkluft, wie sie Diana Rigg als Emma Peel in *The Avengers* (dt. *Mit Schirm, Charme und Melone*) oder Anne Francis als (Privatdetektivin) Honey West in einer US-TV-Serie aus den 1960er-Jahren verkörperte. O'Donnell orientiert sich stark an dieser Serie, die auf einer Romanserie von Skip Flickling (gest. 1998) basierte und die 2001 ein Kinorevival mit Reese Witherspoon in der Hauptrolle erlebte. Der oft surreale Touch verbindet die Modesty-Blaise-Romane mit *The Men from UNCLE* (dt. *Solo für ONKEL*), einer anderen US-TV-Serie der 1960er-Jahre. Ihren Namen verdankt die Detektivin, die ihre Kindheit in Nordafrika verbrachte, dem jüdischen Professor Lob; ihre Beziehung zu ihrem Adlatus, dem Perlentaucher Willie Garvin, ist rein platonischer Natur. In *Die Lady will es anders* (1981) arbeitet Modesty (wie schon James Bond in I. → Flemings *Im Geheimdienst Ihrer Majestät*) mit der Mafiaorganisation Union Corse zusammen, deren Anführer hier Paul Casanova (!) heißt.

Die Lady will es anders

(OT: *The Xanadu Talisman*, 1981). Wien/Hamburg: Zsolnay, 1981. (rororo 5158, 1983.) – Ü: Ilse Winger. – SF: Modesty Blaise. O: Marokko, London.

Nach einem Erdbeben in Casablanca gerät Modesty in die Tiefgarage ihres Hotels, wo sie von einem arabischen Messerkämpfer angegriffen wird. Sie überwältigt ihn und rettet damit den verletzten französischen Verbrecher Bernard Martel, der bald darauf von der Verbrecherorganisation »El Mico«

mit Napalm ermordet wird; später wird auch Martels Bruder Georges gefoltert und getötet. Die Organisation »El Mico« besteht aus den Brüdern Jeremy und Dominic Silk sowie deren einstiger Kinderfrau Nannie Prendergast. Mittels eines Laserscanners hört »El Mico« Gespräche Modestys und ihrer Gefährten Dr. Pennyfeather und Sir Gerald Terrant ab. Die wollen »El Mico« sowie Bernard Martels Frau Tracy finden, die in den Harem des arabischen Prinzen Rahim auf Schloss Xanadu in Marokko verschleppt wurde. In Marokko bergen sie eine wertvolle persische Krone, die Bernard an sich gebracht hatte, doch »El Mico« bringt die Pretiose bei einem Überfall auf Modesty an sich und verkauft sie Rahim. In dessen Palast werden auch Modesty und Willy verschleppt, wo sie unfreiwillig in einer Art mörderischem Zirkus auftreten müssen. Bei dieser Gelegenheit tötet Willie einen Panther. Danach fliehen Modesty und Willy unter Mitnahme der Krone. Sie verschanzen sich in einer Höhle, basteln Bomben und töten die Silk-Brüder und einige Berber. Der Hubschrauber der »El Mico«-Organisation dient ihnen zur Flucht in die Freiheit. Tracy wird ebenfalls gerettet, doch sie kehrt freiwillig in das Luxus-*Highlife* von Xanadu zurück, das Rahim unter Drohung der Ermordung durch die Union Corse nicht mehr verlassen darf. Die Krone wird der englischen Regierung zugespielt – eine Art Kuckucksei, das nichts als Ärger mit den Mullahs im Iran bringen wird.

PETRA OELKER Deutschland (*1947)

Petra Oelker ist Journalistin sowie Sach- und Jugendbuchautorin. Im Mittelpunkt ihrer historischen, in Hamburg spielenden Kriminalromane stehen Claes Herrmann, ein Mitglied der Honoratiorenschaft, und die Schauspielerin und Hobbydetektivin Rosina, die zusammen mit dem Weddemeister Wagner – einer Art Polizisten – ihre Fälle löst. Petra Oelker verleiht ihren Geschichten mit viel historischem Sachwissen Lokalkolorit und Zeitgeist. So etwa tritt in *Die zerbrochene Uhr* (1999) kurz Johann Joachim Christian Bode (1730–1793) auf, der Übersetzer von Lawrence Sternes *Sentimental Journey* (1768), der das Wort »Empfindsamkeit« prägte. Weitere Claes-und-Rosina-Krimis: *Tod am Zollhaus* (1997), *Der Sommer des Kometen* (1998), *Lorettas letzter Vorhang* (1998), *Die ungehorsame Tochter* (2000).

Die zerbrochene Uhr

Reinbek: Rowohlt, 1999 (rororo 22667). – SF: Rosina. O/Z: Hamburg; Mitte des 18. Jahrhunderts.

Das Johanneum, ein Jungengymnasium, grenzt unmittelbar an ein Damenstift an. Der sadistische Lehrer Donner hat es besonders auf seinen Neffen Simon abgesehen. Als er ihm mit dem Stock die Hände regelrecht zerprügelt, sind die Schreie des Jungen in der ganzen Schule zu hören. Nach einem kurzen Besuch Simons am Nachmittag in der Schule wird sein Onkel Donner tot im Klassenzimmer gefunden, im Herzen einen Uhrmacher-Dorn. Donners Uhr wurde vom Mörder zerstört und mitgenommen. Damit gerät nicht nur Simon in Tatverdacht, sondern auch Simons Freund, der hugenottische Uhrmacher Pierre Godard, dessen Initialen P. G. ihn als Besitzer der Mordwaffe ausweisen. Der oder die Täter müssen durch einen unterirdischen Gang gekommen sein, der das Johanneum mit dem Stift verbindet. Hobbydetektivin Rosina lässt sich in dem Stift als Magd einstellen, wird aber wegen ihrer Französischkenntnisse rasch enttarnt. Schließlich gerät Johanneums-Direktor Samuel Müller in Verdacht und wird arrestiert. Donners kaputte Uhr hat das Dienstmädchen von Johanneum-Pedell Töltjes als vermeintlichen Abfall eingesteckt und behalten. Mit dem Mord hat sie nichts zu tun. Donner war ein Erpresser und erpresste u. a. seinen Kollegen Melchior Bucher, der ein geheimes Verhältnis mit dem Stiftsfräulein Melusine unterhielt. Im Auftrag des Stiftsfräuleins Melusine dringt Detektivin Rosina in Donners Wohnung ein und findet im Ofen regelrechte Datensammlungen, angelegt zum Zwecke weiterer Erpressungen. So kommt ans Licht, dass Donner auch in eine betrügerische Erbschaftsaffäre verwickelt ist. Simons Großvater ist nach England ausgewandert und dort reich geworden. Seinen Besitz hat er in einem komplizierten Testament seinem ältesten Enkel vermacht. Dieser Enkel ist Simons Cousin Paul, geboren am 6. September 1752; Simon, am 14. September 1752 geboren, ist acht Tage jünger, hätte also nichts zu erwarten. Nun stellte 1752 England von der bis dahin gültigen julianischen auf gregorianische Zeitrechnung um, was der Geistliche, der Pauls Geburt und Taufe dokumentierte, übersah. Infolge der Kalenderumstellung fehlten im September 1752 ganze elf Tage. Mithin ist Simon also der ältere, Paul ist in Wirklichkeit am 17. September geboren. Donner half nun dem in England lebenden Anwaltsgehilfen Albert Weller, seinen Neffen Simon um dessen Erbe zu betrügen. Weller spionierte verkleidet sein Opfer aus. Danach griff er Simon und dessen stummen Freund Muto hoch zu Ross an; Simon überlebte den Angriff nur dank Mutos Hilfe. Durch den Gang drang er in die Schule ein und erstach den lästigen Mitwisser mit dem Uhrmacher-Dorn, den er sich beschafft hatte. Als Anwaltsgehilfe Weller mit der Kutsche die Stadt verlassen will, erkennt ihn Muto wieder. Bei einem Fluchtversuch gerät Weller unter die Räder und verliert ein Bein.

CELIL OKER Türkei (*1952)

Mit Cecil Oker und seinem Helden Remzi Ünal wird die Türkei als Krimiland bekannt. Remzi Ünal ist ein Ex-Pilot, schlägt sich in dem für die Türkei neuartigen Beruf eines Privatdetektivs durch und vermeidet wegen der noch unklaren Rechtsverhältnisse dieses Berufsstandes möglichst jeden Kontakt mit den bekanntermaßen autoritären türkischen Behörden. *Schnee am Bosporus* errang den Ersten Platz beim ersten türkischen Kriminalromanwettbewerb »Kaktüs«. Die Fortsetzung heißt *Kramponlu Ceset* (1999, dt. *Foul am Bosporus*, 2001).

Schnee am Bosporus

(OT: *Çiplak Ceset*, 1999). Zürich: Unionsverlag, 2000 (UT metro 181). – Ü: Ute Birgi-Knellessen. – O: Istanbul.

Detektiv Remzi Ünal soll Ibo finden, den verschwundenen Neffen von Yusuf Sari, dem sein Textilhandel in Tarsus als Tarnung für seine Drogengeschäfte dient. Weiterhin soll Remzi Ünal Saris Istanbuler Partner Orhan Yilmaz ein Päckchen überbringen. Der Soziologiestudent Ibo ist Mitglied eines studentischen Fotoclubs und unterhält eine geheime Zweitwohnung, in der Ünal Pornofotos findet. An der Universität lernt der Detektiv den rührigen Dekan Kurtar Toprak sowie das studierende Fotomodell Sinem Kocamercan kennen. Von ihr erhält er die Adresse von Ibos geheimer Zweitwohnung. Ein Anschlag am schwarzen Brett des Foto-Clubs mit einen Aufruf an Ibo, sich bei ihm zu melden, bringt ihm lediglich die telefonische Warnung eines jungen Mannes ein, die Nachforschungen fortzusetzen. In Ibos verlassener offizieller Wohnung findet er in einem alten Koffer Pornofotos, auf denen unter anderem Sinem zu sehen ist. Danach will er auftragsgemäß Orhan Yilmaz kontaktieren, doch als er in dessen Tonstudio nur noch Yilmaz' nackte Leiche findet, macht er sich eilends aus dem Staub. Die Dollarscheine, die er in Saris Päckchen entdeckt, versteckt er erst einmal im Gefrierschrank und sucht Ibos andere Wohnung auf. Hier trifft er das unter Drogen stehende Mädchen Zuhal – die ebenfalls auf den Pornofotos zu sehen ist – und wird von zwei überraschend auftauchenden ›Gorillas‹ niedergeschlagen, gefesselt und in einem Wagen fortgeschafft. Auf abgelegenem Terrain kommt es zu einem Treffen mit dem Kopf des Rauschgifthändlerrings, mit dem Onkel und Neffe Sari zusammenarbeiten. Letzterer hatte Rauschgift für eigene Zwecke beiseite geschafft, das der Chef wiederhaben oder bezahlt bekommen will. Ünan kommt nur deshalb mit dem Leben davon, weil er dem Chef die Neuigkeit von Orhans Tod erzählen kann. Als ihn Firat Uzun, der junge Mann, der ihn telefonisch vor weiteren Nachforschungen gewarnt hat, mit zwei Kumpanen überfällt, entsinnt sich Ünal seiner Kampfsportkenntnisse. Er schlägt die beiden Mitläufer in die Flucht und bekommt aus Firat Informationen heraus, wobei er vor Gewalt nicht zurückscheut. Firat ist einer von Ibos Zwischenhändlern. Ünal lässt ihn frei und erhält im Gegenzug den verschwundenen Schlüssel zum Fotolabor der Universität. Hier findet Ünal das Rauschgift und eine Videokassette mit einem dilettantischen pornografischen Film mit Sinem und Zuhal sowie mit Ibo in den Hauptrollen. Ünal spielt dem Mädchen Zuhal die Kassette zu, damit Ibo sie nicht weiter mit dem Inhalt erpressen kann. Ibo hatte nämlich den Film nicht nur gedreht, sondern auch kopiert und die Kopie an Orhan Yilmaz weitergegeben, der die Mädchen wiederum zum Drogenhandel und -konsum zwang. Als der Drogenboss noch einmal auftaucht, ringt ihm Ünal die Versicherung ab, keinen Stoff an Studenten zu verkaufen; wer Yilmaz umgebracht hat, weiß der Chef nicht. Ibo hat sich mit Sinem im Haus von Sinems Tante versteckt, wo Ünal die beiden aufspürt; Ibo ist im Besitz der Waffe, mit der Yilmaz getötet wurde, beteuert aber seine Unschuld. Er habe die Waffe mitgenommen, die neben der nackten Leiche gelegen habe. Wenig später werden Ibo, sein Onkel und Sinem aufgrund einer anonymen Denunziation von der Polizei wegen Drogenhandels verhaftet. Nachdem er alles noch einmal überdacht hat, entlarvt Ünal Yilmaz' Mörder: Es ist das Mädchen Zuhal, die auf dem Pornovideo zu sehen war. Sie hat Yilmaz dazu bewogen, sich auszuziehen und dann mit seinem eigenen Revolver erschossen, um die eine der beiden Kassetten an sich zu bringen. Zuhal verrät sich unter anderem, weil sie zu einem Zeitpunkt von Yilmaz' Tod wusste, als sie noch nichts davon wissen konnte.

STEWART O'NAN USA
(*1961)

Die Speed Queen

(OT: *The Speed Queen*, 1997). Reinbek: Rowohlt, 1998. (rororo 22640, 1999.) – Ü: Thomas Gunkel. – O: verschiedene Orte in den USA.

In der Nacht vor ihrer Hinrichtung beantwortet die 1964 geborene Margie Standiford einen umfangreichen Fragenkatalog, den O'Nans Fiktion zufolge der berühmte Romanautor St. → King für sie zusammengestellt hat und aus dem ein Buch ähnlich der Gefängnisgeschichte *The Green Line* entstehen soll. Margies Begeisterung für Geschwindigkeit resultiert aus der Lage ihres Elternhauses an der legendären Route 66. Sie scheint erblich vorbelastet, denn bereits ihre Eltern sind praktizierende Sadomasochisten. Nach Beendigung der

Schule wird sie Bedienung in diversen *Drive-in*-Schnellimbissen und Tankstellen. 1984 zieht sie mit dem autobegeisterten Kleindealer Lamont Standiford zusammen, der auch sie zum Drogenkonsum verführt. Als ein Wunschkind, der Sohn Gainy, unterwegs ist, heiraten die beiden, Lamont jedoch ist ihr gegenüber gewalttätig. Bei einem Verkehrsunfall mit Todesfolge verliert Margie ein Tütchen Rauschgift und kommt für sechs Monate in eine vergleichsweise liberale Resozialisierungsanstalt. Hier lernt sie Natalie Kramer kennen, mit der sie und ihr Mann, der Kleindealer Lamont, bald eine Ehe zu dritt führen. Vor Kriminellen, die Lamont zur Durchsetzung ihrer Geldforderungen einen Zeh abschneiden, fliehen die vier aus der Stadt. Es beginnt ein kurzer, schlecht vorbereiteter Gewalttrip im Drogenrausch. Das Ehepaar Close, die neuen Besitzer von Margies Elternhaus, werden bei lebendigem Leibe verbrannt, u. a. weil Mr. Close Lamont zu überfahren versucht. Ein bewaffneter Überfall auf ein Schnellimbissrestaurant mündet in einen achtfachen Mord, an dessen sadistischen Begleiterscheinungen vor allem Natalie und Lamont Anteil haben. Im Verlauf einer landesweiten Medienkampagne werden die drei zu reisenden irren Serienkillern dämonisiert, Margie erhält den Spitznamen »Speed Queen«. Lamont, bei einer Schießerei mit einem indianischen Polizisten schwer verletzt, stirbt nach qualvollem Todeskampf in einem Motel, worauf Margie der schlafenden Natalie eine Kugel in die Brust schießt. Mit Natalie und Lamont im Wagen tritt die »Speed Queen« ihre letzte Fahrt an. In einem Navajo-Reservat lässt sie sich, mit ihrem Sohn im Arm widerstandslos festnehmen. Natalie überlebt und schreibt ein Buch, in welchem sie – nicht ohne Erfolg – alle Schuld auf ihre Rivalin abwälzt. Bis kurz vor ihrer Hinrichtung beteuert Margie ihre Unschuld, ihre Verbrechen berühren sie innerlich nicht wirklich. Ihr Bewusstseinsinhalt besteht aus Autos und Popsongs, Sex und Drogen, vor allem aber aus Kinoerinnerungen. Fortwährend setzt sie sich und ihr Leben in Bezug zu Roadmovies wie *Fluchtpunkt San Francisco* oder *Thelma und Louise* beziehungsweise zu Filmen über das Thema Hinrichtung wie *Dead Man Walking* oder *Last Dance*.

CHRISTINE ORBAN Frankreich (*1955)

Der Sammler

(OT: *Le Collectioneur*, 1993). Berlin: Aufbau-Verlag, 1995. (AtV 1548, 1998.) – Ü: Christine Landgrebe. – O/Z: Fontainebleau; 1908 ff.

Der gehemmte, aus alter, reicher Familie stammende Numismatiker Arpad de La Castille (der Icherzähler und die Titelfigur) zog sich 1905 aus der Leitung der französischen Akademie für Münzkunde zurück, um sich ganz seinen Sammlungen zu widmen. Mit seiner wesentlich jüngeren Frau Olivia führt er eine stille, trotz Kinderlosigkeit glückliche Ehe. 1908 kauft de La Castille eine Porträtmünze Kleopatras, in einer Auflage von 50 Stück geprägt aus Anlass des 30. Geburtstages der ägyptischen Königin. Sämtliche Exemplare sollen bei einem Vulkanausbruch in der Lava versunken sein. De La Castille präsentiert den Fund seinem italienischen Kollegen und Rivalen, dem Grafen Adriano Alberoni, sowie seinem Freund Arthur Lord. Während eines kurzen Stromausfalls verschwindet die Münze spurlos. Lord leert bereitwillig seine Taschen aus, doch Alberoni verkündet arrogant, sein Ehrenwort, er habe die Münze nicht, müsse genügen. De La Castille beschuldigt Alberoni öffentlich des Diebstahls, was dieser ohne Rechtfertigungsversuch hinnimmt. Die Affäre droht de La Castilles Ehe zu zerstören, und er flüchtet sich in die Arbeit an seinem vielbändigen numismatischen Lebenswerk. Bei einer Generalreinigung des Hauses vor dem Weihnachtsfest 1911 wird die Münze in einem Gardinensaum entdeckt. De La Castille erleidet einen Nervenzusammenbruch, seine Frau bezieht ein eigenes Schlafzimmer. In seiner Verzweiflung bittet der Sammler, dem Selbstmord nahe, seinen Freund Arthur Lord um Vermittlung. Alberoni erklärt sein seinerzeitiges Verhalten mit dem Umstand, dass er ebenfalls eine Kleopatra-Münze besitze. Die Königin habe sie dem Hauptmann ihrer Leibwache, Onuphris, geschenkt und sei gerettet worden. Er, Alberoni, trage sie als Talisman stets bei sich, und wäre sie entdeckt worden, hätte er unweigerlich als Dieb gegolten. Dies versöhnt die beiden Männer, doch de La Castille fürchtet fortan die männerverzehrende Macht der Kleopatra, die um ein Haar auch ihn zerstört hätte, und bittet Lord, sein Exemplar dem Grafen zu überbringen. Danach erwacht erneut auch die Liebe der Eheleute zueinander.

KURT OSTBAHN Österreich
(d. i. Günter Brödl, 1955–2000)

»Kurt Ostbahn« ist der Name einer Band um das Multitalent Günter Brödl und gleichzeitig der Name der Hauptfigur von Brödls Wiener Underground-Krimis. Diese Hauptfigur wird als promovierter Weinkundler und Hobbydetektiv Dr. Kurt Ostbahn vorgestellt. In diesen Krimis tritt Brödl unter seinem Spitznamen »der Trainer« auch selbst auf. Kurt Ostbahn-Krimis: *Blutrausch* (1995), *Hitzschlag* (1996), *Platzangst* (1997), *Kopfschuss* (1999).

Blutrausch
Innsbruck: Haymon, 1995. (Heyne 1043, 1997.) – O: Wien.

Nach einem Besuch des Cafés »Rallye« von Wirt Josef Weinheber findet »Kurtl« Ostbahn den toten Sex-Metall-Bassisten Wickerl mit aufgeschlitzter Kehle, aufgeschlitztem Bauch; das Herz wurde kunstgerecht entfernt, Wickerls Geschlechtsteile weisen ältere Folterspuren auf. Wickerl hat offensichtlich raubkopierte CDs unterschlagen, die er als Kurier transportieren sollte, und war mit der (im sexuellen Sinne) sadistischen, promiskuitiven Sängerin Donna verbandelt. Donna unterhielt außer mit Wickerl Beziehungen zu dem psychisch labilen Modell Gilbert Levy sowie zu dem Musikmanager Steve Behrens. Kurt Ostbahn lernt die reiche Marlene Thompson kennen, die Stiefmutter von Gilbert, sowie Gilberts Zwillingsschwester Sarah, und wird für zwei Nächte deren Geliebter. Dabei versucht Marlene ganz offensichtlich, ihn auszuhorchen. Dann werden Rudi und Steve auf dieselbe Weise wie Wickerl ermordet, allerdings behält Rudi sein Herz; der Wirt Josef Weinheber wird bei Rudis Ermordung niedergeschlagen. Rudi und Weinheber hatten den Gewalttäter Eduard »Ederl« beim Abtransport von CDs überrascht. Als Mörder identifiziert Ederl anhand eines Phantombildes den Ex-DDR-Athleten und Berufskiller Ulrich Höhne, der sich längst abgesetzt hat, als Steve zu Tode kommt. Der Täter ist der unauffälligste Mensch der ganzen wüsten Geschichte, nämlich der in Donna verschossene Hobbydichter und -autor Florian Stifter. Er ist praktizierender Sadomasochist und verfügt als Student der Veterinärmedizin über die anatomischen Kenntnisse, die zum Heraustrennen der Herzen notwendig sind. Diese hat er zusammen mit anderen S/M-Artikeln zu einer bizarren, makabren Collage zusammengefügt. Von dieser spielt er Donna in der

Hoffnung auf baldige Entlarvung ein Foto zu. Nun arbeiten Ostbahn und Donna mit der Polizei zusammen. Von einem SEK geschützt, suchen sie Stifter auf. Der liegt, aus vielen selbst zugefügten Wunden blutend, in seiner Wohnung. Den erbetenen Gnadenschuss verweigert ihm Donna. Sein Motiv für die Morde ist eindeutig die Eliminierung aller Männer, mit denen Donna sexuelle Kontakte pflegte. Stifters Jugend ist von einem düsteren Geheimnis überschattet: als Neunjähriger hat er seinen betrunkenen Vater in der Jagdhütte des Wurstfabrikanten Raimond Strobl niedergestochen; offenbar hatte der Vater Strobl im Bett mit dem Jungen überrascht. Die Folterspuren an Wickerls Geschlechtsteilen haben nichts mit der Mordserie zu tun, sondern stammen von einem vergeblichen Versuch, in einem S/M-Film mitzuspielen. Marlene Thompson ist ebenfalls nicht in den Serienmord verwickelt; sie wollte lediglich Filmaufnahmen aus dem Verkehr ziehen, die die Modellkarrieren Gilberts und Sarahs gefährden könnten. Bevor sie nach Venedig abreist, lädt sie Ostbahn ein, doch lieber ihr zu folgen.

P

OUTI PAKKANEN Finnland (*1946)

Macbeth ist tot

(OT: *Macbeth on kuollut*, 1999). Dortmund: Grafit Verlag, 2001 (Grafit Krimi International 509). – Ü: Regine Pirschel. – O: Helsinki.

Der eigenbrötlerische Theatermime Artuu Jaala ist eine Art finnischer Nationalschauspieler. Er war zweimal kurz und auf eigenen Wunsch kinderlos verheiratet: einmal mit dem Star Gitta Gröth und einmal mit dem bald vergessenen Sternchen Elviira Metsä, und war ein rechter Schürzenjäger. Nach einer selbst gewählten Auszeit strebt er ein Comeback an der Seite Gritta Gröths an und arbeitet mit dem jungen Regiewunder Perttu Väänänen und dem schwulen Lichtkünstler Niko Mäkiaho zusammen. Am Morgen vor der Premiere wird er mit einem Spaten erschlagen aufgefunden. Der Tat liegt ein komplexes Beziehungsgeflecht zugrunde: Jaala war bisexuell und hatte ein Verhältnis mit dem Beleuchter Niko Mäkiaho. Weil Gitta Gröhn ihn kurz vor dessen Tod zusammen mit Jaala beobachtet, hält sie Niko für den Mörder und erpresst für ihr Schweigen sexuelle Gefälligkeiten von ihm, doch er versagt im Bett kläglich. Perttu Väänänen ist der Sohn der exzentrischen Künstlerin Anu Leimuu; dass Jaala sein leiblicher Vater ist, erfährt er erst, als Gitta bei den Proben seine verblüffende Ähnlichkeit mit Jaala anspricht, der seine Vaterschaft auch eingesteht. Ermordet wird er von Perttus Lebensgefährtin Seriminna Elo. Sie war dem Schauspieler Jaala mit Leib und Seele verfallen, obwohl sie kaum Chancen hatte, von ihm auch nur wahrgenommen zu werden. Mit Jaalas Sohn Perttu war sie offenbar wegen dessen Ähnlichkeit mit dem Angebeteten zusammen, wusste aber zunächst nicht, dass die beiden Vater und Sohn waren. Als sie dies erfährt, packt sie in Panik ihre Sachen, um Perttu zu verlassen. Dabei wirft sie im Streit eine Pfanne nach ihm und läuft aus der Wohnung direkt in die Arme der Polizistin Ström, die Perttu observiert. Danach stellt sich der Mord als spontane Affekthandlung dar. Seriminna hatte Jaala heimlich verfolgt, ihn nach Nikos Weggang angesprochen und mit einem Spaten erschlagen, als er ihre Avancen zurückwies. Die Rezepte zu der von den Figuren oft und gern zubereiteten bzw. verzehrten Speisen sind in einem Anhang wiedergegeben.

ASTRID PAPROTTA Deutschland (*1964)

Astrid Paprotta schrieb Kochbücher und das sozialkritische Frauenporträt *Der Mond fing an zu tanzen* (1997), bevor sie 1999 das hochgelobte Krimidebüt *Mimikry* (1999) um die mainfrankfurter Kommissarin Ina Henkel vorlegte. *Sterntaucher* (2002) ist der zweite Ina-Henkel-Krimi.

Mimikry

Frankfurt a. M.: Eichborn, 1999. (FiTb 14849, 2001.) – SF: Ina Henkel. O: Frankfurt am Main.

Die gehbehinderte Redaktionssekretärin Biggi Benz findet ihre Nachbarin Julia Bischof erschlagen und verstümmelt in deren Wohnung. Kurz darauf sendet sie der Polizei ein anonymes Fax, der arbeitslose Martin Fried liege seit Monaten tot in seiner Wohnung: Fried wurde ebenfalls erschlagen. Die mit dem Kleinkriminellen Czerwinski liierte Kommissarin Ina Henkel hat

Biggi schnell als Absenderin ermittelt; diese ist das Bindeglied zwischen den Toten, die beide als Gäste in der Talkshow des zynischen Gabriel Mosbach aufgetreten sind. Die Sendung wird von jener Firma produziert, bei der Biggi als Redaktionssekretärin arbeitet. Julia Bischof nennt Mosbach in ihrem Tagebuch ihren Freund und Geliebten, doch dabei handelt es sich um eine Wunschvorstellung einer emotional infantil gebliebenen Frau, und nicht Talkshowmaster Gabriel Mosbach ist der Mörder, sondern Biggi Benz, die infolge ihrer Unscheinbarkeit denkt, trotz augenfälliger Verwicklung in den Fall von kaum jemandem ernsthaft verdächtigt zu werden. Sie sucht die Nähe von Menschen, die wie sie zutiefst verunsichert und lebensuntüchtig sind, doch sobald sie ihnen gefühlsmäßig näher kommt, schlägt ihre Unsicherheit in Aggression um. Von der Wohnung der alleinstehenden Theresa Jung aus kann man genau in die vorhanglosen Fenster der chaotischen Behausung Ina Henkels sehen. Als angebliche Kriminalpolizistin erschleicht sich Biggi das Vertrauen Theresa Jungs und sucht sie oft wegen eines angeblichen Observationsauftrags auf. Dabei installiert sie ein Teleskop mit Zoom. Bald ist auch Theresa Jung erschlagen, in Mülltüten verpackt und in der Badewanne verstaut. Zur Kühlung der Leiche verwendet Biggi am laufenden Band erzeugte Eiswürfel und Kühlelemente. Allerdings schließt Biggi aus Schusseligkeit den Wasserhahn nicht richtig, was letztlich zur Alarmierung der Polizei führt. Zu Inas Überraschung hängt in der tadellos aufgeräumten Wohnung der Jung dieselbe Garderobe, die sie, Ina, selber trägt, und sie entdeckt das Teleskop. Die Erkenntnis, dass jemand sie ausspioniert und sich mit ihr identifiziert, stürzt sie in eine psychische Krise. Weil ihr Ina Henkel so imponiert, hat Biggi begonnen, sie bis ins Detail zu imitieren. Sie zieht sogar in das Hotel, in dem Inas Freund arbeitet. Ob sie, wie sie später Ina gegenüber behauptet, mit Czerwinski umstandslos intim geworden ist oder ob es sich dabei um eine bloße provokatorische Fiktion handelt, bleibt offen. In der Wohnung der Jung kommt es zu einer letzten Auseinandersetzung zwischen Biggi und der unbewaffneten Ina, die mit einer Krücke niedergeschlagen wird, aber in einem unbeobachteten Augenblick per Handy ihre Kollegen benachrichtigt und gerettet wird.

SARA PARETSKY USA
(*1947)

Zu den Kultfiguren des amerikanischen Frauenkrimis gehört die irisch-jüdische Privatdetektivin Vic Warshawski, ein hartnäckiger Schnüffler mit abgeschlossenem Jurastudium. Anders als viele ihrer Kolleginnen altert sie im Laufe der Serie, zu deren bekanntesten Teilen die Romane *Deadlock* (1984) und *Blood Shot* (1988) gehören. Kathleen Turner hat ihr in *V. I. Warshawsky* (USA 1991, R: Jeff Kanew) ihr rotes Haar und ihr sympathisches Gesicht geliehen. Weitere Vic-Warshawski-Krimis: *Killing Orders* (1985, dt. *Fromme Wünsche*, 1988), *Burn Marks* (1990, dt. *Brandstifter*, 1992), *Guardian Angel* (1992, dt. *Eine für alle*, 1993; »Marlowe« 1993), *Total Recall* (2001, dt. *Ihr wahrer Name*, 2002).

Die verschwundene Frau

(OT: *Hard Time*, 1999). München: Piper, 2001. (SP 3558, 2002.) – Ü: Sonja Hauser. – O: Chicago.

Vic Warshawski trifft ihre frühere Studienkollegin Alex Fisher wieder, die für die Fernsehfirma »Global« arbeitet und vergeblich versucht, ihre Freundin Vic mit dem Personenschutz des »Global«-Stars Lacey Dowell zu betrauen. Danach findet Vic eine verletzte Frau, Nicola Aguinaldo, auf der Fahrbahn, die mit Folterspuren am Körper an einem Darmabriss stirbt; ihre Leiche verschwindet vor der Obduktion, ebenso wie sie betreffende Akten. In der Folge bedroht der korrupte Polizist Lemour Vic Warshawsky, versucht, ihr die Tötung Nicolas anzuhängen und ihr Rauschgift unterzuschieben. Vic wehrt sich erfolgreich. Nicola war von ihrem Arbeitgeber Baladine wegen angeblichen Schmuckdiebstahls ins Gefängnis gebracht worden; sie saß in dem Hightech-Knast Coolis ein, der von Baladines Firma »Carnefice« betrieben wird. Vor seiner sportfanatischen Mutter sucht Baladines übergewichtiger Sohn Robby bei Vic Zuflucht, was Baladine Gelegenheit gibt, Vics Festnahme wegen angeblicher Entführung zu erwirken. Sie landet für Wochen in Coolis, wo KZ-artige Zustände herrschen. Dort erringt sie die Achtung der kriminellen Frauen, lässt sich von ihrem Anwalt eine Minikamera ins Gefängnis schmuggeln und kann damit dokumentieren, dass in der Gefängnisschneiderei T-Shirts für »Global« hergestellt werden, was laut Gesetz verboten ist. Als ihre Tarnung auffliegt, wird sie wie Nicola von Wärtern zusammengeschlagen und vergewaltigt, doch sie macht auch hiervon noch geistesgegenwärtig Aufnahmen. Mit einer Darmperforation wird sie in einem Auto weggeschafft. Im Gegensatz zu Nicola wird sie jedoch in einem verschwiegenen Krankenhaus wieder zusammengeflickt. Nach ihrer Genesung schleicht sie sich in Baladines Villa ein, sorgt durch PC-gestützte Manipulationen für seinen Rücktritt vom Vorstandsposten und stellt ein altes Videoband sicher, das Baladine beim Geschlechtsverkehr mit Nicola zeigt, deren finanzielle Notlage er skrupellos ausgenutzt hatte. Alex Fisher, die ebenfalls auf einem Video bei Sexspielen mit Baladine zu sehen ist, erkauft sich die Herausgabe des Bandes, indem sie die Entlassung der brutalen Wärter in Coolis erwirkt. In einer Kirche, wohin sich der erneut durchgebrannte Robby geflüchtet hat, bricht sich Lemour das Genick, und Vic schlägt Baladine k. o. Auf einer Pressekonferenz wird Baladines Rücktritt bekannt gegeben, Lemour als Held beigesetzt. Für Vics Honorar kommt Lacey Dowell auf. Nicola musste sterben, weil sie Baladine lästig wurde und weil sie zu viel von der illegalen T-Shirt-Produktion in Coolis wusste.

JOHN PEARSON Großbritannien (*1930)

Im Anschluss an eine Biografie von James-Bond-Erfinder I. → Fleming 1966 entstand in der Nachfolge von William S. Baring-Goulds Standardwerk *Sherlock Holmes: Die Biographie* (1962) Pearsons literarisches Scherzo, und wie bei Sherlock Holmes galt es auch hier Lücken in der Biografie des Helden zu schließen, auf die Fleming in seinen Romanen zwar beiläufig hingewiesen, die er aber niemals ausführlich geschildert hatte. Pearson erfindet in diesem Zusammenhang veritable Kurzthriller. Grundlage seiner Fiktion ist eine persönliche Bekanntschaft Flemings mit James Bond. Allerdings hält Bond Flemings Werke für ausgemachte Übertreibungen.

Agent 007. Das Leben von James Bond. Eine frei erfundene Biographie

(OT: *James Bond. The Authorized Biography of 007. A Fictional Biography*, 1973). Zug (Schweiz): Edition Sven Erik Bergh im Ingse Verlag, 1974. – Ü: Eva Korhammer.

Der mittlerweile 52-jährige Bond gibt in Bermuda dem Verfasser ein ausführliches Interview. Danach ist er am 11. November 1920 in Wattenscheid geboren, wo sein aus Schottland stammender Vater Andrew, ein begeisterter Bergsteiger, als Ingenieur bei

Metro-Vickers arbeitete. Der kriegsversehrte Andrew heiratete die Schweizerin Monique Delacroix. 1932 gerät er in der Sowjetunion in einen frühen Schauprozess gegen angebliche ausländische Spione, den so genannten »Metro-Vickers-Prozeß«, kommt aber frei. Ian Fleming – dies ist Tatsache – berichtet als Korrespondent über den Prozessverlauf. Kurz danach kamen Andrew und Monique, die eine höchst unglückliche Ehe geführt haben, bei einem Bergsteigerunglück ums Leben. Tante Charmian in Pet Bottom nimmt sich der Waisen James und seines Bruders Henry an. Es verschlägt James in ein Pariser Bordell, wo er die Chefin des Etablissements, Marthe de Brandt, kennen und lieben lernt. Weil sie fälschlicherweise als deutsche Agentin gilt, bringt Bond sie im Auftrag des Diplomaten Maddox um, indem er einen Unfall mit ihrem Bentley verursacht. Hiervon stammt die bekannte Narbe über der Wange. Kurz vor Ausbruch des Zweiten Weltkrieges bringt er nach einer Ausbildung beim Kartenspielspezialisten Esposito eine Gruppe rumänischer Falschspieler zur Strecke – eine Episode aus *Casino Royale.* Zu Beginn des Zweiten Weltkrieges gräbt Bond sich im Sand der Insel Sylt ein, um das Ein- und Auslaufen der deutschen U-Boot-Flotte zu beobachten. Nach dem Krieg holt ihn sein Maddox zum Secret Service, den der knorrige Admiral Sir Miles Meservy – alias M – leitet. Bald arbeitet Bond für die exklusive Doppelnull-Abteilung. Unter anderem tötet er auf Jamaika den Terroristen Gomez, der unter dem Deckmantel einer Sekte zur Verehrung der blutrünstigen Göttin Kull aufruft, und entzieht sich in der Nähe von Innsbruck durch einen beherzten Sprung aus dem Arlberg-Express dem Zugriff des bösen Deutschen Heinkel. Die heikelste Mission freilich besteht in der Wiederbeschaffung von Fotos, die ein böser Paparazzi heimlich von M in einem Nudistencamp geschossen hat. Zur Zeit des Interviews mit Pearson steht Bond kurz vor dem endgültigen Rückzug ins Privatleben und vor der Heirat mit Honeychile Ryder, seiner Gefährtin aus *Dr. No.* Sie ist inzwischen eine reiche Millionärswitwe. Als M's Stabschef Bill Tanner jedoch andeutet, dass Irma Bunt, die überlebende Lebensgefährtin von Bonds Erzfeind Ernst Stavro Blofeld, die Welt mit selbst gezüchteten Riesenratten bedroht, lässt er Honeychile und John Pearson stehen und stürzt sich in die nächste Mission.

GEORGE P. PELECANOS USA (*1957)

King Suckerman

(OT: *King Suckerman*, 1997). Köln: DuMont, 2000 (DuMont Noir 16). – Ü: Bernd W. Holzrichter. – O: Washington. – P: »Marlowe« für den besten internationalen Kriminalroman, 1999.
F: USA 2002, R: Sean Combs.

»King Suckerman« ist ein fiktiver B-Film über einen brutalen Zuhälter. Die Figuren des Romans erwarten sehnlichst das Anlaufen dieses Films und sehen ihn sich anschließend auch an. – Bobby Roy »B. R.« Clagget ist ein pickliger weißer Schlacks, der Leute gerne ohne Anlass mit seiner Pumpgun erschießt. Nach einem Mord rekrutiert ihn der Farbige Wilton Cooper als Bettgespielen für sich und als Killer für seinen Boss, den fetten italienischen Dealer und Hehler Eddie Spags. Bei einem Rauschgiftgeschäft stehlen der Grieche Dimitri Karras und dessen Freund, der Vietnam-Veteran Marcus Clay, Hehler Spags eine Lieferung Marihuana sowie das Geld hierfür. Vietnam-Veteran Clay bunkert einen Teil der Beute im Fußboden seines Schallplattenladens »Real Right Records«. Nachdem Wilton Cooper, B. R. Clagget und einige Komplizen im Auftrag von Hehler Spag bei einer Schießerei im Wildwest-Stil auf einer Farm eine mit Rauschgift dealende Rockerbande getötet und deren Geld und Drogen in ihren Besitz gebracht haben, überfällt der Farbige Cooper das Geschäft. B. R. Clagget schießt mit seinem Schrotgewehr den Verkäufer Rasheed Adamson nieder, Cooper holt Spags Geld zurück. Der Grieche Karras, ein Freund von Rasheed und dessen Bruder Al, rüstet daraufhin zum Rachefeldzug. Während des Feuerwerks am Silvesterabend werden Spags' Leute, darunter Cooper und B. R., in einem Hochhaus niedergemacht. Am Ende ist Hehler Spags der Betrogene. Clay behauptet, er habe Cooper das gestohlene Geld zurückerstattet, und berichtet, in Coopers Wagen seien Drogen und hohe Geldsummen gefunden worden; darunter müsse auch das zurückerstattete Geld sein. Außerdem nennt Clay Spags die Adresse eines bestimmten Geschäftes, in dem für Hehlerware hohe Preise gezahlt werden, verschweigt aber, dass dieses Geschäft von getarnten Polizisten betrieben wird, die eine so genannte »HWD«-(»Haben-wir-dich«-)Tombola mit attraktiven Gewinnen veranstalten. Wenn genug Lose, auf denen die Adresse angegeben werden muss, beisammen sind, wird eine stadtweite Riesenrazzia den Hehlersumpf auf einen Schlag nahezu komplett trockenlegen. Spags, der auf den Vorschlag eingehen will, lässt Clay leben. Nachdem sich Clay und Karras getrennt haben und Karras die Stadt verlassen hat, bleiben seine griechischen Freunde mit träumerischen Gedanken an den Film »King Suckerman« zurück.

CHANTAL PELLETIER Frankreich (*1949)

Eros und Thalasso

(OT: *Éros et Thalasso*, 1998). Heilbronn: Distel Verlag, 2000 (Distelkrimi). – Ü: Eliane Hagedorn und Barbara Reitz (Kollektiv Druckreif). – O: Granville.

Der Titel des Gebrestenromans spielt mit den griechischen Begriffen »Eros und Thanatos«, »Liebe und Tod«; *thalassa*, auch *thalatta*, bedeutet ›Meer‹ oder ›Salzwasser‹. Hiervon abgeleitet ist die Thalasso-Therapie, die verschiedene Leiden mit Hilfe von Salzwasser-, Schlamm- oder Algenbädern zu heilen versucht. Held ist der farbenblinde Kriminalpolizist Maurice Laice, dessen Name wie der englische Ausdruck *more is less* (mehr ist weniger) klingt. Er hält sich von Frauen fern, seit seine Verlobte bei einem gemeinsamen Duschbad durch einen defekten Badeofen ums Leben gekommen ist. – Bei einer Thalasso-Behandlung im Sanatorium von Granville wird die 38-jährige Hotelfachfrau Gloria Kadoré betäubt und durch eine Injektion mit dem Schlafmittel Evipan getötet. Gloria war bis zu dessen umstrittenen Unfalltod vier Jahre zuvor mit dem Kameruner Baptiste Kadoré verheiratet und hinterlässt nun einen 16-jährigen Sohn, Elvis. Ein Motiv für Glorias Tod könnte in ihrem Verhältnis mit dem verheirateten Ex-Geliebten Nouredin Naoud liegen, mit dem sie seit dessen Hochzeit jahrelang ein Verhältnis hatte. Außerdem werden auf brutale Art der bisexuelle Student und Journalist Patrick Verjot und seine schwangere Freundin Djamila, eine Iranerin, ermordet. Agnès, Glorias geschiedene Schwester, ist von Beruf Psychologin und möchte den Tod ihrer Schwester aufklären. Dabei ist sie ständig zwischen ihrem Wunsch, den auch in diesem Fall ermittelnden Polizisten Laice zu verführen, und ihren antipolizeilichen Affekten hin- und hergerissen. Beim Herumschnüffeln auf eigene Faust gerät sie an die Ärztin Dr. Claude Brunet, die Gloria kostenlos behandelte und sie wie viele andere Patientinnen an die Thalasso-Klinik überweist. Glorias Sohn Elvis verschwindet spurlos im Zusammenhang mit seiner ersten intimen Liebe Julie sowie mit Geld von seinem Vater, das für Afrika bestimmt war; ein korrupter Abgeordneter hatte es Anfang der 90er-Jahre unterschlagen, der Vater hatte es wiederbeschafft, Elvis will es seinem ursprünglichen Verwendungszweck wieder zuführen. Patricks Tod steht im Zusammenhang mit seinen Recherchen über die Konservenfabrik Sénapi, deren Inhaber eine moderne Form der Sklaverei betreibt. Sénapi brachte Patrick und Djamilij in Komplizenschaft mit seinem Schwager aus Angst vor Enthüllungen um. Bei einem Schusswechsel bei der Festnahme wird der kurz vor der Hochzeit stehende Polizist Gilles erschossen. Als Glorias Mörderin erweist sich Claude Brunet. Sie war im vierten Monat schwanger, als ihr Mann Noredone sie mit Gloria zu betrügen begann. Agnès stellt Claude auf ihrer Jacht. Die Ärztin bedroht Agnès mit einer Waffe, es kommt zu einer Rangelei. Als Retter in letzter Sekunde erweist sich Laice, der Claude Brunet ebenfalls auf die Schliche gekommen ist. Betrügerische Machenschaften mit Afrikas Not spielen bei diesem Eifersuchtsmord nur eine untergeordnete Rolle.

ANNE PERRY Großbritannien
(d. i. Juliet Marion Hulme, *1938)

Anne Perry, die als Jugendliche selbst einen Mord beging, hat zwei historisierende Serien erfunden: eine über Oberinspektor Thomas Pitt von der Wache Bow Street und seine Frau Charlotte, sowie eine über den Privatermittler William Monk; beide sind im viktorianischen Zeitalter angesiedelt und kritisieren die gesellschaftlichen Zwänge, denen vor allem die Frauen jener Zeit unterworfen waren, als Quelle persönlichen Unglücks und des Verbrechens. Die Erzählungen des Bandes *The Last High Queen* (2000, dt. *Die letzte Königin*) spielen u. a. im Mittelalter und während der Französischen Revolution; zweimal versucht sich die Autorin darin an Sherlock-Holmes-Geschichten, und dreimal an Wauwau-Krimis. Idee und Ausführung klaffen bei dieser Autorin nach solidem Beginn immer weiter auseinander. Thomas-Pitt-Krimis: *The Caterstreet Hangman* (1979, dt. *Der Würger von der Cater Street*, 1989), *Death in the Devil's Acre* (1985, dt. *Tod in Devil's Acre*, 1994), *Ashworth Hall* (1997, dt. *Eine geschlossene Gesellschaft*, 1999), *Half Moon Street* (2000, dt. *Nebel über der Themse*, 2002); William-Monk-Krimis: *Face of a Stranger* (1990, dt. *Das Gesicht des Fremden*, 1992), *A Sudden Fearful Death* (1993, dt. *Im Schatten der Gerechtigkeit*, 1993), *The Twisted Root* (1999, dt. *In feinen Kreisen*, 2001).

Schatten über Bedford Square

(OT: *Bedford Square*, 1999). München: Heyne 2001. – Ü: K. Schatzhauser. – SF: Thomas und Charlotte Pitt. O/Z: London; 1891.

Im vornehmen Stadtteil Bedford Square wird vor dem Haus des Generals Brandon Balantyne der Straßenverkäufer Albert Cole erschlagen und später eine wertvolle Schnupftabaksdose aus dem Besitz des Generals sichergestellt. Oberinspektor Thomas Pitt mag nicht an einen einfachen Diebstahl mit anschließendem Streit um die Beute glauben. Pitts Vorgesetzter Kapitän John Cornwallis wird seit kurzem erpresst; eine heldenhafte Rettungstat aus Marinetagen sei gar nicht von ihm ausgeführt worden; auch der General hat ein Erpresserschreiben erhalten, ebenso wie vier weitere einflussreiche Männer in hohen Positionen; einer begeht Selbstmord. Seltsamerweise erhebt der Erpresser keinerlei Geldforderungen; der Schrecken, den er verbreitet, scheint ihm zu genügen. Oberinspektor Pitts Frau Charlotte entdeckt zufällig, dass alle Erpressten im Vorstand eines Waisenhauses in einem der abgelegenen Vororte Londons sitzen. Dort werden Waisenkinder als Arbeitssklaven an Kohlegruben, Spinnereien und Fabriken verschachert und dadurch eingesparte Gelder im Waisenhaus unterschlagen. Als Drahtzieher entlarvt Pitt eines der Erpressungsopfer, das sich durch die Erpressung tarnen wollte. General Balantyne war bei einer routinemäßigen Buchprüfung auf Diskrepanzen zwischen Ausgaben und Einkünften gestoßen und wollte den Vorstand informieren. Zur Abschreckung legte ihm der Täter eine Leiche vor die Haustür. Auch der vorgebliche Selbstmord stellt sich im Nachhinein als Mord heraus, der der Polizei einen Sündenbock präsentieren sollte. Weil er seine Spuren gut verwischt hat und Waisenkinder keine Rechte haben, wird der Verbrecher ungeschoren davonkommen. Seine Gattin, die auch den als Sündenbock Ausersehenen im Glauben umgebracht hat, der Bedrohung des Familienglücks damit ein Ende zu setzen, streckt ihren Mann mit der Pistole nieder und jagt sich anschließend selbst eine Kugel in den Kopf. M. D.

Tödliche Täuschung

(OT: *White Sepulchres*, 1997). München: Goldmann, 2000 (Tb 41648). – Ü: Michaela Link. – SF: William Monk. O/Z: London; 1860.

Der neunte Monk-Krimi ist bevölkert von einem klischeehaften Figurenensemble: Der Anwalt Sir Oliver Rathbone übernimmt die Verteidigung des jungen Architekten Killian Melville, der des Bruches des Eheverbrechens gegenüber Zillah, der Tochter des Kaufmanns Barton Lambert, angeklagt ist. Sir Oliver kann Melvilles Schutzbehauptungen nicht ernst nehmen und beauftragt den Privatermittler William Monk mit Nachforschungen. Bevor sie beginnen, wird Melville vergiftet und erweist sich als Frau. Frauen ist der Architektenberuf wie vieles andere verschlossen. Mit der von ihm zurückhaltend verehrten Krankenschwester Hester Latterly findet Monk heraus, dass Zillahs Mutter Melvilles Mörderin ist. Ihre Motive: Standesdünkel sowie eine erste Ehe, aus der zwei behinderte Kinder hervorgingen und die mit der Ermordung des Gatten endete. Die Entlarvung von Mrs. Lambert leitet den gesellschaftlichen Niedergang ihres Gatten ein. Aber am Ende macht Monk Krankenschwester Hester einen Heiratsantrag. M. D.

THOMAS PERRY USA
(*1947)

Mit seiner Protagonistin Jane Whitefield vom Stamme der Seneca hat Perry rasch den Aufstieg von der Paperback- in die Hardcoverklasse geschafft. Jane Whitefield betätigt sich als *Eraser*, d. h. sie verschafft Menschen, die untertauchen wollen, eine neue Existenz. Daran ändert sich auch nach ihrer Heirat mit dem Chirurgen Dr. Carey McKinnon nichts. Ihre Abenteuer sind zwar nicht immer ganz glaubwürdig, aber stets atemberaubend spannend. Weitere Jane-Whitefield-Krimis: *Vanishing Act* (1995, dt. *Die Hüterin der Spuren*, 1998), *Dance for the Dead* (1996, dt. *Tanz der Kriegerin*, 1999), *The Face Changers* (1998, dt. *Das zweite Gesicht*, 2000).

Auf der Spur des Wolfes

(OT: *Blood Money*, 1999). München: Kabel, 2001. – Ü: Wulf Berger. – SF: Jane Whitefield. O: USA.

Der greise Bernie Lupus betreut die Finanzen mehrerer amerikanischer Mafiafamilien und wird »der Elefant« genannt, weil er sämtliche Transaktionen in seinem Gedächtnis und nirgendwo sonst gespeichert hat – was gleichermaßen eine Lebensversicherung und eine Lebensbedrohung bedeutet. Als sich erste Gedächtnisschwächen bemerkbar machen, verlangt der sinistre Mafioso Frank Delfina, Bernie solle sein Wissen in einen Computer eingeben (und damit sein Todesurteil unterschreiben). Als auch sein junges Zimmermädchen Rita bedroht wird, inszeniert Bernie seine eigene Ermordung und verschwindet; Zimmermädchen Rita sucht Hilfe bei Jane. Nachdem Bernies Neffe niedergeschossen worden ist, treten die drei unter wechselnden Identitäten eine Odyssee quer durch die USA an: Unterwegs entwickelt Jane den wahnsinnigen Plan, zehn Milliarden Dollar Mafiageld an wohltätige Organisationen zu spenden. Ein großer Teil ihrer Fluchtbewegungen dient dazu, Schecks paketeweise an verschiedenen Orten unauffällig zur Post zu bringen. Komplize ist Janes alter Freund Henry Ziegler, der viel von Geldbewegungen und Computern versteht. Bis die Mafia dem Deal auf die Spur kommt, ist bereits der größte Teil des Geldes seiner Bestimmung zugeführt. Rita begeht den Fehler, ihrer Mutter im Gefängnis zu schreiben, die daraufhin prompt ermordet wird, und die Schlinge beginnt sich zuzuziehen, mehrfach müssen die drei vor Killerkommandos fliehen. Delfina gelingt es, Jane einzukreisen, doch diese tötet ihn nach einer längeren Verfolgungsjagd durch ein Maisfeld in dessen eigenem Wagen und entkommt, mit der Leiche neben sich. Danach lassen sich die Mafiabosse in einen verlustreichen Bandenkrieg verwickeln, müssen aber die zehn Milliarden Dollar als Verlust abschreiben. Bernie und Rita können unbehelligt in ihren neuen Existenzen weiterleben, Jane kehrt zu ihrem Mann zurück. In einem konspirativen Gebäude versteckt sie zwei wertvolle Diamanten aus Bernies Besitz – für den nächsten Klienten, der seine alte Identität aufgeben muss.

ELLIS PETERS Großbritannien

(d. i. Edith Pargeter, 1913–1995)

Ellis Peters »erfand« den Kloster-Krimi bereits drei Jahre vor U. → Eco (*Im Namen der Rose*). *Im Namen der Heiligen* leitet eine Serie von 20 Romanen und 3 Kurzgeschichten ein. Der Protagonist Cadfael nahm an Kreuzzügen teil, fuhr zur See und hatte verschiedene Liebschaften, bevor er ins Kloster Shrewsbury eintrat, wo er für den Kräutergarten verantwortlich ist und nebenbei Kriminalfälle löst. Eine Nachfolge trat Peter Tremayne mit seiner Schwester Fidelma an (*Tod im Skriptorium*, *Die Tote im Klosterbrunnen*, *Tod in der Königsburg*). Weitere Krimis mit Bruder Cadfael: *The Monk's Hood* (1980, dt. *Das Mönchskraut*, 1986), *The Virgin in the Ice* (1982, dt. *Die Jungfrau im Eis*, 1986), *The Devil's Novice* (1983, dt. *Des Teufels Novize*, 1988), *An Excellent Mystery* (1985, dt. *Ein ganz besonderer Fall*, 1990), *Brother Cadfael's Penance* (1994, dt. *Bruder Cadfaels Buße*, 1998).

Im Namen der Heiligen

(OT: A *Morbid Taste for Bones*, 1977). München: Heyne, 1985 (Tb 01/6475). – Ü: Eva Malsch. – SF: Bruder Cadfael. O/Z: die Abtei von Shrewsbury; 1137.

Himmlischen Zeichen entnimmt Prior Robert, dass die verstorbene heilige Winifred Schutzheilige von Shrewsbury werden möchte. So bricht er zur Überführung von Winifreds Gebeinen nach Wales in das Dorf Gwytherin auf. Ihn begleiten als Dolmetscher Bruder Cadfael sowie vier weitere Mönche, darunter der ehrgeizige Columbanus. Die Bewohner von Gwytherin jedoch verweigern, aufgestachelt von dem Großgrundbesitzer Rhisiart, die Herausgabe der Gebeine. Es kommt zum Streit mit Prior Robert, und am nächsten Tag wird Großgrundbesitzer Rhisiart mit einem Pfeil in der Brust tot aufgefunden. Der Verdacht fällt auf den Wilderer Engelard, den Besitzer des Pfeils und heimlichen Verlobten von Rhisiarts Tochter Sioned. Während seine Mitbrüder Winifreds Gebeine exhumieren, findet Bruder Cadfael heraus, dass Rhisiart hinterrücks erdolcht wurde: der Pfeil diente lediglich der nachträglichen Umlenkung des Verdachts. Als Mörder erweist sich der ehrgeizige Mönch Columbanus, der alle zu beseitigen trachtete, die sich der Überführung der Gebeine in den Weg stellten. Columbanus gesteht die Tat, bricht sich aber bei einem Handgemenge mit dem Wilderer Engelard das Genick. Da es keine Beweise für Columbanus' Schuld gibt, greifen Cadfael, Engelard und Sioned zu einem Trick und tauschen den Inhalt des Reliquienschreins heimlich aus. Die Gebeine der Heiligen kommen wieder in ihr angestammtes Grab, Columbanus' Leichnam wird in dem Schrein verstaut. So sind alle Parteien zufrieden: Den Dorfbewohnern macht Cadfael klar, dass Winifreds Gebeine in Wahrheit immer noch im Grab ruhen und dass Engelard nicht der Mörder Rhisiarts ist. Somit steht einer Heirat Sioneds und Engelards nichts mehr im Wege. Im Glauben, ihr Schrein enthalte die begehrten Reliquien, kehrt Prior Robert mit seiner Delegation nach Shrewsbury zurück. Columbanus' Verschwinden wird damit erklärt, dass die heilige Winifred ihn zu sich in den Himmel geholt habe. In der Folgezeit kommt es sowohl am Heiligengrab in Gwytherin als auch am Reliquienschrein in Shrewsbury zu Wunderheilungen.

J. H. / K. K.

ERNST VON PIDDE Deutschland (1877–1966)

Der Amtsrichter aus Giffhorn, der ursprünglich hatte Cellist werden wollen und der nach der Machtergreifung der Nazis sein Amt verlor, schrieb eine der geistvollsten Parodien der deutschsprachigen Kriminalliteratur. Das nachgelassene Manuskript wurde von einem Verwandten, dem Diplomaten und FAZ-Journalisten Jörg von Uthmann (*1936), bearbeitet. Dieter Zöchling, ein Wiener Staatsanwalt, versuchte 1986 mit *Freispruch für Tosca – Jago soll hängen. Fiktive Prozesse*, einer »dickleibigen Fleißarbeit« von 427 Seiten, durch juristische Analyse von zwölf Opern wie *Fidelio* oder *Jenufa*, »die von Piddesche Zitrone zum zweiten Mal auszupressen« (Jörg von Uthmann).

Wagners Musikdrama »Der Ring des Nibelungen« im Lichte des deutschen Strafrechts (Richard Wagners »Ring des Nibelungen« ...)

Frankfurt a. M.: Bärmeier und Nikel, 1968 (Neuausg. Hamburg: Hoffmann & Campe, [7]1995).

Die satirische Absicht des Autors ist die Entlarvung der Opern Richard Wagners, insbesondere des Zyklus *Der Ring des Nibelungen* als eine »Abfolge orchestral aufgeputzter Straftatbestände« und wendet das deutsche Strafrecht auf die verschiedenen in den Musikdramen begangenen Verbrechen an. Zunächst bejaht der Autor die Frage, ob diese Verbrechen überhaupt unter das deutsche Strafgesetz fallen, obwohl sie doch vor dessen In-Kraft-Treten begangen worden seien und obwohl Wagners Dramen noch zum Teil vor dessen In-Kraft-Treten geschrieben worden seien. Von Pidde argumentiert, dass mit jeder Aufführung die Verbrechen aktualisiert und damit unter deutsches Strafrecht fallen würden. Die zu Wagners *Ring* gehörenden Stücke *Rheingold, Walküre, Siegfried* und *Götterdämmerung* werden jeweils nach einer kurzen *Beschreibung des Sachverhalts* in Tatkomplexe unterteilt und als solche unter Heranziehung zahlreicher Originalzitate einer juristischen Untersuchung unterzogen, z. B.: *Die Wegnahme des Schwerts.* Am Ende wird in *Rückblick und Ausblick* ein Resümee gezogen, dem abschließend noch in einem *Anhang* eine Tabelle der *Verwirkten Gesamtstrafen* sowie ein Register folgen.

AKIF PIRINÇCI Deutschland (*1959)

Pirinçci, ein deutscher Autor türkischer Abstammung, debütierte mit dem teilweise autobiografischen Jugendroman *Tränen sind immer das Ende* (1980). Nach dem Gebrestenkrimi *Der Rumpf* (1992) schuf er mit seinen Felidae-Romanen eine erfolgreiche Serie um den detektivischen Kater Francis. Dieser bildet eine Mischung aus Indiana Jones und Philip Marlowe, in Gestalt einer Katze gegossen. Wie in den meisten Tierkrimis verstehen die Katzen die Menschensprache, dürfen dies aber nicht zeigen. Analog zu Indiana Jones' Abenteuern bekommt es der Held im Laufe der vierteiligen Serie – eher einer Folge von Neuaufgüssen – immer wieder mit kätzischen Nazis zu tun. In *Cave canem* (1999, wörtl. »Hüte dich vor dem Hund«) ermittelt Francis an der Seite eines Hundes, um einen Krieg zwischen Hunden und Katzen zu verhindern.

Felidae

München: Goldmann, 1989. (Goldmann 41567, 1994.) – SF: Kater Francis und sein »Dosenöffner« (= Herrchen) Gustav. O: vermutl. Bonn.

F: D 1994, R: Michael Schaak.

Francis stößt bei der Erkundung seines neuen Reviers auf eine Reihe von Katzenkadavern. Alle Katzen, die mit einer Ausnahme rallig waren, wurden mit einem Präzisionsbiss getötet. Zusammen mit dem erfahrenen Kater Blaubart und dem krebskranken Katzengreis Pascal, der den Computer seines Herrn bedienen kann, beginnt Francis nach dem Mörder zu suchen. Dabei wird er Zeuge merkwürdiger kultischer Handlungen des Katzenpriesters Joker um den Katzenmärtyrer Claudandus. Zunächst gelangt er in eine unterirdische Katzen-Nekropole, die ein uralter Kater bewacht, dann entdeckt er das Tagebuch des Menschen Dr. Preterius, der bis 1980 bei der Entwicklung eines neuartigen Wundklebstoffs in der Villa, die Francis mit Gustav bewohnt, Tierversuche anstellte. Das von ihm entwickelte Präparat zeitigte allerdings nur bei dem vielfach geschundenen Kater Claudandus Wirkung, einem Mutanden, alle anderen Versuchskatzen blieben hoffnungslos verstümmelt. Nach der Schließung seines Labors verschwand Dr. Preterius. Bis er dessen Leiche findet, hält Francis Katzenpriester Joker für den Katzenkiller. Der Katzengreis Pascal legt schließlich ein Geständnis ab: Er sei in Wirklichkeit Claudandus, habe seinerzeit seine gequälten Artgenossen befreit und Preterius getötet. Bei der Lektüre der biologischen Bücher seines neuen Besitzers Ziebold sei ihm die Idee gekommen, durch gezielte Selektion die »Ur-Felidae« rückzuzüchten, die legendäre Katzen-Urrasse ohne das »Domestikations-Gen«. Francis' Gespielin ist ein Exemplar dieser neu-alten Rasse, auch Francis' Gene fanden Gnade vor Claudandus, wohingegen Tiere, die nicht ins Zuchtkonzept passten, ebenso wie zufällige Mitwisser sterben mussten. Zur Verbreitung seiner Ideologie habe er, Claudandus, den Kult um seine Person geschaffen. Die Totenstadt diente zur unauffälligen Beseitigung der Leichen. Nun, da er alt sei, hoffe er, in Francis einen würdigen Nachfolger zu finden. Als dieser sich weigert, kommt es zu einem Duell, bei dem ein herabstürzender Farbmonitor einen Brand auslöst; der schwer verwundete Claudandus kommt in den Flammen um, Francis rettet sich in letzter Sekunde.

Der Rumpf

München: Goldmann, 1992. (Goldmann 24236, 1992.)

Daniel, ein arm- und beinloses Findelkind (der Icherzähler), wird von einem katholischen Geistlichen aufgezogen und kommt nach dessen Tod 1984 in ein Behindertenheim und von dort ins Sanatorium des Yuppie-Professors Sladek, der zur Befriedigung der Sexualnöte seiner Patienten teure Callgirls engagiert. Pfleger Hans wird Freund und Betreuer Daniels, der dank eines Hightech-Rollstuhls einigermaßen mobil ist und sich nichts sehnlicher wünscht, als einmal einen möglichst perfekten Mord zu begehen oder begehen zu lassen. Dazu will er die Defekte der Heiminsassen wie ein fehlendes Kurzzeitgedächtnis ausnutzen. Er schickt Hausmeister Thaddäus Arnold, einem mutmaßlichen NS-Verbrecher, Erpresserbriefe, als deren Absender diesem Professor Sladek erscheinen muss. Gleichzeitig sucht er die Freundschaft Arnolds, der ihm den Rollstuhl mit einer besonderen Zusatzfunktion zur Erzielung kurzzeitiger enormer Beschleunigungen ausrüstet. Als Arnold und Sladek erschossen werden – letzterer bis zur Unkenntlichkeit verstümmelt – und Hans verschwindet, verdächtigt der betagte Oberkommissar Kasimir Kreuzer Daniel. Kreuzer weiß bereits und Daniel ahnt es, dass Sladek Spendengelder in Millionenhöhe unterschlagen hat und sich ins Ausland absetzen wollte. Als Daniel im Zuge eigener Ermittlungen durch das Sanatorium fährt, findet er seine behinderten Komplizen alle ermordet auf und fühlt sich verfolgt – der Mörder ist hinter ihm her. Mit Sladeks Geliebter Mercedes, die ihn um Stillschweigen über Sladeks Unterschlagungen bittet, kommt Daniel zum ersten und einzigen Beischlaf seines Lebens. Bevor Kreuzer einem Herzinfarkt erliegt, kann er Daniel noch mitteilen, dass der unkenntliche Tote nicht Professor Sladek sei, sondern Pfleger Hans, dass Sladek also lebe und dass Hausmeister Arnold nicht Sladeks Komplize, sondern – wie Daniel – dessen Opfer sei. Im Leuchtturm des Sanatoriums kommt es zum Showdown zwischen Daniel und Sladek, der seinen Wahnsinn nicht mehr kontrollieren kann. Daniel kann den Arzt durch Auslösen der »Booster«-Funktion mit dem Rennfahrstuhl ins Meer katapultieren. Die Leiche wird nie gefunden, Mercedes setzt sich ab, die Witwe schickt Daniel ein Dossier, das ihr Mann über seine eigenen Machenschaften angelegt hat. Daniel selbst endet in einer Irrenanstalt, wo er halb aus Freude, halb aus Melancholie, im Rollstuhl sitzend die Titelmelodie der US-Fernsehserie *Flipper* singt.

EDGAR ALLAN POE USA (1809–1849)

Der Urvater aller *Armchair detectives* und direkter Vorläufer von A. C. → Doyles Sherlock Holmes ist der Amateurdetektiv Comte Auguste Dupin, dessen insgesamt drei Fälle von einer namenlosen Ich-Figur, Dupins bestem Freund, berichtet werden. Poes Ansinnen war nicht die Schaffung einer Detektivfigur; für ihn stand das intellektuelle Rätsel im Vordergrund. Dupins äußerlichen und charakterlichen Attribute sind ohne Individualisierung denen des düsteren romantischen Helden entlehnt, allerdings raucht Dupin wie später Holmes exzessiv Pfeife. Dupin ist nicht mehr als eine Rechenmaschine auf zwei Beinen, die Projektionsfläche für Poes oft schematische Gedankenspiele, in denen er die Wirklichkeit allzu offenkundig nach Bedarf arrangiert; die psychologische Seite der Fälle ignoriert er häufig. Seine Kriminalerzählungen nennt Poe im Unterschied zu den fantastischen *stories of imagination* nun *stories of ratiocination*, Geschichten also, in denen die Ratio die durch das Verbrechen aus dem Lot geratene Welt wieder grade rückt. Erst Doyle jedoch schuf mit Holmes eine Figur mit eigener Persönlichkeit, die so lebendig wirkte, dass viele noch heute glauben, er habe wirklich gelebt. Im Gegensatz zu Holmes führte Dupin nach dem Tod seines Schöpfers kein wirkliches Eigenleben mehr, sieht man von Versuchen → Frutteros und Lucentinis ab, die ihn 1989 in *Die Wahrheit über den Fall D.* auftreten lassen, oder in Alfred Marquards Scherzo *C. Auguste Dupin meets Edgar Allan Poe* (1985).

Die Auguste-Dupin-Erzählungen

1. Das Geheimnis um Marie Rogêt

(OT: *The Mystery of Marie Rogêt*, 1842/43). Enthalten in: E. A. P.: *Werke in 4 Bänden*, Olten: Walter, 1966. – Ü: Hans Wollschäger. – O: Paris.
F: USA 1942, R: Phil Rosen.

Die Erzählung fußt auf einem realen Fall, dem Mord an der New Yorkerin Mary Cecilia Rogers, über den Poe Pressematerial gesammelt hat. Poe verlegte die Geschichte jedoch nach Paris. Hier wohnt die schöne Marie Rogêt mit ihrer Mutter Estelle über der Parfümerie des Monsieur Le Blanc, wo sie auch arbeitet. Eines Tages verschwindet Marie und kehrt erst eine Woche später zurück. Kurz danach kündigt Marie, fünf Monate später verschwindet sie zum zweiten Mal, bis sie als Wasserleiche aus der Seine gefischt wird: Sie ist einem Sexualmörder zum Opfer gefallen. Weil die Polizei wie immer nicht weiter kommt, wird Polizeipräfekt G. bei Auguste Dupin vorstellig. Dupin weist nach, dass es sich bei der Wasserleiche tatsächlich um Marie Rogêt handele, entlastet zu Unrecht Verdächtigte wie Maries Verlobten, und erstellt nach Art moderner *profiler* ein Täterprofil. Dies führt zu einem Seemann mit dunklem Teint. Ob der der Täter ist, bleibt am Ende offen – die literarisch unbefriedigendste der drei Dupin-Geschichten.

2. Der stibitzte Brief (Der entwendete Brief)

(OT: *The Purloined Letter*, 1845). Enthalten in: E. A. P.: *Werke in 4 Bänden*, Olten: Walter, 1966. – Ü: Hans Wollschäger.

Polizeipräfekt G. unterbreitet Dupin ein schier unlösbares Problem: Eine hochgestellte Dame am Hof – womöglich die Königin selbst – wird mit einem kompromittierenden Brief erpresst, den sich der durch sein Namenskürzel als eine Art Alter Ego Dupins ausgewiesene Minister D. auf hinterhältige Weise beschafft hat. Polizeipräfekt G., der das Schreiben unter Wahrung höchster Diskretion wiederbeschaffen soll, berichtet, dass mehrere heimliche Hausdurchsuchungen in D.s Abwesenheit sowie ein gut inszenierter Überfall auf D. keinerlei Ergebnisse gezeitigt hätten. Dupin prophezeit eine simple Lösung des Falles. Nach einem Monat überreicht Dupin dem überraschten Polizeipräfekten G. das inkriminierte Schreiben und verkauft es ihm für 50 000 Francs. Nach G.s Weggang erklärt er dem staunenden Freund sein Vorgehen. D.s Trick sei es gewesen, den Brief nicht zu verstecken, sondern im Gegenteil an einem

Ort zu verwahren, an dem ihn niemand suchen würde, nämlich in einem jedermann zugänglichen Briefständer. Er, Dupin, habe D. unter einem Vorwand aufgesucht, das Versteck des als wertloses Papier getarnten Briefes gefunden und diesen gegen einen äußerlich ähnlichen Brief ausgetauscht.

3. Die Morde in der Rue Morgue

(OT: *Murder in the Rue Morgue*, 1841). Enthalten in: E. A. P.: *Werke in 4 Bänden*, Olten: Walter, 1966. – Ü: Hans Wollschäger.
F: (1) USA 1914, R: Robert Goodman. (2) USA 1932, R: Robert Florey. (3) USA 1954, R: Roy Del Ruth. (4) USA 1971, R: Gordon Hessler. (5) USA 1986, R: Jeannot Szwarc.

Ein Messermörder bringt eine Mutter und ihre Tochter in der Rue Morgue ohne erkennbares Motiv auf blutrünstige Weise um. Weil sie augenfällige Indizien ignoriert, tappt die Polizei im Dunkeln. Die Presseberichterstattung ist derart lückenlos, dass Auguste Dupin allein durch Lektüre der Zeitungen alle Informationen an die Hand bekommt, die zur Lösung des Falles notwendig sind. Am Tatort haben Zeugen zwei Stimmen gehört: Die eine wird einem in Panik geratenen Franzosen zugeschrieben, die andere einem Ausländer. Der Mörder scheint ein Athlet mit außerordentlichen Fertigkeiten im Klettern gewesen zu sein. Ein Haarbüschel vom Tatort wird eindeutig einem Tier zugeschrieben. Dieses Tier ist ein Orang-Utan, der seinem Halter, einem französischen Matrosen, entwich und, von diesem verfolgt, bis in die Rue Morgue gelangte, in die Wohnung der beiden Frauen eindrang, offenbar die Rasur seines Halters imitierend, mit einem Messer zu spielen begann und völlig unschuldig ein Blutbad anrichtete. Der Halter, Zeuge der Bluttat geworden, floh in panischem Schrecken. Der Matrose wird gefunden; er bestätigt sämtliche Schlussfolgerungen Dupins.

JEAN-BERNARD POUY Frankreich (*1946)

Die Schöne von Fontenay

(OT: *La Belle de Fontenay*, 1992). Heilbronn: Distel Verlag, 2001 (CLV 1010). – Ü: Stefan Lister. – P: »Trophée 813 du meilleur roman francophone 1992«.

»Die Schöne von Fontenay« ist der Name einer Kartoffelsorte, die der taubstumme Anarchist und Gewerkschaftler Enric Jovillar (der Icherzähler) in seinem Schrebergarten anbaut. Die Polizei zieht aus seiner Regentonne die Leiche der misshandelten und erdrosselten Oberschülerin Laura und nimmt Jovillar fest. Er gewährte als väterlicher Freund und Mentor der promiskuitiven Schülerin Unterschlupf, wenn sie ihre Ruhe vor ihren verschiedenen »Verlobten« haben wollte. Kommissar Gaillet kann Jovillar nur schriftlich vernehmen, muss ihn aber bald wieder laufen lassen. Der Taubstumme beginnt mit eigenen Ermittlungen in Lauras Umfeld. Dabei bedient er sich eines Fragebogens, die Befragten antworten schriftlich oder sprechen auf Tonband, das er sich abschreiben lässt. Lange Zeit ist fraglich, ob ein sexuelles, ein finanzielles oder ein politisches Motiv hinter dem Mord steckt. Enric schreckt nicht vor Gewalt und Folter bei den Befragungen zurück. Den Schlüssel zur Lösung des Falles liefert die Schulaufseherin Françoise Meyer, die ihren früheren Mann Bonnemay vor den Augen seiner aktuellen Geliebten Anne Gadot – Lauras bester Freundin – erschießt. Enric flieht mit Françoise in die Berge, wo beide nach vier Wochen gefunden und festgenommen werden; sie kommt frei, er bleibt in Haft. In einer Art Epilog stellt Enric Jovillar den Fall wie folgt dar: Vier linke Idealisten, darunter Bonnemay, horteten Gelder aus dem Ostblock, aus denen sich Bonnemay großzügig bediente. Laura hatte als Bonnemays Geliebte davon erfahren und gedroht, die drei anderen über Bonnemays Machenschaften zu informieren. Dafür musste sie mit dem Leben bezahlen. Das Deponieren ihrer Leiche in Jovillars Regentonne sollte den Tatverdacht auf einen Unschuldigen lenken. Anne Gadot hatte aus Lauras Tagebuch alles erfahren und Bonnemay gezwungen, sie zu seiner Geliebten zu machen.

BILL PRONZINI USA
(*1943)

Bill Pronzini ist ein überaus fleißiger Anthologist und schreibt und ediert außer mit seiner Frau M. → Muller mit anderen B-Autoren wie Barry Malzberg zusammen. Seinen wichtigsten Beitrag zur Kriminalliteratur bildet aber der namenlose Privatdetektiv, der in fast 30 Kurzgeschichten und fast ebenso vielen Romanen agiert. Der »Namenlose« sammelt Groschenhefte, verabscheut Ausgleichssport und kämpft ausdauernd gegen sein Übergewicht. Seine Mitstreiter sind seine Freundin und spätere Ehefrau Kelly Wade und der Polizist Eberhard, sein nachmaliger Kompagnon.

Irrgarten

(OT: *The Snatch*, 1971). München: Heyne, 1973 (Heyne Crime 1521). – Ü: Heinz Nagel. – SF: ›Der Namenlose‹. O: San Francisco.

Gary, der neunjährige Sohn von Louis und Karyn Martinetti, wurde entführt, der Privatdetektiv ›Der Namenlose‹ soll 300000 Dollar Lösegeld übergeben. Die Ehe der Martinettis ist zerrüttet; Karyn betrügt Louis mit dessen Duldung mit dem Sekretär Dean Proxmire. Weil Louis vor der Pleite steht, muss er sich das Lösegeld von seinem Geschäftspartner Allan Channing leihen. Am Ort der Geldübergabe findet der Namenlose den Kidnapper Paul Lockridge erstochen auf, Lockridges Mörder sticht auch den Detektiv nieder und flieht mit dem Geld. Der Zufall bringt ihn nach seiner Genesung auf die Spur der Bibliothekarin Lorraine Hanlon. Sie plante mit ihrer Schwester Elaine und ihrem Freund, dem Ex-Polizisten Lockridge, die Entführung und führte sie durch. Der Namenlose folgt Elaine und befreit den Jungen unverletzt. Glenn Shamley, der Gärtner der Martinettis, erfuhr zufällig von der Entführung und erzählte seinem arbeitslosen Bruder davon, einem versierten Hobby-Elektroniker. Der wurde zum Trittbrettfahrer. Mittels einer Wanze im Telefon der Martinettis erfuhr er Zeitpunkt und Ort der Übergabe und brachte das Geld an sich. Bis der Namenlose ihn findet, ist auch Hobby-Elektroniker Shamley erschossen. Sein Mörder ist Louis Martinetti, der seinen eigenen Sohn entführen ließ, um sich mit dem Lösegeld zu sanieren. Weil Shamley das Lösegeld nicht herausgeben wollte, brachte Marinetti ihn um. M. D.

RUDOLF PROSKE Deutschland
(*1961)

Während *Porto fir d'affekoten* von J. → Braun ein originärer Luxemburger Kriminalroman ist, spielt *Sievers erster Fall* lediglich dort. Proske versucht mit einigem Erfolg, seinen Helden mit einem ähnlich quasioffiziellen Rechtstatus auszustatten, wie ihn US-Detektive seit jeher genießen. Siehe auch M. → Schank, *Schalen des Zorns.*

Sievers erster Fall

Essen: Ariel-Verlag, 1997. – O: Luxemburg.

Der kettenrauchende, trinkfeste Deutsche Paul Sievers, der wegen der markigeren Wirkung seinen Vornamen nie benutzt, hat sich nach der Trennung von seiner Frau Sybille in Luxemburg-Stadt als Detektiv niedergelassen. Erster Klient wird der Immobilienmakler Jos Hellenbrand, der einen Scheidungsgrund braucht. Kurz vor einem Treffen mit Detektiv Sievers wird Hellenbrandt im Architekturbüro seiner promiskuitiven Frau Agnes von einem Mörder erschossen, der über einen Schlüssel zum Büro verfügte. Kommissar Harry Bausch duldet Sievers' Ermittlungen nur ungern; ein korrupter Staatsanwalt, der sich Prominenten mehr verpflichtet fühlt als der Wahrheit, torpediert sie sogar. Sievers hat Niedercorn im Verdacht, einen Mann, mit dem Agnes, die Frau des Immobilienmaklers Hellenbrandt, im Feinschmeckerlokal des Monsieur Kirsch kurz vor dem Mord diniert und gestritten haben soll. Die Tänzerin und Prostituierte Belle versucht, Sievers im Bett auszuhorchen, und ein sonnenbebrillter Unbekannter bringt eine Autobombe am Golf des Privatdetektivs an, was der Hausmeister jedoch beobachtet. Immobilienmakler Hellenbrandt besitzt zusammen mit dem Wirt Kirsch und Niedercorn die Holding »NKH – Gastronomie & Immobilien«; offenbar fiel Hellenbrandt internen Streitigkeiten zum Opfer. Niedercorn, so glaubt Sievers, fertigte beim Diner mit Agnes unbemerkt einen Abdruck ihres Büroschlüssels an, um dann etwaiges Beweismaterial aus ihrem Büro zu entfernen; Hellebrand habe dann die ihm bekannten Einbrecher überrascht und sei ermordet worden. Die Beweise für seine Vermutung verschafft er sich, indem er heimlich ein Gespräch zwischen Niedercorn und Kirsch mitschneidet. Bevor der sonnenbebrillte Killer, den Sievers in einem Pistolenduell schwer verwundet, in Ohnmacht fällt, bestätigt er noch vage verbrecherische Machenschaften der NKH-Holding. Sievers spielt sein Tonband Kommissar Bausch zu, der damit den Staatsanwalt zum Handeln zwingt.

MARIO PUZO USA
(1920–2000)

In seinem Essay *The Godfather Papers and other Confessions* (1972, dt. *Die Welt des Paten*, 1972) zeigt Puzo die Ähnlichkeiten zwischen bürgerlicher Gesellschaft und dem kriminellen Establishment in den Vereinigten Staaten auf. In den Spitzengangstern Amerikas sieht er zugleich die bestangepassten amerikanischen Bürger. Die Gesetze der marktwirtschaftlich operierenden Unterwelt stimmen letztlich mit der Werteskala der gesamten kapitalistischen Gesellschaft überein; so stellen Mafiastrukturen zwar eine Sonderform des US-amerikanischen Selbstverständnisses dar, bilden aber keineswegs eine verurteilenswerte Gegenwelt dazu. Puzos gesamte Schriftstellerkarriere beruht letztlich auf einer Apologie der Mafia. Nicht zuletzt die Identifikationsmöglichkeit der Leserschaft mit den Protagonisten machte das Buch zu einem Bestseller. Hilfreich war aber auch die von den Kritikern einhellig als genial gepriesene Verfilmung, die Marlon Brando zu einem glanzvollen Comeback und wenigstens fünf anderen Schauspielern zu Starruhm verhalf sowie seinen Regisseur zum umjubelten Wunderkind Hollywoods machte. Vorbild für die Figur des Sängers Johnny Fontane soll Frank Sinatra gewesen sein. Siehe auch L. → Sciascia.

Der Pate

(OT: *The Godfather*, 1969). Reinbek: Rowohlt, 1971 (rororo 1442). – Ü: Gisela Stege. – O/Z: New York; um 1920–70.

F: USA 1972, R: Francis Ford Coppola.

Don Vito Corleone hat sich vom Sohn armer sizilianischer Einwanderer zum scheinbar seriösen Olivenölimporteur emporgearbeitet, kontrolliert tatsächlich aber als »Pate« illegale Wettbüros. Viele sind von ihm direkt oder indirekt abhängig. So lässt er zur Förderung der Filmkarriere des Sängers Johnny Fontane einem störrischen Produzenten den Kopf seines Lieblingspferdes zur Warnung ins Bett legen. Als Corleone sich dem Einstieg ins Rauschgiftgeschäft verweigert, bricht ein brutaler Bandenkrieg aus. Nachfolger von Corleones ermordetem Sohn Sonny, der nach einem Anschlag auf den Vater dessen Geschäfte geführt hatte, wird der jüngste Sohn Michael, ein angeblicher Polizistenmörder. Corleone kauft einen Sündenbock, der an Michaels Stelle verurteilt wird. Als Corleone einem überraschenden Herzanfall erliegt, übernimmt Michael, der Tradition folgend, endgültig die Führung des Clans. Mit der Verlegung des Operationsgebietes beginnt ein neues Kapitel der Familiengeschichte. Dieses schildert mit neuen Protagonisten Puzos Roman *The Last Don* (1996; dt. *Der letzte Pate*, 1996). K. W. P.

Q, R

ELLERY QUEEN USA
(d. i. Frederic Dannay, 1905–1982; Manfred Bennington Lee, 1905–1971)

Sherlock Holmes gegen Jack the Ripper / Sherlock Holmes und Jack the Ripper. Eine Studie des Schreckens

(OT: *A Study in Terror* [amerik.] / *Sherlock Holmes vs. Jack the Ripper* [engl.], 1966/67). **(1)** Frankfurt a. M. / Berlin: Ullstein, 1967. – Ü: Martin Lewitt. **(2)** [*Sherlock Holmes und Jack the Ripper*] Köln: DuMont, 1989. – Ü: Manfred Allié. – O/Z: London; 1888.
F: *A Study in Terror.* GB 1965 (dt. *Sherlock Holmes größter Fall*), R: James Hill.

Ellery Queen und sein Sohn lesen ein nachgelassenes Manuskript von Dr. Watson: 1888 bekommt Holmes ein Chirurgenbesteck zugespielt, bei dem das große Skalpell fehlt. Einem eingeprägten Wappen auf dem Kasten zufolge gehörte es einem Mitglied der Familie von Kenneth Osbourne, dem Herzog von Shires. Holmes findet das Pfandleihhaus, in dessen Schaufenster es längere Zeit ausstand. Über den Pfandleiher gerät er an zwei Frauen, die den Kasten beliehen bzw. auslösten. Kenneth Osbourne, der auch als Aktmaler reüssiert, hat zwei Söhne. Den jüngeren, den gescheiterten Medizinstudenten Michael, hat der Vater wegen der Heirat mit der Prostituierten Angela für tot erklärt, der ältere, Lord Richard Carfax, ist häufig im Armenhospiz von Dr. Murray in Whitechapel anzutreffen. Murrays Nichte Sally Young brachte das Chirurgenbesteck vollständig ins Leihhaus. Sie selbst hatte es von dem völlig zerlumpten, schwachsinnigen Pierre erhalten, dem sie vom Erlös Kleidung kaufte und der Murrays Faktotum wurde. In Wahrheit ist Pierre der gescheiterte Medizinstudent Michael Osbourne. Ausgelöst und ohne das große Skalpell an Holmes geschickt wurde das Besteck von einer Frau mit entstelltem Gesicht – Angela. Die Spelunke »Zum gekrönten Engel« gehört dem bärenstarken Psychopathen Max Klein, einem alteingesessenen Bewohner von Whitechapel. Bei ihm findet der Showdown statt, zu dem Holmes außer Watson auch Michael mitnimmt. Dort lebt Angela wie eine Gefangene, die von Michael nicht mehr erkannt wird und ihre Geschichte erzählt. Klein habe sie gezwungen, Michael zu heiraten, um dessen Vater zu erpressen. Im Streit habe Max derart zugeschlagen, dass Michael den Verstand verloren habe; anschließend habe Max ihr das Gesicht mit dem Messer zerfetzt. Obwohl sie wie eine Gefangene gehalten werde, habe sie Holmes den Besteckkasten zuspielen können und mit dem fehlenden Skalpell seine Neugier wecken wollen. Später sei Max, den sie für den Ripper hält, auf ungeklärte Weise zu Geld gekommen. Max erscheint mit einem Komplizen, fesselt Watson und nimmt Holmes und Michael mit. Michaels älterer Bruder Lord Carfax taucht auf, bringt Angela um, trägt Watson auf, der Welt mitzuteilen, er, Lord Carfax, sei der Ripper gewesen, und wirft den Doktor aus dem Fenster. Dann legt er ein Feuer, in dem er und sein Bruder Michael umkommen. Als Watson erfährt, dass sich der Herzog das Leben genommen habe, sieht er das als noble Geste eines Mannes von Ehre an. Ellery Queen stellt jedoch bei genauerer Lektüre fest, dass Watson von Carfax – und Holmes – irregeführt wurde. Max Klein hatte dank seiner Ortskenntnis Kenneth Osbourne als den wahren Ripper erkannt und ihn erpresst. Lord Carfax war dem Vater ebenfalls auf die Spur gekommen und wollte ihn decken. Dazu ermordete er Angela und nahm alle weiteren Verbrechen des Rippers auf sich. Der von Vorurteilen nicht freie Watson fiel darauf herein, und Holmes unternahm nichts, um ihn vom Gegenteil zu überzeugen.

DEREK RAYMOND Großbritannien
(d. i. Robert William Arthur Cook, 1931–1994)

Raymond schrieb unter dem Pseudonym Robin → Cook u. a. eine Reihe von Kriminalromanen mit psychopathischen Protagonisten wie *Not till the Red Fog rises* (1994, dt. *Roter Nebel*, 1996). *I was Donna Suarez* (1990) gehört, wie auch *Profil eines Serienmörders*, zur so genannten *Factory*-Serie, in der Scotland Yard, die »Factory«, als eine Art britische Gestapo dargestellt wird. Weitere »Factory«-Krimis: *He died with his Eyes open* 1984, dt. *Er starb mit offenen Augen*, 1989), *The Devil's Home on Leave* (1985, dt. *Der Teufel hat Heimaturlaub*, 1989), *How the Dead live* 1986 (dt. *Wie die Toten leben*, 1989).

Ich war Dora Suarez

(OT: *I was Dora Suarez*, 1990). Berlin: Nowatzki, 1990. – Ü: Gabriele Kunstmann. – O: der Londoner Stadtteil South Kensington. – P: Platz 1 des »Deutschen Krimipreises International« 1991.

Der namenlose Icherzähler, ein psychisch traumatisierter Detective Sergeant der »Factory«, wurde wegen Tätlichkeiten gegen einen Kollegen gefeuert und wird nun zurückgeholt, um einen abartigen Sexual- und Axtmörder zu fangen: Der hat die Nachtklubsängerin Dora Suarez und ihre 86-jährige Wirtin und Freundin, die Witwe Betty Carstairs, regelrecht geschlachtet. Der Killer ist offenbar athletisch gebaut und muss Probleme im Urogenital-Bereich haben. Dora Suarez' Tagebuch erzählt die traurige Geschichte der Tochter einer polnischen Jüdin und eines Spaniers, die ihr Geld als Prostituierte verdient. Weil der Körper von Dora, die unter Aids im Endstadium litt, von Infektionen, Geschwüren und Pilzen völlig zerfressen war und ihr Darm schwerste Verletzungen aufwies, hatte sie beschlossen, ihrem Leben selbst ein Ende zu setzen. Für ihren Todesabend hatte sie sich noch einmal zurecht gemacht, doch der Killer, der sie offensichtlich kannte, brachte sie vor ihrem Freitod um. Unter dem Eindruck der Tagebuchlektüre identifiziert sich der Namenlose völlig mit Dora und beschließt, Selbstjustiz zu üben. Fast zeitgleich mit dem Tod der beiden Frauen wird der Nachtklubmitbesitzer Roatta ermordet. Diesen Fall bearbeitet Stevenson, der einzige Kollege, mit dem der Namenlose zur Zusammenarbeit bereit ist. Ein Foto von Dora und Roatta aus dem »Parallel Club« belegt, dass beide sich gekannt haben. Im Hintergrund des Fotos ist der Rücken eines gebückt gehenden, athletischen Mannes zu erkennen. Im Club befinden sich Käfige mit kleinen afrikanischen Ratten, die als eine Art lebender Dildo benutzt wurden (diese Sexualpraxis erklärt die Verwüstungen in Doras Darm). Die Kunden und die eingesetzten Prostituierten leiden allesamt an Aids. Die Frauen wurden eigens infiziert, damit sie gesunde Kunden ansteckten. Der Türsteher des Clubs nennt nach langem, schmerzhaftem Verhör den Namen des Athleten, Tony. Tony, der Dora kannte, haust in einer kahlen Fabrikruine in der Nähe der beiden Tatorte und leidet ebenfalls unter Aids in einem fortgeschrittenen Stadium (was u. a. seinen merkwürdigen Gang erklärt). Zu den Frauenmorden zwangen ihn die physische wie die psychische Krankheit; die Tötung Roattas steht in Zusammenhang mit nicht näher definierten Geldern. Der Namenlose begibt sich allein in die stille, stockdunkle Ruine und richtet den Killer trotz dessen Gegenwehr hin.

DANUTA REAH Großbritannien
(–)

Auf den Debütroman *Letzter Halt* der Literaturlehrerin und Englischdozentin Danuta Reah folgte *Silent Playgrounds* (2001, dt. *Plötzliche Stille*, 2002).

Letzter Halt

(OT: *Only Darkness*, 1999). München: Blanvalet Verlag, 2000. – Ü: Ariane Böckler. – O: South Yorkshire.

Der mehrdeutige deutsche Titel zeigt an, was die Protagonistin verliert, spielt aber auch auf das Hobby des Bösewichts und auf die Orte an, an denen seine Opfer gefunden werden. Deborah »Debbie« Sykes unterrichtet Literatur am Moreham City College, einer finanzschwachen Oberschule in einer strukturschwachen Gegend, in der »der Würger« umgeht, der seine weiblichen Opfer in unmittelbarer Nähe von Bahngleisen abzulegen pflegt. Bei seinen Opfern handelt es sich um Frauen, die nachts im Zug fahren müssen. Der Mörder kundschaftet sie mit großer Geduld aus. Durch Zufall beobachtet Debbie eines Nachts ihn und sein nachmaliges Opfer. Arglos erzählt sie unter anderem ihrem Ex-Lover Tim Godber davon, der sie skrupellos mit vollem Namen in den Mittelpunkt eines Sensationsartikels stellt. Mit Schlüsselkopien dringt ein Unbekannter heimlich in die Wohnungen von Debbie und ihrer trinkfreudigen Mutter Gina ein. Als Gina ihn überrascht, wirft er sie die Treppe hinunter: Ginas Tod wird als Unfall im Zustande des Angetrunkenseins verbucht. Ein nun zerknittertes Bikini-Foto von ihr unter einer Kommode zeigt Debbie jedoch, dass dies ein Irrtum ist. Die Schülerin Sarah wird zufällig Zeugin, wie der Unbekannte ihre Lehrerin Debbie beschattet, will sie warnen, trifft sie nicht an und erzählt arglos alles Tim. Der gibt die Information nicht weiter, und Sarah wird von ihrem gewalttätigen Freund ermordet, bevor sie selbst mit Debbie sprechen kann. Durch Manipulationen an ihrem Wagen zwingt Tim Debbie, noch einmal mit dem Zug nach Hause zu fahren; er will sie beschatten und den »Würger« fangen. Er ist jedoch nicht zur Stelle, als der »Würger« Debbie mit Klebeband fesselt und in einen Abwasserkanal sperrt. Die Kriminalpolizisten Mick Perryman und Lynne Jordan sind dem Gesuchten dank intensiver Fahndungsarbeit ebenfalls auf den Fersen und kennen das nächste Opfer – Debbie – und den geplanten Ort ihrer Ermordung. Debbie verwundet den »Würger« mit einem Teppichmesser so schwer, dass dieser bei einem plötzlich einsetzenden Platzregen ertrinkt. Sie selbst wird in letzter Sekunde gerettet. Der Ertrunkene ist der 45-jährige William Stringer, ein in seiner kleinen Welt befangener Modelleisenbahner. Stringer wurde in früher Kindheit vom Stiefvater und dessen Arbeitskollegen – allesamt Eisenbahnern – missbraucht; die Mutter duldete diesen Missbrauch, was den Keim zu Stringers späterem Wahnsinn legte. Der Tod des Stiefvaters bei einem Treppensturz galt bislang als Unfall, könnte aber vor dem Hintergrund von Ginas Tod auch ein vorsätzlicher Mord gewesen sein; seine weiteren Motive bleiben im Dunkeln.

SAM REAVES USA
(*1954)

Ein herbstlicher Fall

(OT: *A Long Cold Fall*, 1991). Berlin: Aufbau-Verlag, 1994. – Ü: Bela Wohl. – O: Chicago.

Der bindungsscheue Vietnam-Veteran Cooper MacLeish arbeitet als Taxifahrer. Als seine Ex-Kommilitonin und -Freundin Vivien Horstman Selbstmord, angeblich im Zustande der Trunkenheit, begeht, wird er misstrauisch. Vivien stand kurz vor der Pleite, und Dominic, ihr Sohn aus einer geschiedenen Ehe, ist nach Viviens Tod verschwunden. Nachdem MacLeish den Jungen, der in Wahrheit sein Sohn ist, aufgespürt hat, nimmt er sich seiner an. Vivien scheint von einem Unbekannten mit den Initialen J. G. ermordet worden zu sein. Auf ihren Sohn Dominic wird geschossen, und zwei Schläger misshandeln MacLeish in dessen Wohnung, um den Aufenthaltsort des Jungen zu erfahren. Der Ex-Soldat befreit sich und schlägt einen seiner Peiniger mit einem Hammer nieder, der andere kann entkommen. Wenig später versucht jemand MacLeish zu überfahren. Jesse Goodard – der gesuchte J. G. – kann nicht Viviens Mörder sein. Viviens Mutter Adelle Horstman wusste, dass Cooper Dominics Vater ist; sie räumt ein, dass nicht ihr verstorbener Ehemann Viviens leiblicher Vater sei, sondern der im Sterben liegende Millionär Alban Galloway. Der habe Vivien testamentarisch eine halbe Million Dollar vermacht. Viviens Ex-Mann Nick Horstman erweist sich als der Mörder: Er hatte von dem Testament erfahren, war unter falschem Namen von New York nach Chicago gereist und hatte Vivien unter Legen einiger falscher Spuren vom Balkon gestoßen. Das Erbe, so glaubte er, würde er Dominic schon abnehmen können; dazu engagierte er die beiden Killer als Helfer. Nick Horstman schließlich wird von Dominic niedergeschossen, als der MacLeish töten will. MacLeish nimmt später die Schuld als angebliche Notwehrtat auf sich.

PATRICK REDMOND Großbritannien (*1966)

Der studierte Jurist Patrick Redmond gab nach dem Erfolg seines Debüts, des fantastischen Schulkrimis *Das Wunschspiel* (1999), seinen Beruf auf und schrieb *The Puppet Show* (2000, dt. *Der Schützling*, 2001).

Das Wunschspiel

(OT: *The Wishing Game*, 1999). München: Bertelsmann, 2000. – Ü: Birgit Moosmüller. – O/Z: Norfolk; 1999 (Rahmenhandlung), 1954 (Haupthandlung).

1999 erzählt Nicholas Scott einem Journalisten von Vorfällen in dem Jungen-Internat Kirkston Abbey, wo 14- und 15-jährige Schüler 1954 mit Duldung der Lehrer Corpsgeist und Wir-Gefühl durch Repression aufrechterhalten. Das Schulleben ist überschattet von dem Tod des allseits beliebten, hochbegabten Schülers Paul Ellerson. Im Mittelpunkt der Handlung stehen die Lehrer, Schuldirektor Clive Howard mit seiner Ehefrau Elisabeth, der Lateinlehrer Henry Ackerley mit seiner Frau Majorie sowie der alleinstehende Geschichtslehrer Alan Stewart; außer Nicholas Scott ferner die Schüler Jonathan Palmer, der Paul Ellerson bis zuletzt als eine Art Diener zugeteilt war, und der dämonische Richard Rokeby, ein bis zur Provokation eisiger, selbstbewusster Einzelgänger mit möglicherweise übernatürlichen Geistesgaben. Zwischen den Schülern Jonathan und Rokeby entwickelt sich eine an Fixierung grenzende enge Bindung, die einerseits Jonathans Selbstbewusstsein stärkt, ihn andererseits aber auch isoliert. Als er für etwas bestraft werden soll, was er nicht getan hat, verpetzt er den Schultyrannen James Wheatley als Schuldigen, steht die allfälligen Repressionen aber durch und verliert seine Angst davor, so dass Wheatley letztendlich die Macht über ihn verliert. Rokeby und Jonathan besitzen ein magisches Ouija-Brett, das Wünsche wahr werden lässt und Geheimnisse ans Licht bringt. Mit Hilfe dieses Bretts bewirken beide, dass sich der verhasste Mitschüler George Turner bei einem Sportunfall schwer verletzt. Wheatley wagt aus Angst vor Rokeby nicht mehr zu schlafen und wird eines Nachts, außerhalb des Internatsgeländes schlafwandelnd, von einem Auto überfahren. Rokeby hasst seinen Vater und sorgt dafür, dass dessen zweite, schwangere Frau bei einem Brand ums Leben kommt. Jonathan versucht sich von Rokeby zu lösen, als er erfährt, dass dessen offenkundiger Wahnsinn erblich bedingt ist. Die Ereignisse provozieren die Aufdeckung lange verborgener Geheimnisse unter der Lehrerschaft. Der alleinstehende Geschichtslehrer Stewart hatte in den Ferien eine heimliche Liebeswoche mit Paul Ellerson verbracht, aber aus Angst vor einem Skandal die Beziehung mit dem Schüler beendet, woraufhin sich dieser umbrachte. Rokeby, der hinter dieses Geheimnis gekommen war, bombardierte den Lehrer seither mit anonymen Briefen. Der Lateinlehrer Henry Ackerly erschlägt seine Frau Majorie im Streit, weil die ihn mit dem Wissen um einen Verkehrsunfall mit tödlichem Ausgang erpresst. Der Schuldirektor Clive Howard hatte während einer Krankheit seiner Frau Elizabeth ein Verhältnis mit deren Cousine Jennifer. Im Rahmen eines Streits hierüber erleidet er einen beinahe tödlichen Herzinfarkt. Der Schüler Rokeby erwürgt seinen Freund Jonathan, weil dieser ihm gänzlich zu entgleiten droht und stirbt schließlich selbst an einem Genickbruch, den er sich – anscheinend lediglich kraft seines bösen Willens – selbst beibringt. Inwieweit übernatürliche Kräfte im Spiel waren, kann die Polizei nie klären.

KATHY REICHS USA
(*1950)

Kathy Reichs ist eine von nur 50 gerichtlich zugelassenen forensischen Anthropologen in Nordamerika und gewann für ihr Debüt *Tote lügen nicht* den »Crime Writers of Canada's Arthur Ellis Award for Best First Novel«. Sie konkurriert erfolgreich mit P. → Cornwell, N. → McCrery u. a.

Tote lügen nicht

(OT: *Déjà Dead*, 1997). München: Blessing, 1998. (Goldmann 35226, 2000.) – Ü: Thomas A. Merk. – SF: Temperance »Tempe« Brennan. O: Montreal.

Als Isabelle Gagnon zerstückelt, verwest und ohne Unterarme gefunden wird, glaubt Timpe an die Tat eines Serienmörders, obwohl sich sowohl die Todesarten im Vergleich zu den anderen Morden als auch das Alter der Opfer und die Art der Vergewaltigung unterscheiden. Als er mit der Bankkarte von einem der Opfer Geld abhebt, wird der Killer gefilmt, aber nicht identifiziert. Erst Aussagen einiger Zeugen führen zur Wohnung eines Mannes, der sich St. Jacques nennt, aber nach einer Verfolgungsjagd entkommen kann. Er hinterlässt jedoch Aufzeichnungen, die zu einem weiteren Leichenfund führen. Jeder einzelne Fundort liegt jeweils sechs U-Bahn-Stationen von Berri-UQUAM entfernt; in der unmittelbaren Umgebung der Fundorte werden Immobilien angeboten, und natürlich kennt und verfolgt der Täter Gerichtsmedizinerin Timpe. Deren beste Freundin Gabby, eine Soziologin, wird ermordet, und Timpes studierende Tochter Katy bedroht. Nachdem ein sexuell gehemmter Lehrer mit einer Sammlung sezierter Tiere als möglicher Täter ausgeschieden ist, gerät der vorbestrafte Fleischer Leo Fortier in Verdacht, der mehrere der Ermordeten kannte und Zugang zu den Fundorten hatte. Er ist psychisch traumatisiert durch eine grausame Großmutter. Er überfällt Timpe und fesselt sie mit einer Kette, doch sie kann sich befreien und ihn töten. F. R.

RUTH RENDELL Großbritannien
(seit 1997: Baroness Rendell of Babergh, *1930)

Ruth Rendell, die auch unter dem Namen Barbara → Vine veröffentlicht (und somit vierfache Trägerin des »Golden Dagger Award« ist), gilt als eine der bedeutendsten *Crime Ladies* Großbritanniens und als Spezialistin für Psychothriller wie *Talking to Strange Men* (1987, dt. *Sprich nicht mit Fremden*, 1989), *The Bridesmaid* (1989, dt. *Die Brautjungfer*, 1990), *Going Wrong* (1990, dt. *Die Werbung*, 1991), *A Sight for Sore Eyes* (1998, dt. *Sonderling*, 1999). *Eine entwaffnende Frau* ist der 16. Krimi um Rendells Serienermittler Inspektor Wexfors seit *From Doon with Death* (1964, dt. *Alles Liebe vom Tod*, 1967). Inspector Wexford ist ein typischer Brite, der niemals die Contenance verliert. Wie bei Kommissar Wallander von H. → Mankell durchläuft Wexfords Privatleben im Laufe der Serie alle erdenklichen Höhen und Tiefen. Besonderes Sorgenkind ist dabei seine Tochter Sheila, eine Schauspielerin. Weitere Inspector-Wexford-Krimis: *The Best Man to die* (1969, dt. *Mord am Polterabend*, 1975), *Some lie and some die* (1973, dt. *Phantom in Rot*, 1977), *The Veiled One* (1988, dt. *Die Verschleierte*, 1989), *Simisola* (1995, dt. *Die Besucherin*, 1995), *Road Rage* (1997, dt. *Wer Zwietracht sät*, 1997).

Flucht ist kein Entkommen

(OT: *The Face of Trespass*, 1974). **(1)** Frankfurt a. M. [u. a.]: Ullstein, 1975. – Ü: Renate Steinbach. **(2)** Reinbek: Rowohlt, 1985. – Ü: Edith Walter. – O: Waldham Forrest bei London.
F: *An Affair in Mind / A Face of Trespass*. GB 1988 (TV), R: Colin Luke.

Nach dem Erscheinen seines Romanerstlings und einer gescheiterten Affäre mit der verheirateten Drusilla Janus ist der von ständigen Geldnöten geplagte Graham Lanceton in einer Waldhütte bei London zum Einsiedler geworden. Wegen seiner Weigerung, ihren wesentlich älteren, sehr reichen Mann Tiny umzubringen, beendete seine Geliebte Drusilla Janus seinerzeit die Beziehung. Immer wieder hatte Graham in ihrem Auftrag Briefe aufsetzen müssen, die dazu dienen sollten, auf die eine oder andere Art an das Geld ihres Mannes, eines begeisterten Numismatikers, heranzukommen. Die Briefe aber wurden nie abgeschickt. Der Einsiedler Graham verspricht seiner Bekannten Isabel, für die Zeit ihres Australienurlaubs auf ihren Hund Dido aufzupassen. Ohne an dieses Versprechen zu denken, fährt er nach Frankreich, wo seine in zweiter Ehe mit einem Franzosen verheiratete Mutter Enid im Sterben liegt. Als er sich nach Tagen wieder des Hundes entsinnt, der in der Waldhütte mittlerweile kurz vor dem Verdursten stehen dürfte, bittet er seine ehemalige Geliebte Drusilla telefonisch, sich um das Tier zu kümmern. Bei ihrem Rückruf unterrichtet sie ihn von einer dringenden Operation, der man Dido unterziehen müsse und die Grahams Anwesenheit erforderlich mache. Für einen Tag fliegt er nach London, doch weder die angegebene Adresse stimmt, noch kennt der angegebene Veterinär den Hund Dido. Unverrichteter Dinge kehrt Graham für einige weitere Tage nach Frankreich zurück, wo seine Mutter Enid stirbt. Bei der Rückkehr in seine Waldhütte findet er Einbruchspuren. Kurz darauf vernimmt ihn Inspector Ixworth, weil Drusillas Mann tot in der Waldhütte aufgefunden worden sei. Die Todeszeit falle genau in die Zeit seines Kurzbesuches in London. Wiederum kurze Zeit später taucht Isabel zusammen mit dem quicklebendigen Dido auf. Wegen widriger Witterung hatte sie von ihrem Australientripp Abstand genommen und daher ihren Hund nicht in die Hütte eingeschlossen. Trotzdem behauptet Drusilla in der Folge am Telefon, Dido sei an den Folgen seiner mehrtägigen Gefangenschaft gestorben. Inzwischen hat man in Grahams Kassette Geld aus dem Besitz von Tiny Janus und in der Brieftasche des Toten einen der von Graham verfassten Briefe gefunden. Drusilla jedoch behauptet, einen Graham Lanceton nie gesehen zu haben. Das Gegenteil ist nicht beweisbar. Die Indizien sind derart erdrückend, dass man den Einsiedler des Mordes für schuldig befindet und zu einer langjährigen Haftstrafe verurteilt. Erst nach der Urteilsverkündung sagt Grahams Bekannter Jeff am Krankenbett aus, er habe am Mordtag und zur Tatzeit Tiny und Drusilla zur Waldhütte gehen sehen. Damit kommt Drusilla, die inzwischen ihren Geliebten geheiratet hat, nachträglich doch noch als Täterin in Frage. Weil er ein halbes Jahr lang im Koma lag, konnte Jeff sein Wissen nicht in den Prozess einbringen, verspricht aber dem Abgeordneten, in dessen Wahlkreis sich der Mordfall ereignet hatte, dies umgehend nachzuholen.

Eine entwaffnende Frau

(OT: *Kissing the Gunner's Daughter*, 1991). München: Blanvalet Verlag, 1993. (Goldmann 42110, 1995.) – Ü: Christian Spiel. – SF: Inspektor Wexford. O: der englische Herrensitz Tancred House.

Der Polizist Caleb Martin wird bei einem Bankraub erschossen, die Täter entkommen, die Mordwaffe verschwindet ebenso wie ein Mann aus der Warteschlange an der Kasse. Ein Jahr später tötet ein Maskierter auf dem Herrensitz Tancred House die Schriftstellerin Davina Flory, ihren Ehemann, den Ex-Politiker Harvey Copeland, und Davina Florys geschiedene Tochter Naomi; die 17-jährige Enkelin Daisy überlebt mit einem Schuss in der Schulter. Daisy wird durch den Tod ihrer Familie eine reiche Frau. Die Beziehung zu ihrem Beinahe-Verlobten Nicholas Verson kühlt sich rasch ab, denn der junge amerikanische Militärhistoriker Thanny Hogarth interessiert sich für die reiche Erbin. Bevor der Verbrecher Jem Hockings im Gefängnis an Aids stirbt, legt er ein Geständnis ab; er, Hockings, habe die Bank überfallen, den Mord an Caleb Martin habe jedoch der inzwischen verstorbene Komplize Dane Bishop begangen. Ein Zeuge des Banküberfalls, so ermittelt Wexford, war der geistig zurückgebliebene Kleinkriminelle Andy Griffins. Er wird später ermordet im Wald gefunden. Der Kleinkriminelle Griffins hatte die Waffe, mit der Polizist Caleb Martin getötet wurde, noch in der Bank an sich genommen und an den Mörder verkauft, der damit das Massaker auf dem Herrensitz Tancred House verübte. Vor der Tat modifizierte der Mörder aber die Waffe auf professionelle Weise, damit sie nicht unmittelbar dem Mordfall Caleb Martin zugeordnet werden konnte. Inspector Wexford löst den Fall unter anderem durch rege Korrespondenz mit der US-amerikanischen Universität, an der der Militärhistoriker Thanny Hogarth studiert hatte. Hogarth ist ein blendender Schütze und hat in einer Büchsenmacherei gearbeitet. Er kaufte Andy Griffins die nachmalige Tatwaffe ab und veränderte sie. Inspector Wexford hatte die Büchsenmacher-Werkzeuge bei Hogarth gesehen, zunächst aber nichts mit seiner Beobachtung anfangen können. Hogarth war bereit, eine ganze Familie auszulöschen, um seine neue Liebe Daisy in den Genuss des reichen Erbes zu bringen; kaltblütig und präzise schoss er sie in die Schulter, um jeden Verdacht von ihr abzulenken. Später brachte er Andy Griffin um, weil dieser Zeuge des Massakers geworden war und ihn zu erpressen versuchte.

ULRICH RITZEL Deutschland (*1940)

Ulrich Ritzels Bücher sind die schwäbische Antwort auf H. → Mankell. Sein lesender und belesener Kommissar unterhält seit Jahrzehnten eine Fernbeziehung zu der Professorin Barbara Stein; Berndorfs Mitarbeiterin und spätere Amtsnachfolgerin Tamar Wegenast ist lesbisch. Der zweite Berndorf-Krimi nach *Schatten des Schwans* (1999) ist figural und handlungsmäßig ebenso dicht geknüpft wie der Folgeband *Die dunklen Ränder der Glut* (2001). Darin wird Berndorf pensioniert und klärt einen Fall auf, in den er selbst Jahre zuvor als Anfänger verwickelt war.

Schwemmholz

Lengwil: Libelle Verlag, 2000. – SF: Kommissar Berndorf. O/Z: Bodensee-Raum; 1999. – P: Platz 1 des »Deutschen Krimipreises National« 2001.

In einen recht komplizierten Mordfall scheinen sowohl die politisch rechte Szene als auch die italienische Mafia und der einflussreiche Ulmer Bauunternehmer Gföllner verwickelt zu sein. Letzterer wehrt sich gegen die Europa-Konkurrenz in Gestalt der Mailänder Baufirma Edim. Nach einem Gespräch mit dem Bauunternehmer Gföllner wegen des Todes eines Skinheads wird Berndorfs Wagen von einer Baumaschine gerammt; Berndorf aber überlebt, weil er den Fahrer der Maschine, Gföllners Sohn Markus, anschießt. Gföllners Konkurrent, der maßlos ehrgeizige Architekt Jörg Welf, hat sich an einer luxuriösen Wohnanlage finanziell übernommen. Architekt Welfs Ehe mit Marie-Louise funktioniert nicht: Georgie, das einzige Kind, leidet unter dem Down-Syndrom, er selbst hält sich zahllose Geliebte wie die Architektin Judith Norden, die er mit seinem Freund und Komplizen, dem ehemaligen Stabsunteroffizier Rodek, teilt. Eine bereits abgelegte Freundin, Vera Vochezer, wurde einmal im Beisein ihres Freundes Hartmut Sander von Architekt Welf und Rodek vergewaltigt, aber durch Drohungen zum Schweigen gezwungen. Veras Freund Hartmut Sander verschwindet spurlos. Sein Verschwinden hängt mit einem Erpressungsversuch an Welf zusammen. Als Rodek Judith Norden erneut vergewaltigt, ersticht sie ihn mit einem Messer und mauert seine zerstückelte Leiche in Welfs halb fertiger Wohnanlage ein. Der Polizist Alfred Krauser, der die Telefonate von Pizzerien überwacht, um möglichen Mafiakontakten auf die Spur zu kommen, versucht einen Alleingang und wird zusammen mit Judith von dem italienischen Killer Varsalone als Geisel genommen. Ort der Geiselnahme ist Welfs Wohnanlage. Einem SEK entkommt Varsalone. Bis im überfluteten Keller des Gebäudes die Leiche Rodeks entdeckt ist, hat sich Judith bereits abgesetzt und Welfs Kind Georgie in Welfs Bootshaus gebracht, von wo aus sie über den Bodensee flüchten will. Kommissar Berndorf begibt sich im Austausch mit Georgie in Judiths Gewalt. Während der Motorbootfahrt über den See findet Berndorf Beweise für die Ermordung Hartmut Sanders, landet im eiskalten Wasser und wird völlig erschöpft aus dem Schwemmholz geborgen. Mit einem Verkleidungstrick wird Welf gefasst, als er Vera Vochezer als gefährliche Mitwisserin seiner sexuellen Eskapaden beseitigen will. Krauser wird trotz seiner Extratouren befördert werden, Kommissar Berndorf dagegen beantragt entnervt die Versetzung in den Ruhestand.

SAX ROHMER Großbritannien
(d. i. Arthur Sarsfield Ward, 1883–1959)

Fu-Manchu ist heute dank einiger Film-Klassiker bekannter als seinerzeit als Romanfigur; Boris Karloff – in *Mysterious Dr. Fu Manchu* (1929), *Return of Dr. Fu Manchu* (1930) und *Mask of Fu Manchu* (1932) – und Christopher Lee – in *Ich, Dr. Fu Manchu* (1965) – liehen ihm ihre Gesichter. Fu ist die Verkörperung der gelben Gefahr, und Nayland Smith wird nicht müde, ihn immer aufs Neue zu bekämpfen. Bei Sax Rohmer, der sich recht ungeniert bei A. C. → Doyle bediente, gibt es kaum Detektion, lediglich eine dicht gepackte, wenig logische Handlung, und Fu ist nur dort allmächtig und allgegenwärtig, wo dies die Handlung erfordert. Während er etwa jede beliebige Person nach Belieben verfolgen, überwachen und töten kann, ist es Smiths Freund Petrie gleich zweimal möglich, in sein Haus zu marschieren und einen Gefangenen zu behandeln beziehungsweise mitzunehmen. Weitere Serienhelden Rohmers in oft fantastisch angehauchten Romanen sind der französische Meisterkriminalist Max Gaston, z. B. in *The Yellow Claw* (1915, dt. *Die gelbe Kralle*, 1928), sowie das Ermittlerduo Paul Harley und Sir Charles Abingdon, ein Detektiv und ein Osteologe, z. B. in *Firetongue* (1921, dt. *Feuerzunge*, 1927) und *Bat-Wing* (1921, dt. *Vampirflügel*, 1928). Rohmer starb an einer Lungenentzündung mit Blutstürzen als Folge einer asiatischen Grippe.

Das Geheimnis des Dr. Fu-Manchu

(OT: *The Mystery of Dr. Fu-Manchu*, 1975). Bergisch Gladbach: Bastei Lübbe, 1980 (12109). – Ü: Gustav Adolf Modersohn.

Nayland besitzt eine Liste von Wissenschaftlern und Technikern, deren Leben bedroht ist. Schon mehrere von ihnen sind überraschend einem scheinbaren Herzinfarkt erlegen. Tatsächlich versetzt Doktor Fu-Manchu sie durch ein von ihm erfundenes Medikament lediglich in einen scheintoten Zustand, um sie anschließend in China zur Mitarbeit an seinen Welteroberungsplänen zu zwingen. Ostasien-Experten sind ebenfalls bedroht, denn sie könnten Fus Pläne erkennen und womöglich durchkreuzen; einige müssen sterben. Fu bedient sich asiatischer Killer von abscheulichem Aussehen, die behände mit Bambusleitern an mehrstöckigen Häusern herumzukraxeln verstehen; seine Morde begeht er unter anderem mit Chlorgas, mit exotischen Insekten und schnell wachsenden Pilzen. Smith und Perrie würden endlos von Tatort zu Tatort hetzen ohne die Mithilfe von Fus Sklavin Kâramanèh, deren Bruder Aziz von Fu in einem künstlichen katatonischen Zustand gehalten wird. Um Aziz zu retten, will sie Fu ans Messer liefern. Dies misslingt mehrfach, und mehrfach gehen Smith und Petrie in das Netz des Verbrechers, um sich gleich wieder hinauszuwinden. Schließlich gelingt es Petrie mit Kâramanèhs Hilfe, eine Ampulle voll Wiederbelebungsserum aus Fus Haus zu stehlen. Bei einem weiteren Besuch nimmt er Kâramanèhs Bruder Aziz mit und bringt ihn in sicheren Polizeigewahrsam. Mit dem Mittel kann er auch den überraschend verstorbenen Lord Southery retten, den Fu seinem *brainboard* einverleiben will. Nachdem Fu Smith und Petrie noch einmal zwecks Verbringung nach China entführt und vor ihren Augen weitere Geheimpolizisten mit Pilzsporen grausam getötet hat, kommt es auf seinem Fluchtschiff zum Showdown. Der wackere Geheimdienst-Inspektor Weymouth greift Fu an, stürzt zusammen mit ihm ins Meer, erhält dabei die Giftspritze verabreicht, die Kâramanèh zugedacht war, und wird wahnsinnig. Daraufhin strandet das Schiff, doch Smith, Petrie, Weymouth und Kâramanèh werden gerettet. Fu, wider

Erwarten festgenommen, lässt sich von Smith überreden, das Gegengift für Weymouth herzustellen. Er tut dies, nutzt aber die Gelegenheit, unter Hinterlassung eines gehässigen Abschiedsbriefes und unter Sprengung des Hauses, in dem er das Gegengift anrühren soll, erneut unterzutauchen. Das Spiel beginnt von neuem.

MARKKU ROPPONEN Finnland (*1955)

Der Roman aus der Mankell'schen Schule, dessen Erzählperspektive zwischen der Polizei und dem Mörder hin- und herwechselt, zeichnet Finnland als trostloses, von einer Rezession gebeuteltes Land. Einsame Menschen leben in heruntergekommenen Wohnblocks, und Trost spendet oft nur noch der Alkohol.

Ein Mann verschwindet im Regen

(OT: *Mies katoaa sateeseen*, 1992). Münster: Pettersson, 1997 (Morden im Norden 9). – Ü: Stefan Moster. – O: die Neubausiedlung Korpela in einer finnischen Großstadt.

Die Boutiquebesitzerin Inari Huuhtila wird mit mehreren Messerstichen ermordet; ihr wird die Zunge herausgeschnitten. Ein ähnliches Schicksal erleidet Lauri Välinen, einer ihrer gelegentlichen Kunden. Der Mörder schickt Kriminalinspektor Vesa Kuntsi Päckchen mit Gegenständen seiner Opfern, nicht aber die Zungen. Einige Kinder haben zur fraglichen Zeit in der Nähe des Tatorts das auffällige Auto von Matti Kanerva gesehen, der offensichtlich etwas zu verbergen hat, denn er flieht vor der Polizei, kommt aber in seinem Wagen ums Leben. Wegen Differenzen mit seinem Chef Raivinkimaa wird Inspektor Kuntsi der Fall zeitweilig entzogen, was nach einem dritten Mord aber rückgängig gemacht wird. Das dritte Opfer ist ein Behinderter, der keine Zunge mehr hatte; seine Identität kann nicht festgestellt werden. Trotz heftiger Unschuldsbeteuerungen verhaftet die Polizei den vorbestraften Platzwart Leinonen, bei dessen Fußballplatz die erste Leiche gefunden wurde. Den entscheidenden Hinweis liefert schließlich ein Polizist aus einem nordfinnischen Dorf, aus dem der ehemalige Fabrikbesitzer Ilkka Aitlahti mit unbekanntem Ziel weggezogen ist. Einige Zeit zuvor war seine Frau verschwunden; möglicherweise hat Aitlahti sie umgebracht. Huuhtila, das erste Opfer, arbeitete früher in Aitlahtis Fabrik, und auf einem Foto identifiziert Inspektor Kuntsi ihn als einen Mann, den er in den Wohnblocks von Korpela verhört hat. Kuntsi und sein Kollege Aapeli Nurkkala stöbern Aitlahti in Korpela auf, als er gerade zu einer langen Reise in die Arktis aufbrechen will. Bei der Verhaftung schlägt ihn Nurkkala bei dem Versuch nieder, Kuntsi anzugreifen. Aitlahti hat tatsächlich seine Frau ermordet und sie in der Nähe seines Hauses begraben. Anschließend tauchte er 500 Kilometer weiter südlich unter falschem Namen in Korpela unter. Als ihn hier zufällig seine frühere Angestellte Huuhtila wieder erkannte, ermordete er sie ebenfalls. Välinen, das zweite Opfer, musste als zufälliger Zeuge ebenfalls sterben. Das dritte Opfer, Moose Kovanen, war ein geistig zurückgebliebener ehemaliger Nachbar von Aitlahti. Er war ihm bis nach Korpela gefolgt. Die herausgeschnittenen Zungen wollte Aitlahti als Vogelfutter verwenden. J. H.

ROBERT ROSENBERG Israel (*1951)

Der in den USA geborene, in Israel lebende Rosenberg erfand den Jerusalemer Kripochef Avram Cohen, einen Holocaust-Überlebenden, der in *Im Namen des Herrn* (1991) seinen letzten Fall als Beamter löst. In *The Cutting Room* (1993, dt. *Stadt der Engel*, 1997) ermittelt er als Detektiv in eigener Sache in Los Angeles. Beide Romane sind untrennbar mit jüdischer Geschichte und jüdischem Leben verbunden. Weitere Avram-Cohen-Romane: *House of Guilt* (1996), *An Accidental Murder* (1998).

Im Namen des Herrn

(OT: *Crimes of the City.* 1991). Düsseldorf: Marion von Schröder, 1995. (Econ 27313, 1997.) – Ü: Till R. Lohmeier. – O/Z: Jerusalem; 1977–83.

In Israel macht sich eine wahnhafte religiöse Endzeitstimmung, »das Syndrom« genannt, breit; die politische Stabilität des Nahen Ostens gerät in Gefahr. Ein beidhändig arbeitender Messermörder, der in einem russisch-orthodoxen Kloster in Jerusalem zwei Nonnen, Mutter und Tochter tötet, ruft den sowjetischen Geheimdienst KGB und den israelischen Geheimdienst Mossad gleichermaßen auf den Plan. Der Mossad nämlich befürchtet, dass der Doppelmord mit einem Angriff mit Sidra-13-Raketen auf den Sitzungssaal des Kabinetts zusammenhängen könnte, und die jüngere Nonne, Helena, war die Geliebte des arroganten KBG-Offiziers Alex. Alex wird Avram Cohen bei den Ermittlungen als Aufpasser zugeteilt. Cohen gelangt nach z. T. mühevollen Recherchen an den blinden Ex-Sträfling David Ovadia, den polygamen Anführer einer radikalen Sekte und Haschischschmuggler. Später werden in Ovadias Jeschiwe (religiöser Schule) Sidra-13-Raketen gefunden. Eine in Israel lebende Dänin gibt schließlich den entscheidenden Hinweis, nämlich auf ihren sadistischen indianischen Ex-Freund Clarence Chandler. Der arbeitet als Küchenhilfe in einem Hotel und versteht meisterhaft den Umgang mit Messern. Bei der Festnahme rammt er eines Cohen in den Unterleib, bevor ihn dessen Kollege Levy mit der Pistole niederschlägt. Notdürftig wieder zusammengeflickt, verhört Cohen den Indianer. Dieser ist, von David Ovadias Haschisch angelockt, dessen Anhänger geworden und hat in Ovadias Auftrag die Nonnen ermordet. Er hielt sie für KGB-Agentinnen, aus deren Händen er den Messias meinte befreien zu müssen. Der Messias, so Clay, sei ein rothaariges Kind und halte sich in Jerusalem versteckt. Er ahnt nicht, dass er nur ein Werkzeug in Ovadias Händen war, der mit den Morden und dem Raketenattentat lediglich die Hilflosigkeit der Herrschenden demonstrieren wollte. Am Ende seines Gespräches mit Cohen spricht Sektenführer Ovadia sich selbst das Totengebet Kaddisch. Cohen lässt den Blinden einfach stehen, im Weggehen trägt er Levy auf, ihn in eine Zelle zu sperren.

EVA ROSSMANN Österreich (*1962)

Eine östereichische Antwort auf die erstklassigen Skandinavischen Kriminalromane von Mankell & Co. ist Eva Rossmanns *Freudsche Verbrechen*, dem dritten Krimi nach *Wahlkampf* (1999) und *Ausgejodelt* (2000).

Freudsche Verbrechen

Wien/Bozen: Folio Verlagsgesellschaft, 2001. – SF: Mira Valensky. O: Wien, USA.

Die amerikanische Studentin Jane Cooper liegt erwürgt im Wiener Freud-Museum. Dort arbeitet Ulrike, die Schulfreundin der Journalistin Mira Valensky, und benachrichtigt die Polizei und die Journalistin Mira, die mit Unterstützung ihrer tatkräftigen bosnischen Putzfrau und Freundin Vesna eigene Ermittlungen aufnimmt. Ulrikes Freund, der Psychotherapeut Dr. Zimmermann, kannte die amerikanische Studentin Jane. Um ihn auszuhorchen, wird Mira unter einem Vorwand Dr. Zimmermanns Patientin. Wenig später wird Dr. Zimmermann mit vergifteten Bonbons ermordet. In einem Buch, das Jane in der Freudschen Bibliothek gelesen hat, liegt ein Blatt Papier mit der Aufschrift »Birkengasse 14«. Dort steht ein nobles Mehrparteienhaus des Politikers Bernkopf, das dessen Vater seinerzeit aus arisiertem jüdischen Vermögen erworben hatte. Mira erfährt von Janes Eltern, die sie in den USA besucht, dass Jane einen Fotoapparat mit eingraviertem Namen besaß. Außerdem liest sie Korrespondenz, die Janes verstorbene Großmutter Hanni 1938 mit ihren später ermordeten Eltern führte; sie selbst entkam der Vernichtung, weil sie zufällig rechtzeitig einer großen Liebe in die USA gefolgt war, sprach aber nie mehr über ihre Vergangenheit. Ihre Eltern waren die Vorbesitzer des Hauses, das jetzt dem Politiker Bernkopf gehört. Vesna beschafft aus diesem Haus Janes Fotoapparat. Die Bilder belegen, dass Jane in Bernkopfs Wohnung war. Der Politiker, aber auch die Journalistin Mira geraten ins Zentrum einer kontroversen Pressekampagne. Bei einem nächtlichen Ortstermin entdeckt Mira in der Mauer vor Bernkopfs Haus ein Versteck, das schon Hanni in ihrer Kindheit als eine Art toter Briefkasten gedient hatte. Hinweisen in Hannis Schreiben folgend, hatte es vorher auch Jane gefunden und einen Brief an ihre verstorbene Großmutter hineingelegt, in dem sie dieser postume Gerechtigkeit verspricht und eine Verabredung im Freud-Museum mit Bernkopfs Sohn erwähnt: ihrem späteren Mörder. Dessen Firma ist finanziell angeschlagen, seine Eltern gleichen die Verbindlichkeiten zwar vorerst aus, doch die von Jane angestrebte Rückgabe des Mietshauses Birkengasse 14 an Hannis Nachkommen hätte seinen Ruin bedeutet, den er mit allen Mitteln zu verhindern trachtete; er erwürgte Jane und vergiftete Dr. Zimmermann als möglichen Mitwisser. Noch an Ort und Stelle mit den Vorwürfen konfrontiert, legt er ein Geständnis ab (das Mira heimlich mitschneidet).

ANATOLIJ RYBAKOW Russland
(d. i. Anatolij Naumowitsch Aronow, 1911–1998)

Anatolij Rybakow wurde durch eine Trilogie um den jugendlichen Hobbydetektiv Mischa Poljakow in der UdSSR zur literarischen Institution. Die Trilogie umfasst *Kortik* (1948, dt. *Der Marinedolch*, 1953), *Bronzewaja ptiza* (1956, dt. *Der Bronzevogel*, 1958) und *Wystrelj* (1978, dt. *Der Schuss*, 1978). *Sommer in Sossnjaki* spielt vor dem Hintergrund von Stalins »Großer Säuberung« von 1936/37; damals unterzog der Diktator Partei, Staat und Gesellschaft einem systematischen Massenterror. Der Roman enthält im Keim bereits Themen und Motive von Rybakows späteren großen Romanen, die unter Gorbatschow erschienen bzw. entstanden und die Rybakow zum führenden Schriftsteller der Perestrojka machten: *Deti Arbata* (1987, dt. *Die Kinder vom Arbat*, 1988) und die Folgebände *Tridzatj pjati i drugie gody* (1989, dt. *Jahre des Terrors*, 1990) und *Strach* (1991, dt. *Stadt der Angst*, 1994). Das ansonsten brachliegende Feld der russischen Kriminalliteratur jener Zeit beherrschte damals Viktor Astafjew mit *Petschalnyj detektiw* (1986, dt. *Der traurige Detektiv*, 1988), einer pessimistischen Sozialreportage, die von der Intention mit Ch. → Saprjanovs, *Der gehäutete Hund* vergleichbar ist.

Sommer in Sossnjaki
(OT: *Ljeto w Sosnjakach*, 1964). München: Pfeiffer, 1965. – Ü: Hannelore Künne. – O/Z: Sossnjaki; 1936.

Ingenieur Kornej Koltschin arbeitet mit deutschen Fachkräften bei der Errichtung eines Chemiewerkes zusammen. Nach der Rückkehr der Deutschen in ihre Heimat ereignen sich mehrere Störfälle. Koltschin wird vorgeladen und gezwungen, den Deutschen Müller der Sabotage zu bezichtigen. Ihm selber drohen anderenfalls Verhaftung und Prozess wegen »mangelnder Wachsamkeit«. Der Werksleiter Kusnezow verteidigt ihn – in jener Zeit ein geradezu selbstmörderisches Unterfangen: Kusnezow wird im Rahmen einer Terrormaßnahme als angeblicher Volksfeind verhaftet und erschossen, seine Frau erhält zehn Jahre Lagerhaft mit anschließender Verbannung. Kusnezows jüngere Tochter Lilka ist beim Tod des Vaters erst drei Jahre alt und wird von der Arbeiterin Faina großgezogen. Als Herangewachsene findet Lilka keine Anstellung, da sie in allen Fragebögen die Hinrichtung ihres Vaters erwähnen müsste, was sie jedoch ablehnt. Sie heiratet einen Kameramann, der sie betrügt, und verlässt ihn, obwohl sie ein Kind von ihm erwartet. Wladimir Mironow, ein fähiger Ingenieur und mitfühlender Mensch, verschafft ihr in seinem Werk und in Koltschins Abteilung eine Anstellung. Der Personalchef Angeljuk zwingt Koltschin, sich wegen der Jahre zurückliegenden Vorfälle zu rechtfertigen. Aus Angst, erneut denunzieren zu müssen, vergiftet er sich mit Trichloräthylen, das er sich an Lilkas Arbeitsplatz beschafft. Auf seinem Sterbebett ruft er nach der jungen Frau, kann aber, als sie eintrifft, bereits nicht mehr sprechen. Das rückt seinen Tod in ein mysteriöses Licht, und Mironow, der sich als Konkurrent des stellvertretenden Werksleiters um den frei werdenden Posten des Direktors bewirbt, wird fälschlicherweise verdächtigt, Koltschin in den Tod getrieben zu haben. Ein mit der Untersuchung des Falles beauftragter Jugendfreund Lilkas, Lapin, findet nichts Belastendes heraus; Ingenieur Mironow erfährt aus Lilkas Mund die Wahrheit.

FRANCIS RYCK Frankreich (*1920)

Wollen Sie mit mir sterben?
(OT: *Voulez-vous mourir avec moi?*, 1973). Reinbek: Rowohlt, 1975 (rororo thriller 2353). – Ü: Heinz Kausträter. – O/Z: Paris; 1970er-Jahre.
F: *Der Kuss des Tigers*. D/Fr 1988, R: Petra Haffter.

Michèle, die eher desinteressiert durchs Leben treibt, lernt den jungen Psychopathen Peter kennen, der frauenmordend durch Europa reist. Als er auch Michèle umbringen will und sie sich nicht wehrt, erlischt seine Mordlust, denn die nährt sich von der Angst seiner Opfer. Michèle und Peter werden ein Liebespaar. Michèle gibt das Babysitten auf, um mit Peter die Tage zu verbummeln. Bald darauf kommt Michèle die Idee, Peter solle einmal einen Mann umbringen, und bestimmt als Opfer einen ehemaligen Rennfahrer und Stuntman, der sein Geld mit Gitarrenstunden verdient. Im letzten Moment verhilft Michèle dem Mann zur Flucht. Die beiden fahren danach in Richtung Meer, bis der Tank von Peters 2 CV leer ist. Für ein paar Tage hausen sie in einem aufgelassenen Westwall-Bunker. Bald bemerken sie, dass eine Frau sie durchs Fernglas beobachtet. Die Frau, eine Arztwitwe, sucht ihre Bekanntschaft und lädt sie in ihr Haus ein. Dort erschlägt Peter die Frau mit einem Hammer. Weil die Beute gering ausfällt, beschafft Michèle das Geld für die Heimreise durch Prostitution, was Peters Eifersucht entfesselt. Aus der Zeitung erfahren die beiden, dass nach ihnen gefahndet wird; ein Tankwart konnte sie beschreiben. Im obersten Stock des Hochhauses, wo sie schon einmal ihre Schwindelfreiheit demonstriert hat, schlägt Michèle mit einer Eisenstange auf Peter ein. Der provoziert Michèle, und sie prügelt weiter auf ihn ein, bis er in die Tiefe stürzt: eine Tötung in gegenseitigem Einvernehmen.

PERNILLE RYGG Norwegen (*1963)

Der Schmetterlingseffekt (Der Schmetterlingsschmuck)

(OT: *Sommerfugleffekten*, 1995). Münster: Pettersson, 1997 (Morden im Norden 7). (btb 72486, 1999.) – Ü: Gabriele Haefs. – O: Oslo.

Die Psychologin Inger »Igi« ist mit dem homosexuellen Benny verheiratet, verschmäht aber auch einen Transvestiten nicht, von dem sie schwanger wird. Igi hat das Detektivbüro ihres verstorbenen Vaters übernommen. Dessen letzter Fall hatte mit einem Schmetterlingsanhänger mit dem eingravierten Datum »12. 5. 1960« zu tun. Beim Versuch, ihn der vermutlichen Besitzerin Siv Underland auszuhändigen, stößt Detektivin Igi auf eine verweste Frauenleiche in einer Wohnung. Auf einen Spiegel hat jemand mit Lippenstift die Worte: »Petra wartet« geschrieben. Wenig später wird Igi Zeugin eines Kirchenbrandes, bei dem die Leiche einer Frau in die Flammen stürzt. Es handelt sich um die Leiche von Petra Holmgren, die zehn Jahre zuvor ermordet und in der Kirche eingemauert worden war. Kurz darauf wird die Leiche von Siv Underland mit einem doppelten Kopfschuss aus einer Schneewehe gezogen. Das Datum auf dem Schmuck ist das Geburtsdatum von Petra Holmgren, der toten Frau aus der Kirche. Die Pistole, mit der sich Siv Underland erschossen zu haben scheint, stammt aus einem Einbruch in das Haus der Familie Holmgren. Dort ging Siv als kleines Mädchen ein und aus. Petra Holmgren soll mit ihrem Freund durchgebrannt sein. Georg Friedman ist Psychiater, hat unter anderem Siv Underland behandelt und war seinerseits Patient von Harald Østgaard. In dessen Haus wird die Detektivin Igi niedergeschlagen. Als sie aufwacht, brennt es; mit letzter Kraft kann sie sich und den ohnmächtigen Østgaard ins Freie retten. In Underlands Haus kommt es in Anwesenheit von Sivs früherem Freund Yngve Caspari und ihren Eltern Ellen und Øyvind zur finalen Abrechnung. Der Bauunternehmer Holmgren hatte Underland gratis ein Haus wegen der Nacktfotos gebaut, die er von den Kindern Siv und Petra angefertigt hatte. Außerdem missbrauchte er die eigene Tochter Petra, worüber Siv ein Tagebuch führte. Sivs Versuch, Petras Eltern zur Rede zu stellen, führte eine Katastrophe herbei. Ellen ermordete Petra, ließ die Leiche von Diener Charles in der Kirche einmauern und inszenierte Petras angebliches Verschwinden mit dem Freund. Petras Schmetterlingsschmuck verschwand jedoch nicht mit der Besitzerin und provozierte später Igis Ermittlungen. Bei einer Auseinandersetzung zwischen Siv und ihrer Mutter Ellen kam es zu einer Rangelei um die Pistole, bei der sich ein für Siv tödlicher Schuss löste. Auch hier half Diener Charles wieder, Leiche und Spuren zu beseitigen und falsche Fährten zu legen. Østgaard schließlich sollte sterben, weil er wusste, dass Petra nicht mit ihrem Freund weggefahren war.

S

CHRISTO SAPRJANOV Bulgarien (*1963)

Der gehäutete Hund

(OT: *Odranoto kuče*, 1992). Frankfurt a. M.: Verlag Neue Kritik, 1994. – Ü: Barbara Müller. – O/Z: die russische Steppe; 1983/84.

Das preisgekrönte Debütwerk *Der gehäutete Hund* ist ein Krimi ohne eigenen Protagonisten und Detektion. Unter widrigsten Bedingungen verrichten bulgarische Gastarbeiter in der UdSSR Straßenbauarbeiten. Mit Ausnahme von Sava und seinem hünenhaften Kumpel Jaska hausen sie zusammengepfercht in Eisenbahnwaggons. Ihr Leben ist von Einsamkeit und Misstrauen geprägt, von Hass auf den ihnen vorgesetzten Technischen Leiter, von chronisch schlechter Lebensmittelversorgung, von Gewalt, Sex- und Alkoholexzessen. An jedem Zahltag kommen mit der Eisenbahn die Prostituierten, um den Arbeitern ihr Geld abzuknöpfen. Eine von ihnen, Lida, gibt sich vor den Augen ihres kleinen Töchterchens wahllos jedem hin, doch die Männer schrecken im Rausch auch vor der Vergewaltigung eines Hündchens nicht zurück. Traditionelle Beikost zur kargen Ernährung ist Hundefleisch, nach Eskimoart über offenem Feuer stundenlang gebraten. An den beiden arbeitsfreien bulgarischen Nationalfeiertagen erschlägt Sava einen Hund mit der Axt und bereitet ihn sachgerecht zu. Sava braucht dringend 5000 Rubel für eine Operation zur Heilung seines erblindenden kleinen Sohnes, Jaska muss Unterhalt für zwei Kinder aus erster Ehe und zwei Ehefrauen zahlen. Bei gewalttätigen Auseinandersetzungen an den Feiertagen wird ein Arbeiter schwer verletzt. Während sich Sava und Lida, deren nackte Haut den Männern eben noch zum Aufschreiben der Resultate ihres Kartenspieles gedient hat, um den Verletzten kümmern, stößt Jaska unvermittelt ein Messer in Savas Rücken. Sava ist auf der Stelle tot, eine polizeiliche Untersuchung findet nicht statt. Im Leichenschauhaus richten die Männer den halbgefrorenen Leichnam notdürftig für die Überführung in die Heimat her; nur mühsam kann verhindert werden, dass der Leichnam, der für den Zinksarg zu lang ist, mit einer Motorsäge passend zurechtgestutzt wird. Das Motiv für den Mord: Sava und Jaska haben dieselbe Frau geliebt. Jaska übergibt seine Ersparnisse einem Kollegen mit der Bitte, sie Savas Familie zukommen zu lassen. Bevor er in die Steppe aufbricht, um dort sein Ende zu finden, schlägt er noch den Technischen Leiter nieder. Dann imaginiert er – und hiermit endet der Roman – seine Flucht auf einer alten Dampflok in Begleitung von Lidas kleiner Tochter, die er vor dem Schicksal ihrer Mutter bewahren möchte.

WALTER SATTERTHWAIT USA (*1947)

Oscar Wilde im Wilden Westen

(OT: *Wild West*, 1991). Zürich: Haffmans, 1996. (dtv 20196, 1998.) – Ü: Gunnar Kwisinski. – O/Z: USA; 1892.

Im Jahre 1892 besucht der englische Schriftsteller Oscar Wilde auf einer Vortragsreise Nordamerika. Er wird von seinem Manager, einer französischen Comtesse, dem deutschen Ex-Offizier von Hesse, einem homosexuellen Nachwuchsdichter und einem alkoholabhängigen Reporter begleitet. Während der Dichter eine Liebesnacht mit der rothaarigen Elizabeth (der Verlobten des reichen Tabor) in Denver verbringt, wird eine rothaarige Prostituierte vergewaltigt und getötet. Federal Marshal Grigsby weiß, dass ähnliche Morde schon mehrfach passiert sind, und zwar immer dann, wenn Oscar Wilde in der Nähe weilte. Wilde beschließt, den nach von Hesses Theorie offenbar geisteskranken Mörder mit der »Intuition des Dichters« zu überführen. Immer wieder taucht in der Folge der berüchtigte Westernheld Doc Holliday auf, der Wilde wie ein Schatten folgt und ihn mehrmals aus lebensgefährlichen Situationen rettet. Als Wilde der rothaarigen Elizabeth bei einem Tête-à-tête in freier Natur einen Heiratsantrag macht, lehnt sie mit Hinweis auf ihren großzügigen, toleranten Verlobten ab. Während einer Lesung Wildes lockt der Mörder Elizabeth, die er als nächstes Opfer bestimmt hat, mit einem Brief aus ihrem Hotelzimmer zu einem Treffpunkt, wohin sich auch Wilde, der das Schreiben findet, aufmacht. Dort findet er Elizabeth in der Gewalt von Hesses. Doc Holliday ist wieder zur Stelle und will die Frau durch einen finalen Rettungsschuss befreien, doch der Dichter redet im Vertrauen auf die Macht des Wortes auf den Deutschen ein. Der gibt tatsächlich auf – und begeht Selbstmord. Holliday gesteht, der Tournee aus sexueller Affinität zu Wilde gefolgt zu sein. Neun Jahre später berichtet Wilde Grigsby brieflich, dass von Hesse als Kind brutal misshandelt worden sei. Eines Tages habe man die Stiefmutter, eine rothaarige Prostituierte, und den Vater tot aufgefunden. Da der junge von Hesse keinerlei Angaben zum Unglücksgeschehen habe machen können, sei man davon ausgegangen, dass der Vater erst seine Frau tötete und danach Selbstmord beging.

G. Sch.

DOROTHY SAYERS Großbritannien (1893–1957)

Dorothy Sayers schrieb mit Ausnahme des Briefromans *The Documents in the Case* (1930, dt. *Der Fall Harrisson / Die Akte Harrisson*, 1968–84) ausschließlich Geschichten um den Gentleman-Detektiv Lord Peter Wimsey. Das unvollendete Abenteuer *Thrones, Dominations* (1998, dt. *In feiner Gesellschaft. Lord Peters letzter Fall*, 2000) wurde ergänzt von Jill Paton Walsh (*1937). Wimsey (nach engl. *whimsey* ›Laune, Grille, Spleen‹) ist der Inbegriff des englischen Adligen, der zur eigenen Belustigung Detektiv spielt; er betreibt die Detektion als exklusive Freizeitbeschäftigung, da ihm Freizeit im Übermaß zur Verfügung steht. Wimseys einziger und bester Freund ist Charles Parker von Scotland Yard, sein Helfer der technisch begabte Butler Bunter. Im Laufe seiner Karriere heiratet Wimsey, und ein kleiner Neffe sieht staunend zu, welch gefährliches Leben der Onkel manchmal führt. Die Fälle sind diffizil, wenn auch nicht überdiffizil, seine Lordschaft müssen keine psychologisch unglaubwürdige Gehirnakrobatik betreiben wie Hercule Poirot oder Miss Marple, die Protagonisten von A. → Christie. Sexuelle Verirrungen werden allenfalls angedeutet. Brutale Gewalt vermeiden die Angehörigen des Adels, des Militärs und der Wissenschaft – Archäologen, Mediziner, Theologen –, unter denen die Lord-Peter-Fälle angesiedelt sind, so oder so. *Ärger im Bellona-Club* ist für Lord Peters gesellschaftliche Stellung der vielleicht typischste Fall, nimmt die Handlung ihren Ausgang doch in einem der »englischsten« aller englischen Orte, einem Club. Die bekanntesten Lord-Peter-Darsteller dürften Ian Carmichael und Edward Petherbridge gewesen sein; Carmichael spielte den Lord 1973 in der Verfilmung von Wilson.

Es geschah im Bellona-Club / Ärger im Bellona-Club

(OT: *The Unpleasantness at the Bellona Club*, 1928). **(1)** Frankfurt a. M.: Nest-Verlag, 1951. (Goldmann 3067, 1975.) – Ü: Hilde-Maria Martens. **(2)** [*Ärger im Bellona-Club*] Tübingen: Wunderlich, 1980. (rororo 5179, 1983.) – Ü: Otto Bayer. – O/Z: London; 1928.
F: GB 1973 (BBC; TV-Vierteiler), R: Ronald Wilson.

Am Vormittag des 11. November – dem Waffenstillstandstag – wird in Peters Anwesenheit der 90-jährige Krimkrieg-Veteran Commander Fentiman tot in einem Sessel des Bellona-Clubs gefunden. Der anwesende Arzt Dr. Penberthy stellt den Totenschein aus, obwohl die Totenstarre nicht mit dem vermutlichen Todeszeitpunkt überein stimmt. Ein Bein ist merkwürdig beweglich (weil gebrochen), und eine Notiz weist die Telefonzelle des Clubs als nicht benutzbar aus. Nahezu zeitgleich gestorben ist Fentimans Schwester Lady Felicitas, mit der er sich erst am Vorabend nach einem Besuch bei ihr nach vielen Jahren des Zwistes wieder versöhnt hatte. Essentiell nun ist die Frage des Todeszeitpunktes der Geschwister, denn Lady Felicitas hat in ihrem Testament das Schicksal ihres Erbes vom eigenen Todeszeitpunkt und dem ihres Bruders abhängig gemacht. Je nachdem können so Anna Dorland, die Gesellschafterin von Lady Felicitas, oder Fentimores Neffen Major Robert Fentiman beziehungsweise der mental kriegsversehrte Captain a. D. George Fentiman ein Vermögen erben. Lord Peter soll in Zusammenarbeit mit Inspektor Charles Parker von Scotland Yard herausfinden, wem das Erbe zusteht (und ob die Verstorbenen nicht womöglich ermordet wurden). Anna Dorland hatte als Malerin dilettiert, die Malerei aber etwa ein Jahr zuvor aufgegeben und sich chemischen und medizinischen Studien gewidmet. Sie ist heimlich mit Dr. Penberthy verlobt. Überraschend aber verstößt er sie und verlobt sich mit einer anderen jungen Dame. Captain a. D. George Fentiman legt infolge seiner zerrütteten Nerven ein falsches Mordgeständnis ab. Major Robert Fentiman jagt wochenlang quer durch halb Europa einem Phantom namens Oliver nach, bei dem der Commander angeblich am Vorabend seines Todes übernachtet haben soll. Oliver existiert jedoch gar nicht, das Ganze ist ein Bluff des Offiziers, den Penberthy zu Recht für einen Schuft hält. Der Commander hat am Vorabend seines Todes mehrere Taxifahrten unternommen, ist außer bei seiner Schwester auch bei Dr. Penberthy gewesen und hat von diesem Medikamente erhalten. Nach einer schlaflosen Nacht ist er gegen halb sieben Uhr morgens in seinen Club gefahren und offensichtlich dort kurz danach gestorben. Erst gegen drei viertel elf wurde jedoch seine Anwesenheit bemerkt. Dies ist möglich, weil er nach seinem Tod für eine Weile in der Telefonzelle versteckt wurde, und zwar von Robert, der den Toten fand und im Wissen um das merkwürdige Testament aus Geldgier den Todeszeitpunkt zu manipulieren versuchte. Robert musste dabei das Bein der Leiche brechen, damit sie in die Zelle passte. Erst später setzte er den Toten in den Sessel, in dem er gefunden wurde. Die Clubmitglieder waren durch Feierlichkeiten zu Ehren des Waffenstillstands abgelenkt. Die nachfolgende Jagd nach dem Phantom »Oliver« war ein reines Ablenkungsmanöver Roberts; Wimsey bedient sich zu dessen Entlarvung eines zusätzlich engagierten Detektivs. Getötet wurde der Commander mit einer langsam wirkenden Strychninpille, die er von Penberthy erhalten hatte, der so seine Täterschaft verschleiern wollte. Er wollte mit dem reichen Erbe, das Anna Dorland zu erwarten hatte, eine Klinik für verjüngungswillige Greise aufmachen. Die Extratouren Roberts, die seine Pläne empfindlich störten, zwangen ihn zu kühnen Improvisationen, die eine Weile unentdeckt blieben. Um

Anna aus der Sache herauszuhalten und seine rein finanziellen Absichten zu tarnen, trennte er sich von ihr. Damit muss sie als seine Komplizin gelten; dass sie das in Wahrheit keineswegs ist, ist nicht zu beweisen. Um Annas Ehre zu retten, zwingt Wimsey Dr. Penberthy ein schriftliches Geständnis ab und lässt ihn mit der Pistole allein, mit der er sich anschließend – Ehrenmann, der er trotz allem geblieben ist – selbst richtet.

GIORGIO SCERBANENCO Italien (1911–1969)

Der Autor, Sohn eines ukrainischen Offiziers und einer Italienerin, war unter anderem Klatschreporter und schrieb in seinen letzten Lebensjahren einige Duca-Lamberti-Romane, die ihn zu einem der Stammväter des modernen italienischen Krimis machten. Der Mailänder Arzt Dr. Duca Lamberti hat wegen verbotener Sterbehilfe drei Jahre im Gefängnis gesessen und arbeitet danach als eine Art Detektiv für besondere Aufgaben, u. a. in *Traditori di tutti* (1966, dt. *Doppelt gekillt hält besser / Tod den Verschwörern / Die Verratenen*, 1969/90/2002). Von Scerbanencos hochauflösender Beobachtungsgabe zeugen auch die präzisen Kurztexte in *Il Centodelitti* (1970, dt. *Das Beste vom Bösen*, 1970).

Leichte Mädchen sterben schwerer / Das Mädchen aus Mailand

(OT: *Venera privata*, 1966). **(1)** Bern/München/Wien: Scherz, 1969. – Ü: Eva Schönfeld. **(2)** [*Das Mädchen aus Mailand*] Wien: Kremayr & Scheriau, 2001. – Ü: Christiane Rein. – SF: Duca Lamberti. O: Rom, Neapel.

Der Ex-Arzt Dr. Duca Lamberti soll herausfinden, warum Davide Auseri seit einem Jahr haltlos trinkt. Nach einigen vertrauensbildenden Maßnahmen erzählt Davide dem Ex-Arzt, er sei am Tod von Alberta Radelli schuld. Sie habe ihn in Neapel um Hilfe vor Verfolgern in einem Mercedes 230 gebeten, doch er habe diese Hilfe verweigert, worauf Alberta Selbstmord verübt habe. Den ersten Hinweis liefert ein Film aus einer Minox-Kamera, der seit einem Jahr unentwickelt in Davides Auto liegt. Darauf finden sich Nacktfotos von Alberta Radelli sowie von Maurillia Arbati, die in Rom im Tiber ertrunken ist. Kommissar Carrua und sein nimmermüder Assistent Mascaranti rollen daraufhin den Fall neu auf. Alberta und Maurilla hatten sich in einem Studio für Industriefotos gegen ein Honorar nackt fotografieren lassen. Treibende Kraft war Alberta gewesen, deren Hobby die Erforschung der Prostitution in der italienischen Gesellschaft war. In einem unbeobachteten Moment nahm sie den Film aus der Minox des Fotografen mit, wurde verfolgt und dann nach der kurzen Episode mit Davide Auseri umgebracht. Ein günstiger Umstand spielte ihren Mördern – es handelt sich um Mädchenhändler, die über die Fotos ihren Nachschub an Prostituierten rekrutieren – sogar einen Abschiedsbrief von ihr in die Hände. Gleich danach verlegten sie eilends ihr Atelier an einen anderen Ort. Albertas schöne Freundin Livia lässt sich von Lamberti als Lockvogel einsetzen. Lamberti und Davide begehen den Fehler, Kommissar Carrua nicht einzuschalten, sondern verfolgen Livia allein zu einer Adresse, wo Livia Nacktfotos von sich machen lassen soll. Dort erregt sie Argwohn, und der Fotograf und sein Komplize foltern sie, weil sie sie im Besitz des seinerzeit verschwundenen Mikrofilms wähnen. Später stoppen Lamberti und Davide den Mercedes des Auftraggebers und überwältigen das Mädchenhändler-Trio. Gnadenlos prügelt Lamberti unter Anwendung seiner medizinischen Kenntnisse aus dem Mercedesfahrer ein umfassendes Geständnis über die Morde an Alberta und Maurilla heraus. Livia wird gerettet, nach einigen plastischen Operationen wird auch ihre Schönheit wieder hergestellt sein. Vielleicht werden sie und der Ex-Doktor ein Paar. Davide ist von seiner Alkoholkrankheit geheilt.

FRANK SCHÄTZING Deutschland (*1957)

Frank Schätzing ist, wie seine Romane *Tod und Teufel* (1995), *Mordshunger* (1996) und *Die dunkle Seite* (1999) zeigen, einer der wichtigsten Vertreter des Subgenres Köln-Krimi. Sein durchaus gelungener Politthriller *Lautlos* folgt den Spuren von F. → Forsyth.

Lautlos

Köln: Emons, 2000. – O: Köln.

Eine Gruppe internationaler Profiterroristen unter Führung von Mirko und Jana aus Serbien sollen im Rahmen der Operation »Lautlos« den amerikanischen Präsidenten Clinton auf dem G-8-Gipfel auf dem Kölner Flughafen mit einer Laserwaffe ermorden. Die Waffe, die nahebei in einer ehemaligen Spedition, dem Hauptquartier der Gruppe, steht, wird über ein Spiegelsystem ausgelöst. Verhindert wird das Attentat von dem genialen, aber trinkfreudigen irischen Physiker Dr. Liam O'Connor, seinem Lektor Franz Maria Kuhn, seiner Betreuerin und nachmaligen Geliebten Kika Wagner sowie dem White-House-Journalisten Aaron Silberman. Der Physiker O'Connor kommt den Terroristen durch seinen ehemaligen Dubliner Kommilitonen Paddy Clohessy auf die Spur, einem aussteigewilligen IRA-Terroristen. Paddy arbeitet auf dem Flughafen als Techniker und hat maßgeblich an der Installation des Spiegelsystems mitgewirkt. Weil ein Gespräch zwischen O'Connor und Paddy Clohessy belauscht wird, wird Paddy als potentielles Sicherheitsrisiko umgebracht. Außerdem setzt der Serbe Mirko den Lektor Kuhn in der ehemaligen Spedition gefangen. Der kann jedoch Kika über Handy eine Nachricht zukommen lassen. Die wendet sich an Kommissar Eric Lavallier, doch der reagiert skeptisch. O'Connor wird bei der Suche nach den Spiegeln um ein Haar getötet, doch schließlich können die zum Zünden der Laserwaffe benötigten Spiegel aufgespürt und zerstört werden. O'Connor, Wagner und Silberman laufen in der Spedition der Serbin Jana in die Arme, die den Flughafen unbehelligt verlassen konnte. Den Zugriff einer amerikanischen Spezialeinheit kann Jana abwehren. Dabei stirbt Grutschkow und Silberman wird verletzt, die Einheit aber bis auf den Anführer völlig aufgerieben. Der Anführer ist erstaunlicherweise niemand anderes als der Serbe Mirko. Jana tötet mit O'Connors Hilfe auch ihn und entkommt. Alle Beteiligten werden verpflichtet, über das Geschehene absolutes Stillschweigen zu wahren: Der Clou der Intrige besteht darin, dass nicht die Serben hinter dem Attentat auf Clinton stecken, sondern ultrarechte Amerikaner.

G. L.-K.

PAUL SCHALLWEG Deutschland (1914–1998)

Aufruhr im Dorf (1977)

Rosenheim: Rosenheimer Verlagshaus, 1995. – O: ein bayerisches Dorf.

Von dem bayerischen Heimatdichter Paul Schallweg stammt ein unterhaltsamer Heimat- und Dorfkrimi mit einer wunderbaren ländlichen Miss Marple, ein kriminalliterarischer Komödienstadel. Er entstand lange, bevor das Subgenre »Dorfkrimi« als solches entwickelt wurde. Im Mittelpunkt steht der nicht unumstrittene Brauch des »Strahmachens«. Dabei wird am Polterabend durch Aufschütten von »Strah« (Stroh) ein Weg vom Haus der Braut zum Haus eines abgewiesenen Freiers angedeutet. Gerne werden zusätzlich auch schwerer zu entfernende Stoffe wie Kalk oder Farbe verwendet. Am Abend vor der Hochzeit von Afra Hierl mit Mattheis Biederstaller fürchtet das ganze Dorf, dass »Strah gemacht« werde zwischen dem Hierl-Hof und dem Feller-Hof von Afras entstelltem Ex-Verlobten Michl. Am Hochzeitsmorgen liegt Michl Feller erstochen neben einem Kalkstrich im Obstgarten von Bauer Meßthaler, doch die Kriminalpolizisten Rothberger und Wanninger finden den Täter nicht. Weil der schwerblütige Franzl Prugger – ein Tatverdächtiger – es nicht gewagt hat, Josephine »Fini« Kragl, dem Patenkind seiner Mutter Wally Prugger, seine Liebe zu gestehen, muss er zusehen, wie Fini dem reichen Sepp Schlaitzmiller versprochen wird. Fini, die Franzl liebt, aber glaubt, nicht wiedergeliebt zu werden, willigt notgedrungen ein, als der nächstfolgende Samstag als Hochzeitstermin festgelegt wird. Um nicht an der Feier teilnehmen zu müssen, verbringt Franz das Wochenende in München. Wally, die Prugger-Bäuerin, ist bettlägerig und wegen ihrer Schlaflosigkeit Ohrenzeugin des nächtlichen Mordes an Afras Ex-Verlobtem Michl geworden. Ihren Bruder, den Gendarmen Simon »Simmerl« Moorleitner, macht Wally nun zum Gehilfen bei ihren Privatermittlungen. Zunächst streut sie das Gerücht aus, sie habe einen konkreten Verdacht. Später gelangt sie auch noch in den Besitz eines Feuerzeugs, das neben der Leiche lag und das Sepp Schlaitzmiller gehört haben könnte. Sie verkündet, sie habe ein Beweismittel in Händen, sich zu ihrem eigenen Schutz aber durch ein gut hinterlegtes Schriftstück abgesichert. Sie hofft, Sepp werde versuchen, das Beweisstück zu stehlen. Da er dies nicht tut, inszeniert Wally ihr eigenes Ableben. Nachdem sich ihr Tod herumgesprochen hat, erscheint tatsächlich Sepp, um ihren Nachttisch zu durchwühlen, wird von Simmerl überrascht, kann aber fliehen. Daraufhin lässt Wally Simon vor dem eigenen Haus »Strah machen«. Als sich am Morgen der Hochzeitszug schon in Bewegung gesetzt hat und die Kripo infolge einer Panne immer noch nicht eingetroffen ist, beschließt sie, von den Toten aufzuerstehen. Der Tumult verzögert die Zeremonie, bis Sepp endlich doch noch verhaftet wird. Er gesteht, von Michl beim »Strahmachen« erwischt und angegriffen worden zu sein und ihn niedergestochen zu haben. Als Franzl nichts ahnend aus München zurückkehrt, nimmt Wally ihn im Beisein Finis ins Gebet, damit die beiden endlich doch heiraten.

JAN SCHALM Deutschland
(Kollektives Pseudonym)

Hinter dem Anagramm Jan Schalm verbergen sich der Literaturprofessor Heiner Boehncke (*1944) und einige Bremer Kunststudenten, die an einem Schreibseminar Boehnckes teilnahmen (Christiane Braun, Lars Hammer, Johanne Knust, Christiane Lokar, Nina Oberländer, Martin Paetsch, Andrea Schaffors, Axel Stiehler). Keiner der Beiträger ist an seinem Schreibstil zu erkennen, das Buch ist ebenso wie der von Boencke unter dem Pseudonym Heiner Trudt initiierter »Unikrimi« (so der Untertitel) *Bockenheimer Bouillabaise* (1997) ein Kollektivkrimi von erstaunlicher Homogenität. Siehe auch J. → Alberts u. a., *Gipfeltreffen*, und A. → Gralles *Allegro Mortale*.

Cézanne geht immer

Frankfurt a. M.: Eichborn, 2001. – O: Bremen, die Berge des Saint-Victoire.

Zwischen einem Prolog und einem Epilog entfaltet sich eine raffiniert einfache Geschichte: Am Fuße der durch Cézannes Gemälde bedeutsamen Berge des Saint-Victoire steht ein Haus, in dem ein Mann von unbestimmtem Alter verwest. Selbst im Epilog, der am selben Schauplatz angesiedelt ist, wird nicht klar, ob es sich um den Maler Paul Koopmann oder um seinen Galeristen Uwe Krone handelt. Der Zahnarztsohn Paul Koopmann ist gegen den Willen der inzwischen verstorbenen Eltern Künstler geworden, passt aber für potente Patienten immerhin noch gelegentlich mit großer Kunstfertigkeit Zahnprothesen an die Farbe von entschwundenen Originalzähnen an. Ansonsten arbeitet er als begehrter Kopist. Er fertigt jedoch keine reinen Kopien oder gar Fälschungen vorhandener Gemälde an, sondern schafft meisterliche Nachempfindungen im Stil Cézannes, so genannte »Originalkopien«. Seine Ehefrau Anne Bischoff-Koopmann hat sich wegen ihm seinerzeit von ihrem ersten Mann Hans Krone getrennt. Die Finanzlage des Ehepaares ist angespannt: Anne drängt ihren Mann, sich endlich wieder ans Werk zu machen. Uwe Krone, Hansens Bruder, ist Galerist und macht gute Geschäfte mit den Bildern Pauls. Der hat heimlich acht Bilder von den Kuppen des Sainte-Victoire geschaffen, die nur auf den ersten Blick identisch scheinen. Auf den zweiten offenbaren die Bilder eine ständig verbesserte Maltechnik: Paul ist geradezu in die Persönlichkeit Cézannes hineingeschlüpft. Das Bild, das dem Meister am nächsten steht, wird in einer neu eröffneten Kunsthalle betrügerischerweise als echt ausgestellt. Daraufhin kopiert Paul es, hängt seine Kopie an den Platz des vermeintlichen Originals und setzt sich mit seinen Bildern nach Frankreich an den Ort ab, wo Cézanne gelebt hat. Die Abreise kommt einem Bruch mit Anne gleich; in seinem Abschiedsbrief zitiert er Worte seines großen Vorbildes. All dies erweckt den Verdacht, dass er verrückt geworden ist. Anne und Uwe, deren Beziehung immer inniger wird, folgen ihm in das Haus am Fuße der Berge des Saint-Victoire. Hier kommt es zu einer tödlichen Auseinandersetzung zwischen den beiden Männern. Wer von ihnen stirbt, bleibt offen.

MARCO SCHANK Luxemburg (*1954)

Die Schalen des Zorns

Esch-sur-Sûre (Esch a. d. Sauer): Op der Lay 119, 1996. – O/Z: Eschburg a. d. Sauer; 1852.

Im Gegensatz zu J. → Brauns *Porto fir d'affekoten* stellt der deutschsprachige Kriminalroman *Die Schalen des Zorns* aus Luxemburg eine solide Mantel-, Degen- und Mordgeschichte dar. 1852 ist Luxemburg von Preußen besetzt und sieht sich territorialen Begehrlichkeiten Frankreichs ausgesetzt. – Erstes Opfer einer Choleraepidemie in Eschburg an der Sauer wird Lucie Maquill, deren Schwester Anna daraufhin die Gemeinde besucht. Später wird ein berittener Bote tot aus der Sauer gezogen. Der Geistliche Jean Meiers findet bei diesem einen Zettel mit einem lateinischen Rätselspruch aus dem geistigen Umfeld des Freimaurertums. Kurz darauf wird eine fast nackte weibliche Leiche mit verstümmeltem Gesicht sowie ein preußisches Bajonett gefunden. Die Baronin, bei der das Choleraopfer Lucie Maquil arbeitete, ist ebenfalls verstorben und wurde beerdigt; als sie exhumiert wird, stellt sich heraus, dass sie als Scheintote erst im Grab gestorben ist. Nebenbei muss der Geistliche Meiers noch Johanna Hourst beistehen, die sich ihrem prügelnden Mann verweigert. Er kann die Zusammenhänge aufdecken, als er Kenntnis von einem Goldschatz erhält, der in Luxemburg für die Flucht des letzten französischen Königs Louis XVI. bereitgestellt worden war und von dem ein Teil nach dem Scheitern der Flucht den Anhängern der Revolution durch Verrat in die Hände fiel. Freimaurer, die Drahtzieher jener Ereignisse, entführen Meiers in ein Gewölbe, aus dem er nur durch das beherzte Eingreifen von Johanna Hourst entkommen kann, deren Mann in die Affäre verwickelt ist. Der Papierfabrikant Armand Gobelet offenbart sich als Freimaurer und fanatischer Anhänger der Französischen Revolution und gesteht, seinerzeit den Franzosen einen Teil der königlichen Fluchtgelder in die Hände gespielt zu haben. Den anderen Teil habe er jedoch zum Aufbau seiner Papierfabrik und für zahlreiche karitative Maßnahmen verwendet. Eine Verwicklung in die verschiedenen Morde bestreitet er energisch, räumt aber Experimente mit Choleraübertragungen ein, bei der einige seiner Leute gestorben seien. Nachdem seine Papierfabrik niedergebrannt ist, ist Gobelet verschwunden. Anna Maquill gesteht, eine Geheimagentin von Louis-Napoleon zu sein. Sie hat die Baronin vergiftet und deren Hausmädchen Lucie – ihre eigene Schwester – in einer Weise umgebracht, dass jeder sie für ein Cholera-Opfer halten musste. Den berittenen Boten, dessen Posttasche sie in ihren Besitz bringen wollte, betäubte sie und ertränkte ihn in der Sauer. Der Freimaurer-Vers sollte den Verdacht auf Gobelet lenken. Eine Mitwisserin, die sie als Opfer preußischer Vergewaltiger tarnte, musste ebenfalls sterben. Ziel all dieser Aktionen war es, Louis-Napoleon das königliche Gold für einen Staatsstreich zu beschaffen. Anna gelingt die Flucht, und zwei ihrer Leute entführen den Pfarrer und Johanna Hourst. Die Entführung scheitert jedoch durch das Eingreifen von Gendarmen, und Anna stirbt an den Wunden, die sie sich mit dem eigenen Dolch zugefügt hat.

BERNHARD SCHLINK Deutschland (*1944)
WALTER POPP Deutschland (–)

Bernhard Schlink, Ritter der Ehrenlegion, Träger des »Welt Literaturpreises« und bekannt durch *Der Vorleser* und *Liebesfluchten*, ist Jura-Professor. Der noch mit seinem Ko-Autor, dem Übersetzer Walter Popp, geschriebene Krimi *Selbs Justiz* (1987) entstand während seiner Tätigkeit als Richter am Verfassungsgerichtshof des Landes Nordrhein-Westfalen. Es folgten noch *Selbs Betrug* (1992; Platz 1 des »Deutschen Krimipreises National« 1993) und *Selbs Mord* (2001). Für den Krimi *Die gordische Schleife* bekam er 1989 den »Glauser«. Schlinks Selb-Krimis zeichnen sich durch große Authentizität aus, die durch das Einarbeiten unzähliger Realitätspartikel wie Song- und Filmtitel usw. erreicht wird.

Selbs Justiz

Zürich: Diogenes Verlag, 1987 (detebe 21543). – O: Heidelberg.
F: D 1991, R: Niko Hoffmann.

Dr. jur. Gerhard Selb wirkte als Staatsanwalt im Dritten Reich an einem Prozess gegen zwei Mitarbeiter der Ludwigshafener Rheinischen Chemie-Werke RCW mit. Aufgrund der dubiosen Aussage eines jüdischen Zwangsarbeiters wurde der Chemiker Dohmke wegen Rassenschande und Sabotage hingerichtet. Nach dem Krieg machte

Selb sich als Privatdetektiv in Heidelberg selbständig. Er ist bereits 68 Jahre alt und seit langem verwitwet, als ihn sein Schulfreund und früherer Schwager, der RCW-Generaldirektor Korten, engagiert, weil ein Hacker im firmeninternen Netz Schäden in Höhe von 5 Millionen Mark angerichtet hat. Selb ermittelt als Schuldigen den Programmierer Peter Mischkey und fährt in Urlaub. Während seiner Abwesenheit kommt Mischkey bei einem nächtlichen Sturz mit seinem Cabrio von einer Brücke ums Leben, nachdem er von zwei Männern zusammengeschlagen worden ist. Selb sichert aus dem Cabriowrack Blutspuren und eine Audiokassette und erfährt von einem auffälligen fremden Lieferwagen in der Nähe des Unfallortes. Mit brutaler Gewalt zwingt er den Schläger Fred zu einem Geständnis, Mischkey im Auftrag der Firma misshandelt zu haben. Mikschkey hatte in Kenntnis der Vorgänge um Dohmke einen Erpressungsversuch unternommen. In einer RCW-Werkshalle entdeckt der Detektiv einen Lieferwagen, dessen Hecktüren mit einer Spiegelfolie präpariert sind. Dieser Wagen stand mit offenen Hecktüren auf der Brücke, das Spiegelbild seiner eigenen Autoscheinwerfer erweckte in Mischkey die Illusion, ein Lkw käme ihm auf seiner Spur entgegen, ein Ausweichmanöver endete am Brückengeländer. Der alte Werkschutzmann Schmalz wuchtete ihn eigenhändig über das Geländer, wobei er sich an der Hand verletzte und kurz darauf an Überanstrengung starb. Nachdem Selb dies durch einen Einbruch festgestellt hat, wird die Halle sofort abgerissen, der Lieferwagen verschrottet. Bei einem Besuch bei der Witwe des Zwangsarbeiters in den USA stellt Selb fest, dass er seinerzeit von Korten getäuscht und missbraucht wurde. Korten eignete sich seinerzeit die Erfindung des Chemikers Dohme an und beseitigte diesen in Komplizenschaft mit dem späteren Werkschutzmann Schmalz durch falsche Anschuldigungen. Selb fiel auf die gefälschten Aussagen der beiden herein und verhängte ein Todesurteil. Weil Korten juristisch nicht beizukommen ist, fährt Selb heimlich in die Bretagne, wo Korten die Weihnachtsfeiertage verbringt, und stößt ihn ohne lästige Zeugen und ohne Reue eine Klippe hinab. Danach feiert er mit seiner neuen Freundin und etlichen Bekannten ein unkonventionelles Weihnachtsfest mit Bauchtanz und einem Weihnachtsbaum aus Sardinenbüchsen.

WERNER SCHMIDLI Schweiz (*1939)

Nicht umsonst wird Schmidlis vornamenloser Serienheld Gunten, der auch in *Guntens stolzer Fall* (1989) und *Der Mann aus Amsterdam* (1993) ermittelt, in einem Atemzug mit den beiden anderen großen Schweizer Kriminalfiguren, mit → Dürrenmatts Kommissär Bärlach und → Glausers Wachtmeister Studer genannt. Wie diese ist der Protagonist Gunten aufs Engste mit dem ihn umgebenden Milieu verwachsen und zeigt einen zutiefst mitfühlenden menschlichen Scharfblick. Wie sein Autor, der 1985 den Literaturpreis der Stadt Bern erhielt, hat Gunten lange in Australien gelebt.

Der Mann am See

Zürich/Frauenfeld: Nagel & Kimche, 1985. – O: ein See in der Schweiz.

Gunten lebt einäugig, krank und allein in einem ererbten Haus an einem Schweizer See. Seine einzigen Freunde sind die Wirtin Martha und Jean, ein alter Beamter der Kantonspolizei. In markanten gelben Heften legt er täglich seine Beobachtungen, Erinnerungen und Reflexionen nieder. Am

Ort gibt es zwei Radiogeschäfte, die Firma Weiss und die Firma Hilten. Einst Partner, entzweiten sich die Inhaber, als die gemeinsame Sekretärin Weiss heiratete. Als Weiss erfährt, das seine Frau einen Liebhaber hat, den jungen Textilverkäufer Benz, kommt es in einem Lokal zu einer Schlägerei zwischen Benz und Weiss. Danach findet Gunten das kaputte Diktiergerät von Benz und lässt es bei Hilten reparieren, wobei er den Namen des Besitzers nennt. Der wird mit einem Stück Schwemmholz erschlagen. Weiss legt ein Geständnis ab, diesen Mord begangen zu haben, doch Gunten ist trotz scheinbar eindeutiger Indizien nicht überzeugt. Seinen Überlegungen zufolge muss Weiß' Konkurrent Hilten der Mörder sein. Gunten macht sich selbst zum Lockvogel und wird seiner gelben Hefte beraubt. Schließlich kidnappt ihn Hilten, er soll ihn zum Versteck des Tonbands aus dem Diktiergerät führen, das Gunten als Lebensversicherung bei einer Frau seines Vertrauens hinterlegt hat. Gunten kann Hilten entwaffnen und einen Abhang hinunterstoßen, er selbst hat einen Unfall mit seinem klapprigem 2 CV; beide Männer überleben. Weiss, auf freien Fuß gesetzt, lässt einen neuen Fernsehapparat an das Krankenbett von Gunten stellen, der sich u. a. wegen Beweismittelunterdrückung wird verantworten müssen.

LEONARDO SCIASCIA Italien (1921–1989)

Der Sizilianer Scascia war Volksschullehrer und schrieb lange vor M. → Puzo Mafiaromane. *Der Tag der Eule* (1961) bildet den Auftakt zu einer Werkserie zum Thema. Sciascia beschreibt die familiäre Organisationsstruktur der Mafia, die im Gegensatz zum Staat steht und für die ein absonderlicher Ehrenkodex mit völlig verkehrtem Unrechtsbewusstsein charakteristisch ist. Die Ehre gebietet die *omerta*, das Schweigen über alle Verbrechen; wer das Schweigen bricht, gilt als Verräter. Die Politiker, die bereits auf der Gehaltsliste der Mafia stehen, leugnen schlichtweg deren Existenz. Weitere Titel: *Il Contesto. Una Parodia* (1971, dt. *Der Zusammenhang*, 2001), *Todo modo* (1974, dt. *Todo modo oder das Spiel um die Macht*, 1990).

Der Tag der Eule

(OT: *Il giorno della civetta*, 1961). Berlin: Aufbau-Verlag, 2000 (AtV 1656). – Ü: Ariana Giachi. – O: S. und B., anonymisierte Orte auf Sizilien.

Weil sich der genossenschaftliche Bauunternehmer Salvatore Colasberna nicht unter den »Schutz« der Mafia begeben will, wird er in einem vollbesetzten Autobus mit zwei Schüssen getötet, doch niemand will etwas gesehen oder gehört haben. Des Mordes verdächtigt wird der Baumbeschneider Paolo Nicolosi, weil der nach der Tat spurlos verschwindet. Karabinieri-Hauptmann Bellodie, aus Palermo nach Sizilien versetzt, wendet sich an den Zuträger Calogero Dibella, dem er durch geschickt gestellte Fragen gegen dessen Willen zwei Namen entlockt, darunter den von Rosario Pizzuco. Damit hat Dibella sein eigenes Todesurteil gesprochen, ein paar Tage später ist er tot. Vor seinem Tod hatte Bauunternehmer Colasberna seiner Frau gegenüber den Schwerverbrecher Diego Marchica erwähnt. Karabinieri-Hauptmann Bellodie lässt Marchica und Pizzuco festnehmen. Mit clever fingierten Geständnissen der anderen Häftlinge verunsichert er Marchica, der zu erzählen beginnt. Pizzuco habe ihn zu Colabernas Ermordung angestiftet und ihn dafür bezahlt. Auf seiner Flucht sei ihm zufällig Nicolosi begegnet. Pizzuco habe für dessen Beseitigung als lästiger Zeuge gesorgt. Nicolosis Leiche wird in einem

Felsloch gefunden. Dadurch in die Enge getrieben, räumt Pizzuco ein, dass Calobaso ihn zusammengeschlagen habe, als er seine, Pizzucos, gute Ratschläge (sich der Mafia unterzuordnen) vorgetragen habe. Den arroganten Mafia-Führer Don Mariano Arena, der als einziger hinter den Morden stecken kann und der die Protektion wichtiger römischer Politiker genießt, setzt Bellodie unter dem Vorwurf der Steuerhinterziehung fest, doch der streitet alles ab. In der Hoffnung, die Gerechtigkeit könne nun ihren Gang nehmen, kehrt Bellodie zu einem längeren Urlaub ins heimatliche Palermo zurück. Hier erfährt er, dass sich während seiner Abwesenheit seine mühsam zusammengebastelte Indizienkette in Nichts aufgelöst hat, denn glaubwürdige Zeugen haben Diego Marchica ein hieb- und stichfestes Alibi verschafft. Wegen Mordes festgenommen werden die völlig unschuldige Witwe Nicolosis und ihr Liebhaber.

JULIAN SEMJONOW Russland (1931–1993)

In Deutschland nicht allzu bekannt, war Julian Semjonow einer der beliebtesten Spionage-Autoren der UdSSR, vor allem durch die (nicht ins Deutsche übersetzten) Abenteuer des Superagenten Stirlitz, der während des Zweiten Weltkriegs gegen die Nazis spioniert. Semjonows Held, KGB-Oberst Slawin, dagegen ist das Gegenbild zu James Bond: etwa 50, kahl, belesen, Tennisspieler und seiner Freundin absolut treu. Er verfügt über keine unbegrenzten Finanzmittel und gewinnt seine Erkenntnisse selten anders als durch geduldige Befragungen. An *Die Würfel fallen in Moskau* (1985) lobte der Russlandkenner Klaus Mehnert die detailreiche Beschreibung der Organisation KGB, kritisierte aber zurecht dessen unkritische Glorifizierung, das Fehlen des Motivs des Verbrechers und die simplifizierende Behauptung, Verrat sei eine pathologische Kategorie. Dies alles aber ist typisch für den russischen Krimi jener Jahre.

Die Würfel fallen in Moskau / Moskau streng geheim

(OT: *TASS upolnomotschen sajawitj* ... [wörtl. »TASS ist ermächtigt zu der Verlautbarung ...«], 1979). (1) Dortmund: Weltkreis Verlag, 1985. – Ü: Harry Burck. (2) [*Moskau streng geheim*] München: Droemer Knaur, 1992 (Knaur Tb 2068). – Ü [aus dem Engl.]: Uschi Gnade. – O: Louisburg im fiktiven afrikanischen Staat Nagonia.

General Mario Ogano will Jorge Grisso, den linksgerichteten, moskaufreundlichen Herrscher von Nagonia, stürzen. Weil ein Agent mit dem Codenamen »Umnyj« (»clever«) die CIA, die Ogano unterstützt, fortlaufend aus Moskau über die sowjetischen Aktivitäten in Nagonia unterrichtet, schickt der KGB-Oberst Slawin (russ. *slawa* ›Ruhm‹) nach Louisburg. Ein aus Russland stammender Kellner, der den KGB vor dem bevorstehenden Putsch gewarnt hat, wird ebenso von dem dubiosen Amerikaner Glabb und seinen chinesischen Komplizen ermordet wie der CIA-Resident Lawrence. KGB-Oberst Slawin wird als möglicher Täter festgenommen. Zuvor macht Slawin jedoch zwei Russen ausfindig, die sich einmal in Louisburg aufgehalten haben, inzwischen aber wieder in die UdSSR zurückgekehrt sind: Olga Winter und ihren Geliebten Sergej Dubow. Olga, eine durchtrainierte Tennisspielerin, stirbt an einem unbekannten, rasch wirkenden Gift. Ihr Mörder ist Dubow, der sie tötete, als sie seine Identität als Agent »Umnyj« erfuhr. Dubow entzieht sich jedoch der Verhaftung, indem er dasselbe Gift nimmt, mit dem er Olga tötete. Slawins enge Kontakte zum Film bringen General Konstantinow, Slawins Vorgesetzten, auf die Idee, Dubows

Tod geheimzuhalten und einen Doppelgänger dessen Rolle weiterspielen zu lassen. Ein Schauspieler wird so treffend zurechtgeschminkt und instruiert, dass der Agentenführer des echten Dubow, ein Mitarbeiter der US-Botschaft, darauf hereinfällt. General Oganos Angriffsdispositionen werden veröffentlicht, der Umsturz findet nicht statt.

ELFRIEDE SEMRAU Österreich (*1922)

Elfriede Semrau wird oft als eine Art österreichisches Gegenstück zu Ingrid → Noll bezeichnet. Ihr Serienprotagonist Poldi Huber betreibt mit seiner Frau Gretl einen Gemüsestand, der eine Art zentrale Nachrichtenbörse darstellt, wo sich alle beteiligten Figuren früher oder später zum Einkaufsplausch einfinden. Die beiden Hobbydetektive konkurrieren mit dem grantelnden Polizisten Alberich Zwergler und seinem Assistenten Charly Kofler. Die sexfreie, gewaltarme Serie enthält viel liebenswürdigen Lokalkolorit. Weitere Gretl-und-Poldi-Huber-Krimis: *Zeitzünder Zimtapfel* (1995), *Gemischte Gesellschaft* (1996), *Der Fall Falkenhorst* (1998), *Süßes Morden* (1999).

Zores aus dem rechten Eck

Wien: Wiener Frauenverlag, 1994 (Giftmelange 1). – O: Wien.

Der liberale Kanonikus Wendelin Zumbusch, Domherr des »Stephansdoms«, leitet einen Bibelkreis. An ihm nehmen der Rechtsradikale Friedrich Scheucher, der ihn bei Bischof Senfft zu denunzieren pflegt, sowie die pensionierte Oberstudienrätin Ernestine Glaser teil. Scheucher hat unter anderem den Oberbuchhalter der bischöflichen Finanzkammer Erwin Gruber denunziert, weil der sich hatte scheiden lassen, neuerlich geheiratet und mit seiner zweiten Frau Vera ein Kind hatte; wegen dieser Anschuldigung verlor das Ehepaar seine Anstellung bei der Kirche. Veras Vater hinkt seit einem Verhör durch einen SS-Mann. Als der ehemalige Oberbuchhalter Gruber aus der Wohnung der dauerverreisten Schriftstellerin Lohfink im achten Stock eines Hauses springt oder fällt, beginnen sich die Hobbydetektive Gretl und Poldi Huber umzuhören. In der Folgezeit werden der Rechtsradikale Johann Bulmer mit einer Weltkrieg-II-Pistole erschossen und der goldzähnige Josef Högner von Friedrich Scheucher vom Schiefen Turm von Pisa gestoßen; Scheucher hat sich zu diesem Zweck verkleidet und spielt die Rolle des verstorbenen Dr. Feinschmidt. Högner hatte sich zuvor mit einem Trick Zugang zu der Wohnung der Schriftstellerin Lohfink verschafft und den Oberbuchhalter hinausgestoßen. Oberstudienrätin i. R. Ernestine Glaser, Zeugin von Högners Tod, wird bedroht, ein falscher Klempner legt ihr eine Stromfalle, die Poldi gerade noch unschädlich machen kann. Zur Täuschung der Gegner stellt sich Ernestine erst einmal tot. Ihr überraschendes Auftauchen im Bibelkreis lockt den Rechtsradikalen Scheucher aus der Reserve: Er ist der SS-Mann, der Veras Vater ein Bein zertrümmerte, und er beseitigte einige Menschen, die von seiner Vergangenheit wussten, als Mitwisser: Als Dr. Feinschmidt konnte er sich ausgeben, weil er über den Pass des Verstorbenen verfügte. Von der leerstehenden Wohnung der Schriftstellerin Lohfink hatten die Neonazis durch den Geliebten der Schriftstellerin erfahren; die Wohnung wurde dann zur Beseitigung des Oberbuchhalters benutzt. Über Scheuer wird ein Komplott von Neonazis aufgedeckt, dessen Ausläufer bis nach Bayern reichen und an dessen Spitze ein gewisser Müller steht. Schließlich kann Poldi Huber gerade noch verhindern, dass

Gretl von einer Paketbombe zerrissen wird. Geschickt hat sie Scheucher, doch der richtet vor einer Verhaftung die Weltkrieg-II-Pistole gegen sich selbst.

JOCHEN SENF Deutschland (*1942)

Jochen Senf ist den Fernsehzuschauern bekannt als Darsteller des von Felix Huby erfundenen Saarbrücker Tatort-Kommissars Max Palü. Obwohl gebürtiger Frankfurter, ist er in Saarbrücken wie in Berlin gleichermaßen zu Hause und hat sich mit dem knubbeligen Anwalt Dr. Bruno Paul ein auf sympathische Weise chaotisches Alter Ego erdacht. *Bruno*, so die Titel weiterer Bücher, *blickt nicht durch* (1994), *weiß zuviel* (1997) oder gerät an *Die Baby-Fabrik. Ein Fall für Bruno Paul* (1999). *Bruno geht zu Fuß* war das nicht immer logische, aber durchweg unterhaltsame Debüt.

Bruno geht zu Fuß

Düsseldorf/Wien: Econ Verlag, 1993 (Econ Tb 26010). – O: Berlin, Saarbrücken, London und Frankfurt a. M.

Bruno, wie immer pleite und gerade von Freundin Amanda verlassen, lässt sich von dem Barbesitzer Gust für eine betrügerische Finanztransaktion als Kurier und Strohmann engagieren und versucht vergeblich, eine Million Mark Schwarzgeld zu unterschlagen. In London stiehlt er dem dubiosen Johannes »John« Dungert Auto und Mantel, 40000 Mark sowie eine Reihe belastender Unterlagen. Das Geld überweist er auf sein Berliner Konto, die Unterlagen schickt er sich selbst postlagernd nach Saarbrücken. Zwei Anhalterinnen, die Zwillinge Liliane und Doris, erweisen sich als Mitarbeiterinnen des Barbesitzers Gust, deuten dessen Verwicklung in einen Presseskandal an und weisen Bruno auf den Journalisten Olli Klemm hin. Per Autotelefon bedroht John Bruno und teilt ihm mit, dass Krause – ein Strohmann, mit dem Bruno in London zu tun hatte – ermordet worden sei, was man Bruno unschwer in die Schuhe schieben könne. So muss Bruno die postlagernden Unterlagen wieder herausrücken, das Geld darf er behalten. Nachdem Bruno den Journalisten Klemm und Gusts Ex-Sekretärin Susi kennen gelernt hat, kommt er einem groß angelegten Immobilienbetrug auf die Spur. In diesen Betrug ist ebenso wie in den Presseskandal der Bauunternehmer Anton verwickelt. Bruno findet Anton tot in seiner Villa. Er hat sich, völlig bankrott, das Leben genommen. Journalist Klemm, der hinzukommt, versucht, den Selbstmord des Bauunternehmers als von Bruno ausgeführten Mord hinzustellen, doch Bruno kann ihn niederschlagen. Tagebücher Antons, eine Kassette aus Krauses Anrufbeantworter sowie Tonbandaufzeichnungen, die Bruno heimlich mit einem Diktafon angefertigt hat, beweisen den Immobilienbetrug und werden zur Polizei gebracht. Zwar hat Bruno einen Schläger Gusts erschossen und ist selber misshandelt worden, aber wenigstens meldet sich Amanda wieder.

TOM SHARPE Großbritannien (*1928)

Puppenmord errang als überdrehte Krimikomödie Kultstatus. Eine Fortsetzung finden die Abenteuer Henry Wilts in *Wilt on high* (1984; dt. *Henry dreht auf*, 1986). Sharpes Romane wie der Hochschulkrimi *Grantchester Grind* (1995, dt. *Bloody Mary*, 1997) zeichnen sich durch funkelnd bösen Humor aus.

Puppenmord oder Bis daß ihr Tod ihn scheidet

(OT: *Wilt*, 1976). München: Rogner und Bernhard, 1980. (Ullstein 20202, 1982.) – Ü: Benjamin Schwarz. – SF: Henry Wilt. O: Fenland.
F: *Wilt*. GB 1989 (dt. *Puppenmord*), R: Michael Tuchner.

Der Aushilfslehrer Henry Wilt leidet sowohl unter seinen an Allgemeinbildung desinteressierten Schülern als auch an seiner Ehefrau Eva, die ihn mit immer neuen Lebensphilosophien traktiert. In seiner Fantasie ersinnt er deshalb immer neue ausgeklügelte Mordmethoden. Das amerikanische Ehepaar Sally und Gaskell Pringsheim bringt ihn in Schwierigkeiten. Weil er sie in betrunkenem Zustand durch Ablehnung ihrer sexuellen Avancen verärgert, sorgt Sally dafür, dass ihn seine Ehefrau Eva mit einer aufblasbaren Sexpuppe erwischt und daraufhin wütend verlässt. Er zieht der Puppe Evas Kleider an und versenkt sie nachts in einem Bohrloch, das gleich darauf mit Fertigbeton ausgegossen wird. Prompt hegt Inspektor Flint einen Mordverdacht gegen ihn. Aushilfslehrer Henry leistet erfolgreichen Widerstand, doch Eva und die Pringsheims sitzen, gemeinsam in einem Boot verreist, unauffindbar auf einer Sandbank fest. Nach drei Tagen angestrengter Bohrarbeiten erfolgt die Exhumierung der Gummipuppe; Inspektor Flint ist blamiert, aber keineswegs von Henrys Unschuld überzeugt. Er hält die Puppe für ein raffiniertes Ablenkungsmanöver für den Mord an Eva und den Pringsheims und verhaftet Henry. Vom Schlafentzug gemartert, unterschreibt der ein Geständnis: Er habe die drei ermordet und zu Hundefutter verarbeitet – oder war es Leberpastete? Flint beginnt daraufhin mit der landesweiten Beschlagnahme von Hundewürsten. Inzwischen outet sich Sally auf dem Boot als sexgierige Lesbe, ihr Mann dagegen zerlegt bei dilettantischen Reparaturversuchen gleich das ganze Boot. Daraufhin flüchtet Eva auf einer Luftmatratze ins Schilf und gelangt von da zu dem Pfarrer St. John Froude, der zum Bootswrack hinausfährt, wo Sally gerade ihren scheidungswilligen Mann zu ermorden versucht. Vom Pfarrhaus aus gibt Eva ein telefonisches Lebenszeichen, Henry wird aus dem Gefängnis entlassen und beginnt ein neues Leben als Leiter der Abteilung für Allgemeinbildung seiner Schule. Eva dagegen vergisst ihre anfängliche Reue bald wieder. K. W. P.

SHIRLEY SHEA Kanada (*1924)

Katzensprung

(OT: *Victims. A Pound of Flesh*, 1985). Berlin: Orlando Frauenverlag, 1990. (FiTb 11021, 1993.) – Ü: Helga Bilitewski. – O: Toronto.

Der Originaltitel ist eine Anspielung auf Shakespeares *Kaufmann von Venedig* (IV,1), in der von der Zahlung mit lebendigem Fleisch die Rede ist. Dem folgend, richtet eine feministische Mörderin ihre Opfer so zu, wie diese einst ihre Opfer zurichteten. Vgl. auch *Die fünfte Frau* von H. → Mankell. Thematisch verwandt ist Sheas *Jagdtrieb* (dt. 1993). – Die Anwaltsfrau Sylvia Jenning schlägt einen jugendlichen Handtaschenräuber krankenhausreif. In der Folge werden zehn Männer brutal ermordet, die alle Vergewaltiger und Mörder waren. Alle Opfer müssen das erleiden, was die von ihnen Ermordeten erleiden mussten. Da diese Informationen dem Kriminalarchiv von Sylvias Ehemann David zu entnehmen ist, geraten alle in Verdacht, die Zugang zu diesem Archiv haben, so etwa Sybille oder der Detektiv Craig Faron, dessen Verlobte wenige Tage vor der Hochzeit vergewaltigt und auf grausame Weise getötet wurde. Detektiv Craig wird festgenommen und verurteilt, nachdem er ein Geständnis abgelegt hat. In Wahrheit ist er an Rache aber nicht interessiert. Er und sein Verteidiger David wissen, dass vielmehr die Anwaltsfrau Sylvia die Mörderin sein muss. Eines Nachts wird sie von dem Handtaschendieb und seinem älteren Bruder Lou Germaine überfallen. Sie wehrt sich, schlägt den Jüngeren nieder und tötet ihn absichtlich mit einem Schlag gegen die Schläfe. Im entscheidenden Moment springt Kater Ciba Lou Germaine an und rettet damit Sybilles Leben. Lou wird nach dem Fund einer elften Leiche verhaftet, für schuldig erklärt und zu einer außergewöhnlich langen Haftstrafe verurteilt, Detektiv Craig dagegen entlassen; er verlässt die Stadt. David und Sylvia erarbeiten anhand von Davids Archiv ein Buch über Kriminalität, Kater Ciba wird fett und faul. Der eigentliche Ermittler ist der Reporter Joe Parson, der eng mit David zusammenarbeitet. Im Laufe seiner Anwaltskarriere ist der zum Zyniker geworden und seine Ehe mit Sylvia in Routine erstarrt. Als er jedoch erkennt, dass sie eine Mörderin ist, wird sie wieder attraktiv für ihn. Ihr Motiv ist die grundsätzliche Kritik an einem Rechtssystem, das am Schicksal des Täters mehr interessiert ist als an dem der Opfer. So griff sie zur Selbstjustiz. G. Sch.

SIDNEY SHELDON USA
(*1917)

Sidney Sheldon arbeitete u. a. den Fernsehserien *I dream of Jeannie* (dt. *Bezaubernde Jeannie*) und *Hart to Hart* (dt. *Hart, aber herzlich*) als Drehbuchautor zu und debütierte mit *The Naked Face* (1970, dt. *Der Arzt und die Unsichtbaren / Das nackte Gesicht* 1973/84) als Romancier. *The Naked Face* wurde mit Roger Moore verfilmt. Sheldon ist einer der Großmeister des Verschwörungsthrillers, demzufolge die wahren Drahtzieher der Politik nicht die Politiker, sondern korrupte Geheimdienste sind. Seine beliebten Romane sind manchmal spannend, stets aber brutal und nicht immer von zwingender Logik; gelegentlich, wie in der *Letzten Verschwörung*, enthalten sie fantastische Elemente. Weitere Werke: *Bloodline* (1977, dt. *Blutspur*, 1981), *Rage of Angels* (1980, dt. *Zorn der Engel*, 1980), *If tomorrow comes* (1985, dt. *Kalte Glut*, 1985). *Tell me your Dreams* (1998, dt. *Das dritte Gesicht*, 2000).

Die letzte Verschwörung
(OT: *The Doomsday Conspiracy* [wörtl. »Die Weltuntergangsverschwörung«], 1991). München: Blanvalet Verlag, 1992. (Goldmann 42372, 1994.) – Ü: Wulf Bergner. – O/Z: USA, Europa; 14. Oktober – 6. November.

Der Vietnam-Veteran Robert Bellamy ist Geheimagent des Marine-Nachrichtendienstes und wurde von seiner vietnamesischen Frau Susan geschieden; diese ist inzwischen mit dem Millionär Monte Banks verheiratet. Aus den Trümmern eines in der Schweiz abgestürzten dreisitzigen Kleinufos werden die Leichen zweier Aliens geborgen, der dritte Insasse ist verschwunden. Zur Verhinderung einer globalen Panik wird der Absturz geheimgehalten. Im Auftrag der National Security Agency NSA soll Bellamy alle zehn Zeugen des Absturzes ausfindig machen. Hinter der NSA steht ein informelles, unter der Leitung eines gewissen »Janus« von hochrangigen Geheimdienstlern aus Ost und West gebildetes Komitee, das für den Kampf gegen die Außerirdischen die Realisierung des SDI-Raketenabwehr-Programms durchsetzen will. Die Aliens, grün von Aussehen und Gesinnung, haben für den Fall weiterer Umweltzerstörung die Vernichtung der Menschheit angedroht. Bellamy ermittelt erfolgreich, merkt aber nicht, dass ein Killerkommando die ermittelten Zeugen liquidiert. Auf ihn selbst wird nun ebenfalls mit Oberst Frank Johnson ein hocheffizienter Killer angesetzt. Alle seine Bekannten, Kollegen und Freunde erweisen sich als Verräter. Nach langer, vergeblicher Flucht bestellt ihn eine Stimme auf telepathischem Wege in die Schweiz zur Ufo-Absturzstelle. Dort wartet bereits die überlebende dritte Außerirdische. Ihren menschlichen Körper kann sie nach Belieben verändern, etwa durch Verlängerung eines Arms um mehrere Meter. Auch der NSA-Chef General Hilliard und Admiral Whittaker – er ist »Janus« – treffen ein, ferner Oberst Johnson sowie Bellamys Ex-Frau Susan und deren neuer Ehemann Monte Banks. Oberst Johnson, ein auf »Janus« angesetzter Sonderagent, teilt mit, dass das SDI-närrische Komplott zerschlagen sei, und die Alien-Frau holt mit einem Sender, den Bellamy aufgespürt hat, das Mutterschiff herbei und nimmt Admiral Whittaker, General Hilliard und Monte Banks zur Umerziehung mit ins All. Bellamy erhält den Auftrag, sich fürderhin für globalen Umweltschutz einzusetzen. Diese neue, sinnvolle Lebensaufgabe wird er wahrscheinlich an der Seite Susans wahrnehmen, die von der Entführung des Gatten nicht betroffen ist.

ORA SHEM-UR Israel
(1923–1995)

Shem-Ur schrieb außer *Mord in der Knesset* (1993) auch den Krimi *Resah bi-Sedôm* (1993, dt. *Mord am Toten Meer*, 1996). In beiden tritt die Serienfigur Alisa »Ali« Honigsberg auf, eine israelische Übersetzerin, Journalistin und Hobbydetektivin, 37 Jahre alt, ledig und auf sympathische Weise promiskuitiv. Zahlreiche Nebenfiguren wie Alis orthodoxer Bruder Chanoch verleihen den beiden Krimis ein großes Maß an spezifisch israelischem Kolorit. Der Tod der Autorin verhinderte ein größeres Œuvre und einen Erfolg, wie ihn ihre Landsfrauen B. → Gur und Sh. → Lapid genießen.

Mord in der Knesset
(OT: *Resah Bak-Keneset*, 1993). Frankfurt a. M.: Fischer, 1995 (Fischer Frauenkrimi 12583). – Ü: Mirjam Pressler. – SF: Alisa »Ali« Honigsberg. O: Tel Aviv.

Gail, die Tochter von Alis Freundin Lydia, trieb mit 16 Jahren das Kind, das sie von dem Knesset-Abgeordneten Se'ew Chakim erwartete, ab. Da Chakims Leidenschaft für sehr junge Mädchen bekannt war, wird Rache oder Eifersucht als Motiv angenommen, als er während eines Busausfluges von hinten erstochen wird. Verdächtig sind Gail, Lydia, deren Zwillingsschwester Linda, das russische Hausmädchen Sonja, Chakims Ehefrau Julia sowie sein retardierter Bruder Schmulik, außerdem Uri Katan, ein Angestellter von Chakims Partei, und der zwielichtige Geschäftsmann Max Schirasi. Während die Polizei unter Führung von Alis Verehrer Gabriel Benbenischti völlig im Dunkeln tappt, nimmt Ali umgehend unter Verwendung zahlreicher Verkleidungen und falscher Identitäten die Ermittlungen auf. Unter anderem schleicht sie sich in Chakims Haushalt als Angestellte ein oder tritt als reiche amerikanische Jüdin auf. Nach und nach verkleinert sie so den Kreis der Verdächtigen. Auf diese Weise scheiden Uri Katan, Schmuli, Sonja, Julia sowie Chakim Sekretärin als mögliche Täter aus, nicht aber Gail. Bevor Ali Gail jedoch anhand von Schmuliks blutigem Dolch überführen kann, wird sie niedergeschlagen. Als Benbenischti Lydia des Mordes beschuldigt, legt Gail ein Geständnis ab. Ihr Motiv war Abscheu vor Chakims Sexualpraktiken und enttäuschte Liebe. Der Schwangerschaftsabbruch dagegen tangierte das sexuell erfahrene Mädchen nicht weiter. Es wird vermutlich nach einer Therapie straffrei ausgehen.

PAUL SHIPTON Großbritannien (*1963)

Die Idee, R. → Chandlers Figur Philip Marlowe als Wanze auftreten zu lassen, ist ebenso sinnfällig wie gelungen. Eine Fortsetzung des Insektenkrimis, *Heiße Spur in Dixies Bar*, 2001, ließ nicht lange auf sich warten.

Die Wanze. Ein Insektenkrimi

(OT: *Bug Muldoon*, 1995). Frankfurt a. M.: S. Fischer, 1997 (Fischer Schatzinsel). (FiTb 14782, 2000.) – Ü: Andreas Steinhöfel. – O: ein Garten.

»Wanze« Muldoon ist in Wirklichkeit ein Käfer, spricht wie Philip Marlowe und arbeitet als Privatdetektiv in einem Garten. Die Geschichte, wie er zu seinem Spitznamen Wanze kam, ist so lang, dass er immer wieder verschieben muss, sie zu erzählen. Zunächst soll Muldoon Eddie finden, einen verschollenen Ohrwurm. Weil er glaubt, Eddies Überreste in einem Spinnennetz gefunden zu haben, erzählt er in einem Anflug von Zartgefühl Eddies Brüdern, Eddie sei zur großen Wiese neben dem Garten aufgebrochen (einer Art Insekten-Paradies). Danach zwingt ihn ein militärisch organisierter Trupp Ameisen unter Führung ihres Kommandeurs Krag, ein paar aus der Art geschlagene Ameisen aufzuspüren, die Individualität entwickelt und sich Namen zugelegt haben. Unter anderem durch illegales Herumschnüffeln im Ameisenbau kommt er einem Umsturzversuch auf die Spur, in deren Zentrum Kommandeur Krag steht. Krag plant eine Allianz von Ameisen und Wespen und die Beseitigung der Ameisenkönigin, deren Nachfolgerin bereits herangezogen wird. Immer wieder gerät Maldoon in Todesgefahr, sei es durch einen hungrigen Fisch im Teich, sei es durch ein Wespenkommando, das er aber zwischen die Rotorblätter eines laufenden Rasenmähers locken kann. Schließlich landen er und die Ameisen-Individualistin Clarissa aber doch vor der als verrückt geltenden Wespenkönigin und werden der Spinne zum Fraß vorgeworfen. Aus dem Spinnennetz befreit sie in letzter Sekunde um den Preis des eigenen Lebens Ohrwurm Eddie, der ebenfalls in das Komplott verwickelt war und keineswegs ausgewandert ist. Eine finale Schlacht zwischen Ameisen und Wespen wird durch das Eingreifen einer eigens zusammengetrommelten bunten Insektenschar zugunsten der Ameisen entschieden. Kommandeur Krag setzt sich, als abtrünniger Individualist enttarnt, ab, Maldoon lockt die böse Spinne zu einem Gärtner, der sie tötet, und das Wespennest wird ausgeräuchert, nachdem die Wespen ein Menschenkind gestochen haben. Individualisierte Ameisen gelten fortan dank ihres Mitwirkens an der Aufdeckung des sinistren Komplotts als gesellschaftlich akzeptiert. Am Ende fehlt Muldoon zwar ein Flügel, aber er hat es wieder einmal geschafft und darf sich in seiner Lieblingsbar einen kräftigen Schluck genehmigen.

ANITA SHREVE USA (*1947)

Anita Shreve hatte als Journalistin gearbeitet und einige Frauen-Ratgeber geschrieben, bevor sie mit *Eden Close* (1989, dt. *Verschlossenes Paradies*, 1990) ihr Romandebüt vorlegte. Es folgten u. a. *The Pilot's Wife* (1998, dt. *Die Frau des Piloten*, 1998), *Resistance* (2000, dt. *Im Herzen des Winters*, 2000) und *The Last Time they met* (2001, dt. *Der weiße Klang der Wellen*, 2001).

Das Gewicht des Wassers

(OT: *The Weight of Water*, 1997). München: Piper, 1997. (SP 2840, 1999.) – Ü: Mechthild Sandberg. – O/Z: Isles of Shoals vor der Küste von New Hampshire; 1873, Gegenwart.

Ein authentischer Kriminalfall: 1873 werden die norwegischen Immigrantinnen Karen und Anethe Christensen auf der Felseninsel Smuttynose mit einer Axt erschlagen, ihre ältere Schwester bzw. Schwägerin Meran Hontvedt entkommt dem Massaker. Aufgrund von Meran Hontvedts Aussage wird der preußische Einwanderer Louis H. F. Wagner verurteilt. Wagner war zuvor monatelang Logiergast und Helfer von Meran Hontvedts Mann John gewesen. Aufzeichnungen Merans aus dem Jahre 1899 offenbaren die Wahrheit: Nach hartem, entbehrungsreichem Leben in Norwegen stranden Anethe mit ihrem Mann Evan, Evans Schwester Meran mit ihrem Mann John und die alleinstehende Karen auf Smuttynose. Meran und Evan sind durch eine ungewöhnlich tiefe, fast inzestuöse Geschwisterliebe miteinander verbunden, und als Karen Meran eines Tages überrascht, wie sie Anethe im Bett den Rücken massiert, kommt es zur Katastrophe: Meran erschlägt ihre Schwester und später auch Anethe als lästige Zeugin. Danach bezichtigt sie Wagner der Täterschaft; angeblich sei er nach der Tat zu den Inseln hinausgerudert, obwohl dies angesichts der herrschenden Witterungsverhältnisse unwahrscheinlich ist. Mangels Alibi und wohl auch infolge seiner sprachlichen Unbeholfenheit wird er trotz seiner Unschuldsbeteuerungen verurteilt. Dem historischen Kriminalfall steht ein Leidenschaftsdrama in der Gegenwart gegenüber: Die Fotoreporterin Jean (die Icherzählerin, die Merans Aufzeichnungen entdeckt) kreuzt mit ihrem Mann Thomas, einem Dichter, um die Isles of Shoals. Mit von der Segelpartie durch eine grandios geschilderte Insellandschaft sind Thomas' und Jeans gemeinsame Tochter Billy, Jeans Schwager Rich sowie Richs neue Freundin Adaline. Häufig aus der Eignerkabine im Bug dringendes Liebesgestöhn bringt Jeans unterdrückte Leidenschaften zum Ausbruch und weckt ihre Eifersucht, da ihr Mann Thomas Adaline von früher her kennt; vergeblich bietet sie sich Rich an. Im Sturm geht Adaline – möglicherweise mit Jeans Nachhilfe – über Bord. Über die erfolgreichen Rettungsversuche verschwindet Billie unbemerkt im Meer und bleibt verschwunden; darüber zerbricht die Ehe von Thomas und Jean.

F. R.

LEIF SILBERSKY Schweden (*1938)
OLOV SVEDELID Schweden (*1932)

Zusammen mit Leif Silbersky erdachte Olov → Svedelid den aus Hamburg stammenden Anwalt und Holocaust-Überlebenden Samuel Rosenbaum, der mit seiner Nichte Rhea Moser eine Anwaltskanzlei in Stockholm betreibt. Außer dem Gedanken, mit dem Flugzeug reisen zu müssen, kann den 84-Jährigen nichts erschüttern. Seine Erfolge erzielt er – manchmal sehr intuitiv – mit seiner Lebensweisheit und der Fähigkeit, genau zuzuhören und zu beobachten. Weitere Rosenbaum/Moser-Krimis: *Sprängstoff* (1989, dt. *Schwarze Messe für eine Leiche*, 1995), *En röst för döden* (1990, *Eine Stimme für den Tod*, 1996).

Applaus für einen Mörder

(OT: *Narrspel* [wörtl. »Narrenspiel«], 1988). Berlin: Aufbau-Verlag, 1995 (AtV 1072). – Ü: Christiane Vortmeyer. – SF: Samuel Rosenbaum, Rhea Moser. O: Stockholm.

Joseph Schwager – ein überaus charmanter Ungar – ist Star und Motor eines kleinen Schauspielensembles. Er wird festgenommen, weil seine Kollegin Ilona Farkas ihn beschuldigt, sie erst geschwängert und dann misshandelt zu haben. Dies ist jedoch lediglich ein Racheakt für eine ihr vorenthaltene Rolle. Danach wird Joseph vor den Augen von Anwalt Rosenbaum und Rhea auf offener Bühne von seinem Bruder Istvan mit einem Bühnendolch erstochen, der sich blutbeschmiert später unter seinen Sachen findet. Josephs Frau Gisela wirft sich in einer großen Szene hysterisch über den Leichnam ihres Mannes. Der Mord steht einzig und allein im manipulierten Textbuch Istvans, der wegen eines Kreditbetrugs mit Fälschung von Josephs Unterschrift sogar ein Mordmotiv hätte. Anwalt Rosenbaum ist der einzige, der das Komplott durchschaut. Er weist nach, dass Joseph von seinem Bruder nicht wirklich niedergestochen wurde, aber auch nicht aus der Rolle fiel, als der die ihm unbekannte Textstelle spielte. Vielmehr ließ Joseph sich geistesgegenwärtig zu Boden fallen und wurde dann erst von dem Arzt Hellander, der behauptete, Josephs Tod festgestellt zu haben, mit einem tödlichen Nadelstich ins Herz getötet. Gisela war hierbei Komplizin, brachte den Dolch an sich und schob ihn Istvan unter. Motiv waren unbefriedigte masochistische Sehnsüchte der Frau, die ihr stets galanter Mann nicht, wohl aber der brutale Hellander befriedigen konnte. Außerdem verlockte Josephs hohe Lebensversicherung.

DANIEL SILVA USA
(–)

Der Maler
(OT: *The Mark of the Assassin* [wörtl. »Das Zeichen des Mörders«] 1998). München: Piper, 1998. (SP 23084, 2000.) – Ü: Wulf Bergner. – Z: 1968, Gegenwart.

Nachdem er als 16-Jähriger bereits seinen ersten Auftragsmord verübt hat, wird ein KGB-Agent unter dem Falschnamen Jean-Paul Delaroche zum weltbesten Killer, dessen Markenzeichen jeweils drei Schüsse in das Gesicht der Opfer sind (hierauf bezieht sich der Originaltitel). Zunächst arbeitet er für den KGB, später auf eigene Rechnung für eine Gruppe von Mächtigen jedweder Couleur, die an eigens geschürten Krisen verdient. So etwa ist er beim Abschuss einer amerikanischen Boeing 747 durch einen Palästinenser zugegen; der Abschuss wird der Terrorgruppe »Schwert von Gaza« zugeschrieben. US-Präsident James Beckwith rettet seine gefährdete Wiederwahl durch Bombenangriffe auf Ausbildungslager der Gruppe im vorderen Orient. Sein Wahlkampfsponsor, der bigotte, konservative Industrielle Mitchell Elliot, wird mit einem Milliardenauftrag für die Errichtung eines sinnlosen Raketenabwehrsystems belohnt. Der Killer Delaroche soll alle Mitwisser des Boing-Abschusses liquidieren und dann selber beseitigt werden. Zusammen mit der früheren RAF-Terroristin Astrid Vogel bringt er eine Reihe von ihnen um. Außerdem soll er den CIA-Beamten Michael Osbourne beseitigen, der das Komplott aufzudecken droht. CIA-Agent Osbourne zweifelt die Echtheit des Faxes an, in dem das »Schwert von Gaza« die Verantwortung für den Anschlag auf die Boeing übernimmt, und vermutet eine Verwicklung des unbekannten Killers in den Anschlag. Seine entsprechenden Einlassungen finden kein Gehör, weil seine Vorgesetzte Monica Tyler die heimliche Geliebte von Mitchell Elliott ist. Ein KGB-Überläufer informiert CIA-Mann Osbourne über den Killer Delaroche und wird dafür ermordet. Von dem Palästinenser-Führer Arwad erhält Osbourne die Versicherung, dass das »Schwert von Gaza« nichts mit dem Boeing-Abschuss zu tun habe. Danach soll Delaroche auch Osbourne beseitigen. Der

Showdown findet im Hause von Osbournes Schwiegervater auf einer Insel statt. Osbournes Frau Elizabeth tötet die RAF-Terroristin Astrid Vogel mit einem Pfeil. Ehe er flüchten muss, kann der Killer jedoch Osbourne schwer verletzen, dann taucht er auf einer griechischen Insel unter, wo er bescheiden vom Verkauf seiner Aquarelle lebt, denn er ist ein begabter Maler. Sein letztes Opfer ist Paul Vandenberg, der von dem Industriellen Elliott zu Beckwith als Stabschef ins Weiße Haus eingeschleuste Mitwisser. In einem gut gefälschten Abschiedsbrief übernimmt Vandenberg die alleinige Verantwortung für die illegale Wahlkampffinanzierung von US-Präsident Beckwith. Dies ist nötig, weil die Reporterin der Susanna Dayton einen Bericht über Verbindungen zwischen Beckwith und Elliott geschrieben hat. Zwar wurde sie von einem angeblichen Einbrecher getötet, doch ihr Bericht ist veröffentlicht worden. Osbourne kommt gerade noch mit dem Leben davon, kann aber die Hintergründe der Verbrechen nicht zur Gänze aufklären. Der Superkiller selbst bleibt ungeschoren. F. R.

GEORGES SIMENON Belgien (1903–1989)

Simenons literarischer Ruhm beruht auf seinem kleinbürgerlichen Pariser Kommissar Jules Maigret, einem Mann, der seinen kriminalistischen Erfolg seiner Unauffälligkeit und seiner fast an Schwerfälligkeit grenzenden Hartnäckigkeit verdankt. Auf der Suche nach feinen Unstimmigkeiten beobachtet er so lange das Milieu, in dem sich ein Verbrechen ereignet hat, bis er den Täter findet – und manchmal auch laufen lässt. Jean Gabin, Gino Cervi, Heinz Rühmann und Jean Richard spielten den Kommissar, der Engländer Ruppert Davies lebte ihn in einer britischen TV-Serie. Ein Denkmal des Kommissars steht in der holländischen Stadt Delfzijl, wo Simenon Maigret 1929 erfand. Insgesamt sind von Simenons mehr als 200 Büchern 84 Maigret-Romane, darunter *Pietr-le-Letton* (1929, dt. *Maigret und die Zwillinge*, 1959), *Le port de brumes* (1937, dt. *Maigret und der geheimnisvolle Kapitän*, 1967), *La première enquête de Maigret* (1949, dt. *Maigrets erste Untersuchung*, 1962), *Maigret et le corpse sans tête* (1955, dt. *Maigret und die kopflose Leiche*, 1980), *La colère de Maigret* (1963, dt. *Maigret ist wütend*, 1964). Zu seinen psychologischen Krimis zählen außer *Der Bericht des Polizisten* (1945) *La vieille* (1939, dt. *Die Großmutter*, 1960), *Lettre à mon juge* (1947, dt. *Brief an meinen Richter*, 1961), *Le nègre* (1957, dt. *Der Neger*, 1959), *La chambre bleu* (1964, dt. *Das blaue Zimmer*, 1964), *La disparation d'Odile* (1971, dt. *Keine Spur von Odile*, 1974).

Der Bericht des Polizisten

(OT: *Le rapport du gendarme*, 1945). Zürich: Diogenes Verlag, 1987 (detebe 21328). – Ü: Markus Jakob. – O: Saint-Odile bei Gros-Noyer.

Joséphine Roy hält ihre Vergangenheit systematisch vor ihrem Mann Etienne verborgen. Sie stammt aus einer kriminellen Familie, ihre angeblich tote Mutter lebt unter dem Spitznamen »die Katzenmutter« in den Elendsvierteln von Paris. Joséphines Mann Etienne ist nicht der leibliche Vater von Joséphines Tochter Lucile; Vater ist der flüchtige Verbrecher Justin. Etienne war und ist misstrauisch, denn er ist ebenfalls ein untergeschobenes Kind. Sein Vater Evariste, »der alte Roy«, war nur Knecht und wurde erst durch die Heirat mit einer uneingestanden schwangeren Bauerntochter zum Hofbesitzer. Die eigenwillige Lucile, die einen Mordversuch an einer Freundin und eine versuchte Affäre mit einem älteren Architekten hinter sich hat, hilft ihren Eltern auf dem Hof. Die »Katzenmutter« warnt Joséphine auf einer Postkarte: Gefahr kommt in Gestalt eines Fremden in Seemannskleidern, der, von einem Wagen mit großen Rädern überfahren, im Koma liegt und zur Pflege auf den Roy'schen Hof gebracht wird. Seine Herkunft kann nicht bestimmt werden. Ein Koffer, den er mit sich führte, bleibt verschwunden, Papiere besitzt er nicht. Als der Fremde aus seinem Koma erwacht, erscheint eine Frau, die sein Bild in der Zeitung gesehen hat, und glaubt, er sei ihr verschwundener Ehemann. Eine Identifizierung gelingt jedoch nicht. Wachtmeister Liberge, ein einfacher Polizist, recherchiert mit großer Gründlichkeit; er weiß alles über Joséphines, Evaristes und Etiennes Vergangenheit, und er bemerkt, wie Joséphine heimlich einen Zettel an sich zu bringen versucht, der aus den Kleidern des Fremden gefallen ist. Auf dem Zettel steht die Adresse des Roy'schen Hofes. Polizist Liberge erkennt auf alten Familienfotos Justin, und Justin scheint der fremde Komapatient zu sein. Er hat es ihn Südamerika zu einigem Wohlstand gebracht und ist nun nach Frankreich zurückgekehrt, um die Mutter seines Kindes und das Kind selbst kennen zu lernen. Die Adresse hatte er von »der Katzenmutter« erhalten. Der hartnäckige Liberge erscheint Joséphine als so gefährlich, dass sie seine Ermordung mit einem Pilzgericht beschließt; auch Evariste und möglichst auch Etienne sollen bei dieser Gelegenheit sterben. Weil aber Joséphine allzu auffällig ihre Tochter vor dem Genuss des Pilzgerichts warnt, beginnt Etienne etwas zu ahnen. Das Essen landet im Mülleimer. Polizist Liberge findet am Ende noch den Dieb des Koffers. Es ist ein Jugendlicher mit krimineller Energie, der ihn zufällig gefunden und entwendet hat. Im Koffer waren auch einige Artefakte aus Südamerika, die auf Justins Identität hinweisen. Bevor der Fall polizeilich gelöst wird, beendet ihn Etienne auf seine Weise: Er erschlägt Joséphine und Lucile mit der Axt und erhängt sich anschließend selbst, solchermaßen ein Familiendrama wiederholend, das sich einige Jahre zuvor in derselben Gegend ereignet hat. Übrig bleibt nur Etiennes Vater Evariste Roy, der sich eine junge Haushälterin und Geliebte holt und seine Felder bestellt – wie eh und je mit einem grauen Pferd, das dritte, seit er in den Hof eingeheiratet hat.

Die Fantome des Hutmachers

(OT: *Les fantômes du chapelier*, 1949). Zürich: Diogenes Verlag, 1982 (detebe 21001). – Ü: Eugen Helmlé. – O: La Rochelle.

F: Fr 1982, R: Claude Chabrol.

Simenon hat diesen Roman aus der Erzählung *Le petit tailleur et le chapellier* (*Der kleine Schneider und der Hutmacher*) gearbeitet. Detailgenau vollzieht er Schritt um Schritt die Gedanken und Gefühle eines Mörders und die Gewissensqualen des zufälligen, hilflosen Zeugen nach. – Der Hutmacher Monsieur Labbé aus La Rochelle, wo fünf alte Frauen ermordet worden sind, findet sich jeden Nachmittag zu einer Partie Bridge mit seinen Freunden im Café ein. Jeden Tag folgt ihm in gebührendem Abstand sein Nachbar, der aus Armenien stammende Schneider Kachoudas, ein Außenseiter. Eines Abends bemerkt Kachoudas an der Hose des Hutmachers einen kleinen Papierschnipsel mit zwei Buchstaben darauf, wie sie der Frauenmörder in seinen Briefen an die lokale Zeitung zu benutzen pflegt. Labbé liest an der Haltung des Schneiders ab, dass dieser die Bedeutung des Papierstückes erkannt hat. Trotz seiner Angst, nun ebenfalls ermordet zu werden, folgt ihm Kachoudas wie unter einem Zwang auch an diesem Abend. Zu seinem Erstaunen geht Monsieur Labbé an seinem Haus vorbei. Kachoudas folgt ihm weiter und wird so Zeuge des sechsten Mordes. Eine Warnung des Hutmachers hält ihn davon ab, diesen bei der Polizei anzuzeigen. Labbé hat seine tyrannische Frau Mathilde nach zehnjähriger Pflege erwürgt, unter einem Kohlenhaufen im Keller versteckt und den Anschein erweckt, die Ehefrau sei noch am Leben. Allerdings kamen an Mathildes Geburtstag am 24. Dezember einige ehemalige Mitschülerinnen zu Besuch, die Labbé alle umbringen musste, um seinen Mord zu verschleiern. Trotzdem fühlt er sich so sicher, dass er seinen siebten Mord sogar öffentlich ankündigt. Sein letztes Opfer soll Mutter Sainte-Ursule vom Kloster der unbefleckten Empfängnis werden. In dem Kloster befindet sich die Schule, die auch seine Frau und die ermordeten Frauen besucht hatten, doch da die Ordensfrau wegen des Regens das Kloster nicht verlässt, muss Labbé unverrichteter Dinge wieder nach Hause gehen. Nun fehlt ihm das Wohlgefühl einer vollbrachten Tat, und er muss fürchten, fortan nicht mehr ernst genommen zu werden. Er sucht Zuflucht beim Alkohol, bringt schließlich aus Ekel das hässliche Hausmädchen Louise um und versteckt die Leiche unter einem Bett. Vollends außer Fassung gerät er, als Kachoudas nach kurzer, schwerer Krankheit stirbt. Nach langem Umherirren in der Stadt tötet er die Edel-Prostituierte Berthe und bleibt bei ihr, bis die Leiche entdeckt wird. Nach einem Schuldeingeständnis lässt er sich widerstandslos abführen.

G. R.

Maigret tappt im Dunkeln / Maigret und der Treidler der »Providence«

(OT: *Le Charretier de la Providence*, 1931). **(1)** München: Heyne, 1966. – Ü: Jutta Sonnenberg. **(2)** [*Maigret und der Treidler der »Providence«*] Zürich: Diogenes Verlag, 1991 (detebe 21029). – Ü: Claus Sprick. – O: am Marne-Kanal.

Der verschlossene alte Jean Liberge ist Stallknecht für die Pferde des Treidelkahns »Providence«. An der Schleuse von Dizy kommt das Schiff neben der »Southern Cross« des libertinösen alten Engländers Sir Walter Lampson zu liegen. An Bord sind Lampson, dessen Frau Mary, ferner Lampsons Freund Willy Marco, das russische Faktotum Wladimir sowie eine etwas heruntergekommene Prostituierte. Mary wird – die »Providence« ist längst weitergefahren – erwürgt unter dem Heu im Stall des Schleusenwärters gefunden, später Marco nach einem Streit mit Sir Walter Lampson erwürgt. Maigret nimmt Quartier am Ort und beobachtet. Als er an den Tatorten herumsucht, findet er eine Mütze, wie Wladimir sie immer trägt. Der alte Pferdeknecht Jean macht sich verdächtig, weil er in der Nacht mit dem Fahrrad eines Schleusenwärters herumfährt. Maigrets Hauptbeschäftigung besteht darin, mit dem Fahrrad den Kontakt zur »Southern Cross« und zur »Providence« zu halten, die den Kanal weitergefahren sind. Jean bleibt schweigsam, bis er sich beim Sturz zwischen sein Schiff und eine Schleusenmauer schwerste Verletzungen zuzieht. Anhand der Fingerabdrücke wird Jean als der frühere Arzt Jean Evariste Derachambaux identifiziert, der aufgrund von fadenscheinigen Indizien wegen Mordes an seiner Tante aus Habgier zu 20 Jahren Zwangsarbeit in einer Sträflingskolonie verurteilt wurde. Sein Geist trübte sich, weil seine Frau Céline Mornet ihr Versprechen brach, ihm in die Verbannung zu folgen. Als er sie lange nach seiner Entlassung zufällig an Bord der »Southern Cross« unter dem Namen Mary Lampson wiedertraf, entführte er sie für zwei Nächte unbemerkt in den Stall seines Schiffes. Als sie aufbegehrte, erwürgte er sie und verbarg sie im Stall des Schleusenwärters. Später radelte er zu der inzwischen ebenfalls weiter gefahrenen »Southern Cross«, stahl Wladimirs Mütze und legte damit eine falsche Spur. Willy Marco bemerkte jedoch den Diebstahl, folgte Jean und stellte ihn zur Rede. Dabei kam es zu einem Handgemenge, in dessen Verlauf der bärenstarke Pferdewärter ihn ebenfalls erwürgte. Céline Mornet hatte seinerzeit den Namen einer entfernten Verwandten, Marie Dupon angenommen und Sir Walter Lampson geheiratet. Maigret vermutet, dass sie auch am Tod einer Tante schuld ist, für den Derachambaux unschuldig verurteilt wurde. Vor seinem Tod kann Jean diese Geschichte, die Maigret ihm vorträgt, durch Blinzeln bestätigen. Die Ehefrau des Schiffers der »Providence«, die Jean starke mütterliche Gefühle entgegenbrachte, ist über Jeans Tod tief erschüttert und Maigret dankbar, dass er Jean in Frieden bei seinen Pferden sterben ließ. Weniger erschüttert über den Tod von Ehefrau und bestem Freund ist Sir Walter Lampson. Betrunken wie immer, aber in tadelloser Haltung, fahren er und Wladimir davon.

ARYEH SIVAN Israel
(*1929)

Adonis

(OT: *Adonis*, 1992). Frankfurt a. M.: Fischer, 1994. – Ü: Anne Birkenhauer. – O/Z: Tel Aviv; 1930 (Haupthandlung) und 1991 (Rahmenhandlung).

Adonis ist das erotisch-philosophische Romandebüt des in Tel Aviv geborenen Aryeh Sivan, der zu den bedeutenden Lyrikern Israels zählt. Der Romantitel spielt auf den antiken Mythos um den Beau Adonis an, den Geliebten der Göttin Aphrodite. Als er auf der Jagd von einem Eber getötet wird, gestattet die Unterwelt-Göttin Persephone dem Jüngling, die Hälfte eines jeden Jahres mit Aphrodite auf der Erde zu verbringen. Der Adonis-Mythos symbolisiert das alljährliche Sterben und Wiedererwachen der Natur. Sivan bezieht sich auf eine Variante der Geschichte, nach der sich Persephone und Aphrodite in einer *ménage à trois* regelmäßig als Adonis' Geliebte ablösen. Die enge Verbindung von Detektion und Erotik belegt das hebräische Wort *tafkid*, das die detektivische Aufgabe, in älteren Überlieferungen aber auch die Vereinigung von Mann und Frau bezeichnet. Der Roman lässt viele Lesarten zu, die von einem Widerstreit von Nietzsches appollinischen mit dem dionysischen Prinzip (verkörpert in Elischawa und Frieda) bis hin zum sumerischen Dumusi bzw. dem babylonischen Tammus reichen, den orientalischen Entsprechungen des Adonis. – Während des Golfkrieges findet ein auktorialer Icherzähler das Manuskript des Romans *Adonis*, dessen Herausgeber er zu sein behauptet. Der jüdische Nationaldichter Chaim Bialik (1873–1934), eine der Romanfiguren, erfindet für den Ex-Polizisten Avner Ben-Chorin den Titel »Detektiv und Erkunder«. Den ersten Auftrag erhält er von Gewerkschaftsfunktionär N. Er soll den Frauenhelden Sachalia Julin und dessen letzte Geliebte Elischewa, eine Konzertgeigerin, suchen. Die Schauspielerin B., eine frühere Geliebte Julins, gibt aber mit einer Passage aus Euripides' *Medea* einen versteckten Hinweis auf Kindermord, Orgien und Ausschweifungen – was »Detektiv und Erkunder« Ben-Chorin mangels klassischer Bildung nicht versteht. Weitere Informationen geben Geigerin Elischewas Mann M., der ihr an einem Strand den gewünschten Scheidebrief ausstellte, und der bettelarme Dichter Jakob Ben-Raphael. Der schrieb nach einer Liebesnacht mit Elischawa das pornografische Gedicht »Der Feigenkaktus« und glaubt, unbewusst einen Hinweis auf ihren Aufenthaltsort darin versteckt zu haben. Von zentraler Bedeutung hierfür ist das von Elischawa gestöhnte Wort »Dumusi«. Dies ist ein bekannter Linksterrorist, ein wahrer Verkleidungskünstler. Ben-Chorin ermittelt *undercover* in einer revolutionären Laienspielgruppe und findet biografische Aufzeichnungen Elischewas, wie sie dem Revolutionär Julin verfällt, konspirative Aufgaben übernimmt und schließlich am Strand von M. den Scheidebrief erhält. Sie fingiert einen Selbstmord und nimmt die Identität einer polnischen Jüdin an. Für den Frauenheld Sachalia Julin ist sie lediglich ein sexuelles Abenteuer. Julin, Elischawa und die deutsche Akt- und Mythologienmalerin Frieda beziehen eine Wohnung; Julin schläft mit Frieda und steht ihr Modell, es kommt auch zu lesbischen Handlungen zwischen den beiden Frauen. Die letzten Worte der Aufzeichnungen evozieren einen weiteren Mythos: Elischewa stellt sich vor, sie wäre Euridike, und Julin würde sie als Orpheus aus der Unterwelt holen. Frieda sieht in Ben-Chorin einen Nachfahren des Sisyphos, des zu ewiger fruchtloser Arbeit Verurteilten der griechischen Mythologie. Ben-Chorin macht sich diesen Mythos zu Eigen, weil er die Ergebnisse seiner Ermittlungen aus politischen Gründen nicht verwenden darf. Julin lebt nach einer Gesichtsoperation im Ausland unter dem Namen Oskar Frieling wieder in Palästina bei einer Zionistin. Dies haben die Leute von Gewerkschaftler N. herausgefunden, doch die Sache muss geheim bleiben.

MAJ SJÖWALL Schweden (*1935) PER WAHLÖÖ Schweden (1926–1975)

Das Autorenehepaar, beide Mitglieder der schwedischen Kommunistischen Partei, hatte es sich zur Aufgabe gemacht, über das Genre Kriminalroman sein Lesepublikum zu politisieren und den strukturell kriminellen Charakter der kapitalistischen Gesellschaft Schwedens in zehn *police procedurals* zu entlarven, die exakt datiert zwischen 1964 und 1974 spielen und deren agitatorischer Charakter sich ab dem vierten Band kontinuierlich steigert; immer mehr erscheinen die Täter als Opfer staatlicher Willkür. »Unsere Bücher sind der Roman eines Verbrechens«, sagte Sjöwall, »des Verbrechens der Sozialdemokratie an der schwedischen Arbeiterklasse.« Der Protagonist, der Stockholmer Polizist Martin Beck, lieferte die Blaupause für viele spätere schwedische Kriminalpolizisten wie z. B. Kurt Wallander von H. → Mankell. Wie seine literarischen Nachfahren leidet Beck an den gesellschaftlichen Verhältnissen, und wie bei ihnen wird seine realistische Biografie von Buch zu Buch fortgeschrieben. Becks Ehe scheitert, er hat Probleme mit den Kindern, seine Mitarbeiter gründen Familien; Lennart Kollberg quittiert nach langem Zaudern angesichts der gesellschaftlichen Veränderungen den Polizeidienst, Frederik Melander wechselt in das weniger stressige Diebstahlsdezernat usw. In einer Film-Serie der 1990er-Jahre spielte Gösta Ekman die Rolle des Kommissars Beck, die Regie übernahmen teilweise *Tatort*-Routiniers wie Peter Keglevic oder Hajo Gies. Siehe auch P. → Wahlöös Kommissar-Jensen-Romane.

1. Die Tote im Götakanal

(OT: *Roseanna*, 1965). Reinbek: Rowohlt, 1968 (rororo thriller 2139). – Ü: Johannes Carstensen.
F: D/Sch 1993, R: Daniel Alfredson.

In Borenshult wird die Leiche einer jungen Unbekannten gefunden, die vergewaltigt und erwürgt wurde. Erst Monate später steht fest, dass es sich um die amerikanische Bibliothekarin Roseanna McGraw handelt. Vermutlich wurde sie in einer Kabine des Kanalschiffs »Diana« getötet, dessen Passagier sie war. McGraw war eine Einzelgängerin, selbständig und sexuell freizügig. Auch der polizeibekannte Päderast Karl Åke Eriksson fuhr mit der »Diana«, ist aber nicht der Mörder. Auf Filmen und Fotos von Passagieren ist McGraw zusammen mit dem Stockholmer Folke Bengtsson zu sehen. Nach langer vergeblicher Überwachung Bengtssons wird die Polizistin Sonja Hansson als Lockvogel auf diesen angesetzt. Nach drei Wochen, in denen Bengtsson sich passiv verhält, versucht er unvermittelt, Sonja umzubringen. Trotz aller nur erdenklichen Sicherheitsvorkehrungen wird sie erst in letzter Sekunde gerettet. Bengtsson erscheint als Mitleid erregender Psychopath, dessen unauffälliges Alltagsgesicht ihn harmlos erscheinen lässt. Weil er, Beck, Sonjas Leben gefährdet hat, vermag sich Beck nicht recht über die erfolgreiche Festnahme zu freuen.

2. Der Mann, der sich in Luft auflöste

(OT: *Mannen soni oick upprök*, 1966). Reinbek: Rowohlt, 1969 (rororo thriller 2159). – Ü: Johannes Carstensen.
F: D/Sch/Ung 1980, R: Peter Bacsö.

Alf Sixten Matsson, Journalist bei einer großen Stockholmer Wochenzeitung, ist seit zehn Tagen in Budapest verschwunden. Matssons Chefredakteur gewährt der Polizei eine einwöchige Frist, bevor er mit Sensationsmeldungen startet. Matsson trank viel und wurde dann ausfällig, galt beruflich aber als zuverlässig. Kommissar Beck sucht Matssons angebliche Freundin Ari Boeck in Budapest auf, doch die leugnet, ihn zu kennen. Bald merkt Beck, dass er beschattet wird, und schließlich rettet ihn die ungarische Polizei vor einem Mordanschlag von Tetz Radeberger und Theodor Fröbe, die zusammen mit Matsson Rauschgiftschmuggel und -handel betrieben, ihn aber nicht ermordet haben. Matsson hat Stockholm gar nicht verlassen: Am Abend vor seiner Abreise zechte er mit seinem Kollegen Åke Gunnarsson, der ihn erwürgte, weil er seine Verlobte beleidigte. Gunnarson versteckte die Leiche in einer Brandruine, reiste mit Matssons Kleidung und Papieren nach Ungarn ein und verließ das Land wieder mit einem gestohlenen Pass.

3. Der Mann auf dem Balkon

(OT: *Mannen på balkongen*, 1967). Reinbek: Rowohlt, 1970 (rororo thriller 2186). – Ü: Dagmar-Renate Jehnich.
F: D/Sch 1992/93, R: Daniel Alfredsson.

Innerhalb von drei Tagen werden in zwei verschiedenen Stockholmer Parkanlagen zwei kleine Mädchen ermordet, Eva und Annika. Bei beiden ist der Schlüpfer verschwunden. Annika hatte mit ihren beiden Freundinnen Ulla und Lena und Lenas kleinem Bruder Bo im Park gespielt. Es gibt für beide Morde Zeugen: Der kleine Bo hat den Mörder gesehen, ist jedoch zu klein, um brauchbare Aussagen machen zu können. Der professionelle Handtaschenräuber Rolf Evert Lundgren hat ungefähr zur Zeit von Evas Tod eine Frau überfallen und beraubt und den Mörder möglicherweise ebenfalls gesehen. Seine Freundin verrät ihn aus Eifersucht an die Polizei. Schließlich erinnert sich Kommissar Beck, dass Lundgrens vage Beschreibung auf den ehemaligen Gartenbauarbeiter Ingemünd Rudolf Fransson zutreffen könnte. Eine Frau hatte ihn angezeigt, weil er Tag und Nacht von einem Balkon aus spielende Kinder auf der Straße beobachtete. Dem Hinweis wurde damals nicht weiter nachgegangen. Am Tag, als in Franssons Wohnung die Schlüpfer der Mädchen gefunden werden, passiert der dritte Mord, und zwar im unbewachten St. Eriksgarden an der elfjährigen Solveig. Dank der Aufmerksamkeit zweier Streifenwagenpolizisten wird Fransson festgenommen, ehe er ein viertes Verbrechen begehen kann. Nach außen hin unauffällig und freundlich, hat er nach Auskunft eines Psychologen ein sehr unterentwickeltes Sexualverhalten, das in Gewalttätigkeit umgeschlagen sei; seither brauche er den Stimulus der Gewalt zu seiner Befriedigung.

4. Endstation für neun (Der lachende Polizist)

(OT: *Den skrattande polisen*, 1968). Reinbek: Rowohlt, 1971 (rororo thriller 2214). – Ü: Eckehard Schultz.
F: *The laughing Policeman.* USA 1973 (dt. *Massenmord in San Francisco*), R: Stuart Rosenberg.

In einem Doppeldeckerbus werden eines Nachts sechs Männer und zwei Frauen kurz vor der Endstation Norra Stationsgatan erschossen, ein weiterer Fahrgast erliegt später seinen schweren Verletzungen. Einer der Toten ist Åke Stenström von der Mordkommission, eine männliche Leiche kann erst nach etwa einem Monat als der rauschgiftsüchtige Nils Erik Göransson identifiziert werden. Stenström hatte auf eigene Faust den mehr als 16 Jahre zurückliegenden Mord an der Nymphomanin Teresa Camarão aufzuklären versucht und den rauschgiftsüchtigen Göransson absichtlich in auffälliger Weise beschattet, weil er hoffte, durch ihn zum Mörder Teresas geführt zu werden. Die Rekonstruktion seiner Ermittlungen führt zu dem Fehler, der seinerzeit die Aufklärung des Mordes verhinderte. Teresas Mörder war ihr Liebhaber, der verheiratete Björn Forsberg. Sein Motiv: Er wollte sie loswerden. Zu dem Busmassaker kam es folgendermaßen: Göransson hatte Stenström erzählt, dass er verfolgt werde, und Forsberg hatte erkannt, dass Stenström ihm auf der Spur war. Daher brachte er beide um. Zuerst befahl er Göransson, mit dem Doppeldeckerbus zur Endstation zu fahren. Sein Verfolger Stenström würde ebenfalls im Bus sitzen. Forsberg stieg zu und erschoss an der Endstation alle, die noch in dem Bus saßen.

5. Alarm in Sköldgatan

(OT: *Brandbilen som försvann*, 1972). Reinbek: Rowohlt, 1972 (rororo thriller 2235). – Ü: Eckehard Schultz.
F: D/Sch 1992, R: Hajo Gies.

Durch einen Zettel mit Becks Namen macht der Selbstmörder Ernst Sigurd Karlsson den Kommissar auf sich aufmerksam. Einige Tage nach Karlssons Tod will sich der Autodieb Göran Malm das Leben nehmen, indem er den Gashahn aufdreht. Das Gas entzündet sich, das Mehrparteienhaus in der Sköldgatan, in dem Malm wohnt, brennt nach einer Explosion völlig aus. Der Polizist Gunvald Larsson, der Malm beschattete, rettet die Hausbewohner bis auf vier: Göran Malm selbst, ferner Madeleine Olsen, den Gauner Kenneth Roth sowie eine 14-Jährige. Erst als der Fall schon ad acta gelegt ist, stellt sich heraus, dass ein Zeitzünder in Malms Matratze die Explosion ausgelöst hat. Die Feuerwehr war sogar schon vor dem Brand durch einen offenbar ausländischen Anrufer informiert worden, verfuhr sich aber und kam zu spät. Der Autodieb Malm war ein Komplize von Bertil Olofsson, der seit einigen Monaten verschwunden ist. Seine Leiche liegt seit längerem in einem Autowrack im Hafen von Malmö. Sein Mörder ist der ausländische Anrufer, dessen Adresse, Aussehen und Deckname bekannt sind. Bertil Olofsson und Malm gehörten einem Ring internationaler Autoschmuggler an und wollten sich selbständig machen. Deshalb wurde Olofsson von einem Profikiller nach Malmö gelockt und umgebracht. Malm wurde beim Versuch, ein Auto zu verscherbeln, gefasst, aber wieder freigelassen, weil die Polizei hoffte, über ihn an Olofsson heranzukommen. Malm, inzwischen völlig pleite, versuchte Kontakt mit Sigurd Karlsson aufzunehmen. Als er von dessen Selbstmord erfuhr, blieb ihm nichts anderes übrig, als sich ebenfalls das Leben zu nehmen. Der Mörder wird einige Zeit später auf dem

Stockholmer Flughafen gestellt. Als er Becks Teamkollegen Kollberg mit dem Messer angreift, schießt der junge Polizist Benny Skacke ihn nieder.

6. Und die Großen läßt man laufen

(OT: *Polis, polis, potatismos!* [wörtl. »Polizist, Polizist, Kartoffelnase!«], 1970). Reinbek: Rowohlt, 1972 (rororo thriller 2264). – Ü: Hans-Joachim Maass.
F: D/Sch 1992/93, R: Pelle Berglund.

Bei einem Arbeitsessen in einem Malmöer Hotel wird der Konzernchef Viktor Palmgren erschossen. Eine Täterbeschreibung gibt es nicht. Anwesende waren unter anderem Palmgrens wesentlich jüngere Frau Charlotte, seine Mitarbeiter Hampus Broberg und Mats Linder sowie die Prostituierte Helena Hansson. Mats Linder hat ein Verhältnis mit Palmgrens Frau Charlotte. Weil Palmgren auch Waffengeschäfte für das offiziell neutrale Schweden abwickelte, schaltet sich zusätzlich zur Kripo der Staatsschutz ein. Broberg versucht, sich mit der Prostituierten Helena und einer Tasche voller Wertpapiere nach Genf abzusetzen. Als Besitzer der Tatwaffe wird Bertil Svensson ermittelt, ein entlassener und anschließend ins soziale Abseits geratener Ex-Angestellter von Konzernchef Palmgren. Er gesteht den Mord, den er spontan begangen haben will. Während Broberg und Helena höchstens eine geringfügige Strafe zu erwarten haben, wird Svensson die volle Härte des Gesetzes treffen.

7. Das Ekel aus Säffle

(OT: *Den vedenvärdige mannen fran Säffle*, 1971). Reinbek: Rowohlt, 1973 (rororo thriller 2294). Ü: Eckehard Schultz.

Der frühverrentete Ex-Kommissar Stig Nyman aus Säffle wird nachts im Stockholmer Sabbatberg-Krankenhaus mit einem Bajonett ermordet. Er war bereits beim Militär unbeliebt und galt als schlechter Polizist und übler Menschenschinder. Seine Mitarbeiter waren um der Karriere willen gezwungen, ihn zu decken, wenn wieder einmal Beschwerden eingingen. Einer von ihnen, Harald Hult, könnte der Täter sein, weil er Nymans Krankenhausadresse erfragt hatte. Schließlich aber richtet sich das Augenmerk der Polizei auf den Ex-Polizisten Åke Eriksson, der sich wiederholt über Nyman beschwert hatte. Er ist ein ausgezeichneter Schütze und grollte Nyman, weil er durch dessen Schuld die Frau und später auch den Job verlor. Außerdem hatte man ihm das Sorgerecht für seine Tochter Malin entzogen. Während Beck noch mit Erikssons Eltern spricht, werden die Streifenpolizisten Kristiansson und Kvant von Eriksson beschossen, Kvant tödlich getroffen. Danach verbarrikadiert sich Eriksson mit seinem Schnellfeuergewehr in einem Gebäude. Beim Versuch, ihn zu überwältigen, stirbt ein Nahkampfexperte, und Beck wird schwer verletzt; sein Kollege Larsson und zwei Freiwillige können Eriksson schließlich überwältigen.

8. Verschlossen und verriegelt

(OT: *Det slutna rummet* [wörtl. »Der verschlossene Raum«], 1972). Reinbek: Rowohlt, 1975 (rororo thriller 2345). – Ü: Hans-Joachim Maass.
F: Sch/D 1993, R: Peter Keglevic.

Nach seiner Genesung nimmt Beck seine Arbeit als Chef der Reichsmordkommission wieder auf und muss den Tod des Frührentners Svärd aufklären. Svärd lag mehrere Wochen verwesend in seiner Wohnung. Er starb durch einen Herzschuss, aber anscheinend nicht von eigener Hand. Parallel ist ein Bankraub aufzuklären, bei dem eine blonde Täterin einen Kunden tötete. Die blonde Frau ist Monita, die Freundin des rauschgiftsüchtigen Dealers Filip Trofast

Mauritzon. Sie hat dessen Pistole entdeckt und die Bank allein, ohne sein Wissen, überfallen. Durch Mauritzon erfährt die Polizei von den Plänen zu einem großen Banküberfall, den die haftflüchtigen Gangster Malmström und Mohrén und ihr Anführer Werner Roos vorbereiten. Die führen ihn auch plangemäß aus, allerdings in Malmö statt in Stockholm, wo die Polizei auf sie wartet. Svärd musste sterben, weil er von Mauritzons Rauschgifthandel wusste und ihn jahrelang erpresste. Als Mauritzon genug von den Zahlungen hatte, erschoss er Svärd durch ein offenes Fenster hindurch. Als der alte Mann zu Boden stürzte, fiel das Fenster zu und verriegelte sich von selbst. Mauritzon wird wegen eines Bankraubes, den er nicht begangen hat, verurteilt. Neue Lebensgefährtin Becks wird die Witwe Rhea Nielsen, eine starke, emanzipierte Frau, die entscheidende Hinweise geliefert hatte.

9. Der Polizistenmörder

(OT: *Polismödaren*, 1974). Reinbek: Rowohlt, 1975 (rororo thriller 2390). – Ü: Hans-Joachim Maass.
F: D/Sch 1993, R: Peter Keglevic.

Als Sigbrit Mård aus dem südschwedischen Anderslöv verschwindet und vier Wochen später tot in einem Windbruch gefunden wird, wird ihr Nachbar, der vorbestrafte Sexualmörder Folke Bengtsson (siehe *Die Tote im Götakanal*), einer neuen Untat verdächtigt. Der gibt einen Hinweis auf einen beigen Volvo, der zweimal vor Sigbrits Haus gestanden habe; im Besitzer glaubt er ihren trunksüchtigen und gewalttätigen Ex-Mann Bertil erkannt zu haben, doch der hat ein Alibi. Kurzen schriftlichen Nachrichten zufolge scheint die Ermordete einen Liebhaber namens Kaj gehabt zu haben; möglicherweise gehört ein Schlüssel aus Sigbrits Besitz zu dessen Wohnung. Bei einer Schießerei erschießt die Polizei den Jugendlichen Krister Paulsson. Dessen unbewaffneter Komplize Ronnie »Kasper« Kaspersson flieht und wird von da an gnadenlos als Polizistenmörder gejagt, weil bei seiner Verfolgung Becks Kollege Borglund stirbt – allerdings an einem Wespenstich in die Halsschlagader. Weil »Kasper« bei Kriminellen seines Alters untertaucht, die unter Beobachtung stehen, wird er entdeckt. Da die Polizei zu auffällig vorgeht, ahnt »Kasper«, dass er verfolgt wird, und flieht mit seinen Freunden. In einem Haus im Wald werden sie jedoch ohne große Mühe festgenommen. Das von »Kasper« verwendete Fluchtauto, der beige Volvo, gehört Sigbrits Mörder, dem Fabrikanten und Familienvater Kaj Evert Sundström. Sigbrit besaß am Ort der Fabrik eine zweite Wohnung (zu der gehörte der Schlüssel). Als Beck ihn festnimmt, erliegt Sundström einem Herzinfarkt. Becks Kollege Kollberg quittiert den Dienst, weil er glaubt, dass die Schusswaffe eines Polizisten allein genüge, um Gewalt zu provozieren.

10. Die Terroristen

(OT: *Terroristerna*, 1975). Reinbek: Rowohlt, 1986 (rororo thriller 2412). – Ü: Hans-Joachim Maass.
F: *Stockholm Marathon – Der Tod läuft mit.* D/Sch 1992/93, R: Peter Keglevic.

Beck soll ein Polizeiteam leiten, das Anschläge auf einen amerikanischen Senator verhindern soll, der zu einem Staatsbesuch nach Schweden kommt. Während Gunvald Larsson in Südamerika eine Art Sicherheitspraktikum absolviert, verübt die internationale Terroristenorganisation ULAG ein Bombenattentat, mit dem sie ihre verworrenen Pläne vorantreiben möchte. Noch vor dem Besuch des Senators steht die 18-jährige Rebecka Lind wegen bewaffneten Bankraubs vor Gericht. Sie hatte den US-Deserteur Jim bei sich aufgenommen und vorsätzlich ein Kind von ihm empfangen und zur Welt gebracht. Nachdem er unter Zusicherung einer geringen Strafe in die Heimat zurückgelockt worden war und sie lange nichts von ihm gehört hatte, wollte sie sich Geld für einen Besuch in den USA auf der Bank leihen. Durch eine Reihe von Missverständnissen entstand der Eindruck, sie verübe einen Überfall. Sie wird freigesprochen. Später erfährt sie von Jims Eltern, Jim sei hart bestraft worden und habe sich im Gefängnis erhängt. Larsson kehrt mit guten Ideen aus Südamerika zurück. Er veranlasst eine zeitversetzte Übertragung vom Staatsbesuch in den Medien, um den am Fernsehbildschirm zuschauenden Terroristen keine Gelegenheit zu geben, erfolgreich eine Autobombe zu zünden. Tatsächlich richtet das Attentat der ULAG keinen Schaden an. Am nächsten Tag erschießt Rebecka Lind in einer Kirche den Regierungspräsidenten vor den Augen des US-Senators. Sie wird verurteilt und begeht drei Monate später in ihrer Gefängniszelle Selbstmord. Einer der Terroristen, Levallois, hat bereits unerkannt das Land verlassen. Der zweite, Richard Heydt, führt die Polizei zunächst auf die Spur zweier japanischer Komplizen, bevor er versucht, Schweden zu verlassen. Bei einem Schusswechsel wird er niedergeschossen – wiederum von Benny Skacke, der diesmal selbst verwundet wird. Das Buch – etwa um 100 Seiten umfangreicher als jedes der vorausgegangenen – endet mit Lennart Kollbergs kurzem Resümee der zurückliegenden zehn Jahre: »Die Gewaltverbrechen sind in den letzten 10 Jahren wie eine Lawine über die ganze westliche Welt hereingebrochen.« Das sei nicht Martin Becks Fehler. Becks Fehler sei vielmehr, dass er zur falschen Zeit in einem falschen System den falschen Beruf ergriffen habe. A. G.

D. O. SMITH Großbritannien (*1948)

Smith trifft in *Die violette Hand* und in *The Zodiac Plate* (1984, dt. *Die Schale des Zorns*, 1997) wie kaum ein Zweiter Geist und Ton der Sherlock-Holmes-Geschichten A. C. → Doyles. Sein deutscher Verleger und Übersetzer Michael Ross stand viele Jahre der deutschen Sherlock-Gesellschaft »Von Herder Airguns Limited« vor.

Die violette Hand

(OT: *The Purple Hand*, 1982). Kempen: Ross, 1996 (Baskerville Bücher). – Ü: Michael Ross. – O/Z: Low Meddow nahe Staines an der Themse; 1890.

Der schwer malariakranke Mark Pringle aus Ceylon erbittet Holmes' Hilfe, weil sich seine Frau Laetitia weigert, das zwielichtige Gärtner-Ehepaar John und Helen Dobson trotz offensichtlicher Unfähigkeit zu entlassen. Pringle fürchtet, dass Laetitia ein Verhältnis mit John Dobson unterhalte und dass er selber bald ermordet werde. Die Abdrücke einer sechsfingrigen violetten Hand an einer Wand sowie auf einem Brief bestärken ihn in seinen düsteren Ahnungen. In einer männlichen Themseleiche, die ein Messer Marke »Belgrad« bei sich und ein kyrillisches Etikett in der Kleidung hat, vermutet Holmes einen osteuropäischen Berufskiller des Geheimbundes »Violette« oder »Sieben-Finger-Hand«. Jeder Finger symbolisiert eine Balkanprovinz, doch seit dem Ausschluss von einer der Provinzen hat das Geheimzeichen des Bundes nur noch sechs Finger. Mit dem Geheimzeichen warnt und erschreckt die Organisation ihre Opfer. Der Mörder war jedoch nicht hinter Pringle her, sondern hinter Gärtner John Dobson, der in Wahrheit Laetitias Bruder ist und vor Jahren unschuldig wegen angeblicher Unterschlagungen, auch von Geldern der »Violetten Hand«, verurteilt wurde. Bei seiner Schwester Laetitia fand er ein Unterkommen, verbarg aber seine wahre Identität. Den Toten aus der Themse hat Pringle in Notwehr mit dem eigenen Messer getötet. Holmes kommt zu spät, er trifft Dobson nur noch sterbend an, der Mörder entkommt mit diplomatischer Protektion ins Ausland. Nachdem Pringle, der sehr nobel auf die Wahrheit reagiert, seine Malaria ausgeheilt hat, kehrt er mit Ehefrau Laetitia und Schwägerin Helen nach Ceylon zurück.

MARTIN CRUZ SMITH USA
(*1943)

Gorky Park, der erste Teil einer Serie um den sowjetischen, später auch postsowjetischen Ermittler Arkadij Renko, wurde durch die Verfilmung mit William Hurt (USA 1983) weltberühmt. Die Rekonstruktion von Gesichtern Ermordeter anhand des Schädelknochens, das spektakuläre Hauptmotiv in *Gorky Park*, erscheint auch wieder in *Nacht in Havanna*: Der Kreis schließt sich.

Nacht in Havanna
(OT: *Havanna Bay*, 1999.) München: Bertelsmann, 1999. (Goldmann 44988, 2001.) – Ü: Kristian Lutze. – SF: Arkadi Renko. O: Havanna.

Renko, dem der sinnlose Tod seiner Lebensgefährtin Irina allen Lebensmut geraubt hat, soll auf Kuba den toten Russen Sergej Pribluda identifizieren und feststellen, ob ein Mord vorliegt. Kaum angekommen, wird Renko von einem Polizisten angegriffen, den er in Notwehr tötet. Die deswegen gegen ihn ermittelnde Criminalista Ofelia Osorio, die kurzzeitig seine Geliebte wird, gewährt ihm für eine Woche (bis zum Rückflug nach Moskau) volle Bewegungsfreiheit und begleitet ihn bei seinen Ermittlungen, die sich allerdings lange Zeit im Kreise drehen. Dafür lernt Renko ein wenig besser das Land kennen, das durch das Ausbleiben russischer Finanzhilfen in tiefes Elend geraten ist. Immerhin ist aber die Identifizierung des Verstorbenen sogar mit den überalterten kubanischen Computern möglich. Es stellt sich schließlich heraus, dass Pribluda beim Angeln einer der vielen mörderischen maritimen Stromversorgungsanlagen, die auf der Insel üblich sind, zum Opfer gefallen ist. Ganz nebenbei gerät der Russe noch in eine Verschwörung gegen Fidel Castro, die wie viele andere keinen Erfolg zeitigt, wohl aber zahlreiche Opfer, auch unter Renkos neuen Bekannten, fordert. Mit dem toten Pribluda im Frachtraum darf Renko schließlich nach Russland zurückfliegen.

JÔ SOARES Brasilien
(*1938)

Sherlock Holmes in Rio
(OT: *O Xhangô de Baker Street*, 1995). Frankfurt a. M.: Insel Verlag, 1997. (st 39410, 1998.) – Ü: Karin von Schweder-Schreiner. – O/Z: Rio de Janeiro; 1886.

Sherlock Holmes in Rio zitiert lustvoll den Besuch von Clarice Starling bei Hannibal Lecter in Th. → Harris' *Schweigen der Lämmer*. Der merkwürdige Originaltitel des Romans entstammt einer Äußerung des Voodoo-Königs Obá Shité nach der Untersuchung darüber, welcher Geist Holmes innewohne: »Xangô ist dein Vater. Xangô ist dein Beschützer«. Nicht nur bei dieser Gelegenheit wird hässlicher Spott auf Kosten des grantigen Dr. Watson getrieben.

1886 – Sarah Bernhardt tourt gerade erfolgreich durch das Land – ermordet in Rio de Janeiro ein Frauenschlitzer sowohl eine Prostituierte aus den Slums als auch eine Schauspielerin aus besserem Hause. Beiden wickelt er eine Violinsaite ins Schamhaar. Gleichzeitig wird der jungen Witwe Baronin de Avaré eine echte Stradivari gestohlen, ein Geschenk ihres Gönners, des hochkultivierten brasilianischen Kaisers Pedro II. Der lässt aus London den fließend Portugiesisch sprechenden Sherlock Holmes rufen, der in Begleitung des überaus schlecht gelaunten, weil reiseunfreudigen und sprachunkundigen Dr. Watson per Schiff nach Brasilien reist. Holmes vermutet zurecht, dass der Dieb der Geige auch der Frauenmörder sein müsse; nebenbei revolutioniert er die schwere, für tropisches Klima ungeeignete brasilianische Herrenoberbekleidung. Bei einem nächtlichen Spaziergang rettet er zufällig das Leben der schönen Mulattin Anna Candelária, die zu ermorden sich der Frauenschlitzer gerade anschickt. Holmes verfolgt diesen bis in die Nationalbibliothek, gibt aber die Verfolgung auf, weil er infolge einer Magenverstimmung dringend eine Toilette aufsuchen muss. Der Mörder entkommt durch einen beherzten Sprung durch eine Fensterscheibe. Um sich mit der Psyche geistesgestörter Verbrecher vertraut zu machen, besucht er den wegen Kannibalismus eingesperrten Ex-Psychiater Dr. Aderbal Câmara. Der meint, der Mörder entstamme der näheren Umgebung des Kaisers. Als die Baronin de Avaré nach einem weiteren Mord das vierte und letzte Opfer wird, hat die Geige keine Saiten mehr. Der Mörder deponiert sie heimlich im Hotelzimmer von Holmes, der sie vom Kaiser geschenkt bekommt. Der Mörder ist der königliche Buchhändler Miguel Solera de Lara. Der schifft sich zusammen mit Holmes und Watson nach London ein und wird dort zwei Jahre später unter dem Namen Jack the Ripper Weltruhm erlangen. Laras Gedanken, die in eigenen, kursiv gesetzten Kapiteln wiedergegeben werden, offenbaren, dass Holmes nie zum Kern der Angelegenheit vorgestoßen ist. Sämtliche verschlüsselten Hinweise, die Lara auf die eigene Person liefert, missversteht oder übersieht der Detektiv. Zu dessen Versagen trägt die Verdrängung der Sexualität aus seinem Denken und Fühlen bei.

MICKEY SPILLANE USA
(*1918)

Mickey Spillanes Krimidebüt *I, the Jury* (1947) hat dieselbe Handlung wie das gute Dutzend weiterer Mike-Hammer-Krimis bis *Black Alley* (1996, dt. *Tod mit Zinsen*, 2002): Es genügt eine vergleichsweise geringfügige Missetat wie die Aussetzung eines Kindes, schon begibt sich Hammer auf den Kriegspfad. Er löst seine Fälle nicht durch Deduktion, sondern durch Subtraktion, d. h. er hört nicht eher auf, Leute zu töten, bis nur noch der Schuldige übrig ist. Den befördert er dann mit großem Aplomb ebenfalls ins Jenseits. Hammer ist die Verkörperung des kleinbürgerlichen Faschisten, der auf die zahllosen tatsächlichen und eingebildeten Zumutungen der großen Welt mit Langstrecken-Amokläufen reagiert. Diese trägt er in Konkurrenz zu Police-Captain Pat Chambers aus, der ihm aus unerfindlichen Gründen nie die Freundschaft aufkündigt. Spillane, der seinen Helden in einem Film sehr gekonnt selbst verkörperte, schuf außerdem den rüden Bond-Imitator Tiger Mann, der z. B. in *Bloody Sunrise* (1965, dt. *Blut in der Sonne*, 1966) auftritt. *Ich, der Richter* wurde zur klassischen, oft imitierten Titelformel; ein Jerry-Cotton-Roman hieß z. B. *Ich, der Ankläger*. Das Finale parodiert W. → Allen in *Mr. Big* auf geniale Art. Weitere Mike-Hammer-Krimis: *Kiss me, deadly* (1952, dt. *Rhapsodie in Blei* / *Küss mich, Tod*, 1966/99), *The Twisted Thing* (1988, dt: *Das Unding* / *Die*

45er / Verkorkst, 1967/92/2000); *The Killing Man* (1989, dt. *Ich, der Rächer / Tote kennen keine Gnade*, 1990/2001).

Das Todeskarussell / Ich, der Richter

(OT: *I, the Jury*, 1947). (1) München: Heyne, 1966. – Ü: Werner Gronwald. (2) [*Ich, der Richter*] Hamburg: Rotbuch Verlag, 1996 (Tb 1048). – Ü: Daisy Remus, Gabriele Dietze. – O: New York City.
F: (1) *I, the Jury*. USA 1953 (dt. *Richter bin ich*), R: Harry Essex. (2) *I, the Jury*. USA 1981 (dt. *Ich, der Richter*), R: Richard T. Heffron.

Als Mike Hammers schwerstversehrter bester Freund und Kollege Jack Williams auf sadistische Weise umgebracht wird, schwört Hammer Rache, auch um Williams' Verlobte Myrna willen. Vor seinem Tod gab Jack Williams eine Party. Unter den Gästen waren die Psychiaterin Dr. Charlotte Manning, der angebliche Student Hal Kines und dessen Freund, der Ex-Ganove George Kalecki. Kalecki wird von Hammer bei einem kurzen Feuergefecht getötet, nachdem der Kines' Aufzeichnungen vernichtet hat. Kines gibt sich als Student aus, um junge Mädchen für sein Prostitutionsgeschäft zu rekrutieren. Kines und das Mädchen Mary werden von einem unbekannten Killer mit Dumdum-Geschossen getötet, desgleichen Myrna und der fast debile Spitzel Bobo, ein heimlicher Drogenkurier. Nachdem Hammer der Geliebte der Psychiaterin Dr. Manning geworden ist, führt ihn ein Fehler des unbekannten Killers auf dessen Spur: Der Killer schiebt ihm ein Tütchen Heroin unter. Frau Dr. Manning selbst ist dieser Killer und handelt mit Heroin, das sie ihren reichen, auf Diskretion angewiesenen Patienten verschreibt, um sie in die Abhängigkeit zu treiben. Wenn sie aus der Abhängigkeit nicht mehr herauskönnen, beginnt sie, ihnen das Rauschgift für horrende Summen zu verkaufen. Sie hat Jack umgebracht, der ihr auf die Schliche zu kommen drohte; danach musste sie zur Vertuschung dieses Mordes einen Mord nach dem anderen begehen. Mit ihrer Schuld konfrontiert, versucht sie, Hammer zu verführen, um dann, nackt in seinen Armen liegend, hinter seinem Rücken nach einer Pistole zu greifen. Hammer jedoch kommt ihr kaltblütig zuvor. »Es war ganz einfach«, lautet sein klassischer Kommentar.

GUNNAR STAALESEN Norwegen (*1947)

Varg Veum aus Bergen ist als Star einer Endlos-Serie eine der populärsten Detektivfiguren Norwegens – so populär, dass A. → Holt, selber eine der renommiertesten Krimiautorinnen des Landes, ihn in ihrem Roman *Lovens gap* (1997, dt. *Im Zeichen des Löwen*, 1999) einen kurzen Gastauftritt absolvieren lässt. Weitere Varg-Veum-Romane: *Tornerose sov i hundre år* (1980, dt. *Dornröschen schlief wohl hundert Jahr*, 2001), *Kvinnen i kjøleskapet* (1981, dt. *Die Frau im Kühlschrank*, 2000), *Bitre blomster* (1991, dt. *Bittere Blumen*, 1993), *Skriften på veggen* (1995, dt. *Die Schrift an der Wand*, 1999).

Begrabene Hunde schlafen nicht

(OT: *Begravde hunder biter ikke. En Varg Veum bok*, 1993). Hamburg: Rasch und Röhring, 1997 (Edition Galgenberg). (Goldmann 5986, 1998.) – Ü: Kerstin Hartmann. – SF: Varg Feum. – O/Z: Bergen, Oslo, Stockholm; 1991.

Detektiv Varg Veum klärt den Mord an Schwedens Ministerpräsident Olov Palme am 28. Februar 1986 auf. Am 2. März desselben Jahres nimmt der Fotograf Pøl Helge Solbakken ein Foto von vier Herren. Zu erkennen sind: der Waffenfabrikant und

-händler Frederik Loewe, der Industrielle Tjøborn Finstad, der Immobilienhändler Preben Bakker-Steenberg und der schwedische Berufskiller Pär Elias Jansson. Der Immobilienhändler Preben Bakker-Steenberg ist dabei zu sehen, wie er dem Berufskiller Pär Elias Jansson einen Umschlag überreicht. Eine Zeitung, die auf dem Foto zu erkennen ist, verkündet Palmes Ermordung. Jansson ist der Mörder des Ministerpräsidenten, im Umschlag befindet sich das Blutgeld, und Loewe, Finstad und Bakker-Steenberg repräsentieren eine Verschwörung der skandinavischen Waffenindustrie, für die die Politik des moskaufreundlichen linken Ministerpräsidenten ruinös zu werden drohte. Weil der Fotograf Pøl Helge Solbakken dies weiß und einen Erpressungsversuch unternimmt, erschlug ihn Finstad, ein Industrieller, gestand zum Schein eine Eifersuchtstat und ging ins Gefängnis: Er gab vor, ein Verhältnis mit Fotograf Solbakkens Frau Trude unterhalten zu haben, das schließlich zur Tötung Solbakkens geführt habe. Für seine Selbstaufopferung zugunsten der Verschwörung wurde Finstad großzügig mit Immobilien entschädigt. Den Kontakt zum Auftragsmörder Jansson stellte der Osloer Kredithai Svein Grorud her, der nicht auf dem Foto zu sehen ist. Durch einen Klienten, der Ärger mit Svein Grorud hat, stolpert Detektiv Varg Veum in den Fall hinein. Frederik Loewe ist bereits verstorben, doch für zahlreiche weitere Menschen bedeuten die Nachforschungen von Detektiv Varg Veum den Tod: Der Killer Jonsson beginnt, alle tatsächlichen und möglichen Mitwisser der Reihe nach umzubringen. So ermordet er Trude Solbakken und Preben Bakker-Steenberg, stürzt dann aber scheinbar vom Dach eines Hotels, sein Gesicht zerschmettert bis zur Unkenntlichkeit. Es dauert eine Weile, bis die Polizei und Varg Veum herausbekommen, dass der Zerschmetterte nicht Jonsson, sondern der Kredithai Svein Grorud ist, und dass Jonsson weitermordet. Für Merete Loewe, die frühere Ehefrau des verstorbenen Frederik Loewe, kommt diese Erkenntnis zu spät: Jonsson wirft sie vom Balkon ihres Hauses, Merete überlebt aber als Querschnittsgelähmte. Obwohl Jonssons verblüffende Ähnlichkeit mit einem 1986 angefertigten Phantombild von Olov Palmes Mörder aufweist, streitet er ebenso wie alle anderen Schuldigen alles ab und geht straffrei aus. Detektiv Varg Veum versucht, sein Leben dadurch abzusichern, dass er ein Dossier über den Fall an einem sicheren Ort hinterlegt.

HELLE STANGERUP Schweden (*1939)

Das Haus des Vaters

(OT: *Stedfar* [wörtl. »Stiefvater«], 1995). Düsseldorf: Marion von Schröder, 1997. – Ü: Lothar Schneider. – O: »Hvidager«, das im Titel genannte Haus.

Ein von allen nur »Stiefvater« genannter, sagenhaft reicher Pressezar tyrannisiert trotz seiner fast 90 Jahre die ganze Familie, deren Mitglieder ihm mehrheitlich an Energie und Tatkraft unterlegen sind und die er alle drei Monate einmal in sein Haus »Hvidager« befiehlt. Nanna, die Icherzählerin, soll von »Stiefvaters« zweiter Frau in die Ehe mitgebracht worden sein, ist aber in Wahrheit seine leibliche Tochter. Aus einer gescheiterten Kurzehe hat sie einen 17-jährigen Sohn, Nikolaj. Seinen Sohn Michael hat »Stiefvater« wegen dessen Homosexualität verstoßen. Beim ersten Quartalstreffen 1994 wird »Stiefvater« erstochen. Die Familie beschließt, den Mord zu vertuschen. Dr. Kasper Hvidt bescheinigt einen natürlichen Tod, der Tote wird eingeäschert, und Familienanwalt Flemming Green zum Nachlassverwalter bestellt. Der verkauft für Nanna eine Ikone im Wert von 200000 Kronen. Beim Tauchen gerät Michael, der als angeblicher irischer Dichter illegal in Monaco lebt, in den Wasserbehälter eines Feuerwehrhubschraubers und wird mit dem Löschwasser in den Brandherd gekippt. »Stiefvaters« auf windigen Finanztricks errichtetes Imperium »Lutax« ist vom Bankrott bedroht. Aus Geldgier – er ist am Finanzvolumen des Nachlasses beteiligt – forciert Familienanwalt Green den Bankrott. Der hochverschuldete Anwalt ist der Mörder von »Stiefvater« sowie der Auftraggeber des Mordes an Michael und eines Messerattentats auf Nannas Sohn Nikolaj. Nanna wird erst wirklich misstrauisch, als sie Greens angeblich sterbenskranke Ehefrau putzmunter im Fernsehen sieht. Schließlich erwächst Green ein fähiger Feind in Gestalt von Dr. Hvidt. Hvidt zeichnet ein Gespräch zwischen Green und Nanna über die Situation von »Lutax« auf und stiehlt beweiskräftige Akten. Als »Lutax« Bankrott macht, steht die Familie fast mittellos da. Um Nanna in die Knie zu zwingen, fordert Green die 200000 Kronen für die Ikone von ihr zurück. Sie kann jedoch beweisen, dass ihr lediglich ein Zehntel dieser Summe ausbezahlt wurde und erstattet nur diesen Betrag. Außerdem verfasst sie eine von der gesamten Familie unterschriebene Darstellung des Falls. Per Fax geht sie allen relevanten Personen zu, darunter Greens Anwaltspartner. Noch einmal zieht der Anwalt alle Register seines Könnens, droht mit Klagen wegen Verleumdung und versucht sich Nannas Schweigen gegen die Herausgabe des Zugangscodes für ein Schweizer Treuhandkonto zu erkaufen, von dem sie bislang keine Ahnung hatte. Weil Nanna sich nicht erpressen lässt, verbrennt Green den Umschlag mit dem Code, bevor er sich erschießt. Er wird als Opfer eines Herzinfarkts beerdigt, das Haus »Hvidager« verkauft; »Stiefvaters« Kinder kommen entweder aus eigenem Verschulden oder infolge eines Zugriffs des Finanzamts um die vergleichsweise wenigen aus dem Bankrott geretteten Millionen.

REX STOUT USA
(1886–1975)

Das Personal der Nero-Wolfe-Krimis besteht außer aus dem schwergewichtigen Meister selbst, aus dessen Laufburschen Archie Goodwin (dem Icherzähler), »den drei Tieren« – den freien Detektiven Saul Panzer, Fred Durkin und Orrie Cather –, Inspector Cramer, sowie Wolfes Koch und dem Orchideen-Gärtner. Nero Wolfe stilisiert wortkarg bis mürrisch seine Absonderlichkeit, verlässt so gut wie nie sein Haus in der 35th Street West in New York City, hält strikt seine heiligen Gärtner-Stunden im Gewächshaus ein und isst und trinkt nur Erlesenes. Falls er doch einmal das Haus verlässt, steuert Goodwin eine Heron-Limousine, was immer das sein mag (möglicherweise – Wolfe wiegt fast 300 Pfund – eine Art Tieflader). Die Nero-Wolfe-Romane sind Vorläufer des »Minette-Walters-Syndroms«: Würden die Figuren einschließlich des Protagonisten nicht so viel schweigen, so wären die Fälle vermutlich innerhalb von wenigen Minuten gelöst. Die Schwierigkeiten der Ermittlung selbst einfachster Tatsachen, wofür sich Goodwin durch Telefonbücher, Bibliotheken und Archive hindurch baggert, sind nur mit der Vor-Internet-Ära erklärbar. Wolfe stammt – worauf auch sein ältester und bester Freund Mark Vukovic hindeutet – ursprünglich aus Montenegro, und der Sherlock-Holmes-Biograf William S. Baring-Gould deduziert in seiner Biografie *Nero Wolfe* (1969, dt. 1972) messerscharf, dass Wolfe ein Sohn von Sherlock Holmes und Irene Adler gewesen sein müsse. Weitere Nero-Wolfe-Krimis: *Too many Cooks*

(1938, dt. *Zu viele Köche*, 1959), *The Silent Speaker* (1946, dt. *Mord im Waldorf-Astoria*, 1963), *Black Mountain* (1954, dt. *Nero Wolfe in Montenegro*, 1973), *Too many clients* (1960, dt. *Zu viele Klienten*, 1963).

Die Sünden der Väter

(OT: *The Father Hunt*, 1968). Bern/München: Scherz, 1999 (Scherz Krimi 1671). – Ü: Will Helm. – O/Z: New York; 1944 und 1967.

1967 wird die Sekretärin Elinor Denovo, die ledige Mutter der 1944 gezeugten Amy Denovo, von einem Fahrerflüchtigen in einem gestohlenen Wagen überrollt und getötet. Sie hinterlässt Amy, die erstaunlich wenig von ihr weiß, mehr als 200000 Dollar sowie einen Brief mit dem Hinweis, das Geld stamme von ihrem – Amys – Vater. Das Geld wurde 21 Jahre lang von einer bestimmten Bank, aber von einem unbekannten Absender per Scheck an Elinor übermittelt. Ein Zigarettenetui des fahrerflüchtigen Todesfahrers mit Fingerabdrücken ist Grundlage für die Polizei, einen Mord anzunehmen. Der Fall stellt sich nach umständlich inszenierten Verzögerungen schließlich wie folgt dar: Die Sekretärin Elinor hieß früher Carlotta Vaughn und war bei dem Banker Cyrus M. Jarrett angestellt, dem Absender der Schecks, der aber Amys Vater ebenso wenig sein kann wie Jarretts nachweislich zeugungsunfähiger Sohn Eugene. Die Fingerabdrücke auf dem Zigarettenetui gehören dem windigen PR-Berater Floyd Vance, der Wolfe seine Dienste aufdrängen will und ungewollt jede Menge Vergleichsproben in Wolfes Büro hinterlässt. Als Vance verhaftet wird, gesteht Banker Jarrett, dass Vance sein unehelicher Sohn und Amys Vater sei. Amy hört von einem Nebenzimmer aus Jarretts Geständnis mit an, verzichtet aber auf eine Kontaktaufnahme.

PATRICK SÜSKIND Deutschland (*1949)

Während Süskinds Theaterstück *Der Kontrabass* seit der Uraufführung 1981 (Buchausgabe 1984) zu den meistgespielten Dramen im deutschsprachigen Raum gehört, konnte der »Wahnsinnsschriftsteller« (FAZ) den Erfolg des in mehr als 20 Sprachen übersetzten Erstlings *Das Parfum* – das der *Stern* zu Recht als »Literaturereignis« pries – nicht wiederholen. Erfolgreich dagegen waren seine Drehbücher zu den TV-Serien *Monaco Franze* (1983) und *Kir Royale* (1986).

Das Parfum. Die Geschichte eines Mörders

Zürich: Diogenes Verlag, 1985. (detebe 22800. 1994.) – O/Z: Paris; 1738.

Dem Waisenkind Jean-Baptiste Grenouille stellt sich die Welt als Symphonie von Düften und Gerüchen dar; er selber riecht nach gar nichts. Nach einer Gerberlehre landet er bei einem vom Bankrott bedrohten Parfumeur, für den er mehr als 600 neue Düfte komponiert. Als er den Gesellenbrief erhalten hat, zieht er sich für sieben Jahre als Einsiedler in die Auvergne zurück. Dort entwickelt er die Idee, als »Rächer und Welltenerzeuger« ein Reich der Gerüche und des Duftes zu erschaffen. Ein adliger Naturforscher führt ihn in die Gesellschaft zurück. Der völlig Geruchlose erfindet sich zunächst einen Eigengeruch, bevor er, mittlerweile eine Art Star, nach Grasse aufbricht, dem Zentrum der damaligen Parfümindustrie. Im Betrieb der jungen Witwe Arnulfi entwickelt er Methoden, die Düfte von Lebewesen einzufangen, die er dazu allerdings umbringen muss. Da das Ziel seiner Sehnsüchte die Duftaura von Kindfrauen darstellt, ist er bald ein 24-facher Mörder. Aus den Hautfetten der Opfer destilliert er feinste unverwechselbare Düfte in höchster Konzentration. Obwohl der Witwer Antoine

Richis sogar Grasse verlässt, um seine junge Tochter Laure nicht zu verlieren, findet und ermordet Grenouille sie, doch er wird verhaftet und nach einem Indizienprozess zum Tod durch Rädern verurteilt. Bevor jedoch der Henker seines Amtes walten kann, entfesselt Grenouille mit einem eigens entworfenen Sexuallockstoff eine Massenorgie unter den zahlreichen Anwesenden. Der Skandal führt zur Aufhebung des Urteils. An Grenouilles Stelle wird Witwe Arnulfis Geselle, Liebhaber und inzwischen auch Gatte Druot gehängt – vorsichtshalber unter Ausschluss der Öffentlichkeit. Grenouille kehrt nach Paris zurück und mischt sich in den Ausdünstungen des Friedhofs Cimetière des Innocents unter allerlei zwielichtiges Gesindel, bevor er sein letztes Flakon mit dem aus den jungen Frauen gewonnenen Parfüm öffnet. Die Wirkung ist durchschlagend: Zunächst erscheint er den Anwesenden als engelsgleiche, messianische Gestalt, dann zerreißen sie ihn, bis buchstäblich nichts mehr von ihm übrig ist.

OLOV SVEDELID Schweden
(*1932)

Bevor H. → Mankell auf den Plan trat, war Olov Svedelid mit seinem Helden Roland Hassel einer der bekanntesten schwedischen Krimiautoren auf dem deutschen Markt. Hassel ist Spezialist für die Bekämpfung organisierter Verbrecher, in deren Hände er oft fällt, die ihn dann aber regelmäßig am Leben lassen. Svedelid schrieb zusammen mit Leif → Silbersky Justizkrimis mit jüdischem Figurenensemble. Weitere Roland-Hassel-Krimis: *Anmäld versvunnen* (1972, dt. *Als vermisst gemeldet*, 1976), *Offren* (1986, dt. *Das Opfer*, 1987), *Domens dag* (1998, dt. *Der Tag des Gerichts*, 1998). In einer schwedisch-deutschen Fernsehserie spielte Lars-Erik Berenett den Roland Hassel.

Wiedergänger
(OT: *Gengångarna*, 1988). Köln: Klein & Blechinger, 1993. (Knaur 62121, 2002.) – Ü: Erik Gloßmann. – SF: Roland Hassel.

Die »Wiedergänger« sind Neonazis. Der Journalist Karsten Lund, der über sie recherchierte, wird nach einem Besuch bei Kommissar Hassel zerstückelt im Bett von Hassels Tochter Virena gefunden. Hassels Frau und Tochter werden sofort in einer sicheren Wohnung untergebracht, er selbst bezieht eine überraschend günstige andere Wohnung, die ihm seine unsichtbaren Gegner zugeschanzt haben und die abgehört wird. Anführer der Neonazis ist der geheimnisvolle Zandor. Zandors Leute suchen eine Diskette mit Lunds Erkenntnissen. Hassel wird unter Druck gesetzt, niedergeschlagen, gefangengenommen und wieder freigelassen, Lunds Witwe wird ermordet, und der Profikiller Heller verübt im Polizeirevier ein Massaker, das viele Opfer fordert. Spuren führen zu Ralster, dem Verleger des getöteten Journalisten Karsten Lund. Ralster betreibt mit seiner Nichte Sandra Ryan einen renommierten antifaschistischen Verlag und wird ermordet. Der Killer Heller überwältigt Hassel ein weiteres Mal und verabreicht ihm eine Kochsalzspritze. Der Durst soll den Kommissar zwingen, das Versteck der Diskette von Lund preiszugeben, das er gar nicht kennt. Nachdem Heller festgenommen und Hassel befreit worden ist, findet Hassel die Diskette in der Familienbibel des ermordeten Journalisten. Der Datenträger enthält detaillierte Listen mit Namen, Decknamen, Adressen und Hinweisen auf die Logistik der weltweit organisierten Neofaschisten. Als der geheimnisvolle Zandor und damit als der Führer der Neonazis erweist sich Sandra Ryan, die Nichte des ermordeten Verlegers Ralster.

DONNA TARTT USA
(*1963)

Die geheime Geschichte

(OT: *The Secret History*, 1992). München: Goldmann, 1993. (Goldmann 42943, 1995.) – Ü: Rainer Schmidt. – O: Hampden College in Vermont.

Der Schulkrimi, der weitschweifig althistorisches Bildungsgut verarbeitet, erfreute sich (trotz Schwächen in Logik und Aufbau) als Imitat antiker Schicksalstragödien und als streckenweise fesselndes Porträt einer skrupellosen, gelangweilten *jeunesse dorée* langjähriger Beliebtheit. – Weil sein Vater nur Tankwart ist, erfindet sich der College-Stipendiat Richard Papen (der Icherzähler) eine glamouröse Vergangenheit. Er studiert Altgriechisch in dem verschworenen, exklusiven Kurs des kauzigen Professor Morrow. Zu dem mehrheitlich reichen Kreis gehören Henry als dämonischer Anführer, die Geschwister Charles und Camilla, ferner Francis sowie der Schmarotzer Bunny, der sich von seinen Kommilitonen aushalten lässt und Schulden nie zurückzahlt. Die Clique ist untereinander in komplizierten inzestuösen hetero- und homosexuellen Beziehungen verbandelt. Beim Versuch, in freier Natur *Bakcheia*, d. h. dionysische Raserei zu erleben, töten und verstümmeln die von Alkohol und Rauschgiften völlig enthemmten Studenten einen Farmer. Als Presseberichte über den Toten erscheinen, beginnt Bunny, die Gruppe durch einschlägige derbe bis makabre Scherze zu beunruhigen. Um ihn ruhig zu stellen, verbringen sie einen aufwändigen Italien-Urlaub mit ihm, der im Streit endet. Als Bunny Richard seinen Verdacht mitteilt, dass die anderen ihn töten wollen, stoßen ihn diese einen Abhang hinunter und unterdrücken ihr schlechtes Gewissen durch Psychopharmaka. Da taucht in Morrows Brieffach ein wirrer Brief von Bunny aus Italien auf, der die Studenten zu einem Geständnis zwingt. Morrow reist ab, ohne den Semesterschluss abzuwarten. Am Höhepunkt der Tragödie stürmt der wütende Charlie, Camillas Bruder, wild um sich schießend, ins Hotelzimmer seiner Schwester, Icherzähler Richard erleidet einen nicht tödlichen Bauchschuss, Henry entreißt Charlie die Waffe und schießt sich selbst in den Kopf. Richard macht später eine durchschnittliche Karriere, Camilla heiratet ihn nicht, weil sie sich immer noch dem toten Henry verbunden fühlt.

F. R.

MANFRED TAUT Deutschland
(*1933)

Taut, ein Zahnarzt aus Lichtenau bei Ansbach, hat mit seinen fünf Bänden um ›James Bomb 006 vom Sekret Service‹ (sic!) die witzigsten Bond-Parodien überhaupt geschaffen. Der Name Bomb geht auf ein Missverständnis des schwerhörigen Goldfinger bei Ian → Fleming zurück, und im Laufe der Serie lässt Taut seinen Helden gegen bekannte Monster und Bösewichte der Filmgeschichte antreten: James Bomb ... *jagt das geklonte Monster* (1986), ... *jagt die Zombies* (1987), ... *jagt Queen Kong* (1987), ... *jagt den Paten* (1988).

James Bomb 006 jagt Graf Dracs

Rastatt: Moewig, 1986 (Tb 4846).

Karezza der Zweite, Shuh der vorderorientalischen Monarchie Personien, steht unter dem Einfluss des sinistren Innenministers

Graf Dracs, eines offenkundigen Vampirs. Dessen Machenschaften verhindern die Zeugung eines männlichen Thronfolgers mit der jungen, schönen Frau Soranda, die den Titel »Shubanuh« trägt. Getarnt als Autohändler soll Bomb das Problem aus der Welt schaffen. Zunächst verkauft er dem autonärrischen Shuh zwei Sportwagen, dann nimmt er an einer abendlichen Runde Schwarzer Peter teil. Im entscheidenden Moment bringt er Knoblauch zum Einsatz: Dracs verliert 157000 Pfund. Trotzdem lädt er Bomb in sein Schloss an der transsilvanischen Grenze ein. Die folgende Nacht verbringt der Geheimagent mit der trotz ihrer Jungfräulichkeit unersättlichen Shubantih. Dann tritt er die anstrengende Autofahrt zu Dracs' Schloss an. Dort überlässt ihn der Graf nach dem Abendessen seinen beiden Töchtern Mircalla und Carmilla. Die beiden sind siamesische Zwillinge, was das sexuelle Vergnügen eher fördert als dämpft. Am nächsten Morgen beordert eine Nachricht aus der Armbanduhr den völlig zerschlagenen Geheimagenten nach London zurück, wo er von der Hämathologin Dr. Dreamhips und dem Parapsychologen Dr. van Helsing untersucht und einer Rosskur zur Beseitigung der ersten Anzeichen von beginnendem Vampirismus unterzogen wird. Ausgerüstet mit Knoblauchspray, Hammer und Holzpfählen kehrt er nach Personien zurück. Nach einer weiteren Liebesnacht rammt er Carmilla und Mircalla einen Pfahl in das gemeinsame Herz und schlägt ihnen die Köpfe ab. Der Todesschrei seiner Töchter weckt Dracs: Er sei zwar ein sowjetischer Spion, erläutert er, doch das sei lediglich Mittel zur Vollendung seines Plans einer vollständigen Vampirisierung der Erdbevölkerung. Dann stürzt er sich auf Bomb, der ihn mit einer Fahnenstange aufspießt, ihn köpft und seinen verwesten Körper den Turm hinabwirft. Vor seiner Abfahrt steckt Bomb das Schloss in Brand. Wieder in London, erfährt er, dass sich bei der Shubanuh erwartungsgemäß Nachwuchs angemeldet habe; auch sei seit Dracs' Tod die Impotenz von Karezza dem Zweiten wie weggeblasen. In Bombs Wohnung wartet ein weibliches Doppelwesen. Es sind jedoch nicht die wiederauferstandenen Vampirzwillinge, sondern die Geheimdienst-Sekretärin Miss Pimpermoney und Dr. Dreamhips, die ihm eine erotische Surprise bereiten wollen.

ALISON TAYLOR Großbritannien
(–)

Ediths Töchter

(OT: *The House of Women*, 1998). Stuttgart/München: DVA, 2000. – Ü: Klaus Berr. – O: Wales.

Dem wunderlichen Privatgelehrten Edward »Ned« Jones verabreicht jemand ein todbringendes Medikament. Im Todeskampf öffnet Jones Schlipsknoten und Hemdkragen und versucht sich noch Buchstaben in den Hals zu ritzen, doch Edith Harris, in deren Haus er lebt, bringt unter Schock stehend die Kleidung wieder in Ordnung. Chief Inspector Michael McKennas kennt Ned noch aus Studententagen: Damals schnappte Ned ihm einen heißbegehrten Literaturpreis vor der Nase weg. Neds Vermieterin Edith hat drei Töchter: Anastasia, Minerva und Phoebe. Anastasia, die älteste, ist Lehrerin, die labile Minerva, genannt Minnie, hat von ihrem Freund Jason Lloyd eine uneheliche Tochter, Bethan, und die 13-jährige Phoebe ist ein hochintelligenter Geist in einem plumpen, übergewichtigen Körper. Die Schwestern hassen einander. Edith ist hochgradig tablettensüchtig; Minnies Vater ist nicht Ediths Ehemann, von dem Edith getrennt lebt, sondern der trunksüchtige Professor Edward Iorwerth

Williams, genannt Iolo. Er hat seine universitäre Karriere auf der Entdeckung einiger walisischer Dichtungen aufgebaut, die gefälscht gewesen sein sollen. Eine Aufklärung des Mordfalles wird lange Zeit durch die verschiedenen Suchtkrankheiten der Beteiligten und die Tatsache verhindert, dass sich McKennas neue Vorgesetzte Diana Bradshaw voreilig auf den schwarzen Philosophiestudenten George Polgreen als Täter festlegt. Nach Beseitigung der verschiedenen Sprechhemmungen stellt sich der Fall wie folgt dar: Der Privatgelehrte Ned und Professor Iolo waren einst auf der Universität als »die beiden Edwards« eng befreundet. Im gemeinsamen Drogenrausch schrieben sie jene Zeugnisse früher walisischer Poesie, die Iolo später als seine Entdeckungen ausgab. Der polyglotte Ned war der Begabtere, aber zutiefst lebensuntüchtig. Er flüchtete sich in zahllose Krankheiten und sammelte so viel Material über den früheren Freund, dass der aus lauter Angst vor Entlarvung dem Alkoholismus verfiel. Er hat jedoch nichts mit Neds Ermordung zu tun, umso mehr aber Ediths älteste Tochter Minnie. Minnie ist Freundin und Komplizin des Autodiebs Jason. Sie markiert zum Diebstahl ausgewählte Wagen im Vorüberfahren mit einem Spritzer ätzender Bremsflüssigkeit aus einer Wasserpistole. Auch Diana Bradshaws Auto wird so markiert, doch McKennas Vorgesetzte Bradshaw erkennt Minnie später wieder. Von Jasons ebenfalls medikamentenabhängiger Mutter stammt das Mittel, mit dem Ned umgebracht wurde. Weil Ned wegen der Autodiebstähle Verdacht geschöpft hatte, verabreichte Minnie ihm das tödliche Medikament. Die Buchstaben, die er sich in die Haut zu ritzen versuchte, waren die Initialen der walisischen Wörter für »Ediths Tochter«.

DANIELLE THIERY Frankreich (*1947)

Die Autorin war vor ihrem Wechsel zu France Telecom Leiterin der Sicherheitsabteilung der Air France und die erste Hauptkommissarin. Weiterer Marion-Krimi: *Affaire classée* (2001, dt. *Der tödliche Charme des Doktor Martin*, 2002).

Was die Nacht verbirgt

(OT: *Le sang du bourreau* [wörtl. »Das Blut des Henkers«], 1996). Hamburg: Kabel, 1998. (SP 2950, 1999.) – Ü: Matthias Bernhard. – SF: Edwige Marion

Aussagekräftiger als der blutleere deutsche Titel ist der Originaltitel, der auf das Gedicht *L'héautontimorouménos* (*Der Selbsthenker*) aus Baudelaires Zyklus *Les Fleurs du mal* anspielt: »Je suis les membres et la foure, Et la victime et le barreau« (»Ich bin die Glieder und das Rad [auf das ein Delinquent geflochten wird. K.-P. W.], das Opfer und der Henker!«). – Ein Serienmörder in Frauenkleidung bringt mehrere Frauen um und schneidet ihnen merkwürdige Linien in den Körper, die, wie sich später herausstellt, das Wort *L'héautontimorouménos* aus Baudelaires Gedichtzyklus bilden. Einziges männliches Opfer ist Inspektor Joual, der privatissime seine Nochehefrau Christine bespitzelt und zusammen mit ihr getötet wird. Der Mörder ist der Ex-Fremdenlegionär Benoît »Ben« Dranvill, der als Aushilfe in der Telefonzentrale der Polizei arbeitet und sich als Inspektor ausgibt, wenn er sich an seine Opfer heranmacht. Er leidet unter einer seltenen erblichen Geisteskrankheit und unter den Einflüsterungen einer weiblichen Stimme, die er Cora nennt. Der Journalist Benjamin Bellechasse ist der Freund von Edwige Marion, der Leiterin der Pariser Mordkommission. Er hat keine Ahnung, dass er einen Zwillingsbruder – eben jenen Geisteskranken Benoît – hat, wird mit ihm mehrfach verwechselt und als vermeintlicher Mörder gejagt. Ihn entlasten erst Fingerabdrücke in einem Wohnmobil, in dem »Ben« ein zerlesenes Exemplar der *Fleurs du mal* mit unzähligen Annotationen hat liegen lassen. »Ben« und das vierte Opfer Marthe Vilanders waren Patienten des Arztes Dr. Marsal. Während Marthe eisern gegen die Erbkrankheit kämpfte, brach »Ben« die Behandlung ab, ohne eine Adresse zu hinterlassen. Als Edwige der Fall wegen Befangenheit entzogen wird, wird sie von »Ben« um ein Treffen in ihrer Wohnung gebeten und dort überwältigt. Sie hat jedoch zuvor ihren Mitarbeiter Lavot informiert: Der wird misstrauisch, dringt in die Wohnung ein und erschießt den grotesk kostümierten »Ben«. Benjamin, Benoît und die ältere Schwester Corinne wurden noch im Vorschulalter getrennt, nachdem sich der ebenfalls erbkranke Vater erschossen und die bigotte Mutter den Schleier genommen hatte. Benoît wurde von einer Tante Marthe Vilanders adoptiert. Mit Corinne teilte er die Liebe zu den morbiden Gedichten Baudelaires. Er begann, seine Schwester Cora zu nennen und brachte sie auf dem Höhepunkt eines sadomasochistisch-inzestuösen Verhältnisses um. Seither fordert sie als Stimme in seinem Kopf regelmäßige Blutopfer. Er begeht seine Morde in Frauenkleidern, weil er sich dann als Cora fühlt. Der Journalist erfährt erst durch die Verwechslung eines Anwalts von der Existenz »Bens«.

ROSS THOMAS USA
(1926–1995)

Die im Dunkeln

(OT: *Ah, Treachery!*, 1994). Zürich: Haffmans, 1995. (Tb 01/10350, 1997.) – Ü: Gisbert Haefs. – O/Z: Washington, Los Angeles; 1992. – P: Platz 1 des »Deutschen Krimipreises International« 1996.

Der Vietnam-Veteran Edd »Twodees« Partain wurde 1989 wegen angeblicher Unterschlagung von 1,2 Millionen für San Salvador bestimmter Dollars aus der Armee gefeuert, seine Frau ermordet. Die Unterschlagung begangen haben aber der Offizier Walker L. Hudson und Ralph Waldo Millwed, der ihn rachsüchtig verfolgt. Aus dem Safe der trinkfesten Mehrfachwitwe Millicent Altfort aus Los Angeles sind 1,2 Millionen Dollar Schwarzgeld verschwunden: Veteran Partain soll das Geld wieder beschaffen, fängt aber erst einmal ein Verhältnis mit Millicents Tochter Jessica Parker an. Der Privatdetektiv Emory Kite, ein Komplize von Offizier Hudson, spioniert VOMIT aus, eine Hilfsorganisation für Opfer militärischen Verrats. Da Veteran Edd Partain ein Freund des Gründers Nick Patrokis ist, wissen die Verschwörer über jeden Schritt Partains Bescheid. So kann Privatdetektiv Kite Menschen töten, die die Verschwörung aufdecken könnten, und Anschläge auf Partain ausführen. Umgebracht werden Hudsons Neffe Dave Laney, der in Kites Auftrag mit einer Chipkarte aus Jessicas Besitz das Geld aus Millicents Safe entwendet hatte, eine Prostituierte, die zufällig zu viel gesehen hat, und schließlich Privatermittler Kite selbst als lästiger Mitwisser. Edd Partain zieht Millicents Ex-Geliebten Generalmajor Vemon Winfield ins Vertrauen, ein Gründungsmitglied von VOMIT, und als früher Kritiker des Vietnamkrieges ein Ziel der Intrigen von Hudson und Millwed. CIA-Pensionär Hank Viar hat sein Wissen um die Machenschaften der beiden in mehreren Tagebüchern festgehalten. Um an diese Unterlagen zu kommen, fängt Ralph Millwed ein Verhältnis mit Viars Tochter Shawnee an und versucht, sie mit intimen Videoaufnahmen zu erpressen. Shawnee setzt Ralph ihrerseits mit einer behaupteten meldepflichtigen Aids-Erkrankung unter Druck. Wenig später ist sie die Geliebte von Patrokis, dem

Gründer von VOMIT, kann aber die Ermordung ihres Vaters und den Diebstahl der Tagebücher nicht verhindern. Der ganzen Angelegenheit überdrüssig, bringt Winfield Millicent schließlich das Schwarzgeld zurück, dessen Diebstahl er selbst bei dem Privatdetektiv Kite bzw. dieser bei Laney in Auftrag gegeben hatte, um sich nach einigen teuren Fehlspekulationen zu sanieren. Danach legt er ein schriftliches Geständnis ab und erschießt sich. Mit Waffengewalt dringen Edd Partain und Viars Tochter Shawnee bei Millwed und Hudson ein. Viars Hefte werden gefunden und der Armee übergeben: Partain steht eine neue Karriere in Diensten der Mehrfachwitwe Millicent Altford bevor.

JIM THOMPSON USA

(d. i. James Myers Thompson, 1906–1976)

Ähnlich wie J. M. → Cain ist Jim Thompson ein Porträtist des hässlichen Amerika, zu dessen Alltag Brutalität, Korruption und Machtgier gehören.

Getaway. Deine Chance ist der Tod

(OT: *The Getaway*, 1959). München/Gütersloh/Wien: Bertelsmann, 1973. (detebe 22509, 1992.) – Ü: Günther Panske, Klaus Timmermann. – O: Beacon City (Kansas) u. a.

F: **(1)** USA 1972, R: Sam Peckinpah. **(2)** USA 1993, R: Roger Donaldson.

Steve McQueen spielte in der Verfilmung von 1963 als Doc McCoy eine seiner überzeugendsten Rollen: Der ebenso intelligente wie brutale Berufsverbrecher Doc McCoy erbeutet zusammen mit seiner Frau Carol, dem Psychopathen Rudy Torrento und dem Greenhorn Jackson bei einem Überfall auf die Bank von Beacon City mehr als 300 000 Dollar. Dabei wird Jackson von dem Psychopathen Torrento am Tatort erstochen, Doc schießt später Torrento nieder, doch der überlebt und setzt sich trotz schwerer Verletzungen auf Docs Fährte: Dabei tötet er unter anderem zwei Polizisten und macht Fran, die Frau des hilfreichen Tierarztes Harold Clinton, zu seiner Geliebten und Komplizin. Zusammen mit den Clintons setzt er seine Flucht fort. Auf einer Farm erschießt McCoys Frau Carol den Rechtsanwalt Beynon, um sich so für die sexuellen Gefälligkeiten zu rächen, mit denen sie den früher als unbestechlich geltenden Anwalt korrumpiert hatte, um ihren Mann aus dem Gefängnis zu bekommen. Mit Beynons Wagen wird die Flucht fortgesetzt. In Kansas City trennen sich die beiden kurzzeitig, die nervöse Carol schließt am Bahnhof den Koffer mit der Beute mit Hilfe eines jungen Mannes in einem Schließfach ein, doch der erweist sich später zu Carols Entsetzen als Trickbetrüger, das Schließfach als leer. Im Zug nach Kansas City stöbern die beiden den Betrüger auf, töten ihn und verlassen mit dem Koffer am nächsten Halt den Zug. Der Trickbetrüger hatte jedoch ein Geldbündel eingesteckt, anhand dessen ihn die Polizei mit dem Banküberfall in Verbindung bringen kann. Eine Großfahndung läuft an. Torrento bezieht mit den Clintons Stellung in einem Hotel, das er als Treffpunkt von Doc und Carol kennt. Der Tierarzt Harold Clinton begeht wegen des Verhältnisses seiner Frau mit dem Gangster Torrento Selbstmord. Der misstrauische Doc spürt jedoch die Falle, erschießt Torrento und Fran Clinton und setzt die Flucht in einem gekaperten Taxi fort. Allgegenwärtige Straßensperren der Polizei scheinen ein Entkommen unmöglich zu machen, doch da hilft Ma Santis weiter, das Oberhaupt einer kriminellen Sippe, die Doc von früher her kennt. Sie versteckt das Paar bis zum Grenzübertritt nach Mexiko per Schiff. Einen Zwischenfall mit der Küstenwache bereinigt

Doc in gewohnter Weise. In Mexiko kommen sie in der exklusiven Gangsterkolonie des Ganoven El Rey unter. Kost und Logis sind derart teuer, dass die Beute bald aufgezehrt sein wird. Dann werden die beiden bis zu ihrem Tod unter unmenschlichen Bedingungen niedere Dienste leisten müssen. So hat sich die Flucht keineswegs als Befreiung erwiesen, sondern als Falle und als eine Abart des Strafmaßes »lebenslänglich«. K. W. P.

Liebling, warum bist du so kalt? / Der Mörder in mir

(OT: *The Killer inside me*, 1952). **(1)** München: Heyne, 1970. – Ü: Klaus von Schwarze. **(2)** [*Der Mörder in mir*] Zürich: Diogenes Verlag, 1992. – Ü: Ute Tanner, Ulrike Wasel. – O: Central City.
F: USA 1976, R: Burt Kennedy.

Der Arztsohn Lou Ford (der Icherzähler), hat es nur bis zum Deputy Sheriff gebracht. Seit er als Junge von einer Hausangestellten verführt und vom Vater streng bestraft wurde, schlägt bei ihm jede Art von sexueller Betätigung irgendwann in Aggression gegen die jeweilige Partnerin um. Sein über alles geliebter Ziehbruder Mike nahm einmal die Schuld für einen von Lous Gewaltakten auf sich; sechs Jahre zuvor kam er auf einer Baustelle des skrupellosen Bauunternehmers Chester Conway ums Leben. Lou glaubt jedoch an Mord und hält den Bauunternehmer Conway für den Schuldigen. Als Deputy Lou im Auftrag seines Chefs Bob Maples die Prostituierte Joyce Lakeland aus der Stadt vertreiben soll, verfällt er ihr sofort. Er kann die Affäre jedoch vor seiner Geliebten, der Lehrerin Amy Stanton, geheimhalten, die ihn unbedingt heiraten will. Joyce Lakeland hat auch ein Verhältnis mit Bauunternehmer Conways Sohn Elmer. Lou soll ihr Geld überbringen, damit sie Elmer aufgibt, doch der nutzt die Geldübergabe zur Ermordung der beiden. Joyce überlebt allerdings den Anschlag auf ihr Leben mit beinahe tödlichen Verletzungen. Als vermeintlichen Täter nimmt die Polizei Lous Freund Johnnie Pappas fest, doch der hat ein Alibi. Er weiß, dass Lou der Mörder ist, schweigt jedoch aus falsch verstandener Freundschaft. Bevor er vielleicht doch gestehen könnte, tötet ihn Lou in der Gefängniszelle und tarnt die Tat als Selbstmord. Später verdächtigt die Polizei einen Stadtstreicher, der den Mord an Joyce und Elmer beobachtet hat und Lou erpressen will. Ein Kollege Lous erschießt den Obdachlosen auf der Flucht. Weil Joyce im Koma gestorben sein soll, fühlt sich Lou sicher. Als nächstes muss die Lehrerin Amy Stanton sterben, und zwar unmittelbar vor ihrer heiß ersehnten Hochzeit mit Lou. Schließlich wird Lou aufgrund widersprüchlicher Aussagen und belastender Indizien doch verhaftet und psychiatrisiert; kurz darauf erschießt sich Sheriff Maples, der Lou nicht länger verteidigen mag. Als man Lou die keineswegs tote Joyce vorführt, greift er sofort zu einem Messer und sticht sie nieder. »Ja«, meint er, »das wär's dann wohl.«

RODERICK THORP USA (1936–1999)

The Tower (1973, dt. *Der Turm / Flammendes Inferno*, 1974), Richard Martin Sterns Romanvorlage für den Katastrophenfilm *The Towering Inferno* (USA 1974, dt. *Flammendes Inferno*), war wohl der erste Hochhausthriller von Bedeutung. Viel später folgten u. a. Ph. → Kerrs *Game over* und J. R. Garbers recht unverfrorene Kopie *Vertical Run* (dt. *Der Schacht*, beide 1995). *Stirb langsam* ist jedoch der einflussreichste Krimi dieses Genres, weil eine ganze Filmserie mit Bruce Willis darauf beruht.

Eine Novelisation zum dritten Teil der Filmserie, *Stirb langsam: Jetzt erst recht* (1995) schrieb Wolfgang Hohlbein.

Stirb langsam (Die Hard)

(OT: *Nothing Lasts Forever*, 1979). Bergisch Gladbach. Bastei Lübbe, 1989 (13219). – Ü: Cordula Schoop. – O: Los Angeles.
F: USA 1989, R: John McTiernan.

Der Weltkrieg-II-Pilot Joe Leland (im Film: Polizist John McClane) entwirft Sicherheitskonzepte für Luftverkehrseinrichtungen. Er ist zu einer Weihnachtsparty im Tower der Firma KLAXON-OIL eingeladen, bei der seine geschiedene Tochter Steffie Gennaro arbeitet. Vom Waschraum ihres Büros aus bekommt er mit, wie zwölf schwerbewaffnete Deutsch sprechende Terroristen unter Führung des psychopathischen Killers Anton Gruber die Partygäste als Geiseln nehmen, um die Millionen aus dem Firmensafe zu erpressen und das Unternehmen wegen illegaler Waffenlieferungen an das chilenische Militär zu brandmarken. Weil sämtliche Kommunikationsverbindungen unterbrochen wurden, nimmt Leland, mit nichts als seiner Dienstpistole bewaffnet, barfuß und im Unterhemd den Kampf auf. Bald verfügt er über ein Mehrkanalfunkgerät und eine Kalaschnikow und versucht, Hilfe zu holen. Während Sergeant Al Powell sehr umsichtig agiert, kostet die Borniertheit des Einsatzleiters Captain Robinson unter anderem einer Hubschrauberbesatzung das Leben und gefährdet Leland, der mit Plastiksprengstoff oder mit Feuerwaffen Gegner um Gegner ausschaltet. Trotz aller Gegenwehr muss er sich auf dem Dach verschanzen, von wo aus er sich, tarzanartig an einem Feuerlöschschlauch an der Außenfassade turnend, durch eine zerschossene Fensterscheibe in eine tiefere Etage zurückschwingt. Schließlich tötet er Anton Gruber, den Anführer der Terroristen, mit einer Pistole, die er mit Klebeband zwischen seinen Schulterblättern befestigt hatte. Beim Sturz aus dem Fenster reißt der Deutsche Lelands Tochter Steffie mit sich in die Tiefe. Im Anschluss richtet Leland die restlichen Terroristen regelrecht hin und wirft deren Millionenbeute aus dem Fenster, denn als Verteidiger der dubiosen Firma mag er nicht gelten. Nachdem er ins Freie gelangt ist, schießt Grubers Bruder Karl auf Leland, doch Sergeant Powell schubst seinen Vorgesetzten, den Captain, in die Schusslinie, der auf diese Weise den Heldentod stirbt. Dann streckt Powell Karl nieder.

JAC. TOES Niederlande (*1950)

Auf der Strecke geblieben

(OT: *Dubbelspoor* [wörtl. »Doppelspur«, »Geleise«] 1999). Dortmund: Grafit Verlag, 2001 (grafit 506). – Ü: Stefanie Schäfer. – O: Zwolle.

Helden des mit dem renommierten niederländischen Krimipreis »Gouden Strop« (Goldener Strick) ausgezeichneten Romans sind der freie juristische Berater und Cocktailspezialist Fred Benter und der ehemalige Kriegsberichterstatter Donald de Wacht, ein passionierter Biertrinker. Die Handlung fußt auf dem Phänomen der »Hollanditis«, der typisch niederländischen Abneigung gegen alles Militärische. Sie führte immer wieder zu Spannung mit den NATO-Verbündeten. Die ließen als Test der Bündnistreue Anfang der 1980er-Jahre Munitionstransporte durch das Land rollen. Es kam zu erbitterten Protesten und Sabotageversuchen. Bei einem dieser Sabotageversuche wird die Friedensaktivistin Hansje Dekker vor den Augen eines Einsatzkommandos von einem Güterzug überrollt. Alle Beteiligten, darunter der Lokomotivführer, werden zum Schweigen gezwungen, der Fall wird vertuscht und Akten darüber mit einer Zugriffssperre belegt. Hansjes Bruder Toine nimmt im Anschluss Rache für den Tod der Schwester. Benter und de Wacht finden in der Cocktailbar »Elevator« den Besitzer Mischa Baarl erschossen im Lift. Der bullige Polizist Sidjon Kylow und sein Kollege Karel Zadig aus Arnheim werden in die Ermittlungen einbezogen. In der Folge sterben u. a. der Bombenbastler Anton »Bombi« Rondeel – er wird erschlagen und eingefroren. Sämtliche Mordopfer waren in jüngeren Jahren in der Hausbesetzer- und Antimilitärbewegung aktiv. Die Hausbesetzer-Veteranin Valerie hat ein Telefonat mit der Schauspielerin Licia Vanhoucke – die ebenfalls ermordet wurde – mitgeschnitten. Diesem Mitschnitt zufolge war Licia Vanhoucke ein Polizeispitzel, hatte von der Sabotageaktion, bei der Hansje Dekker umkam, erfahren und dies an die Polizei weitergegeben. Durch den Telefonmitschnitt wissen de Wacht und Benter noch vor der Polizei Bescheid, dass nur Hansjes Bruder Toine Dekker der Serienkiller sein kann. Der gesteht ihnen, dass seine Opfer hätten sterben müssen, weil sie Hansje um ihrer eigenen Flucht willen kaltblütig auf die Schienen hätten fallen und überrollen lassen. In einem Gefrierschrank liegt »Bombi«, eingefroren und bereits wieder halb aufgetaut; Toine Dekker plant, Benter und de Wacht zu ermorden und alles so herzurichten, dass der tote »Bombi« als der Mörder der beiden Polizisten erscheint. Diese können jedoch Toine Dekker ablenken und zur Flucht zwingen. Bei dem Versuch, in seinem Fluchtauto einen Bahnübergang trotz geschlossener Schranken zu überqueren, wird Dekker von einem Intercity erfasst und bis zur Unkenntlichkeit verstümmelt. Die Polizei stiehlt den Mitschnitt, der Fall wird erneut unter den Teppich gekehrt. Federführend beteiligt hieran ist Kylow, der sich so vom Sympathieträger zum korrupten Bullen wandelt.

MASAKO TOGAWA Japan (*1933)

Masako Togawa ist eine der in Deutschland bekannteren japanischen Kriminalautorinnen.

Trübe Wasser in Tokio

(OT: *Fukai Shissoku*, 1976 [engl.: *Slow Fuse*, 1995]). Frankfurt a. M.: Fischer, 1998 (FiTb 13941). – Ü: Bettina Thienhaus. – O: Tokio.

Der junge Psychiater Dr. Uemura behandelt den Studenten Akio, der behauptet, Frau Owada, die Gattin von Flugkapitän Hisako Owada, vergewaltigt und mit einer langen Waffe niedergeschossen zu haben. Frau Owada erfreut sich jedoch bester Gesundheit. Dr. Uemura betätigt sich nun als Detektiv, wobei er sich mit fast allen in den Fall verwickelten Frauen auf sexuelle Handlungen unterschiedlicher Intensität einlässt. Dies sind Frau Owada selbst, ferner Kyoko Hara, die Geliebte von Flugkapitän Owada, außerdem die Studentin Mishiko Hayashi, die den Studenten Akio liebt, sowie die Kellnerin Fumiko, die ebenfalls mit dem Studenten intim war. Diese Frauen frönen teilweise bizarren sexuellen Neigungen. Akio ertrinkt in dem verkommenen Swimmingpool vor Frau Owadas Haus, Kapitän Owada kommt beim Absturz seiner Frachtmaschine ums Leben. In deren Trümmern findet sich eine mindestens seit sechs Monaten eingefrorene Frauenleiche. Akio, so zeigt sich, hat tatsächlich in Owadas Wohnung auf eine Frau geschossen, nämlich auf Frau Owadas Freundin Fumiko, die sich einmal Akio gegenüber als Frau Owadas ausgegeben hatte. Fumiko ist die Ex-Frau von Professor Miyakawa, der mit ihrer Hilfe Liebesdienste von Studenten aus der Provinz erpresste. Gerade hatten Professor Miyakawas Frau Fumiko und Frau Owada in einer Art unbedingter Seelenschwesternschaft einen gemeinsamen Selbstmord geplant, als Professor Miyakawa telefonisch vor dem Auftauchen Akios warnte, der ein mit Platzpatronen geladenes Jagdgewehr mit sich führe. Fumiko wollte nun eine hinreißende Sterbeszene hinlegen und ließ sich von Akio niederschießen. Später merkte Frau Owada, dass Fumiko tatsächlich tot war. Sie beschaffte sich einen riesigen Gefrierschrank, um die tote Freundin darin aufzubewahren. Später ließ sich ihr Mann zur Frachtlinie versetzen, um die Leiche am Flugziel Vietnam zu beseitigen. Die Mordwaffe wird später aus dem Pool gefischt, in dem bereits Akios Leiche gefunden worden war. Professor Miyakawa, der Akio vermutlich zu seiner Wahnsinnstat angestiftet hat, wird von Fumiko in seiner Berghütte aus Rache erschossen. Wer nun die Platzpatrone im Jagdgewehr gegen scharfe Munition ausgetauscht hat und ob bei Akios Freitod nicht doch nachgeholfen wurde, bleibt offen, jeder der Beteiligten hat seine eigene Wahrheit.

ARMITAGE TRAIL USA

(d. i. Maurice Coons, um 1902–1930)

Scarface

(OT: *Scarface*, 1930). Köln: DuMont, 2000 (DuMont noir 14). – Ü: Christian Jentzsch. – O/Z: Chicago; Prohibition (1930er-Jahre).

F: **(1)** *Shame of the Nation*. USA 1932, R: Howard Hawks. **(2)** *Al Pacino – Scarface*. USA 1982, R: Brian de Palma.

Der ehrgeizige Kleinganove Tony Guarino spannt dem Bandenchef Al Spingola erst die Freundin Vyvyan Lovejoy aus, dann schießt er ihn ungestraft nieder. Er wird zweiter Mann des Gangsters Klondike O'Hara, kämpft im Ersten Weltkrieg in Europa und kehrt hochdekoriert und dank einiger entstellender Narben unerkannt als Tony Camonte in die USA zurück. Dort tötet er erst Vyvyan und deren neuen Lover und heuert bei dem Bandenchef Johnny Lovo an, dem er sich durch innovative Ideen wie gepanzerte Fahrerkabinen in Lastwagen und präzise durchgeführte Auftragsmorde unentbehrlich macht. Neue Geliebte wird die Gangsterbraut Jane Conley. Als sich Lovo aus dem Geschäft zurückzieht, erbt Tony Camonte seine Bande und entfesselt einen veritablen Krieg um die Vorherrschaft in Chicago. Dabei muss er mit Überläufern von der Gegenseite, Verrätern in den eigenen Reihen, mit Mordanschlägen auf seine Person und mit korrupten Polizisten und Staatsanwälten fertigwerden. Lange Zeit ist seine Stellung einigermaßen unangefochten, bis er Schemer Bruno auf einem Maskenball tötet. Dessen Geliebte Katherine Morton ist die Schwester von seiner Gangsterbraut Jane Conleys, deren ambivalentes Verhalten ihn in diesem Zusammenhang mit Zweifel an ihrer Loyalität erfüllt. Schließlich tötet er seinen eigenen Stellvertreter Mike Rinaldo aus Sorge um die Ehre seiner Schwester Rosie Guarino (ohne zu ahnen, dass die beiden ordnungsgemäß verheiratet sind). Er wird wegen Mordes angeklagt, aber dank seines Einflusses auf die Justiz freigesprochen. Aus Respekt vor Rosie Mut – sie versuchte ihn zu vergiften – lässt er sie leben. Schließlich ist er unumstrittener Herrscher über Chicago und tötet den korrupten Polizeichef Flanagan. Dessen Nachfolger wird Tonys Bruder Ben Guarino. Als Gangster von der Ostküste Chicago unter ihre Kontrolle zu bringen versuchen, lässt Tony ein

Massaker unter ihnen anrichten: Jane verrät jedoch die Aktion. Am Ende stehen sich Ben und sein Bruder Tony gegenüber. Ben, der wie Rosie Tony nie erkennt, wundert sich noch Jahre danach, dass Tonys Maschinenpistole im Augenblick der finalen Konfrontation Ladehemmung hatte. Er erfährt nie, dass es sich in diesem Fall eher um Schießhemmung handelte.

DAN TURÈLL Dänemark (1946–1993)

Mord im Dunkeln

(OT: *Mord i mårket*, 1981). Kiel: Butt, 1991. – Ü: Bernd Kretschmer. – O: Vesterbro (Stadtteil von Kopenhagen).
F: DK 1986, R: Sune Lund Sorensen.

Ein namenloser Journalist (der Icherzähler, der nur in der deutschen Übersetzung Karl Åge heißt) wird von dem Rentner Emil Christensen telefonisch in die Saxograde 28 B, 2. Hinterhof gerufen. Als er dort ankommt, sichert die Mordkommission gerade erste Spuren an Rentner Christensens Leiche. Inspektor Ehlers gestattet vorsichtige private Ermittlungen in der vergeblichen Hoffnung, der Journalist würde vielleicht die Stimme des Anrufers wiedererkennen. Nach und nach werden die übrigen Bewohner von Saxograde 28 B, 2. Hinterhof, getötet, nämlich der homosexuelle Antiquitätenhändler Rosenbaum, der angeblich Schizophrene Ole Koch und Oles Freundin Hanne, mit der der Journalist nebenan eine Nacht im »Hotel Capital« verbringt (was diesem in der Folge ein Alibi für die Todeszeit Rosenbaums verschafft). Vor seinem Tod gesteht Ole, er habe zusammen mit dem Antiquitätenhändler Rosenbaum mit Drogen gehandelt. Der Journalist, inzwischen von seiner Zeitung gefeuert und immer bemüht, seine Unschuld zu beweisen, findet zusammen mit seiner Kollegin und Geliebten Barbara heraus, dass der lokale »Pate« Viktor Valentin Rosenbaums und Oles Auftraggeber war, er der Vater von Oles Freundin Hanne und außerdem der Besitzer des »Hotels Capital« und des Hauses Saxograde 28 B ist. Eine Verbindung zwischen den leer stehenden vierten Etagen der beiden Gebäude diente den Drogenhändlern als Schleichweg. Der Buchantiquar Bille bringt den Fall auf unorthodoxe Weise zu Ende: Seit Viktor Valentin ihm vor Jahren die Frau ausgespannt hat, sinnt er auf Rache. In Begleitung des Journalisten fährt er zu Valentin und erschießt ihn kaltblütig. Der notorisch finanzschwache Journalist erbeutet bei dieser Gelegenheit 35000 Kronen. Danach tippt der Antiquar Billen ein Geständnis, vermacht dem Journalisten weitere 20000 Kronen und erschießt sich mit der Mordwaffe, während der Journalist das Geständnis, Ahnungslosigkeit vortäuschend, zu Inspektor Ehlers bringt. Die Mordmotive bleiben weitgehend im Dunkel, Valentins Platz nimmt dessen bisheriger Geschäftsführer ein, und der Journalist bekommt ein gutes Honorar für einen Sensationsbericht. Ob er die angebotene feste Stelle annehmen soll, wird er sich noch überlegen.

HELENE TURSTEN Schweden (*1954)

Helene Thurstens Krimis reflektieren wie viele schwedische Krimis den Utopieverlust einer Wohlstands- und Wohlfahrtsgesellschaft, die voll Schrecken erkennen muss, dass sie trotz allem vom Verbrechen heimgesucht und von faschistischen Gruppierungen unterwandert wird. Fortsetzungen von *Novembermörder* bilden *Nattrond* ([wörtl. »Nächtlicher Besuch«], 1999, dt.

Der zweite Mord, 2001) und *Tatuerad torso* ([wörtl. »Der tätowierte Torso«], 2000, dt. *Die Tätowierung*, 2002). Die im Kampfsport erprobte Irene Huss hat mit ihrem fürsorglichen Mann Krister, einem Koch, zwei Töchter; die eine, Jenny, ist hoch begeisterungsfähig und bringt die Mutter immer wieder in Schwierigkeiten, wenn sie sich z. B. einer Skinhead-Band anschließt oder militante Vegetarierin und Tierschützerin wird.

Der Novembermörder

(OT: *Den krossade Tanghästen* [wörtl. »Das zertrümmerte Tang-Pferd«] 1998). München: Goldmann, 2000 (btb 72554). – Ü: Christel Hildebrandt. – SF: Irene Huss. O: Göteborg.

Hendrik von Knecht ist seit einer Mumps-Erkrankung zeugungsunfähig. Bevor sein Vater Richard von Knecht, einer der reichsten Männer der Stadt, vom Balkon seiner Wohnung gestoßen wird, fügt ihm sein Mörder mit einem Küchenbeil an der Hand eine Wunde zu. Ein Haus, in dem von Knecht ein Büro unterhält, brennt nach der Explosion einer Brandbombe ab. Dabei kommt eine finnische Putzfrau ums Leben; das Atelier des Fotografen Bobo Torsson wird dabei zerstört. Torsson wiederum tötet eine Autobombe, und Henrik von Knecht wird von Torssons Cousin Lillis, einem Rocker, zu Tode geprügelt. Hendriks rauschgiftsüchtige Ehefrau Charlotte unterhielt ein Verhältnis mit ihrem Schwiegervater Richard. Fotograf Bobo wollte sie mit Fotos erpressen. Sein Sohn Henrik erfuhr davon und installierte aus Rache die Brandbombe im Büro, das Richard infolge einer Verkettung von Zufällen nicht mehr aufsuchte. Richards Reaktion auf Charlottes Eröffnung, sie erwarte ein Kind von ihm, fiel so demütigend aus, dass sie seine Ermordung beschloss. Sie lockte den angetrunkenen Richard auf den Balkon und stürzte ihn über das Geländer. Auf die Hand, mit der dieser sich festzuhalten versuchte, hackte sie mit einem Küchenbeil ein. Anschließend verschaffte sie sich ein Alibi. Richards Absturz durchkreuzte Henriks Mordpläne. Da die Brandbombe wegen ihrer Raffinesse kaum zu entschärfen war, musste er ihre Explosion provozieren. Dazu lockte er skrupellos die finnische Putzfrau zum Putzen in das Büro. Außerdem schaffte er sich, wiederum durch eine Bombe, den Erpresser Bobo vom Leibe, doch dessen Cousin nahm dafür Rache. Charlottes Alibi platzt, weil sie mit dem Autohändler, der es ihr verschaffen sollte, nicht zur angegeben Zeit zusammen war.

LEOPOLD TYRMAND Polen (1920–1985)

Die polnische Literatur liebt den Krimi im Allgemeinen nicht besonders. Immerhin gewann Jacek Glomb, der künstlerische Direktor des Teatr Modrzejewskiej (Modjeska), für seine Dramatisierung von *Der Böse* 1997 einen renommierten polnischen Theaterpreis. Zuvor war der Roman auch verfilmt worden. Das Buch war ein Welterfolg des Autors, der 1965 in die USA emigrierte, sich vom Antikommunisten zu einem ultrakonservativen Moralisten wandelte, auf Englisch zu schreiben begann (*Seven Long Voyages*, 1959, dt. *Ein Hotel in Darlowo*, 1962) und sich u. a. als Journalist und Slawistik-Dozent betätigte. Von Marcel Reich-Ranicki seinerzeit gelobt, ist *Der Böse* dank der spielerischen Verwendung von Versatzstücken aller Art ein moderner, fast schon ein postmoderner Roman. Die Hauptrolle aber spielt die Stadt Warschau, deren Bild liebevoll zu zeichnen der Autor nicht müde wird.

Der Böse

(OT: *Sły*, 1956). Berlin / Frankfurt a. M. / Wien: Ullstein, 1958. – Ü: Kurt Harrer. – O/Z: Warschau; kurz nach dem Zweiten Weltkrieg.

Banden jugendlicher Hooligans werden von einem mysteriösen Unbekannten von ungeheuren Körperkräften brutal bekämpft. Der Bandenchef Merynos erfindet für ihn den Namen »der Böse«. Zwei Journalisten, Edwin Kolanko und Jakob »Kubusz« Wirus versuchen, hinter die Identität des »Bösen« zu kommen, ebenso ein Mann mit Melone und Regenschirm sowie Oberleutnant Dziarski von der Warschauer Kriminalmiliz. Er sucht den »Bösen« wegen Mordes, da dieser am tödlichen Sturz eines Ganoven aus einem fahrenden Zug beteiligt gewesen ist. Der Journalist Kubusz lässt sich in Merynos' Bande einschleusen, wird enttarnt und vom »Zottigen« getötet, einer weiteren gefürchteten Gestalt. Der »Böse« baut eine Untergrundorganisation auf, die Bandenchef Merynos' Flucht ins Ausland verhindert. Vom »Bösen« persönlich der Polizei übergeben, erweist sich Merynos als Schlüssel zu allen Geheimnissen. Der »Zottige« ist Merynos ehemaliger, inzwischen völlig vertierter Partner und wird in einem Verlies als eine Art Henker gefangengehalten. Der Mythos um dieses Monster sicherte Merynos' Stellung als Chef einer Schmugglerbande. Der »Böse«, dessen richtiger Name Nowak lautet, war einst als aufstrebender junger Ganove Merynos' Stellvertreter. Bei einer Rempelei in der Eisenbahn war ein Invalide zu Tode gekommen, worauf Merynos dessen schwangere Frau als Augenzeugin hatte ermorden lassen. Als Nowak daraufhin den Mörder zerstückelte, wurde er auf Merynos' Befehl von den eigenen Komplizen überfallen und schwer verletzt. Nach seiner Genesung begann Nowak seinen privaten Rachefeldzug. Der Mann mit der Melone, ein Buchhalter mit kriminalistischen Neigungen, findet in Merynos' Geschäftsbüchern Material, das für eine Verurteilung ausreicht.

U

CHRISTIAN UECKER Deutschland (*1956)

Christian Uecker, einer der wichtigsten deutschsprachigen Vertreter des Genres »Kirchenkrimi«, ist Pfarrer in Klein Wesenberg bei Lübeck und hat sich mit dem Hobbydetektiv Pastor Frank Falke aus Klein Hasenbeck ein sympathisches Alter Ego geschaffen. Falke stolpert immer wieder über alte und neue Leichen und klärt, oft gegen seinen Willen, deren Todesumstände auf, wobei er es den Schuldigen meist selbst überlässt, sich der irdischen Gerechtigkeit zu stellen. Weitere Kirchen-Krimis Ueckers: *Wenn der Tod tanzt* (1994), *Wer flucht für alle Ewigkeit* (1996), *Stille Nacht* (1999).

Treibsand

Kiel: Friedrich Wittig, 2001 (KirchenKrimi 9). – SF: Pastor Frank Falke. O: Amrum.

Schon bei der Überfahrt mit der Autofähre nach Amrum stößt Pastor Frank Falke beim (verbotenen) Möwenfüttern mit dem notorischen Besserwisser Lorenz Schmidt zusammen, den später eine gewisse Kattrin Engels beim Ausschiffen mit ihrem roten BMW anzufahren versucht. Schmidt und Engels gehören einer Dichtervereinigung an, deren Vorsitzender Dr. Karl-Heinz Schneiber auf Amrum ein mehrtägiges Treffen leitet. Die Tagungsteilnehmer sind untergebracht in der »Pension Deichkrone« der Wirtsleute Frauke und Okke Boysen, die sich seit der Scheidung ihrer Tochter rührend um ihre 13-jährige Enkeltochter Jessica kümmern. Jessica hat offenbar einen erwachsenen Freund, dessen Identität sie aber nicht preisgibt. Wirt Okke Boysen und dessen Bruder sind in eine komplizierte Erbschaftsangelegenheit verwickelt, die der unsympathische Schmidt während seines Aufenthalts auf der Insel zu klären hofft. Pastor Falke stolpert bei einem Strandspaziergang wenig später über Schmidts Leiche. Ein Mann, der sich an der Leiche zu schaffen macht und bei Falkes Auftauchen verschwindet, erweist sich später als ein gesuchter Heiratsschwindler; der Mörder ist er nicht. Kattrin Engels, inzwischen zum Lesbentum bekehrt, ist Schmidts Ex-Frau, was ihre heftige Reaktion beim Verlassen der Fähre erklärt. Ein falsches Alibi, das von dem Tagungsteilnehmer Ingmar Hagedorn geliefert wird, führt den Pfarrer auf die Spur eines Verbrechers: es ist der Lehrer Detlef Knapproth. Knapproth ist der Freund von Jessica, der Tochter der Wirtsleute. Als Falke Knapproth aufsucht, ist er gerade dabei, das Mädchen aus Angst vor der Entlarvung als Päderast umzubringen. Schmidt wurde von dem Tagungsteilnehmer Hagedorn ermordet. Hagedorns Frau Babette reagierte auf Wespenstiche hochallergisch und wurde während eines Portugal-Urlaubs gestochen. Die lebensrettende Spritze befand sich im Wagen der Hagedorns. Beim Suchen nach ihr behinderte er Schmidt beim Ausparken, dessen sofort einsetzendes lautstarkes Lamento ihn so nervös machte, dass er die Spritze unters Auto fallen ließ und nicht mehr rechtzeitig an sie herankam; für Babette kam jede Hilfe zu spät. Als Hagedorn auf der Fähre Schmidt zufällig wieder begegnete und er die Zurechtweisung Falkes durch Schmidt mit anhörte, beschloss er spontan, Schmidt umzubringen. Falke überkommt die Erkenntnis von Hagedorns Schuld visionsartig auf der Rückreise mit der Fähre. Mit seiner Schuld konfrontiert, legt Hagedorn ein Geständnis ab und verspricht, sich zu stellen.

MILOŠ URBAN Tschechische Republik (*1967)

Die Rache der Baumeister

(OT: *Sedmikostelí. Gotický román z Prahy* [wörtl. »Siebenkirchen. Ein gotischer Roman aus Prag«], 1999). Berlin: Rowohlt, 2001. – Ü: Eva Profousová, Beate Smandek. – O/Z: Prag; 1999/2000.

Das Labyrinth – und als solches erscheint Prag in diesem phantasmagorischen Bildungs-, Verschwörungs- und Kriminalroman – symbolisiert in der Literatur seit der Antike die Verrätselung der Welt. U. → Ecos Romane wie *Der Name der Rose* oder der Folgeband *Il pendolo de Foucoult* (1988, dt. *Das Foucoultsche Pendel*, 1989) sowie R. → King legen davon Zeugnis ab. – Petr Zahir, ein Städteplaner, baumelt in der St. Apollinarius-Kirche kopfunter am Glockenstrick, der durch seine rechte Wade geführt worden ist. Der linkische, architekturbegeisterte Ex-Polizist Kvêtoslav Švach rettet ihn. Švach ging nach einem nicht beendeten Geschichtsstudium zur Polizei und verfügt über die Fähigkeit, sich in einer Art Trancezustand in historische Epochen, Persönlichkeiten und Gegenstände hineinzuversetzen. Entlassen wurde er, weil er als Personenschützer der verwitweten Ingenieurin Pendelmanová aus dem Bauamt versagte: Die hatte sich bedroht gefühlt und wurde erhängt an einem Brückenpfeiler aufgefunden. Švachs ehemaliger Vorgesetzter Oberst Naphta reaktiviert ihn auf Wunsch von Mathias Gmünd aus Lübeck, einem adligen Exiltschechen. Gmünd möchte eine Reihe von Kirchen aus der Zeit Karls IV. von Böhmen (1346–1378) wieder in den ursprünglichen Zustand versetzen helfen, da er meint, die Kirchen würden wie die ganze Stadt durch Abrisse, Um- und Neubauten verschandelt. Václav Hazemburg, einer von Gmünds Vorfahren und ein Berater von Karl IV., war 1377 von diesem aus einer despotischen Laune heraus gehenkt worden. Švach erschaut mit den Augen eines gerade in Entstehung begriffenen steinernen Wasserspeiers, was sich 1377 zugetragen hatte. Damals erscheint Karl IV. überraschend auf der Baustelle der Karlshofer Kirche, wo Václav Hazemburg zwei Steinmetze bei der Herstellung der sieben Ungeheuer der Nacht und eines in ihrer Mitte hängenden Hammers anleitet, den Insignien einer Karlistischen Bruderschaft, der Hazemburg angehört. Karl lässt sie als angeblich blasphemische Darstellungen zerschlagen und Hazemburg zusammen mit seinen zwei Steinmetzen hinrichten. Der Herrscher stirbt jedoch ein Jahr später aus Gram über seine vorschnelle Tat, die freilich an der Loyalität der Bruderschaft nichts ändert. Auf brutale, bizarre Weise sterben – wieder im 20. Jahrhundert – in der Folge der Städteplaner Gregor, zwei jugendliche Graffiti-Sprayer, Barnabas (ebenfalls ein Städtebauer) sowie Švachs erfolgreicherer Kollege Junek. Als eine gewaltige unterirdische Krypta entdeckt wird, gibt es unterschiedliche Meinungen, wie diese zu behandeln sei: Die einen, zu denen sich Zahir schlägt, wollen das Gefundene bergen, die anderen, dem sich Barnabas anschließt, alles zubetonieren. Die Städteplaner Zahir und Barnabas sind gemeinsam verantwortlich für den Tod von 19 Menschen, die an von ihnen verbautem strahlendem Brandschutzmaterial starben. Als Švachs Wirtin ihm seine wegen eines Streits kündigt, zieht der zu Gmünd in ein verwinkeltes Hotel, in dem er versehentlich seine üppige Kollegin Rosetta im Bad überrascht. Gmünd offenbart sich Švach als der gesuchte Mörder und als Mitglied der Karlistischen Bruderschaft, deren Aktivität er nach Jahren der Agonie durch die Auswirkungen der Aufklärung wieder beleben möchte. Sein Motiv ist Rache für die bauliche Verstümmelung der Stadt. Rosetta schloss sich den Verschwörern an, weil sie in dem Wohnblock verstrahlt wurde, den Barnabas und Zahir mit radioaktivem Material hatten bauen lassen. Švach ist im Grunde ein Gesinnungsgenosse Gmünds und erlebt visionsartig den Rückfall in die Zeitlosigkeit des 14. Jahrhunderts, in dem er mit Rosetta vereint ist. Die Neuzeit ist und bleibt verschwunden. Ist der Roman also ein verschlüsselter Aufruf zum Neubeginn nach dem Ende des Sozialismus oder eine reaktionäre Antiutopie?

SERGEJ USTINOW Russland (*1953)

Mit seiner Figur des Journalisten und Hobbydetektivs Igor Maximow schuf Ustinow den ersten Privatermittler der Sowjetunion. Maximow arbeitet eng mit Nikolaj Suchow von der Moskauer Kriminalmiliz zusammen, der ihn gelegentlich in seine Untersuchungen einweiht und ihm ansonsten keine Steine in den Weg legt. Anders als manche westlichen Kollegen sitzt Maximow häufig Irrtümern und Fehlschlüssen auf, selten ist er Herr der Situation. Trotzdem ist der Roman sowohl spannend als auch witzig. Die Verbrecher entstammen freilich noch dem in der UdSSR für Figuren dieser Art festgelegten sozialen Umfeld (vgl. z. B. A. → Rybakow u. a.). Ustinow war eine kurze Zeit lang der meistgelesene sowjetische Krimiautor in Deutschland. Weitere Krimis von Sergej Ustinow: *Neustanovlennoe lico* ([wörtl. »Das nicht identifizierte Gesicht«], 1988, dt. *Identität unbekannt*, 1990), *Kto ne sprjatalsja* ([wörtl. »Wer immer sich versteckte«], 1991, dt. *Der Chef braucht keine Maske*, 1992).

Zwölf Uhr Majakowskij-Platz. Sie können auf mich bauen

(OT: *Moshete na menja poloshitsja* [wörtl. »Sie können auf mich bauen«], 1988). Köln: Emons, 1989. – Ü: Frank Göbler. – O/Z: Moskau; um 1988.

Igor Maximow findet seinen alten Geschichtslehrer Krüger erstochen auf. Krüger wollte ihn im Zusammenhang mit dem labilen Schüler Sascha Latynin sprechen, der aus Angst vor Schwierigkeiten untergetaucht ist. Saschas Vater ist der bekannte Rezitator und Antiquitätensammler Viktor Latynin. Bei Geschichtslehrer Krüger wird eine Pistole gefunden, die aus einem Einbruch stammt. Ebenfalls ermordet wird später Detektiv Igors Schulfreund, der Geologe Andrej Jelin, der Sascha Unterschlupf gewährt hatte. Sascha ist in kleinere Schiebereien mit dem Ganoven Marat verwickelt, will aber aussteigen und wird daher von Marat verfolgt. Weil Igor dies herausfindet, macht er den Ganoven Marat auf sich aufmerksam und muss in der Folge wie Sascha um sein Überleben kämpfen; als mehrere Attentate, z. T. wegen mangelnder Entschlossenheit in der Durchführung scheitern, soll Igor durch geschickt lancierte Falschinformationen als Journalist unmöglich gemacht werden. Durch einen Bestechungsversuch macht der Rezitator Latynin klar, dass auch er in den Fall verwickelt ist. Marat und seine Bande, schon länger unter polizeilicher Observation, werden bei einem versuchten Einbruch festgenommen. Igor findet Sascha in der Wohnung des ermordeten Geologen Andrej Jelin, Latynin erliegt einem Herzinfarkt. Ein Brief an seinen Sohn klärt die Zusammenhänge: Latynin fungierte nebenbei als Marats Hehler und hoffte, seinen Sohn als Komplizen gewinnen zu können, unter anderem dadurch, dass er ihm die gestohlene Pistole anvertraute. Sascha, der nach anfänglicher Faszination kein Ganove mehr werden wollte, wandte sich in seiner

Gewissensnot an den alten Lehrer Krüger, dem er auch die Pistole gab, und versteckte sich nach Krügers Vermittlung aus Angst um sein Leben bei dem Geologen Andrej. Sein Vater versuchte, ihn zu beschützen, was die indifferenten Reaktionen der Verbrecher erklärt. Schließlich wurden jedoch Krüger und Jelin beseitigt. Über Maximows jeweilige Schritte beziehungsweise Aufenthaltsorte ist die Gegenseite deshalb immer gut informiert, weil Marat sich an Maximows Ex-Frau Nina heranmacht und weil Maximows Kollege und Konkurrent Walja Protassow arglos jedermann am Telefon jede gewünschte Auskunft über Maximow erteilt.

V

ANDREW VACHSS USA
(*1942)

Andrew Vachss hat sich als Anwalt wie auch als Schriftsteller auf das Thema spezialisiert, sexuell Missbrauchten zu helfen. Kinderschänder nennt er »Maden im großen Apfel« (*Big Apple* = New York). Spätere Romane konzentrieren sich etwa auf die Gewalt von Männern gegen Frauen oder den Terrorismus. In *Sacrifice* (1991, dt. *Kult*, 1993) etwa beschreibt Vachss die multiple Persönlichkeit eines missbrauchten Kindes, das selbst zum Täter wird, in *Safe House* (1998, dt. 1999) geht es um die Welteroberungsfantasien weißer Nazis in New York. Entsprechend dem Gewaltpotential dieser Themen reagiert Burke in dem inzwischen guten Dutzend erschienener Romane immer zynischer und brutaler. Burke – einen weiteren Namen hat der lizenzlose Detektiv nicht – lebt versteckt in einer New Yorker Hinterhof-Wohnung zusammen mit seiner 140 Pfund schweren neapolitanischen Mastiff-Hündin Pansy. Zu seiner »Familie« gehören Mama, die ein chinesisches Restaurant führt, der kleinwüchsige farbige Prof (für »Professor« oder »Prophet«), der taubstumme Selbstverteidigungsfachmann Max der Stille und der Maulwurf, ein genialer Techniker und Bombenbastler, der auf einem von einer Meute Hunde und einem Minenfeld gesicherten Schrottplatz haust. Sein Geld verdient Burke durch Betrügereien, außerhalb seines Kreises vertraut er niemandem.

Kata

(OT: *Flood.* 1985). Frankfurt a. M.: Ullstein, 1989 (Tb 23301). – Ü: Georg Schmidt. – SF: Burke.

Trotz Burkes Vorsicht gelingt es der jungen japanischen Kampfsportlerin Flood aus Japan, an ihn heranzukommen. Sie will die kleine Tochter ihrer engsten Freundin rächen, an der sich der Vietnam-Veteran »die Kobra« vergangen hat. Auf der Suche nach dem untergetauchten »Kobra« gerät Flood von einer Schwierigkeit in die nächste, aus der ihr Burke immer nur knapp durch sein Wissen um die Kinderschänder, die er »Maden« nennt, wieder heraushelfen kann. Mit Hilfe eines fingierten Werbebüros für Söldner locken der Selbstverteidigungsfachmann Max der Stille und Burke »Kobra« in einen Hinterhalt und bringen ihn in Maxens Trainingshalle, wo Flood ihn in einem Duell auf Leben und Tod in einem minutiös geschilderten Kampf hinrichtet. Der Kinderschänder hatte zu keiner Zeit eine Chance: Max wartete immer im Hintergrund. Am Ende geht Burke »den Müll rauswerfen«. Doch ist dies kein Happyend: Flood kehrt nach Japan zurück, Burke bleibt verbittert in New York. H. F.

Verrat

(OT: *False Allegations*, 1996). Frankfurt a. M.: Eichborn, 1997. (Heyne 01/13125, 2001.) – Ü: Jürgen Bürger. – O: New York.

Vachss' Fähigkeit, zeitrelevante Themen in die Form eines Kriminalromans zu gießen, zeigt sich eindrücklich in seinem deutlich später entstandenen Buch *Verrat*, in dem Burkes Familie nur noch am Rande erwähnt wird: Burke wirkt so zynischer und menschenverachtender, wagt sich jedoch auch stärker in das öffentliche Leben hinaus. Dadurch wird es für Vachss leichter, drängende Zeitthemen direkt zu behandeln. – Burke wird von dem angeblichen Wahrheitsfanatiker und Anwalt Kite engagiert, um mit all seinem Wissen um Kindesmissbrauch und dunkle Geschäfte nachzuweisen, dass eine gewisse Jennifer Dalton tatsächlich missbraucht wurde. Täter soll Bruder Jakob sein, ein angesehenes Mitglied der Kirche Gospel of Job's Song. Anwalt Kite weiß so erschreckend viel über Burkes dunkle Vergangenheit, dass Tarnkünstler Burke nichts anderes übrig bleibt, als den Fall zu übernehmen. Das erste Treffen mit Kite verläuft unerwartet: Der Anwalt doziert über Scheidungsfälle, in denen plötzlich einer der Ehepartner dem anderen Missbrauch des eigenen Kindes vorwirft, um in der Verhandlung mehr Geld herauszuschlagen (»Missbrauch mit dem Missbrauch«), außerdem um erst im Erwachsenenalter auftretende Erinnerungen an Missbrauch in der Kindheit (»False memory«-Debatte um angeblich implantierte Erinnerungen und Suggestion). Nie gehe es vor Gericht um Wahrheit, sondern immer nur darum, wer den besseren Anwalt hat. Anwalt Kite will in der berühmten Talkshow von Opra Winfrey zusammen mit dem Opfer auftreten. So werde er den Zugang zur absoluten Glaubwürdigkeit bekommen und die Sache der missbrauchten Kinder besser vertreten können (seine orangeäugige, wehrhafte Sekretärin Heather hängt während des Vortrags an seinen Lippen). Burke beginnt mit der Arbeit: Seine alte Freundin Wolfe – inzwischen aus dem Polizeidienst geworfen, da sie nicht von einem Fall von Vergewaltigung eines Mädchens auf dem Campus durch ein Rudel Studenten lassen wollte, was aber ihre Vorgesetzten ungern sahen – kann über Burkes Auftraggeber nichts Nachteiliges vermelden. Burke interviewt also selbst die inzwischen erwachsene Jennifer Dalton, will aber dennoch auf Nummer sicher gehen: In der Klinik des Hirnforschers Bruce Perry wird sie mit speziell entwickelten Fragebögen und Interviews untersucht, die mit einer Art EEG gekoppelt sind. Perrys Befund ist eindeutig: Das Mädchen sagt die Wahrheit. Bruder John wird als Täter enttarnt und öffentlich angeprangert, Jennifer Dalton verklagt ihn auf 25 Millionen Dollar Schmerzensgeld vor dem Obersten Gerichtshof, Kite bekommt seine Auftritte in den Medien. Doch plötzlich widerruft die junge Frau und muss der Anwalt zerknirscht vor den Kameras eingestehen, einer Betrügerin aufgesessen zu sein. Die Öffentlichkeit ist empört. Doch Burke hatte zusammen mit seinem Team gründlich gearbeitet und ein altes Video aufgespürt, dass entgegen den Aussagen der jungen Frau den Missbrauch der kleinen Jennifer durch Bruder John eindeutig dokumentiert. Burke stellt sie zur Rede, und verzweifelt gibt sie zu, von Kite von Beginn an bestochen worden zu sein, am Ende ihre Aussage zurückzuziehen. Die Hexenjagd des Anwalts gegen Kindesmissbrauch scheint geglückt, wie der Anwalt Burke bei einem letzten Treffen selbstsicher entgegenhält: Durch seinen Schachzug werde die öffentliche Meinung auf Jahre hinaus auf das Thema Kindesmissbrauch allergisch reagieren, keiner wird sich mehr trauen, Beschuldigungen auszusprechen. Die wehrhafte Sekretärin Heather, die ihren Chef verehrte und – selbst missbraucht – in ihm einen Kämpfer für ihre Sache sah, ist fassungslos. Zum Abschied drückt Burke ihr einen Schlagring in die Hand, den er ihr früher abgenommen hatte. Das Video, das den Missbrauch des kleinen Mädchens festhält, geht an die Ex-Polizistin Wolfe, damit es nicht wie so viele andere verschwindet. Der Mord an Kite, der Tage später verstümmelt gefunden wird, wird nie aufgeklärt. Die orangeäugige Heather, die nun keine gefärbten Kontaktlinsen mehr tragen dürfte, bleibt verschwunden. H. F.

S. S. VAN DINE USA
(d. i. Willard Huntington Wright, 1888–1939)

Der Mordfall Bischof ist der erste in einer langen Reihe von Romanen, in denen nach der Vorlage von Kinderreimen gemordet wird (z. B. A. → Christie, *Zehn kleine Negerlein*, 1939; M. J. Trow, *Lestrade und die Struwwelpeter-Morde*, 1985). Und *Der Mordfall Bischof* ist der vierte Detektivroman um den hochgebildeten New Yorker Hobbykriminalisten Philo Vance, dessen Abenteuer von seinem Freund S. S. van Dine beschrieben werden, der jedoch vollständig im Hintergrund bleibt. Damit wird Vance zu einem Vorfahren der Profiler in modernen Psychopathen-Thrillern. Die immer wieder eingestreuten Fußnoten, die dem Roman Authentizität verleihen sollen, können jedoch nicht darüber hinwegtäuschen, dass *Der Mordfall Bischof* ein künstliches, zugleich aber auch sehr künstlerisches, eben ein Kunst-Produkt ist. Die anderen Philo-Vance-Krimis: *The Benson Murder Case* (1926, dt. *Der Mordfall Benson*, 2000), *The Canary Murder Case* (1927, dt. *Der Mordfall Canary*, 1996), *The Greene Murder Case* (1928, dt. *Der Mordfall Greene*, 1991), *The Scarab Murder Case* (1930, dt. *Der Mordfall Skarabäus*, 2002), *The Dragon Murder Case* (1933, dt. *Mordakte Drachensee*, 1972), *The Kennel Murder Case* (1933, dt. *Mordakte Scotchterrier*, 1976), *The Casino Murder Case* (1934, dt. *Mordakte Casino*, 1974), *The Garden Murder Case* (1935, dt. *Mordakte Swift*, 1978).

Mordakte Bischof / Der Mordfall Bischof

(OT: *The Bishop Murder Case*, 1929). **(1)** München: Heyne, 1972 (Tb 1468). – Ü: Marta Berger. **(2)** [*Der Mordfall Bischof*] Köln: DuMont, 1987 (DuMont's Kriminal-Bibliothek 1006). – Ü: Sascha Mantscheff. – O: New York.

F: USA 1930, R: David Burton, Nick Grinde.

Im Hause des Physikers Professor Dillard wohnen dessen Tochter Belle, Dillards Protegé, der zynische Mathematik-Dozent Sigurd Arnesson, Butler Pyne und dessen Tochter, sowie die Köchin Mrs. Beedle; in unmittelbarer Nachbarschaft wohnen der behinderte Wissenschaftler Adolph Drukker mit seiner nervenkranken Mutter (die von ihrem Zimmer aus den Bogenschießstand des Professors einsehen kann) sowie der Mathematiker und Schachexperte Pardee (dessen Arbeitszimmer Aussicht auf den Eingang zu Dillards Haus gewährt). Hier ereignen sich mehrere Morde, Todesfälle und eine Entführung. Sie folgen jeweils dem Muster von Kinderversen, entsprechende ›Bekennerschreiben‹ sind von einem »Bischof« signiert (engl. *bishop* ›Läufer im Schachspiel‹). Zunächst wird Joseph Henrik Haan mit einem Pfeil getötet, ein enger Freund von Professor Dillards Tochter. In dringenden Tatverdacht gerät Haans Nebenbuhler Raymond Sperling, der ein Geständnis ablegt, als er erfährt, dass die Tat mit einem Damenbogen ausgeführt wurde – ein Umstand, der Belle belastet. Nächstes Opfer wird Mathematikdozent Arnessons Student John Sprigg, den ein Kopfschuss aus einer Waffe von Belle Dillard tötet. Ein nächtlicher Besucher hinterlässt bei der nervenkranken Mrs. Drukker einen schwarzen Schachspiel-Läufer. Als sich der Verdacht gegen ihren Sohn, den behinderten Wissenschaftler, verdichtet, kommt dieser beim Sturz von einer Mauer ums Leben. Neue Verse des Bischofs belegen, dass es sich um Mord handelt. Nach begangener Tat entwendet der Mörder Drukkers Notizbuch, in dem bahnbrechende Forschungsergebnisse festgehalten wurden. Mrs. Drukker stirbt bei dieser Gelegenheit vor Schreck. Der Schachexperte Pardee liegt am Morgen, da man ihn verhaften will, tot in Professor Dillards Clubraum. Sein Selbstmord wird als Schuldeingeständnis gewertet. Vance, der von Bezirksanwalt

Markham in den Fall eingeschaltet worden ist, hat Dillard in Verdacht, erwägt aber laut, wie man den Mathematikdozenten Arnesson als Mörder überführen und zum Selbstmord zwingen könnte – in Anlehnung an den monströsen Bischof Arnesson aus Ibsens Stück *Kronprätendenten.* Da wird ein Mädchen entführt. Vance findet in Dillards Haus Drukkers Notizbuch, die Schreibmaschine des »Bischofs« sowie eine chemische Apparatur zur Destillation von Zyankali. Auch das Mädchen wird gefunden. Dillard bricht anschließend tot zusammen. Eigentlich hatte Dillard Arnesson ein Weinglas mit Zyankali unterschieben wollen, doch Vance hatte dies bemerkt und die Gläser vertauscht. Motiv für Dillards Morde war der Versuch, seinen Schüler Arnesson zu belasten, der ihm inzwischen geistig überlegen war. M. R.

FRED VARGAS Frankreich

(bisher nicht aufgeschlüsseltes Pseudonym einer Archäologin, *1957)

L'Homme à l'envers (1999) markiert in Deutschland den Aufstieg der pseudonymen Autorin Fred Vargas in die Hardcoverklasse. Als nächstes Hardcover erschien *Das Orakel von Port-Nicolas* (1996, dt. *Un peu plus loin sur droite*, 2001).

Bei Einbruch der Nacht

(OT: *L'Homme à l'envers* [wörtl. »Der Mensch wandelt sich«], 1999). Berlin: Aufbau-Verlag, 2000. (AtV 1513, 2002.) – Ü: Tobias Scheffel. – O: Toscana. – P: Trophée »813«, 1999.

Der kanadische Grizzlybärenforscher Lawrence Donald Johnstone beschäftigt sich mit den wenigen frei lebenden Wölfen Frankreichs. Als ein riesiger Wolf herdenweise Schafe zu reißen beginnt und die robuste Tierärztin Susanne Rosselin totgebissen wird, ist bald von einem Werwolf die Rede. Der Schlachter Massart gerät in den Verdacht, dieser Werwolf zu sein. Bei seinem spurlosen Verschwinden hinterlässt er eine markierte Landkarte; offenbar will er sich abseits der Hauptstraßen nach England durchschlagen. In einem klapprigen Lieferwagen nehmen Soliman (farbiger Adoptivsohn der Tierärztin Susanne), ein alter Schafhirt und die komponierende Klempnerin Camille (die Freundin des Grizzlybärenforschers Lawrence) die Verfolgung auf. Lawrence stößt gelegentlich auf seinem Motorrad für eine Weile zu ihnen. Der Schlachter Massart ist seinen Verfolgern immer einen Schritt voraus, er tötet Dernot, Seguy und Hellouin, drei ältere Männer sowie Dutzende von Schafen. Einmal werden abgeschnittene Fingernägel von ihm in einer seiner Unterkünfte gefunden. Regen Anteil an der beschwerlichen Jagd nimmt Camilles alter Bekannter Kommissar Adamsberg. Er stellt Kontakte zur lokalen Polizei her, veranlasst unter anderem bei Interpol Untersuchungen oder gerichtsmedizinische Analysen, rettet Susannes Adoptivsohn Soliman ganz nebenbei vor ein paar Rassisten und löst den Fall: Lawrence heißt in Wirklichkeit Stuart Donald Padwell und ist der Sohn des amerikanischen Kriminellen John N. Padwell, der Simon Hellouin, den Liebhaber seiner promiskuitiven Frau Ariane, zu Tode gefoltert hatte und nach Verbüßung einer langjährigen Haftstrafe gestorben ist. Die Frau verschwand nach der Verurteilung ihres Mannes mit Paul, dem Bruder des Ermordeten. Nachdem Stuart Padwell im Alter von zehn Jahren den Mord an Simon Hellouin miterlebt hatte, entwickelte er die fixe Idee, alle Männer umbringen zu müssen, die ursächlich mitschuldig am Verlust der Mutter waren, namentlich alle ihre Liebhaber, so die nun ermordeten Sernot, Deguy und Hellouin, die nach Frankreich gezogen waren.

Herangewachsen, widmete er sich der Erforschung der Wölfe und plante seine Rache. Nachdem er den Schädel eines riesigen Polarwolfes durch spitzes Zufeilen der Zähne in eine fürchterliche Mordwaffe verwandelt hatte, fuhr er nach Frankreich und streute Gerüchte um das Auftauchen eines Werwolfes aus. Die Tierärztin Susanne Rosselin musste wegen ihrer Skepsis als erste sterben. Lawrence wählte den Fleischer Massart als geeigneten Sündenbock aus, tötete und verscharrte ihn und verstand es so einzurichten, dass Camille sich mit ihren Gefährten auf die Fährte des angeblich Geflohenen setzte. Um das Trugbild glaubhafter wirken zu lassen, platzierte er Fingernägel von Massarts Leiche an einer Stelle, wo sie mit Sicherheit gefunden werden würden. Die drei alten Männer Sernot, Deguy und Hellouine, die er im Vollzug seines Racheplanes tötete, brachte niemand mit ihm, Lawrence, in Verbindung. Auf die Lösung des Falles kommt Camilles alter Bekannter Kommissar Adamsberg, weil ihm die Ähnlichkeit des Psychopathen mit dessen Vater auffällt. – Die Handlung des Romans funktioniert nur, weil die Polizei keine landesweite Suchaktion unter Beteiligung des Militärs und sämtlicher Großwildjäger der Republik startet; die allzu ausgeklügelte, fast fantastische Intrige des Verbrechers hat einen außerordentlich altmodischen Touch.

Die schöne Diva von Saint-Jacques

(OT: *Debout les morts*, 1995). Berlin: Aufbau-Verlag, 1999 (AtV 1510). – Ü: Tobias Scheffel. – O: Paris.

Überzeugender gelang Vargas' Debüt *Die schöne Diva von Saint-Jacques*, dessen Figurenensemble noch einmal in *Sans feu ni lieu* (1997, dt. *Die untröstliche Witwe von Montparnasse*, 1999) ermittelt. Die arbeitslosen Historiker Mathias, Marc und Lucien bewohnen und renovieren zusammen mit Marcs Patenonkel ein verkommenes Haus in der Rue Saint-Jacques im Süden von Paris. Ihre Nachbarin zur Rechten Sophia Relivaux feierte unter ihrem Mädchennamen Sophia Simeonidis als Sopranistin in der Rolle der Elektra wahre Triumphe. Neben Sophias Haus betreibt ihre Freundin Juliette Gosselin zusammen mit ihrem Bruder Georges ein Restaurant. Als eines Tages plötzlich eine junge Buche in ihrem Garten steht, beauftragt Sophia die drei jungen Männer, den Baum auszugraben und nachzusehen, ob sich irgendetwas darunter befindet. Die Grabung zeitigt ebenso wie eine zweite, spätere, kein Ergebnis. Kurz darauf ist die Ex-Diva spurlos verschwunden. Ihr Mann Pierre vermutet sie in ihrer griechischen Heimat, doch dort ist sie nicht aufzufinden. 14 Tage später wird in einem Autowrack eine bis zur Unkenntlichkeit verbrannte Leiche gefunden. Lediglich ein steinerner Talisman erlaubt die Identifizierung der Leiche als Sophia. Verdächtig ist außer Sophias Mann auch ihre Nichte Alexandra Haufman. Wenig später wird Christophe Dompierre aus Genf erstochen, der nach Sophia geforscht hatte. 1978 musste Sophia für drei Tage ins Krankenhaus, nachdem ein Maskierter sie in ihrer Garderobe überfallen hatte. Die Ersatzsängerin wurde von den Kritikern zerrissen. Zwei der Kritiker fielen 1979 einem Doppelmord zum Opfer, doch die Polizei legte den Fall ungelöst zu den Akten. Einer der Ermordeten war Christophe Dompierres Vater. Nun scheint auch Sophia des Mordes verdächtig, die ihren Tod möglicherweise nur vorgetäuscht hat. Dompierre schrieb sterbend in den Staub noch zwei Worte, die zunächst als »Sophia Simeonidis«, dann als »Sosie Simeonidis« entziffert werden. »Sosie« war der boshafte Spitzname, den sich die Musikkritiker für die erfolglose Ersatz-Elektra ausgedacht hatten. »Sosie« ist niemand anderes als die Wirtin Juliette Gosselin. Sie hatte ihren Bruder angestiftet, Sophia zusammenzuschlagen, und hatte für sie einspringen dürfen. Später rächte sie sich an den Kritikern durch Mord, und als sie viele Jahre später durch Zufall zu Sophias Nachbarin wurde, ersann sie gewissermaßen eine Fortsetzung. Heimlich pflanzte sie ihr als Warnung und zur Irreführung der Polizei den Baum in den Garten. Dann ermordete sie die Sängerin und versteckte die Leiche. Als ihre energische Nichte Alexandra auftauchte, musste Sophia ihre Pläne erweitern. Sie sorgte dafür, dass eine Leiche gefunden wurde, die für Sophia gehalten werden musste. Nachdem das Erdreich unter der Buche zweimal umgegraben worden war, beerdigte sie die echte Sophia unter dem Baum, da eine dritte Nachsuche nicht wahrscheinlich war. Den Wissenschaftlern entgingen jedoch Farbunterschiede im aufgeworfenen Erdreich nicht.

MANUEL VÁZQUEZ MONTALBÁN

Spanien
(*1939)

Der Privatdetektiv Pepe Carvalho aus der spanischen Stadt Valvidrera ist ein Gourmet, ein Gourmand und ein melancholischer Anarchist. Er isst zu gut, zu viel, und er hat die Angewohnheit, mit Büchern zu heizen. Seine Aufträge führen ihn bis nach Südamerika, so in *Quinteto de Buenos Aires* (1997, dt. *Quintett in Buenos Aires*, 2001). Über Kalorienknicker und Cholesterinkommissare macht sich der hedonistische Detektiv weidlich lustig in *Manche gehen baden*. Für seine Krimis *Carvalho und der Mord im Zentralkomitee* und *Schuß aus dem Hinterhalt* erhielt Vázquez Montalbán 1986 und 1991 den dritten bzw. zweiten Platz des »Deutschen Krimipreises International«.

Manche gehen baden / Wenn Tote baden

(OT: *El balneario*, 1986). **(1)** Reinbek: Rowohlt 1992 (rororo 2834). – Ü: Bernhard Straub. **(2)** [*Wenn Tote baden*] München: Piper, 2001 (SP 3146). – Ü: Bernhard Straub, durchgesehen von Anne Halfmann. – SF: Pepe Carvalho. O: eine Fasten-Klinik im Tal des Río Sangre.

Vom Wohlleben gesundheitlich angeschlagen, begibt sich Privatdetektiv Carvalho in das Santorium der Brüder Faber. Nachdem Carvalho ein auf Russisch geführtes Streitgespräch zwischen der weißrussischen Hausdame Katalina Fedorowna und der Patientin Tatjana Simpson belauscht hat, beginnen sich im Sanatorium die Todesfälle zu häufen. Zunächst trifft es die Patientin Mrs. Simpson, dann den deutschen Tennislehrer von Trotta, einen Ex-Nazi, ferner den Patienten Karl Frisch, dann die Hausdame Katalina Fedorwna sowie Hans Faber, den Mitinhaber. Inspektor Serrano beschafft über Interpol und amerikanische Geheimdienstquellen allerlei interessante Informationen, doch die wichtigsten Details erzählt dem Detektiv der leitende Arzt Dr. Gastein. Ihm zufolge handelt es sich bei den beiden alten Damen Tatjana und Katalina um Schwestern, Katalina war mit dem deutschen Tennislehrer von Trotta verheiratet. Die Drei gelangten als antisowjetische Geheimagenten nach dem Krieg mit einem brisanten deutschen Wehrmachtsarchiv in die Schweiz, lernten die Brüder Faber kennen und taten sich mit ihnen und Dr. Gastein zusammen. Für das Verbergen des Wehrmachts-Archivs im Sanatorium erhielten sie viel Geld von Arnold Gehlen, dem ersten bundesdeutschen Geheimdienstchef nach dem Krieg. Tatjana heiratete, ging nach Amerika und sollte in Raten ausbezahlt werden. Dies ging gut, bis der amerikanische Geheimdienst dem Archiv auf die Spur kam und dessen Auslieferung in die USA erzwingen wollte. Als die Zahlungen ausblieben, kam Tatjana nach Spanien. Als Patient getarnt, sollte der psychopathische Killer Frisch das Archiv schützen und Tatjana Angst einjagen, doch er tötete sie und von Trotta, einen zufälligen Zeugen des Mordes. Katalina veranlasste daraufhin Frischs Beseitigung durch nicht näher genannte Geheimdienst- und Verbrecherorganisationen, die dann auch fatalerweise für ihre und Fabers Beseitigung sorgten, weil einflussreiche Persönlichkeiten in den Fall verwickelt zu werden drohten. Nachdem ein Sonderkommando arroganter amerikanischer Spezialagenten das Archiv abgeholt hat, findet Carvalho, frisch entlassen, Dr. Gastein und Killer Frischs unersättliche Geliebte Helene – mit der er selber eine aufregende Nacht verbracht hat – in einem Sportwagen: Sie ist tödlich verunglückt.

REGULA VENSKE Deutschland (*1955)

Rent a Russian

Hamburg: Kellner, 1995. (Haffmans Kriminalromane bei Heyne 05/144, 1996.) – O: Hamburg. – P: Platz 3 des »Deutschen Krimipreises National« 1996.

Die Ehe des SPD-Funktionärs Hermann und seiner etwas nervösen Frau Vera, die regelmäßig ihre Lebensmaximen wechselt, verläuft trotz Hermanns gelegentlicher Untreue harmonisch. Eines Tages steht der Tänzer Jurij Trofimowitsch Krolik vor Veras Tür, den sie als Callboy aus Moskau kennt. Der befriedigt nun mehrmals in der Woche Veras beste Freundin Renate. Als die ohne Namensnennung von ihrem russischen Lover erzählt, will Vera ihn ebenfalls ausprobieren, ohne zu wissen, dass dies bereits in Moskau geschah. Jurij hütet ohne Wissen Veras sogar deren Tochter Anna-Karina, die er für Renates Kind hält. Als beim ersten Stelldichein in Veras Laden überraschend Veras Mann Hermann auftaucht, muss sich Jurij in einer Kiste verstecken und das ganze Wochenende im Laden ausharren. Von Renate lässt er sich daraufhin die ganze Woche verwöhnen. Als Renate ihrer Freundin Vera von Jurijs Heiratsantrag berichtet, beginnt Vera zu ahnen, dass beide denselben Russen lieben. Als Jurij eines Nachts im Schlaf den Namen »Vera« murmelt, bricht für Renate eine Welt zusammen. Hermanns Planung für ein Liebeswochenende mit seiner neuen Flamme Gabi gerät durcheinander, als Renate, an einer Sommergrippe erkrankt, ihn telefonisch bittet, Anna-Karina vom Hort abzuholen, da seine Frau Vera angeblich verhindert sei. Im Hort aber teilt man ihm mit, dass ein Mann das Mädchen bereits abgeholt habe. Nun beginnt Hermann seinerseits, Vera der Untreue zu verdächtigen. Während sich Anna-Karina mit Jurij – der sie im Hort abgeholt hatte – im Wochenendhaus ihrer Eltern vergnügt, verbringen Hermann und Vera das Wochenende in Angst um ihr verschwundenes Kind. Renate tut nichts zur Aufklärung des Sachverhalts, doch sie weist Jurij – der Anna-Karina noch immer für ihre Tochter hält – telefonisch an, Anna-Karina am Montag wieder nach Hamburg zu bringen. Als das Mädchen vor Antritt der Heimfahrt zu Hause anruft, löst es eine geballte Polizeiaktion aus, aber da ist es bereits wieder im Hort abgeliefert. Jurij wird nicht als vermeintlicher Entführer identifiziert, aber Renate wirft ihn kurzerhand hinaus und Vera versucht, ihn zu vergiften. Um sich ungestört mit seiner neuen Geliebten Gaby treffen zu können, liefert Hermann seine Tochter Anna-Karina bei Renate ab. Bevor er sich zu seinem Rendezvous begibt, lädt er die beiden zu einem Eis am Landungssteg eines Ausflugsdampfers ein, auf dem zufälligerweise Jurij und Vera mitfahren. Ohne dass Jurij dies bemerkt, bleibt Vera an Bord und versteckt sich. Als Anna-Karina ihren

Freund entdeckt, macht sie ihren Vater auf ihn aufmerksam. Jurij seinerseits vermutet in Hermann einen Nebenbuhler um Renates Gunst. Zwischen beiden kommt es zu einer erbitterten Schlägerei, nach der Hermann einer Herzattacke erliegt, ausgelöst durch ein Aphrodisiakum, das nur als Badezusatz verwendet werden darf. Jurij wird wegen Kindesentführung verurteilt und des Landes verwiesen. Renate verbannt alle Erinnerungen an ihn aus ihrem Herzen, und Vera wendet sich neuen, aktuellen Lebensmaximen zu. G. R.

FRANCISCO JOSÉ VIEGAS Portugal (*1962)

Wenn der Fado die portugiesische Variante des Blues ist, so ist *Das grüne Meer der Finsternis* Literatur gewordener Fado, denn den Blues tragen alle Figuren im Herzen. Es ist ein sehr elegisches Buch, in dem das Nebensächliche zu einer fesselnden Hauptsache wird. Die eigentliche Polizeiarbeit, die letztendlich zur Lösung des Falles führt, wird sozusagen gleichsam hinter den Kulissen des Romans erledigt; wie der Held die Lösung findet, ist nicht erkennbar, doch das stört nicht weiter.

Das grüne Meer der Finsternis

(OT: *As duas aguas do mar*, 1992). Bergisch Gladbach: Edition Lübbe, 2001. – Ü: Sabine Müller-Nordhoff. – SF: Jaime Ramos, Filipe Castanheira. O/Z: Azoren-Insel São Miguel; 1.–22. August 1991.

Auf der Azoren-Insel São Miguel verbringt der melancholische Polizist Jaime Ramos mit seinem Kollegen Filipe Castanheira 14 Urlaubstage. Er muss aber dennoch ermitteln, als Rita Caladao Gomes ertrinkt. Rita ist die Freundin des Anwalts Rui Pedro Martim da Luz, eines notorischen Frauenhelden. Dieser wird in Finisterra (»das Ende der Welt«) in der Nähe von La Coruña auf dem spanischen Festland mit drei Schüssen getötet; bei der Leiche der ertrunkenen Frau liegt eine fremde Sonnenbrille. Der Nachweis, dass die beiden Ermordeten ein Liebespaar waren, gestaltet sich schwierig. Der Anwalt unterhielt Beziehungen zum portugiesischen Geheimdienst und tauchte kurz vor seiner Ermordung unter. In einem Abschiedsbrief, den er zu Verschleierungszwecken über einen Mittelsmann aus Paris abschicken ließ, bekundet er, dass er keine Absichten hege, in die Heimat zurückzukehren. Bei seinen Ermittlungen in Spanien wird Castanheira unterstützt von Alberico Nuñez von der Guardia Civil. In das Rätsel um Anwalt Ruis Tod sind mehrere Frauen verwickelt, aber nur eine, die Psychologin Luisa Sallas, ist die Mörderin. Sie war einmal mit Anwalt Rui liiert und konnte noch nach Jahren die Trennung nicht verwinden. Sie fand seinen Aufenthaltsort heraus, flog an einem Tag nach Spanien und zurück und ermordete ihn während dieses kurzen Aufenthaltes. Auf einer Passagierliste ist ihr Name vermerkt. Auch Ruis jetzige Partnerin Rita musste sterben; bei ihrer Leiche vergaß oder verlor Luisa Sallas ihre Sonnenbrille. Der Geheimdienst hat nichts mit der Angelegenheit zu tun.

JEAN-FRANÇOIS VILAR Frankreich (*1948)

Die Maßlosen

(OT: *Les Exagérés*, 1989). Freiburg: Beck & Glückler, 1995. – Ü: Christel Kauder. – O: Paris; 1986.

Nachdem ihr bis in intimste Details naturgetreues Wachs-Ebenbild aus Madame Tussauds Kabinett entfernt worden ist, verhindert die abgehalfterte Filmdiva Anna Fried die Fertigstellung von Adrien Lecks Remake ihres Films »Die Prinzessin«. In diesem Film, einem Revolutionsdrama, absolvierte Anna Fried in der Rolle der Prinzessin Lamballe einen der frühsten Nacktauftritte eines namhaften Stars in der Filmgeschichte. Danach leitete sie das Edelbordell »Mirabeau«, einen Treffpunkt für Intellektuelle. Anna stiehlt die aus dem Museum entfernte Wachsfigur und spielt sie stückchenweise dem Museumsfotografen und Gelegenheitsschauspieler Viktor (dem Icherzähler) zu, der wie ihr aidskranker Sohn Stan ein Spezialist für die Französische Revolution ist. Nach einer Nacht mit Annas freizügiger Zwillingsschwester Mona lernt Viktor Julie kennen, die dem Wachsbildhauer Jerôme für eine Wachsfigur der Brigitte Bardot Modell steht und Prinzessin Lamballe in Lecks Film spielt. Aus Neid unternimmt Anna einige Anschläge auf Julie sowie auf die Brigitte-Bardot-Figur und verführt, noch immer attraktiv, mühelos Viktor, der ebenfalls im Remake mitspielt. Dann bringt sie Julie in deren Sterbeszene vor laufender Kamera mit einer Pike um und glaubt so, aus einem bloßen Film echte, wahrhaftige Kunst zu machen. Als Jerôme sie daraufhin öffentlich zu erwürgen versucht, finden sich beide in Polizeigewahrsam wieder. Später brennt Lecks Büro mit allen Filmrollen des Remakes darin ab. Stan wird niedergeschossen und stirbt noch an der Brandstelle, Viktor kehrt nach Hause zu der Wachsfigur Annas zurück. Sie wurde von dem Sherlock-Holmes-Verehrer Stevenson geschaffen, mit dem Viktor die Details von Watsons Kriegsverletzung (war es das Bein oder die Schulter?) und ähnliches diskutiert und der Viktor eine Wachsbüste des Meisters verehrt, wie sie in Conan → Doyles Kurzgeschichte *Das leere Haus* eine Rolle spielt: Dort wird sie benutzt, um einem Attentäter mit Präzisionsgewehr ein Ziel zu bieten.

BARBARA VINE Großbritannien
(d. i. Ruth → Rendell, *1930)

Heuschrecken

(OT: *Grashopper*, 2000). Zürich: Diogenes Verlag, 2001. – Ü: Renate Orth-Guttmann. – O/Z: Nordlondon; um 1990 und 2000.

Die klaustrophobe Elektroingenieurin Clodagh Brown (die Icherzählerin) verliert als Jugendliche bei einer Klettertour auf einen Hochspannungsmast (»Heuschrecken«) durch Stromschlag ihren Freund Daniel. An dessen Stelle tritt Michael »Silver« Silverman, der seine Wohnung allerlei schrägen Typen zur Verfügung stellt, wie dem Kleinkriminellen Jonny, ferner Jonnys Freundin, dem durchgebrannten schwedischen Au-pair-Mädchen Liv, sowie dem freiheitsliebenden Wim, der dem Kleinkriminellen Jonny das Au-pair-Mädchen Liv ausspannt. Wim klettert aus Freiheitsliebe und zwecks kleinerer Diebstähle nächtens auf den Dächern des Viertels herum. Bald wird das Dachlaufen Clodaghs und Silvers gemeinsame Leidenschaft. Um diese Wohngemeinschaft ranken sich allerlei Schicksale und Geschichten. Liv, die Kinder hasst, hat vor ihrer Flucht etwa 2000 Pfund von ihren neureichen Arbeitgebern unterschlagen. Als sie mit den Kindern im Fond einen leichten Auffahrunfall verursachte, ließ sie den Wagen und die Kinder einfach stehen und tauchte bei Silver unter und wagte sich aus Angst vor der Polizei lange nicht auf die Straße. Der Wohnungsinhaber Silver wurde als Dreijähriger entführt und blieb für ein paar Tage verschwunden, bis eine nette ältere Dame, die ihn am Strand gefunden zu haben behauptete, ihn den Eltern zurückbrachte. Seltsamerweise lehnte diese Dame alle Dankbarkeitsbezeugungen des Vaters ausdauernd mit geradezu beleidigender Brüskheit ab. Die Entführer wurden nie gefunden. Während sich Clodagh und Silver mit Livs Geld herumschlagen, erregt ein spektakulärer Entführungsfall London. Das kinderlose Ehepaar Andrew Lane und Allison Barrie sind nach endlosen Schikanen der Adoptionsbehörden mit ihrem Pflegekind Jason untergetaucht; Jason, ein indisch-europäischer Mischling, sollte ihnen aufgrund einer geradezu kafkaesken Gesetzeslage wieder weggenommen und einem gemischtrassigen Pflegeelternpaar zugeführt werden. Die Dachläufer entdecken die untergetauchte Kleinfamilie, machen ihre Bekanntschaft und drängen ihr förmlich ihre Hilfe auf. Silver ist bereit, die Familie unter konspirativen Bedingungen mit falschen Pässen nach Australien zu schaffen und diese Aktion sogar aus eigener Tasche vorzufinanzieren, obwohl ihn dies seine finanzielle Unabhängigkeit kosten wird. Die falschen Pässe besorgt Jonny zu einem Wucherpreis. Nach anfänglichem Widerstand stimmt der wenig sympathische Andrew allem zu, der mehr Geld besitzt, als er zunächst zugibt. Schließlich stellt sich heraus, dass Silvers Entführerin eben jene Allison war. Sie hatte ihn einfach mitgenommen und ein paar Tage lang an Kindes statt verwöhnt. Weil sie fürchten musste, dass sich der Junge irgendwann erinnern würde, vermied sie jeden Kontakt mit seinen Eltern. Bevor die drei jedoch zum Flughafen gebracht werden können, erscheint die Polizei. Silver und Clodagh improvisieren spontan eine Flucht über die Dächer, die jedoch an der Höhenangst Allisons scheitert. Beim Abbruch eines baufälligen Balkons stürzt sie in die Tiefe. Andrew lässt daraufhin sein gesamtes Barvermögen aus seinem Rucksack vom Winde verwehen, noch Wochen später finden Passanten Geldscheine. Clodagh wird im Rahmen einer späten Reaktion auf Daniels Stromunfall Elektroingenieurin und heiratet Silver. Andrew kehrt ebenso wie Liv ins normale Leben zurück, Liv wird sogar eine von Clodaghs besten Kundinnen.

SUZANNE VISSER Niederlande (*1957)

Das japanische Rätsel

(OT: *De Vismoorden* [wörtl. »Die Fischmorde«], 2000). Stuttgart/München: DVA, 2001. – Ü: Marianne Holberg.

In Tokio fahndet ein internationales Ermittlerteam nach einem Serienmörder, der nur Ausländer tötet und die Leichen auf so kunstvolle Weise zerlegt, dass sie wie filetierter Fisch aussehen. Bei den Ermordeten handelt es sich unter anderem um den Amerikaner Jacob Parker und den belgischen Buchantiquar Hughes de Keunick. Später wird noch ein Pater ermordet und bei dessen Leiche das Blut eines Aids-Infizierten gefunden. Zu den Fahndern gehören ein Niederländer, ein Mexikaner, eine Italienerin, ein Australier, eine US-Amerikanerin, eine Deutsche sowie ein Belgier, Marc Croo. Chefinspektor Ichiro Mochizuki leitet das Team, psychologisch betreut wird es von der Chinesin Zhiqiang Li, für die Verständigung sorgt der Dolmetscher Watanabe. Die praktische Arbeit besteht vor allem aus Befragungen von Angehörigen, Nachbarn und Kollegen der Opfer. Im Laden des ermordeten belgischen Buchantiquars wird eine Liste mit Beziehern von Gewaltvideos sichergestellt, auf der unter anderem der Name Jeromy Wanderfogel auftaucht. Marc Croo kommt den Pornofilmern auf die Spur und lässt sich sogar für eine Nebenrolle engagieren. Weil er die Gage annimmt, wird er aus dem Team entlassen. Besuche bei der Schule des amerikanischen Opfers und in einem Sektenkloster führen zu der Initiative »Help«, die unter der Telefonnummer 03 03 03 03 03 03 Ausländer in allen Lebenslagen berät. Alle Mordopfer haben regelmäßig aus verschiedenen Gründen die »Help«-Hotline angerufen. Der Täter scheint – dies bestätigen auch Haarfunde bei den Opfern – kein Japaner zu sein. Schließlich wird durch Subtraktion der aidskranke Venezolaner Frank Laing herausgefiltert, der bei »Help« die neuen Instruktoren trainiert. Laing verdankt seine Fertigkeiten im Umgang mit Fleischmessern seinem Vater, der Schlachter war. Er ist als Videokünstler nach Japan gekommen, endete aber als der Pornofilmer Wanderfogel. Als homosexueller und obendrein aidsinfizierter Ausländer galt er als Ausgestoßener und begann aus Neid auf seine gesunden Opfer seine Mordserie. Das Arrangement ihrer Leichen geht auf seine künstlerische Ader zurück, ist Theater und Inszenierung.

VITALI VITALIEV Ukraine/Großbritannien (*1954)
DEREK KARTUN Großbritannien (–)

Der Journalist Vitali Vitaliev, ein gebürtiger Ukrainer, emigrierte 1991 nach London. Seinen Roman *The Third Trinity* (1993) verfasste er mit dem Osteuropaexperten Derek Kartun, von dem u. a. das Buch *Tito's Plot Against Europe. The Story of the Rajk Conspiracy* (1949) stammt.

Ikonen-Mafia

(OT: *The Third Trinity*, 1993). Berlin: Rütten & Loening, 1994. (FiTb 12666, 1996; AtV 1691, 2000.) – Ü: Esther Stein. – O/Z: Taman bei Moskau; 1991.

The Third Trinity (1991) ist eine ukrainisch-britische Kooproduktion, die kurz nach dem Ende der UdSSR entstand. Das von Gorbatschow angerichtete wirtschaftliche und politische Chaos, Korruption, materielle wie personelle Unterversorgung der Ermittlungsbehörden sowie wachsendes Kompetenzgerangel zwischen Polizei, Geheimdienst und Armee lassen Verbrechern aller Art jedweden Spielraum. – Der junge Ikonenspezialist Pjotr Baranow stiehlt aus dem Dorf Taman eine bis dahin unbekannte dritte Fassung der Ikone *Dreieinigkeit* von Andrej Rubljow (um 1360–1439). Mit seinem KGB-Führungsoffizier Martschenko leitet er ihren Verkauf ins Ausland in die Wege. Im Auftrag des New Yorker Kunsthändlers Anton Kurtz prüft der Exilrusse Viktor Gordon in Moskau den Fund. Als er dessen Echtheit erkennt, stellt er für seine Schätzung eine Honorarforderung in Millionenhöhe. Grigorjew, ein in Armenien steckbrieflich gesuchter psychopathischer Mörder, lässt daraufhin Gordon ermorden, beseitigt den Leichnam in einem Krematorium und reißt brutal die Leitung der Operation an sich: Der Milizoffizier Ponomarow, der Gordons Verschwinden untersucht, arbeitet eng mit dem Enthüllungsjournalisten Slawa Ljubimow zusammen; Ljubimow muss in der Folge mehrere Attentate von Ikonenspezialist Baranows Leuten überstehen. Wegen der Sonderwünsche des japanischen Sammlers, der sie für einen Fantasiepreis erwerben will, muss die Ikone noch einmal in ein sowjetisches Depot, aus dem sie die Armenier des Psychopathen Grigorjew gleich wieder stehlen wollen. Es kommt zu einem Bandenkrieg mit mehreren Toten, der Dieb Baranow, von ausgelaufener Säure verätzt, fällt den Armeniern in die Hände, wird jedoch seiner Fachkenntnisse wegen am Leben gelassen. Grigorjew wird hinterrücks von dem Killer Rasmik erschossen, der das Geschäft selbst übernehmen will. Bevor die Ikone über den Hafen Archangelsk per Schiff ins Ausland geschafft werden kann, entkommt Baranow mit der Ikone zu Fuß in die sibirischen Wälder. Nachdem er sie in der steinernen Krypta einer abgelegenen Holzkirche unauffindbar versteckt hat, versinkt er erschöpft in einem Sumpf. Damit bleiben die Bemühungen der Kunsträuber ebenso vergeblich wie die des Journalisten und der Kriminalmiliz.

BARBARA VOORS Schweden
(*1967)

Die Stockholmerin Barbara Voors lebte u. a. in Simbabwe und Mosambik und verfasste einen Reisebericht über Tansania. Sie debütierte 1990 mit dem Roman *Älskade du*. Ihrem vierten Roman *Klaras Tagebuch* folgte 2000 *Insomnia. Savannas Geheimnis*.

Klaras Tagebuch

(OT: *Syster min* [wörtl. »Schwester mein«], 1997). Leipzig: Kiepenheuer, 2000. – Ü: Gisela Kosubek. – O: Schweden.

Saskia ist dominant, ihre Zwillingsschwester Klara labil. Nach der Scheidung der Eltern bleibt Saskia bei ihrem niederländischen Vater und macht als feministische Literaturwissenschaftlerin Karriere, Klara zieht zu ihrer schwedischen Mutter in ein Haus in den Schären. Dort geht sie mit der reichen, hochneurotischen Altersgenossin Desirée eine Art symbiotischer Verbindung mit lesbischen Komponenten ein. Mit dem wesentlich älteren, verheirateten Hendrik verbindet Desirée gleichzeitig eine Dauerbeziehung. Als die Zwillinge 30 Jahre alt sind, werden Desirée und der verheiratete Hendrik erschossen, Desirées Freundin Klara springt offenbar völlig nackt von einer Brücke ins Meer, ihr Leichnam wird nie gefunden. Unter dem Eindruck der Sensationsberichte über diesen Dreifachtod nennt eine Frau ihre neugeborene Tochter ebenfalls Desirée. Diese Desirée wird die beste Freundin von Malin, der Tochter von Saskia. Zehn Jahre nach Klaras Verschwinden beginnt Saskia im leer stehenden Haus der verstorbenen Mutter mit der Lektüre der für sie verfassten Tagebücher Klaras. Als Anrede gebraucht Klara darin oft die Formel »Schwester mein«. Den Tagebüchern zufolge war Klara von der fixen Idee besessen, psychisch belasteten Menschen wie Desirée helfen zu müssen. Deren Vater Gustav machte sein Vermögen als Waffenhändler und -schieber. Psychisch angeknackst, misshandelte er seine Frau und verlangte, in der dritten Person angeredet zu werden (»Was meinen Gustav?«). Einer seiner Freunde ist Hendrik, der Dauergeliebte seiner Tochter Desirée. Nach dem erfolgreichen Ende ihres Studiums spioniert Desirée systematisch die dunklen Geschäfte ihres Vaters aus, um ihn irgendwann zu vernichten. Das gesammelte Material will sie nach Amsterdam mitnehmen. Dorthin will Klara mit ihr ziehen, und dort wollen die beiden so stark, selbstsicher und erfolgreich wie Klaras Schwester Saskia werden. Desirée aber fürchtet nichts mehr als diesem entscheidenden Schritt, und so erschießt sie erst Hendrik, dann sich selbst. Klara findet die Leichen, manipuliert den Tatort, so dass die Tat wie ein Doppelmord erscheint, und inszeniert ihren eigenen Abgang. Mühsam ringt sich Saskia dann aber zum Eingeständnis der eigentlichen Wahrheit durch, die wieder anders aussieht: Saskia ist bereits im Kindesalter bei einem Badeunfall ertrunken. Klara wechselte in der Folge in einem schizophrenen Rollenspiel abwechselnd zwischen der eigenen Persönlichkeit und der der Verstorbenen hin und her. Als eine Art Ersatzschwester fungierte Desirée. Als diese sich und Hendrik umbrachte, kehrte Klara als Saskia nach Amsterdam zurück. Susanne, die neue Frau ihres Vaters, beseitigte, von der Sterbeurkunde angefangen, alle Dokumente über den Tod der echten Saskia und fingierte einen vollständigen Nachweis ihrer weiteren Existenz bis in die Gegenwart. Ihr Motiv für diese Fälschungen sind Schuldgefühle gegenüber der Frau, der sie den Mann weggenommen hat; der technische und organisatorische Ablauf dieser Fälschung bleibt im Dunkeln. Der inzwischen pensionierte seinerzeitige Ermittlungsleiter Adolfsson versucht erfolglos, Saskia/Klara den Mord an den beiden nachzuweisen. Wohl wissend, dass ihr kaum ernstzunehmende Strafen drohen, klärt sie ihn in groben Zügen über den wahren Sachverhalt auf. Schließlich zeigt sich, dass auch Klaras/Saskias Mann und Tochter Bescheid gewusst, aber in die komplexen Verdrängungs- und Erinnerungsvorgänge nicht eingegriffen haben. Ob damit das Leben wieder in geordnete Bahnen zurückfindet, bleibt fraglich.

W

PER WAHLÖÖ Schweden (1926–1975)

Ohne seine Frau Maj → Sjöwall schrieb Wahlöö zwei sehr schematisch-agitatorische antikapitalistische *police procedurals* um Kommissar Jensen, der sich in einer schönen neuen Welt mit den Usancen staatlicher Unterdrückung unter demokratischem Mäntelchen herumschlagen muss. Seine letzte Filmrolle spielte Rainer Werner Fassbinder in der Verfilmung von *Mord im 31. Stock.*

Die Kommissar-Jensen-Romane

Mord im 31. Stock

(OT: *Mord på 31:a våningen*, 1964). Reinbek: Rowohlt, 1977 (rororo thriller 2424). – Ü: Hubert Deymann. – O/Z: Schweden; eine nahe Zukunft (von 1964 aus gerechnet).
F: *Kamikaze 1989.* D 1981/82, R: Wolf Gremm.

Soziale Konflikte sind in der neuen Welt mehr oder minder beseitigt, die Bevölkerung ist gleichgeschaltet durch 144 standardisierte Druckerzeugnisse aus einem einzigen Verlagshaus. In Politik, Wirtschaft und Rechtspflege herrscht das Prinzip der Personalunion vor, so dass Kritik an den bestehenden Verhältnissen nahezu unmöglich ist. Ein anonymer Brief kündigt für 14 Uhr des laufenden Tages eine Bombenexplosion im angeblich 30-stöckigen Gebäude des einzigen Medienkonzerns an. Ein Großaufgebot an Polizei evakuiert das Gebäude, Sprengstoff wird aber nirgends gefunden. Kommissar Jensen wird exakt eine Woche Zeit für die Ergreifung des Schuldigen gegeben. Die schriftliche Bombendrohung war aus Buchstaben und Wörtern aus Zeitungen auf ein exklusives Papier geklebt. Dieses Papier macht Pensionäre oder Entlassene des Medienkonzerns verdächtig. Schließlich legt ein ehemaliger Konzern-Journalist ein ausführliches Geständnis ab. Er habe mehr als 15 Jahre im 31. Stock des Konzerngebäudes gearbeitet, wohin keine Aufzüge fahren. Dort stellt die *crème de la crème* der schreibenden Zunft des Landes alle 14 Tage eine kritische literarische Zeitschrift her, die nie erscheint. Arbeitskraft und Einfälle der kritischen Geister werden so kanalisiert. Knebelverträge hindern sie daran, aufzugeben. Der Ex-Journalist, der dank einer Erbschaft doch aussteigen konnte, hat jedoch bereits eine weitere Bombendrohung zur Post gegeben. Erneut kommt es zu einem Großeinsatz der Polizei, doch diesmal, so ist zu befürchten, könnte wirklich eine Bombe explodieren. Möglicherweise gilt der Anschlag nicht dem Konzern, sondern den gefährlichen Mitarbeitern im 31. Stockwerk, die beim ersten Anschlag nicht evakuiert wurden und die auch jetzt nicht mehr rechtzeitig evakuiert werden können – der Mord im 31. Stock droht ein Massenmord zu werden.

Unternehmen Stahlsprung

(OT: *Stålsprånget*, 1968). Reinbek: Rowohlt, 1980 (rororo thriller 2539). – Ü: Rainer Küster.

In einem namentlich nicht genannten europäischen Königreich regiert eine große Koalition aus Sozialdemokraten und Konservativen. Kurz vor der nächsten Wahl müssen ausgewählte Bürger eine Loyalitätserklärung in Form einer Postkarte abgeben, auf die eine blaue Marke zu kleben ist. Auch Kommissar Jensen schickt die Karte ab. Von einer Lebertransplantation im Ausland kann Jensen später nicht zurückkehren, weil in der Heimat Ausnahmezustand herrscht. Die Regierungsmitglieder und der König sind nach einem Aufruhr und dem Ausbruch einer Epidemie ins Ausland geflüchtet. Jensen, der die Lage erkunden soll, wird mit einem Hubschrauber im Land abgesetzt. Dort marodieren die Ärzte und entführen jeden mit, dessen sie habhaft werden können. Ein untergetauchter kommunistischer Polizeiarzt erklärt Jensen die Zusammenhänge: Nachdem es in einem Stadion zu einer blutigen Auseinandersetzung zwischen linken Demonstranten, Polizei und Militär gekommen war, gingen die Kommunisten in den Untergrund und brach eine Seuche im Lande aus. Die Ärzte entdeckten, dass Bluttransfusionen den Tod verzögern konnten und verabreichten sich Transfusionen. Als die Blutvorräte aufgebraucht waren, inszenierten sie einen Staatsstreich, ermordeten massenweise die Menschen und verabreichten sich deren Blut. Die Kommunisten stürzen nun die medizinische Junta, ermorden die Ärzte und übernehmen die Macht im Staat. Die Epidemie wurde von der ursprünglichen Regierung unter dem Codenamen »Stahlsprung« versehentlich verursacht. Die blaue Marke auf der Loyalitätserklärung war mit der Droge DH5 präpariert, die die Menschen leichter manipulierbar machen sollte. Jensen entging der Infizierung, weil er die Marke mit einem Schwamm anfeuchtete. DH5 macht jedoch auch aggressiv, so dass es zu unkontrollierbaren bürgerkriegsartigen Auseinandersetzungen kam, und sie führte zum Wahnsinn und schließlich zum Tod. Das brachte die Ärzte an die Macht, und nach ihnen die Kommunisten, die die Loyalitätserklärung nicht hatten abschicken müssen. Der Kapitalismus, so resümiert der Polizeiarzt abschließend, sei selbst ein Verbrechen, man müsse das Land jetzt endlich sozialisieren.

J. H.

ARKADI WAINER Russland (*1931)
GEORGI WAINER Russland (*1938)

Die Brüder Wainer waren für Sowjetrussland dasselbe wie → Boileau und Narcejac für Frankreich oder → Sjöwall und Wahlöö für Schweden. Weitere Krimis: *Tschasy dlja mistera Kelli* (1967, dt. *Uhren für Mr. Kelly*, 1986), *Wisit k minotawru* (1972, dt. *Besuch beim Minotaurus*, 1979), *Lekarstwo protiw stracha* (1978, dt. *Medizin gegen die Angst*, 1981), *Era miloserdija* ([wörtl. »Ära der Barmherzigkeit«], dt. *Die schwarze Katze*, 1982).

Im Zeichen von Schlinge und Stein

(OT: *Petlja i kamenj w seljonoj trawe* [wörtl. »Schlinge und Stein im grünen Gras«], 1991). Berlin: Verlag Volk und Welt, 1991. – Ü: Renate Landa, Thomas Reschke. – O/Z: Moskau; 1948, um 1975.

Petlja i kamenj w seljonoj trawe liegt ein authentischer Fall zu Grunde: Vor seinem Tod plante der Diktator Stalin noch einmal eine große Judenverfolgung. Am 13. Januar 1948 wurde auf seinen Befehl hin der jiddische Schauspieler Salomon Michoels von Unbekannten in Minsk ermordet; ein Schriftsteller und Mitarbeiter der Staatsanwaltschaft, Lew Schajnin, untersuchte mit absichtlich spärlichem Erfolg die Mordsache, in die auch Lawrentij Sasnawa verwickelt war, ein Neffe und Gefolgsmann des 1953 entmachteten und hingerichteten NKWD-Chefs Berija (1899–1953).

Als die jüdische Literaturwissenschaftlerin Sulamit »Ula« Ginsburg wegen der Ablehnung ihrer Dissertation einen Ausreiseantrag nach Israel stellt, wird sie zwangspsychiatrisiert. Ihr Freund, der alkoholkranke Schriftsteller Aljoscha Jepanschin, ringt seiner Schwägerin Eva um den Preis ihrer Karriere ein Gutachten ab, das

Ulas geistige Gesundheit bestätigt. Jepanschin ist zufällig der Sohn jenes KGB-Generals, der 1948 an der Leitung der Mordaktion um den jüdischen Schauspieler Michoels beteiligt war, und Ula ebenso zufällig die Tochter von Michoels seinerzeit ebenfalls ermordetem Begleiter (Ula und Aljoscha wechseln sich als Icherzähler ab). Ulas Kollege, der sich zufällig als bislang unbekannter Halbbruder von Ulas Freund Aljoscha Jepanschin entpuppt und diesem hilft, wird von einem KGB-Agenten aus einem fahrenden Zug gestoßen. Es bedarf Dutzender weiterer Zufälle, ehe die Mörder – Schejnin, Sasnawa und Jepanschins Vater – nach fast 30 Jahren gegen den Widerstand der in alte stalinistische Kameraderie und Komplizenschaft eingebundenen Behörden namhaft gemacht sind. Als sein Sohn ihn mit der Wahrheit konfrontiert, erliegt General Jepanschin einem Herzinfarkt. Ein Happy End bleibt aus: Ula wird nach Israel verfrachtet, Aljoscha bleibt, allein weitertrinkend, zurück. Sein Überleben verdankt er einzig und allein einem dreisten Bluff: Er kann den Geheimdienst Glauben machen, ein ausführliches Dossier über seine Erkenntnisse sei in den Westen gelangt und würde dort im Falle seines Verschwindens sofort veröffentlicht. Der Titel spielt auf Figuren beim Fingerknobeln an: die schwächere Schlinge schlägt den stärkeren Stein.

EDGAR WALLACE Großbritannien (1875–1932)

Edgar Wallace hat zur Finanzierung seines atemlosen, großspurigen Lebensstils Krimis in Serie produziert, aber keine wirklichen Serienhelden geschaffen. Seine Romane stecken voller romantischer Motive und Techniken wie Verkleidungen aller Art mit beliebigem Identitätswechsel, Trickböden und Geheimtüren, und eine Liebesgeschichte zwischen Inspektor und unschuldig Verfolgter ist allemal wichtiger als Logik und Polizeiarbeit. Die stereotypen Romane wären vermutlich längst vergessen ohne die rund 30 klassischen, u. a. mit dem legendären Klaus Kinski (1926–1991) hochkarätig besetzten Verfilmungen aus den 1950er- und 1960er-Jahren, die Otto Waalkes ebenso glänzend wie aufwendig in *Otto – Die Serie* parodierte, und ohne das halbe Dutzend Remakes aus den Jahren 1998/99, in denen u. a. Eddie Arent, der unverzichtbare komische *sidekick* von damals, in die Rolle des Sir John schlüpfen durfte. Weitere Edgar-Wallace-Klassiker: *The Dark Eyes of London* (1924, dt. *Die toten Augen von London*, 1959), *The Fellowship of the Frog* (1925, dt. *Der Frosch mit der Maske*, 1952), *The Squeaker* (1927, dt. *Der Zinker*, 1959), *The Traitor's Gate* (1927, dt. *Das Verrätertor*, 1954), *The India-Rubber Men* (1929, dt. *Das Gasthaus an der Themse*, 1956).

Der Hexer

(OT: *The Ringer*, 1926). **(1)** München: Goldmann, 1951. – Ü: Fritz Pütsch. **(2)** München: Goldmann, 1973 (Jubiläumsausg., 1990). – Ü: Gregor Müller. **(3)** Bern [u. a.]: Scherz, 1983 (Scherz-Krimi 897). – Ü: Gisela Stege. **(4)** München: Heyne, 1988 (Tb 02/2244). – Ü: Marilyn Wilde. – O/Z: London; 1925.
F: D 1964, R: Alfred Vohrer.

Der Edelkiller Arthur Milton, ein Meister der Verkleidung, mordete unter dem Namen »Der Hexer« ausschließlich Verbrecher. Bevor er – angeblich – ertrank, überantwortete er seine Schwester Gwenda der Obhut des heroinsüchtigen Anwalts und Hehlers Maurice Messer. Gwenda wurde dessen Sekretärin und Geliebte. Als sich Gwenda das Leben nimmt, muss Messer die Rache des »Hexers« fürchten und wird von der Polizei observiert. Gwendas Nachfolgerin wird die arme Mary Lanly, die sich in Bezirksinspektor Alan Wembury verliebt.

Wembury ermittelt gemeinsam mit dem düsteren Hauptinspektor Bliss und dem Polizeiarzt Dr. Lomond. Marys Bruder Johnny Lanly, ein Juwelendieb im Auftrage Messers, kommt aufgrund einer Denunziation Messers ins Gefängnis, wird aber auf Bewährung entlassen, weil er den stellvertretenden Direktor vor dem Angriff eines anderen Gefangenen bewahrt. Danach wird Johnny von Messer erneut verraten, verwirkt seine Bewährung und landet wieder im Gefängnis. Mary widersteht allen Versuchen Messers, sie zu seiner Geliebten zu machen, und versucht, ihrem Bruder durch einen dilettantischen Einbruch in Messers Kanzlei zu helfen. Da erscheint Cora Ann, die Frau des Hexers, in Marys Wohnung, wo sie eine verschlüsselte Nachricht verliert, die sich der »Hexer« bei einem nächtlichen Einbruch zurückholt. Dabei wird er von Hauptinspektor Bliss verfolgt, der dadurch in den Verdacht gerät, selbst der »Hexer« zu sein. Als Mary bei ihrem Einbruchsversuch überrascht wird, wird Messer mit seinem eigenen Stockdegen ermordet, der ebenfalls anwesende Polizeiarzt Dr. Lomond als der »Hexer« entlarvt. Er hat die Identität des gleichnamigen Mediziners angenommen, den er auf dem Sterbebett in Asien kennen gelernt hatte. Milton wird abgeführt, erscheint aber gleich wieder in der Verkleidung eines Constables, nimmt Cora Ann mit und verschwindet. Danach wird er vorerst nicht mehr gesehen (bis zum Roman *Again the Ringer*, 1929, dt. *Neues vom Hexer*, 1956).

MINETTE WALTERS Großbritannien
(d. i. Minette Caroline Mary Jebb, verh. Walters, *1949)

Minette Walters' Thriller funktionieren nur deshalb, weil die meist weiblichen Figuren glauben, ihr düsteres Geheimnis für sich behalten zu müssen. Ohne diesen erzählerischen Kunstgriff wären die sich mehr und mehr dokumentarisch gebenden, aber immer nervenzerfetzend spannenden Romane nach 25 Seiten zu Ende. Nachdem Minette Walters unter gut gehüteten Pseudonymen romantische Frauenromane verfasst hatte, wurde sie mit *Ice House* (1993, dt. *Im Eishaus*, 1994) weltberühmt. Das Buch wurde in 22 Sprachen übersetzt. Weitere Romane: *The Scold's Briddle* (1994, dt. *Die Schandmaske*, 1994; »Golden Dagger Award« 1994), *The Echo* (1997, dt. *Das Echo*, 1998), *The Shape of Snakes* (2000, dt. *Schlangenlinien*, 2001), *Acid Row* (2001, dt. *Der Nachbar*, 2002).

Die Bildhauerin

(OT: *The Sculpturess*, 1993). München: Goldmann, 1995. (Goldmann 42462, 1997.) – Ü: Mechtild Sandberg-Ciletti. – O/Z: Dawlington; 1987 (Vorgeschichte), 1992 (Haupthandlung). – P: »Marlowe« 1994.
F: GB 1999 (BBC), R: Stuart Orme.

Olive Martin gesteht, ihre Mutter Gwen und ihre Schwester Amber erschlagen und zerstückelt zu haben. Die Schriftstellerin Rosalind »Roz« Leigh lernt bei den Vorarbeiten für ein Buch über den Fall eine verstörte junge Frau kennen, deren unförmiger Körper in krassem Gegensatz zu der Sensibilität steht, mit der sie Wachs- und Tonfiguren gestaltet. Die Schriftstellerin setzt alles daran, Olives Unschuld zu beweisen. Ihre Recherchen gestalten sich äußerst mühsam, da sämtliche Zeugen aus den verschiedensten Gründen auskunftsunfreudig sind. Folgendes spielte sich ab: Olives schöne, aber durch und durch egomane und intrigante Schwester Amber bekam mit 13 Jahren einen Sohn, der sofort mitsamt seinen Adoptiveltern in Australien verschwand. Robert Martin, der mittlerweile verstorbene Vater von Olive und Amber, war homosexuell und unterhielt kurzzeitig ein Verhältnis mit seinem Nachbarn Edward Clarke. Tochter Olive unterhielt ebenfalls ein Verhältnis mit Clarke und hatte kurz vor dem Mord ein Kind abgetrieben, das sie von ihm erwartete. Gleich danach provozierte ihre Schwester Amber einen lautstarken Familienstreit, in dessen Verlauf Roberts Homosexualität, Ambers unehelicher Sohn und Olives Schwangerschaftsabbruch zur Sprache kamen. Wiederum kurz darauf – Olive und Robert hatten das Haus bereits verlassen – tötete und zerstückelte die damals schon nicht mehr ganz zurechnungsfähige, nunmehr völlig senile Frau des Nachbarn Mr. Clarke Amber und deren Mutter Gwen Martin aus Rache für den doppelten Betrug ihres Mannes und verbrannte die Kleider der Toten sowie ihre eigene, blutdurchtränkte Kittelschürze im Garten. Olive fand später die Leichen. Die Tatsache, dass ihr Liebhaber auch der Liebhaber ihres Vaters war, ferner die Angst, dass ihr Vater ein Doppelmörder sein könnte und schließlich das hormonelle Chaos nach dem Schwangerschaftsabbruch stürzten sie derart in Panik, dass sie nicht sofort die Polizei holte, sondern versuchte, die zerstreuten Leichenteile wieder zusammenzufügen. Danach gestand sie den Doppelmord. Der feige Vater Edward Clarke tat nichts, um dem Mädchen zu helfen. Robert Martin bezahlte Olives Anwalt und hinterließ sein Vermögen Ambers Sohn, der nie aufgefunden wird. Roz erreicht die Wiederaufnahme von Olives Fall. Indizien wie die verbrannten Kleider werden neu interpretiert, Olive kommt frei und bekommt das Geld ihres Vaters, das Buch über sie wird ein Erfolg, Roz kauft ein romantisches Haus am Wasser, wo sie ungestört schreiben kann.

Dunkle Kammern. Psychothriller

(OT: *Dark Room*, 1995). München: Goldmann, 1997. (Goldmann 44501, 1999.) – Ü: Mechthild Sandberg-Ciletti. – O/Z: England; 1994.
F: GB 1999, R: Graham Theakston.

Dark Room ist Minette Walters' vielleicht kompliziertester Thriller: Die 34-jährige erfolgreiche Fotografin »Jinx« (engl., ›Unglücksrabe‹) hat eine Familie, die sich durch ausgesuchte Bosheit auszeichnet. Am schlimmsten verhält sich ihr rassistischer Vater. Dieser Vater war es auch, der Jinx' ersten Ehemann, den Kunsthistoriker Russell Landy, zwang, seine Universitätskarriere aufzugeben. Wenig später wurde der Kunsthistoriker Russell Landy ermordet, der Mörder blieb unentdeckt. Die Fotografin Jinx brauchte lange, bis sie in Leo Wallander eine neue Liebe fand, doch als die Hochzeit geplante wurde, wandte sich der Bräutigam wieder seiner alten Geliebten Meg Harris zu. Meg Harris war bis dahin Jinx' beste Freundin, obwohl sie auch mit Jinx' erstem Ehemann Russell Landy, dem Kunsthistoriker, einmal ein Verhältnis hatte. Nachdem Beinahe-Bräutigam Leo Wallander und dessen Geliebte Meg Harris ermordet worden sind, unternimmt Jinx zwei Selbstmordversuche und wird in das Sanatorium von Dr. Allan Protheroe eingeliefert. Dort werden auf sie und Dr. Protheroe mehrere Mordanschläge verübt. Die Aufklärung der Morde bzw. Mordanschläge verzögert sich unter anderem dadurch, dass Jinx die Wahrheit zwar kennt, sie aber in den »dunklen Kammern« ihres Unterbewusstseins eingeschlossen hält, d. h. sie verdrängt hat. Am Ende steht jedoch der geisteskranke Priester Simon Harris, der Bruder von Jinx' bester Freundin Meg, als Mörder und Attentäter fest. Sein Motiv für den Mord an der Schwester und deren Geliebtem ist Sexualneid. Jinx und ihren behandelnden Arzt Dr. Protheroe versuchte Simon umzubringen, weil er fürchtete, dass

Jinx die Wahrheit möglicherweise ihrem Arzt mitteilen würde oder bereits mitgeteilt hatte. Schließlich begeht Simon Selbstmord. Mit Simons Tod endet auch Jinx' Gedächtnisblockade. Obwohl nicht für jeden einzelnen Punkt handfeste Beweise vorliegen, schließen die ermittelnden Polizisten Inspector Maddocks und Superintendent Frank Cheever die Akte. Am Ende des vertrackten Falles voller ge- und zerstörter zwischenmenschlicher Beziehungen steht Jinx als große Gewinnerin da: als die Mordgeschichte die Aktien der Firma ihres Vaters in den Keller fallen lässt und sich ihr Vater vom Vorstandsposten der Firma zurückziehen muss, kauft sie sie auf und profitiert von raschen, durchschlagenden Kursgewinnen.

Wellenbrecher

(OT: *The Breaker*, 1998). München: Goldmann, 1999. (Goldmann 44703, 2000.) – Ü: Mechtild Sandberg-Ciletti. – O/Z: englische Küste; Sommer 1997.

Weil die Person, deren Schweigen die lange Romanhandlung erst ermöglicht, ein dreijähriges Kind ist, ist *The Breaker* überzeugender als viele andere Romane von Walters. Ein Schwachpunkt ist freilich das Motiv des Mörders. – Die schwangere Kate Sumner wird ertrunken am Strand gefunden: nackt, vergewaltigt, mit gebrochenen Fingern. Ihr dreijähriges Töchterchen Hannah taucht unversehrt, gepflegt und gut genährt im nächsten Ort auf. Beim Anblick ihres Vaters William fängt Hannah unmotiviert an zu schreien und spricht zu niemandem ein Wort. Mordverdächtig sind der Schauspieler und Pornodarsteller Steven Harding, der die Tote intim kannte, und ihr Ehemann, dessen Alibi zweifelhaft ist. Constable Nick Ingram und Constable Griffiths führen die mühevollen Ermittlungen durch, an deren Ende der Pornodarsteller Steven Harding als Mörder feststeht. Zunächst macht sich Harding durch unmotivierte Gewalttätigkeit gegen Maggie Jenner verdächtig, die ihm am Strand begegnet. Kate Sumner und ihr späterer Ehemann William arbeiteten im selben pharmazeutischen Unternehmen. Kate hatte ein Verhältnis mit einem Kollegen, wurde mit Hannah schwanger und heiratete dann überraschend William, dessen Entgegenkommen sie sich mit sexueller Willfährigkeit erkaufte. Weil die extrem mutterfixierte Hannah das Intimleben mit William, aber auch mit ihrem kurzzeitigen Geliebten Steve Harding beharrlich störte, musste sie vor den Augen des Kindes mit ihrem Geliebten schlafen (was die heftigen Reaktionen des Kindes beim Anblick des Vaters erklären soll). Nach einem für beide Seiten unbefriedigenden Ehebruch auf Hardings Boot kam es zu Streitigkeiten, in deren Verlauf Kate aus Wut die Kajüte mit dem Kot aus einer von Hannahs Windeln verschmutzte und Harding verließ. Um das Misstrauen ihres Ehemanns William zu zerstreuen, zeigte ihm Harding homosexuelle Pornofotos von sich. An einem Schwulenimage ist ihm auch deshalb gelegen, weil eine Minderjährige von ihm ein Kind erwartet. Seinem Freund Tony Bridges, einem Chemielehrer und Drogenhändler, hat Harding von Kates Attacke mit der Windel, ohne zu ahnen, dass Chemielehrer Bridges in Kate hoffnungslos verschossen ist. Aus Eifersucht verschmiert Bridges regelmäßig Steven Hardings Wagen mit Kot und macht ihn glauben, die rachsüchtige Kate wäre die Urheberin. Der Schauspieler Steve Harding betäubt Kate und Hannah in Bridges' Garage mit einem Schlafmittel und schafft die beiden auf sein Boot und lässt Kate gefesselt in einem halblecken Schlauchboot ins Meer hinaustreiben. Kate kann sich befreien, ertrinkt aber und wird an den Strand gespült. Unfähig, ein Kind zu töten, bringt Harding Kates Tochter Hannah an Land, wo sie wohlbehalten gefunden wird.

ZEUS WEINSTEIN Deutschland
(d. i. Peter Neugebauer, *1929)

Der *Stern*-Journalist Peter Neugebauer schuf den lange Zeit bekanntesten deutschen Sherlock-Holmes-Roman nach R. L. Stemmles *Der Mann, der Sherlock Holmes war* (1937) und gibt ihn den Regeln des Genres folgend als Fragmente eines nachgelassenen Werkes von Dr. Watson aus. Thematisch verwandt ist der Roman mit Helmuth Benesch, *Wie Bismarck ermordet wurde* (1992), in dem – allerdings ohne Holmes – u. a. durch eine heimliche Teilobduktion von Bismarcks Leichnam vergeblich die Ermordung des ehemaligen Reichskanzlers nachgewiesen werden soll.

Sherlock Holmes: Die Wahrheit über Ludwig II. Ein Bericht von Dr. John H. Watson, herausgegeben von Zeus Weinstein
Stuttgart: DVA, 1978. – O/Z: Hamburg, Bayern; 1886.

Der Roman gibt sich aus als vom Herausgeber penibel annotierte deutsche Akte mit dem Stempel »Geheime Reichssache«. Sie besteht aus Aufzeichnungen von Sherlock Holmes, Dr. Watson und deutschen Behörden sowie aus Auszügen eines reißerischen Romans des Sachsen Karl-Friedrich Waffenschmied. Holmes beordert Watson, der sich in San Francisco niedergelassen hat, per Schiff nach Europa, weil Otto von Bismarck die Einheit des Reiches durch die politischen Wirren um den angeblich geisteskranken Bayernkönig Ludwig II. in Gefahr sieht. Watson erreicht Hamburg in der Maske des reichen Amerikaners William S. Shakleton und wird von dem preußischen Kriminalpolizisten Roding empfangen. Sherlock Holmes tritt unter dem Namen William S. Escott als Ex-Schauspieler, Geiger und Journalist auf. Von Friedrichsruh aus, wo Bismarck letzte Instruktionen erteilt und sie mit dem Bismarck-Hering vertraut macht, reisen die beiden nach Bayern und spionieren wiederum recht hilf- und planlos in der Umgebung von Neuschwanstein herum. Bevor der König zusammen mit seinem Leibarzt von Gudden zu Tode kommt, wird eine angebliche königliche Hofdame erwürgt, die Watson sprechen wollte und die sich im Tode als Mann entpuppt. Der zwielichtige Baron Anton spielt Holmes/Escott zur Ablenkung alle möglichen Informationen zu, so etwa Berichte über den Tod des Königs, abgegeben von Ärzten, Polizisten oder Bediensteten. Holmes vermutet, dass der König und von Gudden ertränkt wurden; die Spuren am angeblichen Tatort sind verwirrend und werden von offizieller Seite noch verwirrender und widersprüchlicher interpretiert; außerdem werden lästige Zeugen bei fingierten Unfällen beseitigt und ein Bootshaus, in dem verdächtige Spuren zu finden waren, über Nacht abgerissen. Als Ende dient das furiose Finale eines Romans von Karl-Friedrich Waffenschmied: der König wurde von seinem Doppelgänger, dem Schauspieler Stephan Stepberg, vertreten, wenn er sich seinen aufwändigen träumerischen Selbstinszenierungen hingeben wollte. Damit der Rollentausch nicht auffiel, durften Bedienstete dem König bzw. dessen Darsteller nie direkt ins Gesicht blicken oder mussten sich ihnen sogar auf allen Vieren kriechend näherten. Nachgelassene Notizen belegen, dass die österreichische Kaiserin Sissi den Doppelgänger kannte und diesen mehrmals im Beisein des echten Ludwig traf. Auf einem der königlichen Fantasieschlösser stößt Holmes den königlichen Leibwächter nach einem Duell – Schwert gegen Bergstock – in die Tiefe. Stepberg und der königliche Leibzwerg stürzen sich mit einem Flugapparat hinterher. Der Roman schließt mit einer schriftlichen Warnung von Holmes vor der Affäre Meyerlinck (dem Selbstmord des Kronprinzen Rudolf).

FRIEDHELM WERREMEIER Deutschland (*1929)

Friedhelm Werremeier (»Ehrenglauser« 1993) ist der Erfinder des bärbeißigen NDR-*Tatort*-Kommissars Trimmel, als der Walter Richter 1970 im ersten *Tatort* überhaupt im *Taxi nach Leipzig* fuhr. Trimmel verabschiedete sich am 19. September 1982 in der 141. Serienfolge mit *Tristan und Isolde*, einem Gerichtskrimi, in dem er – passend zu seinem Abgang – der Gerechtigkeit nicht zum Siege verhelfen kann. Weitere Trimmel-Romane: *Taxi nach Leipzig* (1970, erschien erstmals unter dem Pseudonym Jacob Wittenbourg), *Ein EKG für Trimmel* (1972), *Trimmel und der Tulpendieb* (1974), *Hände hoch, Herr Trimmel* (1976), *Trimmel hält ein Plädoyer* (1983).

Trimmel und Isolde

München: Heyne, 1980 (Heyne Krimi 2063). – O: Hamburg.

Der Journalist Klaus Bothüter wird beschuldigt, seine Ex-Frau Isolde mit einer Wagner-Büste erschlagen zu haben. Sämtliche Indizien sprechen gegen ihn, die zehnjährige Tochter, die ebenfalls Isolde heißt, hat ihren Vater augenscheinlich beim Mord an ihrer Mutter beobachtet. Bothüters Motiv könnte die geringe Summe sein, die ihm nach der Auszahlung des üppigen monatlichen Unterhalts an Isolde zum Leben übrig blieb. Für den Fall seines Freispruchs will sich der Journalist Bothüter um das Sorgerecht für Tochter Isolde bemühen, an dem er vor der Scheidung kein Interesse hatte. Mutter Isoldes Vater, der Wagner-Dirigent Siegfried Matuschek, hatte vermutlich ein inzestuöses Verhältnis mit seiner Tochter, die verrückt nach der Oper *Tristan und Isolde* war. Mit Wagner-Wahn und Sexsucht, so Bothüter, habe sie ihre Ehe zerstört. Bothüter flieht aus der U-Haft, um Tochter Isolde zu besuchen, wird aber rasch wieder eingefangen. Als alle Versuche, ihn zu überführen, scheitern, bequemt sich Trimmel zu einem Deal auf seine Kosten mit dem Ankläger: seine vorgetäuschten Gedächtnislücken dienen als Vorwand, dem Gericht ein Band mit einem Beinahegeständnis vorzuspielen, doch selbst das führt nicht zur Verurteilung. Bothüter hat mit Anwalt Schenkel einen höchst engagierten Verteidiger. Schenkel ist der Ex-Freund von Bothüters neuer Lebensgefährtin Marlies Effenberger, und die erklärt sich bereit, bis zu Bothüters avisiertem Freispruch wieder mit Schenkel zu schlafen. Der Roman ist auktorial erzählt, doch kommt Bothüters Kollegen, dem freien Journalisten Robert Gerber, die Rolle eines sarkastischen Kommentators zu; oft werden Notizen zur Gerichtsverhandlung kontrapunktisch wiedergegeben. Die Unmöglichkeit, Bothüter zu überführen, und die Tatsache, dass er freigesprochen wird, bürsten die Spielregeln des Genres gegen den Strich.

JANWILLEM VAN DE WETERING Niederlande (*1931)

Janwillem van de Wetering lebte in einem Zenkloster im japanischen Kioto, bevor er erst auf Englisch, dann auf Niederländisch Kriminalromane zu schreiben begann, in deren Mittelpunkt Brigadier Renus de Gier und Adjutant Henrik Grijpstra standen, zwei Kriminalpolizisten aus Amsterdam, die in ihrer Freizeit Musik machten. Mit der Zeit wurden Van de Weterings Bücher immer experimenteller, ja surrealistischer; in *The Mind Murders* (1981, dt. *Ketchup, Karate und die Folgen*, 1982) traten Polizisten auf, die Ketchup und Karate hießen und von Kritik und Leserschaft abgelehnt wurden. Weitere Werke: *The Corpse on the Dike* (1976, dt. *Der Tote am Deich*, 1978), *The Japanese Corpse* [wörtl. »Die Japaner-Leiche«] (1977, dt. *Ticket nach Tokio*, 1979), *Streetbird* [wörtl. »Straßenvogel«] (1983, dt. *Der Commissarius fährt zur Kur*, 1983), *De Ratelrat* [wörtl. »Die Plapperratte«] (1984, dt. *Rattenfang*, 1986), *De zaak ijsbreker* [wörtl. »Der Fall ›Eisbrecher‹] (1985, dt. *Der Feind aus alten Tagen*, 1987), *The Blond Baboon* (1987, dt. *Der blonde Affe*, 1979).

Tod eines Straßenhändlers

(OT: *Death of a Hawker*, 1977). Reinbek: Rowohlt, 1978 (rororo thriller 2464). – Ü: Hubert Deymann. – SF: Brigadier Rinus de Gier, Adjutant Henk Grijpstra. O: Amsterdam.

Der Straßenhändler Abe Rogge liegt mit zerschmettertem Gesicht in seinem Zimmer, das keinerlei Kampfspuren aufweist. Möglicherweise hat ihn ein durch das offene Fenster geschleuderter Gegenstand getroffen, der ebenfalls fehlt. Im Haus Rogges wohnen er, seine Schwester Esther und sein Gehilfe Louis Zilver. Während der Gehilfe Zilver Rogge vorbehaltlos bewundert, schildert seine Schwester ihn als einen Frauenhelden und zynischen Menschenverachter. Klaas Bezuur empfindet nur noch Hass gegen ihn. Die Freundschaft zu ihm endete, als Bezuur das Tiefbaumaschinengeschäft seines Vaters erbte und Millionär wurde. Daraufhin bediente sich Rogge Klaas Bezuurs nur noch zur Finanzierung seiner Großeinkäufe. Bezuur veränderte sich in der Folge stark: Seine Ehe scheiterte, er begann zu trinken und unterhält nun zahlreiche Liebschaften. Als Straßenhändler war Rogge nur zum Vergnügen tätig, seinen Reichtum vermehrte er als Großhändler, zum Teil in östlichen Ländern. Ein Ex-Polizist und Informant wird in der unmittelbaren Nähe einer Telefonzelle ermordet, bevor er Informationen weitergeben kann. Brigadier de Gier glaubt, dass Rogge vom Dach eines Hausbootes aus mit einer Kugel getötet wurde, die an einem elastischen Band befestigt war. Diese Waffe muss absolut unauffällig sein, denn niemand hat sie in der zur Tatzeit belebten Gracht gesehen. De Gier und sein junger Kollege Cardozo und später auch Grijpstra ermitteln verdeckt als Straßenhändler getarnt. Zilver findet heraus, dass der Gehilfe Bezuur Meister einer neuen Sportart ist, bei der mit an der Angelrute befestigten Pfeilen nach einer Zielscheibe geworfen wird. Als Angler verkleidet, tötete Bezuur, der das Ende der Freundschaft und eine Ablehnung seines Heiratsantrages von Esther nicht verkraftet hatte, Rogge in einem unbeobachteten Augenblick. Der Commissaris gestattet es Zilver, ihn und seine Mitarbeiter zu einem der Maschinenlagerplätze Bezuurs zu begleiten. Der sieht sie kommen, und als Bezuur auf einem Maschinenlagerplatz verhaftet werden soll, fährt er mit einem Bulldozzer auf den Commissaris zu, der sich mit Mühe in Sicherheit bringen kann. Zilver greift mit einem Schaufelbagger Bezuur an und tötet ihn. G. R.

PETER R. WIENINGER Österreich (*1966)

Nach *Die Spur der Katzen* (1996) ist *Die Fährte des Drachen* der zweite Kriminalroman Peter R. Wieningers, der als stellvertretender Referatsleiter im Hauptverband der österreichischen Sozialversicherungsträger arbeitet. Der Roman ist ein superharter, grotesk übersteigerter Krimi voller Anspielungen auf amerikanische Action-Filme wie *A Low Down Dirty Shame* (dt. *Mr. Cool*, USA 1995), in dem Kenan Ivory Wayans als schwarzer Superdetektiv Shame brandgefährliche Tennisbälle zum Einsatz bringt, oder *Game over* von Ph. → Kerr.

Die Fährte des Drachen

Leipzig: Reclam, 1997 (RBL 1591). – O: Wien.

Die Frau des Privatdetektivs Daniel Dillinger verlangt die Scheidung, doch der hat in Gestalt der Journalistin Diana Colditz eine Freundin, die ihn uneingeschränkt zu unterstützen scheint. Oberoffizial Eduard Novotny, ein subalterner Beamter, erteilt Privatdetektiv Dillinger den gut dotierten Auftrag zur Beschattung seiner Frau Gloria, der Vorzimmerdame des Wiener Bürgermeisters. Gloria scheint einer Art Callgirl-Ring anzugehören, besitzt einen abhörsicheren Mercedes E 420 und besucht u. a. den festungsartigen Sitz eines Firmenkonglomerats, dessen Teilfirmen Namen deutscher Klassiker tragen. Als er eine Konferenz hochrangiger Vertreter von Polizei, Militär und Geheimdienst observiert, wird Dillinger verhaftet, verprügelt und kurzfristig eingesperrt, sein Büro wird mit Kot verschmutzt, sämtliche Datenträger verschwinden, die Monitore werden zertrümmert. Als Dillinger aus einem Alkoholrausch erwacht, liegt Gloria, die Frau des Bürgermeisters, erstochen im Zimmer, der schießwütige Hauptmann Rellik mit seinen Leuten hämmert bereits an die Tür. Mit viel Glück und Frechheit entkommt der Privatdetektiv und tritt eine aberwitzige Flucht an, bis er bei seiner Freundin, der Journalistin Diana, Zuflucht findet. Schließlich dringt er in den Hauptfirmensitz ein, wo er mit benzingefüllten Tennisbällen unter ledergewandeten, schwerbewaffneten Verfolgern ein Blutbad anrichtet, sämtliche Computeranlagen zerstört und den »Big Boss« als Geisel nimmt. Weil »Big Boss« Zugriff auf sämtliche zivilen und militärischen Datennetze besitzt, verfügt er über nahezu unbegrenzte Macht, ist aber selbst nur der Strohmann des mächtigen Zentralcomputers »der Drache«. »Der Drache« schmiedete einen komplizierten Plan, um den »Big Boss« loszuwerden, der ihm gefährlich werden konnte; Dillinger muss am Ende einsehen, dass er lediglich eine Spielfigur in diesem Plan war. Als Vorwand, Dillinger ins Spiel zu bringen, diente der Überwachungsauftrag des Oberoffizials Novotny, der in Wahrheit ganz anders heißt und bald darauf Selbstmord verübt. »Der Drache« verschaffte Dillinger Zugang zum Firmensitz, doch dessen Zerstörungsorgie fügte dem Gesamtsystem keinen nachhaltigen Schaden zu. Als Dillinger den verkleideten »Big Boss« freilässt, wird dieser von Scharfschützen durchsiebt. Danach wird auch Dillinger getötet. Am Ende erklärt der »Drache« dem Sohn von »Big Boss« gegenüber seine Unabhängigkeit von jeder menschlichen Willensäußerung; Diana Colditz war die ganze Zeit seine Verbündete und hat Dillinger verraten. F. R.

STEFAN WINGES Deutschland (*1957)

Eine Untergattung des Metropolen-Krimis im Allgemeinen und des Köln-Krimis im Besonderen ist der historische Köln-Krimi, der in diesem Fall gleichzeitig ein gelungener Sherlock-Holmes-Roman ist. Der Meisterdetektiv trifft darin mit den späteren Eltern von Indiana-Jones zusammen: Dr. Henry Jones senior und seine Verlobte Luzia von Bylandt. In dem Film *Indiana Jones and the Last Crusade* (USA 1988, dt. *Indiana Jones und der letzte Kreuzzug*) wurde Henry Jones von Ur-James-Bond Sean Connery verkörpert.

Der vierte König

Köln: Emons, 2000 (Köln Krimi Classic). – O/Z: Köln; 1896.

Am 6. Januar 1896 rauben zwei Diebe mit Drachen-Tätowierung auf dem Arm die Gebeine der Heiligen Drei Könige aus dem

Kölner Dom. Später werden beide Diebe getötet, die Beute verschwindet spurlos, und auch von anderen Orten werden Reliquien der Heiligen gestohlen. Pater Hieronymus führt die göttliche Legitimation des deutschen König- und Kaisertums auf die drei Heiligen zurück. Ein sagenhafter vierter König wolle jedoch als satanischer Gottkönig über die Menschen herrschen. Holmes, der mit Watson aus London herbeigeeilt ist, rekonstruiert in Konkurrenz zu dem energischen, etwas beschränkten preußischen Kriminalkommissar von Stamm den Weg der Einbrecher in den Dom und deduziert, dass ihnen von einem Zirkusartisten assistiert wurde. Hinter diesen steht ein namenloser Hauptschurke. Nach einer Reihe von Morden schlüpft er in die Rolle eines getöteten Geistlichen; Kriminalkommissar von Stamm ist einer seiner Informanten. Mit Luzia, der Verlobten von Dr. Jones, als Geisel und einigen Getreuen fährt der Schurke auf einem Schiff rheinabwärts zur Burg Drachenfels, um Luzia unter Zerstörung der Drei-Königs-Reliquien zu opfern und so zur Inkarnation des Teufels auf Erden zu werden. Obwohl Holmes, Watson und Dr. Jones das schnellste Dampfboot auf dem Rhein zur Verfügung steht, können die Schurken zunächst in ihren Schlupfwinkel entkommen. Nach einem beschwerlichen Aufstieg zum »Drachenfels«, bei dem Watson und Jones nach dem Genuss wärmenden Cognacs Opfer schrecklicher Halluzinationen werden, dringen die drei in eine unterirdische Kathedrale ein. Es kommt zu einer Auseinandersetzung mit einer etwa fünffachen Übermacht, in deren Verlauf sich Luzia geschickt mit einer Peitsche wehrt und ihr Verlobter Dr. Jones die Gewänder der Satanisten in Brand setzt. Das anschließende Feuer zerstört den Felsendom und das magische »Buch des großen Drachen«. Im Gegensatz zu den Satanisten können sich die Helden ins Freie retten. Der falsche Castelli scheint ebenfalls umgekommen, doch Holmes bleibt skeptisch. Er befürchtet das Erscheinen eines »Napoleons des Verbrechens«. Immerhin ist das Gesicht des größenwahnsinnigen Schurken für immer von Luzias Peitsche gezeichnet.

TOM WITTGEN Deutschland
(d. i. Ingeburg Siebenstädt, *1932)

Ingeborg Siebenstädt alias Tom Wittgen, die »Agatha Christie der DDR«, konnte als eine der wenigen ostdeutschen Krimiautoren überhaupt ihre Karriere nach der Wiedervereinigung fortsetzen und erhielt 1994 den »Ehrenglauser« für ihr Lebenswerk. Einer ihrer Serienhelden ist Kommissar Karl Simosch, der bereits in der DDR für Recht und Ordnung sorgte. Weitere Krimis von Tom Wittgen: *Der zweite Ring* (1970), *Die singende Taube* (1976), *Herbstzeitlose* (1981), *Das Nest* (1986), *Nabobs Tochter* (1990).

Rotlicht
Düsseldorf: Econ, 1996. – SF: Kommissar Simosch. O/Z: Leipzig; nach 1991.

Auf dem Wohnwagenstrich in Leipzig wird mit einer Schrotflinte ein Mann erschossen, der einen alten Gewerkschaftsausweis auf den Namen »Christian Rautenstrauch« bei sich trägt, aber eigentlich eine andere Identität besitzt. Der zwielichtige Geschäftsmann Lorenz Bastick will in Leipzig ein Eroscenter eröffnen und deshalb den Straßenstrich beseitigen. Weil der Tote die Polizei auf den Plan gerufen hat und dies die Geschäfte stört, soll Jürgen, der Bruder von Geschäftsmann Bastick, den Todesschützen finden. Der weiß nicht, dass dieser Schütze sein eigener Bruder Jürgen ist und sich Jürgen also selber suchen muss.

Die Prostituierte Betty Rendell ist die einzige, die Kommissar Simosch und dessen Kollegen Olbricht gegenüber zu Aussagen bereit ist. Sie erzählt, dass der Tote Broder Hühlmann hieß, ihr Lebensgefährte war, den Wohnwagenstrich eingerichtet hatte und nun offenbar ein Opfer der Konkurrenz wurde. Dann wird der echte Christian Rautenstrauch von einem Berufskiller erstochen, und es droht eine gewalttätige Auseinandersetzung zwischen Bastick und seinen Schlägern aus Frankfurt und den örtlichen Zuhältern, darunter Jürgen. Kommissar Simosch erschießt Jürgen, als dieser die Schrotflinte zückt, mit der er auch Rautenstrauch getötet hat. Betty verschwindet aus Leipzig, Bastick eröffnet sein Eroscenter und wird ein mächtiger Mann im Rotlichtmilieu, Kommissar Simosch und Olbricht erkennen wieder einmal die Grenzen ihrer Möglichkeiten. K. W. P.

KLAUS-PETER WOLF Deutschland (*1954)

Klaus-Peter Wolf verzichtete mit Vorbedacht auf ein Studium, um seine Fantasie nicht durch akademisches Wissen lahmzulegen. Zur Vorbereitung seiner literarischer Arbeiten wurde er z. B. Mitglied einer Rockerbande und betätigte sich als Mädchenhändler (wobei er für diese Tätigkeit sogar eine Steuernummer erhielt). Klaus-Peter Wolf schrieb Drehbücher für die TV-Serien »Tatort«, »Polizeiruf 110« (u. a. *Kleine Dealer – Große Träume*, *Hetzjagd* und *Feuer!*) und zur Serie *Sportarzt Conny Knipper*. Weitere Romane: *Tödliches Glück* (1988), *Traumfrau* (1989), *Kapuzenmann* (1991).

Samstags, wenn Krieg ist

Hamburg: Hoffmann & Campe, 1994. (Knaur 60390, 1995.) – O: Ichtenhagen.
F: D 1994 (ARD), R: Roland Suso Richter.

Die Spießbürger-Familie Schmidtmüller (der Name symbolisiert gedoppelte Durchschnittlichkeit) ist vom Schicksal gebeutelt: Sohn Johannes, genannt Yogi, ist ein geistig behinderter Pflegefall, seit er von einem Auto überfahren wurde, sein Bruder Siggi spielt jeden Samstag Krieg und Drittes Reich in einer Neonazi-Gruppe, Tochter Renate wird ermordet. In letzterem Fall hat buchstäblich der böse Wolf zugeschlagen: Wolf Kleinhaupt (der Name spielt auf die Intelligenz des Trägers an) ist Anführer der Neonazis, mit denen Siggi verkehrt. Um ein »Großdeutsches« Fanal zu setzen, bereitet er einen Sprengstoffanschlag auf ein Asylbewerberheim vor. Er ist in Renate Schmidtmüller verliebt, doch die zieht den verheirateten Pizzabäcker Gino vor. Wolf stiehlt sich nach einer Feier Ginos Wagen, erwürgt Renate nach einem leichten Unfall auf freiem Feld und verscharrt sie notdürftig. Damit ihn seine Fußspuren nicht verraten, vernichtet er sogar seine Springerstiefel; als Mordverdächtiger wird Pizzabäcker Gino festgenommen. Renates geistig behinderter Bruder Yogi, der Zeuge des Mordes wurde, hinterlässt Fingerabdrücke auf Ginos Wagen. Fortan bekommt er beim bloßen Anblick Wolfs schon Panikattacken. Aus Angst davor, entlarvt zu werden, behauptet Wolf Siggi gegenüber, Yogi habe seine Schwester Renate bei einem Vergewaltigungsversuch umgebracht. Siggi durchschaut Wolfs Lügen und will ihn im Steinbruch, dem Treffpunkt der Neonazitruppe, mit einem Baseballschläger umbringen. Kommissarin Vera Bilewski hat inzwischen die Zusammenhänge ebenfalls erkannt und ist, einer blitzartigen Eingebung folgend, mit ihrem Kollegen Kramer rechtzeitig zur Stelle. Als Wolf einen schweren Hammer gegen Siggi schwingt, wird er von Kramer niedergeschossen. Zuvor ist Yogi durch die Explosion einer Sprengfalle verletzt worden, mit der Wolf ihn als unkontrollierbaren Mitwisser beseitigen wollte, überlebt jedoch.

GABRIELE WOLFF Deutschland
(d. i. Gabriele Gordon, *1955)

Gabriele Wolff hat ihrer Serienheldin Staatsanwältin Beate Fuchs die eigene Biografie auf den Leib geschrieben. Beide arbeite(te)n eine Zeitlang in den neuen Bundesländern. Weitere Titel: *Liebhaber und andere Opfer* (1992), *Arme Ritter* (1993), *Von toten Ratten & zahmen Tauben* (1996).

Tote Oma

Frankfurt a. M.: Fischer, 1997 (FiTb 13771). – SF: Beate Fuchs. O: Neuruppin, Köln.

Die »Tote Oma« ist ein Blutwurstgericht, das eine der Romanfiguren verspeist. Ein prominenter Kölner Internist unterzieht Patientinnen unter dem Deckmantel gründlicher Untersuchungen erniedrigenden Prozeduren. Trotz den Behinderungsversuchen eines Kollegen treibt Beate Fuchs die Ermittlungen soweit voran, dass ihre Amtsnachfolgerin den Arzt wird anklagen können (Beate Fuchs wird auf eigenen Wunsch hin nach Neuruppin versetzt werden). Außerdem beschäftigt sich Beate mit der Akte des dümmlich-brutalen Müllwerkers Ulf Brandenburg aus Neuruppin, der Giftmüll quer durch Deutschland transportiert. Brandenburg begegnet ihr in Neuruppin wieder. Dort zieht die geschiedene Edith Teichmann drei Kinder von zwei verschiedenen Vätern groß, nämlich die Punkerin Eddie und die Zwillinge Mirko und Mandy. Außerdem erwartet sie ein Kind von ihrem Lebensgefährten Ulf Brandenburg. Dessen ganzes Herz hängt an seinem BMW, der eines Morgens stark beschädigt in der Garage steht. Mandy, eine der Zwillinge, glaubt, sie habe die Beschädigung versehentlich mit ihrem Fahrrad verursacht. Weil er keine Angst mehr vor Prügel hat, nimmt ihr Zwillingsbruder Mirko die Schuld auf sich, aber der Müllwerker Ulf schlägt die kleine Mandy tot. Die Mutter erzählt Mirko, sie habe Mandy zu ihrem leiblichen Vater Richard Teichmann nach Dresden geschickt. Da aber Mandy niemals ihren Micky-Maus-Wecker zurücklassen würde, schickt Mirko seine Oma Helene Krause mit einer Polaroid-Kamera nach Dresden. Von dort kehrt die alte Frau mit Fotos vom Grab Richard Teichmanns zurück und fordert ultimativ eine Erklärung von Edith. Nach dem allfälligen Streit bricht sich Oma Krause auf dem Heimweg ein Bein, bleibt hilflos im Freien liegen und erfriert. Es kostet Beate Fuchs nur wenig Mühe, Mirko dazu zu bringen, ihr alles zu erzählen. Obwohl es seine Lebensgefährtin Edith gewesen war, die in einem Anfall von Wut und Verzweiflung das Auto beschädigt hatte, ließ Ulf Brandenburg seine Wut an Mandy aus, erschlug sie und brachte die Leiche zunächst in den Kohlenkeller, dann auf die Müllkippe. Helene Krause, die wusste, dass Mandy tot war, verfolgte er auf ihrem nächtlichen Weg zu ihrer Freundin, entriss ihr die beweiskräftigen Polaroidfotos, brachte sie zu Fall, ließ sie liegen und nahm ihren Tod billigend in Kauf. Er selbst kann jedoch vorläufig keine Aussage zur Sache mehr machen, denn er wird neben seinem Bagger gefunden: Er wurde brutal zusammengeschlagen und symbolträchtig zusammen mit Mandys Habseligkeiten in einen alten Kohlesack gesteckt – vermutlich von Eddies Freunden. Beate Fuchs beschließt, in Neuruppin zu bleiben.

Der falsche Mann

Frankfurt a. M.: Fischer, 2000 (FiTb 14669). – O: Neuruppin.

Nachdem sich die studierte Juristin Lisa Schmidt (die Ich-Ezählerin) zwölf Jahre lang in verschiedenen Jobs durchgeschlagen hat, heiratet sie Hals über Kopf den Yuppi-Anwalt Achim Merker, der jedoch bis zu seinem Tod emotional ein Fremder bleibt: mit bizarren sexuellen Neigungen, jeder Menge Affären und einer dubiosen Klientel. Lisa findet erst Achims Leiche – er wurde mit einem Küchenmesser erstochen –, dann Achims Sekretärin und Geliebte Annegret Oster – sie wurde bei sadomasochistischen Sexspielen unter der Dusche erwürgt. Da Lisa Schmidt über fundiertes juristisches Wissen verfügt und Oberstaatsanwalt Manfred Riemenschneider sie obendrein glühend verehrt, kann sie jeden Verdacht von sich abwälzen. Als Annegret Osters Mörder erweist sich ihr eigener Mann, ein Polizist. Er fand sie gefesselt und geknebelt unter der Dusche und erwürgte sie im Affekt. Die Aufdeckung von Spenglers mafiotischen Machenschaften zeitigt für mehrere korrupte Würdenträger Konsequenzen; einige Landräte müssen zurücktreten, der Ministerialrat Dr. Tobler wählt den Freitod. Lisa bleibt ungeschoren, Avancen des bärtigen Oberstaatsanwaltes Riemenschneider weist sie zurück. Drei Jahre später trifft sie ihn wieder. Er hat keinen Bart und wirkt wesentlich jünger. Riemenschneider will wissen, ob Lisa ihren Mann Achim ermordet habe. Nur sie kann die Täterin gewesen sein. Am Mordtag fand sie in Achims Computer Dateien, die ihr vor Augen führten, dass sie von einem zynischen Menschen-Manipulator ausgenutzt worden war. Dennoch verneint sie die Frage mit Hinweis auf einen kompletten Blackout zur fraglichen Zeit. Riemenschneider gibt sich damit zufrieden, einer gemeinsamen Zukunft scheint nichts mehr im Wege zu stehen.

CORNELL WOOLRICH USA (1903–1968)

Von dem von der Farbe Schwarz regelrecht besessenen Woolrich (er schrieb auch unter den Pseudonymen George Hopley und William Irish) stammen die Romane *The Bride wore Black* (1940, dt. *Die Braut trug Schwarz*) und *The Black Curtain* (1941, dt. *Der schwarze Vorhang*). Seine Kurzgeschichten jedoch wirkten stilprägend: in ihnen versuchen miese kleine Gauner miese kleine Tricks und scheitern regelmäßig an ihrer eigenen Unfähigkeit, an der Tücke des Objekts oder an vertrackten Zufällen. Nach diesem Muster arbeiten noch heute zahllose Autoren in aller Welt. Somit ist nicht nur dank Hitchcocks Verfilmung mit James Stewart und einem Remake mit dem querschnittgelähmten Ex-*Superman*-Darsteller Christopher Reeve eine der bekanntesten Krimigeschichten des Autors

Das Fenster zum Hof

(OT: *The Rear Window*, 1938). Zürich: Diogenes Verlag, 1989 (detebe 21718). – Ü: Jürgen Bauer, Edith Nerke. F: (1) USA 1954, R: Alfred Hitchcock. (2) USA 1998, R: Jeff Bleckner.

Hall Jeffries, der Icherzähler, ist durch ein gebrochenes Bein an den Rollstuhl gefesselt und beobachet, von dem Pfleger Sam betreut, aus Langeweile die Menschen im Haus gegenüber. Nach einer Weile kommt er zu der Überzeugung, dass sein Nachbar Lars Thorwald seine Frau umgebracht und in einem Schrankkoffer fortgeschafft hat. Telefonisch alarmiert, stellt sein Freund, der Polizist Boyne, Nachforschungen an, erfährt aber lediglich, dass Mrs. Thorwald verreist sei. Thorwalds Wohnung wird von der Polizei, dann auch in Jeffries' Auftrag von Sam durchsucht, jedoch beide Male ohne Ergebnis. Jeffries versucht mit verstellter Stimme, Thorwald durch eine fingierte Erpressung per Telefon aus der Reserve zu locken. Er erreicht damit lediglich, dass Thorwald ihn erkennt und ihm die Telefonleitung kappt. In seiner Not – Sam ist nicht da – setzt Jeffries in Anlehnung an die Sherlock-Holmes-Geschichte vom leeren Haus eine Büste in den Rollstuhl, so dass er von Thorwalds Schüssen nicht getroffen wird. Als Boyne eintrifft, der die beiden Häuser unter Bewachung gestellt hat, unternimmt Thorwald einen Fluchtversuch, wird aber von der Polizei erschossen. Die Leiche seiner Frau hatte Thorwald in der gerade in Renovierung befindlichen Wohnung über der seinen einbetoniert. – Hitchcocks Verfilmung machte den Mörder zu einem Kurzsichtigen, den James Stewart – hier als Reporter vorgestellt – vor der Rettung in letzter Sekunde mit dem Blitzlicht seines Fotoapparates blenden kann. Das in einer behindertengerechten Hightech-Wohnung spielende Remake macht den Mörder zu einem Bildhauer, der seine ermordete Frau, für immer unauffindbar, in einer Statue verschwinden lässt.

AUSTIN WRIGHT USA
(*1922)

Tony und Susan

(OT: *Tony and Susan*, 1993). Hildesheim: Claassen, 1994. (btb 72078, 1996.) – Ü: Jobst-Christian Rojahn. – O: Pennsylvania.

Auf der ersten Handlungsebene erhält Susan Morrow (die eine Titelfigur) von ihrem Ex-Mann Edward Sheffield seinen Roman »Nachtgetier« zugeschickt. Die Lektüre veranlasst sie zu einem ausführlichen Lebensrückblick. Ihr Mangel an Zutrauen zum literarischen Talent Edwards entzweite die Eheleute 25 Jahre zuvor. »Nachtgetier«, die zweite Handlungsebene, ist ein Psychopathenthriller um den Mathematikprofessor Tony Hastings (die zweite Titelfigur). Hastings ist mit Ehefrau Laura und der halberwachsenen Tochter Helen in der Nacht auf dem Interstate Highway unterwegs zum Sommerhaus der Familie in Maine. Da provozieren der proletenhafte Psychopath Ray und seine nicht minder primitiven Begleiter Lou und Turk einen Unfall mit Blechschaden und nehmen die Familie als Geiseln. Tony wird von den Frauen und seinem Wagen getrennt und kann entkommen. Bis er die Polizei alarmieren kann, sind Laura und Helen vergewaltigt und brutal ermordet worden. Die drei Täter werden rasch gefasst, aber wieder freigelassen, weil Tony keinen von ihnen auf Anhieb identifizieren kann. Turk, der erste der Täter, wird bei einem Überfall auf einen Supermarkt erschossen, clevere Anwälte verhindern einen Prozess gegen die beiden anderen. Mit ihrer Freilassung mag sich der krebskranke Polizist Robert Andes jedoch nicht abfinden. Der Versuch, den friedfertigen Mathematikprofessor Tony Hastings in die Rolle eines Racheengels zu drängen, scheitert an dessen Rechtsempfinden. Ein Jahr nach dem Mord inszeniert der kranke Polizist Andes einen Showdown, indem er den Psychopathen Ray festsetzt und gegen Lou aufhetzt. Als Mathematikprofessor Hastings bei der allfälligen Exekution versagt, tötet Polizist Andes Lou kurzerhand durch einen Kopfschuss, Ray kann entkommen. Der Mathematikprofessor spürt ihn – diesmal bewaffnet – in seinem Wohnwagen auf. Als er nach einer Aussprache überraschend von Ray angegriffen wird, schießt er Ray im Reflex nieder und fällt selbst in Ohnmacht. Als Hastings wieder erwacht, ist er von Rays Attacke erblindet; mühsam ertastet er Ray, der, den Revolver vor sich, verblutet am Tisch sitzt. Im Schockzustand bemerkt Tony nicht, dass der sterbende Ray ihm noch eine Kugel in den Bauch geschossen hat, schleppt sich nach draußen und verblutet langsam. Die immer wieder unterbrochene Lektüre von »Nachtgetier« führt Susan die Leere ihrer zweiten Ehe mit einem Karrierearzt zu Bewusstsein. Mit seiner Mordgeschichte hat sich Edward nicht nur die eigenen Obsessionen von der Seele geschrieben, sondern sich auch auf eine ebenso elegante wie hinterhältige Art an der Frau gerächt, die ihn verlassen hatte. Lauras Tod interpretiert Susan völlig zu Recht als ihre eigene symbolische Ermordung.

PETRA WÜRTH Deutschland (*1956)

Bevor sie sich ganz dem Schreiben widmete, war die studierte Betriebswirtin Petra Würth in der Werbebranche beschäftigt und verfasste Lebensberatungsbücher. *Unter Strom* ist der erste Krimi um die chaotische Vierzigerin Pia Petry, die mit Hilfe des Doktoranden Cornfeld, genannt »Doktorchen«, in Hamburg die immerzu am Rande des Bankrotts lavierende Detektei »P-Quadrat« betreibt. Als Fortsetzung erschien bei Heyne *Die Frau aus Glas* (2000).

Unter Strom

Hamburg: Hoffmann & Campe, 1999. (Goldmann 44323, 2000.) – SF: Pia Petry. O: Hamburg.

Im Auftrag der reichen Isabelle Dujack soll die Detektivin Pia Petry deren im Koma liegende Stiefmutter schützen, doch die wird ebenso ermordet wie Stiefmutter Dujacks frühere Pflegerin Ramona Bouché, eine Ex-Prostituierte. Dringender Tatverdacht fällt auf den Immobilienhai, Menschenhändler und Zuhälter Klaus Dujack, den die reiche Isabelle ihren Stiefvater nennt, der aber in Wirklichkeit ihr leiblicher Vater ist. Ihre leibliche Mutter ist die frühere Pflegerin Ramona Bouché. Dujacks Tochter Simone aus der Ehe mit der Komapatientin hat sich das Leben genommen. Isabelle hatte sie angestiftet, der Mutter einen Tauchsieder in die Badewanne zu werfen und sie dann mit Schuldvorwürfen in den Tod getrieben. Als ihr Vater nach fünf Jahren, wiewohl noch verheiratet, wieder eine feste Beziehung mit einer Frau einging, erwachte Tochter Isabelles Eifersucht. In der Hoffnung, einen Vater, der im Gefängnis sitzt, ganz für sich allein haben zu können, brachte sie ihre Adoptivmutter im Krankenhaus um. Ramona Bouché, die ihr Lügengebäude hätte zum Einsturz bringen können, brachte Isabelle ebenfalls um. Mit einer gefälschten Eintragung in das Tagebuch ihrer Schwester Simone will Isabelle Pia Petry irreführen, lenkt aber aufgrund der darin zum Ausdruck kommenden Art der psychischen Erkrankung letztlich nur deren Verdacht auf sich selbst. Sie leidet unter dem »Borderline-Syndrom«, zu der eine insgesamt instabile, widerspruchsvolle Persönlichkeit sowie extreme Beziehungsscheu, Aggressivität und Impulsivität gehören. Pia Petry wurde engagiert in der Hoffnung, dass sie Beweise für Dujacks Schuld zusammentragen würde. Die Detektivin lässt Isabelle laufen.

VERENA WYSS Schweiz (*1945)

Die Autorin von Romanen um den typisch schweizerischen Filz aus Wirtschaft, Militär und Politik hat Rechtsgeschichte studiert. Von ihr stammen unter anderem die Romane *Langsame Flucht* (1982), *Versiegelte Zeit* (1985) und *Die Untersuchungsrichterin* (1994).

Verdecktes Spiel

Zürich/Frauenfeld: Nagel & Kimche, 1997. (Ullstein 30430, 1999.) – O: Sental (Schweiz). – P: Preis der »Schweizerischen Schillerstiftung« 1997.

Das Schweizer Sental wird von einer geheimen militärischen Anlage, der Sental-Feste, beherrscht. Fünf Schweizerinnen werden in eine komplexe politische Intrige um diese Feste verwickelt. Diese Frauen sind u. a. die Zivilschutzsoldatin Ellen Lachat, die Fernsehmoderatorin Maxie Laane und die geschiedene Sarah Bering. Als ein maskierter, mit Sprengstoff bewaffneter Mann die Betreuerinnen und die Kinder einer Kindergartenkrippe als Geiseln nimmt, ist sofort ein Großaufgebot von Polizei und Militär zur Stelle: Ganz offensichtlich ist die Geiselnahme Teil einer minuziös vorbereiteten Inszenierung, deren Zweck zunächst nicht klar wird. Der Geiselgangster – es ist Janic Bering, der Ex-Mann Sarahs – wird erschossen, obwohl er sich – wie Filmaufnahmen zeigen – bereits ergeben hatte. Janic Bering war ein ranghoher Militär und entstammte einer Familie, die einen Rüstungskonzern besitzt. Bald nach dem Tod von Janic Bering wird die Zivilschutzsoldatin Ellen Lachat, die als Kontaktperson zu dem Geiselnehmer eingesetzt war und später alles erreichbare Material über die Angelegenheit zusammentrug, bei einem inszenierten Autounfall ermordet, und das Leben der Journalistin Maxie Laane, die *live* vom Ort der Geiselnahme berichtet hatte, wird massiv bedroht. Ein Soldat, der nicht zum Mörder werden will, warnt sie jedoch vor der künstlichen Lawine, unter der sie begraben werden soll. Maxie Laanes Vater, ein Auslandskorrespondent, wurde bereits einige Jahre zuvor ermordet, weil er einem politisch-militärischen Komplott auf die Spur gekommen war, in das der Schweizer Staat, die Firma Bering und der Kommandant der Sental-Feste verwickelt waren und immer noch sind. Das von der ermordeten Zivilschutzsoldatin Ellen Lachat zusammengetragene Material gibt den Ausschlag für die teilweise Aufdeckung des Komplotts; es wird dem aufrechten Bezirksstatthalter Ivo Knup zugespielt. Der lässt den Kommandanten der Bergfeste kurzerhand vor laufenden Kameras verhaften; eine solche Öffentlichkeit macht es unmöglich, die Affäre weiter zu vertuschen. Der Hintergrund des Falles ist folgender: Die Sental-Feste wurde von dem ehrgeizigen Festungskommandanten in Komplizenschaft mit dem Unternehmer Viktor Bering heimlich aufgerüstet. Die Geiselnahme im Kindergarten wurde inszeniert, um von einem illegalen Transport zur Feste abzulenken, der wegen seines Umfangs leicht hätte bemerkt werden können. Die Frage, was da eigentlich geliefert wurde, wird freilich erst eine offizielle Untersuchung beantworten – wenn überhaupt.

JAMES YAFFE USA
(*1927)

Der verwitwete Ex-Polizist Dave (der Icherzähler) arbeitet für die Pflichtverteidigerin Ann Swenson in Mesa Grande am Fuß der Rocky Mountains, wird aber unterstützt von seiner in New York verbliebenen Mutter »Mom«, einem kriminalistischen Naturtalent und dem jüdischen Gegenstück zu Miss Marple. Wahrscheinlich inspirierte Mom den Sylvester-Stallone-Film *Stop! Or my Mom will shot* (1992, dt. *Stop! Oder meine Mami schießt*) mit »Golden Girl« Estelle Getty. Weitere Mom-Krimis: *Mom meets her Maker* (1990, dt. *Eine schöne Bescherung für Mom*, 1993), *Mom doth Murder sleep* (1991, dt. *Mom mordet den Schlaf*, 1996), *Mom among the Liars* (1992, dt. *Schöne Heilige für Mom*, 1996), *My Mother, the Detective* (1997).

Ein schöner Mord für Mom

(OT: *A Nice Murder for Mom*, 1988). Frankfurt a. M.: Verlag Neue Kritik, 1992. (FiTb 12141, 1995.) – Ü: Hannah Harders. – O: Mesa Grande (Rocky Mountains).

Der rassistische College-Professor Stuart Bellamy wird zu Hause während eines Telefongesprächs mit seiner Kollegin Samantha Fletcher erschlagen. Das Gespräch bezieht sich auf einen wissenschaftlichen Disput, den Bellamy, Samantha und beider Kollege Mike Russo geführt hatten. Russo, der vergeblich mit Bellamy um eine freie Stelle rivalisiert hatte, gibt an, zur Tatzeit zu Hause geschlafen zu haben. Der für die Pflichtverteidigerin Ann Swenson ermittelnde Dave findet in Russos Haus einen billigen Ohrring. Der könnte dem heißblütigen Chicano Luis Vallejos gehören, der mit Professor Bellamy wegen rassistischer Bemerkungen und schlechter Noten Streit gehabt hatte, aber ein Alibi besitzt. Samantha Fletcher wurde jedoch mittels einer manipulierten Tonbandaufnahme getäuscht: Professor Bellamy war zum Zeitpunkt des Telefonats bereits tot, was Samantha Fletcher im Trubel der Party, auf der sie sich gerade befand, nicht bemerkte. Mike Russo tut nun so, als wäre er das Opfer einer Intrige des Mörders, der ihm den Mord an Professor Bellamy in die Schuhe schieben will. Als Beweisstück bringt er einen Kassettenrecorder mit dem angeblichen Originaltelefonat bei. Er behauptet, Recorder und Aufnahme vom Mörder bekommen zu haben. Mom, Polizist Daves in Untersuchungen vernarrte Mutter, hat indes dank ihrer offenen Art bereits in den ersten Tagen ihrer Anwesenheit in Mesa Grande zahlreiche Bekanntschaften geschlossen, viel interessanten Klatsch gehört und erfahren, dass Samantha Fletcher ein Verhältnis mit Luis Vallejos hat und darüber hinaus Bellamys Freundin war. Die alte Dame deduziert messerscharf, dass Russo Bellamy tatsächlich umgebracht haben müsse; er habe das Tonband selbst manipuliert und Samantha von zu Hause aus vorgespielt. Er nahm dabei in Kauf, in Mordverdacht zu geraten, hoffte aber, diesen Verdacht dadurch zu zerstreuen, dass er den Kassettenrecorder beibrachte. Russo gibt die Manipulation des Tonbandes und weiterhin zu, dass er mit einem festen Mordplan zu Bellamy gefahren sei, behauptet aber, ihn bereits sterbend vorgefunden zu haben. Vallejos gesteht ebenfalls seine Anwesenheit am Tatort, leugnet aber jeglichen Anteil an einer Gewalttat. Nachdem er ein Geständnis abgelegt hat, nimmt sich Russo das Leben; der Skandal wird vom College aus Imagegründen vertuscht. Mom freilich ist von Mike Russos Schuld nicht überzeugt. In einem Brief an ihren

Sohn Dave stellt sie klar, dass nur Vallejos der Täter gewesen sein konnte – er hat sich durch einige Details seiner Schilderungen verraten. Weil sie Russos sieche Mutter nicht unglücklich machen möchte, behält sie aber ihr Wissen für sich.

HELEN ZAHAVI Großbritannien (-)

Helen Zahavi ist im Nordwesten Londons aufgewachsen und lebt heute in Paris. Ihr Vater, ein polnischer Rabbiner, kam im Vorkriegspolen wegen politischer Aktivitäten für sechs Jahre ins Gefängnis. Beim Einmarsch der Deutschen 1939 floh er in die UdSSR. Zahavis Mutter war Lehrerin an einer jüdischen Schule. Helen Zahavi verfasste in zehn Jahren schriftstellerischer Tätigkeit nur drei Romane, nämlich *Dirty Weekend. A Novel of Revange* (1991, dt. *Schmutziges Wochenende*, 1991/2001), zu dem sie gemeinsam mit dem Regisseur Michael Winner das Drehbuch zu dem gleichnamigen Film schrieb, *True Romance* (1994, dt. *Dirty Games*, 1996) sowie *Donna und der Fettsack*.

Donna und der Fettsack

(OT: *Donna and the Fatman*, 1998). Zürich: Unionsverlag, 2000 (UT metro 165). – Ü: Anke Caroline Burger. – O: eine englische Vorstadt.

Der Roman lebt von den Dialogen, besonders der schleimig-salbungsvollen Diktion des im Titel genannten »Fettsacks«: Donna, auch »Donna-Schlampe« genannt, und Joey-Boy sind ein Liebespaar aus der Unterschicht ohne jede Chance auf sozialen Aufstieg. Joey ist Chauffeur des Kredithais und Schutzgelderpressers Henry, für den die Kleinganoven Mervyn und Billy die Grobheiten erledigen. Der Schutzgelderpresser Henry, jederzeit mit Frauen beschäftigt, verbirgt seine Bosheit unter öliger Freundlichkeit und ist magenkrank. Donna geht auf Henrys Angebot, ihm für Geld zu obskuren Liebesspielen zur Verfügung zu stehen, ein, macht sich dann aber ohne Gegenleistung mit dem Geld aus dem Staub. Damit tritt sie eine Spirale von Gewalt und Gegengewalt los, der ihr Freund Joey auf der einen Seite und Henrys Schläger Mervyn und Billy auf der anderen Seite zum Opfer fallen. Schließlich will Henry auch Donna umbringen lassen, doch die sprengt sich selber, Henry sowie zwei neue Schläger in die Luft, indem sie eine Zigarette in den offenen Tank von Henrys Auto wirft.

ISRAEL ZANGWILL Großbritannien (1864–1926)

Der Engländer Israel Zangwill war ein kultivierter jüdischer Erzähler und Dramatiker. Seine immer wieder aufgelegte Erzählung *The Big Bow Mystery* (1892) ist ein Klassiker des Krimi-Genres. Das Motiv eines Mordes hinter verschlossenen Türen wurde erstmals 1841 von E. A. → Poe in *Murders of the Rue Morgue* verwendet; Gaston Leroux' *Geheimnis des gelben Zimmers* (1907) soll von Israel Zangwill beeinflusst worden sein. Nebenbei ist *The Big Bow Mystery* durch den Auftritt von Premierminister William Gladstone (1809–1898) auch ein frühes Beispiel für einen Prominenten-Krimi.

Das große Geheimnis der Bow Street

(OT: *The Big Bow Mystery*, 1892). München: Heyne, 1975 (Crime Classics 1668). – Ü: Georgette Beecher-Kindler. – O/Z: der Londoner Stadtteil Bow; 1890.

Der Gewerkschafter Arthur Constant wird in seinem von innen verschlossenen Zimmer im Gästehaus der Witwe Drabdump mit durchgeschnittener Kehle im Bett liegend aufgefunden: Der pensionierte Scotland-Yard-Polizist und Sachbuch-Autor Grodman drückt die Tür ein. Edward Wimp, Grodmans Amtsnachfolger, verdächtigt Mrs. Drabdumps Mieter Tom Mortlake, in dessen Sofa er einen Schlüssel zu Constants Schlafzimmer gefunden hat – einen Raum, den Mortland früher selbst einmal bewohnte. Nach der Theorie des Polizisten Wimp hatte der Mörder die Tür nach vollbrachter Tat mit diesem Schlüssel von außen abgeschlossen, zuvor aber den Krampen aus dem Türrahmen entfernt, der normalerweise den vorgeschobenen Innenriegel hält, und Constants eigenen Zimmerschlüssel auf den Boden geworfen. Der Ex-Polizist Grodman habe, so Wimp, notwendigerweise annehmen müssen, er selber habe beim Eindrücken der Zimmertür den Krampen herausgebrochen und den Schlüssel aus dem Schloss gestoßen. Das Gericht folgt diesen Ausführungen und verurteilt Mortland zum Tode. Grodman versucht nun mit allen Mitteln, eine Begnadigung zu erreichen – ohne Erfolg. Da legt er dem Innenminister gegenüber selbst ein Geständnis ab. Um ein perfektes Verbrechen zu begehen und die Unfähigkeit seines Amtsnachfolgers Wimp zu beweisen, habe er Constant zum Opfer bestimmt. Er habe dem überarbeiteten und von seiner Freundin verlassenen Gewerkschafter ein Schlafmittel beigebracht. Dank seiner Erfahrung mit Frauen habe er Mrs. Drabdumps Verhalten genau vorausberechnen können. Tatsächlich habe sie sofort an ein Verbrechen geglaubt, als ihr Mieter auf ihr Klopfen hin nicht gleich erwachte; tatsächlich bat sie sofort ihn, Grodman, um Hilfe und wandte sich gleich entsetzt ab, als er angesichts des friedlich schlafenden – und keineswegs toten – jungen Mannes ein fassungslos klingendes »mein Gott« ausrief. Im nächsten Moment habe er Constant auch schon die Kehle durchgeschnitten und, während er Mrs. Drabdump ablenkt, Blut- und sonstige Spuren beseitigt, bis jemand einen Inspektor vom nächsten Polizeiposten geholt hatte. Grodmans Geständnis solle den Unschuldigen vor dem Galgen retten. Der Innenminister teilt Grodman mit, soeben habe sich die verschwundene Freundin des Ermordeten gemeldet, deren Aussagen Wimps Indizienkette zerreißen würden; als der Politiker sich abwendet, erschießt sich Grodman.

PETER ZEINDLER Schweiz (*1934)

Peter Zeindler hat Krimipreise gleichsam im Abonnement erhalten; allein der »Deutsche Krimipreis National« wurde ihm zwischen 1986 und 1992 viermal zugesprochen, den »Ehrenglauser« erhielt er 1996. Weitere Werke: *Der Zirkel* (1985; Platz 1 des »Deutschen Krimipreises National« 1986), *Widerspiel* (1987), *Der Schattenagent* (1991), *Feuerprobe* (1991; Platz 1 des »Deutschen Krimipreises National« 1992), *Der Schläfer* (1993), *Mord im Zug* (1994), *Salon mit Seerosen* (1998); als Herausgeber: *Banken, Blut und Berge. Kriminalgeschichten aus der Schweiz* (1995).

Aus Privatbesitz

Zürich: Arche Verlag, 1998. (SP 22925, 2000.) – O: Schweiz.

Die geschiedene Schweizer Literaturwissenschaftlerin Lucy Brendan wird von dem alten Privatgelehrten Lukas Holstein engagiert, um Briefe des Malers Kollund abzutippen und im Zusammenhang mit dem Maler diskret den arroganten Politiker Murbach zu beschatten. Murbach ersteigert für mehr als eine Million Franken Kollunds Gemälde »Sturmböen XVI«; die jüdische

Mitbieterin Linda Pervy, die früher Perlzweig hieß, gibt vorher auf. Der Privatgelehrte Holstein wird in einen Mord verwickelt, als eine kopf- und fingerlose männliche Wasserleiche gefunden wird, auf deren Hand seine Faxnummer notiert ist. Bei der Wasserleiche handelt es sich um Samuel »Sami« Friedman, der ebenfalls in Holsteins Auftrag den Politiker Murbach und dessen Zwillingsbruder beschattete. Fotos, die Sami aufgenommen hatte, werden Holstein gestohlen. Holsteins Vater hat vielen Juden wie der Familie Perlzweig zur Ausreise aus Nazi-Deutschland verholfen, sich aber deren Kunstsammlungen zu einem Spottpreis verkaufen lassen. Viele der Bilder, die die Nazis zur »Entarteten Kunst« erklärt hatten, sind in Privatsammlungen wie denen Murbachs oder in einem regelrechten Schattenmarkt verschwunden. Einer von Murbachs Geschäftspartnern ist der Südafrikaner Pit Kruger. In seiner Sammlung hing seit dem Krieg auch Linda Pervys Lieblingsgemälde, Kollunds »Sturmböen XVI«. Alt geworden, brachte er es aus Schuldgefühl unter konspirativen Bedingungen in den Handel. Rasch war der Politiker Murbach als Interessent zur Stelle. Die Firma von Murbachs Zwillingsbruder besorgte den heimlichen Transport von Kunstwerken. Dieses Wissen musste Sami Friedman mit dem Leben bezahlen. Mit dem Leben bezahlen muss bald darauf auch Pit Kruger. Er wird wie Sami ohne Kopf und Finger aus dem Zürichsee gezogen – allerdings neben einem Boot, das Samis Mutter gehört. Die in Holsteins Auftrag arbeitende Literaturwissenschaftlerin Lucy bemerkt, dass sie beschattet wird, kann aber den Beschatter keinem Auftraggeber zuordnen. Als Lucy die Leiche des Privatgelehrten Holsteins findet, der sich mit einer Zyankalikapsel das Leben genommen hat, vermisst sie die Vorlage seines letzten Faxes an sie im Gerät und schließt daraus, dass er ermordet wurde. Tatsächlich hat Linda Pervy, früher Perlzweig, Holstein aus Rache für den Aufkauf der Bilder mit vorgehaltener Waffe zum Zerbeißen der Giftkapsel gezwungen. Lucys Beschatter ist Dave Friedman, Samis Vater und ein Mossad-Agent. Als Rächer in eigener Sache hat er den Mörder seines Sohnes – Pit Kruger (die zweite Wasserleiche) – auf dieselbe Weise umgebracht wie jener Sami.

HELMUT ZENKER Österreich (*1949)

Helmut Zenker ist der Schöpfer des kultigen ORF-Ermittlers Kottan. Seine kleinwüchsige Detektivin Hermine »Minni« Mann, Philosophie-Studentin und »Telefon-Hostess im Ruhestand« ist von Geburt an behindert und kann nur an Krücken gehen. Bei ihrer Arbeit unterstützt sie als Leibwächter und »Mädchen für alles« der gefräßige Hobbyfotograf Joey Howorka. Ihr Intimfeind ist Oberst Ludwig »Lucky« Bittner von der Wiener Kripo. Weitere Minni-Mann-Krimis: *Kleine Mann – was nun?* (1989), *Die Mann im Mond* (1990), *Die Mann ist tot und lässt sie grüßen* (1990).

Minni Mann

Wien/Zürich: Europa Verlag, 1989. – O: Wien.

In ihrem ersten Abenteuer muss Minni gleich zwei Fälle bearbeiten. Der Rechtsanwalt Podala sieht sich durch anonyme Morddrohungen verfolgt. Der Ladenbesitzer Erich Sabetzer versucht, dem Einbrecher Kurt Hopfmann den Mord an seiner, Sabetzers, Frau in die Schuhe zu schieben. Um Zeit zu gewinnen, versteckt die Detektivin Kurt Hopfmann in der Wohnung ihres Freundes Joey Haworka, gibt aber gleichzeitig der Polizei den anonymen Tipp, der Gesuchte befände sich in ihrer eigenen

Wohnung. Bei einer ergebnislosen Hausdurchsuchung entlockt sie Oberst Lucky Bittner alle wichtigen Informationen. Danach überführt sie Sabetzer des Gattenmordes, bevor Oberst Bittner Hopfmann findet. Bei der Klärung des anderen Falles hilft »Kommissar Zufall«. Nach einer automobilen Verfolgungsjagd durch Wien ermordet ein Autofahrer einen anderen, den 60-jährigen Richard Staininger. Staininger gilt als brutaler Automobilist und wurde nach einem Verkehrsunfall erfolgreich von Anwalt Podala verteidigt. Minni verdächtigt zunächst Stainingers damaligen Unfallgegner Harald Schnepf, der als Folge des Unfalls seine Arbeit verloren hat. Schließlich kann sie jedoch den von Staininger für den Prozess gekauften Zeugen Hubert Stransky als den Mörder entlarven, als dieser gerade Stainingers Freundin, die ebenfalls in dem Prozess beteiligte Sachverständige Verena Krapp, ermorden will. G. R.

TOM ZÜRCHER Schweiz
(*1966)

Högo Sopatis ermittelt (Tote Fische reden nicht. Ein knuspriger Detektivroman)

Frankfurt a. M.: Eichborn, 1998. – O: Zürich.

Das Schweizer Gegenstück zur parodistischen Wiener Krimiserie *Kottan ermittelt* ist ein überdrehtes Spiel mit den Klischees des Genres. – Werner, ein kleiner Angestellter in der Marketingabteilung der Schweizer Niederlassung eines amerikanischen Zahnbürstenherstellers, wird wegen einer vorlauten Bemerkung von Direktionspräsident Gorfbabel gefeuert. Werner eröffnet eine Detektei und nennt sich fortan »Högo Sopatis«. Sein erster Fall wird ein Reinfall: Die Frau, deren Untreue er dokumentieren soll, gesteht ihrem Mann ihre Seitensprünge, die von Sopatis gemachten Fotos sind ohnehin nichts geworden. Der zweite Fall wird komplizierter: Högo Sopatis politisch ambitionierter Psychiater – er träumt von einer zinsfreien Schweiz – vermisst einige Audiokassetten von Sitzungen mit seinem einzigen wirklich einträglichen Patienten. Sollte er – der Psychiater – eines unnatürlichen Todes sterben, solle Högo den Mörder finden; dafür winkt ihm als Honorar der gesamte Besitz des Psychiaters, unter anderem ein Haus in Zürich-Seefeld. Als die Zeitungen melden, der Psychiater sei in seinem Aquarium ertränkt worden, eilt Högo zum Tatort, wo er die vermissten Kassetten findet. Eine Observation der Ex-Frau und das Aushorchen ihres Sohnes Max endet kläglich. Irgendwann kommt Högo auf die Idee, sich bei seinem früheren Chef Gorfbabel umzusehen. Hinter dessen Wohnzimmerspiegel findet und fotografiert er einen handschriftlichen Text. Als ihn der Hausherr überrascht, steckt dieser ihn in eine psychiatrische Klinik, aus der Höger gleich wieder ausbricht. Der Text aus Gorfbabels Wohnung bezieht sich auf den monatlichen »Geßlerball« des »Vereins der unpolitischen Armbrustschützen«, dessen Vorstand Sopatis' früherer Chef Dorfbabel ist und der nichts weniger als die Vernichtung der Schweiz plant. Sopatis versucht, mit Dorfbabel über die Absichten des »Vereins der unpolitischen Armbrustschützen« zu reden, kann aber weder etwas gegen den Verein noch gegen dessen mächtigen Vorstand Dorfbabel unternehmen. Weil dafür gesorgt wird, dass seine Detektei keine Aufträge mehr bekommt, lässt sich Sopatis korrumpieren: Er bekommt einen lukrativen Posten als Chef einer Firma, die eine Schokolade nur für Frauen auf den Markt bringen will, und hat wider Erwarten großen Erfolg. Bald hat er sich in einen Yuppie verwandelt. Das letzte Tonband des ermordeten Psychiaters liefert eine verspätete (Nonsens-)Lösung des Falles: Der Psychiater musste sterben, weil seine Vision einer zinsfreien Schweiz im Gegensatz zu den Absichten des »Vereins der unpolitischen Armbrustschützen« stand. Als Mörder erweist sich der vorbestrafte Alkoholiker Chlapf Heiri, der die Tat auch gesteht. Damit wurde der Fall doch noch gelöst, und Högo Sopatis erhält das versprochene kleine Häuschen in Zürich-Seefeld.

F. R.

LITERATURHINWEISE

Diese Literaturhinweise zum Kriminalroman erheben bewusst keinen Anspruch auf Vollständigkeit, da das den vorgegebenen Rahmen bei weitem gesprengt hätte. Statt dessen ist diese Auswahlbibliographie so konzipiert, dass sie dem Leser einen möglichst breiten Überblick über das gesamte Spektrum der Kriminalliteratur ermöglichen soll. Als Auswahlkriterium wurde insbesondere das Erscheinungsjahr der Titel zu Grunde gelegt. Titel, die vor 1978 erschienen sind, wurden nicht aufgenommen, weil sie im alten *Kriminalromanführer* verzeichnet sind. Neue Auflagen dieser Titel blieben ebenfalls unberücksichtigt. Aufgelistet sind vor allem Bibliographien zur Primär- und Sekundärliteratur, Lexika und Handbücher. Bei Untersuchungen zu einzelnen Genres und der Kriminalliteratur einzelner Länder (z. B. Frauenkrimi, Spionageroman, DDR-Krimi) wurden pro Thema nur ein bis zwei neuere und wichtige Bücher genannt. Nicht aufgenommen wurde Sekundärliteratur zu einzelnen Autoren, unselbständige Literatur und Homepages im Internet. J. H.

Bibliographien

Albert, Walter: Detective and Mystery Fiction. An International Bibliography of Secondary Sources. Madison / San Bernardino: Brownstone, ²1997.

Bleiler, Richard J.: Reference Guide to Mystery and Detective Fiction. Englewood: Libraries Unlimited, 1999.

Breen, Jon L.: What About Murder? A Guide to Books About Mystery and Detective Fiction. Metuchen [u. a.]: Scarecrow Press, 1981.

– What About Murder? 1981–1991. A Guide to Books About Mystery and Detective Fiction. Metuchen [u. a.]: Scarecrow Press, 1993.

– Novel Verdicts. A Guide to Courtroom Fiction. Lanham [u. a.]: Scarecrow Press, ²1999.

Caillens, Pierre: L'Argus du Roman Policier. 3 Bde. Libourne: Annonce-bouquirs, 1999.

Contento, William G.: Mystery Short Fiction Miscellany. An Index. CD-ROM-Ausg. Oakland: Locus, 1999.

Green, Joseph / Finch, Jim: Sleuths, Sidekicks, and Stooges. An Annotated Bibliography of Detectives, Their Assistants and Their Rivals in Crime, Mystery and Adventure Fiction, 1795–1995. Aldershot [u. a.]: Scolar Press, 1997.

Heising, Willetta L.: Detecting Men. A Reader's Guide and Checklist for Mystery Series Written by Men. Dearborn: Purple Moon Press, 1998.

– Detecting Women. A Reader's Guide and Checklist for Mystery Series Written by Women. Dearborn: Purple Moon Press, ³1999.

Hillich, Reinhard / Mittmann, Wolfgang: Die Kriminalliteratur der DDR 1949–1990. Bibliografie. Berlin: Akademie-Verlag, 1991.

Hubin, Allen J.: Crime Fiction III: A Comprehensive Bibliography, 1749–1995. CD-ROM-Ausg. Oakland: Locus, 2000.

Jarvis, Mary J.: A Reader's Guide to the Suspense Novel. New York: Hall, 1997.

Johnson, Timothy W. / Johnson, Julia (Hrsg.): Crime Fiction Criticism. An Annotated Bibliography. New York [u. a.]: Garland, 1981.

Kästner, Dieter: Bibliographie der Kriminalerzählungen 1948–2000. Köln: Baskerville, 2001.

Kramer, John E.: Academe in Mystery and Detective Fiction. An Annotated Bibliography. Lanham [u. a.]: Scarecrow Press, ²2001.

Lachman, Marvin: A Reader's Guide to the American Novel of Detection. New York: Hall, 1993.

Niebuhr, Gary Warren: A Reader's Guide to the Private Eye Novel. New York: Hall, 1993.

Oleksiw, Susan: A Reader's Guide to the Classic British Mystery. Boston: Hall, 1988.

Przybilka, Thomas: Krimis im Fadenkreuz. Kriminalromane, Detektivgeschichten, Thriller, Verbrechens- und Spannungsliteratur der Bundesrepublik und der DDR 1949–1990/92. Eine Auswahlbibliographie der deutschsprachigen Sekundärliteratur. Köln: Baskerville, 1998.

Ross, Michael: Sherlockiana. 1894–1994. Eine Bibliographie deutschsprachiger Sherlock-Holmes-Veröffentlichungen. Kempen: Ross, [2]1995.

Skene Melvin, David / Skene Melvin, Ann: Crime, Detective, Espionage, Mystery, and Thriller Fiction & Film. A Comprehensive Bibliography of Critical Writing Through 1979. Westport [u. a.]: Greenwood Press, 1980.

Spehner, Norbert: Écrits sur le roman d'espionnage: Bibliographie analytique et critique des études et essais sur le roman et le film d'espionnage. Québec: Nuit Blanche, 1994.

– / Allard, Yvon: Écrits sur le roman policier. Bibliographie analytique et critique des études et essais sur le roman et le film policiers. Longueuil: Le Préambule, 1990.

Stone, Nancy-Stephanie: A Reader's Guide to the Spy and Thriller Novel. New York: Hall, 1997.

Vicarel, Jo Ann: A Reader's Guide to the Police Procedural. New York: Hall, 1995.

Walkhoff-Jordan, Klaus-Dieter: Bibliographie der Kriminalliteratur 1945–1984 im deutschen Sprachraum. Frankfurt a. M. [u. a.]: Ullstein, 1985.

– Bibliographie der Kriminalliteratur 1985–1990 im deutschen Sprachraum. Frankfurt a. M. [u. a.]: Ullstein, 1991.

Lexika

Baudou, Jacques / Schleret, Jean-Jacques (Hrsg.): Le Polar – Guide Totem. Paris: Larousse, 2001.

Borrmann, Norbert: Das große Lexikon des Verbrechens. Täter, Motive und Hintergründe. Berlin: Lexikon-Imprint-Verlag, 2002.

DeAndrea, William L.: Encyclopedia Mysteriosa: A Comprehensive Guide to the Art of Detection in Print, Film, Radio, and Television. New York [u. a.]: Prentice Hall, 1994.

Derie, Kate (Hrsg.): The Deadly Directory 2002. Berkeley: Deadly Serious Press, 2001.

Dimmler, Klaus (Hrsg.): Holmes, Marlowe & Co. Die besten Detektive der Welt. Leipzig: Reclam, 1999.

Herbert, Rosemary (Hrsg.): The Oxford Companion to Crime and Mystery Writing. New York [u. a.]: Oxford University Press, 1999.

Keating, H. R. F. (Hrsg.): Whodunit? A Guide to Crime, Suspense and Spy Fiction. London: Windward, 1982.

Klein, Kathleen Gregory (Hrsg,): Great Women Mystery Writers. Classic to Contemporary. Westport [u. a.]: Greenwood, 1994.

Knörer, Ekkehard: Mord & Ratschlag. Loseblattsammlung. Berlin: Edition Crime Corner, 2001.

Kost, Rudi / Klingenmaier, Thomas: Steckbriefe. Die Krimi-Kartei von A–Z. Reinbek: Rowohlt, 1995.

Lexikon der deutschsprachigen Krimi-Autoren. Unter Mitarbeit der aufgenommenen Autorinnen und Autoren. [Red.: Angelika Jockers, Reinhard Jahn.] München: Verlag der Criminale, 2002.

Magill, Frank N. (Hrsg.): Critical Survey of Mystery and Detective Fiction. 4 Bde. Pasadena [u. a.]: Salem Press, 1988.

Murphy, Bruce F.: The Encyclopedia of Murder and Mystery. New York: St. Martin's Minotaur, 1999.

Pederson, Jay P. (Hrsg.): St. James Guide to Crime and Mystery Writers. Detroit [u. a.]: St. James Press, [4]1996.

Ravn, Ole: Krimi-guide. Kriminallitteraturens hvem er de? Hvad skrev de? Kopenhagen: Fremad, 1999.

Walter, Klaus-Peter (Hrsg.): Lexikon der Kriminalliteratur: Autoren, Werke, Themen, Aspekte. Loseblattsammlung. Meitingen: Corian, 1993 ff.

Winks, Robin W. (Hrsg.): Mystery and Suspense Writers. The Literature of Crime, Detection, and Espionage. 2 Bde. New York: Scribner, 1998.

Wopenka, Johan: Stora mordboken. En guide till 150 års pusseldeckare och mysterier, 1841–1990. Göteborg: BJW-Förlag, 1991.

Literaturgeschichtliche Überblicke, Aufsatzsammlungen

Alberts, Jürgen / Göhre, Frank (Hrsg.): Kreuzverhöre. Zehn Krimiautoren sagen aus. Eine Reise durch die Geschichte des deutschsprachigen Kriminalromans. Hildesheim: Gerstenberg, 1999.

Bell, Ian A. / Daldry, Graham (Hrsg.): Watching the Detectives. Essays on Crime Fiction. Basingstoke [u. a.]: Macmillan, 1990.

Binyon, T. J.: ›Murder Will Out‹. The Detective in Fiction. Oxford [u. a.]: Oxford University Press, 1989.

Bloom, Clive (Hrsg.): Nineteenth-Century Suspense. From Poe to Conan Doyle. Basingstoke [u. a.]: Macmillan, 1990.

– Twentieth-Century Suspense: The Thriller Comes of Age. Basingstoke [u. a.]: Macmillan, 1990.

Bourdier, Jean: Histoire du roman policier. Paris: Fallois, 1996.

Chernaik, Warren L. / Swales, Martin / Vilain, Robert (Hrsg.): The Art of Detective Fiction. Basingstoke [u. a.]: Macmillan, 2000.

Holzmann, Gabriela: Schaulust und Verbrechen. Eine Geschichte des Krimis als Mediengeschichte. Stuttgart/Weimar: Metzler, 2001.

King, Nina / Winks, Robin W. (Hrsg.): Crimes of the Scene: A Mystery Novel Guide for the International Traveler. New York: St. Martin's Press, 1997.

Klaus, H. Gustav / Knight, Stephen: The Art of Murder. New Essays on Detective Fiction. Tübingen: Stauffenburg, 1998.

Leonhardt, Ulrike: Mord ist ihr Beruf: Eine Geschichte des Kriminalromans. München: Beck, 1990.

Mandel, Ernest: Ein schöner Mord. Sozialgeschichte des Kriminalromans. Frankfurt a. M.: Athenäum, 1987.

Nusser, Peter: Der Kriminalroman. Stuttgart [u. a.]: Metzler, ²1992.

Ousby, Ian: Guilty Parties. A Mystery Lover's Companion. New York: Thames and Hudson, 1997.

Panek, LeRoy L.: An Introduction to the Detective Story. Bowling Green: Bowling Green State University Popular Press, 1987.

Schindler, Nina (Hrsg.): Das Mordsbuch. Alles über Krimis. Hildesheim: Claassen, 1997.

Schmidt, Jochen: Gangster, Opfer, Detektive. Eine Typengeschichte des Kriminalromans. Frankfurt a. M. [u. a.]: Ullstein, 1989.

Suerbaum, Ulrich: Krimi. Eine Analyse der Gattung. Stuttgart: Reclam, 1984.

Vanoncini, André: Le roman policier. Paris: Presses Univ. de France, ²1997.

Vogt, Jochen: Der Kriminalroman. Poetik, Theorie, Geschichte. München: Fink, 1998.

Winks, Robin W. (Hrsg.): Detective Fiction. A Collection of Critical Essays. Englewood Cliffs: Prentice-Hall, 1980.

Einzelne Genres und Länder

Birkle, Carmen / Matter-Seibel, Sabina / Plummer, Patricia (Hrsg.): Frauen auf der Spur. Kriminalautorinnen aus Deutschland, Großbritannien und den USA. Tübingen: Stauffenburg, 2001.

Bertens, Hans / d'Haen, Theo: Contemporary American Crime Fiction. Houndmills: Palgrave, 2001.

Bremer, Alida: Kriminalistische Dekonstruktion. Zur Poetik des postmodernen Kriminalromans Würzburg: Königshausen und Neumann, 1999.

Burtscher-Bechter, Beate: Algerien – ein Land sucht seine Mörder. Die Entwicklung des frankophonen algerischen Kriminalromans (1970–1998). Frankfurt a. M.: IKO-Verlag, 1999.

Compart, Martin (Hrsg.): Noir 2000. Ein Reader. Köln: DuMont, 2000.

Conquest, John: Trouble is Their Business. Private Eyes in Fiction, Film and Television, 1927–1988. New York [u. a.]: Garland, 1990.

Docherty, Brian (Hrsg.): American Crime Fiction. Studies in the Genre. Basingstoke [u. a.]: Macmillan, 1988.

Dove, George N.: The Police Procedural. Bowling Green: Bowling Green State University Popular Press, 1982.

Ermert, Karl / Gast, Wolfgang: Der neue deutsche Kriminalroman. Beiträge zu Darstellung, Interpretation und Kritik eines populären Genres. Rehburg-Loccum: Ev. Akademie, 1985.

Franz, Norbert: Moskauer Mordgeschichten. Der russisch-sowjetische Krimi 1953–1983. Mainz: Liber, 1988.

Germer, Dorothea: Von Genossen und Gangstern. Zum Gesellschaftsbild in der Kriminalliteratur der DDR und Ostdeutschlands von 1974 bis 1994. Essen: Blaue Eule, 1998.

Götting, Ulrike: Der deutsche Kriminalroman zwischen 1945 und 1970. Formen und Tendenzen. Gießen: Kletsmeyer, 1998.

Hillich, Reinhard (Hrsg.): Tatbestand: Ansichten zur Kriminalliteratur der DDR, 1947–1986. Berlin: Akademie-Verlag, 1989.

Hindersmann, Jost: Der britische Spionageroman: Vom Imperialismus bis zum Ende des Kalten Krieges. Darmstadt: Wissenschaftliche Buchgesellschaft, 1995.

Keitel, Evelyne: Kriminalromane von Frauen für Frauen. Unterhaltungsliteratur aus Amerika. Darmstadt: Wissenschaftliche Buchgesellschaft, 1998.

Knight, Stephan: Continent of Mystery. A Thematic History of Australian Crime Fiction. Carlton: Melbourne University Press, 1997.

Landrum, Larry N.: American Mystery and Detective Novels. A Reference Guide. Westport [u. a.]: Greenwood Press, 1999.

Lebrun, Michel / Schweighaeuser, Jean-Paul: Le guide du »polar«. Histoire du roman policier français. Paris: Syros, 1987.

Meier-Lenz, Dieter P. / Tammen, Johann P. (Hrsg.): Von der Menschenjagd und der Emanzipation des Bösen. Der Außenseiter oder Das Verbrechen gegen die Spielregel. Bremerhaven: Wirtschaftsverlag NW, 2001. (Die Horen 204.)

Nover, Peter (Hrsg.): The Great Good Place? A Collection of Essays on American and British College Mystery Novels. Frankfurt a. M. [u. a.]: Lang, 1999.

Panek, LeRoy L.: Watteau's Shepherds. The Detective Novel in Britain, 1914–1940. Bowling Green: Bowling Green State University Popular Press, 1979.

– New Hardboiled Writers 1970s–1990s. Bowling Green: Bowling Green State University Popular Press, 2000.

Pöppel, Hubert (Hrsg.): Kriminalromania. Tübingen: Stauffenburg, 1998.

– La novela policiaca en Colombia. Medellin: Editorial Universidad de Antioquia, 2001.

Roosendaal, Jan C. / Vuijsje, Bert / Rippen, Chris (Hrsg.): Moorden met woorden. Honderd jaar Nederlandstalige misdaadliteratuur. Den Haag: Biblion Uitgeverij, 2000.

Späth, Eberhard: Der britische Kriminalroman 1960–1975. Ein Beitrag zur Untersuchung der nicht so hohen Literatur. Gießen: Hoffmann, 1983.

Walter, Klaus-Peter: Das James-Bond-Buch. Frankfurt a. M. [u. a.]: Ullstein, 1995.

Winston, Robert P. / Mellerski, Nancy C.: The Public Eye. Ideology and the Police Procedural. London: Macmillan, 1992.

VERZEICHNIS DER PERSONEN

Fettgedruckte Ziffern beziehen sich auf Haupteinträge, alle anderen auf Nebeneinträge.

Abécassis, Eliette **15**
Adair, Gilbert **16**
Adler, Friedrich 271
Adler, Viktor 271
Adorno, Theodor W. 104
Akunin, Boris **17**
Alberts, Jürgen **18**, 95, 253, 374
Alfredson, Daniel 392, 393
Allbeury, Ted **20**
Allen, Woody 20, **22**, 65, 190, 399
Altenberg, Peter 285
Altman, Robert 69
Alvtegen, Karin **23**
Ambler, Eric **24**
Amis, Kingsley 24, 134, 298
Amis, Martin **24**
Anscombe, Roderick **25**
Appel, René **26**
Apted, Michael 194
Ard, Leo P. / Junge, Reinhard **27**
Arent, Eddie 436
Ariç, Nizamettin 99
Arjouni, Jakob **28**
Arnaud, Jean-Jacques 117
Arnold, Armin 8
Arriaga, Guillermo **28**
Ashley, Helmut 74
Astafjew, Viktor 366
Aust, Bille 214

Baantjer, A. C. **30**
Bach, Johann Sebastian 92
Bachman, Richard 250
Bacsö, Peter 393
Bakunin, Michail 17
Baldwin, Alec 171
Bardot, Brigitte 429
Baring-Gould, William S. 105, 341, 402
Barker, Pat **30**
Barnes, Linda **31**
Barr, Nevada **32**
Barschel, Uwe 39, 252
Baudelaire, Charles 407
Baxt, George **33**, 227
Bedford, Martin **34**
Beethoven, Ludwig van 92
Belén, Ana 154
Benesch, Helmuth 440
Ben-gavriel, Moshe Ya'akov 35
Benson, Raymond **36**, 134, 150, 166
Berben, Iris 45
Berenett, Lars-Erik 403
Berg, Rudolf van den 112
Berglund, Per 179
Berglund, Pelle 291, 395
Bergman, Andrew 204
Bergman, Ingmar 289
Berija, Lawrentij 195, 435
Berkeley, Anthony 94
Berkhof, Aster **37**
Berndorf, Jacques **38**, 252
Bernhardt, Sarah 398
Bernières, Louis de **39**
Bialik, Chaim 391
Biermann, Pieke **40**
Biggers, Earl Derr **41**
Bin Laden, Osama 82
Birkemose, Ditte **42**
Bismarck, Otto von 440
Blake, William 196
Bleckner, Jeff 447
Blok, Alexander 153
Bode, Joachim Christian 333
Bodelson, Anders **43**
Böhm, Katharina 60
Böhmer, Otto A. **44**
Boehncke, Heiner 374
Böll, Heinrich 260
Boeser, Knut **45**
Boëtius, Henning **46**
Bogart, Humphrey 33, 65, 200
Bogart, Paul 68
Boileau, Pierre / Narcejac, Thomas **46**, 435
Boldt, Rainer 75
Borges, Jorge Luis 94
Bosetzky, Horst 7, 435
Bouman, Ina **47**
Bourgeois, Roberto Estrada **48**
Boyer, Richard L. 233
Bradbury, Ray Douglas **48**, 220
Brahm, John 67
Brando, Marlon 353
Bratt, Peter 179
Braun, Josy **49**, 352, 375
Breinersdorfer, Fred **50**
Brenner, (Sophia) Elisabeth 55
Brentano, Clemens von 262
Bringmann, Peter 129
Brödl, Günter 337
Bronson, Charles 282
Brown, Rita Mae **51**
Brown, Sandra **52**, 80
Buchan, John 8, **53**, 75
Bucharin, Nikolaj 102

Buchholz, Marin **169**
Bücking, Hans-Günter 325
Bülow, Hans von 285
Burdett, John 166
Burger, Wolfgang **54**
Burman, Carina **54**
Burns, Ron **55**, 88
Burr, Raymond 149
Burton, David 423
Buscha, Angelika **56**
Byatt, Antonia 54, **57**

Cain, James M. **59**, 72
Çakan, Myra **59**
Caldera, Carlos 229
Camilleri, Andrea **60**
Campion, Jane 312
Camus, Albert 85
Cannell, Dorothy **61**
Capone, Al 64
Carlotto, Massimo **62**
Carmichael, Ian 370
Carr, Caleb **63**
Cassidy, Butch 212
Castelberg, Christian von 273
Caton-Jones, Michael 137
Centigloria, Duca di **64**
Cervi, Gino 388
Chabrol, Claude 389
Chafetz, Zev **64**
Chamberlain, Houston Stewart 285
Chandler, Raymond 22, 59, **65**, 186, 214, 232, 288, 385
Chaplet, Anne **71**
Chaplin, Charlie 105
Charcot, Jean-Martin 25
Charyn, Jerome **72**
Chase, James Hadley **73**
Chesterton, Gilbert Keith **73**, 94, 240
Childers, Erskine **75**
Chraibi, Driss **76**
Christian, Roger 45
Christie, Agatha **76**, 282, 300, 370, 423, 444
Cimino, Michael 201
Clancy, Tom **78**
Clark, Mary Higgins **80**
Clasen, Carola 38
Clément, René 206
Clinton, Bill 52
Clouzot, Henri-Georges 46
Cody, Liza **81**
Cole, G. D. H. 94
Cole, Margaret 94
Collins, Larry / Lapierre, Dominique **82**
Commodus 55
Connery, Sean 86, 117, 134, 262, 443
Cook, Robin 41, **83**, 356
Coppola, Francis Ford 353
Cornwell, Patricia **84**, 305, 359
Cossery, Albert **85**
Coudenhove-Kalergi[-Balli], Richard Nikolaus Graf 64
Coward, Noël 90
Cox, Brian 196
Crichton, Michael **85**, 105
Crofts, Freeman Wills 94
Cutts, Graham 106
Czypionka, Hansa 28

Däniken, Erich von 184
Dalton, Timothy 150
Dane, Clemence 94
Dankowtsewa, Anna **87**
Dante Alighieri 22, 231
Darabont, Frank 250
Darnton, John 241
Daschkowa, Polina **87**, 223, 296
Dassin, Jules 24
Davis, Lindsey 55, **88**
Davis, Ruppert 388
Deaver, Jeffery **89**
Decourt, Jean-Pierre 268
Deighton, Len **90**
Deitmer, Sabine **91**
Del Ruth, Roy 189, 351
Delelis, Philippe **92**
Demme, Jonathan 196
Denton, Bradley **93**
Deray, Jacques 288
De Santis, Pablo **94**
Detection Club 18, 73, **94**
Dexter, Colin **96**, 140
Díaz Eterovic, Ramón **96**
Dibdin, Michael **97**, 105
Dickens, Charles 18, 63, 145
Dieterle, William 189
Dimitroff, Georgij 271
Dische, Irene **99**
Disher, Gary **100**
Disney, Walt 122
Dmytryk, Edward 66
Dobyns, Stephen **101**
Döblin, Alexander 40
Dörrie, Doris 28
Dollar, Jim **102**
Donaldson, Roger 409
Dorf, Fran **103**
Dorn, Thea **104**, 184
Dostojewskij, Fjodor M. 8, 227
Doyle, Arthur Conan 75, 86, **105**, 117, 222, 230, 280, 349, 363, 397, 429
Dreher, Sarah 31, **109**
Dreyfus, Alfred 209
Dschugaschwili, Jakow 195

Dürrenmatt, Friedrich 8, **110**, 225, 377
Durbridge, Francis **113**

Ebertowski, Jürgen **115**
Eckert, Horst **115**
Eco, Umberto 86, 105, **116**, 193, 209, 346, 418
Edward I., König von England 193
Edwardson, Åke **118**
Einstein, Albert 271
Ekman, Gösta 392
Ekman, Kerstin **119**
Elisabeth I. 236
Ellis, Bret Easton **120**, 312
Ellroy, Geneva 121, 125
Ellroy, James 10, 52, 83, 115 f., **121**
Elvey, Maurice 106
Engholm, Björn 252
Erler, Rainer **126**
Ertl, Josef 259
Essex, Harry 400
Eterovic *s.* Díaz Eterovic, Ramón
Euripides 391
Ewo, Jon **127**

Färberböck, Max 153
Fassbinder, Rainer Werner 434
Fauser, Jörg **129**
Ferrario, Davide **129**
Fesperman, Dan **131**
Fielding, Henry 327
Fielding, Sir John 327
Fielding, Joy 52, 80, **132**
Filastò, Nino **133**
Fischer, Markus 225
Fisher, Terence 107, 274
Fleischhauer, Wolfram **134**
Fleming, Ian 24, 36, 75, **134**, 150, 228, 298, 332, 341, 405
Flickling, Skip 332
Florey, Robert 351
Follet, Ken **135**
Fonda, Jane 31
Ford, Harrison 79
Forman, Miloš 93
Forrest, Katherine V. **136**
Forsyth, Frederik **137**, 373
Fossum, Karin **138**
Francis, Anne 332
Francis, Dick **139**
Franklin, Carl 313
Freeling, Nicolas 75, **140**
Freemantle, Brian **141**
French, Nicci **142**, 312
Freud, Sigmund 105, 203, 209, 285, 330
Friedman, Kinky **143**
Friedrich II. 92
Fröbe, Gerd 134
Fromm, Friedemann 38
Frost, Mark 105
Frost, Niklas **144**
Fruttero, Carlo / Lucentini, Franco **145**, 350
Fry, Stephen **145**
Fuller, Dean **147**
Fyfield, Frances **147**

Gabin, Jean 388
Gaddhafi, Muhamar al 82
Galilei, Galileo 250
Garber, J. R. 410
García Márquez, Gabriel 40
Gardner, Earl Stanley **149**
Gardner, John 36, 91, 105, 134, **150**
Garner, James 68
Garnett, Tay 59
Gauch, Sigfrid **151**
Gaulle, Charles de 137
Gehlen, Arnold 21
Geißendörfer, Hans W. 205
Genet, Jean 85
George, Elizabeth **152**, 181
Gercke, Doris 18, **153**
Geronimo 292
Getty, Estelle 451
Gibson, Brian 171
Gies, Hajo 392, 394
Gilbert, Brian 145
Giler, David 189
Gimenez-Bartlett, Alicia **154**
Giovanzzo, Buddy **155**
Gladstone, William 452
Glaesener, Helga **156**
Glauser, Friedrich 8, **157**, 225, 377
Glomb, Jacek 415
Gloor, Kurt 161
Goddard, Robert **162**
Göhre, Frank 18
Göring, Hermann 241
Goethe, Johann Wolfgang 44, 262
Goetz, Curt **163**
Gogoll, Ruth **164**
Gold, Jack 96
Goldfinger, Mendel 134
Gombrowicz, Witold **164**
Goodman, Robert 351
Gorbatschow, Michail 226, 431
Gould, Elliot 69
Goyke, Frank **165**, 184
Grän, Christine **166**
Graf, Roger 65, **168**
Grafton, Sue **168**, 314
Gralle, Albrecht **169**, 374
Grangé, Jean-Christophe **170**
Green, George D. **171**
Greene, Graham 130, **172**

Gremm, Wolf 434
Gries, Tom 282
Grimes, Martha **173**, 185
Grinde, Nick 423
Grisham, John **174**
Grock (d. i. Adrian Wettach) 19
Groller, Balduin 8
Gronau, Maria **176**
Grzimek, Martin **177**
Guiccardi, Luigi **178**
Guillou, Jan **179**, 289, 299
Guiness, Alec 73
Gulik, Robert van **180**
Gullermi, John 78
Gur, Batya **181**, 384

Haas, Wolf **183**
Haefs, Gisbert 18, **184**
Haffter, Petra 367
Hagen, Jens **185**
Hahn, Nikola **186**
Hailey, Arthur 320
Halmer, Günther Maria 50
Hamilton, Guy 135
Hammett, Dashiell 59, **187**, 214, 281, 288
Hanff, Jean **192**, 234
Hansen, Joseph **192**, 321
Hanson, Curtis 121
Harding, Paul **193**
Harris, Richard B. 124
Harris, Robert 91, **194**
Harris, Thomas 10, 63, **196**, 318, 398
Harron, Mary 120
Hart, Marten 't **198**
Hauer, Rutger 194
Hawks, Howard 65, 66, 413
Hayder, Mo **199**
Hayes, Joseph **200**
Hayworth, Rita 130
Hebbel, Christian Friedrich 285
Heffron, Richard T. 400
Heimann, Alexander **201**
Heine, Heinrich 262
Heinichen, Veit **202**
Heinze, Thomas 50
Heisler, Stuart 190
Heller, Frank 35
Henley, Hobart 187
Hermes Trismegistos 249
Hernádi, Miklós **203**
Herzl, Theodor 203
Hessler, Gordon 351
Heydrich, Reinhard 195, 241
Hiaasen, Carl **204**
Hickox, Douglas 107
Higgins, Carol 80
Higgins, Jack 166
Higgins, Mary *s.* Clark, Mary Higgins
Highsmith, Patricia 8, 9, **205**
Hill, Carol De Chellis **209**
Hill, James 355
Hill, Reginald **210**
Hill, Walter 187
Hillerman, Tony **211**, 314
Himes, Chester **212**
Hinterberger, Ernst **213**
Hitchcock, Alfred 33, 46, 53, 163, 277, 303, 447
Hitler, Adolf 105, 285
Hjortsberg, William **213**
Høeg, Peter **214**
Hölscher, Barbara 232
Hoffa, James Riddle 123
Hoffmann, Heinrich 186
Hofmann, Nico 112, 376
Hohlbein, Wolfgang 411
Holliday, Doc 370
Holst, Kirsten **215**
Holt, Anne **216**, 400
Homann, Ludwig **217**
Hoover, Edgar 122
Hopkins, Anthony 196
Hornung, Ernest William 268
Hosier, Sidney 105
Houdini 105
Huby, Felix 50, 381
Hültner, Robert 18, **218**
Hughes, Howard 122
Hunter, Evan **219**
Huston, John 189, 227

Illner, Michael 27
Irvin, John 269
Izquierdo, Andreas 38
Izzo, Jean-Claude **220**

Jackson, Samuel 313
Jacoby, Hans 112
Jacques, Norbert **222**
Jakowlewa, Jelena 296
James, Donald 141, 195, **223**
James, Henry 209
James, P. D. **224**
Jaun, Sam **225**
Jelzin, Boris 223
Jepson, Edgar 94
Jolie, Angelina 89
Joseph (Häuptling) 72
Julian, Robert 274
Jung, Carl Gustav 209
Junge, Reinhard / Ard, Leo P. **27**
Jussupow, Fürst 55

Kabakow, Alexander **226**
Kadaré, Ismail **226**

Kafka, Franz 204
Kalinine, Paul 165
Kaminsky, Stuart M. 10, 33, **227**
Kanew, Jeff 340
Kaniuk, Yoram **228**
Kann, Hans-Joachim 38, **229**
Karahasan, Dževad **230**
Karas, Anton 172
Karloff, Boris 363
Karr & Wehner 18, **232**
Kartun, Derek/ Vitaliev, Vitali **431**
Kassovitz, Mathieu 170
Kastner, Jörg 105, **233**
Katz, Molly **234**
Kaufman, Philip 86
Kay, Susan 273
Keglevic, Peter 392, 395 f.
Kehrer, Jürgen **235**
Keith, Brian 281
Kellerman, Faye 44, 156, **236**, 238, 289
Kellerman, Jonathan **238**
Kemelman, Harry 240
Kennedy, Burt 410
Kennedy, John F. »Jack« 122, 195
Kennedy, Milward 94
Kennedy, Robert 122
Kerr, Philip 223, **241**, 410, 442
Khadra, Yasmina 220, **247**
King, Ross **249**, 418
King, Stephen 103, **250**, 335
Kinski, Klaus 436
Kleist, Heinrich von 8
Klugmann, Norbert **251**
Knauer, Sebastian 39, **252**
Kneifl, Edith 18, **253**
Knellwolf, Ulrich **253**
Knox, Ronald A. 94, 214
Koch, Angelika 38
Körber, Joachim **254**
Köster-Lösche, Kari **255**
Kolbergs, Andris **256**
Komarek, Alfred 71, 183, **257**
Krafft-Ebing, Richard 271
Kramp, Ralf 38, **258**
Kraus, Karl 209, 285
Kristan, Georg R. **259**
Król, Joachim 112, 235
Krohn, Barbara **260**
Küpper, Heinrich **260**
Kunkel, Eberhard 44, **262**
Kurkow, Andrej **263**
Kurosawa, Akira 187, 303
Kuták, Jaroslav **264**
-ky **7**, **264**

La Bute, Neil 57
Lanthaler, Kurt **266**
Lamprière, John 327
Laneuville, Eric 320
Lang, Fritz 222
Lansbury, Angela 77
Lansink, Leonhard 235
Lapid, Shulmit 35, 181, **266**, 384
Lapierre, Dominique / Collins, Larry **82**
Lassgard, Rolf 289
Lautner, Georges 284
Lebert, Hans 9, **267**
Leblanc, Maurice 105, **268**
LeCarré, John 8, 29, **269**
Lecaye, Alexis 105, **271**
Lee, Christopher 363
Lee, Stan 136
Leeds, Herbert I. 67
Lehtolainen, Leena **271**
Lenin, Vladimir Iljitsch 221
Leon, Donna 97, 202, 235, **272**, 318
Leone, Sergio 187
Leroux, Gaston **273**, 452
Lewin, Waltraud / Margraf, Miriam **274**
Lieser, Carl von 38, 229
Lindell, Unni **275**
Lindgren, Astrid 23
Lindström, Jon 198
Lindtberg, Leopold 158
Little, Dwight H. 274
Llewellyn, Sam 75
Lloyd, Harold 53
Loetscher, Hugo 157
Lom, Herbert 268
Lombroso, Cesare 241
Longmates, Norman 91
Lorre, Peter 41
Lothar, Hanns 320
Luard, Nicolaus 241
Lubin, Arthur 274
Lucarelli, Carlo **276**
Luce, Colin 360
Lucentini, Franco / Fruttero, Carlo **145**, 350
Luciano, Lucky 129
Ludlum, Robert **278**
Ludwig II. 251, 440
Lührs, Manfred **279**
Lund Sorensen, Sune 414

Macdonald, John D. **280**
MacDonald, Marianne **280**
MacDonald, Ross **281**
Maclean, Alistair **282**
Maeterlinck, Maurice 268
Magnan, Pierre **283**
Magnusson, Leif 292
Mahler, Gustav 92, 211, 285
Mahrendorff, C. S. 105, **285**

Malet, Léo 96, **286**
Malzberg, Barry 352
Mamlejew, Jurij **287**
Manchette, Jean-Patrick **288**
Mankell, Henning 23, 118, 138, 181, 200, 215, **289**, 322, 360, 362, 364, 365, 382, 392, 403
Mann, Michael 196
Maraini, Dacia **295**
Marchand, Guy 286
Margraf, Miriam / Lewin, Waltraud **274**
Marinina, Alexandra 87, 223, **296**
Mark Aurel 55
Markaris, Petros **297**
Markham, Robert 24, **298**
Marklund, Liza **299**
Markowitz, Robert 274
Marquard, Alfred 350
Marsh, Ngaio **300**
Martin, Hansjörg **301**
Martini, Mischa 38, 229
Die Marx-Brothers 228
Marx, Karl 283
Massey, Sujata **301**
Mathews, Peter 251
Matsumoto, Seicho **302**
Matsutani, Rainer 126
Maximow, Vladimir 195
May, Karl 184
Maylam, Tony 75
McBain, Ed 219, **303**
McCrery, Nigel **304**, 359
McDermid, Val **305**
McKay, Gardner **306**
McLoughlin, Tom 136
McNab, Claire **307**
McQueen, Steve 409
McTiernan, John 79, 411
Mehnert, Klaus 379
Meier, Carlo **308**
Meinert, Rudolf 107
Meinrad, Josef 73
Menaul, Christopher 194
Metzger, Theo 320
Meyer, Conrad Ferdinand 185
Meyer, Kai 44
Meyer, Nicholas 209, 273, 285, 330
Michaels, Grant 321
Michoels, Salomon 435
Millar, Margaret **309**
Minghella, Anthony 206
Mischke, Susanne **309**
Mitchelson, Austin / Utechin, Nicholas 105, **311**
Molina *s.* Muñoz Molina, Antonio **315**
Montalbán *s.* Vázquez Montalbán, Manuel 96, **426**
Montgomery, Robert 68
Moore, Demi 171
Moore, Julianne 197
Moore, Roger 383
Moore, Susanna **312**
Moravia, Alberto 295
More, Kenneth 73
Moro, Aldo 97
Moroz, Jurij 296
Morrow, Bradford **312**
Mosley, Walter **313**
Mozart, Wolfgang Amadeus 92
Müller-Westernhagen, Marius 129
Muller, Marcia **314**, 352
Muñoz Molina, Antonio **315**
Murnberger, Wolfgang 183
Mussolini, Benito 271, 277
Mwangi, Meja **316**

Nabb, Magdalen 97, **318**
Nadelson, Reggie **319**
Nahun, Alain 268
Nance, John J. **320**
Narcejac, Thomas / Boileau, Pierre **46**, 435
Nava, Michael **321**
Neame, Ronald 138
Neely, Richard 265, **322**
Negrin, Alberto 112
Negulescu, Jean 24
Nesser, Håkan 118, **264**, 289, 322
Neugebauer, Peter *s.* Weinstein, Zeus
Neukirchen, Dorothea 235
Neuss, Wolfgang 113
Newman, Paul 281
Nicholson, Jack 112
Nieden, Eckart zur **169**
Nietzsche, Friedrich 391
Nilsonne, Åsa **323**
Niro, Robert de 30
Noll, Ingrid 18, 309, **324**, 380
Nolthenius, Helene **326**
Norfolk, Lawrence 249, **327**
Norman, Howard **328**
Noske, Edgar 38, 144
Noyce, Philippe 89

Oates, Joyce Carol **330**
Oatley, Keith 105, **330**
O'Connor, Gemma **331**
O'Donnell, Peter **332**
Oelker, Petra **333**
Oker, Cecil **334**
Oland, Warner 41
O'Nan, Stewart **335**
Orban, Christine **336**
Orme, Stuart 437
Ortelius, Abraham 249
Ostbahn, Kurt **337**

Pakkanen, Outi **339**
Palma, Brian de 413
Palme, Olof 179, 400
Panzer, Wolfgang 158
Paprotta, Astrid **339**
Paretsky, Sara 314, **340**
Parker, Alan 214
Paul, Katrin **169**
Pearson, John **341**
Peckinpah, Sam 409
Pelecanos, George P. **342**
Pelletier, Chantal **343**
Penn, Sean 112
Perry, Anne **344**
Perry, Thomas **345**
Peters, Ellis 117, 193, 326, **346**
Petersen, Wolfgang 265, 322
Petherbridge, Edward 370
Petrie, Daniel 90
Petrie, Glen 105
Pfleghar, Michael 163
Philby, Kim 269
Pidde, Ernst von **347**
Pirinçci, Akif **348**
Pithan, Gerrit **169**
Pjezuch, Wjatscheslaw 226
Poe, Edgar Allan 8, 10, 186, 233, **349**, 452
Pölsler, Julian Roman 257
Pollack, Sydney 175
Pollocks, George 77
Popp, Walter / Schlink, Bernhard **376**
Pouy, Jean-Bernard **351**
Powell, Dick 69
Powell, William 191
Prochnow, Jürgen 265
Pronzini, Bill 314, **352**
Proske, Rudolf **352**
Prüm, Karl-Josef 229
Przybilka, Thomas 8
Puzo, Mario **353**, 378

Queen, Ellery 98, 105, **355**
Quest, Hans 113

Racina, Thom 305
Rafelson, Bob 59, 70
Rahn, Otto 241
Rasputin, Grigorij 55, 105
Ratoff, Gregory 129
Raymond, Derek 83, **356**
Reage, Pauline 312
Reah, Danuta **357**
Reaves, Sam **357**
Redl, Alfred (Oberst) 203
Redmond, Patrick **358**
Reed, Carol 172
Reeve, Christopher 447
Reich-Ranicki, Marcel 262, 415
Reichs, Kathy 84, 305, **359**
Reis, Irving 66
Reiss-Andersen, Berit 216
Rendell, Ruth 224, **360**, 429
Reno, Jean 171
Retes, Gabriel 28
Rhode, John 94
Richard, Jean 388
Richards, Dick 66
Richter, Roland Suso 50, 446
Richter, Walter 441
Rigg, Diana 332
Ritzel, Ulrich 289, **362**
Roberts, Keith 90
Rohmer, Sax **363**
Rola, Carlo 45
Roloff/Seeßlen 191
Roosevelt, Theodor 63
Ropponen, Markku **364**
Rosen, Phil 350
Rosenberg, Robert **364**
Rosenberg, Stuart 394
Ross, Michael 397
Rossmann, Eva 166, **365**
Rottensteiner, Franz 177
Roundtree, Richard 313
Rourke, Mickey 200, 214
Rühmann, Heinz 73, 105, 112, 388
Rutherford, Margaret 77
Rybakow, Anatolij **366**, 419
Ryck, Francis **367**
Rygg, Pernille **368**

Salieri, Antonio 93
Salles, Walter 226
Salomon, König 35
Sánchez-Valdés, Julio 154
Saprjanov, Christo 366, **369**
Sasnawa, Lawrentij 435
Satterthwait, Walter 105, **369**
Sayers, Dorothy 94, **370**
Scerbanenco, Giorgio **372**
Schaak, Michael 348
Schätzing, Frank **373**
Schajnin, Lew 435
Schallweg, Paul **373**
Schalm, Jan 95, 169, **374**
Schank, Marco 352, **375**
Schatten, Viola 202
Schell, Maximilian 110
Schenkel, Carl 91
Schepisi, Fred 270
Schlink, Bernhard / Popp, Walter **376**
Schlöndorf, Volker 73
Schmidli, Werner **377**
Schmidt, Josef 8

Schmidt, Jochen 8
Schönberg, Arnold 285
Schumacher, Joel 175
Schwarzenegger, Arnold 226, 269
Sciascia, Leonardo 133, 353, **378**
Scott, Ridley 197
Segura, Santiago 154
Seidl, Gerhard 305
Sellers, Peter 268
Semjonow, Julian **379**
Semrau, Elfriede **380**
Senf, Jochen **381**
Shakespeare, William 44, 236, 382
Sharpe, Don 53
Sharpe, Tom **381**
Shea, Shirley 44, **382**
Sheldon, Sidney **383**
Shem-Ur, Ora 35, 266, **384**
Shipton, Paul 8, 65, **385**
Shirer, William 9
Short, Elizabeth 125
Shreve, Anita **385**
Siebald, Manfred **169**
Sigel, Bugsy 64
Silbersky, Leif / Svedelid, Olov **386**
Silva, Daniel **387**
Simenon, George 153, 157, 220, 283, 318, **388**, 403
Sinatra, Frank 353
Sironi, Alberto 61
Sivan, Aryeh **391**
Sjöwall, Maj / Wahlöö, Per 8, 10, 289, **392**, 434, 435
Skrjabin, Alexander 267
Smith, D. O. **397**
Smith, Martin Cruz 141, 223, **398**
Soares, Jô 105, **398**
Sombart, Nicolaus 64
Soutine, Chaim 267
Spielberg, Steven 86
Spielrein, Sabina 209
Spillane, Mickey 23, **399**
Staalesen, Gunnar 216, **400**
Stalin, Josef 195, 223, 366, 435
Stallone, Sylvester 451
Stangerup, Helle **401**
Starsgard, Stellan 179
Stemmle, R. A. 105, 440
Stern, Richard Martin 410
Sterne, Lawrence 333
Stewart, James 447, 447 f.
Stoltze, Friedrich 186
Stone, Sharon 264
Stoppard, Tom 194
Stout, Rex **402**
Strubel, Sepp 301
Sue, Eugène 63
Süskind, Patrick **403**
Svedelid, Olof **386**, **403**
Swackhamer, E. W. 188
Szwac, Jeannot 351

Tally, Ted 171
Tartt, Donna **405**
Taut, Manfred **405**
Taylor, Allison **406**
t'Hart, Marten *s.* Hart, Marten 't **198**
Thaw, John 96
Theakston, Graham 438
Thiery, Danielle **407**
Thoma, Marc 49
Thomas, Ross **408**
Thompson, Jim **409**
Thorp, Roderick **410**
Toes, Jac. **411**
Togawa, Masako **412**
Toler, Sidney 411
Townsend, Larry 321
Trail, Armitage **413**
Tremayne, Peter 346
Trow, M. J. 105, 123, 423
Trudt, Heiner 374
Tuchner, Michael 382
Turèll, Dan **414**
Turner, Kathleen 340
Turow, Scott 171
Tursten, Helene **414**
Tuttle, Frank 190
Tyrmand, Leopold **415**

Uecker, Christian **417**
Urban, Miloš **418**
Ustinov, Sir Peter 41, 77
Ustinow, Sergej **419**
Utechin, Nicholas / Mitchelson, Austin 105, **311**
Uthmann, Jörg von 347

Vachss, Andrew **421**
Vajda, Ladislao 112
Van Dyke, Dick 134
Van Dyke, W. S. 191
Van Dine, S. S. **422**
Vargas, Fred **424**
Vázquez Montalbán, Manuel 96, **426**
Velikic, Dragan **7**
Venske, Regula 18, **427**
Verne, Jules 263
Viegas, Francisco José **428**
Vilar, Jean-François **428**
Vine, Barbara 360, **429**
Violan, Lo 8
Visconti, Luigi 59
Visser, Suzanne **430**
Vitaliev, Vitali / Kartun, Derek **431**

Vohrer, Alfred 436
Voors, Barbara **432**

Waalkes, Otto 436
Wade, Henry 94
Wagner, Richard 92, 104, 347
Wahlöö, Per 177, 264, **392**, **434**
Wainer, Arkadi und Georgi **435**
Walkhoff-Jordan, Klaus-Dieter 8
Wallace, Edgar **436**
Walsh, Jill Paton 370
Walters, Minette 312, 402, **437**
Wayan, Kenan Ivory 443
Weinstein, Zeus 105, **440**
Wehner, Walter *s.* Karr & Wehner
Weininger, Otto 203
Welles, Orson 130
Wells, H. G. 233
Wenders, Wim 207
Werremeier, Friedrich **441**
West, Mae 33
Westkirch, Luise 8
Wetering, Janwillem van de **441**
Whately, Kevin 96
Whitchurch, Canon Victor L. 94
Wied, Thekla Carola 166
Wieninger, Peter R. **442**
Wilde, Oscar 145, 369
Willis, Bruce 410
Wilson, Ronald 370 f.
Wimmer, Heinrich 11
Winges, Stefan **443**
Winner, Michael 452
Winters, Roland 41
Wirth, Franz Peter 110
Witherspoon, Reese 332
Wittgen, Tom **444**
Wittgenstein, Ludwig 187, 203, 246
Woellner, Waltraud 8
Wolf, Klaus-Peter **445**
Wolff, Gabriele **446**
Wolffhardt, Rainer 160
Wood, Christopher 134
Woolrich, Cornell **447**
Wright, Austin **448**
Würth, Petra **449**
Wyler, William 201
Wyss, Verena **449**

Yaffe, James 35, **451**
Yung, Sen 41

Zahavi, Helen **452**
Zangwill, Israel 8, 273, **452**
Zeindler, Peter 184, **453**
Zenker, Helmut **454**
Zingaretti, Luca 60
Zinnemann, Fred 137
Zöchling, Dieter 347
Zürcher, Tom **455**
Zur Nieden *s.* Nieden

VERZEICHNIS DER WERKE

Fremdsprachige Originaltitel sind kursiv gedruckt.

Das achte Gebot / *Død joker* → Holt
The Actor and the Alibi / Das Alibi der Schauspielerin → Chesterton
Ada Pizonka → Homann
Adonis / *Adonis* → Sivan
Ah, Treachery! / Die im Dunkeln → Thomas
Akte Odessa / *The Odessa File* → Forsyth
Alarm in Sköldgatan / *Brandbilen som försvann* → Sjöwall & Wahlöö
The Alfred Hitchcock Murder Case / Mordfall für Alfred Hitchcock → Baxt
Das Alibi der Schauspielerin / *The Actor and the Alibi* → Chesterton
The Alienist / Die Einkreisung → Carr
All that remains / Herzbube → Cornwell
Allegro mortale → Gralle
Alptraum in Pink / *Nightmare in Pink* → MacDonald, John D.
Alptraum mit Signora / *Incubo di signora* → Filastò
Alte Freunde – neue Feinde / *A German Requiem* → Kerr
Am Sonntag blieb der Rabbi weg / *Sunday the Rabbi Stayed Home* → Kemelman
American Psycho / *American Psycho* → Ellis
American Tabloid / Ein amerikanischer Thriller → Ellroy
Ein amerikanischer Thriller / *American Tabloid* → Ellroy
An einem Tag wie jeder andere / *The Desperate Hours* → Heyes
Angel Heart / *Fallen Angel* → Hjortsberg
Anschlag auf Bonn → Kristan
Die Apothekerin → Noll
Applaus für einen Mörder / *Narrspel* → Silbersky & Svedelid
Archangel / Aurora → Harris, Robert
Arsène Lupin contre Herlock Sholmes / Arsène Lupin kontra Herlock Sholmes → Leblanc
Asaselj / Fandorin → Akunin
As duas aguas do mar / Das grüne Meer der Finsternis → Viegas
Asche und Gold / *L'Or et la Cendre* → Abécassis
Die Assistentin / *The Bone Collector* → Deaver
Auf der Spur des Wolfes / *Blood Money* → Perry, Thomas
Auf der Strecke geblieben / *Dubbelspoor* → Toes
Auf fremdem Terrain / *Igra na tschuschom pole* → Marinina
Aufgeputscht → Eckert
Aufruhr im Dorf → Schallweg
Aufschneider / *In the Cut* → Moore
Aurora / *Archangel* → Harris, Robert
Aus Privatbesitz → Zeindler
L'automne de chimères / Herbst der Chimären → Khadra

Bad Love / Böse Liebe → Kellerman, Jonathan
El balneario / Wenn Tote baden → Vázquez Montalbán
Because of the Cats / Van der Falk und die Katzen → Freeling
Because the Night. In der Tiefe der Nacht → Ellroy
Becca / *The Quality of Mercy* → Kellerman, Faye
Bedford Square / Schatten über Bedford Square → Perry, Anne
Before I say good-bye / Vergiss die Toten nicht → Clark
Begrabene Hunde schlafen nicht / *Begravde hunder biter ikke* → Staalesen
Begravde hunder biter ikke / Begrabene Hunde schlafen nicht → Staalesen
Bei Einbruch der Nacht / *L'Homme à l'envers* → Vargas
Bei Rotlicht Mord / *Nestor Burma en directe* → Malet
Bei Westwind hört man keinen Schuss → Martin
La Belle de Fontenay / Die Schöne von Fontenay → Pouy
Beltenebros / Deckname Beltenebros → Muñoz Molina
Beneath the Skin / Der Sommermörder → French
Der Bericht des Polizisten / *Le rapport du gendarme* → Simenon
Die Beschattung → Grzimek
Besessen / *Possession* → Byatt
Die Besessenen / *Opetani* → Gombrowisz
Beverly Malibu / *Beverly Malibu* → Forrest
Big Bad City / *Big Bad City* → McBain
The Big Bow Mystery / Das große Geheimnis in der Bow Street → Zangwill
The Big Sleep / Der große Schlaf → Chandler
Die Bildhauerin / *The Sculpturess* → Walters
The Bird Artist / Das Fresko → Norman
The Birdman / Der Vogelmann → Hayder
The Bishop Murder Case / Der Mordfall Bischof → van Dine
Bitte nicht stören → Knauer
The Black Dahlia / Die schwarze Dahlie → Ellroy
Blackburn / Jimmy Blackburn → Denton
Blindband / *A Closed Book* → Adair
Blood Money / Auf der Spur des Wolfes → Perry, Thomas
Blood on the Moon / Blut auf dem Mond → Ellroy
Blow Your House Down / Lockvögel → Barker
Blut auf dem Mond / *Blood on the Moon* → Ellroy

Bluternte / *Red Harvest* → Hammett
Blutrausch → Ostbahn
Der Böse / *Zly* → Tyrmand
Böse Liebe / *Bad Love* → Kellerman, Jonathan
The Bone Collector / Die Assistentin → Deaver
Bonner Roulette → Ard & Junge
Borkmans punkt / Das vierte Opfer → Nesser
The Boy Who Followed Ripley / Der Junge, der Ripley folgte → Highsmith
Brandbilen som försvann / Alarm in Sköldgatan → Sjöwall & Wahlöö
Die Brandmauer / *Brandvägg* → Mankell
Die Brandnacht → Jaun
Brandvägg / Die Brandmauer → Mankell
The Breaker / Wellenbrecher → Walters
Breakheart Pass / Nevada Pass → MacLean
Bronzeschatten / *Shadows in Bronze* → Davis
Bruno geht zu Fuß → Senf
Bucket Nut / Was sie nicht umbringt → Cody
Bug Muldoon / Die Wanze → Shipton
Bushtrackers / Die Wilderer → Mwangi
The Butcher's Theatre / Das Phantom von Jerusalem → Kellerman, Jonathan
The Button Man / Sniper → Freemantle

La calda estate del Commissario Cataldo / Ein heißer Sommer für Commissario Cataldo → Guicardi
Carlotta jagt den Coyoten / *Coyote* → Barnes
Caruso singt nicht mehr → Chaplet
Case of Emily V. / Der Fall Emily V. → Oatley
Case of Lone Star / Lone Star → Friedman
Case of the Fiery Fingers / Perry Mason und die feurigen Finger → Gardner, Earl Stanley
Cézanne geht immer → Schalm
Le Charretier de la »Provicence« / Maigret tappt im Dunkeln → Simenon
Der Chinese → Glauser
The Chinese Maze Murders / Mord im Labyrinth → van Gulik
The Chinese Parrot / Der Chinesenpapagei → Biggers
Der Chinesenpapagei / *The Chinese Parrot* → Biggers
Chourmo / *Chourmo* → Izzo
Le cinquième cavalier / Der fünfte Reiter → Collins & Lapierre
The Church of Dead Girls / Die Kirche der toten Mädchen → Dobyns
Çiplak Ceset / Schnee am Bosporus → Oker
The Client / Der Klient → Grisham
The Closed Book / Blindband → Adair
A Coffin for Dimitrios = The Mask of Dimitrios / Die Maske des Dimitrios → Ambler
Le Collectioneur / Der Sammler → Orban
Colonel Sun / Liebesgrüße aus Athen → Markham
Computerspiele → Gogoll
Coq Rouge. Den demokratiske terroristen / Der demokratische Terrorist → Guillou
Countdown / *Zero minus ten* → Benson
Countdown für die Ewigkeit / *Licence renewed* → Gardner, John
Coyote / Carlotta jagt den Coyoten → Barnes
The Coyote waits / Der Kojote wartet → Hillerman
Crackdown / Crackdown (Skrupellos) → McDermid
Crimes of the City / Im Namen des Herrn → Rosenberg
Criminal Conversation / Fatale Beweise → Hunter

The Dain Curse / Der Fluch des Hauses Dain → Hammett
Dame, König, As, Spion / *Tinker, Tailor, Soldier, Spy* → Le Carré
Dames aan de Maas / Willenlos → Bouman
Dark Room / Dunkle Kammern → Walters
Day of Atonement / Tag der Buße → Kellerman, Faye
The Day of the Jakal / Der Schakal → Forsyth
De Cock en de dode harlekijn / De Cock und der tote Hampelmann → Baantjer
De Cock und der tote Hampelmann / *De Cock en de dode harlekijn* → Baantjer
Dead Man Upright / Profil eines Serienmörders → Cook
Death and Judgment / Vendetta → Leon
Death Claims / Totengeld → Hansen
Death down under / Tod in Australien → McNab
Death in Paris / Tod in Paris → Fuller
Death is a Lonely Business / Tod ist ein einsames Geschäft → Bradbury
Death of a Dutchman / Tod eines Holländers → Nabb
Death of a Hawker / Tod eines Straßenhändlers → van de Wetering
Death on the Nile / Tod auf dem Nil → Christie
Debout les morts / Die schöne Diva → Vargas
Deckname Beltenebros / *Beltenebros* → Muñoz Molina
Dein Schatten, dem ich folgte / *Past Caring* → Goddard
Déjà dead / Tote lügen nicht → Reichs
Der demokratische Terrorist / *Coq Rouge. Den demokratiske terroristen* → Guillou
Denn grün ist der Tod / *Strange Screams of Death* → McCrery
La Dernière Cantate / Die letzte Kantate → Delelis
The Desperate Hours / An einem Tag wie jeder andere → Hayes
Die Detektivin → Hahn
Devil in a Blue Dress / Teufel in Blau → Mosley
Dezemberföhn → Heiman
Día de perros / Hundstage → Giménez-Bartlett
Die hard / Stirb langsam → Thorpe
Die im Dunkeln / *Ah, Treachery!* → Thomas
Dissolvenza al nero / Römisches Maskenspiel → Ferrario
Død joker / Das achte Gebot → Holt
Doktor Freuds Geheimnis / *Henry James' Midnight Song* → Hill, Carol DeChellis

Doktor Mabuse, der Spieler → Jacques
Don't cry now / Flieh, wenn du kannst → Fielding
Donna and the Fatman / Donna und der Fettsack → Zahavi
Donna und der Fettsack / *Donna and the Fatman* → Zahavi
Doomsday Conspiracy / Die letzte Verschwörung → Sheldon
Das Doppelgrab in der Provence → Haefs
Doppelweiß / *Double blanc* → Khadra
Das Dorf der verschwundenen Kinder / *On Beulah Hight* → Hill, Reginald
Dornröschen / *Sleeping Beauty* → Macdonald, Ross
Double blanc / Doppelweiß → Khadra
Downtown Blues → Çakan
Dr. Fu-Manchu / *The Mystery of Dr. Fu-Manchu* → Rohmer
Der dritte Arm von rechts → Kann
Der dritte Mann / *The Third Man* → Greene
Der dritte Zwilling / *The Third Twin* → Follett
Drommefangeren / Pass auf, was du träumst → Lindell
Du sollst nicht begehren / *Lînã mesûtte fet: re.sa.h baq-qîbbû* → Gur
Du sollst nicht töten / *Når det regner på præsten* → Holst
Dubbelspoor / Auf der Strecke geblieben → Toes
Dumme sterben nicht aus / *Just another Sucker* → Chase
Dunkle Kammern / *Dark Room* → Walters
Die dünne Frau / *The Thin Woman* → Cannell
Der dünne Mann / *The Thin Man* → Hammett

The Earthquake Machine / Die Erdbebenmaschine → Michelson & Utechin
Ediths Töchter / *The House of Women* → Taylor
Eifel-Schnee → Berndorf
Einer von uns beiden → -ky
Die Einkreisung / *The Alienist* → Carr
Einstein et Sherlock Holmes / Einstein und Sherlock Holmes → Lecaye
Das Ekel aus Säffle / *Den vedenvärdige mannen fran Säffle* → Sjöwall & Wahlöö
Ende der Vorstellung → Kneifl
Engelmakerne / Spur der toten Engel → Scheen
Eine entwaffnende Frau / *Kissing the Gunner's Daughter* → Rendell
Entführung auf Italienisch / *Ratking* → Dibdin
Die Erdbebenmaschine / *The Earthquake Machine* → Michelson & Utechin
Das ermordete Haus / *La maison assassinée* → Magnan
Éros et Thalasso / Eros und Thalasso → Pelletier
Es geschah im Bellona-Klub / *The Unpleasantness at the Bellona Club* → Sayers
Esau / *Esau* → Kerr
Esbeck und Mondrian → Ebertowski
Ex Libris / Das Labyrinth der Welt → King, Ross
Les Exagérés / Die Maßlosen → Vilar
Extra Tour → Frost

The Face of Trespass / Flucht ist kein Entkommen → Rendell
Die Fährte des Drachen → Wieninger
Der Falke im Malteser / *The Whore of Mensa* → Allen
Der Fall Emily V. / *The Case of Emily V.* → Oatley
Fallen Angel / Angel Heart → Hjortsberg
Fallende Schatten / *Falls the Shadow* → O'Connor
Falls the Shadow / Fallende Schatten → O'Connor
Die falsche Fährte / *Villospår* → Mankell
Der falsche Mann → Wolff
False Allegiations / Verrat → Vachss
Fandorin / *Asaselj* → Akunin
Le fantôme de l'opera / Das Phantom der Oper → Leroux
Die Fantome des Hutmachers / *Les fantôms du chapelier* → Simenon
Les fantôms du chapelier / Die Fantome des Hutmachers → Simenon
Farewell, my Lovely / Lebwohl, mein Liebling → Chandler
Fatale Beweise / *Criminal Conversation* → Hunter
The Father Hunt / Die Sünden der Väter → Stout
Fatherland / Vaterland → Harris, Robert
Das fehlende W → Hinterberger
Feine Erben / *Inherit the Mob* → Chafets
Felidae → Pirinçci
Den femte kvinnan / Die fünfte Frau → Mankell
Das Fenster zum Hof / *The Rear Window* → Woolrich
Feuer in Berlin / *March Violets* → Kerr
Feuersturm / *Firestorm* → Barr
Die Fieberkurve → Glauser
The fifth Horseman / Der fünfte Reiter → Collins & Lapierre
Firestorm / Feuersturm → Barr
Firm / Die Firma → Grisham
Die Firma / *The Firm* → Grisham
A Five Year / Der Plan → Kerr
Flieh, wenn du kannst / *Don't cry now* → Fielding
The Floating Admiral / Die letzte Fahrt des Admiral → Detection Club
Flood / Kata → Vachss
Der Fluch des Hauses Dain / *The Dain Curse* → Hammett
Flucht ist kein Entkommen / *The Face of Trespass* → Rendell
Die Flüchtige / *Saknad* → Altvegen
4.50 from Paddington / 16 Uhr 50 ab Paddington → Christie
Die Frau mit den Regenhänden → Fleischhauer
Fräulein Smillas Gespür für Schnee / *Frøken Smillas fornemmelse for sne* → Høeg

Fremde Blicke / *Se dek ikke tilbake!* → Fossum
Das Fresko / *The Bird Artist* → Norman
Freudsche Verbrechen → Rossmann
Ein Freund des Verblichenen / *Milyj drug, towarischtsch pokojnika* → Kurkow
Frohes Fest, Lucie → Breinersdorfer
Frøken Smillas fornemmelse for sne / Fräulein Smillas Gespür für Schnee → Høeg
Fukai Shissoku / Trübe Wasser in Tokio → Togawa
Die fünfte Frau / *Den femte kvinnan* → Mankell
Der fünfte Reiter / *The fifth Horseman* / *Le cinquième cavalier* → Collins & Lapierre

Game over / *Gridiron* → Kerr
Geen been om op te staan / O süße Hügel der Toscana → Nolthenius
Gefährliche Stille / *Listen to the Silence* → Muller
Gegen die Uhr / *Pandora's Clock* → Nance
Der gehäutete Hund / *Odranoto kutsche* → Saprjanow
Die geheime Geschichte / *The Secret History* → Tartt
Das geheime Leben des Grafen / *The Secret Life of Laszlo Count Dracula* → Anscombe
Das Geheimnis des Dr. Fu-Manchu / *The Mystery of Dr. Fu-Manchu* → Rohmer
Das Geheimnis um Marie Rogêt / *The Mystery of Marie Rogêt* → Poe
Geierfrühling → Karr & Wehner
Gengångarna / Wiedergänger → Svedelid
A German Requiem / Alte Freunde - neue Feinde → Kerr
Geschehnisse am Wasser / *Händelser vit vatten* → Ekman
Die Geschworene / *The Juror* → Green
Das Gesicht des Mörders / *Tigerhill* → Kaniuk
The Getaway / Getaway → Thompson
Getaway / *The Getaway* → Thompson
Das Gewicht des Wassers / *The Weight of Water* → Shreve
Ghost Walk / Die Schriftrolle → MacDonald, Marianne
Gib jedem seinen eigenen Tod → Heinichen
Gier / *Kickback* → Disher
Il giorno del lupo / Schutzengel → Lucarelli
Il giorno della civetta / Der Tag der Eule → Scasica
Giovanni's Gift / Giovannis Gabe → Morrow
Giovannis Gabe / *Giovanni's Gift* → Morrow
Gipfeltreffen → Albrecht
Der gläserne Schlüssel / *The Glass Key* → Hammett
Die gläserne Zelle / *The Glass Cell* → Highsmith
The Glass Cell / Die gläserne Zelle → Highsmith
The Glass Key / Der gläserne Schlüssel → Hammett
The Godfather / Der Pate → Puzo
Die Godin → Hültner
Gohar der Bettler / *Omendiants et orgueilleux* → Cossery
Goldfinger / *Goldfinger* → Fleming
Goldfinger / Goldfinger → Fleming
Grashopper / Heuschrecken → Vine
The Green Mile / Green Mile → King, Stephen
Grenzfälle → Grän
Grenzgänger / *The Line-Crosser* → Allbeury
Gridiron / Game over → Kerr
Das große Geheimnis in der Bow Street / *The Big Bow Mystery* → Zangwill
Der große Schlaf / *The Big Sleep* → Chandler
Das grüne Meer der Finsternis / *As duas aguas do mar* → Viegas

Händelser vit vatten / Geschehnisse am Wasser → Ekman
Die Häupter meiner Lieben → Noll
Der Hahn ist tot → Noll
Haiku kriminale → Hagen
Das Halstuch / *The Scarf* → Durbridge
Der Hammer Gottes / *The Hammer of God* → Chesterton
The Hammer of God / Der Hammer Gottes → Chesterton
Hannibal / Hannibal → Harris, Thomas
Happy Birthday, Türke → Arjouni
Hard Time / Die verschwundene Frau → Paretsky
Das Haus des Vaters / *Stedfar* → Stangeup
Havanna Bay / Nacht in Havanna → Smith, Martin Cruz
Ein heißer Sommer für Commissario Cataldo / *La calda estate del Commissario Cataldo* → Guicardi
Hellas Channel / Nuxterino deltio → Markaris
Henry James' Midnight Song / Doktor Freuds Geheimnis → Hill, Carol DeChellis
Der Herbst der Chimären / *L'automne de chimères* → Khadra
Ein herbstlicher Fall / *A Long Cold Fall* → Reaves
Herzbube / *All that remains* → Cornwell
Herzrasen → Biermann
Heuschrecken / *Grashopper* → Vine
Hexentanz → Goyke
Hexer / *The Ringer* → Wallace
The High Window / Das hohe Fenster → Chandler
Die Hirnkönigin → Dorn
Die Hochstaplerin → Grän
Högo Spatis ermittelt → Zürcher
Das hohe Fenster / *The High Window* → Chandler
L'Homme à l'envers / Bei Einbruch der Nacht → Vargas
Hoog spel / Riskantes Spiel → Berkhof
Horu → Meier
Das Hotel am See / *Hotel Paradise* → Grimes
Hotel Paradise / Das Hotel am See → Grimes
Houdini Girl / *The Houdini Girl* → Bedford
The Hound of the Baskervilles / Der Hund von Baskerville → Doyle
The House of Women / Ediths Töchter → Taylor

Hügel der Selbstmörder / *Suicide Hill* → Ellroy
Der Hühnerdieb / *Pîtyôn* → Lapid
Der Hund von Baskerville / *The Hound of the Baskervilles* → Doyle
Hundarna i Riga / Hunde von Riga → Mankell
Die Hunde von Riga / *Hundarna i Riga* → Mankell
Hundstage / *Día de perros* → Giménez-Bartlett
The Hunt for ›Red October‹ / Jagd auf Roter Oktober → Clancy
Hurrican / *Second Wind* → Francis

I det tysta / Im Verborgenen → Nilsonne
I is for Innocent / I wie Intrige → Grafton
I was Donna Suarez / Ich war Donna Suarez → Raymond
I wie Intrige / *I is for Innocent* → Grafton
I, the Jury / Ich, der Richter → Spillane
Ich fraß die weiße Chinesin → Centigloria
Ich, der Richter / *I, the Jury* → Spillane
Ich war Donna Suarez / *I was Donna Suarez* → Raymond
Igra na tschuschom pole / Auf fremdem Terrain → Marinina
Ikonen-Mafia / *The Third Trinity* → Vitaliev
Im Dunkel Berlins → Lührs
Im Namen der Heiligen / *A Morbid Taste for Bones* → Peters
Im Namen des Herrn / *Crimes of the City* → Rosenberg
Im Sog der dunklen Mächte / *The Pale Criminal* → Kerr
Im Verborgenen / *I det tysta* → Nilsonne
Im Zeichen der Vier / *The Sign of Four* → Doyle
Im Zeichen von Schlinge und Stein / *Petlja i kamenj w seljonoj trawe* → Wainer
In der Tiefe der Nacht / *Because the Night* → Ellroy
In the Cut / Aufschneider → Moore
Incubo di signora / Alptraum mit Signora → Filastò
Inherit the Mob / Feine Erben → Chafets
Inspecteur Ali à Trinity College / Inspector Ali am Trinity College → Chraïbi
Inspector Jury gerät unter Verdacht / *The Old Contemptibles* → Grimes
Les intouchables / Die Unberührbaren → Boileau & Narcejac
Der Irrgarten / *The Snatch* → Pronzini
Istotschni divan / Der östliche Divan → Karahasan

Jagd auf Roter Oktober / *The Hunt for ›Red October‹* → Clancy
James Bomb 006 jagt Graf Dracs → Taut
James Bond. The Authorized Biography of 007 / Das Leben von James Bond, Agent 007 → Pearson
Das japanische Rätsel / *De Vismoorden* → Visser
Jimmy Blackburn / *Blackburn* → Denton
Der Job / *The Job* → Dische
Jochanaan in der Zisterne → Lewin
Der Junge, der Ripley folgte / *The Boy Who Followed Ripley* → Highsmith
The Juror / Die Geschworene → Green
Just another Sucker / Dumme sterben nicht aus → Chase

Kalte Küsse → Deitmer
Kata / *Flood* → Vachss
Kater und Katzenjammer / *Los siete hijos de Simenon* → Díaz Eterovic
Katzensprung / *Victims. A Pound of Flesh* → Shea
Kein Zurück / *Newoswraschtschenez* → Kabakow
The Key of the Tower / Der Schlüssel zum Turm → Adair
Kickback / Gier → Disher
The Killer inside me / Der Mörder in mir → Thompson
Killer stellen sich nicht vor / *Trois hommes à abattre* → Manchette
King Suckerman / *King Suckerman* → Pelecanos
Die Kirche der toten Mädchen / *The Church of Dead Girls* → Dobyns
Kissing the Gunner's Daughter / Eine entwaffnende Frau → Rendell
Klaras Tagebuch / *Syster min* → Voors
Klassentreffen → Knellwolf
Die kleine Schwester / *The Little Sister* → Chandler
Der Klient / *The Client* → Grisham
Der Kojote wartet / *Coyote waits* → Hillerman
Krock & Co → Glauser
De kroongeteuge / Die schwarzen Vögel → t'Hart
Den krossade Tanghästen / Novembermörder → Thursten
Kuparisydän / Kupferglanz → Lehtolainen
Kupferglanz / *Kuparisydän* → Lehtolainen

L. A. Confidential / Stadt der Teufel → Ellroy
Das Labyrinth der Welt / *Ex Libris* → King, Ross
Der lachende Polizist / *Den skrattande polisen* → Sjöwall & Wahlöö
The Lady in the Lake / Die Tote im See → Chandler
Die Lady will es anders / *The Xanadu Talisman* → O'Donnell
Lamprière's Wörterbuch / *Lamprière's Dictionary* → Norfolk
Lamprière's Dictionary / Lamprière's Wörterbuch → Norfolk
Landru → Alberts
Der lange Abschied / *The Long Goodbye* → Chandler
Die lange Nacht / *Rag and Bone* → Nava
The Last Sherlock Holmes Story / Der letzte Sherlock Holmes Roman → Dibdin
Lauf, Nigger, lauf / *Run man run* → Himes
Lautlos → Schätzig
Das Leben von James Bond, Agent 007 / *James Bond. The Authorized Biography of 007* → Pearson

Lebwohl, mein Liebling / *Farewell, my Lovely* → Chandler
Die leichten Schritte des Wahnsinns / *Ljochkije schagi besumija* → Daschkowa
L'estate torbida / Ein trüber Sommer → Lucarelli
Die letzte Fahrt des Admiral / *The Floating Admiral* → Detection Club
Die letzte Kantate / *La Dernière Cantate* → Delelis
Der letzte Sherlock Holmes Roman / *The Last Sherlock Holmes Story* → Dibdin
Die letzte Verschwörung / *The Doomsday Conspiracy* → Sheldon
Die letzten Ferien → Erler
Letzter Halt / *Only Darkness* → Reah
The Liar / Der Lügner → Fry
Licence renewed / Countdown für die Ewigkeit → Gardner, John
Liebesgrüße aus Athen / *Colonel Sun* → Markham
Lies in the Dark / Lügen im Dunkeln → Fesperman
Lînã mesûtte fet: re.sa.h baq-qîbbû / Du sollst nicht begehren → Gur
The Line-Crosser / Grenzgänger → Allbeury
Listen to the Silence / Gefährliche Stille → Muller
The Little Sister / Die kleine Schwester → Chandler
Ljeto w Sosnjakach / Sommer in Sosnjaki → Rybakow
Ljochkije schagi besumija / Die leichten Schritte des Wahnsinns → Daschkowa
Lockvögel / *Blow Your House Down* → Barker
Lone Star / *A Case of Lone Star* → Friedman
A Long Cold Fall / Ein herbstlicher Fall → Reaves
The Long Goodbye / Der lange Abschied → Chandler
Lot No. 249 / Die Mumie → Doyle
Lügen im Dunkeln / *Lies in the Dark* → Fesperman
Der Lügner / *The Liar* → Fry

Macbeth ist tot / *Macbeth on kuollut* → Pakkanen
Macbeth on kuollut / Macbeth ist tot → Pakkanen
Das Mädchen aus Mailand / *Venera privata* → Scerbanenco
A Maiden's Grave / Die Schule des Schweigens → Deaver
Maigret tappt im Dunkeln / Le Charretier de la »Provicence« → Simenon
La maison assassinée / Das ermordete Haus → Magnan
Der Maler / *The Mark of the Assassin* → Silva
Der Malteser Falke / *The Maltese Falkon* → Hammett
Der Mann am See → Schmidli
Der Mann auf dem Balkon / *Mannen på balkongen* → Sjöwall & Wahlöö
Ein Mann verschwindet im Regen / *Mies katoaa sateeseen* → Ropponen
Der Mann, der lächelte / *Mannen som log* → Mankell
Der Mann, der sich in Luft auflöste / *Mannen soni oick upprök* → Sjöwall & Wahlöö
Mannen på balkongen / Der Mann auf dem Balkon → Sjöwall & Wahlöö
Mannen som log / Der Mann, der lächelte → Mankell
Mannen soni oick upprök / Der Mann, der sich in Luft auflöste → Sjöwall & Wahlöö
March Violets / Feuer in Berlin → Kerr
The Mark of the Assassin / Der Maler → Silva
The Mask of Dimitrios / Die Maske des Dimitrios → Ambler
Die Maske des Dimitrios / *The Mask of Dimitrios* → Ambler
Die Maßlosen / *Les Exagérés* → Vilar
The Matarese Countdown / Das Matarese Mosaik → Ludlum
Das Matarese Mosaik / *The Matarese Countdown* → Ludlum
Matto regiert → Glauser
Mein ist die Rache / *A Suitable Vengeance* → George
Mermaid / Nymphen gehören ins Meer → Millar
Mess mend / *Mess mend ili janki w Leningrade* → Dollar
Mess mend ili janki w Leningrade / Mess mend → Dollar
Mies katoaa sateeseen / Ein Mann verschwindet im Regen → Ropponen
Milyj drug, towarischtsch pokojnika / Ein Freund des Verblichenen → Krukow
Mimikry → Paprotta
Minni Mann → Zenker
Il mistero di Manchiabarche / Die Schöne und der Aligator → Carlotto
Mittsommermord / *Steget efter* → Mankell
Modigliani / Ein Modigliani aus Kuba → Burgeois
Ein Modigliani aus Kuba / *Modigliani* → Burgeois
Der Mörder aus dem Nichts / *Schatuny* → Mamlejew
Der Mörder in mir / *The Killer inside me* → Thompson
Der Mörder ohne Gesicht / *Mördare utan ansikte* → Mankell
Mördare utan ansikte / Mörder ohne Gesicht → Mankell
Monstrum / Moskauer Roulette → James, Donald
A Morbid Taste for Bones / Im Namen der Heiligen → Peters
Mord i mårket / Mord im Dunkeln → Turèll
Mord im 31. Stock / *Mord på 31:a våningen* → Wahlöö
Mord im Dunkeln / *Mord i mårket* → Turèll
Mord im Labyrinth / *The Chinese Maze Murders* → van Gulik
Mord in der Knesset / *Resah Ba-Keneset* → Shem-Ur
Mord på 31:a våningen / Mord im 31. Stock → Wahlöö
Die Morde in der Rue Morgue / *Murder in the Rue Morgue* → Poe

Mordsverkehr → Burger
Der Mordfall Bischof / *The Bishop Murder Case* → van Dine
Mordfall für Alfred Hitchcock / *The Alfred Hitchcock Murder Case* → Baxt
Morituri / *Morituri* → Kharda
Mørklægning / Verdunkelung → Bodelson
Moshete na menja poloshitsja / Zwölf Uhr Majakowskij Platz → Ustinow
Moskauer Roulette / *Monstrum* → James, Donald
Mr. Big / *Mr. Big* → Allen
Die Mumie / *Lot No. 249* → Doyle
Murder in the Rue Morgue / Die Morde in der Rue Morgue → Poe
The Mystery of Dr. Fu-Manchu / Das Geheimnis des Dr. Fu-Manchu → Rohmer
The Mystery of Marie Rogêt / Das Geheimnis um Marie Rogêt → Poe

Nacht in Havanna / *Havanna Bay* → Smith, Martin Cruz
Nachtangst / *Shadow Play* → Fyfield
Nachtclub (Striptease) / *Strip Tease* → Hiaasen
Der Name der Rose / *Il nome della rosa* → Eco
Når det regner på præsten / Du sollst nicht töten → Holst
Narrspel / Applaus für einen Mörder → Silbersky & Svedelid
Nekas nav noticis / Der tätowierte Mann → Kolbergs
Nestor Burma en directe / Bei Rotlicht Mord → Malet
Die neununddreißig Stufen / *The Thirty-nine Steps* → Buchan
Neuschwanstein → Klugmann
Nevada Pass / *Breakheart Pass* → MacLean
Newoswraschtschenez / Kein Zurück → Kabakow
A Nice Murder for Mom / Ein schöner Mord für Mom → Yaffe
Nichts geht mehr / *You bet your Life* → Kaminsky
Night Train / *Night Train* → Amis
Nightmare in Pink / Alptraum in Pink → MacDonald, John D.
Nippon Connection / *Rising Sun* → Crichton
No one saw anything / Vor aller Augen → Katz
Il nome della rosa / Der Name der Rose → Eco
Not till the Red Fog Rises / Roter Nebel → Cook
Novembermörder / *Den krossade Tanghästen* → Thursten
Ein nützlicher Deutscher / *The only Good German* → Forsyth
Nuxterino deltio / Hellas Channel → Markaris
Nymphen gehören ins Meer / *Mermaid* → Millar

O süße Hügel der Toscana / *Geen been om op te staan* → Nolthenius
O Xhangô de Baker Street / Sherlock Holmes in Rio → Soares
The Odessa File / Die Akte Odessa → Forsyth
Odranoto kutsche / Der gehäutete Hund → Saprjanow
Der östliche Divan / *Istotschni divan* → Karahasan
The Old Contemptibles / Inspector Jury gerät unter Verdacht → Grimes
Omendiants et orgueilleux / Gohar der Bettler → Cossery
On Beulah Hight / Das Dorf der verschwundenen Kinder → Hill, Reginald
Only Darkness / Letzter Halt → Reah
The only Good German / Ein nützlicher Deutscher → Allbeury
Opetani / Die Besessenen → Gombrowicz
L'Or et la Cendre / Asche und Gold → Abécassis
Oscar Wilde im Wilden Westen / *Wild West* → Satterthwait
Otto / Weiningers Ende → Hernádi
Ouverture to Death / Ouvertüre zum Tod → Marsh

The Pale Criminal / Im Sog der dunklen Mächte → Kerr
Il palio delle contrade morte / Der Palio der toten Reiter → Fruttero & Lucentini
Der Palio der toten Reiter / *Il palio delle contrade morte* → Fruttero & Lucentini
Pandora's Clock / Gegen die Uhr → Nance
Paradise Man / *Paradise Man* → Charyn
Das Parfum → Süskind
Pass auf, was du träumst / *Drommefangeren* → Lindell
Past Caring / Dein Schatten, dem ich folgte → Goddard
Der Pate / *The Godfather* → Puzo
Perry Mason und die feurigen Finger / *The Case of the Fiery Fingers* → Gardner, Earl Stanley
Petlja i kamenj w seljonoj trawe / Im Zeichen von Schlinge und Stein → Wainer
Das Phantom der Oper / *Le fantôme de l'opera* → Leroux
Das Phantom von Jerusalem / *The Butcher's Theatre* → Kellerman, Jonathan
A Philosophical Investigation / Das Wittgenstein-Programm → Kerr
Pîtyôn / Der Hühnerdieb → Lapid
Der Plan / *A Five Year Plan* → Kerr
The Plastic Nightmare / Tod im Spiegel → Neely
Playback / Spiel im Dunkeln → Chandler
Poesie der Hölle / *Poetry and Purgatory* → Giovinazzo
Poetry and Purgatory / Poesie der Hölle → Giovinazzo
Polis, polis, potatismos! / Und die Großen lässt man laufen → Sjöwall & Wahlöö
Polismödaren / Der Polizistenmörder → Sjöwall & Wahlöö
Der Polizistenmörder / *Polismödaren* → Sjöwall & Wahlöö
Polt muss weinen → Komarek

Porto fir d'Affekoten → Braun
Possession / Besessen → Byatt
The Postman always rings twice / Wenn der Postmann zweimal klingelt → Cain
Prilli y thyer / Der zerrissene April → Kadaré
Der Prinz der Finsternis / *The Prince of Darkness* → Harding
The Prince of Darkness / Der Prinz der Finsternis → Harding
Profil eines Serienmörders / *Dead Man Upright* → Cook
Puppenmord oder bis dass ihr Tod ihn scheidet / *Wilt* → Sharpe
The Purloinled Letter / Der stibitzte Brief → Poe
The Purple Hand / Die violette Hand → Smith, D. O.
Die purpurnen Flüsse / *Les Rivières pourpres* → Grangé

The Quality of Mercy / Becca → Kellerman, Faye

Die Rache der Baumeister / *Sedmikostelí* → Urban
Rachsucht / *Twestrijd* → Appel
Das Rätsel der Sandbank / *The Riddle of the Sands* → Childers
Rag and Bone / Die lange Nacht → Nava
Le rapport du gendarme / Der Bericht des Polizisten → Simenon
Ratking / Entführung auf Italienisch → Dibdin
The Rear Window / Das Fenster zum Hof → Woolrich
A *Reasonable Madness* / Die Totdenkerin → Dorf
Red Dragon / Roter Drache → Harris, Thomas
Red Harvest / Bluternte → Hammett
Red Mercury Blues / Red Mercury Blues → Nadelson
Eine Reise nach Genf → Berndorf
The Remorseful Day / Und kurz ist unser Leben → Dexter
Rent a Russian → Venske
Resah Ba-Keneset / Mord in der Knesset → Shem-Ur
Der Richter und sein Henker → Dürrenmatt
The Riddle of the Sands / Das Rätsel der Sandbank → Childers
The Ringer / Der Hexer → Wallace
Ripley Under Ground / *Ripley Under Ground* → Highsmith
Ripley Under Water / *Ripley Under Water* → Highsmith
Ripley's Game oder Der amerikanische Freund / *Ripley's Game* → Highsmith
Rising Sun / Nippon Connection → Crichton
Riskantes Spiel / *Hoog spel* → Berkhof
Les rivières *pourpres* / Die purpurnen Flüsse → Grangé
Römische Ausschweifungen / *Roman Nights* → Burns
Römisches Maskenspiel / *Dissolvenza al nero* → Ferrario
Roman Nights / Römische Ausschweifungen → Burns
Rop från långt avstånd / Die Schattenfrau → Edwardson
Rosa Roth → Boeser
Roseanna / Die Tote im Götakanal → Sjöwall & Wahlöö
Roter Drache / *Red Dragon* → Harris, Thomas
Roter Nebel / *Not till the Red Fog Rises* → Cook
Rotlicht → Wittgen
Das Rubinhalsband → Boëtius
Der Rumpf → Pirinçci
Run man run / Lauf, Nigger, lauf → Himes
The Russia House / Das Russlandhaus → LeCarré
Das Russlandhaus / *The Russia House* → LeCarré

The Sabathday River / Stille Wasser sind tief → Hanff
Die Safranhändlerin → Glaesener
Saknad / Die Flüchtige → Altvegen
The Salaryman's Wife / Die Tote im Badehaus → Massey
Der Sammler / *Le Collectioneur* → Orban
Samstags, wenn Krieg ist → Wolf
Le sang de la bourreau / Was die Nacht verbirgt → Thiery
Le sang des Atrides / Das Zimmer hinter dem Spiegel → Magnan
The Scarf / Das Halstuch → Durbridge
Scarface / *Scarface* → Trail
Schade, dass du nicht tot bist / *Wish you were here* → Brown, Rita Mae
Schag w ljewo / So helle Augen → Dankowtsewa
Der Schakal / *The Day of the Jakal* → Forsyth
Die Schalen des Zorns → Schank
Schatten / *Something Shady* → Dreher
Schatten über Bedford Square / *Bedford Square* → Perry, Anne
Die Schattenfrau / *Rop från långt avstånd* → Edwardson
Schatuny / Der Mörder aus dem Nichts → Mamlejew
Der Schlüssel zum Turm / *The Key of the Tower* → Adair
Der Schmetterlingseffekt / *Sommerfugleffekten* → Rygg
Schnee am Bosporus / *Çiplak Ceset* → Oker
Der Schneemann → Fauser
Die schöne Diva / *Debout les morts* → Vargas
Die Schöne und der Aligator / *Il mistero di Manchiabarche* → Carlotto
Die Schöne von Fontenay / *La Belle de Fontenay* → Pouy
Ein schöner Mord für Mom / *Nice Murder for Mom* → Yaffe
Die Schriftrolle / *Ghost Walk* → MacDonald, Marianne
Schule des Schweigens / *A Maiden's Grave* → Deaver

Der Schutzengel / *Il giorno del lupo* → Lucarelli
Die schwarze Dahlie / *The Black Dahlia* → Ellroy
Schwarze Melodie / *Til toner fra Tosca* → Birkemose
Die schwarzen Vögel / *De kroongeteuge* → t'Hart
Das Schweigen der Lämmer / *The Silence of the Lambs* → Harris, Thomas
Schwemmholz → Ritzel
The Sculpturess / Die Bildhauerin → Walters
16 Uhr 50 ab Paddington / *4.50 from Paddington* → Christie
Se dek ikke tilbake! / Fremde Blicke → Fossum
Second Wind / Hurrican → Francis
The Secret History / Die geheime Geschichte → Tartt
The Secret Life of Laszlo Count Dracula / Das geheime Leben des Grafen → Anscombe
Sedmikostelí / Die Rache der Baumeister → Urban
Selbs Justiz → Schlink
Señor Vivo and the Coca Lord / Señor Vivo und die Kokabriefe → Bernières
Señor Vivo und die Kokabriefe / *Señor Vivo and the Coca Lord* → Bernières
Shadow Play / Nachtangst → Fyfield
Shadows in Bronze / Bronzeschatten → Davis
Sherlock Holmes gegen Jack the Ripper / *A Study in Terror* → Queen
Sherlock Holmes gegen Jack the Ripper / *Sherlock Holmes vs. Jack the Ripper* → Queen
Sherlock Holmes in Rio / *O Xhangô de Baker Street* → Soares
Sherlock Holmes und der Schrecken von Sumatra → Kastner
Shroud for a Nightingale / Tod im weißen Häubchen → James, P. D.
Die sieben Einfälle der Thamar Dor → Ben-gavriêl
Los siete hijos de Simenon / Kater und Katzenjammer → Díaz Eterovic
Sievers erster Fall → Proske
The Sign of Four / Im Zeichen der Vier → Doyle
The Silence of the Lambs / Das Schweigen der Lämmer → Harris, Thomas
Den skrattande polisen / Der lachende Polizist → Sjöwall & Wahlöö
Skrupellos / *Crackdown* → McDermid
Sleeping Beauty / Dornröschen → Macdonald, Ross
Det slutna runirnet / Verschlossen und verriegelt → Sjöwall & Wahlöö
The Snatch / Irrgarten → Pronzini
The Sniper / *The Button Man* → Freemantel
So helle Augen / *Schag w ljewo* → Dankowtsewa
Solea / *Solea* → Izzo
Something Shady / Schatten → Dreher
Sommer in Sosnjaki / *Ljeto w Sosnjakach* → Rybakow
Sommerfugleffekten / Der Schmetterlingseffekt → Rygg
Der Sommermörder / *Beneath the Skin* → French
Speed Queen / Die Speed Queen → O'Nan
Spiel im Dunkeln / *Playback* → Chandler
Spiel mit dem Fahrplan / *Ten to sen* → Matsumoto
Die Spur der toten Engel / *Engelmakerne* → Scheen
SS GB / *SS-GB: Nazi-occupied Britain 1941* → Deighton
SS-GB: Nazi-occupied Britain 1941 / SS GB → Deighton
Stadt der Teufel / *L. A. Confidential* → Ellroy
Stålsprånget / Unternehmen Stahlsprung → Wahlöö
Stedfar / Das Haus des Vaters → Stangerup
Steget efter / Mittsommermord → Mankell
Der stibitzte Brief / *The Purloinled Letter* → Poe
Stille Wasser sind tief / *The Sabathday River* → Hanff
Stimme der Violine / *La voce del violino* → Camilleri
Stimmen / *Voci* → Maraini
Stirb langsam / *Die hard* → Thorpe
Strafe muss sein / *Území trestu* → Kutak
Strange Screams of Death / Denn grün ist der Tod → McCrery
Strip Tease / Nachtclub (Striptease) → Hiaasen
Studie in Scharlachrot / *Study in Scarlett* → Doyle
Studio 6 / *Studio sex* → Marklund
Study in Scarlett / Studie in Scharlachrot → Doyle
Study in Terror / Sherlock Holmes gegen Jack the Ripper → Queen
Suicide Hill / Hügel der Selbstmörder → Ellroy
A Suitable Vengeance / Mein ist die Rache → George
Sunday the Rabbi Stayed Home / Am Sonntag blieb der Rabbi weg → Kemelman
Die Sünden der Väter / *The Father Hunt* → Stout
Der süße Duft des Todes / *Un dulce olor a muerte* → Arriaga
Syster min / Klaras Tagebuch → Voors

Der tätowierte Mann / *Nekas nav noticis* → Kolbergs
Tag der Buße / *Day of Atonement* → Kellerman, Faye
Der Tag der Eule / *Il giorno della civetta* → Scascia
Das Tal der Angst / *The Valley of Fear* → Doyle
The Talented Mr. Ripley / Der talentierte Mr. Ripley → Highsmith
Der talentierte Mr. Ripley / *The Talented Mr. Ripley* → Highsmith
TASS upolnomotschen sajawitj... / Die Würfel fallen in Moskau → Semjonow
Ten to sen / Spiel mit dem Fahrplan → Matsumoto
Terroristen / *Terroristerna* → Sjöwall & Wahlöö
Terroristerna / Die Terroristen → Sjöwall & Wahlöö
Teufel in Blau / *Devil in a Blue Dress* → Mosley
Thin Man / Der dünne Mann → Hammett
Thin Woman / Die dünne Frau → Cannell
The Third Man / Der dritte Mann → Greene
The Third Trinity / Ikonen-Mafia → Vitaliev
The third Twin / Der dritte Zwilling → Follett
Thirty-nine Steps / Die neununddreißig Stufen → Buchan
Der Thorshammer → Köster-Lösche

Tief unterm Laub → Kramp
Tigerhill / Das Gesicht des Mörders → Kaniuk
Til toner fra Tosca / Schwarze Melodie → Birkemose
Tinker, Tailor, Soldier, Spy / Dame, König, As, Spion → LeCarré
De tionde sångguddinan / Die zehnte Göttin des Gesangs → Burman
Tod auf dem Nil / *Death on the Nile* → Christie
Tod eines Holländers / *Death of a Dutchman* → Nabb
Tod eines Straßenhändlers / Death of a Hawker → van de Wetering
Tod im Spiegel / *The Plastic Nightmare* → Neely
Tod im weißen Häubchen / *Shroud for a Nightingale* → James, P. D.
Tod in Australien / *Death down under* → McNab
Tod in Paris / *Death in Paris* → Fuller
Tod ist ein einsames Geschäft / *Death is a Lonely Business* → Bradbury
Tödliche Gewissheit → Graf
Tödliche Täuschung / *White Sepulchres* → Perry, Anne
Tony and Susan / Tony und Susan → Wright
Torpedo / *Torpedo* → Ewo
Total Cheops / *Total Kéops* → Izzo
Die Totdenkerin / A *Reasonable Madness* → Dorf
Die Tote im Badehaus / *The Salaryman's Wife* → Massey
Der Tote im Fels → Lanthaler
Der Tote im Götakanal / *Roseanna* → Sjöwall & Wahlöö
Die Tote im See / *The Lady in the Lake* → Chandler
Tote lügen nicht / *Déjà dead* → Reichs
Tote Oma → Wolff
Die Tote von Beverly Hills → Goetz
Der Tote zuwenig → Kunkel
Die Toten lässt man ruhen → Kehrer
Totengeld / *Death Claims* → Hansen
Toyer / *Toyer* → McKay
La traduccón / Die Übersetzung → De Santis
Treibsand → Uecker
Trimmel und Isolde → Werremeier
Trois hommes à abattre / Killer stellen sich nicht vor → Manchette
Trübe Wasser in Tokio / *Fukai Shissoku* → Togawa
Ein trüber Sommer / *L'estate torbida* → Lucarelli
Twestrijd / Rachsucht → Appel

Die Übersetzung / *La traduccón* → De Santis
Un dulce olor a muerte / Der süße Duft des Todes → Arriaga
Die Unberührbaren / *Les intouchables* → Boileau & Narcejac
Und die Großen lässt man laufen / *Polis, polis, potatismos!* → Sjöwall & Wahlöö
Und die Toten lässt man ruhen → Kehrer
Und kurz ist unser Leben / *The Remorseful Day* → Dexter
Und sie rühreten an den Schlaf der Welt → Mahrendorff
An Unpleasantness at the Bellona Club / Es geschah im Bellona-Klub → Sayers
Unter Strom → Würth
Unternehmen Stahlsprung / *Stålsprånget* → Wahlöö
Území trestu / Strafe muss sein → Kutak

Valley of Fear / Das Tal der Angst → Doyle
Van der Falk und die Katzen / *Because of the Cats* → Freeling
Vaterland / *Fatherland* → Harris, Robert
Den vedenvärdige mannen fran Säffle / Das Ekel aus Säffle → Sjöwall & Wahlöö
Vendetta / *Death and Judgment* → Leon
Venera privata / Das Mädchen aus Mailand → Scerbacenco
Der Verdacht → Dürrenmatt
Verdecktes Spiel → Wyss
Verdunkelung / *Mørklægning* → Bodelsen
Vergiss die Toten nicht / *Before I say good-bye* → Clark
Verrat / *False Allegiations* → Vachss
Verschlossen und verriegelt / *Det slutna runirnet* → Sjöwall & Wahlöö
Das Versprechen → Dürrenmatt
Die verschwundene Frau / *Hard Time* → Paretsky
Victims. A Pound of Flesh / Katzensprung → Shea
Der vierte König → Winges
Das vierte Opfer / *Borkmans punkt* → Mankell
Villospår / Die falsche Fährte → Henning
Die violette Hand / *The Purple Hand* → Smith, D. O.
De Vismoorden / Das japanische Rätsel → Visser
Den vita lejoninnan / Die weiße Löwin → Mankell
La voce del violino / Die Stimme der Violine → Camilleri
Voci / Stimmen → Maraini
Der Vogelmann / *The Birdman* → Hayder
Vor aller Augen / *No one saw anything* → Katz
Voulez-vous mourir avec moi? / Wollen Sie mit mir sterben? → Ryck

Wachtmeister Studer → Glauser
Wagners Ring → Pidde
Die Wahrheit über Ludwig II. → Weinstein
Die Wanze / *Bug Muldoon* → Shipton
Was die Nacht verbirgt / *Le sang de la bourreau* → Thiery
Was sie nicht umbringt / *Bucket Nut* → Cody
Weiberwirtschaft → Gronau
The Weight of Water / Das Gewicht des Wassers → Shreve
Weimarer Wahn → Böhmer
Weiningers Ende / *Otto* → Hernádi
Weinschröter, du must hängen → Gercke
Die weiße Löwin / *Den vita lejoninnan* → Mankell
Wellenbrecher / *The Breaker* → Walters

Wenn der Postmann zweimal klingelt / *The Postman always rings twice* → Cain
Wenn Tote baden / *El balneario* → Vázquez Montalbán
Wer nicht hören will → Mischke
White Sepulchres / Tödliche Täuschung → Perry, Anne
The Whore of Mensa / Der Falke im Malteser → Allen
Wie der Tod so spielt → Buscha
Wie die Tiere → Haa
Wiedergänger / *Gengängarna* → Svedelid
Wild West / Oscar Wilde im Wilden Westen → Satterthwait
Die Wilderer / *The Bushtrackers* → Mwangi
Willenlos / *Dames aan de Maas* → Bouman
Wilt / Puppenmord oder bis dass ihr Tod ihn scheidet → Sharp
Winterhafen → Gauch
Wish you were here / Schade, dass du nicht tot bist → Brown, Rita Mae
Wishing Game / Das Wunschspiel → Redmond
The Witness / Die Zeugin → Brown, Sandra
Wittgenstein-Programm / A *Philosophical Investigation* → Kerr
Het woeden der gehele wereld / Das Wüten der ganzen Welt → t'Hart
Wohin mit dem Kopf? → Küpper
Wolf → Körber
Die Wolfshaut → Lebert
Wollen Sie mit mir sterben? / *Voulez-vous mourir avec moi?* → Ryck
Die Würfel fallen in Moskau / *TASS upolnomotschen sajawitj ...* → Semjonow
Das Wüten der ganzen Welt / *Het woeden de gehele wereld* → t'Hart
Das Wunschspiel / *The Wishing Game* → Redmond

The Xanadu Talisman / Die Lady will es anders → O'Donnell

You bet your Life / Nichts geht mehr → Kaminsky

Die zehnte Göttin des Gesangs / *De tionde sångguddinan* → Burman
Zero minus ten / Countdown → Benson
Die zerbrochene Uhr → Oelker
Der zerrissene April / *Prilli y thyer* → Kadaré
Die Zeugin / *The Witness* → Brown, Sandra
Das Zimmer hinter dem Spiegel / *Le sang des Atrides* → Magnan
Zly / Der Böse → Tyrmand
Zombie / *Zombie* → Oates
Zores aus dem rechten Eck → Semrau
Zweikampf mit Rotwild → Küpper
Zwölf Uhr Majakowskij Platz. Sie können auf mich bauen / *Moshete na menja poloshitsja* → Ustinow

VERZEICHNIS DER HAUPTGESTALTEN

Abel, Jean → Breinersdorfer 50
Agate, Beowulf → Ludlum 278
Agnès → Pelletier 343
Ali, Inspektor → Chraïbi 75
Aligator *s.* Buratti
Alleyn, Chief Detective Inspector → Marsh 300
Angel, Harry → Hjortsberg 214
Archer, Douglas → Deighton 91
Archer, Lew → MacDonald, Ross 281
Archer, Miles → Hammett 189
Ashton, Carol → McNab 307

Badichi, Lisi → Lapid 267
Barber, Henry → Chase 73
Bärlach, Hans → Dürrenmatt 110 f.
Barner, Maximilian → Hernádi 203
Baskerville, William de → Eco 117
Bateman, Patrick → Ellis 120
Baumeister, Siggi → Berndorf 38
Beaumont, Ned → Hammett 190
Becca → Kellerman, Faye 236
Beck, Martin → Sjöwall & Wahlöö 392–397
Beiley, Maud → Byatt 57
Bellamy, Robert → Sheldon 383
Bellodie, Hauptmann → Sciascia 378
Ben-Chorin, Avner → Sivan 391
Bengtson, Annika → Marklund 299
Benter → Toes 411
Berg, Kyra → Dorn 104
Berisha, Gjorg → Kadaré 226
Berndorf, Kommissar → Ritzel 362
Bertaut, Antoine → Fleischhauer 134
Bilewski, Vera → Wolf 446
Blackburn, Jimmy → Denton 93
Blair, Barley → LeCarré 270
Blaise, Modesty-O'Donnell 332
Blake, Nadine → French 142
Bleichert, Dwight → Ellroy 125
Block, Bella → Gercke 154
Block, Irmi → Buscha 56
Block, Paul → Alberts 19
Blum, Siegfried → Fauser 129
Bomb, James → Taut 405
Bond, James → Benson 36; → Fleming 134; → Gardner, John 150; → Markham 298; → Pearson 341
Bondurant, Pete → Ellroy 122
Boyd, Kemper → Ellroy 122
Brandon, Fletcher »Red« → Bedford 34
Brandstetter, Dave → Hansen 192
Brendan, Lucy → Zeindler 453
Brennan, Timpe → Reichs 359
Brenner, Simon → Haas 183
Brennigan, Kate → McDermid 306

Brown, Artie → McBain 304
Brown, Clodagh → Vine 429
Brown, Pater → Chesterton 73
Brunetti, Commissario → Leon 272
Buratti, Marco (»Der Alligator«) → Carlotto 62
Burau, Anne → Chaplet 71
Burke → Vachss 421
Burkell, Frank → Mwangi 316

Cadfael → Peters 346
Caffery, Jack → Hayder 200
Camille → Vargas 424
Carella, Steve → McBain 304
Carlyle, Carlotta → Barnes 31
Carruthers → Childers 75
Carter, Philip → Highsmith 205
Carvalho, Pepe → Vázquez Montalbán 426
Castanheira, Filipe → Viegas 428
Castille, Arpad de la → Orban 336
Cataldo, Commisario → Guiccicardi 178
Centigloria, Duca di → Centigloria 64
Chambers, Frank → Cain 59
Chan, Charly → Biggers 41
Charitos, Kostas → Markaris 297
Charles, Nick → Hammett 191
Clagget, »B. R.« → Pellecanos 342
Coffey, John → King, Stephen 250
Cohen, Artie → Nadelson 319
Cohen, Avram → Rosenberg 364
Coliandro, Sovreintendente → Lucarelli 276
Connors, John → Crichton 87
Continental Op → Hammett 186–189
Coq rouge *s.* Hamilton
Cora → Noll 325
Corbett, Hugh → Harding 193
Corleone, Don Vito → Puzo 354
Cowley, William → Freemantle 141

Dalgliesh, Adam → James, P. D. 224
Dalziel, Andy → Hill, Reginald 210
Daniel → Pirinçci 349
Darman, Hauptmann → Muñoz Molina 315
das Phantom (= Erik) → Leroux 274
Davies → Childers 75
De Blast, Miguel → De Santis 94
de Cock, Jurjen → Baantjer 30
De Luca, Commissario → Lucarelli 277
Wacht, Donald de → Toes 411
Deakin, John → MacLean 283
Deaton, Kendall → Brown, Sandra 52
Decker, Pete → Kellerman, Faye 237
Delafield, Kate → Forrest 137
Delano, Dave → Kerr 346
Delaroche, Jean-Paul → Silva 387

Delaware, Dr. Alex → Kellerman, Jonathan 239
Delicado, Petra → Gimenez-Bartlett 154
DelMonico → Çakan 60
Der Namenlose → Pronzini 352
Di Jen-tsiä, Richter → van Gulik 180
Dillinger, Daniel → Wieninger 443
Donna → Zahavi 452
Donovan → Çakan 60
Dor, Thamar → Ben-gavriel 35
Dorn, Stefan → Gauch 151
Dracula, László Graf → Anscombe 25
Dr. Uemura → Togawa 412
Düring, Kommissar → Lührs 279
Dupin, Comte August → Poe 349–351

Eddie → Giovanzzo 155
Ein namenloser Journalist → Turèll 114
Engel, Benedikt → Eckert 116
Erik (*Phantom der Oper*) → Leroux 274
Esbeck, Klaus → Ebertowski 115
Exley, Ed → Ellroy 121

Falco, Marcus Didius → Davis 88
Falke, Frank → Uecker 417
Fandorin, Erast → Akunin 17
Feldmann, Herbie → Kramp 258
Ferramie, Dr. Jeannie → Follett 136
Firth → Cook 82
Folke → Köster-Lösche 255
Ford, Lou → Thompson 410
Forsenström, Sibylla → Altvegen 23
Forzza, Laetitia → Delelis 93
Foster, Charlie → Allbeury 20
Francis, der Kater → Pirinçci 348
Frannie → Moore 312
Freiberg, Walter → Kristan 259
Freud, Sigmund → Hill, Carol DeChellis 209; → Oatley 330
Friedman, Kinky → Friedman 143
Fuchs, Beate → Wolff 446
Fulton, Grant → Morrow 312
Fu Manchu, Dr. → Rohmer 363
Furness, Jack → Kerr 244
Furey, Kate → Kerr 244

Ganni, Rosa → Mischke 310
Garance, Dr. Maud → McKay 307
Gazvan ibn Valid → Karahasan 231
Gerber, Dr. Sophie → Lewin 275
Gerfaut, Georges → Manchette 288
Gerlach, Kommissar → Burger 54
Gier, Renus de → van de Wetering 442
Ginsburg, Ula → Wainer 435
Goetz, Curt → Goetz 163
Gohar → Cossery 85
Goldfinger, Auric → Fleming 134
Goldmann, Dr. David → Dorf 103
Gonscharek, »Gonzo« → Karr & Wehner 232
Gonzo *s.* Gonscharek
Gordon, William → Chafetz 64
Goudveyl, Alexander → t'Hart 199
Grab, Harry → Maier 308
Graham, Emma → Grimes 173
Graham, Will → Harris, Thomas 196
Gran, Lissi → Burman 54
Grant → Morrow 313
Grant, Erin → Hiaasen 204
Grenouille, Jean-Baptiste → Süskind 403
Griffin, Glenn → Hayes 201
Grijpstra, Henk → van de Wetering 42
Grismolet, Alex → Fuller 147
Guarino, Tony → Trail 413
Guarnaccia, Wachtmeister → Nabb 318
Gunten → Schmidli 377
Gunther, Bernhard → Kerr 231–244
Gurko, Pjotr → Dankowtsewa 87
Gust → Cook 83

Hamilton, Graf Carl Gustav Gilbert (»Coq Rouge«) → Guillou 179
Hammer, Mike → Spillane 399
Hannay, Richard → Buchan 53
Haristeen, Mary Minor »Harry« → Brown, Rita Mae 51
Haskell, Ellie → Cannell 61
Hassel, Roland → Svedelid 403
Healey, Adrian → Fry 146
Hellmann, Dr. Stefan → Körber 254
Henkel, Ina → Paprotta 339
Herbie *s.* Feldmann
Herborth, Paul → Böhmer 44
Heredia → Díaz Eterovic 96
Hezurová, Jana → Kutak 264
Hieronymus, Piet → Boëtius 46
Hincz → Gombrowicz 165
Hirte, Rosemarie → Noll 325
Hitchcock, Alfred → Baxt 33
Hoare, Dido → MacDonald, Marianne 280
Hoel, Alex (»der Torpedo«) → Ewo 127
Holden → Charyn, Jerome 72
Holland, Flugkapitän → Nance 320
Holm, Valentine → Berkhof 37
Holmes, Sherlock → Dibdin, Michael 98; → Doyle 104–108; → Kastner 233; → Leblanc [Herlock Sholmes] 268; → Lecaye 271; → Mahrendorff 311; → Mitchelson & Utechin 311; → Oatley 330; → Queen 355; → Smith, D. O. 397; → Soares 398; → Weinstein 440; → Winges 443
Honigsberg, Ali → Shem-Ur 384
Hoolihan, Mike → Amis 24
Hopkins, Lloyd → Ellroy 123–125
Horridge, Mike → Kann 229

Hotwagner, Otto → Hinterberger 213
Høyer, Kommissar → Holst 215
Huber, Gretl und Poldi → Semrau 380
Huss, Irene → Tursten 415

Igi s. Inger
Inchbold, Isaac → King, Ross 249
Inger → Rygg 368
Isaksen, Cato → Lindell 275
Ismail → Kerr 245
Ismalda → Kolbergs 256

Jakowicz, Isidora → Kerr 245
Jasper, Cleo → Millar 309
Jaspersen, Smilla → Høeg 215
Jean → Shreve 386
Jeffries, Hall → Woolrich 447
Jenning, Sylvia → Shea 382
Jensen, Kommissar → Wahlöö 434 f.
Jepanschin, Aljoscha → Wainer 435
Jinx → Walters 438
Jones, Dr. Henry → Winges 443
Josi → Heimann 202
Jot We → Klugmann 251
Jovillar, Enric → Pouy 351
Julius → Kramp 258
Jurij Iljitsch → Kabakow 226
Jury, Richard → Grimes 173

Kallio, Maria → Lehtolainen 271
Kamenskaja, Anastasija → Marinina 296
Karl, der Spätlesereiter → Kunkel 262
Karpfinger, Hermine → Kneifl 253
Katejan, Paul → Hültner 218
Kayankaya, Kemal → Arjouni 28
Keller, Peter → Jaun 227
Kelso, Dr. C.A.R. → Harris, Robert 195
Kennedy, John F. → Ellroy 122
Klara → Voors 432
Koch, Pit → Knauer 252
Köb → Küpper 260–262
Kölling, Dietrich → Goyke 165
Könitz, Victoria → Hahn 186
Kolanko, Edwin → Tyrmand 410
Kolczyk, Professor Rüdiger → -ky 265
Koltschin, Kornej → Rybakow 367
Koopmann, Paul → Schalm 375
Korkunç, Alan → Dische 99
Kreisler, Dr. Laszlo → Carr 63
Krolik, Jurij → Venske 427
Kroll, Lothar → Ard & Junge 27
Kuntsi, Vesa → Ropponen 364
Kuyper, Leonie → t'Hart 198

Laane, Maxie → Wyss 449
Labbé, Monsieur → Simenon 389
Laice, Maurice → Pelletier 343
Laird, Annie → Green 171
Lamberti, Duca → Scerbanenco 372
Lamprière, John → Norfolk 327
Lanceton, Graham → Rendell 360
Lantern, Guy → Adair 16
Latimer, Charles → Ambler 24
Lauer, Esther → Knellwolf 254
Laurenti, Proteo → Heinichen 202
Lavallier, Eric → Schätzing 373
Laviolette, Kommissar → Magnan 283
Lazarus, Rina → Kellerman, Faye 237
Leaphorn, Joe → Hillerman 211
Lebel, Claude → Forsyth 137
Lecter, Hannibal → Harris,Thomas 196–198
Lehmann, Kommissar → Martin 301
Leigh, Rosalind → Walters 437
Leland, Joe → Thorp 411
Lietze, Karin → Biermann 41
Lily → O'Connor 331
Lime, Harry → Greene 172
Littell, Ward J. → Ellroy 122
Livinius Severus → Burns 55
Ljubimow → Vitaliev 431
Llob, Kommisar → Khadra 247–249
Lopez, Rebecca s. Becca
Lord Peter s. Wimsey
Lucien → Vargas 425
Lupin, Arsène → Leblanc 268
Lupowitz, Kaiser → Allen 22
Lynley, Thomas → George 152

Mabuse, Dr. → Jacques 222
MacDermott, Nell → Clark 80
MacLeish, Cooper → Reaves 357
März, Xaver → Harris, Robert 195
Maggioni, Lorenzo → Fruttero & Lucentini 145
Maigret, Jules → Simenon 390
Maja → Noll 325
Mallhone, Kinsey → Grafton 168
Malony, Philip → Graf 168
Mann, Minni → Zenker 454
Manon → Appelt 26
Marburg, Pit → Braun 49
Marc → Vargas 425
Marcella → Glaesner 156
Marion, Edwige → Thiery 407
Mark → Grisham 175
Marlen → Krohn 260
Marlowe, Philipp → Chandler 65–71
Marple, Miss Jane → Christie 76
Marriot, Dan → Neely 322
Marx, Anna → Grän 166
Mason, Perry → Gardner, Earl Stanley 149
Mathias → Vargas 425
Matthäi, Dr. → Dürrenmatt 112
Matzbach, Balthasar → Haefs 184
Maximow, Igor → Ustinow 419

McCone, Sharon → Muller 314
McCoy, Doc → Thompson 409
McDeere, Mitch → Grisham 175
McGee, Travis → Macdonald, John D. 280
McKennas, Michael → Taylor 406
McTavish, Stoner → Dreher 109
Meiers, Jean → Schank 375
Michèle → Rick 367
Mihara, Kiichi → Matsumoto 303
Miller, Peter → Forsyth 138
Mills, David → Allbeury 21
Mochizuki, Ishiro → Visser 430
Mom → Yaffe 451
Monge, Seraphin → Magnan 345
Monk, William → Perry, Anne 345
Monsieur Labbé *s.* Labbé
Montalbano, Salvo → Camilleri 60
Montale, Fabio → Izzo 220–222
Moormann, Hella → Noll 324
Morrow, Susan → Wright 448
Morse, Endeavour → Dexter 96
Mosca, Lapo → Nolthenius 326
Moser, Rhea → Silbersky & Svedelid 386
Muldoon → Shipton 385
Murphy, Mrs. → Brown, Rita Mae 51

Nanna → Stangerup 401
Nielsen, Helge → Bodelson 43
Niémans, Pierre → Grangé 170

O'Brian → Harris, Robert 195
Ochajon, Michael → Gur 181
Ostbahn, »Kurtl« → Ostbahn 337
Overbeck, Carl → Alberts 19

Papen, Richard → Tartt 405
Partain, Edd »Twodees« → Thomas 408
Pater Brown *s.* Brown
Paul, Dr. Bruno → Senf 381
Pedersen, Monika → Nilsonne 323
Perry, Stuart → Francis 140
Peters, Toby → Kaminsky 227
Petric, Vlado → Fesperman 131
Petry, Pia → Würth 449
Petzold, Kommissar → Burger 54
Phantom der Oper *s.* Erik
Pigeon, Anna → Barr 32
Pitt, Thomas → Perry, Anne 344
Pizonka, Ada → Homann 217
Poirot, Hercule → Christie 78
Poljakowa, Lena → Daschkowa 88
Polt, Simon → Komarek 257
Ponomarow → Vitaliev 431
Potter, Arthur → Deaver 90
Prideaux, Jim → LeCarré 374
Prugger, Wally → Schallweg 269

Quade, Sybill → McNab 307
Quentin P. → Oates 330
Quéré, Jean-Marie → Boileau & Narcejac 47

Radford, Martin → Goddard 162
Rafaeli, Hadar → Kaniuk 228
Raft, Annie → Ekman 119
Ramón → Arriaga 28
Ramos, Jaime → Viegas 428
Rawlings, Easy → Mosley 313
Rehberg, Beate → Erler 126
Renko, Arkadi → Smith, Martin Cruz 398
Rhyme, Lincoln → Deaver 89
Richter Di *s.* Di Jen-dsiä
Rios, Henry → Nava 321
Ripley, Tom → Highsmith 205–209
Rocchia, Angelo → Collins & Lapierre 82
Rockwell, Norman → Bradbury 49
Rokeby, Richard → Redmond 358
Rosenbaum, Samuel → Silbersky & Svedelid 386
Rosina → Oelker 333
Roth, Naomi → Hanff 192
Roth, Rosa → Boeser 45
Roy → Appelt 26
Roy, Joséphine → Simenon 388
Rudge, Inspector → Detection Club 95
Ryan, Dr. Samantha → McCrery 305
Ryan, Jack → Clancy 79
Ryder, John → Adair 16

Sachs, Amelia → Deaver 89
Scalzi, Corrado → Filastò 133
Scarpetta, Dr. Kay → Cornwell 84
Schade, Sonja → Biermann 41
Schilling, Kommissar → Burger 54
Schmidt, Lisa → Wolff 447
Schneyder, Renny → Gogoll 164
Sejer, Konrad → Fossum 138
Selb, Dr. Gerhard → Schlink 376
Seyner, Felix → Grzimek 177
Shakespeare, William → Kellerman, Faye 236
Sharavi, Daniel → Kellerman, Jonathan 239
Shimura, Rei → Massey 302
Sievers, Paul → Proske 352
Simmer, Raphael → Abécassis 15
Simosch, Kommissar → Wittgen 444
Skolinski → Gombrowicz 165
Slawin, Oberst → Semjonow 379
Small, Rabbi David → Kemelman 240
Smiley, George → Le Carré 269
Smith, Abercrombie → Doyle 109
Smith, Dudley → Ellroy 122
Sòfia, Adele → Maraini 295
Sonnow, Fjodor → Mamlejew 287
Sopatis, Högo → Zürcher 455
Sorél, Kit → Birkemose 42
Spade, Sam → Hammett 189

Stamm, Hans → Frost 144
Standiford, Margie → O'Nan 325
Starling, Clarice → Harris, Thomas 196
Stein, Beate → Deitmer 92
Stewart, Ellen → Katz 234
Studer, Wachtmeister → Glauser 157–161
Sulimow, Oberleutnant → Rybakow 419
Švach, Kvêtoslav → Urban 418
Sykes, Deborah → Reah 357

Tingsmaster, Mick → Dollar 102
Tolja → Kurkow 263
Trimmel, Kommissar → Werremeier 441
Tschenett, Tschonnie → Lanthaler 266

Uemura, Dr. → Togawa 412
Ünal, Remzi → Oker 334
Unfreund, Johann → Lebert 267

Vadim, Konstantin → James, Donald 223
Valensky, Mira → Rossmann 365
Van der Falk → Freeling 140
Van Veeteren, Kommissar → Nesser 322
Vance, Philo → van Dine 423
Vas, Fabian → Norman 328
Veum, Varg → Staalesen 400
Viktor → Vilar 428
Vivo, Dionisio → Bernières 40

Wachtmeister Studer *s.* Studer
Wade, Laura Gardner → Dorf 103
Walker, Matt → Himes 212
Wallander, Kurt → Mankell 289–295
Warshawski, Vic → Paretsky 340
Welles, Orson → Ferrario 130
Welling, Jos → Bouman 47
Wells, Michael → Hunter 219
Wembury, Alan → Wallace 436
Wertebach, Lena → Gronau 176
West, Helen → Fyfield 147
Wexford, Inspector → Rendell 361
Wheeler, Bonnie → Fielding 132
Whitefield, Jane → Perry, Thomas 345
Whylie, Eva → Cody 81
Wilde, Oscar → Satterthwait 369
Wilhelmsen, Hanne → Holt 216
Wilsberg, Georg → Kehrer 235
Wilt, Henry → Sharpe 382
Wimp, Edward → Zangwill 453
Wimsey, Lord Peter → Sayers 370–372
Winter, Erik → Edwardson 118
Wirus, Jakob → Tyrmand 416
Wittemann, Roy → Appel 26
Wolfe, Nero → Stout 401
Wondraschek, Felicitas → Grän 167
Wyatt → Disher 100

Yates, Inspector → Durbridge 113

Zen, Aurelio → Dibdin 97
Ziegenhals, Bernd → -ky 265